中國考古學會

1979

中国哲学社会科学学科年鉴

CHINESE ACADEMIC ALMANAC

ALMANAC OF ARCHAEOLOGY IN CHINA

中国考古学会　编

中国考古学年鉴

2021

中国社会科学出版社

贵州贵安新区招果洞遗址——招果洞遗址出图打制石制品

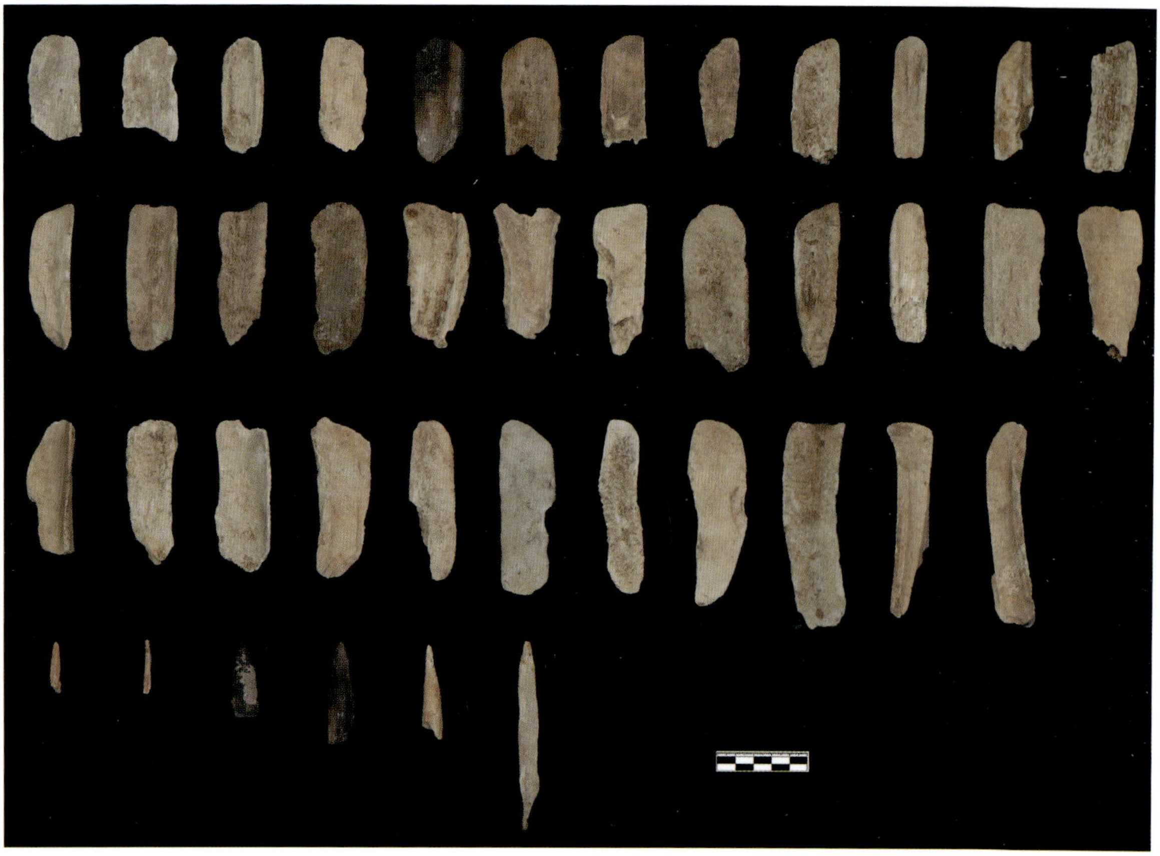

贵州贵安新区招果洞遗址——招果洞遗址出图骨角器

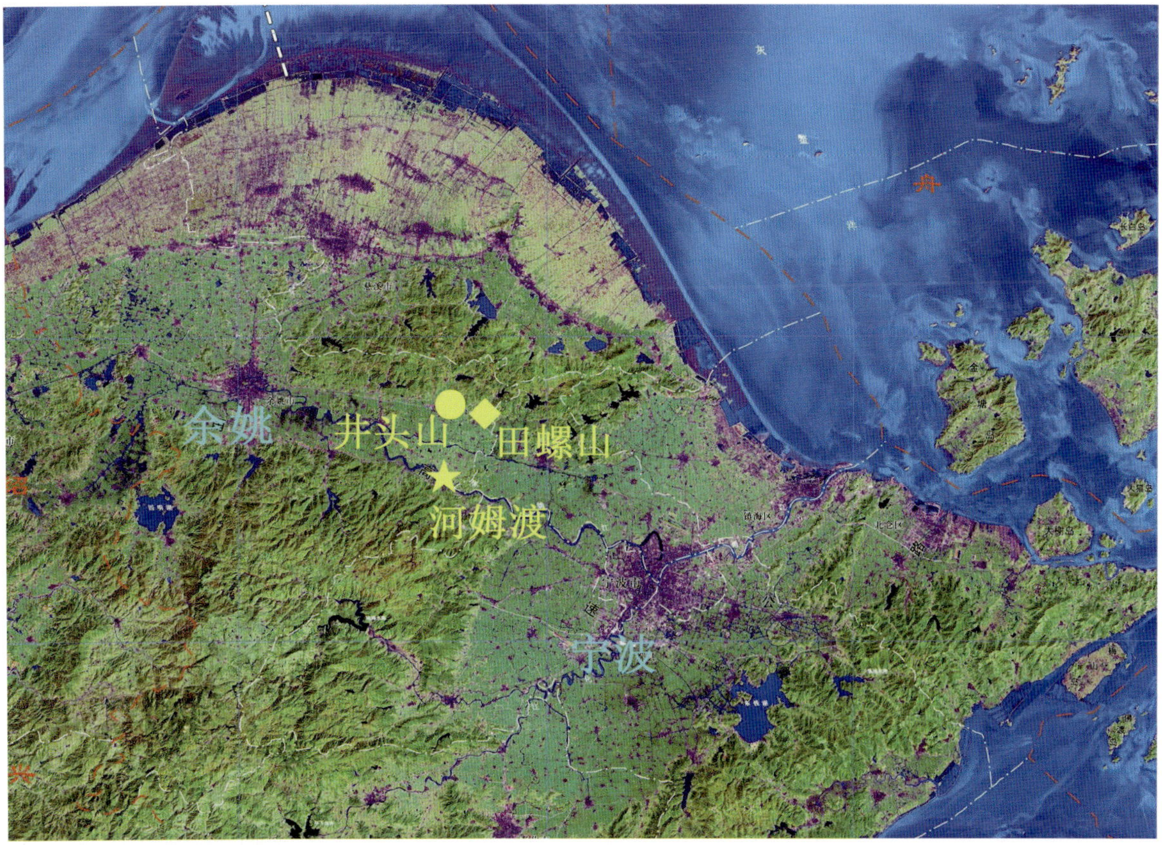

浙江宁波余姚井头山遗址——井头山遗址、河姆渡遗址、田螺山遗址相对位置示意图

浙江宁波余姚井头山遗址——密集木质遗存出土情形

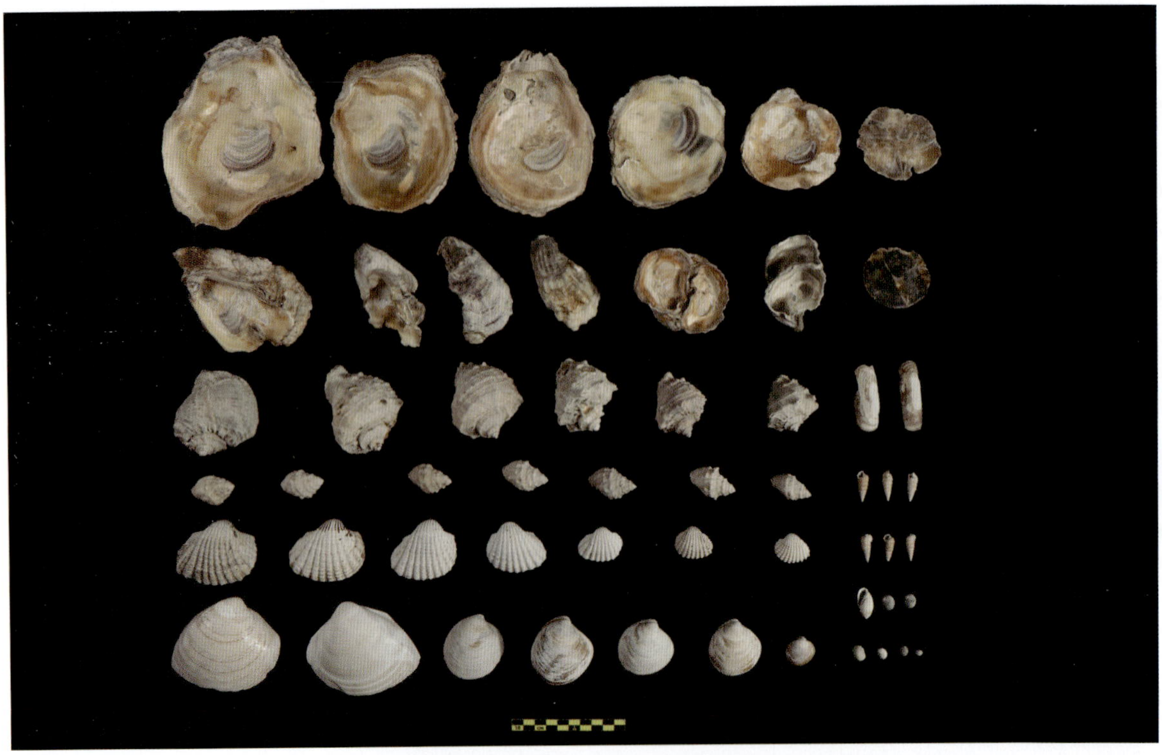

浙江宁波余姚井头山遗址——出土海洋软体动物贝壳

浙江宁波余姚井头山遗址——出土木器

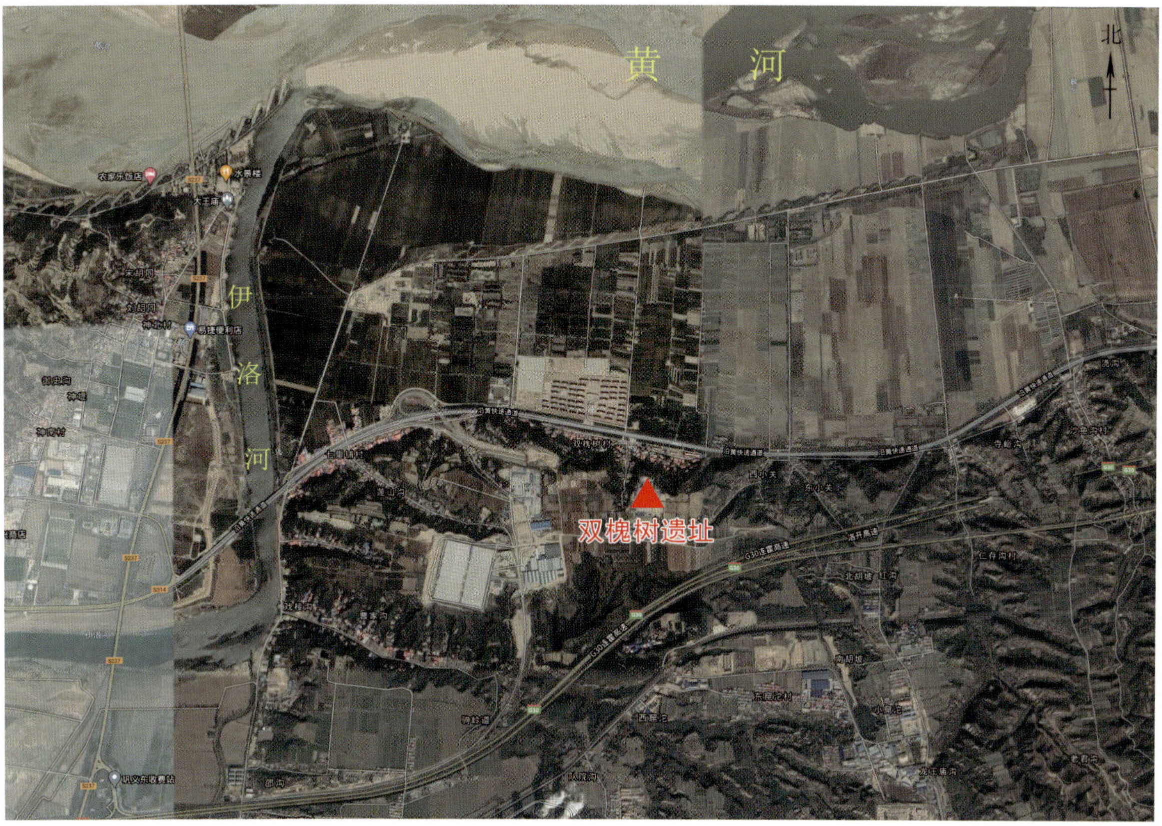

河南巩义双槐树遗址——遗址位置图（无人机航拍）

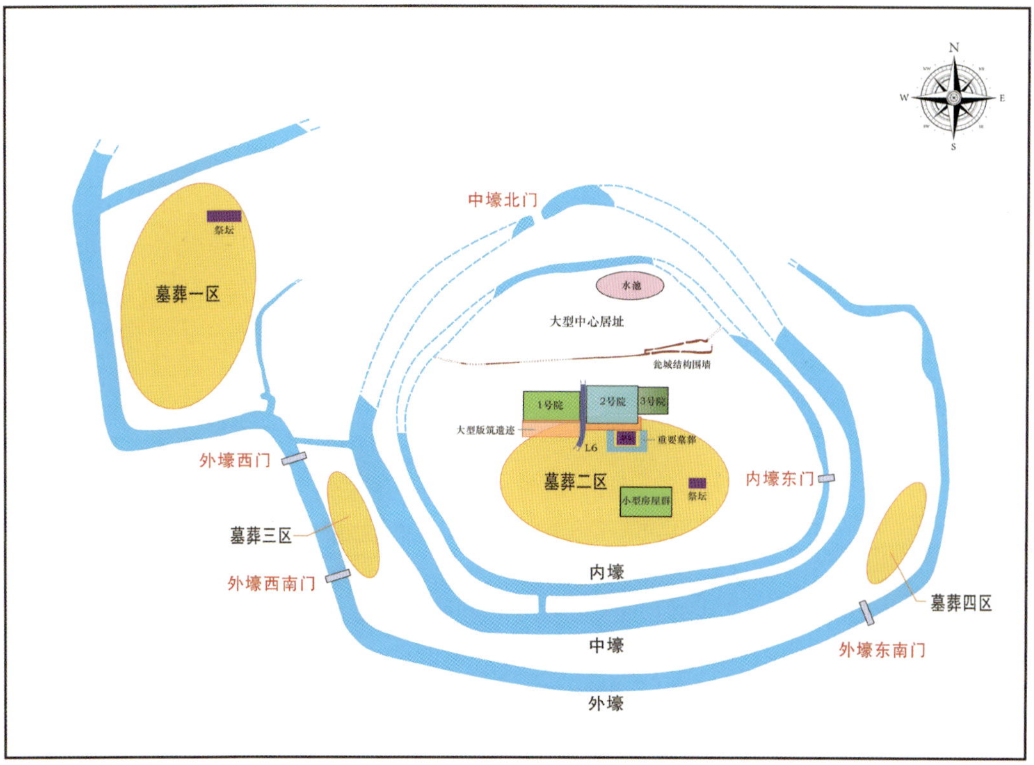

河南巩义双槐树遗址——双槐树遗址功能布局示意图 20210406

河南巩义双槐树遗址——人祭坑（南—北）H677

河南巩义双槐树遗址——器物坑 H147（南—北）

河南巩义双槐树遗址——鹿骨祭祀坑 H962（东—西）

河南巩义双槐树遗址——H456 出土陶器

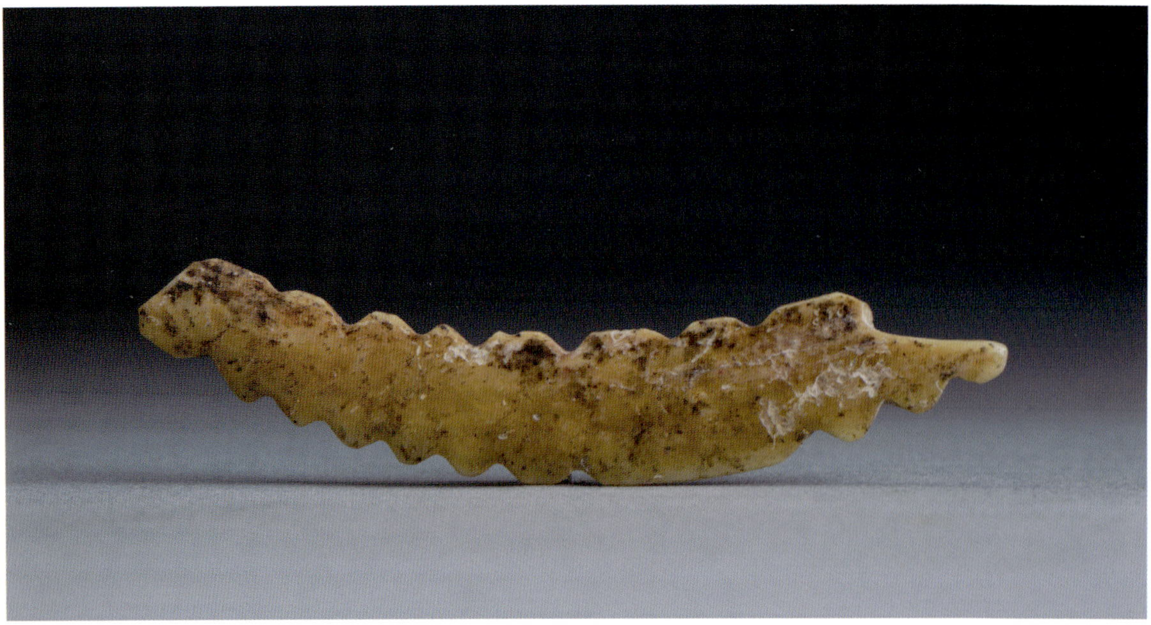

河南巩义双槐树遗址——牙雕蚕 T3544④：20

河南淮阳时庄遗址——发掘遗迹分布图（上为北）

河南淮阳时庄遗址——地上式粮仓 F6（由南向北）

河南淮阳时庄遗址——土坯垒砌的土墩结构

河南淮阳时庄遗址——H13 出土陶罐

河南伊川徐阳墓地——17AM10

河南伊川徐阳墓地——15CMK1 陪葬车马坑正射影像图

河南伊川徐阳墓地——中型墓随葬器物组合

河南伊川徐阳墓地——小型墓随葬器物组合 1

河南伊川徐阳墓地
——铜勺（15AM2：55）

河南伊川徐阳墓地——小型墓随葬器物组合 2

西藏札达桑达隆果墓地——2018ZSEM6：75，高领鼓腹罐

西藏札达桑达隆果墓地——ZSEM6：20 单耳高领鼓腹罐

西藏札达桑达隆果墓地——2018ZSEM6：29 双耳斜腹瓶

西藏札达桑达隆果墓地
——2018ZSEM10：62，骨币

西藏札达桑达隆果墓地
——2018ZSEM10：58，贝饰

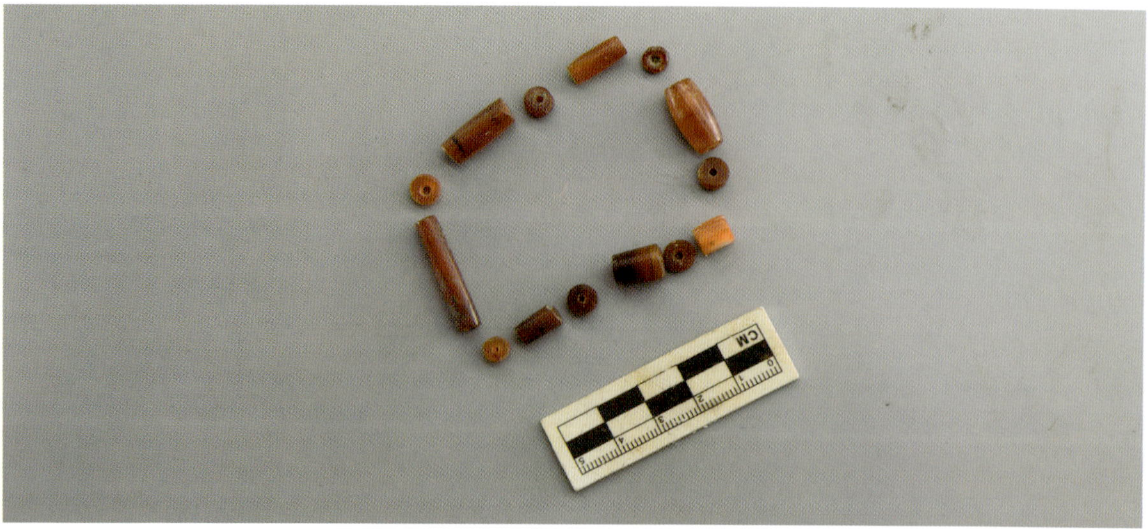

西藏札达桑达隆果墓地——2020ZSEM6：121-1，燧石珠

江苏徐州土山二号墓——石材刻铭及拓片

江苏徐州土山二号墓——后室漆木棺

江苏徐州土山二号墓——后室玉衣片出土情况

江苏徐州土山二号墓——玉石耳杯、盘、勺

江苏徐州土山二号墓——东回廊漆棺内出土的琉璃棋子

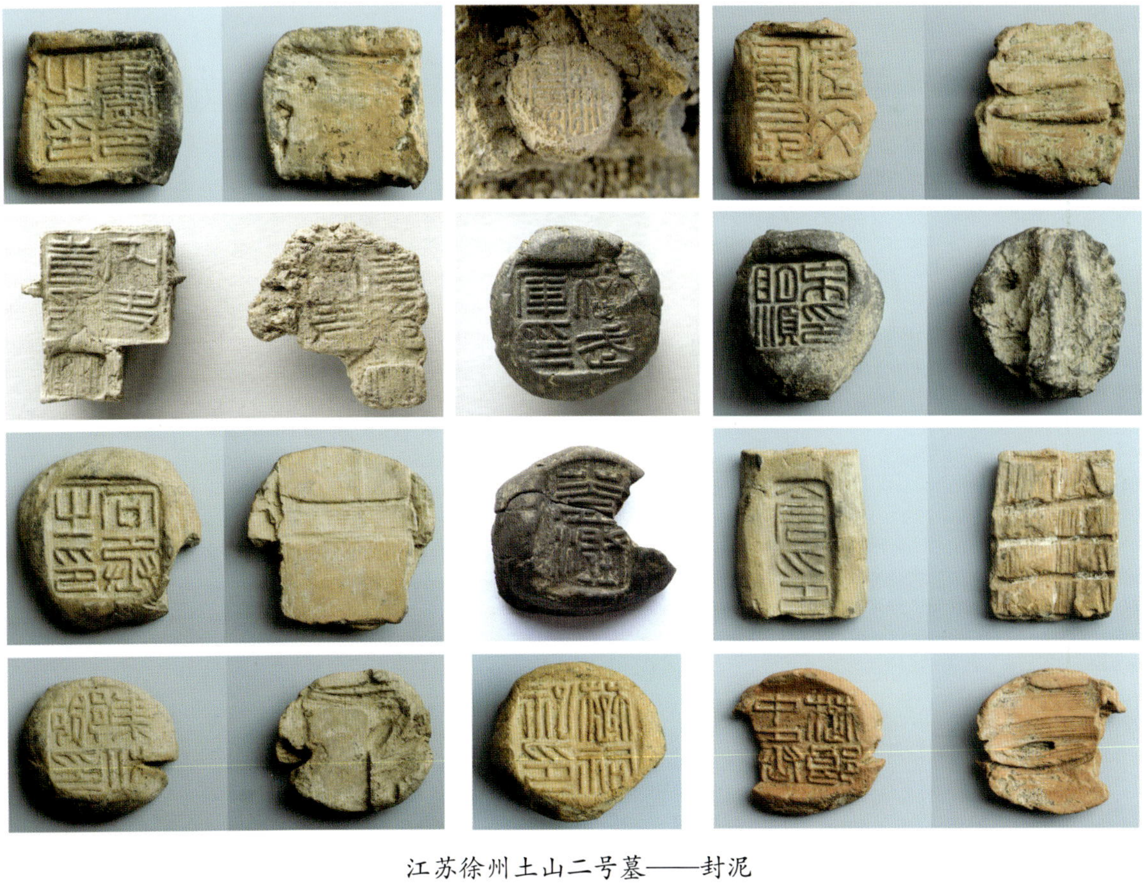

江苏徐州土山二号墓——封泥

陕西西安少陵原十六国大墓——中兆村 M100 发掘现场全景

陕西西安少陵原十六国大墓——鼓吹仪仗俑 2

陕西西安少陵原十六国大墓——第二天井北壁壁画

陕西西安少陵原十六国大墓——土雕建筑南面

陕西西安少陵原十六国大墓
——中兆村 M100 牛车及车内植物遗存

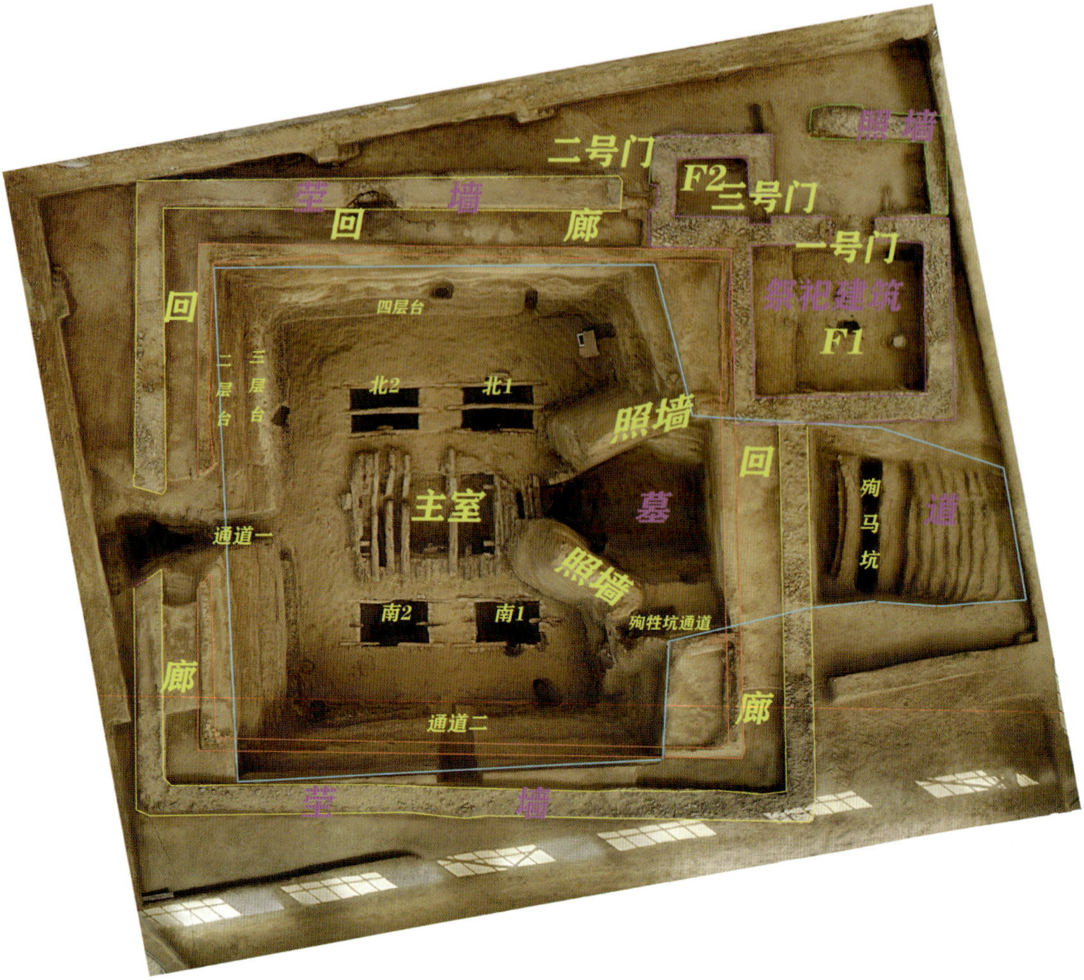

青海都兰热水墓群 2018 血渭一号墓——2018 血渭一号墓航拍全景（上为北）

青海都兰热水墓群 2018 血渭一号墓——金容器及装饰品

青海都兰热水墓群 2018 血渭一号墓——墓葬地下部分全景（东—西）2

青海都兰热水墓群 2018 血渭一号墓——丝织物

青海都兰热水墓群 2018 血渭一号墓——主墓室西壁祭台（东—西）

青海都兰热水墓群 2018 血渭一号墓——银印章（外甥阿柴王之印）

吉林图们磨盘村山城遗址——磨盘村山城地理位置及远眺

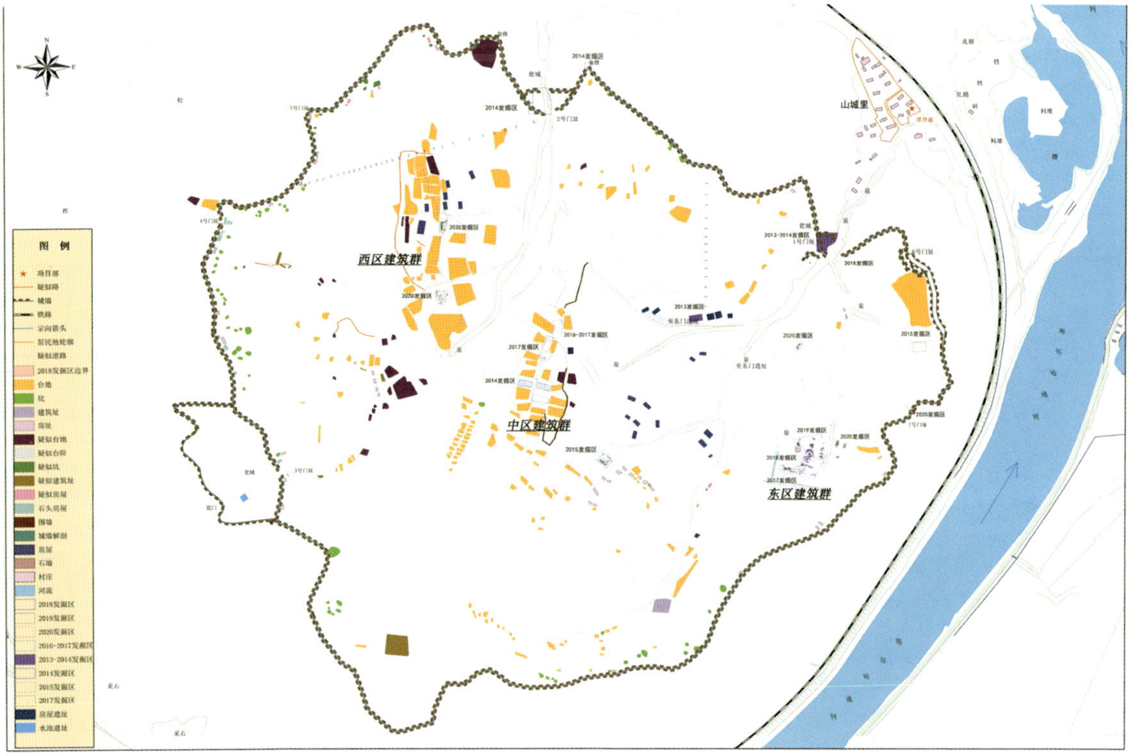

吉林省文物考古研究所

1: 3400

吉林图们磨盘村山城遗址——磨盘村山城遗迹平面示意图

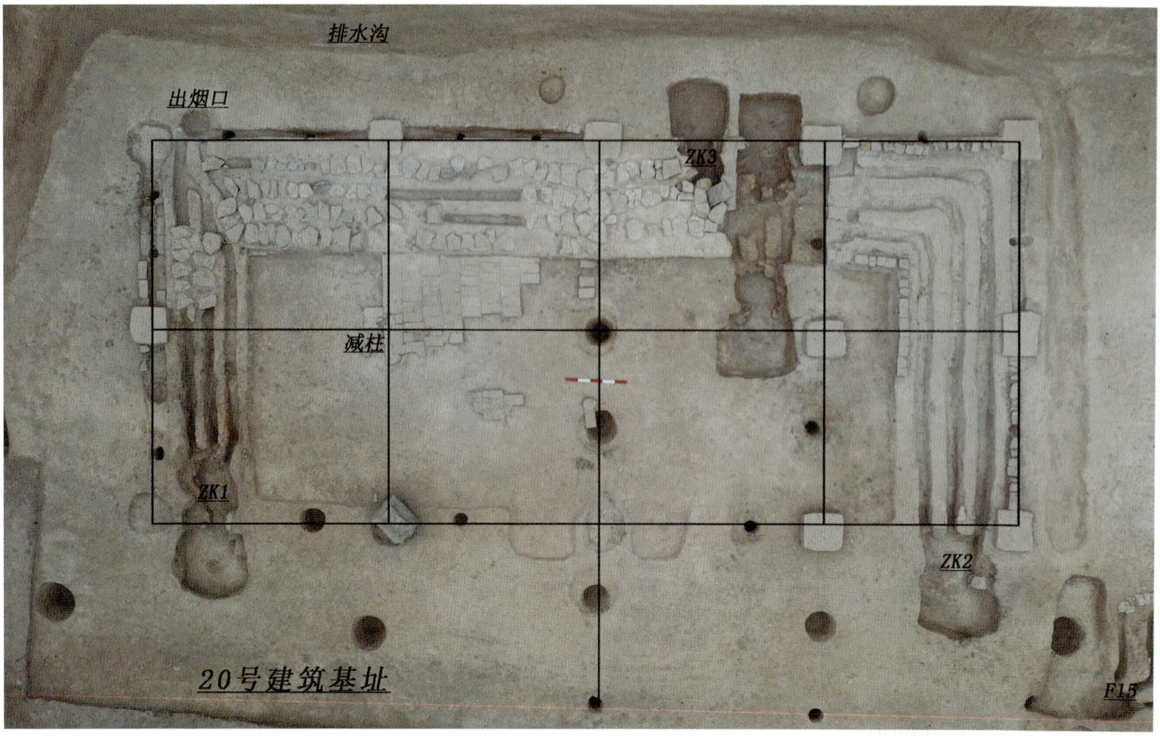

吉林图们磨盘村山城遗址——20号建筑基址（东夏）

吉林图们磨盘村山城遗址——东夏国铜印出土场景及照片

目　　录

第一篇　中国考古学研究综述

旧石器时代考古与古人类学 …… 周振宇　王晓敏（3）
新石器时代考古 …… 王　芬（23）
夏商时期考古 …… 张国硕　曹伍仁（60）
两周时期考古 …… 徐良高　王一凡（72）
秦汉时期考古 …… 刘　瑞（92）
三国至隋唐五代时期考古 …… 沈睿文　李嘉妍（111）
辽宋金元明清时期考古 …… 董新林（127）
甲骨文、金文研究综述 …… 孙亚冰（150）

第二篇　考古文物新发现

2020 年度十大考古新发现 ……（171）
　贵州贵安新区招果洞遗址 ……（171）
　浙江宁波余姚井头山遗址 ……（172）
　河南巩义双槐树遗址 ……（174）
　河南淮阳时庄遗址 ……（176）
　河南伊川徐阳墓地 ……（177）
　西藏札达桑达隆果墓地 ……（179）
　江苏徐州土山二号墓 ……（180）
　陕西西安少陵原十六国大墓 ……（182）
　青海都兰热水墓群 2018 血渭一号墓 ……（183）
　吉林图们磨盘村山城遗址 ……（185）
北京市 ……（187）
　大兴区旧宫西周遗址 ……（187）
　路县故城城郊遗址东南部地点遗存 ……（187）
　路县故城城郊遗址南部地点遗存 ……（188）
　路县故城城郊遗址西南部地点遗存 ……（188）
　朝阳区东坝魏晋及清代墓葬 ……（189）
　东城区望坛棚户区唐至明清时期遗址 ……（189）

东城区宝华里危改小区唐代和清代墓葬 …… (190)
丰台区金中都城墙遗址 …… (190)
西城区金中都东开阳坊遗址 …… (191)
密云区五里坨段明长城考古调查与发掘 …… (192)
故宫造办处旧址明清建筑遗址 …… (192)
故宫英华殿东墙及西筒子明清时期建筑遗址 …… (193)
朝阳区姚家园新村清代墓葬 …… (194)
天津市 …… (195)
武清区八里庄汉代窑址 …… (195)
宝坻区卷子村金代墓葬 …… (195)
西青区元宝岛清代墓地 …… (196)
河北省 …… (197)
阳原县泥河湾马梁遗址群—马梁10号旧石器地点 …… (197)
冀西北坝上地区新石器时代遗址考古调查 …… (198)
尚义县四台新石器时代遗址 …… (199)
石家庄市栾城区周家庄商代遗址 …… (199)
行唐故郡东周遗址 …… (200)
雄安新区南阳东周遗址 …… (201)
邯郸赵王城遗址 …… (201)
容城县城子战国两汉时期遗址 …… (202)
定兴县杨家庄战国遗址及汉唐墓葬 …… (202)
沧州地区战国秦汉城址考古调查 …… (203)
文安广陵城遗址 …… (204)
临漳县邺城遗址东魏北齐宫城区 …… (205)
正定县韩家楼晚唐五代砖室墓 …… (205)
崇礼砖瓦沟金代窑址 …… (206)
高碑店南黄堡清代遗址 …… (207)
山西省 …… (208)
夏县师村新石器时代遗址 …… (208)
沁县连家庄新石器时代遗址 …… (210)
吕梁市离石区信义新石器时代遗址 …… (210)
阳曲县西殿村南龙山时代遗址 …… (211)
偏关天峰坪龙山时代遗址 …… (212)
兴县碧村龙山时代遗址 …… (213)
偏关天翅湾龙山时代遗址 …… (213)
芮城太安新石器时代遗址 …… (213)
绛县西吴壁夏商时期遗址 …… (214)
稷山县东渠二里头文化遗址及金元明清墓群 …… (215)
吕梁市离石区后石晚商墓地 …… (215)
闻喜上郭—邱家庄周代遗址 …… (216)

垣曲北白鹅周代墓地 ……………………………………………………… (217)
平遥县东城村东周金代及明清墓葬 …………………………………… (218)
长治市上党区上村战国墓 ……………………………………………… (218)
朔州后寨战国至明清时期墓地 ………………………………………… (219)
晋阳古城晋源苗圃建筑基址 …………………………………………… (220)
乡宁井湾战国至汉代墓地 ……………………………………………… (220)
运城市盐湖区董家营村汉代墓群 ……………………………………… (221)
平陆县马滹沱村汉唐及清代墓群 ……………………………………… (221)
平陆县新湖村汉代金元及明清墓群 …………………………………… (222)
晋中市榆次区流村汉代至明清墓地 …………………………………… (222)
长治市上党区东汉村宋金及清代墓葬 ………………………………… (223)
新绛县窑头村东汉至明清墓群 ………………………………………… (224)
汾阳西关村东汉至明代墓群 …………………………………………… (225)
晋中市榆次区新付村隋唐墓葬 ………………………………………… (225)
晋中市榆次区使张村唐代墓葬 ………………………………………… (226)
晋中市榆次区杨梁村唐代墓地 ………………………………………… (227)
芮城县通用机场隋唐及明清时期墓葬 ………………………………… (227)
定襄县庄力村唐宋至明清墓葬 ………………………………………… (228)
运城空港新区宋代墓葬 ………………………………………………… (228)
昔阳县胡窝路宋金壁画墓 ……………………………………………… (229)
新绛裴社金代墓 ………………………………………………………… (229)
新绛向家庄金代墓葬 …………………………………………………… (230)
夏县郭牛村元代纪年墓 ………………………………………………… (230)
偏关柏树梁明代戍边遗址 ……………………………………………… (231)
晋中市榆次区南六堡村明清墓地 ……………………………………… (231)
晋中市榆次区顺城街明清墓葬 ………………………………………… (232)
交口县刘家庄明代墓葬 ………………………………………………… (232)
太原市小店区明代晋端王墓陵园 ……………………………………… (233)
沁县南池清代墓地 ……………………………………………………… (233)
泽州县贾泉村清代墓葬 ………………………………………………… (234)
晋中开发区弓村清代建筑基址 ………………………………………… (234)
晋中市榆次区怀仁村清代墓 …………………………………………… (235)
永济柳岸华都五期清代墓葬 …………………………………………… (236)
孝义市大虢城村清代墓葬 ……………………………………………… (236)
晋中市开发区弓村清代墓地 …………………………………………… (237)
晋中市榆次区郝家沟村清代墓地 ……………………………………… (238)
晋中市榆次区公交调度中心清代至民国墓地 ………………………… (238)
芮城坡头龙山时代遗址考古调查 ……………………………………… (239)
浊漳河流域（黎城段）考古调查 ……………………………………… (239)
内蒙古自治区 ……………………………………………………………… (241)

锡林郭勒盟镶黄旗乃仁陶勒盖新石器时代遗址及鲜卑墓葬 …………………… (241)
清水河县后城咀龙山时代石城 …………………… (242)
赤峰市克什克腾旗下田家营子遗址 …………………… (242)
阿拉善左旗敖包图青铜时代墓葬 …………………… (243)
新巴尔虎右旗额尔敦山青铜时代石板墓群 …………………… (243)
呼和浩特市玉泉区沙梁子古城汉代建筑基址 …………………… (244)
乌海市三坝汉墓群 …………………… (245)
苏尼特右旗吉呼郎图匈奴墓群 …………………… (245)
科尔沁左翼中旗小呼和格勒鲜卑遗址 …………………… (246)
呼和浩特市武川县坝顶北魏遗址 …………………… (247)
巴林左旗辽上京宫城中北部建筑基址 …………………… (248)
扎鲁特旗鲁杰东辽代墓葬 …………………… (249)
赤峰市敖汉旗辽武安州塔 …………………… (249)
内蒙古居延地区考古调查 …………………… (250)
内蒙古阿拉善左旗边塞城址调查 …………………… (250)
辽宁省 …………………… (252)
建平县马鞍桥山红山文化遗址 …………………… (252)
阜新蒙古族自治县两家子青铜时代及金代遗址 …………………… (252)
建平县水泉遗址 …………………… (253)
新民市北崴青铜时代遗址 …………………… (254)
沈阳市浑南区上马汉代遗址 …………………… (254)
盖州市青石岭山城 …………………… (255)
铁岭市西丰县城子山山城 …………………… (255)
阜新蒙古族自治县桃李营子金元时期遗址 …………………… (256)
吉林省 …………………… (257)
农安县围子里青铜时代遗址 …………………… (257)
延吉市河龙二队青铜时期至汉代遗址 …………………… (257)
吉林市丰满区永安汉代至北朝时期遗址 …………………… (258)
集安市霸王朝山城外围遗址 …………………… (259)
珲春市三家子乡古城村1号和2号寺庙址 …………………… (260)
吉林市乔屯辽金时期遗址 …………………… (260)
双辽市四合村辽代墓葬 …………………… (261)
抚松县池南区老黑河遗址 …………………… (261)
长白山地区旧石器考古专项调查 …………………… (262)
集安市高句丽城址区域系统考古调查 …………………… (263)
黑龙江省 …………………… (264)
尚志市二里地遗址 …………………… (264)
饶河县小南山遗址 …………………… (264)
大庆市九间辽金时期遗址 …………………… (265)
哈尔滨市阿城区金上京遗址 …………………… (266)

上海市 ……………………………………………………………………………… (268)
青浦区福泉山新石器时代遗址 ……………………………………………… (268)
江苏省 ……………………………………………………………………………… (269)
常熟市何村马家浜文化遗址 ………………………………………………… (269)
溧阳市东滩头新石器时代遗址 ……………………………………………… (269)
常州市象墩良渚文化遗址 …………………………………………………… (270)
常州市金坛区沈家村春秋时期土墩墓 ……………………………………… (270)
句容市潘庄春秋时期土墩墓 ………………………………………………… (271)
溧阳市后王东周土墩墓 ……………………………………………………… (272)
徐州马棚山战国及汉代墓地 ………………………………………………… (272)
睢宁县下邳故城汉代冶铁遗址 ……………………………………………… (272)
盐城市大松林墩汉代及明清墓地 …………………………………………… (273)
常熟市虞山南麓汉至清代墓葬 ……………………………………………… (273)
溧阳市古县三国魏晋时期遗址 ……………………………………………… (274)
江阴市敔山湾六朝及唐至明清墓群 ………………………………………… (274)
清凉山石头城遗址 …………………………………………………………… (275)
扬州市宋大城遗址北门外遗存 ……………………………………………… (276)
苏州市高新区姚市明代遗址 ………………………………………………… (276)
苏州市姑苏区苏州中学东校区遗址 ………………………………………… (277)
浙江省 ……………………………………………………………………………… (278)
余姚市施岙遗址新石器时代稻田遗存 ……………………………………… (278)
宁波市江北区东门村新石器时代至明清时期遗址 ………………………… (279)
宁波市江北区朱家山新石器时代至商周时期遗址 ………………………… (279)
杭州市富阳瓦窑里新石器时代遗址 ………………………………………… (280)
宁波市镇海区黄山新石器时代遗址 ………………………………………… (280)
海宁达泽庙新石器时代遗址 ………………………………………………… (281)
嘉兴市南湖区西曹墩良渚文化遗址 ………………………………………… (282)
嵊泗县黄家台良渚文化遗址 ………………………………………………… (283)
桐乡太亩头新石器时代至汉六朝时期遗址 ………………………………… (284)
杭州市余杭区跳头商周遗址 ………………………………………………… (284)
宁波市镇海区应家商周时期遗址 …………………………………………… (285)
衢州市衢江区孟姜村西周土墩墓群 ………………………………………… (286)
长兴五峰西横山两周及明清时期墓葬 ……………………………………… (287)
安吉古城遗址 ………………………………………………………………… (287)
安吉天子湖工业园区东周汉代和清代墓群 ………………………………… (288)
宁波市北仑区四顾山东周遗址 ……………………………………………… (289)
长兴碧岩东周至汉代土墩墓 ………………………………………………… (290)
绍兴越城区亭山战国至宋代墓葬 …………………………………………… (290)
湖州市安吉上马山 179 号东周土墩墓 ……………………………………… (291)
安吉五福汉代土墩墓 ………………………………………………………… (291)

杭州市萧山区黄家河汉至明清时期墓群 …………………………………………… (292)
杭州市临安区环湖村平峰山东汉至明代墓地 …………………………………… (293)
宁波市余姚花园新村汉六朝遗址 ……………………………………………………… (293)
安吉摘帽山汉代墓葬 ……………………………………………………………………… (294)
杭州市临安区虹桥村三国至明清墓地 ……………………………………………… (294)
杭州市余杭区李家塘六朝隋唐遗址 ………………………………………………… (295)
浙江工业大学屏峰校区六朝至唐宋时期遗址 …………………………………… (296)
余姚市施岙六朝至明清时期墓群 …………………………………………………… (296)
杭州市临安区天目窑宋元时期窑址 ………………………………………………… (298)
兰溪市胡联村宋代壁画墓 ………………………………………………………………… (299)
绍兴市宋六陵二号陵园遗址 ……………………………………………………………… (299)
台州市沙埠镇凤凰山宋代窑址 ………………………………………………………… (300)
姚江谷地河姆渡文化核心区考古调查 ……………………………………………… (301)
安徽省 ………………………………………………………………………………………… (303)
含山县凌家滩新石器时代遗址 ………………………………………………………… (303)
阜阳岳家湖新石器时代遗址 ……………………………………………………………… (303)
淮南三元孤堆及夏家孤堆战国及唐宋墓群 ……………………………………… (304)
亳州市西菜园两汉及宋代墓地 ………………………………………………………… (304)
灵璧师范学校汉代墓葬 …………………………………………………………………… (305)
淮南市大通区唐代寿州窑遗址 ………………………………………………………… (306)
芜湖市繁昌窑遗址 …………………………………………………………………………… (307)
长丰县埠里宋代家族墓地 ………………………………………………………………… (308)
凤阳明中都遗址 ……………………………………………………………………………… (309)
五河县临北古渡口遗址 …………………………………………………………………… (309)
南陵县漳河——大工山区域系统调查 ……………………………………………… (310)
福建省 ………………………………………………………………………………………… (311)
平潭龟山新石器时代遗址 ………………………………………………………………… (311)
平潭榕山新石器时代遗址 ………………………………………………………………… (311)
泉州南外宗正司遗址 ……………………………………………………………………… (312)
泉州市舶司遗址 ……………………………………………………………………………… (313)
安溪县青阳下草埔宋元冶铁遗址 …………………………………………………… (313)
德化县尾林—内坂窑址 …………………………………………………………………… (314)
江西省 ………………………………………………………………………………………… (316)
高安上湖旧石器时代遗址 ………………………………………………………………… (316)
宜黄县锅底山新石器时代及商周时期遗址 ……………………………………… (316)
贵溪坦石村商代遗址 ……………………………………………………………………… (317)
浮梁县张家仵商代遗址 …………………………………………………………………… (318)
樟树市筑卫城遗址国字山战国墓葬 ………………………………………………… (318)
安福县起凤山汉代墓葬 …………………………………………………………………… (319)
九江市八里湖新区朱垅口六朝墓 …………………………………………………… (319)

九江浔阳城遗址 …………………………………………………………………… (320)
修水县唐代夏光庭墓 ………………………………………………………………… (320)
宜春市高士南路晚唐五代城墙遗址 ………………………………………………… (321)
南昌县介冈八大山人出家地遗址 …………………………………………………… (322)
山东省 ……………………………………………………………………………… (324)
沂水跋山水库旧石器时代遗址 ……………………………………………………… (324)
沂南县里宏北辛文化遗址 …………………………………………………………… (324)
菏泽市牡丹区孙大园堌堆新石器时代至汉代遗址 ………………………………… (325)
济南市焦家新石器时代遗址 ………………………………………………………… (325)
滕州市岗上大汶口文化遗址 ………………………………………………………… (326)
滕州市唐村西南大汶口文化遗址 …………………………………………………… (326)
滕州市前大庙新石器时代至宋元时期遗址 ………………………………………… (327)
高青县胥家村南龙山时期及隋唐时期墓地 ………………………………………… (328)
曲阜郑家村龙山文化及东周时期遗址 ……………………………………………… (328)
博兴县北营龙山时期及汉代遗址 …………………………………………………… (329)
高青县曹坡岳石文化至汉代遗址 …………………………………………………… (329)
济南钢城区乔店岳石文化遗址 ……………………………………………………… (330)
济南市历城区大辛庄商代遗址 ……………………………………………………… (330)
济南市历城区裴家营西北商代至明清时期遗址 …………………………………… (331)
曲阜东方御府商周时期遗址 ………………………………………………………… (332)
兖州张刘商代及战国时期遗址 ……………………………………………………… (332)
邹平东安西周遗址 …………………………………………………………………… (333)
高青县拥护村南周代遗址 …………………………………………………………… (333)
临淄齐国故城小城西门西侧夯土基址 ……………………………………………… (334)
淄博市黄家东周遗址 ………………………………………………………………… (334)
滕州东莱东周墓地 …………………………………………………………………… (335)
青岛市琅琊台东周至秦汉时期遗址 ………………………………………………… (335)
济南刘官庄南东周及汉唐时期遗址 ………………………………………………… (336)
兖州蒿庙东周及汉代遗址 …………………………………………………………… (337)
郯国故城遗址 ………………………………………………………………………… (337)
枣庄市前刘庄战国秦汉时期遗址 …………………………………………………… (338)
济南梁王东周及唐代遗址 …………………………………………………………… (339)
临淄区医疗中心战国汉代及宋明墓地 ……………………………………………… (339)
禹城市姚高东汉代墓地 ……………………………………………………………… (340)
定陶王陵 M2 ………………………………………………………………………… (340)
德州市德城区小刘庄东汉壁画墓 …………………………………………………… (341)
聊城碧桂园唐墓 ……………………………………………………………………… (342)
聊城绳张晚唐至五代墓地 …………………………………………………………… (342)
菏泽市牡丹区孙大园北明代墓地 …………………………………………………… (342)
济宁河道总督署遗址 ………………………………………………………………… (343)

菏泽市定陶区仿山墓群考古勘探 …………………………………………………… (344)
鲁东南沿海区域系统考古调查 ……………………………………………………… (344)
山东北部沿海地区环境考古调查 …………………………………………………… (345)
河南省 …………………………………………………………………………………… (347)
鲁山仙人洞旧石器时代遗址 ………………………………………………………… (347)
中牟业王新石器时代遗址 …………………………………………………………… (347)
灵宝城烟仰韶文化遗址 ……………………………………………………………… (348)
南阳黄山新石器时代遗址 …………………………………………………………… (349)
渑池仰韶村新石器时代遗址 ………………………………………………………… (350)
郑州市大河村新石器时代遗址 ……………………………………………………… (351)
郑州市高新区水牛张新石器时代遗址 ……………………………………………… (351)
驻马店双高楼新石器时代遗址 ……………………………………………………… (352)
伊川县南寨新石器时代至二里头文化遗址 ………………………………………… (353)
新乡市高新区西台头新石器时代至东周遗址 ……………………………………… (353)
登封王城岗龙山文化及二里头文化遗址 …………………………………………… (354)
孟州禹寺龙山文化及西周遗址 ……………………………………………………… (354)
叶县余庄龙山文化遗址 ……………………………………………………………… (355)
郑州航空港区生金李村龙山文化遗址 ……………………………………………… (356)
驻马店高明楼王湾三期文化遗址 …………………………………………………… (357)
郑州商城遗址 ………………………………………………………………………… (357)
偃师商城遗址 ………………………………………………………………………… (358)
安阳市安钢厂区商代遗存 …………………………………………………………… (359)
安阳市大司空东地商代遗存 ………………………………………………………… (360)
荥阳官庄遗址两周及汉代手工业作坊遗存 ………………………………………… (361)
洛阳市涧东路中学东周墓葬和西汉陶窑址 ………………………………………… (361)
鹤壁申屯东周至宋代遗址 …………………………………………………………… (362)
郑州市惠济区苏屯村东周至唐宋时期遗址 ………………………………………… (363)
新郑华阳故城战国至汉代墓地 ……………………………………………………… (364)
新郑市郑韩故城后端湾战国铸铁遗址 ……………………………………………… (366)
偃师市前杜楼村战国至唐代墓葬 …………………………………………………… (367)
鹿邑县卫真农贸城战国宋代遗址 …………………………………………………… (368)
洛阳市西工区史家屯西汉墓 ………………………………………………………… (368)
洛阳白草坡东汉陵园遗址 …………………………………………………………… (368)
洛阳纱厂路隋唐时期仓窖遗址 ……………………………………………………… (369)
郑州市地铁10号线红石坡段唐墓 …………………………………………………… (370)
郑州市颍河路小学唐墓 ……………………………………………………………… (370)
新郑市郑韩故城唐墓 ………………………………………………………………… (371)
洛阳市洛龙区杜村北宋砖雕墓 ……………………………………………………… (371)
平顶山地区旧石器时代考古调查 …………………………………………………… (372)
新乡古黄河大堤及卷长城考古调查 ………………………………………………… (372)

湖北省 …………………………………………………………………………………（374）
荆门屈家岭新石器时代遗址 ……………………………………………………（374）
沙洋光华新石器时代遗址 ………………………………………………………（375）
襄阳市襄州区凤凰咀新石器时代遗址 …………………………………………（375）
武汉市盘龙城遗址杨家湾北坡遗存 ……………………………………………（377）
武汉市黄陂鲁台山郭元咀商代遗址 ……………………………………………（378）
京山苏家垄遗址 …………………………………………………………………（379）
襄阳市贾巷东周至唐代墓葬 ……………………………………………………（380）
熊家冢战国墓地 …………………………………………………………………（381）
荆门市沙洋新村战国墓地 ………………………………………………………（381）
云梦县郑家湖战国墓地 …………………………………………………………（382）
荆州郢城遗址 ……………………………………………………………………（383）
荆州古城城墙 11 号马面遗存 ……………………………………………………（384）
武当山五龙宫遗址 ………………………………………………………………（385）
湖南省 …………………………………………………………………………………（386）
汉寿县老坟山旧石器时代遗址 …………………………………………………（386）
澧县鸡叫城新石器时代遗址 ……………………………………………………（386）
汉寿县扩龙嘴新石器时代至汉代遗址 …………………………………………（387）
华容县七星墩新石器时代遗址 …………………………………………………（388）
澧县高堰村新石器时代墓地 ……………………………………………………（389）
澧县孙家岗新石器时代遗址 ……………………………………………………（390）
岳阳市罗城东周遗址 ……………………………………………………………（391）
保靖县四方城遗址乳香岩战国墓群 ……………………………………………（392）
益阳市十字山战国墓群 …………………………………………………………（392）
桃源县桃诚战国至明清墓葬群及宋代遗址 ……………………………………（393）
益阳市黄家坡战国至西汉墓群 …………………………………………………（394）
汉寿县云台战国秦汉及宋代墓群 ………………………………………………（395）
汉寿江家山战国至汉代墓群 ……………………………………………………（395）
保靖县四方城遗址洞庭汉代墓群 ………………………………………………（396）
蓝山县牛承村汉至隋唐墓葬 ……………………………………………………（396）
益阳市大海塘东汉至三国墓群 …………………………………………………（397）
宁乡金旺村南朝纪年墓 …………………………………………………………（397）
临武县汾市镇渡头古城六朝时期遗址 …………………………………………（398）
长沙市营盘路五代至南宋时期遗址 ……………………………………………（398）
宁乡县杨家湾宋代家族墓及元代炭窑址 ………………………………………（399）
永顺老司城遗址 …………………………………………………………………（400）
乌江流域考古调查 ………………………………………………………………（400）
广东省 …………………………………………………………………………………（402）
韶关市曲江区鸭子嘴石峡文化遗址 ……………………………………………（402）
英德市岩山寨石峡文化遗址 ……………………………………………………（403）

五华县新塔山新石器时代遗址 …………………………………………………… (403)
广州市黄埔区马头庄新石器时代至西周遗址 ………………………………… (404)
广州市荔湾区广雅中学先秦至明清时期遗址 ………………………………… (404)
广州市黄埔区烧瓦窿两周时期遗址 …………………………………………… (405)
博罗县五斗种战国至西汉时期墓地 …………………………………………… (406)
始兴县瑶前墓葬 ………………………………………………………………… (406)
广州市荔湾区广钢新城东汉墓 ………………………………………………… (407)
广州市越秀区中山六路汉至清代遗址 ………………………………………… (407)
云浮市罗寺村六朝墓葬 ………………………………………………………… (408)
茂名市电白区西边坡南朝至唐代遗址 ………………………………………… (408)
乳源县小江村隋唐墓葬 ………………………………………………………… (409)
广州市越秀区大佛寺南院区晚唐五代宋明清遗址 …………………………… (409)
惠东县三官坑明代窑址 ………………………………………………………… (410)
普宁学宫明清时期泮池遗存 …………………………………………………… (410)
广州市越秀区下塘西路清代墓群 ……………………………………………… (411)
广西壮族自治区 ………………………………………………………………… (412)
合浦县大浪古城 ………………………………………………………………… (412)
重庆市 …………………………………………………………………………… (413)
云阳县磐石城新石器至商周时期和明清遗址 ………………………………… (413)
九龙坡区冬笋坝战国至新莽墓地 ……………………………………………… (413)
潼南区牌坊坡汉至六朝墓群 …………………………………………………… (415)
奉节白帝城子阳城汉至宋元遗址 ……………………………………………… (415)
合川钓鱼城宋元时期遗址 ……………………………………………………… (416)
忠县皇华城宋元时期遗址 ……………………………………………………… (417)
南川区龙崖城宋代至民国遗址 ………………………………………………… (418)
梁平区赤牛城宋至明清遗址 …………………………………………………… (419)
璧山区沙湾大坟坡宋代墓地 …………………………………………………… (419)
巴南区翰林坟明代墓葬 ………………………………………………………… (420)
涪陵区周煌清代墓葬 …………………………………………………………… (421)
渝湘高速公路复线建设工程文物调查勘探 …………………………………… (422)
南川区工业园区文物调查勘探 ………………………………………………… (422)
四川省 …………………………………………………………………………… (424)
眉山东坡区坛罐山遗址 ………………………………………………………… (424)
马尔康市石达秋新石器时代至东汉时期遗址 ………………………………… (425)
广汉联合新石器时代至唐宋时期遗址 ………………………………………… (425)
成都市金牛区幸福桥新石器时代至商周时期遗址 …………………………… (426)
成都市温江区老坟地新石器时代至唐宋时期遗址 …………………………… (427)
德昌凌家堡子新石器时代至商周时期遗址 …………………………………… (427)
宁南县曾龙田新石器时代至商周时期遗址 …………………………………… (428)
宁南县陈家田坝新石器时代至商周时期遗址 ………………………………… (429)

宁南县钟家梁子新石器时代至商周时期遗址 …………………………………………（429）
阆中市彭城坝新石器时代至唐宋时期遗址 …………………………………………（430）
成都市武侯区陆坝商周遗址 …………………………………………（430）
宣汉县罗家坝战国至汉代遗址 …………………………………………（431）
眉山市彭山区大坟包战国至宋代墓地 …………………………………………（432）
成都市成华区东林四组战国至西汉墓葬 …………………………………………（433）
西昌市大石磅遗址 …………………………………………（433）
渠县城坝秦汉时期遗址 …………………………………………（434）
成都市牛市口西汉至明代墓地 …………………………………………（435）
成都市青羊区西御河沿街隋唐至明代遗址 …………………………………………（435）
蒲江县南街唐宋至清代遗址 …………………………………………（436）
泸州市深基湾宋代墓地 …………………………………………（437）
成都市龙泉驿区太平村宋明墓群 …………………………………………（437）
简阳方家寺宋明时期墓群 …………………………………………（438）
泸州市江阳区凤凰山宋代墓地 …………………………………………（439）
华蓥市安丙家族墓地 …………………………………………（439）
成都青白江区十五里村明代墓群 …………………………………………（440）
乐山市马边明王寺明代遗址 …………………………………………（441）
彭山江口明末战场遗址 …………………………………………（441）
岷江上游考古调查与试掘 …………………………………………（442）
黄河流域（四川境内）考古调查 …………………………………………（442）
嘉陵江上游广元段考古调查与试掘 …………………………………………（443）
青白江中上游地区考古调查 …………………………………………（443）
彭州竹瓦街遗址调查及试掘 …………………………………………（444）
五粮液老窖池群考古调查 …………………………………………（444）
贵州省 …………………………………………（446）
铜仁市方田坝商周遗址 …………………………………………（446）
黄平县镰刀湾商周时期遗址 …………………………………………（447）
铜仁市碧江区漩水湾遗址 …………………………………………（447）
铜仁寨坝汉代遗址 …………………………………………（448）
务川汞矿遗存 …………………………………………（449）
安顺西秀区宁谷西晋墓 …………………………………………（450）
遵义市红花岗区明代茅衙遗址 …………………………………………（450）
毕节市辅处河先秦至两汉时期遗址 …………………………………………（451）
云南省 …………………………………………（453）
沧源县农克硝洞旧石器时代遗址 …………………………………………（453）
鹤庆龙潭旧石器时代遗址 …………………………………………（453）
耿马芒嘎新石器时代及明清时期遗址 …………………………………………（454）
剑川海门口新石器时代至青铜时代遗址 …………………………………………（455）
巧家县三棵树新石器至青铜时代墓地 …………………………………………（456）

玉龙县为都青铜时代墓地 …… (456)
晋宁河泊所遗址 …… (457)
大理太和城遗址 …… (458)
大理五指山遗址 …… (458)
耿马城子村明清时期遗址 …… (459)
耿马勐永大坟坝明清墓地 …… (460)
建水窑遗址 …… (461)
巧家县清代寿佛寺遗址 …… (462)
西藏自治区 …… (463)
噶尔县且热旧石器时代遗址 …… (463)
革吉县梅龙达普史前洞穴遗址 …… (464)
札达县格布赛鲁墓地 …… (464)
拉萨曲贡新石器时代遗址 …… (465)
仁布县色多新石器时代墓地 …… (465)
札达县皮央东嘎周边区域遗址和墓葬 …… (466)
噶尔县觉莫林墓葬 …… (467)
当雄吐蕃墓地 …… (467)
浪卡子县那龙吐蕃墓地 …… (468)
扎达县曲龙遗址 …… (468)
普兰县宗朵墓地 …… (469)
茶马古道西藏段文物考古调查 …… (469)
丝绸之路南亚廊道青藏段考古调查 …… (470)
南亚廊道西藏阿里普兰段考古调查 …… (470)
陕西省 …… (472)
渭南北刘新石器时代遗址 …… (472)
杨官寨新石器时代遗址 …… (472)
府谷寨山新石器时代遗址 …… (473)
延安芦山峁新石器时代遗址 …… (474)
白水县杜康新石器时代遗址 …… (475)
西安灞桥区袁家崖夏商时期遗址 …… (476)
旬邑县西头商周至宋元时期遗址 …… (477)
宝鸡下河孙家商周时期遗址 …… (478)
周原遗址 …… (478)
西安市西咸新区西周丰京遗址 …… (479)
西安市西周镐京遗址 …… (479)
澄城刘家洼芮国都邑遗址 …… (480)
韩城陶渠周代墓地 …… (480)
延安觉德东周遗址 …… (481)
宝鸡市陈仓区下站秦汉祭祀遗址 …… (481)
凤翔南指挥秦墓 …… (482)

洛川月家庄秦人墓地 …… (483)
秦咸阳城遗址 …… (483)
西安市西咸新区泾河新城吊庄秦汉时期遗址 …… (484)
西安市高陵区榆楚秦汉墓地 …… (485)
咸阳沙河古桥遗址 …… (485)
西安市秦汉新城大堡子墓地 …… (486)
浐灞生态区谢二村汉代遗址 …… (486)
泾河新城金田玉西汉墓地 …… (487)
宝鸡西秦村西汉墓地 …… (488)
浐灞生态区广大门汉墓 …… (488)
泾河新城阜下汉唐墓地 …… (488)
西安市秦汉新城龚东汉至明清时期墓地 …… (489)
西安市长安区贾里村汉至明清时期墓地 …… (490)
西安市空港新城龙枣村汉唐墓地 …… (491)
秦汉新城东史遗址 …… (491)
西安市长安区居安汉唐至明清墓地 …… (492)
西安市空港新城韩家村墓地北周及隋代家族墓 …… (493)
西安市空港新城南朱留墓地北周家族墓 …… (493)
西安碑林博物馆隋唐至明清时期遗存 …… (494)
西安市空港新城布里墓地隋墓 …… (494)
西安市临潼区唐华清宫朝元阁遗址 …… (495)
隋唐长安城布政坊遗址 …… (495)
隋唐长安城东市遗址 …… (496)
西安市灞桥区狄寨村唐墓 …… (497)
西安市长安区杜回村北宋孟氏家族墓地 …… (497)
靖边清平堡明代显应官遗址 …… (498)
西安市莲湖区友谊村明清时期陶窑遗址 …… (499)
陕西秦岭北麓旧石器时代遗址调查 …… (499)
榆林市黄河沿岸旧石器时代遗址调查 …… (500)
甘肃省 …… (502)
永登县奖俊埠旧石器时代遗址 …… (502)
临洮县寺洼新石器时代遗址 …… (502)
兰州市七里河区曹家咀新石器时代遗址 …… (503)
崇信县寺沟新石器时代遗址 …… (504)
灵台县桥村新石器时代遗址 …… (504)
宁县石家及遇村周代遗址 …… (505)
合水县九站遗址西周至明清墓葬 …… (505)
宁县太子冢战国至明清时期墓群 …… (506)
张家川马家塬战国墓地 …… (506)
礼县四角坪遗址 …… (507)

定西市赵家坪汉代墓群 …………………………………………………… (508)
武威地区吐谷浑王族墓葬群 ……………………………………………… (508)
瓜州锁阳城遗址 …………………………………………………………… (509)
庄浪县紫荆路宋代遗址 …………………………………………………… (510)
莫高窟大牌坊建筑遗址 …………………………………………………… (510)
青海省 ………………………………………………………………………… (512)
同德县宗日遗址 …………………………………………………………… (512)
丝绸之路南亚廊道青海段调查 …………………………………………… (513)
青海省石窟寺专项调查 …………………………………………………… (513)
宁夏回族自治区 ……………………………………………………………… (514)
宁夏水洞沟旧石器时代遗址 ……………………………………………… (514)
隆得县周家嘴头新石器时代遗址 ………………………………………… (514)
宁夏红河流域区域系统考古调查 ………………………………………… (515)
姚河塬西周遗址 …………………………………………………………… (516)
新疆维吾尔自治区 …………………………………………………………… (518)
吉木乃通天洞旧石器时代遗址 …………………………………………… (518)
黑山岭绿松石采矿遗址 …………………………………………………… (518)
尼勒克县吉仁台沟口遗址高台遗存 ……………………………………… (519)
新源县哈勒哈西特青铜时代遗址 ………………………………………… (520)
轮台县奎玉克协海尔古城遗址 …………………………………………… (521)
和静县乌兰英格墓地 ……………………………………………………… (522)
轮台卓尔库特古城 ………………………………………………………… (522)
库车县乌什吐尔遗址 ……………………………………………………… (523)
奇台县唐朝墩古城遗址 …………………………………………………… (524)
博乐市达勒特古城 ………………………………………………………… (524)
库尔勒市玉孜干遗址 ……………………………………………………… (525)

第三篇 赴外考古

俄罗斯平丘卡—6号地点 ……………………………………………………… (529)
埃及卢克索卡尔纳克北部孟图神庙区 ……………………………………… (529)

第四篇 学术会议

中国社会科学院考古学论坛·2019年中国考古新发现在北京举行 ………… (533)
2019年度全国十大考古新发现终评会在线举行 …………………………… (533)
第二届城市考古开放工地高级研修班在内蒙古自治区巴林左旗辽上京
遗址举办 …………………………………………………………………… (533)
聚落与社会——新实践与新思考暨石峁遗址系统考古十周年学术研讨会在
陕西省神木县石峁遗址举行 ……………………………………………… (534)

大运河文博考古主题研讨会在江苏省南京市召开 …………………………………（534）
第三届古代玉器青年学术论坛在甘肃省兰州市召开 ………………………………（534）
中国考古学前沿论坛暨四川大学考古学专业创建60周年纪念大会
在四川大学举行 ……………………………………………………………………（534）
纪念新中国辉县考古发掘70周年暨古代文明研讨会在河南省新乡
市召开 ………………………………………………………………………………（535）
考古学与当代社会——首都师范大学公众考古学中心成立五周年专题研讨会
在北京召开 …………………………………………………………………………（535）
全国文物与博物馆专业学位研究生教育指导委员会工作交流暨培养单位
教学研讨会在山东省青岛市召开 …………………………………………………（535）
陕西省考古学会第四届会员代表大会暨陕西考古论坛在陕西省西安市举行 ……（535）
全国高校考古及博物馆学科人才培养研讨会暨第九届发现中国李济考古学
奖学金颁奖仪式在中山大学举办 …………………………………………………（536）
考古学新文科实习基地建设暨先秦铸铜手工业论坛在郑州大学举办 …………（536）
丝路沿线地区旧石器时代考古暨甘肃发现旧石器100周年研讨会在甘肃省
兰州市召开 …………………………………………………………………………（536）
纪念侯马盟书发现55周年暨张颔先生诞辰100周年学术研讨会在山西省
侯马市召开 …………………………………………………………………………（536）
丝绸之路传统文化保护开发利用国际产学研用合作研讨会在陕西省
西安市举办 …………………………………………………………………………（537）
晋国都城遗产的价值与"申遗"研讨会在山西省曲沃县举行……………………（537）
泉州城考古学术研讨会在福建省泉州市召开 ……………………………………（537）
第十届北京高校研究生考古论坛在北京联合大学举办 …………………………（537）
中国都城考古新进展国际学术研讨会在线上召开 ………………………………（538）
事生与超越：中国古代帝王的生死观学术研讨会在郑州大学举办 ……………（538）
鞣鞨渤海文化研讨会在线举办 ……………………………………………………（538）

第五篇　考古教学

2020年毕业本科生人数 ……………………………………………………………（541）
2020年毕业的硕士研究生 …………………………………………………………（543）
2020年毕业的博士研究生 …………………………………………………………（584）

第六篇　逝世考古学家

王劲 ………………………………………………………………………………（595）
张长寿 ………………………………………………………………………………（597）
谭维四 ………………………………………………………………………………（601）

第七篇 考古学文献资料目录

考古学书目 …… (605)
壹 总类 …… (605)
一 考古学通论 …… (605)
二 各地考古综述 …… (606)
三 论文集 …… (606)
四 博物馆藏品、陈列和展览图录 …… (609)
五 田野考古方法 …… (611)
六 科技考古 …… (611)
七 工具书 …… (612)
贰 田野考古资料 …… (612)
一 调查发掘报告 …… (612)
二 出土文物图录 …… (615)
叁 考古学分论 …… (616)
一 人类起源与旧石器时代 …… (616)
二 新石器时代 …… (617)
三 夏商周时代 …… (618)
四 秦汉及汉以后各代 …… (619)
肆 考古学专论 …… (621)
一 甲骨卜辞 附：古文字研究 …… (621)
二 青铜器及铭文 …… (622)
三 简牍、帛书、文书写本 …… (623)
四 古代碑刻、墓志 …… (625)
五 古代玉器 …… (625)
六 古代钱币 …… (626)
七 铜镜 …… (626)
八 玺印、封泥 …… (626)
九 古代兵器 …… (627)
伍 美术考古 …… (627)
一 通论 …… (627)
二 古代雕塑 附：汉画像石 …… (627)
三 石窟寺 …… (628)
四 古代建筑 …… (629)
五 陶瓷与窑址 …… (629)
六 古代绘画 …… (631)
七 古代书法 …… (632)
八 古代工艺美术 …… (632)
陆 古代科学技术与手工业 …… (633)

柒　古代文化生活 ……………………………………………………………… (633)
捌　民族考古和边疆地区考古 ………………………………………………… (633)
玖　宗教遗迹与遗物 …………………………………………………………… (635)
拾　文物保护单位、文物志与历史地理 ……………………………………… (636)
拾壹　中外关系与中外文化交流 ……………………………………………… (636)
拾贰　文物保护、大遗址和文化遗产保护 …………………………………… (637)
一　文物保护事业 ……………………………………………………………… (637)
二　文物保护技术与文物修复 ………………………………………………… (638)
三　文物保护工程 ……………………………………………………………… (639)
四　遗址保护 …………………………………………………………………… (639)
拾叁　水下考古 ………………………………………………………………… (640)
拾肆　世界古代文明与考古 …………………………………………………… (640)
拾伍　金石学 …………………………………………………………………… (641)
考古学论文资料索引 …………………………………………………………… (642)
壹　总论 ………………………………………………………………………… (642)
一　综述 ………………………………………………………………………… (642)
二　考古学史和考古学家传记 ………………………………………………… (643)
贰　考古学分论 ………………………………………………………………… (645)
一　人类起源及旧石器时代 …………………………………………………… (645)
二　新石器时代 ………………………………………………………………… (646)
三　夏文化探索 ………………………………………………………………… (652)
四　殷商 ………………………………………………………………………… (653)
五　西周 ………………………………………………………………………… (654)
六　东周 ………………………………………………………………………… (654)
七　夏商周时期周边地区的青铜文化 ………………………………………… (655)
八　秦代 ………………………………………………………………………… (657)
九　汉代 ………………………………………………………………………… (657)
一〇　三国两晋南北朝 ………………………………………………………… (660)
一一　隋唐五代 ………………………………………………………………… (661)
一二　宋至明清 ………………………………………………………………… (663)
一三　其他 ……………………………………………………………………… (666)
叁　考古学专论 ………………………………………………………………… (666)
一　甲骨文 ……………………………………………………………………… (666)
二　青铜器与铭文研究 ………………………………………………………… (668)
三　简牍、帛书、文书、写本 ………………………………………………… (674)
四　碑刻与墓志 ………………………………………………………………… (679)
五　玉器 ………………………………………………………………………… (684)
六　货币 ………………………………………………………………………… (686)
七　玺印与封泥 ………………………………………………………………… (687)
八　瓷器 ………………………………………………………………………… (687)

九　其他 …… (692)
肆　田野考古 …… (692)
一　北京市 …… (692)
二　天津市 …… (693)
三　河北省 …… (693)
四　山西省 …… (693)
五　内蒙古自治区 …… (694)
六　辽宁省 …… (695)
七　吉林省 …… (695)
八　黑龙江省 …… (696)
九　上海市 …… (696)
一〇　江苏省 …… (696)
一一　浙江省 …… (697)
一二　安徽省 …… (698)
一三　福建省 …… (698)
一四　江西省 …… (699)
一五　山东省 …… (699)
一六　河南省 …… (700)
一七　湖北省 …… (702)
一八　湖南省 …… (703)
一九　广东省 …… (703)
二〇　广西壮族自治区 …… (704)
二一　海南省 …… (704)
二二　重庆市 …… (704)
二三　四川省 …… (704)
二四　贵州省 …… (705)
二五　云南省 …… (705)
二六　西藏自治区 …… (705)
二七　陕西省 …… (705)
二八　甘肃省 …… (707)
二九　青海省 …… (707)
三〇　宁夏回族自治区 …… (707)
三一　新疆维吾尔自治区 …… (707)
伍　科技考古 …… (708)
陆　美术考古 …… (717)
一　通论 …… (717)
二　雕塑 …… (717)
三　石窟寺艺术 …… (720)
四　古代建筑 …… (721)
五　绘画 …… (723)

六 书法 …………………………………………………………………………………… (726)
七 工艺美术 ……………………………………………………………………………… (726)
柒 中外交流与世界考古 ………………………………………………………………… (728)
捌 文化遗产保护 ………………………………………………………………………… (732)
玖 盐业考古 ……………………………………………………………………………… (739)
拾 水下考古 ……………………………………………………………………………… (739)
拾壹 交通考古与古迹 …………………………………………………………………… (740)
拾贰 学术简讯 …………………………………………………………………………… (741)
一 学术会议 ……………………………………………………………………………… (741)
二 文博机构介绍 ………………………………………………………………………… (742)
三 其他 …………………………………………………………………………………… (743)
拾叁 书刊评介 …………………………………………………………………………… (743)
一 总述 …………………………………………………………………………………… (743)
二 史前考古 ……………………………………………………………………………… (744)
三 夏商周考古 …………………………………………………………………………… (744)
四 秦汉及以后 …………………………………………………………………………… (745)
五 科技考古 ……………………………………………………………………………… (746)
六 其他 …………………………………………………………………………………… (746)
新发表古代铭刻资料简目 ………………………………………………………………… (747)
一 金文 …………………………………………………………………………………… (747)
商代 ………………………………………………………………………………………… (747)
商代晚期到西周早期 ……………………………………………………………………… (747)
西周 ………………………………………………………………………………………… (747)
西周晚期到春秋早期 ……………………………………………………………………… (750)
春秋 ………………………………………………………………………………………… (751)
战国 ………………………………………………………………………………………… (753)
东周 ………………………………………………………………………………………… (753)
西汉 ………………………………………………………………………………………… (753)
元代 ………………………………………………………………………………………… (753)
清代 ………………………………………………………………………………………… (754)
附一：金银器 ……………………………………………………………………………… (755)
汉代 ………………………………………………………………………………………… (755)
五代 ………………………………………………………………………………………… (755)
清代 ………………………………………………………………………………………… (756)
二 玺印 …………………………………………………………………………………… (756)
战国 ………………………………………………………………………………………… (756)
战国秦 ……………………………………………………………………………………… (756)
西汉 ………………………………………………………………………………………… (756)
东汉 ………………………………………………………………………………………… (757)
汉晋 ………………………………………………………………………………………… (757)

金代……(757)
明代……(757)
三 墓志 ……(757)
北魏……(757)
西魏……(757)
北周……(758)
北齐……(758)
隋代……(758)
唐代……(758)
北宋……(760)
辽代……(760)
元代……(761)
明代……(761)
清代……(763)
附一：买地券 ……(764)
东汉……(764)
魏晋……(764)
唐代……(764)
晚唐五代 ……(764)
宋代……(764)
元代……(764)
明代……(765)
清代……(765)
附二：墓碑 ……(765)
南宋……(765)
明代……(765)
明清……(766)
清代……(767)
附三：墓室题记 ……(767)
西汉……(767)
南宋……(767)
金代……(767)
附四：墓砖 ……(767)
东汉……(767)
孙吴……(767)
北魏……(768)
唐代……(768)
辽代……(768)
元代……(768)
四 碑刻 ……(768)

唐代……（768）
宋代……（769）
辽代……（769）
金代……（769）
元代……（769）
明代……（769）
明清……（770）
清代……（770）
附一：造像题记……（770）
北魏……（770）
东魏……（771）
隋代……（771）
唐代……（772）
高昌回鹘……（773）
五代吴越国……（774）
南宋……（774）
明代……（774）
清代……（775）
附二：摩崖石刻……（776）
唐代……（776）
北宋……（776）
南宋……（777）
明代……（777）
清代……（777）
附三：塔幢……（777）
唐代……（777）
五代吴越国……（778）
北宋……（778）
五 陶文……（778）
春秋战国……（778）
战国……（778）
战国秦……（779）
秦汉……（779）
西汉南越国……（779）
汉代……（780）
西晋……（780）
唐代……（780）
高昌回鹘……（781）
辽代……（781）
宋代……（782）

明代…………………………………………………………………………………（782）
明清…………………………………………………………………………………（782）
附一：瓦当 …………………………………………………………………………（783）
秦汉…………………………………………………………………………………（783）
西汉南越国 …………………………………………………………………………（783）
汉代…………………………………………………………………………………（783）
南宋…………………………………………………………………………………（783）
附二：铭文砖 ………………………………………………………………………（783）
三国吴 ………………………………………………………………………………（783）
西晋…………………………………………………………………………………（784）
南宋…………………………………………………………………………………（784）
元代…………………………………………………………………………………（784）
明代…………………………………………………………………………………（784）
附三：瓷文 …………………………………………………………………………（784）
西汉…………………………………………………………………………………（784）
东汉…………………………………………………………………………………（784）
唐代…………………………………………………………………………………（785）
五代…………………………………………………………………………………（785）
北宋金 ………………………………………………………………………………（785）
辽代…………………………………………………………………………………（785）
金代…………………………………………………………………………………（785）
南宋…………………………………………………………………………………（786）
宋元…………………………………………………………………………………（786）
宋金元 ………………………………………………………………………………（787）
元代…………………………………………………………………………………（787）
元明…………………………………………………………………………………（788）
明代…………………………………………………………………………………（788）
明清…………………………………………………………………………………（790）
清代…………………………………………………………………………………（790）
宋元明清 ……………………………………………………………………………（791）
六　简牍 ……………………………………………………………………………（792）
战国…………………………………………………………………………………（792）
西汉…………………………………………………………………………………（792）
六朝…………………………………………………………………………………（792）
清代…………………………………………………………………………………（792）
附一：纸质 …………………………………………………………………………（792）
五代吴越国 …………………………………………………………………………（792）
蒙元…………………………………………………………………………………（793）
明代…………………………………………………………………………………（793）
清代…………………………………………………………………………………（793）

七　杂器铭 ………………………………………………………………………………（793）
战国……………………………………………………………………………………（793）
西汉……………………………………………………………………………………（793）
东汉……………………………………………………………………………………（794）
唐代……………………………………………………………………………………（794）
高昌回鹘 ………………………………………………………………………………（794）
北宋……………………………………………………………………………………（794）
辽代……………………………………………………………………………………（794）
西夏……………………………………………………………………………………（795）
金代……………………………………………………………………………………（795）
宋元……………………………………………………………………………………（795）
元代……………………………………………………………………………………（795）
明代……………………………………………………………………………………（795）
明清……………………………………………………………………………………（795）
清代……………………………………………………………………………………（795）
附一：漆木器 …………………………………………………………………………（796）
战国……………………………………………………………………………………（796）
晚唐五代 ………………………………………………………………………………（796）
五代吴越国 ……………………………………………………………………………（797）
北宋……………………………………………………………………………………（797）

第一篇

中国考古学研究综述

旧石器时代考古与古人类学

周振宇　王晓敏

旧石器考古的研究时域是人类起源、演化的最早阶段，也是人类历史上最漫长的时段。随着科研力量的不断壮大，研究方法逐步拓展，旧石器考古的研究广度和深度持续扩展。2020 年的旧石器考古新发现层出迭见，新研究精彩不断。

一　考古发现与进展

我国因地形地貌和地质堆积特征在不同区域各不相同，大致上可分为青藏高原大区、秦岭淮河以北的北方地区，以及秦岭淮河以南的南方地区。总体来说，北方地区发现的旧石器遗址数量较多，其他区域次之。

（一）考古发掘

东北地区报道的旧石器遗址，包括洞穴类型和旷野类型。北山洞遗址为黑龙江省大兴安岭地区的一处洞穴遗址，2016 年正式发掘，面积 41 平方米，共清理灰坑 3 座、灶址 16 处，出土陶器、石器、玉器等遗物 1800 余件。依据层位关系及出土遗物特征分析，该遗址文化遗存可分为六个时期，第一期属旧石器时代，第二期至第五期文化遗存属新石器时代，石器加工以细石核、细石叶等细石器工艺为主，剥片技术包括锤击法和间接压制法，工具加工多采用较为精细的压制修理技术。第六期文化遗存应与早期鲜卑遗存有密切关系，年代为东汉时期。第一期文化遗存石器加工包含石片工业和石叶工业两种类型，以石叶工业占据较重要地位。剥片技术以锤击法为主，工具加工多采用打制修理技术。对北山洞遗址第一期文化遗存石制品的研究能补充大兴安岭旧石器时代晚期的研究缺环，为探索这一地区狩猎采集者的活动特点和生计方式提供基础性的认识。北山洞遗址的发掘在一定程度上对大兴安岭东麓山区考古学文化编年体系的构建具有填补空白的意义（《北方文物》第 1 期）。

蘑菇山北遗址位于内蒙古自治区呼伦贝尔市扎赉诺尔区，发现于 1980 年，同年和 1990 年两次采集和试掘，获得了比较丰富的石制品，是中国东北地区一处重要的旧石器时代晚期遗址。2019 年 8 月进行了新的工作，试掘 3 个探方合计 10 平方米，获得石制品近 400 件，主要分布于地表和地层表土的角砾堆积中，全部为打制产品，原料全部为就地取材的安山岩，类型包括石核、石片、断块和石器工具等，数量以石片占绝对多数；石核的数量较少，形体较大，形状不固定，多为双台面石核类型，显示出随机打片的技术特征；工具主要为砍砸器和刮削器两种类型，形体普遍较大，主要属于石片石器工业。根据石制品的技术特点和类型组合分析，推测遗址的年代为旧石器时代晚期（《人类学学报》

第2期）。

四分场遗址位于黑龙江省逊克县逊克农场北约1公里处，埋藏于黑龙江右岸二级阶地。2014年，黑龙江省文物考古研究所对该遗址进行了调查，并试掘1平方米，共发现石制品144件。该遗址的石制品原料以流纹岩、黑曜岩、凝灰岩为主，类型包括石核、石片、断块、石叶、工具等。工具类型包括边刮器、两面尖状器、端刮器、凹缺器、雕刻器等，主要以石片为毛坯，修理方式以单向修理为主，个别石制品存在通体加工情况，并用软锤法和压制法加工成型。石器剥坯主要以获取石片、石叶和细石叶为目的。剥片技术以锤击直接剥片法为主。根据文化面貌和埋藏部位推断该遗址处于旧石器时代向新石器时代过渡阶段（《文物春秋》第1期）。

泥河湾盆地一直以来是北方地区旧石器考古的核心区域之一。南坡遗址位于泥河湾盆地西端的大同盆地，埋藏于桑干河二级基座阶地前缘，南坡遗址是泥河湾盆地目前发现的地理位置最靠西的细石器文化遗址。2016年试掘面积2平方米，共发现遗物126件，其中动物化石7件，石制品119件。石制品工业，不仅有小石片石器，也有细石器，体现出“细石器文化传统”和“小石片文化传统”两种文化特征。石制品的原料以玛瑙为主；石制品类型多样；剥片技术和加工技术以锤击法为主，压制法辅之，转向剥片技术成熟；石片台面类型以人工台面为主，台面形状以倒三角形为主，形制较规整，尾端形态以刃状为主，背面保留天然面较少，多数为剥片中、后期产物；细石核均为船形石核且修整底缘，个体较小。南坡遗址属于典型的“细石器文化传统”，年代较二道梁、油坊等遗址要晚，与于家沟、马鞍山大致相当，应属于旧石器时代晚期晚段（《考古与文物》第1期）。

墅城遗址位于大同市云州区桑干河北岸时令小支流石板沟西岸，埋藏于桑干河二级阶地。2016年试掘4平方米，共发现遗物181件，包括石制品156件，动物化石25件。石制品工业分两个文化层，第一文化层石制品较少，有楔形石核、刮削器、石镞等，属典型细石器文化。第二文化层属小石片石器工业，石制品类型包括石核、石片、断片（块）、刮削器、砍砸器等，原料以石英为主，另有燧石和石英岩。石制品剥片以锤击法为主，砸击法和压制法偶见；尺寸以中小型为主，工具组合中刮削器占据绝对优势，未见尖状器。依据石器文化面貌推测，第二文化层年代应为旧石器时代晚期早段，第一文化层年代应为旧石器时代晚期晚段（《华夏考古》第5期）。

天津地区旧石器考古的空白自21世纪初被填补以来，新发现不断。朝阳洞遗址位于天津市蓟州区穿芳峪镇果香峪村西北的小山接近山顶处，为2015年开展天津地区旧石器考古重点调查时发现。2019年7~9月，对朝阳洞2处洞穴遗址进行正式考古发掘，发掘面积50平方米，1号洞出土石制品64件，类型包括完整石片、断片和断块等。2号洞出土石制品66件，原料以灰绿色、黄色、黑色的燧石为主，石英砂岩、硅质灰岩较少。石制品类型包括石片、断片、断块及包括刮削器、尖状器在内的工具等。剥片均采用锤击法，从石片特征观察，打击点集中，半锥体较凸，工具修理均采用硬锤锤击技术，修理方式有正向、复向等。朝阳洞遗址尤其是2号洞穴遗址，是天津考古首次发现的有明确原生层位的旧石器时代洞穴遗址。该遗址的发掘也为研究东亚地区人类迁徙、活动与交流和揭示现代人类起源、扩散，恢复古人类的生存环境，探讨古人类在特定环境下的行为特点和适应方式提供了新材料。根据该遗址地层堆积及石制品组合情况，年代初步判断为旧石器时代中晚期（《中国文物报》3月20日）。

徐家城遗址位于甘肃省陇中盆地庄浪县，埋藏于水洛河第二级阶地前缘上覆的马兰黄土中。遗址于2009年发现，同年进行正式发掘，面积约15平方米，获取文化遗物6000余件。对石制品采用原料分析、打制实验、技术分析、原料最小单元、拼合分析等方法对遗址的原料采集和利用策略、石制品技术、形成过程和技术组织等方面进行了分析。石器以边刮器、尖状器为主，另有石锥、砍砸器等。石器原料选自河滩砾石，以脉石英、花岗岩为主；剥片主要采用硬锤直接打击法；石器毛坯以片状为主，修理采用硬锤锤击修理法，绝大多数为单面加工。除此之外，还针对遗址的地层、年代、古环境、动物化石等开展了系统研究。遗址距今5万~2万年，共有四个文化层，其中主要文化层4B层年代距今4.3万~4.1万年。徐家城遗址的综合研究为陇西黄土高原晚更新世古人类的技术演化和适应研究提供了新材料，也为了解晚更新世东亚北方地区古人类行为的变化和适应模式提供了新视角（《甘肃徐家城旧石器时代遗址2009年发掘与研究》）。

老奶奶庙第3地点位于郑州市二七区侯寨乡樱桃沟景区，嵩山余脉向东延伸的低山丘陵地区，埋藏于鲁河上游九娘庙河东侧马兰黄土中的河流相夹层，距今约4.5万年。2016年10~12月发掘40平方米，发现动物化石575件，石制品66件。从遗物的密度和分布情况来看，该遗址可能为中心营地外围的临时性地点。动物化石的种属组合揭示出当时应为草原—疏林景观。石器原料以石英为主，石制品组合中完整石核、完整石片、工具的尺寸皆较小。工具组合中仅见刮削器和尖状器，不见砍砸器等大型工具。主要使用硬锤直接打击进行剥片，石制品属于典型的华北地区小石片石器工业，与本区MIS3阶段其他遗址工业面貌相似，应属于同一技术体系（《人类学学报》第1期）。

2016年，中国社会科学院考古研究所对蓝田新街遗址发掘时的旧石器线索进行复查时发现沙河沟遗址。该遗址位于西安市东郊灞桥区洪庆街道办燎原村东北，2017年清理探沟1条，面积20平方米，共发现石制品243件，材质以石英岩、石英占绝对优势。以石片为主，剥片技术以锤击法为主，砸击法也有一定数量。石核的形态较为稳定，大多数为多台面石核，形态以小型的扁平体或多面体为主，器类有刮削器、尖状器、雕刻器、石钻、石锤等，文化面貌上是中国华北地区石片—小石器文化的传承与继续。沙河沟遗址是一原地埋藏的旧石器时代遗址，石制品埋藏于马兰黄土的下部。参照临近且地层一致的刁寨地点的测年数据，其年代距今7万~3万年（《考古与文物》第1期）。

配合南水北调工程实施开展的抢救性考古调查与发掘促进了汉水流域的旧石器发现与研究。坑南遗址位于河南省淅川县丹江口水库淹没区。2016~2017年度的主动性考古发掘，分南、北、西三处布方，获得丰富的石制品和少量动物化石。其中北区的发掘情况2019年曾进行过报道（《华夏考古》2019年第3期）。遗址西区的TG05同样取得收获，发掘面积139平方米，出土石制品304件，动物化石6件。石制品原型多为磨圆较好的砾石，以小型、轻型标本为多。脉石英为主要原料，采用石核—石片技术直接剥片。工具组合以刮削器、尖状器、锥钻等片状毛坯的轻型工具为主，砍砸器、手镐等砾石毛坯的重型工具数量较少。多以硬锤加工，个别工具可能使用软锤。推测遗址的性质为短期活动营地，时代为晚更新世早期（《中原文物》第3期）。

周家坡遗址位于湖北省十堰市郧县安阳镇，埋藏于汉水支流龙门河右岸第二级阶地。2012年5~6月正式发掘，面积510平方米，采集石制品17件，发掘获取76件。石制品原料以沉积岩为多，其中硅质灰岩为主，其次为脉石英；石器的毛坯以砾石（石核）为主，且占绝对优势；石制品的剥片和加工方式均为硬锤锤击法；石核台面未见预制修理，原料利用率不高；石器类型以砍砸器为主，其次为刮削器，手斧只有1件；石器的加工方式以单向加工为主。据埋藏部位并对比同类遗址，推测遗址属更新世晚期，年代距今8万~5万年（《江汉考古》第3期）。

大土包子遗址位于汉水上游的丹江口库区，2010年5~6月进行正式发掘，面积192平方米，出土标本58件，类型包括石核、石片、断块和工具等。原料主要来自附近河滩砾石，以石英为主，附以石英岩、千枚岩和粗面岩。石核多以砾石面或先前剥片片疤为台面进行单向、多向和向心剥片。工具包含以砍砸器、手斧为代表的大型工具制作体系，以及以刮削器、凹缺器为代表的小型工具制作体系，两者原料选择不同，前者以千枚岩为原料，后者主要采用石英原料。对比分析显示，大土包子遗址与区域内汉水第三级阶地其他遗址均存在出土石制品数量少、分布密度低的现象，可能指示遗址间的同质性以及古人类高频流动性等信息。这一现象在年代较晚的第二级阶地遗址中仍然存在，这一方面暗示了古人类行为的连续性与稳定性，另一方面也反映了技术革新与行为可塑性的缺乏。该遗址年代初步推断属于中更新世早中期（《人类学学报》第3期）。

水阳江是长江下游右岸的一条重要支流，流域内宣城麻村旧石器遗址经过考古调查与发掘，采集石制品71件，发掘出土石制品78件。遗址埋藏于水阳江右岸第二级河流阶地的红色黏土层中，显示中国南方砾石工业的特点，推测其时代为中更新世晚期至晚更新世早期（《人类学学报》第1期）。

十里岗旧石器遗址位于湖南省常德市澧县澧东乡十里岗村。文化遗存埋藏部位属于澧水左岸二级阶地的上部覆盖堆积。2000年正式发掘，面积约300平方米，出土石制品993件，包括砾石、石锤、石砧、石核、石片、工具和各类废品，以黑色燧石为主要原料，主要为小型和微型，工具组合以片状毛坯为主的刮削器占绝对优势，可归属于小石片石器工业传统。各项指标显示遗址为原地埋藏，年代测定距今约3万年，空间分析表明遗址为一处旧石器时代晚期的临时营地，先民在此主要进行石核剥片和工具修理，有可能还进行过食物处理和象征艺术等其他复杂行为活动（《考古与文物》第1期）。

英德青塘遗址为史前洞穴遗址，含晚更新世晚期至全新世初期堆积。2016年6~10月进行首次发掘，面积20平方米。该地点发现有连续多层的文化堆积，探方出土以及地表采集了大量砾石制品、种类丰富的动物遗存，以及若干件早期陶片，部分胶结地层堆积中可见大量螺蚌壳。文化遗存中的砾石石器多选用河滩砾石，使用硬锤在砾石的一端或一侧单面陡刃加工的技术特点突出，为探讨中国岭南地区与东南亚大陆地区晚更新世晚期至全新世初期的砾石石器工业之联系提供了新证据（《人类学学报》第1期）。

（二）考古调查

近年来我国北方地区自西向南开展多项旧石器考古专项调查，成果斐然。2020年继续有新的发现。

为了解通天洞周围的遗址分布、石器文化面貌及人类的空间活动信息，2017~2018年，新疆维吾尔自治区文物考古研究所与北京大学在阿勒泰地区联合开展了石器调查工作，在吉木乃、哈巴河和富蕴三个县境内发现和复查6处石器地点，采集石制品数百件，包括两种不同的石器工业型：以勒瓦娄哇技法为突出特征的莫斯特工业和以压制法为主要技术的细石器工业，前者年代为旧石器时代中期到晚期的较早阶段，后者年代可能已经进入全新世（《古代文明辑刊》第1期）。

黑龙江穆棱河流域的旧石器调查新发现四平山遗址，位于穆棱河三级阶地，其中第二地点采集石制品 13 件，包括石核、断块和工具。原料以石英岩为主，主要使用锤击法剥片，石器以单刃刮削器为主，锤击法修理，复向加工为主，以小型石器为主。根据堆积特征推测可能属旧石器时代晚期（《北方文物》第 3 期）。

黑龙江牡丹江—绥芬河流域 2017 年 4 月进行的旧石器考古专项调查，新发现旧石器地点 12 处，多位于牡丹江、绥芬河两岸的二、三级阶地。其中北安南山地点发现石制品最为丰富，遗址位于黑龙江省宁安市渤海镇北安村东南，采集到石制品 113 件。石器以小型为主，原料多为流纹斑岩、流纹岩、黑曜岩和玄武岩，类型包括石核、石片、石叶、细石叶、断块和工具。其中工具以片状毛坯为主，加工方式主要为单向加工，类型包括石锤、刮削器、尖刃器、凹缺器和雕刻器。根据该地点所处阶地及工具组合推测，其时代应为旧石器时代晚期（《文物春秋》第 2 期）。

吉林东部地区已发现多处以黑曜岩为主要原料的旧石器时代晚期遗址。2018 年 5 月，抚松县新发现鱼池地点，采集石制品 28 件，原料以黑曜岩为主，另有少量玄武岩。类型包括石核、石片、石叶、细石叶及石器等，石器均为刮削器，加工较为精细。经研究，该地点是一处典型的以石叶、细石叶工艺为主，同时包含有大型工具的工业类型，与邻近的枫林遗址类似。年代推测为旧—新石器时代过渡阶段（《北方文物》第 3 期）。

晋陕大峡谷位于内蒙古、山西、陕西三省交界地带，2018 年 6 月开展系统旧石器遗址调查工作，在峡谷延安段新发现 5 处旷野石器地点，采集石制品 556 件。原料来自于河流砾石层，岩性以石英岩为主，其次为石英，燧石、硅质岩、硅质灰岩、石英砂岩、细砂岩、蛋白石、玛瑙、火成岩等也有少量使用。石制品类型包括石锤、石核、石片、工具、断块和碎片屑，尺寸以小型为主。石核和石片以自然砾石台面者居多。剥片主要采用锤击法直接剥片，少量使用砸击法。工具多为以石片为毛坯加工而成的中小型刮削器，有少量以砾石为毛坯加工而成的砍砸器。部分石制品埋藏于黄河二级阶地上覆的马兰黄土中，据此推测遗址年代为晚更新世晚期，属旧石器时代晚期（《人类学学报》第 1 期）。

山东宁阳、枣庄均实施旧石器考古专项调查并取得突破。2019 年 4 ~ 7 月，在宁阳县发现一批旧石器、细石器遗存。其中以伏山镇张家庄村东山岭遗址石制品数量、类型最为丰富，类型包括锤击、砸击石核、石片及断块等，采集细石核及预制品数十件，类型包括船形、锥形石核及细石叶等。工具包括拇指盖刮削器、雕刻器、凹缺刮器、琢背刀及石镞等。细石器石料以各色燧石为主，其余则以石英为大宗。通过剖面清理，认定遗址埋藏于原生地层中，可以划分出 2 或 3 个文化层。东山岭遗址的发现证明了汶泗流域存在典型的细石器文化；其次，遗存所表现出的细石器面貌与沂沭河流域的凤凰岭遗址、马陵山遗址群特征较为接近，这些特征或可说明它们同属于相同或相近的石器文化圈，这对研究我国北方细石器遗存的分布、技术扩散等课题具有重要价值（《中国文物报》4 月 17 日）。

枣庄市山亭区在 2016 年新发现旧石器地点 4 处，获得 161 件石制品，其中近 1/3 采自地层之中。类型包括石核/细石核、石片、石器、断块和残片；石料均采自附近山体中岩脉，主要是石英和燧石；4 处地点均存在砸击技术，其中方山地点砸击技术表现尤为突出；其余 3 处显示出细石器传统。石制品均以小型占绝大多数；石器包括刮削器、雕刻器和凹缺刮器，刮削器是主要类型。依据石制品面貌及出土层位推测遗址时代大致为旧石器时代晚期（《人类学学报》第 3 期）。

二 旧石器研究进展

（一）基础材料研究

水洞沟遗址是中国经过最为系统发掘、研究的旧石器遗址之一，因其出土较多具有欧洲旧石器时代中晚过渡期特征的石制品而受到国内外学者的广泛关注。牛东伟等以水洞沟遗址第7地点（SDG7）出土的石制品材料为基础，主要从石核剥片策略和工具修理策略两个方面进行石器技术的分析研究。石核可分为简单剥片石核和系统剥片石核，前者代表中国北方常见的占主导地位的石片石器技术，后者类似于勒瓦娄哇技术，与SDG1、SDG2（CL5a）以及SDG9出土的同类石核呈现技术理念的一致性，该技术以剥离较大尺寸的石叶/长石片为目的，且均具有台面的预制修理和剥片面的维护现象，应为外来的技术体系。SDG7出土石制品的技术分析为水洞沟遗址区技术演化序列的构建，尤其是探讨似勒瓦娄哇技术在该地区的存续时间，以及不同技术体系的时空提供了新的材料和参考（《人类学学报》第3期）。

张佩琪等则对水洞沟遗址第2地点2014～2015年发掘的T3区出土的2723件石制品进行研究。比对之前发掘的底层，CL1—CL5是T3发掘区的主要石制品出土层位，又以CL3层最为密集。石制品类型包括断块、石片、石核、石器等，硅质白云岩和燧石是主要的原料。石器技术以锤击法为主，砸击法比例在后期有所增加。遗址整体文化面貌表现为典型的中国北方简单石片技术传统并有着较低的石核利用率，但在CL2和CL3石核利用率稍有提升，其石片产品总体以宽型石片为主。二次修理工具比例较低，并且以边刃刮削器为主，但也有比较有特色的楔形器出土（《人类学学报》第1期）。

骆驼石遗址位于准噶尔盆地西北边缘，2004年发现并系统调查采集石制品。2014年再次采集51件石制品，包括石核、石片、石叶、刮削器、舌形器、锛形器、凹缺刃器等，原料均为黑色页岩。石制品分析显示遗址存在普通剥片技术与石叶技术，后者为主要特征，可能是两面加工技术的石器制造场所，时代处于旧石器时代晚期早段。类似的石制品组合，除水洞沟遗址外，在俄罗斯阿尔泰地区及蒙古国的一些遗址中也有发现。骆驼石遗址中富有特色的石制品组合，为石叶技术由北向南传播提供了有力的材料证据（《西域研究》第3期）。

近10年来郑州地区的一系列发现、发掘、研究取得了丰硕成果，登封方家沟（《登封方家沟遗址发掘报告》）和新郑赵庄（《新郑赵庄旧石器时代遗址发掘报告》）两处遗址的发掘报告于2020年相继出版，同时近年来发表的郑州地区旧石器考古的研究文章也结集出版（《郑州地区旧石器时代考古新发现论文集》）。赵庄遗址位于新郑市梨河镇赵庄村，埋藏于沂水河东岸的三级阶地，距今3.8万～3.2万年。遗址于2009年发掘，出土6000多件石制品，及一具保存较完整的古菱齿象头骨和少量其他哺乳动物化石。所有遗物的空间分布显示，紫红色或砖红色的石英砂岩石块呈堆垒状分布，其上置巨型象头（由于后期埋藏作用，略有错位），周围还分布有碎小的脉石英制品。这一遗迹现象在我国尚属首次发现。这种非功利性的活动可能包含了类似原始宗教崇拜的观念。方家沟遗址位于登封市方家沟村，经过2014～2015年两次发掘，发现晚更新世人类利用原始沟槽地形安排生活的遗迹。在沟槽内扁平大砾石、大型动物骨骼、石器加工及使用区的有序布局，清楚展示出方家沟遗址晚更新世居民生活空间复杂化的发展趋势。该遗址发现的大量石英制品的技术特点，也与老奶奶庙、赵庄等同时代遗址的石器工业一样，反映出中原地区 MIS3 阶段石片石器工业的共同特征。该时期是现代人扩散至东亚地区的关键时期，上述发现与研究为探讨这一重大学术问题提供了新的重要材料。

近年来旧石器考古学研究中关于区域文化的分期分区研究较少，陈虹等依地质时代将长江中下游的旧石器时代遗址划分为早中晚三期，并以手斧、大尖状器、砍砸器、手镐等器物为标准，划分出 4 个大的文化区。系统梳理了湖北、湖南、江西、安徽、江苏、浙江六省旧石器遗址的基础资料（《考古学报》第 1 期）。

相比大时空尺度下的讨论，流域性的古人类遗存研究能够更加深入地探讨石器工业所反映的旧石器时代人类行为特征与规律。李意愿以长期系统调查、发掘的考古资料为基础，对长江中游澧水流域晚更新世旧石器时代遗址考古新发现进行系统分析和综合研究。构建区域性旧石器文化发展序列及其地层对应关系；总结阐述了澧水流域晚更新世石器工业的特征和技术演变轨迹；就古人类对石器原料开发与利用、栖居形态的发展变化、适应性生存策略和区域行为模式等相关问题展开了重点的分析和讨论，深入探讨澧水流域乃至中国南方晚更新世人类与文化研究的新发展。在此基础上，将澧水流域晚更新世古人类文化置于更大背景的全球性学术视野中进行观察，开展理论探索，丰富和展现了世界不同地区早期现代人文化和行为的多样性（《石器工业与适应行为——澧水流域晚更新世古人类文化研究》上海古籍出版社）。

中国旧石器考古发端于甘肃，经过数代学者百余年的探索和研究，发掘了一批重要遗址，取得了较为丰硕的研究成果，尤其是近年来重要发现不断。吴伟回顾甘肃地区旧石器时代考古的发现、发掘、研究史，并按旧石器时代早、中、晚三期详细介绍发掘和研究工作，认为百年来的考古工作，不仅建立起本地区中更新世晚期以来的旧石器年代序列，也为探讨本地区石器技术发展与古人类的生存适应策略提供了翔实资料（《天水师范学院学报》第 4 期）。

华南与东南亚具有相似的生态环境，二者晚更新世至全新世过渡期都以砾石工业为特色，但是技术与文化的共性与多样性一直不太清晰。李英华等分别对越南河内国立大学—社会科学与人文大学人类学博物馆所藏的和平文化石器和海南三亚落笔洞石制品进行了技术分析，然后以石器工业生产的操作程式及石器的结构为标准，将其与海南三亚落笔洞及柬埔寨典型和平文化遗址莱昂斯宾的石器工业进行了比较研究（《南方文物》第 5 期）。三亚落笔洞距今 11000 ~ 10000 年，考古遗存丰富，对探索华南与东南亚晚更新世至全新世过渡期的石器文化具有重要意义。李英华等运用新的石器技术学方法对海南三亚落笔洞遗址的石器工业进行研究，认为落笔洞遗址石器工业中剥坯与修型概念共存，修型产品占主体，共存在两类剥坯的操作程式和四种修型的操作程式。作者还将前者与柬埔寨新发掘和测年的典型和平文化遗址莱昂斯宾的石器材料进行比较，从技术层面揭示两者石器工业生产体系区别较大，落笔洞并不属于和平文化石器工业范畴。砾石工业石制品的文化对比一直是研究难点，该研究对落笔洞遗址石器工业的技术学分析和比较是一次新的尝试，对于深入探索华南、东南亚晚更新世至全新世过渡期人类石器技术与文化的交流、传播等问题有重要意义。也为我们在更大的区域范围内从石器技术角度探讨东南亚和平文化石器工业与华南砾石石器工业之间的共性与多样性问题奠定了基础（《考古》第 1 期）。

（二）技术研究

阿舍利技术与手斧一直是中国旧石器时代早期研究的重要内容，之前多关注于手斧、手镐等大型工具本身的技术研究，与之相关的大石片生产技术研究同样重要但未受重视。雷蕾等介绍和综述了目前国外发现和报道的大石片生产技术，并对每种技术的具体特点进行了分析和阐释。根据剥片复杂程度的不同，阿舍利大石片生产技术可细分为三类：第一类指砾石初级剥片技术，是利用原料的自然特征，选择合适台面和剥片角度进行单次剥片；第二类是在了解原料特征的基础上，对石核进行有计划的剥片，以便连续生产出多个大石片；第三类是在较为复杂的剥片流程引导下，通过对石核的预制，获取具有相对稳定形态的大石片。在此基础上，研究者初步分析了广西百色盆地发现的大型石核和大石片标本，并认为其制作技术与国外阿舍利大石片第二类生产技术类似（《人类学学报》第2期）。

广西杨屋遗址的研究同样涉及该技术。遗址埋藏于右江左岸第四级阶地，广西右江民族博物馆在遗址网纹红土中采集214件石制品。石制品可分为原料及素材、加工工具、砾石石器、石片石器等几类；岩性共有11种，以粉砂岩为主；石器大部分属于大型石器，小型石器发现较少；石器加工均为硬锤加工；加工方式以正向加工为主，反向加工为辅；石器类型比较简单，包括砍砸器、刮削器、手镐和手斧，其中砍砸器的数量最多且大多数为单面加工。研究者认为杨屋遗址是一处含有阿舍利文化因素的遗址，将这批材料与百色地区和汉水流域旧石器早期遗存进行对比，认为郧县人遗址大型砾石石器及石器组合与广西百色盆地的许多旷野遗址（如杨屋遗址）中发现的具有阿舍利文化性质的遗存极为相似（《华夏考古》第3期）。

勒瓦娄哇技术作为一种外来技术，经常被认为代表着人群的迁徙与文化交流。2019年英国杂志《自然》（*Nature*）发表了贵州观音洞遗址1964～1973年出土石制品的再研究结果，认为该遗址石制品中存在系统的勒瓦娄哇技术；测年显示遗址主文化层距今17万～8万年，据此认为观音洞遗址的石制品组合代表了东亚最早的勒瓦娄哇技术遗存。李锋等人对观音洞遗址石制品的研究历史、勒瓦娄哇技术研究简史和定义等进行了回顾和梳理，同时对观音洞遗址相关石制品进行了详细观察分析。在此基础上认为，观音洞遗址石制品组合是一个相对简单的石核—石片技术复合体，与之前学者得出的结论一致；不存在勒瓦娄哇技术。同时，梳理水洞沟、金斯太、通天洞等遗址发现的勒瓦娄哇技术遗存，认为中国目前发现的勒瓦娄哇技术不早于5万年前（《人类学学报》第1期）。

石叶在我国有限的时空范围内分布，被认为是旧石器时代的外来技术产物。郭家龙回顾学术界对于石叶的定义，并从石叶的生产方法和技术两方面探讨石叶的定义问题，认为将石叶定义简化为长宽比2∶1的特殊石片是一种有区分度、便于实际操作的客观分类标准，但在定义石叶的过程中，应对石叶的生产方法、技术特征予以更细致的关注（《北方文物》第5期）。

盘状器出现于黄河中上游地区和长江中上游地区史前遗址中，在此基础上向四周辐射，主要出现在新石器时代晚期，并延续至新石器时代末期或更晚。之前针对盘状器的功能、类型已开展过探讨，陈宥成等梳理已发现盘状器的原料、形制及其技术特点，认为部分盘状器是从旧石器时代延续下来的生产打制石片的盘状石核。中国新石器时代打制石器技术行为并没有消失，是当时人群对于本地资源与自然—社会环境的重要适应策略，并与磨制石器一起建构了人类的石器生产与使用系统（《南方文物》第3期）。

两面器技术出现于旧石器时代早期，旧石器时代中晚期出现了可能具有投射功能的小型两面器。我国北方地区在旧石器晚期偏晚阶段新出现了此类加工复杂且修理精美的“小型两面器”。陈宥成等梳理此类器物，并按照器物底部形态将其分为3类，并将之与旧大陆西方晚更新世考古材料进行研究。“小型两面器”在距今约7万年前南非旧石器时代中期的Still Bay文化中已经出现，蕴含热处理技术和压制技术并已作为投射尖状器使用。到了距今4万年前，小型两面器技术在欧洲开始兴起，形制逐渐变得多样化。我国地处旧大陆东侧，发现的小型两面器无论是时代还是器形均显示与旧大陆西侧密切关联，应当是旧石器时代晚期旧大陆东西方文化交流的产物（《人类学学报》第1期）。

磨制石器被认为是进入新石器时代的重要标志之一，但是早期磨制石器的出现年代远远早于传统新石器时代所能涵盖的时间框架。陈宥成等讨论了磨制石器的制作机理，并将其分为磨刃石器和研磨石器分别讨论，对比旧大陆东西方的磨制石器起源过程、模式、技术背景等，旧大陆东部的磨刃石器出现时代明显早于西部，早期磨刃类石器分布于环西太平洋地区的中国、日本、韩国、东南亚、澳大利亚北部等多个地区。旧大陆西侧的非洲中期石器时代距今10万年左右就已经出现研磨类石器，中国北方地区则在距今2.5万年左右才出现。这两类磨制石器的概念设计、功能、制作机理差别显著，旧大陆东西方早期磨制石器显示出复杂多样的技术发展模式。这种差别很有可能是更新世中晚期旧大陆东西两侧狩猎采集人群为适应新的生态—社会环境而开发出不同的技术策略造成的（《考古》第1期）。

（三）专题研究

石制品原料研究一直是旧石器考古研究的重要内容之一，杨石霞等简单梳理石料研究的方法，并以小长梁、桃山两处遗址为例，认为在探明石器原料质量和来源的基础上，将原料的选择和利用方式与石器技术、环境背景等相结合，可以进一步解读当时人类的认知和活动能力（《人类学学报》第3期）。

青藏高原的早期人类生存、适应、扩散过程是学界的研究热点，青海湖盆地海拔相对较低，迄今为止发现丰富的史前遗存。151遗址位于青海湖南岸的青海南山山前河流阶地，经过2014年和2016年两次正式考古发掘，面积共计50平方米，发现上下两个文化层，出土石制品928件，以及动物骨骼和火塘等遗存。石制品类型主要为小石片、细石叶、细石核、断块和碎屑。申旭科等以石制品原料分析为切入点，探讨青藏高原史前狩猎采集人群的石料开发策略、人群迁徙和交流联系。处于末次冰消期的下文化层的石制品以近源的石英和石英岩为主要原料，而处于全新世早中期的上文化层在同类型近源石料仍占主体地位的情况下，开始出现较高比例和多样化的优质硅质石料，并且主要用于生产细石器。青海湖盆地内其他8个末次冰消期至全新世中期遗址的3269件石制品也显示类似的结果。由此推测青海湖盆地末次冰消期古人类活动强度和范围有限，全新世早中期古人类受到全新世大暖期气候变好和周边地区农业人群兴起挤压活动空间的双重影响，在高原上的活动范围和强度大大增加，伴随着开始有意识地开发优质石料，较频繁地进行远距离迁移和人群交流。该研究为深入理解青藏高原古人类的高海拔环境适应策略和移动模式提供了重要材料，为理解史前人类向高原扩散的机制提供了重要信息（《第四纪研究》第2期）。

石制品废片尺寸分布区间是旧石器时代遗址形成过程研究中常采用的一项衡量指标。任进城等对泥河湾盆地大田洼区域旧石器时代遗址中两类燧石原料进行打制实验，获取了翔实的实验废片尺寸数据，结果显示，两类燧石原料的废片尺寸分布模式基本一致，整体呈随尺寸增加废片数量比例逐渐降低的单一递减分布特征，其中0.5～1厘米的比例最高，1～2厘米次之，其他尺寸的比例逐渐降低。实验研究结果可以辅助建立该种燧石的废片尺寸分布模式，将结果应用到板井子遗址中，认为该遗址石制品组合的完整性在埋藏过程中遭到过较大破坏，为该区域遗址形成过程的研究提供了直接的参考数据（《人类学学报》第3期）。

石器功能的判断一般通过形态分析、微痕分析、残留物分析、模拟实验等研究手段。宁夏的水洞沟旧石器遗址发现大量白云岩质的细石叶和石片，通过模拟使用实验和微痕观察，发现细石叶适于装柄使用，以刮、切、削等利用侧刃缘的运动方式效率为高，尖部用于加工硬度较低的动植物效果较好（《人类学学报》第2期）。

石镞作为一种投射类工具，国内的模拟实验研究开展较少，有关学者以山西吉县柿子滩遗址环境背景和石器原料为参照，通过微痕实验，发现射击类带尖石制品的重复使用情况可以通过微痕进行佐证。箭镞在使用过程中，尖端变化较为显著，尖端及侧刃较为锋利、长度适中的标本，射击效果更好。重复使用的标本，尖端产生层叠大中型折断式、阶梯式疤痕，装柄部位产生连续小型折断式或羽翼式疤痕，部分出现磨圆与光泽（《人类学学报》第2期）。

陈虹以乌兰木伦遗址出土的石制品为基础，以石英岩为主要对象进行微痕实验研究，分别以不同的加工对象和使用方式开展实验，总结微痕的基本特征与规律，并将其与遗址出土石制品对比研究，为旧石器微痕研究提供了新的资料（《鉴微寻踪：旧石器时代石英岩石制品的微痕与功能研究》）。

空间分析是复原遗址使用过程的有效方法，但多适用于埋藏保存条件较好的遗址。郑州老奶奶庙遗址位于嵩山东麓，文化层连续堆积，考古发掘揭露出了丰富的石制品、动物化石和用火遗迹，年代距今4.5万年左右。陈宥成等通过地层划分和遗物空间数据信息分析，确定不同的活动面层，并依据火塘和遗物分布等探讨不同层位的空间结构特征。认为遗址内部拥有较清晰的空间秩序，包括“分离型”和“重叠型”等不同的空间利用策略，均以火塘为中心规划生活空间（《中原文物》第3期）。

用火是人类独有的行为能力，对人类的生存演化至关重要。高星系统阐释了火在人类生存、演化过程中，对人类生物属性和社会属性的重大影响。全面梳理了人类用火起源的假说理论，以及早期用火行为的判定和研究，并指出用火方式的演化与人类社会的进步紧密相关。对于人类用火的研究，精细的野外工作是最重要的第一步，应当全面收集遗物遗迹并高精度记录各方面资料，开展高精度的遗址埋藏和遗物遗迹的空间分析，同时结合现代科技手段进行科学检测分析（《人类学学报》第3期）。向金辉也梳理了中国的旧石器时代用火遗迹、遗存，初步总结用火证据判定的研究方法和研究思路（《北方文物》第6期）。

赭石的使用被认为是现代人行为的标志之一，曾有学者梳理国外旧石器时代赭石的研究，介绍了赭石的功能与研究方法。（《江汉考古》第2期）中国旧石器时代的赭石专门研究较少，申艳茹将已发现的赭石遗存按发现形式分为六型，据国外的研究成果尝试分析中国赭石的功能。认为国内的赭石使用是受外来影响，可能与现代人迁徙相关，可以为迁徙路线研究提供线索（《北方文物》第1期）。

（四）理论探索

泥河湾和周口店是中国北方乃至东亚早期人类起源及演化研究的重要地区。李珺等分别梳理这两个区域的研究历史，从年代、环境、石制品工业等方面深入探讨两个遗址群的文化发展脉络和环境动因，推测周口店的早期文化是由泥河湾人迁徙、传播而来，并在随后的发展过程中对泥河湾地区的文化产生影响。最终通过石器工业发展特征与环境变化的耦合，提出中国北方旧石器文化的演进模式，即早期人类大致经历了从依湖型生存发展到依洞型生存再到依河型生存的三个阶段（《山西大学学报（哲学社会科学版）》第2期）。

狩猎采集到农业是人类生业模式的重大变革，也是考古学理论研究关注的重点问题。陈胜前梳理了关于农业起源问题的各种定义和理论方法，从理论角度和气象资料模拟两个方面探讨农业起源的文化适应准备。并结合考古材料探讨中国不同地理单元农业起源的可能方式，为深入思考农业起源提供了新的视角（《史前的现代化：从狩猎采集到农业起源》）。

三 古人类及哺乳动物化石的发现与研究

刘武回顾了近年体质人类学研究在中国的发展，主要体现在研究队伍壮大、研究工作条件改善、研究人员年轻化、研究观念转变、国际合作日益加强、专业组织成立这几个方面。体质人类学的研究领域从传统的配合考古报告的个体鉴定与人种分析，拓展到人群亲缘关系、人群迁徙与融合、人口结构、病理与创伤、食物构成、文化行为等不同方面。CT、三维激光扫描、几何形态测量、肢骨力学分析等方法和手段都被用于相关研究（《人类学学报》第39卷第4期）。

基于CT和三维激光扫描的几何形态测量被广泛运用到化石灵长类及古人类的特征量化中，涉及的解剖学部位有牙齿、指骨及股骨。

指骨弯曲程度是用来推断化石灵长类移动行为方式的重要手段。然而，在对指骨弯曲程度进行定量化的过程中，以往的方法都显示出了理论或技术上的局限性。张颖奇等介绍了一种新方法作为替代。该方法基于对指骨侧视图背侧轮廓曲线几何形态测量学标志点数据的四阶多项式曲线拟合，称为几何形态测量学—多项式曲线拟合法（4th order polynomial curve fitting on geometric morphometric landmark data，GM-PCF）。它以标准化指骨曲线高度（normalized phalangeal curve height，NPCH）作为指骨弯曲程度的定量指标，并且可以将平均标准化指骨曲线进行可视化以用于其弯曲程度的直观对比。此外，它还可以提供在解释指骨弯曲程度的功能意义中非常关键的指骨（背侧轮廓曲线）长度比例信息。为了检验新方法的适用性，研究者从现生类人猿（anthropoids）中选取了15个涵盖灵长类大部分移动行为方式的类群作为参考样本，采用GM-PCF方法对其指骨弯曲程度进行了定量分析，结果表明标准化指骨曲线高度（NPCH）对灵长类移动行为方式有很好的指示意义，配合指骨曲线长度，还可以更进一步了解树栖四足行走（arborealquadrupedalism）、悬垂（suspension）与摆荡（brachiation）等行为与灵长类体型大小的关系。研究者进一步采用新方法对中国中新世的两种禄丰古猿（禄丰禄丰古猿 Lufengpithecus lufengensis 和蝴蝶禄丰古猿 Lufengpithecus hudienensis）的指骨弯曲程度与参考样本进行了对比，并根据对比结果对其最为可能的移动行为方式偏好进行了推断，认为其以前臂悬垂的行为方式为主（《人类学学报》第39卷第4期）。

潘雷等使用高精度CT配合三维几何形态测量方法，对6枚产自小河地点的蝴蝶古猿下颌第四前臼齿的釉质—齿质交界面形态进行了观察和对比，对比材料包括步氏巨猿、猩猩（化石）、大猩猩、黑猩猩及现代人。多变量分析显示，蝴蝶古猿釉质—齿质交界面几何形态接近于本文所涉及的大型猿类对比标本，但并没有表现出与某一特定类群的相似性；咬合面轮廓狭长，前凹尺寸明显小于后凹；整体形态介于齿质尖较高的大猩猩和齿质尖较低、釉质—齿质交界面形态扁平的巨猿、猩猩和黑猩猩之间。该研究所观察到的类群之间的异同可能与趋同演化有关，也需要更多数据的进一步验证。将釉质—齿质交界面的三维几何形态和其他牙齿内部结构的信息（如釉质厚度及其三维分布规律等）综合，有助于进一步讨论蝴蝶古猿的分类学、系统发育和食性（《人类学学报》第39卷第4期）。

东亚中更新世古人类的下颌第二臼齿釉质—齿质连接面的三维形状和釉质厚度的分布规律是其牙齿结构形态的重要特征，对这一特征进行量化是了解本时段东亚古人类形态变异特点并区分本地中更新世晚期成员的突破口。邢松等使用微分同胚的表面匹配（Diffeomorphic Surface Matching，DSM）和形态测量图（Morphometric map），对下颌第二臼齿釉质—齿质连接面的形状和齿冠侧面釉质厚度分布模式进行了研究，得到两项重要的结果：（1）东亚中更新世古人类与晚期人属成员（尼安德特人和现代人）存在较明显的形态差别；（2）该时段晚期的东亚古人类相对中期直立人在侧面釉质厚度分布规律上具有独特性，并在釉质—齿质连接面的三维形状上与晚期人属成员更加接近。在这项研究中，三维形态测量方法的介入较以往单个性状的描述与测量更系统，得到的结论对今后同类型牙齿形态的鉴定及进一步理解东亚地区中更新世晚期古人类的分类地位有重要意义（《人类学学报》第39卷第4期）。

云南丽江出土的PA108号古人类股骨的年代处于更新世晚期，对其内外结构特征进行详尽的分析，可以为进一步了解丽江人股骨的演化分类地位和东亚早期现代人股骨形态变异提供线索。魏偏偏采用生物力学长度估计、计算机断层扫描和横断面获取、生物力学分析、几何形态测量、线性测量形状指数、形态示量图等方法和手段，对PA108号股骨进行了扫描、测量与分析。她的研究结果表明，该标本具有明显的股骨粗线、骨干中部后侧骨密质最厚和中部横断面轮廓形状偏椭圆，这属于明显的早期现代人特征。但是，由于其股骨嵴发育较弱，其骨干中近端和中部骨密质厚度分布有特殊性，导致其与其他东亚早期现代人之间的形态存在差异，这些差异也导致目前已知的东亚地区早期现代人特征的变异范围扩大。这项研究对尼安德特人和早期现代人的股骨骨干密质厚度分布模式的认识有所突破，认为其中部分区域骨密质厚度最厚部位分布特点比其他部分或次厚区域更加显著，应成为今后研究的关注点（《人类学学报》第39卷第4期）。

近年来，CT扫描和3D虚拟复原技术在古人类化石上的应用，使古人类学家的视野不再局限于传统的头骨外部形态的描述和测量。吴秀杰与严毅利用高分辨率工业CT扫描了在四川资阳发现的古人类头骨化石，并对其内部的解剖结构，包括骨壁结构、额窦、骨内耳迷路、颞骨乳突小房、颅内模等进行了3D虚拟复原研究。CT断层图显示，资阳人头骨的骨壁板障层较厚，远大于外板层和内板层，说明该头骨属于一个50岁以上的个体。其骨性内耳迷路半规管的大小及其比例与尼安德特人不同，而处于晚更新世和全新世现代人的变异范围之间。资阳人复原的颅内模表明，其颅容量约为1250ml，颅内模的各项测量数值虽然都偏小，但其脑部的绝大多数特征、宽—高指数、顶叶—脑长指数都位于现代人的变异范围之内，而与直立人和更新世古老型人类不同。然而，资阳人头骨内部解剖结构保留有少量原始特征，包括枕叶向后突显著、大脑窝比小脑窝大且深，更类似于晚更新世的早期现代人。由于出土的具体层位不明，资阳人头骨的年代一直存在争议，形态特征为讨论其人群属性提供了证据，但显然不够充分。该头骨所反映的一些细致性状，如额窦、乳突小房、内耳迷路等，其功能和演化上的意义尚不明确。总之，未来还需要更丰富的多学科手段介入，才能够帮助我们更系统地了解资阳人的年代和属性等信息（《人类学学报》第 39 卷第 4 期）。

张玄等以 Mimics 软件为例，介绍了 3D 虚拟复原精度的差异对头骨测量数值的影响。根据该软件复原模型简化规则，选择未精简的最佳精度模型作为标准进行配对 t 检验或非参数检验，通过对 43 例云南人头骨的顶骨矢状弦长、颅周长、头盖部面积、乳突小房表面积、颅容量、乳突小房体积等六个测量项目的对比和分析，对 Mimics 软件低、中、高、最佳四种精度 3D 虚拟复原头骨间的测量差异进行了研究。结果显示：颅周长、头盖部面积、颅容量、乳突小房体积四项的所有简化精度模型的测量数据均与最佳精度模型测量数据的差异具有显著性；而除高精度组外，顶骨矢状弦长及乳突小房表面积的其余精度组测量数据均与最佳精度组差异具有显著性；此外，顶骨矢状弦长、颅周长、头盖部面积、颅容量的简化精度与最佳精度的测量差异占比均小于 3%。而乳突小房表面积的低精度与最佳精度测量差异占比可超过 50%，乳突小房体积的低精度与最佳精度测量差异占比可超过 120%。这一结果提示我们，在测量 Mimics 复原的三维模型时，体量大差异小的测量项可以在较低精度的复原模型上进行测量；而对头骨内部腔窦这样体量小表面粗糙的结构，复原模型的精度选择及测量数据比较需要格外谨慎（《人类学学报》第 39 卷第 2 期）。

倪喜军等报道了采自松花江的古人类头颅化石，这颗人类头颅化石属于一个约 35 岁的中年男子，被称为松花江人壹号。^{14}C 同位素测年的结果显示，松花江人壹号生活在距今 11400～11200 年。松花江的改形颅骨化石，前额和枕部有非常平整的圆形扁平面，显示出是婴儿期长时间紧箍在坚硬平面上的结果。通过高精度 CT 扫描，研究者重建了这颗头颅的脑内模，发现他的脑也发生了明显的改形，额叶和枕叶变得平扁，小脑在枕部出露的范围明显增大，而脑的后上方被挤压得高高隆起。生活于东亚的早期人类族群，包括生活在松花江流域的人类族群，尽管有相当数量的头骨标本被发现，但其中经过人工颅骨改形的个体却非常少，这正说明，在这些早期人群中已经出现了社会分化，只有少数个体践行颅骨改形活动，并一代一代地传递（《考古与人类科学（*Archaeological and Anthropological Sciences*）》第 12 卷第 93 期；化石网 2020 年 6 月 5 日）。

北京东胡林遗址是华北地区旧石器时代向新石器时代过渡阶段的重要遗址，东胡林遗址出土的人骨遗存蕴含着晚更新世到早全新世华北地区人类体质演变及其适应性生存方式的重要信息。何嘉宁等对该遗址两处墓葬出土及周边采集的至少 6 个个体的人骨遗存进行了鉴定与测量，并选择其中保存状况较为完好的两具人骨进行了进一步研究。在对标本进行复原后对两个人头骨进行测量，并通过主成分分析将其与东亚晚期智人、中国北方及南方新石器时代人群进行比较。从颅骨和牙齿的形态来看，以东胡林人为代表的东亚晚更新世至早全新世人群的头骨形态呈现出多样性和异质性的特点，但其牙齿形态则表现出更多现代东亚人群的特征。与晚更新世采集狩猎者相比，东胡林遗址居民的牙齿磨耗多样，反映出其食物的多样化；牙齿龋病表明植物性食物增多；其股骨形态表现出较低功能活跃度。在体质形态反映的低流动性特征之外，东胡林人还表现出颅骨多孔性改变这一病征，暗示他们可能面临着较大的生存压力（《考古》第7期）。

税午阳等依据统计数据汇总了现生人群的面部软组织平均分布特点，提出了通过计算机进行三维颅面复原的方法，并对山顶洞101号头骨化石生前面貌进行了预测复原，再现了东亚地区更新世晚期人类的脑颅及面部的形态特征。该头骨化石的复原面貌具有头部较长、额头前倾、眉弓粗壮等特征，与化石所反映的形态特点基本一致。在模拟复原的基础之上，研究者们进一步分析了面部软组织分布的差异以及在形状空间中分析颅面复原模型与现生人面貌模型的形态差异，实现了颅面复原结果的评价。本项研究是计算机虚拟颅面复原技术在古人类学领域的重要实践，其工作方法可进一步推广应用于其它古人类头骨的面貌复原。在实际的工作中，应加强与古人类学家的讨论，将手工颅面复原的经验及优点融入计算机颅面复原技术中，提高颅面复原结果的可靠性（《人类学学报》第39卷第4期）。

除了体质人类学的研究之外，古DNA技术在古人类学研究方面的运用也越来越广泛。

兰州大学教授、中科院青藏高原研究所和青藏高原地球科学卓越创新中心特聘客座研究员张东菊带领团队对白石崖溶洞遗址进行首次考古发掘，并邀请国内外多个研究团队进行多学科综合研究。他们发现，遗址内保存有丰富的中更新世和晚更新世古人类活动遗存。研究人员根据沉积物特征的不同划分了10个地层，共收集到1310块石制品和579块动物骨骼碎片。再分别用光释光和碳14技术进行测年，最终确定白石崖溶洞遗址的可靠年龄为距今3万~19万年。付巧妹等人运用沉积物DNA技术，通过实验，一次性尝试捕获钓取242个哺乳动物和人类的线粒体DNA，进一步分析显示其为丹尼索瓦人DNA。结合地层测年结果，研究人员发现丹尼索瓦人DNA主要出现于距今10万年和距今6万年前后，可能晚至距今4.5万年，这说明丹尼索瓦人在晚更新世长期生活在该洞穴。这些最新研究成果，为推进丹尼索瓦人的时空分布、遗传特征、文化特征、环境适应等研究提供了重要科学依据，并且对重建青藏高原古人类活动历史和厘清东亚古人类演化历史具有重要意义（《科学（*Science*）》第370卷第6516期；《人民日报》2020年11月16日第11版；《科学通报》第6期）。

白帆等分析了距今11000年左右的中国南方地区贵州清水苑大洞人和广西隆林人线粒体全基因组数据，这是目前东亚南部乃至东南亚最古老的人类遗传学数据。序列分析显示隆林和大洞样本的线粒体序列均属于M71单倍群，除此之外，二者还共享编码区6257A和11518A两个突变位点。研究者进一步对两个古个体，及有报道的来自中国南部及东南亚的4784条现今现代人和82条古线粒体全基因组数据进行了分析。结果显示，6257A和11518A两个突变位点，仅存在于东南亚现今现代人样本中，在东亚现今现代人样本中未观察到。基于此，研究者在M71单倍群命名的基础上，增加了6257A和11518A两个突变位点，命名为M71d单倍群。系统发育分析显示大洞及隆林样本属于M71d单倍群的早期类型。贝叶斯法和Rho估计均显示M71d单倍群起源于距今22000年左右。系统发育网络（Network）分析也显示隆林和大洞样本位于M71d单倍群基部。以上结果说明，可能在一万一千年前乃至更早时期，东亚南部到东南亚存在自北向南的人群迁移，然而由于没有同时期的东南亚样本，还需要进一步研究来验证这一假说（《人类遗传学杂志（*Journal of Human Genetics*）》第65期；化石网2020年10月22日）。

《地质学刊》在第43卷第4期、第44卷第1—2期连续发表了中国地质环境监测院季燕南等及河北地质大学季强等撰写的三篇古人类学研究综述。这三篇综述性文章简要介绍了国际古人类学研究历史与现状、中国化石人类学研究历史与现状以及人类的基本概念与定义。该系列文章分析了中西学者对于人类起源与演化研究认识分歧的主要原因，肯定了中国化石人类学研究在国际古人类学研究中的贡献和科学地位。同时，强调了古人类的起源与演化研究应与其他动物一样，遵循“同源、共祖、单系”的基本原则（《地质学刊》第43卷第4期，第44卷第1—2期）。

更新世哺乳动物群组合面貌及生物绝灭率是生物地层学确认动物群相对年龄的重要手段。董为等利用支序系统学的相关原则，根据Brainerd-Robinson法则对动物群的二元相似性系数进行排序，并通过二元相似性系数确定动物的古老系数来判断动物的年代顺序。结合一些已有的动物绝对年龄测试的结果，对缺乏物理化学测年结果的地点进行了相对年代分析。结果显示，辽宁大连古龙山遗址的年代在距今1.6万~2万年，辽宁本溪山城子遗址的年代在距今2万~3万年，安徽东至华龙洞及河南南召遗址的年代在距今15万~40万年，陕西洛南东河的年代在距今50万~70万年，湖北郧西白龙洞和郧县梅铺的年代在距今50万~85万年，广西柳城巨猿洞的年代在距今120万~150万年，安徽繁昌人字洞的年代在距今190万~240万年。虽然动物群所反映的年代跨度相对较大，但在缺乏有效测年样品及手段的情况下，其数据仍是重要的定性和对比依据。这项工作将支序系统学的分析运用到动物群的生物年代学推断中，为今后相关工作的开展提供了启示（《古脊椎动物学报》第58卷第1期）。

山西省天镇县南高崖乡的台家坪、水冲口和大庄科的辛窑子沟一带分布着大量哺乳动物化石地点，董为等对出土的鹿科化石进行了研究，鉴定出7个种：步氏麂（Muntiacus bohlini）、化德祖鹿相似种（Cervavitus cf. C. huadeensis）、山西轴鹿（Axis shansius）、华丽日本鹿（Nipponicervus elegans）、始麋鹿（Elaphurus davidianus predavidianus）、双叉麋鹿（E. bifurcatus）及赤鹿（Cervus elaphus）。其中，化德祖鹿相似种和山西轴鹿是从晚新近纪残留下来的种类，而步氏麂、华丽日本鹿、始麋鹿和双叉麋鹿是早更新世出现的新种类。另外，在中国大陆和日本列岛都发现过麋鹿和日本鹿化石，进一步说明在早更新世期间海平面曾经下降很多，使得大陆的一些鹿类得以迁徙到列岛上。数量较多的低冠鹿科化石标本指示桑干河盆地一带在早更新世存在一定范围的森林环境（《古脊椎动物学报》第58卷第3期）。

泥河湾动物群中的典型偶蹄类成员布氏真枝角鹿（Eucladoceros boulei）产出层位一般集中在下更新统，是早更新世动物群的代表。该种鹿类在以往的报道中主要见于华北，向南可达安徽。自2013年起，辽宁大连骆驼山金远洞出土了大量哺乳动物化石，潘越等对偶蹄类中的部分鹿类标本进行了研究。金远洞发现的鹿类标本角柄粗短，角柄在额骨上向上、外侧方向生长，角枝长而弯曲；头骨额部宽而平，上颌骨高；颊齿齿冠高度中等偏低，上前臼齿舌侧主尖具釉质褶，P2和P3具明显的内中凹，上臼齿具内附尖（底柱），P4没有臼齿化迹象，下臼齿无古鹿褶，但具下外附尖（底柱）。这些特征表明，该鹿类化石属于布氏真枝角鹿，这个种的地理分布范围可以到达东北。布氏真枝角鹿高度偏低的齿冠指示其食嫩叶的食性，说明在早更新世期间大连金远洞一带很可能存在一定范围的阔叶林环境。布氏真枝角鹿与欧洲维拉方期的真枝角鹿在形态上有一定的相似性，说明在早更新世期间欧亚大陆的东西两侧存在过动物群的交流（《第四纪研究》第40卷第1期）。

董为等报道了广西崇左缺缺洞早更新世晚期堆积中出土与巨猿伴生的4种偶蹄类化

石，分别是裴氏猪（Sus peii）、广西巨羊（Megalovis guangxiensis）、山羊亚科属种未定（Caprinae gen. et sp. indet.）以及周氏水牛（Bubalus chowi）。缺缺洞的裴氏猪是这个种目前在地理分布上最靠南的记录。缺缺洞产出的广西巨羊下颌骨具有肿厚现象，与以储钙为主的大角鹿和容纳下犬齿的李氏野猪的下颌肿厚原因不同，而可能与广西巨羊以类似竹子和甘蔗之类的坚韧食物为食的食性有关。缺缺洞的周氏水牛是目前年代最早的水牛，可能是中更新世水牛的祖先。猪属和巨羊属在中国和西欧的早更新世地层中均有分布，指示自新近纪晚期以来欧亚大陆发生过动物群的迁徙或交流事件。缺缺洞动物群各个成员的生态习性指示在早更新世晚期缺缺洞一带生态环境为热带森林—林灌环境，周边有一些浅的水域。这种自然环境非常适宜巨猿以及相关的高等灵长类在那里生息繁衍。

江苏宿迁嶂山化石地点位于淮河下游、马陵山南端的人工河——新沂河的河床上。该化石点最早报道于1953年，是淮河下游为数不多的更新世化石点之一。陈曦等报道了嶂山化石点近年新出土的一批动物化石，鉴定名单包括：龟鳖类、扬子鳄（相似种）、虎、淮河古菱齿象、蒙古野驴、梅氏犀、李氏野猪、河套大角鹿、葛氏斑鹿和草原野牛。嶂山的扬子鳄（相似种）是该物种在更新世化石记录中分布最北的，而草原野牛则是该物种最靠南的化石记录。嶂山的古菱齿象被归入淮河古菱齿象，因其齿板数多于纳玛古菱齿象，而牙齿尺寸大于诺氏古菱齿象。嶂山河套大角鹿的下颌提供了该物种仅有的下颊齿列长度数据，证明晚更新世的河套大角鹿具有相对弱的角枝、纤细的下颌和延长的齿列，支持了中国大角鹿属（Sinomegaceros）在角枝粗壮度、下颌肿厚度和齿列长度之间的演化关联性。嶂山动物群中蒙古野驴、河套大角鹿是典型的晚更新世物种，且成员多为绝灭种，推断年代很可能为晚更新世的早段。嶂山动物群组合反映了相对温暖湿润的气候，显示当时的骆马湖一带兼有湿地、森林和草地。嶂山化石点也为马陵山地区旧石器遗存的相关研究提供了新的生物地层学参照（《人类学学报》第39卷第2期）。

吴锡超报道了福建省龙岩市石谷仓洞穴遗址、奇和洞遗址、无名洞遗址出土的大熊猫化石，分别记述了三处遗址的堆积状况、伴生动物群的构成及相对年代。其中，石谷仓洞动物群的地质年代归于中更新世中期，推测其时代大致距今30万年，是福建境内年代最早的第四纪动物群。更新世大熊猫的分布已经推进到福建闽中一带，连城、漳平是闽西连接闽中的桥头堡。无名洞动物群的年代处于晚更新世，在晚更新世，由于武夷山的阻隔，闽西受第四纪冰川作用较小，至少武夷山南段东侧的闽西还残存大熊猫物种，闽西是大熊猫分布的最东线（《南方文物》第3期）。

犀类是我国华南地区更新世地层中最为常见的化石哺乳动物类群之一。严亚玲等对广西崇左三合大洞中发现的犀牛化石材料进行了形态特征描述，并与我国华南地区第四纪相关属种以及东南亚地区所发现的化石和现生种进行了比较，从牙齿形态特征和大小等方面来看，认为三合大洞中的标本应该归入爪哇犀（Rhinoceros sondaicus）。该项发现是爪哇犀化石在我国更新世地层中的首次报道，并且是我国有关爪哇犀的最早记录。形态学研究表明，该地区早更新世早期的扶绥岩亮洞、鲤鱼山百孔洞以及泊岳山巨猿洞发现的扶绥犀（Rhinoceros fusuiensis）可能是爪哇犀的直接祖先。三合大洞中爪哇犀的发现进一步丰富了我国华南地区独角犀的种类，填补了该种类在我国更新世地层中化石记录的空白（《地质论评》第66卷第1期）。

为了探究华南猩猩的分类、起源、演化与绝灭，胡荣等选取了32颗来自广西更新世时期的猩猩化石牙齿，制作了牙齿切片，观察并计算了猩猩化石牙齿的生长周期、牙釉质日分泌率、牙冠形成时间等牙齿生长发育重要参数，并与其他化石和现生类人猿牙齿进行了详细的比较。结果显示本研究中广西石化猩猩牙齿生长发育变量具有一定范围的变异幅度，但并没有出现特别极端或奇异的值，由此可以看出本研究中的广西石化猩猩可看作一个单元。之前，研究者根据牙齿的形态大小将这批化石鉴定为猩猩。本研究结果也显示广西石化猩猩牙齿生长发育变量也与其他研究中的化石和现生猩猩十分接近，因此本研究中的广西化石“猩猩”可以被认定为“Pongo”。广西石化猩猩长生长线周期稍短于现生猩猩和苏门答腊的亚石化猩猩；猩猩牙尖釉质厚度从更新世到全新世也有一个逐渐下降的趋势；广西石化猩猩牙釉质日分泌率快于现生猩猩，牙冠形成时间也稍长于现生猩猩，这些结果表明更新世以来猩猩确实发生了一些变化，这可能是地区差异或演化差异导致的。广西石化猩猩牙齿生长发育与非洲古猿差异最大，其次是欧洲古猿，而与其他亚洲古猿，如西瓦古猿、禄丰古猿最为相近，表明石化猩猩与中新世的亚洲古猿之间可能存在更近的演化关系（《美国体质人类学杂志（*American Journal of Physical Anthropology*）》第174卷第2期；化石网2020年12月21日）。

饶慧芸等报道了首例东亚更新世斑鬣狗化石的古蛋白序列，并通过系统发育分析，探讨了东亚斑鬣狗化石的分类及其与非洲现生种之间可能的基因交流。斑鬣狗化石在东亚广泛分布，在我国生存于更新世中期到全新世早期，本研究对包括灵仙洞在内的中国北方三个遗址点的洞穴鬣狗进行了古蛋白质分析，均获取了多种内源性的蛋白质。通过多酶切方法增加了肽段覆盖率，其中I型胶原蛋白的覆盖率达到80%及以上，de novo测序结合数据库搜库分析确认了东亚洞穴鬣狗的多个突变位点。这是首次获取到洞穴鬣狗的古蛋白序列，为今后的相关研究提供了参考序列，并为东亚的洞穴鬣狗增加了新的分子数据。基于蛋白序列的系统发育分析表明东亚的洞穴鬣狗可分为两组，其中一组与非洲北部的现生斑鬣狗聚在一起，这与核基因得到的结果不同，反映了在103万年之前东亚的洞穴鬣狗与非洲北部的现生斑鬣狗可能存在基因交流。本研究表明古蛋白分析在系统发育重建方面具有非凡的潜力，可在更长的时间尺度和更广阔的地域寻找分子证据（《科学报道（*Scientific Reports*）》第10卷；化石网2020年10月21日）。

四　古环境与年代学研究

“许家窑人”化石发现于河北省阳原县泥河湾盆地西端的侯家窑遗址。该遗址20世纪70年代历经数次发掘，发现古人类化石20件、石制品数万件以及大量的哺乳动物化石。虽然已有大量关于遗址的研究成果发表，但人类化石和考古遗物的出土地层仍有些模糊，文化层时代也存在较大争议；年代数据在距今2万~50万年的大范围间变化，影响学者们对“许家窑人”及其文化遗存演化位置的认识。鉴于此，河北省文物研究所（现河北省文物考古研究院）在2007~2012年对该遗址开展了持续的考古调查及发掘，重要目的之一在于廓清遗址埋藏的地貌部位和文化层的分布状况等基本信息。侯家窑遗址的地层包含上、下两个文化层；下文化层以下2~3米（距地表约14.5米）处确认了不整合接触面，其下为泥河湾层堆积，之上为河流阶地堆积。综合对20世纪70年代发掘的地层描述、新发掘地层以及人类化石保存状态的认识，“许家窑人”化石应出自遗址地层沉积序列的上文化层中，而非湖相的泥河湾层中。王法岗和李锋通过对目前遗址已有测年数据的重新梳理，提出上文化层即“许家窑人”化石的时代为距今20万~16万年，主要对应深海氧同位素 6 阶段早期；下文化层的准确年代仍需验证，目前光释光年龄为距今 198（±1.5）万年，$^{26}Al/^{10}Be$ 埋藏年代为距今 240（±5）万年（《人类学学报》第 39 卷第 2 期）。

广西百色盆地旧石器工业因含有众多的手斧且年代早到距今 80.3 万年而闻名于世。盆地内发育有 7 级河流阶地，其中第 Ⅳ 级阶地发现有手斧和玻璃陨石。自从 1973 年第一个石器地点被发现，越来越多的遗址或地点被调查发现和发掘。以前研究认为，百色盆地旧石器只出自网纹红土层，年代均为距今 80.3 万年。2013 年以前，通常只在土状堆积的上部发掘，从来没有人对第 Ⅳ 级阶地的沉积物从地表到底部砾石层进行系统发掘，因此关于第 Ⅳ 级阶地的整体地层堆积情况及含石器层位很模糊。2013～2014 年，广西文物保护与考古研究所会同田东县博物馆对百色盆地最重要的旧石器遗址之一——田东高岭坡遗址进行了系统的考古发掘。此次发掘从遗址的地表往下一直发掘到砾石层，揭露出厚度超过 7 米的完整地层序列，发现 1 处小型石器制造场和 1 处用火遗迹。在不同地层中发现石制品 800 多件，包括砍砸器、手镐、刮削器等。涵盖旧石器和新石器两个时代。谢光茂等根据地层对比和石制品的特征及测年结果，将旧石器时代文化遗存分为 3 期：第一期的年代早于或等于距今 80.3 万年，第二期为距今 1.5 万年，第三期约为距今 1 万年（《人类学学报》第 39 卷第 1 期）。

唐税枰等对位于盆地东部的黑土沟遗址剖面进行了系统的磁化率地层学和磁组构研究。通过与邻近大长梁和小长梁剖面的精细磁化率地层对比，发现黑土沟剖面堆积约始于 190 万年前，可能记录了我国北方中高纬地区最早的古人类活动。详细的磁组构研究结果显示，磁化率各向异性能够有效地揭示泥河湾盆地 190 万年以来的古水文变化，黑土沟剖面的磁组构变化显示泥河湾古湖水文环境发生了多次阶段性变化。距今 190 万年前后，壶流河的出现，抑或研究区发生构造沉降，使得研究区堆积厚层砂砾石，较强的水动力和水位升高使得古人类向高处迁移；距今 190 万～180 万年，古湖扩张，湖面上升，水动力减弱，可能指示了东亚夏季风的增强。距今 180 万～150 万年，古湖水动力显著增强，而后持续减弱。距今 150 万～130 万年，水动力显著降低，可能与东亚季风降水增加，气候逐渐变得暖湿，湖水显著加深，而使得河流输入影响减弱有关。距今 130～90 万年，水动力较强但呈现频繁的大幅波动，湖泊水文环境变化剧烈，可能是中更新世气候转型事件的响应。距今 90～40 万年，湖泊再度加深，古湖沉积水动力变化显著受控于全球冰量，呈现周期性的大幅波动。上述水文变化显著影响着古人类的生活行为，很大程度上决定了泥河湾古人类遗址的时空分布特征（《科学通报》第 65 卷第 11 期）。

沈冠军等对西侯度遗址两个旧石器时代遗址点采集的样品进行铝铍同位素比值埋藏测年分析，得出该遗址同位素年龄为距今约 243 万年。为确认西侯度遗址石制品及其所在层位年代问题，2008～2015 年，南京师范大学和山西省考古研究所研究者先后六次在西侯度遗址及其附近采集可靠的测年样品，并由美国普渡大学实验室进行测年，这些样品的测年每一次都指向距今 240 万年附近（《人类学（*L'Anthropologie*）》第 124 卷第 5 期；化石网 2020 年 12 月 21 日）。

孙雪峰等以我国古人类遗址为研究对象，对既往测年数据进行了系统的总结与再分析，并提出了解决测年差异的合理定年方案。文章重点分析了早、中、晚更新世我国一些重要古人类遗址产生差异的原因，发现使用多种测年方法虽然会产生差异，但却可以避免因一种方法而造成的偶然性错误，合理应用多方法组合定年有利于排除错误年代。尤其在中、晚更新世洞穴遗址中，经 3 种测年方法交叉检验结果一致，可得到最为可信的定年结果。仅用一种测年方法的结果可能尚需验证，而我国却有 43% 的古人类遗址只用了一种测年方法。遗址埋藏学问题需要通过多方法测年来发现和修正，而测年方法本身差异问题则更需要多方法测年来综合评估和判断（《科学通报》第 20 期；化石网 2020 年 12 月 5 日）。

李潇丽对河北蔚县吉家庄遗址湖滨相沉积物易溶盐进行了测试和分析，结果表明，此剖面代表的泥河湾古湖易溶盐为 $HCO_3^- - SO_4^{2-} - Na^+$ 型，pH 值平均为 8.93，偏碱性；剖面平均含盐量为 0.67‰，属于半咸水湖，指示半干旱区湖泊演化由碳酸盐湖向硫化物湖过渡阶段。SO_4^{2-}、Cl^-、Na^+、Ca^{2+} 和 Mg^{2+} 等 5 类离子的变化曲线与剖面沉积物易溶盐总含量变化大体一致。依据易溶盐主要离子比值和碳酸盐碳、氧稳定同位素含量，并结合沉积物特点将湖泊气候演化划分为 4 个阶段，记录了气候由相对冷湿→凉干→相对温暖湿润的变化过程，古人类在该遗址活动时期对应于湖泊演化的第 2 阶段早期，处在古湖水位降低且气候向干凉转变的湖滨环境。该项研究对探讨泥河湾古湖的演化以及蔚县盆地吉家庄遗址利用者的生存行为与气候关系具有重要意义（《海洋地质与第四纪地质》第 40 卷第 5 期）。

马姣等综合利用多种生物地球化学的研究手段，对黑龙江省阎家岗遗址及俄罗斯远东地区洞穴的猛犸象—披毛犀动物群进行系统的古生态研究。碳氮稳定同位素分析表明，两个遗址出土的真猛犸象均以禾草类及苔草类为主要食物来源，而披毛犀和野牛等动物的食物来源比真猛犸象更为灵活多样。基于质谱的动物考古学分析不仅提供了精确的动物种属鉴定结果，并且准确鉴定出一例阎家岗的王氏水牛样品。多个样品的 ^{14}C 测年结果为 43，447/ >41，964 - 38，204 14C BP，比在 20 世纪 80 年代发表的阎家岗遗址测年结果明显偏早。综合来看，中纬度东北亚地区的猛犸象—披毛犀动物群与高纬度地区相比呈现出独特的面貌，由于我国东部地区地形平坦，大型哺乳动物在气候动荡的 MIS 3 阶段可能经常发生南北方向的迁徙活动，从而塑造出真猛犸象、披毛犀等冰期耐寒动物与喜温的水牛共存的独特面貌（《国际第四纪（*Quaternary International*）》2020 年 12 月 23 日在线文章；《中国科学报》2020 年 12 月 28 日）。

葛勇和高星结合最新的地质与考古记录，对 7 万年前 Toba 火山喷发事件的影响进行了重新评估。约 7.4 万年前的 Toba 火山喷发是已知近 200 万年以来最大规模的火山喷发事件，其一度被认为造成了全球气候变冷及环境恶化，并且最终导致了热带非洲以外地区人群的灭亡，是现代人起源的假说之一“完全替代假说”中非常重要的证据。研究者收集了涵盖 Toba 喷发时段的全球高分辨率地质记录（冰芯、石笋和湖泊沉积物），以及欧洲、亚洲和非洲的考古记录来全面评估 Toba 火山对地球环境和古人类的影响。通过对各种记录的综合分析，研究发现约 7.4 万年前的 Toba 火山喷发并未造成全球气候变冷以及环境恶化，并且热带非洲以外地区的人类活动均未断绝。因此，并不存在由于 Toba 火山喷发导致的全球变冷和人类灭绝，Toba 火山的喷发并不能用于支持“完全替代假说”，现代人起源作为一项重要的科学问题，应该被更加审慎地对待和深入地探讨（《国际第四纪（*Quaternary International*）》第 559 卷第 10 期；化石网 2020 年 9 月 19 日）。

杨石霞等梳理了中更新世气候转型期及其前后阶段中国古人类—旧石器遗址分布的时空变化，以及石器打制技术的发展，提出以中国为代表的东亚早期人类为应对中更新世气候转型这一显著的气候变革，在地理分布和石器制作行为等方面都作出了重要转变。伴随中更新世气候转型期，冰期和间冰期的旋回间隔发生了明显的变化。尤其在高纬度地区，粒度、孢粉等多方面证据均揭示了转型期后气候向干冷转变，并对第四纪哺乳动物群的构成和分布产生了显著的影响。该研究关注中更新世转型期的早期人类遗址地理分布变化和石器制作技术的发展。通过对比，文章揭示了经过中更新世转型期，高、低纬度间史前遗址的分布发生明显的变化，如中更新世转型期开始中低纬度地区的遗址分布更为集中、增长明显；与此同时早期人类石器打制技术也发生了重要的变化，如大型切割工具在中低纬度地区的出现、发展，高纬度地区小工具加工在中更新世转型期初期发展明显相对衰落。论文的结论突破了东亚旧石器时代早期石器技术缺乏变化与创新、简单连续的传统观点（《第四纪科学评论（*Quaternary Science Reviews*）》第248卷；《中国科学报》2020年10月10日）。

五　会议召开及学术交流

12月9日，丝路沿线地区旧石器时代考古暨甘肃发现旧石器100周年研讨会在兰州召开。此次会议由中国科学院古脊椎动物与古人类研究所、甘肃省文物局、中国考古学会旧石器专业委员会主办，甘肃省文物考古研究所、旧石器时代人类演化与遗传国家文物局重点科研基地承办。研讨会对甘肃及周边地区近年来旧石器时代考古新发现进行共享，深入探讨旧石器时代人类扩散与交流这一重要学术问题。甘肃省是中国最早发现有明确层位旧石器遗存的地区，1920年法国神父桑志华等在甘肃庆阳辛家沟和赵家岔的黄土地层中发现旧石器，揭开了中国旧石器时代考古学的序幕。至今共100年时间，甘肃省已发现中、晚更新世的古人类和旧石器遗址50余处，通过一系列的发掘和研究，基本建立起了甘肃地区尤其是黄土高原西部中更新世晚期到晚更新世以来（距今20万~1万年）的旧石器时代考古年代框架，为探讨该地区石器技术的演变、人类行为的发展历程、人类适应行为演化与环境变化的关系等提供了关键材料（化石网2020年12月11日）。

为学习贯彻习近平总书记关于文物保护和文化遗产工作的重要讲话及其在中央政治局第二十三次集体学习时做出的重要指示，进一步研究、论证“郧县人”头骨化石及其文化遗存的科学价值、学术地位与意义，2020年11月25~28日，“‘郧县人’头骨化石发现30周年学术研讨会”在湖北省十堰市郧阳区召开。来自中国科学院古脊椎动物与古人类研究所、中国科学院地球环境研究所、中国科学院大学、北京联合大学、重庆师范大学、吉林大学、贵州大学、湖北省文物考古研究所、贵州省文物考古研究所、安徽省文物考古研究所等科研单位和大学的近30位学者出席了会议，中国科学院院士吴新智先生、法国人类古生物研究所所长德·卢穆雷先生、南非金山大学克拉克和库曼教授等国际知名专家发来了书面意见或通过视频参与了会议。这是“郧县人”化石出土30年来在郧阳区举行的一次重要学术会议，是“郧县人”研究及相关事业发展的一座里程碑。会议还发布了《关于古人类遗产研究、保护与利用的共识和倡议》，总结了有关“郧县人”遗址及相关遗产的价值与意义的共识，呼吁对“郧县人”遗址及相关遗产进行保护，并为下一步的发掘与研究提出了建议（中国科学院古脊椎动物与古人类研究所网站2020年11月30日）。

新石器时代考古

王　芬

2020年中国新石器时代考古成果，主要包括田野考古新发现、以往田野材料的新发表，以及专题研究新论述，包括中华文明起源与发展、聚落考古、考古学文化等。经初步统计，以新石器时代遗存为主体的田野考古发掘报告和调查报告共出版6部，研究论著（含译著）26部，论文集17部，期刊（包括以书代刊）的考古报告和简报50余篇，学术论文320余篇。

一　田野考古

（一）东北及北方地区

黑龙江饶河小南山遗址位于乌苏里江岸边，面积40余万平方米。经过多年度发掘，先后确认五个时期的文化遗存，其中第一期遗存发现5000多件打制石器和早期陶片，距今17000—13000年；第二期遗存为两片墓地，墓葬以上均有封土基石，随葬石、玉和陶器等，距今9200—8600年。这五期遗存跨度15000余年，对构建黑龙江下游地区的考古学文化序列意义重大。近几年出土玉玦、玉环等120余件玉器，是东亚地区系统用玉的最早证据，为我国玉文化的起源和传播及早期玉器加工技术等问题的研究提供了宝贵资料（《中国文物报》5月23日第8版）。

黑龙江大兴安岭地区北山洞遗址是伊勒呼里山北麓的一处洞穴遗址，洞内面积90余平方米。2016年发掘41平方米。共清理灰坑3个，灶址16处，出土陶器、石器和玉器等1800余件。可分为六个时期文化遗存，其中第二至第五期文化遗存属新石器时代。其石器加工以细石核、细石叶等细石器工艺为主，剥片技术包括锤击法和间接压制法，工具加工多采用较为精细的压制修理技术，该发现为大兴安岭东麓山区新石器文化研究提供了新材料（《北方文物》第1期）。

黑龙江齐齐哈尔洪河遗址坐落于嫩江中游右岸的台地边缘。2013—2019年五次发掘4200余平方米，发现沿嫩江由东北向西南并列分布的5条新石器时代晚期环濠，面积分别为1700、1050、2100、8000、3500平方米。发现房址27座、墓葬9座。其中房址面积最大的约110平方米，有的房址内有非正常死亡现象。大量石器、骨器和陶器等显示其文化性质属于昂昂溪文化，绝对年代距今4500—4000年。生业经济为渔猎与农耕兼营。“连珠式”环壕聚落和大型房址的发现对研究嫩江流域新石器时代晚期聚落和社会具有积极意义（《考古》第7期）。

内蒙古化德四麻沟遗址位于阴山山脉东北部支脉边缘的坡地上，面积近30000平方米。2017—2019年发掘2200平方米。发现房址19座，室外灶19座。揭露出多种形状的半地穴式房址和室外灶，出土石制品、少量陶器和骨器等遗物，绝对年代距今 8400—7200 年，这处新石器时代早期的季节性营地式聚落，对中国北部及西部草原地带新石器时代早期文化的探索研究具有重要意义（《中国文物报》1 月 3 日第 8 版）。

内蒙古库伦旗小奈林稿遗址地处燕山北部山地向科尔沁沙地的过渡地带，现存面积不到 5000 平方米，2013 年抢救性发掘 1800 余平方米，清理新石器和青铜时代房址 15 座、灰坑 37 个、墓葬 27 座等，出土陶器、石器等各类遗物近 200 件。新石器时代房址 3 座，为半地穴式，面积较大，约 50 平方米，南部有凸出的门道。室内保存较好的硬面，中部有圆形土坑灶。陶器均为夹砂陶，器形以筒形罐为主。年代相当于查海遗址早中期（《考古》第 3 期）。

河北康保兴隆遗址位于坝上地区一处名为“赛圪坨沟”的山谷西坡，面积约 15000 平方米，2018—2019 年发掘 1130 平方米，新石器时代遗存可分五期，绝对年代为距今 8700—5200 年。发现半地穴式房址、室内合葬墓、支石灶、细石片堆和圆坑墓等遗迹。遗物有石器、陶器、骨角牙蚌器以及大量的动植物遗存等，其中骨柄石刀、涂朱石刀、马鹿牙串饰、玉耳珰、玉镯、微型珠串极富特色。该工作初步构建起坝上西北部地区旧石器时代末期至新石器时代中期的文化序列，为探讨先民社会关系、生活方式、生业结构和古环境等问题提供了丰富资料（《中国文物报》12 月 18 日第 5 版）。

（二）西北地区

宁夏隆德沙塘北塬遗址坐落于渝河北侧二级阶地上，面积约 3.5 万平方米，2016 年进行第三次考古发掘，发掘面积 1075 平方米。清理房址 13 座、墓葬 12 座、灰坑 154 个和陶窑 2 座，出土陶器、石器、玉器、骨角器和蚌饰等遗物。陶器以平底器为主，器形有花边口沿罐、高领罐、刻槽盆、尊、斝、豆、双耳壶等。该类文化遗存与菜园文化、常山下层文化和齐家文化关系密切，属于常山下层文化向齐家文化的过渡类型，绝对年代为公元前 2200—1900 年（《考古》第 4 期）。

为配合洮河流域九甸峡水电工程等基建项目开展了抢救性发掘工作，在甘肃岷县坪上、红古区下旋子、陇西梅家嘴和岷县卓坪遗址发现新石器时代遗存。岷县坪上遗址 2008 年发掘 350 平方米，发现仰韶文化中期、齐家文化和寺洼文化的文化层和灰坑等遗迹，以及陶罐、尖底瓶、彩陶钵、彩陶壶、陶环、陶刀、石刀和石铲等遗物。红古区下旋子遗址 2008 年发掘 450 平方米，发现马家窑文化灰坑和灶址以及陶壶、陶罐、彩陶盆等生活用品。陇西梅家嘴遗址 2011 年发掘 750 平方米，清理 2 座竖穴窑址、2 座“凸”字形白灰面房址和 17 个灰坑等，属于马家窑文化和齐家文化时期。岷县卓坪遗址 2008 年发掘 200 平方米，发现仰韶文化中晚期、齐家文化和寺洼文化遗存（《甘肃省基本建设考古报告集》，文物出版社）。

青海互助金禅口遗址位于大通河西南岸的二级阶地上，面积约 8000 平方米，2012 年发掘 285 平方米。文化堆积较单纯，仅发现齐家文化遗存，包括房址 5 座、灰坑 15 个、墓葬 1 座和陶窑 2 座，出土陶、石、骨等遗物 200 余件。房址结构较为完整，面积 10—20 平方米，与当时流行用白灰和草拌泥涂抹的方式不同，其居住面及穴壁均未经特别加工。该工作还为探索麦类作物和外来畜养动物的传播途径提供新材料。绝对年代在公元前 2200—1750 年（《四川文物》第 1 期）。

（三）中原地区

河南新郑裴李岗遗址位于双洎河北岸的一处岗地上，2018—2019 年开展考古工作，重新确定遗址面积为 5—6 万平方米，共发掘 820 平方米，发现旧石器时代晚期、裴李岗文化及商周时期遗存。裴李岗文化遗存包括灰坑 15 个、成组分布的灰沟 3 组、墓葬 2 座。出土遗物有红烧土块、木骨泥墙残块、陶、石、动植物遗存等。推测当时生计方式处于以采集狩猎为主，兼有少量农业生产的低水平食物生产的阶段（《考古学报》第 4 期）。

河南西平县谢老庄遗址位于淮河流域上游小黑河南岸，2012 年进行了调查和初步勘探，遗址平面近椭圆形，面积约 37 万平方米。裴李岗文化见陶壶、鼎、钵、支脚等，石器有铲、磨盘、磨棒等，还见绿松石坠饰。龙山文化遗存较为丰富，见陶罐、鼎、鬶、豆等。该成果为裴李岗文化贾湖类型增添了新的资料，为研究淮河流域上游驻马店区域内史前文化发展序列提供新依据（《华夏考古》2020 年第 1 期）。

陕西蓝田新街遗址位于灞河东岸二级台塬上，与西安半坡遗址和老牛坡遗址相邻，遗址总面积约 30 万平方米。2009—2010 年发掘 6000 多平方米，共发现房址 3 座，陶窑 9 座，灰坑 406 个，灰沟 33 条。出土遗物十分丰富，有数量多达数千件的生产工具、日用陶器以及装饰品，主要包含有仰韶文化、龙山文化、商代和汉代遗存，其中以仰韶文化晚期和龙山文化早期遗存最为丰富，特别是仰韶文化第二期—泉护二期遗存的发现，为探讨仰韶文化向龙山时代的过渡等问题奠定基础。另外仰韶文化晚期疑似地震迹象的发现，为我国史前时期自然灾害史研究提供材料（《蓝田新街：新石器时代遗址发掘报告》，文物出版社）。

河南三门峡庙底沟遗址位于青龙涧河下游左岸二级阶地前缘，西北仅距黄河 1 公里，总面积 36 万平方米，2002 年发掘 18000 平方米，发现庙底沟文化、西王村类型、庙底沟二期文化时期的灰坑 800 多个，陶窑近 20 座，房址 10 余座，壕沟 3 条等。庙底沟文化时期的聚落结构已经形成，东西两面的壕沟不仅具有防御性，还有防洪排水功能，居住区主要分布在中部和西部，陶窑集中分布在西部，已有专门制陶手工业区，在个别灰坑中有非正常死亡现象。该遗址西王村文化遗存的发现填补了由庙底沟文化向庙底沟二期文化发展的空白（《彩陶中国：纪念庙底沟遗址发现 60 周年暨首届中国史前彩陶学术研讨会论文集》，上海古籍出版社）。

河南淅川下王岗遗址处于丹江水库库区，面积近 10000 平方米，2008—2010 年发掘 3002 平方米，发现仰韶文化、屈家岭文化、龙山文化、二里头文化和西周时期等丰富的文化遗存。其中仰韶文化时期有由壕沟和灰沟构成的排水系统、房址 32 座、墓葬 61 座、瓮棺 3 座，灰坑 67 个等，并出土大量陶器、石器和玉器等遗物。屈家岭文化时期遗物相对较少。龙山文化聚落位于遗址岗地最高处，分布范围较仰韶文化时期略小，但遗存丰富，发现灰坑 210 个、墓葬 4 座、瓮棺 26 座和房址 3 座，其中墓葬中现客省庄二期文化因素，遗物多见罐、鼎、盆、斝、鬲、甑等陶器，是这一地区龙山文化的典型遗址，对文化序列构建具有一定的标尺作用，或可称为一个考古学文化类型。该工作为研究豫西南地区以及相邻区域的文化序列和谱系、聚落形态、文化交流等研究提供重要依据（《淅川下王岗：2008—2010 年考古发掘报告》，科学出版社）。

河南淅川县马岭遗址位于丹江与淅水交汇处西南的临江台地上，面积 6 万平方米，2007—2009 年三次发掘 9200 平方米，发现后冈一期文化、西阴文化、朱家台文化、煤山文化及东周时期等文化遗存。其中煤山文化遗迹有房址3座、灶2个、灰坑160个、陶棺墓3座等。陶器主要有鼎、釜、鼓腹罐、深腹罐、高领罐、瓮、圈足盘、豆等。煤山文化遗存可分为三期五段，年代为龙山文化早晚期之交至二里头文化早期（《考古》第2期）。

河南淅川县下寨遗址地处滔河与丹江交汇处的河谷平原地带，面积约60万平方米，2008—2013年连续发掘19000平方米，有仰韶文化、石家河文化、王湾三期文化晚期、二里头时代早期、西周、东周等八个时期的遗存。发现仰韶文化至石家河文化的墓地一处，清理墓葬133座，皆为土坑竖穴墓，按照墓主头向将墓葬分为四类，甲类墓为仰韶文化晚期或油子岭文化时期，其他三类墓葬为石家河文化时期。文化面貌反映出豫、陕、鄂三省交会地带文化性质的多元复杂性，墓葬规模和随葬品等为认识丹江口地区史前社会复杂化进程提供新资料（《考古》第5期）。

陕西神木石峁遗址是经过多年发掘的一处史前超大型中心聚落。2016—2019年发掘了东护墙北段上部、皇城台门址、皇城台顶大型夯土高台建筑基址（大台基）等。清理东护墙北段上部长约120米的墙体，出土陶、石、玉、骨、铜等各类遗物4万余件，发现了世界年代最早的口簧。门址位于皇城台东侧偏南，自下而上依次由广场、外瓮城、南北墩台、铺石坡道、内瓮城和主门道等组成，出土遗物以陶、玉、石、骨器及壁画残片为主。皇城台顶发现一处大型高台建筑基址，圆角方形，总面积约16000平方米，有夯土台芯，四周以石砌护墙包砌，其上分布着房址、石砌院墙、"池苑"等重要遗迹。大台基南护墙发现70件石雕，形制可分平面型、塑像型、立柱型三类，雕刻技法以减地浮雕为主，兼有少量阴刻和圆雕，图像内容有人物、动物、"神兽"、符号等多种。结构复杂的护墙、设计精巧的城门、规模宏大的高等级建筑以及出土大量珍贵文物，暗示着皇城台是石峁城址的核心区域，已经具备早期"宫城"性质（《考古与文物》第4期）。

陕西府谷寨山遗址处在黄河一级支流石马川中游，位于石峁遗址东北约60公里处，面积约100万平方米，2015年确定包含一座龙山时代石城，城内面积约60万平方米，应属石峁都邑下的次级（抑或三级）聚落。2020年开展系统考古工作，发现石砌城墙、马面、核心台基和21座墓葬等。这是首处全面揭露的石峁文化墓地，形制特征鲜明，器物组合典型，墓葬等级分明，有木棺、壁龛和殉人现象的发现3座。这项工作为探讨4000年前中国北方地区早期国家形态下的丧葬礼制、等级差异、社会结构和文明化进程等提供了新材料（《中国文物报》10月16日第8版）。

2014年在山西省右玉县苍头河流域开展区域考古调查工作，完成苍头河支流马家营河北岸90平方千米的调查，共设采集点138个，发现仰韶文化至元代的遗址64处，其中仰韶文化遗址5处，遗址分布有规律，面积不大，遗物有尖底瓶和彩陶钵等，时代为仰韶中期到庙底沟二期。龙山文化遗址发现较少，仅发现2处，有罐、瓮等器型，未发现斝、鬲、甗等传统器型。该工作为揭示山西北部晋陕蒙交汇地带的文化面貌和文化变迁提供了新材料（《右玉县苍头河流域区域考古调查报告：以马营河北岸为中心》，科学出版社）。

山西保德林遮峪遗址位于黄河东岸，总面积约40万平方米。2019年发掘545平方米，发现石墙、墓葬及灰坑等遗迹。石墙结构完整，残长140米，应代表这是一座石城遗址，始建于龙山文化早中期，废弃于龙山文化晚期，其内涵与石峁遗址相似。该工作为研究河套地区的聚落和社会提供了新材料（《中国文物报》8月7日第8版）。

山西忻州河拱遗址是忻定盆地的一处龙山文化聚落，2011年发掘1500平方米，发现房址6座、陶窑2座。"凸"字形白灰面房址兼具竖向深穴与浅穴式的半窑洞式特点，应是窑洞式建筑的前身，它们成排分布的格局反映出当时集群而居的社会形态，年代为龙山文化晚期。该发现为探讨晋西北忻定盆地新石器时代末期文化面貌提供了基础资料（《中国国家博物馆馆刊》第10期）。

山西离石信义遗址处于小东川河与阳坡沟交汇处东北台地上，面积约40万平方米。2020年共揭露房址13座，灰坑5个和陶窑1座。房址均为土构窑洞式建筑，遗物以陶器为主，具有十分鲜明的地域特色，时代为仰韶文化晚期至龙山文化时期。这项工作为探索史前中原与北方地区之间的文化交流互动、融合发展及其不同建筑模式的空间分布提供了新素材（《中国文物报》2020年10月9日第8版）。

河南淮阳平粮台遗址是豫东黄淮泛滥平原新蔡河西侧的一处龙山文化时期城址，面积5万多平方米。在2014—2019年的发掘中，揭示出目前国内年代最早、最为完备的城市排水系统，城内南北大道和南、北城门已具备“中轴线”意义，还发现年代不晚于距今4200年也是目前我国年代最早的“双轮车”车辙痕迹。另外还出土一批玉器、磨光黑陶杯、完整黄牛等具有多元文化背景的高等级遗物，该发现为讨论中国城市和文明起源和发展等问题提供了新材料（《中国文物报》3月6日第8版）。

还有一些重要考古发现通过新闻报道的形式予以公布。河南叶县余庄遗址是沙河中游地区的一处龙山文化中心聚落，面积约50万平方米，在遗址北部发现两条壕沟，还发掘墓葬、房基、灰坑、窖穴等50余处遗迹，发现河南地区等级最高、随葬品最丰富的龙山文化墓葬。该工作为研究中原地区的礼制起源、社会复杂化进程等提供重要新资料。河南南阳黄山遗址位于白河西岸一处五级台地组成的小土山上，面积约30万平方米，发现仰韶文化至屈家岭文化时期多座墓葬、建筑及活动面，出土数量丰富的钻、刻刀、玉石料残次品等。作为该时期一处大型的玉石器生产“基地”，为研究新石器时代晚期手工业技术发展、资源与生业模式及区域社会文明化进程提供了重要材料（《中国文物报》11月27日第2版）。

（四）海岱地区

山东临沭东盘遗址地处东盘河北侧的台地上，面积18000多平方米，2008—2009年进行考古调查、勘探和发掘，发掘1077平方米，发现北辛文化、龙山文化、岳石文化、和周汉文化遗存，其中龙山文化遗存最为丰富。遗迹有灰坑174个、房址42座、墓葬13座等，出土陶、石、骨等各类遗物350余件。这是鲁东南地区在考古发掘中首次发现北辛文化遗存，另对考察沭河流域龙山文化特征、分期和分区、聚落形态、丧葬习俗等问题具有重要意义（《海岱考古（第十三辑）》，科学出版社）。

2003—2007年对山东胶东地区引黄调水工程沿线的10处遗址进行考古勘探和发掘，在莱州路宿遗址发掘540平方米，在招远市老店遗址发掘1500平方米，在龙口芦头东南遗址发掘500平方米，发现比较丰富的大汶口文化晚期、龙山文化和岳石文化遗存。在招远老店遗址发现胶东地区第一个龙山文化时期的环壕聚落。环壕平面呈方形，环壕内面积约7万平方米，在北壕沟有柱洞表明壕沟上有栈桥式的通道，另外还见夯土台基（或城墙）的迹象，遗址中还见玉钺等器物，显示该遗址具有较高等级。老店遗址丰富了对胶东龙山文化早期文化的认识，为区域文明化进程等研究提供新材料（《胶东调水考古报告集》，科学出版社）。

山东诸城前寨遗址位于潍河北岸台地上，面积约6.5万平方米，1980年清理大汶口文化晚期墓葬近百座，出土彩陶、玉器等精美器物数百件。本年度公布了大汶口文化墓葬出土的64件玉器，器类包括玉璇玑、镯、环、锥形器、管、坠饰、璧、璜、笄、指环等，该成果为研究海岱地区玉器研究提供了重要资料（《海岱考古（第十三辑）》，科学出版社）。

安徽萧县金寨遗址位于皖东北丘陵的山前平原，面积约50万平方米，2016—2018年两次发掘810平方米，其中2017年发掘区北区的新石器时代遗迹包括房址7座、灰坑26个、墓葬9座，出土遗物以陶器为主，另有较多石器和少量玉器、骨器。发掘者将遗存分为三期，其文化面貌与鲁南苏北地区大汶口文化基本相同，年代为大汶口文化中晚期，绝对年代在距今5200—4800年（《东南文化》第3期）。

山东滕州西孟庄遗址地处泰沂山系西南麓冲积平原地带小龙河东南，面积不超过3000平方米，2018—2019年发掘2500平方米，发现的遗迹有围墙、环沟、房址、灰坑、墓葬、窑址及大量柱洞，分布和组合较有规律，组成单元，形成围墙聚落。围墙聚落分为早期方形围墙聚落和晚期圆形围墙聚落两个阶段，均属于龙山文化早期。西孟庄是目前唯一被完整揭露的龙山文化聚落，该小型聚落的全貌和演变过程显示其生产和生活功能不完备，而防御性功能较强，推测其性质可能是军事据点。这对研究当时的社会发展程度，尤其是政治发展状况有重要作用，进一步深化了对龙山文化社会复杂化进程的认识（《考古》第7期）。

山东成武满白寺遗址是鲁西南地区的一处堌堆遗址，面积约6000平方米，2015年进行了调查和剖面清理，发现房址1座、灰坑15个，地表还采集到岳石、商、周、秦汉等时期遗物。该遗址延续时间较长且遗物丰富，体现出龙山文化王油坊类型的文化特征，主体年代为龙山文化中期晚段到晚期，为研究鲁西南地区堌堆遗址的文化面貌、人地关系等积累了材料（《海岱考古（第十三辑）》，科学出版社）。

（五）西南地区

四川汉源富林遗址地处流沙河与大渡河汇合处下游左岸的二级台地上，2009—2010年发掘270平方米。共发现石制品582件，包括石核、石片、石叶、断块和工具。原料种类较多，包括燧石、硅质岩、花岗岩、片麻岩、角岩等10种。该发掘为研究川西山地大渡河中游汉源盆地的新石器时代早期考古学文化提供了重要的实物资料（《四川文物》第5期）。

重庆巫山大水田遗址位于长江左岸的二级阶地上，现存面积1.2万平方米，2014年发掘1300平方米，清理大溪文化墓葬212座、灰坑208个等。葬式丰富，以仰身屈肢居多，屈肢有跪屈和蹲屈两类，以跪屈为多。有单人葬和多人合葬，合葬以双人合葬居多，合葬有人骨叠葬现象。陶器有碗、釜、罐等，带刻符的骨簪和玉石器较有特色，发现人形饰、人面饰、猪形饰、环形饰、绿松石坠、玉璜、玉玦等。并首次在三峡地区发现粟黍类旱作农业遗存。丰富的大溪文化遗存对研究葬式演变、丧葬习俗、社会结构、生业经济和区域交流等具有重要意义（《重庆三峡后续工作考古报告集（第二辑）》，科学出版社）。

重庆忠县中坝遗址是长江三峡库区地层堆积最厚、延续时间最长的遗址，年代从新石器时代，历夏、商、周一直到近现代基本上没有大的缺环，遗址面积5万平方米。1997—2002年共六次发掘8000平方米。发现地层和遗迹单位540余个，包括7座地面（或干栏式）建筑、208个灰坑、12座墓葬和6座窑址等。陶器以大口深腹缸占大宗，还见各类陶罐、陶盘、盘口壶等 21 种，遗物还有石斧、石锛、骨器和大量的动物骨骼等，动物骨骼以鱼类和哺乳动物类占大多数。报告把新石器时代遗存分为三期 8 段 11 组，绝对年代在距今 5000—3800 年。该成果极大丰富了对三峡渝东地区新石器时代晚期文化面貌和内涵的认识，基本树立起峡西地区新石器时代晚期分期断代的标尺（《忠县中坝》，科学出版社）。

四川屏山石柱地遗址位于金沙江右岸阶地上，面积约 10 万平方米，2010—2012 年共 5 次考古发掘 14650 平方米。清理灰坑、房址等遗迹，遗物见卷沿罐、敞口罐、缸、尊等陶器，另有少量石器。该遗址新石器文化除本地特色外，还与成都平原的宝墩文化、峡江地区的中坝文化遗址具有相似性，绝对年代为距今 5000—4000 年。为探讨当地的文化序列、区域文化交流等提供了丰富资料（《四川文物》第 2 期）。

四川会理李家坪遗址位于城河东岸半山腰处，面积约 4500 平方米，2018 年发掘 1000 平方米。发现新石器时代晚期房址 3 座、灰坑 28 个、灶 4 座等。出土束颈罐、高领罐、盘口罐等大量陶器，以及斧、锛、刀、网坠、镞等石器等。绝对年代为距今 4600—3300 年，其间文化发展尚有较大缺环。该工作对研究金沙江中下游地区城河流域新石器时代文化谱系等具有重要意义（《四川文物》第 2 期）。

四川西昌李家湾遗址地处安宁河中游西岸二级台地，2017 年发掘 2020 平方米，发现新石器时代晚期瓮棺葬 10 座，均为一大一小两陶瓮对扣斜置，个别瓮底中部有一圆形穿孔，瓮棺内人骨均不存，共出土陶瓮 19 件。这是安宁河流域首次发现该类遗存，为认识该地区文化面貌提供了新资料（《考古学集刊（第 23 集）》，社会科学文献出版社）。

（六）江汉地区

湖北郧县大寺遗址地处汉江左岸与堰河交汇处的二级台地上，受汉江河水冲刷仅存面积约 2000 平方米，2006—2009 年两次发掘 1800 平方米，发现仰韶文化、屈家岭文化、龙山文化三个时期的遗存，绝对年代为公元前 4200—3600 年。其中仰韶文化遗存最为丰富，有房址 11 座、土坑墓 6 座、瓮棺 9 座、灰坑 140 个等。房址为带基槽地面式房屋，墓葬均为二次葬。还发现陶鼎和小口尖底瓶等遗物，文化面貌与下王岗遗址二期一致。屈家岭文化时期遗存有土坑墓 3 座、瓮棺 2 座、灰坑 44 个等，陶器见彩陶壶、双腹豆等，与屈家岭文化青龙泉二期类型文化面貌相近。龙山文化时期遗存有灰坑和少量墓葬等遗迹，文化面貌上或称龙山文化乱石滩类型。该发现为探讨丹江口库区一带文化谱系，以及与周边地区的文化交流与融合等提供了新资料（《郧县大寺遗址》，科学出版社）。

湖北郧县店子河遗址位于汉江北岸台地上，2008—2011 年两次发掘 5120 平方米，发掘者认为新石器时代遗存以后岗一期文化为主，发现墓葬 1 座、陶窑 1 座、灰沟 1 条、灶 2 座、灰坑 38 个，遗迹呈带状分布，应为生活区。石器见石斧、石铲、石磨盘和石磨棒等，陶器以鼎、瓮、钵为主。农作物仅见粟和黍，家养动物以猪为主，野生动物以鹿为主。还有少量朱家台文化、煤山文化遗存等。店子河遗址是鄂西北后岗一期文化最重要的遗址之一，为研究仰韶早期的文化格局和文化谱系提供了新线索（《郧县店子河遗址》，科学出版社）。

湖北沙洋城河遗址位于汉江西侧长湖北岸，面积约 70 万平方米，2017—2018 年对北城垣外的王家塝墓地进行考古发掘，清理屈家岭文化墓葬 112 座、陶器坑 3 座。墓葬分布十分密集，个别墓葬一侧带偏洞，葬具部分被嵌入偏洞内。墓葬以单人葬为主，少量为同穴多室合葬墓。葬具多见整木掏空的独木棺，也有长方形板棺，部分独木棺外壁残存零星朱红色漆皮，葬具使用率高达70%以上。墓葬内随葬品丰富，以陶器为主，个别墓葬见有玉钺、石钺、象牙器、竹编器、漆器、疑似木器、猪下颌骨遗存等，部分墓葬填土中有罐、瓮、大口缸等。墓葬可以分为四个层级。墓葬年代为屈家岭文化早、中期。这批墓葬材料表明屈家岭社会已经形成完备而独具特色的墓葬礼仪，为社会结构等研究提供了重要新资料（《考古》2020年第6期）。

湖北天门朱家坟头遗址位于石家河遗址群西北部，2017年进行考古发掘，发现屈家岭文化、石家河文化、后石家河文化时期遗存。基本完整揭露一处屈家岭文化至石家河文化早期墓地，共发现墓葬33座，墓葬排列有一定规律，均为土坑竖穴墓，有木棺等葬具，随葬品均为鼎、罐、壶和盆等陶器。这是首次完整揭露石家河遗址群内的一处墓地，对考察遗址的时代、性质、在石家河遗址群中的地位和作用及石家河古城的演变和社会结构等问题提供了重要资料（《考古》2020年第6期）。

2018年对湖北石首走马岭史前城址附近的土城垸遗址进行勘探与试掘，遗址坐落在上津湖北部边缘的一处台地上，面积约4.5万平方米，揭露出房址、灰坑等遗迹，出土了较丰富的陶片、石器和少量玉器，文化内涵主要为石家河文化和煤山文化，为研究走马岭城址周边区域聚落形态与演变提供了重要资料（《江汉考古》2020年第5期）。

湖南南县卢保山遗址是洞庭湖腹地的一处史前城址，面积约10万平方米，2019年进行考古勘探和试掘，在一台地上发现4处遗址相连，应为一个整体性遗址，遗址四周发现有城墙，其中北城墙宽20米、高3.4米，外侧有宽约30米、深约3米的壕沟。初步确定这是一座面积约10万平方米，时代为屈家岭文化至石家河文化早期的城址，为研究长江中游史前城址群、区域文明化进程等提供了新材料（《中国文物报》3月6日第8版）。

湖南华容七星墩遗址位于东山河的二级阶地上，面积约25万平方米，2018—2019年开展了针对周围地区的考古调查工作。考古勘探发现七星墩遗址由内外两圈城、壕组成，内圈城垣呈圆角长方形，面积约6万平方米，外圈城垣大致呈圆形，东垣中部可能存在水门，壕内（含）面积约25万平方米。城内分为宫殿区、生活居住区、手工业生产区、稻作农业生产区等，还发现大型坑状堆积、古沼泽等遗迹。这种“外圆内方”的双城结构为研究长江中游地区史前城址的形制功能和发展演变等课题提供了新资料（《中国文物报》8月7日第8版）。

湖南澧县孙家岗遗址地处澧阳平原西部的一处岗地上，总面积约22.9万平方米，2016—2018年发掘1990平方米，在遗址岗地东南部、环壕以外的位置发现一处墓地，清理肖家屋脊文化墓葬193座。墓地分为南、北两个墓区，墓区内又分为不同墓群，内部呈西北—东南向成列排布，墓列间有交错，每列墓葬数量不等。随葬品包括陶器和玉器两类，陶器以带领广肩罐为主。玉器共发现113件，有正面虎首、蛙、鹰翅、獠牙神面牌饰、鸟首璜、环、笄、鹰首笄、珠、柄形器、冠状器、凿、侧视虎首、蝉、鹰及牌饰等，质地以透闪石为主，其次是阳起石。墓地绝对年代为公元前2200—1800年，可称为肖家屋脊文化“孙家岗类型”，该发现为研究洞庭湖地区石家河文化之后的文化面貌、社会关系和文明化进程等问题提供了新资料（《考古》第6期）。

（七）环太湖地区

安徽含山凌家滩遗址是巢湖流域迄今发现最大、保存最完整的新石器聚落遗址，面积超过 220 万平方米，2016 年抢救性发掘一座新石器时代高等级墓葬，应属于以前发掘的 07M22。该墓为南北向长方形浅穴，出土陶器、石器、玉器等 60 件，其中玉器 44 件，有人头雕像、虎首璜、环镯、玦、钺残片、圆形饰等。另外发现的跪姿玉人像与红山文化那日斯台遗址的石人像极为相似。该墓为深入研究墓地布局、社会结构、区域文化关系和玉器制作工艺等问题提供了新资料（《考古》第 11 期）。

浙江余姚井头山遗址是宁波沿海地区的一处贝丘遗址，面积约 2 万平方米，2019 年发现灰坑、橡子储藏坑处理坑、烧土堆或坑、器物加工和食物处理点等遗迹，出土数百件人工制品、大量食用废弃的贝壳和动植物遗存，绝对年代为距今 8000 年左右。这处我国沿海地区年代最早、埋藏最深的史前贝丘遗址，为研究该地区文化与社会发展、人地关系和环境变迁等问题提供了全新案例与视角（《浙江余姚井头山发现史前贝丘遗址》，《中国文物报》6 月 19 日第 8 版）。

浙江宁波上王遗址位于奉化江流域低山丘陵与平原交汇地带，总面积 2300 平方米，2018 年发掘 1000 平方米。河姆渡文化遗迹有灰坑、灰沟、木桩群构成的木构道路、围栏等，遗物以陶器、石器和木器为主，年代为河姆渡文化四期偏晚阶段。也见良渚文化早期遗存。该发现为细化河姆渡文化分期、完善宁绍平原史前文化序列增添新材料，为研究河姆渡文化在平原地带的分布特征、演变过程和人群扩散、人地关系等提供了新案例（《南方文物》第 1 期）。

江苏苏州五峰北遗址位于五峰山东部山间盆地北侧，面积约 5 万平方米，2016 年布设 1 条南北向 16 × 3 米的探沟，以考察河道的时代、结构等问题。遗物主要出自第 3 层和第 4 层堆积，以石制品为大宗，器类有凿、刀、斧、铲、璧，以及石锤和磨石等加工工具，大量石片、毛坯、半成品及接近完成的成品等器物构建起一个完整的石器加工链条，结合在附近采集的大量类似器物，遗址内应存在一处石器加工作坊，年代为良渚文化中期（《考古》第 1 期）。

上海青浦崧泽遗址位于太湖地区淀浦河北侧，面积约 15 万平方米，2014—2015 年发掘，发掘面积 863 平方米，发现良渚文化、周代等时期的遗迹 44 处。崧泽文化遗存仅发现少量陶器和石器。良渚文化遗存较为丰富，发掘区东南部的文化堆积最多可分十余层，遗迹皆为灰坑，遗物以陶器为主，有罐、杯、鼎、甗、鬶、豆、双鼻壶等，另有少量石器、玉器和骨器，年代属良渚文化中晚期。这是在该遗址首次发现良渚文化遗存，极大丰富了崧泽遗址的文化内涵（《考古》第 11 期）。

（八）岭南地区

2010—2014 年配合广东省基建考古工作项目共计 157 项，发现并记录共 293 处各时期的遗址和遗物点，其中有新石器时代遗址和遗物点的共有 60 处，经过考古发掘的有 6 处，分别为武江圆墩岭、揭西乌岽岭、葫芦山、普宁平宝山、连平坳顶、徐闻红旗岭遗址。在圆墩岭遗址发现新石器时代晚期的 4 条壕沟，以及陶罐、陶釜等器物。在平宝山遗址发现灰坑和墓葬等遗迹，出土陶罐、大口尊、石锛等遗物。这些工作为考察岭南地区的新石器文化面貌、社会发展、生业经济、文化交流等提供了新材料和新视角（《2010—2014 年度广东基建考古新发现》，科学出版社）。

广东揭西乌岽岭遗址位于榕江南河南侧的低矮山地上，2013 年抢救性发掘 1070 平方米。清理新石器时代晚期遗迹 13 处，包括灰坑 11 个、灶 1 座及 1 处用火遗迹。出土大量陶片和石器。陶器见罐、釜和豆等器形。该遗址属于虎头埔文化稍早阶段，绝对年代为距今5000—4500年（《江汉考古》第1期）。

广东普宁葫芦山遗址位于平宝山下的山前台地上，2013年抢救性发掘1108平方米。清理虎头埔文化灰坑13个，出土大量罐、器座、纺轮等陶器，并在该地区首次发现彩绘陶片和执柄器，还见石镞、石锛、石锤、砺石等石器。该工作为加深认识该区域新石器时代晚期文化面貌和文化交流等提供了新资料（《东南文化》第3期）。

二 各类专题研究

（一）考古学理论与方法

2019年武汉大学主持召开"中国考古学理论与方法学术研讨会"，2020年该会议论文集出版，收录22篇论文和2篇会议报道与综述。2020年新发表的主要成果有：王巍讨论在考古学研究中必须坚持马克思主义为指导的同时发展马克思主义，吸收借鉴其他文明研究的理论与方法，多学科、多角度、全方位开展相关研究。余西云从实践性、阐释性、普适性、抽象性和局限性等方面讨论什么是考古学理论。袁广阔等通过对河南新石器时代不同时期地层堆积的认识，探讨堆积成因、环境变迁与社会发展之间的关系。霍东峰等梳理地面、层面、界面、共用地面和关键地面等概念并分析考古发掘的理念和操作方法等问题。陈雍重读蒙特留斯的《方法论》并回顾中国考古学中类型学的形成和发展，提出考古类型学在具体操作过程中的原则和关键问题。谢尧亭讨论考古学文化诸问题，强调全面分析陶器组合和其他遗存群的特征才能保证考古学文化和类型划分的科学性。魏继印提出低等陶器是判断考古学文化亲缘关系的带有"基因"性质的基础性要素。另外，袁靖针对科技考古提出要在一个遗址全方位地开展科技考古研究，在各个领域反思、完善研究思路和方法，做好标本库和数据库建设等。雷兴山等针对田野考古报告编写提出综分体、区位体、描述与研究结合、多学科信息结合、田野考古数据库等理念和方法（《中国考古学理论与方法Ⅰ》，科学出版社）。

2015年召开"国家起源研究的理论与方法国际学术研讨会"，2020年会议论文集出版，收录论文24篇。在对世界范围内国家起源和发展个案进行深入研究的基础上，着重关注中国国家起源与世界其他个案的比较研究，聚焦人类早期政治组织演进理论和规律的讨论。李伯谦从中国文明化历程讨论国家起源的理论问题，强调放在中国所处的特定自然环境和文化格局中考察社会发展的全过程。林沄聚焦中国考古学中的"古国"与"王国"的理论与方法，认为在细化个案、重视年代、深化比较和多学科参照中勾画出中国国家起源的方式和道路。王震中探讨中国王权的诞生以及王权与夏商西周复合制国家结构的关系。许宏回顾中国考古学界国家起源探索的心路历程并思考"多元化"的邦国文明走向"一体化"的王朝文明的过程。谢维扬论述酋邦和国家的关系，就前国家复杂政治组织在国家起源研究中的地位，以及国家起源研究中物化证据要与国家制度存在和国家机构运转的历史性事实相联系的重要性。另外国外学者还就狩猎—采集者在中国国家形成中的作用、早期国家形成模式、美索不达米亚早期政治体系、俄罗斯远东地区早期国家起源与演化、现代太平洋岛国酋邦研究等问题展开讨论（《国家起源问题研究的理论与方法："国家起源研究的理论与方法国际学术研讨会"论文集》，中西书局）。

在考古学史方面，许丹阳从发掘、测量、记录、堆积性状的认识四个方面，对20世纪二三十年代仰韶、西阴村、斗鸡台遗址的发掘方法开展对比（《古代文明（第14卷）》，上海古籍出版社）。孙庆伟通过梳理苏秉琦的人生道路，再次论述苏秉琦考古观的产生、发展和形成（《古代文明（第14卷）》，上海古籍出版社）。

（二）中国文明起源研究

1. 中国文明起源综合研究

刘庆柱的著作《不断裂的文明史：对中国国家认同的五千年考古学解读》出版。从考古角度解读国家认同，以中华文明"中和"理念为线索，通过对都城、陵寝、礼制建筑与礼器、文字等文明要素的梳理，全景式展现中华五千年不断裂的文明，挖掘绵延不绝的国家文化，以及历史上不同族属、不同王朝一以贯之的国家认同，对"中华文明为何是世界上唯一有着数千年不断裂文明"这一问题予以回答（四川人民出版社）。

冈村秀典的著作《中国文明：农业与礼制的考古学》出版。认为"农业"和"礼制"是理解中国文明的两把钥匙。他使用最新考古资料对公元前三千纪到公元前两千纪之间中国文明的形成过程进行论述，重点讨论属于社会下部构造的"生业"与"生活"和属于社会上部构造的"王权"与"礼制"，以及包括这些全体的"社会"和"国家"，从动植物考古、聚落考古、墓葬研究、礼制研究等多个维度思考中国文明起源问题（上海古籍出版社）。

李峰的著作《早期中国社会和文化史概论》出版。新石器时代至汉代的早期中国是整个历史长河中跨度最长、社会变化和政治发展最激烈的时期，其间原始文化特质被逐步改进，融合为有特色的中华文明。以早期中国走向更大范围和更复杂组织的过程为主轴，探索促进社会发展的政治制度和文化传统，包括书写的起源，国家的崛起，商代和西周国家的宗教、官僚制度、法律和政体，战争性质的演变，帝国的缔造，艺术形象的变化，以及对社会秩序的哲学思考等内容（台湾大学出版中心）。

陈淳的著作《从史前到文明》出版。该书根据古人类学、考古学和民族志的研究成果，介绍了人类从古猿进化而来的漫长历程，以及这一进化过程中所发生的体质形态、技术工具、生活方式、语言思维和意识信仰的变化。大约从一万年前开始，人类开始驯化动植物，人口增加，社会不平等出现，最后在西亚、埃及、中美洲和华北分别出现了最早的古代文明和国家。而文明则是人类历史这出长剧的最后一幕（中州古籍出版社）。

赵辉从聚落的角度讨论"古国"的概念、形态、形成，以及从古国到王国的文明演进历程。公元前4000年以来，血缘村落因环境而自然分群，并整合聚落群为一个更大的社会实体，古国产生于聚落群内部的竞争。古国的发生和发展在时空上此起彼伏、有涨有落，在社会演进程度上高低参差。公元前3000年前后，聚落群内部整合达到一定程度，国与国之间的竞争导致了更大规模的整合，出现良渚这样的大型地区国家，或称之方国、邦国。各地古国之间整合的国家化进程也是此起彼伏，第一波次是长江下游良渚、两湖地区屈家岭—石家河大型区域社会的出现，属古国时代的早期；第二波次是北方河套地区石峁、晋南临汾盆地和运城盆地北部陶寺等开启的新一轮大规模整合的政治进程，属古国时代晚期；第三波次的国家化进程是由二里头文化开启以中原为中心的政治进程（《华夏考古》2020年第6期）。

李新伟对苏秉琦先生提出的区系类型理论、文明起源的三种形态、"中国"形成理论、"两个怪圈"做了新思考，紧紧围绕中国文明起源这一核心议题，尝试构建"中国学派”的考古学理论体系。文明起源“裂变”“撞击”“熔合”三种形态除了主要针对中原和北方地区，还应该在更广阔的“最初的中国”的视野下探讨其更宏大的运作历程。“裂变”是公元前6000—4000年各地区基本完成的社会复杂化的初步发展；“撞击”从公元前4000年开始，各地区社会复杂化加剧，社会上层集团出现，以“社会上层远距离交流网”为核心的区域互动促成的飞跃式的，达到古国阶段的社会发展。“熔合”是在古国社会“满天星斗”式普遍发展、各类型政治构想被广泛实践、“最初的中国”形成进程中，构建早期国家的政治实践，良渚、陶寺、二里头社会是“熔合”的典型代表（《南方文物》第1、2、4、5期）。

戴向明梳理中国史前各区域社会发展演变的历程，讨论新石器时代晚期核心文化区的文明化进程，总结出社会进化的两种模式，即“典型模式”（渐进式模式）和“非典型模式”（跳跃式发展模式）。这两种模式分别与原生和次生的“文明”和“国家”相对应。并分甘青、中原、海岱、巴蜀、两湖、江浙、燕辽、雁北八个核心区分别概述其社会发展演变历程，认为中国境内史前社会有明显的阶段性变化，表现出“进化”的特征。各文化区内社会发展演变并不都是单一直线、持续上升递进，它们社会演进的速率和节奏不一，早期国家或准国家社会出现的时间节点差异很大，并非每个地区都演进成为国家形态（《南方文物》第3期）。

韩建业从战争的角度出发，论述文明产生的动力机制以及文明演进的过程。“国之大事，在祀与戎”，战争与中国文明演进是互为因果、相互促进的。在公元前4000年、公元前3000年前后、公元前1800年前后经历了三次规模较大的战争时期，分别形成了以中原为中心的多元一体的文化格局、呈现出万国林立和逐鹿中原的态势、形成中原—海岱—北方三足鼎立式文明主体区，这三次战争时期与早期中国文明的起源、形成和走向成熟的三个关键时期相对应（《社会科学战线》第10期）。

2. 区域文明探索

2015年“早期文明的对话”国际学术研讨会召开，2020年会议论文集出版，收录论文10篇。张弛通过比较大汶口和良渚大墓葬仪，认为大汶口以展示社会关系的维系为核心，而反山等墓葬葬仪却极端强调个人化，体现出不同史前社会权力形态和社会政治观念。刘斌等通过系统总结良渚古城的内涵和良渚文明的特点，把环太湖地区文明化进程与国内和世界距今五千年的早期文明进行比较。孙周勇以陕西榆林地区考古资料和石峁考古发现为中心，探讨公元前3000—1800年北方地区的聚落和社会以及北方地区“大一统”政治格局形成。另外还有学者从二里头是中国早期国家形成中的一个关键点、夏文化探讨的回顾与现状、古代冶金技术的交流与互动、古埃及早期文字、印度河文字、玛雅文明崩溃后的聚落延续性等，从不同角度开展主要文明起源中心的比较分析（《早期文明的对话：世界主要文明起源中心的比较》，上海古籍出版社）。

聚焦中华文明探源问题，“天中论坛”以论文集的形式展开讨论，涉及新石器时代的论述有，李伯谦从考古学史和解析重要考古发现的角度论证传说黄帝所在的古国时代的可信性。王巍通过重大考古发现总结中华文明的特色和特质。赵辉从良渚的国家形态入手论述中华文明从城列城并立的古国时代迈进中原为中心的王朝时代的过程。韩建业立足长时段和多区域从文化上的早期中国探讨中国文明起源。王炜林从彩陶入手讨论中华五千年的融合与统一。另外何努通过全面论述陶寺城址作为尧都之证、王晓毅详述晋西考古发现、孙周勇解读石峁遗址考古新发现、王芬聚焦海岱地区“连续、转折与汇融”的过程性特征、刘国祥探讨红山文化与龙的起源、孟华平立足长江中游石家河考古全方位探讨我国主要文化区的早期文明化进程（《天中讲坛．中华文明探源》，科学出版社）。

2019年“五帝时代与中华文明学术研讨会暨2019郑州中华之源与嵩山文明研究会年会”召开，2020年会议论文集出版，共收录论文29篇。内容涉及五帝时代的考古新发现、史迹探索、玉器及玉文化，以及五帝时代与中华文明形成等。沈长云对五帝时代进行历史学、考古学和人类学解读，曹芳芳分析中原地区的玉器和用玉特征，叶晓红探讨环嵩山地区文明化进程中的玉器手工业生产，袁广阔等分析新石器时代中原玉礼文明的外来因素，黄翠梅讨论陶寺墓地玉石饰品的类型、组合及发展源流，方燕明以王城岗、瓦店考古与早期夏文化探索为例讨论信古与疑古、考古与证史的问题，刘俊男等聚焦海岱地区史前家族组织的演进，赵晔讨论良渚文化的工程技术，江美英探讨广东出土良渚式雕纹玉石器，陈琴从湘赣通道入手讨论良渚文化在岭南的传播等（《中华之源与嵩山文明研究（第四辑）》，科学出版社）。

张学海的论文集《张学海考古文集》出版，收集他的三十余篇关于新石器及商周时期的学术论文，涉及山东史前考古学文化、聚落时空关系、龙山文化城址、国家起源、东夷文化、齐鲁文明等多方面内容，形成对海岱地区社会发展进程的系统论述（文物出版社）。

徐峰的著作《过渡带：两淮地区早期社会进程》出版。探讨史前至春秋时期淮北与江淮地区的社会进程。区域地理位置、生态环境会对文化变迁、社会进程、政治格局、政体强弱、人群迁徙等产生重要影响。两淮地区处在中国南、北方文化的交界地带，交界位置虽然有利于对不同文化的吸收和融合，但也易受周邻强势文化区域的影响，从而在社会进程模式上呈现出“断裂的连续”特征（上海古籍出版社）。

付琳的著作《吴越之迹：江南地区早期国家形态变迁》出版。从环境与资源、文化谱系、聚落形态、墓葬结构、区域互动等角度出发，论述江南地区从良渚文化到周代的文化变迁和社会政治演进，并对良渚文化早期国家的社会结构和形态特征、陆海边疆中“吴越文明”融入广域王权与国家政体的过程等问题进行重点论述（《吴越之迹：江南地区早期国家形态变迁》，厦门大学出版社）。

陶寺文化进入国家阶段在学界形成共识。多位学者从物质文化、精神文化和国家起源的角度，或采用比较方法探讨陶寺文化在中国文明起源和形成中的地位和作用。何驽从制度角度出发，通过分析和总结都城、宫室、礼制建筑、府库、住宅等级、丧葬、礼乐、铜礼器、天文历法垄断、度量衡、工官管理等方面的制度，认为陶寺文化已经形成比较系统的制度文明，全方位奠定了后世中国历代王朝的制度基础（《南方文物》第3期）。李健民的论文集出版，主要从陶寺遗址的朱书“文”字扁壶、玉石钺、埋葬习俗等方面对陶寺文化等展开讨论（《李健民考古与文物论文集》，中国社会科学出版社）。赵瑞民、郎保利探讨观象授时与中国文明起源的关系，认为观象授时是中国文明起源的直接推力（《不惑集：山西大学考古专业成立40周年纪念文集》，科学出版社）。

孙周勇、邵晶等对石峁的文化性质、分布范围和年代，以及出土的口簧和石雕等特殊遗物进行研究。把以“双鋬鬲”为代表的一组稳定器物组合命名为“石峁文化”，主要分布于陕西北部、内蒙古中南部、山西中北部的黄河流域连片区域，可分为三期，绝对年代为公元前2300—1800年。石峁遗址发现了目前世界上最早的口簧，数量众多，是世界口簧的祖源地。公元3世纪之前口簧由中国沿欧亚草原向西、向北传播扩散。石峁出土石雕与中国北方地区自红山文化以来形成的石雕传统有着密切联系，其图案题材、表现手法及刻制技艺等在一定程度上影响了后石家河文化玉器和二里头遗址出土的绿松石组成的“龙”“虎”形象，以及商周时期青铜礼器的艺术构思和纹饰风格（《考古》第8期；《文物》第1期；《考古与文物》第4期）。

邵晶对石峁遗址和陶寺遗址进行比较研究，两者关系在不同发展阶段上“紧密程度”不尽相同，并不是简单地承前启后、此消彼长、势均力敌、并驾齐驱，而是在某些物质和精神文化的层面存在交流互鉴、水乳交融乃至血脉相同的联系（《考古》第5期）。李杰、缪小荣将二里头遗址与陶寺遗址进行比较，作为都邑，两者在城市性质、选址、规划布局、建造技术、防御体系等方面存在一定共性，夏族群两次北上晋南都借鉴了陶寺都城建设的理念、风格和技术。另外与其政治军事环境、文明化程度及文化习性等因素有关，两者在城市规划布局、城市防御、对周边的影响和控制、城市演变衰落等方面又存在较大差异（《南方文物》第2期）。

何努将石峁皇城台与美索不达米亚“塔庙”进行对比分析，从建筑结构与形态、功能及装饰艺术等方面比较两者异同。参照美索不达米亚的“塔庙”，推测石峁皇城台上可能有神庙建筑，以及治玉首饰手工业，或者是从属于神庙的首饰商品加工业。门址前的广场也可能举行公共祭祀，也可作为市场交易场所。铸铜技术可能被皇城台上的神庙管理者所控制（《南方文物》第1期）。

（三）聚落和社会考古

1. 个案聚落形态研究

安徽含山凌家滩遗址历经30余年考古发掘与研究，由最初的玉器和墓地研究逐渐转变为聚落和社会研究，成为区域聚落考古和社会复杂化探索的典型案例。吴卫红梳理凌家滩遗址的发掘、研究过程以及思想观念的转变，以2007年为界划分为两个阶段，第一阶段田野考古重墓葬轻生活，相关研究重玉器轻陶器，重精神轻基础；第二阶段开启“从玉器到聚落”的新实践，在聚落范围与布局、年代、生业结构、社会结构、内部社会变迁及背景等方面极大地丰富了对凌家滩内涵和背景的认识。另外对如何构建区域史前社会进行反思，构建区域史前社会首先需要考古研究本身的复杂化，通过构建复杂的“信息关系”以了解史前社会复杂化（《南方文物》第3期）。以下为凌家滩多学科合作近些年的一些阶段性成果。

凌家滩遗址成果集中刊发。吕鹏、吴卫红等在长江下游和淮河中下游地区的史前生业格局下，讨论凌家滩文化的动物资源获取和利用方式。凌家滩聚落的动物资源获取方式以家畜饲养为主，狩猎和渔捞方式为辅。资源利用主要有肉食和祭祀用牲两方面。凌家滩家养动物来源多样，除本地供应外，应该存在周边一般聚落的输入，一般聚落以韦岗遗址为代表。韦岗遗址在动物资源获取和利用上与凌家滩遗址相同，但其家畜饲养方式所占比重可能略低（《南方文物》第2、3期）。

宿凯、靳桂云等采用土壤微形态和植硅体分析方法，考察凌家滩遗址的壕沟沉积物，认为沉积物能反映出从凌家滩文化时期到近现代的土地利用变化。人类活动是整个遗址的形成过程中的最大影响因素，凌家滩先民为开挖壕沟而清理植被，后期壕沟被人类垃圾填满并逐渐废弃，之后一段时期因较少有人类干扰，这里植被逐渐恢复，直到近现代作为农田使用。该研究为探讨人地关系、古代人类活动在遗址地貌演化过程中的重要作用提供了依据（《南方文物》第 3 期）。

陈天然、秦岭等运用能量色散 X 荧光光谱分析技术对凌家滩 2007 年出土玉石器进行分析。07M23 玉器的材质以透闪石软玉为主，不同器类的化学成分表现出较为明显的区别。不同器类原料来源的差异性，或说明凌家滩文化玉器加工存在着专门化生产（《南方文物》第 3 期）。

张又尹、朱剑等采用岩相分析方法，重点对凌家滩遗址陶器中所含瘠性物质开展细致研究。不同类型夹砂陶中的“砂”可能有不同的来源，不同器类原料选取可能考虑了不同器类对可塑性、耐热急变性、吸水性等的不同需求（《南方文物》第 3 期）。

范安川、郁田园等采用光释光方法对凌家滩遗址外壕沟内的不同沉积层和壕沟壁进行了测年研究。结果表明，凌家滩壕沟材料信号较强，经过了一定程度的晒褪，适用于光释光测年，测年结果与遗址现场判断大致吻合（《南方文物》第 3 期）。

赵春燕、吕鹏等运用稳定同位素分析方法对凌家滩和韦岗遗址的猪牙结石开展研究。两个遗址的猪都以 C_3 类植物为主要食物来源。结合猪牙釉质的锶同位素比值数据，推测两个遗址出土的猪均为本地出生（《南方文物》第 3 期）。

杨菁通过对鱼化寨遗址仰韶文化早期房址的建筑技术进行分析，将地面式、半地穴式房屋细分为不同的结构做法，认为鱼化寨仰韶文化早期聚落的特征之一是建筑形制与结构做法的多样化。同时，建筑技术经历了统一、多样与突变三个发展过程。在此基础上重新考察关中地区仰韶文化早期聚落中的房屋形制特征，在统一的向心凝聚式的布局原则下，房屋形制却存在多样与统一两种风格，构成两种建筑技术系统（《西部考古（第 19 辑）》，科学出版社）。

马萧林分析了灵宝西坡遗址向心式聚落布局的形成与终结，认为这是社会聚合与分化的体现，而其背后的动因可能与强化农业生产有关。这对探讨仰韶文化中期聚落形态及其演变所反映的社会变迁具有重要价值（《中原文物》第 6 期）。

张溯对西河聚落的分析显示该聚落沿河分布，体现开放性、季节性、迁徙性的特点。开放性的布局、小型化的经济单元与渔猎采集和初级种植饲养结合的经济形态相适应，西河先民在捕捞、采集、栽培季过着季节性半定居生活。西河聚落的个案研究为分析距今 8000 年前后山东地区史前人类的生产生活方式、农业起源、聚落结构和社会性质提供了重要资料（《东南文化》第 1 期）。

朱超总结城子崖遗址龙山和岳石文化城垣的建筑特点，揭示其防御设施从早至晚的演变规律。龙山文化城址由早期环壕聚落发展而来，形成低矮城墙与宽大壕沟紧密结合的初始防御形态。至岳石文化早期，城墙防御作用得到强化，壕沟变窄，但城壕结合的基本防御形态未发生根本变化。岳石文化晚期，城与壕彻底分离，城址防御功能重心向城墙偏移，城墙增高，壕沟防御功能弱化（《南方文物》第 5 期）。

马明在藤花落城址的年代分期研究基础上，对城址的文化属性、城防构造进行再研究，认为城墙上和壕沟内的柱洞属于栅栏遗留，栅栏是与城墙、城壕等为一体的防御设施（《江汉考古》第 1 期）。

张超华运用统计学和定量分析等方法，从墓葬结构、死亡年龄、随葬品、合葬墓及二次葬等方面分析王因墓地所反映的两性差异。在墓葬结构、墓室面积、死亡年龄上并未有明显的差别，而在生产工具、装饰品、随葬猪骨、合葬墓及二次葬等方面差异明显。推测王因墓地的社会性质为母系氏族社会，婚姻形态或处于偶婚制阶段（《四川文物》第 1

期）。

穆东旭从器物角度出发，讨论了新岗崧泽文化聚落内部的社会组织形式与分化。新岗遗址作为崧泽文化普通聚落，开展其与高等级聚落在社会结构、发展模式方面的对比分析，可以深化对该地区社会复杂化进程的认识（《东南文化》第3期）。

侯侃、林留根等对江苏兴化蒋庄遗址良渚文化墓地开展性别、年龄结构和生育水平等分析。蒋庄人口的性别比是1.05，属于正常范围。人口的死亡年龄结构接近正态分布，可能与婴幼儿统计漏查、成人年龄鉴定中存在的问题和对“老年”标准的定义有关。人口生育水平较高应与其环境优渥和文明进步有关（《人类学学报》2020年网络首发）。

刘岩运用后过程考古学的惯习理论，解读了查海遗址聚落空间布局的特征，并探讨惯习特征与人们的生产实践、生活空间形态、社会关系、社会秩序等的关系，是从一个新视角开展聚落空间布局分析的尝试（《考古》第12期）。

陈继玲、陈胜前通过分析兴隆洼文化白音长汗遗址双体聚落的景观、陶器功能与纹饰等，并结合生产工具、遗址废弃过程等进行多重证据，认为两个聚落在生活习惯及文化观念上较为接近，但在生产经济形态及社会组织形态上存在差异。两个聚落同时定居于此，除了有生产资料交换的需求外，还有原始宗教信仰等原因。兴隆洼文化已经出现了生存策略和社会组织形态的分化，某些聚落已经出现“家庭”“成组家庭”“聚落”三级组织形式（《边疆考古研究（第27辑）》，科学出版社）。

常经宇对比白音长汗遗址二期乙类遗存A、B两区聚落。通过两者聚落布局、房址排列等方面的共性，以及居址处理方式、居住面出土遗物等方面的差异，认为两者是属于同一时期、同一文化性质的聚落群体，具有类似“土著”和“移民”的族群关系，两处聚落的形成过程、内部的控制或管理机制等存在一定差异（《北方文物》第2期）。

刘岩运用皮埃尔·布迪厄的惯习理论，分析白音长汗遗址房址居住面器物摆放、社会空间与生业经济和社会结构的关系。这里有清晰的聚落与房屋布局以及人们日常活动的器物空间分布特征。A、B两个聚落房屋空间格局反映出的惯习差异性是因为它们有不同的经济背景，两个聚落区也因此形成了不同群体（《边疆考古研究（第27辑）》，科学出版社）。

彭博、杨建华重新梳理两河流域北部的高拉遗址（Tepe Gawra）相关遗存，考察北部欧贝德文化的形成过程。两河流域北部居民自始至终都是采用侧身屈肢葬的群体，其烧制淡黄陶、红褐陶的技术也在相对封闭的职业系统内得到传承。但在文明前夜区域互动频繁的背景下，不断吸收南部欧贝德文化的烧陶技术、彩陶、神庙建筑和葬俗等。这里产生了物质遗存的剧变、社会制度的转型和认知观念的更替，在北部欧贝德文化的基础上，两河流域北部迈入文明的门槛（《考古》第8期）。

2. 区域聚落形态研究

2006—2011年在灵宝盆地的史前遗址开展系统的考古调查工作，确定史前（包括二里头文化）遗址193处，划分为392处聚落。按照聚落面积等级标准划分为小型、中型、大型、特大型四级。裴李岗时期聚落数量少，规模甚小，且不分等级，聚落和社会发展水平很低。仰韶初期和早期聚落已出现中型和小型的差异，但差异较小，中型数量少且分布不均。仰韶中期即庙底沟期，聚落数量大幅增加，是灵宝盆地史前聚落最多、社会最为繁荣的阶段。特大、大型、中型和小型聚落层级齐全。以河流为基础形成聚落群，中小型聚落环绕呈“团状”聚集分布，大的流域还可划出两个聚落群，每群均有明确的中心聚落。

仰韶晚期聚落数量急剧减少。庙底沟二期和龙山时代较之前区域聚落有更高程度的发展，形成多层级聚落结构。二里头文化时期聚落数量进一步减少且分布较分散（《中国文物报》4 月 3 日第 5 版）。

在前期调查基础上，还针对一些遗址开展考古勘探工作。河南灵宝市北阳平遗址位于阳平河西侧的阳平小塬之上，2018 年系统勘探约 90 万平方米，全面了解遗址范围和布局、功能分区、地层堆积、遗迹种类以及年代等问题。遗址现存面积约 72 万平方米，发现房址、灰坑、陶窑、道路、壕沟等。墓葬区位于遗址南部台地上，与生活居住区之间有壕沟和冲积沟相分隔。作为灵宝盆地以及铸鼎原区域仰韶文化遗址群中的最大遗址，它体现出核心性聚落的性质和地位（《华夏考古》第 2 期）。另外在灵宝五帝遗址、墙底遗址、渑池县仰韶村遗址等也开展系统勘探，对不同时期的聚落分布、聚落规模、布局分区和遗迹分布等形成较全面的认识，为考察豫晋陕交界的区域聚落形态、社会复杂化进程和环境变迁等问题奠定基础（《华夏考古》第 2 期）。

李宏飞对河南地区史前城址进行了分类研究，这里的史前城址脱胎于早期环濠聚落。随着人口数量不断增加，因婚姻和血缘纽带而强化聚居，构成了规模更大的史前城址。史前晚期的社会分化导致城址的构成模式由“大同模式”向“小康模式”转变，进而形成了三代大型都邑聚落的“城郭体系”（《华夏考古》第 1 期）。

闫丽洁、鲁鹏等运用 GIS 空间分析方法，分析河南地区新石器至夏商时期城邑与一般聚落的空间关系，认为它们之间存在紧密联系，两者空间分布格局的变化是气候和生产力发展双重影响的结果。该研究探讨了聚落空间关系的历时性演变，为研究中原地区的聚落形态变迁提供了依据（《第四纪研究》第 2 期）。

李金斗以家户考古为视角，从房址内部布局及面积出发，对河湟地区和渭河上游地区史前时期建筑遗存进行了初步梳理，并分析其发展演变与环境变化之间的关系。由于对环境变化的响应不同，河湟地区与渭河上游地区产生了不同的生业方式，进而发展出不同的社会基层组织形态（《东方考古（第 17 集）》，科学出版社）。

王天艺聚焦微观聚落形态，以凸字形房址为切入点，探讨这种特殊建筑从仅具实用功能到被赋予文化功能的发展过程。龙山晚期该类型房址成为黄土高原常见的建筑形式，对它的细化分析为黄土高原地区聚落形态研究提供新视角（《考古》第 4 期）。

郭明建在山东薛河流域古代聚落调查和分析的基础上，对当地现代聚落进行对比研究，反思宏观聚落考古研究中以聚落面积判断聚落等级的方法。考察揭示了古今聚落“二三成群”、聚落扩展与人口增长相关等现象，认为聚落面积与行政等级没有绝对关系、面积应为一个聚落“综合实力”表现等（《南方文物》第 5 期）。

郑铎聚焦马家浜文化聚落形态，认为先民依托水源建立聚落，生活设施具备良好的抗水性，生产活动充分利用水资源，丧葬活动具有浓郁的神秘色彩。该研究探讨马家浜文化的微观聚落形态，并从区域聚落形态特征的连续性中认识马家浜文化在环太湖地区社会复杂化进程中的地位和作用（《东南文化》第 5 期）。

豆海锋、王上海等以江西抚河流域为例，探索在中国南方山地丘陵地形开展系统考古调查的步骤和方法。需要在区域文化发展序列和地形特征基础上，选择适宜的范围制定目标明确的调查方案。对植被茂密、水系繁杂的区域需要设计灵活的调查方法，采取抽样试掘或勘探的方法弥补采集遗物可见度不高的缺陷（《西部考古（第 19 辑）》，科学出版社）。

3. 跨区域聚落形态研究

李小龙梳理北方地区的史前石城聚落建造技术，总结石城聚落建造技术的区域性特征，认为同一区域内集中出现的石砌技术具有相似性，体现出因地制宜的特征。不同时期石砌建造技术具有传承性，但跨区域石砌技术的交流更为引人关注，这种互动促进了石砌技术的整体进步。针对北方地区不同区域的石城建造技术的比较分析，对石城聚落形态的跨区域研究具有参考价值（《华夏考古》第1期）。

综上，聚落考古在各层次均取得新的发展，尤其在单一聚落和特定区域的聚落研究方面收获颇丰，但跨区域综合研究和比较研究尚不深入。或说明目前聚落考古研究仍处于基础材料积累阶段或起步阶段。另外，以聚落考古为基础，从环境、生业、区域关系和社会演进等角度开展多学科合作研究的发展趋势明显。

（四）考古学文化

2013年召开纪念庙底沟遗址发现60周年暨首届中国史前彩陶学术研讨会，2020年会议论文集出版，共收入论文20多篇，主要围绕庙底沟文化、中原和其他地区的彩陶展开。薛新明从区域和演变的角度探讨关中东部、晋南和豫西伊洛地区共同参与庙底沟文化的形成。徐永杰从叠压打破和共存关系的角度认为半坡类型晚期与庙底沟早期同时。张宏彦从仰韶文化鱼纹演变的角度支持半坡早于庙底沟类型的观点。王仁湘从关键性图案元素出发建立完整的鸟纹系统，探讨鸟纹演变、象征意义以及与鱼纹的关系。朱雪菲从“风格”角度探讨庙底沟文化核心区彩陶的发展趋势和区域差异。袁广阔等梳理新石器时代彩陶上的玉器图案，探讨仰韶文化把通灵祭神与祖宗祭祀传统相结合以及区域文化交流等问题。刘学堂等探讨黄河流域彩陶文化通过彩陶之路西向拓展的路线和过程，以及欧亚草原陶器、麦子、牛马羊和青铜器等的反向传播。另外，针对西北地区的马家窑和四坝文化、东北地区的牛河梁遗址筒形器彩陶、红山和小河沿文化彩陶、辽南地区彩绘陶、东南地区的大汶口文化和崧泽文化彩陶也都有专文论述（《彩陶中国：纪念庙底沟遗址发现60周年暨首届中国史前彩陶学术研讨会论文集》，上海古籍出版社）。

魏坚的论文集《长河沃野：魏坚北方考古文选·史前卷》出版，共收录论文27篇。以考古学文化年代早晚为序，讨论新石器时代至早期青铜时代的白泥窑文化—庙子沟文化—阿善文化—永兴店文化—朱开沟文化的系列文化面貌和特征，涉及各阶段考古学文化的聚落规模、社会组织和生业形态。还讨论老虎山文化的源流及与周边考古学文化的关系、农牧交融和畜牧业起源的理论等问题（《长河沃野：魏坚北方考古文选·史前卷》，科学出版社）。

袁广阔的论文集《河南新石器时代考古研究》出版，共收录发掘报告和论文32篇。结合考古发掘新资料，探讨河南境内裴李岗文化、仰韶文化、龙山文化，其中裴李岗文化主要探索该文化对周边地区的影响，仰韶文化方面对彩陶及其承载的思想进行了研究，对龙山文化与早期国家起源特别是夏文化的关系提出新见解。该书对探讨河南新石器文化的发展进程和社会结构等问题具有积极意义（科学出版社）。

金荣权的著作《先秦淮河流域族群演化与文化融合》出版。先秦时期淮河流域有自己独立发展的文化体系，它既是一个文化产生、发展的重要区域，也是一个多文化融合的重要区域。该书立足传世的文献资料和考古发现，重点研究各个阶段族群的族源、分布、生存、迁徙、演化与融合过程，并进一步探讨其历史文化特征及其在中华文化形成过程中的重要地位（中国社会科学出版社）。

张之恒的论文集《史前考古与古代文明研究论集》出版，共收录论文40篇。以史前考古和古代文明研究为重点，分史前考古综论、地区新石器时代研究、史前农业研究、文明探源和古文化研究等部分论述，反映其学术贡献和研究历程（文物出版社）。

罗二虎、李映福主编的《中国西南考古——新石器时代至西汉》出版。该书是第一部全面系统介绍并阐述20世纪以来中国西南考古的发现与研究的著作，根据西南地区的自然地理区划与文化区域，分四川盆地、横断山地与青藏高原腹地、云贵高原三个区域，按时代先后重点介绍和阐述了新石器时代中国西南地区的考古发掘与研究（科学出版社）。

李岩的论文集《从石峡到珠三角：中国南方史前先秦考古研究》出版，共收录论文23篇，主要内容包括粤北地区文化的分期和源流谱系、珠三角地区新石器晚期至先秦的文化分期、闽赣浙皖湘鄂地区新石器晚期至商周时期诸文化遗存，以及中国南部地区先秦文明发展脉络等。其中对石峡文化墓地、墩岭遗址、史老墩遗址制造场、村头遗址等研究是近些年的新成果（科学出版社）。

杜战伟探讨赵宝沟文化的文化属性、分期年代和地方类型等。认为西寨二期这类遗存属于赵宝沟文化。因缺乏具有分期意义的层位关系其分期方案可粗分为早晚两期。相对年代晚于兴隆洼文化而早于红山文化，绝对年代为公元前5000—4500年。可分西拉木伦河以北、西拉木伦河以南和滦河三个地方类型（《南方民族考古（第二十辑）》，科学出版社）。

郭明分析牛河梁遗址上层积石冢阶段的墓葬，探讨石棺砌筑、墓主头向等方面的规律性变化，并确立上层积石冢的分期方案，在划分的5个时段中，不同埋葬单位之间的墓葬特征的一致性程度存在差异。分期方案为社会分化和群体关系的讨论提供时间框架（《北方文物》第6期）。

孟庆旭、孙婷婷分析半拉山红山文化遗址相关遗迹。积石冢是经过两次营建的墓葬区。祭祀性遗存分两类，一类是祭坛和建筑遗址，性质与女神庙一致，与墓地不直接相关；另一类是祭祀坑，与墓地直接相关。墓葬在规模、形制和葬俗方面存在差异，这与居民的层级分化、构成人群及人群的社会地位、掌握财富和思想观念相关。存在凌驾于整个社会组织和人群祭祀观念上的神权（《西部考古（第20辑）》，科学出版社）。

关于红山文化玉器的讨论较多，并有专辑出版。主要内容有，郭大顺在专访中就红山文化玉器的龙凤题材、勾云形玉佩与庙底沟文化玫瑰花图案的关系、玉料可能有贝加尔湖地区和岫岩玉矿两个来源、从“唯玉为葬”到“唯玉为礼”以及从以玉事神到通神独占的过程、红山文化是沟通东西方的彩陶之路与环太平洋玉石之路的交汇点等问题展开系统论述。另外，张星德从随葬镯环类玉器的变化看牛河梁红山文化墓葬的演变，郭明对红山文化镯环类玉器进行分类，熊增珑讨论半拉山出土玉环，以及吉平对哈民忙哈玉器等展开讨论（《红山文化研究（第七辑）：玉器研究专号》，文物出版社）。

熊增珑、叶晓红等研究辽宁朝阳半拉山墓地的玉璧。蛇纹石是其主要材质，多用来生产璧、环和镯，数量最多的圆形玉璧未见透闪石，圆角方形玉璧则以透闪石为主。开片工艺主要是锯片切割技术，打磨过程中存在粗磨、细磨等分级打磨技术，悬挂小孔采用实心钻和打磨扩孔技术，内孔制作不仅有西辽河流域的带轴承装置的管钻技术，也有源自贝加尔—吉黑系的哈民式钻孔技术（《文物》第3期）。

杨岐黄认为距今4300年前后北方地区各玉文化之间的共性逐步增多，体现出趋同趋势。玉器通过传播、整合、交流等途径频繁互动，体现出这一阶段北方各人群间文化融合。玉器作为文明演进的重要指征和更高一级文化载体，反映出古国时代向王国时代演进中北方地区各种文化因素的快速汇聚、认同与整合（《考古与文物》第2期）。

魏坚、冯宝通过对分布在内蒙古中南部、属于龙山晚期至早商阶段的朱开沟文化的分析，认为该文化是在永兴店文化晚期遗存基础上发展起来的一支新的考古学文化，在其发展过程中，还受到来自陕晋龙山阶段晚期遗存的影响。其可以分为联系紧密、顺序发展的五期，绝对年代为距今4100—3300年（《考古学报》第4期）。

魏坚、常璐对马家窑文化石岭下和马家窑类型进行分期，探讨陶器器形、彩陶纹饰、遗迹特征和文化交流等，阐释公元前三千纪马家窑文化东向传播的路径与原因。马家窑文化以甘肃东中部为中心，从第一期起便传播至河西、青海、宁夏以及川西北等地区。沿黄河与内蒙古中南部的庙子沟文化产生直接交流，宁夏地区作为两个文化交流的必经之地，其陶器群显示出明显的过渡地带特色（《考古》第8期）。

郭永利探讨马家窑文化彩陶中的白彩陶器，分布范围为东起甘肃天水，西达青海省东部，并深入宗日文化范围之内。器形主要有壶、罐、尖底瓶和豆等。时代为马家窑文化早期，即石岭下和马家窑类型时期。纹样以白圆点花朵纹及白点状带纹最具特点，也为马家窑文化所独有。马家窑文化白彩陶器源于庙底沟类型，在马家窑类型形成自己特点，新出现的元素与宗日文化有密切关系（《丝绸之路与文明记忆：丝绸之路对中华文明演进与传播的影响学术研讨会论文集》，文物出版社）。

陈晓良、侯光亮等研究甘青地区新石器—青铜时代的陶器数量、高度及组合。这时罐类数量比例上升，盆、壶、瓮类数量比例和高度下降，组合由复杂变为简单；卡约文化的罐类数量比例达到最高，盆、壶、瓮类数量比例下降；辛店至寺洼文化罐类比例和高度下降，组合由简单变为复杂。气候变化、生计方式、生产水平、社会组织、财富观念等是导致甘青地区陶器演变的影响因素（《四川文物》第3期）。

任瑞波、陈苇讨论齐家文化圜底陶罐的类别、年代和来源等问题。齐家文化的素面、施纹以及彩陶这三类圜底器的出现时间和形成原因，与新疆、河西走廊乃至内蒙古阿拉善左旗所见圜底器之间的关系各有不同。其来源有两点因素不能忽视，一是陕甘地区的本土因素；二是以二里头文化为代表的中原因素（《考古》第3期）。

甄强等对齐家文化双大耳罐进行类型学研究，结合地层关系和形制特征，将其划分为四期七段。梳理双大耳罐产生、壮大、鼎盛和衰落的发展演变进程。齐家文化双大耳罐来源于菜园文化，向外输出到客省庄二期、西城驿和朱开沟文化等地，并影响了西北地区青铜时代游牧民族。其主要用途为饮水（汤）器和墓葬随葬品，或产生明器化的现象（《四川文物》第5期）。

汪保全、陈东东探讨西北地区早期玉石文明与丝绸之路的相关问题，认为这一通道的影响是双向的，西北之地为中原地区提供玉料，中原地区向西北地区输出文化，并对西北地区早期文化的发展产生重要影响。而齐家文化出现的玉器显然也与此密切相关，甚至有可能齐家先民是为中原地区输送大量玉料的同时完成了部分玉器的代工，至于齐家文化自身的文化因素在玉器中表现并不突出（《丝绸之路与文明记忆：丝绸之路对中华文明演进与传播的影响学术研讨会论文集》，文物出版社）。

张依萌依据关中及周边地区的仰韶文化物质遗存、葬俗分布范围和地理单元等，认为区内或有若干具有不同地缘属性的人群。随着人群之间的交流与融合，文化重心从关中向晋南转移。交流方式的地域差异明显，包括单向或双向的文化交流与人群迁徙等。关中西部与陇东交通不便，但人群关系更为密切；关中东部交通相对便利，人群却相对疏远。这一现象反映了仰韶居民的政治地理观念（《东方考古（第 17 集）》，科学出版社）。

陈明辉对磁山、北福地等遗址进行分期研究，认为冀南地区的磁山遗址可分早晚两大期，早期属磁山文化，晚期属裴李岗文化。磁山早期和磁山晚期年代不超出贾湖文化一期和裴李岗文化一期的存续年代。冀南地区和冀中地区分属磁山文化和北福地一期文化，北福地一期文化年代晚于磁山文化，大致相当于磁山遗址晚期，其形成应与磁山文化在裴李岗文化压迫下向北迁徙有关，二者同属于磁山文化系统（《东方考古（第 17 集）》，科学出版社）。

秦存誉、袁广阔研究豫北冀南地区龙山早期遗存。豫西北龙山早期遗存属于庙底沟二期文化（晚期），是该文化的东部边缘区。豫北南部、冀南龙山早期遗存均是大司空文化的孑遗，前者是在大司空文化的基础上，融合庙底沟二期、大汶口、秦王寨等文化因素形成和发展起来的，后者主要在大司空文化的基础上形成和发展，受周边文化因素的影响力度较小。豫北南部、冀南龙山早期遗存是后岗二期文化的主要来源（《南方文物》第 5 期）。

袁广阔、秦存誉对雪山一期文化进行研究。铜石并用时代早期北方地区小河沿文化南渐，进入北京与当地文化因素融合形成雪山一期文化。其早期主要分布于北京西南部，之后迅速扩展到北京东北部、天津西北部和河北北部等邻近地区。它在发展过程中不断受到小河沿文化、庙子沟类型、大司空文化等周边文化影响，同时也对外施加影响，河北中部午方、中贾壁等遗存受其影响较大（《中国国家博物馆馆刊》第 1 期）。

钟雪研究陕西延安芦山峁遗址近年发掘出土的玉器，认为这些玉器的考古学背景和伴出陶器的特征，有力证明了这批玉器为龙山时代晚期遗物。另从玉质、器形、治玉工艺、审美和埋藏性质等角度分析，芦山峁玉器与同处陕北地区的石峁玉器和新华玉器风格相近，同属一支史前玉器系统（《北方文物》第 5 期）。

高江涛梳理黄河流域龙山时代的鳄鱼骨板，认为鳄鱼骨板数量较多者，应是鼍鼓。单片至十多片者，可能是一块有着特殊用途的鳄鱼皮或鳄鱼皮制品，而不能武断地认为有鳄鱼骨板出土就是“鼍鼓”遗存。鳄鱼骨板出现在高等级墓葬中，使用已形成了较为严格的规制，成为重要的礼器。鼍鼓与石磬组合作为重要礼乐器一直延续使用至商周时期，仍是王侯特有之器（《东方考古（第 17 集）》，科学出版社）。

董霄雷讨论晋西南地区以周家庄遗址为主的三里桥文化典型陶器，将三里桥文化分为早、晚两期，早期器物组合以尖角裆单把鬲为主要特征，晚期单把鬲高领且带实足根，年代已进入夏纪年。在此基础上，辨识出分布在关中东部的三里桥文化遗存。晋西南地区三里桥文化在受到客省庄文化影响的同时，也将部分双鋬鬲因素传播至关中东部地区，二者的交流互动过程中，客省庄文化一直表现出强势，从而迫使三里桥文化向西传播受阻，并转而向东渗透（《中国国家博物馆馆刊》第 6 期）。

李唯研究环嵩山地区的龙山时代墓葬。墓葬多分布于以家庭或家族等小型群体为核心聚拢于房屋附近，呈现出“大分散，小聚拢”的分布模式，反映出社群结构渐趋分散，这为人群流动提供了更加开放的社会空间。根据葬俗差异可分属简朴实用的本地王湾三期文化和讲求厚葬的南方石家河文化。不同人群既有交融又有区隔，共同融入社会发展的整体进程。墓葬在体现环嵩山地区文化传承与发展的同时，也说明多元互动是区域早期文明化进程的重要特征（《中国国家博物馆馆刊》第9期）。

魏继印研究新砦遗址和二里头遗址的洪水迹象，认为新砦遗址大洪水发生的时间与洛阳盆地二里头文化前的洪水接近，应是同一次洪水。新砦二期的大洪水造成造律台文化西迁并最终形成新砦文化，新砦文化是早期夏文化的可能性大。新砦文化晚期洪水退去，在洛阳盆地的中央形成大面积的无人区，新砦文化占据此地发展成为二里头文化（《南方文物》第2期）。

鲍颖建以豫东鹿邑武庄遗址为个案，分析淮河中游地区石山子文化遗存。认为豫东鹿邑武庄遗址一、二期遗存分别代表了石山子文化第二、第三期，一期遗存约相当于中原裴李岗文化晚期、仰韶文化早期阶段，二期遗存略与仰韶文化中期的郑州大河村遗址一、二期相当。石山子文化是在西部裴李岗文化与东部后李文化的相互碰撞与交流过程中形成的（《中原文物》第6期）。

秦博梳理黄河中下游地区史前二层台墓，仰韶中晚期以前生土二层台墓的数量比熟土台墓多，在龙山时代式微，这应与棺椁逐渐成熟有关。墓葬开挖时预留生土台并非为了稳固墓室，而是与构建殓尸空间（或椁室）、进行一系列丧葬活动有关。二层台墓有集中分布的倾向，二层台墓的墓主并无明显的性别和年龄指向，但仰韶中期以来，其所代表的社会群体占据更优越的社会财富（《四川文物》第2期）。

栾丰实、袁波文分析花厅墓地玉器，认为长方形钺、环璧类玉器和各种耳饰代表了大汶口文化自身因素，而刻有神徽的玉琮、琮形管、玉璜、玉梳背、玉锥形器等则来自良渚文化。大汶口文化早期海岱地区玉器数量和种类均较少，直到大汶口文化中晚期阶段，在良渚文化的强烈影响下，逐渐形成以玉钺、大型玉刀、各种环璧、牙璧及梯形绿松石耳饰等为基本内容的海岱系玉器文化（《东南文化》第3期）。

栾丰实深入分析牙璋的形制演变及海岱地区史前牙璋的分期和年代，认为山东东部地区四个地点出土的牙璋，形制原始，年代较早，出土牙璋的遗址和伴出镯类玉石器等的年代为大汶口文化晚期，部分可延续到龙山文化早期。据此可以确认牙璋最早起源于海岱地区新石器时代晚期，并向黄河中游传播和扩散（《中原文物》第4期）。

张超华研究大汶口文化匕形器，依据材质不同可分为骨质、角质、蚌质三类，其中骨质类占绝大多数，形状以长条形和勺形为主，镰形较少。随葬匕形器的墓葬级别较高，多随葬在墓主身边。从摆放位置看，匕形器与部分陶器有一定的组合关系，常见"匕鼎组合""匕杯组合"，其中匕形器分别具有"饭匕"和"醴匕"的功能，部分匕形器兼有生产工具的功能（《东南文化》第1期）。

郭梦雨分析浦阳江流域楼家桥类型的性质、年代及相关问题。其相当于马家浜文化晚期、河姆渡文化中期，绝对年代在公元前4400—4000年，代表一个相对独立的地方文化类型。楼家桥类型早晚两个阶段反映出马家浜文化因素增加、河姆渡文化因素减少的变化过程。浦阳江流域新石器文化演进可分为独立发展、融合过渡、转变成型三大阶段，体现出逐渐纳入太湖文化区的变化过程（《东南文化》第1期）。

郭梦雨从以侧扁足陶鼎为代表、年代晚于良渚文化晚期的一类遗存入手，把这类遗存归入钱山漾文化，并讨论钱山漾文化的内涵、分期、年代等问题。钱山漾文化是以侧扁足鼎和弧背鱼鳍形足鼎为代表的遗存，二者存在相对的早晚关系，据此可将其分为早晚两期。钱山漾文化上承良渚文化，同时与大汶口文化最晚阶段存在交集，晚期延续至海岱龙山文化时期。早、晚两期的绝对年代分别为距今 4600—4400 年和距今 4400—4200 年（《考古》第 9 期）。

富鹏程运用区域视角下的文化因素分析法，从器物、葬俗、信仰等方面，分析良渚地区、嘉兴地区、苏沪地区、宁绍地区四个区域良渚文化因素的排他性与独立性。其排他性是以良渚自身文化为根基，以自身文化发展为动力机制。其独立性是以良渚典型文化风格为基础，对自身文化的传承与发扬。两者相互作用对良渚文化内核的塑造产生巨大影响，共同推动良渚文化的发展繁荣（《文物春秋》第 3 期）。

方向明根据玉器组合讨论反山墓地墓主的等级、身份和关系，认为反山墓地以 M12 为核心，M12 等四座墓主应担任过“王”，其他墓主或是 M12 同一代的“王族成员”，M16、M17 和 M12 关系密切，或是与 M12 有直系血缘关系的近身臣僚，他们作为担任良渚遗址群或良渚古城的高级管理者，在等级上有区别（《玉魂国魄：中国古代玉器与传统文化学术讨论会文集（八）》，浙江古籍出版社）。

邓淑苹回顾百余年流散欧美的良渚古玉收藏及出版情况，初步统计有二三百件良渚古玉流散至 30 个机构，包括多家博物馆、研究机构以及一处皇室收藏。介绍四件圆周有刻符的良渚玉璧，提出良渚文化到极晚期才形成“非典型璧琮礼制”，良渚晚期晚段的部分玉璧与玉琮上，雕刻有“与天象有关的符号”（《中原文物》第 1 期）。

严志斌通过考察良渚文化、二里头文化、商文化墓葬中玉锥形器、玉柄形器、圆陶片、漆觚的空间关系，认为漆觚在良渚文化时期、夏商周时期墓葬的器物组合，特别是酒器组合中占有重要地位。玉锥形器与玉柄形器形态上存在递变关系，在功能上存在同一性，使用方式上都是榫接于木棒上置于觚中以裸酒。这种玉柄形器是为瓒，与觚组合在裸礼中使用。墓葬中常见的圆陶片是漆觚用来堵塞剜制中形成的孔腔的隔断，其来源是良渚文化漆觚使用的木塞与圆玉片（《中国国家博物馆馆刊》第 1 期）。

刘文强梳理中国史前扁薄玉琮及其出土情况，这类器物均放置或穿戴于墓主手臂部位。此种扁琮穿臂葬俗是受到良渚文化玉琮及其葬俗的直接影响，也有红山文化玉方形器的间接影响，于大汶口文化晚期在海岱地区杭头等遗址形成，延续至龙山文化早期。之后西传至晋南地区的清凉寺及陶寺遗址等并有所演变（《北方文物》第 6 期）。

彭小军对长江中游地区石钺的出土情况进行较系统的观察，进而探究其中反映的功能和社会信息，将长江中游史前石钺的功能和社会意义的演变分为四个阶段，即大溪文化早中期及之前、大溪文化晚期、屈家岭文化时期、石家河文化时期。在此过程中，钺从单纯的砍劈工具，发展成为“礼仪性”和“武器性”兼备的特殊器物，展示出双重社会功能（《南方文物》第 5 期）。

黄一哲分析石峡文化玉器的形制、纹饰和出土背景，认为石峡文化以琮、璧、钺为代表的玉器是良渚文化工匠南下和制玉技术南传的反映。石峡文化早期Ⅰ段的玉钺多为本地特色，Ⅱ段时出现玉琮等良渚风格玉器，制作工艺和纹饰结构较良渚文化粗糙。中晚期时良渚文化风格玉器已被本土化，形成矽卡岩琮、重圈眼无眼线神人纹等特色。石峡文化先民自始至终更偏爱用钺而非琮来标识身份（《中国国家博物馆馆刊》第 9 期）。

秦小丽认为在中原国家形成的过程中，出现来自南方的海贝、象牙制品、鳄鱼骨板等稀有品，以及在技术上具有特点的玉器、漆器、原始瓷器与硬陶等具有南方文化因素的器物。它们被纳入上层社会的礼仪体系，成为维系社会统治及与周边地区交流关系的物化象征。显示中华文明多元一体进程中南北方文化交流以及南方文化自始至终都参与其中的事实（《考古与文物》第5期）。

黄超研究东南亚大陆T字形环的起源，认为它是在跨区域文化交流互动背景下独立起源，中国早期T字形环对其出现并无明显影响。东南亚大陆最早的T字形环出现在约公元前2500年越南北部的华禄文化遗址，并在红河流域的冯原文化迅速发展，至青铜时代遍布东南亚大陆，进入铁器时代以后逐渐消亡（《南方文物》第5期）。

三 生业经济

（一）植物考古

彼得·贝尔伍德的著作《最早的农人：农业社会的起源》翻译出版，其英文版2004年出版。农业的起源和发展奠定了1万年来人类社会飞速发展、人群跨越性迁徙的基础。该书以全球视野集中世界上几个关键的早期农业中心，包括中东、中国、北非、新几内亚、中美洲和安第斯中部等。综合运用考古学、比较语言学和生物人类学的理论和材料，探讨农业多重起源的原因，提出了农业—语族扩张理论。认为那些核心早期农业地区是农业社会起源的中心，人群的迁徙带动了农业、语言和人种的传播，造就了后世人类文化分布的版图。该书对中国代表的东亚地区的农业起源也予以关注，为相关研究提供新颖独到的视角和参考（上海古籍出版社）。

陈胜前的著作《史前的现代化：从狩猎采集到农业起源》出版。距今一万年前后中国大地上发生重大社会变迁，人类社会从持续了数百万年的狩猎采集转向了农业生产，开启了农业时代，这是另一种“现代化”。该书探讨关于农业起源问题的各种定义和理论方法，利用当今气象站资料模拟了史前狩猎采集者的生计策略，结合考古发现回答中国农业起源过程中的复杂问题。华北的农业起源于太行山东麓，而非黄土高原。除了华北地区，长江中下游地区的稻作农业也有类似的发展过程，从山麓盆地逐渐走向平原沼泽。农业是文明的经济基础，正是具有根源深远的史前农业基础，中华文明在距今五千多年前起源并且绵延不绝（生活·读书·新知三联书店）。

赵志军全面梳理中国七个区系如西辽河上游、黄河流域和长江流域等的植物考古研究成果，得出以下结论：其一，中国古代农业起源分为南北两条源流，一是以沿黄河流域分布的、以种植粟和黍两种小米为代表的北方旱作农业起源；二是以长江中下游地区为核心的、以种植水稻为代表的南方稻作农业起源。其二，距今10000年前后在中国南方和北方同时出现的人类耕种行为，标志着中国农业起源过程的开始。其三，距今8000年前后是中国古代农业起源的关键阶段。其四，中国古代农业社会的建立，在黄河流域发生在仰韶文化中期，在长江中下游地区发生在崧泽——良渚文化时期，绝对年代在距今5500年前后。该研究从广阔的时空视角分析农业起源和早期发展，对该领域研究起到了总结和推动作用（《中国农史》第3、4期）。

高德、李磊等对中国东北、华北、长江中游、长江下游四个区域的农业产生和发展进行了考察，认为农业并非在每个地区独立出现，粟作和稻作农业，从栽培到驯化和农业化，都经历了漫长而复杂的发展过程，都是在某个地区内部和区域之间以各种互动交流和社会交换的形式逐步出现（《南方文物》第1期）。

赵志军、赵朝红等在北京东胡林遗址发现了目前正式考古发掘浮选出土的年代最早的粟和黍，绝对年代为距今11000—9000年，这为探索粟和黍的驯化时间、地点和驯化过程提供了可信的考古证据（《考古》第7期）。

金和天、赵静芳通过梳理太行山以东—燕山以南地区旧—新石器时代过渡时期的考古发现，提出京津冀地区人类活动和农业起源研究的四个主要问题：一是“广谱革命”问题，二是旱作农业起源问题，三是陶器起源问题，四是栖居形态的转变问题。认为这一地区可能是粟作农业起源的核心区域之一（《北京文物与考古（第7辑）》，科学出版社）。

魏益民、杨谊时等分析河西走廊的甘肃民乐东灰山和西灰山遗址的植物遗存。在新石器晚期至青铜器时代，小麦和大麦已在祁连山北麓大量种植，谷子和糜子已从中原和华北引入河西走廊。小麦、大麦在东灰山和西灰山的种植历史可能稍早于谷子和糜子。该研究为探讨东西方物质和文化交流在中国农业发展史上的作用以及农业的跨区域传播提供了实物证据（《麦类作物学报》第11期）。

曲胜楠以栽培作物所属的生态环境和生物习性为切入点，认为史前时期内蒙古地区已有粟作农业，且极可能是粟作物栽培起源地之一。这为粟作农业起源地点的研究提供了新论述，也显示出在农业起源与传播过程中，农业经济的边缘地区也起着独特的作用（《农业考古》第3期）。

唐丽雅、韩凯等分析陕西汉中龙岗寺遗址植物遗存，该遗址具有以粟为主的旱作农业，兼有水稻的利用。陕南地区应该是水稻北传、小米南传的必经地之一，汉水流域是南、北方考古学文化交流与传播的重要通道。该研究填补了秦岭以南汉水上游地区的植物考古研究空白，对研究南北过渡地带的农作物传播和文化交流具有积极意义（《第四纪研究》第2期）。

生膨菲等对榆林地区龙山文化晚期至夏代早期的植物遗存进行分析，发现该地区延续之前的以黍为主的旱作农业，但石峁作为大型的中心城址，和其他普通聚落相比，石峁先民则有更多的选择，如强化对粟的开发，作物选择的多样化应与聚落的资源调动能力密切相关。这为探讨生业经济结构、模式等与聚落等级、社会结构和社会发展程度等的关系提供了新视角（《考古与文物》第2期）。

钟华、李新伟等分析中原地区庙底沟时期杨官寨和西坡两处遗址的植物遗存，认为这里在庙底沟文化时期形成了较为成熟的农业社会。农业生产模式为典型的旱作农业，粟、黍类是最重要的农作物，稻米虽然在各等级规模的聚落中几乎都有发现，但总量很少。该研究对探讨庙底沟文化生业结构、农业生产模式和中原地区农业社会的确立等问题提供依据（《第四纪研究》第2期）。

唐丽雅、杨利平等分析陕西高陵杨官寨遗址H85出土植物遗存的组合特点和量化特点，探讨古代植物的医药功能。发现遗址中出土夏至草、秃疮花、泥湖菜等具有药用价值的植物遗存，这可能与调节妇女生理机能密切相关。这是初次对史前人类的原始医疗情况进行探讨，植物考古中的医药视角具有新意（《第四纪研究》第2期）。

杨凡、顾万发等对豫中地区的汪沟遗址开展植物遗存分析，认为该遗址作为仰韶文化晚期的一处中心性聚落遗址，其主要生产方式是以粟黍为代表的旱作农业，稻作农业所占比重很小，大豆种植也较少。之前针对仰韶文化晚期的植物考古研究不多，该研究对探讨豫中地区的生业经济与社会发展具有积极意义（《中国农史》第2期）。

赵珍珍、王富强等对胶东半岛地区烟台午台遗址的人牙结石淀粉粒展开分析，发现先民除了利用粟黍类农作物作为主要食物资源外，还广泛采集一些野生果类和块根块茎类作为食物的补充。人牙结石淀粉粒中还发现了大遗存中没有发现的壳斗科栎属等，这说明一些特殊的淀粉粒遗存可以与植物大遗存、植硅体等分析相互结合，具有良好的发展前景（《人类学学报》第 3 期）。

程至杰研究发现，在大汶口文化时期安徽淮河流域的生业经济由低水平食物生产向原始农业为主体转变，粟、黍的种植不断普及，与原有的稻作农业传统融合，呈现出以稻粟并重为特色的稻旱兼作种植模式。这为研究淮河流域原始农业的发展与社会发展的相互作用提供了论述（《农业考古》第 1 期）。

杨凡、段绮梦等对金寨遗址植物遗存的分析发现，在大汶口文化晚期到龙山文化时期，金寨先民的主要农作物是粟，其次是水稻。该研究进一步证明了旱稻混作是淮河流域在龙山时代最显著的特征。另外淮河流域从东南向西北稻的比重逐渐降低，可能是受到气候条件限制或稻作农业传播速率的影响。为研究淮河流域生业经济的分布格局提供了新线索（《东南文化》第 3 期）。

罗武宏、禤华丽等对侯家寨遗址陶器残片表面残留物进行淀粉粒分析，发现新石器时代晚期淮河中游淮干以南地区先民利用的植物性食物资源具有多样性，除水稻外，还发现了粟、黍淀粉粒，是淮干以南地区迄今为止已报道发现最早的旱生农作物的证据。对探讨淮河中游地区新石器时代晚期生业模式、演变过程及中国中东部稻作、粟作农业传播的时空路线具有一定科学价值（《人类学学报》第 2 期）。

杨玉璋、黄程青等通过对湖北荆门屈家岭遗址水稻植硅体的分析，发现该遗址的水稻主要属于粳稻类型，其驯化程度在油子岭文化早期就达到现代栽培稻水平。先民自定居于此地便开始种植驯化程度较高的水稻。该研究为了解江汉平原汉水东部地区新石器时代晚期生业形式与水稻驯化水平等提供科学依据，对研究稻作农业的起源与传播具有参考价值（《第四纪研究》第 2 期）。

郜媛媛系统梳理我国西南地区先秦时期以前的藜属植物遗存，结合古代文献材料、民族志材料，探索西南地区先秦时期藜属植物的利用方式。发现的藜属植物可能并非仅依靠采集所得或作为伴生杂草随农作物进入遗址，部分可能被人为栽培利用。对藜属植物的利用方式主要包括对其用种子、茎叶的食用以及药用、加工工具等，反映出区域内早期居民资源利用方式的多样性（《西藏大学学报》第 2 期）。

高玉、董广辉等发现中南半岛于公元前三千纪后期出现粟作农业，至迟于公元前二千纪后期出现稻作农业，其早期农业有中国西南、两广地区和福建沿海三个来源。史前农业在这里的传播路线与文献记载的“西南丝绸之路”非常接近，新石器晚期青藏高原东缘可能存在一条文化通道。该研究为南方史前农业向东南亚的传播提供依据，同时为古代西南丝绸之路的起源提供新线索（《中国科学：地球科学》第 6 期）。

邵侃、杨庭硕研究认为在农业起源的过程中，人类的进化并非单纯的生物进化，社会迫力起到了决定性作用。早期的资源竞争和族群迁徙引发环境变革、观念变革、生计变革等，这些都促进了农业革命的产生。农业起源实质上是文化节制下人与自然协同进化的结果。这一观点更多关注人类社会的主观能动作用和文化生态的价值，为深入探讨农业起源的动因提供了新思路（《中国农史》第 2 期）。

陈洪波通过“新石器时代”概念发展演变的历史回顾，对照岭南地区新石器时代的考古资料，分析了这一广大区域文化特征的一般性和特殊性。指出判断岭南地区新石器时代出现的标识，不能以农业类型来衡量，也不宜将岭南全新世早期社会定义为“中石器时代”，而是距今 12000 年的全新世早期“食物生产”的出现为标识。岭南全新世早期的生计，是一种适合“最佳觅食方式”的“低水平食物生产”，是一种不同于旧石器时代狩猎采集的“广谱经济”（《农业考古》第6期）。

陈洪波研究发现岭南地区新石器早中期以水稻为代表的农业起源与酿酒有一定关系。酿酒的需要促进了对水稻的利用，从而萌发出驯化水稻的现象，经过长期发展，逐步过渡到新石器时代晚期成熟的稻作农业经济。该研究为岭南地区农业起源的动因提供了新视角，是对农业起源动因“竞争宴享理论”的阐释（《广西民族研究》第5期）。

综上，2020年度农业起源与发展研究，还是多聚焦于区域和个案遗址的材料，采用植物考古的方法展开讨论。越来越多的发现证明中国农业起源并非起源于单一中心，体现出区域性和多元性特征，农作物也表现出多样性。在关注传统农业起源地区的基础上，对其他小文化区或边远地区的关注也逐渐增多。除传统的植物种属鉴定外，植硅体、孢粉、淀粉粒等方法也得到广泛应用。

（二）动物考古

汤卓炜结合考古发现、比较解剖学及埋藏学、分子考古学和食谱分析等综合考察原始牛的历史地理分布。发现原始牛是中国北方地区少数从更新世孑遗到全新世的大型哺乳动物。现有证据并不支持原始牛被人类管理和驯化的结论。该研究为考察早期畜牧业的产生和发展具有参考意义，也体现出动物考古种属鉴定的客观性在动物驯化研究中的重要性（《农业考古》第3期）。

乙海琳、宋艳波等分析青海化隆沙隆卡遗址细石器和齐家文化层的700多件动物骨骼，动物群主要以中、小型哺乳动物为主。沙隆卡先民对动物骨骼的利用程度较高，在一定程度上体现出当时的肉食资源可能并不充足。细石器文化为采集狩猎经济，齐家文化采取种植业、畜牧业和狩猎相结合的生业模式，种植农作物主要是粟黍，在羊牛驯养的同时，也有梅花鹿等野生动物的肉食资源补给（《北方文物》第5期）。

陈晓良、刘向军等分析农牧过渡带的青海湖盆地尖嘴遗址的动物骨骼，运用^{14}C测年方法、动物种属鉴定和可鉴定标本数统计，确认其时代为距今约3200年的卡约文化早期。先民生业策略以狩猎为主，以渔猎为辅，属“初级开发型”模式。考察距今8000—2000年青海省东北部的动物资源获取利用及家畜饲养状态，大致经历了由以狩猎—采集方式到家畜饲养方式的历时性转变，不同区域的自然环境差异及史前欧亚大陆东西方文化间的交流是转变的决定性因素（《第四纪研究》第2期）。

梁琪瑶、陈全家等分析吉林大安市后套木嘎遗址新石器时代到辽金时期的鸟类遗存，探讨先民对鸟类资源的利用方式、狩猎模式、遗址使用时间和所在地区的生态环境。出土的鸟类骨骼至少代表19个属种，主要狩猎的鸟类对象为雉和鸭，各期的狩猎经济模式有所变化。捕鸟的季节性或说明这是一个季节性使用的生活遗址。从其栖息环境推断此地古环境条件优越，周围存在大面积水域（《人类学学报》第1期）。

左豪瑞、王涛等分析山东菏泽定陶区何楼遗址的大汶口早期动物遗存，发现当时气候比现在温暖湿润，植被以林地、草洲和灌丛为主，河湖众多，野生动植物资源丰富。狩猎在先民生计活动中占重要地位，存在小规模的家猪饲养，捕捞贝类、鱼类作为肉食资源的补充。家猪的饲养可能存在圈养和放养两种模式（《南方文物》第1期）。

宋艳波、乙海琳等分析安徽萧县金寨遗址动物遗存，发现猪和狗是先民饲养的家畜，猪是先民利用最多的动物，先民依靠饲养家猪来获取主要的肉食资源，同时也狩猎少量野生动物来补充肉食资源。结合植物考古的成果，金寨先民的生业经济方式主要以种植粟、黍和稻等农作物和饲养家猪为主，同时也会采集野生植物、狩猎野生动物作为生活资源补充（《东南文化》第 3 期）。

戴玲玲、张东分析安徽蚌埠市双墩遗址 2014—2015 年的猪骨遗存，发现猪群构成较为复杂，存在家猪和野猪以外的群体。下颌骨的高发现率可能与仪式性活动等非食用目的有关。家猪和野猪都多在冬季进行宰杀反映出冬季食物资源匮乏。大量猪骨遗存并非来源于大规模的集中性饲养，而是小规模的家庭化饲养。该研究有助于理解该遗址出土猪形象刻画符号的内涵和意义（《南方文物》第 2 期）。

朱旭初、董宁宁等分析宁波镇海乌龟山遗址的鱼骨遗存，认为河姆渡文化晚期到良渚文化时期，先民以利用乌鳢为主的淡水鱼资源为主，并利用多种近岸海鱼，这种方式在滨海的河姆渡文化中具有代表性。鱼类资源利用方式分为三种：以淡水鱼类为主；既有淡水鱼类又有近海鱼类；以近海鱼类为主。对出土鱼类的栖息环境和生活习性考察极大细化了对宁绍平原先民获取鱼类资源的认识（《南方文物》第 2 期）。

何锟宇、刘祥宇等分析四川大邑高山古城遗址 2015、2016 年出土动物骨骼遗存，认为宝墩文化的高山古城先民获取肉食资源的主要途径是饲养家猪，当时家畜饲养比较成熟，稻粟混作的农业体系为家畜饲养奠定坚实基础。成都平原的以稻粟混作和家畜饲养为主的农耕文明经济结构，在宝墩文化、三星堆文化、十二桥文化和晚期巴蜀文化时期一脉相承，而渔猎和采集经济仅作为补充（《四川文物》第 1 期）。

肖华、朱宏斌依据西亚考古遗存，分别考察西亚早期羊的畜养与麦的驯化，认为西亚农业率先在“新月沃地”起源，可以追溯到“后旧石器时代”早期（公元前 16000—12500 年），或在前新陶器时期晚期（公元前 9500—8500 年）已发展较为成熟。西亚农业起源与自然环境、人类生存条件变化及社会发展有较大关系，以羊的驯养和麦的驯化最具代表性，麦的驯化有可能是源于羊的畜养（《农业考古》第 4 期）。

（三）稳定同位素生物考古

稳定同位素生物考古主要通过碳氮稳定同位素分析方法研究先民饮食结构，进而探讨其生业经济情况以及生业与社会的关系。

孙语泽、侯亮亮梳理北方长城地带新石器时代早期到辽代人骨和动物的稳定同位素数据，从长时段考察食物结构及生业经济的发展变迁。史前先民以粟黍农业为生，兼有狩猎采集经济；公元前 1600 年前后长城西段增加了麦类作物，中东段仍以粟黍农业为生；先秦时期畜牧和游牧的比重增强。该研究为探讨农业和游牧文化起源、农牧互动发展、人群迁徙与文化交流融合等问题提供依据（《北方文物》第 3 期）。

陈相龙、杨剑等通过对宁夏隆德沙塘北塬遗址人骨与动物骨骼的碳氮稳定同位素分析发现，该遗址先民的生业经济以粟黍旱作农业和猪狗等家畜饲养为主体，以牛、羊为放牧对象的畜牧经济虽已出现，但在生业经济中的贡献较低，其中有少数羊有被人类饲养的迹象。该研究对认识公元前 2000 年前后旧大陆食物全球化背景下牛、羊、麦类作物等外来驯化物种的传播对宁夏南部地区生业经济的影响等具有积极意义（《南方文物》第 2 期）。

胡耀武、张昕煜等分析陕西兴乐坊遗址出土动物与人骨的稳定同位素，认为人和家养动物（猪和狗）以粟黍 C_4类为食，先民的肉食资源应主要源于家猪，猪和狗等饲喂了大量粟类作物的副产品等。家猪的饲养和管理为庙底沟文化的快速发展奠定物质和经济基础。还发现有驯养鹿等野生动物的迹象。该研究为探讨关中地区庙底沟文化的生业经济以及与社会发展的关系提供新材料（《第四纪研究》第2期）。

杨凡、王青等对河南博爱西金城遗址人和动物骨的碳氮稳定同位素分析，认为龙山文化西金城先民的食物结构以粟黍C_4类为主，生计方式是以粟等旱作农业为主，并辅以少量的稻作农业生产，兼有稳定的家畜饲养和捕捞业。农业的发展在文明起源和形成过程中发挥了基础性作用，该研究为探讨中原地区生业经济与文明起源的关系提供了重要依据（《第四纪研究》第2期）。

董惟妙、胡耀武总结目前长江下游地区人骨稳定同位素分析的开展情况，探讨先民的生存方式及历时性变化，发现本区域先民并不从事典型的渔猎经济，主要摄取陆生资源并辅以淡水资源，除河姆渡外似乎极少摄食海生资源，先民食物来源不仅多元还表现出历时性变化。该研究对探索稻作农业的起源与发展、史前文化的物质基础以及区域文明化进程具有积极意义（《南方文物》第6期）。

易冰、刘祥宇等通过对四川大邑高山古城遗址宝墩文化先民牙本质序列的碳氮稳定同位素分析，发现当时稻作农业较为发达，先民以C_3类食物为主食。但个体牙本质序列的同位素数据较骨骼更高，应与粟黍C_4类食物在先民断奶过程和童年早期起到重要作用有关。这为探讨稻粟混作区的粟作农业在先民生活方式中的重要地位，以及粟作农业向南方传播和扩散研究提供了新视角（《四川文物》第1期）。

（四）多领域综合研究

董广辉、杨谊时等的著作《河西走廊地区史前时代生业模式和人与环境相互作用》出版。该书以植物考古、动物考古、骨骼同位素分析和系统测年等为基础，分资源环境特征和史前文化谱系、绝对年代序列构建、对植物资源和家养动物资源的利用策略、动物食谱构建、史前时代跨大陆文化互动与生业模式转换、人与环境相互作用等几部分，以关键节点和地区的生业模式和人地关系研究为主线，考察丝路形成之前河西走廊先民的生产生活场景及其变迁过程，为认识公元前3千—1千纪人地关系演化的过程和机制，以及丝绸之路形成的根基提供依据（科学出版社）。

李中轩、吴国玺的著作《新石器晚期嵩山地区的古环境与生业特征》出版。该书采用第四纪环境学方法，以嵩山地区龙山文化晚期至夏代的遗址地层考察、古环境变迁、生业经济、聚落时空演变特征为重点内容，认为嵩山地区龙山文化晚期气候较为干旱，为应对严峻的灾害环境，本区的农业结构渐趋多元。生业经济结构的多元化提高了史前社会和生态系统应对逆向环境冲击的内在能力，是促进社会可持续发展以及夏文化诞生因素之一（黄河水利出版社）。

陈伟驹的著作《新石器时代的生计方式：基于岭南地区的分析》出版。该书对岭南地区新石器时代文化遗存进行分区、分期和年代研究，据此建立起该地区新石器时代文化的时空框架。整合动植物和工具遗存等证据对各文化的生计方式进行系统分析，进而探讨岭南地区新石器时代由广谱性采集渔猎经济到稻作栽培或专业渔猎经济的演变过程，并通过与其他地区新石器时代生计方式的演变过程开展对比分析，探讨新石器时代生计方式演变的共同规律和地区差异（社会科学文献出版社）。

魏坚、冯宝结合考古发掘材料、动植物和环境考古、体质人类学等研究成果，在蒙古高原和欧亚草原的视野下探讨中国北方农牧交融、农业和畜牧业的起源发展演变和动因等。从早期以采集和狩猎为主的大型聚落，到采集和狩猎存在下的农业聚落的繁荣，再到农耕的衰退和畜牧业经济的最后形成，这一发展进程是生态环境变迁、文化适应和古代族群的迁徙等因素交互作用的结果（《西域研究》第4期）。

包易格、李小强等聚焦中国黄土高原北部新石器到青铜时代的农业结构演变及其对区域生态环境的适应，发现该地区粟的占比呈上升趋势。受季风降水特征影响，东南部灌丛草原区粟的占比不断上升，西北部干草原区则变化较弱，环境的差异造成了农业模式的不同。黄土高原北部地区在干旱气候条件下，自中全新世以来的主要作物始终为粟和黍，并形成南粟北黍的分布特征。粟作农业奠定了黄土高原乃至中国北方的文明基础（《人类学学报》第3期）。

侯亮亮、赵杰等研究辛章遗址出土的9例人骨和58例动物骨骼，运用碳氮稳定同位素分析、人牙结石上植物微体分析等方法，探讨山西忻定盆地距今4000年前后的生业经济。经济方式主要以粟黍农业为主，辅以猪牛羊饲喂业，该地区小麦等并没有被种植。以粟黍农业为主兼容诸多外来农业因素的新的农业体系为先民生产生活方式确立、考古学文化的发展甚至文明出现奠定物质基础（《中国科学：地球科学》第3期）。

程文博综合植物考古、动物考古和盐业考古研究成果，论证了莱夷是一支以渔业和制盐业为主要生业方式的族群，虽然经营农业，但农业发展水平不高，渔业捕捞在其经济生活中占有重要地位。该研究对古文献记载莱夷的生计方式开展考古学考察，从多角度探讨其生业模式的历时性演变，具有一定学术价值（《农业考古》第3期）。

袁靖、潘艳等综合良渚文化的动植物考古成果，探讨良渚文化的兴衰与生业经济的关系。发现良渚文化尽管中心区存在先进的生业方式，但是整体的生业状况发展明显不平衡，生业发展的不平衡与自然、社会、文化的多种因素交织在一起，最终促成了良渚文化的消亡。这为研究良渚文化的消亡提供生业经济方面的依据，体现生业经济在文明发展中的重要作用（《考古》第2期）。

陈珊珊、马江波结合动植物遗存和古环境研究成果，发现玉溪文化时期古居民的生业模式以采集和渔猎为主，辅以简单的农业种植和家畜饲养。先民对频发的长江洪水规律有了认识，能够有效躲避洪水。该遗址是迄今重庆地区发现的年代最早的新石器时代遗址，对研究三峡地区早期文化面貌、文化演进、生业方式和人地关系有积极意义（《农业考古》第3期）。

陈伟驹整合动植物和工具遗存，考察广西革新桥文化的生计方式。认为该文化的生计方式是以植物采集为主，以狩猎、渔猎和以家猪为代表的家畜饲养为辅。与前一阶段生计方式中对水生贝类利用程度高不同的是，植物利用和家猪饲养比重和精细程度显著提高，也为后一阶段出现以大石铲遗存为代表的农业社会奠定基础。该研究为探讨广西地区农业起源提供了重要依据（《中央民族大学学报》第1期）。

综上，2020年度聚焦生业经济研究的前沿趋势呈现出四个特点：一是单个遗址的基础性生业经济研究仍是重点；二是研究的时空范围得到拓展，除主要文化区外，边远地区也得到广泛关注，年代跨度上自新石器到青铜时代和历史时期均有涉及；三是研究的方法和角度更加多样，从不同领域多学科合作探讨生业经济问题渐成趋势；四是研究理念上，越来越重视生业经济与社会发展如文明起源与发展等重大论题的关系。

四　环境考古

（一）区域环境考古

侯光良、曹广超等人编著的《青藏高原环境变化与人类活动》出版。青藏高原因其极端而严酷的自然环境使其人地关系研究为学界关注。该书以青藏高原晚冰期以来的环境演变和人类社会发展阶段为线索，分细石器、新石器、青铜时代和历史时期四个时段考察青藏高原的气温、降水和植被等环境变化，以及对应人类活动方式、时空分布、活动强度等特征，分析青藏高原晚冰期以来环境演变与人类活动的相互作用，揭示高原特殊环境下人地相互作用的演化特征与规律（《青藏高原环境变化与人类活动》，青海人民出版社）。

司徒克、秦臻等在河南黄县地区开展以遗址为中心的河流地质考古学研究，发现该地区地貌在全新世经历了由相对稳定向不稳定变化的过程。从全新世晚期开始，尤其是距今3000年以后，气候变化和农业集约化增加了黄河洪水泛滥频率，从而使该区地貌趋向不稳定。该研究为探讨人类活动对地貌演变的影响、华北平原人地关系，自然沉积过程与文明演进过程之间的关系等提供了依据（《第四纪研究》第2期）。

李亚萍、张俊娜研究发现洛阳盆地新石器中晚期至夏商时期古地貌的演化对该地区水稻种植产生重要影响，该研究可以加深理解中原地区水稻种植的分布、传播过程及动因等，为从古地貌演化角度解释古代农作物种植提供了新视角（《第四纪研究》第2期）。

张鹏卜研究发现黄河中下游平原地区聚落形态的地貌分布，总体呈现出从山地向平原、由高海拔向低海拔的变迁特征，但在较短的时间尺度内，聚落形态的地貌分布呈现出“高地—低地”间反复迁移的过程，这种地貌特征的变迁与多变的气候环境相关，为研究环境对聚落形态的影响提供了依据（《农业考古》第3期）。

赵成双苹、莫多闻通过考察长江中游江汉—洞庭盆地全新世水文环境演化及其与人类活动的关系，发现河湖水位与聚落的数量与规模密切相关，水文环境演变是长江中游全新世中晚期文化变迁的主要驱动因素。该研究指出水文环境是影响地区文明化进程的重要因素，为探索长江中游人地关系研究提供了证据（《地理学报》第3期）。

（二）遗址个案环境考古

王辉、鲁鹏等利用沉积学的方法，讨论了南庄头遗存的性质、成因和古人生存的环境背景。该研究反映了沉积学在考古学研究中的价值，其分析框架构建起一个互相支撑的体系，有助于认识沉积物的性质、遗址的形成过程以及遗址微环境的特点等，在多个方面都可以成为环境考古研究的重要工具（《南方文物》第4期）。

朱晗、杨颖等对杨官寨遗址剖面进行沉积物磁化率强度、孢粉等分析，发现这里古气候可分由冷转暖、降温、暖湿、较冷四个阶段，距今6000—5400年气候温暖湿润，生业经济以农业种植与畜牧业为主，这为庙底沟文化出现大型环壕聚落提供基础。该研究为讨论关中地区仰韶文化中晚期环境、聚落与城池演变等的关系提供了依据（《考古与文物》第3期）。

李中轩、孙艳丽等分析禹州浅井剖面的各项环境指标，认为颍河上游仰韶文化时期为暖湿的风化环境，龙山文化时期气候变干，干旱气候导致河床抬升，使得其上中游两岸稻作农业得以快速发展。聚落分布从仰韶文化的地貌封闭型转变为龙山文化的开放型，并形成多处大型城邑聚落，距今4000年的降温和洪水过程摧毁了颍河上游平原地区多数史前聚落，本区的城邦文化逐渐衰落（《海洋地质与第四纪地质》第2期）。

柏哲人、王守功等运用土壤微形态方法分析山东潍坊前埠下遗址新石器时代文化层沉积物，该遗址文化层及其下的次生土层和生土层都是典型的河流相沉积，进而推测该遗址在后李文化和大汶口文化中期，人类活动在河漫滩上。土壤微形态方法为认识大汶口文化的聚落环境及相关生计方式提供了新的视角（《海岱考古（第十三辑）》，科学出版社）。

戎晓庆、庞奖励等在官亭盆地喇家遗址东侧二方村遗址区域发现完整的土壤沉积物剖面。该剖面记录了全新世土壤和土地资源的形成和演变，并显示是灾难性地表过程造成的土壤和土地资源退化，导致该区域原始农业土地利用方式由谷物种植向农牧混合的转变。研究有助于了解青藏高原与黄土高原过渡带环境变化与土地利用方式发展演变及其原因（《地理科学进展》第8期）。

李拓宇、任小林等对西藏拉萨昌果沟遗址开展地貌调查，选择剖面进行光释光测年和环境分析，研究表明全新世古土壤/泥炭年代的概率密度能反映区域气候变化，如距今9000—6000年气候由冷干向暖湿转换，距今6000—2900年气候相对温干，距今4500年之后雅鲁藏布江中游及其支流一级阶地的形成为新石器时期先民提供农耕场所，古土壤发育为种植农作物提供条件（《第四纪研究》第2期）。

综上，2020年中国环境考古呈现出三个特点：一是在研究对象上，依然以单个遗址或单个聚落的古环境分析为主；二是在研究方法上注重多种技术方法和多指标的整合应用；三是在研究理念上开始强调环境考古与聚落考古的结合，有助于环境考古学更多地参与如区域文明化进程、文明起源等重大课题的讨论。

五 体质人类学

何嘉宁、赵朝洪等研究北京东胡林遗址的两具人骨，头骨虽已具有现代东亚人群的一些特征，但无法将其划入任何一个新石器时代人群。牙齿磨耗的多样表现反映出食物多样化，龋病反映出植物性食物增多，股骨形态表现出较低功能活跃度和低流动性，这些特征与华北地区旧石器时代晚期采集狩猎人群不同。两个个体的颅骨多孔性改变这一病征，表明他们面临较大的生存压力（《考古》第7期）。

张旭统计与分析内蒙古中南部先秦两汉时期11组古代人群的龋病状况，并与我国北方地区16组古代人骨材料对比，并讨论生业模式与龋患的关系。不同生业模式人群的碳水化合物食物摄取量的多寡决定了龋齿发病率的高低，以农业经济为主的人群龋齿发病率最高，并随着时代发展而进一步增加；以畜牧或渔猎采集经济为生的古代人群龋齿发病率较低；农牧兼营的混合经济人群龋齿发病率居中，并且因农业经济所占比重的不同，其变异范围较大（《农业考古》第1期）。

周亚威、白倩等研究郑州孙庄遗址仰韶文化的人骨牙齿，发现孙庄人群的患龋率为70.37%、龋齿率为22.93%，高于同时期大河村、半坡和西山等遗址。高发的龋齿率和患龋率应与自然环境、饮食及农业发展状况相关。以孙庄为代表的仰韶文化人群在饮食中更多摄入碳水化合物，为龋病的发展提供可能（《人类学学报》第2期）。

周亚威、王艳杰等考察河南荥阳汪沟遗址的人骨颅骨形态，汪沟人群的种系表现出与亚洲蒙古人种东亚类型和南亚类型接近的特点，应是一支同种系多类型的复合体，种系构成较为复杂。生计方式的不同是造成汪沟组居民骨骼粗壮程度强于南方而低于内蒙古地区的原因之一。男女性的营养以及经济地位相当。基本不见因暴力冲突而引发的蓄意性伤害，推测仰韶文化晚期阶段的汪沟先民的生存环境相对稳定，聚落或部族之间发生战争与暴力冲突的频率较低（《边疆考古研究（第27辑）》，科学出版社；《解剖学报》第1期；《北方文物》第4期）。

孙蕾、曹艳朋等对河南龙山文化的郝家台、平粮台、下寨和贾庄遗址出土的人骨标本进行古病理学观察。四处遗址龙山晚期人群的营养健康状况大体相似，都有较高的婴幼儿死亡率、相对偏低的身高和牙釉质发育不良的高发病率。四处龙山晚期人群在儿童时期均患有营养缺乏类疾病，承受了较重的生理压力（《中原文物》第4期）。

原海兵梳理山东兖州王因、邹县野店以及江苏邳县大墩子等遗址的口颊含球标本，认为大汶口文化族群中存在着复杂的社会分工，口颊含球者代表某个特殊身份地位的群体。淮河流域贾湖文化可能是这种行为的一个源头。龙山文化时期该习俗在鲁南和苏北地区逐步削弱和演变。口颊含球很可能是后世亡者口含贝币、玉等葬俗的原始形态（《考古学报》第1期）。

李法军应用骨骼生物力学方法，对顶蛳山遗址、鲤鱼墩遗址、冲塘遗址、江边遗址及何村遗址古人类肢骨的相关骨骼生物力学特征进行比较，并在更广泛的时空范围内和生业方式下开展更多人群的对比。距今8000—4000年的华南地区，不同考古学文化人群在活动方式上较为相似，都表现出较高的活动性，这些人群在行为活动上更接近狩猎—采集型（《人类学学报》第4期）。

李春香、张帆等对嫩江流域新石器至青铜铁器时代的24个个体开展线粒体全基因组分析。发现这些人群具有一定遗传连续性的同时，晚期人群与西辽河地区古代人群有着更近的遗传联系。推测距今4000—3000年，西辽河地区古代居民曾迁入嫩江流域，并留下遗传贡献（《人类学学报》第4期）。

六　手工业考古

（一）陶器研究

王小娟回顾百年来考古报告中陶器研究方法和内容的变迁，将其划分为三个阶段，一是20世纪20—50年代，中国考古学诞生之初的摸索阶段，陶器研究由简单分类到研究方法的多样；二是20世纪60—90年代初，受考古类型学理论的影响，陶器分析方法单一，多关注型式的划分以利于建立文化编年；三是20世纪90年代中期以来，陶器研究方法重新多样化，在描述与统计的基础上更关注制陶工艺等发展，并结合自然科学技术等方法，研究角度更加全面，陶器研究逐渐系统化（《不惑集：山西大学考古专业成立40周年纪念文集》，科学出版社）。

1. 陶器生产

李文杰对古代手制陶器上的泥片缝隙和泥条缝隙进行实物考察，认为泥片缝隙是采用泥片贴筑法成型时手捏泥片所致，泥条缝隙是采用泥条筑成法成型时手捏泥条所致，二者都与制陶者的行为有直接关系，因此都属于痕迹范畴。所以泥片缝隙是采用泥片贴筑法成型的直接证据，泥条缝隙是采用泥条筑成法成型的直接证据（《文物春秋》第5期）。

陆青玉、王芬等阐述了岩相学和化学成分分析这两种陶器产地分析方法的优势和弊端，提出一种较为合理的综合性陶器产地分析研究范式，并在实践中进行验证。岩相和化学成分结合的综合性陶器产地分析方法，能在很大程度上弥补单一分析方法的不足，同时能从微观技术、成分和宏观自然、考古背景相结合的角度为解读我国古代陶器手工业经济提供独特的研究范式（《东南文化》第5期）。

李涛利用电感耦合等离子体发射光谱、X射线荧光光谱熔融法和手持式X射线荧光光谱仪，分析27个史前陶片的化学组成，比较三种方法得出的系统树图以及各自揭示的陶片分布模式。在社群尺度上，三种分析手段也一致表现出应用的可行性。手持式X射线荧光仪在史前陶器分析中的有效性应得到肯定（《南方文物》第5期）。

栗媛秋对内蒙古敖汉旗兴隆沟遗址出土陶器开展岩相与成分分析，该遗址兴隆洼文化、红山文化到夏家店下层文化的制陶工艺有显著差异，不同时期采用了不同的制陶黏土，夏家店下层文化时期工艺表现出明显进步。这对认识辽西地区史前陶器工艺发展及文化演变提供了参考（《四川文物》第4期）。

高守雷对辽西地区新石器时代筒形罐进行统计分析，描述口部、腹部和装饰的外形特征，运用数理统计方法分析口径与底径、口径与通高的关系。认为不同文化时期筒形罐的形制特点明显不同，每个文化时期筒形罐的口径与底径、口径与通高的比例关系呈现相对稳定的状态（《文物保护与考古科学》第5期）。

朱永刚、陈醉分析哈民忙哈遗址的制陶工艺，坯体成型以泥圈套接为主，并采用内模辅助技术；以编织物为媒介的施纹方法独特。烧法可分为有窑烧制与无窑烧制。从原料制备到烧制已形成完整的工艺流程。陈醉从直接证据和间接证据中的标准化水平两方面入手，以民族学材料为佐证，考察哈民忙哈遗址的陶器生产专业化情况。该遗址的陶器由聚落内少部分人制作，已经出现生产专业化现象，家庭工业应该是最主要的生产组织方式。虽然出土了少量精美的红山文化陶器，但现有资料并不能证明已经出现依附性陶器生产（《边疆考古研究（第28辑）》，科学出版社）。

崔一付、杨谊时等运用X荧光光谱分析法，对甘青地区5个典型马家窑文化早期遗址的彩陶进行化学元素分析，结果显示宗日遗址的马家窑文化彩陶元素组成特征和马家窑文化主体区域的彩陶一致，表明宗日遗址这类彩陶是从马家窑文化主体区域贸易而来。该地区彩陶的传播和粟黍农作物的交流传播具有时空一致性，粟黍农业人群沿黄河上游谷地向共和盆地的扩散带来了新的文化元素，两个区域之间生业模式的差异可能是跨区域间文化互动和彩陶贸易的动力（《第四纪研究》第2期）。

王小娟、何努等运用X荧光能量色散分析法，检测以陶寺文化为主的晋南地区新石器末期102件陶片样品陶胎粘土部分的成分，认为陶寺遗址及晋南地区仰韶文化晚期以来的制陶粘土原料可分三类，即普通易熔类粘土、高钙类粘土和高铝类粘土。三类粘土原料数量的变化与文化分期可能存在关联性。推测用高铝类粘土原料制作的陶器较特殊。同一器类不同时段以及同一时期不同器类均以普通易熔类粘土为主，可见粘土原料并不存在专门化的分工（《中国国家博物馆馆刊》第5期）。

吴卫红等对安徽怀宁孙家城遗址较为典型的夹植物陶进行分析。夹植物陶植物类孱和料呈现的形式主要有植物碎屑、炭化颗粒、植物印痕等，应与夹炭陶相区别。夹砂陶、泥质陶和夹植物陶所用的制陶原料存在差异性且一定程度上有重合，后两者在制作工艺上有相似之处且有别于夹砂陶。夹植物陶的质地最为疏松多孔，质量最轻，而且吸水饱和后更为脆弱易碎（《江汉考古》第4期）。

付永旭研究贵州牛坡洞出土陶器，它们属于平底器传统，器壁均较薄，火候又高，施纹技术比较成熟，体现出较高的制作技术水平，明显脱离了原始制陶阶段，可能是非本地区起源的。通过对比周边地区史前陶器，发现和重庆地区玉溪坪文化关系密切，极有可能受到其影响。玉溪坪先民沿乌江及其支流进入贵州的黔中文化区，结合本地区文化因素，发展出了具有浓厚本地特征的陶器（《中原文物》第5期）。

2. 陶器使用与流通

刘莉、王佳静等分析山东济宁东贾柏遗址北辛文化中期的两件小口双耳罐和两件磨棒上的残留物，认为两件陶罐曾用于酿酒，酿酒原料以稻米为主，并加入粟黍、小麦族、栝楼根和橡子。酿酒方法可能包括两种：一种为曲酒，利用发霉谷物，并且加入植物茎叶制曲酿造，其中根霉可能是曲中的主要发酵剂；另一种为口嚼酒，通过咀嚼谷物利用人的唾液糖化淀粉。北辛文化酿造曲酒的方法可能是受到了中原地区文化的影响。但口嚼酒是目前最早的考古学证据，其是否起源于海岱地区，需要进一步研究（《东南文化》第5期）。

刘莉、王佳静等对陕西临潼零口遗址出土的20件零口期平底瓶和半坡期尖底瓶陶片进行残留物分析，发现具有酿酒发酵特征的淀粉粒、谷物颖壳和植物茎叶及花序的植硅体，以及酵母细胞，证明这两种器物都是酒器。酿酒方法是以发芽的黍、稻谷和野生小麦族作为糖化剂来酿造谷芽酒。最主要的原料是黍，之所以加入植物块根、茎叶和花序等，应是利用其药用功能（《中原文物》第3期）。

秦小丽系统介绍通过制作技术和区域交流来研究陶器的多元方法，如通过陶器胎土和制作技术确定产地，通过陶器制作者的技术特点和纹饰风格等识别陶器的固有传统和外来输入的组成，以及是否在本地制作等，并考察陶器消费、流通和交易等体现出的地域间社会集团关系（《南方文物》第5期）。

（二）玉石器等相关研究

袁广阔、张友来等编著的《中国古玉研究文献索引（2001—2016）》出版，该书收录2001—2016年公开发表的出土玉器资料研究书目和论文。分上、下编，上编为玉器出土资料，下编为玉器研究书目和论文。共收录2001—2016年中国境内古玉器相关文献书目和题录4000余条，详细记录考古报告、简报中发表玉器的名称、数量、年代等情况，汇编玉器研究书籍、论文出版、刊载信息等。该书集科学性、普及性和实用性于一体，是系统、准确记录中国古代玉器出土和研究现状的文献索引工具书（科学出版社）。

王荣的著作《中国早期玉器科技考古与保护研究》出版。著作以新石器时代至汉代的出土玉器为研究对象，从玉器生命史的角度，采用多学科分析手段，分为玉料成器之前的玉材利用、玉器入土埋藏之前的使用和再利用方式、玉器入土埋藏之后的风化机制以及玉器出土之后的科学保护等几部分展开讨论。通过对出土玉器的各种有效信息进行准确和充分提取，为保护玉器实体本身、充分理解和阐释古代社会的用玉制度、推动中国玉文化传播和传承提供方法和案例（复旦大学出版社）。

仪明洁、余官玥梳理微痕分析及其在国内石器研究中应用情况，在此基础上指出微痕分析的局限性及其在国内微痕分析应用中存在的问题，提出在考古学推理的框架下运用该手段，希望引起学者们的反思，在下一步运用中将之与考古学学术问题密切关联，推动国内石器研究的进步和史前史的重建（《考古学集刊（第23集）》，社会科学文献出版社）。

申旭科、王建等分析青海湖盆地旧石器—中石器时代遗址出土的石制品原料，青海湖盆地末次冰消期古人类活动强度和范围有限，全新世早中期受到全新世大暖期气候变好和周边地区农业人群兴起挤压活动空间的双重影响，先民在高原上的活动范围和强度大大增加，伴随着开始有意识地开发优质石料，较频繁地进行远距离迁移和人群交流（《第四纪研究》第 2 期）。

崔天兴、付建丽等开展绿松石“微孔”工艺的模拟实验，并与贾湖遗址微孔绿松石器做比较分析。微孔工艺有两种技术路线：一是硬质细桯钻，但细钻头的制作往往需要经过修整，做出的孔多呈喇叭状，孔壁可见明显的弧线；二是有机质管钻，钻头虽易得，但费时较长，同时由于加沙，孔壁弧线不明显。微孔工艺研究对理解史前人群对绿松石的利用策略和现代人行为演化具有积极意义（《考古学集刊（第 23 集）》，社会科学文献出版社）。

陈虹、孙明利等采用“操作链”概念、级差动态分类法和微痕分析技术，对五峰北遗址石制品开展类型、功能和生命史的多角度研究，构建出该遗址磨制石器一般的完整“操作链”。并对石凿及相关产品展开详细分析，复原出良渚时期苏州地区石凿的制作工艺与生产流程，为研究磨制石器提供新的案例与思路（《考古》第 11 期）。

肖宇考察史前石锛及其建筑意义，认为其建筑意义包括木作工具、木作技术和建筑形态三个方面。石锛并非单一工具，而是一套使用与功能各异的木作工具，主要用于精细木加工行为。石锛通过本体形态、安柄形态的变化，实现使用方式和使用功能的变化。木作技术的发展与石锛的形态演变互为表里，表现为木作技术的精细化与专门化，其主要动因在于人工建筑的建材加工诉求（《中国国家博物馆馆刊》第 1 期）。

陈宥成、曲彤丽梳理中国史前时期“盘状器”，认为其集中分布在新石器时代晚期至末期的黄河和长江中上游地区，并向四周辐射。它功能类型多样，部分盘状器是从旧石器时代延续下来的生产打制石片的盘状石核。在新石器时代打制石器技术和行为并没有消失，是当时人群对于本地资源与自然—社会环境的适应策略，并与磨制石器一起建构了人类的石器生产与使用系统（《南方文物》第 3 期）。

李娜从胎质、漆色、髹饰技法和纹饰等方面梳理了良渚文化漆器的工艺特征，并根据出土背景认为墓葬出土的漆器应为仪式用具，填嵌玉石的漆器可能是财富和身份的一种标志，非墓葬单位出土的漆器应为生活用具。良渚文化漆器制作技术继承了长江下游更早的史前文化漆工艺，并有较大的创新与进步（《江汉考古》第 2 期）。

七 精神与信仰考古

杨伯达的著作《中国史前玉巫教探秘》出版。该书以史前玉巫教为串联，认为兴隆洼文化和红山文化分别代表了玉巫教的早期和中期。玉巫教晚期各血缘地缘板块组合起八个玉巫教方国，玉巫教发挥神本主义的凝聚力，在社会生活、政治统治和宗教辐射上发挥重大作用。只有华夏方国陶寺玉文化亚板块世俗力量强大，玉巫教走入低谷，成为世俗统治集团的附庸（故宫出版社）。

李新伟探讨中国史前陶器图像反映的“天极”观念，认为这些图像或以十字线、多芒星、多射线等表现天极为方向之起点，或以纽结纹表现天极为天体运行网络之枢纽，或以弧线表现围绕天极的旋转，并有飞鸟环护、獠牙兽面、尖顶建筑等内容。对这些资料的归纳，极大丰富了对史前天极观念的认识，为解读更加复杂的史前玉器图像的内涵和讨论各地区密切的文化交流提供了新思路（《中原文物》第3期）。

朱雪菲从河姆渡文化蝶形器的两种造型模式入手，对比良渚文化冠状饰及权杖端饰的造型，认为蝶形器具有和冠状饰同样的功能和特殊地位。两个文化在造型艺术上的相似性，体现出良渚文化对河姆渡文化精神内核的传承（《文物》第12期）。

王仁湘分析对良渚文化玉琮的出土位置，根据随葬玉琮的墓主大多为男性，且多放置在腰腹部，结合古代阴阳学说及西周贵族墓地发现的玉琮，认为一部分玉琮的功能是作为性器套盒使用，而且琮作为具有特别身份男子性器的特配葬品，是良渚时期墓葬制度中的一大特色。另外还结合历史文献分析良渚文化玉琮的形制和功能。玉琮作为祭地的礼器，行灌祭之礼，使用方式是，把圆内方外的玉琮放置在方形土台上，用勺子舀上牲血与香酒逐勺注入琮孔，让它借助琮之玉气浸入地下，让地神享用（《南方文物》第4期）。

王仁湘分析中国史前随葬龟甲现象，讨论其与玉琮、骨牙雕筒之间的关系，认为骨牙雕筒是龟甲与玉琮之间的过渡形态，三者本是一回事，这类器物应称作“宗函”，琮取代了龟甲，两者都是阳具之护物，并认为龟是玉琮的主源（《南方文物》第5期）。

王仁湘由史前正反相生的图像解读阴阳相关的思想萌芽。认为史前已经观察和理解阴阳共生、阴阳互生和正反相生现象。彩陶图案中的地纹是阴阳共生图案，“反地”表现形式可进一步证明阴阳互生。绞索纹及菱形纹可以看作“正反相生”，两面神的玉石雕刻也体现出“阴阳一体”（《中原文物》第5期）。

曹峻研究瑶山7号墓出土玉牌饰造型，认为从整体轮廓、颊侧突起、十字镂孔等特点来看，其与现实生活中爬行类动物尤其是蛇的头面部相近。龙首纹上的菱形纹样与蛇头部鳞片形状一致，可能也直接取形于后者。良渚文化玉器与陶器纹样有诸多与蛇有关的形象，表明蛇崇拜是良渚信仰体系中的组成部分（《东南文化》第1期）。

李默然分析半坡彩陶“人面衔鱼”图案，认为表现的是一条俯视视角下的鱼，而非戴有装饰的人，应定名为“人面鱼”纹。对观者来说它是“对视”和“远观”两种视角的结合，其设计目的是通过二维方式表现三维场景。可能表达了半坡人群希望死者能够转化为鱼，穿过象征死亡的水域，实现重生或转世的愿望（《江汉考古》第1期）。

袁波文、阿如娜等对大汶口文化随葬獐牙习俗进行研究，发现獐牙勾形器多来自成年人墓葬，墓主的级别是社会中上层，他们可能是部落某种仪式的主持者。大汶口文化时期拔牙与随葬獐牙盛行区域以及兴盛、衰落时间几乎同步，说明这两种现象紧密相关。獐牙的用途可能是宗教信仰的一种信物，其起源应与拔牙有关。这种习俗是受到裴李岗文化影响的结果（《江汉考古》第5期）。

张俭分析和评述学术界有关顶蛳山遗址肢解葬的不同认识、肢解工具等问题，否定了此前的几种观点，包括认为肢解葬是将僵硬挺直的尸体进行分解，然后按屈肢葬的姿势埋葬；认为肢解葬是肢解其尸骨以防回家作祟；认为肢解葬可能是残食同类的遗存。进而明确指出顶蛳山遗址的肢解葬是出现于第三期的突发性事件，并不是一种成熟的埋葬方式或葬俗（《南方文物》第1期）。

夏商时期考古

张国硕　曹伍仁

2020年度，夏商考古取得一系列重大收获，新发现河南淮阳时庄粮仓城、山东济南乔店岳石文化聚落遗址、河北栾城周家庄商代墓葬群以及湖北黄陂郭元咀铸铜遗址，围绕城市考古与都城考古、方国与封国文明、礼制、考古学文化形成发展与交流、生业手工业状况及专题考古研究等方面，进行了深入的研讨。据不完全统计，本年度共发表相关考古简报及论文200余篇，出版考古发掘报告及著作近30部，召开相关学术会议20余次。

一　夏商考古综合研究

本年度公布了较多的夏商考古发掘报告，主要集中在河南、山西、山东、河北等省，安徽、重庆、新疆等省区市也有一定新材料。有关夏商文化研究，主要涉及夏商城市考古、考古学文化、手工业生产等方面。

公布的夏商考古新材料较为丰富。河南新密前士郭遗址的调查，采集到一批年代上限为龙山文化晚期的陶器、石器、骨器等遗物，丰富了新密地区的史前文化面貌，也为"早期夏文化"研究提供了新的材料（《华夏考古》第4期）。河南济源柴庄遗址发现大量墓葬及晚商祭祀遗存，其中包括一处独特的人祭现象，为研究商周时期社会形态及礼制变迁提供了实物资料（《中国文物报》4月3日）。山西绛县西吴壁遗址发现的二里头、二里冈文化时期遗存，分布面积达70万平方米，是晋南地区已知规模最大的夏商时期遗址（《考古》第7期）。该遗址是一处以冶炼纯铜为主，兼自作小型青铜工具的聚落，是学界首次在邻近夏商王朝腹心地带发掘的专业冶铜遗址，填补了冶金考古的空白（《中国文物报》1月3日）。河北肃宁后白寺遗址发现房址、灰坑、灰沟等遗迹以及陶器、铜器、骨器、石器等遗物，年代相当于夏代晚期到殷墟四期晚段（《考古》第4期）。山东曲阜西陈遗址遗存较为丰富，包括1000余个灰坑、90余条沟、14座房址、16座墓葬等。该遗址年代以晚商时期为主，部分遗存年代可能已进入西周时期（《中国文物报》4月3日）。

周边地区也有一定的考古新发现。辽宁凌海大刘台山遗址发现夏家店下层文化时期石城址一座，清理出城墙、城门、马面、石墙、石仓、石窖、石台、房址、灰坑及灰沟等遗迹，为研究辽西山地地区东缘地带青铜文化的类型与谱系提供了翔实资料（《文物》第7期）。《铜陵师姑墩——夏商周遗址考古发掘与研究》（文物出版社），全面系统公布了安徽铜陵师姑墩遗址考古发掘的收获和研究成果，从而建立起皖南地区夏商周时期考古学分期年代序列，实证了当地周代青铜冶铸业的存在。浙江宁波镇海区应家遗址发现商周时期各类遗迹90余处，包括水井、灰坑、灰沟和基槽等。还有400余个柱洞，柱洞群所构成的建筑单元属重要考古新发现（《新华网》12月7日）。广东揭阳牛屎山遗址出土新石器时代晚期至宋代的文化遗存，其中第二期遗存年代相当于中原地区的商时期，为研究商代南方地区提供了新材料（《文博学刊》第 2 期）。广东惠州市惠阳曲窝尾坳遗址清理出一批商时期遗存，遗迹包括灰坑、柱洞等，遗物包括陶器、石器等，该遗址的发现增补了珠江三角地区商时期的考古材料，对研究当地的历史进程具有重要意义（《文博学刊》第 1 期）。《忠县中坝》（科学出版社）发掘报告，分别就重庆忠县中坝遗址新石器时代、夏商、周代、汉代、两晋南朝、隋唐、宋元及明清时期遗存进行归纳、总结与研究。四川嘉陵江中游（阆中至仪陇段）考古调查发现的 12 处夏商遗址，扩充了嘉陵江流域先秦遗址的内涵，为进一步探讨该区域先秦遗存的分布状况、考古学文化面貌及聚落形态等提供了新的线索（《四川文物》第 4 期）。新疆伊吾阔腊遗址发现公元前 1500 ~ 前 1200 年青铜时代中晚期的墓葬，为研究天山北麓考古学文化序列提供了新资料（《文物》第 8 期）。新疆沙湾宁家河水库墓葬材料的公布，为研究天山北麓青铜时代考古学文化面貌提供了新资料（《文物》第 4 期）。

有多部夏商考古研究的专著和论文集出版。井中伟、王立新《夏商周考古学（第二版）》（科学出版社），系统介绍了夏商周时期考古学文化的主要时空框架和部分有代表性的专题研究，展示了夏商周考古的知识主脉及其在史学研究领域所占有的重要地位。韩建业、李梅田《中国考古通识》（高等教育出版社），选取中国考古学诞生百年来考古发现最重要的十个方面进行分析和介绍，其中三代文明这一章节涉及多个夏商考古研究的重点和热点问题。《辽西区青铜时代考古文献选编：回眸药王庙、夏家店遗址发掘六十周年》（科学出版社），选编了辽西区（燕山南北至西拉木伦河流域）青铜时代的考古文献，内容包括 3 篇考古报告（简报）和 31 篇论文，对推动北方地区的考古研究有积极意义。李岩《从石峡到珠三角：中国南方史前先秦考古研究》（科学出版社），收录其论文 23 篇，涉及粤北地区文化的分期和源流谱系、珠三角地区新石器晚期至先秦的文化分期、闽赣浙皖湘鄂大片地区内新石器晚期至商周时期诸文化遗存等内容。水涛《中国西北地区青铜时代考古论集（增订本）》（商务印书馆），主要介绍了新疆和甘青地区的考古发展情况。第一部分为新疆地区，共 15 篇论文，主要探讨丝绸之路开辟之前的新疆早期文化的类型、分布、渊源和总体发展格局。第二部分为甘青地区，共 10 篇论文，主要分析了该地区青铜时代不同文化遗存的时空分布、结构体系和经济形态等问题。夏含夷《三代损益记：夏商周文化史研究》（上海古籍出版社），收录夏含夷近年以夏商周文化为主的研究论文共 18 篇，可分为三大板块：青铜器和断代研究、出土文献与古文字研究、经学研究，内容丰富，研究深入。王巍、余西云《中国考古学理论与方法Ⅰ》（科学出版社），是 2019 年中国考古学会在武汉大学主持召开的“中国考古学理论与方法学术研讨会”论文集，收录论文 22 篇，会议报道与综述 2 篇，从多个角度讨论了中国考古学的理论与方法问题。其中多篇涉及夏商考古。《青铜器、金文与齐鲁文化学术研讨会论文集》（上海古籍出版社），系 2018 年山东潍坊“青铜器、金文与齐鲁文化学术研讨会”论文选集，共收录论文 40 篇，其中多篇涉及商代青铜器及相关问题的研究。谢维扬、赵争《国家起源问题研究的理论与方法：“国家起源研究的理论与方法国际学术研讨会”论文集》（中西书局），是 2015 年 11 月 14 日至 15 日上海“国家起源研究的理论与方法国际学术研讨会”所发表论文的汇集，着重关注中国国家起源与世界其他个案的比较研究，聚焦人类早期政治组织演进理论和规律的讨论。

在夏商城市和聚落研究方面，闫丽洁、鲁鹏等《河南省新石器至夏商时期城邑与一般聚落空间关系研究》（《第四纪研究》第2期），以河南新石器至夏商时期65座城邑与4095座一般聚落为研究对象，按照裴李岗、仰韶、龙山、夏商4个时期对城邑与聚落的密度、空间分布集聚程度以及重心位移演变关系进行了研究，认为城邑与一般聚落之间有着紧密的联系，两者空间分布格局的变化是气候及生产力发展水平双重影响下的结果。朱超《试谈城子崖龙山至岳石城址防御设施的演变》（《南方文物》第5期），从近年来考古新材料入手，通过分析各期城垣建筑特点，发现城子崖城址防御设施从早至晚的演变规律：龙山文化城址应由早期环壕聚落发展而来，形成低矮城墙与宽大壕沟紧密结合的初始防御形态；至岳石文化早期，城墙防御作用得到强化，壕沟变窄，但城与壕结合的基本防御形态未发生根本变化；到岳石文化晚期，城与壕彻底分离，城墙进一步增高，城址防御功能重心继续向城墙偏移，壕沟防御功能弱化。孙淇《泗水中上游地区商代聚落形态初探》（《殷都学刊》第2期），认为商代泗水中上游地区聚落群聚现象明显，该地区聚落形态变迁分为三个阶段：早期，南部薛水流域聚落群成为地区中心，前掌大是中心聚落；中期，整个区域的聚落呈现衰退状态；晚期，以前掌大为中心的聚落群再次出现，滕薛聚落群再次成为地区中心。他认为商王朝东扩经略的变化，导致了各阶段聚落形态的差异。黎海超《资源与社会：以商周时期铜器流通为中心》（中国社会科学出版社），以全新的思路与方法系统性地构建起商周时期的资源与社会体系，同时也为考古和科技的有机结合提供了典型案例。

生产及建筑技术研究方面，杨欢、杨戬《商周青铜器铸后制铭工艺考证》（《江汉考古》第3期），通过对商周时期若干铸后制铭青铜器的研究发现铸后制铭可分为錾铭、刻铭与琢磨铭文三类，后两类的出现与应用不晚于铸造铭文。和菲菲《商周时期南北方铜矿开采技术比较研究——以鄂赣交界地带和辽西地区为例》（《江汉考古》第1期），从探矿技术、开采技术、开采工具、相关配套设施和选矿技术等方面对南北两区域古铜矿的开采技术进行全面比较，并从两地的自然环境、矿物品质以及生产组织方式等不同方面来解释出现这种差异的原因。孙明《商周时期的青铜甗及相关问题研究》（《中原文物》第2期），通过对商周时期青铜甗的研究，认为铜甗圈足上的十字形镂孔与铸造过程中采用的泥芯撑有关，金属芯撑技术的使用开始于二里岗文化时期，殷墟文化时期金属芯撑的使用逐渐规范化。杜金鹏《三星堆遗址青关山一号建筑基址初探》（《四川文物》第5期），判定三星堆遗址青关山一号建筑基址是一座具有上下两层建筑的楼阁式建筑物，属于商代最高规格的宫殿建筑，可能是当地最高统治者处理政务和举行重大典礼的礼仪建筑。何佳、曹栋洋《湖南宁乡罗家冲遗址1号建筑基址发掘简报》（《中原文物》第4期），判定罗家冲遗址1号建筑基址的时代为晚商至西周早中期，形制为东西向大型长方形三连间地面式建筑，采用垫土层作为房基，再在其上开挖墙基基槽，东西两侧建筑结构略有差异，其中西侧主体建筑墙基基槽内填充红烧土，东侧附属建筑墙基基槽内未填充红烧土。

在礼制研究方面，许宏《二里头都邑的两次礼制大变革》（《南方文物》第2期），认为二里头都邑在二里头文化二、三期之间以及第四期的早、晚段之间各发生了一次大的礼制变革，但这两次礼制大变革究竟是王朝内部的礼制革新，还是王朝更替带来的改制，还需更多的考古学资料进行证实。赵永生等《商代人骨上跪踞面的观察与分析》（《考古》第10期），通过对殷墟商代人骨上跪踞面的观察分析，认为跪坐作为古代中国居民一种合乎礼仪的坐姿，在商代已经普及开来；伴随着商人的扩张或交流，跪坐或许作为礼法制度的重要一环进行了输出，成为从精神文化上控制扩张区域的重要手段。胡进驻《试论考古发现所见的商王室宗庙制度》(《北京师范大学学报》第1期),认为商王室宗庙区建设一直奉行分群成组的原则;在商汤大乙开国之时即为其生父独立设置亲宗(庙);晚商殷墟比较盛行五位前后相继庙主、庙室成组制度;五庙成组制度直接影响到周王室的宗庙设置规则,如周王室京宫与康宫之内均分别设置五代先王之庙室。

考古学文化形成发展与交流方面,陈昌远、陈隆文《商族起源与商史探微》(人民出版社),结合考古发现、古文字与古文献资料,对先商文化渊源与殷先公迁徙等商史研究中的重要问题进行了探索,对研究商族起源与商文化的发展、演变与衰落以及中国远古文明的起源和发展有重要意义。张国硕《夏商文明探索之路——"夏商考古研究"系列论文读后》(《南方文化》第2期),认为在进行夏商考古学文化研究时,考古与文献相结合的"二重证据法"和"多学科结合、多角度支持"的研究方法是必由之路;当文献材料与考古材料发生抵牾无法解释时,应以考古材料显示的信息为准绳;而近年研究过程中新出现的"让^{14}C数据牵着鼻子走"的现象不值得提倡。魏坚《试论朱开沟文化》(《考古学报》第4期),从文化来源、建筑技术、墓葬、经济生活、青铜器生产等方面,重新对朱开沟遗址和朱开沟文化的内涵做进一步分析,认为朱开沟文化是在永兴店文化晚期遗存的基础之上发展起来的一支新的考古学文化,可分为联系紧密、顺序发展的五期,绝对年代为距今4100~3300年。施劲松《论三星堆—金沙文化》(《考古与文物》第5期),认为三星堆—金沙文化的社会形态有其独特性,其年代可从二里岗上层文化延续至十二桥文化的下限即春秋早期。祁冰《李家崖文化年代再议》(《江汉考古》第1期),通过分析李家崖文化典型器类与晚商早期商式铜、陶器的共存关系,判定李家崖文化年代应为殷墟一期至商周之际,最晚不过西周早期,并认为这一判定与相关文献中关于"鬼方"等北方部族的描述也相契合。王彦玉《商周时期川南地区与成都平原的考古学文化交流》(《四川文物》第5期),运用文化因素分析法对川南地区与成都平原的典型遗存进行解读,认为两个区域内的考古学文化交流在商到西周中期较为频繁。冉宏林《郎家村遗存再分析——兼谈三星堆文化在成都平原的分布》(《中国国家博物馆馆刊》第6期),认为三星堆文化最初仅分布于三星堆遗址周围,外围不出沱江流域;之后持续向南扩张,至三期时已分布至成都市区中北部;四期时分布范围与三期大致相当,基本覆盖了整个成都市区,遗址数量也显著增加,且明显呈现出三星堆和成都两个中心,为之后古蜀国都城从三星堆遗址迁至金沙遗址打下了坚实的基础。王青等《二里头遗址新见神灵及动物形象的复原和初步认识》(《考古》第2期),认为二里头文化时期的兽面形象应是商周"饕餮纹"的直接源头,商代以饕餮为中心的艺术传统则应是在继承夏代基础上发展起来的。岳洪彬《谈谈商代考古学研究中的"泛祭祀倾向"》(《南方文物》第4期),指出学术界对商代祭祀遗存的判断标准较为混乱,这种现象可称作"泛祭祀倾向",并对"泛祭祀倾向"和祭祀遗存的判断标准提出自己的看法。刘一婷、雷兴山《商系墓葬用牲初探》(《考古》第3期),认为在商系墓葬的下葬过程中,不同环节使用的动物在种属、部位、年龄等方面存在诸多普遍性的差异,表明古人在葬礼中对动物的选择遵循了一定的标准。

生业及手工业生产状况研究方面,生膨菲等《榆林地区龙山晚期至夏代早期先民的作物选择初探》(《考古与文物》第2期),认为榆林地区小型聚落居民延续以黍为主的旱作农业,但大型聚落如石峁遗址的先民则有了更多的选择,如强化对粟的开发,推测其作物选择的多样化可能与资源调动能力相关。郭荣臻《中原地区夏商时期农业结构的考古学观察》(《四川文物》第5期),通过已有植物考古的数据分析研究,判定中原地区夏商时期的粮食作物组合包括粟、黍、稻、小麦、大麦、大豆、豇豆属等。邵会秋、侯知军《百兽率舞：商周时期中国北方动物纹装饰综合研究》（上海古籍出版社），对商周时期中国北方动物纹装饰进行综合研究，梳理出它们在北方地区的发展演变脉络，揭示各种动物纹的时代性特征及地域性特征，并对新疆地区和境外草原各地的动物纹装饰特征进行探讨，为深入研究中国北方动物纹提供了更广阔的背景和参考。

二 夏代考古研究

本年度的夏代考古重点围绕二里头文化、夏文化与夏都以及夏家店下层文化展开，出版了一批考古发掘报告和论文集。

考古材料方面，河南偃师二里头遗址在第二期考古工作中，进行了近60次（项）考古发掘，发掘地点分布在遗址的10个工作区域，主要考古成果包括青铜冶铸作坊遗址、制骨手工业遗存、祭祀遗址和大量墓葬的发掘与研究，以及对二里头遗址内涵与分期、范围与布局、性质与价值的新认识（《中原文物》第4期）。对二里头遗址宫殿区5号基址的发掘，发现有四进院落，内有多座同时期的贵族墓葬，其院落形制、布局为探讨后世多院落宫室建筑的源头提供了重要材料（《考古》第1期）。河南淅川下王岗遗址的发掘，新发现了一些较为丰富的二里头文化遗存，可以分为一、二两期，分别相当于典型二里头文化的三、四期。该遗址的二里头文化遗存应属于二里头文化的一个地方类型，可称之为“下王岗类型”（《中原文物》第3期）。山东济南钢城区乔店遗址被确认为一处小型岳石文化聚落遗址，清理灰坑30余个、房址4座以及与房址有关的基槽和柱洞等（《中国文物报》9月27日）。在安徽蚌埠召开的“禹会村遗址聚落考古新发现学术交流会”上，中国社会科学院考古研究所安徽队公布了禹会村遗址考古的重大进展，认为安徽蚌埠禹会村遗址核心区发现有大型城址，其年代属距今4400～4100年的龙山文化早中期，遗址面积至少18万平方米，是目前淮河中游地区规模最大、级别最高龙山文化城址，为探索早期夏文化提供了新材料（《文物鉴定与鉴赏》第21期）。河南淮阳时庄遗址总面积达10万平方米，发现的遗存以粮仓遗迹最多，有少量灰坑、水井、陶窑、房址、墓葬，设置有外围壕沟和两周夯土墙，遗址年代距今4000～3700年，为研究早夏时期的社会组织结构和早期国家治理能力提供了重要的实物资料（《中国文物报》11月27日）。

早期夏文化研究方面，魏继印《新砦文化时期的大洪水与二里头文化的形成》（《南方文物》第2期），认为嵩山东南麓的新砦遗址第二期文化、洛阳盆地的龙山文化和二里头文化之间都发现有异常洪水的迹象，此次洪水的覆盖范围、规模和发生时间与禹时期的大洪水比较相符，故新砦文化应与早期夏文化有关。

对于夏代都城的研究，陈民镇《“二里头商都说”的再检视》（《华夏考古》第2期），对“二里头夏都说”进行了反思，认为2005年以来公布的二里头等遗址的测年数据对现有的“二里头夏都说”与“郑亳说”构成了挑战，测年数据以及二里头文化晚期的考古学考察对于二里头文化三、四期已经进入商代的观点是有利的，二里头遗址是探索夏文化的重要对象，但将其落实到夏都斟鄩尚有疑点。赵海涛《二里头都邑聚落形态新识》（《考古》第8期），认为通过剖析二里头都邑聚落的构成要素、整体布局及其变化，可以探索二里头国家王权的发展过程及特征。

二里头文化研究方面，许宏《二里头与中原中心的形成》（《历史研究》第5期），认为中原是中国古代历史上政治、经济、文化活动的核心地区，这一地区既孕育了辉煌灿烂的三代文明，也相继发展出秦、汉、隋、唐等统一王朝；中原中心的形成是中国文明起源中的大问题，自百年前中国考古学诞生以来就成为考古学者致力探索的重要课题。朱君孝《陶器·技术·文化交流：以二里头文化为中心的探索》（中国社会科学出版社），主要围绕二里头文化陶器及青铜器产地、二里头文化陶器制作工艺、二里头文化与周边文化交流三个方面展开讨论。李鹏辉、井中伟《从二里头文化设防聚邑看夏王朝的控辖模式》（《江汉考古》第3期），通过对二里头文化设防聚邑的地理位置和布局以及二里头文化与周邻同期诸考古学文化之间关系的分析，认为二里头文化设防聚邑是夏王朝控辖模式的物化体现，这种控辖模式可进一步细分为两类：一是以南、西、北向为代表的开放性控辖模式，二是以东向为代表的封闭性控辖模式。庞小霞、高江涛《试论二里头文化时期洛阳盆地和江汉平原的交流通道》（《南方文物》第2期），认为二里头文化时期的洛阳盆地和江汉平原之间至少存在中路和西路两条文化交流通道，这两条道路最有可能也是“绿松石之路”。王立新《再论二里头文化渊源与族属问题》（《历史研究》第5期），回顾了夏文化90年的探索历程，对邹衡采用的文化谱系研究（当时称作“文化类型研究”）、都邑推考法（通过考订郑州商城为汤都亳而确定二里岗文化为早商文化）和族属分析法（结合文献记载，从年代、地域、文化特征等方面推定先商文化和夏文化）所确立的夏商文化谱系予以肯定。刘丁辉《二里头文化花边罐来源的再研究》（《南方文物》第2期），通过对花边口沿装饰的演变分析，推测二里头文化花边罐应更多的是对河南龙山文化和新砦期文化花边口沿陶器的继承与发展。他认为二里头文化花边罐在后期的发展中，还有可能吸收了齐家文化的部分文化因素。郭子月、袁广阔《二里头文化陶礼器造型艺术研究》（《南方文物》第1期），认为二里头文化陶礼器的造型艺术表现为简洁质朴的艺术风格，这与夏代礼制文化中“尚质”的审美倾向十分吻合，而三至四期动物造型装饰的增多则为商代青铜礼器的艺术形式奠定了基础。侯卫东《论二里头文化四期中原腹地的社会变迁》（《中原文物》第3期），认为二里头文化四期中原腹地的社会发生了两次重大变迁：第一次是二里头文化四期早段郑州商城控制了中原腹地东部，二里头都邑失去中原腹地主导地位；第二次是二里头文化四期晚段偃师商城取代二里头都邑主导洛阳盆地，二里岗文化的精英舍弃了二里头都邑。第二次变迁不是二里头文化精英阶层的迁都，而是下七垣文化（漳河型文化为主体）的精英阶层主导了“改朝换代”，并与文献上夏、商王朝的更替最为拟合。胡晓强《二里头文化陶三足盘研究》（《文物春秋》第5期），通过划分二里头文化陶三足盘的形制，将三足盘的发展过程分为三期五段，认为三足盘为二里头类型人群首创，可以作为该人群身份的指示器；二里头文化四期，三足盘被陶簋代替，可为夏商在此时更替的观点再添一力证。

对夏家店下层文化的研究是本年度北方地区夏代考古的重点。洪猛《夏家店下层文化在冀北山地的分布及其西南边界》（《文物春秋》第4期），推定夏家店下层文化的西南边界大致位于今崇礼—兴隆—山海关连线一带附近，这对于深入探析该文化的分区与分布、其与其他文化的交流互动、冀北地区早期青铜时代文化面貌等都具有一定意义。刘国祥、栗媛秋、刘江涛《赤峰二道井子聚落的形制布局与社会关系探讨》（《南方文物》第4期），通过赤峰二道井子聚落这一经过大面积发掘且保存完好的夏家店下层文化遗址的分析，对辽西地区早期青铜时代聚落的营建、使用和埋藏状况进行探讨，认为原地重建的房址、规划齐整的院落、布局有序的巷道均表明聚落内部的社会关系注重礼仪、讲究秩序，邻里之间相处和谐；城墙与环壕的修建及骨镞等遗物的大量出土表明聚落的对外社会关系以防御为主，是夏家店下层文化时期社会发展状况的直接反映。

三 商代前期考古研究

本年度的商代前期考古研究主要围绕郑州商城、偃师商城、盘龙城等遗址展开，在城市考古、手工业、礼制与祭祀方面进行深入研究。

公布的商代前期考古发掘材料主要有：河南郑州商城内城外西北部发现一处祭祀遗址，清理出环壕、夯土墙、建筑基址、祭祀场、祭祀坑、灰坑、墓葬等丰富的商代文化遗迹，出土铜器、玉器、石器、陶器、骨器等重要遗物（《中原文物》第2期）。中国社会科学院考古研究所公布了对偃师商城小城西北部和以北区域、大城西墙沿线地区的勘探资料，并展示对小城北墙和小城西北部的建筑基址群进行考古发掘的信息（《中原文物》第6期）。陈国梁等《河南偃师商城遗址新发现大型仓储区及囷仓类建筑基址》（《中国文物报》8月7日），发现二里岗文化时期的仓储设施——囷仓，判断该区域是偃师商城重要的功能区——仓储区。湖北黄陂盘龙城遗址小嘴岗地中部东侧湖岸边M1、M2的发掘，为研究盘龙城遗址历史变迁提供了新材料；小嘴岗地中部东侧湖岸边采集到的文物标本，为进一步探寻小嘴区域的青铜器生产活动提供了重要线索（《江汉考古》第6期）。小嘴遗址还发掘出两处建筑基址及部分灰沟与灰坑，为解决小嘴发现的灰沟功能以及判断小嘴地点性质提供了重要材料（《江汉考古》第6期）。杨家嘴遗址发掘出墓葬、灰坑、灰沟和建筑基址，判断此区域应该是一处规模较小的商代墓地；灰坑H12中的象牙为盘龙城遗址的首次发现，为研究盘龙城商时期地理环境提供了新材料（《江汉考古》第6期）。

在城市考古研究方面，本年度主要围绕偃师商城、盘龙城以及其他商代城址展开研讨。陈国梁《囷窌仓城：偃师商城第XIII号建筑基址群初探》（《中原文物》第6期），对偃师商城的仓储区的性质进行探讨，判断其伴随着偃师商城的兴废而共始终，是探讨和深入理解偃师商城性质的一个重要切入点。曹慧奇《偃师商城城门遗址的发现与研究》（《中原文物》第6期），通过偃师商城城门资料的整理，厘清了各个城门的始建和废弃年代；并从城门营造的工艺角度，推断出西一城门具有二次重建的过程；对西二城门的废弃（封堵）时代的梳理，明确了城门之间的共存关系，进而证明了偃师商城大城时期城门数量上的布局变化。张昌平《关于盘龙城的性质》（《江汉考古》第6期），认为盘龙城是中原王朝直接控制长江中游地区的中心城市，其人群主要来自中原地区。他对于盘龙城以往被认为是中原王朝为攫取长江流域青铜资源而设立的观点持否定态度，指出盘龙城的废弃意味着中原王朝控制南方从方式到策略的改变。侯卫东、张玲《论辉县孟庄商城的年代》（《江汉考古》第1期），根据《辉县孟庄》发掘报告，比较了遗址房基、水井、灰沟、灰坑、墓葬等五类遗迹在各时期的分布情况，认为孟庄商城在二里岗下层二期已经作为城邑被二里岗文化的精英使用，在二里岗上层一期、二期持续使用，殷墟时期则失去了城邑的功能和地位。

在商文化与商都研究上，李宏飞《江西清江盆地商代诸遗存兴起背景探讨》（《南方文物》第4期），认为“白家庄期崩溃”导致二里冈文化背景的“吴城集团”进入清江盆地，“牛城集团”随后兴起于赣江东岸，在殷墟文化第一、二期持续受到来自江淮、皖南等地的影响，并与商王朝保持某种程度的联系。赵俊杰《仲丁迁隞地望新探》（《南方文物》第 2 期)，对隞都的地望进行分析，认为河南柘城孟庄遗址的地理位置、文化内涵和年代均符合仲丁迁隞的条件，为隞都的探寻提供了新思路。

有关手工业生产方面的研究，路晋东《论盘龙城发现的铸铜遗存及相关问题》(《江汉考古》第 6 期)，强调对盘龙城铸铜遗存的辨析及铸铜作坊位置的确认，有助于重新认识盘龙城的青铜器生产能力，并理解铸铜作坊在聚落中的地位。通过对小嘴地点遗存的分析，他认为这一区域就是铸铜作坊所在，其位置对应城址的西城门，便于管控。郑龙龙《郑州商城二里岗期穿孔石铲辨析》(《南方文物》第 2 期)，通过考察周边遗址同类石铲的流行年代以及郑州商城穿孔石铲的出土背景，认定此类穿孔石铲并非商代新制作的石器，而是扰入的下层王湾三期文化的遗物。他认为新砦期以后穿孔石铲的衰落可能与文化的变革以及石器制作技术、气候环境的改变相关。

在礼制与祭祀方面，陈丽新《中心与周边的——二里冈文化青铜礼器的器用问题》(《江汉考古》第 6 期)，认为二里冈文化时期社会对青铜礼器价值的认同感已达到较高程度，中央王朝通过规定不同层级的青铜礼器器用，形成聚落间明显的差序格局，以利于对广袤地域的控制。王亚《早商时期墓葬内出土"圆陶片"浅析——以郑州商城和偃师商城为例》(《考古与文物》第 2 期)，认为商时期墓葬内的圆陶片应是与木质等有机材料合组成器，从二里头时期的铜爵、漆木觚组合，到晚商时期形成了铜、觚、爵组合的礼制；漆木觚与玉柄形器共同用于丧葬礼制中，应是周代"祼礼"的早期反映；不排除涂朱圆陶片有单独作为丧葬工具的可能性。张昌平、陈丽新《二里冈文化时期青铜器的礼器特质——以盘龙城材料为例》(《中国国家博物馆馆刊》第 11 期)，认为二里冈文化时期青铜器以组合方式、数量与体量、装饰等形式来表达礼器的特质；二里冈文化晚期青铜礼器的外在表达形式基本成形，青铜器作为社会最重要礼器的地位已经形成。

四　商代后期考古研究

本年度的商代后期考古，取得了较为丰富的研究成果，出版多部考古发掘报告，围绕商代后期铸铜作坊、墓葬、殷墟遗址及其社会、周边地区的考古学遗存等展开研讨。

有关商代后期考古发掘材料主要有：《安阳郭家湾新村》(科学出版社)，公布了河南安阳殷墟郭家湾新村遗址内发现的道路、房基、灰坑、窖穴、水井等遗迹的相关材料，着重介绍 379 座商代中小型墓葬的基本情况以及出土遗物。《安阳北徐家桥》(中州古籍出版社)，全面系统介绍了 2001 年至 2002 年在安阳殷墟北徐家桥村北地（安阳小屯、花园庄两村新址）发掘的商代生活居住遗址及商代墓葬的全部资料。其中，上册主要内容为商代生活居住遗迹，下册重点介绍商代墓葬资料。河南安阳洹北商城遗址韩王度村东北发现的商代铸铜作坊遗址，出土大量有关铸铜的遗迹和遗物，其年代属洹北商城时期（《考古》第 10 期)。河南安阳辛店遗址是殷墟时期以"戈"族为主体的"居、葬、生产合一"的超大型青铜铸造基地和大型聚落，发现与铸铜有关的中小型建筑、大型取土坑、沉淀池、制作场地、陶范、芯、模等遗存，遗址主体年代为商代晚期（《中国文物报》1 月 3 日)。河南郑州西太康路北发现二里岗、晚商时期以及宋代遗存，其中晚商时期的 4 座墓葬均为竖穴土坑墓，出土陶器、青铜器、玉器等遗物，M11 墓底还铺有朱砂，为郑州地区晚商文化的研究提供了新材料（《文物》第 2 期)。河北栾城周家庄遗址发现 20 多座商代晚期墓葬，其中部分墓葬有殉人和殉狗，出土大量青铜器、玉器、陶器等遗物（《河北日报》12月3日)。山西绛县周家庄遗址发现有年代属于商代晚期的墓葬和居址，充实了晋南地区商代晚期文化遗存的材料，为研究商王朝经营西部边界提供了实物线索(《中国国家博物馆馆刊》第10期)。湖北黄陂鲁台山郭元咀商代铸铜作坊遗址，发现一批殷墟一期前后的铸铜遗存，保留有清晰、完整的青铜铸造证据链，如浇铸坑、炉址、烧土堆积、炼渣、铜块、残炉壁、陶范等，对古代冶金研究特别是长江中游地区商代青铜的铸造水平和工艺的研究具有重要价值(《中国文物报》10月9日)。山东省济南大辛庄遗址发现110余座商代墓葬，多数墓葬保存较完整，墓葬形制、棺椁的使用、随葬器物的组合等方面的信息都比较完备，为深入探讨商代墓葬制度提供了宝贵资料(《考古》第3期)。山东曲阜西陈遗址发现的晚商遗存较为丰富，包括房址、墓葬、灰坑、灰沟等，出土陶器、青铜器、石器、骨器等，为了解晚商时期东方地区政治态势提供了重要材料(《中国文物报》4月3日)。

殷墟之外发现的晚商时代遗存主要有：陕西旬邑西头遗址经调查发现有先周时期的陶鬲、陶甗等器物，整体上与碾子坡遗址出土同类器物相似，年代应为先周晚期至商末周初(《草原文物》第1期)。四川广汉三星堆遗址青光山灰坑H105出土大量陶器及少量金、玉、石器，其年代大致相当于殷墟二期，性质可能是掩埋祭祀器物的灰坑。发掘者推断，三星堆遗址至少在第四期偏早阶段仍旧是等级较高的聚落甚至古蜀国都城(《考古》第9期)。

本年度商代后期铸铜作坊研究取得了新进展。郜向平等《安阳殷墟苗圃北地铸铜作坊探讨》(《南方文物》第4期)，认为该作坊可能由多个生产生活单元组成，其生产者以小的亲缘群体为基础，同一生产生活单元内人群的构成并不单一，某些群体有"陶敛葬"的习俗。孔德铭、孔维鹏《论安阳辛店商代晚期铸铜作坊的布局》(《南方文物》第4期)，指出辛店遗址共发现5处完整的相对独立的青铜器铸造作坊遗址分布区，每个作坊遗址分布区内工序清晰分明，每个青铜铸造作坊既独立存在又相互联系，构成了规模宏大的青铜铸造工场，展示了优越的青铜铸造技术水平和先进的管理水平。

商代后期墓葬是本年度研究的重点之一。常怀颖《从随葬陶器看殷墟以外的晚商"族墓地"》(《江汉考古》第6期)，指出晚商殷墟以外趋向遵循商系丧葬礼仪的族墓地，随墓葬主体器物有差异。他还对晚商不同族墓地内陶器组合复杂程度、不同人群共用墓地、商王朝控制能力边缘地带的随葬陶器特征等问题进行探讨。李晓健《罗山天湖商代墓葬再研究》(《江汉考古》第1期)，以陶鬲为切入点，对罗山天湖商代墓葬出土陶器及墓葬葬俗进行分析，认为罗山天湖商代墓葬与晚商殷墟类型存在明显差异，这种差异正是晚商中心文化势力衰落的表现。常怀颖《略谈晚商太行山南麓及临近地区的铜器墓》(《中原文物》第4期)，认为自殷墟向南沿太行山南麓至崤函故道的交通线上的晚商时期铜器墓与黄河南岸郑洛地区的晚商时期铜器墓表现不同，这反映出商王朝管理重心或地方经略体系的不同。王建峰、井中伟《殷墟孝民屯"族墓地"分区研究》(《中国国家博物馆馆刊》第1期)，认为墓向、随葬陶器组合等葬俗特征也应是划分墓区的重要依据，并依据空间分布与葬俗特征对孝民屯墓地分区进行了一定的调整，得出有关夫妻异穴并葬习俗以及社会活动单位的结论。

多位学者对殷墟遗址及其社会进行研究。何毓灵《殷墟"外来文化因素"研究》(《中原文物》第2期)，采用文化因素分析法，简要梳理了殷墟文化中来自北(西北)、西(西南)、南(东南)及东方的文化因素，在此基础上认为各区域对殷墟影响的时间、强度和方式有所不同，且殷墟对待外来文化因素更主要的是进行融合与改造，使其成为自身文化的一部分。何俊谦《殷墟墓地人口复原及殷墟都城人口规模的蠡测》（《古代文明（辑刊）》），认为殷墟人口最高峰期年均人口数量在4.5万~14万之间。苗霞《殷墟“石子窖”和“石子墓”性质探析》（《考古》第3期），对目前发现的殷墟“石子窖”和“石子墓”进行研究，通过其形状、构造、深度、堆积、出土遗物以及与建筑的关系探讨其性质。朱雪峰、钱益汇《殷墟西北冈大墓出土大理石雕及相关问题》（《南方文物》第1期），讨论了殷墟大理石雕的风格与传统，相同母题造型语言在材质、功能、大小不同器物间的灵活转换，以及商人对于材质、颜色选择上的观念，以此探讨晚商王室白色大理石雕的创作及其背后的文化内涵。董好《殷墟地区出土石容器研究》（《南方文物》第4期），认为殷墟地区出土的石容器主要发现于殷墟时期高等级贵族墓葬中，尤以侯家庄西北冈王陵区最为精美，石容器器物形态与陶器及青铜器极为相似，可能为仿青铜器而制，部分容器可能具有礼器功能。辛宇《殷墟房基分类研究》（《殷都学刊》第2期），对殷墟现有房址材料进行综合梳理，将王族、贵族、平民以及手工业者同他们的居所进行对应。岳占伟《从考古材料看殷墟第四期的文化面貌》（《南方文物》第4期），从殷墟各个时期的墓葬（人口）数量、居址的数量与规模、青铜器铸造业、都邑规模等综合考察殷墟第四期文化面貌，认为殷墟第四期各方面皆达到了新的高度，实是一处繁荣的大都会。

一些学者对商代后期殷墟遗址之外和周边地区的考古学遗存进行研究。牛世山《湖北东北部晚商文化的新认识——从蕲春毛家咀遗址和新屋塆青铜器谈起》（《南方文物》第4期），认为湖北东北部的毛家咀类遗存的年代应当为殷墟二期到殷墟四期，是一支独立的考古学文化遗存，遗存的国族属性为商文化。张天恩《晚商西土考古学文化变迁与社会管理的认识》（《江汉考古》第3期），结合考古资料、历史文献以及甲骨文记载分析，认为晚商时期西土地区出现国家社会治理体系与考古学文化及族群的剥离，是早期中国由血缘王国向地缘国家转变的重要标志。

五　专题研究

本年度的夏商时期考古研究，除对考古学文化进行分析研究，还对这个时期的青铜器、玉器、原始瓷器、漆器等器物进行专题研究。

青铜器专题研究，主要涉及综合研究、类型学研究、矿冶考古、铸造工艺探索等方面。

综合研究上，黎海超《资源与社会：以商周时期铜器流通为中心》（中国社会科学出版社），以商周时期铜器资源为中心，针对性地开展科技分析，以“形”“工”“料”结合的思路全面复原了商周时期铜器的生产和流通体系。《广东出土先秦青铜器》（科学出版社），系统展示了广东地区历年开展考古发掘所获的先秦青铜器180余件，时代从商代至秦，器类包括鼎、簋等礼器，盉等水器，斧、凿等工具。《山右吉金——闻喜酒务头商代墓地出土青铜器珍粹》（山西人民出版社），精选山西闻喜酒务头墓地部分青铜器，展示商朝青铜器制作工艺和历史文化状况。杨勇《论古代中国西南与东南亚的联系——以考古发现的青铜器为中心》（《考古学报》第3期），从西南夷地区与东南亚出土的青铜器种类和青铜技术、艺术方面分析，阐明历史上西南夷与东南亚的密切联系。赵春光《泰国青铜时代的年代问题和青铜技术起源》（《南方文物》第5期），认为泰国青铜器技术可能于公元前1100年从中国云南传入。韩金秋等《商周球铃装饰的起源与流向》（《中原文物》第1期）从发生动因、社会背景、参考原型三方面讨论了球铃装饰的起源，并且指出在东周时期，球铃装饰衰落，成为一种独立的装饰品。郭春媛《郑州博物馆藏几件夏商青铜器》（《文物》第1期），介绍的几件青铜器出土或来源于郑州商城或邻近地区，对于研究郑州地区夏代晚期到商代早中期甚至是晚期的考古学文化具有重要价值。

在类型学研究上，李零《商周铜礼器分类的再认识》（《中国国家博物馆馆刊》第11期），首先指出铜器铭文常见的尊、彝二字是铜礼器的通名，而非专名；其次将商周铜礼器分为食器、酒器、水器以及鸟兽尊四大类，这为深入研究商周青铜带来了新的启示。王祁《商代虎食人纹饰分类研究——兼论青铜器上的“飞翼”纹饰》（《南方文物》第4期），首先将虎食人卣与其他虎食人题材区分开来，强调虎食人卣的特殊性，并对比虎食人卣形象与传世文献中穷奇食人形象，发现二者一致，证明晚商时期的虎食人卣青铜器确实表现了穷奇食人形象。

青铜器铸造技术方面，郭梦、何毓灵等《殷墟锡衣仿铜陶礼器的发现与研究》（《考古学报》第2期），发现殷墟文化第四期晚段墓葬随葬的仿铜陶礼器表面有一层特殊涂层，经测试分析得知该涂层原本应是金属锡。苏荣誉《商周青铜铸造泥模范的七个问题》（《南方文物》第3期），涉及中国早期青铜器生产中泥范块范法的独占性、铸型材料、模、充型能力、浇注与铸型行为、铸型的结构与制作、浇注系统等七个问题，对于进一步研究商周青铜器铸造技术问题具有重要意义。翟少冬等《浅谈殷墟青铜器的铸后打磨工艺》（《江汉考古》第5期），在打磨实验和对孝民屯遗址出土青铜器铸后痕迹观察的基础上，认为遗址出土的球状和有正圆平面的扁平状磨石可能不是用来打磨青铜器的，铸后打磨使用的磨石大多为中细粒的长石砂岩或岩屑长石砂岩。唐际根等《盘龙城杨家湾“金片绿松石兽形器”的原貌重建研究》（《江汉考古》第6期），认为金片绿松石兽形器的部分绿松石发生过翻转，原器应该是立体排列，有角有躯体，具体表现龙的形象。

矿冶考古上，刘俊男等《中国早期冶铜遗迹的分布与冶铜起源问题研究》（《南方文物》第4期），梳理了当今中国境内前文字时代有金属的遗址，认为中国青铜器是否从江汉地区起源，还需要更多的地下材料印证。杜杨《资源控制的通道模式——论商王朝对长江下游铜矿区的控制》（《南方文物》第6期），指出商王朝通过控制西线、中线、东线三条南北运输的通道，实现了其对长江下游铜矿区铜料输入的控制。长孙樱子等《关中东部地区商代冶金遗物的科学分析研究》（《文物》第2期），通过分析相关遗址的矿石和炼渣，揭示其冶炼工艺和冶炼产物。再通过铅同位素分析，认为关中东部地区商代冶金生产的矿石可能来源于秦岭北麓，冶炼的铜料可能输入了殷墟，获取铜料资源应是商人持续在老牛坡经营的动力之一。金锐等《商代青铜器高放射成因铅矿料来源的调查研究》（《南方文物》第6期），认为商代高放射成因铅料很可能来自豫西地区白云质微晶灰岩中赋存的铅锌矿。

玉器考古研究主要为器物用途功能的研究以及玉文化的传播等。

关于玉器的用途功能，彭适凡《新干出土商代侧身玉“羽人”的再解读》（《文物天地》第10期），认为侧身羽人是大洋洲墓主人所属古越民族始祖即“三苗”“羽人”族的化身，大洋洲墓葬系南方这一青铜王国的王陵。李京震《商周时期玉鱼浅析》（《东南文化》第1期），认为丧葬类玉鱼在形制上较为随意，而作装饰与工具来使用的玉鱼有一定规律可循。隗元丽、井中伟《夏商周时期玉石钺形器研究》（《东南文化》第5期），指出玉石钺形器主要见于男性贵族墓葬，体形较大的可能用于祈雨、武舞或军事活动，体形小的主要为饰品。

涉及玉文化的传播，朱乃诚《论牙璋的年代及反映的夏史痕迹》（《考古与文物》第6期），认为中原以外地区发现的二里头文化时期制作的牙璋，可能与夏王朝灭亡前后以及“夏社”被铲除前后的历史有关，而三星堆文化继承了中原地区夏部族使用牙璋的传统，并发展成为古蜀国国家层面的祭器。

漆器研究方面，孔德铭等《殷墟漆器的发现与研究——以辛店遗址出土漆器为例》（《中原文物》第3期），认为以辛店遗址为代表的殷墟漆器具有鲜明的地域特色，具有礼器的地位和功用。

原始瓷研究方面，张红兴《福建德化格梓山原始瓷遗址》（《大众考古》第2期），介绍了德化格梓山遗址出土遗物，还发现了带有生活性质的建筑遗迹，基本建立起本地区地层年代序列和器物年代序列。

六　学术评价

2020年度的夏商时期考古研究，参与学者众多，取得了丰硕的研究成果，主要表现在新遗址的发现与新认识的形成、“沉寂”多年的夏代考古成为研究热点、铸铜手工业研究成果迭出等方面，反映出夏商考古研究形成新的态势。

一些考古发掘和研究成果具有重要的学术价值与意义。淮阳时庄遗址布局清晰、功能专一的围垣聚落，是我国目前发现的年代最早的粮仓遗存，为研究古代早期国家的粮食储备、统一管理和可能存在的贡赋制度等提供了绝佳的实物资料。西吴壁遗址考古发掘，首次在中原地区发现夏商时期大规模的冶铜遗存，发掘揭示出已知中原地区时代最早、规模最大、专业化水平最高的冶铜遗址，弥补了从铜矿开采到集中铸造间缺失的冶炼环节的考古材料。郑州商城内城外西北部祭祀遗址的发现，使我们对郑州商城的布局有了新的认识。洹北商城韩王度一带铸铜作坊的发现，为其都邑布局、铸铜生产运营与管理、铸铜技术的传承等问题的研究提供了新的实物材料。辛店遗址发现迄今范围最大的商代晚期铸铜遗址，对于研究殷墟时期都城布局、都城范围、铸铜运营及技术等都具有非常重要的意义。黄陂鲁台山郭元咀遗址发现的商代晚期铸铜遗址，系迄今所见长江流域规模最大的商代铸铜遗址，对揭示商代青铜生产、铸造、运输、管理等学术问题具有重要价值，也为研究盘龙城衰退后商王朝对长江中游的控制提供了新的重要材料。周家庄墓地的发现，填补了冀中南地区商代后期文化研究的空白，为研究商周时期历史、地理、文化及社会发展提供了重要的实物资料。乔店遗址确认发现的小型岳石文化聚落，是鲁中山区所发现的为数不多的岳石文化遗址之一，为探究岳石文化分布和面貌提供了新线索。青铜器、原始瓷器与玉器等专题考古成果，为全面认识三代历史文化面貌提供了指导、借鉴和启示。其中“锡衣陶”表层锡的氧化物涂层的确认，是商代晚期金属锡在殷墟的首次发现，具有重要的学术价值。

此外，《夏商周考古学》的修订再版，为高校考古、文博、历史专业师生提供了一部全面、系统、崭新的专业教材，为推动夏商考古知识的普及、夏商考古学术研究的深入发展做出了贡献。

两周时期考古

徐良高　王一凡

2020 年，两周考古在发现与研究上继续取得丰硕成果，多学科整合的研究思路和多角度、多层次的深入解读，令人印象深刻。在聚落考古理念指导下的西周时期都邑性遗址——丰镐、周原、雒邑考古工作不断深化，封国考古新成果层出不穷，东周时期列国考古成绩突出，对周边区域考古学文化认识不断丰富，有关两周时期中小聚落的考古发掘和专题研究成果令人眼前一亮。据不完全统计，一年内发表的相关考古简报与研究论文有 300 余篇，出版的考古发掘报告及研究著作 30 余部，召开不同规模学术会议 20 余次。

一　西周考古

（一）考古发现

1. 都城

西周都城——丰镐和周原遗址考古工作又有新发现，其中，中国社会科学院考古研究所丰镐队公布了沣西大原村西南两座西周中期偏早阶段墓葬（2019SDYM10、2019SDYM11）资料，两座墓葬包括毁兵葬、头蹄殉葬、带流平底罐、殉人、葬牲、腰坑殉狗等体现周、戎、殷多元文化因素现象（《陕西西咸新区大原村西南西周墓葬发掘简报》，《南方文物》第 4 期），是研究西周时期周戎关系与丰镐都邑人群构成的重要资料。周原考古队发表了周原遗址凤雏六号至十号建筑基址发掘简报。该组基址位于凤雏甲组建筑基址东侧约 50 米处，包括五座建筑基址与发掘者认为的建筑垃圾坑。其中 F6 年代最早，为商周之际，F10 年代最晚为西周晚期，可能在某一时期几座建筑共同构成一组建筑群（《陕西宝鸡市周原遗址凤雏六号至十号基址发掘简报》，《考古》第 8 期）。

2. 封国

封国考古一直是西周考古与学术研究的重要增长点，该领域在 2020 年度又取得新进展。

山西省考古研究院等公布了一系列山西地区西周封国考古的新材料：《山西翼城大河口西周墓地 M1034 发掘简报》发布的 M1034 是一座东西向长方形土坑竖穴墓，一棺一椁，墓底腰坑殉狗，随葬品有青铜器、陶器、玉器、石器、蚌贝器、骨牙器和漆木器，铜器上铭文涉及“侯”“叔骨父”，墓葬年代约西周中期早段，墓主为霸国中等贵族（《中原文物》第 1 期）。《山西翼城大河口西周墓地一号墓发掘》公布了 M1 资料，M1 为长方形竖穴土圹墓，墓底腰坑内殉狗一只，葬具一椁一棺，墓主仰身直肢葬，墓内随葬品有三千四百余件组，包括青铜器、原始瓷器、陶器、玉器、玛瑙器、串饰、石器、龟骨角牙器、蚌贝器、漆木器等，铜器铭文中有“伯作”“霸仲”“亚离父戊”等，“匽侯旨作姑妹宝尊彝”铭文显示霸与召公家族存在联姻关系。墓葬年代在康王晚期至昭王时期，墓主身份应为一代霸伯（《考古学报》第2期）。《山西翼城大河口西周墓地M6096发掘简报》发表了M6096资料，长方形竖穴土坑墓，一棺一椁，出土随葬器物共计63件（套），种类有铜、陶、玉、石、骨角、蚌贝器等，铜器铭文涉及“应伯”、“涢”、征伐南淮夷等，年代可能在周厉王时期，墓主“涢”应是霸国低等级贵族（《文物》第1期）。《山西绛县横水西周墓地M2531发掘报告》发布的M2531为长方形竖穴土圹墓，一棺一椁，俯身直肢葬，随葬品有青铜器、陶器、玉器、骨器，铜器上有“倗伯”“倗姬”等铭文，年代应为西周中期偏早阶段，墓主是“具有一定政治地位的倗国男性高级贵族”（《考古学报》第1期）。《山西洪洞坊堆—永凝堡遗址商至西周遗存调查简报》报道了遗址调查情况，发现丰富的商周遗存，可以确定“坊堆—永凝堡遗址从商代晚期到周代时间序列完整”，是一片商周遗存内涵丰富的区域（《中国国家博物馆馆刊》第10期）。

宁夏回族自治区文物考古研究所等发布了《宁夏彭阳县姚河塬遗址铸铜作坊区2017～2018年发掘简报》。姚河塬遗址是一处西周早期封国都邑城址，时代从西周早期延续到西周晚期，该简报公布的材料主要为铸铜作坊区发掘成果，包括窑址、房址、灰坑等，出土物有熔铜渣、陶范、铸铜工具等，是研究西周铸铜技术体系和铸铜业，以及西北地区政治地理格局的重要材料（《考古》第10期）。

湖北省文物考古研究所等公布了《湖北随州叶家山M111发掘简报》，M111是叶家山西周墓地中最大的一座墓葬，出土文物丰富，铜器铭文涉及“南公”“太保”等历史人物，引起学界对西周早期历史、周王朝早期封建与曾国的来源、王朝重要人物关系和周王朝经略南土等问题的极大关注。通过出土铭文与墓位关系研究得出结论，墓主为一代曾侯——“犺”，时代大约在西周早期偏晚的昭王时期（《江汉考古》第2期）。

河南省文物考古研究院等发表了《河南鹤壁辛村遗址2014年度西大坡西周墓地发掘简报》，公布的9座墓葬出土了铜器、陶器、蚌石器、骨器等随葬品，年代集中在西周早期，是研究西周重要封国——卫国的重要材料。这是继20世纪浚县辛村卫国墓葬发掘后，对辛村遗址的再一次系统考古发掘，聚落考古理念贯彻到本次发掘之中（《华夏考古》第3期）。河南省文物考古研究院还发布了河南济源柴庄遗址发掘收获，这是一处商代晚期至西周早期的大型聚落，遗迹有壕沟、房址、陶窑、墓葬、道路、窖穴等，该遗址扼守太行山轵关陉东端，是该时期本区域内的中心聚落（《河南济源柴庄遗址发现商代晚期至西周早期大型聚落》，《中国文物报》4月3日第7版）。

河南省文物局南水北调文物保护办公室等公布了《河南南阳夏饷铺鄂国墓地M5、M6发掘简报》，两座墓葬中出土铜器上有“鄂侯”“鄂姜”等铭文，推测M5为鄂侯夫人墓，M6为鄂侯墓，年代为西周晚期晚段。该发现对研究西周晚期南阳盆地及鄂国历史具有重要意义（《江汉考古》第3期）。

3. 其他区域

除以上都城、封国考古收获外，其他区域的考古工作也取得了诸多成果。

在关中及西北陕甘地区，西北大学文化遗产学院等发掘的旬邑西头遗址面积达100万平方米，以西周遗存为主，遗迹有灰坑、灰沟、墓葬、道路等，是研究文献中“古豳地”的重要材料（《陕西省旬邑县西头遗址调查简报》，《草原文物》第1期）。《漆水河下游先秦时期遗址考古调查简报》发表了在漆水河下游沿岸发现的20余处古遗址，包含晚商、两周时期遗存，是研究先周历史与周人起源、迁徙问题的重要资料（《西部考古》第

20 辑）。王兴成公布了在汉中南郑县发现的西周青铜甬钟资料，年代约为西周晚期，为研究陕南地区西周时期考古学文化提供了新资料（《陕西汉中南郑县发现西周青铜甬钟》，《考古与文物》第 5 期）。

在中原地区，河南省文物考古研究院编著的《新郑郜楼两周墓地》，公布了一批从西周晚期至战国早中期的墓葬材料（上海古籍出版社）。中国社会科学院考古研究所编著的《淅川下王岗：2008 ~2010 年考古发掘报告》，涉及较丰富的西周时期楚文化遗存，包括灰坑、灰沟、灶等遗存，是研究楚文化源头的重要线索（科学出版社）。

在江汉两湖与鄱阳湖流域地区，长沙市文物考古研究所等发表的《湖南宁乡市楚江流域先秦遗址考古调查简报》公布了一批商周时期遗存（《考古学集刊》第 23 集）。在临近炭河里遗址的宁乡九牯洞遗址，发现了灰坑、房址等遗迹，年代为商代晚期至西周早期（《湖南宁乡九牯洞遗址考古调查试掘简报》，《湖南考古辑刊》第 15 集）。考古发掘的宁乡罗家冲遗址 1 号建筑基址为东西向大型长方形三连间地面式建筑，年代为商代晚期至西周早中期，是研究沩水流域乃至湘江流域商周时期区域聚落形态的重要材料（《湖南宁乡罗家冲遗址 1 号建筑基址发掘简报》，《中原文物》第 4 期）。江西省文物考古研究院等编著的《江西抚河流域先秦时期遗址考古调查报告Ⅲ（临川区・崇仁县）》，刊布了在临川区、崇仁县的考古调查收获（文物出版社）。

在江淮与东南地区，安徽省文物考古研究所等编著的《铜陵师姑墩——夏商周遗址考古发掘与研究》一书，汇总了长江下游最大的铜矿带附近的师姑墩遗址的发掘资料与研究成果。该遗址两周时期遗存十分丰富，有灰坑、灰沟、水井、房址等，出土遗物有陶器、印纹陶、原始瓷、石器等，还有许多与冶铸相关的遗物。该报告以探方为基本单位发表资料，是一种新的理念与尝试（文物出版社）。此外，《安徽寿县西北部先秦遗址考古调查简报》公布了多处周代遗存（《考古学集刊》第 23 集）。

在西南与华南地区，四川省文物考古研究院等发表了《白龙江流域若尔盖段先秦遗址调查简报》，公布先秦遗址点 25 处，出土遗物显示若尔盖地区在沟通甘肃、四川两地古文化中的重要地位（《四川文物》第 6 期）。广西文物保护与考古研究所等编著的《武鸣马头先秦墓》发布了武鸣县马头乡元龙坡和安等秧两处先秦时期墓地的发掘成果，其中元龙坡墓地发掘墓葬 350 座，安等秧墓地发掘墓葬 86 座，年代从西周时期延续至战国时期，出土物有陶器、铜器和玉石器。出土青铜器体现了中原青铜礼器文化与滇文化的多元特色，反映了先秦时期岭南地区文化交流情况（文物出版社）。

西北大学文化遗产学院在新疆地区开展多项考古工作并取得诸多成果，其中《新疆若羌黑山岭古代绿松石矿业遗址调查简报》发表 40 余处古代采矿坑的调查发现，介绍了其中较大的 5 座，与采矿选矿有关的重要发现有石器、生活用品陶器、绿松石矿料等，遗址年代相当于中原地区西周晚期至春秋战国时期（《文物》第 8 期）。《新疆伊吾阔腊遗址 2017 ~2018 年调查简报》发表了阔腊遗址的考古成果，遗址位于喀尔里克山北麓山前坡地及冲积扇上，考古发现有大型建筑群 1 组、单体房址 67 座、墓葬 1059 座、岩画 6 块等，遗址年代大约相当于中原地区的西周至战国时期（《文物》第 8 期）。

（二）研究探索

西周考古的研究成果按照研究对象和内容的不同，大致可分为都城、族群与制度，区域文化，器物专题几大类。

1. 都城、族群与制度

杨博通过比较随州叶家山墓地和宝鸡石鼓山墓地探讨了西周初期诸侯国与王畿的墓葬铜礼器的器用区位，认为“在西周初期，不晚于成康之际，周人已建立起一套较完备的以食器为中心的器用组合关系”，体现了周人重食的文化特征，而重酒器的器用组合则与西迁殷遗民有关（《西周初期墓葬铜礼器器用区位研究——以随州叶家山为中心》，《江汉考古》第2期）。

陈翔以荥阳西司马墓地中部偏西的82座墓葬为研究对象，通过器物类型学分析，提出该组墓葬的年代最早可到武王时期，最晚不出成王时期，并结合葬俗分析提出墓主属于殷遗民群体，且生前可能来自殷墟。墓葬形态和随葬品等级、数量上的差异体现了周人对殷遗民的两种迁徙安置政策（《西司马墓地与殷遗民》，《江汉考古》第1期）。

刘逸鑫系统整理了西周时期日名青铜器，观察了日名青铜器的空间分布与时代演变，分析了“周人不用日名说”，指出西周中后期日名青铜器开始消亡，这与周初周人对殷遗民的统治、分化政策紧密相关，即“分封迁殷，离散强宗”（《出土日名青铜器所见周初殷遗政策》，《四川文物》第5期）。他还探讨了西周初年东都营建的年代问题，结合文献记载与洛阳瀍河两岸西周遗存的考古发现，他提出西周东都“洛邑—成周”是分期营建的，第一次营建开始于周公摄政五年三月，营建的是宫殿、宗庙等核心建筑区，位于涧水东、瀍水西的区域；第二次营建开始于周公摄政七年十二月，营建的是殷顽民之居所，位于瀍水以东的区域（《周初东都营建年代考》，《洛阳考古》第1期）。

刘海宇通过对金文中“王在周”所涉及建筑的梳理，提出凤雏建筑群可能是“周庙”，使用者是周王或其代理人，凤雏三号基址的“立石”可能是宗庙之碑，召陈上层建筑群可能是西周中期的宫殿群，云塘—齐镇建筑群是始建于西周晚期的大型宗庙群，可能与西周晚期的“康宫”有关（《西周金文“王在周”所涉及建筑考述——兼说凤雏三号基址大型石柱为宗庙碑》，《东方考古》第17集）。

严辉的《洛阳盆地两个空间观念与雒邑成周疏证》一文梳理了从西周初年到秦汉时期洛阳盆地雒邑成周的变化情况（《中原文物》第5期）。陈长安认同周代洛阳有两个成周的观点，即西周成周是成王命周公营建，位于瀍河西岸；东周成周是敬王请诸侯营建，位于汉魏故城的中部和北部（《周代洛阳的两“成周”探讨》，《洛阳考古》第1期）。

王坤鹏利用新出土的霸氏铜器铭文，结合西周中晚期气候变化和淮夷入侵事件，讨论了西周王朝以王师为主导的御戎机制（《西周中晚期淮夷入侵与周王朝的御戎机制——以新出霸氏诸器为中心》，《古代文明》第4期）。

田蕊利用献簋（楷伯簋）铭文，讨论了铭文中“献”的身份，并结合光族铜器群，提出献是商代大族光族人，属殷遗民。周灭商后成为毕公的家臣，体现了商周文化的融合（《献簋与商周时代的光氏》，《文物春秋》第1期）。

杨广帅分析了殷墟、周原、丰镐几处西周墓地中的殷周杂处情况，有助于研究西周时期的血缘与地缘关系（《试析几处西周墓地中的殷周杂处》，《华夏文明》第6期）。

黎海超的《资源与社会：以商周时期铜器流通为中心》一书，研究了铜器制作中的铜料资源和生产、流通体系，尝试建构商周王朝的资源管理、流通系统（中国社会科学出版社）。

刘余力的《西周成周研究》一书对西周时期的东都资料进行了较为系统的梳理，利用考古材料构建了成周的时空框架，结合金文、文献材料，探讨了成周的营建、布局、作用与地位、历史变迁等，填补了成周这一重要都邑研究的一些空白（文物出版社）。

梁云的《西垂有声：〈史记·秦本纪〉的考古学解读》秉承“二重证据法”，利用陕西、甘肃等地区的有关早期秦文化的考古发现，结合文献记载，对秦人、秦文化的形成、兴起，秦的建国等问题做了系统研究（生活·读书·新知三联书店）。

曹玮等出版的《古代中国与欧亚大陆：边疆地区公元前3000年至公元前700年的金属制品、墓葬习俗和文化认同》一书，利用文化因素分析法研究不同文化的代表性器物，讨论了中国北方各地区公元前3000年至公元前700年的青铜文化多样性以及北方族群对中原王朝兴衰的影响（上海古籍出版社）。

常怀颖的《商周之际关中西部的车马埋葬》一文考察了不同系统墓葬的车马埋葬制度，提出周系、商系、西戎族群文化的相互交融，带来了西周早中期之后“周系车马葬仪的最终确立与普及使用”（《考古学研究》第十一辑）。

张礼艳、陈园的《西周都邑车马器埋葬的东西差异与含义变迁》一文研究了西周时期洛阳、丰镐、周原地区出土的车马器，提出“洛阳地区在车马器选择上更侧重实用性，丰镐地区和周原地区更侧重装饰性”的东西差异，认为在周人观念中“车马及车马器已成为体现墓主人身份等级的物品，而非单纯的战争工具”（《中国国家博物馆馆刊》第6期）。

王洋的《西周随葬车器等级制度研究》一文以西周时期墓葬随葬车器等级为切入点，探讨了随葬车器的等级资格与性别限制、器类构成及其等级意义、随葬车器制度的演变等问题，指出西周时期随葬车器制度存在“以軎、辖、銮为核心的器类组合”，“以轭为代表的高等级车器”，不同等级与性别享有的车器等级不同，而墓内随葬车马器的情况“兴于西周初期，西周晚期偏晚、春秋中期发生转变”，而这三个时间点的转变与西周王朝的政局、礼制变革、统治秩序存在联系（《考古》第12期）。

韩帅闯研究了西周时期的“同铭异墓”现象，认为可能与赗赙制度或赏赐制度有关（《试论西周时期的“同铭异墓”现象》，《黄河·黄土·黄种人（华夏文明）》第5期）。

2. 区域文化

尹盛平重申寺洼文化的人群可能是三苗迁往西北后形成的后裔“允姓之奸”，也就是允姓之戎，其源头可能是石家河文化（《寺洼文化族属探索》，《文博》第5期）。李鑫叶等对关中地区商周时期的偏洞室墓进行了研究，提出随着时间的推移，从晚商至西周，关中地区偏洞室墓有一种规范化的趋势，其源头应与甘青地区辛店文化有关（《关中地区商周时期偏洞室墓初探》，《西部考古》第20辑）。丁岩讨论了石鼓山四号墓的级别，提出石鼓山M4墓主属于侯、伯之类的高级贵族群体，等级地位与叶家山、竹园沟、白草坡西周墓的墓主人相当，远高于一般贵族（《石鼓山商周墓地四号墓级别试探》，《宝鸡文理学院学报（社会科学版）》第4期）。葛威等对甘肃礼县西山遗址出土的石器和陶器上残留物进行了淀粉粒分析，以此来探讨西周时期秦人的食物结构和祭祀习俗，分析结果显示西周晚期秦人种植或采集的植物包括薏苡、小麦族、燕麦、粟黍和山药等，“在丧葬礼仪中所使用的淀粉类食物主要包括麦类和粟黍，且麦类可能比粟黍更普遍”，这与文献记载的周人祭祖不同（《西山遗址出土器物淀粉残留物分析》，《考古与文物》第4期）。

冯时利用大河口墓地出土铜器铭文，结合霸国所处地理位置，讨论了西周时期霸伯所负责的采卤湅盐工作以及井田制度在西周的施行情况（《霸伯治盐与西周井田》，《中原文物》第1期）。陈晓宇等写作的《试论大河口与横水墓地六座墓葬的年代及特征》一文，对大河口墓地 M1、M1017、M2002 与横水墓地 M1、M2、M2158 的年代进行了详细的考察、研究（《文物世界》第 1 期）。韩炳华发表的《伯作彝鼎与原始瓷器》一文披露了绛县雎村墓地的一些情况，该墓地距横水墓地约 20 公里，目前发现了近 1500 座墓葬，年代从西周早期延续至西周晚期，推测可能是“怀姓九宗”之一，警方追缴回的伯作彝鼎和原始瓷器体现了雎村墓地墓主生前的等级地位（《文物世界》第 4 期）。

有关燕山南北、晋陕高原考古学文化研究，祁冰的《李家崖文化年代再议》一文推定李家崖文化年代从殷墟一期至商周之际，最晚不过西周早期（《江汉考古》第 1 期）。杨博讨论了昌平白浮西周墓葬的族属与礼器器用，提出墓主人是入周后燕国统治下的殷遗民，礼器器用体现了殷遗民入周后被周人礼制同化的由“二系分途”到“最终合流”的动态过程（《白浮西周燕国墓葬的族属与礼器器用》，《北方文物》第 4 期）。

有关齐鲁海岱地区考古学文化，山东省文物考古研究院等编著出版的论文集《青铜器、金文与齐鲁文化学术研讨会论文集》一书收录多篇讨论齐鲁地区两周考古、金文、历史问题的论文（上海古籍出版社）。曹斌等探讨了烟台博物馆藏的 5 件铜器，甗 2 件，鼎、爵、钺各 1 件，年代属于西周早期至春秋早期，其中已爵铭文“已”是目前发现最早的“已”国铜器，“为纪国始封地在烟台一带提供了重要依据”（《烟台市博物馆藏几件周代铜器》，《文物》第 2 期）。程文博的《从考古发现看莱夷的生业模式》一文提出：“莱夷是一支以渔业和制盐为主要生业方式的族群”（《农业考古》第 3 期）。

有关江汉两湖地区的考古学文化，豆海锋等发表的《江西抚河流域先秦时期遗址类型初探》一文将江西抚河流域新发现的先秦时期遗址划分为环壕类与岗地类，指出这一区域内遗址年代跨越时间长，从新石器晚期至两周时期均存在，是研究“抚河流域先秦时期文化面貌及聚落演进”的重要资料（《文博》第 5 期）。和菲菲以鄂赣交界地带和辽西地区的 4 座晚商至西周早中期古铜矿遗址为例，比较了商周时期南北方铜矿开采技术，提出不同的开采技术是因为南北方自然环境、矿物品质、生产组织方式的不同造成的（《商周时期南北方铜矿开采技术比较研究——以鄂赣交界地带和辽西地区为例》，《江汉考古》第 1 期）。孙明等对湖南沩水流域出土商周青铜礼器进行了系统研究，提出这些铜器多为重器，经过精心挑选。是“商代晚期和西周早期商人南下带来的”（《湖南沩水流域出土商周青铜礼器研究》，《南方文物》第 2 期）。

两周曾国的研究随着相关考古资料的公布引起了学界广泛关注，陈丽新利用铜器铭文、墓葬排列、墓主关系等信息，提出叶家山曾侯墓葬从早到晚依次应是 M65、M28、M111，整个墓地北早南晚（《也谈叶家山曾侯墓葬的排序问题》，《故宫博物院院刊》第 2 期）。黄益飞使用新出曾公畎钟、曾侯與钟、嬭加编钟铭文，讨论了曾国封建于南公的问题，他认为曾侯称“南公”是为南方诸侯之长，而畿内南宫氏的源头是南宫适，后世可尊称“南公”，此论将南公与南宫做了区分（《南公与曾国封建》，《故宫博物院院刊》第 7 期）。张恒考察了叶家山 M28 的器用制度，论证该墓墓主应该是西周早期的曾侯谏（《叶家山 M28 墓主推定及相关器用制度研究》，《华夏考古》第 4 期）。

有关江淮与东南地区考古学文化，徐良高在《考古学文化、文献文本与吴越早期历史的构建》一文中首先梳理了东南土墩墓文化的特征、分期、分区及其与周边文化的关系，对金文、传世文献中的相关记载进行了文本分析，然后讨论了考古发现与文献文本的关系，提出“文献史学与考古学结合，先做的应是相对独立的研究、判断，构建相对平行的历史叙述体系，然后再寻找两者之间的契合点，进而将两者整合起来以构建更为全面、可信的历史叙述体系。”他还以东南土墩墓文化阐释与吴越早期历史研究为例，探讨了如何看待文献文本的形成、发展及其所反映的古人对历史记忆的构建，如何合理地解读考古学文化，如何认识历史学的本质特性（《考古》第9期）。崔春鹏等通过对安徽铜陵夏家墩遗址（部分年代落在西周早期至春秋早中期）出土的青铜冶金遗物的研究，讨论了中原和以长江下游为代表的商周时期青铜产业格局、中原王权与江淮地区淮夷、群舒集团的关系等问题（《安徽铜陵夏家墩遗址出土青铜冶金遗物科学研究》，《考古》第11期）。刘海峰等发表的《综论长江中下游铜矿带先秦矿冶考古》一文对长江下游先秦铜矿与矿冶技术进行了综合梳理（《中国国家博物馆馆刊》第7期）。徐峰的《过渡带：两淮地区早期社会进程》一书探讨了从史前至春秋时期两淮地区的社会进程，涉及两周部分的主要为第五、六章，分别讨论了“西周两淮的考古学文化”、“‘淮夷’的族群建构”、两淮地区政权政体在春秋时期的困境、春秋时期徐舒等地方政权的物质文化等问题（上海古籍出版社）。李宏飞讨论了邳州梁王城西周墓葬与铜山丘湾社祀遗迹，将梁王城西周墓葬分为西周早期、西周中期、西周晚期早段三期，分析了这批墓葬在葬俗、葬制与随葬器物上的多元文化因素，并认为丘湾社祀遗迹可能是西周时期的“殷社”（《试论邳州梁王城遗址发现的西周墓葬——兼论铜山丘湾社祀遗迹的年代》，《中原文物》第1期）。

有关西南地区考古学文化，施劲松在比较了以往学界提出的成都平原青铜时代的三星堆文化和十二桥文化后，提出这两支文化具有非常相似的知识体系、价值体系，应该将它们称为“三星堆—金沙文化”。“三星堆—金沙文化”之前是宝墩文化，下限可至春秋早期（《论三星堆—金沙文化》，《考古与文物》第5期）。朱乃诚的《茂县及岷江上游地区在古蜀文明形成中的重要作用与地位》一文指出二里头文化、齐家文化通过茂县及岷江上游地区通道影响成都平原，二里头文化、齐家文化等外来文化因素与成都平原本土文化结合，形成古蜀文化（《四川文物》第1期）。王彦玉的《商周时期川南地区与成都平原的考古学文化交流》一文将川南地区商周时期遗存分为三期4段，并将川南与成都平原古文化联系起来。该文是对川南地区商周时期考古学遗存的一次系统梳理，对认识蜀文化在四川地区的演进具有重要价值（《四川文物》第5期）。

3. 器物专题

严志斌研究了玉锥形器、玉柄形器、圆陶片、漆觚在墓葬中的空间关系，提出“墓葬中的圆陶片是漆觚用来堵塞剜制中形成的孔腔的隔断”，而柄形器是祼礼中的“瓒”（《漆觚、圆陶片与柄形器》，《中国国家博物馆馆刊》第1期）。

李宏飞对著名的“游凤七器”进行了研究，他认为这组铜器的年代相当于殷墟文化第三期，应是出土于一座墓葬，再结合这一带属于郑家坡文化分布区，提出“武功县游凤镇以北的漆水河两岸区域应是探索先周文化的重要地域”（《论游凤七器——关中地区先周时期铜器群探索之二》，《考古与文物》第4期）。

陈小三在《再谈韩城梁带村M27出土一组铜器的年代及相关问题》一文中提出“梁带村M27中卣、尊、角等器类均是两周之际对西周早期铜器的仿制”，可能反映了两周之际高等级贵族对祼礼的复兴（《中国国家博物馆馆刊》第5期）。

黎海超等通过传统器物类型学分析与现代科技检测手段（微量元素分组、铅同位素），研究了宝鸡強国本地风格铜器的“形”“工”“料”，确定強国当地存在独立的铜器铸造业，铜料可能来自曾国附近区域，铅料可能来自中央的分配（《论強国本地风格铜器的生产问题》，《考古》第1期）。

李零的《商周铜礼器分类的再认识》一文将商周时期铜礼器重新分为四大类，即食器、酒器、水器、鸟兽尊（《中国国家博物馆馆刊》第11期）。

王冬冬研究了西周时期青铜盘盉匜水器组合，梳理了其组合演变过程、时空分布、组合与性别关系等问题，认为水器的变化反映了“西周沃盥之礼的兴起与礼制制度的变革”（《西周青铜盘盉匜水器组合变迁研究》，《江汉考古》第4期）。

井中伟等发表的《宁夏隆德出土有銎纵刃石锤斧研究》一文从有銎石锤斧入手，观察其形制、分布、流传，探讨了这类器物反映的文化交流情况（《文物》第4期）。

胡玉君对周原遗址云塘制骨作坊的制骨工艺进行了研究，分别梳理了条状骨料制作骨笄、柱状骨器，扁平骨料制作骨器的工艺流程（《周原遗址云塘制骨作坊之制骨工艺的研究》，《殷都学刊》第2期）。

王晶晶等通过对陕西历史博物馆藏青铜器全形拓资料的整理，结合出土背景信息，讨论了扶风上康村西周窖藏出土青铜器流传与下落情况（《关于陕西扶风上康村西周窖藏出土青铜器的几个问题》，《文博》第3期）。

李京震研究了商周时期的玉鱼，认为可分为装饰类、丧葬类及工具类，并分析了每一类的功用（《商周玉鱼浅析》，《东南文化》第1期）。

韩金秋等发表的《商周球铃装饰的起源与流向》一文，认为商周时期球铃的起源可能受到了北方文化的影响，早期可能是工具、兵器、车马器上的装饰，到东周时期演变为单独的装饰品（《中原文物》第1期）。

丁大涛的《略论海岱地区的西周青铜鼎》一文通过类型学分析，将商末至春秋初期的海岱地区青铜器分型分式，并在此基础上讨论了海岱地区西周青铜鼎的分期、特征与流变，以及由此所反映的周人对山东地区的征伐与经略、海岱地区政治文化格局的变迁等（《中原文物》第4期）。

隗元丽等研究了夏商周时期的玉石钺形器，讨论了不同类型玉石钺形器的定名、流变、功能及其所反映的社会等级地位（《夏商周时期玉石钺形器研究》，《东南文化》第5期）。

林森研究了西周早期青铜器的修补与改制现象，认为西周早期改制铜器与商周王朝更迭的历史背景密切相关（《西周早期青铜器修补与改制现象研究》，《边疆考古研究》第27辑）。

杨广帅等研究了两周墓葬出土的盾与玉戚，并结合文献《大武》，讨论了舞器制度在周代礼乐制度中的地位（《试论周代墓葬中的“朱干玉戚”》，《河南博物院院刊》第2期）。

朱华东研究了安徽江淮地区出土的西周甬钟，指出青铜甬钟可能来源于长江中游地区，约在西周早期晚段传至安徽江淮地区，性质属于一种祭祀用器（《安徽江淮地区出土西周甬钟简论》，《江汉考古》第5期）。

林铃梅关注了新疆和中亚彩陶类遗存的关系问题，通过对比各遗址出土彩陶类型，提出新疆彩陶是甘肃与本土结合的产物，中亚彩陶有自己的文化圈。这一时期新疆与中亚的联系是“独立发展并紧密联系”（《新疆与中亚青铜时代晚期至早期铁器时代彩陶类遗存对比研究》，《考古与文物》第3期）。

陈东川发表的《“朋无定数”质疑》一文提出“朋”是学界长期以来存在分歧的一个数量单位，通过分析金文、卜辞和考古出土资料，“十贝为朋”应该是可信的（《文博》

第3期）。

杨坤利用师𩰫鼎等有关宗族内祭祀铭文资料，研究了西周贵族宗族内的祭祀制度，指出“西周时代贵族宗族成员（包括大宗族内小宗及一般族人）的祭祀活动可分为助祭与私祭两种”，大小宗享有不同的立庙、祭祀等级（《师𩰫鼎“作公上父尊于朕考郭季易父宗”解——兼论西周贵族宗族成员祭祀相关问题》，《中国国家博物馆馆刊》第5期）。

邵会秋等所著《百兽率舞：商周时期中国北方动物纹装饰综合研究》一书对中国北方地区商周时期装饰有动物纹的器物进行了分类研究，探讨了其发展演变过程与时空特征及各种动物纹装饰所体现的文化交融现象（上海古籍出版社）。

中国国家博物馆编著的《中国国家博物馆馆藏文物研究丛书·青铜器卷·西周》一书选择馆藏的164组西周时期青铜器予以详细介绍，同时附上新近相关的研究论文（上海古籍出版社）。

广东省文物考古研究所编著的《广东出土先秦青铜器》，首次系统公布了广东地区考古所得180余件先秦青铜器，其中涉及较多两周时期铜器，包括青铜礼乐器、兵器和工具等，难得一见（科学出版社）。

张昌平的《吉金类系：海外及港台地区收藏的中国青铜器研究》一书收集并研究了大量流散海外的两周时期青铜器（科学出版社）。

黄益飞等对大河口墓地M6096出土的㲋盆铭文进行了释读，内容涉及周王朝与南淮夷的战争等问题（《大河口墓地M6096出土㲋盆铭文简释》，《文物》第1期）。

严志斌考察了翼城大河口墓地M1017出土的霸伯簋铭文，探讨了西周时期晋南地区的物产资源及其流通，如盐卤、丹砂等（《霸伯簋铭文校议》，《故宫博物院院刊》第5期）。

王迪对宝鸡竹园沟M13中出土的青铜人头銎内钺进行了研究，提出该钺与邢台葛家庄出土的“龙虎纹戚”纹饰主题相同，两钺可能来自同一作坊，年代均属西周早期。钺的纹饰主题应是“鸟蛇相斗”，为“讨论鸟蛇相斗题材起源，提供了新资料”（《一件西周早期青铜钺上“鸟蛇相斗”主题纹饰的辨识及相关问题讨论》，《南方文物》第4期）。

张天宇等发表的《叶家山M111出土的商代铁援铜戈》一文对该铁援铜戈进行了一系列科技检测，指出该铜戈是殷墟二期的器物，出土于叶家山西周墓地可能与周初分器有关（《江汉考古》第2期）。

郭士嘉等研究了岐山孔头沟铸铜作坊遗址出土铭文芯的制作方法，将其命名为“堆塑泥条芯作铭法”（《孔头沟遗址铭文芯与西周铭文制作方法》，《江汉考古》第3期）。

李树浪等对中国国家博物馆近年入藏的兽簋进行了研究，提出“兽”是负责管理应国走马和驭人的官员，兽簋属应国器物，是从平顶山应国墓地流出的（《应国兽簋铭文及相关问题》，《文博》第4期）。

二　东周考古

（一）考古发现

山西省考古研究院发表的《山西黎城西关墓地M7、M8发掘简报》公布了春秋早期黎国墓地的资料，其中M7墓主是楷（黎）侯宰吹，M8为其夫人，两座墓均为竖穴土坑墓，近南北向，出土有铜器、陶器、玉器、石器、骨蚌器、漆器等大量随葬品（《江汉考古》第4期)。在同期《江汉考古》上，发表了高智对黎城西关M7出土铜盘、M8出土铜壶上铭文的考释文章（《黎侯墓地出土青铜器铭文考释》,《江汉考古》第4期)。山西省考古研究所等发掘的晋中小南庄遗址年代约为春秋晚期，灰坑中出土有陶器、蚌器、石器等，文化面貌上虽然晋文化因素占主流，但也有一定的地域特色（《山西晋中小南庄东周遗址发掘简报》,《华夏文明》第1期)。山西大学历史文化学院等发表的《山西隰县瓦窑坡墓地的五座铜器墓》公布了2005年发掘的隰县瓦窑坡墓地M18、M20、M21、M22、M36等几座墓葬资料，该墓地位于吕梁山南麓地区，年代从春秋中期到战国早期阶段，反映了东周时期晋文化向北发展的情况（《中国国家博物馆馆刊》第10期)。山西省考古研究院出版的《晋阳古城三号建筑基址》一书中也包括了部分东周时期遗迹的资料（科学出版社)。《右玉县苍头河流域区域考古调查报告：以马营河北岸为中心》一书则公布了一批在苍头河流域开展考古调查所发现的两周时期遗存资料（科学出版社)。

中山国是研究东周时期鲜虞族群与中原人群互动交融的重要对象，河北省文物考古研究院发表的《河北平山中七汲战国墓地M11、M37发掘简报》公布了平山中七汲两座战国墓葬M11、M37的资料，二者均为长方形竖穴土坑墓，出土有铜器、陶器、玛瑙等，性质可能是王陵的陪葬墓或贵族墓（《文物》第9期)。《朔黄铁路平山段古中山国墓葬发掘报告》公布了访驾庄、北七汲、中七汲春秋战国时期78座墓葬的资料，墓葬年代可分为春秋晚期，战国早期，战国中期，战国晚期四个时段（科学出版社)。武汉大学历史学院考古系等编写的《元氏南白楼墓地》包括了部分战国时期墓葬，均为土坑竖穴墓，可分为赵人与秦人墓葬两类（科学出版社)。

河南省文物考古研究院公布了信阳市城阳城址八号墓资料，该墓为甲字形大型土坑木椁墓，出土有仿铜陶礼器、车马器、兵器、起居器及饮食器等随葬品，墓主为战国中期楚系高级贵族（《河南信阳市城阳城址八号墓发掘简报》,《华夏考古》第4期)。相关杂志还发表了与该墓有关的出土彩漆竹席现场提取技术（《信阳城阳城址八号墓彩漆竹席发掘现场的液氮冷冻提取技术》,《华夏考古》第4期)、鼎实用牲（《信阳城阳城址八号墓鼎实用牲研究》,《华夏考古》第4期)、出土植物鉴定与分析（《信阳城阳城址八号墓出土植物大遗存的鉴定与分析》,《华夏考古》第5期)、颅骨形态学研究（《信阳城阳城址八号墓颅骨形态学分析》,《华夏考古》第5期)、人骨稳定同位素分析（《信阳城阳城等地东周贵族人骨稳定同位素分析》,《华夏考古》第5期）等方面的研究成果。河南省文物考古研究院等在南阳李八庙东周墓地发现竖穴土坑墓和车马坑，其中M45、M59规模较大，随葬有陶、铜、铅、锡、玉、石等各类器物，铜戈上有铭文“申伯剌（?）之用戈”，发掘者认为李八庙墓地是楚灭申以后的申国遗民墓地，时代在春秋早期偏晚至春秋晚期或稍晚（《南阳李八庙东周墓地发掘简报》,《中原文物》第5期)。《河南南阳春秋楚彭氏家族墓地M1、M2及陪葬坑发掘简报》发表了M1、M2与两座陪葬坑（车马坑1、马坑1）的资料，两墓均为长方形竖穴土坑墓，随葬有铜器、玉器、石器、骨器、皮甲等，年代为春秋晚期。部分出土铜器上有铭文，其中M1墓主应为铭文中的“彭啟”，身份是楚国大夫级贵族，M2为其夫人，整个墓地体现了“楚用申人治申”的情况（《文物》第10期)。河南省文物局编著的《淅川马川墓地战国秦汉墓》，介绍了马川墓地的发掘成果，其中包括部分战国时期墓葬（科学出版社)。

郑州大学历史学院等发表的《河南荥阳市官庄遗址铸铜作坊区2016～2017年发掘简报》公布了荥阳官庄遗址发掘资料，其中铸铜作坊区主体是一座“凸”字形的两周城址，作坊区内发现灰坑、水井、祭祀坑等与铸铜相关的遗迹，出土了大量陶范、陶模、陶芯等与铸铜相关的遗物，作坊产品有大型礼器、货币等，年代可能从西周晚期至春秋中期偏早阶段，繁荣期集中在春秋早期至春秋中期（《考古》第10期）。

郑州大学文物考古研究院（洛阳）等发表的《河南伊川徐阳东周墓地西区2013—2015年发掘》公布了徐阳墓地西区18座东周时期墓葬和1座陪葬车马坑的资料，其中大型墓葬M2与M6为长方形竖穴土坑墓，出土遗物主要有陶器、铜器、玉器、石器、金器、骨器、玛瑙器等。该批墓葬呈现出不同于同时期典型中原文化墓葬的特征，如“在陪葬车马坑和部分墓葬中有放置动物或马牛羊头蹄现象”，发掘者认为徐阳墓地应为陆浑戎贵族墓地，年代大约在春秋中晚期（《考古学报》第4期）。《河南伊川徐阳墓地东区2015～2016年发掘简报》公布了更多的徐阳墓地的考古发现，其中车马坑15MK1规模宏大。发掘者进一步指出徐阳墓地的年代跨度从西周中晚期至春秋中晚期，以春秋中晚期墓葬与车马坑为主，墓中发现的头蹄殉牲现象说明这里是春秋时期陆浑戎墓地，反映了戎人内迁伊洛的历史事件（《华夏考古》第3期）。

郑州二七纪念馆等公布了郑韩故城外围铁岭墓地的一组仿铜陶器墓材料，计墓葬6座，出土器物有陶鼎、罍（或尊）、盏、盘、舟、匜等，一般为红陶褐衣，个别为灰陶。该组墓葬应属于同一家族，年代为战国时期（《河南新郑铁岭墓地战国仿铜陶器墓发掘简报》，《华夏考古》第3期）。

孙宗贤发表的《陕西凤翔大唐村新发现春秋早期文物》一文介绍铜鼎3件、铜盘1件，器物出土于一长方形竖穴土坑墓中，应属于一座春秋早期秦墓（《考古与文物》第2期）。陕西省考古研究院调查发现渭河仓张段滩地的两周时期遗存多有战国晚期高等级建筑材料，可延续到秦代，应与秦咸阳城关系密切，可能是秦孝公时期的秦咸阳故址，或是咸阳城北区的市，也可能具有外郭城的部分功能（《渭河仓张段滩地考古调查简报》，《文博》第3期）。血池遗址是战国时期秦国举行最高祭祀典礼的上畤遗址，考古发现有夯土台、祭祀坑、建筑、道路等遗迹，引起了学术界的高度关注，《陕西凤翔雍山血池秦汉祭祀遗址考古调查与发掘简报》公布了血池遗址的发掘资料（《考古与文物》第6期）。围绕血池遗址考古发现展开的多学科研究，成果众多，如王荣等的《凤翔雍山血池遗址玉器火燎祭祀实证研究》、王树芝等的《凤翔雍山血池遗址出土木材鉴定与相关问题》、陈相龙等的《凤翔血池遗址北斗坊马牲饲养方式及相关问题》、文少卿等的《凤翔雍山血池遗址北斗坊7号坑马骨的古DNA研究》、唐自华等的《凤翔雍山血池遗址北斗坊地点牛、马牙釉质的锶同位素研究》，等等（均见《考古与文物》第6期）。

陕西省考古研究院发表的《陕西咸阳岩村墓地M41发掘简报》报道了一座战国晚期晚段至秦代初期的秦墓资料，该墓为竖穴墓道双洞室墓，出土有铜鼎、铜壶、陶罐、漆卮、铜镜等随葬品，其中铜壶中残存的液体可能是所谓的“醴酒”（《中原文物》第1期）。《陕西西咸新区坡刘村秦墓发掘简报》公布了两座战国晚期竖穴土圹墓资料，两墓并穴合葬，墓主可能均为男性，身份应是秦国贵族（《考古与文物》第4期）。《陕西清涧辛庄战国墓地调查发掘简报》则主要公布了清涧高塬M1、辛庄遗址枣湾畔东周墓葬和辛庄遗址周围考古调查的材料，发掘者认为这类遗存应归属于东周时期白狄族群文化（《考古与文物》第5期）。

中国社会科学院考古研究所等编著的《临淄齐故城冶铸业考古》一书系统地梳理了临淄齐故城与金属冶铸相关的考古发现和研究成果，并对诸多问题展开了深入的研究

（科学出版社）。山东大学历史文化学院发表了淄博市临淄区粉庄2号墓地发掘简报，该墓地共发掘墓葬135座，此次公布了7座墓，均为中小型竖穴土坑墓，出土有玉器、铜器、陶器、骨器等随葬品，年代从春秋晚期延续至战国晚期，墓主身份可能是平民，墓地应属于齐国“邦墓”性质，发掘者认为粉庄2号墓地临近齐故城，墓主可能承担着保卫都城的军事职责（《山东淄博市临淄区粉庄2号墓地春秋战国墓的发掘》，《考古》第4期）。在邹城市邾国故城西岗墓地发掘的一号战国墓为甲字形竖穴土坑木椁墓，两椁两棺，随葬有陶器、印纹硬陶器、原始瓷器、铜器、玉器、贴金箔漆器等，墓主可能是邾国高级贵族（《山东邹城市邾国故城西岗墓地一号战国墓》，《考古》第9期）。

山东省文物考古研究院等发表的《莒国故城子城遗址考古勘探报告》公布了莒国故城子城遗址的勘探资料，计勘探面积45万平方米，发现城墙、壕沟、建筑、灰坑、道路、排水道、河道等遗迹，其中城墙始建年代最早可到春秋（《海岱考古》第13辑）。滕州大韩墓地是近年东周考古的重要发现，共清理东周时期墓葬195座，发现了带铭“倪大司马”的铜器，对于研究东周时期山东地区除齐鲁之外的诸国具有重要价值（《鲁南地区东周考古的新突破：出东滕州大韩墓地大面积揭露布局完整墓地，发现有关“倪大司马”铜器铭文开辟枣滕地区东周考古学文化研究新篇章》，《中国文物报》1月17日第7版）。

湖北省文物考古研究所等发表了湖北随州市枣树林春秋曾国贵族墓地考古发掘资料，包括5座带斜坡墓道的“甲”字形大型墓、19座中型墓、62座小型墓，墓主有曾公求及其夫人渔、曾侯宝及其夫人芈加、曾侯得。其中大型墓M190（墓主曾公求）、M191、中型墓M81、小型墓M171和车马坑K3、CK5等出土铜器2000余件，包括礼乐器近600件，铭文6000余字，仅曾公求编钟的铭文就近2400字。墓葬年代大致从春秋中期早段至春秋晚期晚段，填补了春秋中期曾国考古材料的空白，完善了曾国历史世系，对研究曾国历史具有重要价值（《湖北随州枣树林发现春秋曾国贵族墓地》，《中国文物报》4月17日第8版；《湖北随州市枣树林春秋曾国贵族墓地》，《考古》第7期）。湖北省文物考古研究所等发掘的王家巷遗址制陶作坊遗址位于襄阳邓城城址南约600米处，清理春秋早期窑址1座、灰坑13座，出土较多的制陶工具和大量陶质生活用器，性质应为附属于春秋邓国都城的制陶作坊（《襄阳王家巷遗址春秋制陶作坊遗存发掘简报》，《江汉考古》第4期）。枣阳周台遗址是一处临近郭家庙曾国墓地的超大型曾国聚落，考古发掘的J1深740厘米，J2深1310厘米，结构复杂，出土遗物以日用陶器为主，其中J1第3层为春秋早期，第1、2层为春秋晚期至战国早期；J2建造于两周之际至春秋早期（《湖北枣阳周台遗址J1、J2发掘简报》，《江汉考古》第5期）。

襄阳市文物考古研究所发表的《襄阳沈岗墓地（西区）邓国墓葬发掘简报》公布春秋早期邓国墓葬23座，均为小型长方形竖穴土坑墓，为邓国低等贵族和平民的墓葬（《江汉考古》第4期）。襄阳市文物考古研究所编著的《襄阳沈岗东周墓（西区）》发表了沈岗墓地615座两周墓葬的资料，以东周墓葬为主，出土随葬品有陶器、铜器、漆木器、玉器等，对研究两周时期邓、楚关系与平民社会有重要价值（科学出版社）。

四川大学历史文化学院等的《湖北荆门沙洋县余湾楚墓发掘简报》公布9座楚墓材料，均为竖穴土坑墓，其中M2、M21、M57为甲字形墓，出土随葬品有陶、铜、玉、石、漆木器等，年代大约从春秋晚期至战国中期晚段，是研究楚文化核心区的编年、葬俗、社会组织等问题的重要材料（《江汉考古》第3期）。中国人民大学历史学院发表的《2017年湖北随州长堰墓群发掘简报》公布23座东周时期墓葬资料，重点报道了M2、M8、M19、M27四座，其中M19与M27规模较大，为竖穴土坑墓，出土有玉器、铜器、铅器、陶器等随葬品，年代为春秋中晚期和战国中晚期，属于典型楚文化墓葬，不过随葬品中也包括其他文化因素（《江汉考古》第5期）。湖北省文物局等编著的《郧县店子河遗址》发布了2008～2011年店子河遗址考古发掘收获，其中包含有东周时期遗存（科学出版社）。

中国社会科学院研究生院等整理的《湖南临澧九里楚墓群马鞍岭墓地发掘简报》发表10座战国时期中小型墓葬资料，均为竖穴土坑墓，出土随葬品有陶器、原始瓷器、铜器等，时代大约为战国中期偏晚至战国晚期偏早阶段，属典型楚墓，包括多元文化因素（《文物》第5期）。湖南省文物考古研究所发表的《湖南益阳十字山墓群2018年度战国墓葬发掘简报》介绍了十字山墓群发现的38座战国中晚期墓葬资料，均为竖穴土坑墓，以小型墓居多，随葬陶器，是一处大型公共墓地（《文博》第3期）。

安徽大学历史系等发表了宁国灰山土墩墓D2资料，一墩三墓，均竖穴浅坑式，M3墓底铺石棺床，出土遗物有印纹硬陶罐、印纹硬陶瓿、原始瓷碗、夹砂陶鼎等，时代为春秋早中期（《安徽宁国灰山土墩墓D2发掘简报》，《东南文化》第3期）。安徽省文物考古研究所等发掘的寿县定湖大道M6位于寿春城遗址西圈墓地以西，是一座长方形竖穴土坑墓，南北向，南北长6.8、东西宽5.46、深约4.82米，随葬有铜器、陶器、铅器、玉器、漆器计225件，年代约春秋晚期至战国早期（《安徽寿县定湖大道M6发掘简报》，《考古》第2期）。武汉大学历史学院等发表的《安徽固镇南城孜遗址战国秦汉墓葬发掘简报》公布了在固镇南城孜遗址清理的7座战国秦汉墓葬资料，填补了皖北地区这一时段考古发现的空白（《江汉考古》第1期）。

土墩墓发掘历来是江南地区商周时期考古发现的重点，南京博物院等公布了一批土墩墓的发掘资料：金坛薛埠立夫路土墩墓D4发现墓葬3座，器物群3处，年代为春秋中期（《江苏金坛薛埠立夫路土墩墓D4发掘简报》，《东南文化》第1期）；溧阳子午墩土墩墓D2，发现春秋晚期墓葬7座、器物坑12座、烧土坑2座，环绕土墩的灰沟3条（《江苏溧阳子午墩土墩墓D2发掘简报》，《东南文化》第1期）；溧阳子午墩土墩墓D1发现墓葬40座，器物群3处，出土遗物主要为陶器和原始瓷器，时代为春秋时期（《江苏溧阳子午墩土墩墓D1发掘简报》，《东南文化》第5期）；金坛方山土墩墓D2发现墓葬5座、器物群10处、灰坑1座，时代为春秋中晚期（《江苏常州金坛方山土墩墓D2发掘简报》，《东南文化》第5期）；金坛顺水桥土墩墓D9发现墓葬12座、器物群6处、草木灰遗迹1处，出土遗物有夹砂陶鼎、釜，泥质陶罐、盆，硬陶坛、罐、瓿、碗，原始瓷盅、碗、盂等，时代为春秋晚期（《江苏常州金坛顺水桥土墩墓D9发掘简报》，《东南文化》第5期）。这些资料对研究东周时期江南地区土墩墓的墓地结构、祭祀遗迹、墓地界域等，具有较重要价值。

浙江省文物考古研究所等刊布了浙江安吉龙山越国贵族墓园发掘主要收获，完整揭示的一处越国高等级贵族墓园，对认识越国高等级墓葬和政治体制，拓展越国历史研究具有重要价值（《2019年度全国十大考古新发现入围项目》，《中国文物报》5月8日第7版）。

据江西省文物考古研究院等发表的《江西樟树国字山墓地考古调查勘探简报》，历年的考古工作在筑卫城及其周边发现了从新石器时代晚期到商代、西周和东周连续不断的遗存堆积。在筑卫城内发现一处商周时期大型建筑基址及十余处房屋遗迹等，在周边发现先秦时期大型墓葬5座，其中M1、M2为中字形竖穴土圹木椁室墓，M3为甲字形道竖穴土圹室墓，M4、M5为中字形竖穴土圹室墓，墓葬规模大、等级高，是研究清江盆地乃至江西地区先秦历史的重要材料（《文物》第3期）。

四川省文物考古研究院在嘉陵江中游（阆中至仪陇段）发现先秦遗址12处，其中彭城坝遗址、兰家坝遗址可能是某些时期的区域核心聚落（《嘉陵江中游（阆中至仪陇段）先秦时期遗址调查简报》，《四川文物》第3期）。

成都文物考古研究院等发表的《四川成都双元村东周墓地一五四号墓发掘》一文介绍了双元村东周墓地M154的资料。M154为长方形竖穴土坑墓，无墓道，有腰坑，葬具为船棺，出土随葬品有陶器、铜器、锡器、漆木竹器、骨器、石器、果核等，墓主为30岁左右的女性，年代应在战国早期稍晚。该资料丰富了开明氏蜀国的研究资料（《考古学报》第3期）。

云南昆明市西山区天子庙遗址是一处位于滇池西北岸的石寨山文化遗址，考古发现有居址、墓葬等，年代大致相当于中原地区的战国中晚期至东汉初年（云南省文物考古研究所等：《云南昆明市西山区天子庙遗址发掘报告》，《华夏考古》第1期）。

在吉林梨树县长山遗址发现的青铜时代晚期墓葬，竖穴土坑，出土有青铜空首斧1、青铜蕈首刀1、陶器1、青铜坠饰2件，年代属西团山文化晚期（相当于中原的战国时期），该墓葬资料对于研究东辽河流域青铜文化有重要意义（吉林大学等：《吉林梨树县长山遗址发现青铜时代晚期墓葬》，《考古》第10期）。

甘肃省文物考古研究所等报道了甘肃宁县石家墓地和遇村遗址考古的主要收获，遇村城址和石家墓地构成一处两周时期大型聚落，其中石家墓地墓葬均为东周时期的竖穴土坑墓，出土有丰富的青铜礼（容）器；遇村遗址主要是一座东周时期城址，城内遗迹有大、小型建筑基址、道路、窑址、灰坑、灰沟、蓄水池、墓葬、马坑、祭祀坑等。宁县石家墓地和遇村遗址的发掘建立了陇东地区两周时期考古学文化年代序列，揭示了两周时期陇东地区考古学文化内涵、演变及其历史背景（《交流、变迁与融合——甘肃宁县石家及遇村遗址考古新发现》，《中国文物报》9月4日第8版）。《甘肃宁县石家墓地M4、M166发掘简报》比较详细地公布了2018～2019年度石家墓地清理的27座东周墓葬、1座车马坑资料，其中M4、M166均为竖穴土坑墓，出土随葬品有铜器、玉器、陶器、泥器、蚌贝等，M4为春秋早期，M166为春秋中期，是探讨甘肃地区两周时期周戎关系的重要资料（《考古与文物》第5期）。肃北马鬃山径保尔草场玉矿遗址发现石块堆积、灰坑、房址等遗迹，出土了陶、石、铜器和玉料等遗物，^{14}C测年结果集中在公元前360～前150年，这一发现为了解古代玉料的来源和玉矿的开采提供了重要资料（《甘肃肃北马鬃山径保尔草场玉矿遗址2016年发掘简报》，《文物》第4期）。

新疆文物考古研究所发表了《新疆沙湾宁家河水库墓地发掘简报》。宁家河水库墓地位于宁家河上游，地处天山北麓中段，海拔较高。考古共发掘墓葬115座，形制以竖穴石室墓居多，葬式以单人仰身直肢葬为主，墓葬时代以春秋战国至汉代居多，是研究天山北麓考古学文化序列的新资料（《文物》第4期）。

（二）研究探索

东周考古的研究成果按照研究对象和内容的不同，大致也可分为城址、性别与制度，区域文化，器物专题几大类。

1. 城址、性别与制度

陈筱利用考古材料，结合文献记载和自然地理地貌分析，探讨了鲁故城的选址和布局，强调了周公庙高地的作用和鲁故城中轴线位置，肯定了鲁故城所反映出的都城营建中的“择中”原则（《曲阜鲁国故城布局新探》，《文物》第5期）。

杨文胜等通过比较东周时期随葬青铜礼乐器女性贵族墓葬的器物组合变化，探讨了东周女性贵族社会地位的变迁，指出女性贵族社会地位经历了从春秋早期较低（牝鸡无辰）到春秋中期之后夫妇同尊卑（共牢合卺）的演变，并认为这一现象反映了血缘家族由大家族向核心家庭的转换（《从“牝鸡无辰”到“共牢合卺”——由考古学统计资料看东周女性贵族社会地位之变迁》，《江汉考古》第3期）。

胡进驻对周代宗庙制度及其变迁进行了研究，认为“两周姬姓诸侯多以所出之周王为庙尊太祖”，“天子七庙”制度形成于战国时期。从鲁国、晋国、周王室的材料看，春秋时期没有毁庙制度，“毁庙制度”是在战国以后才出现的（《试论周代宗庙制度及其变迁》，《华夏考古》第1期）。

王震的《洛阳东周王城大墓与周王室陵寝的探索》一文是对长期以来洛阳地区发现的东周大墓属性的梳理，提出“洛阳二十七中的C1M10123也有可能是春秋早期某位周王的陵寝；洛阳西郊M1～M4可能是两对西周君夫妇合葬墓，而非四位西周君之墓；西工区74C1M4与百货公司C1M2621也可能是西周君之墓，商业局大墓可能为西周君夫人墓”（《考古》第6期）。

2. 区域文化

中原地区，索德浩研究了中原地区封土的起源，提出封土来源于江南地区的土墩墓，在春秋战国之际传入中原，而与中原商周以来的墓上建筑无关（《中原地区封土起源再研究》，《考古与文物》第1期）。赵丹的《论河南秦墓》一文较为系统地梳理了河南地区东周—秦代秦墓的发展演变、墓葬形制、随葬器物、文化因素构成等情况（《华夏考古》第2期）。王政对新乡战国长城的建筑时代、营造方法、长城与环境的关系进行了调查与研究（《河南新乡战国长城考古调查与研究》，《华夏考古》第3期）。张渭莲等发表的《论东周赵国青铜器》一文对赵国青铜器从时间上分为四期，从区域特征上分为晋阳组、邯郸组、上党组、代地组和北地组5个组群，指出这种区域组群的差异反映出“赵境之内青铜文化发展的地方个性和地域色彩”（《中国国家博物馆馆刊》第6期）。郝沁源、王晓琨回顾了近五十年来有关战国中山国的研究历程，梳理了史料来源、调查发掘、研究现状等问题，展望了未来的发掘与研究工作（《战国中山国研究的回顾与展望》，《北方文物》第4期）。李可言通过研究新郑郑国中行遗址内“马坎”、“青铜礼器坎”、“乐器坎”的遗迹组合，提出这里并非祭祀遗址，而是盟誓遗址（《郑国中行遗址盟誓性质说》，《西部考古》第19辑）。李倩等对石家庄石邑城遗址战国时期遗存出土的动物骨骼研究，得出石邑城先民获取肉食的主要方式是家养黄牛、猪、山羊、绵羊、狗，黄牛骨骼、鹿角是手工业的重要骨料来源（《河北省石家庄市石邑城遗址出土动物遗存的初步研究》，《南方文物》第1期）。钟华等以濮阳金桥遗址出土植物遗存为材料，探讨了东周时期河济地区农业生产模式，提出东周时期河济地区最主要的农作物是粟，小麦比例有所上升，这一时期的人口增加、生产力提高、人工河渠开凿促进了生业模式的改变（《东周时期河济地区农业生产模式初探——河南濮阳金桥遗址出土植物遗存分析》，《农业考古》第4期）。

西北陕甘地区，刘骕的《甘青宁地区东周至汉墓内置牲现象研究》一文讨论了甘青宁地区东周时期墓内置牲现象，将这一地区划分出两条置牲文化带——固原—中卫构成的南北文化带和天水与庆阳、平凉构成的西南—东北走向文化带，在置牲这一文化现象上也表现出本土、秦文化与中原势力等多种文化因素的交流、融合（《边疆考古研究》第27辑）。东晓玲等通过检测礼县西山遗址出土马骨的DNA，发现“西山遗址出土家马与中国西北地区特别是甘青地区古代家马没有明显区别”，为“秦人牧马”问题研究提供了新的DNA数据（《甘肃省礼县西山遗址出土马骨的DNA初步研究》，《南方文物》第4期）。王元等发表的《凤翔雍城14号秦公陵园墓主蠡测》一文认为陵园主人是秦德公、秦宣公和秦成公（《考古与文物》第5期）。

黄土高原与燕山南北、草原地带，孙战伟提出“辛庄类遗存”概念，即以清涧辛庄战国墓地出土“双耳罐”为代表器物的一类新遗存属“辛庄类遗存”，主要分布在“陕北地区的12个区县，其中榆林市的佳县、米脂、横山、绥德、清涧、子洲6县区最为集中”，性质可能是东周时期白狄文化遗存（《陕北战国时期“辛庄类遗存”初论》，《考古与文物》第5期）。陈畅通过对岱海地区楼烦墓地布局、葬俗、随葬器物等的观察分析，提出“战国晚期赵国政策影响了边疆人群族群身份的选择”，墓葬人种与文化的关系并不是简单对应的（《族群身份的双向性——岱海地区楼烦墓地人群族属的考古学研究》，《南方文物》第5期）。洪猛回顾了以往对玉皇庙文化埋葬习俗、社会形态、生业方式、族属人种的研究，提出了自己的几点认识，如该文化年代从春秋中期偏晚至战国早期，按地域可分为东西两区，器物上具有独特的北方草原特色，但与周边夏家店上层文化、十二台营子文化、内蒙古中南部文化、山西北部文化、中山文化、燕文化、中原文化都存在联系（《玉皇庙文化研究述略》，《草原文物》第1期）。张振腾对朝阳袁台子燕文化墓葬进行了再研究，认为该墓地年代为战国早期晚段至战国晚期，墓主人来自冀北地区，是被燕文化同化的移民，体现出战国晚期燕文化对东北地区的控制与经营（《朝阳袁台子墓地燕文化墓葬分期再研究》，《草原文物》第1期）。

西南与华南地区，周丽等讨论了成都平原春秋时期考古学文化，将这一时期的考古学文化分为两期四段，认为其继承十二桥文化发展而来，并与弶国文化存在关联（《试论成都平原春秋时期考古学文化》，《考古》第2期）。向明文利用系统聚类法和K—均值聚类法对东周至秦汉的巴蜀文化墓葬等级进行了分类讨论，构建了从高级贵族到贫穷庶民的墓葬等级序列与阶层秩序（《东周秦汉时期巴蜀文化墓葬等级新论》，《边疆考古研究》第28辑）。杨勇通过分析云贵高原和川西高原一带考古发现的战国秦汉时期青铜器多种文化因素共存现象，讨论了古代中国西南地区与东南亚的沟通联系（《论古代中国西南与东南亚的联系——以考古发现的青铜器为中心》，《考古学报》第3期）。黄维讨论了滇文化的金属饰件，提出螺旋纹金饰、铜啄、动物环绕纹、浮雕等特点可能与“半月形边地文化传播带”有关，反映了古代中国西南地区与欧亚草原、中亚的文化交流（《再论滇文化的金属饰件——中国西南与欧亚草原、中亚文化交流的一些新例证》，《四川文物》第4期）。

齐鲁海岱地区，李首龙等从性别考古的角度对临淄两醇墓地进行了研究，通过辨别墓主性别、对墓葬财富分组、考察墓葬习俗等，获得男女两性在墓葬形态、社会财富地位等方面的差异以及战国时期齐国政治制度的一些信息（《山东临淄两醇墓地的性别考古研究》，《东南文化》第3期）。张吉等对薛国故城出土青铜器的时代、合金材质、铅同位素比值等进行了研究（《山东滕州薛国故城出土部分青铜器的时代及科学分析研究》，《中国国家博物馆馆刊》第10期）。张吉还探讨了曲阜鲁故城晚期乙组墓，认为望父台几座晚期乙组大墓的年代可定在战国晚期前后，中小型墓亦如此，晚期墓葬墓主身份除姬姓周人外，可能还包括了姬姓以外的鲁国人（《试论曲阜鲁国故城晚期乙组墓》，《古代文明》第14卷）。袁俊杰等出版的《小邾国历史文化的考古学研究》一书从考古材料与传世文献、金文入手，研究了小邾国的礼仪制度、国族、新见铜器、历史沿革等问题（科学出版社）。宋艳波等在《邾国故城遗址2015、2017年度出土动物遗存研究报告》中提出邾国故城的动物构成明显以家养哺乳动物（猪、牛和狗）为主，猪可能是稳定的肉食来源，此外当时他们在此地还兼营狩猎（《考古与文物》第1期）。李志鹏等利用2012—2014年临淄齐故城阚家寨遗址发掘出土的动物遗存资料，对东周临淄城居民肉食消费进行了研究，提出"当时肉食消费、利用的动物主要是家养动物，春秋到战国时期都有利用的家养动物有家猪、黄牛、狗、绵羊等，阚家寨居民的日常肉食消费中以猪肉比重最高，其次为黄牛肉。"虽然阚家寨地点的人群经历了从贵族到工匠的转变，但不同阶层间肉食消费的变化并不大（《东周临淄城居民肉食消费初探：动物考古学的视角》，《南方文物》第4期）。

江汉两湖地区，张昌平对曾侯乙墓陪葬坑中出土的帷帐进行了复原研究，讨论了其设计理念、制作、形制和使用需求等问题（《公元前5世纪一位国君的旅行用具——曾侯乙帷帐的结构与设计》，《华夏考古》第5期）。黄锦前认为随州文峰塔M4出土曾侯與钟铭文中的"穆穆曾侯"不是曾穆侯，而是曾侯昃，曾侯昃是文峰塔M4的墓主（《再论"穆穆曾侯"及随州文峰塔M4的墓主》，《文物春秋》第4期）。朱凤瀚利用枣树林墓地出土的曾侯编钟资料探讨了曾国在南土的立国、发展史和叶家山曾侯墓地的情况（《枣树林曾侯编钟与叶家山曾侯墓》，《中国国家博物馆馆刊》第11期）。

江淮与东南地区，王爱民等研究了铜陵师姑墩两周时期遗存，分析了其中来自江淮、宁镇、浙北地区的多种文化因素，指出该地在青铜冶铸，印纹陶、原始瓷集散以及群舒与吴、越经济文化交流中的重要地位（《安徽铜陵师姑墩遗址周代遗存性质及相关问题初探》，《东南文化》第5期）。付琳出版的《吴越之迹：江南地区早期国家形态变迁》一书系统分析了从新石器晚期至东周吴越时期江南地区国家形态的变迁（厦门大学出版社）。张闻捷对钟离君柏墓出土的青铜礼乐器进行了研究，提出"青铜礼器为5鼎、4簠、2豆、2罍、1盘、1盉、2匜、1甗组合一套"，"乐器为钮钟9件一套"，青铜礼乐器是"标识身份等级的重要工具"，也体现了中原与楚文化的共同影响（《钟离君柏墓礼乐制度研究》，《文物》第3期）。胡平平对六安白鹭洲M566和M585进行了新研究，认为这是一组夫妻合葬墓，年代大约可晚至战国晚期偏晚，随葬品和葬俗反映出江淮地区楚文化、中原文化和本地文化交融的特色（《六安白鹭洲M566和M585的年代及相关问题》，《江汉考古》第4期）。孙升等对蚌埠双墩一号春秋墓填土的白土进行了显微结构观察、XRF与XRD分析、土力学性能分析等研究，认为墓中白土并非作防潮或结构材料之用，而可能更多与"崇日""尚白"有关（《安徽蚌埠市双墩一号春秋墓白土功用研究》，《考古学集刊》第23集）。李零对绍兴坡塘306号墓进行再研究，重新考释了墓中出土铭文，并分析墓葬随葬器物，提出"1. 此墓墓主是徐王元女，女性；2. 此墓是越地墓葬，但墓主不是越人，而是从徐国嫁到越地的女子；3. 墓中出土物以徐器为主，总体特征更接近春秋晚期，而非战国早期"等观点（《中国国家博物馆馆刊》第6期）。

3. 器物专题

周立刚的《举箸观史：东周到汉代中原先民食谱研究》一书，主要利用天利食品厂墓地、淇县宋庄东周贵族墓地、郑韩故城、温县陈家沟等墓葬资料，采用相关人骨和动物骨骼的稳定碳氮同位素数据，探讨了东周至汉代中原先民的食谱结构（科学出版社）。

曹龙对泾渭地区战国中晚期秦墓出土的189件彩绘陶俑资料进行了整理与研究，分析了陶俑的服饰、肢体姿势、制作工艺、使用组合等问题，为秦始皇兵马俑研究提供了参考材料（《西安泾渭秦墓陶俑的发现与研究》，《考古与文物》第5期）。

印群论述了战国楚墓随葬车马坑制度的发展演变情况，提出“战国时期楚墓车马坑与鼎制相结合的程度已经松弛”且逐渐流于形式，开始出现明器化现象（《论战国楚墓随葬车马坑》，《东方考古》第17集）。他还讨论了春秋中晚期礼县圆顶山秦高级贵族墓随葬青铜礼器组合问题，并将其与晋、楚墓葬相比较，提出秦、楚、晋的青铜器组合各有特点（《论圆顶山秦高级贵族墓随葬青铜礼器组合——兼与晋、楚墓比较》，《殷都学刊》第4期）。

高崇文发表的《楚墓棺椁辨识》一文认为以往对楚墓中棺椁的辨识存在问题，考古中发现的用厚木板垒砌的葬具，也应属于棺，而不能视为“内椁”或“里椁”（《江汉考古》第5期）。

井中伟等研究了1986年宁夏隆德县出土的东周时期素面铜镜，讨论了该地区人群流动、北方文化人群葬俗、青铜冶铸技术等相关问题（《宁夏隆德县出土素面铜镜辨识及相关问题》，《边疆考古研究》第28辑）。

钟雪对玉皇庙文化的驭马器进行了新的讨论，认为这种器物反映出该文化畜牧业的较高水平（《也论玉皇庙文化驭马器》，《文物春秋》第4期）。

曾伯克父诸器2019年回归祖国引起社会的广泛关注，也引起了学者们的热烈讨论。其中代表性的论述有张昌平的《记回归的曾伯克父青铜器》（《文物》第9期）、方勤的《浅议回归的曾伯克父青铜器》（《文物》第9期）、崔剑锋等的《曾伯克父青铜器的科技分析》（《文物》第9期）。学者们普遍认为铭文中“曾伯克父”应不是曾国国君，但在曾国具有很高的社会地位，可能仅次于国君。

向明文研究了四川盆地东周秦汉时期常见的典型器物——烟荷包钺，讨论了它的类型、年代、等级、功能、渊源等，认为这类器物不是兵器而是农具，其渊源可上溯到宝鸡強国墓地的青铜斧钺及城洋铜器群（《四川盆地青铜烟荷包钺的年代及相关问题研究》，《边疆考古研究》第27辑）。

杜杨研究了枣阳郭家庙墓地出土的玉器，发现这一春秋早期墓地虽在春秋时期受到楚文化的强势影响，但仍表现出较强的周文化传统（《枣阳郭家庙墓地出土玉器的分析》，《湖南考古辑刊》第15集）。

席乐对两周时期的棺衽与小腰进行了研究，指出“棺衽”与“小腰”不是同一种器物，并结合江陵望山楚墓、包山楚墓、江陵太晖观、江陵九店楚墓、琉璃河墓地、虢国墓地等地的出土实物，提出“棺衽是麻绳棺束交叉处绕绳系结的结构，小腰是榫卯结构中的蝴蝶榫”（《再论棺衽与小腰》，《华夏考古》第1期）。徐倩倩探讨了东周齐国的棺椁和墓室装饰（《东周齐国的棺椁和墓室装饰研究》，《东南文化》第5期）。

张吉等对南阳夏饷铺墓地出土青铜器的成分分析和铅同位素比值分析，发现“南阳夏饷铺墓地出土青铜器材质以铅锡青铜为主”，“铅同位素比值高度一致，反映春秋早期各地金属资源层面的广泛同一性”，“明器、低锡容器的流行与弃用是春秋初年南阳盆地文化及技术变迁的缩影，展现了两周之际周文化与汉淮本地文化因素的消长过程”（《南阳夏饷铺墓地出土青铜器的检测分析及相关问题研究》，《华夏考古》第5期）。

武家璧发表的《论楚国的“砝码问题”》一文把楚国砝码分为“均（钧）益”砝码和“分细益”砝码两类，并讨论了有关称量方法、组合、调平等问题（《考古》第4期）。

滕铭予对东周时期刻纹铜器进行了再研究，提出“吴越文化区的刻纹铜器在战国早期有一个集中向外传播的过程”，同时，在三晋两周地区出现了本地工匠模仿的作品，体现了两地之间的文化交流（《东周时期刻纹铜器再检讨》，《考古》第9期）。

有关巴蜀符号研究，江章华通过比较不同类别器物上的巴蜀符号，提出兵器上的符号可能与传说信仰有关，印章上的可能象征吉祥，工具上的可能是徽记（《巴蜀符号的变迁及其性质分析》，《四川文物》第1期）。施劲松则认为巴蜀符号最有可能是族徽（《考古背景中的巴蜀符号》，《四川文物》第3期）。

杨勇讨论了战国秦汉时期滇文化器物上的“猴”装饰，提出这种图案是古滇人社会生活和文化观念的一种反映，即将猴视为一种吉祥、可爱的动物，甚至升格为神（《论滇文化器物上的猴装饰》，《文物》第7期）。

王方对出土和馆藏的战国“水田”纹服饰进行了研究，提出水田纹服饰的出现，是“华夏文化与白狄文化在较长的历史阶段内不断交流、动态演化的结果”（《战国“水田”纹服饰探讨》，《中国国家博物馆馆刊》第7期）。

赵吴成等以马家塬出土的战国时期车辆资料为对象，探讨了西戎车辆制造技术，并讨论了造车技术背后蕴含的中西文化交流、人群族属等问题（《战国戎人造车》，文物出版社）。

南普恒等发表的《山西隰县瓦窑坡M30出土刻纹铜斗的制作工艺》一文介绍了采用多种技术手段分析研究瓦窑坡M30出土刻纹铜斗的成果，该铜斗制作工艺技术多样，器体“铸造成型”，“各部位材质可大体分为锡青铜、铅锡青铜及铅金属三类”，“焊接时器身外壁可能并未进行提前预热”（《考古》第7期）。

许卫红等研究了坡刘M3出土的“十九年蜀守斯离”刻铭铜鉴，通过铭文考释，结合史料记载与墓葬信息，提出其为秦昭襄王时期蜀地制造的器物，墓主“斯离”见于《史记》，是蜀国旧部，职为郡尉或都尉。该器体现了秦人对蜀地的管理政策（《“十九年蜀守斯离”考》，《考古与文物》第4期）。

湖北省文物考古研究所等公布了《湖北荆门严仓1号楚墓出土竹简》，竹简内容主要为卜筮祭祷、遣册、签牌、文书等，该墓墓主是战国时期的楚国大司马悼愲（《文物》第3期）。

郭长江等公布了曾公畎编钟的清晰照片与铭文的初步释文。编钟铭文中“唯王五月吉日丁亥”在公元前646年，铭文证明曾国是周王朝经略南方的重要力量。该套编钟是研究曾国历史、世系，南公与伯括身份，曾国疆域乃至两周历史的重要材料（《曾公畎编钟铭文初步释读》，《江汉考古》第1期）。田成方也对曾公畎编钟铭文做了研究并给出了自己的解读（《曾公畎钟铭初读》，《江汉考古》第4期）。

魏成敏等研究了山东临淄齐故城出土的燕侯脮磬，分析其之所以出土在齐故城，乃是“齐宣王五年齐国入侵燕国占领燕都时曾进行大肆掠夺的重要佐证”（《山东临淄齐故城出土燕侯脮磬及相关问题》，《文物》第10期）。

吴镇烽发表的《十四年上郡守匽氏钢刀考》指出该三把钢刀是战国中期秦惠文王十四年（前311）上郡守匽氏监造的，是目前所见时代最早、等级最高的古代钢刀（《文博》第6期）。

巫鸿利用中山王𰯌墓九鼎资料，对“考古材料”与“考古证据”进行了反思，指出“用于证明和阐释的考古材料必须在使用之前做进一步考察和验证，确定其作为考古证据的性质和功能”的重要性（《中山王𰯌墓九鼎考辨——对“考古材料”与“考古证据”的反思》，《考古》第 5 期）。

除以上考古新发现和相关研究成果外，2019 年是新中国成立七十周年，各行各业分别对自己七十年来的发展历程与取得成就进行了全面、系统的总结，两周考古也不例外。2020 年出版的卜宪群主编《新中国历史学研究 70 年》包括了对中国考古学七十年成就的总结，其中也包含两周考古七十年成就（中国社会科学出版社）。

总结 2020 年度两周考古成就，丰镐、周原等都城遗址考古在聚落考古理念指导下持续开展工作，结构布局日益清晰；西周封国与东周列国考古工作收获丰硕，新发现、新材料不断涌现；各地区有意识开展区域调查和文化研究，区域考古学文化体系逐渐完善；专题研究不断深化。

尽管成绩喜人，但也明显存在围绕重大学术问题主动开展考古发掘与研究不足、研究内容细碎化、思维方式与阐释模式固化等问题。在当下各级政府高度重视和全社会高度关注考古学的社会环境中，在考古新发现层出不穷的学术背景下，我们如何围绕两周时期重大历史问题主动开展考古工作以推动学术创新？新时期的田野考古该如何围绕课题，整合多学科手段，在有限的发掘面积内获取尽可能多的历史信息？如何突破既有思维模式和研究范式，深化对考古发现的全面研究与多元化阐释？如何更好地满足社会期待，引导公众科学、理性地认识考古发现和古代历史？我们应该静下心来思考思考。

秦汉时期考古

刘　瑞

2020年初突如其来的新冠疫情和各地因防疫需求而采取的一系列隔离措施，给各地考古发掘工作造成了甚为严重的影响。而就在疫情稍缓之后，考古工作者就随即奔赴稳就业、保民生的第一线，克服重重困难，取得了一系列发掘与研究的重要成果。但因应各地疫情防控的需要，除10月在徐州召开首届汉文化论坛，11月在临淄召开“手工业考古·临淄论坛”、12月在西安召开“栎阳考古四十年学术研讨会”等非常有限的线下会议外，大多数原本计划的学术会议、田野考察、专家论证会都或被迫延期或取消，或改线上举办，给面对面的实地学术交流造成巨大影响。在这种情况下，有赖于新技术的支持，各种线上讲座、会议不断开展。随即大家惊喜地发现，原来本是小范围的“小众”学术活动，在线上会议的推动下，往往都能吸引到“非常”庞大各界朋友的关心和旁听，其传播效果实在惊人，为今后线上举办学术活动积累了丰富的经验和人气，“塞翁失马，焉知非福”。

2020年是抗疫工作取得重大成果之年，同时也是学术成果日益丰富之年。先后出版《丝绸之路与秦汉文明》会议论文集、《秦封泥集》《汉代墓葬艺术》《秦汉文明：历史、艺术与物质文化》《广州出土汉代珠饰》等著作、《栎阳城考古发现与研究》等资料集、《汉成帝延陵考古调查勘探报告》《临淄齐故城冶铸业考古》《沅陵虎溪山一号汉墓》《郧县店子河遗址》《淅川马川墓地战国秦汉墓》《栎阳瓦当》《栎阳陶文》《龙出漠北显华章——高勒毛都2号墓地中蒙联合考工记》等考古报告与图录。各种杂志期刊发表简报和研究成果外，在《2019中国重要考古发现》《考古学集刊》《淮海文博》《边疆考古研究》《湖南考古辑刊》《西部考古》等连续出版物中，也刊发了不少秦汉考古的重要发现与研究成果。特别需要指出的是，在2020年春季因防疫而隔离在家的考古工作者，在一时暂停了忙碌的田野工作后，几乎都投身到考古资料整理、研究论文与专著写作之中，想来在较短时间内会陆续发表。

一　都城

栎阳是秦献公、孝公的都城，也是塞王司马欣、汉王刘邦的都城，更是汉王朝在定都长安之前的第一座都城所在。2018—2020年栎阳发掘，在完整揭露了四—九号建筑的同时，还清理发现四号建筑东侧向南与三号建筑相连的十号建筑。从发掘情况看，六号建筑北侧的东西向墙基在三号古城中有较为明显的区划意义，一系列的大型建筑都分布在墙南，墙的北侧再未发现大型建筑。因此2020年结束的发掘工作，就成为一次较大规模战国秦汉宫城内“后宫”区的考古工作。为迎接栎阳考古四十年，中国社会科学院考古研究所与西安市文物保护考古研究院整理出版了《栎阳陶文》《栎阳瓦当》《栎阳考古发现与研究》，完整公布了栎阳考古所得的全部陶文和瓦当照片、拓片等图像资料。

对于栎阳在战国时期的地位和性质，史党社著文认为，栎阳作为秦献、孝二公的政治中心，应从献公十一年“县栎阳”算起，并止于孝公十二年徙都咸阳，前后计 24 年（《中国史研究》第 1 期）。对此，笔者略从文献出发，指出栎阳的地位应如《商君列传》所载为秦都（《栎阳考古发现与研究 · 前言》）。

陕西省考古研究院在多年来坚持于咸阳开展秦都咸阳的考古工作后，判断已逐步揭示出了咸阳宫、署、郭，指出当时可能利用人工壕沟结合水系、台塬等区分功能区，形成防卫体系。而咸阳府库建筑所在官署区的确认，解决了咸阳城中宫、署的关系；而新近发现的石甲胄和石磬，更加深并丰富了对咸阳城市功能的认识（《中国文物报》）。

多年前曾有过关于在渭河河道中发现秦代遗存的新闻报道。陕西省考古研究院近年对渭河西咸新区秦汉新城仓张段的南、北滩地三公里范围内不断发现古物的地段进行调查，所采集的遗物以战国晚期至秦代高等级建筑材料为主，另有大量战国晚期至唐宋的钱币。在与近十年考古调查资料整合后，判断该区域遗存上限不晚于战国晚期，下限则至唐宋，东段的时代稍早。因此，这里的早期遗存应与秦都咸阳有密切关系，其属性现已提出孝公始建咸阳、咸阳城北区的市、具有外郭城部分功能的区域等 3 种可能（《文博》第 3 期）。从多年前开展的秦汉唐中渭桥考古的情况看，该区域成为渭河河道的时间不会早于清代中期。因此，虽这里发现的遗存等肯定已遭到渭河改道的严重破坏，但如单从不晚于战国晚期高等级建筑材料大量发现的情况看，此地的性质，笔者倾向于前述的第一个可能——秦孝公迁都的咸阳。当然，因此处地处渭河河滩，遗物存在自它地被水裹挟带来沉积的可能，故若能尽快在此开展考古发掘以求获得原生地层，将对解决秦孝公迁都咸阳的问题有当然价值。

苏静在整合文献与考古资料后指出，秦的都城体系与三代的主辅都制度存在差异，呈现出“多都并存”的空间状态，指出秦都具有“沿河东迁、择中立都、多都并存”的整体特征，以及“中心—次级”并立的体系层级（《华中建筑》第 1 期）。

中国社会科学院考古研究所对汉长安城内北宫遗址持续开展考古工作，新近开展的一号建筑遗址位于北宫内东南，距未央宫、长乐宫较近，建筑体量较大。从出土遗物看，该建筑建于西汉中期，沿用到新莽时期（《2019 中国重要考古发现》）。

秦都咸阳、汉都长安，分处于渭河南北。其选址，传统上是历史地理学和古都学研究的重要话题。张建峰在《南方文物》著文指出，这里历史上均属近水源但又无水患的河边一级阶地，是都城及聚落建设的最佳选择。同时他还从文献记载出发，对困扰学界多年的咸阳城墙问题开展了探讨（《丝绸之路与秦汉文明》）。刘振东开展了汉长安城与丝绸之路的研究（《丝绸之路与秦汉文明》）。

汉长安城内的市场，在文献中有较多的记载。钱彦惠对长安城的市场问题再做研究，指出“从市场内也可有手工业作坊分布的常识出发，把雍门大街以北、横门以西的手工业作坊区定为‘西市’，横门以东、明光宫以西的区域定为‘东市’”（《考古学报》第 2 期）。在该文的复原图中，东市地跨厨城门大街的东西，东市大于西市。

对此笔者以为，如从文献的记载看，无论是《三辅黄图》《太平寰宇记》征引的《庙记》，还是《后汉书》《文选》注引《汉宫殿疏》、《太平御览》引的《宫阙记》，均在记长安有九市后，载“六市在道西，三市在道东”，显示出西市的规模应是东市的一倍。不过包括该文在内的已有各家的复原情况看，基本均无法与文献所载有所呼应，且规模更是东大而西小。由于长安城内雍门大街以北的区域，过去考古开展特别是资料刊布的甚为有限，特别是厨城门大街以东被判断为东市空间内更至今未有系统的考古资料发表。因此，现有的各种判断就不仅与文献不符，也无考古资料支撑，类似讨论的可信度"可疑"。

由于被北魏洛阳城的全面叠压于上，长期以来东汉洛阳城的考古资料获得一直非常有限，有关东汉洛阳的复原基本上只能依据文献展开。刘涛在《南方文物》著文梳理了东汉洛阳的考古发现与复原研究历史，并就各家复原问题展开甄别，认为"学者对于东汉洛阳城形制布局复原的共识也越来越多"，这当然是都城研究的喜事。

陈静在研究北京中轴线时，对战国秦汉阶段都城轴线进行了梳理。指出战国时代开启都城宫城轴线，秦始皇阿房宫建设应已出现"轴线"，而都城、宫城朝向与"轴线"的一致则是东汉洛阳以后方始出现（《中国文化遗产》第6期）。

徐龙国在把建筑分为城墙城门、宫殿官署、礼制建筑及宗教建筑四类后，通过代表性建筑基址分析，勾画出各类建筑的结构及特点。指出西汉宫殿建筑依夯土台基而建，高台建筑的衰落与土木技术的进步相关（《中原文物》第3期）。张效儒在对秦都咸阳和西汉长安出土建筑瓦件进行梳理后，对各时期瓦件的标准规格和时代变化加以判读，这对探讨秦汉手工业管理、建筑等级和礼仪制度有重要作用（《考古与文物》第4期）。

二　遗址

宝鸡凤翔秦都雍城血池遗址是多年来秦汉国家祭祀遗存的重要发现。2016～2018年陕西省考古研究院等单位发掘出的目前规模最大、性质最明确、持续时间最长，功能结构较完整的国家"郊祀"遗存，是秦汉祭祀制度研究的重要突破。第6期《考古与文物》以近乎"包刊"的形式，集中报道了血池遗址的多项发掘与研究成果。而中国国家博物馆等单位在宝鸡陈仓下站发掘的密畤遗址，与血池、吴山祭祀遗址相近，也在不断丰富着我们对战国秦汉祭祀制度的研究（《中国文物报》）。

西安市文物保护考古研究院与北京联合大学在汉宣帝杜陵西北春临村发掘6座窑址，出土"长乐未央"瓦当、"千秋万岁"方砖，推测此处应为杜陵陵园烧制建筑材料的砖瓦窑（《文博》第6期）。考虑发现地附近一直有宜春宫的文献记载，因此它们也有可能是为上林苑内宫观提供建筑材料的窑址。

徐龙国对长安地区铸钱遗址开展研究，认为相家巷遗址是太初元年以后技巧官铸钱新址，高低堡与相家巷遗址前后相接，均是技巧官的作坊，窝头寨遗址是六厩铸钱工场所在地（《考古》第10期）。史杰鹏对陕西韩城芝川镇出土挟荔宫砖文进行了研究（《字砖研究》）。

中国社会科学院考古研究所、山东省文物考古研究院、临淄市临淄区齐文化发展研究中心出版了齐故城冶铸业考古报告，对东周秦汉时期青铜冶铸业和铁器工业及其技术发展的研究将起到积极作用，并从方法上引导着城市手工业考古的进一步发展（《临淄齐故城冶铸业考古》）。

武汉大学历史学院考古系公布了郧县店子河遗址考古资料。该遗址发现的秦汉时期环濠聚落，是国内少见的小型聚落，对秦汉聚落的研究有重要价值（《郧县店子河遗址》）。

广州市文物考古研究院、中国社会科学院考古研究所、广州南越王宫博物馆发表了“南越宫城”北墙遗迹（《考古》第9期）。从之前的考古资料看，该墙向北不再见南越国遗存，因此报道的“南越宫城”北墙，很可能即是南越国国都番禺的北墙。而之前在广州大佛寺西侧发掘南越水闸往南，也未见南越国建筑遗存而应为南墙所在，据此南越国国都的南北距离已可确定。

浙江省文物考古研究所、德清县博物馆发表了上渚山窑址发掘的2处东汉龙窑资料。该窑炉结构相对完整，窑具种类多样，出土器物具有明显的过渡特征，存在印纹硬陶的明显烙印，为研究东汉窑炉结构、装烧方式、产品特征，尤其是原始瓷向成熟青瓷的转变提供了重要材料（《东南文化》第4期）。

山西大学杨尚禹的硕士论文讨论了两汉归云中郡管辖的14个县的治所位置。郑州大学孙政委的硕士论文梳理了关中秦汉35处59座大型房子。

尹弘兵指出，秦拔郢后毁纪南城，另建郢城为南郡治所和江陵县治。西汉中期后江陵县迁至今址，西汉后期在郢城设郢县，东汉废郢县（《长江大学学报》第2期）。王红星、朱江松指出，白起拔郢后在江陵筑郢城，南郡与江陵县治此。西汉中期早、晚段时，江陵县、南郡治所迁至长江改道后的嵘峨山城，郢城为郢县治，东汉郢县废（《历史地理研究》第2期）。王建苏、刘建业、王潘盼、朱江松指出，郢城始建于公元前278年或后一年，是秦至汉武帝前期的南郡郡治与江陵县治，在武帝后期至成帝元延年间，南郡与江陵县迁至嵘峨山城址，郢城设郢县，王莽时郢县撤并入江陵，郢城为郢亭所在，东汉初城址废弃（《江汉考古》第3期）。

王先福在《长江大学学报》对云梦睡虎地秦简《编年记》中的“安陆”展开研究，并判断秦“安陆”为云梦楚王城遗址（《江汉考古》第3期）。王先福、姚练认为邓县治所（即邓城）当在今襄阳樊城西北的邓城城址（《湖北文理学院学报》第7期）。马孟龙在《文史》发文指出秦汉圜水为今无定河，而非之前认为的窟野河。并在重新划定上郡、西河郡分界及修订《水经注》文本后，判断肤施在榆林火连海则古城，高望县在榆林古城滩古城。

海昏侯墓发掘后，海昏县的位置所在逐渐成为热点。赵明通过郦氏《水经注》注文，判断缭水流域都是海昏所在，中心在缭水中段，今安义县万埠镇或为海昏县治（《地方文化研究》第3期）。温乐平认为，海昏源于越人方言“晦浑”，缭水为“海昏江”，汉海昏县约10533.6平方公里（《中国史研究》第4期）。

郑国渠、白渠、六辅渠是秦汉时期重要的水利工程。付建、赵维娜指出，陕西礼泉、泾阳、三原、高陵等县区是郑白渠及六辅渠的重要灌区。提出“郑白渠从渠首向东流的线路基本相同，浇灌区域也大致相同”，“六辅渠引的未必就是泾河的水源，而是泾河支流的水源”（《农业考古》第3期）。

随着聚落遗址的不断发现，从聚落视角探索道路交通成为可能。程嘉芬从河东郡南缘聚落出发，发现中条山以南黄河北岸存在一东西通道，通过此通道，两渡黄河便可实现长安与洛阳连通（《河南科技大学学报》第1期）。陈斌从城址、墓葬考古出发，讨论了汉湘江上游两条交通路线的变化（《丝绸之路与秦汉文明》）。

三 帝陵

年度出版的《汉成帝延陵考古调查勘探报告》完整公布了2011年3月至2012年7月陕西省考古研究院与咸阳市文物考古研究所组成汉陵考古队对成帝延陵展开考古调查与勘探发现的延陵陵园、帝陵陵园、皇后陵园与祔葬墓、外藏坑、建筑遗址、陪葬墓与陵区道路等考古成果，并就该陵墓的时代、等级与墓主及陵园形制与布局等问题进行探讨。杜忠渊、孙媛媛指出，西汉帝陵体现出“汉承秦制”基础上的嬗变，西汉帝陵“大墓地”形态为后世效仿，陪葬制度奠定了中国古代帝陵陪葬制度的基础，对后世帝陵建造产生了深远影响（《咸阳师范学院学报》第1期）。

梁云、汪天凤指出，东汉帝陵南、北两大兆域“南六北五”的分布格局，主要源于皇帝个人的爱好或选择，基本遵循“旁近祖考”和“同辈不共兆域”原则（《中原文物》第2期）。李继鹏强调成年皇帝个人意志在陵址选择中的重要作用，而幼年皇帝丧葬则大多为“权宜之计”。在两种情况的共同作用下，东汉帝陵分布变得没有规律，形成“祖陵”光武帝原陵居中偏西，其余陵墓在其南、东、北三面环绕祔葬的复杂局面（《中国国家博物馆馆刊》第5期）。

吴悦娜、许政指出，东周各国王陵陵园出现的阙，为其后帝陵门阙位置关系形成与发展奠定基础，自门阙出现于陵园起，两者间关系一直变化，西汉阙形门的出现是门阙关系的新阶段，二者成为一个完整建筑物而不是两个相连的建筑（《北京建筑大学学报》第1期）。

孙凤、吴萌蕾、孙满利、赵西晨指出，汉景帝阳陵门阙的黑色成分为氧化铜，是原含铜蓝绿色颜料过火氧化后造成，这对后续彩绘类文物颜料的鉴定提供了新角度（《文物保护与考古科学》第5期）。

四 诸侯王陵与列侯墓

本年底诸侯王陵的发现与研究基本集中于徐州。

徐州土山二号墓在经长期发掘后于2020年基本结束，不仅厘清了东汉早期诸侯王陵墓的营建过程、建筑结构及建造方法的诸多问题，而且证实了东汉诸侯王与王后并穴合葬的形式，墓葬封土发现的大量西汉封泥，是一批非常重要的文字资料。该墓时代在东汉早中期，墓主以刘英可能性最大（《中国文物报》）。

徐州狮子山楚王陵的研究不断深入。之前因在该墓的墓道内陪葬墓出土“食官监印”铜印，因此发掘者判断这座陪葬墓的墓主当为食官监。周波、刘聪、周黎在研究后指出，该墓出土的铜鼎、铜印、玉枕、玉璧、玉璜、铁剑、无字玉印等随葬品的数量及组合，均与“食官监”不符，并在注意到墓中还出有玉印后，提出这枚玉印才是代表墓主生前最高身份的实物材料（《四川文物》第3期）。

刘照建通过与考古出土毛笔和笔套的比对，结合尺寸和形制分析，指出狮子山楚王陵出土的双管玉管应是毛笔笔套（《中国国家博物馆馆刊》第1期）。李红、李春雷从钱币研究出发，判断北洞山楚王陵墓主为元王刘交，狮子山楚王陵墓主为楚王刘郢客（《淮海文博》第2期），与笔者之前的判断一致。

吴公勤指出，狮子山楚王墓29件玉璧随葬的情况，反映了视死如生和羽化升仙的丧葬观念。周倩对根据狮子山楚王陵沐浴器具研究，对汉沐浴文化和沐浴程序进行了探索。邢艺凡、周波据汉楚王陵出土凿刻官印，推断徐州乃至全国出土的西汉官印均当凿刻为主（《淮海文博》第2期）。贾飞分析了汉楚王陵出土金饰中的外来文化因素，刘聪、周波对狮子山楚王陵中侧流铜扁壶进行了研究（《丝绸之路与秦汉文明》）。

李银德先生指出，墓葬发现的玉牌贝带应为实用器，材质和题材纹饰在武帝初已由草原风格完成了汉化，其使用者为诸侯王、列侯和刘氏宗室等（《河南博物院院刊》第2期）。赵丹指出，两汉时据墓主等级的差异，车马明器在组合形式、数量、规模等方面均不尽相同（《考古与文物》第2期）。

乔军认为，西汉早期以钟磬为代表的青铜礼制乐器仍在使用，从中期开始趋于退化以至模型化、明器化，中晚期几近消亡。同时丝竹类乐器显著增多。西汉早期乐悬制度严格而明确，编钟基本是钮钟14＋钮钟5的组合，与编磬构成钟磬乐悬，编钟形制基本一致，一钟双音，均用楔形音梁，中晚期钟磬为代表的乐悬几近消失。整体而言，西汉乐悬制度注重礼的形式，而不重乐器的音乐性能（《音乐艺术》第1期）。

海昏侯刘贺墓的发掘是多年来引人注目的汉墓发掘。经多年整理，中国社会科学院考古研究所、江西省文物考古研究院发表了海昏侯刘贺墓主棺实验室考古信息（《文物》第6期），充分体现出实验室考古环境可控、节奏可控、时间可控及仪器设备的技术优势，对不断推进考古清理技术的发展有值得推广的标尺与样本价值。

沅陵虎溪山一号汉墓是马王堆汉墓后湖南第二座未被盗掘的列侯墓。年度出版的考古报告，系统发表了墓葬的全部考古资料，刊布了墓葬出土的漆木器、陶器、铜镜、玉印章、玉璧等500余件、竹简近千支。据出土印章和简牍等资料，墓主为沅陵侯吴阳（《沅陵虎溪山一号汉墓》）。

西安市文物保护考古研究院在长安区韦曲北里王村发掘两座大型的甲字形积沙墓，据出土遗物，墓葬时代在西汉晚期。结合M1出土砖上墨书“宜春侯”，发掘者判断墓主为文献记载的王氏宜春侯（王咸或王章）。此外，西安市文物保护考古研究院还在灞桥区狄寨街道栗家村西发掘西汉早中期小型墓23座、大中型墓4座。其中大中型墓坐西朝东，两两成组。M1出土“庐江邸印”“囗郤家丞”封泥，M3出土“卫氏”陶文、“董厌彘”“臣厌彘”双面印，发掘者指出大中型墓的时代均为西汉早期，为汉霸陵陪葬墓，从封泥看，墓主身份不低于列侯（《2019中国重要考古发现》）。

列侯墓的研究，继续集中于海昏侯刘贺墓。朱凤瀚介绍了海昏侯墓简牍，杨博对房中简、田天对礼仪简、陈侃理对《论语》“曾哲言志”简进行介绍（《文物》第6期）。李健胜、周连玉指出，从刘贺墓发掘看，虫草食用至少已有两千年，汉皇室、诸侯王、列侯及豪族等权贵阶层是虫草的主要消费群体（《青海师范大学学报》第5期）。黄可佳、王楚宁研究了刘贺墓出土的两方漆砚（《装饰》第10期）。管理指出，海昏侯墓出土松烟墨中可能已添加动物胶以提高墨的硬度和强度，但墨体积仍然较小（《文物天地》第10期）。

刘尊志指出山东平度界山发掘M2的墓主，应为西汉中期偏晚阶段的某代平度侯，M1为列侯夫人。M3可能是M1与M2墓主之子（《南方文物》第2期）。他并著文指出，河北南皮芦庄子汉墓应为列侯级墓葬，墓主为汉临乐侯国的某一列侯及其夫人，可能是西汉晚期节侯刘万年与其夫人（《中原文物》第2期）。

五　中小型墓葬

（一）秦墓

陕西省考古研究院公布了西咸新区秦汉新城坡刘村的2座并穴合葬竖穴土圹墓。该墓出土铜器上有“十九年”“二十六年”“公”等刻文，时代为战国晚期，墓主是最高为大夫级的秦国贵族（《考古与文物》第4期）。咸阳渭城区底张镇岩村M41为战国晚期晚段至秦代初期，对出土铜壶的检测表明，其口覆麻织品，用植物纤维捆扎，内残留粮食酒，是秦地秦酒的新发现（《中原文物》第1期）。

南阳市文物考古研究所在淅川老城镇裴岭南发掘的3座秦墓，是丹江地区秦楚文化研究的新资料（《中原文物》第4期）。

赵丹对将河南秦墓分四阶段后，从各阶段秦墓形制、随葬器物、文化因素出发，开展了与关中、湖南、湖北和山西等周边秦墓的比较，探讨了秦文化对河南汉墓的影响（《华夏考古》第2期）。

韩烁以咸阳任家咀墓地为例，通过对渭水流域秦墓等级的划分，统计出各等级人群采用葬式的情况，指出秦人屈肢葬式有鲜明的等级色彩，大型墓不用屈肢葬，中小型墓葬中等级越低的墓主蜷屈程度越高（《咸阳师范学院学报》第3期）。

曹龙从服饰差异的角度，对西安高陵泾渭街道东营村至米家崖南侧一带发掘的26座墓内出土的189件陶俑进行研究，指出其制作简单，多捏塑，经细部刻划并绘彩后简单烘烤或晾干而成，该发现弥补了东周秦俑空白，对秦始皇兵马俑研究有一定价值（《考古与文物》第5期）。

肖健一、乔美美对咸阳西郊西耳村秦墓出土铲足跟乳状袋足鬲，尹王村秦墓出土单耳罐展开分析，指出戎人进入关中后虽地位较低，但文化特征有所保留（《秦汉研究》2020）。

中央民族大学徐琳的硕士论文对307座新丰秦墓随葬品的摆放位置进行分析，认为秦人喜厚葬而中小型墓流行薄葬是夷文化影响的结果，陶器类型的变化受三晋影响。

王奕舒、凌雪等在对周陵贺家战国秦墓出土紫色八棱柱进行检测，认为其主要成分为中国紫（硅酸铜钡），推测是经二到三次烧制而成。其形制应受中国本土道家文化影响较大，主要用于口含或窍塞（《文物保护与考古科学》第3期）。孙凤、许惠攀、于春分析了陕西、河南、山东、江苏等地战国至汉代墓中所出八棱柱状物，也认为其主要用途为葬器，也有少量为装饰品。指出其最早出现于战国时的河南地区，流行于战国晚期至西汉的北方（《四川文物》第6期）。

（二）汉墓

陕西省考古研究院发表了蓝田华胥镇5座西汉晚期至东汉早期的汉墓资料，对研究该时期长安东南郊平民丧葬风俗提供了新资料（《文博》第4期）。公布的西安西咸新区西石羊村发掘65座西汉中晚期墓葬、2座陶窑的相关资料中，一批与江浙地区所见器类相同的“青瓷”甚有特色（《文博》第6期）。在公布西安空港新城底张镇岩村发掘东汉墓M7资料后（《文博》第4期），赵占锐撰文对其进行了深入研究（《文博》第4期）。西北大学文化遗产学院、陕西省考古研究院公布西北大学长安校区建设清理的1座东汉墓资料（《文博》第1期）。

河南省文物考古研究院、许昌市文物考古管理研究所公布长葛佛耳岗8座汉墓资料（《黄河·黄土·黄种人》第6期）。河南省文物考古研究院、驻马店市文物考古研究所公布马川墓地192座战国秦汉墓的古资料，对观察战国晚期至秦汉时期当地文化的发展提供了重要资料（《淅川马川墓地战国秦汉墓》）。

湖北省荆州市纪南城东北胡家草场M12的下葬不早于汉文帝后元元年（公元前163年），墓主为“史”一类官吏。该墓出土的简牍内容丰富，是近年非常重要的一次简牍出土（《考古》第2期）。李志芳、蒋鲁静全面介绍了简牍发现（《考古》第2期）。

武汉市文物考古研究所、黄陂区文物管理所、盘龙城遗址博物院发表武汉黄陂区滠口街龙泉院子汉墓资料。其与黄冈、蕲春等地同一时期墓葬相似，但陶家畜模型、仿漆彩绘陶器等随葬品则更多体现了中原文化因素（《文博》第4期）。

武汉大学历史学院、安徽省文物考古研究所公布安徽固镇县湖沟镇马楼南城孜遗址清理的战国中期延续到西汉早期墓葬7座。这批墓葬年代序列完整，填补了皖北地区这一时段的发现空白，有重要价值（《江汉考古》第1期）。安徽省文物考古研究所、吉林大学考古学院公布了六安经济开发区碧桂园西汉中期偏早墓葬M30资料（《东南文化》第2期）。

内蒙古自治区文物考古研究所、准格尔旗文化馆公布准格尔旗沙圪堵镇纳林村前坪社M1资料。该墓规模较大，积炭积石，出土陶灶异于别处（《草原文物》第2期）。

嘉峪关丝路（长城）文化研究院公布嘉峪关峪泉镇8座汉魏墓资料（《考古与文物》第2期）。银川市文物管理处赵丹公布银川滨河新区横城汉墓资料（《文物鉴定与鉴赏》第5期）。

南京博物院、溧阳市博物馆发表溧阳上兴镇蒋笪里发掘汉墓，发掘者推测其应是汉代溧阳一处身份较高的家族墓地（《东南文化》第2期）。南京博物院、扬州市文物考古研究所公布佳家花园第五期安置房建设发掘的10座汉墓（《东南文化》第4期）。东南大学艺术学院、江宁区博物馆发表南京江宁湖熟街道东汉中晚期M1考古资料，该墓出土的“都乡”半通印甚为重要（《东南文化》第6期）。徐州博物馆发表徐州贾汪、铜山4座汉魏墓葬资料（《淮海文博》第2期）。

南京博物院、扬州文物考古研究院、仪征市博物馆在扬州仪征刘集镇联营村发掘西汉墓57座、祭祀坑24座。从发掘看，已发掘墓地包括多个家族墓地，最长的一个家族墓地前后延续八代，是非常少见的西汉家族墓园资料，对汉丧葬制度和南方西汉器物编年有重要价值（《2019中国重要考古发现》文物出版社）。

成都文物考古研究院、蒲江县文物管理发表蒲江鹤山镇九莲村1座东汉晚期画像砖墓资料。该墓墓葬形制及画像配置与昭觉寺画像砖墓相近，是四川汉代社会及丧葬习俗研究的新资料（《考古与文物》第1期）。

重庆市文化遗产研究院、重庆市江津区文物管理所公布重庆江津石门镇白坪村2座东汉晚期崖墓资料。其所获取的完整画像石棺及其墓葬、随葬器物信息，对汉画像石棺分区分期研究有重要价值（《文物》第1期）。重庆市文化遗产研究院、中国人民大学历史学院公布三峡工程重庆库区消落区文物发掘的M1资料（《考古》第9期）。重庆市文化遗产研究院、云阳县博物馆发表云阳青龙街道复兴社区大凼子墓群7座汉墓资料，墓葬出土的完整筒形排水管，是当地汉墓葬排水系统研究的重要资料（《四川文物》第1期）。

宁波市文物考古研究所、厦门大学历史系、宁波市奉化区文物保护管理所整理公布奉化白杜发掘35座汉六朝墓葬的相关资料（《南方文物》第1期）。

汉代是我国古代墓葬发展的重要时期，汉墓研究依然是2020年秦汉考古的重要内容。刘尊志指出，以封土表层为界，汉墓形成内外两重空间，和地下、墓外、现实的三维世界（《南开学报》第1期），他还对汉代墓垣资料进行了梳理（《中国国家博物馆馆刊》第2期）。刘尊志指出河北抚宁邴各庄东汉墓地6座墓是一处规划过的家族墓地（《文物春秋》第3期）。

王子今先生分析了两汉时的“守冢”制度，指出虽其可防止民间个体及小群体的盗墓犯罪，却无法阻止军政势力集团的大规模盗掘，但对其客观上有益于保存古代文明遗产的意义应给予肯定（《南都学刊》第3期）。王子今先生还关注到秦汉陵墓的“山林”营造，指出相关制度礼俗被后世长久继承（《宝鸡文理学院学报》第3期）。

赵丹对山东地区汉代合葬墓进行梳理，指出山东地区的合葬墓墓葬形式的选择，在受汉文化同一主体的影响下，既有共性又有地区特点（《中国国家博物馆馆刊》第3期）。

杨爱国指出，东汉人对墓葬的功能已有较清晰认识。认为墓葬首先是安放死人之处，不仅要盛放尸体，还要象其生以送其死，并时时祭祀，其原因是死者为活人服务，为家族服务，以长利子孙（《南方文物》第2期）。刘振东也以汉墓为例讨论了古代墓葬性质（《考古与文物》第4期）。

长期以来关中东汉墓葬的等级研究一直较为薄弱。李云河梳理了与等级相关的各种因素，从墓葬形制出发，归纳了小型墓与中型墓在墓室复杂程度、墓室尺寸、修造方式等多方面差异，指出中型墓当为高级官员或地方豪强使用（《考古与文物》第2期）。

魏镇探讨了汉墓内的设奠问题，指出墓内设奠是属于葬礼的一次性祭奠，与丧葬活动结束后的墓地祭祀有别。虽墓内设奠是汉墓墓室结构变革的重要因素，但汉墓空间的变革可能更多要考虑宅地化因素和合葬习俗影响（《考古》第11期）。

对墓葬结构的研究，成果不断。张强禄复原增城浮扶岭M511墓为带缓斜坡墓道的竖穴土坑带厢式平顶木椁墓（《文博学刊》第1期）。索德浩指出汉代双层木椁墓的双层结构源于岭南越人架棺墓，并影响到后来的岭南砖室墓。其进入蜀地的路线可能是经夜郎道—僰道，再进入成都地区（《东南文化》第4期）。谢安琪、党丰将汉墓砖砌穹窿顶进行分类，分析其技术传播过程（《南方文物》第5期）。

陈昊雯对东汉峡江、南阳襄阳地区的吐舌镇墓兽进行研究，指出其与南阳画像石中灵怪形象均继承了巴楚鬼神崇拜传统的一些因素，其在南阳襄阳大中型墓葬中的出现，反映了峡江与中原东汉时的较密切互动（《中原文物》第1期）。赵丹指出，汉墓棺上置物的形式及物品，一方面是对前代葬俗继承，另一方面是时代变化而内容的丰富（《南方文物》第2期）。王科社通过对武威雷台汉墓出土印章的解读，指出墓主为卒亡于西晋愍帝建兴二年（314）的张轨，非汉墓（《文博》第2期）。陈双艺指出，汉初长安地区的墓葬形制有浓厚的秦、楚文化融合特点（《文化创新比较研究》第4期）。

各高校的秦汉考古专业硕士论文选题，依然较多集中于汉墓研究，分区研究明显较多。山西大学陈双艺进行了江东地区汉末至三国时期中小型墓葬研究，河北大学张立秀对汉中山国墓葬展开研究，郑州大学吴坤瑛开展了苏鲁豫皖交界地区汉墓研究，南京大学杨欢开展了宁镇地区汉墓研究，郑州大学王婉婉开展了郑州地区汉墓研究。与此同时，不少论文开展了汉墓出土遗物研究。如山西大学寇莜轩开展广州中小型汉墓随葬品位置研究，山西大学卢雨婷开展西安地区中小型汉墓出土陶灶研究，西北师范大学卢文宇开展汉唐时期环首刀研究，南京大学孙玮琪进行两汉随葬公印研究，中央美术学院金烨欣开展江苏邗江甘泉东汉墓出土错银铜牛灯断代研究，西北师范大学李婷婷对甘新地区出土汉唐人物俑进行研究，山东大学武海文对长江下游地区汉墓出土玉璧进行研究。

六　周边地区

（一）东北

刘向东在《地域文化研究》发文指出，汉辽东郡属县呈“一横两纵”排列。从西境无虑县到东南端番汗县间，一条贯穿辽河平原向东延伸的横线，连接着辽河平原和朝鲜半岛；从北陲高显县到西南角沓氏县间，一条位于辽河平原与辽东山地交接地带的较长纵线贯穿南北，连接辽东北部边塞和辽东半岛；一条位于辽河沿岸的较短纵线，连接着由北至南交错布列于辽河东西两岸的望平、房县等五属县，沟通着辽西辽东，成为辽东地区东西交通线上的枢要重镇。通过三线的延长线和分支线，辽东与华北、山东半岛和塞外玄菟郡、乐浪郡保持了紧密的政治、军事、经济和文化联系。

（二）西北

新疆石城子城址北通奇台、吉木萨尔等绿洲，向南可穿越东天山至吐鲁番盆地，是连接天山南北的重要孔道。2014 年作为西域都护府址调查与发掘项目之一，新疆文物考古研究所对石城子遗址及周边进行了全面调查、勘探和试掘，之后连续开展多年发掘。2020 年公布了石城子遗址城门的发掘资料，其保存较好，布局和构造清晰，为依靠夯土墙及排叉柱支撑的大过梁式单门洞结构。发掘者指出，石城子城址的年代在两汉之际（《考古》第 12 期）。

高崇文先生探讨了汉匈民族的文化交融，张玲对河西走廊汉关进行整理，王子今先生从丝绸之路史的视角进行了河西地区汉代儿童考古资料分析，杨谊时、陈国科、刘兵兵、康禹潇对黑水国汉代墓葬的陶器进行分期，王永安对永昌水泉子汉墓的帛画和葬俗进行探索（《丝绸之路与秦汉文明》文物出版社）。

王建新与王茜（《西域研究》第 4 期）对文献所载汉武帝元狩二年骠骑将军霍去病两次征伐匈奴的进军目标、路线、过程、结果进行了探讨，并结合出土文献、环境资料和考古资料指出，今祁连山非汉祁连山，汉祁连山当为东天山，月氏故乡应在以东天山为中心的区域。潘玲、张振腾也对月支遗存展开研究（《丝绸之路与秦汉文明》文物出版社）。

贾小军（《敦煌研究》第 1 期）对悬泉里程简Ⅱ90DXT0214①：130A 记述的驿置进行了梳理，指出西汉乐涫县治在肃南明花乡明海城遗址，绥弥县治在下河清乡皇城故城，玉门县在今赤金绿洲之内低窝铺以东、赤金镇西北一带，沙头县在今玉门镇中渠村一带（或即中渠村古城）。现存“渊泉县故城”或即汉乾齐县城。渊泉为西汉敦煌郡属县，其故城不在三道沟镇，当另外探寻。王蕾（《敦煌研究》第 4 期）发文，指出肩水金关关城是关啬夫、关佐办公场所，肩水候、东部候长、骍北亭长等办公地点应分布在金关遗址北墙 F6—9 房间；烽燧方堡是金关官吏居所。

郭物对新疆焉耆黑圪垯、乐浪石岩里和辽宁大连营城子等地发现的龙形瑞兽纹金带扣及相关玉、银等材质瑞兽纹带扣的研究表明，这类高等级带扣应是汉中央生产后赐给边疆首领，也赐予汉晋王朝统治阶级内部的高级贵族和官员，后来更导致中原王朝放弃“带钩”传统、使用草原传统和中原传统融为一体的亚腰马蹄形及前圆后方形的“带扣”（《故宫博物院院刊》第 7 期）。张翠敏、谭盼盼、王智远对营城子汉墓龙纹金带扣研究后，也指出其为汉中央官办作坊生产后的赏赐或馈赠之物（《丝绸之路与秦汉文明》文物出版社）。

（三）西南

杨勇以考古发现的青铜器为中心，从青铜技术和青铜艺术的视角，指出西南夷地区与东南亚出土的青铜器彼此间都有联系，且互有影响，反映出西南夷与东南亚一直存在密切联系（《考古学报》第 3 期）。李培聪对云南宜良纱帽山滇文化墓地开展的分析表明，该墓地代表的族群未形成明显的社会分层，其绝大多数二次拾骨葬的情况也不见于其它典型滇文化墓地（《丝绸之路与秦汉文明》）。

颜全己、杨军昌指出，夜郎区域的漆器和漆迹发现表明，最迟在战国晚期夜郎地区已开始使用漆器，东汉时漆器已普遍使用。其来源是周边文化和中原文化影响，故出现的时间稍后于四川、云南（《黔南民族师范学院学报》第 5 期）。

天津师范大学张子璇的硕士论文对战国秦汉时期巴族地区带钩进行研究，西北师范大学张恒瑞开展了西南地区出土汉代金银器的梳理。

（四）南方

韦伟燕介绍了越南海阳省博物馆收藏的 8 件菊浦遗址“万岁”瓦当，指出其年代为东汉至三国，判断菊浦遗址为交趾郡下辖某县治所（《文物春秋》第 2 期）。若从国内南方地区“万岁”瓦当发现遗址的情况看，菊浦遗址的等级可能不止于县治。

胡嘉麟通过物质与图像、原料与技术、思想与信仰等方面，探讨了秦汉南海文化交流的整体面貌，指出合浦等地出土的“陶灯模型”，过去认为是与佛教的传入有关的“钵生莲花器”，实际可能与火祆教有关（《海交史研究》第 2 期）。周仁琴、廖国一判断合浦是最早接受佛教文化的区域（《北部湾大学学报》第 1 期）。

杨海兰指出，汉代龟钮琥珀印是受汉代海上丝绸之路影响而出现的（《美与时代》第 9 期）。刘金诺指出，琥珀作为丝绸之路上极珍贵商品，战国至东汉时作佩饰使用，三国孙吴中期逐渐开始用于外伤治疗，唐宋医家对琥珀疗效有更多应用（《医疗社会史研究》第 1 期）。孔义龙研究了合浦等地经丝绸之路传播的音乐文化（《艺术探索》第 1 期）。

史明立认为，战国晚期至西汉前期高等级墓葬中所出银质器皿，应大多来自同一或有密切联系的生产或使用中心，指出使用银质器皿非古代中国传统，可能是经由流动于欧亚草原的游牧人群传至东方，通过秦的仿制、使用而流向各地（《东南文化》第 6 期）。苏飒通过梧州市博物馆藏东汉羽人铜灯，分析了瓯骆社会乃至国家边疆地区从自然崇拜到君权崇拜的发展（《文物鉴定与鉴赏》第 8 期）。

七 社会生活

（一）建筑

董雪迎将汉代家庭安全防御措施和手段分为 3 类，勾勒了汉代家庭安全防御的基本面貌（《南方文物》第2期）。王灿、凌峰以《徐州青山泉白集汉墓院落图》为对象，对其体现的院落建筑加以解读（《城市建筑》第11期）。何志国、王烨对长江下游地区汉晋流行的单层建筑和五联罐进行了综合研究，指出汉末三国初期北方移民南迁带来的中原等地流行的高层楼阁、双阙（天门）和闭合式院落建筑模型，与当地五联罐和堆塑瓶融合形成魂瓶（《中原文物》第2期）。

尤悦指出襄阳樊城区菜越陶楼的形制属东汉流行的高楼类建筑明器，其门扉上有翼童子在厄洛斯、扛花童子、西域有翼童子外形基础上加入儒家及神仙信仰。其屋脊檐角阔叶装饰是对东汉晚期建筑明器装饰的直接继承，塔刹底部覆钵阔叶是佛塔受花前身。该陶楼体现了对佛教因素的借鉴和转化，与江汉地区佛教传播有关联，但陶楼依然是建筑明器，与浮图祠有别，非早期佛塔（《文博学刊》第2期）。

尚群昌（《中州学刊》第7期）发文，将秦汉中原地区水井按垒制差异加以区分，指出水井的发现以环嵩山地区、南阳盆地和黄淮平原西南部最集中，主要分布在农业经济区和城市，及冶铁、制陶手工业作坊区。

南京大学谢珊珊的硕士论文对河南地区出土溷厕模型进行研究。内蒙古大学梁兴祖的硕士论文从和林格尔汉墓壁画开展汉代建筑及建筑物研究。

（二）铜器

苏奎对四灵柿蒂形铜棺饰的研究表明，其作为一种稀见的木棺装饰，产生于视死如生观念，为巫山工匠所作，属东汉晚期巫山风格棺饰，无论流通何处，其内涵始终如一（《中国美术研究》第4期）。

刘尊志研究了汉代铜染炉的发展（《南方文物》第2期）。王强、赵思颖分析了不同时间汉代豆形灯造型的特征和演变规律（《美术大观》第7期）。宗椿理解析了从“错毂勾杀”到“刺援合体”的关联，探索了秦格斗兵器“戟”的设计定型（《美术与设计》第3期）。周亮利用出土铜器开展了汉代楚国社会变迁的研究（《淮海文博》第2期）。

西北师范大学彭宇的硕士论文进行了战国秦汉蒜头壶研究，中央民族大学李亚硕士论文整理了湖南出土汉代兵器，西北师范大学冯旭蓉硕士论文开展汉代釭灯研究，吉林大学田海霞硕士论文为出土两汉杂器铭文研究。

（三）铜镜

杨勇、白云翔分析了山东临淄齐故城出土汉代陶质镜范，对铜镜铸造中镜范的制作和使用进行了重点研究。指出范制作时于泥料中羼入稻壳灰，大幅提高铜镜生产效率（《中原文物》第1期）。韩茗以汉晋双头龙纹镜为对象，梳理了其样式演变，确定其与变形四叶镜存在密切关联，指出洛阳是位至三公镜主产地，或此类镜是汉末魏晋洛阳铸镜的重要产品，并对其发展过程进行了探讨（《考古学报》第1期）。时嘉艺指出，因政权更替和经济中心迁移，铸镜地也多有变化（《长江师范学院学报》第6期）。

韩国河、赵小雨指出，汉代云雷纹镜脱胎于战国云雷地纹镜，东汉早期开始以云雷纹为主纹的云雷连弧镜开始广泛流行，其背景主要是光武帝崇尚谶纬神学，企图借云雷纹来宣传“始正火德”理念，维护东汉政权正统性和权威性（《中原文物》第4期）。

杜林渊、苑志鑫分析了两汉铜镜铭文中的儒学神化现象（《延安大学学报》第6期）。郑倩、范淑英指出，陕北汉墓出土铜镜不仅数量少、种类少，且出镜率极低，是汉代陕北社会生活状况的反映（《榆林学院学报》第5期）。

延安大学李泽悦的硕士论文探讨了镜铭所见两汉社会生活，山东师范大学李延的硕士论文对汉代铜镜美学展开研究。

（四）铜钱

徐勇捷指出“横向茬口”半两钱非西汉吕后“八铢钱”，乃是在秦代用翻模制范技术所铸，出现或可早至战国晚期（《中国钱币》第1期）。

白云翔对新莽所铸货泉进行考古学梳理，指出钱径2.20～2.40厘米的中型货泉是法定标准钱型。新莽后期货泉以官铸为主，“盗铸”盛行。东汉中晚期乃至魏晋墓葬中货泉，是前朝钱币的传世使用（《华夏考古》第5期）。

徐龙国探讨了王莽钱币的正版与盗版钱范，黄娟对甘肃新莽铸钱遗址开展研究（《丝绸之路与秦汉文明》文物出版社）。毕洋、申歆梦、唐静指出，过去判断为墓中镇墓辟邪“压胜钱”的汉代带柄方身器，更可能是作为“凭证”或“信符”的特殊丧葬用具，象征辅助升天，以便顺利进入天国仙界，甚或持此“凭证”或“信符”而向仙界报到（《边疆考古研究》第27期）。

廖国一指出，潇贺古道沿线汉墓中出土的钱币，与中原钱币类型基本一致（《贺州学院学报》第1期）。

（五）手工业

东平陵城始建于战国兴于两汉，是汉代诸侯王国的都城，也是汉代重要的手工业生产地。《考古》发表了2012年东平陵城考古发掘资料，指出铸造作坊始建于西汉晚期，沿用至东汉时期，判断铸造区由东向西扩展。并指出2009年与2012年发掘区应属不同作坊，时代有早晚，操作技术和方法可能也有差异。

刘逸鑫指出，汉晋中原与西北边疆铁器的生产存在“铸造”与“锻造”的不同传统，“锻造”传统推动从韧性铸造铁器向锻造铁器的技术革新，体现了北方与欧亚草原深层次的互动（《文物鉴定与鉴赏》第5期）。四川大学陈思琪硕士论文开展了战国秦汉时期蜀地铁器与社会发展研究。

张潇、贺云翱指出，秦至东汉早期瓷器与秦以前原始瓷器无本质区别，称其“高温釉陶”“釉陶”甚至“陶器”与事实不符，秦汉原始瓷存在江东、岭南、湘赣3个中心（《东南文化》第4期）。

董睿指出，汉代空心砖画像的印模技术受战国陶拍和玺印影响，画像模印工具可能为木质。认为画像模印工匠与制陶工匠不同，具有流动性，因此制陶作坊中很难发现模印工具（《美与时代》第1期）。

陈艳在《南方文物》著文，指出盐业遗址主要分布在巫山县城附近及大宁河沿岸，以汉代墓葬居多，证实盐业在当地社会经济发展中的重要作用。指出汉代巫县女性在盐业生产中的参与及在财富支配中均发挥着较大的作用。苏俊林梳理了秦简牍中的盐业内容，指出秦设“县盐”“巴县盐”等盐官，但可能秦尚未实行国家控制的“盐铁官营”（《盐业史研究》第2期）。

陈彪指出，中国造纸术起源中的两大争议——出土纸状物是否为纸及其断代，均应在多学科专家的通力合作下方可逐步解决（《中国造纸》第7期）。

陈华峰以安徽天长纪庄汉墓出土漆樽为研究对象，发现该器的胎骨采用了西汉广陵国成熟的薄木（顺纹）卷制而成，凸显出西汉扬州漆器的制作工艺（《中国生漆》第1期）。赵喆、刘学莘、王佳指出楚地的家具制作细致，善于雕刻，花纹繁复，纹饰崇尚红色；秦地的家具则制作简约，善于整挖，更具实用性，崇尚黑色（《艺术与设计》第8期）。何清俊指出战国漆器的针刻技法应是受各工艺门类影响下出现，多用于漆器铭文以体现“物勒工名”的生产制度（《美术教育研究》第12期）。刘芳芳对秦汉仿生漆器展开研究（《南方文物》第5期）。江南大学魏溥均的硕士论文对汉代饮食漆器具设计进行研究。此外，他还开展了汉代漆耳杯装饰纹样主题内容与组合分析，指出其装饰的特点是构图上对称均衡、装饰技法上以线造型、图形表现上变形夸张（《设计》第21期）。

（六）冠服履杖

夏保国、王兴成指出，椎髻应分男、女两系统，女性“椎髻”应归于“垂髻”，男性“椎髻”则逐渐由发式实指，转变为对西南地区族群的贬抑性特称（《北方文物》第2期）。

对羊纹金饰片多发现于战国秦汉的高等级墓葬，左骏梳理后指出，该种金饰应即文献中战国秦汉流行的“鵔鸃冠”“惠文冠”上的缝缀之饰，其源自欧亚草原游牧族群的金饰“胡冠”（《故宫博物院院刊》第11期）。

王煊指出北大秦简《制衣》是秦始皇时期秦国工匠制衣之术文献，结合出土实物，厘清上衣包括衣、襦和袭3大服类14种，与中国传统上衣下裳制、上衣下裳分裁连属制和通裁制一脉相承。判断《制衣》反映的是秦服面貌，对秦俑服饰和古代服饰研究有重要价值（《南方文物》第4期）。

夏添、王鸿博、崔荣荣通过对16座楚汉墓出土鞋履的研究，指出鞋履外观造型和编织工艺异同，鞋履系带的存废可能与征战、燕居功能分化相关，装饰鞋面可拆换出于节用目的，鞋帮的绞编组织适合足部曲线。先秦编织鞋履的生产分工为男性（《丝绸》第10期）。夏才艺对杖的发展进行研究，指出杖的权力意味有一个发展成熟到式微的过程（《博物院》第3期）。

全面梳理广州汉代珠饰出土情况的《广州出土汉代珠饰研究》，阐述了珠饰在汉代海上丝绸之路贸易中的重要地位。该书的出版，加上之前已出版的合浦珠饰、湖南珠饰的研究专著，南方地区最主要珠饰出土的研究得以“圆满”。

邝桂荣对广州汉墓出土蜻蜓眼玻璃珠进行了分类研究（《美成在久》第5期）。陈洪对关陇地区秦墓出土蜻蜓眼式珠的研究表明，来自西方的玻璃器在战国晚期已适应秦人习俗，由本土生产，并趋于平民化。王小迎、汪勃、范东日对扬州汉墓出土串饰中的外来文化因素也进行了分析（《丝绸之路与秦汉文明》文物出版社）。

刘云辉、刘思哲在将汉代圆雕玉器分为人物和动物两类后，探讨了其高度的艺术成就（《河南博物院院刊》第2期）。苏奎认为，过去判断是“麒麟”或“獬豸”的独角山羊，当为源自西亚、中亚的高山动物羱羊，其图像是东西方文化交流的见证，也是南方汉文化和北方匈奴文化交流的见证（《考古与文物》第2期）。

张维慎指出，“跽坐”就是“危坐”，与“安坐”对应，秦汉时“跽坐”使用的场合一是某人对另一人表敬时，二是某人应付突发状况时，三是驭手策马时（《文博》第2期）。

（七）农牧食饮

赵昊、刘海旺指出，粉食粟是汉代农户的重要消费方式，粒食向粉食的转变不能简单等同于食粟向食麦转变，旋转磨更多应视为一种多功能粮食加工平台（《考古与文物》第2期）。赵昊指出，粟淀粉和小麦淀粉在三杨庄遗址各庭院出土粮食加工工具上的比例始终维持均势，这是当地粟麦并重二元粮食消费和两类作物基本对等的体现（《郑州大学学报》第5期）。

张宣逸指出汉代是“牛耕”的普及发展期，壁画和画像石中“牛耕”图像包括“二牛三人”“二牛二人”“二牛一人”式犁耕，“一牛一马并耕”及“一牛挽耕”等多种形式，是汉代农业发展的反映（《农业考古》第4期）。

陈星宇指出岳麓秦简所见秦始皇三十五年洞庭郡亩产是迁陵县1.53石、启陵乡1.29石，为简牍所见最低量。青岛土山屯《堂邑元寿二年要具簿》显示亩产为2.58石，走马楼西汉简《都乡七年垦田租簿》中亩产3.98石。东汉时产量标准有所下降，《昌言》所见亩产为3石（《中国农史》第1期）。张梦晗指出，西汉后期堂邑县不论人口规模、户均人数，还是垦田面积及其占土地资源比重、平均亩产量，都达到当时农业经济的较高水平。判断汉代垦田存在应收田租垦田面积和实际征收田租垦田面积之分（《中国农史》第6期）。

颜全己、杨军昌梳理夜郎地区考古资料后指出，两汉时夜郎业已形成农业定居的生活生产方式。铁制农具和牛耕的使用提高了耕作效率，灌溉技术提高、育秧播种采用使稻作经济有了较快发展，为夜郎地区政治文化发展奠定了物质基础（《农业考古》第4期）。

宋艳波、王青等通过对山东郝国故城遗址发掘动物遗存的鉴定分析，指出其构成以家养哺乳动物（猪、牛和狗）为主，饲养家畜的目的多样（《考古与文物》第1期）。

陈相龙、袁靖等通过对血池遗址北斗坊祭祀坑出土的马牲的研究，指出马牲食物来源的多样可能与饲养马牲的苑厩散布于不同地域有关（《考古与文物》第6期）。

洪波指出，在汉代雕塑艺术中的“马式”既是良马标准，也是马造型艺术品创作的重要依据（《文化学刊》第6期）。

山西最北端苍头河流域背靠大同盆地，面向敕勒川草原，属典型的农牧交错带，现当地的生产经营方式为农业与畜牧兼营。赵志军（《农业考古》第4期）根据苍头河流域区域考古调查采集浮选样品，指出战国和汉魏时期，农业是苍头河流域地区物质生活资料的主要来源，小麦已取代粟和黍成为主体农作物品种。

内蒙古师范大学王亚妮针对内蒙古出土战国秦汉时期农具进行硕士论文写作。

李超、郭金龙、周率指出，秦铭文中的“莤府”应是管理秦王用“酒”的职官，负责酿酒和供酒，是少府之下“泰（大）官”的属官，主管事务包括酒的生产与供应（《农业考古》第1期）。

李喜萍、翟荣、邰紫琳指出中国蒸馏技术的发展有两个源头，二者既独立发展又互相借鉴（《文博》第1期）。洪石以漆器为中心进行了据西汉饮酒器具型式及组合变化的研究（《故宫博物院院刊》第12期）。蔚东巍指出内蒙古秦汉酒容器的造型既有强烈的草原民族风格，又受中原文化影响（《内蒙古电大学刊》第5期）。

廖薇指出觯、卮共存且器形有别，觯附三足，卮为平底，觯的等级高于卮。之前判断为玉卮者应为玉觯，樽与觯的区分是容器径高比差异，樽口大腹浅，便于盛取液体，而觯口小腹深，便于饮用液体（《华夏考古》第2期）。王文斌对天水出土的沐浴时搓澡陶瓶进行了梳理（《文物鉴定与鉴赏》第12期）。

刘尊志从丝绸之路角度开展了汉代日常生活的考古学研究，李银德指出深腹杯的源头可能是西亚和中亚（《丝绸之路与秦汉文明》文物出版社）。

宋蓉指出铜枝灯源自战国，在墓内与青铜礼乐器同类。西汉武帝之后逐渐变为奉养墓主生活起居之器，两汉之际出现在边疆豪族墓葬之中；陶枝灯是东汉时流行于黄河中下游地区的随葬明器，A型灯仿铜枝灯，在鲁西幽冀一带象征身后富贵，B型灯模拟神山仙界，是魂神升天观念影响下的产物，兴于两京后东传幽冀（《考古学集刊》第23集）。

（八）图像

顾颖、岳凯追述了张道一先生的汉画像石研究（《美术与设计》第3期），刘晓达梳理了民国时陕北、晋西北东汉画像石发掘与研究的过程（《文化学刊》第6期），徐呈瑞对鲁迅藏画像石文献与图像加以梳理（《淮海文博》第2期）。

郎咸东指出，沂南画像石墓为“东汉晚期”的推断当可成立，墓主为年俸二千石以上官吏的观点当可确定（《博物院》第4期）。霍宏伟指出大英博物馆收藏的一件汉人像空心画像砖柱应出自郑州以南周口、许昌一带，砖柱上的人像是存亡人之魂的“魌头”。它不仅具有承托墙砖的实用性，且起着镇墓辟邪、保墓安宁等思想观念方面的作用（《故宫博物院院刊》第2期）。

王煜指出虽从图像看人们对骆驼的了解要多于大象，但大象画像反多于骆驼。汉代大象与骆驼画像出现的场景并不反映现实生活，而是充满神仙色彩，当时一般将它们一起作为西域之兽（《考古》第3期）。王煜并对汉代西王母图像的出现和发展进行了探讨（《丝绸之路与秦汉文明》）。

郭静云、王洪祥认为翅膀并非仙兽的必需特征，有翼造型基本限于本是先秦文化中地位等级最高的神兽龙虎。汉画像中带翼老虎要高于龙，从翼虎、翼龙、翼狮等衍生出辟邪（《宗教学研究》第2期）。王倩认为苏鲁豫皖四省汉石椁墓上的三角形抽象树形图像是宇宙树的象征，描绘的是与汉代神话文本《淮南子》《山海经》等表述相同的时空混同的神话宇宙论（《民族艺术研究》第3期）。

王媛探讨了美术史与考古学关系，指出美术史与考古学互为交叉学科，侧重点不同，探讨了没有文字资料作佐证时美术史该如何解读发挥作用（《中国民族博览》第14期）。后晓荣、平晓倩指出汉画像石表现的董永尽心服侍父亲孝行，与文献中的董永形象有别。画像石中董永“鹿车载父”的“生养”孝亲系该故事的早期版本，凸显“孝”，与后世以“爱”为主题的董永故事有别（《河北学刊》第5期）。

赵超梳理了汉画像石中榜题，指出画像石中图像布局是当时宇宙观、人生观的体现，题榜的记载是理解汉代人思想意思的重要资料（《中国书法》第12期）。

刘冠对米脂县汉画像石中乐舞百戏与相关图像展开分析（《北京舞蹈学院学报》第1期），牛向阳研究了南阳麒麟岗汉画像石墓祥瑞图像艺术（《焦作师范高等专科学校学报》第3期），刘永丽分析了南阳汉画像石（砖）中虎舞的功能与文化内涵（《郑州轻工业学院学报》第4期），包蕾探索了汉代文化、经济对汉画像石影响（《西部学刊》第7期），武可对淮北地区汉代画像石中鸟图案展开研究（《中国民族博览》第8期），赵烧汝梳理了陕北画像石中刻画的乐舞和乐器资料，利用出土文物、文献记载和图像学研究方法，对陕北汉画像石中音乐舞蹈形象进行了总结（《天津音乐学院学报》第3期）。

黄剑华通过画像研究了汉代成都的社会生活（《地方文化研究辑刊》第15期），马雪翎对四川、重庆汉画像石中的“人物半启门”题材进行了研究（《秦汉研究》），张露胜对山东苍山城前村汉墓石刻题记和画像石展开分析（《大众考古》第3期），刘文思通过对52座徐州画像石墓的研究，将墓葬内部不同位置出土的画像石题材加以归纳，在墓葬整体中分析画像石（《淮海文博》第2期）。刘姝姝对徐州贾汪青山泉水泥厂M1的画像石图像进行研究（《淮海文博》第2期）。

顾颖在指出东汉墓葬中解注瓶上星象中北斗图像和符号是早期道徒用来镇压各种凶邪鬼魅的重要神物（《陶瓷研究》第2期）。于欣露认为洛阳地区两汉墓壁画无一不体现着浓厚的神仙思想，察举制影响下汉代社会形成的忠孝仁德风气深刻影响了汉墓壁画题材（《文艺观察》第17期）。任畅以洛阳地区为例，探讨了汉墓壁画题材的演变（《文物鉴定与鉴赏》第24期）。

邱雅暄对陕西靖边杨桥畔渠树壕东汉中晚期壁画墓中的司命、司禄图像进行研究（《文博》第4期）。王煜指出，杨桥畔渠树壕东汉壁画墓中的星象图应有较经典的粉本和来源，但作为丧葬文化服务的墓室星象，反映的更多是时人关于天文的思想和观念（《美术研究》第5期）。

刘冠出版的《汉代建筑图案研究：以苏鲁皖豫地区为中心》（广西师范大学出版社）以汉代画像石刻图像、石阙、明器等为基础资料，研究核心虽是苏鲁皖豫汉画中的建筑形象，但其兼顾其他地区建筑而开展的研究，无疑是汉代建筑研究的新成果。

西北师范学院袁瑶以汉画像中方相图案研究为题进行了硕士论文写作，四川师范大学王杰的硕士论文研究了汉代列女图像，兰州大学王乙稀的硕士论文对汉代盘鼓舞图像展开研究。

（九）简牍

秦进才认为《肩水金关汉简（壹）》“田卒赵国尉文翟里韩□”中的“尉文”在《史记》《汉书》有记，指出赵国尉文应在赵孝成王十五年以前的赵国疆域内寻找，西汉赵国尉文应在汉景帝中五年以后赵国辖区内寻找（《邯郸学院学报》第1期）。从简文看，笔者认为“赵国尉”与“文翟里”似可点开。

汤勤福指出，里是基层管理机构也是封闭式聚落，西汉末年有军事防御性质的坞堡垒壁的大量出现，使国家难对其中居众如既往般管控。西北沿边民众不仅居住在聚、里，也依附于烽燧坞堡。汉西北沿边的户籍格式与里居形式密切相关（《人文杂志》第10期）。

刘自稳指出司空、少内等官府的位置当靠近县廷，分布在县廷周边二十里范围之内（《国学学刊》第3期）。张新超判断秦无县属游徼，汉文帝时该职务的出现与《周礼》“野庐氏”有关。县属游徼先后演化出县游徼、部游徼和门下游徼（《古代文明》第2期）。

谢坤探讨了秦代地方禀食在用粮类型、禀食标准、减停发放等方面的基本原则（《中国农史》第5期）。吴方基据里耶秦简，探讨了秦代的乡仓（《湖南社会科学》第1期）。

何有祖对湖南益阳兔子山9号井所出秦二世诏书解读后，对毋以、扰、令等字词做出新释，指出《史记·秦始皇本纪》《新书·过秦》的断句问题，并对二世诏书公布后的影响开展了文献学考察（《文献》第1期）。秦一鸣对秦汉公文结构、书写、内容组成及政务处理方式进行研究（《兰台世界》第9期），董飞对里耶秦简中“笥牌”进行讨论（《宝鸡文理学院学报》第6期）。张啸东开展了两汉简牍署书与碑刻所存字体间演变的研究（《中国书法艺术》第6期）。

史党社分析了清华简《系年》“奴卢之戎”，指出其可与秦封泥中“奴卢”、《汉书》所记河西“罗虏”对读，指出其本为西北羌系人群，先秦到秦代“奴卢”、汉代“罗虏”，到唐代作为彝族先民的西南乌蛮一部“卢鹿”，及近代“罗罗”（彝族）可能存在源流关系，“奴卢之戎”是秦奴婢的重要来源（《中华文化论坛》第1期）。

欧扬讨论了岳麓秦简中秦定陶郡、陇西郡、泰山郡问题（《中国历史地理论丛》第2期）。张韶光指出秦实行的“关中本位”制度以中县道为中心，新地、故徼地区以及徼中普通县道等边缘地区与中县道间人口往来都受限制，对边缘地区实行区别对待政策（《史学月刊》第8期）。

张忠炜、张春龙对首次出现的律名，如告律、行书律、臘律、祠律、治水律等进行梳理疏证，重新分析了“萧何次律令，韩信申军法，张苍为章程，叔孙通定礼仪”的可能含义（《西域研究》第3期）。凌文超据四川渠县城坝遗址出土“爰书”简，指出西汉户籍的格式和内容与秦代不同，与东汉户籍相近，西汉户籍已有算赋等赋役注记（《出土文献》第4期）。

陈亮认为，东汉镇墓符箓与道教“三尸”信仰无直接关联，其所用符箓模块都可还原为汉代星宿，与《史记・天官书》中天界结构相符，非属道教特有的知识建构，可能是民间术士将知识阶层共享的天文学知识择取与攘除不祥相关部分，创造性地将其加以符箓化结果。东汉镇墓符箓与木片人偶的使用，是有强大群众基础的民间信仰的产物。与源远流长的诅咒巫术的木片人偶不同，镇墓符箓在东汉中晚期的出现体现出墓葬解除术士职业化进展，与当时社会结构的变化和文化中心的葬俗改变密不可分（《中国美术学院学报》第12期）。

何有祖、刘盼、蒋鲁敬根据胡家草场M12出土简牍，重新探讨了张家山汉简《二年律令・赐律》的简序（《文物》第8期）。

（十）学术史

王巍先生梳理介绍了包括秦汉考古在内的“十三五”期间中国考古学重要成就与主要学术成果（《中国文物报》12月4日）。吴晓彤、谈金卓、马江波在开展的冶金考古综述中，对秦汉时期冶金考古的进展进行了整理（《有色金属》第5期）。

我从苏秉琦《战国秦汉考古》出发，对秦汉考古学科的建立和发展过程进行了梳理。在标明苏秉琦先生对秦汉考古学科建立所作巨大贡献后，阐述了苏秉琦先生从已知到未知、从秦汉溯及远古的学术道路（《丝绸之路与秦汉文明》）。

张荣芳先生回忆了与麦英豪先生交往的过程、中山大学考古专业秦汉考古专业教学历史（《中国史研究动态》第6期）。通过麦英豪致苏秉琦的5封信，梳理了苏秉琦先生对考古资料整理和考古资料发表的相关意见（《广州文博》第13期）。山西大学张越的硕士论文探讨了考古报告编撰体例的发展历程与范式变化。

文物出版社2019年10月出版的白云翔《秦汉考古与秦汉文明研究》。王子今先生的书评指出，该书从多方面体现了作者持续多年的学术努力，以及富有进取、开拓、创新意识的追求，在有些方面，作者已经站立在学术制高点上。它们不仅在今天有可以提供启示和借鉴的学术价值，今后依然会有影响，将长期展示其学术生命力（《中国文物报》4 月 24 日）。

郑岩先生指出考古学对美术史的意义一是提供材料，二是考古学的理论、方法和思维方式为美术史研究提供最切近的参照系统。认为考古学在进行大数据分析时一些稀奇古怪的东西会被排除，但这种具有个性的东西却需要美术史研究格外注意（《艺术学研究》第 6 期）。长期从事美术考古研究的李淞先生，也进行了艺术史学与考古学关系的探索，指出艺术史不应是考古学的“补充文本”，也不是历史学的延长线（《美术观察》第 10 期）。

霍巍指出，历史时期考古还远远不能跟史前考古做出的贡献相比拟，就在于历史时期考古有很多思想上的禁锢、理论和方法上的停滞不前。西方的理论，尤其是英美的理论，包括新考古学、后现代主义考古学，往往研究的对象，都不是古典时代的，而是主要集中在史前时期，针对没有文字记载的考古现象。因此目前中国考古学的研究体系中要警惕一切唯西方马首是瞻的情况，应当非常客观、冷静地去看待差异，既要吸纳从西方传入的现代考古学，或者叫田野考古学的科学基因；另外，还要从我们自身的古典主义传统中继承并发扬光大我们独有的文化基因，这样才能形成具有中国特色的考古学理论和方法，用以指导中国大地上的考古实践（《南方文物》第 1 期）。

2020 年 9 月 28 日习近平总书记在中央政治局第 23 次集中学习上发表《建设中国特色中国风格中国气派的考古学，更好认识源远流长博大精深的中华文明》讲话。指出，“考古工作是一项重要文化事业，也是一项具有重大社会政治意义的工作”，指出“我国在秦始皇陵兵马俑、马王堆汉墓、河姆渡遗址等考古工作中也取得了重大成果”，“中国古代农业技术、‘四大发明’以及漆器、丝绸、瓷器、生铁和制钢技术、郡县制、科举制等在世界文明史上具有鲜明的独创性”，是对秦汉考古取得成绩的重要肯定。

作为两千年统一时代开端的秦汉考古，是“中华民族和中华文明多元一体、家国一体的形成发展过程”中的关键时期，由于长期以来各地考古工作和发表的资料、研究成果，多是分散开展，系统化不强，全局性整合的空间持续扩大。因此如何揭示“中国社会赖以生存发展的价值观和中华民族日用而不觉的文化基因”，如何从秦汉帝国四百多年的发展层面，从秦汉帝国如何完成、巩固和完善统一多民族中央集权国家的角度进行整合，通过考古学上回答秦汉为什么统一、如何加强和巩固统一、不同区域如何协调发展、如何长时间稳定发展等问题，都意义重大，但任重道远，需不断努力。

三国至隋唐五代时期考古

沈睿文　李嘉妍

2020年度三国至隋唐五代时期考古工作与研究成果颇为丰富，据不完全统计，相关学术成果共有220余部（篇），其中包括发掘调查报告10余部、简报30余篇，相关研究及专著百余部（篇）。考古发掘以墓葬与宗教遗存为主，相关研究与著述也以这两者居多。

2020年度刊布的考古成果主要具有以下几个特征：第一，墓葬仍是这一时期考古发掘与研究的重点对象，大量墓葬发掘的情况被整理公布，其中以青海乌兰县泉沟一号墓、西安南郊唐代元淑墓等为代表，为历史时期墓葬的相关研究提供了坚实的材料基础。第二，宗教考古调查工作积极开展，成果斐然，并在考古调查、后期保护等方面，运用科学技术手段开展工作，如丝绸之路沿线石窟寺数字化保护项目（《中国文物报》10月13日第2版）、西藏自治区石窟寺专项调查工作（《中国文物报》12月11日第2版）等。第三，城邑及建筑考古展现新的发展可能，唐长安城大明宫兴安门遗址、新疆奇台县唐朝墩城址等考古发掘成果为城市考古提供了新资料。第四，边疆及丝绸之路考古也是这一时期考古研究的热点话题，见于多部会议论文集及学术研究论文。第五，专题性研究、科技考古等领域也有部分考古成果可见。

一　城邑及建筑遗址

城市考古一直以来都是历史时期考古的重要话题之一。三国至隋唐五代时期多个城市及建筑遗址的相关考古调查与发掘情况均见于刊文或专著，以都城或边疆地区考古为主。

2009年4～7月，唐长安城大明宫兴安门遗址考古发掘出早、晚二期门址，形制差异较大，是近些年唐长安城及大明宫所获的重要考古资料之一。何岁利主要就兴安门早、晚期门址的性质、功能变迁以及大明宫“南五门”建制等学术问题进行考证与论述（《南方文物》第3期）。

继2016年之后，2017年3～4月和9～11月，新疆文物考古研究所对穷特音墩遗址进行了考古发掘，清理出房址、墙、灰坑、排水沟、墓葬等遗迹；出土陶、铜、铁、石、骨、玻璃器等，以陶器为主；遗址主体年代为南北朝至唐代。此次发掘为进一步探明龟兹故城的形制、布局等提供了新的考古学证据（《文物》第8期）。

2018～2019年，中国人民大学等连续两年对唐朝墩城址进行考古发掘，清理了唐代、高昌回鹘和蒙元三个时期的文化遗存，发现城墙、城门、浴场、墓葬等遗迹，出土陶器、瓷器、铁器、铜器等遗物。该城址的发掘对研究天山北麓唐至蒙元时期多民族大一统历史格局的形成及丝绸之路东西文化交流等具有重要价值（《考古》第5期）。

北庭故城遗址先后三期的考古调查勘探，工作重点主要集中于北庭故城遗址核心区域遗迹的分布、保存状况和建筑格局。主要包括故城北城门周边区域、宫城区域、城址中部横贯东西沟槽以及东坝河以东的两处指定区域，故城外城至内城西门段、西大寺周边（西坝河区域）和外城东南部等区域，勘探面积共达111.15万平方米。通过钻探基本掌握了这些区域遗迹的分布状况、保存状况和建筑格局等；利用全站仪等测绘设备，与科学的地形图相对照进行放样，标定勘测范围的具体位置，并采用探区分隔法，以三维坐标对其进行详实的记录，标定各个遗迹现象在地形图中的准确位置，使记录遗迹的数据更加科学，资料更加详实（梁涛、桑永夫、马君凤主编：《新疆北庭故城遗址考古调查勘探报告（2012—2014）》，中州古籍出版社）。

针对城市与建筑遗存的研究也不在少数，多将考古发掘资料与历史文献相结合进行讨论，也有对建筑构件等其他实物材料的专题研究。

钱彦惠在已有研究的基础上，结合相关文献，对西汉长安城城内及其附近的市场分布及遗迹保存情况进行探索，并概述了各个时期的市场特征（《考古学报》第2期）。

石自社《隋唐东都城的里坊空间试析》一文以考古为中心，结合文献记载分析隋唐东都城里坊的空间形态和内部结构，探索这一时期东都城的形制布局和居民生活形态（《南方文物》第3期）。

黄敏通过对墓志时代及墓主身份等因素的综合研判，结合史书记载，指出东魏初至北齐末，某行某里（坊）是邺京里坊称谓的一种常用格式。且行名与里名存在一定关联，对比可知邺京部分行名与里名相同（《四川文物》第2期）。

徐龙国结合两汉魏晋南北朝都城建筑的考古发现，把其分为城墙城门、宫殿官署、礼制建筑及宗教建筑四类，通过代表性的建筑基址，大致勾画出各类建筑的结构及特点（《中原文物》第3期）。

武松、冯恩学对渤海的脊头瓦和兽头进行研究，认为六顶山渤海墓地出土的脊头瓦处于唐代浮雕板状脊头瓦的盛行时期，渤海上京城出土的兽头则处于古代建筑脊头装饰由浮雕板状脊头瓦向立体圆雕兽头转变的关键时期；并指出渤海的脊头瓦和兽头是渤海受唐朝建筑文化影响的历史见证，是渤海“宪象中原”的物化形式（《考古》第12期）。

另有多部新刊或重印的以历史学为基础的城市研究著作也值得参考，列举如下：康乐《从西郊到南郊：北魏的迁都与改革》（北京联合出版社）、黄婕《华夏之心：中日文化视域中的洛阳》（社会科学文献出版社）、李令福《西安学与中国古都学论集》（中国社会科学出版社）等。

二 陵墓

所刊布发表的墓葬发掘简报或报告，基本多为此前墓葬资料的整理，其中包括部分纪年墓及墓主身份清楚的墓葬，为研究特定时段、特定人群的墓葬特征奠定了物质基础；另外，还有部分集中分布的墓群，是构建某一时期、规定地域范围内葬制、葬俗体系的实物材料（以下按照墓葬年代顺序排列）。

2011年，甘肃省文物考古研究所、嘉峪关市文物局在嘉峪关市峪泉镇附近发掘了8座汉魏时期的墓葬，出土了一批随葬品。这些墓葬的发现与发掘丰富和补充了该地区汉魏时期墓葬资料，对于研究该地区社会、历史、文化具有一定的参考价值（《考古与文物》

第 2 期）。

2017 年 10 月至 2018 年 4 月，张掖市文物保护研究所、临泽县文物局和博物馆，对路基开挖中暴露的沙河五三墓葬进行了抢救性考古发掘，共清理发掘墓葬 63 座，包括汉墓、魏晋墓，出土陶器等文物近 600 件。除 2 座土洞墓、4 座石室墓，其余皆为砖室墓。出土器物的基本组合为壶（锺）、罐、鼎、樽、案、灶、盘，罐、壶、鼎、灶、仓、灯、碟或加瓮、奁。此为研究河西地区黑河流域汉晋墓葬的葬制、葬俗等问题提供了珍贵资料（《中国国家博物馆馆刊》第 3 期）。

2013 年 5 月，甘肃省文物考古研究所对三坝湾墓群部分墓葬进行了抢救性发掘，共清理魏晋时期墓葬 6 座，皆为带斜坡墓道的洞室墓，出土陶、铜、木及丝质随葬品共计 40 余件（组）。该批墓葬的发掘为研究酒泉地区魏晋时期丧葬制度、习俗及乐涫县的地望等提供了新材料（《考古与文物》第 1 期）。

2007 年 3～12 月，温县文物管理所等在南张羌清理了一批墓葬，其中 3 座西晋墓保存较好，出土随葬器物较为丰富，为研究豫北地区西晋时期的文化特征、丧葬习俗及中原地区西晋墓的分期等提供了新资料（《考古与文物》第 6 期）。

2017 年 7～8 月，宁波市文物考古研究所会同余姚市文物保护管理所对孙吴时期虞氏墓进行了抢救性发掘，墓葬形制为砖室券顶，出土部分青瓷器及若干青瓷残片、印纹硬陶片等，为研究宁波地区孙吴时期墓葬埋葬习俗及当地虞氏家族提供了重要材料（《文物》第 9 期）。

1997 年 5 月，原苏州博物馆考古部在苏州虎丘黑松林进行抢救性发掘，发现三国时期孙吴墓葬五座，编号 M3、M4（主墓）、M6、M7、M8。出土一批陶器、青瓷、金器碎片、骨器、铜带钩、鎏金五铢等文物，墓室中还出土石台基、石案、陶案、石供桌等。M4 出土的 1 件石屏风构图完整、雕刻精美（《中国文物报》1 月 17 日第 6 版）。

2019 年 2～4 月，宁波市文物考古研究所联合厦门大学历史系、奉化区文物保护管理所对建设工程途经的奉化白杜一带进行了发掘，共清理汉六朝墓葬 35 座。多数墓葬已遭盗掘和破坏，部分破坏较严重者形制难辨。墓葬人骨、葬具基本无存。墓地残存随葬品的墓葬 15 座，出土陶、瓷、铜、铁、琉璃器等遗物共计 96 件（组）（《南方文物》第 1 期）。

2007 年，南京市博物馆考古部在大报恩寺遗址区清理了一批战国至唐五代的墓葬，其中包括 1 座东晋墓和 2 座唐墓。东晋墓为并列双室砖墓，出土陶瓷器等 20 件；唐代墓为长方形竖穴土坑墓，形制完整，出土瓷器、铜器等 18 件。这 3 座墓葬的发现为研究南京地区六朝及唐代墓葬提供了新材料，也从侧面印证了长干寺从六朝到隋唐时期空间布局和兴衰变迁的发展历史（《中国国家博物馆馆刊》第 12 期）。

2005 年宁夏文物考古研究所在固原南塬清理了四座北魏墓，均为“凸”字形斜坡墓道单室砖墓，出土遗物包括细颈陶壶、陶罐、刻铭砖、玛瑙珠、水晶等，是北魏时期丧葬习俗的重要参考资料（《中原文物》第 5 期）。

2013 年 6 月夏，陕西省考古研究院在距延安市区约 35 公里的李渠镇冯庄乡的延安至延川高速公路建设中，发掘了一批古墓葬，共计 24 座，其中 M8、M18、M23 属于北魏时期，出土有盘口罐、水波纹壶以及铁鍑等。这批墓葬对研究陕北地区，特别是延安周边北魏时期墓葬分布及其与周边遗址的关系具有重要意义（《考古与文物》第 2 期）。

2013 年，山西省考古研究院在太原开化墓地发掘了一座北齐土洞墓，墓主人为和公，葬于武平四年（573），随葬有镇墓俑、出行俑、日用陶器及部分家畜俑，还有朱书墓志一盒，志文载其源自金山，该墓的发现为北朝和姓来源探索提供了重要线索（《中原文物》第6期）。

2013年底，西安市文物保护考古研究院在西安市南郊长安区航天产业园内发掘夫妻合葬墓一座，该墓为长斜坡墓道多天井单室土洞墓。墓葬形制较为完整，虽被盗扰破坏，随葬品多被损毁，但出土陶俑群组合关系相对完整，种类较为齐全。尤其两合墓志的出土，确认该墓为西魏乙弗虬及夫人隋代席氏的合葬墓。该墓的发现为西安地区西魏至隋时期的墓葬研究提供了新资料（《考古与文物》第1期）。

2018年5月，为配合基本建设，陕西省铜川市考古研究所抢救性发掘该市耀州区鸿基东路南侧的5座墓葬。其中，M2墓主为隋骠骑大将军、招义县开国公折娄罴，葬于开皇三年（583）。该墓不仅规模较大，随葬器物较为丰富，还出土有墓志，为研究隋代关中地区的墓葬形制及北魏以来的民族融合问题提供了重要资料（《文物》第10期）。

隋王韶家族墓园规模宏大，结构完整，墓主身份明确，出土物较为丰富，是北周至隋代考古的重要发现，为了解北周至隋家族墓地的特征、成员的埋葬规律提供了重要的实物资料（《中国文物报》7月10日第8版）。

2006年12月，洛阳市文物工作队（现为洛阳市文物考古研究院）为配合郑西铁路客运南站项目工程，抢救性清理长方形竖穴土洞唐墓1座，编号C7M3019。该墓共出土随葬遗物15件，包括陶罐、瓷器盖、石砚台、石墓志和铁剪、铜钱。该墓是有明确纪年的晚唐时期中下级官吏墓葬，为研究晚唐时期的社会、经济、文化，以及墓葬形制和葬俗等提供了重要实物资料（《考古》第1期）。

2009年1月，洛阳市文物考古研究院在洛阳市关林大道南侧发现并清理了一座盛唐时期的小型唐墓。墓葬为竖穴土洞式墓，由墓道和墓室组成。出土器物较多，以三彩器为主，有武士俑、文官俑、男女侍俑等，另有猪、狗、骆驼、马等动物模型。此墓的发掘为研究唐代墓葬，尤其是唐代小型三彩墓提供了难得的完整资料（《文物》第2期）。

2010年6月至2011年2月，济南市考古研究所对刘家庄遗址进行了抢救性考古发掘。其中共发掘唐代墓葬9座，时代为唐代早期至盛唐时期，共出土随葬器物45件（组）。以陶罐和瓷碗为主；其他有瓶、壶、钵、罐等瓷器，钵、三足炉等三彩器，镜、带具等铜器，犁、剪等铁器。为山东地区唐代墓葬形制、丧葬习俗、瓷器和三彩器等相关研究增加了一批新材料，具有重要意义（《中国国家博物馆馆刊》第12期）。

2012年4月，为配合西安市城南公交枢纽站建设工程，西安市文物保护考古研究院在西安市南三环以南，城南汽车客运站以西的范围内清理了20座汉唐时期墓葬，其中M17为唐代吏部常选张君夫人元淑墓。出土有陶器、铜器等多种随葬器物，其中陶女立俑形象生动，造型别致，较为少见。元淑墓志的出土为研究唐代开元初的丧葬制度以及河南元氏在唐时期的发展提供了新的实物资料（《中原文物》第5期）。

2015年6～7月，为配合基本建设，宁夏文物考古研究所在固原市西南新区南郊清理了汉代至明代墓葬27座，其中唐墓4座，除M2盗扰严重外，其余3座保存较好。排列有序，方向一致，出土器物较具特色，包括陶器、汉白玉俑和铜镜等。出土器物风格相似，年代应相近，丰富了宁夏地区唐代墓葬的考古资料（《文物》第12期）。

2016年3～6月，三门峡市文物考古研究所在上村佳苑项目施工区抢救性清理一批唐宋至明清时期墓葬。其中初唐时期的M53出土有彩绘陶俑、陶动物、陶器、铁镜等随葬器物92件，陶俑造型优美，种类众多，具有较高的研究价值（《中原文物》第6期）。

2016年，朝阳市文物考古研究所等在哨口营子村清理了6座砖筑单室唐墓，其中M1—M5应为唐代早期郝氏家族墓，随葬品以陶制明器为主。这为深入研究该地区唐代早期历史文化和社会环境、唐墓形制演变及发展规律、营州周边区域建制沿革等提供了珍贵资料（《考古》第1期）。

2017年3~9月，郑州大学历史学院对河南省宝丰县杨庄镇小店遗址进行了考古发掘，发现一座唐代小型砖室墓（编号M1）。此墓为“凸”字形单室墓，由竖穴墓道和竖穴土圹砖室构成，坐北朝南。出土器物包括陶、金银、铜、铁、蚌器等。根据墓葬形制及残存志文，推断此墓年代为唐开元年间。本次发掘出土的金银器和金银饰品为研究唐代的社会生活及金银器制作工艺提供了重要资料（《文物》第2期）。

2018年8月，西安市文物保护考古研究院与郑州大学历史学院联合在西安市长安区航天产业基地清理了15座墓葬，其中M13是一座竖穴墓道单室土洞墓，随葬品有墓志、镇墓砖、瓷盏、陶人俑、陶鞍马等，墓主是卒于唐德宗贞元七年（791）的上清大洞法师姜希晃。此墓葬的发掘为研究唐代道士丧葬习俗和道教的发展提供了重要的实物资料（《中原文物》第5期）。

2018年10月至2019年1月，郑州市文物考古研究院、荥阳市文物保护管理中心发掘了一批唐墓，均遭严重盗扰，其中M28为斜坡墓道、三天井、三过洞的土洞墓，出土时代特征鲜明的人物俑、生肖俑等典型器物，均为唐代巩义窑定制产品。M18为单室土洞墓，墓志载墓主卢瑱葬于公元828年，反映了晚唐时期的政治生态、社会风貌、生活习俗等多方面内容。这两座墓葬的发掘为研究荥阳地区唐代不同时期埋葬制度、丧葬习俗提供了实物资料（《中国国家博物馆馆刊》第12期）。

2019年，山西省考古研究院、太原市文物考古研究所在太原市万柏林区小井峪小学附近发掘1座唐代壁画墓，出土了陶罐、墓志、木俑、木梳、铜钱、泥俑等遗物及精美壁画。该墓壁画保存完好，内容丰富，是目前太原地区发现规模最大的唐代壁画墓（《考古与文物》第5期）。

2016年7~12月，为配合基础建设工作，河南省文物考古研究院对鲁庄墓地进行了考古发掘，共清理唐墓3座，出土有典型唐代风格的铜钗、铜镜等，为研究中原地区唐代葬制葬俗增添了新资料（《中国国家博物馆馆刊》第3期）。

2018~2019年发掘了泉沟一号墓。该墓是目前青藏高原发现的唯一一座吐蕃时期壁画墓，为带斜坡墓道的长方形砖木混合结构多室墓，可能与吐蕃时期当地的王室有关。墓内壁画兼具唐朝与游牧民族特色；彩绘漆棺为青海吐蕃时期墓葬中的首次发现；出土鎏金银王冠和镶嵌绿松石金杯等（《考古》第8期）。

2019年，甘肃省文物考古研究所对唐慕容智墓展开抢救性发掘，该墓为带斜坡墓道单室砖墓，由封土、墓道及壁龛、封门、照墙、甬道和墓室等组成，其中照墙上、甬道及墓室内绘有壁画，内容主要为门楼、人物及星象。墓室设棺床，并放置棺木一具。墓内出土有数量较多的彩绘陶、木俑群，并发现有大型彩绘木质床榻、胡床、成套武器装备（包括铁甲胄、马鞍、弓、箭箙等）、木质饮食乐舞模型以及数量较多的精美丝织品等（甘肃省文物考古研究所编：《甘肃重要考古发现（2000—2019）》，文物出版社）。

整理出版的发掘报告有：

太原市文物考古研究所编著的《太原北齐韩祖念墓》（科学出版社）是对韩祖念墓主要发掘情况的记录与刊布。1982年发掘的北齐韩祖念墓，位于太原西郊大井峪村，由墓道、石门、前室、甬道和后室组成，后室内壁饰彩绘壁画。墓葬出土遗物351件，大部分为陶俑、动物陶塑、陶器，少量釉陶器、铜器、琉璃器、金银器，另有墓主夫妇石墓志2盒，是太原地区北朝考古的重要发现。

北京市文物研究所编著的《大兴古墓葬考古发掘报告集》（科学出版社），是2007～2017年北京市大兴区采育西组团、黄村双高花园、康庄安置房、康庄C地块、首创机务队、青云店联宾、医学科学院、新城北区项目工程的考古发掘报告集，汇集了汉、北魏、唐、辽、金、元、明、清时期共161座墓葬的相关材料，为北京地区汉、北魏、唐、辽、金、元、明、清各时期墓葬考古学研究提供了新的资料，对了解永定河流域的历史文化与社会发展具有重要意义。

2015年，为配合吉林省集安市洞沟古墓群墓葬文物本体保护工程的实施，吉林省文物考古研究所、集安市博物馆等单位对山城下墓区的114座墓葬进行考古清理，其中积石墓40座、封土墓74座。《2015年度洞沟古墓群山城下墓区清理报告》（吉林省文物考古研究所集安市博物馆编著，科学出版社）全面梳理了本次考古工作，对114座墓葬的地理位置、保存现状、墓葬类型、出土遗物等进行了系统介绍，图文丰富，内容翔实，为研究高句丽墓葬提供了基础材料。

另外，还有《汉魏晋辽阳壁画墓》（李龙彬、马鑫、邹宝库编著，辽宁人民出版社）、《唐安国相王孺人墓壁画修复报告》（洛阳古代艺术博物馆、河南古代壁画馆编，三秦出版社）、《洛阳古代壁画墓》（洛阳古代艺术博物馆、河南古代壁画馆编，三秦出版社）等。

2020年，发表了若干以墓葬材料为主要对象的专题性研究或兼具时代性、区域性的研究论文或专著，其中专题性研究多以墓葬形制、出土的壁画、随葬品等为主题，时代性、区域性研究则着眼于等级礼制、丧葬观念及文化源流等主题。

崔世平、包建文通过对李茂贞夫妇墓墓葬形制和神道石刻的研究，认为其使用石室应是在模仿唐代帝陵，以彰显其身份。而其夫人墓的八角形后室和砖雕装饰则明显受到河北地区影响，是当时河北集团统治中原王朝历史背景的体现。墓葬神道石刻的重复现象，可能是夫妇二人两次入葬的结果（《考古与文物》第5期）。

金弘翔、王煜在长时段的研究视角下，综合梳理了墓道形制的形成发展过程，指出至晚到西晋时形成了一套比较完备的以墓道规模和内收阶梯级数来代表等级的规范，并最终被大一统的隋唐所吸收，成为唐代墓葬制度中十分重要的一部分（《南方文物》第1期）。

张帆《宋绍祖墓奏乐图再议——兼论北魏时期平城与河西地区的互动》，通过比较研究发现，宋绍祖墓房形石椁后壁人物奏乐图与南朝竹林七贤镶砖壁画在人物关系、空间结构和面部刻画上存在显著区别。前者与河西魏晋画像砖在诸多方面有较深的渊源，而墓葬空间中的奏乐图很可能是佛国天堂的一部分。北魏平城与河西地区的图像之所以关联，在一定程度上是北魏时期赞助人和工匠的流动造成的（《敦煌研究》第6期）。

赵超《唐章怀太子墓壁画〈客使图〉补考》（《考古》第6期）综观以往论述，结合唐代文献、壁画图像及有关考古资料，指出《客使图》与唐代帝陵蕃酋石雕之间的关系，并指出东、西《客使图》之间的区别，西《客使图》当为《蕃臣朝见图》，与东《客使图》相对照，意在表现更为全面的国家礼仪活动场面。毕德广对唐章怀太子墓墓道所绘

“东客使图”中由右向左第三位使者进行考证，认为从该墓墓道壁画的布局及方位秩序、人物面貌特征看，此人应来自大唐东部，再结合人物发式、叉手礼等因素，推测其为唐代契丹人，而非之前学者所言的东罗马人或粟特人（《考古与文物》第5期）。

李丹婕以2014年发掘的唐代韩休夫妇墓乐舞图上的舞筵为切入点，结合相关图像证据和诗文材料，从唐前期贵族官僚宴饮风尚和物质文化的视角，考证舞筵的命名、功能、质地，认为这种舞筵用于各类乐舞，而不只是胡旋舞等外来舞种（《考古与文物》第5期）。

对敬陵武惠妃墓中的壁画，呼啸根据其位置的不同分别进行了介绍和初步探讨（《中原文物》第5期）。

郑春颖、盛宇平指出，从公元4世纪中叶至公元6世纪后半叶二百多年间高句丽出行图的演变历程是高句丽统治区域内政治基础、经济结构、族群构成、信仰观念不同的两大地域文化，经过不断地碰撞、排斥，逐步走向融合，并最终实现一体化进程的体现（《南方文物》第2期）。

贾晓贝、宁强《往生净土与魂归故乡：德兴里壁画墓的死后理想世界》指出，德兴里壁画墓反映了佛教与本土丧葬文化的密切互动，具体而言，即汉魏死后升天的传统丧葬观念与佛教的往生净土观念相融合（《中国美术研究》第4期）。

李梅田、张志忠指出，北魏邢合姜墓以复古的房形石椁为葬具，但以佛像壁画模拟了佛殿式的场景，表达了完全不同于中原传统的空间营造主旨。虽是目前考古发现的孤例，但反映了平城佛教与丧葬文化的频繁互动，这一现象的原因，除了平城深厚的净土信仰土壤外，还因平城匠作体制造成的图像粉本互通（《美术研究》第2期）。

贺西林就明尼阿波利斯美术馆藏北魏画像石棺的年代及属主、画像功能及思想性、视觉表征及文化资源等议题再做探讨（《美术研究》第4期）。

蒋天颖分析小横山左右将军画像所出现的墓葬和其他相关南朝墓葬的情况，并结合买地券券文和道教文献中的线索，推测小横山左右将军可能与道教中的神祇鬼官有关（《中国国家博物馆馆刊》第2期）。

通过讨论以镇墓武士与镇墓兽共同构成的镇墓神物组合，韦正、刘绎一将其在汉唐时期北方地区的演变分为东汉魏晋、北魏平城时代、北魏洛阳时代至唐早期、盛唐四大阶段，概括组合的文化构成包括华夏传统和外来文化两大部分，认为民间习俗和官方规定应在镇墓神物的变化中起主导作用（《考古与文物》第3期）。徐斐宏讨论了红山HM2026出土的铁牛与生肖俑（《四川文物》第3期）。卢亚辉在系统梳理北朝至宋代墓葬出土地轴的基础上，对其进行考古类型学与分区分期研究，指出北朝至唐代，地轴主要出土于山西、河北、天津、辽宁等北方地区，集中发现于山西长治；五代至宋，地轴主要在南方地区发现，集中出土于成都附近地区，浙江、湖北、福建亦零星出土。地轴传播与唐初建国元从、五代时河北河东军人等政治文化集团和人群的迁徙密切相关（《四川文物》第5期）。

杨瑾、乔静瑶对陕西、甘肃、山西、河北、辽宁、河南、湖北、湖南等地隋唐墓葬陪葬俑中发现的穿衣袒胸露腹的胡人俑，从形态、服饰、头戴等不同的角度进行分类研究，指出其中既有中国古代礼制文化和墓葬传统，也有希腊罗马因素和佛教影响，反映了北朝至隋唐时期“胡人遥集、夷歌成章”的胡汉交融盛景（《中原文物》第4期）。

在《从元淑墓女立俑看开元初唐墓中的女性形象》一文中，郜紫琳、赵晶将元淑墓中出土的10件保存较好、造型别致的女立俑与同时段具有代表性的纪年墓出土的女俑、壁画及线刻中的女性形象进行对比，探索开元初年西安地区唐墓中女性形象转变的线索（《中原文物》第5期）。

刘琪《唐三彩胡俑的时空演变探微》综合梳理了三彩胡俑的时空分布变化，为认识唐代区域经济文化变迁及域外文化传播提供了生动的历史见证与线索（《四川文物》第3期）。

樊军、王洋洋针对固原南塬、彭阳海子塬北魏墓相继出土的9枚萨珊银币，将其分为卑路斯银币和卡瓦德一世银币两种，并指出银币在功能上存在由流通货币或宝藏转变为装饰品的趋势，反映了固原在北朝隋唐时期丝绸之路上的重要地位（《中原文物》第6期）。

左骏以永陵（M1）和顺陵（M2）墓中出土的残玉册构件为研究对象，从玉作视角观察玉器质料选择与推断琢做流程；并结合以往相关考古发现、文献、传统图像艺术史学等材料，重新审视与构建南唐时期玉册排序与使用之仪轨，以此窥视五代时期玉作情况及玉礼器的使用状况（《南方文物》第1期）。

在对唐墓中属于入殓礼的遗存（棺内系统）进行梳理之后，何月馨辨析出唐代官服入殓的具体实践。认为考古发现与文献记载均表明唐代继承了隋代“朝服葬”，并将剑、佩使用者的官品由七品提高到五品，体现了隋唐之际的制度变迁（《考古》第1期）。何月馨认为，唐人多据“六甲八卦冢”的原理取“四吉穴”，并结合五姓所属有所偏向；还有其他取吉穴的葬法，这总体反映了唐代民间葬俗的多样性（《中原文物》第3期）。

古顺芳、吕晓晶结合北魏平城时期墓葬的形制和随葬品的变化，将墓葬陶俑及相关器物的发展演变分为四个阶段。指出北魏太武帝时期平城墓葬陶俑及相关器物引入关陇风格，并逐渐融入鲜卑文化特点，到孝文帝前期实现风格的基本统一，形成完备的四大组合，然后转向衰退，最终在迁洛前后渐渐结束在平城地区的发展演变（北京大学中国考古学研究中心、北京大学震旦古代文明研究中心编：《古代文明（第14卷）》，上海古籍出版社）。

付龙腾《三国西晋陵寝制度新论》对三国、西晋时期主要陵墓区的分布、墓祭礼俗的变化、陵园建制的演变、地下埋葬等级体系的重构等方面的细节内容进行讨论分析（《中原文物》第2期）。

《无形之神：巫鸿美术史文集（卷四）》收录巫鸿1999年至2003年关于中国古代美术史的15篇论文和讲稿。一方面继续关注方法论，如《汉画读法》解读武梁祠画像的思想和语言系统，《战国城市研究中的方法问题》探讨城市物质形式的不断变化；另一方面，《无形之神》《说“拓片”》《时间的纪念碑》等一系列论文，选择了道教对老子的表现、碑刻拓片、钟鼓楼等精巧的切入点，深化阐释古代艺术与视觉文化的物质性、历史性、时空观（上海人民出版社）。

三 宗教遗存

宗教考古的调查发掘工作以石窟与摩崖造像为主，也有对已收录的残件进行的整理工作。

2013～2016年，在沟西区中部高台窟院遗址先后四次进行考古发掘，采用整体发掘，全面揭露，从北而南逐区段进行。共清理洞窟五十座，包括三座塔庙窟、四座佛殿窟、三十九座僧房窟、一座禅窟、三座长方形洞窟；另有一座窟前佛连通不同窟院的两条廊道、两处窟前广场院落及一处登山踏道。出土大量壁画残块、塑像残块和汉文、婆罗米文、回鹘文、粟特文、藏文、蒙文写本或刻本佛经，还发现有墨书汉文、回鹘文木签，以及绢画、纺织品、陶瓷器、木器、铜器、铁器、石器和动、植物遗存（《考古学报》第3期）。

开展配合莲花洞保护工程的考古调查，并对其始凿年代有了突破认识，莲花洞（535号）可被认定为开凿于北魏时期。在窟右壁新发现烟苔覆盖下的两则武周时期题记，进一步确认了大窟改造为三壁三龛的时代下限为唐武周时期。改造后的莲花洞造像题材在造像题材和风格上都反映了与长安的密切关系（《四川文物》第6期）。

2011～2012年，四川大学历史文化学院考古学系、成都文物考古研究院、安岳县文物管理局联合组成调查队，先后三次对该造像区进行了三维扫描、地形测绘、绘图、文字描述和摄影、记录（《考古学报》第4期）。

《山东平阴天池山唐代摩崖造像调查简报》在实地调查的基础上，认为天池山摩崖造像年代为初唐至盛唐，并就洪范池镇地区北朝至隋唐佛教遗存情况进行了初步探讨（《文物》第7期）。

2018年4月，中央民族大学考古文博系与盐亭县文物管理所联合对该处摩崖造像进行调查，运用多种手段与方法记录造像的各种信息，明确部分造像年代，为四川地区其他小型摩崖造像提供了重要的时代参照（《文物》第10期）。

2018年7月，为配合抢救性壁画保护修复的工作，敦煌研究院考古研究所对东千佛洞第5窟佛台遗迹进行了清理，基本弄清了佛台的形制和结构，出土了一些塑像残块、壁画残片及其他遗物（《敦煌研究》第1期）。

2015年7～8月及2019年7～8月，四川大学考古学系与通江县文物局组成联合考古队，先后两次对千佛岩摩崖造像进行全面、系统的考古调查，在不改动原编号的基础上新增9龛（《敦煌研究》第6期）。

2017年4～5月和2019年6月，吐鲁番学研究院考古所对伯西哈石窟进行了发掘清理。初步厘清了石窟的布局，其遗迹分布于沟谷两岸，其中沟南有庭院1所，礼拜窟5个，僧房窟1个，房址2间；沟北有僧房窟4个，地面佛寺2座。根据洞窟内所绘壁画和出土遗物，将石窟分为两期，年代分别在10世纪中叶至12世纪末、13世纪初至14世纪末（《吐鲁番研究》第1期）。

雷玉华认为睏佛寺第19、20号小龛造像雕刻于北周时期，是目前所见川渝中、东部地区最早的一龛造像，是迄今所见四川地区佛教传播深入乡村最早的实物资料（《中国国家博物馆馆刊》第9期）。

2020年5～6月，新疆文物考古研究所、吐鲁番学研究院对胜金口石窟周边区域开展考古勘探工作，发掘清理了一座佛塔残基，出土了少量汉文、回鹘文、婆罗米文等文书残片（《吐鲁番研究》第2期）。

2010年，西北大学文化遗产学院对苏巴什佛寺遗址进行了较为全面的调查，对西寺遗址的14座石窟、东寺遗址的3座石窟进行了测绘、记录和照相（西北大学文化遗产学院编、冉万里编著：《新疆库车苏巴什佛寺遗址石窟调查报告》，上海古籍出版社）。

马蹄寺石窟群是河西地区十分重要的石窟群之一，敦煌研究院及相关文物部门考古人员先后多次对其进行了详细的调查研究，《肃南马蹄寺石窟群》一书是目前为止对马蹄寺石窟最全面的基础资料的公布，是历次调查研究成果的集中展现，也为马蹄寺石窟乃至河西石窟的深入研究提供了很大便利（敦煌研究院、甘肃省文物局、肃南裕固族自治县文物局等编著，科学出版社）。

除了相关调查发掘报道之外，有关宗教的研究与论著可分为石窟寺或造像分期（年代），壁画图像内容及年代考证，石窟寺之间的文化、人群交流以及比较研究等方面，其中多数研究兼具以上几个层面。

王露、罗文华《西藏阿里地区皮央石窟护法殿壁画考察报告（下）》着重分析了皮央石窟Ⅳ区32窟（护法殿）壁画中萨迦派及俄派祖师传承以及护法、供养场景，综合探讨了壁画年代、艺术风格及教派影响范围，认为此窟壁画的绘制年代在16世纪晚期至17世纪初，具有藏中地区艺术风格，反映出当时萨迦俄派在西藏西部普兰、古格地区具有较大影响力（《故宫博物院院刊》第1期）。

赵莉对法国巴黎集美博物馆收藏的15块克孜尔石窟壁画残片进行了核对与测量，找到了全部壁画所出洞窟及原位，并通过电脑技术对图片进行了复原（《中原文物》第2期）。

周杨以佛教石窟寺中的琵琶图像为中心，系统梳理敦煌莫高窟和新疆地区石窟寺中所见琵琶图像的发展演变；指出乐器变化的背后往往蕴含着文化的交融（《敦煌研究》第4期）。

常青对北魏关中地区佛教造像的地方风格进行了归纳总结，指出北魏时期陕西关中地区在接受来自都城平城与洛阳影响的同时，也在发展着自身的地方风格的佛教造像（《故宫博物院院刊》第3期）。

王云以现存实物材料的图像与表现形式的探讨为主，文献查证为辅，认为中国早期石窟中的佛像半偏袒式袈裟形制，承袭的是犍陀罗、阿富汗地区4～5世纪的传统，其表现手法是中亚风格化表现传统与希腊写实主义相遇的结果（《故宫博物院院刊》第8期）。

唐仲明、王亚楠全面比较了邺城地区最有代表性的响堂石窟与北吴庄埋藏坑中的各类佛教造像，通过对两地造像题材和供养人身份等级的对比指出，响堂石窟代表了东魏北齐统治阶层的佛像信仰；北吴庄造像则反映了邺城当地普通僧俗信众的信仰（《故宫博物院院刊》第12期）。

彭明浩、李若水通过主体造像、壁面尚存的大量补凿窟龛和龛前加建木构建筑残存的孔槽遗迹等营造遗迹的空间关系，对加建龛前建筑的年代提出新的认识，指出石窟内外的造像与窟前建筑是石窟寺整体空间的有机组成部分，营造它们的活动也可能存在关联。将窟龛与建筑统一考察，有助于石窟寺基础资料的全面记录与研究（《考古》第2期）。

沙武田指出莫高窟第158壁画图像体现了唐、吐蕃、粟特多元文化艺术互动的有趣现象（《敦煌研究》第3期）。他认为莫高窟第217、103二窟中罽宾僧人佛陀波利来华的随侍人物当为罽宾人形象（《考古与文物》第6期）。

通过对14部涉及尸毗王本生故事的佛教经典进行梳理，夏琳瑜对比分析了各地区尸毗王本生图像，探讨了图像与佛经文本之间的关系（《中原文物》第5期）。

在辨识陕西延长七里村石窟明代浮雕神祇尊格的基础上，廖旸讨论该窟的诸尊组合、对应关系及整体图像配置。认为造像突显了以南北极、南北斗为核心的星斗信仰，折射出信众消灾解厄、祈福延寿的宗教诉求。窟内镌刻的炽盛光佛像意义重大，是目前所知该佛明确出现在道教语境的首例造像材料，为进一步研究炽盛光佛信仰补充了新的证据（《敦煌研究》第5期）。

李瑞哲《龟兹石窟佛教艺术研究》一书利用出土的梵文、吐火罗语文献资料，结合佛教典籍，对龟兹石窟的壁画题材、内容特点进行深入探讨。全书主要围绕两条线索进行研究：龟兹石窟中的“唯礼释迦”思想；龟兹石窟的开凿、壁画内容与僧侣的禅修活动有密切关系，进而分析了龟兹小乘佛教说一切有部的产生、发展以及演变脉络（科学出版社）。

常青《长安与洛阳：五至九世纪两京佛教艺术研究》收录了作者 1984～2016 年对长安与洛阳地区佛教艺术的实地调查与研究，文章共 26 篇，分 5 个部分及附录，涉及长安与洛阳两京地区五至九世纪的佛教艺术样式、题材、风格以及与其他地区佛教艺术之间的相互影响，对于研究 10 世纪以前中国早期佛教艺术有重要的学术价值（文物出版社）。

倪雅梅《龙门石窟供养人：中古中国佛教造像中的信仰、政治与资助》从政治、信仰与资助的角度分析龙门石窟的供养人，进而对中国中古社会及文化进行考察与研究，是一部以域外视角观察中国传统社会的专著（［美］倪雅梅著，陈朝阳译，中华书局）。

四　手工业遗存

在这一时期进行的手工业考古遗存调查与发掘工作较其他类别的遗存并不多，主要是窑址，如下：

2018 年开始发掘安徽省淮北市烈山区烈山镇烈山村的烈山窑址，面积 700 平方米，分为三个区域：Ⅰ区金元窑址区域、Ⅱ区唐代末期至北宋窑址区域、Ⅲ区汉代窑址区域。清理各类遗迹 70 余处，包括 6 座窑炉、52 个灰坑、1 条道路、14 条灰沟，以及大量遗物，以白瓷、青釉瓷、三彩器为主，产品主要包括碗、盘、盏、罐、素烧建筑构件、黄釉印花砖等（《中原文物》第 2 期）。

2018 年，株洲市文物局组织株洲市博物馆和醴陵窑管理所联合对醴陵窑遗址外围区域进行调查，在醴陵铁河东侧发现一处被破坏的龙窑，采用匣钵装烧工艺，主要烧造青瓷，另还有青黄釉、白釉瓷，主要器形有碗、盘、碟、盏、执壶、罐、钵等生活用瓷，烧造年代为五代时期，废弃时间可晚到北宋早期。该窑址是湘东地区首次发现的五代时期窑址，也使醴陵地区烧造瓷器的历史大为提前（《中国国家博物馆馆刊》第 12 期）。

河南省文物考古研究院、宝丰汝窑博物馆编著《宝丰清凉寺窑》，是清凉寺窑 1988 年至 1998 年的三次考古发掘成果。通过对考古资料的初步梳理研究，认为清凉寺窑创烧于北宋早期，北宋晚期至金代为鼎盛时期，从元代开始逐步走向衰落，明代以后彻底退出历史舞台。清凉寺窑生产规模宏大，它不仅是中原地区北宋以来综合性的窑场之一，其文化内涵也非常丰富。产品有白釉、白釉珍珠地、青釉、黑釉、白地黑花、钧釉瓷和三彩类釉陶制品等，该书再现了清凉寺窑的生产面貌、制作工艺和烧造技术水平，为中原地区北宋到元代的陶瓷分期、断代提供了进一步深入研究的基础（科学出版社）。

《澄迈清代福安窑》一书，对海南澄迈清代福安窑窑址的一手资料进行详细的梳理和总结，探讨了窑炉结构特点、出土陶瓷器类型、文化特征及其文物价值与重要意义（科学出版社）。

有关研究性论述也主要集中于陶瓷业，主要包括器物的装饰技术、风格特征，以及一些特殊模型制品。此外，还有对砖瓦窑业技术、金属制造技术的讨论。

秦大树讨论了高丽青瓷中镶嵌工艺产生的时代，同时依据考古发现，列举了中国北方地区在10—11世纪创造的几种带有镶嵌性质的装饰工艺及其出现的时间，指出高丽青瓷镶嵌工艺的产生是受到中国北方地区瓷器镶嵌工艺的影响，并在仿制后者的基础上进行创新（《故宫博物院院刊》第9期）。

李梅田认为，中唐兴起的长沙窑是一处以民间贸易为目的、以釉上彩“胡风”装饰为特色的外销瓷窑场，其窑业文化中的北方因素，是来自于中古移民浪潮中的胡人群体对长江中游社会生态的影响，认为长沙窑是在六朝以来逐渐形成的胡商文化、移民文化社会环境中应运而生的（《故宫博物院院刊》第5期）。郭爱鹏等通过收集公元600～960年间的长沙窑纪年瓷出土数量、气候、战争等相关资料，指出战争是影响长沙窑发展的主要因素（《南方文物》第5期）。

韦伟燕对长江中游青瓷院落模型的形制、年代、源流及相关历史背景问题进行了讨论（《中国国家博物馆馆刊》第9期）。

李清临通过对魏晋南北朝时期的砖瓦窑炉的分析，对相关问题进行探讨，指出魏晋南北朝时期砖瓦窑炉的建筑方式主要为半地穴式，以单窑为主，多位于建筑、墓葬近旁，专业化程度很高。魏晋南北朝时期发现数量较少，主要分布在南方地区（《考古与文物》第4期）。

郭物对新疆焉耆黑圪垯、乐浪石岩里和辽宁大连营城子等地发现的龙形瑞兽纹金带扣以及相关的玉、银等材质的瑞兽纹带扣进行研究，推测这些高等级的瑞兽纹金带扣是由汉朝中央政府管理的作坊生产，并由中央政府赐给当时边疆地区的首领，以强化汉王朝的权威；也赐予给汉晋王朝统治阶级内部的高级贵族和官员，在东汉至两晋时期尤为突出（《故宫博物院院刊》第7期）。

五 边疆民族与中外文化交流遗存

该类研究逐渐成为学界内关注的焦点，相关论文、著作、会议论文集、辑丛等日渐多见。

2020年出版的会议论文集或纪要多以丝绸之路为主题，探讨文明交流之间的问题，列举如下（按照出版时间排列）：罗华庆、李国《从雪域高原到丝路重镇：“6—9世纪丝绸之路上的文化交流国际学术研讨会”综述》（《敦煌研究》第1期）、《丝路回音：第三届曲江壁画论坛论文集》（周天游主编，文物出版社）、《丝绸之路与文明记忆：丝绸之路对中华文明演进与传播的影响学术研讨会论文集》（天水市博物馆编，文物出版社）、杨筱绮、牛昊林《“高句丽·渤海的都市、文化及其世界”国际学术会议纪要》（教育部人文社会科学重点研究基地、吉林大学边疆考古研究中心、边疆考古与中国文化认同协同创新中心编：《边疆考古研究（第27辑）》，科学出版社）、《交流与融合：隋唐河西文化与丝路文明学术研讨会论文集》（中国社会科学院敦煌学研究中心、武威市凉州文化研究院编，中西书局）、《丝绸之路与秦汉文明：丝绸之路与秦汉文明国际学术研讨会论文集》（甘肃省文物考古研究所等编著，文物出版社）、《长安与世界对话：唐都长安1400年国际学术研讨会论文集》（杜文玉、何志龙主编，社会科学文献出版社）。

王静、沈睿文认为大使厅壁画南壁内容为粟特王拂呼缦与王妃刺鹅荐庙，跟游牧民族春捺钵内容相类。他们又系统梳理了自阿尔鲍姆（L. I. Al'Baum）以降，马尔萨克（B. I. Marshak）、莫德（M. Mode）、葛乐耐（F. Grenet）、F. 欧里（Francois. Ory）、康马泰（Matteo Compareti）、魏义天（é. de la Vaissiere）等主要学者对大使厅西壁壁画复原、解释的过程（《故宫博物院院刊》第12期）。

葛承雍依据长安唐贞顺皇后墓石椁线刻画，指出“反弹琵琶”最早来源为开元二十五年（737）男性胡人的艺术造型，其从男性舞者转变为女性舞伎的过程，正是从长安皇家艺术吸纳异域文化中开启，传播至敦煌艺术工匠创作之中的（《敦煌研究》第1期）。

郭云艳通过对丝绸之路上出土金片的图案类型、风格的考察，揭示了拜占庭帝国早期不同阶段的社会经济表现及其在东方的影响力变迁，以展现吐鲁番或中亚地区的社会生活及中古丝绸之路沿途货币的多样性，为东西方文化传播、融合的研究提供了重要证据（《考古与文物》第3期）。

《唐诗镜像中的丝绸之路》研究的重点是把唐诗作为史料，探讨唐代丝绸之路盛衰在唐诗中的反映，同时也揭示丝绸之路和中外交流的发展对唐诗繁荣起到的推动作用（石云涛著，中国社会科学出版社）。

鲍展斌《“海上丝绸之路”与中外货币文化交流》一书对海上丝绸之路与中外货币文化交流进行了全面系统的研究。重点探讨了宁波作为海上丝绸之路始发港的地位与作用，分析了近代宁波海上丝绸之路贸易及货币文化交流的特点，进而考察了中国货币在海外的文化影响及历史意义（中华书局）。

冉万里《丝路豹斑（续集）——不起眼的交流，不经意的发现》以“丝绸之路”为线索，论述了古代中国与希腊、罗马、中亚、西亚及古印度之间的文化交流（科学出版社）。

另有多部辑丛出版发行，此处一并列出，不再赘述：《西域文史（第十四辑）》（朱玉麒主编，科学出版社）、《西部考古（第19辑）》（文化遗产研究与保护技术教育部重点实验室、西北大学丝绸之路文化遗产保护与考古学研究中心、边疆考古与中国文化认同协同创新中心、西北大学唐仲英文化遗产研究与保护技术实验室编，科学出版社）、《考古学研究（十一）：丝绸之路考古研究专号》（北京大学考古文博学院、北京大学中国考古学研究中心编，科学出版社）、《丝绸之路考古（第4辑）》（罗丰主编，科学出版社）、《丝路文明（第五辑）》（刘进宝主编，上海古籍出版社）。

六　专题性研究

研究对象主要可分为纹饰图像，器物组合，以及墓志、碑刻及简牍等文字材料。其中尤以墓志为首推，相关论述及考释占多数。

常樱《摩羯纹在中国的传播与兴衰》主要讨论了摩羯纹传入中国的历史过程及其在中国的发展，并试图对中国最早的摩羯纹出现于何时等问题进行探讨（《中国国家博物馆馆刊》第3期）。

彭丽华《大周万国颂德天枢装饰上的狮子造型论》一文梳理了狮子这一图像主题运用的概况，指出其所蕴含的象征意义是能够贴切表达武则天政权与神权的结合深意，承载并体现武周帝国统制四夷的政治理想与现实的，这也是其被选择用来装饰具有纪念碑性质的大周万国颂德天枢的原因（杜文玉主编：《唐史论丛（第三十辑）》，三秦出版社）。

张保珍通过对隐几正名、形制和源流的考定，认为隐几是顾恺之所创维摩诘像的重要标志。南北朝时期，南方维摩诘“隐几”图像传至北方地区，并在流传过程中出现图像异变现象。北朝后期，隐几渐趋成为道教老君像的图像标志，并一直延续至唐宋以后（《四川文物》第 2 期）。

罗丰《邦国来朝——台北故宫藏职贡图题材的国家排序》，根据台北故宫博物院所藏传阎立本绘《王会图》和南唐顾德谦摹本《梁元帝蕃客入朝图》，评判画面中的人物和代表国顺序，以此讨论绘画制作时期的国际政治关系，并印证绘制者的所谓职贡题材的真实性（《文物》第 2 期）。

米婷婷指出，梁元帝《职贡图》最后一国是临江蛮而非女蜑；梁元帝《职贡图》所见的女蜑或女蛋，均为临江蛮之误（《文物》第 2 期）。

胡健考证了梁元帝《芙蓉湖醮鼎图》的图像，认为“醮鼎”应指祭鼎的仪式，描绘的是《史记》中记载的汉武帝汾阴祭鼎的典故。该说法符合梁元帝的个人选择与政治取向（《中国国家博物馆馆刊》第 7 期）。

张一帆搜集北朝至唐时期陶瓷扁壶图像和文字等基本资料，从分布范围、时代特征、文化源流三个方面梳理已有研究成果，在此基础上提出对胡人乐舞图像和陶瓷扁壶源流的一些认识（周伟洲主编：《西北民族论丛（第二十辑）》，社会科学文献出版社）。

以下是部分对墓志、碑刻及简牍的考释或研究著述：

张今通过分析刘媚子砖志和张镇墓志，对墓志制作过程中涉及的书法稿本和旧碑改形问题进行讨论，指出东晋墓志的研究更需要跳出文本研究的既有路径，在物质层面作进一步思考（《中国国家博物馆馆刊》第 3 期）。

何如月、李静结合传世文献，碑史互证，探讨了段伯伦的生平行迹、武威段氏世系、段伯伦家族葬地以及唐文宗时期的社会政治等情况（《考古与文物》第 2 期）。

贾淋婕、呼啸通过对《唐代墓志汇编》及《唐代墓志汇编续集》中收录的唐人墓志进行全面梳理，将涉及梦兆的语汇内容分为降生梦兆、死亡梦兆及其它梦兆等三类进行考释，并对比敦煌写本《解梦书》及宋明时期《梦林玄解》，管窥唐代墓志中梦兆语汇的基本内涵及其对后世的影响（《考古与文物》第 2 期）。

韩凯英在对长孙家庆和长孙祥墓志文考释的基础上，结合其父《长孙安世墓志》和其他相关文献史料，探讨了长孙家族的籍贯、世系、官爵以及宅邸和家族墓地位置等。同时，对墓志所反映的长孙无忌被诛和平反等事件进行了深入探讨（《中原文物》第 4 期）。

程源源从独孤思敬墓志及其夫人墓志中，还原出以他为代表的这一社会阶层的人生轨迹，将其置于当时时代背景下加以考察，以期揭示盛唐时期胡姓大家族社会地位升降、文官职守升迁、家族联姻等问题（《中国国家博物馆馆刊》第 11 期）。

王书钦通过对唐《萨孤吴仁墓志》的考释，讨论厘清了中古以降，史籍中载述不一的萨孤氏的情况；并据其墓志载述正好和史籍零星记载互补，对人物形象进行了丰富（周伟洲主编：《西北民族论丛（第二十一辑）》，社会科学文献出版社）。

刘琴丽认为《周良墓志》在姓氏的追述上存在硬伤，再加上其较《宋礼墓志》晚刊发将近两年，出土时间和收藏情况又模糊不清，综合推定，其是以《隋宋礼墓志》为底本改刻的一方伪志（雷闻、康鹏、张国旺主编：《隋唐辽宋金元史论丛（第 10 辑）》，上海古籍出版社）。

王志高在对六朝都城建康遗址出土的字迹较为清晰的 63 枚简牍进行释读的基础上，就其类别、主要内容、年代、所涉遗址形制及埋藏原因等问题进行初步分析，为学界的相关讨论提供了材料基础（《文物》第 12 期）。

范常喜认为洛阳西朱村曹魏大墓出土 M1：179 号石牌铭文当重新断读作“三合银香炉一，盘、丹缣囊自副”。其中的“盘”指香炉下部所附承盘，“合”即两龠为一合的度量单位。“三合银香炉一”是指容量为60毫升的银香炉一件。“盘、丹缣囊自副”是指这件银香炉附有承盘及包装所用的丹缣囊（《中原文物》第6期）。

七　科技考古

利用自然科学手段进行考古学研究是近年来考古学发展的全新趋势，逐渐受到学者的重视。2020年可见的科技考古相关研究，主要集中于技术分析、文物保护、产地溯源以及人种学研究四个方向，其中又以技术分析居多，体现了考古学发展的成果。

着眼于技术分析的研究论述如下：

张茂林等利用能量色散 X 射线荧光光谱分析仪测试分析了景德镇南窑、兰田窑以及凤凰山窑等出土唐代至宋代青瓷、白瓷和青白瓷样品胎釉的元素组成，探讨了唐至宋代景德镇瓷器胎、釉所用原料配方的演变规律（《故宫博物院院刊》第9期）。

壁画颜料的选择、绘制方法是科技考古壁画研究时的重点之一：水碧纹等对嘉峪关新城魏晋壁画墓6、7号墓砖壁画的黄色颜料进行了分析研究。并对照河西走廊矿产分布资料，认为黄色颜料来源于嘉峪关附近，由此推断魏晋时期这一区域墓葬砖壁画颜料的选择还处于探索阶段，研究结果对于深入解读魏晋时期壁画颜料类型具有重要意义（《敦煌研究》第1期）。Birgit Angelika Schmidt 等为确定壁画各层的成分，对森木塞姆石窟第40号窟开展相关研究，尤其是对珍贵样品的泥层、底色层、颜料层和表面沉积物等进行检测，结果与早期对该地区壁画的研究结果一致（马江丽：《文物保护与考古科学》第1期）。贠雅丽、王江利用多种科技手段对北齐徐显秀墓壁画颜料进行了分析和研究，指出颜料均为无机颜料，并对不同颜料分别进行技术跟踪，这为了解北齐时期墓葬壁画颜料的时代和技术特征提供了新的材料（《文物保护与考古科学》第4期）。高愚民等为研究新疆达玛沟佛寺遗址出土壁画颜料成分及工艺，以壁画文物残块为研究对象，认为达玛沟佛寺所使用的颜料全部为矿物颜料。这一研究为探索中国西域佛教史、美术工艺史及后期修复保护材料、工艺选择提供了科学依据（《文物保护与考古科学》第5期）。

訾威等为探索古代漆砚工艺，利用显微 CT、包埋剖面观察、拉曼光谱和红外光谱，对三国时期朱然墓出土的漆砚进行研究。认为三国朱然墓的这件砚台并不具备漆砂砚特征，或称之为漆砚更为适宜。此为两汉时期的漆砚研究提供了参考（《文物保护与考古科学》第3期）。

为对苏巴什佛寺遗址出土的两枚金属制品进行功能探讨，冉万里等借助多种科技分析手段，并结合相关文献，进行了深入探讨，这为研究隋唐时期丝绸之路上西域诸国间的经济文化交流，以及中原与西方诸国的经济文化交流提供了重要的参考（《文物保护与考古科学》第5期）。

以下为文物保护相关的论述：

李菁选取了山普拉墓葬出土的11个样品，对纤维包埋切片法在出土纺织品研究中的应用进行探讨。通过观察纤维切片，可收集文物基本信息，包括保存状况、原材料、是否为染色、染色状况、老化状况等，为后续的染料分析、污染物分析以及保护修复提供一定的依据（《吐鲁番学研究》第2期）。

徐童伟等通过前期预实验以及表面光泽度、防水性、耐老化性等测试评价，配制成具有较好的强度、防霉性、防水性与耐老化性，适合潮湿地区的壁画灌浆加固材料。这对弥补我国南方潮湿地区壁画保护材料研究的欠缺具有重要意义（《文物保护与考古科学》第2期）。

追溯产地来源的科技考古研究有：刘念等人通过对新疆营盘墓地 M45 出土的人面纹玻璃珠进行化学成分分析和制作工艺观察，并与见诸报道的相似器物进行对比分析，就该枚珠饰的具体来源作了相关探讨。宋殷则通过对新疆尼雅遗址 95MN Ⅰ M1：43 的显微观察和染料分析，发现该纺织品为经过缫丝和脱胶处理的家养桑蚕丝制成，且被西茜草、黄檗以及波兰胭脂虫染色，具有不同的地域文化因素。显示其丝织工艺受到中原地区的影响，而染色过程使用的染料来源复杂，显示尼雅纤维有不同地区染料的特征，可见中西交流的痕迹（《敦煌研究》第2期）。

人种学研究相对较少。武喜艳等学者从遗传学角度，使用分子生物学方法对岗嘎墓地人群进行研究，揭示了中国古代北方游牧民族和现代鄂伦春以及北亚人群较近的遗传关系，认为 Y 染色体单倍型 C2b1a 可能对东胡、室韦和古代蒙古贵族父系单倍型的形成有重要的贡献（《考古》第4期）。

辽宋金元明清时期考古

董新林

2020年辽宋金元明清时期考古发掘资料和研究成果较为丰硕。据不完全统计，刊布考古学专刊和专著约20部；相关论文集和图录约30部；考古发掘简报和论文330余篇。王世民《夏鼐传稿》（社会科学文献出版社）和夏鼐《燕园清华园日记》（东方出版中心）让学人再次重温杰出考古学家夏鼐先生的风采。魏坚、杭侃、冯恩学都是当代历史时期考古学研究的佼佼者。本年度分别出版文集，魏坚《大漠朔风：魏坚北方考古文选·历史卷》（科学出版社）、杭侃《参差集》（北京联合出版公司）和冯恩学《行疆探微：边疆考古与美术考古文集》（上海古籍出版社），各具特色，为相关学者研究提供了方便。丁利娜、魏坚《中国辽金考古研究四十年》对40年来辽金考古的重要发现和研究进行了评述（《北方民族考古》第9、10辑，科学出版社）。

一　都城和城址考古发现与研究

城市考古是中国历史时期考古学最重要的内容之一。其工作难度大，不容易出成果，导致考古工作一直较少。2020年刊发的辽宋金元明清时期城市考古简报和论著较多，特别是明清时期城址的考古资料日渐丰富，是重要的新现象。

（一）都城

张建锋《中国古代都城城郭制度考古学研究的历史与现状》分阶段述论了学界对中国古代都城各项城郭要素的不同认识和发展变化情况。可以窥见都城考古理论思考的匮乏现状（《东方考古》第17辑）。

2019年辽上京考古队发掘了辽上京宫城内中北部的一号建筑基址（2019JZ1）。其辽代建筑坐西朝东，长方形殿身为面阔九间，进深八间，副阶周匝。殿墙内涂白灰，外墙涂红色。这是辽上京宫城内发现体量最大的殿址。金代长方形建筑坐北朝南，面阔3间，进深3间。南面正中有五瓣蝉翅慢道。这是一次重要的考古发现（《考古》第8期）。

王文丹《辽上京宫城南门门楼基座做法初探》依据辽上京宫城南门遗址的考古新资料，探讨了辽上京宫城南门门楼基座的可能做法（《草原文物》第2期）。常钰熙《宋使所记辽中京形制小考》依据使辽宋人笔记记载，结合考古材料对文献资料进行辨析，从营建过程和城市布局两方面对辽中京营建初期的形制进行了考察，绘制了辽中京平面布局示意图，较为重要（《文物》第3期）。

北宋西京城，是北宋仅次于东京汴梁城的重要都城遗址。以往学术界多关注隋唐洛阳城的发掘资料和研究，对北宋西京城考古资料认识不足。21世纪以来，关于北宋西京的考古学研究论著增多，特别是一系列考古报告和简报的刊布，为从考古学角度深入研究北宋西京遗址提供了可能。王书林《北宋西京城市考古研究》（文物出版社）一书是在前人研究的基础上，目前对北宋西京城最为全面的研究成果。一些新认识值得重视，有些认识可再商榷。

《北方民族考古》（第 9 辑，科学出版社）刊发了 3 篇有关蒙古国首都哈拉和林的资料。У. 额尔德尼巴特等《哈拉和林“兴元阁”装藏遗迹的发现》、Л. А. 叶弗楚霍娃《哈拉和林发现的中国古代瓷器》和郝柯羽《哈拉和林遗址出土瓷器及相关问题》。

（二）地方城址

河北省正定县是中国历史文化名城。建城史可以上溯到东晋时期，经过唐宋，沿用到明清。因此，正定是典型的古今重叠型城市，是地方城市的代表之一。2015—2016 年，对正定城区内外的广济桥遗址，东城墙魁星楼、马面和水门（关）遗址等进行考古勘探，基本明确这几处遗址的文化层堆积情况，确认广济桥为明代官式石拱桥，初步了解明清时期正定地区的社会生活面貌（《文物春秋》第 5 期）。2019 年，又对正定城区内的城隍庙遗址、东城墙合围工程项目区域等整治工程项目区域进行考古勘察，确认了城隍庙主体建筑位置及整体布局，其中明弘治十二年的“重建真定府庙学之记”碑对于了解和复原府文庙具有重要意义。此外还明晰了唐五代时期真定城子城西城墙的结构、范围，补充了开元寺周边区域宋代的路网系统信息（《文物春秋》第 6 期）。

2015 年，对四川渠县土溪镇洪溪村礼义城遗址展开全面调查，发现城门、城墙、水井、池塘、碑刻等遗存，基本理清了礼义城的范围与布局，认为礼义城在宋理宗宝祐三年（1255）至元世祖至元二十年（1283）为渠州治所，该城在宋元战争中具有重要地位。其在城内发现的多通宋代至明清时期碑刻史料价值重要（《四川文物》第 1 期）。偏脸城位于吉林省梨树县，平面呈平行四边形，每面墙近中部有一门，门外有马蹄形瓮城。周长 4318 米，墙高约 7.4 米。四周有角楼。墙外有护城壕。城外东、西两侧有墓地。发掘者推测此城可能是金代的韩州城（《边疆考古研究》第 27 辑，科学出版社）。

福建泉州古城要在 2021 年申报世界文化遗产。楼建龙对近 50 年间泉州古城内外 9 处遗址和出土遗物进行概述，反映了泉州古城多阶层、多民族人群共居，外销瓷聚集，唐代始兴、宋元鼎盛、明清发展的历史面貌（《福建文博》第 1 期）。考古学者刊发了泉州南外宗正司遗址 2019 年度的发掘报告（《泉州南外宗正司遗址 2019 年度考古发掘报告》，科学出版社）。此外泉州市考古队一系列考古调查和发掘工作于 2017—2019 年集中展开。对泉州市旧人民医院建设用地开展考古勘探工作，发现了宋代至近现代多时期遗迹和遗物（《福建文博》第 1 期）。市区小山丛竹建设用地发现 7 处遗存，出土大量遗物，其中有一方明代“都指挥欧阳公平倭碑”，为了解小山丛竹书院与不二祠遗址等提供了实物资料（《福建文博》第 1 期）。泉州府文庙位于福建省泉州市鲤城区百源川池畔，又名府学，始建于北宋太平兴国初年，历经宋、元、明、清、民国等时期，是中国东南现存规模较大的一组文庙建筑群。考古工作者钻探发现宋元时期的地层以及砖铺地面等遗迹（《福建文博》第 1 期）。泉州旧车站位于泉州市区天后路聚宝大厦北侧，该片区曾为印度教旧址、“番人”居住区、贸易区和校武场所在地。泉州市考古队对旧车站片区进行考古调查与勘探，发现一处宋元时期较大型建筑遗迹线索，出土宋至清代建筑构件及日常生活陶瓷用品（《福建文博》第 2 期）。位于泉州市区北部的府后山遗址是一座主要由废弃瓷片堆积而成的小山丘。出土定窑、耀州窑、龙泉窑、景德镇窑、建窑系、义窑、磁灶窑、德化窑、同安窑等各大外销瓷窑的产品，是研究南宋泉州外销瓷和海外贸易的重要资料（《福建文博》第2期）。泉州东南石狮市石湖半岛的石湖码头，系泉州湾东南进出航线的交通据点。2019年发掘石湖码头主体通济栈桥和石湖寨墙，发现宋元、明清时期遗物较多，唐五代遗物鲜见。从特定角度反映了泉州港唐至清代的发展状况（《福建文博》第1期）。

2016年，对成都市青羊区羊市街17号工地开展勘探和发掘，清理一条元代的大型砖砌沟渠，出土大量瓷器，有成都琉璃厂窑、乐山西坝窑、彭州磁峰窑、龙泉窑、钧窑、景德镇窑和耀州窑产品等。以往成都城内所见的元代遗存很少，这是一批重要资料（《四川文物》第5期）。

2018～2019年，考古工作者对新疆奇台县城东北的唐朝墩城址进行考古发掘，发现城墙、城门、浴场、墓葬等遗迹，出土较多遗物。城址东西宽约341、南北长约465米，西、南、北三面城墙呈直线，东墙沿台地自然地势存在三处折角。城墙上有马面和角台，各马面之间相距约30米。外有护城壕。此城始建于唐代，历经高昌回鹘，废弃于蒙元时期。推测唐朝墩城址应为唐代庭州蒲类县的县治所在地。该城址的发掘对研究天山北麓唐至蒙元时期多民族大一统历史格局的形成及丝绸之路东西文化交流等具有重要价值（《考古》第5期）。

明蜀王府（明蜀藩王府邸）位于成都市中心城区天府广场、东、西华门等一带。洪武二十三年（1390）第一代蜀藩王朱椿就藩成都。2013～2017年，曾对东华门区域进行考古发掘，揭露出大面积的明代蜀王府建筑遗存，应是位于宫城内东北部以水面景观为主的苑囿区。修建于明代早期，废弃在明末或清初。出土有景德镇窑、龙泉窑、玉溪窑及四川本地窑口等瓷器，以景德镇窑为大宗，发现有"大明宣德年制"款识器（《文物》第3期）。

王子奇《横切面与长时段——试谈宋元地方城市考古研究的两个面向》通过梳理宋元时期地方城市考古的研究情况，认为历史横切面的整体考察是新建城市研究的重要入手点与研究面向；同时对个案城址的历时性考察应重视考古工作及其方案设计，加强对城内建置变迁的研究（《华夏考古》第6期）。

刘友恒等《略论正定城墙历史变迁及唐五代时期正定城的三城格局》依据历史文献梳理了河北省正定古城城墙的历史变迁，并结合考古资料，对唐、五代时期城垣为牙城、子城、外城的三城格局进行了初步探讨（《文物春秋》第3期）。城四家子城址为一处规模较大的辽金时期古城遗址。梁会丽《城四家子城址考古工作与再认识》依据考古发掘资料，认为此城平面略呈长方形，四面各1门。此城为辽长春州、金新泰州城，是政治、经济、军事重镇，并且佛教流行（《辽金历史与考古》第11辑，科学出版社，2020年12月）。孟庆旭《吉林省西部几处辽金遗存年代问题再探讨》重新论证了吉林西部几处辽金遗存的年代（《北方民族考古》第9辑，科学出版社）。

郑万全等《四川渠县南宋〈礼义城图〉的拼合与考释》根据2015年在四川渠县礼义城考古调查中发现的9块《礼义城图》残片，考证了目前所见的唯一一幅描述南宋时期四川地区山城防御体系的城池攻防图（《四川文物》第1期）。

汪勃等《再谈南宋扬州蜀岗上城池的位置范围》依据相关考古发掘资料和文献记载，明确了南宋扬州蜀岗上城池的相关名称：堡寨、堡砦、堡砦西城、堡城、宝祐城、平山堂等的相对位置。并认为传统观点无误（《东南文化》第2期）。

杭侃《蒙元城址考古二题》以“蒙元城址的边界”和“元上都的营建”为论题，选择典型城址探讨了蒙元时期北方新建城市的边界问题；并通过元上都历时性的分析，建议关注游牧民族城市考古研究中的特殊性（《四川文物》第4期）。

江伟伟《影响明代大同关城布局的因素分析》认为明代大同府城在明蒙军事冲突背景下修筑了三个关城，是军事和商业发展的需要；其与主城互成犄角的布局，使其整体军事防御功能更加完备（《文物世界》第6期）。《明代大同城墙之北小城城门考》大同府城的北小城在城门布局与命名上呈现出多样性，既有礼制观念的主导，又受道教堪舆术影响，更有军事防御的需要（《文物世界》第3期）。

（三）村镇遗址

《无锡城南村明清遗址考古报告》（江苏大学出版社）报道了基建发现的明清遗址的情况。2015年在湖南省宁乡市韶光村冲天湾遗址发掘到灰坑、灰沟、灶等。根据出土瓷器和建筑构件推定遗址应为南宋晚期至元代早期销售瓷器的草市遗址（《文物》第5期）。2014年在河北省泊头市十里高遗址发现一处宋金元时期聚落遗址。遗址位于南运河与清凉江之间，对于研究宋金元时期瓷器内河航运贸易情况和南运河的兴衰史有重要意义（《考古与文物》第2期）。2015年在深圳双峰寺古遗址发现了一批南宋到清代中期的陶瓷器。其中少量南宋青瓷和影青瓷片最为重要（《文博学刊》第1期）。

2012年在内蒙古额尔古纳市蒙古室韦苏木中俄边境附近的卡伦敖包遗址，清理发现两捆清朝末期巡边时留下的木牍，记录清朝时期官员每年巡察中俄边境的情况（《草原文物》第1期）。

（四）其他遗址

孟庆旭等《再论吉林省中部老边岗的性质》根据近年来考古发掘和调查资料指出，吉林省中部地区的老边岗土墙并非是高句丽时期的遗存，而是辽金文献中记载的辽代界壕。该界壕与其内侧的辽代城址形成了多层次的防御体系。这套防御体系在金代废弃，其形式内容影响了金代及以后的边防体系（《中国国家博物馆馆刊》第9期）。

刘晔海《甘肃山丹明代长城调查研究》对甘肃山丹明长城进行调查研究指出，长城有南、北两道，均为东南至西北走向。现有土墙、石墙、壕堑、山险墙、山险、水险等。屯兵堡寨、山关隘口、烽火线路、驿站古道等长城相关设施遍布全境。对保障明代河西走廊驿路商道畅通、农业生产发展乃至西北地区的政治稳定有重大作用（《中国国家博物馆馆刊》第11期）。

王晓颖《北京已发现的金元两代水关遗址之比较分析》对北京金元时期水关遗址进行了比较研究。指出“水关”是和城墙相关联，修建于城墙下；其主要功能是连接城墙内外之水系；在建筑设计及功能上有可通航和不可通航之分（《北京文博文丛》第2期）。

二　陵墓考古发现与研究

辽宋金元明清时期陵墓考古方面，2020年发表的考古发掘资料和研究成果较往年有所减少。本文从考古资料报道和综合研究两个方面加以介绍。

（一）发掘资料

将年度资料按辽金、两宋、元明清 3 组分述。

1. 辽金时期

医巫闾山辽陵近年来取得重要的新进展。2015～2018 年，辽宁省文物考古研究院对辽宁省北镇市辽陵内的新立遗址一号基址进行发掘，出土大量绿琉璃质的瓦当、滴水、凤鸟、鸱尾，以及铁铜器、瓷器、玉册等遗物。新立一号基址为大型廊院建筑，由北部正殿、南部山门和四周廊庑组成，建筑外围环绕一周排水道。正殿台基平面由大殿、月台和东、西二阶组成。大殿台基东西面阔 29.6 米，南北进深 24.3 米；台上建筑为面阔 5 间，进深 4 间。发掘者结合遗址年代和地望分析，认为该基址为辽乾陵玄宫前的祭殿址。这是辽陵考古的重要发现（《考古》第 11 期）。发掘者还对新立一号建筑基址西南侧的 M1 和北侧 M2 进行了简介。推测 M1 由墓道、天井和墓室组成，墓向 178 度。墓圹全程 83.7 米。墓道长 33 米、宽 5.8 米—10.8 米。墓室部分总长 39 米，宽约 24 米。M2 由墓道和墓室组成。全长 44.1 米。墓向 168 度。阶梯墓道长 25 米；圆形墓室直径约 19.1 米。发掘者认为 M2 和新立一号建筑基址是辽乾陵的玄宫和陵前殿址（《边疆考古研究》第 27 辑，科学出版社）。2015～2017 年，考古学者发掘了辽乾陵的重要陪葬墓区之一——北镇洪家街墓地的 4 座墓葬。其中 M4 是辽代著名大臣韩德让墓。该墓由墓道、墓门、前后甬道、前室、主室及左右耳室构成，通长约 32 米、深 6.5 米，墓向 185 度。墓道两壁、墓门、甬道两壁和地面、前室地面、东西耳室墙壁残存壁画或地面彩绘。主室平面呈圆形，直径 4.5 米、残高 2.2 米。这是辽代墓葬考古的重要发现（《考古》第 4 期）。

2016 年，在辽宁省朝阳市龙城区水泉村西山果园发掘 13 座辽代墓葬，出土刘知新三兄弟的墓志，知此处是辽代晚期刘氏的家族墓地。其中 M1、M2、M10 分别出土刘知新、刘知微、刘知古三兄弟的墓志；M5 和 M7 发现保存较好的壁画，随葬品较丰富，为研究辽代晚期的丧葬习俗和历史又增添了宝贵资料（《北方文物》第 4 期；《辽金历史与考古》第 11 辑，科学出版社，2020 年 12 月）。2012 年在朝阳市天骄城住宅小区发掘 3 座辽墓，应是汉人平民墓（《北方文物》第 3 期）。2002 年在内蒙古敖汉旗韩家窝铺清理 7 座墓，其中 3 座有壁画。属于辽代中后期的墓葬（《草原文物》第 1 期）。2016 年在吉林省双辽市东孟益屯发掘一座辽墓和砖砌祭祀坑，出土 40 余件随葬品，且在墓室内发现一座木质“棺床小帐”。该墓为夫妻合葬墓，可能为一低级官吏或下层贵族墓（《考古与文物》第 1 期）。

2012 年，在山西省高平市汤王头村发掘一座金代仿木结构彩绘雕砖墓，由墓道、甬道、前室、东西耳室和后室构成（《华夏考古》第 6 期）。2016 年，在宁夏彭阳县张湾村发掘 1 座墓葬，为带有斜坡墓道仿木结构雕砖方形单室墓，模印砖雕有动物、花卉与孝子故事和仿木结构建筑等题材，其中人鱼形象较特殊，是金代夫妇合葬墓（《北方文物》第 2 期）。2019 年在甘肃省张家川回族自治县张家川镇上磨砖瓦厂发掘一座金墓。该墓为仿木结构方形单室墓，彩绘雕砖保存较好，绘有 24 孝人物故事和生活题材，不见随葬品，推测是平民墓（《文物春秋》第 4 期）。

2016 年，在河南省荥阳市贾峪镇鲁庄村发掘 53 座宋金墓。多为竖穴或斜坡墓道土洞墓，仅 1 座砖筑墓。因为没有按单位发表所有器物，所以不好确定墓葬年代。笔者认为这批墓葬多为金墓。M107 为仿木构砖筑八边形单室墓，出土有买地券（《中国国家博物馆馆刊》第 3 期)。

2. 两宋时期

2009 年发掘的河北省元氏县南白楼墓地，介绍了宋金时期带墓道的石室墓情况（《元氏南白楼墓地》，科学出版社）。

2005 年，在河南省舞钢市冷岗村发掘两座墓葬。M1 为带墓道的砖筑并列 3 室的类椁式墓，南侧石板封堵墓门；根据墓志可知，该墓为韩姓夫妇合葬墓；M2 为带墓道的砖筑并列 4 室的类椁式墓。根据墓葬形制和出土器物判断为北宋晚期墓（《中原文物》第 4 期)。

2012 年，在河南省洛阳市邙山镇望朝岭村西发掘 8 座墓葬。其中 2 座墓为长方形阶梯状墓道土洞墓，根据石墓志可知，墓主为宋故孺人王氏和宋故仙源县君李氏。此墓地可能是宋故内殿承制赵思温家族墓地（《洛阳考古》第 1 期)。

2016 年，在江苏省淮安市洪泽区长山村发掘一座宋代壁画墓（M1)，为带墓道的仿木结构砖筑券顶长方形类屋式墓。墓葬四壁有彩绘壁画，还兼有仿木结构砖雕，较为罕见（《东南文化》第 2 期)。

2013 年，在浙江苏州市吴中区尹山社区清理一座北宋土坑竖穴墓（编号 M15)，随葬漆碟朱书“杭州胡□上牢丙子”，记录了制作地点、生产时间、作坊名号和花押等（《文物》第 5 期)。

2013 年在四川省广元市利州区水柜村发掘一座南宋石筑并列双类屋式墓，由墓道、墓门和墓室及后龛组成。墓室内有精美浮雕画像等。根据出土墓碑可知，墓主为南宋后军统制兼弹压利州军马王光祖夫妇墓（《考古》第 2 期)。

2002 年在重庆市大足区报恩村锅盖坡发掘 2 座并列的石筑仿木结构类屋式墓，由挡土墙、墓门和墓室及后龛组成。发掘者认为墓室内浮雕题材与大足石刻 136 窟相似（《四川文物》第 2 期)。

2014 年在重庆市永川区高洞子村清理 3 座并列的类屋式崖墓（M1—M3)，坐北朝南，由墓道、甬道、墓室和后龛组成。墓室内有仿木结构和浮雕画像。倚柱等上面有纪年和人名题刻，可知此 3 墓为南宋开禧年间南阳天凤郎夫妇合葬墓（《文物》第 6 期)。

3. 元明清时期

2007～2017 年，北京市大兴区基建考古中共清理从汉至清 161 座墓葬，其中有一批辽金元明清的墓葬新资料（《大兴古墓葬考古发掘报告集》，科学出版社)。2018 年在江苏省扬州市邗江区发掘一座元代的砖壁石盖的并穴合葬墓（M17)，东向（《东南文化》第 2 期)。

2004 年在山西省翼城县原村清理一处墓地。其中 M1 为砖筑近方形单室类屋式墓。根据朱书方砖买地券可知，此墓为元至正六年（1346）周姓夫妇合葬墓（《文物》第 7 期)。2018 年在山西省盂县后元吉村发掘 2 座砖筑近圆形单室类屋式墓，南向。两墓之间设一个明堂。墓室内有仿木结构砖雕和彩绘壁画，保存不好。根据 M2 方砖买地券朱书文可知此墓为元泰定元年（1324）合葬墓（《文物》第 7 期)。2016 年，在山西省晋中市榆次区羊毫街发掘 2 座元代土洞墓（《文物春秋》第 1 期)。2017 年，在西安市雁塔区雁翔路西发掘 2 座小型元代竖穴墓道土洞墓（《文博》第 1 期)。2019 年，在河北省深泽县东固罗村发掘 3 座砖筑圆形单室类屋式墓（《文物春秋》第 3 期)。

本年度新刊布的明墓主要有山西省太原市东山一处明代晋藩王墓地。晋端王陵园平面呈“目”字形。三座大墓位于陵园北部，第七世晋端王墓（M2）居中，继妃王氏墓（M1）和富人院氏墓（M3）分列左右。端王墓墓道前有一处面阔5间，进深3间的享殿。享殿前的轴线上有一组三进院落的建筑群。这是首次对明代晋藩王墓和陵园进行系统的考古工作（《2019中国重要考古发现》文物出版社，2020年5月）。2004年，在河南省郑州市金水区王府坟村发掘了明南陵庄裕王和王妃李氏、继妃宗氏、侯妃樊氏的合葬墓。王陵园由石墓碑、神道石像生（4人、2兽）和墓冢组成，南向。南陵王墓南向，有斜坡墓道和石筑并列3椁室，石椁内有木棺。出土的碑刻和墓志资料也较为重要（《中原文物》第3期）。有学者对河南省沁阳县明郑藩某王墓和甘肃省泾川县明韩恭王墓进行了实地调查和测绘（《中原文物》第3期）。

2012年在南京市玄武区发掘3座明代名将徐达家族墓，呈西北—东南向。根据墓志可知，M9墓主为徐达之孙徐景瑄；M42墓主为徐达五世孙徐铎。二墓为砖筑长方形类椁式墓。M28为带墓道的砖筑单室类屋式墓，较特殊（《文物》第9期）。南京林业大学内的4座明墓，M11—M13为砖壁石板顶的类椁式墓；M46为土坑木棺墓。此4墓可能隶属于徐达家族墓地（《中国历史博物馆馆刊》第4期）。2018年，在广东省东莞市牛石马山冈发掘一座明代晚期贵族墓，由石望柱、石像生、神道、祭台和墓冢构成墓园，朝西北向。墓室为长方形木椁室墓。棺椁周围用三合土和石灰密封（《四川文物》第6期）。2019年在河南省尉氏县袁楼村发掘明范九恩夫妇墓，为三合土密封的木棺墓，出土有石墓志等（《考古》第11期）。2016年在江苏省淮安市清江浦区发掘4座墓，均为土坑竖穴木棺合葬墓，呈东北—西南向排列。根据M4出土砖买地券录文和石墓志铭可知，该墓地为明代中晚期处士杨仲康家族墓地（《东南文化》第2期）。

2016年，在北京市通州区发掘了135座古代墓葬（辽代4座、清代131座），是了解北京清代平民丧葬习俗的新资料（《通州田家府村——通州文化旅游区A8、E1、E6地块考古发掘报告》上海古籍出版社）。1994年，在福建省明溪县王桥村发掘了清代叶氏家族墓地，南向。由泮池和墓园组成。墓园内由南至北为3座墓，均为砖筑长方形类椁式墓，火葬。居中者（M2和M3）为并穴双室墓，M1居北。其中M3中出土砖质明“成化”“万历”纪年的神位牌和墨书题记“康熙”纪年的骨灰罐等，表明这是清朝康熙年间的迁葬墓（《福建文博》第4期）。2018年，在广州市越秀区横枝岗路70号清理了一座光绪三十年（1904）北海镇总兵郑润材墓。该墓出土3件随葬品，其中包括一合砖质墨书墓志（《广州文博》年刊）。

（二）综合研究

相关专题研究按时段分述如下。

1. 辽金时期

辽祖陵是辽代开国皇帝耶律阿保机的陵寝之地，其营建规制是辽代具有开创意义的帝陵制度。董新林《辽祖陵陵寝制度初步研究》根据考古调查和发掘的新资料，结合历史文献，探讨了辽祖陵陵寝制度。对选址规划、陵区构成、陵园布局等进行深入探讨。认为辽祖陵主要承继了唐代陵寝制度的规制，反映出契丹统治者对汉族文化传统的尊崇和效仿；同时又多有创新，体现出北方游牧民族在丰富中华文化内涵，对中华文化认同方面所作出的独特贡献（《考古学报》第3期）。万雄飞《辽代的宗庙与御容殿》把辽代宗庙分为京庙、陵庙、州庙、木叶山庙和行在庙。在皇（宫）城、陵区、寺庙、捺钵地、地方州等都设御容殿或御容像供奉场所。并探讨了辽代宗庙制度，认为辽代诸陵陵园和奉陵邑内都有陵庙，陵园内的陵庙即陵前的御容殿，是陵园内重要的祭祀建筑（《边疆考古研究》第27辑，科学出版社）。于春、白力嘎《辽代帝陵考古发现与研究述略》将辽代帝陵考古发掘和研究分为3个阶段。并对相关问题的发现和研究进行了分析和评述（《文博》第2期）。

李宇峰等对关山辽墓、显陵乾陵、江官屯窑址和出土墓志等重要考古发现及其研究进行综述，有助于学界参考利用（《辽金历史与考古》第11辑，科学出版社，2020年12月）。林栋、李琼璟《辽代石室墓形制初探》在比较全面收集和梳理辽代石室墓资料的基础上，依建造石材加工和砌筑方法的不同，将石室墓分为两大类，两类墓葬中按照墓室数量和平面形状的变化，进行型式划分，并对各墓葬进行了时代、等级和族属等方面的分析。最后将石室墓所代表的契丹中小贵族阶层与契丹大贵族统治阶层、汉族中下阶层墓葬面貌进行了总体比较（《辽金历史与考古》第11辑，科学出版社，2020年12月）。

赵永军《陕甘宁地区金代墓葬初探》把陕甘宁地区金墓分为砖室墓、土洞墓和崖洞墓三类，分为早中晚三期；并概述了墓葬的区域特征。本地区流行尸骨葬，流行随葬买地券、铁牛和铁猪（《边疆考古研究》第27辑，科学出版社）。丁利娜《北京地区金代石椁墓及火葬习俗再谈》概述北京地区40座金代石椁墓的发现和分布情况，并对石椁墓使用规制和火葬习俗流行情况等进行了探讨。认为石椁墓是金代中期以来的主流葬制，使用者“非贵即官”以女真贵族为主，还有一定数量的汉族士人高官（《中原文物》第4期）。崔跃忠等《山西沁源县正中村金代砖室墓壁画摹本考》对山西省沁源县正中村一座大定八年（1168）砖筑壁画墓中的临摹壁画进行了解读，提供了一组重要的壁画资料（《中国国家博物馆馆刊》第8期）。

2. 两宋时期

张保卿《北宋四京地区墓葬等级制度初探》结合部分平民墓，对四京地区皇族成员和官员墓葬的整体特点进行研究，并分期探讨了墓葬等级制度（《考古》第4期）。张保卿《边陲的华彩：宋金时期西北边境地区砖室墓的壁面布局和设计》对宋金砖室墓的壁面布局和设计进行了探讨（《考古学研究》（十一），科学出版社）。孙力文《安阳地区宋代墓葬浅析》通过对安阳地区宋墓资料进行分析和整理，对墓葬形制和墓葬装饰进行研究，对宋墓特点略作归纳（《洛阳考古》第2期）。

林思雨《略论宋金时期八边形装饰墓葬》认为八边形墓在北宋晚期出现在河南地区后，取得圆形墓的根本原因是，圆形墓无法满足庶族富民阶层墓葬装饰复杂化的需求；佛教砖塔为八形墓的产生提供契机；北宋发达的商品经济、行业专业化则推动了它的发展与流行（《四川文物》第2期）。夏天《宋金元时期墓葬“开芳宴”图像模式辨析》根据文献记载和墓葬图像归纳出构成“开芳宴”标准图像的4个要素，认为“开芳宴”在宋金元时期的表现明显受到墓葬装饰形式、图像格套、民族特点等因素的影响（《中原文物》第6期）。白彬、丁曼玉《宋金时期北方地区墓主人像类型及表现含义——兼论“开芳宴”定名问题》将宋金时期北方地区墓主人像分为“墓主夫妇像”、“一墓主人像”、“多墓主人像”和“空缺墓主人像”四类，并结合墓主人像出现位置、表现形式及组合题材考察不同类型墓主人像的演变历程及表现含义，兼论“开芳宴”定名问题（《美术学报》第6期）。郑以墨《宋金元时期墓葬壁画中帷幔图像研究》从美术史角度，探讨了帷幔图像的形式和意义（《北方文物》第3期）。廉萍《宋代出土文物中“寿星图”的辨识》梳理了宋代文献，归纳“寿星图”由松树、山石、人物、龟、鹤等基本元素所构成画面；以此对遗迹和遗物中的“寿星像”进行了辨析（《中国国家博物馆馆刊》第8期）。党丰《“启门图”的天上人间》指出伴随着社会历史的发展和生死观念的变迁，“启门图”的内涵发生了从汉代“天上”到宋辽金时期的“人间”的本质性转变（《南方文物》第1期）。

卢亚辉《北朝至宋代墓葬出土地轴的考古学研究》系统梳理北朝至宋代墓葬出土的地轴资料，对其进行分区和分期。五代和北宋地轴主要发现在南方地区，与人群南迁有关（《四川文物》第5期）。于子杰《唐宋墓葬出土人首鱼身俑研究》认为人首鱼身俑在唐代主要流行于北方地区，五代两宋时多见于南方。分布和使用有着明显的时代和地域特色。在唐和五代是镇墓压胜、丧葬礼制的一种表现；而在两宋时则和道教思想关系密切（《东南文化》第6期）。白彬等《宋元墓葬的“金鸡”“玉犬”》对墓葬中的“金鸡”“玉犬”进行了专题探讨（《南方民族考古》第20辑，科学出版社）。吕瑞东《北宋李彬夫妇墓出土五星俑研究》认为李彬墓出土五星俑形象与佛教中五星形象基本一致；五星俑和佛像组合与炽盛光佛图像组合相似。随葬五星俑是佛教信仰在葬俗中的反映（《东南文化》第6期）。庄程恒《江苏溧阳北宋李彬夫妇墓五星镇墓葬俗考》认为作为汉代五行观念的延续，李彬夫妇墓出现的五星俑，以神格化的五星形象代替了抽象化的五星原型，是传统五星镇墓观念与世俗佛教信仰相融合（《文博》第2期）。

3. 元明清时期

袁泉《蒙元时期中原北方地区墓葬研究》通过对考古资料的系统分析和综合研究，初步建立了蒙元时期中原北方地区墓葬的时空框架。在空间上分为长城以北和燕云地区、中原地区、山东地区、洛水—渭水流域地区。并对不同地区的墓葬演变和发展序列进行了差异化分期，从长时段较好把握了区域宋元墓葬文化的面貌演变。通过横向和纵向的分析，探讨了不同族属和文化群体在墓葬制度上的互动，以及葬制传统和丧祭文化的变革。这是目前蒙元墓葬研究的代表作之一（文物出版社，2020年）。袁泉《器用宜称：宋以降国朝礼器中的鼎制之变》以国家典仪中“鼎”的发展为线索，通过礼器整理和礼图考证，探讨了宋以降国家礼器颁定和实践中的相互影响等（《华夏考古》第6期）。

张南金《明代蜀藩亲王墓葬的分布及相关问题试析》把蜀藩亲王墓分为4个墓区。认为明初蜀王墓的选址经过较严格的规划；僖王使用尚在郡王位时即已选定的墓址；此后的和王、定王选址较分散，距成都较远；怀王之后均相对集中葬于成都东南郊，或有政令因素的影响（《四川文物》第2期）。韩诣深《明秦简王墓仪仗俑与明代亲王仪仗制度》认为明代秦简王墓仪仗俑经由墨书得知，虽有轻微的错漏或逾制，其总体基本符合明代对于亲王仪仗制度的规定，由此推断明代的亲王仪仗制度在明中期施行效力较高（《考古与文物》第5期）。

葛林杰《宋元明铺钱葬俗研究》将盛行于宋元明时期铺钱葬俗分为6类，认为各类铺钱分别具有辟除妖邪、安宁亡者、稳定墓穴风水、保佑子孙平安富贵等作用。行用者有下层官吏、平民和皇室成员及功臣后裔等；铺钱性质以道教信仰为主，兼具堪舆术及佛教因素的葬俗（《东南文化》第2期）。刘效廷、郝红星《焦作冯汝楫家族墓地研究》根据铜质契券、墓葬结构、壁画风格、出土器物等，对冯汝楫家族墓地的三座墓年代及其墓主进行了再考证（《华夏考古》第4期）。

姚庆《山西蒙元仿木构墓葬文化特征研究》从为佛教、道教、族俗、葬俗和儒家礼仪等方面归纳了山西蒙元仿木构墓葬文化特征，并做了相关探讨（《草原文物》第1期）。葛林杰《元明墓葬出土“日”“月”铭文牌饰考》认为“日”“月”铭文牌饰，集中在江苏、安徽、湖南、四川四地，墓主多为元末江南农民起义领袖或明初开国功臣的亲属及后裔。“日”“月”铭文牌饰分别代表了道教中的太阳、太阴形象，其功能是帮助死者赦免生前罪孽，安镇尸魂，炼精塑形，长生升仙（《四川文物》第5期）。

李军霞《许昌等地出土的明代四合院式陶院落模型》对河南省许昌及周边地区出土的明代四合院式陶院落进行了分类、形制、特点及流行原因的初步探讨（《华夏考古》第3期）。

三　陶瓷手工业遗存等考古发现与研究

手工业包括陶瓷窑址、冶铁遗址和酿酒作坊等。

（一）陶瓷窑址

这一时期是中国陶瓷发展的重要时期。分考古新资料和学术研究两部分。

1. 新刊布的考古资料

1987—2016年，河南省文物考古研究院先后对河南省宝丰县大营镇清凉寺汝官窑遗址进行14次考古发掘，发现20多座烧制御用汝瓷的窑炉及作坊遗迹，获得大量瓷器标本，出土不少传世品种未见的新器形，扩大了人们对汝窑瓷器的认识。发掘者认为汝官窑就在宝丰清凉寺（《宝丰清凉寺窑》，科学出版社）。

烈山窑址位于安徽省淮北市烈山区烈山镇烈山村。2018年发掘三个区域，清理6座窑炉等遗迹，遗物以白瓷、青釉瓷、三彩器为主。发掘者认为烈山窑址很可能就是文献中记载的宿州窑，时代为东汉、唐代末期至元代晚期（《中原文物》第2期）。安徽省泾县琴溪窑是皖南地区唐宋时期的一处重要古瓷窑场。2018年曾对琴溪窑址进行过考古调查，发现酱釉瓷、青白瓷、青釉褐彩瓷等产品（《福建文博》第2期）。2015年，对江西省景德镇市银坑坞窑址群道塘里—铜锣山段进行考古调查，获取了一批北宋中晚期的相关资料（《南方文物》第6期）；同时还对银坑坞窑址群碓家坞窑址进行了考古调查，认为是北宋早中期以青白瓷为主的窑址（《中国国家博物馆馆刊》第11期）。2018年，对浙江省台州市黄岩区沙埠镇青瓷窑址群中的凤凰山窑址进行考古调查，认为其年代为从北宋中期至南宋初期。此窑址群是越窑和龙泉窑瓷业技术衔接和过渡的重要地带（《华夏考古》第6期）。2005年，对重庆市荣昌区安富街道的瓷窑里窑址进行考古调查，发现4处宋代窑址，并对松树林窑址进行了试掘。确认瓷窑里为以烧造黑釉瓷为核心的南宋瓷窑遗存（《四川文物》第3期）。2014年至2015年，又对石朝门窑址进行考古发掘，基本厘清了窑址分布情况、生产规模以及产品特征。确认该窑址是以黑釉瓷为核心的两宋窑址（《文博》第6期）。《四川成都琉璃厂五代至宋元时期瓷窑遗址》报道2018—2019年发掘的3座窑炉、11处作坊址、2口水井和诸多灰坑，以及2座墓葬的情况，并介绍了五代至元代不同时期的瓷器特点（《2019中国重要考古发现》文物出版社）。2018年，在广西武宣县陈家岭村发掘南宋晚期的斜坡龙窑一座，出土大量瓷器和装烧工具（《文博学刊》第3期）。

2012—2017年，在江西省景德镇市落马桥红光瓷厂窑址揭露了大量北宋至清末的制瓷业遗迹。其中明清时期有窑炉1座、房址8座、池9个、辘轳坑8个，釉缸5个等遗迹。认为这是一处重要的景德镇民窑（《文物》第11期）。安溪窑是福建最早生产青花瓷的窑场之一，与德化窑、东溪窑成为我国明清时期外销青花瓷的重要产地。2019年在福建省安溪县庄灶村下尾林窑址清理窑炉4座，出土一批瓷器及窑具标本（《故宫博物院院刊》第7期）。2019年，对福州市文山砖瓦窑场的考古调查和勘探工作，获得了窑场布局、窑炉制坯棚构造、制瓦烧窑技法等资料，认为窑场始建于清代中后期（《福建文博》第3期）。2006年，在河南省新乡市金灯寺遗址发掘窑洞式作坊5座、2座陶窑、2座沉泥池、1眼水井等。该遗址是集采土、洗浆、制坯、晾坯、烧制成品于一处的多功能窑址，是明代晚期至清代早中期烧制民间的制陶作坊（《考古学集刊》2020）。2013年，在山东省淄博市兴利公司厂房内发掘了渭头河窑址，清理出水井2口、石碾2盘、泥浆池4个、晾泥池3个、沉淀池3个、制作间2栋、窑炉3座等。这是山东目前唯一保存最完整，内容最丰富，时代自明清延及近现代的陶瓷窑址，全国少见（《淄川渭头河窑址文物》，文物出版社）。

《澄迈清代福安窑》（科学出版社）刊发了海南省澄迈清代福安窑的发掘资料。

2. 主要研究成果

王睿《宋至明代瓷器考古发现与研究》指出宋至明代瓷器考古是瓷器考古中发现和研究最为丰富、最具代表性的阶段。90余年的瓷器考古发现和研究大致分为创始、全面起步、深入发展、突出重点四个阶段（《南方文物》第3期）。《浙江省文物考古研究所学刊》（第十一辑，文物出版社）刊发了《谈南宋官窑》、《北宋中期越窑瓷业技术传播及相关问题研究——兼论核心区越窑瓷业衰落原因》、《关于修内司官窑问题的思考》、《浙西地区古代瓷业技术的发展历程与渊源》和《龙泉窑黑胎青瓷的考古发现与认识》等一组论文。

隋璐《宋辽金时期佛塔出土瓷器研究》介绍了20世纪五六十年代以来，佛塔地宫、天宫出土的大量瓷器的窑属问题等。评述了学者的认识等（《边疆考古研究》第2期）。常乐《出土瓷器所见辽金燕云地区政治及文化变迁》通过梳理燕云地区出土的600余件辽金时期瓷器资料，探讨了辽金时期燕云地区的政治环境变迁，以及瓷器所反映的多民族文化的互动融合（《文物春秋》第2期）。王爱国《试析金代白釉红绿彩瓷的彩绘技法的渊源及其影响》根据1996年在山西省长治市八义窑窑址发现的一批红绿彩标本和传世的白釉红绿彩瓷器，认为八义窑白釉红绿彩的施彩技法承继了磁州窑单彩平涂，又有两面夹彩、线描法和填彩留白等工艺。其影响到元以后的景德镇窑的五彩、斗彩等（《文物世界》第1期）。

李坤、王小蒙《10世纪耀州窑生产转型及技术渊源——从M型匣钵说起》认为，耀州窑M形匣钵的使用方式与越窑有很大不同。10世纪耀州窑青瓷工艺的飞跃性发展，是北方陶瓷工艺体系对越窑青瓷工艺的选择性吸纳、融合的结果（《中原文物》第4期）。秦大树《汝窑的考古资料释读及生产体制探讨》探讨了汝官瓷生产区的特点，认为汝窑是在高度发达的民窑基础上形成的贡御窑，是在北宋后期官府采购制度变革以后出现的由官方“置场”进行生产的，代表承包购买制度的手工业作坊。可能承担了“六尚局贡”的任务向宫廷贡瓷器（《华夏考古》第3期）。粉青厚釉瓷器是龙泉窑的代表器。厚釉技术是龙泉窑结合南北、融会官民窑业技术的创新成果。沈岳明《龙泉窑厚釉技术和粉青釉瓷器的烧造》梳理龙泉窑粉青厚釉产品的历史背景，依据龙泉窑白胎、黑胎类粉青厚釉产品纪年材料，认为其创烧时间应不晚于南宋早期（《故宫博物院院刊》第5期）。刘净贤《试论宋元明时期闽北地区的仿龙泉青瓷》认为宋元明时期闽北地区的仿龙泉青瓷生产受龙泉窑影响，在宋代最盛，元代渐衰。仿龙泉青瓷程度距离龙泉窑中心产区愈近的流域所受影响愈大。产品主要为外销瓷（《考古与文物》第1期）。王瑾《唐宋时期芝麻钉装烧工艺初探》指出，芝麻钉装烧是唐宋时期烧瓷的一项重要工艺，以北宋晚期汝窑最为著名。其工艺早至魏晋十六国时期。其技术变革与窑工烧造经验的积累及供瓷制度的推动有密切关系（《四川文物》第4期）。项坤鹏《宋徽宗与宋官窑——论宋官窑出现的契机及其所映射的帝王好尚》认为，北宋晚期出现“京师自置窑烧造”，即部分瓷器产品开始以中央直属官府工场产品的形式进入宫廷之中。宋官窑的出现与宋徽宗有关，其产品映射出帝王的审美偏好（《华夏考古》第6期）。陈冬珑《宋元时期磁灶窑的剔花陶瓷——以新近考古发现和存世品为主》指出剔花瓷是宋元时期晋江磁灶窑的产品之一，其制作技法借鉴了金银器装饰工艺手法（《福建文博》第1期）。李颖翀《南方白瓷与“青白瓷”产品定名的再探讨》确定了白瓷、青白瓷的判断标准，重新审视古文献记载，结合考古发现和科学分析结果认为，“青白瓷”和南方地区白瓷产品统称“南方白瓷”。晚唐五代产品白润，北宋以后多为“青白瓷”（《中原文物》第6期）。

余金保《试论元代卵白釉瓷命名及其存在的问题》认为将元代小足印花瓷器命名“卵白釉瓷”是恰当的。“枢府瓷”或“枢府釉瓷”不宜指代元代小（大）足印花瓷器。青白釉与卵白釉并不是“从属与包含”关系（《中原文物》第6期）。余金保《关于元代卵白釉加彩贴金瓷器相关问题的探讨》认为元代卵白釉加彩贴金瓷器，很可能就是文献中所谓“五色花”瓷器，而不是指“青黑色戗金”瓷器。绝大多数很可能是元代晚期产品。在命名这类瓷器时，可参考明代景德镇窑釉上彩瓷器命名方法（《中国国家博物馆馆刊》第7期）。

陈扬《明代“磁州窑类型”瓷器分期研究——以明代墓葬出土瓷器为中心》指出明代“磁州窑类型”瓷器是对明代北方地区生产和流行的白地黑花、白地黑花褐彩、孔雀蓝釉黑花、白釉、黑釉、酱釉等器物的概括。该文以明代纪年墓葬出土瓷器为主要对象，将“磁州窑类型”瓷器分为洪武—天顺、成化—嘉靖中叶、嘉靖中叶—崇祯三期（《故宫博物院院刊》第3期）。陈扬《明代纪年墓出土青白釉瓷器初步研究》梳理了明代纪年墓出土的青白釉瓷器资料，对青白釉瓷器器形、纹饰进行整理，将其分为洪武至正德和嘉靖至崇祯两大期。嘉靖以后，青白釉瓷器逐渐退出陶瓷生产的历史舞台（《中国国家博物馆馆刊》第7期）。

关于景德镇窑有一组研究论文。秦大树等《落马桥窑址明清遗存发掘的收获及相关问题》认为落马桥窑址是景德镇瓷业核心生产区内一处重要民窑遗址，也是迄今发现延烧时间最长的窑址。其明清时期生产情况分6个阶段，各阶段各有特色。青花瓷是其核心产品，“官搭民烧”黄釉瓷体现其特殊性（《文物》第11期）。高宪平、李晞《明代早期景德镇民窑生产的区域性与阶段性》根据景德镇落马桥窑址具有明确叠压关系的明代早期遗物，参考同时期其他窑址考古资料，探讨瓷器生产的区域性特征；并探讨明代正统前后的两个阶段瓷器生产的阶段性变化，为辨认海内外出土和传世景德镇瓷器的生产区域和年代提供一定的参照（《南方文物》第5期）。高宪平《明嘉靖时期祭祀用瓷新探》指出明洪武时期的祭礼定制，使祭器走向瓷器化和日用器化。嘉靖朝的祭礼发生了重大变化，出现复古情况，影响到祭祀用瓷，得到2014年御窑厂出土瓷豆、登等印证。清乾隆进行全盘复古改制，结束祭祀用瓷日用器化的历史（《文物》第11期）。钟燕娣等《明中期景德镇御器厂制瓷作坊布局讨论——以2014年考古发掘资料为中心》结合文献与考古发掘成果，分析了明中期御器厂的功能及作坊等布局，认为明中期御器厂内各作坊与功能区出于实用目的自成一体，分布并不集中，但布局合理。御窑厂布局在不同时期可能存在变化（《故宫博物院院刊》第9期）。方婷婷、江建新《浅谈景德镇出土明代仿龙泉窑瓷器》根据近年来的出土资料与相关文献，对景德镇地区明代仿龙泉窑瓷器作了较为全面的考察。认为明初景德镇地区受浙江龙泉窑的影响，随着景德镇地区仿烧的成功，龙泉青瓷的地位逐渐被景德镇窑所替代（《故宫博物院院刊》第5期）。马仁杰等《御窑厂遗址出土青花瓷的初步研究》对景德镇御窑厂的青花瓷进行了探讨（《古代文明》第十四辑，上海古籍出版社）。

项坤鹏《清宫内务府广储司瓷库相关问题探讨——兼及清以前宫廷瓷库考述》指出瓷库隶属内务府广储司，库址（之一）位于故宫西南角南大库区域。并介绍瓷库的时代和职掌。认为最晚从唐朝开始，历代宫廷均有贮藏瓷器的库房（《中国国家博物馆馆刊》第12期）。项坤鹏《首里城出土清朝瓷器及相关问题研究》整理了日本冲绳首里城出土的若干清朝御窑瓷器和大量民窑瓷器资料，探讨了瓷器在琉球宫廷中的使用状态和来源方式等。认为御窑瓷器主要来源于清代宫廷赏赐，民窑瓷器则来源于接贡船只随带等多种方式（《故宫博物院院刊》第9期）。

冯冕《孔雀蓝釉技术源流考辨》通过对孔雀蓝釉出土文物时间与产地特征，以及对琉璃瓦生产工艺演变的考察，认为我国孔雀蓝釉是在低温铅釉琉璃的助熔剂“黄丹”的制作工艺演变过程中增加硝形成的，到元代中期以后配方探索才逐渐完成，形成了以硝为主要助熔剂的制作工艺（《中原文物》第1期）。

李清临《试论中国古代陶瓷窑炉的结构与命名》认为按照具体功能的不同，一座陶瓷窑炉可以分为保温设施、火力设施、烧成设施、排烟设施和操作设施等五大部分（《南方文物》第5期）。罗相喆等《中国三叉形窑具的发现与海外传播》指出，三叉形窑具是北方地区窑址中具有代表性的常见窑具之一。北朝产生，使用至宋金时期。晚唐以后，三叉形窑具逐渐被垫圈、垫饼及小支钉等所替代。在韩国、日本和阿塞拜疆也发现不同时期的同类器物（《华夏考古》第3期）。彭善国、杨梓丹《吉林大学考古与艺术博物馆藏瓷选介》介绍了10件瓷器，涉及唐至清代（《文物》第4期）。

（二）冶铁遗址等

《四川蒲江铁溪宋代冶铁遗址》介绍了2018年发掘的一座燃料窑、2座冶铁炉、13座炒钢炉、6个炉渣坑、4座房址、2条排水沟和1处渣堆，将遗址分为烧炭区、冶炼区、生活建筑区等。这是宋代冶铁的重要资料（《2019中国重要考古发现》文物出版社）。

吴敬《再论吉林大安辽金时期蒸馏酒遗存的工艺及历史地位》认为大安市辽金时期的蒸馏酿酒遗存已具备相对成熟的蒸馏酒工艺。其在我国蒸馏酒技术的发展过程中起到了承上启下的作用（《北方文物》第6期）。《安徽濉溪长丰街明清酿酒作坊群遗址》介绍了明代晚期到民国时期的酿酒作坊遗址。共发现3处糟坊遗址（魁源坊、大同聚坊、祥源坊），主要包括店铺址1处、蒸馏灶5个、储水池1个、制曲房1个、晾堂3个、发酵池40多个、水井5口、排水沟10条、房子20余座、道路3条和上百个灰坑。出土700余件器物（《2019中国重要考古发现》文物出版社）。

陈邵龙《福建宋代漆器的发现和研究》汇集了墓葬内和水下沉船出土的宋代漆器资料，对品类、装饰技法和来源进行了研究。南宋的福建是全国重要漆器制作中心之一（《福建文博》第2期）。

四 宗教遗存考古发现与研究

宗教遗存考古发现和研究较少。主要有佛教和道教两个方面。

（一）石窟寺等佛教遗存发现与研究

雷音洞位于北京市房山区云居寺景区内，是一座利用天然崖洞，经人工营造，四壁镌刻佛经的石作殿堂建筑。2012年曾对雷音洞进行了一次全面的考古调查和测绘。利用高科技手段，采用考古学和古建筑结合的精细记录，注重了佛殿室内外的营造情况，为学界提供了翔实的科研资料（《雷音洞：2012年度考古调查报告》，浙江人民美术出版社）。李慧国《甘肃民乐上天乐石窟内容总录》介绍了甘肃省民乐县上天乐石窟又名“朝阳洞”的情况。该窟始建于明末清初，集中于清顺治、乾隆、嘉庆、道光四朝，是河西走廊一处罕见的道教石窟。现存洞窟17个，造像全无，仅存壁画、题记。儒、释、道题材内容混杂，壁画以道教题材为主（《华夏考古》第5期）。

刘永增《敦煌“西夏石窟”的年代问题》根据回鹘文题记，认为莫高窟第409窟是西州回鹘阿斯兰汗重修；榆林窟第39窟是西州回鹘皇室成员或达官显贵开凿。二窟和莫高窟第65窟重修和开凿年代都为北宋末年（《故宫博物院院刊》第3期）。沙武田《佛教供养与政治宣传——敦煌莫高窟第156窟供养人画像研究》指出敦煌莫高窟第156窟是归义军首任节度使张议潮的功德窟，窟内前室和主室各壁及窟顶为经变画，还有张议潮夫妇出行图和著名的《莫高窟记》。该洞窟在敦煌石窟和归义军历史研究中有重要的地位。认为第156窟供养像实是张议潮通过佛教手段进行个人政治宣传的重要方式（《中原文物》第5期）。杨森《敦煌壁画僧人所坐榻形高座和椅形高座》从文献入手，探讨了高座产生和演化情况，认为高座从名词到家具的转换，从箱形榻式高座发展到椅式高座，在寺院实际使用，再成为高大豪华的坐具，反映了佛教中国化的发展历程（《敦煌研究》第2期）。周杨《隋唐琵琶源流考——以石窟寺所见琵琶图像为中心》以佛教石窟寺中的琵琶图像为中心，系统梳理敦煌莫高窟和新疆地区石窟寺中所见琵琶图像的发展演变（《敦煌研究》第4期）。

罗新、李志荣《宿白先生与须弥山石窟调查》回顾了宿白先生自1984年考察和关怀须弥山石窟考古工作的历程，以及2012年须弥山第三次考古调查工作缘起；梳理了宿先生推动石窟寺考古调查和研究的方法论和学术贡献；以及在宿先生指导下须弥山考古实践中的具体做法（《敦煌学辑刊》第2期）。陈晶鑫《试论安岳石窟刻经的发端》指出四川安岳地区自盛唐之后直至两宋时期，是我国西南地区重要的石窟造像中心之一。探讨了安岳刻经出现的历史背景。认为安岳石窟大致始凿于唐开元时期（《四川文物》第6期）。赵献超《四川安岳石窟孔雀洞经目塔与法宝崇拜》认为安岳石窟孔雀洞经目塔上所刻经目的底本极有可能是当时所能见到的某部大藏经的目录。经目塔在寺院中取代经藏的位置，是将供养佛塔与供养佛经结合的一种手段，是供信众瞻仰礼拜的对象（《四川文物》第6期）。卫玉敏《化梵为夏：浅议维摩诘形象的演变》指出，维摩诘是中国古代佛教信徒根据大乘佛教经典《维摩诘经》而创造出的形象，其造像、绘画等广泛见于公元5—18世纪中国北方地区的石窟寺、造像碑和传世绘画作品中，再现了佛教艺术的中国化历程（《文物世界》第4期）。

1990年在河南省沁阳县发现黄山口、缸窑、关山东三处摩崖造像。2018年利用三维激光扫描等新技术对摩崖造像进行测绘，并新发现关山西、楼李2处摩崖造像。推测是唐代和明代的民间所为（《华夏考古》第5期）。郜紫琳《陕西户县紫阁峪宋代摩崖石刻调查及相关人物考》紫阁峪发现有宋代摩崖石刻，所涉人物有司马光、游师雄等名人（《文博》第5期）。赖填兵《杭州七宝山仁王寺摩崖造像调查及相关问题》概述了浙江省杭州市七宝山仁王寺遗址以北的佛教造像情况。认为是始凿于附宋之后的我国已知体量最大的汉传僧人像龛。造像三龛，五尊。宏大僧人像、西方三圣来迎像是南方地区佛教信仰进一步本地化、大众化的重要标志（《敦煌研究》第2期）。重庆市大足区中敖镇峰山寺摩崖造像共十余龛，其中第7号龛有南宋绍兴六年（1136）题记。除第9、10龛内容比较独特，大部分窟龛的造像题材涉及释道两大题材。川东的文氏工匠参与雕镌。清代有修补（《四川文物》第6期）。

2019年在湖南省平江县福寿山大湖坪遗址发现了寺庙和造纸等遗迹。寺庙遗址分为宋元、明清两个阶段。宋元时期是一处公共庙宇，明代陈氏家族主持重建后更接近家庙，五尊神像可能是入寺供奉的陈氏先祖像（《华夏考古》第6期）。2019年，通过对福建省泉州市旧车站地块的考古调查与勘探，出土一批宋元明清时期瓷片和建筑构件，以及一方刻有泰米尔文和汉字的石碑，为确定番佛寺范围提供了重要线索（《福建文博》第1期）。

高继习将中国古代舍利地宫分为竖穴类、横穴类及舍利孔类三种形制。探讨了三种形制的时代变化和对日韩的影响。认为中古时期地宫形制演变与帝王对转轮王思想、神圣空间的理解差异有关。宋辽时期的残损佛教造像群瘞藏坑，属性是法舍利地宫（《中国古代舍利地宫研究》，科学出版社）。彭明浩、陈豪《高平龙渠村广禅侯庙与广禅侯信仰》指出山西省高平市郊广禅侯庙的大殿仍存元代木构，与庙内元至元年间创修石碑记文对应。广禅侯信仰源于宋真宗封神泰山并对周边的亭亭山封侯一事，元代是广禅侯信仰勃兴的时期，该庙建筑和石碑是现存最早的元代广禅侯信仰实例（《古代文明》第十四辑，上海古籍出版社）。陈豪《金元时期晋东南地区寺院间互动——以高平金峰寺为例》根据山西省高平市金峰寺保存的元代碑刻探讨了金元时期这一地区寺院间的互动情况。这些存在关联的寺院之间直线距离多不超过20千米。由僧人建立的寺院互动是金元时期寺僧人际网络和活动范围的反映，也有因地方官员和村民的疏请而建立的联系（《四川文物》第2期）。徐永利《南京栖霞山舍利塔营造年代与形制来源考》认为南京栖霞山舍利塔的营建年代可以较精确地限定在公元961—964年。舍利塔形制主要来源集中到华严宗、禅宗等教派上（《东南文化》第2期）。黄丽霞《泉州宋代应庚塔探析》对建于北宋初年的泉州崇福寺应庚塔建筑形制、出土文物、学术价值等进行了初步探讨（《福建文博》第4期）。

隋璐对47座宋辽金时期佛塔出土的瓷器按釉色进行了分类；并对瓷器产地和部分瓷器功能进行了探讨（《宋辽金时期佛塔出土瓷器研究》《边疆考古研究》第28辑，科学出版社）。吴敬等认为海外馆藏的传说河北易县出土的辽三彩泥塑罗汉像的造型艺术来源，有十一世纪前半叶源于贯休十六罗汉，或源于五代张玄“世态之相”（《易县辽三彩罗汉像的艺术风格初探》《边疆考古研究》第28辑，科学出版社）。

（二）道教等遗存考古发现与研究

张勋燎《道教民俗与道教考古》专题探讨了道教的民俗和道教考古（《南方民族考古》第20辑，科学出版社）。赵伟《从永乐宫重阳殿地狱图像榜题看全真教的冥界信仰》指出永乐宫是元代全真教三大祖庭之一，其重阳殿内壁画堪称一部全真初创图像史。重阳殿北壁绘有十幅地狱图，且多标有墨书榜题。赵伟通过对重阳殿地狱图像榜题来源的释读，探讨了全真教冥界信仰的构成脉络，认为重阳殿壁画定稿于元泰定年间（《故宫博物院院刊》第6期）。李国《榆林窟道教游人题记刍议》考察了榆林窟清至民国的道教游人题记。主要记述有诵经、祈愿、朝圣、巡礼以及求仙问道、炼丹服药等。最早的道教游人题记为第15窟清乾隆五十五年墨题（《敦煌研究》第3期）。黄明珍《泉州真武庙的海神信仰及其建筑形制初探》指出福建省泉州市真武庙作为海神真武大帝信仰最重要的庙宇之一，是宋代泉州太守祭海的重要场所。真武庙建筑形制具有浓郁的道教庙宇特征和显著的海洋文化特征，契合海神信仰场所的性质（《福建文博》第3期）。

魏坚、郑玉《阴山汪古景教图像的初步研究》将阴山汪古发现的景教石刻图像中的十字架划分为马耳他、聂斯脱里派和珍珠纹三类，并分析石刻图像中花纹的寓意和渊源关系；讨论了景教作为外来宗教在佛教文化因素、汉文化因素和波斯文化因素影响下逐渐本土化的过程（《故宫博物院院刊》第8期）。

五　土司考古和边疆民族考古遗存

周必素等《贵州遵义市播州杨氏土司墓葬形制研究》将南宋至明末的杨氏土司墓分为土坑木椁墓（2座）和土坑石室墓（14座）两类，分为6个阶段。认为腰坑是比较盛行的葬俗，墓志是礼制遵循和身份等级的体现。墓前神道或拜台存在繁复（南宋中期）到简单（宋元明），再到复杂（明末）的现象（《华夏考古》第1期）。李飞《废墟故事：从海龙囤遗址化过程看国家治理模式的变迁》认为海龙囤从土司城堡到土司遗址，再到宗教场所（海潮寺）的变迁，反映了国家对该地区治理模式从土官统治到流官治理的重要转变（《南方文物》第5期）。岳亚莉等《四川平武龙州王氏土司墓葬研究》将四川省平武县龙州王氏土司墓葬分为明宣德至天顺年间、弘治到正德年间、正德七年（1512）以后三大期。认为随葬器物可分为生器（日常用器）和祭器。各墓的券符等表明受道教灵宝派的影响较大。土司家族首领主动采用汉式葬俗体现了汉文化强大的向心力（《四川文物》第6期）。

六　中外文化交流考古遗存与研究

中外文化交流考古遗存包括陆路和海路两个方面。水下考古的诸多内容都与中外文化交流相关，故也一并概述。

（一）陆路文化交流考古遗存与研究

史金波《丝绸之路出土的少数民族文字文献与东西方文化交流》指出古丝绸之路上很多民族有自己的语言和文字，并形成了大量文献，是真实记录历史的第一手资料，填补了传世文献所缺载的大量史实。丝绸之路造就了各民族的文化大师，他们为发展丝绸之路文化、促进民族文化交流做出了巨大贡献。丝绸之路是各民族共同开辟的贸易交往和文化交流通道，是中国、印度、欧洲、伊斯兰文明交汇之地，是古代亚洲、欧洲、非洲互通有无、促进友好往来的友谊之路。丝绸之路在中国的部分是中华民族多元一体格局的一个典型地段，文化是贯通“丝绸之路”的血脉和经络（《敦煌研究》第5期）。孙华等《丝绸之路南亚廊道东线初论——遗产范围、开辟过程、重要路段和价值意义》从世界文化遗产的角度探讨了丝绸之路南亚廊道东线的相关问题（《考古学研究》（十一），科学出版社）。

秦大树《高丽镶嵌青瓷与中国瓷器镶嵌装饰工艺的联系与传承》指出镶嵌是高丽青瓷中最重要的装饰技法，代表了高丽青瓷生产的最高水平。该文对比了高丽青瓷镶嵌工艺和中国北方地区在10—11世纪创造的带有镶嵌性质的装饰工艺及其出现时间，认为高丽青瓷镶嵌工艺的产生是受到了中国北方地区瓷器镶嵌工艺的影响，并在仿制后者的基础上进行创新（《故宫博物院院刊》第9期）。（越南）裴明智《亚洲历史文化背景下的越南彩绘瓷》根据越南升龙皇城、会安沉船等发掘品和收藏器资料，系统介绍了越南彩绘瓷的概况，并探讨其年代、产地、技法等。认为越南彩绘瓷是在黎初朝（1428—1527年）升龙官窑始产，主要供给升龙皇城上流阶层生活使用，或是向周边富裕王国出口（《故宫博物院院刊》第9期）。（越南）范氏莺《越南黎朝中兴时期升龙皇城的海阳瓷器》介绍了越南17—18世纪升龙皇城遗址出土的黎朝中兴时期海阳瓷器（甲、乙、丙、丁组），产地集中于平江制瓷中心的柿窑（Cậy）、劳窑（Láo）和合礼窑（Hợ'p Lễ）等。分析瓷器特征和类型推断，该时期升龙城本地窑口衰落，而民窑器始入宫廷，同时按照功能对这批瓷器进行类型归纳（《故宫博物院院刊》第9期）。

（二）海上陶瓷之路考古遗存与研究

2017年，在广州市海珠区南沙港快速以东至南沙区乌洲岛以北的珠江流域开展了物探调查和潜水调查。确认沉船本体1处、沉船疑点4处，采集一些遗物等（《文博学刊》第4期）。

孟原召《关于海上丝绸之路的几个问题》探讨了从秦汉到明清海上丝绸之路的特点，指出丝绸、瓷器和茶叶是海外贸易中对外输出的主要商品（《考古学研究》（十一），科学出版社）。钟燕娣等《明中期景德镇窑瓷器的外销与特点》对海外发现的明中期景德镇窑瓷器进行梳理，涉及东亚、东南亚、印度洋和近东地区、非洲和欧洲等诸国。形成销瓷以青花瓷为主，中外融合的造型和纹饰，消费群体出现分化，外销品种单一等时代特点（《文物》第11期）。杨天源《从清康熙时期景德镇外销瓷看中欧外销瓷贸易——以碗礁Ⅰ号沉船出水瓷器为例》指出碗礁Ⅰ号沉船遗址出水的17000余件瓷器以青花瓷为主，有少量的五彩、青花釉里红、单色釉瓷器等，具有清康熙时期景德镇生产的典型特征。随着康熙开禁和欧洲人参与瓷器贸易程度的加深，新的瓷器品种被创造出来，中国瓷器贸易达到了一个顶峰（《福建文博》第3期）。青龙镇是唐宋时期的贸易重镇。《上海青浦青龙镇遗址2018～2019年发掘收获》介绍了2018—2019年的重要房址和灰坑情况，认为此区域年代从北宗早期到明代。其中F10可能是临街商铺。青龙镇遗址可能是南方瓷器北销朝鲜半岛和日本等地的重要转口贸易港（《2019中国重要考古发现》文物出版社，2020年5月）。

秦大树《肯尼亚格迪古城和蒙巴萨沉船出土明清瓷器及相关问题讨论》和丁雨《肯尼亚沿海出土中国陶瓷的初步相关比较研究》二文都是肯尼亚考古的亲历者对外销瓷的相关研究（《考古学研究》(十一)，科学出版社）。王光尧《海外实地调查资料与中国文献之对比——海外考古调查札记（一)》通过对比海外考古调查所见资料和中国文献记载，对文郎马神国风俗和真假忽鲁谟斯略加说明（《故宫博物院院刊》第7期)。全洪、李颖明《中西海上交通枢纽——古室利佛逝与三佛齐文献研究综述》指出中外学者利用中文、阿拉伯文载籍及东南亚、印度碑铭等材料，对南海古国室利佛逝的基本状况有所研究。该文归纳了前贤研究成果，同时简介“印坦”沉船、“黑石号”沉船及“井里汶”沉船的考古发掘成果（《广州文博》第1期)。翁彦俊等《关于墨西哥恩塞纳达沉船出水中国瓷器的调查及相关思考》根据对墨西哥恩塞纳达沉船的出水资料的实地调查资料，对出水的中国瓷器及其相关统计信息进行了报告，并对瓷器生产时代、船只沉没时代以及船只的归属、货品的贸易性质等问题加以探讨（《故宫博物院院刊》第9期)。2019年，对阿拉伯联合酋长国阿尔马塔夫遗址进行考古调查，并在南区、北区发掘，共发掘50余处遗迹。从器物外观特征和化学成分两方面证实了阿尔马塔夫遗址存在明初御窑产品(《故宫博物院院刊》第5期)。黄慧怡《柬埔寨吴哥荔枝山窑青釉盒子装饰工艺与中国陶瓷的关系》指出吴哥王朝统治下的中南半岛自9世纪开始生产瓷器。11—12世纪柬埔寨吴哥荔枝山窑生产的青釉盒子造型及纹饰，吸收唐五代至北宋时期越窑瓷器的装饰工艺，并加以改造和创新，12世纪中期及以后逐步被中国瓷盒所替代（《故宫博物院院刊》第9期)。

（三）沉船等水下考古

吴春明《从沉船考古看海洋全球化在环中国海的兴起》指出目前环中国海内外先后调查、发掘的三百多处古代沉船，分属于9—15世纪中国及相邻各国的商船沉址，以及16—19世纪环球航路体系中东、西方各国沉船。古代沉船时空分布与内涵变化，再现了环中国海“四洋”本土海洋贸易体系的繁盛与变迁（《故宫博物院院刊》第5期)。

张瑞《再见经远：2018年中国水下考古“经远舰”调查工作纪实报告》（天津大学出版社）以亲历者的角度介绍了“经远舰”水下考古的情况。刘冬媚《“南海I号”沉船景德镇窑青白瓷研究》讨论了“南海I号”船载景德镇窑青白瓷的生产、运输、销售、贸易等环节，分析南宋外销瓷从生产到销售的产业链条，揭示当时外销瓷器生产贸易的共性，还原当时的历史面貌（《文博学刊》第2期)。胡思源《“南海I号”出土德化窑瓷器的模件化观察》从器形和纹饰两个方面梳理了“南海I号”出土德化窑瓷器的模件体系及其特点。为研究德化窑瓷器提供新的视角（《福建文博》第2期)。张立丽《“泰兴号”沉船发现的封门坑窑陶瓷器》通过闽南漳州明清时期东溪窑中封门坑窑址考古出土产品与南海“泰兴号”沉船出水陶瓷器的比对，反映了海上丝绸之路曾经的历史辉煌（《福建文博》第3期)。郭学雷《从新安沉船出水瓷器看元朝及日本镰仓时代茶文化的变迁——以新安沉船发现黑釉瓷及相关遗物为中心》以对新安沉船出水的黑釉瓷及相关遗物窑口、年代的分析为基础，对南宋茶器外流、元朝及日本镰仓时代茶文化的变迁进行探讨，分析了新安沉船中原本盛放丁香的容器（洪塘窑小罐)，是如何演化为日本人趋之若鹜的茶道重器“唐物茶入”的（《华夏考古》第6期)。

七 古建筑考古

云台观是四川省第二大道教宫观，创建于宋，兴盛于明清。云台观保存完好，建筑格局完整，是四川地区数量不多的保存较好的明清建筑群之一。该书全面介绍了云台观的建筑历史沿革、建筑布局及建筑彩画、建筑屋脊灰塑艺术、建筑雕刻等方面（《四川传统建筑：三台云台观》，科学出版社）。

周森等《晋祠圣母殿拱、枋构件用材规律与解木方式研究》指出山西太原晋祠圣母殿始建于北宋天圣年间，是现存规模最大、形制等级最高的北宋木构建筑之一。通过分析圣母殿拱、枋构件用材的尺寸规律，并结合构件端面木纹形态，来还原拱、枋用材的解木加工方式（《文物》第 8 期）。陈豪《金元之际高平圣姑庙的建筑空间与信仰》认为山西省高平市圣姑庙两座主要建筑是晋东南地区金元之际的建筑实例，庙内碑刻众多。建筑是信仰实践的空间。圣姑庙内，兴建于 1240 年的“北堂”是为祭拜马仙姑而建的祠堂；建于 1247 年的“南殿”是容纳三圣神像的殿宇。这样的建筑空间安排是与圣姑庙的祈拜求雨等信仰活动相对应的（《北方文物》第 1 期）。刘勇《看宋金时期坛庙建筑的营造思想》依据图碑资料，探讨了宋金时期嵩山中岳庙和万荣后土祠“重城建构”的空间营造思维，重门递进的组织关系。“礼制”是营造的核心思想（《文物世界》第 4 期）。

王藏博等《从斗栱形制探析故宫太和殿院落四角崇楼的建筑年代》在明清北京官式建筑斗栱形制分期成果的基础上，结合相关文献、档案，认为现存太和殿院落东南和东北角崇楼的斗栱形制为明末天启年间；西北角崇楼的斗栱形制为清康熙年间，西南角崇楼的斗栱形制属清乾隆时期（《故宫博物院院刊》第 10 期）。白炜《清顺治时期对紫禁城中轴线上建筑的重修》指出紫禁城中轴线初建于明永乐十八年（1420），南起午门，北至神武门。该文梳理了清顺治时期紫禁城中轴线上各建筑重修的历史和原因（《北京文博文丛》第 1 期）。

梁源《福建泉州地区纪年石构建筑的形制特征及演变》在实地考察的基础上，以 21 处北宋至清代石构建筑为例，介绍了泉州地区建筑形制特征，分为三大期。南宋晚期到元代是泉州地区纪年石构建筑保存数量较多、建筑形制最为丰富的时期（《福建文博》第 1 期）。卢培峰《福建南安奎霞建筑群略探》指出，奎霞建筑群位于福建省南安市石井镇奎霞村，是奎霞林氏族人于清末至中华人民共和国成立初期建造的上百座闽南传统和南洋风格建筑群的总称。该文对奎霞建筑群的历史沿革、概况和价值做了初步探讨（《福建文博》第 4 期）。段晓莉《大同地区清代民居现状与建筑空间特征》梳理了大同地区清代民居现存情况，探讨了民居空间形态、装饰特色，并为保护利用提出建议（《文物世界》第 3 期）。

李润成《山西古代建筑栱眼壁壁画初探》对山西境内各时代建筑的栱眼壁壁画特点和发展脉络进行了梳理（《文物世界》第 6 期）。王方捷等《“样式雷”定陵地宫建筑烫样设计图研究》认为作为样式雷图档中的建筑烫样设计图孤例的清定陵地宫的一组图档是在特殊背景下专门制作的。该图档反映了样式房匠人之间通用的图学语言。通过对图档的解析，基本揭示了可逐层拆装“揭看”的定陵地宫烫样背后的设计意匠（《文物》第 4 期）。

吕梦等《唐长安青龙寺的用瓦制度与寺院营建》梳理了隋唐长安城东部的青龙寺瓦件样式的特征，分析样式与出土位置之间的关系，从而对重建后青龙寺的基本用瓦制度与营建状况进行复原。参考日本密教寺院情况，探讨晚唐以降青龙寺密教发展状况对造寺活动的影响（《考古与文物》第4期）。梁惠丽《吉林白城城四家子城址出土文字瓦初步研究》概述了吉林省白城市城四家子城址内轴线北部的一处辽代始建的建筑基址——佛教寺院出土的40余件带墨书文字的瓦片，文字涉及施瓦缘由、施瓦者姓名、身份、数量、时间等，学术价值较为重要（《文物》第4期）。

八　墓志、碑刻及其他

杨富学《北国石刻与华夷史迹》介绍了我国北方地区发现的石质墓志、石塔、经幢、墓碑等，内容以唐代墓志为主，为研究唐代历史文化与北方民族（如回鹘、仆固、浑部、葛逻禄、薛延陀、党项）史的重要资料。还涉及甘肃省博物馆藏北朝未刊石塔、辽代经幢；陕西凤翔发现的蒙古纪事砖与屈氏墓碑等。较多资料属于首次刊布（光明日报出版社）。

陪葬辽乾陵的文忠王大丞相韩德让墓是重要的考古发现。万雄飞、司伟伟《辽代韩德让墓志考释》对韩德让墓志进行了考释，补《辽史》之阙，证其之误（《考古》第5期）。史风春《内蒙古多伦县小王力沟辽代贵妃墓墓主家世再考》对贵妃之祖，之母等进行探讨，提出自己的认识，认为贵妃属于阿古只家族（《北方文物》第5期）。王雁华《辽故东郡夫人康氏墓志铭考释》对河北省涿鹿县康氏墓出土石墓志铭进行考证（《文物春秋》第1期）。常志浩等《辽王仲兴墓志补考——兼论墓志撰者杨丘文事迹》补充考证王仲兴履历等，并对杨丘文及其家族兴衰进行了探讨（《北方文物》第5期）。此外，赵里萌《辽上京遗址出土残碑刍议》依据辽上京遗址2014年出土的残碑考释，认为残碑所刻石经应在辽神册三年（918）前，或许为“明王楼”中之物（《北方文物》）。

李孟雅《吕大临生卒时间新考——从蓝田吕氏家族墓地出土文物确认》根据吕氏家族墓地的新资料重新考证了吕大临生于宋康定元年（1040），享年53岁（《南方文物》第6期）。黄淑群《江西遂川宋代碑刻考录》记录了江西省遂川县萧氏家族先祖的石刻墓碑情况，并做了初步考释（《南方文物》第6期）。魏增玲介绍了河南省洛阳市出土的北宋卢震墓志（《洛阳考古》第2期）。王双庆《二妾三墓志所涉韩君考述》根据河南省安阳市出土的北宋韩君和2妾的墓志铭考释，认为韩君是北宋明相韩琦三兄韩琚的第四子韩孝彦（《华夏考古》第5期）。潘国平《南宋〈朱在圹志〉补释》对南宋理学家朱熹季子圹志内容进行了订正补释（《福建文博》第2期）。郭月琼《南宋贾披墓出土抄手砚墓志考释》对福建省崇安县（今武夷山市）南宋贾披墓出土的特殊墓志——抄手砚的铭文进行了考释（《福建文博》第4期）。和艳芳《新见南宋关文鉥墓志考释》考证了南宋右丞相史嵩之的侄儿史珌卿之妻关文鉥生平及其关氏家族世系等（《中国国家博物馆馆刊》第3期）。钱汝平《新见南宋洪备家族圹志考释》考证了浙江省青田县出土的2方洪氏家族圹志，认为青田洪氏来自鄱阳洪氏的一支过继家族（《中国国家博物馆馆刊》第8期）。此外，郑才旺《辉县百泉藏北宋涌金亭碣考》考证了一块与苏轼有关的碑刻题记等（《中国国家博物馆馆刊》第2期）。杭侃《南涅水石刻参观札记》对山西省沁县南涅水石刻窖藏进行了探讨，认为北宋时期的瘞藏行为在于宋代佛教内涵的深刻变化，对前朝佛像采取集中于一个主要寺院瘞藏（《华夏考古》第6期）。

孙建权《金时昌国石棺刻文考释》对河北省新城县（今高碑店市）金时昌国石棺盖

上所刻墓志铭略作考释（《文物春秋》第1期）。王久宇等《完颜娄室神道碑所涉及部分东北地名述略》认为对这批地名的解析可直观把握金朝对辽战争的总体空间脉络等（《北方文物》第1期）。王丽花《大金定州创建圆教院牒并记碑考》对河北省定州市“大金定州创建圆教院记”碑的敕牒和记文进行考释。圆教院为定州开元寺毗卢院（崇教院）的南院，金大定二年（1162）获朝廷赐额，逐渐完成寺院建设（《文物春秋》第4期）。

高建国等《陕北横山新发现党项〈故野利氏夫人墓志铭〉考释》指出这是一方珍贵的党项族女性墓志。志文反映了野利氏部族自唐代中期内迁绥、银等州，历200余年至宋初聚居生存的情况（《中国国家博物馆馆刊》第2期）。

李举纲等《蒙元时期汉军世侯刘黑马家族世系与婚姻新证》根据蒙元时期汉军世侯刘黑马等墓志资料，排列出刘黑马家族的七代世系，探讨了六代的婚配对象等（《西部考古》第1期）。裴一璞《山东高唐出土元代宣使李处贞墓志考释》涉及蒙元初期名臣、官制和汉人世侯的作用及影响（《文物春秋》第5期）。王丽花《元大德元年定州开元寺塔重修佛像铭记碑考》指出定州开元寺塔内现存唯一一幢记录元代修塔历史的碑刻，记载蒙古国宪宗六年（1256）那摩国师奉旨重修塔级、元大德元年（1297）达鲁花赤麦达达重修佛像之事（《文物世界》第4期）。朱建路《元珪墓铭跋》对山东省高青县元代富珪墓做了考证，可补元史之阙（《文物春秋》第4期）。常莹《元耀州同官县尹郭汝弼墓志简释》介绍了元大德三年（1208）郭汝弼及其家族情况（《中国国家博物馆馆刊》第2期）。陈丽华《元代泉州官宦家中的妇女——以三方女性墓铭为例》探讨了泉州3方女性墓铭，墓主为宋末到明初的官宦之妻（《福建文博》第2期）。熊凯《江州玄妙观碑及相关问题考》对江西省九江市出土的两通关于元代玄妙观田地产的碑刻进行介绍，并对碑刻所载江州玄妙观进行考证（《南方文物》第6期）。何曼《蒙元时期北方地区石刻造型和纹样分析》关注了北方地区的石刻造型和纹样（《北方民族考古》第10辑，科学出版社）。

盛会莲、郭京宁《德清公主与驸马林岳相关史事考——以公主和驸马墓志为中心》（《北京文物与考古》第7辑）和李永强等《明代驸马都尉林岳与德清公主墓志新考》（《北京文博文丛》第2辑）都是针对北京市朝阳区明墓出土的两盒墓志的考证。申红宝《北京出土明安平侯方锐墓志考释》介绍了北京市朝阳区明中后期外戚中的重要人物——安平侯方锐墓志内容，纠正了史料不足（《北方文物》第3期）。魏继印、涂白奎《河南大学文物馆藏明神宗封赠潞安府推官焦思忠诰书考释》介绍了诰书内容，并考证了崔思忠的生平（《文物》第5期）。毛胤云《明镇国将军呼鹤鸣墓志铭探讨》考证了其家族源流、生平履历等（《福建文博》第2期）。许志强《南京出土明代米万钟撰书墓志考释》考释了南京李慕塘元配夫人刘氏墓志，辨析了元末明初李道明和李彬关系等（《南方文物》第1期）。高庆辉等《南京新见两方明代买地券考释》指出南京新获明代戴得原买地券、丘志泉夫妇买地券，前者属于常见的冥契类；后者属于实用类买地券的简录本，较为罕见。券文校释中涉及墓主信息、民间葬俗等（《华夏考古》第1期）。

李伟敏《通州新出土清随时道买地券考释》考释了北京市通州区出土的一块清代随时道墓中的石质方形买地券（《北京文博文丛》第1期）。王迪《山东聊城西梭堤“聊城汛”碑》介绍了“聊城汛”碑的情况，涉及京杭大运河的河道管理制度等（《文物》第10期）。罗娜《王景澄夫妇墓志铭及相关人物考证》对江西省萍乡市2座砖室墓出土的墓志铭进行了考释，墓主为清朝进士王景澄夫妇（《南方文物》第6期）。

九　多学科合作研究

多学科合作研究，是当前考古学研究的常态。择要略作介绍。

瓷器成分分析的研究越来越多。丁银忠等《上林湖后司岙窑址出土秘色瓷工艺特征的研究》采用能量色散 X 射线荧光仪（EDXRF）和热膨胀仪（DIL）对慈溪上林湖后司岙窑址晚唐、五代时期秘色瓷、普通越窑青瓷、瓷质匣钵胎釉元素组成和胎体的烧成温度进行测试分析（《南方文物》第 5 期）。纪东歌等《龙泉青瓷大缸标本的分析研究》采用 X 射线荧光光谱仪（EDXRF）和光学显微镜对 1 件于龙泉大窑岙底窑址群采集到的青瓷大缸标本和 10 件大窑枫洞岩窑址考古出土的明早期官用青瓷样本进行检测分析，推测该类产品为官用瓷器的可能性较大（《南方文物》第 5 期）。《广东大埔余里窑青瓷的成分特征研究》采用能谱仪（EDXRF）对 30 件广东省境内仿龙泉窑的余里窑以及浙江龙泉不同窑址采集的青瓷标本进行无损分析。揭示了广东余里窑青瓷的成分特征、时代发展规律以及与龙泉青瓷之间的异同（《南方文物》第 5 期）。

张茂林等《从模仿到创新——景德镇中晚唐、五代至宋代瓷器胎釉配方的演变》利用能量色散 X 射线荧光光谱分析仪测试分析了景德镇南窑、兰田窑以及凤凰山窑等出土唐代至宋代青瓷、白瓷和青白瓷样品胎釉的元素组成，探讨了唐至宋代景德镇瓷器胎、釉所用原料配方的演变规律（《故宫博物院院刊》第 9 期）。肖红艳等《景德镇瓷器生产"二元配方"起源初探——兼论高岭土开发史》指出高岭土加瓷石"二元配方"的发明是景德镇制瓷工艺史上的关键节点。该文通过分析历年景德镇考古发掘出土的瓷器胎体的科技检测数据，结合历史文献，探寻了景德镇制瓷原料的发展演变规律和高岭土的开发历史。真正的"二元配方"起源于明末清初，并在清代得到广泛运用（《故宫博物院院刊》第 5 期）。

《阿联酋朱尔法遗址出土青釉标本的类群关系及产地研究》运用便携 X 射线能谱仪对朱尔法遗址出土 90 件青釉标本釉的元素组成进行测试分析。朱尔法遗址出土青釉标本分为四大类，即伊斯兰地区生产青釉陶、中国青瓷、含锡类泰国青瓷和东南亚青瓷（《南方文物》第 5 期）。

人骨 DNA 鉴定和动物种属等分析是历史时期考古发掘和研究的新常态。武喜艳等《内蒙古陈巴尔虎旗岗嘎墓地古代人骨的 DNA 研究与蒙古族源探索》选取岗嘎墓地 16 例个体进行线粒体 DNA 和 Y 染色体 DNA 综合研究，以探讨室韦人群和蒙古族的关系（《考古》第 4 期）。赵惠杰等《宁夏彭阳县张湾金代砖雕墓人骨研究》对金墓出土的两具人骨进行颅骨的观察与测量、性别年龄鉴定、病理学观察等（《北方文物》第 2 期）。武庄等《河北康保西土城城址出土动物遗存研究》以 2014—2015 年河北省康保县西土城城址出土的动物遗存为研究对象，通过种属鉴定、量化统计、肉量估算和年龄结构分析等方法，主要对西土城先民获取肉食资源和骨器原料的情况进行研究（《南方文物》第 2 期）。盖钰涵等《黑龙江绥滨县奥里米城址出土动物骨骼遗存研究》对辽金时期奥里米城址内 2015 年发掘的 868 件动物骨骼进行个体及属种的统计分析，推测该城址居民的生业模式和当时城址周围的生态环境（《北方文物》第 4 期）。刘禄等《黑龙江依兰县倭肯遗址出土的动物骨骼遗存研究》对辽金至明清时期倭肯遗址 2016 年出土的动物骨骼（软体动物、鱼类及哺乳动物）属种、骨骼表面的人工痕迹及骨角制品进行鉴定与分析（《北方文物》第 3 期）。

基于考古学角度首次将航拍、遥感、3D 建模等新技术运用到象山明代海防遗址的调查中，全面掌握了象山明代海防遗址的数量、分布和特征，从多学科、全方位的角度对这些遗址进行了重新认识、解剖和研究，获得了较为科学和最新的基础资料，从单一性向整体性、综合性、线型文化遗产方向进行研究，构筑成一个完整的浙东象山地区海防体系（《苏州文博》第 1 期）。

赵俊杰、崔剑锋对金代长白山神庙出土的建筑构件的化学成分、烧成温度进行测试，认为红砖和灰瓦可能是同一窑的产品；制作砖瓦的黏土来源不同，反映砖瓦至少由两个窑烧制（《金代长白山神庙遗址出土部分建筑构件的材料学分析》《边疆考古研究》第 27 辑，科学出版社）。

此外，还有陈寒蕾《福州南宋黄昇墓出土纺织品纹样初探》（《南方文物》第 4 期）；龚钰轩等《北宋吕氏家族墓研究——吕倩容疾病及其用药考证》（《考古与文物》第 4 期）；丁培利等《中国古代“布”的材质演进——兼论棉花在中国的普及》（《南方文物》第 4 期）。

甲骨文、金文研究综述

孙亚冰

本年度，出版和发表的甲骨文、金文著作约30部，论文约400篇。

一　甲骨文部分

（一）专著

本年度出版的甲骨文专著有：宋镇豪主编《中国社会科学院古代史研究所藏甲骨文拓》（上海古籍出版社）、天津博物馆编《殷契重光：纪念甲骨文发现120周年特展》（文物出版社）、张宇卫《缀兴集：甲骨缀合与校释》（万卷楼）、黄天树《黄天树甲骨学论集》（中华书局）、常玉芝《殷墟甲骨断代标准评议》（中国社会科学出版社）、郭旭东等《殷墟甲骨学大辞典》（中国社会科学出版社）、何会《殷墟王卜辞龟腹甲文例研究》（中国社会科学出版社）、单育辰《甲骨文所见动物研究》（上海古籍出版社）等。

（二）论文

根据论文的主要内容分述如下：

1. 新材料的公布与缀合成果

新材料有陈逸文等《〈天理大学附属参考馆藏甲骨文字〉补释》（《甲骨文与殷商史》新十辑，以下简称“新十辑”）、付强《两片新见甲骨卜辞考释》（新十辑）、刘影《安大略博物馆藏甲骨实物之于甲骨文献材料的再整理》（《古文字研究》第33辑，以下简称“《古研》第33辑”）、子穆《〈旳堂藏甲遗珍〉刍议》（《书法》第4期）。

缀合成果有李宗焜《拓片缀合的机会与奉献——以河南博物馆旧藏甲骨为中心的检视》（新十辑）根据甲骨实物验证的结果，发现过去用拓本缀合的多数正确，少数有问题。还有林宏明《〈丙编〉二四七加缀及相关问题》（新十辑）和《新缀的史语所YH127坑改制背甲》（《出土文献综合研究集刊》第12辑）、李爱辉《〈合集〉甲骨校订四例》（新十辑）、刘影《形态学理论指导下的甲骨新缀》（新十辑）、李霜洁《何组胛骨缀合一则》（《出土文献》第2期）、张军涛《新缀宾组卜甲一则及试读》（《出土文献综合研究集刊》第12辑）。其他缀合可看中国社会科学院古代史研究所先秦室网站。

2. 字词考释与语法研究

陈剑《释“瓜”》（《出土文献与古文字研究》第9辑）指出甲骨文中的等形，是原始的“瓜”之象形初文，象瓜蔓、瓜叶与瓜实全体之形，卜辞中主要用为人牲，可能读为“夫”，指成年男子（奴隶），春秋时演变为形，读为孤卿之“孤”；甲骨文中的、类形字象摘下的瓜形，是后来“瓜”“卣”“卑”字之形的共同来源，属于早期表意字

“一形多用”现象。他的《“寻‘词’推‘字’”之一例：试说殷墟甲骨文中“犯”“围”两读之字》（《中国文字》总第4期）认为“”是“”等的原始形，表示“有一定界限的区域”，此即“范”与“围”的古义，故“”“”等既有“范”音，又有“围”音；侵犯之“犯”本由“范”所引申或派生，故卜辞用“”等表“犯”，此义主要见于军事卜辞；田猎卜辞中则读为“围”。刘云《说“禾”释“私”》（《出土文献与古文字研究》第9辑）将“”等形释为“禾”，是表示尚未成熟的禾类植物“稺”字的初文；将“”等形释为“私”，是表示禾类植物茎秆的“稭”字的初文。郭理远《从甲骨文的“瞩”“烛”说到古代“烛”的得名原因及其源流》（《出土文献与古文字研究》第9辑）认为“”等字当释为“瞩”，“”等则是“烛”字。黄天树《说甲骨文“驱”、“鸿”、“羌”》（新十辑）将《屯南》3566从虎从又的“”字释为驱，将《合补》1573“贞以”后面的字释为“鸿雁”之“鸿”，将《合》21471正释为“克龖”，将《合》20769中的“”（孙按：此字二“人”颈部还有一笔）释为“羌”。他的《甲骨虚词“曾”字新诂》（《中国文字》总第3期）认为甲骨文中“曾”有一种虚词用法，为连接副词，意为接着、继续，与“廼（乃）”“延”类似。他的《甲骨文第二人称代词补说》（《出土文献语言研究》第3辑）分析了甲骨文中的第二人称代词“汝”“乃”“尔”的用法。他的《甲骨独体偏旁与部首的初步整理研究》（《中国文字学报》第10辑）整理出甲骨文中的独体偏旁共计410个，其中部首300个。他的《甲骨文“寇”“农”二字补释》（《出土文献》第1期）则认为“寇”是指劫掠者，在“有寇在𤔲寽”中，“寇”为动词，意为在“𤔲”地的建筑物“寽”里发生了劫取之灾；“在□田农”指在□地的农耕者。他的《读〈甲骨文合集〉札记两则》（《出土文献综合研究集刊》第11辑）认为《合集》20709中的“𠔅”“𠔅”是异体字，从“丙”得声，读为“逢遇”之“逢”；《合集》28870“擒”后的字是“獸”字。蒋玉斌《甲骨文“诰”字释说》（《出土文献综合研究集刊》第11辑）将“”释为“诰”，“诰”与“告”有共通性，但原本是有区别的，它侧重表示以言论告人，主要是上对下的训教告诫。程浩《“𢀛”字两系说》（《中国语文》第5期）据清华简“𢀛”字从匕的写法，推定先秦文字中，“𢀛”字可根据上部构件“匕”与中部小点的有无分为两系。蔡哲茂《释殷卜辞中快速的“速”字》（新十辑）将甲骨文中从矢（或二矢）从止（或辵）等字释为表示迅速之意的“速”。他的《甲骨文“龟”（舅）字补说》（《出土文献综合研究集刊》第12辑）认为甲骨文“”“”“”“”等是“龟”字的省体，专用于神名，读为“舅”，即伊尹舅示。黄锡全《甲骨文“吉”字新探》（新十辑）认为“吉”字所从不是“圭”“戈”“㿝”，而是斗笠状的笄帽。李聪《弁、筐考辩》（新十辑）对“弁”“筐”众字形中易混淆者做了辨识。李春桃《甲骨文中“丂”字新释》（新十辑）认为殷墟卜辞中的“亻”字应释为“丂”（易），在卜辞中破读为“易”；“亻”与“柯”不同源，写法有别；“丂”（易）与“丂”（考）属于不同时期的同形字；“乎”与“兮”二字有差异，并非由一字分化而来。张宇卫《甲骨卜辞“粤”字新说》（新十辑）将“粤”释为“襄”，义为“上，冲上”。同类文章还有史大丰《由甲骨文看〈说文〉中“丂”字两个来源》（《中国文字研究》第32辑）。邬可晶《释“铄”》（《出土文献与古文字研究》第9辑）将甲骨金文中旧释为“盜”的字改释为“铄”。谢明文《也谈“盜”、“铸”》（新十辑）认为“铸”字表示双手持一器皿往另一器皿注入铜料块或铜饼或铜液，或有表示用火的“火”旁，而“盜”字最初是表示“人持管状物在皿中饮取（液体）”之形，二者造字本义完全不同，但因二者音近，又见字形糅合的例子。他的

《释“贼”》（《古研》第33辑）认为甲骨文“”、族名金文“”和沂水陶文“”都是“贼”的古字，“贼”之初文作“戈”形贯穿“贝”形，表示以戈毁贝，古书“贼”有败坏、毁坏一类的意思即由此而来。他还有《读〈中国出土青铜器全集〉琐记》（《出土文献与古文字研究》第9辑）。欧瑞安《卜辞“焚”字异体所呈现甲骨文用字表词的特点》（新十辑）以“焚”字为例，探讨甲骨文“专字”的表词功能。韩江苏、韩栓柱《甲骨文“臂”“肘”字考订与辨析》（《殷都学刊》第2期）将“”“”“”等释为“臂”。韩江苏《甲骨文“项”等身体部位名考》（《安阳师范学院学报》第6期）释“”为项、“”为脊、“”为肚、“”为臀、“”为腘、“”为脚。她还有《甲骨文“瓠”“瓢”“卣”》（《中原文物》第1期）。沈宝春《由甲骨文“”字谈“、”释读“绅”的问题》（新十辑）解释了“绅”字的本义是加以多重约束或是在约束之上再加约束，本为动词，后引申为名词——大带“绅。”方稚松《释甲骨文中的“互”及相关问题》（《中研院史语所集刊》第91本第1分）认为甲骨文“”当释为“互”，是置牲的架子，“互”在甲骨文中有两种含义：一是名词用法，指悬挂祭牲的架子；二是动词用法，与相通，有割解之义。他的《甲骨文中的“妫”读为“嘉”补证》（《古研》第33辑）认为卜辞中的“妫”“力”等字不应释为“男”，而应读为“加”“嘉”，读为“加”的表示给予、进献之意，读为“嘉”的表示善、好之意，“力”为一形多用，既有力音，也有加音。黄博《甲骨文“南”及相关字补说》（《出土文献》第4期）认为“南”是“醓”的本字，本义为肉酱，“南”象有盖的“筒形器”，盖子上覆有植物，贞人名“瞉”象手持勺类器物挹取肉酱，也应读为“南”。张玉金《释殷墟甲骨文中的“”字》（《古研》第33辑）释“”为徝，从彳从直，直亦声，是一个会意兼形声字，本义为前行察视。他的《殷墟甲骨文“步”字意义新探》（《出土文献综合研究集刊》第11辑）认为甲骨文中的“步”有步行、行走的意思，也有使动用法，即令某人步行、行走，又作人名、方国名，但没有祭名的用法。王子杨《释甲骨文中的“殄”字》（《古研》第33辑）将“”“”等字释为“殄”，在卜辞中假借为雷震之“震”。他的《甲骨金文旧释“競”的部分字当改释为“丽”》（《出土文献》第1期）认为甲骨金文过去释为“競”的部分字当改释作“丽（俪）”，字形象两个戴头饰之人耦对之形，表示比并、匹耦之义，它跟从“鹿”的“麗”字音同或音近，在使用过程中发生了合流。刘钊《谈新发现的鹿角骨刻辞》（《出土文献》第1期）指出新发现的鹿角上的“鱼”字，是加注了“午”声，推测此鹿角的用途可能是纪念品或吉祥物，也可能是游戏或赌博的工具。张军涛《甲骨文“至”字补释》（《古研》第33辑）认为“至吉”与何组、无名组“大吉”“引吉”的组合形式、刻写位置相同，“至”为程度副词，表“最、极、甚”等意。吴丽婉《根据辞例谈“”和“”的释读》（《古研》第33辑）认为“”是“”的异体，“”可释为“齐”。她的《甲骨文“亯”与“亰”为一字异体补说》（《西北早期区域史学术研讨会暨第十一届中国先秦史学会年会论文集》，以下简称“先秦史学会年会论文集”）赞同李孝定的说法，认为“亯”与“亰”用法基本相同，所从之“亯”与“京”也有通用之例，二者为一字异体。肖晓辉《古文字中的总角形象——说字的构形理据》（《古研》第33辑）认为商代类字所从、以及、等字是“总”的初文，像总角之状，其本义为“束发”，因有“聚束”之义，又演变为表示总括义的副词。冯时《说“民”》（《古研》第33辑）认为“民”字像用棒戳瞎眼睛，本义为目盲。黄德宽《清华简〈四告〉疑难字词二考》（《出土文献》第3期）认为甲骨文从“食（或酉、皀）”从“苣”

的字，是表示祭品"菹"的专用字。刘桓《甲骨文考释四篇》（《古研》第33辑）考释甲骨文中的"拜""冶""狖、歈""殿"等字。

高嶋谦一《问鼎·贞——从词义演变考察晚商至东汉占卜概念的变化》（新十辑）认为"卜"字在商代是灼兆的意思，在周代则是占卜或预卜未来；"贞"字在商代是向甲骨神灵验证命辞的意思，到了东汉，词义演变为通过灼兆而询问。史亚当《殷墟花园庄东地甲骨卜辞中"侃"的占卜用途及其所表达的主观感受》（新十辑）认为花东卜辞的命辞是贞卜人员根据占卜主体"子"所嘱咐的内容而定的语言表述，但命辞句尾的"侃"等，则是贞卜人员自己的语言表述，并据此列举了能让商代人快乐的事项。郭静云《甲骨文"宁□"考——兼论"□"字的象形意义》（新十辑）认为"宁"字在甲骨文中是安宁、保宁的意思，未见用作停宁、排除之意，"□"释为"秋"，取象于螽斯（蝈蝈），而不是蝗虫。麦里筱《中国境内古今文字中"虹"字的构形及其所反映的民间信仰》（新十辑）将甲骨文和纳西文中"虹"字的构形及其反映的民间信仰做了对比分析。孙亚冰《卜辞剩义五则》（新十辑）将《合》34086的"内旬有咎"解释为商都内下旬有灾咎；认为《合》16937的"有咎卜"是"卜有咎"的意思，为主语后置；校正补充了《合》33378、33133、29387中的字词。李发《说"吕"与"吕"》（新十辑）赞同"吕""吕"为异体关系，殷墟王裕口村南地M103出土吕字印章，它的墓主很有可能就是此贞人，另外卜辞"㞢/其吕舌"中的"吕"仍宜看作人名，"㞢/其"是代词，"舌"则为告祭。季旭升《从甲骨文谈"亡"字的词义演变——兼谈诗经〈葛生〉的"予美亡此"》（新十辑）从甲骨文、金文、战国及传世先秦典籍出发，认为"亡"战国以前有"无""灭亡""亡失""逃亡""不在"等含义，没有当"死亡"讲的。喻遂生《甲金文的"皮"、"革"和东巴文的"皮"》（新十辑）将甲金文"皮""革"二字与东巴文中的"皮"字进行对比，认为甲金文"皮"的本义是剥皮，"革"字像兽类的头角、身躯、四肢、尾巴外皮的展开之形。韩宇娇《花东卜辞"革"字释义及黄类卜甲兆枝指向问题刍议》（新十辑）认为"革""皮"二字在卜辞中都用作祭祀动词，表示剥取兽皮；指出黄类卜甲中甲的两个兆枝多背向千里路。时兵《论〈村中南〉始见"殅"字及其他》（《中国文字学报》第10辑）认为《村中南》366+459中从夕从木的字是"殅"。袁伦强《甲骨文字杂释四则》（《中国文字博物馆集刊（2020）》）将《合集》12431中的"□"字正确摹出，释为"娘"；认为《合集》8982中"□"字颈部为绳索形，释为"象"；认为《合集》454反的"□"、《合集》1694反的"□"是"杺"字；认为"□""□"为一字异体，可释为"馸"。莫伯峰《甲骨文处所介词"自"和"从"意义差别的原因》（《古研》第33辑）认为"自"的本义是自己、自身，发展为介词，所引介的处所都是从自己、自身角度做出的判断，词义相当于现在的"始于"；而"从"的本义是跟从、随从，发展为介词，所引介的对象与动作主体位置必不重合，因此词义相当于现在的"经由"。赵伟《殷墟甲骨文中"我"的用法分析》（《古研》第33辑）认为"我"作为第一人称代词，兼表单复数，子组卜辞中的贞人"我"是单数，与"余"一样都指"子"；作为族地名、人名，"我"位于殷商王畿之西或西北方向；"不我"等中的"我"应读作"宜"；"□""□"为"我"的繁写。梁月娥《〈殷墟花园庄东地甲骨〉"黍"字补释》（《中国文字研究》第31辑）据金文、秦汉简证明《花东》中的"□"字当释为"黍"。王蕴智、赵伟《"亩"字补释》（《中国文字》总第3期）认为族氏铭文"□"当释为"亩"。他们的《商代甲金文中"天"字构形及用法小考》（《中国文字研究》第32辑）考证了"天"字四种形体及其用法。李宪堂《“帝”之本义考——兼释“辛”》（《南开学报（哲学社会科学版）》第4期）认为“帝”是测天表木即天杆的摹形，“辛”是“帝”的简写。夏大兆《“焚”字补释》（《考古与文物》第3期）认为安大《诗经》简“茓”字，上承甲骨文，应释为“焚”，读作“汾”。张培培、刘志基《商代“㠱”“妇”“好”字新说》（《古汉语研究》第2期）认为从女从子的“好”可以归为“子”的一种构形。林宏明《甲骨残辞补释十二则》（《古研》第33辑）对《合集》33207、27021、32555、32102、32703、3081、10128、20467、29163、《笏二》3、376、《合补》2488上的残字进行补校。朱凤瀚《〈村中南〉319片龟腹甲刻辞读后记》（《古研》第33辑）对《村中南》319的合祭内容重新解读，认为“[illegible]”字表示用戈砍去了带发辫的头颅，“[illegible]”是失去头的双手被捆绑的人形。王蕴智《读〈合集〉6571札记》（《古研》第33辑）系联伐基方卜辞，解读“作火”等战术。张新俊《从同文卜辞看一版甲骨的释读》（《古研》第33辑）对与《村中南》245有关的字词作了解读，认为“[illegible]”“[illegible]”与《屯南》751的“秋”字都是聚、集结的意思。此外还有王蕴智《“幺幺”“玆”“茲”“兹”“幺”“玄”同源证说》（《出土文献语言研究》第3辑）。

黄天树《谈谈“非王卜辞”研究中的一些问题》（《古研》第33辑）指出“王卜辞”不能称为“王室卜辞”，不同类组中的“大子”“中子”“小子”的含义有所不同，“大邑商”也可称为“大邑”“中商”“商”“邑”，但有些“邑”（《合集》21583）应当指子族家族自己的都邑。辛悦《殷墟“王令某步”卜辞探讨》（《中国史研究》第1期）认为“王令某步”卜辞是令某位贵族出征的意思。张惟捷《从“令王隹黄”辞例谈卜辞“王”字的指涉问题》（《古研》第33辑）认为卜辞中有少量的“王”是指“王族”，“令王/[illegible]隹黄”是令王族或[illegible]族祭祀黄尹（伊尹）的缩略语，“王某”或指“王族某人”。门艺《甲骨文中的“宗□”与“□宗”》（《古研》第33辑）认为“宗□”当释为“宗祊”，“祊”是庙内门旁斩杀牺牲之所，可指代宗庙；“□宗”“□示”则释为“丁宗”“丁示”，“丁”指武丁。陈彩红、邓飞《甲骨卜辞中的“帝五丯臣”》（新十辑）认为卜辞中的“帝史”是帝的使臣风，“帝工”指殷人心目中能够对商王进行惩戒的神灵，“帝臣”为泛称，指帝的诸多臣子，“帝五丯臣”，即“帝五臣”，则包含社神和四方神。刘义峰《说卜辞中的“雉众”》（“先秦史学会年会论文集”）认为“雉众”是“致众”的意思，指战争中将领召集人众发起军事进攻。王少林《卜辞“登人”与商代户政关系新探》（“先秦史学会年会论文集”）认为“登人”本义为战前告庙，进而引申为征集兵员，并不能推导出商代存在成熟户籍制度的结论。朱彦民《论甲骨文中之“河”与河神》（“先秦史学会年会论文集”）认为河不是祖先神，而是自然神。付强《释〈合集〉3522中的“迩臣”》（《殷都学刊》第2期）将“[illegible]”读作“迩”，“迩臣”即近臣。刘源《论殷墟卜辞中的“在先王宗卜”》（《殷都学刊》第1期）认为“在先王宗卜”在卜辞中的性质与兆辞接近，突出了对相关占卜事件的重视，除“在祖乙宗”外，其他先王日名与卜日天干一致。

齐航福《三论殷墟甲骨文中句式使用的组类差异——以“祷”字句为例》（《古汉语研究》第1期）认为在神名、原因、牲名中，牲名最易成为句子焦点。夏小清《甲骨卜辞彡祭及其搭配使用研究》（《漯河职业技术学院学报》第6期）按组类统计彡祭与其他祭祀的搭配情况。武亚帅《甲骨卜辞动词之前“有”的用法考察》（《出土文献》第2期）认为卜辞动词之前的“有”不是副词或完成体标记，而是存现动词，表示有某种情况出现或有某种可能性。徐清《甲骨卜辞“有”词头说质疑》（《四川职业技术学院学报》第6期）认为卜辞“V+㞢/又+N”句式中“有+N”的“有”不能被看作无意义的词头。黄劲伟、樊森《再说“羌百羌”不是“名数名”》（《出土文献语言研究》第3辑）认为《合集》32042中旧读为“羌百羌”的结构实为“羌甲百羌”。

对释文、文字编校勘的成果有：刘影《安大略博物馆藏甲骨实物之于甲骨文献材料的再整理》（《古研》第33辑）利用甲骨实物校勘了《怀特》141、475、931、《安明》103、1297的释文。乔雁群《〈合集〉释文校补两则》（新十辑）根据清晰资料对《合集》22391、24411的释文做了校订。张军涛《〈合集〉13505释读》（新十辑）据照片对《合集》13505释文进行补正，并系联相关卜辞。他的《〈合集〉27459拓本、照片对读的新发现》（《汉字汉语研究》第3期）通过对读发现旧释文的误释、漏释以及何组三A、三B类同版的例子。张惟捷《史语所藏甲骨目验整理五则》（《出土文献语言研究》第3辑）目验实物，校对《丙编》65、425、《乙编》403粘附甲骨、《乙编》9055的释文或花纹，指出《乙补》4212+4221是一版罕见的畸形龟。此外还有展翔《〈甲骨集成·第一集〉校勘小记》（新十辑）、齐乐园《〈甲骨文校释总集〉历组卜辞释文校订》（《中国文字研究》第31辑）、徐丽群《〈甲骨文校释总集〉出组卜辞释文校订》（《中国文字研究》第32辑）、赵爱学《〈甲骨文合集〉〈补编〉等所著录国图藏甲骨校勘记之一》（《文献》第1期）、雷缙碚《〈新甲骨文编〉（增订本）校勘》（《古汉语研究》第4期）。

3. 殷商史研究

宋镇豪《商代的疫病认知与防控》（《历史研究》第2期）认为卜辞中的“疾人”“乍疫”“疾年”“疾—邑烈”等与疾疫有关，商代防疫措施有巫术祭祀、隔离、禁止谣传、熏燎消毒、药物医防、饮食保健、洒扫居室、清洁环境、锻炼身体等。他的《甲骨文中的乐舞补说》（《海南大学学报（人文社会科学版）》第4期）介绍了甲骨文中的祭歌、舞蹈、乐师等。江俊伟《殷墟甲骨文“妇某”角色析论》（新十辑）统计甲骨文中“妇某”所涉事类或职责，认为“生育”“进献”类占比明显较高，“祭祖”占比很小，“征伐”“农事”只有妇好、妇姘二人，以往据个别材料得出商代妇女地位较高的看法值得商榷。蔡哲茂《说卜辞中的“寇”与商王朝对异族的统治政策》（《古研》第33辑）认为“寇”是族氏名，晚商前期寇族有归顺者，被利用征战或服役，有反抗者，被施加酷刑和杀戮，最终寇族逐渐失去族氏，被拆解分散到各大宗族，后来就隐没不见了。李爱辉《甲骨卜辞中的“子韦”》（《古研》第33辑）通过缀合《合集》3270+17156，发现了师宾类卜辞人名“子韦”，并认为他与典宾、花东类中的“韦”是同一个人。孙亚冰《论一版新见无名类卜辞中的“作册般”》（《古研》第33辑）介绍了一版民间藏无名类甲骨，认为卜辞内容是田猎与农业有关系的直接证据，而人名“作册般”就是殷末铜器铭文中著名的“作册般”。胡其伟《旁系商王庙号冠字考》（《殷都学刊》第4期）认为商代旁系商王的庙号冠字源自其早期的封地之名。他的《从周祭、祊祭卜辞看〈尚书·无逸〉“祖甲”的身份》（《史学史研究》第3期）认为《无逸》中的“祖甲”不是汤孙太甲，而是武丁之子祖甲。腾兴建《从亲称到尊称：商周时期“公”称谓的演变》（《史学月刊》第6期）认为商代晚期“公”指旁系亲属，地位尊贵，周王室贵族有凭血缘关系称“公”的，周王还把“公”的称号授予功臣。杨坤《殷墟卜辞所见宗法释例》（《东方考古》第17集）认为昭穆制度在周祭卜辞中已有体现。王进锋《商代官员的仕宦——由戍嗣鼎新释引发的探讨》（《史学月刊》第12期）认为戍嗣鼎铭中的“俞”是“宰”，是“成嗣”担任的新职务，并探讨了商代官员的仕宦问题。

段颖龙《释“单”与甲骨文中的“四单”——兼谈周厉王时期“卫巫”的身份》（《汉字汉语研究》第2期）认为“单”的本义是弹弓，后引申为具有防卫职能的堡垒，甲骨文中的“四单”是王室院落或具有防卫性质的机构，周厉王时期的“卫巫”并非卫国巫师，而是掌管城中里坊治安的“卫单”。徐熠《甲骨金文所见“四单”考论》（《殷都学刊》第1期）认为甲骨文中的“单”应当解释为“墠”，指商都四外郊野，金文中的“某单”为族氏名，“北单戈”说明辛店遗址在“北单”范围。韩瞳瞳《商代甲骨卜辞中的“四戈”问题补议》（新十辑）认为甲骨文中不存在“东戈”“南戈”“北戈”“西戈”之“四戈”，“戈”可能是戈地之神，“四戈”是戈族在东南西北四个方向的四个分支的神名。

韦心滢《卜辞所见青铜礼器器用研究》（新十辑）认为卜辞中的“鼎祭”“爵祭”是鼎、爵不装任何牺牲、酒鬯，以器物自身献祭的祭祀方式。魏慈德《甲骨卜辞中所见的灾异现象》（《古研》第33辑）将卜辞中的灾异分属为物象征兆、身体异状、梦境预言和天象灾异。

周忠兵《说花东卜辞中的一个地名》（《古研》第33辑）认为《花东》7、467中有一个从我从且（宜）的字，与餓（《合集》6057反）、（《合集》27972）为一字异体，三者同属一地。马保春《试说甲骨文“丘”及名丘的地名》（《古研》第33辑）认为“丘”最初是指周围相对较高、中部相对低下的地貌，类似今天所说的小山坳、小盆地、山间谷地等。丁军伟《商代方国甫、𨸏研究》（《古研》第33辑）在卜辞分组分类的基础上对甫、𨸏做了梳理。黄锦前《殷墟甲骨文中的“宴”与商代的奄国及奄侯》［《甲骨文与殷商史》（新十辑）］将从宀从卩或女（在此基础上加口或止形，或二者都加）的字释作“宴”，表祭祀时读作“歆”或“禋”，表国名或人名时，读作“商奄”之“奄”，奄的地望在今山东滕州一带。陈絜《谈谈与晚商井方或相关联的几则材料》（新十辑）认为井方在今山东或邻近区域。他的《滕州所出妊爵在商周地理研究中的意义》（《河北师范大学学报（哲学社会科学版）》第4期）认为殷墟卜辞中的“郲”与周初妊爵中的“郲”是一地，在今山东邹城一带，此可作为商周东土地理研究的坐标，系联更多的地名。他的《商周东土夏遗与夏史探索》（《历史研究》第1期）认为商周时期夏遗及其姻亲的地理分布与文献所载相合，证明夏史并非杜撰。他的《郳国墓地所出毕仲簠与殷墟卜辞中的毕族》（《文史》第2辑）认为山东枣庄东江古墓群M2所出的毕仲簠等4件簠是由助葬器拼揍而成的一组器，而毕仲之毕可追溯至晚商毕族。王建军《殷周时期“虢族”“虢国”及相关问题研究》（《中原文物》第4期）赞同丁山将甲骨文“”“”“”释为“虢”，将虢族地望定在今荥阳市东北一带。王建军、杜佳浩《殷卜辞所见的雀族及其相关问题》（《中州学刊》第4期）认为雀是殷商南土一个从王族独立出来的自立为分支家族的族长。唐英杰、邹芙都《甲骨金文所见庚族考论》（《古代文明》第2期）认为“庚（𢈪）”族地望在今山东泗水县东部。高长浩《甲骨金文所见𠑹族考论》（《殷都学刊》第2期）认为𠑹族是殷代强宗，周初分别迁至燕地和宗周附近，西周晚期迁到宗周的一支再迁至山东烟台，成为姜姓𠑹国，延至战国早期。朱光华《释小臣系石簋铭文与小臣系诸器》（《古研》第33辑）将小臣系石簋铭文解释为名为系的小臣在万地向商王献俎、簋以助祭，小臣系诸器与卜辞中的“系方”有关。熊贤品《“武丁伐楚”说考》（《陕西历史博物馆论丛》第27辑）认为《殷武》非商代文献，“挞彼殷武，奋伐荆楚”并不能说明武丁伐楚，且甲骨文中也无相关资料。古育安《在甲骨文中寻找楚人的踪迹：一个学术史的回顾》（新十辑）对学者在甲骨文中找到的楚人信息进行辨析，认为目前甲骨文中并未找到真正的楚人踪迹，但这并不代表楚人在商代不存在，只是说明当时楚之规模非常小，没有影响力。

谢炳军《从商周“贞”字义的变化看早期中华信仰的成长》（《中原文化研究》第3期）认为“贞”字，商代是“卜问”之义，周代则有“正”的含义，字义的变化体现了当时思想观念的变化。

王祁《从古文字看晚商时期商王朝对山东沿海食盐的经营》（《文物》第9期）据古文字、考古资料，揭示了商人管理盐业的措施有：在中央设立卤小臣职官；分封举族于澫地确保盐道畅通；派遣甾族管理盐业生产作坊，说明东部盐业是在商王朝控制之下并由商人贵族负责管理的。

王建军《殷商时期宾组甲骨灾害刻辞研究》（《郑州大学学报（哲学社会科学版）》第3期）认为由宾组卜辞材料可知，当面对重大灾患威胁时，殷人除了祈祷神灵佑助，更多的是采取一些富有成效的措施防治灾害。

4. 甲骨学与甲骨学史等

赵诚《殷墟卜辞所记考察》（《出土文献综合研究集刊》第11辑）提出“贞”字后面的话，不是命辞，而是占卜者从兆纹中看出来的上帝的指示，称之为“应辞”。李华伦《上博九〈卜书〉与出土甲骨实态比勘研究》（《出土文献》第4期）将战国文献《卜书》与商代甲骨比观，认为龟卜术语“首”“足”指纵兆的上端和下端，“三末”指纵兆上部、下部以及横兆的三个或多个末端，“三族”则指纵兆首、足及横纹末端上多条枝纹的汇合处。赵鹏《花东龟腹甲钻凿布局的整理研究》（新十辑）发现与YH127坑宾组同尺寸龟腹甲相比，花东等非王龟腹甲的同部位一般会少一个或两个钻凿。胡云凤《殷墟卜辞兆序校读七则》（新十辑）认为判别甲骨兆序的归属，不仅要审视正面卜辞及卜兆次序的分布，而且还要参照反面卜辞的刻写位置，找到属于反面卜辞的兆序。她的《由正反面卜辞论兆序的正确读法——以〈殷墟文字丙编〉为例》（《古研》第33辑）再次强调要重视反面卜辞的兆序释读。何会《甲骨形态对纠正卜辞误读的重要价值》（新十辑）指出熟悉甲骨形态，正确判断残片部位是甲骨释读的重要前提。蒋玉斌《从甲骨文“肩”形说到判断卜骨左右的一项新标准》（《古研》第33辑）发现骨面上的斜沟指向臼角方向，它可以用来判断卜骨的左右，而“肩”字中的斜画象肩胛冈的可能性较大。相关研究还有邹渊《对贞卜辞与选贞卜辞套叠使用的语义和语用分析》（《重庆第二师范学院学报》第6期）等。

刘一曼《关于武丁以前甲骨文的探索》（新十辑）讨论了八版可能属于武丁以前的甲骨，认为找武丁以前的甲骨，既要分析已发现的武丁早期的王卜辞，也要注意非王卜辞部分。许子潇《商周时期颅骨刻辞材料整理》（《出土文献》第2期）对商周时期的15件刻辞颅骨进行了全面梳理，认为颅骨刻辞的时代并不限于商末，殷墟早期也有，刻辞颅骨都是碎片，可能经过人为的“毁器”。

曾庆炳《新见杨树达〈辛卯甲金文讲义〉和〈壬癸甲金文说〉初探》（《出土文献》第4期）介绍了杨树达的两本50年代的讲义，并据此校订了杨氏专著中的错误。

关于历组卜辞讨论，曹定云《论历组卜辞时代争论与“两系说”前途》（新十辑）再次提出历组卜辞中存在“小乙—三祖—父丁”的祭祀次序，“三祖”是“孝己、祖庚、祖甲”，说明“父丁”是康丁，历组卜辞时代属武乙、文丁。他还有《论历组卜辞时代争论与“两系说”使命之终结》（《殷都学刊》第1期）。林沄《评〈四论武乙、文丁卜辞〉》（《出土文献》第1期）认为“三祖”是指阳甲、盘庚、小辛；合祭示数不能作为断代的依据；所谓历组父丁类和父乙类的考古地层关系的实际证据非常薄弱，不能用证据很薄弱的所谓“地层关系”来否定类型学（指字体分类）的研究。总结性文章有马尚《历类甲骨卜辞断代研究述评》（《语言历史论丛》第15辑）。

其他组类研究文章有王森《从异类同版现象看黄组甲骨文的精细分类》（新十辑）将黄组甲骨细分为九小类，考察了不同小类的同版关系。钟舒婷《宾组卜辞中所见战争分类分期初探》（新十辑）将宾组卜辞的分类进一步细化，根据同版关系以及干支、月份等时间信息，对每一类卜辞所属重要战争进行排序，总结宾组卜辞战争特点是敌对方国或地区越来越少，但战争规模越来越大。

研究甲骨涂色的文章有陈光宇等《甲骨刻辞填色的拉曼光谱分析》（新十辑）首次利用显微拉曼光谱仪对甲骨填色的颜料进行检测，发现甲骨填朱的颜料除朱砂外，还有红赭石，而朱砂和碳黑是殷人最主要的填色颜料。陈光宇《兆语“不綷蛛”与甲骨填朱》（《古研》第33辑）认为“不綷蛛”的含义有两种可能，一与甲骨填色有关，二与占卜过程中使用朱砂或红赭石的某种步骤或仪式有关。胡辉平《关于国图藏甲骨中涂朱现象的初步考察》（新十辑）统计国图藏涂朱甲骨有3925版，武丁期甲骨占多数。

介绍甲骨作伪技术的有刘玉双《甲骨文作伪新动向——青铜锈色甲骨文》（新十辑）。

其他相关文章有宋镇豪《关于山东博物馆、天津博物馆所藏甲骨文的整理研究》（新十辑）、王素《故宫博物院藏殷墟甲骨文整理的理论与实践》（新十辑）、郅晓娜《甲骨文家谱刻辞的提出和早期研究》（新十辑）、傅路德《美国甲骨学者白瑞华小传》（“先秦史学会年会论文集”）、黄博《明义士〈殷虚卜辞后编〉的文献学研究》（新十辑）、沈建华《记香港中大“甲骨文电子资料”的创建与智能》（新十辑）、赵孝龙《甲骨契刻研究综述》（新十辑）、许子潇《甲骨分类史小考》（新十辑）、孙亚冰《气象万千：甲骨文商史研究120年》（《出土文献综合研究集刊》第12辑）、蒋玉斌《缀玉联珠：甲骨缀合120年》（《出土文献综合研究集刊》第12辑）、柳曾符《劬堂藏甲释文记》（《书法》第4期）、杨未君《陈寅生与甲骨文——陈寅生收藏过甲骨，年代不一定比王懿荣晚》（《文艺生活（艺术中国）》第12期）。

5. 西周甲骨研究

许子潇《从姚河塬新获卜骨看西周王朝早期的西北边疆》（《中国文字研究》第31辑）认为姚河塬卜骨刻辞的内容属于交往聘问或出行类，与兵戎事无关，商末周初至西周中期，姚河塬封国附近的局势相对平和。杜勇、李玲玲《周原庙祭甲骨族属问题再探讨》（《历史研究》第6期）认为周原庙祭甲骨是周人遗物，卜辞中的王是殷纣王；纣王虽是庙祭的主持者，但并非占卜者；辞主是西土周人或西伯文王，当面临殷纣王可能发动的伐周战争时，周王对未来战事进行占卜，祈求周邦得到福佑。

6. 计算机技术在甲骨文方面的应用

这方面的文章有李邦、刘永革《文献数字化技术在甲骨文数据库建设中的应用与展望》（《殷都学刊》第3期）；刘国英《基于深度学习的甲骨文字检测与识别》（《殷都学刊》第3期）；熊晶、韩胜伟《甲骨文研究中跨模态知识图谱的重要性刍议》（《殷都学刊》第3期）；焦清局、刘国英《计算机技术驱动的未识甲骨字考释研究》（《殷都学刊》第3期）；张展、高峰、刘成林《计算机拼接甲骨碎片图像技术简论》（《殷都学刊》第3期）。

二　金文部分

（一）专著

本年度出版的金文专著有：吴镇烽《商周青铜器铭文暨图像集成三编》（上海古籍出版社）、范季融《西清古鉴今访》（故宫出版社）、朱凤瀚等《中国国家博物馆馆藏文物研究丛书·青铜器卷（西周）》（上海古籍出版社）、山西省考古研究院等编著《山右吉金：闻喜酒务头商代墓地出土青铜器精粹》（山西人民出版社）、王春法主编《周风遗韵：陕西刘家洼考古成果展》（北京时代华文书局）、孔祥星等《中国铜镜图典（修订本）》（上海古籍出版社）、孙合肥《战国文字形体研究》（中华书局）、汤志彪《晋系玺印汇编》（学苑出版社）、刘秋瑞《宋人著录商周青铜器铭文文字编》（社会科学文献出版社）、董珊《秦汉铭刻丛考》（上海古籍出版社）、吴良宝《出土文献史地论集》（中西书局）、陈英杰《金文与青铜器研究论集》（上海古籍出版社）、胡嘉麟《吉金元鸣——中国青铜时代的考古学研究》（上海古籍出版社）、张剑与周立《洛阳古代青铜器研究》（文物出版社）、侯乃峰《逐狐东山：先秦两汉出土文献与古文字论集》（上海古籍出版社）、邬可晶《战国秦汉文字与文献论稿》（上海古籍出版社）、夏含夷《三代损益记：夏商周文化史研究》（上海古籍出版社）等。

（二）论文

根据论文的主要内容分述如下：

1. 新材料的公布

新材料主要见于考古发掘报告等，如：《山西翼城大河口西周墓地一号墓发掘》（《考古学报》第2期）、《山西翼城大河口西周墓地M6096发掘简报》（《文物》第1期）、《山西翼城大河口西周墓地M1034发掘简报》（《中原文物》第1期）、《山西绛县横水西周墓地M2531发掘报告》（《考古学报》第1期）、《山西黎城西关墓地M7、M8发掘简报》（《江汉考古》第4期）、《河南南阳夏饷铺鄂国墓地M5、M6发掘简报》（《江汉考古》第3期）、《南阳李八庙东周墓地发掘简报》（《中原文物》第5期）、《河南南阳春秋楚彭氏家族墓地M1、M2及陪葬坑发掘简报》（《文物》第10期）、《河南鹤壁辛村遗址2014年度西大坡西周墓地发掘简报》（《华夏考古》第3期）、《河南伊川徐阳东周墓地西区2013—2015年发掘》（《考古》第4期）、《河南伊川徐阳墓地东区2015～2016年发掘简报》（《华夏考古》第3期）、《湖北随州市枣树林春秋曾国贵族墓地》（《考古》第7期）、《湖北随州叶家山M111发掘简报》（《江汉考古》第2期）等。此外，还有曹斌与王晓妮《烟台市博物馆藏几件周代铜器》（《文物》第2期）、方勤《浅议回归的曾伯克父青铜器》（《文物》第9期）、刘余力《王十一年大梁司寇鼎铭文考释》（《文物》第1期）、贾一凡《新见小邾国有铭青铜器探析》（《江汉考古》第1期）等。

2. 字词考释与语法研究

陈剑《释金文“毒”字》（《中国文字》总第3期）认为西周和春秋金文中的“[illegible]”“[illegible]”类形应释为“毒”；“白马毒黄”之“毒”读作“督”，指马脊背；“毒扬”之“毒”读为“笃”，意为厚；“毒”的造字本义可能与“纛”有关。李零《丽器考》（《青铜器与金文》第四辑）将“[illegible]”类字释为“丽”，是成双成对的意思，古文丽与“[illegible]”类字有关。郭永秉《魏国青铜器记容铭文中的“𦝞”和“㪟”》（《中华文史论丛》第4期）认为战国魏国青铜鼎铭中常见“𦝞”和“㪟”，“㪟”是“鬺”字异体，标有“𦝞若干𪏰”器物的实测值皆大于同比例的“㪟若干𪏰”器物；魏国将𦝞𪏰与鬺𪏰分列，存在两套不同量值，反映了周代相沿的鼎、鉶分用制度。王志平《释“鬻”》（《古研》第33辑）认为“鬻”应分析为从火，从鬲，量声，是“鬺”字的异体，作为鼎名，即后世鉶鼎之“鉶”。董莲池《新出西周燕侯觚铭“瓒”字考及相关问题探讨》（《中国文字研究》第32辑）认为山西翼城大河口西周一号墓出土的燕侯觚铭中的“鬳”字，是觚形器的自名，也是“瓒”的初文。他的《释麦器铭文中的“𠻳、鄺”》（《古研》第33辑）认为“𠻳、鄺”是“瓒”字繁体，在金文中多假借为赞相之赞。鞠焕文《先秦祼祭用器初探》（“先秦史学会年会论文集”）指出爵是祼器，祼祭结束，从觚中倒酒入爵以分酢。冯胜君、温皓月《释𠫑羌钟铭文中的“𢦏”》（《古研》第33辑）认为𠫑羌钟铭文中的“[illegible]”字，从毛从戈，隶定为“𢦏”，读为私徒之“徒”。高智《黎侯墓地出土青铜器铭文考释》（《江汉考古》第4期）将M7盘铭中的“[illegible]”字释为“竞”、M8壶铭“宰”后字释为“吹”。周宝宏《作册般鼋“[illegible]”字献疑（外两篇）》（《古研》第33辑）指出从照片看“[illegible]”字左边不是“步”，不能释为“奴”；认为“虍”与“虎”在春秋以前，写法明显有别，春秋以后才混同；而金文中的“朋友”，不是同族兄弟，而是异族追随者。杨安《释伯晨鼎铭文中的“茵”》（《古研》第33辑）认为伯晨鼎中的“𧛨”字是“因”的异体，读作“茵”，指车上的席垫。马立志《试释金文中一个可能读为“悉”的字》（《古研》第33辑）认为金文中的“𦘔”等字为𦘔声，可读为与“息”音同、训为“尽、全”的“悉”字。蔡哲茂《释子犯编钟的[illegible]字》（《出土文献语言研究》第3辑）认为“[illegible]”字当从张光远释为“蜀”，读为属国之“属”。陈英杰《倗生簋中的“取”字及其器主问题补说》（《中国文字》总第3期）认为倗生簋铭文中“良马乘”前的字是“取”，器主是倗生，为妘姓周氏族人。谢明文《说耑及相关诸字》（《文史》第3辑）认为西周金文中常见的“取某”之“某”字与“徵”字无关，当是从“耑”之字。

何景成《西周铜器铭文“毋望”含义解说》（《青铜器与金文》第四辑）将伯𤞷簋“其世毋望”、卫簋“世毋望”、献簋“十世不望”中的“望”读作“亡”，意为亡失，作器者希望子子孙孙永远保有铜器，不要丧失、亡失器物，也就是不要丧失君上对其家族的休荫和恩泽。何景成、胡旋《释室叔簋铭文的“脂食”》（《古研》第33辑）将室叔簋铭中的“[illegible]”释作“脂（旨）食”，意即美食。吴雪飞《释宗人簋铭文中的“渍膎”》（《汉字汉语研究》第2期）将宗人簋中的“涑[illegible]”释为“渍膎”，指用酒浸泡过的肥美之肉。肖圣中《〈周易·比卦〉的“不宁方”与金文中的“不廷方”》（《古研》第33辑）认为“不宁方”相当于“不廷方”，“宁”借用为“廷”，“不廷方”意为“不来王廷、不听命的方国”。苏建洲《“庀”读为“库”补证兼论金文“𪐴福”的读法》（《古研》第33辑）赞同东周金文“庀”读为府库之“库”，金文“𪐴”为《说文》“𪐴”字异体，“𪐴（𪐴）福”即“祜福”“胡福”，大福的意思。黄锡全《金文中的“稻粃糯粱”略议》（《古研》第33辑）考证金文所记农作物的种类。刘梦扬《金文中习见“蔑历”词组的形式与功能意义》（《出土文献语言研究》第3辑）认为“蔑历”的含义是“勉励劳绩”“赞美功劳”，是赏赐者历数受赏者祖先功绩时讲话的简称或概括。刘洪涛《蚍匕铭文新释》（《考古与文物》第2期）指出蚍匕铭文以“曰”为标志分为两部分：第一部分记述铸造蚍匕的目的，是追寻鬺中之珍美鱼头，第二部分运用比喻、拟人说法，把匕比作水虫，记述对它的训诫之辞，告诫它要时刻敬慎，否则就会像蚩尤等无知下民一样葬身釜中。许世和《孟簋末句铭文释读斟议》（《陕西历史博物馆论丛》第27辑）认为孟簋（《集成》4162—4164）末句应断读为“用造兹彝，祚厥子孙，子孙其永宝”。商艳涛《金文札记两篇》（《出土文献语言研究》第3辑）对叡鼎（《铭续》228）、肇贮簋（《铭图》4988）的释文做了考订。文术发《金文字词笺释》（《出土文献语言研究》第3辑）认为何尊中的“”为“监”字异文；士上盉中的“昔”是“栔”“契”的初文，与“割”为古今字；禽簋中的“”应释为“扬”之异文“禓”；秦公簋中的“”为“坏”，本义为墙壁，“在帝之坏”即在帝之旁；陈逆簠中的“乍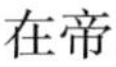永命”为“用蔡（赐）永命”；师訇簋中的“首德不克妻”为“不能遵循大德”。郭理远《宋右师延敦铭文补说》（《出土文献》第3期）释读宋国右师延敦铭文，如将铭文中“晄共天常”之“晄”读为“骏”，训为长、大，将铭文中“天其乍纯于朕身”之“乍”读为“作”，训为造就、兴起。许世和《读金文字形札记三则》（《出土文献》第2期）将曾侯腆钟旧释为“皝（皇）”的字改释为“皝（皇）”，认为卫簋铭文中表示赏赐的字是形体稍变的“睗（赐）”字，而子尊器名用字应释为“盘”。李树浪《曾侯腆编钟“比”字补释》（《中国文字研究》第32辑）认为“比”字可释为“士”，假借为“事”，训为治理。侯建科《曾姬无卹壶铭文补论》（《中国文字研究》第31辑）认为铭文中的“无卹”当理解为无忧，“吾”指曾姬，“宅”是选择、考量的意思。罗卫东《用饮元驻乘马匜新释》（《古研》第33辑）认为器铭中的“以監=盥”应读为“以監以盥”，意思是用匜盛放（调和好的饲料）。程鹏万《子汤鼎铭研究综述》（《古研》第33辑）认为器物自名中的“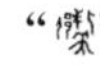”字，从鬲，邦声，与读为“沐”的“让”字可以通假。鞠焕文《金文“爨”及相关问题》（《中国文字研究》第31辑）将甚六鼎铭中“以烹”前的字释为“爨”。万佳俊《金文中几个与“罙”“守”有关的字形考辨》（《中国文字研究》第32辑）认为“守”从宀旁，“罙”从皿旁，故“”“”当是“罙”，而“”“”不能释为“罙”。孙合肥《翼城大河口1017号墓出土青铜器铭文补说》（《古研》第33辑）分析了1017号墓所出青铜器铭文中的“敞、祭、脰、钘、分（盆）、捷”等字的形体。汤志彪《河北元氏铜器铭文补释》（《出土文献》第1期）认为臣谏簋铭中的“侗”可读作“颂”，表示成功完成任务，“余弇”之“弇”读作“任”，意为举荐、推荐；臣谏簋是臣谏向皇辟侯举荐其侄熨，皇辟侯令其习政务；叔趯父卣应改名为熨卣，铭文内容是叔趯父教导熨不要荒废宗庙祭祀和血食。汤志彪、麦茵茵《金文释读五则》（《中国文字》总第4期）释“”为“申”；释“”为“枤”；释“”为“戠”；释“”为“造”；指出越王太子矛的器主是太子不寿。邓佩玲《据两周金文论〈尚书〉所见虚词“越”》（《中国文字》总第4期）认为金文“雩”是《尚书》“越”的古字。石小力《清华简〈摄命〉与西周金文合证》（《中国文字》总第4期）据金文校读《摄命》，认为“甚余我邦之若否越小大命”之“甚”当读为“审”，训为知悉；“猷卜乃身”之“猷”，当训为“谋”；简3之“虞”读为句首语气词“嗟”；简11“彙彙”读为“绎绎”，训为“盛”。许淑萍《西周金文“从”、“比”二字形义及相关问题考辨》（《中国文字》总第4期）认为西周金文“从”“比”二字的区别主要在方向和下部的曲直，“从”后加“辵”旁，最终取代“从”。麦里筱、游顺钊《“旅”字结构的文化内涵及其演变》（《中国文字》总第3期）认为“旅”字中“车”符的出现和消失与战车的兴衰有关。

李家浩《沂水工赢王剑与汤阴工赢王剑》（《出土文献》第1期）根据工𫎂大子姑發

甖反剑铭将汤阴工虞王剑铭中的“巳”“豕”字都改释为“云”，并指出沂水工虞王剑铭文是汤阴工虞王剑铭文的节录。刘云《读东周兵器铭文札记二则》（《古研》第33辑）将吴王戴吴剑铭中的“不可告人”的“可”读为“假”，意为需要、须、必；又将中山侯钺铭中的“⿸厂乇众”之“⿸厂乇”，分析为从厂、乇声，为“宅”字异体，“宅众”读为“庶众”，指百姓、大众。刘刚、蒋文《介绍一件扬州出土有铭战国戈》（《中国文字研究》第31辑）认为扬州出土的这件戈属于战国中期或稍晚的魏国兵器，与已著录的“司寇书戈”有关。王伟《秦五十年上郡戈铭文校释及相关问题》（《古研》第33辑）认为铭文中的“工室众”相当于“工师众”，“工师”是工官之长，是铸造兵器机构“工室”的负责人，而郡守“猗”就是文献中的“王齮”。王磊《山西青铜博物馆藏玄翏戟考释》（《出土文献综合研究集刊》第12辑）将玄翏戟铭文从旧释的“玄膚之用”增改为“玄翏膚吕之用戟”。

王磊《齐官玺“乘之玺”考释》（《中国文字研究》第32辑）将过去释为“大车之玺”的齐官玺改释为“乘之玺”，它是齐国车乘长官所使用的玺印。查飞能《释晋系玺印中的“虘”字》（《北方文物》第4期）认为晋系玺印中的“⿱”当释为“虘”，读为“范”。禤健聪《古玺文偏旁释证四例》（《中国文字》总第3期）考证战国玺印文字偏旁四例：矺、臾、原、鬳。他的《东周金文释证三则》（《中国文字研究》第31辑）认为徐王⿰又觯最后一字为“煁”，读为“湛”；徐王之子戈铭文中的人名字为反书的“利”；陈纯釜铭文“命左关师发敕”前一字为“公”，指公家。

陈英杰《谈金文中特殊的文字结构省略现象》（《古研》第33辑）分析了三种情况下的文字结构省略：器铭用字在器物自身“语境”限定下的文字结构省略；同人所作成套器物所形成的异文语境下的文字结构省略；常用辞例或成词中的文字结构省略。朱其智《语法律考释——论语法在金文考释中的作用》（《出土文献语言研究》第3辑）强调语法对金文考释的重要作用。

喻遂生《两周金文“眔”字语法研究》（《古汉语研究》第1期）搜集分析金文中“眔”的全部用例，认为金文“眔”在用法上有所发展，多个“眔”连用和动词用法比较突出，其明显的动词“到达”义，对于补充《说文》“眔，目相及也”的说法、贯通“眔”的词义演变环节有决定性意义。他的《两周金文“至”的语法研究》（《古研》第33辑）总结“至”的及物性演变规律：甲骨文时代直接带宾语的能力很强，西周金文时代跌入谷底，战国及以后又逐渐增多。武振玉、杨莉《两周金文动词的研究价值》（《古研》第33辑）通过对比分析两周金文与传世先秦文献中的动词词义，推导上古汉语词义的发展脉络。总结性文章有武振玉《两周金文动词概述》（《出土文献语言研究》第3辑）。

3. 商周史研究

刘源《论殷金文的特征体系》（《故宫博物院院刊》第11期）从社会、国家和文化三个层面论述殷金文的特征体系，揭示殷金文背后的社会形态、政治机制与文化制度。朱凤瀚《也论商与西周青铜器铭文中的“𡚬”》（《出土文献》第3期）认为商后期金文中作为人称的“𡚬”并非官职名，而只是部分商人亲族内对族长（宗子）的一种称谓，也可用为自称，与称“子”并行，西周时期的商遗民在较长时间内仍保留这一称谓。他的《新见西周金文二篇读后》（《青铜器与金文》第四辑）重新复原了昭王十三年至十九年南征的过程；认为儿方尊、儿方彝的器主是“酨”，“蒿”“儿”是距“堇”不远的地名。

杨坤《师䢅鼎“作公上父尊于朕考郭季易父𩫏宗”解——兼论西周贵族宗族成员祭祀相关问题》（《中国国家博物馆馆刊》第5期）将“𩫏”读为“肆”；认为西周时代贵族宗族成员的祭祀活动可分为助祭与私祭两种，金文所见庶子或小宗作器“用享宗室”者，是宗族成员作祭器以私祭，部分小宗未能立祖庙，需前往大宗之家进行祭祀。他的《器、名与治道——论商至西周早期铜器铭文内容的转变》（《出土文献》第2期）认为周式铭文比殷式铭文增加了作器者身份（排行、职官等）和用飨宾客与朋友的表述，体现了周初贵族为巩固地位、稳定统治，而彰显身份以及拉拢政治、宗族势力的行为。他的《论西周金文所见“宗子主祭”》（《中原文物》第2期）据金文总结西周宗子主祭的特征和表现：宗族祖庙必在宗子之家，宗子可祭祀自始祖而下的多代祖先；族人有助祭宗子的义务；宗子可通过为族人作器或者赠予族人祭器、牺牲等形式指导族人祭祀；族人祭祀受宗子影响，在制作祭器与铭文书写等方面会出现模仿宗子的现象。谢乃和《近出昔鸡簋铭文及相关史实考论》（“先秦史学会年会论文集”）将昔鸡簋铭文中的“[illegible]”字释为“[illegible]”，从㫃得声，读如“偃”，为姞姓燕国，而“逪”字，应释为“御”，训作迎娶、迎迓之“迎”，铭文内容为周王后派昔鸡前往姞姓燕国为王朝大夫艿氏迎娶夫人，反映了周王后通过对贵族夫人的支配来控制地方贵族，是西周王朝政治运行机制中命妇制的金文佐证。耿超《胡应姬鼎铭文及相关问题再探》（《青铜器与金文》第四辑）认为胡应姬鼎铭文记载了昭王十六年征伐楚国，途中赏赐胡国贵族妇女胡应姬之事，胡国位于今河南郾城，在昭王南征时发挥过重要作用。她的《戈亳册父丁簋与复合氏名》（《考古与文物》第6期）介绍了河北大学博物馆收藏的一件商代晚期铜簋，认为复合氏名“戈亳册”是“族名+地名+官名”的形式，标明了居住在亳地的戈族分支。黄明磊《略论强家村西周虢氏铜器铭中的若干亲属称谓》（《宝鸡文理学院学报（社会科学版）》）认为“公上父”“公叔”之“公”是用来表明与主君关系的一种身份，与爵位无关。他的《略论中国早期国家阶段族群的迁徙现象及其影响——以妘姓族群为例的考察》（《西北民族论丛》第21辑）认为早期国家统治者为有效控制各臣服族群，常利用政治权力将他们部分或全部强行迁徙到异地，导致血缘族群分散，推动了向地域性国家的转变。张怀通《朿卣之邑与〈尝麦〉年代新证》（《青铜器与金文》第五辑）认为据朿卣等记载可知《尝麦》篇中“邑乃命百姓遂享于家”之“邑”指西周时代国都中基层组织邑的长官，而“野宰乃命家［冢］邑、县、都祠于太祠”之“邑”指西周时代野鄙中的基层组织，邑、县（鄙）、都组成了野鄙的三级行政系统，《尝麦》是一篇西周文献。谢能宗《先秦时期“鄙”字指代的空间范围及其对商周国家结构的启示》（《青铜器与金文》第五辑）认为殷商时期虽然有侯一类的职官，但依然是一元化的国土空间结构，而西周春秋时期，才真正具备了王畿与畿外（或内服与外服）两重国家结构。雒有仓《从青铜器族徽看夏人后裔与商周族群的融合认同》（《中原文化研究》第2期）认为夏人后裔与商族的融合体现在族徽、日名和丧葬习俗的文化认同上，而与周族的融合则更多的是通过联姻实现的，春秋早期，夏商周三族融为一体，标志是体现单一家族组织的族徽最终消亡。他的《关于商周金文族徽内涵的新思考》（“先秦史学会年会论文集”）认为金文族徽的来源和构成是复杂的，金文族徽除表示“族氏名”外，还体现了血缘关系、家族集体、身份地位、族氏关系、民族认同等多种内涵。他的《妇姒启鼎与商代妇女称姓说》（《考古与文物》第3期）认为“妇姒启”中的“姒”为姓，商代妇女称姓。鲁慧《新见几则金文中的异姓媵》（《出土文献》第3期）认为春秋时期的鄂侯壶、唐侯制随夫人壶、伯逆车簋、贾子叔子屖盘、公子展父诸器都是为异姓所做的媵器。朱继平《班簋铭文“趞令曰”句新研》（《文史》第4辑）从册命金文文本来源的角度，论证了班簋铭文中的“趞”即毛公的说法。

冯时《霸伯治盐与西周井田》（《中原文物》第1期）认为霸伯簋铭文记载的是井叔到霸国辨别盐卤，并命霸伯征伐，为其提供军粮的内容，又讨论了西周的井田制和军赋，推测西周井氏出自管理井田的职官——井人。他的《大禾与后稷》（《江汉考古》第2期）认为湖南宁乡出土的大禾方鼎铭文“大禾”是官名，义同后稷，为农官之长，方鼎与农事及祭祀相关。严志斌《霸伯簋铭文校议》（《故宫博物院院刊》第5期）则认为霸伯簋铭文关涉的是西周时期盐卤和丹砂的物流交换。王沛姬《利簋所见右史考》（《华夏考古》第2期）认为利簋铭中“又事”为“右史”，为军中之史，有司天之责。田率《乘盨小考》（《文物》第4期）介绍了国博新入藏的一件周厉王时期的铜盨，铭文大意是仲太师命乘总管莽地驻军中的趣马、驺人。雷安军《新出土金文所见西周罚金刑研究》（《中国法学》第2期）结合文献、金文资料讨论了西周罚金刑的特点。李凯《从曾伯陭钺看周代的“德”与“刑”》（《中国古代法律文献研究》第14辑）认为曾伯陭钺不是书写法令条文的“刑器”，而是曾国国君号令族众、宣示权力的礼器。

晁福林《墙盘铭文补释——兼论周王朝的昭穆时代》（《中国史研究》第4期）认为史墙盘铭谓昭王“广䋣楚荆”，不仅有大肆讨伐，而且有“柔远能迩”的意思，而“唯寏南行”的“寏”应为“狩”字，“祇覭穆王”的“祇”是语词，非“敬”义；昭穆时代是一个奋发向上的时代，昭穆实为两代英主。他的《〈𩰫匜〉铭文补释及其性质再考——附论“牧牛”为何受罚》（《历史研究》第2期）认为𩰫匜铭文虽然涉及争讼，但并非法律判决文书，而是周代权贵基于诉讼行为对“委质为臣”的“牧牛”的训斥。他的《西周恭懿孝夷时期的王室内部斗争——以彝铭及竹见资料为中心的考察》（《中华文史论丛》第4期）利用金文和竹简资料考察了西周恭懿孝夷时期的非正常王位继承情况。

谭步云《商代彝铭[illegible]考》（《中国文字》总第4期）认为[illegible]是“亚九”的合文，可能是史籍所载的“九（鬼）侯”，其族源出轩辕献氏。谢尧亭、陈晓宇《疏公簋续说》（《北方文物》第2期）结合疏公簋和文献等资料说明叔虞、燮父在唐地立都37年，此后都城由唐之鄂迁到了晋之翼，即今天马—曲村遗址。杜勇《武王伐纣日谱的重新构拟》（《古代文明》第1期）据文献、金文资料重构武王伐纣日谱。黄凤春、王龙明《鄂国由姞姓向姬姓转变及其迁徙的背景分析——兼论鄂国灭国后应属汉阳诸姬之一》（《中原文化研究》第6期）认为鄂国本是商周时期的姞姓封国，西周晚期因与南淮夷联合作乱而被周王室灭国，旧地重封，变为姬姓鄂国，春秋初期迫于楚国势力从汉阳迁至南阳。王坤鹏《西周中晚期淮夷入侵与周王朝的御戎机制——以新出霸氏诸器为中心》（《古代文明》第4期）认为西周中晚期淮夷入侵周王朝南方诸侯，甚至侵入晋南地区，周王朝在淮水流域设立军事据点，以王师为主，联合地方侯、伯势力共同抵御淮夷。魏栋《南京博物院藏楚郙陵君铜器铭文新识》（《故宫博物院院刊》第7期）据北大藏秦《水路里程简册》等资料，考订郙陵地望在今湖北宜城市汉水之滨，郙陵君应是楚威王、怀王、顷襄王中的某位楚王之子。陈絜《两周金文中的繁地与西周早期的东土经略》（《中原文物》第1期）认为繁与繁阳是两地，前者可能在山东汶、泗之间，后者在河南新蔡一带。他的《商周取氏器与东土郰国叢地》（《古研》第33辑）认为“取子钺”之“取”，不是曹姓郰国，而是郰国的叢邑，地望在今山东邹城境内。张海《郰器与两周郰邦史事》（《青铜器与金文》第四辑）结合金文和文献综合考察郰国历史。肖启荣、黄锦前《“邛”“江”考辨》

(《中国历史地理论丛》第1辑）指出东周时期表示国族名的“邛”，应是山东邛成，位于今鲁西南成武县和单县之间，而非在今河南息县西南的嬴姓“江”。黄锡全《新见“反苷半釿”布权与有关问题探研》（《中国文字》总第3期）认为新见布权上的地名“反苷”可能指阪泉或盐贩（阪）。赵庆淼《𢑚字补说与“𢑚夷”源流小考》（《古研》第33辑）认为“𢑚”读作“绎”，西周中晚期师酉、师询诸器中的“𢑚夷”来自东方，其故地当在今山东峄山附近。徐世权《辽阳博物馆藏战国铜鼎的国别及其刻辞“枳成”新考》（《出土文献》第2期）将鼎铭释作“枳成”，定该器为战国中晚期魏国铜器，“枳成”即魏国重要交通要塞“轵”县。吴良宝《秦文字“襄”地补说》（《古研》第33辑）认为《铭图》17301戈铭中的“襄犨”，还不能确定是否为两个地名，北大藏秦简中的“襄”县可能是《汉志》南阳郡穰县（治今河南省邓州市）；鄂君启舟节“𨛭”读为“黄”的可信度高于读为“襄”“匡”。他的《湘出二戈考》（《中国文字》总第4期）考证了两件湖南出土的战国带铭兵器，一件释出了铸造地名“煮枣”，判其为战国中期的魏国兵器，另一件释出了建造者“缓”，即秦昭王十年出任丞相的楼缓。付建《朝那鼎与乌氏、朝那》（《考古与文物》第3期）认为宁夏出土的战国晚期早段的朝那鼎，对研究秦汉时期中央政府对“西戎”族群的政策有重要意义；以小河湾遗址为代表的乌氏县、以彭阳古城镇遗址为代表的朝那县和以凉马台为代表的湫渊祠，是研究秦汉时期通过泾河前往西北地区的重要地理坐标。黄锦前《寿䍐尊考释》（《古研》第33辑）认为铭文中的“”应径释为“锡”，“”是“駐”字，“侯氏”可能系应侯，“乙侯”则是器主寿䍐与侯氏的共同祖考。他的《贤簋所见人物、史事暨制度》（《出土文献研究》第19辑）系联了与贤鼎铭文有关的人物、事件、制度等。他的《雌盘考释》（《考古与文物》第1期）认为南阳出土的雌盘，时代属于春秋晚期前段，铭文中的“蔡臧君”即蔡庄侯甲午，器主雌的生活年代与蔡景侯相当；雌盘与蔡侯班戈在南阳发现，印证了传世文献楚灭蔡的记载。他的《从太师人駍乎鼎看金文中有关人物称谓现象及社会价值理念》（《人文论丛》第2期）认为太师人駍乎鼎的“太师人”例同金文中常见的“××臣”“××仆”“××有司”等，即系××属官，表示人物隶属关系。他的《从楚仲姬烄簠谈春秋时期蔡国的对外联姻及有关问题》（《中原文化研究》第4期）据出土铜器铭文和传世古书记载，认为春秋时期蔡国与南方的楚吴、中原的许宋、东方的齐及北方的燕国皆广结婚姻。他的《枣庄小邾国墓地出土与传世⿷匚昆君妇媿霝诸器铭文中的“⿷匚昆”》（《东方考古》第17集）认为春秋早期的“⿷匚昆”即“昆”，应是今鲁西南地区与小邾国邻近的国族，系昆吾氏之后。他还有《铜器铭文校勘释例》（《陕西历史博物馆论丛》第27辑）。张志鹏、尹俊敏《南阳市博物馆藏上鄀太子平侯匜及相关问题研究》（《文物》第4期）认为上鄀太子平侯匜的制作年代为春秋早期偏晚，鄀国原居今湖北宜城附近的古南郡鄀县，即金文中“下鄀”，后因楚国扩张，被迫于西周晚期北迁至今河南淅川寺湾附近的古“商密”一带，即金文中的“上诺”。

刘海宇《说西周金文中的“叵”和“叵土”》（《青铜器与金文》第四辑）认为父丁母丁戈（《铭图》16588）中被认为是纹饰的“”是“叵”字，读作享祀之“祀”；疑尊、疑卣中的“觃叵”和作册折组器中的“觃叵土”可以对读，“叵土”或指位于王畿的卿大夫的一般采地。他的《西周金文“王在周”所涉及建筑考述——兼说凤雏三号基址大型石柱为宗庙碑》（《东方考古》第17集）认为岐山凤雏建筑群可能是金文、文献中的“周庙”，是周王室的祖庙，凤雏三号基址的大型立石可能是宗庙之碑，云塘、齐镇建筑群或与“康宫”有关。王辉《西周金文“京宫”“周庙”“康宫”考辨——西周宗庙制度研究之一》（“先秦史学会年会论文集”）否定了唐兰的“康宫说”，认为“康宫”是康王时期所兴建的王宫，“康宫”有“康庙”“昭宫”“穆宫”“夷宫”“厉宫”以及文武王的“周庙”。尹夏清、尹盛平《西周的“京宫”与“康宫”问题》（《中国史研究》第1期）赞同“京宫”“康宫”是王宫的说法，但认为“康宫”是以康王的谥号命名的王宫，“康宫”中有“周庙”和“康庙”，而“康庙”中有“昭宫”“穆宫”“夷宫”“厉宫”等宗庙；唐兰关于“京宫”“康宫”是宗庙的说法虽然有误，但认为“康宫”是西周铜器断代的标尺则是可信的。杜勇《曾公畩编钟破解康宫难题》（《中国社会科学报》6月8日）认为曾公畩编钟否定了康宫系康王宗庙的说法。

胡宁《小臣唐簋铭文与西周时期的竞射》（《青铜器与金文》第四辑）认为小臣唐簋铭文应断读为“王使小臣唐射，克小臣阑”，大意是王使小臣唐参加射礼，小臣唐与小臣阑耦射，并战胜了小臣阑。黄益飞《员方鼎的时代及“执犬”问题》（《青铜器与金文》第四辑）认为员方鼎的年代不早于西周中期偏早穆王时期；古代犬按用途可分三种，其驯驭方法，田犬、狩犬曰执，食犬曰牵。他的《周初会同礼考——从保卣和犁子鼎谈起》（《江汉考古》第5期）认为保卣和犁子鼎所记关乎成王岐阳之蒐，其本质是会同之礼。他的《大河口西周墓地叔骨父簋铭文所见西周礼制考》（《中原文物》第5期）据新出的叔骨父簋铭讨论西周时期的宗法制度和祭祀制度。黄庭颀《作册嗌卣铭文研究》（《中国文字》总第4期）认为作册嗌卣铭文是祭祀仪式所用祷辞的直接记录。

郭长江等《曾公畩编钟铭文初步释读》（《江汉考古》第1期）对新出土曾公畩编钟铭文做了释读。陈斯鹏《曾公畩编钟铭文考释》（《中国文字》总第3期）纠正了释文中的部分字词，认为原释文“适于汉东”之“适”应改释为“琝”，读作屏藩之“屏”；原释文“涉政（征）淮夷”之“涉”应改释为“兆”，读为“讨”；原释文“卑辞千侏（休?）”之“侏”应改释为“偞”，为世代之“世”的繁体；原释文“頧（偶?）天孔惠”之“頧”应读为“溥”，训为“大”。陈民镇《曾公畩编钟铭文补说》（《汉字汉语研究》第4期）认为铭文中的“高祖”是文武时期的伯括，“皇祖”是曾国的实际创立者“南公”；“王客我于康宫”之“我”或为铭文编纂者因不谙册命铭文辞例所增益；“蔽蔡南门，质应亳社”指曾、蔡应互为照应，为周之南方屏障；“俾辞千侏”之“侏”是“休”之误的可能性更大；“嬰余孺小子”之“嬰”相当于传世文献中的“猷”一类的虚词。黄益飞《南公与曾国封建》（《故宫博物院院刊》第7期）认为“伯适”为曾国始封君，其长子南公（曾侯谏）出封为曾侯，曾侯皆可称“南公”，与畿内南宫氏宗君称“南公”绝不同，后者还可称“南宫”。田成方《曾公畩钟铭初读》（《江汉考古》第4期）指出曾公畩钟铭是一篇曾国宗庙祭祀文书；“伯括”在周成王时受封立国，受昭王诰命的“皇祖”，疑即叶家山M111墓主曾侯犺。朱凤瀚《枣树林曾侯编钟与叶家山曾侯墓》（《中国国家博物馆馆刊》第11期）认为南宫氏初受王命戍守南土之地，当在今南阳盆地以东，淮水上游以北区域；昭王南征楚荆前命南宫氏于曾，此时南宫氏才封于曾，经营区域南移汉东；M111墓主是始封者。

吴冬明《嬭加编钟铭文补释并试论金文所见曾楚交往的政治辞令》（《江汉考古》第3期）认为嬭加编钟铭文追溯文王，彰显其姬周身份是为了强化诸夏的认同，并以其作为与楚匹敌的政治手段。张昌平《记回归的曾伯克父青铜器》（《文物》第9期）认为“曾伯克父”不是国君，地位与曾伯文、曾伯霥相当，仅次于国君。岳拯士《释嫼盘铭文中的

“[illegible]”字》（《中国文字研究》第 32 辑）认为“[illegible]”右从“矢”，读作“胡国”之“胡”，“嫫”是胡国嫁到曾国的女子。黄锦前《新出文献与“曾国之谜”的新认识》（“先秦史学会年会论文集”）根据新出的随仲嬭加鼎、加嬭编钟、随大司马嘉有戈、曾侯與编钟、叶家山西周曾侯铜器等肯定了曾、随为一国的说法。徐少华《曾侯与钟铭“君庀淮夷，临有江夏”解析》（《中国史研究》第 2 期）认为曾侯与钟铭是从西周晚期以降尤其是春秋时期的形势出发，来描述当时曾侯受封立国的情景，有美化夸大的成分，它并未准确表达西周早期曾国封于江汉的史实。陈斯鹏《曾、楚、周关系的新认识——随州枣树林墓地 M169 出土编钟铭文的初步研究》（《出土文献》第 2 期）认为所谓的“加芈编钟”，作器者实为曾侯宝，加芈可能是楚共王之女，铭文内容以楚共王去世为背景，反映了楚代周权、曾侯辅楚的历史状况。

韩炳华《息父乙册簋及相关问题》（《山西大学学报（哲学社会科学版）》第 2 期）据息父乙册簋器形、纹饰推测息国在武王灭商前归附周，被迁至宝鸡一带，周初又被分迁至汾河下游，助晋国藩屏周室。他的《新见三件“叔休”器及相关问题》（《江汉考古》第 3 期）认为“叔休”组器属于同一器主，“叔休”是春秋早期淮河流域信阳一带小国“冠国”管理当地盐业贸易的官员。曹锦炎《毳尊卣铭文考释》（《古研》第 33 辑）认为毳尊、毳卣铭文证明了周成王是在继位第五年迁都成周并亲政的史实。他的《新见鸟虫书勾鑃铭文考释——徐人入浙的新证据》（《中国文字》总第 3 期）认为新见的六件徐器鸟虫书铭青铜勾鑃是徐国被吴灭国后进入浙江、投靠越国的可信证据。崎川隆《日本泉屋博古馆所藏“嚣仲晋盉”铭文浅释》（《古研》第 33 辑）认为日本所藏的这件嚣仲晋盉属于春秋早期器物，春秋时期的嚣国位于淮水流域，与位于河南荥阳的商代的敖不一定有直接关系。韦心滢《新见冊枺簋初探》（《古研》第 33 辑）将冊枺簋时代定在西周穆恭时期，考证赏赐物“玭”为玉质匕，赏赐者“旂伯”与受赏赐者“冊枺”虽是上下级关系，但也可能有亲缘关系。她的《上海博物馆藏籧戈》（《青铜器与金文》第五辑）认为籧戈是春秋晚期、战国早期的楚器，器铭中的“复合氏名 + 子 + 私名”是春秋战国时期江淮流域的地方称谓特色。李春桃《新见楚国平夜夫人戈研究》（《古研》第 33 辑）认为平夜夫人戈属于战国早、中期之间的楚国铜器，是安装在戟上的一部分，器主是平夜君成的夫人，此器反映了女性尚武的一面。他的《随大司马戈铭补考》（《出土文献研究》第 19 辑）认为随大司马戈铭中旧释为“嘉”的字应改释为“虏”。李裕杓《不其簋为秦器说献疑》（《青铜器与金文》第 5 辑）认为不其簋中的玁狁不是《秦本纪》中的“西戎”，不其与秦庄公的地位不相当，不其簋并非秦器。夏含夷《清华简〈摄命〉与牧簋、冉盨对读》（《青铜器与金文》第五辑）认为牧簋、冉盨铭文与《摄命》篇的内容反映了周孝王时期的政治危机。

张溯《论晋侯苏钟的年代和归属——兼论周厉王王年》（《东方考古》第 17 集）认为晋侯苏是晋穆侯，钟铭所记三十三年为周宣王三十三年，即公元前 795 年；周厉王在位仅 16 年，加共和 14 年，凡 30 年。徐少华、姚练《楚屈子赤目簠年代与作器者小识》（《江汉考古》第 4 期）认为楚屈子赤目簠的铸造年代是春秋中期的末年或中晚之际，绝对年代约在公元前 580 年，故屈子赤目可能是息公子朱之次子、申公屈巫臣之弟、屈荡之兄。贾连翔《三晋始侯相关史事新探——再读清华简〈系年〉与驫羌钟铭文》（《中国史研究》第 3 期）认为晋楚长城之战在公元前 419 年，晋、越伐齐在公元前 404 年，次年三晋正式成为列侯。黄益飞、谢尧亭《大河口墓地 M6096 出土阮盆铭文简释》（《文物》第 1

期）认为㲋盆铭文所记为周厉王二年周王朝与南淮夷发生的一次战争。宣柳《子犯编钟铭文“俾朝王”史事新解》（《青铜器与金文》第五辑）认为“俾朝王”所涉相关史事不是鲁僖公28年5月的践土之盟，也不是同年冬的河阳朝王，而是践土之盟前的衡雍朝王。

吴镇烽《司败壴章剑考释》（《出土文献综合研究集刊》第11辑）考订司败壴章剑为战国早期楚国铜剑，司败为官名。他的《读青铜器铭文札记一则——“蜀守斯离”鉴不能说明秦人对蜀地实行羁縻政策》（《出土文献综合研究集刊》第12辑）认为新出的“蜀守斯离”铜鉴铭文是战国时期秦国器物制造作坊的主管官员和工匠的署名，并不反映秦国对蜀地实行的统治政策。许卫红、张杨力铮《“十九年蜀守斯离”考》（《考古与文物》第4期）认为“斯离”是蜀国旧部，坡刘M3墓主或为其本人，以斯离为蜀守体现了秦对征服地区的怀柔政策。

4. 其他

吴镇烽《试论古代青铜器中的随葬品》（《青铜器与金文》第五辑）认为自称为遣器、行器、从器、走器、葬器的青铜器都是用于死人随葬的器物。任家贤《琱生尊的自名及大口尊称名问题补议》（《古研》第33辑）认为琱生尊的自名可隶定为“𥁕”，亦即文献中的“甀”，又称为“瓿”，也就是金文中的“𨭬”。凡国栋《曾侯乙墓出土车軎的自名》（《出土文献研究》第19辑）将曾侯乙墓出土的车軎自名字释为“钛”，从金、太声，读作“軎”。陈英杰《谈青铜器“私名”的定名问题》（《青铜器与金文》第五辑）提出“私名”定名应遵循两原则、三特征，两原则指商周应采用不同的规则和名从主人，三特征则指简洁性、区别度、系统性。

朱赢《中山三器铭文的叙事特点与启示》（《青铜器与金文》第五辑）认为中山三器的作器目的非为记史，铭文本质上是在书写“当下”，并以此教诲子孙，中山王器铭是先秦学术史上“隐微书写”的一个奇特案例，它提示我们要关注“铭文”与“信史”间的限度。孙思雅《青铜乐器铭文叙事元素探析》（《青铜器与金文》第五辑）从篇章结构和叙事角度对两周时期青铜乐器的铭文做了考察。

田率《中国国家博物馆旧藏山东滕县安上村出土青铜器考释》（《青铜器与金文》第四辑）对1933年安上村出土的一批青铜器进行重新整理，纠正了以往著录的错误信息。邓佩玲《谈王子申盏盖铭文及其拓本》（《青铜器与金文》第四辑）据铭文拓本字形特征及流传情况推断，现存著录所见的王子申盏盖铭文的拓本都是据摹本而成的翻刻本。张光裕《美国纽约摩根图书馆藏〈伯矩卣〉铭文及其相关问题》（《中国文字》总第3期）指出美国纽约摩根图书馆所藏的“伯矩卣”就是《西清古鉴》16.4著录的“周伯矩卣”。

石安瑞《也论大克鼎铭文的制作方法——兼议西周中晚期泥条法的普遍性》（《青铜器与金文》第四辑）通过对大克鼎铭文所保留的一些特殊现象的考察，指出大克鼎铭文是用泥条法制作的，且泥条法是西周中晚期制作青铜器铭文的主要方法。

第二篇

考古文物新发现

2020 年度十大考古新发现

【贵州贵安新区招果洞遗址】

发掘时间：2016～2020 年

工作单位：贵州省文物考古研究所、四川大学历史文化学院、成都文物考古研究院

招果洞遗址位于贵州省贵安新区高峰镇岩孔村招果组北部的一处南北向长条形盆坝的西侧山体上，洞口测点坐标北纬 26°32′22.83″，东经 106°27′00.02″。2016 年 3 月由贵州省文物考古研究所、四川大学考古系、成都文物考古研究院联合调查发现。至 2020 年，三家单位联合进行了 5 个年度的考古发掘，累计发掘面积约 70 平方米。发掘区布设 1 米×1 米探方。遗址堆积厚约 8 米，时代约从旧石器时代晚期一直延续到历史时期，主体堆积的年代为距今 4～1 万年。根据出土遗物特征和文化堆积情况，以 2016 年试掘区南壁剖面为标准，可将整个遗址的堆积划分为四期 6 个阶段。

第一期早段：（20—23 层，原 59—71 层），为黄色黏土质粉砂，夹杂零星木炭和小砾石。沉积物以粉砂为主，其次为黏土及细砂，未见明显层理。角砾磨圆度普遍较差。沉积环境相对较为稳定。

发现火塘 7 个。出土石制品数量较少，原料主要为燧石、硅质灰岩，种类有刮削器、石核、石片，另有少量断块（片）。出现磨制骨锥 1 件。不少动物骨骼有火烧痕迹。

HT50（原 67 层）、HT51 的 ^{14}C 测年结果为距今 3.8～3.7 万年。推测第一期早段年代约为距今 4 万年。

第一期中段：（16—19 层，原 40—58 层），以黄色黏土及粉砂为主，夹杂角砾，洞顶崩塌砾石减少。粗砂含量大幅增多，表明水动力明显增强。黄色黏土与大量含碳的人类活动面相间出现。

发现 12 个火塘。石制品数量较少，特征与第一期相似，工具主要为以石片为毛坯的刮削器（4—6 厘米），出现少量砍砸器。

原 42 层、原 50 层出土骨头 ^{14}C 测年分别为距今 1.7 万年、距今 2.4～2.3 万年。HT43 骨头 ^{14}C 测年为距今 2.8 万年。推测第一期中段绝对年代约为距今 2.9～1.7 万年。

第一期晚段：（9—15 层，原 27—39 层），灰白色黏土，土壤颜色较一期早、中段明显加深。沉积物粒径以粗砂和粉砂为主，显示本阶段水动力依然较强。

发现火塘 10 个。打制石制品数量剧增。砾石原料占比提高。石片多不规则形。工具以刮削器为主。出土一件磨制石器，通体磨光，刃缘有多个使用形成的崩疤，残留大量赭石粉末。磨制骨角器开始大量出现。开始出现大量水生动物骨骼，主要为鱼类。

原 30 层骨头的 ^{14}C 测年结果为距今 1.2 万年。推测第一期晚段绝对年代约为距今 1.6～1.2 万年。

第二期：（6—8 层，原 13—26 层），主要为棕色砂质黏土。沉积物粗砂比例更

高，可能与气候变冷，突发性洪水增多，水流携带粗颗粒沉积物进入洞穴有关。

发现火塘 5 个。石铺活动面以尺寸较为均匀的角砾平铺地表，表面散布大量骨角器及坯料。孩童墓葬一座（M2），陪葬有鱼钩及香樟树籽。打制石制品丰富，出现少量盘状石核和零台面石片，锯齿刃器大量出现。出现一些 3 厘米以下小型刮削器；刮削器标准化程度提高，长方形或梯形石片制作的刮削器数量较多；双刃刮削器比例上升。出土一件砺石。另有少量针铁矿石。骨角器数量最多，器形主要为骨铲、骨锥。

本阶段零台面石片的出现，表明该期与兴义猫猫洞、普定穿洞遗址上层文化年代接近，可初步推断该期下限在距今 1 万年左右。

第三期：（2—5 层，原 12—4 层），土色驳杂，土质松散，黑褐色和灰白色土交替出现。沉积物主要以粉砂为主，已不见粗砂，这可能与该阶段洞口位置较高，洞外沉积物较少进入洞内有关。

发现火塘 11 个（HT24—35）。发现墓葬一座（M1），推测系屈肢葬。该期出土大量打制石制品，石制品特征基本承袭第二期。出土少量砺石。另有一件石锤（凹石），表面残留红色赭石粉末。出土有表面光滑的球形针铁矿石。磨制石器较少，主要为石锛，另有一件通体磨光的块状石器。陶器以夹砂陶为大宗，多灰褐色。纹饰主要为绳纹。陶片保存差，无可辨器形。骨角器有铲、锥等。

结合黔中地区以往出土陶器和磨制石器的特征，该期年代初步推定为新石器时代中晚期。

第四期（1 层，原 1—3 层）灰褐色土，出土汉晋时期陶釜和明清时期的瓷片、陶片等，为汉晋之后历史时期堆积。

遗址出土的动物骨骼已鉴定出超过 25 个种，包括水生的鱼类、螺类、蚌类等，陆生的哺乳动物、鸟类等。以陆生哺乳动物数量最多，可辨种属有鹿类（水鹿、梅花鹿、麂、獐）、牛、猪、虎、狼、熊、兔子、猫、獾、豪猪、竹鼠、田鼠，其中以鹿类骨骼数量最多。植物遗存包括农作物、水果、树种/果实类、杂草 4 大类。

研究团队采集了招果洞九个石笋样品进行古气候古环境的记录分析，获得石笋的精确年代模型，并对石笋进行显微观察，发现石笋纹层内含有许多木炭碎屑，推测系古人类在洞穴中用火的记录，可追溯到至少一万多年前。

招果洞遗址文化堆积从距今 4 万年，一直延续到全新世，跨越了整个旧石器时代晚期和新石器时代，堆积连续完整，这在云贵高原乃至全国都是极为少见的；招果洞遗址揭露出自旧石器时代晚期至全新世的 50 多个火塘和人类活动面，填补了以往工作的空白，为研究西南地区早期人类居住活动，进一步复原史前社会发展面貌提供了重要证据。招果洞遗址第一期发现的骨角器和燧石制品是西南地区现代人行为出现的重要标志。遗址的年代序列完整，文化堆积在几次重要的气候事件节点发生明显变化，对研究古人类生态适应性策略的演变具有极高价值。遗址发现的两座距今超过 1 万年的墓葬，在其内发现的较完整的头骨和肢骨，是目前发现的中国西南地区早全新世最完整的人类骨骼遗骸之一。

【浙江宁波余姚井头山遗址】

发掘时间：2019 年 9 月 ~2020 年 8 月

工作单位：浙江省文物考古研究所、宁波市文化遗产管理研究院、河姆渡遗址博物馆

井头山遗址位于余姚市三七市镇三七市村，临近河姆渡、田螺山遗址，地处杭州湾南岸的四明山余脉与姚江河谷平原的交界地带，地面海拔仅 2 米多，其西北侧有海拔 72 米的井头山。2013 年在遗址所

在厂区建造厂房之前的地质勘探中发现遗址，总面积约2万平方米，是河姆渡遗址发现近50年以来，在浙江沿海发现的又一处具有里程碑意义的新石器时代遗址。

2018年，根据该遗址文化堆积的超大埋深（距现地表5～10米）和被海相沉积覆盖的低海拔埋藏环境（－3～－8米）的空前特殊性，发掘之前由工程部门建设一个围护发掘区的钢结构基坑。2019年9月～2020年8月，联合考古队对该遗址进行发掘，揭露面积750平方米。

遗址文化堆积以上被5～8米厚的海相沉积覆盖，总体顺着地下小山岗的坡势由西向东倾斜，最厚处达2米多，分为12小层（第9～20层）。

发掘出土露天烧火坑、食物储藏处理坑、生活器具密集分布区、滩涂区木构围栏等聚落遗迹，其中，食物储藏处理坑有20多个。

出土遗物分为人工器物和自然遗存两大类：

出土人工器物共400多件，有陶器、石器、骨器、贝器、木器、编织物等种类。陶器，出土数万片陶片经初步整理后已修复30多件，主要器形有釜、敞口盆、圈足盘、碗、小杯、深腹罐、釜支脚、陶拍等，陶质以夹砂陶为主，还有夹炭陶，以及少量夹细砂陶、夹贝壳碎屑陶等，陶胎色以灰褐色、红褐色为主，陶胎厚薄不均，用泥条叠筑加拍打成形，炊器内壁均有明显的拍打凹窝，部分有贴塑特征，无明显慢轮修整技术；纹饰有绳纹、浅方格纹、横向篮纹、麻窝纹、压印锯齿纹、蚶齿戳印纹等，部分器表装饰红衣或黑衣。并有少量简单图案的彩陶。

石器有斧、锛、锤、凿、镞、砺石、磨盘、圆盘状垫饼（砧）等30多件，其中，石斧横断面呈椭圆形，多数磨制较规整和光滑，与较晚的河姆渡文化石斧在石料、器形、加工工艺上有明显区别。

骨器，数量较多，已登记100多件，器形较多，有镞、鹿角锥、鳔、凿、针、匙、珠、笄、哨等，加工工艺比较简单。另有用大型牡蛎壳加工磨制的一些贝器（耜、铲、刀等），数十件，在浙江考古史上首次出土，主要功能应与河姆渡文化的骨耜相近。

木器有100多件，大多保存优良，加工程度不一，器形有木桨、木柄、带销钉木器、木矛形器、点种棒、双尖头木棍、单尖头木棍、木杵、木碗、扁担形木器等，其中数量最多、加工最特殊的是挖凿了规整椭圆形卯孔的“刀”形木柄，推测它们应是与石斧组合拼装使用的，是当时最常用的木工工具。这批木器应是已知中国新石器时代遗址中保存最好、年代最早的一组木器，确凿表明了中国木作工艺的先进性和早熟性，也是中国木构建筑中榫卯技术的滥觞。

编织物，共18件，用芦苇、芒草和竹子等编织而成，器类有席子、篮子、筐子、背篓、鱼罩、扇子等，还有一团似渔网残块，用2毫米左右粗细的麻类绳子交织而成。

生活废弃的大量动植物遗存，动物遗存中最多的是当时先民食用后丢弃的各种海生贝类壳体，主要种类有泥蚶、海螺、牡蛎、蛏子、蛤蜊等5大类，以及胶结在小块礁石上的很多牡蛎壳，其次是各类渔猎动物骨骸，以鹿科动物骨头为主，也有一些野猪、水牛、狗、水獭等动物的骨头，以及海鱼的脊椎骨、牙齿、耳石等。

植物遗存中，最多的是木块、木条等木质遗存，以及储藏坑中的橡子、麻栎果等，还有桃核、橡子壳、松果、灵芝块、少量炭化米粒、水稻小穗轴等，以及漆树、黄连木、猕猴桃、紫苏、灰菜等植物的籽粒；此外，还有一些用于制作编织物、绳子的原料，如草叶和麻类纤维等植物遗存，在陶釜支脚的胎土内可见较多稻谷壳碎片的印痕。

井头山遗址是浙江省和长三角地区首个贝丘遗址，也是中国沿海埋藏最深、年代最早的典型海岸贝丘遗址。国内外50多个测年数据表明，遗址距今8300～7800年。井头山文化类型，以海洋生业经济为主要依托，是中国人适应海洋、利用海洋的最早例证，表明余姚、宁波乃至浙江沿海地区是中国海洋文化的重要源头区域。

出土遗存和所处地理环境表明河姆渡文化直接来源于宁波沿海地区，由此把余姚和宁波的人文历史源头在河姆渡文化基础上又向前推进了1000多年，是宁波历史轴线的极大延伸。

该遗址的发现和发掘是研究和重建8000多年前中国东南沿海地区社会生产、生活状态及其与自然环境的相互关系，以及西太平洋地区南岛语族发源，全新世早中期海平面上升过程等重大学术问题的宝贵案例。堪称中国新石器时代考古，特别是海洋文化考古、全新世海洋环境变迁研究的一个重大突破。

井头山遗址发掘，是对深埋的沿海史前遗址的首次探索，取得了一些宝贵的工作经验，尤其是发掘前建设钢结构基坑的探索性技术，在国内沿海环境下的史前遗址考古中具有首创意义。

（孙国平　郑云飞　王永磊
梅术文　黄渭金　陆雪姣）

【河南巩义双槐树遗址】

发掘时间：2013～2020年

工作单位：郑州市文物考古研究院、中国社会科学院考古研究所、巩义市文化和旅游局

双槐树遗址位于河南省巩义市河洛镇双槐树村南的高台地上，北距黄河南岸2千米、西距伊洛河4千米，地处黄土高原东部边缘区域，介于双槐树村南黄土岭和滩小关村西南黄土岭之间。发现有仰韶文化中晚期阶段3重大型环壕、4处经过严格规划的公共墓地、大型院落夯土基址、大型中心居址、具有最早瓮城结构的围墙、版筑的大型夯土地基、夯土祭坛等，另有数量众多的房址、灰坑、人祭坑及兽骨坑等遗迹。出土了丰富的仰韶文化时期彩陶等文化遗物，特别重要的是出土了与丝绸起源有重要关联的最早的家蚕牙雕艺术品。这是一处仰韶文化中晚期到龙山文化早期面积巨大、遗存丰富的核心聚落遗址。

项目背景：20世纪70年代初，当地村民为解决塬上种地用水问题，挖了一个深6米的蓄水池，在蓄水池周壁断崖上可看到暴露的文化层、灰坑、房基、墓葬等遗迹。1984年巩县文管所配合河南省第四次文物普查、全国第二次文物普查时对遗址进行确认，命名为滩小关遗址。1990年2月，巩县文管所正式对滩小关遗址进行调查。1992年5月，河南省社科院河洛文化研究所、河南省巩义市文物保护管理所联合对洛汭地带仰韶文化遗存调查时对该遗址进行了复查。1992年10～11月，为配合310国道高等级公路施工，河南省文物考古研究所对滩小关遗址进行了发掘。2004年，郑州市文物考古研究所对遗址进行了初步钻探，发现环壕两道，原命名的滩小关遗址位于整个聚落的东北部，因此重新命名为双槐树遗址。2006～2010年，配合河南省第五次文物普查和全国第三次文物普查，省、市、县文物部门又多次对该遗址进行了调查。

2013～2020年，经国家文物局批复，郑州市文物考古研究院与中国社会科学院考古研究所等单位启动了“寻找中国丝绸之源——郑州仰韶文化中晚期与中国古代文明起源问题研究”工程，联合对双槐树遗址本体及其相邻区域进行系列文物调查勘探与考古发掘工作，确认遗址东西长约1500米，南北宽约780米，现存面积达117万平方米。

主要收获：

（一）三重环壕

三重环壕分布于居住区外侧，内壕周长约1000米，中壕周长1500余米，外壕现存周长1600余米，三重环壕分别通过吊桥和实土的门道与外界相连。

（二）围墙环绕封闭的大型中心居址区

位于内壕北部，在居址区南部建有两道围墙，与北部内壕合围形成封闭的半月形结构，面积达18000平方米。两道围墙在居址东南部相连接，发现有明显的门道缺口错位，形成瓮城式结构。在考古发掘约1/10的范围内，发现有布局密集的大型房址，其中位置居中面积最大的F12，面积达202平方米，在其中心房间夯土中有一完整的麋鹿和猪，另在其基址主体东南和整个回廊中，有意埋藏有九件陶器。另在F13东北部室外活动面发现一件兽骨牙蚕雕，对于探索中国家蚕驯化和丝绸文明的起源及农桑文明的形成具有重要价值。

（三）具有宫室结构的大型夯土建筑群基址

位于内壕中部，中心居址区以南，主体建筑以道路为界，分为东西两个区域，比较明确的有三处大型院落，其中一、二号院落布局较为清晰。

一号院落平面呈长方形，院落面积1300多平方米，其中主体建筑F76位于最北端，坐北朝南，平面呈长方形，是一处多开间的面积达308平方米的大型建筑基址。另发现主门道和门塾等遗迹。

二号院落平面呈长方形，院墙面积1500多平方米。墙基槽发现具有承重作用木柱和柱础石，北墙基槽内发现有密集的扶壁柱和扶壁墙，围墙转角处均经过加宽处理。院落南墙偏东位置门柱将门道分为三道，形成“一门三道”的门道遗迹。院落内发现大型建筑基址。

（四）大型版筑遗迹

位于一号院落南部，目前发现南北残存13版，东西残存30版左右的版筑夯土，面积约700平方米，发现清晰的圜底集束夯迹象。

（五）大型公共墓地

遗址内发现有4处公共墓地，勘探确认双槐树遗址共有1700余座仰韶文化时期的墓葬，分布在遗址西北部（墓葬一区）、内环壕内侧（墓葬二区）、外壕与中壕西南部（墓葬三区）、外壕与中壕东南部之间（墓葬四区）。所有墓葬均呈排状分布，其中墓葬一区布局规整，排与排之间间距15~18米。经发掘，墓葬均为东西向，墓主人仰身直肢，头向西，基本不出随葬品。这批墓葬是目前已知黄河流域仰韶文化中晚期规模最大、布局结构最为完整、最具规划性的墓葬区。

（六）夯土祭坛遗迹

发现与墓地祭祀相关的夯土祭台遗迹3处。其中墓葬一区发现1处，墓葬二区发现2处。目前发掘1处，位于第二墓葬区，破坏较为严重，只残存底部，祭坛平面呈圆角长方形，上口东西长19米，南北宽13.1米；底部东西长18.5米，宽12.5米。剖面略呈倒梯形，深0.5~0.6米。祭坛用土纯净，系红褐色黏土版筑夯打而成，夯层厚约0.08~0.11米。与祭坛相关的所有墓葬在祭台附近不再直线分布，而是有意拐折避让。

其他重要遗迹发现有人祭坑、器物坑、兽骨坑、陶窑等。

双槐树遗址文化堆积厚，出土遗物以陶、石、骨器为主，另有少量的玉器和蚌器。陶器有多种型式的鼎、罐、盆、钵、杯、豆、壶、瓮、尖底瓶、尖底缸等。尤其是出土的彩陶制作精美，具有较高的艺术价值。石器主要有石刀、石铲、石斧等，骨器有骨针、骨簪、骨镞、靴形器等，特别重要的是发现一枚兽牙雕刻的吐丝状骨蚕，是仰韶文化时期与养蚕及丝绸起源相关联的比较直观的实物资料。

学术价值：经初步研究，遗址文化遗存可分为五期七段。其中第一期为裴李岗文化时期，第二期相当于大河村二期偏晚阶段（即庙底沟类型晚段），第三、四、五期相当于大河村三、四、五期，其中4期分为三段。双槐树遗址还存在丰富的大汶口文化、屈家岭文化等周边文化因素。

选址正好位于嵩山山麓，黄河与伊洛交汇处的旁边，符合中国古代早期都邑聚落的选址规范，从遗址的地理位置、规模、文化内涵分析，是迄今为止在黄河流域发现的仰韶文化中晚期经过精心选址的规模最大的都邑性核心聚落，具有古国的都邑性质。

大型中心居址建筑前两道围墙及两处错位布置的门道和加厚围墙的设计，应是目前发现的中国古代最早的瓮城雏形。

两处院落建立在大型版筑夯土地基之上，芦山峁大营盘梁一号院落、古城寨廊庑基址及二里头遗址一、二号宫殿等中国古代大型宫殿式建筑与其一脉相承。“一门三道”门道遗迹，是中国古代最高级别建筑的常见特征，其与二里头一号宫殿建筑、偃师商城三号、五号宫殿建筑门道遗迹基本一致，凸显了双槐树大型建筑基址高度的礼仪性和宫殿建筑的源头性。

大型建筑群初具中国早期宫室建筑的特征，为探索夏、商、周三代宫室制度的源头提供了重要素材。

墓葬区内发现的夯土祭台遗迹，是仰韶文化遗址中的首次发现，有利于开展与红山文化、良渚文化等周边区域文化在祭坛文化以至高层礼仪制度方面的比较研究。

双槐树遗址发现的农作物和正在吐丝状态的牙雕家蚕、丝绸，连同青台、汪沟等遗址发现的农业和丝绸实物等，实证了仰韶文化时期中原地区已具有全国领先的农桑文明形态，是中华农桑文明文化传统最早的完备代表。

双槐树遗址一系列重要考古发现表明，以其为代表的“中原文明发展模式”，崇尚向心力和文化包容、崇尚王权，农桑并重，重视民生，重视宗法、人本和社会长治久安，不过分地把创造的社会财富贡献给神灵，而是更多地投入社会再生产和人民生活。这一模式被后代在主流政治社会领域所继承和发扬，成为中华文明历史进程中最具代表性和生命力的主流发展模式。

（顾万发　信应君）

【河南淮阳时庄遗址】

发掘时间：2019年4月～2020年12月

工作单位：河南省文物考古研究院、北京大学考古文博学院、周口市文物考古所

时庄遗址位于河南省周口市淮阳区四通镇时庄村，北临太康县。遗址总面积约10万平方米，钻探和发掘表明，遗址的南部是一处夏代早期的粮仓城。

在面积约5600平方米的人工垫筑台地外围有宽浅的围沟，宽度超过30米。已发掘的2850平方米范围内发现了29座罕见的仓储遗迹，分布集中，形制多样。这些仓储设施建造时大多先平整垫高地面，然后以土坯建造土墩或墙体，外侧涂抹细泥。根据建筑形制的差别可以分为两类：第一类为地上建筑，共13座，平面形状为圆形。建筑方式是用土坯垒砌成多个圆形的土墩作为立柱，高出地面，立柱直径0.5～0.9米。上部铺垫木板作为仓底，再以土坯、藤席类材料围砌成仓壁，上部封顶。其建筑面积最小为5.5平方米，最大为21.6平方米，其它在8～14平方米之间。第二类为地面建筑，共16座，建筑方式是以土坯直接垒砌墙体。第二类依据平面形状的不同又可分为圆形和近方形两种，前者7座，建筑面积5平方米左右；后者9座，建筑面积9～12平方米。

上述建筑的形制明显有别于当地同时期用于居住的连间排房，且缺少灶坑、居住面等居住型房屋的要素，具有较为特殊的功用，性质应为古代的粮仓。原因有三个方面：一是其建筑形制与文献记载、民族志记录、出土文物模型和现实中的各类粮仓均十分相似。二是在保存较好的仓储遗迹废弃堆积的底部检测出的植硅体组合较为单一，主要来自粟、黍类作物的硬壳和用作仓储建筑材料的芦竹类、茅草类植物的植硅体；浮选碳化大植物遗存鉴定的结果也显示，除了粟、黍和黍亚科种子之外，几乎没有其它的植物遗存；此外，仓储废弃堆积的土壤中也检测出黍粟成分。三是上述建筑外侧涂抹细泥、台基垫土自下而上普遍铺垫粗颗粒粘土隔水层和细颗粒粘土防水层等防潮措施，符合粮仓建筑的特定要求。

此外，粮仓遗迹所处的台地上发现东、西两个同时期的夯土围墙。发掘和钻探表明，东围墙宽 1.9 ~ 2.8 米，残存高度 0.7 ~ 1.2 米，内部圈围面积近 1100 平方米；西围墙宽 3 ~ 3.5 米，残存高度 0.45 ~1.3 米，内部圈围面积 1200 余平方米。东围墙建造年代略早于西围墙，东、西围墙在台地的东南部有较为明显的缺口，应为进出的通道。夯土围墙靠近台地边缘的外侧有堆筑的护坡，具备“台城”的结构。

聚落中同时期的遗存以粮仓遗迹最多，极少见灰坑、房址和墓葬等其它类型的遗迹。一座具有居住功能的连间房 F1 居于台地中间，粮仓遗迹围绕 F1 外围且均集中分布于夯土围墙保护范围之内，聚落整体布局结构清晰，功能单一，是一处以储粮为主要功能的特殊围垣聚落。

考古工作表明，遗址经历了从早期兼具仓储和居住功能，到中期功能专一的粮仓城，再到晚期废弃的过程。从出土陶器反映的时代特征看，大致相当于嵩山地区的“新砦期”阶段。系列^{14}C 样品测年数据显示，上述遗存的年代为公元前 2000 ~ 1700 年，已进入夏代早期纪年。

时庄遗址布局清晰、功能专一的围垣聚落，是夏代早期中原地区新出现的小型化、专门化聚落，是一种崭新的聚落形态。

系统的考古工作表明，在时庄遗址周围 150 平方公里的范围内，还存在至少 13 处同时期的聚落，共同构成了庞大的区域性聚落群，是时庄遗址单一功能性聚落发展的重要支撑。对于重新认识夏代早期的社会组织结构、管理水平和国家治理能力等都具有极其重要的价值。

时庄遗址是我国目前发现的年代最早的粮仓城，为研究我国古代早期国家的粮食储备、统一管理和可能存在的贡赋制度等提供了绝佳的实物资料。

【河南伊川徐阳墓地】

发掘时间：2015 ~ 2020 年

工作单位：洛阳市文物考古研究院

徐阳东周墓地位于河南省伊川县鸣皋镇徐阳村一带，中心地理坐标为北纬 34° 21′51.69″，东经 112° 13′09.51″，海拔 283.3 ~ 291.5 米。2013 年以来，经国家文物局批准，在以徐阳村为中心的顺阳河及其支流两岸台地上已发现墓葬、车马坑等 500 余座。2015 年以来，共发掘清理各时期墓葬、车马坑、动物坑等 170 余处。

西周墓葬 6 座，均为单棺，仰身直肢葬。随葬陶器为陶鬲或鬲、罐组合，个别伴出铜戈等铜器。随葬遗物均放置在头部上方，普遍有在人的足部、头部或口内放置贝币的现象。

东周遗存包括墓葬、车马坑、马牛羊头蹄坑，以及马、猪、狗、羊等动物坑。

东周墓葬 132 座，其中大型墓葬 5 座，中型墓葬 12 座，小型墓葬 115 座。墓向以东西为主，南北向为辅。殉马坑或车马坑 12 座。大、中型墓葬具均一棺一椁，小型墓葬具为单棺，仰身直肢葬，大中型墓葬西北均有与之对应的陪葬车马坑。

大型墓葬5座。其中2座被盗扰。均为东西向长方形竖穴土坑，口部面积20平方米以上。葬具均为一棺一椁。随葬遗物主要有铜鼎、豆、罍、壶、盘、匜、舟、编镈、编钟、车軎辖、簋、石编磬、陶器、玉器、金器、玛瑙饰件、漆器、骨贝等。17A区M15为长方形竖穴土坑，2020年发掘。东西向，长7.85米，宽5.50米，深6.8米。墓底长6.87米，宽5.18米。葬具为一棺一椁，椁顶及侧板腐朽，底板尚有残存，椁室长5.6～5.8米，宽3.85～3.90米，棺腐朽，棺外有髹漆，外有纹饰。目前已发现6具人骨，腐朽严重，人骨周围放置有大量贝币。随葬器物主要有饕餮夔纹编钟、编磬、铜骨车马器、玉器、铜合页、铜饰件等。墓葬周围有陪葬车马坑、马坑、猪坑、狗坑等。

中型墓葬12座。大部分被盗扰，为东西向长方形竖穴土坑墓，口部面积10～20平方米，葬具为一棺一椁，出土遗物以铜器为主，也有陶器组合。西北部有对应车马坑或马牛羊头蹄坑。16C区M10为长方形竖穴土坑墓，东西向。口长5.05米，宽3.25米，深3.93米。被严重盗扰，葬具一棺一椁，人骨无存，随葬遗物仅见少量铜器残片。

小型墓115座。均为单棺。长2.3～3.4米，宽0.9～2.5米，深1.5～4.5米。均为单棺，仰身直肢葬。东西向84座，南北向31座。部分墓中发现狗或马、牛、羊头殉牲现象。随葬遗物或置于壁龛，或置于棺内。有单耳罐、绳纹罐、圆腹罐、鬲、盆、杯、鼎、碗、盘、舟、匜、铜矛、铜带钩、铜镞、砺石、骨镞等。器物组合主要为陶单耳罐、圆腹罐、盆，鬲、罐、盆，鼎、豆、罐和鼎、豆、壶组合，单耳罐、陶鬲内放置羊骨或猪骨。19A区M13，竖穴土坑墓，方向19°。口小底大，口长2.2米，宽0.83米，底长2.25米，宽0.86米，深2.2米。北壁距墓底0.35～0.4米处有一壁龛，壁龛宽0.5米，高0.2～0.35米，进深0.25米，壁龛东侧延伸至墓葬东壁内。葬具为单棺，棺痕长1.84米，宽0.42～0.5米，残高0.2米。随葬遗物有陶罐、盆、单耳陶罐、铜镞等。人骨1具，保存较好，葬式为仰身直肢，女性，年龄约45～50岁。

车马坑清理4座。已清理车马坑均为长方形土坑，葬车1～7辆，马2～18匹，及大量马牛羊头蹄。15C区MK1马坑位于15C区M1西北约20米。车马坑内放置车7辆，葬马18匹，其中四马驾车2辆，三马驾车2辆，两马驾车2辆，一辆车前无马。车马坑北部自东向西整齐摆放有大量马牛羊头蹄。

此外还在大中型墓周围发掘一批马、马牛羊头蹄、狗、猪、羊坑等遗存。

徐阳墓地西周遗存较少，从出土陶鬲、罐及铜器等遗物分析，与洛阳地区西周中晚期墓葬出土同类遗物基本相同，因此，徐阳墓地西周遗存时代约在西周中晚期，且是徐阳墓地发现的年代最早的文化遗存。

徐阳墓地东周大型墓中随葬的鼎、豆、壶、（罍）、盘、匜、舟组合及编钟、编磬等礼器组合及形制纹饰特征为典型中原华夏文化风格，铜器组合、风格与洛阳中州路一、二、三期铜器墓出土遗物基本相同。中型墓随葬遗物以铜器为主，另有车马器、铜戈、铜釜、铜鍑、铜斧、铲、环、镞、玉石器等。陶器器物组合为鼎、簋、罐。鼎、簋、罐，造型与洛阳中州路春秋中期墓出土铜器、陶器相同。因此，这批大中型墓年代约在春秋中晚期。

徐阳墓地东周小型平民墓中随葬陶鬲、罐、盆，鼎、豆、罐和鼎、豆、壶三种器物组合分别与洛阳中州路小型陶器墓二、三、四期相对应，表明徐阳墓地东周小型墓从春秋中期一直延续到战国早期。小型平民墓陶单耳罐、陶罐、陶盆组合与陶鬲、罐、盆组合并行出现，其中典型器物陶单耳罐多见于春秋战国时期中国西北地区戎人墓中，为中原地区首次发现。

徐阳墓地是首次在中原腹地发现的具有春秋战国时期流行于中国西北长城一线戎狄族群马牛羊头蹄殉牲葬俗的墓地。墓地中两种葬俗文化并存、融合的痕迹十分明显。

徐阳墓地东周遗存与春秋时期"秦、晋迁陆浑之戎于伊川"的陆浑戎高度吻合，应为陆浑戎遗存。据文献记载，伊洛河流域很早以前就有戎人部族活动。《左传》僖公二十二年。"初平王之东迁也，辛有适伊川，见披发而祭于野者，曰：'不及百年，此其戎乎！其礼先亡矣。'秋，秦、晋迁陆浑之戎于伊川。"据考证陆浑戎分布的大致范围在今伊阙、鹿蹄山以南，伏牛山以北，熊耳山以东，涓水（即今顺阳河）流域为其中心地带。陆浑戎活动的中心地域与徐阳墓地所在的涓水（今顺阳河）地理位置相符。陆浑戎自公元前638年迁入晋国"南鄙"之地伊川，至公元前525年国灭，立国伊川凡114年。其在伊河流域活动时间与徐阳墓地春秋中晚期遗存时代基本吻合。伊洛河流域诸戎之中，陆浑称"子"，身份虽不太高，但也是一个小诸侯国，具有一定的经济实力，陪葬的车马坑规模与其身份相符。

综上所述，徐阳墓地的主体遗存的年代、分布地域、规模、习俗等都可以与春秋时期活跃在这一区域的陆浑戎形成唯一对应关系。因此徐阳墓地应为陆浑戎贵族墓地，车马坑应为陆浑戎国君或高级贵族墓的陪葬。徐阳墓地的发现证实了文献所载"戎人内迁伊洛"的历史事件，是研究春秋战国时期民族迁徙与融合、文化交流与互动的重要资料，是华夏文明海纳百川包容性的重要体现，是中华五千年多元一体民族融合的实证。

（吴业恒）

【西藏札达桑达隆果墓地】

发掘时间：2017年12月~2020年

工作单位：西藏自治区文物保护研究所

桑达隆果墓地位于西藏自治区阿里地区札达县桑达沟沟口，地处喜马拉雅山脉西段北麓，海拔3700米，地势北高南低。桑达隆果即藏语 Sangsdar lung mgo 的音译，意为"桑达沟口"，墓地东西长2000余米、南北宽500余米，以桑达沟为界，分为东、西两区。该墓地于2017年12月被首次发现，至2020年已经过四个年度的发掘。

2020年清理墓葬4座、灰坑2处、墙基3处。确定了桑达隆果墓葬一处沿用时间长达1000年的墓地，从墓葬形制、遗物、^{14}C测年综合分析可将桑达隆果墓地分为三期。同时墓葬所属人群，与周边新疆、尼泊尔北部、印度西北部、新疆、西藏中部、中原地区存在着交流。除考古发掘外，本年度完成了2017、2018年度出土遗物的修复保护工作；并完成了2017、2018、2019年度的重点遗迹和遗物的三维数据野外采集工作。

ZSEM6单室土洞墓，竖穴土坑式墓道呈东北西南向，建有二层台；墓室位于墓道东北端，墓室平面为圆角方形，墓壁斜弧，平顶；墓道底高于墓室底部，墓门近似梯形。ZSEM6墓室南侧被EM29墓道打破。墓道北壁西侧上方被EM3墓室打破。

ZSEM10为单室土洞墓，墓道为长方形的竖穴土坑，并建有二层台，其上用长条石板叠压封盖，并用卵石填缝；墓道二层台以上的两壁各间隔凿有脚窝。墓门被M33墓室打破，近似椭圆形。墓室位于墓道北侧，平面为圆角方形，墓室底低于墓道；墓壁斜弧，平顶。墓道北壁东端上方被ZSEM7墓室打破，ZSEM7墓道叠压于ZSEM10墓道北端。墓顶西南部被ZSEM12墓室底部打破，同时墓室被ZSEM33墓室打破。

ZSEM2 为单室土洞墓，东北西南向，墓室位于墓道东北侧，墓道近长方形，由卵石堆砌而成，墓门为不规则拱形。墓室位于墓道东端，并被 Q2 叠压。

ZSEM33 为单室土洞墓，西南东北向。墓道平面呈长方形；墓门呈不规则椭圆形；墓室位于墓道东北侧，平面近圆形，穹隆顶，被 ZSEM12 墓室底部打破。

ZSEH6，为袋状灰坑，平面呈椭圆形，灰坑的堆积南厚北薄，H6 东侧被 G3 的卵石打破。ZSEH7，平面呈椭圆形，被 ZSEM33 北端打破。

ZSEG3，西北—东南向，开口平面呈扇形，北窄南宽，上宽下窄，沟边用卵石砌挡，沟内堆积细沙土。ZSEG3 打破 ZSEH6，被 ZSEM27 打破。

ZSEQ3、Q4、Q5，均用大砾石垒砌。

2020 年度桑达隆果墓地出土遗物：陶器、铁器、铜器、木器、料珠、皮革、人骨、动物骨。

桑达隆果墓地是目前所见探索西藏西部早期丧葬习俗最系统的墓葬材料，反映出当时、当地先民们有同时随葬明器、实用器两类器物的传统，以及随葬食物和毁器的习俗。体现了以札达县为中心，来自于其西部、东部、南部、中部以及中原地区考古学文化传播至此的痕迹。

桑达隆果墓地墓葬分布密集、打破关系复杂，多样的墓葬形制和大量的出土器物，呈现出西藏西部早期的考古学文化特征，为探讨当时社会结构、生业模式，及其与喜马拉雅山脉南麓、新疆、中原、西藏其他区域的交流提供了重要资料。

【江苏徐州土山二号墓】

发掘时间：2014 ~ 2020 年

工作单位：徐州博物馆（徐州市文物考古研究所）

土山汉墓位于江苏省徐州市区南部云龙山北麓，现徐州博物馆院内，《水经注》等记载为“亚父冢”，俗称范增墓。共发现三座墓葬。一号墓位于土山封土北部，平地起建，规模较小，由甬道、前室及后室组成，出土银缕玉衣、鎏金兽形铜砚盒等珍贵文物 100 余件。三号墓位于封土外西北，由墓道、甬道、前室、东侧室、西侧室及后室组成，残存部分墓底，可能为废弃墓葬。

二号墓位于主封土下，1977 年钻探发现，先后进行了多次发掘。2014—2020 年，由徐州博物馆主持墓室阶段的发掘工作，2021 年初发掘工作基本结束。

土山二号墓规模宏大，结构复杂。墓上有高约 16 米、底部直径近百米的近圆形封土。墓坑长 27.5、宽 15.5、深 4 米，总面积（包括墓道）近 500 平方米。整个墓葬南北长 36 米，方向 165°，前为墓道，墓道后部各有一道砖、石封门墙。墓室全部砌筑在墓坑内，由耳室、甬道、前室、后室、回廊构成，墓室内面积约 150 平方米。耳室、回廊及甬道北部保存较好，其他部分都已坍塌。

墓室上有四层封石，外有一周黄肠石墙。封石范围东西 16 米、南北 20 米，南北成排，16 排，每排用石 18 块左右，共计约 1250 块。黄肠石墙平面呈“凸”字形，长 57、高 6.4 米。

墓室为砖石结构，除耳室全部为砖砌外，其他墓室均为石墙，楔形砖券顶，其中甬道、回廊为两层券，前室、后室为三层券。

整个墓葬共使用石材 4200 多块，近 1000 立方米，从质地、颜色及加工痕迹看，应该来源于多处采石场，开采与加工石料的工匠众多，目前，仅见于石材上的“官工”姓名就达 180 人，工程之大由此可见一斑。这些石材形制规整，是已发现东汉诸侯王墓中，制作最为精致的，对于研究汉代石工技术及书体演变等都具有十分重要的价值。

墓葬中还使用了大量的木材，其主要是作为甬道口部封门墙、墓壁顶部的施工平台及顶部装修、横梁及券顶下填充支撑、地板等。所使用的木材主要是柏木和杉木。

二号墓共出土各类遗物近5000件，其中包括发现于封土内的遗物4500余件，墓室内出土文物约400件，主要有陶器、玉石器、铜铁器等。

陶器中除东汉墓葬中常见的模型明器外，最大的特点就是大量仿漆木器陶器的出现，如案、盘、耳杯、樽、方盒等，其中最具特点的就是抽屉形方盒，为首次发现。

玉石器有玉质、大理石质及青石质，包括玉衣、棺壁（镶壁漆棺）玉席、枕、握等敛葬玉器，成组的耳杯、盘、案、勺等祭祀器物的出现也是二号墓的一大特点。前室出土的一件石案上覆盖绢类丝织物，其上有纵横各十七道墨线，还伴随出土84枚椭圆形黄铜质棋子，与东徼道漆木棺内发现的76枚绿色琉璃子形制大小相同，应为围棋盘和围棋子。由此，汉代围棋子的形状及对弈双方棋子的质地和颜色首次得以确认。

金属质陪葬品中，镂空盘龙铜铺首、战国时期的蟠螭纹铜钫及铁镜等都比较有特色。铁镜共发现有6件，最大的一面直径达35厘米，通过X光照片显示有的铁镜有极为精美的错金银纹饰。其他铁器也有错金银装饰，一种环首刀上有“长宜子孙”铭文。另外，在东回廊葬者棺内发现有金摇叶、小动物、珍珠等饰件，其很可能就是步摇，这就将步摇的使用历史从魏晋提前到东汉。

从考古遗迹上验证了东汉诸侯王与王后并穴合葬的形式，并首次发现较为完整的东汉诸侯王彩绘漆棺，明确了东汉诸侯王（后）使用双层套棺的棺椁制度。对于研究东汉诸侯王陵墓丧葬制度具有重要的学术意义。墓道中发现有明显的二次打开痕迹，壁上的浅龛可算作是最早的墓葬支护遗迹。墓主人的彩绘漆木棺并列放置于后室棺床上，这是东汉诸侯王墓合葬形制的首次确认。诸侯王与王后的内棺为梓木，外棺为樟木，棺板内外各涂抹较厚的灰层，灰层外髹红漆，其中外棺表面绘白色云气纹。王的葬服为银缕玉衣，王后为（鎏金）铜缕玉衣。《后汉书·礼仪志》记载“诸侯王、列侯、始封贵人、公主薨，皆令赠玉玺、玉柙银缕；大贵人、长公主铜缕。……诸侯王、公主、贵人皆樟木，洞朱，云气画。”土山二号墓的葬具与葬服与史载基本相符。

东汉墓葬的封土中发现大量西汉封泥，全国罕见，是一批重要的封泥文字资料。封泥全部出土于封土中，共4300余枚，主要是西汉楚国官印封泥，这是继齐国封泥后封国封泥的又一次重大发现。楚国官印包括楚国机构职官、县乡职官及二百石以下的小官吏，其中有的为首次发现，如“内史省印”、“盖溉”等。其他还有私印封泥、废弃封泥和泥丸等。土山汉墓封泥特别是官印封泥蕴藏的信息量大，对于研究职官制度、国家军事与治理、疆域变迁等都具有非常重要的学术意义。封泥上面的大量痕迹也为探究汉代公文传递的程序及封笺方法等问题提供了很好的契机。

初步判断，土山二号墓的时代为东汉早中期，墓主人为楚王刘英或第一代彭城靖王刘恭，以刘英的可能性最大。刘英为光武帝之子，母亲为许美人。建武十五年（公元39年）封楚公，两年后进爵为楚王，二十八年到彭城就国。明帝永平十八年（公元70年），因谋反被废迁丹阳泾县，第二年在泾县自杀。章帝元和三年（公元86年），许太后去世，刘英迁葬彭城。刘英虽然因谋反被废，但文献中明确记载是以诸侯王之礼下葬，故其陪葬银缕玉衣也是合理的。如果这一推断不误，一号墓当为许太后的墓葬。

土山二号墓是目前国内已发现东汉时期保存较为完整、获取信息最为丰富的大型诸侯王墓葬，是东汉诸侯王陵墓考古的重大发现。

东汉徐州地区先后封1代楚王、5代彭城王。土山二号墓墓葬形制与河北定县北庄中山简王刘焉墓（公元54年—90年）、山东济宁肖王庄任城孝王刘尚墓（公元84年—101年）、淄博金岭齐炀王刘石墓（公元46年—70年）大致相同，时代也应该接近；以木板作横梁支撑的砌筑券顶方法时代明显较早，出土的连弧纹铜、铁镜也主要流行于一世纪中、后叶。初步判断二号墓的时代为东汉早中期，以楚王（楚厉侯）刘英（公元41—70年）及第一代彭城靖王刘恭（公元88年—117年）的可能性最大。

特殊的合葬形制是东汉诸侯王葬制的新发现，为研究东汉时期诸侯王丧葬制度提供了新材料。土山汉墓没有发现陵园遗迹。三座墓葬中，二号墓内葬3人，其中后室内葬王与王后，东回廊内另葬一人，当为后宫中身份比较高的女性，也不排除为王（后）夭折家人。一号墓与二号墓葬于同一个封土下，关系密切，从墓葬结构看，时代稍晚，可能为另一个王后或王太后。三号墓位于封土外西北部，后室宽度仅有1.44米，原来可能是准备安葬一号墓或三号墓中的某一个女性，后因故废弃。

土山二号汉墓的发掘揭示出东汉早中期诸侯王墓的营建过程、墓葬形制结构及建筑方法，明确了东汉时期各墓室名称功用。墓内前室、后室和回廊券砖上分别发现“前堂”“官（宫）室”“徼道”等文字，明确了在汉代各墓室的名称功用；首次发现大型砖室墓中以铺设木板作横梁支撑的砌筑券顶方法。土山二号墓各墓室不同方向的券顶之间基本采用平面对接的方式，门道处降低两侧石墙高度，在其上搭建木板作为横梁进行支撑。这应该是大型砖室墓中最早采用的解决不同方向券顶连接的方法。早于后来比较成熟的利用券顶高差作为支撑的方法，应处于大型砖室墓券顶技术的初始阶段。土山二号墓还在墓室石墙上铺设木板作为券顶施工平台，施工完成后木板经过装修成为墓室装饰的一部分。

【陕西西安少陵原十六国大墓】

发掘时间：2019～2020年

工作单位：西安市文物保护考古研究院

少陵原十六国大墓位于西安市南郊少陵原之上。经国家文物局批准，西安市文物保护考古研究院在少陵原区域配合基本建设，考古发掘了三座十六国时期高等级墓葬，编号焦村M25、M26、中兆村M100，出土共计278件随葬器物以及土雕建筑、壁画。

少陵原是西安市东南方向的一块黄土沉积台地，处于浐河以西、潏河以东。海拔高度为470～630米。2019年发掘的焦村十六国大墓位于此原西北部，2020年发掘的中兆村十六国大墓位于此原中北部。

其中焦村M25、M26为东西并列的两座十六国大墓，相距32米，海拔509米。中兆村M100，距焦村十六国大墓5.6千米，北距汉宣帝杜陵3.6千米，南距许皇后陵4.1千米，海拔596米。

焦村M25：焦村M25南北向，由墓道、两个过洞、两个天井、甬道、前室、中室、后室组成，总长80.7米，深18米。墓道长斜坡，东、西两侧各置三层生土台阶。墓室前、中、后均为土洞结构，顶部均已坍塌。在墓道上方，由南向北排列土雕建筑三处，第一土雕建筑位于第一过洞上方，呈单体房屋状，屋顶无存，表面涂彩绘，底部台廊绘有装饰。第二土雕建筑位于第二过洞上方，其样式、高度、大小与第一土雕建筑基本一致。第三土雕建筑位于墓道最北端，建筑仅存建筑南侧部分。

前、中、后室四壁皆绘有壁画，大多已脱落，保存状况较差。残块内容可见仪仗图、题记、人物。出土器物有陶罐、陶井、陶灶、陶仓、方形釉陶扁壶、九盘连枝灯、武士俑、合欢帽俑、十字髻俑、陶马等共计68件。

焦村M26：焦村M26南北向，位于M25西侧。由墓道、甬道、前室、东侧室、后室组成，总长66.7米，深13.5米。墓道长斜坡，东、西两侧各置三层生土台阶。墓室前室位于甬道北侧，土洞结构，平面近方形，长3.3米、宽3.3米。东侧室位于前室东侧偏南位置，土洞结构，进深2米、宽1.1米、高1.4米。后室与前室有过道相连，后室也为土洞结构，平面近方形。长3米、宽3米。墓葬盗扰严重，仅出土器物12件，有骑马俑、九盘连枝灯、陶罐、帐钩等。

中兆村M100：中兆村M100南北向，由墓道、两个过洞、两个天井、四个壁龛、甬道、前室、东侧室、后室组成。总长80.74米，深11.86米。墓道长斜坡，东、西两侧各置三层生土台阶。天井下东西两侧各置壁龛，第一天井下壁龛保存完好，第二天井下壁龛盗扰严重。墓室前室西侧，与东侧室对称位置做半开假门，残存下半部分。后室东西两侧放置南北向棺床两具。墓道上方排列土雕建筑三处，体量由南至北逐渐变大、变宽，高度逐渐升高。第一土雕建筑呈三层楼阁状，由上至下呈阶梯状排布，中间红色板门紧闭。第二洞顶土雕建筑，呈单层房屋状，面阔三间，正脊东西向。第三土雕建筑，呈单层房屋状，顶部不存，仅见门框和左右两侧对称窗棂。壁画主要分布于第二天井下北壁、西壁、东壁底部。北壁封门上壁画内容为单体建筑；西壁壁画绘有屋檐、立柱；东壁壁画内容与西壁壁画相似。随葬器物有陶罐、陶井、碓房、陶仓、牛车、虎子、陶鸡、陶狗、武士俑、鼓吹仪仗俑、陶马等共计198件。其中陶仓、牛车中含有大量的可观察到的植物遗存。

本次考古发现的三座墓葬，规模巨大、形制特殊、结构完整，又出土土雕建筑模型、巨幅壁画且皆为两室以上的大墓，应是十六国时期高等级墓葬，对研究十六国时期大型高等级墓葬的分布、结构等中国古代陵墓制度具有重大价值。

三座墓葬尤其是焦村M25与中兆村M100不论从整体形制、布局到随葬器物既有显著的中原传统汉文化特点，又具有少数民族文化特色，该墓的发现为研究文化交流、民族融合提供了新的、极具价值的资料，体现出中原文化强大的辐射力及影响力，反映了中华文明由多元到一体的历史演变过程。

本次发现的彩绘土雕建筑，是目前考古发现的最接近中国古代传统土木建筑原型的实例。

【青海都兰热水墓群2018血渭一号墓】

发掘时间：2018～2020年

工作单位：中国社会科学院考古研究所、
青海省文物考古研究所

热水墓群位于青海省海西蒙古族藏族自治州都兰县热水乡境内，1982年考古发现并得名。墓群分布于热水乡察汗乌苏河南北两岸，多分布于海拔3400～3500米之间，整体分布呈枝杈状特征。1996年被国务院公布为全国重点文物保护单位。2018年“3·15”热水墓群被盗事件震动全国。涉案文物达到646件，本次发掘就是针对2018年被盗墓葬进行的，编号为2018血渭一号墓。经国家文物局同意，由中国社会科学院考古研究所和青海省文物考古研究所组成联合考古队。为推动热水墓群的考古发掘与保护，2019年6月24日国家文物局、青海省人民政府和中国社会科学院就共建热水墓群国家考古研究基地在北京签署框架协议。

墓葬为木石结构多室墓。由地上和地下两部分组成。地上为墓园建筑，平面呈方形，由茔墙、祭祀建筑，以及封土和回廊组成。茔墙东西33米、南北31米，北墙、西墙有排水口。茔墙内有覆斗形封土，封土四周由土坯墙围合。茔墙与封土之间形成回廊，是围绕封土的通道，北墙上有门址。墓园东北隅有祭祀建筑，由两座石砌房址（编号F1、F2）组成。房址平面均呈长方形。一号房址北墙开门，门外有曲尺形石砌照壁，房址内有与祭祀有关的遗存：五块羊肩胛骨和插入地面的方形木柱，这些遗存与文献记载相吻合。二号房址，位于一号房址西北，东墙开门。

地下部分由墓道、殉马坑、照墙、甬道、墓门、墓圹、二层台、殉牲坑、三层台、砾石层、四层台、墓室组成。墓道朝东，台阶状，墓门与墓道之间为甬道；墓道内发现有殉马坑，殉有六匹公马。甬道为石砌的平顶结构，顶上平铺有双层棚木，其上有照墙。

墓圹与封土不完全重合，墓圹西、南二壁有施工通道，墓圹四壁有内收的生土台阶，台阶上铺青石碎块。在四层台位置，整个墓圹内平铺有0.4～1.0米厚的砾石层，推测为防盗设施。墓圹填土中发现殉人和殉牲坑。照墙介于墓道与墓圹间，平面呈不规则形，基础砌石，石层间有穿木，其上土坯垒砌，内收三层台，每层间均铺有成排穿木。

墓室为木石结构，一个主室，南、北侧各有两个侧室，与文献“墓作方形……其内有五殿，四方墓形自此始”“在陵内建神殿五座”等记载吻合。墓室四壁石砌，砌石中间平铺有木梁。主室东西6.8米，南北4.25米，在主室东西两壁各有四个木质斗栱，其下原有立柱，现仅存东壁北侧的立柱。主室设有东西向棺床，用红砂砖平铺，并放置棺椁。棺床西、南、北三面有二层台，西边二层台上有祭台。棺床下有防潮的木炭层。木棺表面施彩绘和贴金，内侧髹黑漆。主室内绘有壁画，多已剥落。主墓室内发现两个个体的人骨。

侧室与主室间以过道相连，过道内设有木门。侧室平面呈东西向长方形，东西长3.4米，南北宽2.4米。侧室间有隔墙，侧室四角及各壁中间均有立柱和替木支撑顶部的过梁。个别侧室发现有防潮的木床。

随葬品有金、银、铁、漆木、皮革、丝织物、玉石、海螺等。金器有金胡瓶、錾指杯、金链子、带饰、马具、人形金饰片等。铜器有容器、铠甲片、各构件上的铜饰等；铁器有铁甲胄，漆器有漆盘、甲片等，木器以马鞍、彩绘人形木牌、小型斗栱模型为主。玉石器有装饰的玛瑙、琉璃珠、水晶和大量的黑白石片等。丝织物种类多样。另外祭台上的漆盘内发现未碳化的葡萄籽若干。出土银印章一枚，为方形，边长1.8厘米，是由骆驼和古藏文组成，藏文经释读，大体意思是“外甥阿柴王之印”。

根据墓室出土金器、丝织物等，结合棚木树木年轮测定，该墓的年代在8世纪中期（树木年轮测定744±35年）。根据印章可知墓主人是吐谷浑王，时代是吐蕃统治时期。

印章的出土，为墓主人身份的认定提供了重要信息，是此次考古发掘的重大收获。根据印章释读可知，墓主人是吐谷浑王，可能是敦煌文献《阿柴纪年（残卷）》记载的莫贺退浑可汗，其母为吐蕃的墀邦公主。

地上墓园建筑、棺床，墓室的斗栱装饰，这些元素带有明显中原文化特征；另外出土大量中原的丝织物，充分证明丝绸之路青海道的重要作用，同时也体现了中原文化强大的辐射力及影响力，反映了中华文明由多元到一体的历史演变过程。

2018血渭一号墓的考古发掘，是多单位、多学科合作的成功典范。区域调查为热水地区的聚落形态探索提供了新视野。通过科学发掘，发现的墓园祭祀建筑、殉牲坑、五神殿的墓室结构、壁画、彩棺，还有出土的大量精美遗物等，对研究唐（吐蕃）时期热水地区的葬制葬俗及唐帝国与少数民族关系、丝绸之路交通、物质文化交流等相关问题具有重要价值。

（韩建华　郭晓涛　白文龙　甄　强）

【吉林图们磨盘村山城遗址】

发掘时间：2013 年 4 月 ~2020 年 12 月

工作单位：吉林省文物考古研究所

磨盘村山城，原名城子山山城，坐落于吉林省延边朝鲜族自治州图们市，该城南高北低，城墙沿山脊、山腹修筑，平面呈阔叶状，周长 4549 米。根据城内采集到的“南京路勾当公事之印”等带文字遗物，学界普遍认为该城应为东夏国时期城址。该遗址 2006 年被国务院公布为第六批全国重点文物保护单位，2016 年被列入“十三五”时期大遗址名单，2017 年被列入第三批国家考古遗址公园立项名单。

2013 ~2020 年，吉林省文物考古研究所对该遗址进行了连续 8 年的主动性考古发掘工作，累计发掘面积 6405 平方米，共清理城门 3 座，角楼 1 座，解剖墙体 6 段，发掘院落、大型建筑基址、小型房址、排水沟渠、灰坑等遗迹近 80 个，出土各类遗物 5000 余件。通过发掘，确认该城晚期为金元之际东北地方割据政权东夏国南京城故址，早期遗存年代为公元 7 ~8 世纪。

城门 7 座，发掘表明，东门平面近扇形，两处门道呈曲尺形分布，门道内发现早晚两期遗物。北门平面呈弓形，两处门道同向布置，均发现有保存相对完好的木质地栿，门垛内侧有小型房址，出土遗物均为晚期遗存。北门东西两侧城墙沿山体爬升至转折处，设置角楼 2 座。7 号门内高外低，发现上下叠压的早晚两期门道，晚期门道平铺黄砂土，有门挡、柱础石和木质地栿，早期门道平铺石板，内侧设有踏步。4 号、5 号门解剖发现有门枢础石和兽面瓦当等晚期遗物。

多段城墙的解剖表明，城墙分早晚两期修筑。早期墙体始建于公元 7 世纪末，整体利用块石错缝垒砌，墙宽 3.5 ~4 米不等。晚期利用早期墙体，在墙顶垒砌石块加高后，两侧夯土加固，修建年代在公元 13 世纪初。

晚期遗存在城内广泛分布，通过调查，共发现各类遗迹近 500 处，特别是西区，遗迹密集，是城内经营的重点区域。

中区建筑群有至少 11 座形制相同的大型建筑，对其中 5 座进行了发掘，均为密集础石型建筑，以 1 号建筑基址为例，平面长方形，坐南朝北，共有东西五排础石，均经人工修整，础石间距较小。上述建筑内出土了大量的青灰色建筑构件（瓦当、板瓦、筒瓦等）、铁器和铜钱，其中 4 号建筑基址地表可见近 50 厘米的炭化粮食堆积。在 2 号建筑基址出土一方铜印，正面边框内阳刻“监支纳印”，钮右侧刻“天泰四年五月造”。结合印章官职、建筑特点和炭化粮食层的发现，推测中区建筑群应为东夏国时期重要的官方仓储机构所在。

西区建筑群整体坐西朝东，东西向阶梯状分布，发现人工修整平台 20 余处，初步确认带础石的建筑有 8 处，外围还有疑似道路、沟渠等遗迹。经发掘的 20 号建筑基址南北长 14.2 米，东西宽 8.2 米，平面近长方形，础石呈东西向 5 排，南北向 3 列分布，内有火炕，三铺烟道，室内地面铺设青砖，出土遗物包括鸱吻、滴水、瓦当等高等级建筑构件。西区发现的大型建筑，规格高，分布集中，推测为东夏国官署或宫殿区。

山城内分布有 4 处用土墙围起的院落。其中 1 号院落位于中区，推测为一处铁器加工场所。2 号院落位于东区北侧，地势较高，院落内有一大型建筑址，坐南朝北，建筑台基满堂以卵石和砂土铺垫，台基东、西、北三面以青砖包砌。根据台基上的柱网排列，该建筑面阔五间，进深三间，屋内青砖墁地。建筑南部有月台，月台有踏道。出土文物以鸱吻、兽面瓦当、檐头板瓦等建筑构件为主，规格较高，推测应为东夏国时期的一处祭祀或纪念性建筑。

小型房址一般为半地穴式，多数呈圆角方形，边长4~5米，内设火炕，部分存在改建现象，出土遗物较少，推测为戍卒或平民居址。

中区曾采集到2件凤鸟纹瓦当，经过发掘的6号建筑基址被晚期5号建筑基址叠压，破坏严重，但出土了大量红褐色建筑构件。东区建筑群较为完整，包含石构建筑基址12处，其中，7~11号建筑东西向“一”字排开，12~18号建筑分三列南北向分布，建筑群南侧坡地上有东西向排水沟，西侧有低矮挡墙，东侧紧靠城墙，形成较为封闭的院落；8~10号建筑和12~18号建筑平面呈多边形，其余建筑为长方形。出土遗物多为红褐色，瓦身多见网格纹、绳纹以及刻划符号，还发现了1件八瓣莲花纹瓦当。早期遗存规格等级高，分布范围广，年代或与城墙始建年代相当，在公元7~8世纪之间，具体性质有待进一步发掘加以确认。

东夏国在文献中记载较少，磨盘村山城的考古发现，首次从考古学角度实证了东夏国南京城，填补了我国东夏国考古研究的空白，有利于提升我国在东夏国历史研究问题上的话语权，更加有利于筑牢我国长治久安的历史文化根基。磨盘村山城早期遗存的性质，目前主要有两种观点，即渤海早期说和高句丽晚期说。但是无论性质如何，这些发现，都是迄今为止揭示高句丽渤海遗存承继关系的最佳标尺，具有极其重要的学术研究价值。

（安文荣　徐　廷）

北京市

【大兴区旧宫西周遗址】

发掘时间：2020 年 8～12 月

工作单位：北京市文物研究所

2018 年底为配合大兴区旧宫镇镇区农村集体经营性建设用地入市试点项目，北京市文物研究所对该区域进行考古调查、勘探后发现古代文化遗存，范围约 7 万平方米。北京市文物研究所于 2019 年 4～11 月进行首次考古发掘，发掘面积 6000 平方米，确认此地是一处西周早中期的聚落遗址，本年度为该遗址的第二次发掘，发掘面积 10000 平方米。

遗址位于北京市大兴区旧宫镇旧宫三村南侧，北临灵秀山庄小区，西临旧桥路，东侧、南侧延伸至五环路绿化带。遗址属永定河冲击洪积平原，海拔约 35 米。

遗址的文化层堆积厚度约 1.3 米，遗址位于一个高地之上，中西部较厚，四周较薄。文化层共分 5 层：第①层，现代耕土层；第②层，明清层；第③层，金元层；第④层，西周层；第⑤层，生土层。部分区域未见金元层，部分区域西周层可划分为上下两层。

本次发掘发现西周时期的房址、墓葬、灰坑等遗迹，出土较完整陶器、石器、骨器、铜镞等遗物。

房址 5 座，分为圆形半地穴式和长方形浅地穴式两种。墓葬 20 座，均为竖穴土坑墓，有东西向和南北向两种，仅两座墓葬发现木质葬具，部分墓葬头部生土二层台上随葬陶鬲，少量墓主身侧随葬海贝等。

灰坑有圆形、椭圆形、不规则形状等，大小不一，坑内出土石器、陶片、骨笄、骨镬等。在部分灰坑内发现了完整的牛骨、马骨、猪骨，在这部分灰坑附近常同时发现墓葬，这部分葬有完整动物骨骼的灰坑应该为祭祀使用。部分灰坑内土壤取样浮选后发现有碳化的粟、黍等植物种子，而且粟占出土植物种子的大多数。

本次发掘除上一次出土的陶器、石器、骨器等，还发现了三枚铜镞。

从已发掘的遗存来看，该遗址的年代主要为西周早中期，遗址内出现商文化、西周文化和土著文化三种文化因素，而且在不同发展时期此消彼长。

（戢　征）

【路县故城城郊遗址东南部地点遗存】

发掘时间：2020 年 9～12 月

工作单位：北京市文物研究所

遗址位于北京市通州区汉代路县故城城址外东南部。为配合路县故城遗址保护展示工程项目建设，北京市文物研究所在该区域内发掘了 3500 平方米。清理出古代遗迹共计 327 处。其中，西汉灰坑 195 座、沟 1 条、水井 10 口、房址 1 座、灶 1 处等。东汉至魏晋时期灰坑 109 座、沟 1 条、房址 1 座、道路 1 条、水井 5 口、窑址 2 座。此外，有北朝墓葬 1 座、唐代墓葬 3 座、清代墓葬 3 座。出土各类器物 200 余件套。从重点遗迹（房址、水井、窑址、道路等）的空间分布、共时存在与功能组合以及出土器物的种类等方面来看，初步推断该遗址区为城址外的一处手工业生产区。

除灰坑外，两汉时期水井的数量最多，类型也较为丰富。西汉时期水井10口，从平面形状分，有圆形、方形（外圆内方）和七边形等。从建筑材质分，有土井、木构、陶圈与木构相结合三大类。水井中出土了数量较多的西汉初期的长颈鼓腹罐，应为汲水器，罐的肩部有戳印文字，为了解路县故城的陶器生产以及聚落、地理等提供了重要信息。东汉时期水井5口，平面形状均为圆形。从建筑材质分，有砖、木结构，瓦、砖、木结构与砖结构三大类。水井中出土了木质盘、梳、水桶等，保存基本完整，均为北京地区首次发现。此外，在一口砖、木结构水井（编号J4）中，出土了一件鼠类头骨标本，经鉴定和检测，为褐家鼠头骨。这件褐家鼠的头骨标本是目前我国考古中发现的该物种年龄最大、体型最大的个体。在我国动物考古中，该褐家鼠遗存也是目前从水井考古中发掘出土的唯一一例。这对于研究自然界褐家鼠生态演化、我国古代城市褐家鼠与人类伴生情况等有重要意义。

（孙　勐　魏　然）

【路县故城城郊遗址南部地点遗存】

发掘时间：2020年5～9月

工作单位：北京市文物研究所

遗址位于北京市通州区汉代路县故城城址外南部，与南城门遗迹的直线距离约80米。为配合北京城市副中心东古城街项目建设，北京市文物研究所在该区域内发掘了1000平方米。发掘区内的地层延续性、连贯性较强，可分为6层，其中③～⑥层分别属于明清时期、辽金时期、魏晋北朝时期、东汉时期。地层的年代大体可与路县故城城址使用、发展和废弃年代相对应。此次发掘共清理出两汉时期房址4座、水井8口、道路3条、沟渠1条、灰坑77座等。出土陶器、石器、铜器、铁器、骨器等小件标本120余（套），以及大量陶片、瓦片、砖块等。

房址均为半地穴式，平面形状可分为方形和圆形两大类，规模不大，面积6～11平方米。室内地面较硬，应该经过人工处理，厚度3～5厘米。墙壁也较硬，残存高度20～45厘米。房址都有灶，红烧土和烧结面明显，但柱洞和门道的迹象并不明显。水井空间分布较为集中，形制特征明显，外土圹平面均为圆形，直径2～4.8米；内井口可分为方形和圆形，边长或直径为0.9～1.2米；开口至井底深度为3.8～4.9米。其中一口木构水井（编号J2）的井壁上半部为正方形，下半部呈圆筒状，这在路县故城遗址中为首次发现。该井底部除了发现13件可复原的高领鼓腹灰陶罐外，还出土了铁剑、铁削刀、铜弩机构件等。

综合考查重点遗迹的分类、组合与分布以及出土器物的种类等状况，特别是房址的规模和内部设施、水井与房址的空间位置关系等，初步认为该发掘区为路县故城城址外的一处汉代生产居住区。

（孙　勐　魏　然）

【路县故城城郊遗址西南部地点遗存】

发掘时间：2020年5～10月

工作单位：北京市文物研究所

遗址位于北京市通州区路县故城遗址西城墙向南的延长线上，距离南城墙约260米。发掘面积共计2000平方米。该处遗址地层堆积较为连续，以两汉遗存为主，可延续至明清时期。

根据地层分布及出土遗物，西汉遗迹发现于⑥层下，东汉遗迹发现于⑤层下。共发掘清理两汉时期房址8座、水井5口、道路2条、沟3条、灰坑350余处。房址均为方形半地穴式，内建有灶，东汉时期灶多用砖修建。水井形制较为多样，西汉时期井圈以木质、陶质为主，东汉时期井圈多用砖，也可见砖、木混合使用的情况。井的平面形状可见方形、圆形，其中出土盛水器具也形制多样。

遗址中出土遗物以陶器为主，同时发现少量铁器、铜器、石器等。陶器多见泥质灰陶罐、盆、豆、夹砂灰陶翁、夹砂红陶釜、盆、泥质红陶盆等；铁器多已残碎且锈蚀严重，器形难辨，多为小型手持工具，仅集中出土的数枚六角承（釭）保存较好；铜器有铜熨斗、铜箭镞等。

尤为重要的是，在两汉地层及灰坑中较为集中出土了一定数量的炼渣、炉壁、鼓风管、陶范残块等冶铸相关遗物，但未发现炼炉等遗迹或工作面，判断这类出土遗物为二次搬运堆积，推测该处遗址附近应存在一定规模的手工业冶铸区。根据出土遗物地层判断，冶铸活动从西汉延续至东汉。通过陶范形制判断，以铸造手工工具为主。结合炼渣检测结果判断，本次发现的手工业遗存性质是以熔炼生铁为原料进行的铁质工具铸造，目前尚无法判断是否存在生铁冶炼活动。这是首次在路县故城遗址周边发现大规模的冶炼相关手工业遗存，这为研究汉代潞城地区手工业发展、经济发展提供了重要资料。也为初步判断和继续探寻两汉时期路县故城冶铸区的功能和分布提供了重要依据和线索。

（魏　然）

【朝阳区东坝魏晋及清代墓葬】

发掘时间：2020 年 11～12 月

工作单位：北京市文物研究所

发掘对象位于朝阳区东坝乡，北邻东坝南二街，东临驹子房路。本次共发掘墓葬 46 座，发掘面积 556.8 平方米。

此次发掘砖室墓 1 座，为小型单室墓，年代为魏晋时期；竖穴土坑墓 45 座，其中单棺墓葬 18 座，双棺墓葬 25 座，三棺墓葬 2 座，均为明清时期墓葬。出土随葬品有铜镜、铜簪、铜钱、瓷罐、陶罐、铁器等，共计 97 件（套）。

砖室墓葬（墓葬编号为 M20）位于发掘区中东部，南北向，近无邻墓，开口于②层下，竖穴土圹单室砖墓，墓室平面呈梯形，土圹长 2.8 米，宽 1.0～1.12 米，深 0.58 米，墓底距地表深 2.08 米。墓室外径长 2.5～2.6 米，宽 0.74～0.88 米，墙壁四周为大小不一的残青砖错缝平铺垒砌，残高 0.48 米，铺底砖为残砖错缝平铺一层。墓砖约长 0.31 米，宽 0.16 米，厚 0.05 米。未发现棺木，墓室内置一具骨架，骨架保存较差，葬式、头向、性别均不详。墓内填花土及碎砖块。随葬六乳禽兽镜 1 面，圆钮，外圈波浪纹、弦纹、斜线纹，内圈六乳间禽兽纹，位于头骨东侧；五铢钱 2 枚，位于腿骨西侧；双系泥质夹云母红陶、灰陶陶罐各 1 件，位于头骨南侧。年代暂定为魏晋晚期。

竖穴土坑墓葬 45 座，年代为明清时期。平面呈梯形及近似长方形，葬式大部分为仰身直肢葬，少部分二次葬。部分墓葬分布较集中，头向一致，呈昭穆制度或呈条形排列，根据其分布埋葬特征推断，应该存在家族墓葬。

本次考古发掘工作为北京市朝阳区魏晋及清代墓葬研究增添了新的实物资料，为进一步研究北京市朝阳区魏晋时期及清代墓葬的物质文化、社会风俗、人文生活及丧葬习俗提供了依据。

（张玉妍　张中华）

【东城区望坛棚户区唐至明清时期遗址】

发掘时间：2020 年 5～12 月

工作单位：北京市文物研究所

发掘地点位于东城区永定门外街道景泰路西侧和安乐林路北侧。自 2019 年 1 月至 2020 年 12 月，北京市文物研究所已开展望坛棚户区改造项目一至六期考古勘探工作，并对勘探发现的大量古代遗迹开展了13次考古发掘工作，发掘面积共计16323.9平方米，发掘各类遗迹共计1379处，包括唐代墓葬5座、辽金墓葬3座、元代墓葬10座、明清时期墓葬1343座、明堂9座、窑址3座、清代水井2座、清代灰坑1座，出土包括玉镯、玉环、金耳环、金戒指、银簪、铜凤冠、铜簪、瓷罐、陶罐以及大量铜钱、铜币在内的各类文物3601件（套），其中不乏精美绝伦者。

遗迹方面，较重要的是唐至元代墓葬以及清代石灰窑的发现。唐至元代墓葬的发现不仅补充了北京南城地区唐、辽金、元时期的墓葬资料，还为研究唐、辽金、元代的社会经济、政治、文化等诸方面提供了重要资料。唐代墓葬形制较大，为圆形仿木构砖室墓。辽金墓葬发现较少，有圆形和方形两类形制。元代墓葬均为砖室火葬墓，尤其第三期M94形制极为少见，该墓为方形带墓道砖室墓，墓道居墓室南侧中央，墓室下部为方形，向上逐渐变为圆形，且四角各有一攒尖顶，这是该墓最大的特点，也是该墓在形制方面最特殊的一点。墓内出土一组小型陶冥器和两枚南宋时期铜钱，陶器形制为典型的元代风格，铜钱为南宋咸淳元宝和绍兴元宝，因此断定其年代为元代。明代墓葬中有的底部平铺一层青砖，有的还在四周砌筑砖椁，是较为特殊的两类墓葬，为北京地区明代墓葬研究提供了丰富资料。清代墓葬中少数墓葬棺木保存较好，是研究清代用棺制度的较好资料。清代石灰窑的发现解决了望坛地区许多墓葬中石灰的烧造来源问题，石灰窑平面呈圆形，由操作间、火道、窑室组成，窑室底部铺大量木炭，窑室后部留有生土二层台。

遗物方面，出土了相当数量的金银玉瓷器，尤其出土的一件清代诰命夫人头冠，造型大气、尊贵、典雅，以掐丝、鎏金等传统工艺制作而成，材质以铜为主，兼用少量金银装饰，镶嵌龙、凤、植物、花鸟等各类饰物于其上。该件器物是这些年来北京出土的极其少见的清代珍贵文物，是能够反映清代女性册封制度的重要文物，具有十分重要的历史和考古价值。

（曹孟昕）

【东城区宝华里危改小区唐代和清代墓葬】

发掘时间：2020年9月

工作单位：北京市文物研究所

发掘区域位于北京市东城区永定门外大街西侧，北距复建的永定门城楼1.2千米，南距三环木樨园桥495米，东距沙子口路333米，发掘面积135.2平方米。发掘墓葬共计6座，其中唐代墓葬1座、清代墓葬5座。唐代墓葬为弧角方形砖室墓，由墓道、甬道和墓室组成，出土两块唐代元和年间墓志，记载了墓主人赵俊族的家世和生平情况。

清代墓葬均为长方形竖穴土圹墓，分单人墓和双人合葬墓两类，随葬器物共计4件，包括瓷器1件、铜饰件1件以及铜钱2件。

本次发掘的唐代和清代墓葬为北京唐代和清代考古研究提供了新材料，尤其是唐代墓志的发现对于唐代北京历史地理研究具有重要的史料价值。

（曹孟昕）

【丰台区金中都城墙遗址】

发掘时间：2020年10～12月

工作单位：北京市文物研究所

遗址位于北京市丰台区。为配合金中都城墙保护和展示工作，经国家文物局批准，北京市文物研究所在金中都外城西城墙高楼村段和南城墙万泉寺段周边开展了考古发掘工作，发掘面积2000平方米。

本年度考古工作共发掘城墙遗迹5处，总长约60米。其中西城墙遗迹保存较好，墙体基部宽24米，残高1.2米，最高处残存9层夯层，层厚5～15厘米，夯窝直径2～12厘米。南城墙遗迹遭到晚期破坏较为严重，现存城墙最宽处14.6米，残高1.8米，最高处残存15层夯层，层厚5～15厘米，夯窝直径3～13厘米。在西城墙外发现了一处马面遗迹，确认其形制为圆角长方形，南北长约20米，东西宽7米余，其构建方式是在城墙外二次增筑，且在马面外围发现了包砖沟遗迹。在西城墙外17米处发现了护城河遗迹，深约2米，堆积有六层，可分为早晚两期。此外，在高楼村西城墙和万泉寺南城墙遗迹内侧均发现了城内道路遗迹。西城墙内侧南北向道路遗迹残存宽约3米，发掘长度20米；南城墙内侧东西向道路残存宽约5米，发掘长度60米。这两条道路在明清时期均得到了沿用。

城墙遗址出土遗物较少。城墙夯土中仅见少量辽金时期白瓷片。在南城墙内侧发现的灰坑中出土了定窑、钧窑、磁州窑等窑口的瓷片以及象棋子、围棋子、骰子等娱乐用具；在西城墙外侧的一座灰坑中还发现了“官”字款砖、汉白玉石幢顶、石碑残块等重要文物。

此次考古发掘完整揭露了金中都外城的城墙体系，基本厘清了外城墙的保存状况、形制结构，及其与城外护城河、城内道路的关系；首次正式确认了外城城墙及护城河的宽度及营建方式；完整揭露的一处马面遗迹，也是金中都考古的首次发现。

（丁利娜）

【西城区金中都东开阳坊遗址】

发掘时间：2020年5～12月

工作单位：北京市文物研究所

遗址位于北京市西城区南二环以北，白纸坊东街以南，右安门内大街和半步桥胡同南北一线之间。此地在金中都东开阳坊范围内，为金中都皇城东墙外侧的西开阳坊的东邻。为配合光源里棚户区改造，北京市文物局组织对该项目占地范围内分地块进行了考古发掘。本年度完成了C1和C4地块的发掘工作。

C1地块北边紧邻白纸坊东街，西面毗连右安门内大街，其东、南两边与C3和C2地块相连。发掘面积共计2500平方米，发现了河流、建筑基址、踩踏面、灰坑、排水沟等遗迹，出土了定窑、磁州窑、钧窑等窑口的瓷器，灰陶吻兽、瓦当、少量绿琉璃残件等建筑构件，还有坩埚、铜钱等遗物。

河流自白纸坊东街至C1东北角转向西南流淌，形成由东北向西南贯穿整个地块的一条河流。河流两岸堆积着由岸边向河中心叠压的煤渣遗迹，河边出土了坩埚、瓷片的遗物。

遗址的东南部有一座建筑基址，保存较好的磉礅共21个，依照其排列规律，应为南北4纵、东西8排的网状结构。磉礅平面呈1.4米见方的正方形，剖面呈长方形，结构为夯土和瓦片层相间，夯土层厚0.1～0.2米，瓦片层厚0.08～0.12米。磉礅之间距离1.5～2米。

C4地块位于C1地块的东南方，东临半步桥街，南接里仁街，北有C3地块，西接C2地块。发掘面积共计1860平方米，发现了灰坑、灶、井、排水沟、建筑基址等遗迹，出土了铜钱、煤球、灰陶和琉璃建筑构件、铜器、铁器、坩埚、陶器以及定窑、钧窑等窑口的瓷器，出土了汉白玉金太祖谥册残件1件，字口填金。

建筑基址一共有5组，其中F4为完整房址，东西向，共有16个磉礅，南北3纵、东西6排，南北通长25.5米，东西宽9米，面积有230平方米。南北两组磉礅各8个，完全对称，形制为2进5开间。正间略宽，磉礅间距均3.65米，次间、稍间面宽基本一致，磉礅间距平均3.25米，进深约2.2米。次间和稍间之间的中心柱被减去，磉礅外包砌一圈灰砖散水。磉礅平面基本呈正方形，上端边长1.6~1.8米，底边边长1.2~1.5米。残存深度0.9~1.45米。结构是一层土、一层碎砖瓦相间，多保留4层。下面两层是碎砖，上面两层是碎瓦片，中间夹的土层厚度0.1~0.4米不等，瓦砾层略薄于土层。

此次发掘使我们对金中都南部地区的水文地质情况，地理和居住环境，东开阳坊的格局、功能，当时的生产和生活方式，以及金代建筑的布局、基础的网状结构、磉礅构建方法等都有所认识，为今后的金中都考古奠定了基础，为金中都的历史研究提供了大量的实证资料。

（王继红　李永强）

【密云区五里坨段明长城考古调查与发掘】

发掘时间：2020年9~10月

工作单位：中国人民大学历史学院考古文博系、北京市文物研究所

五里坨段长城位于北京市密云区古北口镇，全长约3千米。明代立国后屡遭北方游牧民族侵袭，为维护明王朝北部统治地区的稳定，在东起鸭绿江，西至嘉峪关的广袤土地上，明廷先后设置了九大边镇加强防御，古北口镇五里坨段属蓟镇长城段内。

本年度中国人民大学考古文博系受古北口镇人民政府的委托，与北京市文物研究所合作对北京市密云区古北口五里坨段长城16号水关、290号敌台、291号敌台及两处边墙开展抢险加固工程配套考古工作，发掘总面积610平方米。

五里坨段长城的发掘工作共分为5个发掘点，分别为16号水关、290号敌台、291号敌台及两处边墙。16号水关位于此次清理的5处遗址点的最东端。水关东西总长14.5米，南北宽11.5米，现存城墙高9米，券洞内堆积东西两侧墙体坍塌砖块。券洞底部地面为后期人工堆砌抬高，原地面约在现地面下1.5~2米处。

290号敌台方向为北偏西30°，敌台呈方柱状。分楼基、楼体两部分，中室顶部和东北部墙体已坍塌，中室内西墙及南墙保存较好，敌台长11米，宽10.9米，现存顶部残墙高0.4~4.80米。发掘出土有瓦片、滴水，还有铁箭镞及铁弹丸。291号敌台方向为北偏东55°，长11.6米，宽10.5米，形制与290号敌台相同。291号敌台受损严重，中室内仅存南部一面孤墙和西北角部分墙体。现存顶部残墙高0.4~5.50米。两处敌台均为双层木梁架构类型，根据明蓟镇长城的类型学分期判断修筑年代应为明隆庆四年至万历元年（1570~1573）。

城墙I处位于5个发掘点的最西段，原始城墙有女墙、垛墙，墙体修筑于条石上，现存墙体仅到原始地面处，墙体向外坍塌1.5~4米，坍塌处西侧墙体向外歪斜。城墙II处位于290号敌台和291号敌台之间，墙体建筑手法与城墙1处一致，城墙II处路面坍塌出一半圆形大洞，洞内墙芯缺失，墙体南部立面砖体坍塌。

古北口镇五里坨段长城的发掘为了解明蓟镇长城的形制、建筑特点及现存状况提供了线索和资料。北京市文物建筑保护设计所对五处遗址点后续的修缮加固工作都进行了规划。根据本次发掘情况，建议在后续的修缮加固工程中遵循修旧如旧的原则，减少对长城原有风貌的破坏。

（宋卓远）

【故宫造办处旧址明清建筑遗址】

发掘时间：2020年12月~2021年1月

工作单位：故宫考古研究所

故宫造办处建筑遗址位于故宫外朝西路慈宁宫以南、仁智殿以北、隆宗门西南的区域。明代为司礼监经厂直房，清初用作慈宁宫茶饭房，康熙三十年（1691年）改为内务府造办处并一直延用至民国年间，

中华人民共和国成立后改成故宫工程队和办公用房至今。

为配合故宫造办处旧址环境整治工程，本年度，故宫考古研究所发掘揭露面积共1000平方米，清理出各类遗迹包含建筑基址、灰坑、灶等，出土了丰富的砖、瓦等建筑构件及陶、瓷、铜、铁、玻璃、骨等质地的遗物。

造办处旧址发现的明清建筑基址根据地层及叠压打破关系可分为三个时期。其中，最晚期的属于清代造办处房址群，位于现代水泥地面及垫层下，清理有多处建筑墙基、散水、地面、排水沟等遗迹现象，分属于不同的小型建筑或院落组群。多数房址为清代小型硬山布瓦顶值房类或作坊类建筑。部分房址之间还存在不同时期增建、改建的情况。其中已发现较大建筑基址位于发掘区的南部，坐北朝南，保存有建筑台帮基础、散水、磉礅及部分踏跺石构件。通面阔10.8米，通进深5.4米，推测为面阔三间的带砖砌台基的建筑。在房址内外发现数个灶的遗迹，并在附近发现数个垃圾填埋坑，伴随出土大量的动物骨骼、民窑陶瓷器、砖瓦碎块等遗物。

中期遗迹被清造办处房址群下叠压打破，为大面积南北向错缝平铺的城砖面。结合工艺及紫禁城内以往类似发现，可以确定此垫层砖面为明中后期铺设，可能用于建筑范围内或院落地面的铺设。

最早期的遗迹发现有四座大型砖砌体，为南北向两列、东西向两排分布，各排各列砖砌体之间轴间距均为11米左右。砖砌体为方柱体，平面边长为南北4.45米，东西4.4米，高度为1.6米，白灰勾缝，层层垒砌，其下在用数块石板错缝平铺成装板石，下置数根排木分横纵两层叠放承托。根据以往类似发现及地层关系，推测此砖砌体为明初大型宫殿磉礅遗迹，磉墩东侧发现墙基一段，应属于磉礅所属建筑基础的组成部分，但受限于目前的发掘范围，该建筑的整体范围及性质还未完全揭示。

此外，在明初建筑基础附近还发现一处更早期的遗物堆积层，出土较多的绿琉璃瓦残件、沟纹砖、花纹砖及碎石块等，均为元代建筑构件。

故宫造办处建筑遗址所揭示的清造办处的建筑格局和历史，明初大型建筑基础以及元代遗物堆积层，是近年来紫禁城考古的重大收获，也是紫禁城元、明、清三代重叠型建筑考古的重要实证。

（吴　伟）

【故宫英华殿东墙及西筒子明清时期建筑遗址】

发掘时间：2020年11～12月

工作单位：故宫考古研究所

故宫英华殿院落墙基—水沟遗址位于故宫外西路西北英华殿英华门外、山门内院落东侧区域，紧贴东大墙。英华门外院早期无搭盖建筑的记载，乾隆时将此院落“改做药栏”，从乾隆《京城全图》看，东侧药栏内紧贴东大墙处有某种设施。

西筒子遗址位于英华殿东大墙外、西筒子夹道正中，西侧贴英华殿东大墙，东侧至建福宫花园淡远楼后随墙门。西筒子曾为英华殿东院，可能存在过三间配房。清代西筒子中曾存在朱旗房，紧贴东墙，三面围以院墙。

为配合故宫博物院基建工程，本年度故宫考古研究所在东大墙内、外清理面积共40平方米。清理出各类遗迹包含石砌排水沟及基槽、砖砌排水沟及基槽、夯土层、地面砖、建筑散水及砚窝石等，出土了地面条砖、散水砖、沟帮砖、盖板砖、夯层碎砖、碎瓦及少量瓷片等遗物。

英华殿东大墙内紧贴墙根有南北走向排水沟一道，东帮及沟底为石板砌筑，西沟帮为砖砌，上盖石板。沟西可见基槽，槽宽近沟体宽两倍，槽内以白灰砌筑青砖五层，槽底可见三合土。槽外表土下有两层砌砖，连贯性不强，应为年代较晚所为。砖下为黄褐色粘土层与碎砖层交替夯筑的夯土。

西筒子内紧贴东西墙，各做2.2米×2.2米的探坑一个，之间以探沟相连接，探沟呈西南—东北走向。西南探坑内，可见墙体下肩有三层砖已被现在的路面掩盖，砖下为白灰层，再向下为黄褐色粘土层与碎砖层交替夯筑的夯土层，第①层夯土层较厚，最厚处达19厘米；以下各层厚度均在7～16厘米，较为均匀；第19层夯土层最厚，达25厘米；第20层粘土土色较花，基本为灰黑色，厚10厘米；再向下用探铲钻探1.95米，全部为黄色沙土，应为生土。夯层为明初夯筑，这是此次清理最有价值的发现。

夯层沿探沟延续至东北探坑内，除晚期扰动外，各处情况基本相同。

东北探坑以东，在现在地面下30厘米处发现早期地面砖，应为明清沿用路面。并发现散水砖一排、砚窝石一角，证明此处存在过建筑。

此外，探沟正中发现一道砖砌排水沟，方向为西北—东南，已被淤塞。水沟基槽较窄，砌筑较糙，应为年代较晚的设施。

此次清理，主要摸清了西筒子（旧英华殿东院）区域的明初夯土形状，从而可以确定英华殿院墙为明初营建。具有一定意义。

（宁　霄）

【朝阳区姚家园新村清代墓葬】

发掘时间：2020年12月

工作单位：北京市文物研究所

发掘区域位于北京市朝阳区平房地区，东临容惠路，西至青年路，姚家园南路将发掘地块分为南北两个区域。发掘面积共计437.2平方米。共发掘清理清代至民国时期墓葬40座，包括清代墓葬37座和民国时期墓葬3座。清代墓葬可分为单人墓、双人合葬墓、三人合葬墓和火葬墓四类，民国时期墓葬均为单人墓。出土各类随葬品共计98件（套），其中玉器3件、银器33件、铜器15件、锡器1件、瓷器2件、陶器7件、玛瑙1件、料珠2件、青砖1件以及大量铜钱、铜币和铜板若干枚。

通过发掘，对这批墓葬有了一个比较清晰的认识，第一，墓葬分布布局上，南部墓葬数量多，且分布较密集，北部墓葬较少，分布上也较分散。第二，墓葬排列整齐，尤其M18～M34号墓，墓葬呈斜向或“人”字形排列，具备清代家族墓葬排列特征。第三，墓葬的年代绝大多数以清代为主，仅发现极少量民国时期墓葬。第四，这批墓葬的随葬器物以铜、银质器物为主，其次为陶瓷类器物，有少量玉器、锡碗和玛瑙。陶瓷类器物随葬不很普遍，这是该批清代墓葬的一个特点。

（曹孟昕）

天 津 市

【武清区八里庄汉代窑址】

发掘时间：2020 年 5 月 4 日 ~6 月 8 日
工作单位：天津市文化遗产保护中心

武清区八里庄窑址考古发掘项目为中俄东线天然气管道（长岭—永清）天津段建设项目文物保护工作的重要部分，本年度在考古勘探的基础上，天津市文化遗产保护中心完成了武清区八里庄窑址的考古发掘工作，共清理古窑址 8 处，古墓葬 1 座，考古发掘总面积 597 平方米。

此次发掘清理的墓葬为砖室墓，平面呈“凸”字形，由墓道、墓门和墓室三部分组成，墓道南部被现代扰坑破坏，墓室被严重盗扰。由于破坏严重，仅出土陶罐、陶壶、铁器等，均残。根据墓葬的形制结构及出土遗物初步推测该墓葬年代为汉代。窑址大多由操作间、窑门、火膛、窑室、烟道五部分组成，仅出土少量陶片及砖瓦，根据窑的形制结构、开口层位及出土物，初步推断除 Y6 为明清时期外，其余均为汉代。窑址分布相对集中，推测此处可能为建筑构件的烧造区。

（戴　滨　李　斌）

【宝坻区卷子村金代墓葬】

发掘时间：2020 年 6 月
工作单位：天津市文化遗产保护中心 宝坻区文化馆

墓葬位于宝坻区新开口镇卷子村村西约 170 米的林地内，墓葬顶部因挖掘机碾压塌陷，墓葬开口距地表深度约 70 ~ 80 厘米，暴露出近圆形墓室。为保护文物，避免施工对墓葬造成进一步破坏，天津市文化遗产保护中心联合宝坻区文化馆对该墓葬进行抢救性考古发掘。

墓葬为带墓道砖砌单室圆形墓，由墓道、墓门、墓室组成，墓道位于墓门南侧，为阶梯式，平面呈长方形，总长 1.8 米，宽 1.1 米；墓门为拱形券门，顶部已经坍塌，券门宽 0.78、进深 0.38、高 0.75 米；墓室为简单仿木结构，平面呈圆形，顶部已部分坍塌，墓室直径 2.5 米左右，残高 1.28 米，未见铺地砖，墓室东壁近墓门处有一凸出的青砖作为灯台。墓室构筑所用青砖可分为两种，周壁和穹窿顶多用残半青砖，宽 18 ~ 19、厚 5.5 ~ 6.5 厘米，部分青砖砌在墙体内的砖面上带有彩绘；砖椁和券门、封门砖所用多为整砖，部分青砖正面压印有手掌纹。

墓室内及砖椁内出土有鸡腿瓶、瓷盏、瓷盏托、陶灯碗、石块、铜钱（年代最晚为正隆元宝）等，根据墓葬形制及出土器物判断此墓年代应为金代前期或稍晚，墓葬形制几乎完全保存了辽代的风格。考古发掘过程中，在该墓葬周边进行了小范围考古勘探，未发现其他同时期遗存。

卷子村金墓年代为金代前期或稍晚，在墓葬形制、随葬品组合上体现出辽金时代过渡阶段的特征，并有火葬、放置长生灯和石块等葬俗，这为研究天津及周边地区金代墓葬的形制、分期及丧葬习俗补充了新的材料。

（刘　健　赵　晨　尹承龙）

【西青区元宝岛清代墓地】

发掘时间：2020 年 9 ~ 11 月

工作单位：天津市文化遗产保护中心

墓地位于西青区杨柳青镇元宝岛西岛，为配合西青区大运河国家文化公园建设，天津市文化遗产保护中心对该墓地进行了考古发掘工作。

此次工作共发掘 1000 平方米，清理墓葬 119 座，包括单棺墓 62 座、双棺墓 48 座、三棺墓 9 座。因历年来各种建设破坏，墓葬开口大都在扰土层下，均为长方形竖穴土圹墓，墓圹长 1.86 ~ 3.5 米、宽 1.52 ~4 米、深 0.1 ~ 1.1 米，墓向多近南北向，部分墓葬的棺底铺有白灰或草木灰，少量墓葬棺内随葬有大块的木炭。墓葬的随葬品未发现明显的组合关系，共出土瓷罐、陶罐、紫砂钵、头饰、首饰、镇墓砖瓦、钱币等随葬品 360 余件。大部分人骨保存状况较好，此次发掘对所有的人骨标本进行了科学采集。

镇墓砖瓦多放置于棺盖上方，有板瓦、青砖及方砖三种形制，镇墓砖瓦上多绘有镇墓符（红色）和墨书（红色或黑色），部分镇墓砖瓦上有记述墓主姓名、年龄、生卒等信息的红色墨书；随葬的小罐（有灰陶罐、白瓷罐、黑釉双系罐、黑釉四系罐等），多位于头侧，少量位于脚侧，大部分瓷罐的系在入葬之前被砸掉；随葬的钱币均散落在墓主骨架下方或周围，多为当时流通的铜钱或铜币，少量墓葬随葬有银质钱币或小元宝；随葬的头饰等首饰以铜质或银质为主。

根据墓葬形制、随葬器物特征及钱币年号等信息，初步推测墓葬多为清代及民国早期的平民阶层墓葬，在丧葬习俗、随葬器物等方面与天津北部地区同时期的墓葬存在较大差异。

（尹承龙　文　璋　赵　晨）

河 北 省

【阳原县泥河湾马梁遗址群—马梁10号旧石器地点】

发掘时间：2020年5～12月

工作单位：河北省文物考古研究院、河北泥河湾遗址群保护区管理委员会

马梁遗址位于张家口市阳原县大田洼乡东谷坨村北约500米处，一道西北—东南向土梁——马梁的西坡中部。遗址地处泥河湾盆地东端，桑干河南岸，周围发育了丰富的中更新地层堆积。1983年，中国科学院古脊椎动物与古人类研究所调查发现了马梁遗址，随后开展小面积勘察。2006、2008年发掘25平方米，在TBS层上方具有交错层理的黄棕色细砂层中发现丰富的石制品、动物化石。经古地磁研究，文化层处于古地磁BM界线（距今78万年）以下约1米的位置，绝对年代在距今79万年前后，是连接早更新世与中更新世古人类文化的重要环节。

2013～2018年，为探索泥河湾盆地中更新世时期古人类遗存的分布、时代、文化特征，河北省文物研究所在马梁及东侧的后沟一带开展区域旧石器专题调查，发现旧石器地点20余处，文化遗物埋藏在马梁至后沟一带近30米高的泥河湾层堆积内，包含多个不同层位。马梁10号地点即在本次调查中被发现，位于马梁西南角，经反复调查、勘探，确认该地点存在多个不同的层位，文化遗物丰富。

为系统揭示遗址文化层的准确层位、石器工业、文化内涵，构建区域旧石器文化序列，2020年开展对该遗址的正式发掘。本次发掘依照地形走势在马梁10地点所在的陡坎上近南北方向布方，南、西两个方向为开放式，直接冲向大沟，保留东、北两个探方壁。探方开口部位面积约20平方米，依照地形坡度，向下面积扩大，整体发掘深度16～18米。为防止塌方，保持探方安全，在东、北两壁保留多层土台，增加对探方壁的支撑力度，发掘面积至底部缩小至50平方米左右。

发掘共确认4个文化层，发现文化遗物1652件。第一文化层，动物化石104件、石制品172件；第二文化层，石制品305件、动物化石81件；第三文化层，石制品187件、动物化石190件；第四文化层，石制品318件、动物化石295件。石制品原料就地取材，多为附近的白云岩、燧石、石英砂岩、玄武岩、火山角砾岩等，多数节理发育，优质原料较少；石制品类型主要为石核、石片、断块、断片、石器等，第二步加工修理的石器数量较少，主要为刮削器。总体观察，石器工业属于小石器工业类型，但是石制品整体加工技术较简单。动物化石多风化严重，可能经历了较长时间的暴露；破碎严重，可鉴定种属者数量较少，主要为草原猛犸象、马、鹿、羊等。

第一文化层的文化遗物埋藏于BM界线附近，依据该区域已有的古地磁测年数据，时代为距今78万年前后。其余文化层埋藏于更靠下的部位，最早的第四文化层

低于第一文化层 3 米多，时代可能达到距今 90 万年前后，整体文化层处于早更新世末期至中更新世初期。本次发掘获得了泥河湾盆地完整的中更新地层剖面，确认了马梁遗址群的文化层位和相对年代，获得了相对丰富的文化遗物，对研究早、中更新世之交古人类的石器工业、石器技术演变、生业模式以及古人类对自然环境的适应等问题都具有重要意义。

（王法岗　孙永春）

【冀西北坝上地区新石器时代遗址考古调查】

调查时间：2020 年 5 ~7 月

工作单位：河北省文物考古研究院、张家口市文物考古研究所、尚义县文化广电和旅游局

为了深入讨论冀西北地区新石器时代考古学文化的内涵、产生、发展和周边文化的交流互动等，迫切需要深入开展冀西北地区的新石器考古研究工作，而摸清该区域内的这类遗存的分布及数量便是开展该项研究的一项重要的基础工作。为此，我们于本年度开展了冀西北（坝上）地区新石器遗址考古调查研究工作，取得了一些成果。

田野考古调查，主要调查区域位于张北、尚义的大清河、鸳鸯河、安固里淖等河流、湖泊周边地带，覆盖面积 280 余平方千米。完成西坡遗址、站牛湾遗址、兴义店遗址、西房子遗址、前阳坡遗址、万喜湾遗址（张北县）、老虎山黄石崖遗址、老虎山麻花卜子遗址、草包梁遗址、大苏计遗址、贲贲淖遗址、官村遗址、新庙遗址等 15 处遗址的复查确认工作；新发现马鞍桥村南遗址、马鞍桥西南遗址、胡家梁遗址、海流图遗址、邢地湾遗址、瓦房营遗址、榆树沟遗址、古营盘遗址、邓家村遗址、邓金淖遗址、保银淖遗址、满汉淖遗址、八大家遗址、洪水淖、三号村遗址、李三虎遗址、马家村遗址新石器遗址点 21 处；新发现石家房村西南、双脑包村西南、庙西营村东、庙西营村西等线索点 30 余处；采集石质品标本 300 余件、陶器残片 40 余件。

从采集到的 40 余件陶器标本来看：多为夹砂和泥质灰（褐）陶，火候较低，也有泥质红陶，火候较高；纹饰有麻点纹、素面、附加堆纹，其中前两类较多；器形主要为筒形罐、钵、瓶等。从采集到 300 余件的石质品来看：原料包括流纹岩、流纹斑岩、角岩、燧石、黑曜岩、石英岩、玄武岩、凝灰岩、霏细岩等；剥片技法有锤击和压制剥片；石器类型丰富，有石核（包括普通石核、石叶石核、各种形状的细石叶石核）、石片（包括普通石片、石叶、细石叶）、一类工具（石锤）、二类工具和三类工具（两面器、各类刮削器、端刮器、尖状器等）；修理方法有硬锤锤击修理和压制修理等；还有磨制或打磨兼制的大宗的磨盘、磨棒、石铲、石杵等。这些新石器时代文化遗址，有着丰富的打制石器、细石器、磨制石器、谷物加工工具、出土的器表饰麻点纹夹砂筒形罐残片、素面筒形罐残片等文化遗物，普遍出土石核、石叶、石片等细石器。前一阶段打制石器相对数量较多，麻点纹陶片较多，风格更为粗犷；后一阶段，磨制石器和细石器相对更为发达，数量也较多，素面陶片也较多；再晚的阶段，出现了泥质红陶钵、瓶等残片。这些面貌，与同一时期分布于辽西的小河西文化、兴隆洼文化，分布在太行山东麓的北福地文化，分布在河北省南部的磁山文化，分布在河南省中部的裴李岗文化，分布在关中和陇东及陕南地区的老官台文化等相比较，明显属于不同的文化系统（表现出不同的文化因素），但又显示出与兴隆、四台、后岗一期等一致或相似的文化因素，也有与辽西、内蒙古中南部以及俄罗斯远东地区贝加尔湖一带等更

大范围内相联系的筒形罐文化因素。

总体而言，此次考古调查为冀西北地区新石器时期的文化面貌、与其他文化的互动交流、生业模式、聚落形态、时空关系等研究工作，积累了新的基础材料；一些新发现也为冀西北新石器文化研究提供了新的线索和方向。

（赵战护　杨丙君　魏惠平　李　军）

【尚义县四台新石器时代遗址】

发掘时间：2020 年 8 ~ 11 月

工作单位：河北省文物考古研究院、河北师范大学、张家口市文物考古研究所、尚义县文化广电和旅游局

四台遗址位于张家口市尚义县石井乡四台蒙古营村南，遗址由北往南分为四个片区，面积约 15 万平方米，是冀西北地区近年发现的一处面积较大的新石器时代遗址。为了深入研究遗址的文化内涵，揭示冀西北地区史前文明发展历程，2020 年 8 ~ 11 月，我们对遗址 1 区东部进行系统考古发掘，发掘面积 300 平方米，清理房址 6 座、浅坑 1 座、室外灶 2 座，其中埋葬 14 具人骨的 2 号房址和具有明显特定功能的 4 号房址引人瞩目，出土陶、石、骨、角、贝等类遗物标本 200 余件，比较典型的器物有夹砂素面小平底筒形罐、附加堆纹筒形罐等陶器，磨盘、磨棒、铲等石器，锥状石核、细石叶、刮削器等细石器，针、锥、石刃刀等骨器，另外还有穿孔贝饰等。四台遗址碳素测年距今约 7600 年，是继磁山、北福地文化之后河北新石器时代考古的又一重要发现，其文化面貌独特，内涵丰富，可能代表了一个新的考古学文化类型。本年度的发现为深入探讨冀西北坝上地区史前文化面貌、聚落结构、生业经济、人地关系、北方旱作农业起源等积累了新的实物资料，一些新发现也为本地区的新石器时代文化研究注入了新的因素，为更深入讨论这种新文化的内涵、产生、发展和在更大范围与周边文化的交流互动提供了重要实物资料。

（赵战护　杨丙君　龚湛清）

【石家庄市栾城区周家庄商代遗址】

发掘时间：2019 年 12 月 ~2020 年 12 月

工作单位：河北省文物考古研究院、石家庄市文物保护研究所、石家庄市栾城区文化广电体育和旅游局

周家庄遗址位于石家庄市栾城区西营乡周家庄村南约 200 米，冀中平原西部。遗址地势平坦，东距洨河约 2000 米，西距太行山 20 余千米。2019 年底，联合考古队对周家庄遗址的墓地区域进行系统的考古调查、勘探及抢救性发掘。

至 2020 年底，累计田野调查 12 平方千米，考古勘探 40 万平方米，发现并清理墓葬 23 座，发掘遗址 300 平方米。商代文化堆积分布范围约 6 万平方米，分为遗址和墓地两部分，墓地西南方向遗存较为丰富，面积近 1 万平方米。汉代文化层叠压在商代文化层之上，面积达 10 余万平方米，且同时期遗存在周边分布较为广泛。墓地主体区域约 1500 平方米，共发现墓葬 21 座，15 座确定为晚商时期墓葬，其中两座规格较高墓葬南侧带有一条阶梯状墓道。墓葬被盗严重，出土随葬品有青铜簋、爵、少量青铜兵器、玉器和大量青铜残片等。遗址发掘面积 300 平方米，主要为商代、汉代遗存，商代遗存包含墓地同时期和更早阶段遗存，累计清理灰坑 38 处，地穴式房址 1 处，掏挖式小型窑址 2 处等，出土了大量陶片，器形多为鬲、罐、簋。

初步分析周家庄墓地为晚商时期具有一定规格的贵族墓地。墓地选址在当时地势较高处，三面发现有古河道痕迹。墓地布局有一定规划，较大墓葬在中西部，等级差距明显，东部墓葬规格较小，殉葬丰

富程度远不如西部墓葬。墓葬朝向均为北偏西，填土均为夯土，每层厚约15～20厘米。墓葬存在殉人和殉狗现象，人骨上带有朱砂，殉狗在腰坑和墓葬填土各方向均有发现，摆放整齐，多位于夯土中下层，靠近墓壁，并以东西两侧为多，有的上下叠压。随葬品多为青铜礼器、兵器和小件玉器、装饰品，一些殉狗带有青铜铃铛，在墓葬清理过程中发现大量铜器碎片，除盗掘破坏因素外，存在碎器随葬的可能。周家庄商代墓地及遗址的发现填补了冀中南地区商代考古发现的空白，将太行山东麓晚商遗存由南向北串联起来，为研究商代历史、地理、文化格局发展演变等提供了重要实物资料。

（陈　伟　张　鹏　王　彦　韩文然）

【行唐故郡东周遗址】

发掘时间：2020年3～12月

工作单位：河北省文物考古研究院、中国社会科学院考古研究所、石家庄市文物研究所、行唐县文物保护管理所

故郡遗址位于行唐县南桥镇故郡村，地处太行山东麓山前平原地带，东靠大沙河，自2015年起故郡遗址考古工作持续开展。其主体年代为东周时期，城址、居址、墓地共存，自春秋晚期延续至战国中期，时空与文化内涵与鲜虞—中山国密切相关，遗存面貌反映出北方族群文化与华夏系统文化之间的相互交融。

2020年考古发掘区位于遗址Ⅱ区的北部地层破坏区、Ⅱ区西部遗存丰富区、二号车马坑南侧遗迹以及故郡城址的南侧环壕东部。共计发掘面积800平方米，清理春秋晚期土坑墓2座、水井2眼，战国早期积石墓4座、车马坑2座、杂殉坑1座，战国早、中期水井17眼、灰坑21座，故郡城址南环壕东部1段。出土青铜、铁、玉石、骨、陶等完整或可复原文物70多件（套）。

土坑墓2座，其中M35西向，墓室东侧填土内有一殉犬。葬具单棺，葬式仰身直肢，北侧壁龛随葬鬲、豆、罐、尊等日用陶器。

积石墓4座，东北向3座，东向1座。盗扰严重，墓底保存尚好，土圹长2.5～2.6、宽1.4～1.6、残深1.5～2.4米。其中M97的北壁卵石未扰动，下部内侧土圹处有小龛，随葬铜豆、鼎各1件。

车马坑2座，附属M2及M89，其中CMK12形制与二号车马坑相近，位于M2东北侧约17.7米，东北向，长14.7、宽3.5米，由西侧的车马坑和东侧殉牲坑组成，二者有沟槽相通。目前正在清理之中。

杂殉坑1座，位于二号车马坑南侧，为“王”级墓葬M58陪葬坑，平面呈“凸”字形，通长10.7、宽1.35～2.8米。东侧坑内葬贰驾独辀马车1辆。西侧坑两壁底有横向木板及纵向龙骨痕。西部木箱内有陶罐、铜卡扣及兽骨、鱼骨等。箱下有2长、2短圆木及车轮1个。长圆木应为双辕，东端有车衡，衡下有1牛头、蹄。

水井分为圆形和长方形两种，以长方形居多，宽边两壁有脚窝可上下。井底有石井圈、木井圈或无井圈之分。部分井内埋藏有人骨、犬、马骨等，可能为祭祀坑或“凌阴”之类。

通过年度考古发掘工作，明确了发掘区地层及遗存分布状况；基本确定了战国早期墓葬的分布格局，自西向东时代渐晚；确定了故郡城址南侧环壕走向，其年代早于公元前291年赵国所设的“南行唐邑”，当为更早的鲜虞—中山国城邑；确定了二号车马东侧的遗存性质为杂殉坑，使故郡遗址中“王”级墓葬M58周边相关遗存的分布格局更加清晰，为研究当时的丧葬习俗提供了新的材料。

（齐瑞普　闫　炜）

【雄安新区南阳东周遗址】

发掘时间：2020 年 4 ~ 12 月

工作单位：河北省文物考古研究院

南阳遗址位于河北雄安新区容城县晾马台乡南阳村南 200 米处台地上，地理坐标为北纬 39°02′27.3″，东经 115°59′52.5″。遗址南北 700 米，东西 600 米，分布面积约 42 万平方米，2006 年被公布为全国重点文物保护单位。本年度河北省文物考古研究院对南阳遗址进行发掘，揭露面积 1000 平方米，其中第 5 发掘点发掘面积 750 平方米，清理夯土墙、路、灰沟、灰坑、瓮棺葬、井等遗迹 105 处，出土小件标本 176 件，文化遗存年代为战国和汉代；西河墓地发掘墓葬 35 座，出土遗物 133 件，年代为战国中晚期。

第 5 发掘点位于南阳遗址西部的台地上，台地西侧为村道，北侧为民宅，经过发掘，基本确定该区域为城址的西城门，城门南北宽约 17 米，并发现城门附属道路（L4）。道路（L4）东西走向，由于被晚期遗迹破坏，平面分布上断断续续不连贯，路土厚约 0.25 ~ 0.5 米。经对西城垣解剖得知，自上至下城垣大致由三块夯土版块叠压夯筑而成：地上墙体（HQ1）残存高约 0.45 ~ 0.7 米。地下基槽宽约 20 米，叠压在生土上。在基槽底部东西两侧各分布一条“倒梯形”基槽，上口宽 3.8 ~ 4.29 米，下口宽 1.25 ~ 1.36 米，深 0.97 ~ 0.99 米。夯层厚 0.06 ~ 0.18 米。根据地层关系和出土遗物推测，西城垣及附属道路建造年代上限为战国中晚期。西城门作为城址重要出入口是城市系统重要组成部分，城门附属道路的发现为下一步探索城址道路网格、内部功能区域划分和城市不同时期平面格局演变提供重要参考坐标。

西河墓地位于南阳遗址西北约 1600 米处荣乌高速南侧防护林中。清理墓葬 35 座，均为长方形竖穴土坑墓，墓圹长 1.9 ~ 3.62、宽 0.8 ~ 2.36、深 0.24 ~ 2.35 米。墓向以西北—东南向居多，少数为东西向。多数墓葬具为单棺，较大墓为单椁单棺，部分墓葬有头箱。墓底一般有熟土二层台，葬式多数为仰身直肢葬，少数为仰身屈肢葬，极个别为侧身曲肢葬，所有墓葬均为一次葬。出土随葬品共计 133 件，包括陶器 112 件，铜器 5 件，玉石器 7 件，骨器 1 件，银器 1 件，刀币 7 枚。随葬品以陶礼器为主，日用器较少。器形有鼎、豆、壶、尊、小口壶、簋等。铜器有剑和带钩，玉石器有玛瑙环、玛瑙珠和石片。年代为战国中晚期。

西河墓地墓葬集中分布，各墓葬之间未发现有打破关系，推测该墓地可能为同一宗族之墓地。无论墓葬形制还是出土器物，均为典型的燕文化因素，对研究燕文化丧葬习俗极为重要，为燕文化深入研究增添新材料。墓葬和城址并存发现，相互印证，可以更全面地从“生”和“死”两个方面研究当地古代社会状况，进一步证明了南阳遗址的年代和遗址性质，为全面认识南阳遗址城址功能性质、文化内涵、营建思想、整体规划、城市风貌提供了重要参考资料。

（雷建红　张兆峰　李　蕾）

【邯郸赵王城遗址】

发掘时间：2019 年 9 月 ~2020 年 9 月

工作单位：河北省文物考古研究院、赵王城管理处

此次考古工作重点发掘西城中部宫殿建筑基址西侧的外围建筑基址，以求了解宫殿建筑外围周边设施的结构与性质。

本年度考古钻探 10 万平方米，发掘面积 500 平方米。考古工作主要在赵王城西城中部宫殿建筑群西侧外围区域的夯 1 号和 6 号建筑基址进行钻探和揭露发掘，通过年度考古工作主要收获如下：

1 号和 6 号建筑基址是 1970 年代勘探发现的重要遗迹。此次试掘基本搞清了两

处夯土基址的夯土结构及建筑形式。其中6号基址的夯土质量较高，层次分明，与赵王城西城南垣的夯土结构相似。1号基址的夯土层次远不如6号基址的清楚，属于一种简易夯土或堆夯土。但由于试掘位置位于1号基址的南部，属于基址的附属部位，其北部主体部分的夯土结构情况还待于进一步发掘了解。

1号和6号基址之间的1号壕沟，形制比较规整，应属于人工开凿或经人工修整的沟渠，推测其功能可能与排水或引水有关。1号壕沟和环绕6号的2号壕沟，似构成一个较为完善的沟渠单元，可能属于赵王城内排水或引水系统的一个组成部分。这是赵王城内首次发现明确的沟渠遗迹，为进一步了解赵王城内给排水设施系统的布局及结构提供了重要线索。

（任 涛）

【容城县城子战国两汉时期遗址】

发掘时间：2020年9～12月

工作单位：故宫考古研究所

城子遗址位于保定市容城县贾光乡城子村，南距今容城县城约7.5千米。遗址东、北两侧紧邻南拒马河，属冀中平原的缓倾平原。遗址分布面积约300万平方米，城内面积约100万平方米。

2020年为配合雄安新区基本建设，故宫考古研究所开始对城子遗址进行考古发掘。本年度发掘面积450平方米，在城西北墓葬区和南城墙东段布置两处发掘区，共解剖东西向南城墙1处，道路1条，沟2条，墓葬5座，出土遗物主要为陶片、砖、瓦、铜钱、瓷片，年代从战国中晚期至宋元时期。

第Ⅰ发掘区位于村西南约200米处，主要围绕南城墙东段的城墙基础、道路展开。Ⅰ区共布设两条探沟，揭露面积190平方米。其中正南北向探沟主要解剖城墙宽度、厚度，重点了解其年代及构筑方式，东西向探沟主要解剖道路、沟，明确其与城墙的关系。夯墙北部边缘被取土坑破坏，墙体残存宽度约22.5米；墙体残存厚度40～158厘米；城墙基槽开口于⑥层下，槽深35厘米，直壁，平底，打破更早期文化层及次生堆积；基槽内有3层夯层，层厚8～16厘米，其夯筑方式与墙体夯土一致；夯层分层明显，为控制夯层水平面，间有夹层现象，仅在上部夯层出现明显夯窝。夯墙自南向北由三部分组成，中间应为后期补修部分。根据城墙始建层位，初步判断其年代为汉。

在东西向探沟中发现很厚的路土堆积，堆积厚度约1.5米，道路叠压在城墙倒塌堆积之上，年代晚于城墙，堆积中出土瓷片主要集中在宋元时期，因此应为城墙废弃后开始使用的进出城通道；路土层下为一条穿越夯墙的南北向沟，打破生土层，其壁面规整、有疑似人工痕迹，从层位判断可能为与夯墙同期的城墙附属设施。

第Ⅱ发掘区位于村西北约250米处，揭露面积260平方米，共清理墓葬5座，墓葬形制破坏严重。皆为带墓道的小型砖室墓，大致呈圆角方形，边长一般在2～2.5米，南向墓道。因破坏严重，仅从M1填土中出土宋钱一枚。从残存墓砖、墓葬形制来看，其年代上限应不早于唐代。

通过本年度的调查及发掘，对城墙的形制、建筑方式及沿用情况取得新的认知，基本明确了城墙的地层和年代，为厘清容城的历史沿革提供了重要证据。

（邢增锐）

【定兴县杨家庄战国遗址及汉唐墓葬】

发掘时间：2020年4～8月

工作单位：河北省文物考古研究院、定兴县文物保管所

杨家庄遗址位于定兴县杨家庄村北，京港澳高速与拒马河南堤线之间。为配合荣乌高速新线建设开展考古工作，完成发

掘1997平方米，清理各类遗迹40余处（座），出土可复原器物200余件（套）。杨家庄遗址主要包含四个时期的遗存。

战国时期聚落遗址，共清理沟2条、水井1眼、灰坑2座、瓮棺葬1座。出土遗物丰富，陶器主要分为建筑构件和生活器皿。建筑构件以筒瓦、板瓦为主，有少量板瓦带半圆形瓦当。瓦当有山字纹兽面纹瓦当和双龙纹瓦当。生活的陶器有燕式鬲、燕式釜、罐、瓮、豆、簋、盆、量等。铜器有刀币、铜镞。

发掘汉代墓葬22座，围墓沟3条。依形制可分为土坑墓和砖构墓两类，其中以砖构墓为主要形式。杨家汉代墓地以双墓并穴为主要形式，部分墓穴上部共用一土圹，形成组合，墓主或为夫妻关系，在部分墓葬组合周边发现有花土沟围拢，这些花土沟具备围墓沟的特点。墓葬随葬品种类丰富，按照质地可以分为陶、铜、铁、锡、石、骨、蚌等。随葬陶器以泥质灰陶为主，少量夹砂灰陶和泥质红陶，器形有罐、盆、碗、壶、器盖、盘、甗、樽等，个别墓葬已经出现灶、井等生活模型。M14泥质红陶盆有白色题记："甘香入脾"。铜器有印章、铜镜、带钩、箭镞、铜钱等。锡质遗物出土较少，主要为盖弓帽和当卢。墓葬时代为西汉晚期至西汉末期。

唐代墓葬发现3座，M5、M6、M7南北向错位"一"字排列，三座墓在早期均遭严重盗扰，唐代墓葬均为带台阶墓道的圆形砖室墓，墓道位于南侧。三座唐代墓葬出土遗物有陶器、瓷器、铜器。陶器有泥质灰陶罐、夹砂褐陶瓮等，瓷器有粗胎白釉碗、白釉盘等。铜器有铜蹀躞带扣、铜钱等。墓葬时代为唐代中晚期。

清代墓葬发现2座，即M10、M18，皆为合葬墓，南北向。土坑竖穴木棺墓。墓葬M10与M18出土遗物有酱釉瓷罐、铜钱、朱书石片、镇符板瓦等。

杨家庄遗址战国时期遗存出土大量建筑构件和丰富生活用器，反映战国时期燕文化核心区域的特征。杨家庄遗址汉代墓葬保存完好，时代集中于西汉晚期至西汉末期。杨家庄遗址发现的围墓沟为河北首次发现，为研究西汉晚期至东汉时期墓葬形制和葬俗的演变提供了重要材料。遗址发现的3座唐代中晚期墓葬，由北向南呈"一"字排列，对研究冀中北部地区唐代中晚期墓葬形制具有重要意义。

（魏曙光）

【沧州地区战国秦汉城址考古调查】

发掘时间：2020年5～11月

工作单位：河北省文物考古研究院、黄骅市博物馆

沧州地区战国秦汉城址考古工作主要包括考古调查、勘探和航测。工作主要分为两个大的阶段，第一阶段主要是对疑似的城址进行田野调查、观察记录遗迹现象和采集遗物标本，共计对36处疑似城址及部分城址周边墓葬开展了调查工作，采集陶、瓷、石和铁等各类标本近千件；第二阶段主要是对前期调查确认的部分城址开展考古勘探和航测工作，明确了部分城址城墙结构、范围、护城河和城内台基及地层堆积状况，采集了完整的航空影像资料及准确的三维空间坐标信息，初步完成了沧州地区战国秦汉城址地理信息系统建设。

该次考古工作确认有城墙遗迹的城址共计17处。分别为乐城、中水城、阿武城、洛平城、武垣城、高丽城、谒王城、阿陵城、古州城、鄚州城、后赵高郭城、东空城、高城、古皮城、沧州旧州城、黄骅旧城和郛堤城等。其中东空城、沧州旧州城、黄骅旧城和鄚州城未发现可以早至战国秦汉时期的遗物。

地域分布上看，战国秦汉城址主要集中在沧州地区的西北部，其中尤以献县—河间—任丘一线分布最为集中，除

此之外，只在盐山、黄骅和南皮等地有少量分布。城址平面形制和面积上看，能确认形制布局的城址大多数为长方形，如高城；或近方形，如乐城；个别城址呈多边形，如古皮城。多数为单城垣，仅个别城址确认有双重城垣的存在。城外基本均发现有护城河。城墙多数为细黄沙土夯筑而成，多数夯筑不精细，夯层不甚明显。部分城址中部或偏北区域见有高台基址，其上一般有较多的砖瓦等建筑构件。面积上有明显分级现象，其中面积最大的为武垣城，边长1800多米；第二等级的城址，边长在1000～1800米之间，如乐城；第三等级城址边长在1000米左右，如谒王城；第四等级的城址边长在500～700米之间，如郛堤城。

采集的标本多数遗址以陶器为主（实际现场中砖瓦类的建筑材料占比很高，但多数破碎或者样式相同，未做大量采集），部分年代较晚的遗址瓷器占比较高，另外有少量的石器、铁器和蚌器等。从器类上来看，陶器中占比最高的是日用陶器中的泥质灰陶盆、罐和豆；夹砂红陶的釜及炉也有较多的发现；建筑构件中最多的为砖和瓦，发现少量的瓦当、铺地砖、鸱吻和滴水，瓦当主要为素面半瓦当和云纹瓦当，部分晚期遗址见有动物纹瓦当。瓷器中占比最多的是白釉瓷碗、盘，另有一定数量的其他釉色的碗、盏等遗物。除日用陶瓷器外，还发现有一定数量的生产用器，如石（陶）磨、陶井圈等。

（马小飞　张宝刚　张小沧）

【文安广陵城遗址】

发掘时间：2020年7～11月

工作单位：河北省文物考古研究院、廊坊市文物保护研究所、文安县文物管理所

为配合北京到德州高速公路的修建，根据前期相关考古调查和勘探报告，联合考古队对廊坊市文安县苏桥镇广陵城遗址进行考古发掘工作。

廊坊市文安县位于河北省中部偏东，廊坊市南部。文安县为河流堆积地貌，处于华北平原相对低下部位，平坦开阔，为多条河流下游。全县地势自西南向东北倾斜。县域面积的4/5处于文安洼内，海拔最高为7.24米，最低1.6米。文安境内河流属海河流域大清河水系，大清河（赵王新河）、小白河穿境而过。

发掘地点位于文安县县城西北约10千米，苏桥镇广陵城村北广陵城城址内。广陵城城址地表现存北、东、西三面城墙，保存较好。南城墙因为人为取土和自然冲击原因，损毁殆尽，地表基本无存。城址北距大清河约11.2千米，南距小白河约3.2千米。城址平面呈近方形，方向25°。东西长约670米，南北长约517米。发掘区位于城内，地势平坦，发掘前为农田。京德高速公路从城址西部自东北向西南跨越城址。

此次发掘工作发现有数量众多的遗迹现象。遗迹种类主要有城墙墙体、房址、窑、井、墓葬、灰坑、灰沟。其中城墙墙体发掘位置位于北城墙内侧。房址主要集中在II区，均为半地穴式，修建于开口地面之下，原地表以上部分被毁无存。窑和井数量较少分布于II区。墓葬数量较少，仅发现四座，其中三座为瓮棺、瓦棺葬，分布于北城墙墙体之上和护坡之上。一座位于III区距离南城墙位置较近区域。灰坑和灰沟数量最多，遍布三个发掘区内。遗迹之中出土大量遗物。出土器物大部分为陶质器物，少量为铜质、石质器物。完整器物极少，多为陶器残片。根据部分可修复器物和可辨器形标本判断有豆、盆、罐、瓮、釜、碗、钵、板瓦、筒瓦、陶轮等器形。陶质多为泥质灰陶，少量夹砂、夹蚌红陶。纹饰以绳纹为主，少量饰有磨光暗纹、网格纹、瓦棱纹、刻划纹。陶器制法

以轮制为主。

根据已经发掘出土的遗迹、遗物整理工作，初步可以推断广陵城遗址的时代为战国晚期至西汉早期。城址的修筑年代不会早于战国晚期，使用年代不会晚于西汉早期。修正了以往广陵城城址时代为宋代的观点。

（佟宇喆）

【临漳县邺城遗址东魏北齐宫城区】

发掘时间：2020 年 3 ~ 12 月

发掘单位：中国社会科学院考古研究所、河北省文物研究院邺城考古队

邺城遗址位于临漳县西南，是曹魏至北齐六朝故都。邺城考古队自 1983 年迄今在邺城遗址持续进行近四十年的考古工作，取得了一系列重要收获，为邺城遗址平面布局研究积累了重要基础资料。以探索东魏北齐邺城宫城区平面布局为学术目的，接续上一年度工作，邺城考古队在 2020 年度继续对宫城区进行了勘探与发掘，重点围绕宫城区 206 号大殿西侧附属建筑、宫城西南转角以及宫城南墙展开，发掘面积约 1070 平方米。

第一处发掘地点位于宫城区北部 206 号大殿西侧，通过发掘了解了大殿西侧附属建筑的平面形制。206 号大殿西侧建筑为单廊房结构，台基和东西两侧的散水、排水沟保存较好，台基东西两侧对应柱网结构位置有向外延伸的三角砑砖，推测为廊房进出台阶位置。在距廊房西侧约 5 米处还残留一道南北向墙体，墙体两侧各有一条排水沟，结合 2018 年发掘可基本确定该墙应为 206 号大殿院落的西边缘。廊房台基东西（含包边砖）宽 10.6 米，残高约 0.5 米，向南、北方向均有延伸。发掘显示，台基上南北分布着 9 列础石破坏坑，础坑东西间距分别为 2.2 米、4.5 米和 2.2 米，南北间距除 206 大殿西连廊对应位置为 5.2 米外，其余间距均为 4.2 米，所有础坑底部都残留有一层厚约 1 ~ 3 厘米的细沙层，台基西边缘还保留有廊房的西墙，墙体宽约 0.9 米，外侧抹白灰墙皮，墙裙位置为红色墙皮。台基东侧有一条净宽约 0.6 米、深约 0.45 米的砖砌排水沟，西侧为宽约 1.2 米的砖铺散水，铺砖用条砖按“人”字形铺设。

第二处发掘地点位于宫城西南角，通过发掘确认宫城西南转角建筑平面呈曲尺形，南北宽约 6.5 米，台面东部残留础坑 2 处，坑底残留约 1 厘米厚的细沙层。宫院南墙与曲尺形建筑东侧衔接处变窄为 3 米，基本位于建筑中间位置。由平面结构可知，曲尺形建筑与宫院南墙为一体建筑。在曲尺形建筑南侧还发现三座竖穴土坑砖室墓，只发掘了 M2，方向 278 度，由墓道、甬道和墓室三部分组成。斜坡墓道长约 5 米、宽约 0.5 ~ 0.75 米；甬道正立面为双层砖砌券顶，长 0.75、宽 0.73、高 0.92 米；墓室平面呈正方形，穹窿顶，残余两具人骨，出土遗物有陶罐 4 件、陶灯盘 1 件、铁器 1 件、铜钱 6 枚。

第三处发掘地点位于宫城正南门止车门西侧宫城南墙上，主要通过探沟发掘来了解南墙结构。宫城南墙由基槽和墙体组成，墙体剖面呈梯形，宽约 3、残高约 0.65 米，在墙体南侧还保留有白灰墙皮。基槽剖面呈倒梯形，基槽宽约 3、深约 1.1 米。

宫城区核心宫院西南转角和宫城南墙的发掘对于探讨东魏北齐时期宫城区的范围具有重要意义。206 号大殿西侧附属建筑的发掘，为认识宫城内大型建筑及其院落的整体布局、建筑结构及建造技术提供了重要的实物资料。

（何利群　沈丽华）

【正定县韩家楼晚唐五代砖室墓】

发掘时间：2020 年 7 月

工作单位：河北省文物考古研究院、正定县文物保管所

韩家楼砖室墓位于正定县曲阳桥乡

韩家楼村西北。砖室墓所在区域为韩家楼村农田，正定县水利局河道办在韩家楼村西进行灵正渠改造工程时发现，发现后立即联系当地文物部门，2020 年 7 月，联合考古队对砖室墓进行了抢救性发掘。

该墓葬为圆形砖券仿木结构的穹隆顶单室墓，坐北朝南，由墓道、墓门、甬道、墓室四部分组成，长 5.7 米。墓道为阶梯式，共 5 级，平面为梯形，南边略窄，北边到墓门的位置逐渐变宽；墓门位于墓道与甬道之间，顶部被扰，正面为仿木建筑门楼，下为甬道口与墓室相接，背面为顺砖砌筑，垂直砌下直至甬道底部，未加任何雕饰；甬道位于墓门之北，与墓室连接；墓室平面呈圆形，穹隆顶，发现时穹隆顶上部已破坏，墓室内壁砌有地栿、倚柱、阑额、柱头铺作、拱眼壁、橑檐枋、砖椽等，以墓壁正北为基点向西依次为板门、直棂窗、椅子、破子棂门、甬道平水墙北端、破子棂门、灯檠、直棂窗，墓室内有彩绘，在阑额、铺作、橑檐枋、砖椽等多描白色和朱红色，墓室北部为须弥座形制棺床，墓主人为男性，头朝西，面向北，仰身直肢，未发现葬具。

出土遗物有瓷器、铁器、铜器等。瓷器有塔式罐、白釉瓷盏、白釉盏托、白釉瓷碗等，铁器为长方形铁器，铜器有铜钱、铜蹀躞带扣、带銙、铊尾等。

此墓葬虽未发现有确切纪年的墓志铭，但根据墓室采用的砖砌仿木结构建筑和彩绘装饰、出土的随葬品等，推测墓葬年代为晚唐五代时期，墓主人应具有一定的社会地位。此次抢救性清理对研究真定在晚唐五代时期的墓葬形制、丧葬习俗以及这一地区的社会生活和文化经济提供了重要的材料，同时也为研究这一时期的建筑结构提供了参考依据。

（陈　伟　佘俊英　房树辉　程雅玲）

【崇礼砖瓦沟金代窑址】

发掘时间：2020 年 7～10 月

工作单位：河北省文物考古研究院、张家口市文物考古研究所、崇礼区文化广电和旅游局

砖瓦沟遗址位于张家口市崇礼区四台嘴乡砖瓦沟新村西北约 500 米的山前台地上，东南距太子城金代行宫遗址约 11 千米。该遗址于 2017 年考古调查时发现，本年度联合考古队对其进行了第二年的考古勘探与发掘，取得重要收获。

考古调查和勘探确认了砖瓦沟遗址的分布范围，东西 400、南北约 200 米，总面积约 8 万平方米。共发现各类遗迹 159 处，其中窑炉 94、灰坑 38、灰沟 2、房址 14、灶 1、道路 4、砖瓦堆积 4、冲沟 2 处。

2020 年在遗址东北（第Ⅱ区）和西南（第Ⅲ区）两个地点进行考古工作，发掘总面积约 1000 平方米，共清理窑炉 15、作坊 2、灰坑 6、灰沟 2、路 1 条。地层堆积简单，文化层仅窑址废弃层和使用期遗迹两层，下为生土。窑炉多保存较好，形制分为两类：第一类为北方地区典型的馒头窑，共 14 座，由工作坑、窑门、通风孔、火膛、挡火墙、窑床、烟囱等组成；第二类为小型升焰窑，仅发现 1 座，由通风道、火膛、窑箅、窑床等组成。2 座作坊保存较差，布局和营造方式相同，平面长方形，底部残存有铺砖。营造方式为：先挖长方形浅穴式坑，后底部垫土 2 层，下层为厚 3～5 厘米黄褐土，上层为厚 5～7 厘米碎砖渣层，最后平铺素面长条形砖 1 层，推测为原作坊地面，其他部分已破坏无存。

出土遗物以各类泥质灰陶建筑构件为主，另有少量陶瓷器、铜钱等。砖分为长条砖、方砖和长方形花纹砖三类：长条砖均素面，部分平面或侧面戳印“内”、“宫”、“官”字；方砖有素面、沟纹和花纹三类，其中部分素面和沟纹砖平面戳印

"内"字，花纹方砖一面模印毬纹，另一面印手掌纹；长方形花砖均模印阴纹壸门，内装饰莲花、牡丹等花卉。瓦的种类有筒瓦、瓦当、板瓦、滴水、条子瓦等，瓦当均兽面纹，滴水为连弧纹。建筑构件有鸱吻、嫔伽、凤鸟、仙人等，其中凤鸟数量最多，嫔伽其次，其他类数量较少。陶瓷器有泥质灰陶盆、化妆白瓷刻花盘、化妆白瓷碗等残件。铜钱共发现4枚，可辨识者有元丰通宝、政和通宝。

砖瓦沟遗址出土遗物与太子城遗址出土的同类器物完全相同，可以确认其性质是为太子城遗址营造提供建筑构件的专用窑场，时代同为金代中后期。"修内司"款建筑构件的发现，明确了砖瓦沟遗址的管理和运营由修内司负责，进一步佐证了太子城和砖瓦沟遗址的皇家属性。考古勘探和发掘明确了砖瓦沟遗址分布范围、窑炉结构、作坊布局等信息，为探寻金代皇家行宫砖瓦类窑场的选址、烧造工艺、功能分区、运输路线等内容提供了新材料。

（黄　信　胡　强　孙少轻　张益嘉）

【高碑店南黄垈清代遗址】

发掘时间：2020年4～6月

工作单位：河北省文物考古研究院、高碑店市文物保护管理所

南黄垈遗址位于高碑店市泗庄镇南黄垈东南600米。该遗址分布范围南北长600米，东西宽600米，面积36万平方米。遗址地表地势近平，为农耕地，发现有少量白釉、黑釉、酱釉瓷片及弦纹泥质灰罐腹片等。南黄垈遗址是为配合荣乌高速新线而进行的考古发掘项目。共计完成发掘面积535平方米，清理各类遗迹10处。出土瓷、铜、银质小件22件。根据地层关系及出土遗物可知，这些遗存的主要年代为清代早中期。

遗址发掘房屋基址三处，平面形状大致呈椭圆形，均开口③层下，结构相同，构建方式如下：先平整用地范围，而后下挖基坑，在基坑内填入较为干净的黑色胶泥形成房屋基础，胶泥层之上再次铺垫一层红烧土，范围略小于基础，而后在基础之上营建房屋地上建筑。F3揭露较为完整，面积近40平方米，烧土上部可见明显踩踏面，质地较硬，结构细腻。基址外围分布有5个柱洞。

此外，还发掘4座清代墓葬，均开口④层下。其中M1、M2、M3均为南北向的多人合葬土坑竖穴墓，墓内2～3个棺木东西排列，有迁葬现象。M4为东西向单人土坑竖穴墓，该墓葬未发现棺木，推测可能为迁出墓。出土器物有黑釉瓷罐、银发饰、铜钱等。

此次发掘大致厘清了发掘区的主体年代，为清代早中期。从发掘情况来看，这是一处集墓地与生活遗迹于一体的遗址。具体来说：早期发掘区域主要为墓地，后期生活区域的范围开始扩大或转移，原本作为墓地功能的区域性质开始出现转化，变成了稳定的生产、生活的区域。该遗址的发掘为探究河北地区清代平民的生产、生活活动及丧葬习俗提供了资料。

（王　刚）

山西省

【夏县师村新石器时代遗址】

发掘时间：2020 年

工作单位：吉林大学考古学院、山西省考古研究院、运城市文物工作站

为了配合吉林大学考古专业本科田野考古实践教学，探索运城盆地先秦时期考古学文化谱系、生业方式、社会发展等问题，在国家文物局和山西省文物局的指导和支持下，吉林大学考古学院在夏县建立了田野考古实践教学基地。2020 年吉林大学考古学院、山西省考古研究院、运城市文物工作站等单位联合对山西运城夏县师村遗址进行了调查与发掘，取得了重要收获。

师村遗址位于夏县县城西南 15 千米处，与运城盐湖直线距离约 7 千米，地处青龙河故道的河曲地带。师村遗址包含仰韶早期、东周和宋金时期三个时期遗存，以仰韶早期遗存为主，是目前发现的运城盆地年代最早、距离盐湖最近的仰韶早期聚落遗址之一。

2020 年的发掘在对遗址进行全面考古钻探的基础上，联合吉林大学黄大年团队对师村遗址采用航磁扫描、电阻率扫描、探地雷达等手段进行了无损勘探。在此基础上进行布方，共发掘 1400 平方米。

师村遗址出土了丰富的仰韶早期遗物，年代为枣园文化晚期至东庄类型时期，早于西阴文化。此前，运城盆地尚未系统发掘出枣园文化至东庄类型早期遗存。师村遗址仰韶早期遗存的发掘，不仅填补了运城盆地腹地仰韶早期遗存发现的空白，而且对探讨运城盆地仰韶早期遗存的分期与年代、文化面貌，仰韶早期遗存向西阴文化演化的过程及其与周边文化区的关系具有重要意义。

师村遗址仰韶早期遗物以陶器为大宗，按用途可分为陶容器和陶制品，另外还有一定数量的石器和骨蚌器等。

陶容器的质地可分为泥质和夹砂两类。泥质数量较多，其中，以泥质红陶为主，还有部分泥质红褐陶和黄褐陶。夹砂陶主要有夹砂红陶和灰褐陶等。器表除素面外，还有器表施纹和彩陶两种装饰方法。器表施有弦纹、附加堆纹、戳压纹等。彩陶均为黑彩，主要包括直边和弧线三角形、直线、圆形、圆点、平行四边形等基本纹样，及其组成的复合纹。陶器包括平底、尖底、圜底和三足器等，器类有小口尖底瓶、瓮、钵、壶、碗、盆、罐、鼎等，陶制品有陶纺轮、小口尖底瓶模型等。

石器主要由磨制或打制而成，器类有工具和石制品两种，工具包括石锄、石斧、石钻、石凿、磨石等，石制品有石球、石珠、石雕蚕蛹、绿松石坠饰等。骨蚌器包括骨簪、骨锥、蚌饰等。

师村仰韶早期遗存中见有与后冈一期文化相似的鼎足。仰韶早期，后岗一期文化在黄河以北占据了汾河流域和张家口地区，在晋中地区的上土河遗址中就发现有后岗一期文化遗存。地处运城盆地的师村遗址仰韶早期遗存中发现的鼎足或与后岗一期文化的西进有关。

可见，仰韶早期的运城盆地位于黄河流域半坡文化和后岗一期文化的强势影响形成的漩涡之中，激发了师村遗址土著文化的发展机制，呈现出多元的文化面貌，展现出自身的文化特色，从而向西阴文化转化。

师村遗址共发现仰韶早期灰坑224个、灰沟10条、房址5座、墓葬11座、墙基2道、夯土基址1座。

师村遗址仰韶早期聚落被夯土围墙（Q1、Q2）环绕，夯土墙外侧有台基等附属设施。

两座墙基（Q1、Q2）环绕在聚落周围，形制规整，大部分仅存基槽，剖面呈倒梯形。Q1早于Q2，在发掘区域内揭示出的部分方向为北偏西30度、Q1长约46.7米，Q2长约50.8米。

Q1现存部分宽约1.8米，残深1.5米，基槽内堆积可分10余层，土质致密坚硬，为人工夯打而成。在Q1的部分区域清晰可见约20厘米高于地表的平夯而成的版块。Q2位于Q1以南，在发掘区内的部呈分西北—东南走向，Q2西北段有一宽约6米的缺口，或为围墙的门址所在。Q2宽约2.8米，距地表深1至3.5米，发掘区内揭露部分长约50米。Q2东段与Q1平行。有趣的是，在发掘区的西南部的一段Q1墙基呈半径为6米左右的半圆形向南与Q2相依，Q1和Q2相依的部分墙基的宽度没有发生变化，两墙基内填土的颜色不同，界限清楚，清晰可辨。Q2基槽底部的深度不同，最深处距地表深约3.5米，最浅处深约1米。Q2基槽底部呈现出规律的“波浪状”起伏，基槽深度每隔约10～15米达最深。Q2基槽内填土均经过夯打，夯土最多达30余层，Q2基槽各段内填土的土质土色存在明显区别。很可能是在确定墙基区域后，采用分段施工的办法开挖基槽，每段中部挖掘最深，每段两端挖掘最浅，各段的浅端相连构成墙基槽，各段填入不同质地的填土，并逐层夯实。

Q2东、中段与夯土基址（TJ4）相连。夯土基址（TJ4）被仰韶、东周和宋代遗迹叠压或打破。从已发掘的部分来看，TJ4应为西北依靠Q2东、中段起建的一处建筑的基址。基址表面堆积为依次相连、人工夯打而成的夯土块。夯土块平面形状为长方形、方形和不规则形等，边界清晰，应系人工夯筑而成。经解剖发现，基址起建的原始地表起伏不平，存在由自然或人工形成的凹坑。基址剖面显示，师村遗址的先民们在原始地表上的凹坑上经过搬运土方、填平坑洼、逐层夯筑建成了该基址（TJ4）。

灰坑包括袋形、直筒型、圜底和不规则形等。如H168平面呈椭圆形，剖面大致呈直筒型，出土2件完整的陶器，红陶钵倒扣在弦纹灰陶罐上。

房址有圆形和方形两种。如，F1，方向为北偏西35度，残长约9米，残留有直线形的木骨泥墙，应为一座矩形地面式房址。F2的年代早于F1，为圆形的地面式房址，仅残存部分墙基，直径约5.4米。在两座房址西北约10米处，发现一座相对年代晚于F1、F2的仰韶早期不规则形灰坑（H248），地表距该坑底最深处5.3米，口径达6米以上。值得注意的是，H248中发现了大量红烧土和被火烧过的木骨泥墙、居住面残块。H248中填埋的建筑堆积残块可能与房屋等建筑的废弃有关。

墓葬为土坑竖穴墓，包括多人合葬和单人葬。

师村遗址揭示出的仰韶早期夯土遗存，是黄河流域目前发现年代最早的夯土，对研究我国夯土工艺的起源具有重要价值。师村遗址发现的圆形和方形地面式房址，在同时期的三门峡南郊口“仰韶文化二期遗存”中也有发现，暂不明两类房址的年代早晚关系。师村遗址发现的圆形地面式房址早于方形地面式房址的层位关系，为探讨运城盆地仰韶早期房址的相对年代问题提供了线索。

师村遗址共出土了4枚仰韶早期的石雕蚕蛹，是我国目前发现的年代最早的石雕蚕蛹形象。师村遗址发现的仰韶早期石雕蚕蛹及其共生关系和文化属性显示，距今6000年以前，地处黄河中游的运城盆地先民们已经了解、喜爱并崇尚桑蚕。说明运城盆地仰韶早期的先民们很可能已掌握了养蚕缫丝的技术。为探索当时居民与运城盆地自然环境的关系和对自然资源的改造利用提供了重要参考。

师村遗址仰韶早期聚落遗存的发现，填补了运城盆地考古学文化发现的空白。在考古学文化谱系研究上，为研究晋南地区新石器时代仰韶早期遗存向西阴文化的演化及其与周边文化区的关系具有重要意义；在聚落考古研究方面，为研究陕晋豫地区以及黄河流域仰韶早期聚落形态提供了重要材料；在生业方式研究方面，为进一步探索盐业生产及其对人类社会发展产生的影响问题提供了重要线索；在多学科交叉研究方面，开启了田野考古与物理勘探、化学分析等多学科相结合的“关键技术”研发的新实践和新思路。可以认为，师村遗址仰韶早期遗存的揭示将为黄河流域新石器时代“养蚕缫丝”、聚落形态、生态环境、生业方式、文明起源等问题的研究提供重要启示。

（段天璟）

【沁县连家庄新石器时代遗址】

发掘时间：2020年11月~2021年1月

工作单位：山西省考古研究院、沁县文物旅游局

为配合黎霍高速公路建设，山西省考古研究院联合地方文物部门对连家庄遗址进行了科学有序的考古发掘，发掘面积600平方米。

连家庄遗址位于长治市沁县故县镇连家庄村西约500米的高台之上，北靠后底沟山，南临铜鞮河，西眺南岩边坡岭，东依圪芦坡，地势北高南低。经初步调查，遗址范围约40万平方米，南北长约800米，东西宽约500米。

本次发掘，共发现灰坑8个。其形状有圆形、不规则形坑两种，坑内出土包含物有陶、骨、石、蚌器等，陶器主要以夹砂灰陶和泥质灰陶为主，有少量白陶和夹砂褐陶；器形有罐、盆、甑、鼎足、杯、尖底瓶等，除部分动物骨骼外还有鹿角以及骨器加工后的边角料，石器有石铲，石刀等。陶器上附着纹饰主要有绳纹、蓝纹和附加堆纹，少量方格纹和刻划纹。根据本次发掘出土遗物，初步判断该遗址为庙底沟二期文化。

连家庄遗址出土器物与以陕晋豫交界地区为核心的典型庙底沟二期文化近似，但部分器物具有十分鲜明的地域特色，为探索史前中原地区的文化交流提供了新的素材。

（王晓毅）

【吕梁市离石区信义新石器时代遗址】

发掘时间：2020年3~9月

工作单位：山西省考古研究院、吕梁市文物保护考古研究所

信义遗址位于吕梁市离石区信义镇信义村北，处于小东川河与其季节性支流阳坡沟交汇处东北部，西南与后石墓地隔河相望。为配合国道209改线工程吕梁新城区段建设，山西省考古研究院联合吕梁市文物调查考古勘探队，对遗址进行了发掘。

本次发掘共揭露房址13座、灰坑5座，陶窑1座。根据出土陶器和测年数据，确定其年代为庙底沟二期文化的早中期和龙山文化晚期。庙底沟二期的遗迹有房址12座，灰坑5座，陶窑1座。龙山晚期的遗迹只有F13。

庙二时期陶器主要器类有夹砂深腹罐、

小口高领罐、敞口浅腹盘、圆腹罐、折沿盆、陶豆、陶杯等。未见斝、釜灶等器类，与侯马东呈王遗址相近。器类和器形与河津固镇遗址同时期遗存相近。

信义遗址发现的房址全部为土构建筑，系利用山梁断崖，在土梁边缘地带挖掘了底平面为圆角方形、上部为穹隆式结构的土窑洞，并且依自然地形成排分布。每座窑洞前都有一个或大或小的活动空间和将它们串联起来的路面，构成一个完整的小型聚落。这种居址形式与河套地区流行的石构建筑完全不同，形成了黄河中游地区新石器时代末期特色鲜明的两大建筑传统。

信义遗址的发掘为探索史前时期中原与北方地区之间的文化交流、互动以及不同建筑模式的空间分布提供了新的素材。

（赵　辉　刘吉祥　闫勇允）

【阳曲县西殿村南龙山时代遗址】

发掘时间：2020 年 8 ~ 12 月

工作单位：山西省考古研究院

西殿村南遗址位于阳曲县东黄水镇西殿村南台地上。东西长约 2000 米，南北宽约 200 米，分布面积约 40 万平方米。遗址北侧断崖上暴露有一厚 0.5 ~ 1.8 米的文化层，地表采集有龙山文化的泥质红陶篮纹罐底和夹砂附加堆纹灰陶片等遗物。为了配合山西省太原市转型综改示范区阳曲产业园区建设，对建设项目涉及用地重点区域开展考古发掘。

西殿村南遗址编号为 2020YXD，共分为两个发掘区，分别编号为南区、北区，两区主要在一个台地上。南区遗迹主要分布在村南 1000 米台地上，共发掘 1000 平方米，发现陶窑 1 座，灰坑 13 座；北区遗迹主要紧邻村南，发掘面积共 925 平方米。发掘表明，该遗址地层堆积比较简单，但文化内涵丰富，共发掘有小型墓葬 2 座、灰坑 20 座、房址 1 座、陶窑 2 座等，时代从龙山中期延续到晚期。另外，还发现 2 座清代洞室墓。

早期遗存主要有灰坑、墓葬和半地穴式白灰面房址、陶窑等；灰坑之间有打破关系，显示有分期的可能性。

灰坑有袋装、椭圆状、不规则状等。个别灰坑中有残碎人骨和小件器物。灰坑发现的器物有鋬手袋足鬲、篮纹折肩罐、篮纹折腹盆、敛口瓮、敛口斝、泥质小斝、盉、浅盘豆、坩埚，用手捏制的鼎、甑、有隔甗等。小件器物有：陶拍、陶纺轮、陶抹子、陶铃、白陶环；石斧、石刀、石球、石矛、石饰件；骨凿、骨镞、骨匕、卜骨；蚌刀等。龙山中期墓葬均为长方形小型土坑竖穴墓，东西向，单棺，单人葬，仰身直肢；无随葬品。房址为圆角方形，门道东南向，方向 135°方形灶坑，半地穴式，构筑在较高位置的生土上，由于晚期的平田整地破坏，仅保留白灰地皮。

陶窑也是此次发掘最主要的发现，南区 Y1 与游邀遗址 Y101 相似，开口在三层下，窑床以上无存，窑床以下保存基本完好，开挖在生土层上，为“双环式”椭圆状横穴窑。现存有投火口、火膛、进火口、火道、出火口和窑床等几部分。窑床与投火口保存在同一平面上，火道是窑床上掏挖而成；窑床表面被烟火熏烤成红色烧土，厚约 5 厘米。火膛、火道和窑床上为灰黑土堆积，残存窑箅、窑壁和窑定的塌落堆积，无器物。北区 Y2 与游邀遗址 Y104 相似。开口于三层下，保存基本完好。开挖在一处较高的生土台上，从现存情况来看，该窑址为“兆字式”椭圆形横穴窑，主要由投火口、火膛、进火口、火道、窑床、隔箅、窑室等部分构成。投火口位于窑室东北，周围有残存的立起来的石板。投火口与窑床不在同一水平面上，高差很大。窑室、窑床比较平坦，“兆”字形火道上残存很多烧土块，让窑火均匀。窑室周围工作面上发现面积较大的红烧土、青烧土和草拌泥残块，窑室内外没有发现烟火外出的火道，估计其应在窑顶，窑室内没有残存的器物。

晚期遗存主要有墓葬两座，均为土洞室墓，M2 砖封门，M3 石封门。M2 出土随葬品共 20 件，有瓷罐 2、压手杯 1、铜钱 6、符瓦 3、玛瑙饰件 1、铜扣子等；M3 出土随葬品瓷罐 1、铜扣子 2 等。M3 出土随葬品 2 件，有瓷罐等。

西殿村南遗址的发掘，为太原盆地与忻州盆地龙山时期文化研究提供了一批宝贵的实物资料。本次发掘主要收获为灰坑、房址、陶窑等；遗物以陶器为主，有数量较多的骨器、石器和很少量的蚌器等。陶器的鬲以侧装鋬手肥足鬲为主，口沿外侧加厚，领部外侧有浅篮纹，鋬手为侧装，裆部有泥条加固痕迹，袋足发达，有很小足跟，与游邀遗址早期夹砂陶 A 型双鋬手鬲 H348：1 十分相似，与汾阳杏花遗址第四期第二段鋬手鬲 H314 下：4 裆部夹角十分相似，估计年代相近。遗址中发现有盉、小斝及泥质鼎形器，证明某些灰坑时代接近龙山晚期。但是未见到正装鋬手鬲，也未见到鬲的领部、足跟有加高、加长现象，这也是未进入夏纪年的证据。

为此，我们对遗址中重要单位做了多项科技检测分析工作。如：龙山中期墓葬中人骨的 DNA 测序，锶同位素分析；灰坑中泥炭土^{14}C 测年，浮选及植硅石分析，动物骨骼测年等；对出土的陶窑 Y2 进行三维数字扫描，保护性搬迁等等。以期望用不同的手段对遗址的年代做出更加准确的判断，以丰富和促进本地区龙山时期考古资料的整体研究。

西殿村原名西店村。这在村北部轩辕黄帝圣祖庙明、清两代碑记中均有记录。黄帝教人造车，故称轩辕黄帝。我们虽然不能随意与远古的故事比附，但是其所处的时代确实在公元前 3500 ~ 前 2100 年之间。

（王　俊）

【偏关天峰坪龙山时代遗址】

发掘时间：2019 年 9 月 ~2020 年 1 月

工作单位：山西省考古研究院

天峰坪遗址位于晋西北的忻州市偏关县天峰坪镇天峰坪村东，地处关河南岸的孤峁上，西距黄河约 1 千米。遗址面积约 2 万平方米，所在地点三面环河临沟，仅西北侧留有一窄梁以供进出。

为配合忻州市三大板块旅游公路偏关段的建设，山西省考古研究院在该台地北部进行了一次发掘，完成发掘面积 1000 平方米，清理护坡等石墙多段、房址 16 座、灰坑 30 余座、墓葬 2 座，此次揭露的遗存以阿善三期为主，此外，还有部分老虎山文化（亦有学者称为石峁文化）阶段的堆积。

从调查、发掘和揭露的遗存来看，该遗址总体规划有序，形成一个在台地边缘砌筑护坡石墙，台地上下修建有部分房址，门道多朝向各自所在山包一侧的沟谷，生活垃圾倾倒于台地边缘的聚落布局，且不同阶段聚落的微观形态又略有变化。

根据发掘层位及遗迹组合关系，并结合贝塔两批样本测年数据综合判断，本次发掘遗存初步分为两大阶段修筑（不含护坡石墙之下堆积）：第一阶段修建了护坡墙、墩台及其地面串联的房址，此外，与上述房址墙体统一，规划的其他部分房址大体也可归为此阶段，该阶段代表性器物溜肩罐、小口瓶、篮纹斝、筒形罐等，始建年代为公元前 2500 年前后，偏晚段西段护坡墙局部坍塌，部分房址开始废弃，并被大量倾倒的灰土垃圾所覆盖。第二阶段是在上述废弃后，于护坡墙附近及其北部废弃堆积之上，规划新建了一批房址，偏晚段相当于公元前 2200 年前后，整个发掘区被废弃形成一层褐土堆积，并出现鬲、甗、盉等器物。

（张光辉　朱智博）

【兴县碧村龙山时代遗址】

发掘时间：2020 年 8～10 月

工作单位：山西省考古研究院、兴县文化和旅游局

为进一步了解碧村遗址的宏观聚落形态，在 2015 年发现的东城墙线索基础上，对其所在的城墙圪垛地点进行发掘，确认了遗址龙山晚期的瓮城设施及两侧墙体包砌的大型墩台。

瓮城见于城墙中部位置，由内外瓮城构成，外瓮城为半圆形，直径接近 20 米，为石包土芯，外侧以石砌半圆形窄墙等与之合围成一条月牙形夹道。

半圆形瓮城与南北两侧的墩台之间设有豁口，应为进出城内的门道，限于今年发掘面积，墩台未作进一步发掘。

南北两侧墩台东面外墙呈东北—西南走向，宽度 3 米左右，由内外两重拼合构成，内侧宽 1.8～2 米，外侧宽 1～1.2 米，残存高度 0.7～1.2 米不等。墙体外侧有规整立面，为砂岩块石砌筑，外侧石块较规整，中间石块杂乱，大小不一；其建于一层质地较硬的红褐土之上，该层堆积与碧村遗址小玉梁地点石砌房址之下堆积一致。

值得注意的是，在外瓮城的倒塌堆积中，接近地面处，出现一些玉石器残块，还有个别完整器，与墙体倒塌下来的石块混杂在一起，推测这些玉石器起初是以祭祀方式砌筑在墙体之内的，这与石峁藏玉于墙的模式如出一辙。

（张光辉 朱智博）

【偏关天翅湾龙山时代遗址】

发掘时间：2020 年 3～6 月

工作单位：山西省考古研究院、忻州市文物考古研究所、偏关县文化和旅游局

天翅湾遗址是黄河东岸的一处新石器时代末期的石城聚落，位于偏关县天峰坪镇天翅湾村西。为配合忻州三大板块旅游公路的建设，联合考古队对偏关段涉及的天翅湾遗址进行发掘，共发掘面积 1300 平方米，清理房址 4 座、窑址 1 座和灰坑 20 个，包含阿善三期、老虎山文化（亦有称为石峁文化）、朱开沟文化等阶段遗存。阿善三期典型遗物有尖底瓶、溜肩罐，龙山时期遗存有正装双鋬手鬲、敛口甗等。

F1 时代为龙山时期，半地穴式房址，圆角方形，方向 308°，与 F2 比邻。门道朝西，灶址位于房址中部偏西靠近门道处，近似圆形。出土器物有正装双鋬手鬲等。

F3 时代为阿善三期，半地穴房址，圆角方形，方向为 315°。灶址位于房址中部，近圆形，直径约 80 厘米，灶面为青灰色烧结面，由灶中心延伸至边界红烧土，且低于房内地面约 6 厘米。房址内出土有生活陶器、生产石器及饰品，包括鼓腹瓮、双耳罐、钝底瓶、石凿及骨簪等。

该遗址的发掘初步展示晋西北新石器末期的文化面貌，为进一步判定其区域文化归属提供了重要支撑。

（张光辉）

【芮城太安新石器时代遗址】

发掘时间：2020 年 3～4 月

工作单位：山西省考古研究院

为配合黄河板块旅游公路芮城县彩霞村至新村段项目的建设，同时做好项目施工范围内的地下文物保护工作。2020 年 3 月初，疫情稍有缓和，由山西省考古研究院牵头，运城市文物局、芮城县文化和旅游局、芮城县交通局配合，对施工范围内的地下文物进行考古发掘。发掘区位于芮城县古魏镇太安村东北台地上，地形北高南低，北部为陡峭断崖，向南呈缓坡状。南距黄河约 4 千米，西南距南礼教遗址约 6 千米。此次共发掘龙山时代灰坑 3 座，明代墓葬 1 座。

灰坑形制均为较规整的圆形袋状，其中 H2 规模较大，口径东西 2.9、南北

2.8米，底径3.75米，残深1.82米，底部发现有疑似谷物残留痕迹，推测该灰坑为大型粮仓类窖穴。H3位于断崖上，仅残留一半。灰坑内出土大量陶片，经初步整理陶片中灰陶占绝对多数，泥质陶多于夹砂陶，纹饰以篮纹为主，绳纹次之，有极少量的方格纹。可辨认器形主要有单把鬲、带鋬鬲、敛口斝、敞口盆、高领折肩罐、带耳罐、陶甑、陶杯、陶缸、陶盉、陶豆、器盖、三足瓮等。发现石器有石刀、石凿、石铲等。根据出土陶器特征来看，此次发现的3座灰坑应属三里桥文化遗存。

发掘结束后，我们在发掘区周边进行了小范围田野调查，调查共发现龙山时期白灰面房址5处、灰坑6处、陶片点20余处，现存面积约17万平方米。除龙山时代遗址外，在太安村北，长水沟以东台地上还发现有仰韶时代灰坑2处、墓葬3处，以及零散的陶片点，仰韶时代遗址面积残存大概5万平方米，时代为庙底沟文化时期。

芮城县北依中条山、南临黄河，属“芮城—平陆谷地”，隔河与三门峡相望，是史前考古学文化的中心区域之一。这一区域自1958年试掘过芮城南礼教遗址后，此次是第二次正式发掘龙山时代晚期居址，发掘面积虽然小，也仅清理了2座半灰坑，但所获得的遗物比较丰富，为晋南豫西地区新石器时代末期的考古学研究提供了新材料。

（崔俊俊）

【绛县西吴壁夏商时期遗址】

发掘时间：2020年5~7月

工作单位：中国国家博物馆、山西省考古研究院、运城市文物保护研究所

本年度联合考古队继续在山西绛县西吴壁遗址开展大规模考古发掘工作。发掘地点分别位于冶铜遗存集中分布区的中、东部，在中部布设3个10米×10米的探方，1个7米×9米的探方；在东部布设4个10米×10米的探方，总发掘面积近800平方米，旨在寻找更多夏商时期的冶铜遗存，为复原早期冶铜生产，研究早期冶铜技术等学术问题提供更多实物资料。通过发掘，揭露出二里头、二里岗及东周、汉、宋等时期的文化遗存。

本季度仅发现少量二里头文化时期的灰坑，大量二里头文化时期的遗物见于时代较晚的东周、汉代遗迹中。说明东周、汉代人类活动破坏了早期遗迹。二里岗文化时期的遗存相对丰富，主要见于中部发掘区。所见遗迹多为灰坑，另有少量房址。出土丰富的陶、石、骨器，以及少量铜炼渣、残炉壁、鼓风嘴、陶范、石范等冶铸遗存。

东周、汉代遗存主要集中于东部发掘区，遗迹种类包括房址、陶窑、灰坑、窖穴等，出土物包括日用陶器、空心砖、桶瓦、板瓦等，说明周边曾存在东周及汉代功能完备并具有一定等级的生活区。

所见东周及汉代遗存向下打破二里头、二里岗文化时期的遗存，其中出土的炉渣等冶金遗物表现出较为原始的特征，经科技分析证明它们实际属于二里头、二里岗文化时期。这一科研成果大大丰富了西吴壁遗址夏商冶金遗存的数量，进一步证明了西吴壁冶铜遗址具有规模大，专业化水平高的特点。

本季度发掘所获的二里头、二里岗文化及东周时期的遗存，丰富了西吴壁遗址内涵，为探索西吴壁遗址不同时期的地层堆积变化、聚落布局及功能变迁等学术问题提供了实物资料，为研究夏商王朝控制、开发中条山铜矿资源的具体模式提供了不可多得的物质遗存，具有较为重要的学术意义。

（戴向明　田　伟　崔春鹏　汤毓赟）

【稷山县东渠二里头文化遗址及金元明清墓群】

发掘时间：2020 年 7 ~ 11 月

工作单位：山西省考古研究院、运城市文物工作站

东渠遗址及墓群位于运城市稷山县稷峰镇东渠村北，南距汾河 2 千米。在配合稷山县体育场建设项目勘探过程中发现。本年度实际发掘遗址 78 平方米、墓葬 41 座（金元墓 27 座、清墓 14 座），出土随葬品 90 余件（套）。遗址目前尚未发掘完毕。

金元墓 27 座。窄长方形墓道，有竖井式和台阶式两种。墓向南北向。M50 砖砌墓室，M55 砖砌前后室，其余为洞室墓，又可分为偏洞室墓、“甲”字形墓两种。墓主均无葬具，有迁葬、一次葬两种，迁葬墓骨骼人为摆放。随葬品普遍较少，以瓷灯盏、瓷碗较常见。清墓 8 座，形制为竖穴墓道洞室墓，多为双人、三人合葬，葬具单棺，随葬品以黑釉筒形罐、瓷碗、镇墓砖、镇墓瓦较常见。

遗址发掘布设 5 米 ×5 米探方 3 个，3 米 ×10 米探沟 1 个，实际发掘面积 78 平方米。发现陶窑 1 座、沟 1 条、灰坑 8 个。出土陶器主要为灰陶，以夹砂灰陶为主，器类有鬲、甗、斝、扁足鼎、深腹罐、双耳罐、花边罐、三足瓮、折沿盆、大口尊、缸等，纹饰以绳纹为主，另有“S”形纹、附加堆纹，篮纹、方格纹几乎不见。从陶器整体面貌上看带鋬手器、带耳器、花边器有一定比重。另出土部分穿孔石刀、石铲、骨针、骨笄、骨镞等小件器物。

本年度仅发掘 78 平方米，对于遗址整体堆积内涵了解有限。就目前发掘情况来看，遗址出土陶器时代单纯，为二里头文化时期，整体面貌与东下冯遗址二里头文化陶器群高度相似，陶窑形制结构也与东下冯遗址陶窑相同。

稷山位于运城最北，吕梁山南缘，在此地发现二里头时期遗址，对于探索二里头文化与北方地区文化的交流与互动具有重要意义。

（贾高强　李　辉）

【吕梁市离石区后石晚商墓地】

发掘时间：2020 年 4 ~ 6 月

工作单位：山西省考古研究院、吕梁市文物保护考古研究所

山西省考古研究院在配合国道 209 改线工程吕梁新城区段离石区后石墓地的发掘过程中，发现两座商代晚期墓葬。编号为 M32 和 M21。

M32 位于墓地西南角第三级阶地的西南，墓葬开口距现地表约 40 厘米，墓葬形制为近方形的土坑竖穴墓，墓口东西长 3.7 米，南北宽 3.5 米。距墓口深 40 厘米的熟土二层台上发现殉人 3 具。南北两侧二层台上的殉人均为女性，年龄在 15—20 岁之间，头向西，与墓向相同。东侧二层台上的殉人头向南，因年龄较小，无法准确判断性别。椁室为长方形，东西长 2.6、南北宽 2 米，椁室帮板和挡板全部用方木榫卯相连拼合而成。盖板用 11 块宽 15 ~ 18 厘米的窄木板拼接而成。椁室发现时，盖板和帮板上半部分有明显的火烧痕迹。椁室内棺南北两侧各有 1 具殉人，殉人下肢微曲，面向内侧。棺盖板上方发现 1 具殉人，俯身直肢，面向北。墓主人发现时已经被扰动，上肢骨扰动严重。身下有大面积的朱砂，靠南的殉人，上半身骨骼缺失严重。

棺平面为长方形，东西长 1.76、宽 0.87 米，棺板厚 8 厘米，棺残高 34 厘米。棺内残留一块盖板塌落进棺内的木板痕迹，长 1.72 米、宽 3 ~ 6 厘米。棺底板痕迹明显，东西向拼合而成，5 块木板，宽 0.15 ~ 0.2 米。棺西端前挡及棺底中部各发现 1 大扇贝，与棺外侧发现的相同。

M32 出土青铜短剑 1，绿松石管 1，蚌

饰1、海贝（贝币）39枚，扇贝3、骨环3、陶罐1、陶盆1、陶三足瓮残片1。陶罐位于棺的东北角外侧发现，夹砂灰陶，侈口，矮领，圆肩，鼓腹，平底。肩部以下通体饰竖向细绳纹，口沿内外有快轮修整痕迹。烧制火候非常低，出土时已经破碎。

M21西北距M32约25米。墓葬形制为土坑竖穴墓，葬具为1棺，棺内有人骨1具，仰身直肢，头向西。墓主人脚端发现1件泥质红褐色小陶盆，敞口，小平底，腹部装饰两周三角形刻划纹。

M32是晋陕高原黄河两岸发现殉人最多、等级最高、规模最大的商代晚期墓葬。出土陶罐形制接近李家崖文化同类器形，但又不完全相同。出土的青铜短剑目前发现的形制相近的也屈指可数。墓葬椁室上半部分被火烧的痕迹非常明显，墓主人被扰动等现象，表明下葬后发生过严重的毁墓行为。M21出土的陶盆三角刻划纹与典型的商式盆形簋相近。两座墓葬的发现为我们重新认识晋陕高原以往发现的商代青铜器的族属、文化性质以及这类墓葬的分布规律提供了重要的线索和比较材料。

（赵 辉 刘吉祥）

【闻喜上郭—邱家庄周代遗址】

发掘时间：2020年3～11月

工作单位：山西省考古研究院、运城市文化和旅游局、运城市文物工作站、闻喜县文化和旅游局

自20世纪70年代起，在山西省闻喜县邱家庄、上郭村一带的鸣条岗上，考古工作者陆续开展了一系列的考古工作，出土“子犯编钟”、“陈信父”壶、“荀侯”匜、“刖人守囿”挽车等大量珍贵文物。2006年，“上郭城址和邱家庄墓群”被公布为第六批国保单位，根据以往考古工作判断，上郭—邱家庄遗址为两周时期的一处大型遗址，面积超过10平方公里。

依据勘探结果，2020年在邱家庄村大型墓葬M5001的西侧、西北侧有目的性地发掘五组11座中型墓葬，以全面深入了解邱家庄墓地墓葬的年代、性质、等级、墓地结构等。这11座墓葬分东、西两个区域，虽然部分墓葬曾经被盗掘，但仍出土文物900余件套，包括12件青铜礼器和大量陶礼器。经过大半年的工作，发掘目的和工作目标均已实现。本年度发掘的五组中型墓葬，在墓葬规模及等级上仅次于M5001，其出土器物对于判定M5001的性质具有重要意义。

此外对遗址区进行了勘探，勘探区域位于上郭村西部、南部，分为两个探区，面积约35万平方米。在勘探区域内发现的遗迹现象有城墙基槽、城外壕沟、城内道路、墓葬、灰坑等。北墙西段已探明，西北角已出现，北墙东段在上郭村学校及村民住户内，东北角已明确。东墙北段在村民住户内，东墙南段已探明，且夯土保存状况较好，东南角已明确。南墙东段地势较低，保存较差，南墙西段已探明，西南角已明确。西墙地势较低，走向不明。南墙、西墙可能为顺地势而建。东墙长度约770米，北墙长度约650米，南墙长度约530米，上郭城址面积在40万平方米以上。

经过历年的考古工作来判断，从上郭村到邱家庄以及邻近的西官庄、韩家庄、赵家庄、黄花岭等区域，都是该遗址群的范围。上郭村及其西南的居址区是城址，村北沿鸣条岗直到邱家庄村东是墓葬区，整个遗址全长约5千米，宽约2千米。根据墓葬形制及出土器物分析，上郭村附近的遗迹年代偏早，上限到西周晚期，下限在战国早期；在上郭村东北方向的邱家庄附近墓葬年代主体在战国时期，最晚可以至战国晚期；三者年代上是连续的，大致呈现出沿鸣条岗由西南向东北方向年代越来越晚。

考古工作的不断开展，为解决“古曲沃”所在地问题提供了新的线索。我们认为根据目前的考古发现，上郭—邱家庄遗址为晋国“古曲沃”的核心区域，是东周时期晋国宗庙所在地。经过上郭城址的勘探工作，基本可以断定“古曲沃”的所在地就在今天的闻喜县上郭—邱家庄遗址一带。上郭—邱家庄遗址由上郭城址和墓葬、邱家庄墓群组成，上郭村墓地与邱家庄墓地应为一体，即同为文献中记载的“九原”的一部分。闻喜上郭—邱家庄遗址的考古工作使得“古曲沃”的地望问题基本得到解决，对于晋国历史和晋文化研究具有十分重要的意义。

（陈海波　荆泽健　田建文　王金平）

【垣曲北白鹅周代墓地】

发掘时间：2020 年 4 ~12 月

工作单位：山西省考古研究院、垣曲县文化和旅游局

墓地位于运城市垣曲县英言乡北白鹅村东，属于北白（鹅）遗址的一部分。据“三普”调查数据可知，该遗址面积约 20 万平方米，发现有新石器、商、周时期文化层和灰坑等遗存。遗址地势北高南低，位于河沟环绕的台塬之上遗址区北依王屋，南望黄河，西距沇河 6 千米，西北距垣曲县城 30 千米，向东 35 千米至王屋山东麓。墓地因被盗而发现。本年度由山西省考古研究院牵头，垣曲文物部门配合，正式进行抢救性考古发掘。

此次发掘历时 8 个月，发掘总面积为 1200 平方米，共发掘清理墓葬 9 座，灰坑 17 座。发掘区域位于整个遗址区靠南的位置，分上下两个小台地，下方台地发掘面积约 500 平方米，发掘清理了墓葬 4 座，灰坑 1 座，分别编号 M1、M2、M3、M4 和 H1；上方台地发掘面积约 700 平方米，清理墓葬 5 座，灰坑 16 座，分别编号 M5、M6、M7、M8、M9、H2 至 H17。

灰坑多为圆形或倭角长方形，口径 1 ~2 米，深 0.3 ~2 米不等，出土遗物多为陶片，时代自东周至唐宋，以战国秦汉时期为主。墓葬分布较疏，以大中型墓葬为主，墓口面积 10 ~30 平方米不等，深度 4 ~12 米不等。墓葬形制皆为长方形竖穴土坑墓，南北向。大型墓葬口大底小，中型墓葬口底同大。M6 为积炭墓，且以木炭填充椁外做二层台，其余墓葬有生土和熟土二层台两种。除 M5 和 M9，其余墓葬皆有腰坑，其中 M6、M8 为空坑，其余坑内殉狗一只。葬具 M5 和 M6 被盗，能辨识出一椁，棺数不明，M1 为两棺一椁，其余 6 座墓葬均为一棺一椁。能辨识墓主人者皆头向北，仰身直肢。M1 有殉人一具，俯身，无下肢。M4 二层台随葬鹿角。从墓位排列及出土器物判断，M5、M6 和 M2、M3 为两组夫妻异穴合葬墓，男性墓葬居东，夫人墓居西。

9 座墓葬共出土各类文物 500 余件套，以铜器为主，另有石、陶、玉、骨等。铜礼器出土 140 余件，包含了鼎、簋类食器，盘、盉类水器，壶、爵类酒器；另有大量兵器、车马器、玉组配等；还出土了成套的铜编钟、石编磬。M1 内发现多件漆木器，包括 1 件漆木鼓和人面器。随葬品大多出土于棺椁之间，铜容器和铜编钟多放置棺椁间南部，玉器多出土于人骨四周，其它文物散置墓室不同位置。个别出土器物具有北方草原和南方江淮文化的特点，显示出不同文化的碰撞和融合。在发掘和室内清理中，采集提取到皮、布、绳、竹席等有机质文物，有些还绑缚在铜器器表或穿结于车马络饰之间，几件铜壶内保存有液体，经初步化验含有酒精成分，铜盒内检测到油脂类化妆品成分。

本次发掘最重要的收获是出土了近 50 件有铭铜器，共计 16 篇。M1 钟铭有“荐公”，M3 铜簋铭文记载周王“命夺司成周讼事和殷八师事”，M3 铜甗铭文“虢季为

匽姬媵甗”，M5 和 M6 出土的多件铜器出现“太保燕仲”、“燕太子”以及“中大父”、“太师”、“中辛”、“琱射”等内容。这些铭文传递的信息为解读墓地主人族属提供了重要依据。根据墓葬形制和出土遗物特征分析，整个墓地的时代当在春秋早期。

根据文献记载东都成周王畿范围“北得河阳”，也就是现在太行山以南黄河以北的区域，北白鹅墓地恰在其中，应属成周王畿内的周代王卿贵族采邑。我们初步认为墓地应为太保召公奭次子燕仲后裔随平王迁都成周洛阳后的王畿内采邑。北白遗址位于太行八陉最南端“轵关陉”的必经之地，是一处重要的战略要地，承担拱卫成周洛邑的军事职能。

北白鹅遗址是一处内涵丰富、保存较为完整的大型遗址，为研究晋南地区不同时期的埋葬制度、人群族属、社会生活等提供了新的资料和参考，对探索周代的采邑制度、晋南与成周地区之间的关系，探讨晋南地区文明化进程在整个中原地区的地位都具有重要意义。

（杨及耘　曹　俊）

【平遥县东城村东周金代及明清墓葬】

发掘时间：2020 年 10 ~ 11 月

工作单位：山西省考古研究院、晋中市考古研究所、平遥县文物所

平遥县会展演艺中心项目，位于晋中市平遥县古陶镇东城村南，东至东外环路、西至朝阳路、南至迎宾路、北至东升东街，距离平遥古城东城墙约 500 米，距离国保单位惠济桥 56 米。为配合该工程建设，由山西省考古研究院牵头，市、县文物部门配合，对占地范围内勘探发现的古墓葬进行了考古发掘，共发现东周墓 1 座、金代墓葬 1 座、明清墓葬 4 座。

东周墓葬 M6 上部遭到破坏，仅存底部的墓室，墓室东部被金代砖室墓 M1 打破。结构为长方形竖穴土坑墓，东西向，口大底小，填土为五花土，墓底四周留熟土二层台。现存开口东西长 3.6、南北宽 2.4、残深 0.85 米。一棺一椁。单人葬，仰身直肢，头向东，面向不详。出土器物共计 10 件（组），其中三璜联璧 1 件、玉饰片 1 组、石圭 1 组、陶鼎 2、陶盖豆 2、陶盘 1、陶匜 1、陶碗 1。根据墓葬形制和出土器物判断为战国早期墓葬。

金代墓葬 M1 是一座仿木构砖室墓，东西向，由墓道、墓门、甬道、墓室组成。墓道位于墓室东部，直壁，长仅 0.4 米。墓门及甬道为砖券拱形门。墓室结构为圆形土圹、八角仿木构筑砖室，穹窿顶，墓壁刷白灰，无壁画。该墓为迁葬的夫妻合葬墓，埋葬一男一女。出土器物共计 7 件，其中小瓷碗 1、陶牛 1、大陶罐 2、小陶罐 2、陶魂瓶 1。

4 座明清墓葬均为土洞室墓，坐南向北，直壁斜坡墓道，土洞室均坍塌，墓道位于墓室北部。出土瓦、瓷罐、铜烟袋锅、铜帽珠等器物残片。

此次发掘的这一组东周竖穴土坑墓和金代砖室墓，是迄今在平遥古城附近发掘的年代较早的地下文物遗存，为实证平遥 2000 余年建城史提供了重要依据，对提升古城文化品位、延展历史根脉、讲好平遥故事等都具有重要意义。

（武俊华　雷雅仙）

【长治市上党区上村战国墓】

发掘时间：2020 年 11 月 ~ 2021 年 1 月

工作单位：山西省考古研究院、长治市古建筑保护和考古研究所、长治市上党区文物博物馆

上村东周墓地，位于长治市上党区北呈乡上村西北，浊漳河南源支流陶清河北岸二层阶地的台地上，北距陶清河与浊漳南源干流交汇处约 5 千米，西南距县保单位长子西南呈西周墓地约 2.3 千米，距省

保单位西旺墓群4.5千米。该墓地未见于以往的文物普查及相关调查资料。2020年10月，因盗掘后勘探，发现两座东周墓葬，随后由山西省考古研究院牵头，市、区文物部门配合，对这两座东周墓葬进行了抢救性发掘。

发掘所在区域地层与文化堆积主要有三层，第①层为耕扰土层，第②层为近代垫土层，第③层为夏商文化层，内含少量陶片，可辨器形有罐、盆、鬲、豆、甗等。③层下为生土。此次发掘的两座墓葬均开口于②层下，打破③层及生土。

此次发掘的两座东周墓（编号M1、M2），均为南北向长方形竖穴土坑墓，为东西并列的对子墓，单人葬，口大底小，四壁规整，填五花土，墓底留生土二层台，葬具为一棺一椁，人骨锈蚀严重，无法提取。出土随葬品共计34件/套，其中M1墓口长5.7、宽4.2、总深7.7米。方向29°。葬式为侧身直肢葬，头向北，面向西。出土随葬品21件：青铜剑1、铜带钩1、陶鼎2、陶盖豆2、陶壶2、陶盘3、陶盉1、陶平盘豆4、陶柄壶2、陶鸟柱盘1、陶罐1、陶筒1。M2墓口长4.7、宽3.4、总深6.9米，方向24°。葬式为仰身直肢葬，头向北，面向上。出土随葬品共13件：陶鼎2、陶盖豆2、陶壶2、陶平盘豆4、陶柄壶2、陶匜1。综合墓葬形制和出土器物判断，这两座墓葬的年代为战国早期。

此次抢救性发掘，仅针对两座面临盗掘风险的战国早期古墓葬进行了保护清理，是上党区境内发掘的较早的墓葬遗存，墓葬规模在同时期墓葬中属于中型，参考该时期墓葬分布的特点，这两座墓葬周围应当还有相当数量的同时期墓葬，惜未开展进一步工作，无法摸清墓地分布范围、墓葬数量和现存规模等信息。结合发掘和周边区域地面踏查，初步判断上村遗址至少包含夏商时期文化层、东周时期墓葬等，为长治地区晋文化研究和上党区历史文化研究增添了新的考古资料。

（杨林中　武俊华　杨　柳　王利平）

【朔州后寨战国至明清时期墓地】

发掘时间：2020年3～12月

工作单位：山西省考古研究院、朔州市文物局、朔州市文物工作站、朔州市文物钻探队、朔城区文物局

为配合朔州市新殡仪馆的建设，根据国家文物局及山西省文物局的批复要求，由山西省考古研究院牵头，地市文物部门配合，组成联合考古队对发现的古代遗存进行了整体揭露和考古发掘。

本年度共开展发掘工作两期，共清理墓葬321座，车马坑3座，灰坑15个。出土器物700余件组。墓葬多为战国墓，均为竖穴土坑墓，多数为一棺，部分为一椁一棺，葬式多为仰身直肢，少数为屈肢葬，头向多向北，极个别朝南。随葬品以陶器为主，极个别墓葬有青铜兵器和车马器出土。汉代墓葬有竖穴土坑墓、竖穴土坑偏室墓、土洞木椁墓。多为单人葬，部分为合葬墓。葬具为一椁一棺或一椁二棺。葬式一般为仰身直肢，少数为仰身屈肢。灰坑应为新石器时代遗迹。

经过一年多的考古发掘，该墓地的文化性质逐步清晰，墓葬年代从战国早期延续至明清时期，墓葬分布密集，排列有序，有严格的等级区分，墓葬中所表现的非汉文化因素较为突出，从墓葬形制和出土文物来看，包含有楼烦、赵国、燕国、匈奴等多种文化。

总体来说，该墓地为研究晋、赵文化在北方地区的势力范围和文化影响区域提供了思路，为长城沿线及中国北方地区多民族文化的碰撞、交流和融合提供了研究实证。

（高振华）

【晋阳古城晋源苗圃建筑基址】

发掘时间：2020 年 4～11 月

工作单位：山西省考古研究院、太原市文物考古研究所

晋阳古城遗址是全国重点文物保护单位、国家“十一五”至“十三五”规划重点保护的大遗址。2010 年入选首批国家考古遗址公园立项名单。晋源苗圃发掘区位于晋阳古城西北区域，为城市历代活动的核心区。2015～2019 年在该区域堆积最为丰富的东部区域分东、西两区段发掘了北朝至五代的多组大型建筑基址。2020 年在东、西两区段中间区域进行发掘，发掘面积 800 平方米，平均发掘深度 3.1 米，至⑤b 层。其中④a 层下发现晚期房址 1 座，坐东朝西，东西宽 7 米，南北未发掘至边缘，现长 18 米，台基残高 0.2 米，根据现场发掘情况看应为一组建筑基址的东侧厢房。该房址残留东、西两侧砖墙，制作规整，中间有门道；④b 层下西部发现 6 座火灶，东南部发现一道东西向铺设规整的砖石路；④c 层下仅在发掘区西部发现有 7 座火灶以及西南角一条南北向水渠，火灶多为砖瓦垒砌，部分有两筒瓦合扣的烟道，水渠以条砖砌渠壁，渠底可见残砖平铺；⑤a 层下遗迹包括 5 座灰坑和 1 座砖砌水井。其中水井上部用碎砖围砌成圆形，下部方形未包砖，底部为细沙，出有较多陶罐残片；⑤b 层下主要包括灰坑、3 座瓷窑址和 1 座建筑基址。建筑基址仅发现局部，台基上现存 4 个砂岩础石，制作规整；3 座瓷窑位于发掘区西南角，东西向平行并排，均为火膛部分，平面呈扇形，壁面用残砖垒砌，窑内残存有底部支撑用的粗瓷窑具，窑室不存。出土器物中建筑构件较多，包括板瓦、筒瓦、瓦当、方砖、长条砖、脊兽等；陶器以陶罐和陶盆居多，还有陶碗、陶瓮等；此外，还有一些生活瓷器、铜钱、骨器等。

本年度对晋源苗圃建筑基址东、西区段之间的区域进行发掘，对我们统一认识该区域不同地段地下埋藏的文化性质、不同文化之间的联系以及了解晋阳古城不同时代的城市布局有重要推进作用，丰富了晋阳古城遗址长时间段的地下埋藏序列信息，也为进一步理解中国古代都城发展演变提供了全新的材料。

（石　力）

【乡宁井湾战国至汉代墓地】

发掘时间：2020 年 4～8 月

工作单位：山西省考古研究院、乡宁县文物旅游服务中心

井湾墓地位于乡宁县西坡镇井湾村山西华宁焦煤有限责任公司煤矿开采区域内的一座山梁顶部，多数墓葬已经被盗。根据勘探结果分Ⅰ、Ⅱ两区进行发掘，共发掘战国晚期至汉代墓葬 17 座，其中土坑竖穴墓 6 座，竖井墓洞室墓 11 座。

Ⅰ区有 7 座墓葬，均为竖井墓洞室墓（M1～M7），由竖穴墓道、墓门和土洞墓室组成，墓内填土为五花土，土质坚硬，含少量木炭颗粒；墓葬方向近东西向，墓道东，墓室西；墓室平面为长方形，顶部拱形。Ⅱ区有土坑竖穴墓 6 座、竖井墓洞室墓 5 座共 11 座墓葬（M8～M18），其中 M8、M10、M14、M17、M18 为土坑竖穴墓，墓口平面长方形，口大底小，四壁斜直。经夯打，M14、M17 夯窝明显，夯层厚 0.15～0.2 米。M14 为积炭墓，积炭厚 0.4 米。M9、M11、M12、M15、M16 为竖穴墓道、墓门和土洞墓室组成的竖井墓道洞室墓，墓葬方向近南北向，墓道北，墓室南，其中 M9 墓门为拱形顶，两侧有凹槽，槽内有板灰痕迹，应为封门所用；M11、M12 靠近墓门处有壁龛，拱形顶；M15、M16 靠近墓门处开耳室，拱形顶。其中，M1、M2，M11、M12，M15、M16 这三组墓葬成对分布，形制相同且方向一致，应为夫妻异穴合葬。

出土铜器135件、陶器80件、铁器7件、骨器4件、石器1件、料器4件、漆器1件。铜器以铜钱为主，有少量铜铃、铜环、铜带钩等；陶器有陶鼎、壶、罐、釜、甑、灶、锜、盒、茧形壶、俑头、马头等；铁器有铁釜、铲、环首刀、博山炉等，共232件（套）。其中M16随葬铁质博山炉、M17随葬1件陶俑头和2件陶马头，均彩绘，个体较小，陶俑头黑彩勾画出眼眉、发髻，面部白彩，施少许红彩，眉清目秀，神态安详；马头中空，面部狭长，眼珠外鼓，张口露齿。很有特点。

此次发掘，为研究当地战国晚期至汉代家族墓地的历史提供了珍贵的资料，积炭墓、彩绘陶俑头及陶马头等，均为吕梁山南部首次发现。

（段爱荣）

【运城市盐湖区董家营村汉代墓群】

发掘时间：2020年8～10月

工作单位：山西省考古研究院、运城市文物工作站

董家营墓群位于运城市盐湖区大渠街道董家营村东1千米处。为配合运城市会展中心项目建设，对项目范围内前期勘探发现墓葬进行了抢救性考古发掘，共发掘墓葬18座，窑址1座，出土随葬品1330件。西汉墓16座。形制分为竖穴墓道洞室墓、斜坡墓道洞室墓、斜坡墓道土圹竖穴墓、斜坡墓道砖砌单室墓、斜坡墓道砖室前后室墓五类。墓道为南北向，墓室或位于墓道南侧，或位于墓道北侧。M5墓主为双人合葬，其余为单人葬，头向均朝向墓道方向。墓葬年代集中在西汉中晚期。

随葬品以陶器、铜器为主。陶器一般置于墓室口或墓壁与棺之间，带壁龛墓葬陶器亦多置于壁龛之内。器类以矮直领圆鼓肩平底罐占绝对多数，每墓随葬多件，形制相同，近半数带有器盖，盖面模印纹饰，有鱼鹰衔鱼、五铢钱纹、乳丁纹、乳丁禽兽纹、蛙纹几种。M15陶罐肩部书写墨书文字，内容有“五种”、“白粱米”、“食一器”、“酱一器”、“麦一器”、“稻米一器”等。陶灶、陶壶亦普遍随葬，但数量不多，陶灶一般一墓一件（套），陶壶成对出现，多作长颈、圆腹、铺首衔环造型。

铜器多置于棺内，有铜镜、印章、兵器、车马器、钱币。铜镜共出9面，多为连弧纹“日光镜”、“昭明镜”。印章共出3枚，分别为“李宗”印、“李受王”印、“李褒”印。车马器、兵器均为微型明器，有当卢、辖軎、盖弓帽、弩机等。铜钱多为五铢，仅M8出土48枚大泉五十。铁器有铁剑、环首刀、钩镶几类，铁剑多带铜镡。

东汉墓1座。由斜坡墓道、甬道、前室、两侧耳室、后室组成，方向75°。墓室被严重盗扰，残存随葬品25件，器类有陶奁、釉陶井、釉陶案、耳杯、陶俎、陶楼、多枝灯、家畜模型等。

汉代窑址1座。由操作间、火膛、窑室组成。操作间大致为椭圆形，长2.5、宽2.2米，火膛略呈三角形，窑室呈方形，长2.82、宽2.9米。窑室四壁可见清晰的长方形砖印痕迹。

明清墓1座。梯形竖穴墓道洞室墓，方向170°，出土黑釉罐、镇墓砖各1件。

（李　辉　贾高强）

【平陆县马滹沱村汉唐及清代墓群】

发掘时间：2020年7～9月

工作单位：山西省考古研究院、运城市考古队

马滹沱村墓群位于运城市平陆县圣人涧镇马滹沱村南。为配合平陆建业城项目建设，对工程范围内前期勘探发现墓葬进行了抢救性考古发掘。共发掘墓葬16座（汉墓3座、唐墓1座、清墓12座），出土

随葬品618件。

汉墓3座。M5保存完好，为斜坡墓道洞室墓，方向9°，葬具一棺一椁，墓主头向南。出土随葬品24件（套），器类有陶罐、陶案、耳杯、陶盘、陶勺、铜镜等。M12为斜坡墓道土圹多室墓，由斜坡墓道、甬道、前室、西侧室、后室组成，方向9°。出土随葬品43件（套），器类有陶罐、耳杯、陶盘、陶案、陶壶、铜镜、五铢钱等。M4为斜坡墓道砖砌多室墓，由斜坡墓道、甬道、前室、南北侧室、中室、后室组成，方向270°。墓室被严重盗扰，残存随葬品24件（套），以陶器为主，器类有陶罐、井、仓、耳杯、樽、盆、勺及马、羊、猪等家畜模型。

唐墓1座。窄长方形竖穴墓道砖室墓，由墓道、甬道、墓室组成，方向356°。墓室砖砌，直壁，穹窿顶，底部砖砌“凹”字形棺床。墓主2人，骨骼散乱，葬式不清。出土墓志砖1盒、陶盏1件、铜钱2枚，墓志记：“维大唐垂拱元年岁次乙酉十二月壬申十二日甲申前□故人吕元穆孙君□妻张之铭”。

清墓12座。均为竖穴墓道洞室墓，南北向，墓室在北。随葬品普遍极少，以黑釉罐为主。这类清墓在运城地区较为普遍。

此次发掘3座汉墓随葬品相对丰富，为该地区汉代社会生活研究提供了一定的实物资料。唐墓纪年明确，对于该地区唐代中小型墓葬分期及形制演变研究极具参考价值。

（贾高强）

【平陆县新湖村汉代金元及明清墓群】

发掘时间：2020年9～11月

工作单位：山西省考古研究院、运城市考古队

新湖村墓群位于运城市平陆县圣人涧镇新湖村西500米处。在配合平陆县养老服务中心项目勘探中首次发现。共发掘墓葬23座（东汉墓2座、金元墓12座、清墓9座），出土随葬品226件。

东汉墓2座。M3为带斜坡墓道竖穴墓，方向280°。墓室置人骨2具，葬具单棺，头向西。该墓棺及棺内随葬品经过火烧，人骨呈青蓝色，断为数截，墓壁底部四周为红烧土，厚约10厘米。墓室口部随葬陶器陶色单纯，未经火烧。综合来看，该墓埋葬次序为：修建墓道、墓室—火葬—放置陶器—填埋。墓中出土随葬品17件（套），铜镜、五铢、陶耳塞置于棺内，均被火烧，其余为陶器，计有豆3件，耳杯2件，灶、甑、盆、罐、狗、鸟、炉、井各1件。M14为长斜坡墓道砖砌多室墓，方向275°，由斜坡墓道、甬道、前室、南侧室、中室、后室组成，该墓数次被盗，残存些许陶器、釉陶器残片。

金元墓12座。平面排列整齐，共性很强。形制为窄长方形斜坡墓道洞室墓，墓道既长又窄，墓向一致，在8°～20°之间，墓室留生土台，人骨置于生土台上，无葬具，无随葬品。

明清墓为竖穴墓道洞室墓，南北向，多为双人合葬，葬具单棺。随葬品较少，以黑釉筒形罐、铁灯盏、铜钱为主。

此次发掘最主要的收获是M3，该墓葬俗特殊，在棺与人骨充分燃烧后再放置陶器填埋，为探索汉代火葬等特殊丧葬习俗提供了科学资料。

（李　辉）

【晋中市榆次区流村汉代至明清墓地】

发掘时间：2020年4～12月

工作单位：山西省考古研究院、晋中市考古研究所

流村墓地位于晋中市榆次区乌金山镇流村以北约1千米处，龙城大街东延南侧。为配合基本建设，山西省考古研究院和晋中市考古研究所联合对该墓地开展了考古发掘工作，发掘面积约6500平方米。

该墓地共发掘墓葬112座，其中以明清墓最多（71座），汉墓次之（32座），宋金墓仅3座，唐墓最少（1座），另有时代难辨墓葬5座，共出土陶、瓷、漆、铜、铁、玻璃和骨器等各类材质的随葬物2000余件。

汉墓清理32座，墓道北向者14座，东向者15座，西向者2座，南向者1座，大多为带长斜坡墓道的土洞墓。墓道平面呈狭长的长方形，长斜坡底；墓门拱顶，用木板或木桩拼合封堵；推测墓室顶呈拱形，平面多呈纵向长方形，平底。墓道壁、底及墓室底均发现残留有工具痕。部分墓葬在墓室顶上方发现有祭祀坑，内置陶罐、盒等祭器。埋葬方式有夫妻双人同穴合葬、异穴合葬和单人葬，以头向论，合葬墓人骨摆放方式普遍为男右女左。葬具为一椁一棺，一椁双棺或单棺，葬式以仰身直肢为主，也有少数侧身屈肢、仰身屈肢；绝大多数头朝墓道方向，仅一座墓脚朝墓道方向。人骨口中多置铜钱作口琀。出土随葬品有陶罐、陶壶、陶灶、陶井、陶盒、陶炉、漆器（盘、耳杯、樽、勺、盘）、铜车马器、铜镜、铜印、铜带钩、铜钱（大泉五十、五铢、货泉）、柿蒂纹铜饰、铜泡钉、铁铃、铁铲、玻璃耳珰、骨饰等。

唐墓清理1座，残存极浅，平面形态呈不规则椭圆形，单棺单人葬，仰身直肢，头朝南。随葬品有陶罐、铜镜、铜钱（开元通宝）、铜钗、铜镊子、铁器、骨发梳等。

宋金墓清理3座，属同一家族墓，墓葬形制相似，均为墓道南向的土洞墓。墓道为长方形竖穴土坑，墓门拱顶，用石块垒砌封门，墓室拱形顶，平面呈南宽北窄的梯形。均为夫妻同棺合葬，葬式包括仰身直肢、二次葬和火葬。随葬品有陶罐、黑釉瓷盖罐、铜发钗、铜钱、铁器残块等，其中铜钱可辨有开元通宝、熙宁通宝和“丑牛生人”生肖花钱。

明清墓清理71座，其中确认为清代的墓葬68座，多为墓道南向或东南向的土洞墓，仅有1座砖砌单室墓；确认为明代的墓葬2座，均为土洞墓。墓道平面呈长梯形，墓门用土坯、条砖或石板封堵，土洞墓墓室平面多呈梯形，砖室墓平面呈长方形。葬具绝大多数为梯形木棺，亦有少许瓮棺。以头向论，双人合葬的人骨摆放方式均为男左女右，三人以上合葬的人骨摆放方式均为男性居中，女性居左右两侧。葬式包括仰身直肢、仰身屈肢和二次葬。随葬品有陶瓮、符瓦、买地券、瓷罐、泥俑、铜/铁/泥钱、铜/玻璃/骨扣、铜烟袋、铜钗、铜帽顶饰、火镰、银耳环、骨饰等。

这批墓葬的发掘，丰富了榆次地区汉、唐、宋金及明清时期的墓葬资料，其中的汉代墓葬洞室顶部地表特殊的墓祭坑以及洞室内木椁的制作方式在以往公布的汉墓资料里罕见，对研究该地区历史时期的葬制葬俗及社会历史文化具有极为重要的意义。

（崔晓东　贾志斌）

【长治市上党区东汉村宋金及清代墓葬】

发掘时间：2020年11月

工作单位：山西省考古研究院、长治市古建筑保护和考古研究所、长治市上党区文物博物馆

山西振东制药股份有限公司山西药茶项目，位于长治市上党区韩店镇东汉村北、振东东路南侧、山西振东制药集团有限公司东侧。项目占地面积约40亩，在施工过程中发现砖砌古墓葬1座，市、区文物部门介入后，委托长治市鼎鬲文物保护有限公司对未施工的10余亩地进行了文物勘探，发现古墓葬9座。随后由山西省考古研究院牵头，市、区文物部门配合，对其进行了考古发掘。其中宋金时期墓葬3座（砖室墓1座、土洞墓2座），明清时期墓葬6座（砖室墓2座、土洞墓

4座），出土文物标本52件/套，主要器类有瓷罐、瓷碗、瓷灯盏、铜钱、陶器等。

宋金墓共3座。M7是一座长方形竖穴砖室墓，坐北朝南，由墓道、墓门和墓室组成，方向北偏东17°。墓道位于墓室南部，长方形竖穴式，长3.1、宽0.7米，底部较平。墓道底端与墓室间石砌墓门。墓室为长方形土圹内砌筑方形砖室、穹窿顶，砖室长1.8、宽1.75米，距地表4米，砖室内砌筑“凹”字形棺床，“井”字形砖铺地。未发现葬具遗迹，埋葬人骨三副。出土文物标本2件/套，其中瓷灯盏1件、铜钱50枚，字迹模糊无法辨认。根据墓葬形制和出土器物判断，为宋金时期墓葬。另外两座宋金墓分别位于M7两侧，均为长方形竖穴土洞墓，坐北向南，由墓道和墓室组成。位于西侧的M6未发现随葬品和人骨等，应为迁葬墓。位于东侧的M8葬具为木棺，已腐朽，清理3副骨架，也是迁葬墓，出土瓷灯盏1件。

清代墓共6座。M2是一座拱券顶砖室墓，坐北向南，由墓道、墓门和墓室组成。长方形竖穴台阶式墓道，位于墓室南部，长4.7、南宽0.9、北宽1米。内外砖砌双层墓门。墓室为竖向长方形砖室，拱券顶。墓室长3.25米，宽3米，床边砌砖，内为生土铲平。墓室内置木棺三副，保存基本完好。出土瓷盏、陶壶、陶灯台、小陶盘等文物标本21件。M3位于M2西侧，是一座长方形横向拱券顶砖室墓，坐北向南，由墓道、墓门和墓室组成。长方形竖穴台阶式墓道，长3.6、南宽0.8、北宽1.2米。砖封门。墓室为长方形横向拱券顶砖室。葬具为木棺，已朽烂。埋葬5副骨架，头向北。出土瓷灯盏、黑釉瓷壶、陶甑等文物标本9件。其余土洞墓与两座砖室墓均排列有序，应是同一批清代家族墓地。

（杨　柳　武俊华　杨林中　王利平）

【新绛县窑头村东汉至明清墓群】

发掘时间：2020年3～8月

工作单位：山西省考古研究院、运城市考古队

窑头村墓群位于运城市新绛县龙兴镇窑头村西。为配合新绛县委党校新校区建设，勘探面积3万平方米，发掘墓葬72座（东汉墓4座、唐墓3座、宋金墓17座、明清墓48座），出土随葬品350余件（套）。

东汉墓4座。形制为斜坡墓道砖砌多室墓，由斜坡墓道、甬道、前室、侧室、后室组成。墓葬早期被大规模盗扰，仅残存少许陶器、釉陶器残片。

唐墓3座。形制为窄长方形台阶墓道洞室墓。M66、M71平面呈“刀把”形，墓道位于墓室东侧，墓主单人，无葬具，主要随葬陶罐。M67方向10°，墓主3人，葬具单棺。出土随葬品24件（组），计有墓志砖1盒，彩绘陶镇墓兽、天王俑、马俑、骆驼俑各2件，人物甬4件、陶罐3件、鎏金铜饰品4件、鎏金铜扣3组、锡器1组。墓葬年代为唐代早期，墓主为“傅君”。

宋金墓17座。以窄长方形台阶墓道洞室墓为主，部分为砖室墓，平面多呈“刀把”形，墓道位于墓室东侧。部分墓道有花卉纹土雕。墓室规模较小，长宽多在2米以内。随葬品以小陶罐、小陶瓶、灯盏占据绝大多数。

明清墓48座。墓道平面为梯形，分为竖穴墓道、斜坡墓道、台阶墓道三种，以斜坡墓道为主。主要收获是发现一组六座家族墓，墓室砖砌，直壁，券顶。墓室均被不同程度盗扰，随葬品整体较少。但M53出土有买地券、墓志，据墓志记载该墓年代为明万历四十四年，墓主姓王，生前为寿官。从墓葬平面布局来看，M53年代最早，由此可断定这组家族墓年代为明末清初。

此次发掘唐墓M67保存完好，年代为

唐代早期，为晋南唐墓分期研究提供了科学材料。墓中出土骆驼俑、人物俑反映了唐代该地区的对外联系与交流。一组六座明末清初家族墓，为该地区明末清初丧葬习俗、社会生活等方面的研究提供了的实物资料。

（李　辉）

【汾阳西关村东汉至明代墓群】

发掘时间：2020 年 1～12 月

工作单位：山西省考古研究院、吕梁市文物局、汾阳市文物局

汾阳晋阳佳园小区在建项目位于西河乡西关村，共发掘墓葬 139 座，从东汉延续至明代，其中砖室墓 45 座，土洞墓 85 座，瓮棺葬 9 座，出土器物共计 859 件。

东汉墓共 16 座，有砖室墓、土洞墓。随葬器物以陶器为主，有陶楼、井、奁、罐、盘、碗、方盒、碓，陶俑有鸡、狗等；铜器均为五铢钱。隋、唐墓 11 座，多被盗掘或被晚期墓葬破坏，随葬品残碎。只有 1 座隋墓保存完整，为竖穴土圹洞室墓。由墓道、天井、甬道、洞室组成。随葬品主要是陶器，多彩绘，有盘、杯、人物俑、动物俑等，另有“乐君墓志”一盒。宋金墓 15 座，有砖室墓和土洞墓。砖室墓破坏严重，仅存墓室，墓砖被拆，仅存墓底。竖穴土圹洞室墓 14 座。由墓道、甬道、封门、墓室组成。墓道口一般小于墓道底部，普遍带有台阶。随葬品有瓷器、铜铁器、陶器，瓷器有碗、盘、罐、高足杯、枕等；铜铁器有铜镜、铜钱，铁牛；陶器有魂瓶、罐、壶等，有的墓葬有写在方砖上的买地券。元、明墓共 88 座，其中砖室墓 25 座，分两种形制，一种是穹隆顶，六角或八角形墓室；一种是拱形顶，六角或八角形墓室，均为仿木结构。墓葬斗拱作法比较简单，斗拱为一斗三升式，其上承撩檐枋、檐椽、滴水。个别壁角有倚柱。仿木构件如斗拱、檐椽、滴水皆用砖坯稍作加工后烧制而成。有的墓室内有彩绘。砖室墓中有 3 座壁画墓，1 座已漫漶不清。2 座壁画内容相似，均为端坐的墓主人和持物或劳作的男女侍从。M48 墓门右上方隐约可辨“永乐二十一年”的题记。竖穴土圹洞室墓，63 座。墓门一般用青砖或石板封堵，墓葬普遍较深，单人葬或二、三人合葬。随葬品以瓷器为主，有碗、罐、盏等，陶器有罐等。

西关墓群位于汾阳市西北部，是 2018 年发现的北门墓地的一部分。此次发掘，对北门墓地的范围、内涵有了清晰的认识。各个阶段的墓葬，是汾阳历史发展的缩影，对研究当时的社会生活有着十分重要的意义。明清两代由于社会风气的移易，壁画墓的数量急剧减少。西关明代早期壁画墓结构基本完整，几乎完全为仿真的滴水、椽头、榑子、斗栱、普拍枋、阑额、梁头等建筑形制，是明代建筑不可多得的实物标本。M48 是一座年代明确的纪年墓，为同时期墓葬研究提供了可靠的标尺。

（王京燕）

【晋中市榆次区新付村隋唐墓葬】

发掘时间：2020 年 3～5 月

工作单位：山西省考古研究院、晋中市考古研究所

墓葬位于晋中市榆次区新付村西侧，地理坐标为北纬 34°44′14″、东经 122°45′39. 55″，高程 864. 93 米。为配合晋中奠中国学双语学校建设项目，联合考古队对建设区域进行考古发掘。清理隋唐及清代墓葬 25 座，其中隋代土洞墓 2 座，唐代砖室墓 12 座，唐代土洞墓 2 座，清代土洞墓 6 座，无法辨明年代的空墓 2 座。

发现的隋代墓葬 M22 形制较特殊，为带阶梯形斜坡墓道的双洞室墓，墓室平面呈梯形。两室内各置一木质棺具，均为夫妻合葬，共四具人骨，应属多人祔葬。墓主口含“常平五铢”及隋“五铢”，随葬铁镜、深腹碗等器物。

发掘的唐代墓葬共14座，以砖室墓为主。砖室墓均为绳纹砖墓，墓室平面可分为弧边方形、弧边长方形和梯形，以弧边长方形为主。墓道多为斜坡式，偏于墓室东侧，墓门也多开在墓室南壁偏东，保留墓顶的均为方锥顶。其中弧边方形墓墓室面积在7~11平方米，墓葬规格较高，多有甬道，有木质棺具，无棺床，棺底垫砖。均为双人或三人合葬墓，迁葬的人骨集中堆于墓室东北角。随葬品较丰富，M8随葬有12件三彩釉陶盘、三足炉，以及彩绘陶罐、塔式罐等，该类墓葬的墓主身份等级应非普通庶人。弧边长方形墓的墓室面积在2~4平方米，墓室长边为东西向，墓室北侧砌棺床，墓室底面不铺砖，单人葬或夫妻合葬，无葬具，直接置于棺床之上，随葬品简单且数量较少。另有一类梯形墓，仅两座，位于发掘区东北部，带浅斜坡墓道，墓圹长方形，内砖砌梯形墓室，仅能容身，墓顶呈船底状，单人葬或夫妻合葬，无葬具，墓室底面亦铺砖。此类墓与北方地区小型唐墓中的常见的棺形墓、船棺墓相似，后者广泛分布于河北、北京以及辽宁朝阳地区，可能属于某种特定葬俗，其背后所蕴含的种族与文化因素有待深入讨论。

目前山西地区已发表的隋唐五代墓葬约100座，分布以太原和长治两地最为集中。晋中在隋唐时期分属太原郡、太原府管辖，近年的考古工作也发现一批隋唐墓葬，但相关材料发表的较少。本次发掘的隋唐墓葬及其随葬器物，进一步丰富了太原地区隋唐墓葬的资料，对开展山西地区隋唐墓葬的分区研究具有重要价值。

（南普恒　贾　尧　赵　辉）

【晋中市榆次区使张村唐代墓葬】

发掘时间：2020年7~8月

工作单位：山西省考古研究院、晋中市考古研究所

使张村唐代墓葬发掘区位于晋中市榆次区广安街北侧，魏榆路南侧的使张村。为配合完成北京新学道晋中书院项目工地所涉古墓葬的考古工作，本年度由山西省考古研究院和晋中市考古研究所组成联合考古队对项目占地范围内的古墓葬进行了考古发掘，发掘古墓葬11座，包括唐代墓葬10座、清代墓葬1座，发掘面积约600平方米。

发掘的唐代墓葬包含1座土洞墓，9座砖砌单室墓。土洞墓由墓道和墓室组成，朝向西南，保存很浅，墓道仅存少许，平面呈宽短长方形，墓室呈南宽北窄的长梯形，内置梯形木棺1副，人骨已无存，随葬品为一灰陶罐，放置于墓室东南角。砖室墓由墓道、甬道、封门和墓室等组成，墓道方向有朝西南和朝东南两种。均遭扰乱严重，残存较浅，室顶已无存，大部分墓葬甬道顶已无存。砖室墓墓道均为狭窄长条形，封门有砖砌、砖石混砌、石砌三种方式，墓室砖砌，形制有椭圆形、弧边长方形等两种。其中一座有特殊形制，墓室呈弧边长方形，内置1副木棺，棺内一具人骨仰身直肢，头向南。在其墓室东壁有一龛洞，内置二次葬堆置人骨1付，头朝东。其余9座砖室墓内不见木棺痕迹，部分残存有尸床，有单人葬、双人合葬和三人合葬等多种形式，人骨均有不同程度的扰乱，故部分人骨个体数不全，且多数为二次葬堆置，少数一次葬人骨可辨葬式为仰身直肢，头向有朝东、朝西等多种情况。出土器物有陶罐、陶托盘、陶盆、铜带銙、铜钱、方砖墓志、陶碗、陶盏、陶碗、铁镰刀、铁饰、铁钉等。综合分析唐墓的排列分布、墓葬形制及器物特征，推断这10座墓葬似乎是自东北向西南呈早晚排列。

另发掘清代墓1座，为一土洞墓，由墓道、封门、墓室组成，朝向西南。墓道平面呈长梯形，缓坡底，条砖垒砌封门，墓室平面呈南窄北宽的梯形，顶已无存。

室内葬2副木棺及人骨，棺呈长梯形，人骨均为仰身直肢，头朝北。随葬器物有符砖、黑釉瓷罐（衣饭钵）、绿釉雕龙瓷笔筒、铜钱、铜扣子、石砚台等。该墓周边还有8座与其属同一家族墓地的清代墓葬，因被当地使张村村民认领祖坟，而未发掘，经发掘的人骨未采集交由其后人迁走安葬。

该项目的发掘丰富了晋中榆次地区唐代及明清时期的考古资料。

（崔晓东　贾志斌）

【晋中市榆次区杨梁村唐代墓地】

发掘时间：2020年5~6月

工作单位：山西省考古研究院、晋中市考古研究所

杨梁墓地位于晋中市榆次区北田镇杨梁村南侧城区生活垃圾综合处理厂内。为配合晋中市市区生活垃圾焚烧发电PPP项目的建设，联合考古队对勘探发现的古墓葬开展了考古发掘工作，共清理唐代墓葬6座，发掘面积约340平方米。

墓葬均为带墓道的砖砌单室墓，由墓道、甬道、墓门（封门）和墓室组成。墓道朝南或偏东南，平面呈梯形或近梯形；甬道为较短的土质过洞；墓门砖砌，券顶，用条砖垒砌封堵；墓室顶已遭破坏，平面呈弧边方形或弧边长方形或弧边不规则四边形，内置棺椁或尸床。埋葬方式包括双人合葬和单人葬，M1、M3、M4为夫妻合葬墓，可辨葬式为仰身直肢，头朝南或西或西北；M2、M5、M6为单人葬墓，均为女性，可辨葬式为仰身直肢，头朝西或南。出土器物有陶罐、陶壶、方砖墓志、绿釉高足杯、鎏金铜泡钉、铜钱（开元通宝）、铁带銙等共计38件/套。

根据墓葬形制、出土器物特征及墓志上的纪年分析，此次发掘的6座墓葬时代均为唐代。M4出土的墓志明确记载了此墓的下葬年代为“天宝十四载（755年）”。结合墓葬分布情况，可知这批墓葬时代相近，为盛唐至中唐时期墓葬，可能分属不同的家族墓。这几座唐墓的发掘，为榆次地区唐代葬俗葬制及相关历史文化的研究提供了重要的实物资料。

（崔晓东　贾志斌）

【芮城县通用机场隋唐及明清时期墓葬】

发掘时间：2020年6~8月

工作单位：山西省考古研究院、运城市文物局、芮城县文化旅游局

芮城县通用机场项目位于芮城县南卫乡南张村以东，新庄联村以西。为配合基本建设，联合考古队对墓葬进行了发掘。项目分为两个发掘区，共发掘古墓葬9座，时代涵盖隋唐和明清。墓葬形制均为带墓道的土洞墓，出土有瓷罐、陶罐、瓷盆等。隋唐墓共发现3座，均开口于②层下，形制均为带斜坡墓道的土洞墓，由墓道、墓门和墓室组成，墓道位于墓室正南部，底部成斜坡状。墓室平面呈横长方形，弧形顶，部分有棺床。出土有发钗、陶罐等。明清墓共6座，均为土洞墓，依据墓道形制的不同可分为复合式墓道的土洞墓和竖穴墓道土洞墓两类。复合式墓道整体由阶梯式墓道和竖穴墓道两部分组成，部分墓门为砖券制而成，墓室多呈长方形，弧形顶，多有壁龛。随葬品类型多样，可见符砖、灯盏、瓷罐、瓷盆、陶盆、铜钱等。部分墓葬中可见镇墓、祭祀、阴阳五行以及火烧等葬俗。另在Ⅰ区发现有残存的明堂遗迹，出土有铜镜、瓷瓶、石砚、铜钱、铁犁、木炭、砾石等。由于破坏严重，明堂内部的具体构造已不得而知。明堂的存在表明，该区的4座墓葬可能为同一家族。

本次发掘的墓葬以隋唐和明清两个时段为主。其中明清墓形制多样，葬俗独特，尤其是明堂这种较为重要的遗迹现象的发现，为构建该地区明清墓的类型框架，研究该地区明清时期的丧葬习俗，社会文化等提供了较为丰富的材料，具有一定的

意义。

（袁文明）

【定襄县庄力村唐宋至明清墓葬】

发掘时间：2020 年 11～12 月

工作单位：山西省考古研究院、忻州市文物考古研究所、定襄县文物所

墓葬位于定襄县庄力村东北，北临 S311 台忻线，腾达路东，牧马河大街北，为配合定襄经济技术开发区科技研发综合服务基地建设项目，联合考古队对涉及的地下文物展开考古发掘，发掘区北部墓室大部分被地下水浸泡，南部埋藏较浅，墓室被淤泥覆盖。经勘探，在科技研发综合服务基地地块发现古墓葬 33 座，其中，宋代墓葬 11 座，辽金墓葬 8 座，明清墓葬 14 座，其中有砖室墓 15 座，石头墓 5 座，土洞墓 16 座，出土文物标本 205 件/套，主要器类有塔式罐、陶罐、瓷枕、瓷碗、瓷罐、铜镜、铜带扣及铜钱等。

其中 M23、M32、M21 最为典型。

M23 为唐代墓，该墓位于发掘区北部 T11 探方内，东临 M14，12 月 8 日开始发掘，9 日结束。该墓为土洞墓，南北方向，坐北向南，方向 6°。墓道为长方形，长 2.6 米，宽 1 米，墓道内黄褐色填土，墓壁垂直、粗糙。墓道南端 1.1 米处见墓道底，北端 1.6 米处见底，斜坡状。墓室长 1.45 米，南宽 1.2 米，北宽 1.3 米。墓室中间出土塔式罐一组三件，墓室被地下水浸泡，清理过程中有粉末状骨灰，未见棺木。根据出土器物判断该墓为唐代墓葬。

M32 为宋元时期墓，该墓位于发掘区北部，北临 M14，东南与 M9 相邻，12 月 10 日开始发掘，12 月 15 日清理完毕，用时 6 天。此墓为穹窿顶八角形砖室墓，坐北向南，方向 358°。墓道在墓室南端，长方形斜坡墓道。墓室顶部损坏严重，残留部分券顶，下部为八角形，东西两边六个立面；墓室南北长 3.15 米，东西宽 3.6 米，八个角均有立柱，立面上部有一圈砖檐，砖檐上部起券。东西并列 2 副骨架，头向北，西边骨架为二次迁葬。墓门正对北立面底部斜靠一方砖，出土时无字迹，初步推断可能为墓志铭，墓室长期被地下水浸泡，致使字迹消失。出土遗物 3 件：M32：1 瓷罐、M32：2 瓷罐、M32：3 瓷碗。

M21 为明清墓，该墓位于发掘区北部，东临 M1，北邻 M22，该墓为圆形砖室墓，方向 17°，墓道为长方形，斜坡墓道，南高北低，墓室西南侧距地表 0.8 米处有一凸出灯台，灯台上放置白瓷碗 1 个（残），墓室北有棺床，棺床高 0.28 米，棺床南部东西向铺一排方砖，北部用条砖铺砌。1 副骨架较完整，另 1 副残存 1 个头骨，破损严重，未发现葬具痕迹。

M21 共计出土遗物 5 件：M21：1 白瓷碗（残）、M21：2 青瓷碗（底部墨书‘馬□’）、M21：3 白瓷枕、M21：4 青釉瓷枕（残）、M21：5 黑瓷罐（残）

该批墓葬共出土塔式罐、陶罐、瓷枕、瓷碗、瓷罐、铜镜、铜带扣及铜钱等各类文物标本 205 件/套，为了解当地葬俗及历史文化提供了一批实物资料。

（李培林）

【运城空港新区宋代墓葬】

发掘时间：2020 年 4～6 月

工作单位：山西省考古研究院、运城市文物工作站

运城空港新区宋代墓葬位于运城市空港新区河东东路北端华兆东南绿色建筑集成项目厂区内，为配合该建设项目，山西省考古研究院、运城市文物考古工作站对涉及的地下文物展开考古发掘。

此次发掘面积共 120 平方米，发掘宋代墓葬 4 座，出土瓷器、铁器、钱币等文物标本 13 件。本次发掘的墓葬均为长方形砖砌单室墓，由墓道、墓门、甬道、墓室

组成，部分墓葬结构坍塌严重。M2 为此次发掘面积最大的墓葬，墓室四壁底部均为砖砌叠涩须弥座，须弥座束腰部分可见莲花、牡丹纹样砖雕，纹饰精美。该墓葬出土两方墓志，分别为墓主人卫忠及其妻秦氏墓志铭。墓主人卫忠，生于北宋宋真宗景德四年（1007 年），卒于宋神宗熙宁十年（1077 年），元丰元年（1078 年）葬于夏县。秦氏生于宋真宗景德三年（1006 年），卒于宋哲宗元祐元年（1086 年）。结合 2019 年度及本年度该墓地出土的墓志内容可知，2019 年发掘的 M1 墓主卫杲应为 M2 墓主卫忠次子。

该批墓葬的发掘，证实该墓地应为北宋夏县元村卫氏家族墓。它的发现丰富了运城地区宋墓的相关资料，其中纪年墓志、陶俑、瓷器的出土，对于同期墓葬的断代研究等提供了准确的依据，同时也为了解夏县历史地理沿革提供了一批实物资料。

（武卓卓）

【昔阳县胡窝路宋金壁画墓】

发掘时间：2020 年 6 月

工作单位：山西省考古研究院

2020 年 6 月，昔阳县胡窝路南侧发现一座金代壁画墓，墓顶已有部分被毁坏，但墓葬整体结构依然完整，壁画保存较好。山西省考古研究院在昔阳县文管所的大力配合下，对该墓进行了清理发掘。

该墓为仿木结构砖室墓，由墓道、墓门、甬道、墓室组成。方向 205°。墓葬顶部原生地表不存，原始深度不详。

墓道平面近长方形，台阶状，台阶踩踏面撒有灰渣。平砖错缝封门。砖砌甬道。墓室平面八边形，墓底北部有砖砌棺床，方砖铺地。墓室东壁开一耳室。墓室内每角起柱，柱间为墓室壁面，柱头上置普柏枋，柱间出阑额，柱头各置斗拱一朵，每壁出补间斗拱一朵，柱头斗拱为双出杪偷心，扶壁作泥道出素枋两重。

出土器物 12 件。其中瓷罐 4 件，器形、釉色皆相同。大口微侈，鼓腹，圈足，施酱黄釉，釉不及足；瓷碗 4 件，釉色、器形各异，有黑釉碗、白釉墨书“李”字碗、六瓣葵口碗等；陶罐 1 件，卷唇，鼓腹，平底；木器 3 件，其中木椅 2 件，木桌 1 件。

人骨置于棺床及耳室内。棺床上人骨散碎；耳室内有头骨 3 具及部分肢骨。

墓室 8 个壁面，除甬道口和东壁耳室外的其余 6 个壁面均绘有壁画。壁画内容为鞍马备行图、夫妇对坐图、砖雕彩绘门窗等。

该墓最重要的发现便是壁画和木质家具。该墓壁画风格同该地区清理的同时期的壁画墓略有区别，技法更细腻，人物描绘更传神，为该地区乃至整个宋金时代的壁画墓研究增添了新的重要资料。出土的木质桌椅历经千年仍基本保存完好，这对家具演变史以及木质文物的埋藏环境研究等具有重要意义。

（王普军）

【新绛裴社金代墓】

发掘时间：2020 年 3 月

工作单位：山西省考古研究院

墓葬位于新绛县阳王镇裴社村南，系当地村民重修文峰塔时发现。根据省文物局要求，我院组建考古队对该墓地进行了抢救性考古发掘。

本次发掘面积 50 平方米，清理金代僧人墓葬 2 座。其中 M1 墓室内放置陶盒、陶棺、木棺 16 件，M2 墓室内放置陶盒、陶罐、瓷罐、木棺 8 件。出土陶、瓷、铜、木器共计 31 件。

此次发掘的两座金代砖室墓位于新绛县阳王镇裴社村东南塔坡上，两座墓葬位于方形金刚塔南侧。M1 - 1 陶盒盖内墨书长篇记事文字，M1 - 14 木棺盖板及棺内铭文砖有“正隆三年”明确纪年，M2 - 2

墓志砖刻“僧雲福”。结合葬具形制、葬式及葬具上的铭文可知，这两座墓为金代中期绛州杨王南禅院僧人丛葬墓。墓葬北侧方形塔应该是墓地的标志性建筑。

（穆文军）

【新绛向家庄金代墓葬】

发掘时间：2020年4～5月

工作单位：山西省考古研究院

新绛向家庄金墓位于新绛县泽掌镇向家庄村东南，系由当地村民修建灌溉管道时发现。根据省文物局要求，我院组建考古队对该墓地进行了抢救性考古发掘。

本次发掘发掘面积80平方米，清理金代砖雕彩绘墓葬2座，出土白釉、黑釉瓷盏各1件。从20世纪60年代开始，晋南襄汾、侯马、新绛、稷山、闻喜、夏县、垣曲等地不断发现宋金时期砖雕墓葬，此次发掘的两座金代砖雕彩绘墓葬，虽未见纪年文字及器物，但根据已发表的材料，结合墓葬形制、结构、装饰手法及出土瓷器判断，时代均为金代。发掘结束后，当地文物部门对两座古墓葬进行了整体搬迁保护。

（穆文军）

【夏县郭牛村元代纪年墓】

发掘时间：2020年3月

工作单位：山西省考古研究院、夏县文化和旅游局

墓葬位于山西省运城市夏县南大里乡郭牛村西200米处，西北距崔家河墓地2千米、东下冯遗址4千米，东临青龙河可望中条山，西南距西阴遗址4千米，西距涑水河十余千米。因麦田浇水灌溉塌陷而发现。得知情况后，联合考古队对该墓葬进行了抢救性保护发掘。

此次共发掘墓葬1座，时代为元代。墓葬形制为带阶梯墓道的砖室墓，由墓道、墓门、甬道、主墓室、东西耳室六部分组成。墓道朝南，墓室坐北。

墓道南端留有十级阶梯，北边底部呈斜坡状，南高北低。墓门圆形拱顶，墓室口侧以砖砌呈壶门状，并用条砖横卧封堵，共六层。墓门顶部中央偏西，伸出半截条砖，掏有浅窝，放置一无口黑釉罐，罐内盛一白釉盘，外底部墨书“中李大盘”四字楷书，不甚规整。墓门连接甬道，居于主墓室中间，直达棺床近底部。

主墓室以砖雕仿木构建，墓顶呈八角形砖券叠涩状，墓室为正方形，墓室四壁皆以砖雕装饰斗拱、转角铺作并镶嵌牡丹、莲荷、海石榴、蹲狮、舞狮等花砖，上下三至四层，多少不一。墓室北半部以砖砌棺床，棺床南侧亦镶嵌花砖装饰。棺床上放置两具木棺，其内各置一具人骨。棺木朽甚。人骨皆因墓壁坍塌而挤压碎裂，仅存人形，仰身直肢，头西。北侧人骨头部靠墓壁一侧发现一件铁刀。南侧人骨左臂近棺床边缘有铁块。人骨周身布满铜钱，约30枚。

甬道东西两侧各以砖砌高台步道，通向耳室。耳室以砖券拱顶墓门，室内为土洞，南北向长方形，墓壁竖直，“人”字形墓顶，南北两壁近墓顶处各掏挖一壁龛，以放置灯盏。墓室底部砖砌简易棺床，其上各放置一人。人骨高度腐朽，可知皆仰身直肢，头北。东耳室墓门口外西南角发现一三角铁块，北壁壁龛内放置一茶叶末釉灯盏。西耳室砖砌棺床，上面放置两具人骨，保存较差。东侧人骨仰身直肢，头北，头东随葬铁器、朱砂块等物。西侧人骨为二次迁葬，叠置。

出土器物有白釉盘、黑釉罐、茶叶末釉灯盏、铜钱、铁器等，20余件。主墓室西北角放置一块方砖墓志，上有楷体朱书“旹大元至大二年己酉歲十一月……”等字样，由此可知，该墓下葬于元至大二年

(1309 年)，墓主身份待进一步识读。

该墓的发掘，丰富了晋南地区元代墓葬资料，其纪年墓志的出土，为同期其他墓葬的断代、器物研究等提供了准确的依据，为近年来晋南地区元代墓葬考古的重要收获。

（曹　俊　杨及耘）

【偏关柏树梁明代戍边遗址】

发掘时间：2020 年 4 ~6 月

工作单位：山西省考古研究院、忻州市文物考古研究所、偏关县文化和旅游局

为配合忻州三大板块旅游公路偏关段的建设，山西省考古研究院对偏关柏树梁遗址进行了发掘，发掘面积 500 平方米。柏树梁遗址位于偏关县天峰坪镇天赤湾村北，地处黄河东岸。本次发掘揭露完整的石砌房址一座，还有护坡墙及灶址多座。

F1 地面式石砌房址，门道面东南，平面近长方形，面积 10 平方米左右。西部设置石砌火炕，门道偏于东南一隅。房址北墙单层筑于台地边缘，南侧立面较规整，北侧参差不齐但紧贴台地，兼具护坡功能。东墙作内、外两层，中间用黄泥、小石块填塞空隙。南、西墙体以片石交错斜砌。从发掘情况看，F1 墙体的建筑方式为先削斜北部台地并包砌北墙，然后倚靠北墙修建西墙，再在与西墙垂直的方向修建南墙，最后修东墙，房址内出土有白地赭花的粗瓷碗。

该遗址紧靠黄河，附近有连续的长城及成组的烽火台等遗迹，发掘区揭露的石砌房址不仅规模小，其旁 10 平方米范围内还有多处用薄石片立砌的群体使用的火塘，综合来看其应为一组军队宿营遗迹，这为探讨明代长城附近的驻军分布及生活场景提供了一份珍贵资料。

（张光辉　朱智博）

【晋中市榆次区南六堡村明清墓地】

发掘时间：2020 年 4 ~6 月

工作单位：山西省考古研究院、晋中市考古研究所

晋中市榆次区南六堡村明清墓地位于榆次区南六堡村西侧，西荣村东侧，南邻迎宾西街。为配合山西国网电力科学研究院及山西同煤集团研究院有限责任公司建设项目，山西省考古研究院、晋中市考古研究所对其建设范围内所涉地下遗存展开考古发掘。

此次发掘共清理明代墓葬 1 座，清代墓葬 39 座。明代墓葬ⅡM21 为带竖井式墓道的砖室墓。墓顶拱券，墓门用砖平砌封门。墓室为长方形，中部置一木棺，棺底四角垫砖，棺内双人合葬，头向南，仰身直肢，东侧人骨为迁葬。随葬黑釉瓷罐、铜钱、铁器及一方买地券，买地券右上角可辨识“明成化十三年”朱书文字。

清代墓葬以带竖井墓道的砖券墓为主，共 22 座，另有 2 座无墓道的竖穴土圹砖券墓，其余均为竖穴土坑墓。墓葬的保存情况较差，墓顶多已破坏，大部分墓室仅保留约 0.5 ~1 米深度。葬制以双人合葬居多，次为单人葬及三人合葬，流行二次葬。用木质棺具，棺内底多垫炉灰。出土各类随葬器物 218 件/组，黑酱釉瓷罐、符瓦及铜钱为常见器物组合。ⅠM2 的形制较为特殊，砖券墓，未发现墓圹，结构近船形，用方砖平砌，至顶渐收，共十八层，内紧贴砖壁置一木棺。有人骨三具，中间为墓主，仰身直肢，两侧人骨为迁葬。这种形制的墓葬在该地区以往发现的同时期墓葬材料中较为少见，应代表一种特殊的丧葬习俗。发现的清代墓葬分布相对密集，很少存在叠压打破现象，排列有序，应属家族墓地性质。从极个别墓葬间打破关系看，墓地偏北侧的墓葬较南侧墓葬年代相对要早。

以往晋中地区明清墓葬材料中常见的

竖井墓道土洞墓在该墓地较少发现，除砖室墓外，以竖穴土坑墓居多。这批墓葬为研究明清以来晋中地区的丧葬习俗及社会生活提供了新的实例。

（贾 尧 南普恒）

【晋中市榆次区顺城街明清墓葬】

发掘时间：2020年6~7月

工作单位：山西省考古研究院、晋中市考古研究所

墓葬位于晋中市榆次区顺城街中心公园，配合恒宾房地产住宅楼建设项目开展考古发掘，钻探确定墓葬16座，实际发掘18座。

土洞室墓有5座，编号分别为M2、M11、M12、M13、M14。随葬品主要有瓷罐、瓷钵。

砖室墓有13座。编号分别为M01、M02、M03、M04、M1、M3、M4、M5、M6、M7、M8、M9、M10。其中M02、M04、M6、M7、M8、M9为八角（边）形砖雕壁画墓；M01、M03、M1、M4、M10为八角（边）形砖雕墓；M3、M5为长条形砖室墓。

随葬品主要有瓷罐、瓷碗组合；瓷罐与瓷罐组合；及瓷罐、铜钱、符文瓦组合等。从墓葬排列的情况看，应该是金元明清时期的家族墓地，分属于四个以上家族。尤其是M9、M04对研究明清时期丧葬制度、丧葬习俗有重要意义。

恒宾房地产发掘地点位于明清时期榆次古城西，发现古墓葬多为明清时期。时代从洪武至乾隆，初步判断为家族墓地。墓葬随葬品没有特别的地方，只是砖室墓葬形制依然使用金元时期的仿木结构的砖室墓，部分砖雕（多用在斗栱、昂、耍头），有的还加施彩绘，特别是雍正年间的M9在使用砖雕、彩绘的同时，还使用壁画。这在以往的考古发现中十分罕见。另外，M04为明初洪武二十年左右墓葬，墓葬装饰一派元代风格，尤其是栱眼、斗栱、封门等地方，与元代墓葬无二。无疑，这一批明清墓葬是研究晋中地区明清葬俗的绝好材料。

恒宾房地产项目考古发掘的另外一个重要收获是发现战国晚期磉墩一个，另外还发现水井三个、灰坑若干，发现战国晚期至汉代早期日用陶器、铸铁工具范残块、建筑材料、磨刀石等；陶器可辨器形有陶盆、陶罐、陶鬲、陶豆、陶釜、陶甑、陶灯；还有陶纺轮胚、板瓦、筒瓦、龙纹瓦当、陶范、铺地砖及石圭等。结合乾隆十三年版《榆次县志》“在（榆次）县北五十里阴山下铁冶沟古出铁矿。宋代常于此置冶。今巨石垒遗迹尚存。”可知此次发现的战国晚期遗址的性质很可能为铸铁工具的作坊遗址。

（王 俊 崔晓东）

【交口县刘家庄明代墓葬】

发掘时间：2020年7~8月

工作单位：山西省考古研究院、吕梁市文物保护考古研究所、交口县文旅局

交口县水头镇刘家庄村明代家族墓位于县城西北刘家庄村北，2020年6月村民自行迁移祖坟发现M1位于刘家庄台地之上，东邻M2，西部为断崖。方向北偏东30度。墓葬形制为土坑石室墓，墓道呈南北向，残长2.1米，宽0.60米。墓道底部铺有一层大小不等的石块。填土为黄褐色花土，土质较软。墓门为仿木结构，由门楼和石门构成。门楼在村民迁坟时被破坏，地面散落大量石构件。门额及门脊均为红砂岩，正面采用平面线刻技法，雕刻缠枝莲花、团花图案。石门宽0.47米，高1.16米，厚0.75米。墓室底平面呈长方形，东西宽1.75米，南北长2.70米。墓顶呈南北向长方形拱形顶，由石条块垒砌而成。墓室北部有一墓幢，由底座、幢身、

幢顶三部分构成。底座为方形，砂石质，长约80厘米。幢身为八角形，青石质，每面边缘平面线刻缠枝莲花，正面刻人名。墓底铺砖，应是由三块石条作为棺床，墓室中间发现人骨架三副，中间头骨靠北。骨架保存完整，头朝北，面朝南，堆放。无棺木。经鉴定，为一男两女。应为迁葬墓。共出土黑釉瓷管、符瓦、灯盏三件随葬品。根据墓幢上的纪年，确定墓葬的建造时代为嘉靖三十四年即公元1555年。

M2墓葬形制与M1相同，虽早期被盗扰，但墓室结构保存完整。墓道位于墓室南部，平面呈南北向长方形，残长2.05米，宽1米。填土为黄褐色花土，土质较软。墓室顶呈长方形，拱形顶，由石条块垒砌而成，墓室底为长方形，东西宽2.00米，南北长2.80米。墓门为仿木结构，前后三道。第二道石门宽0.85米，高1.15米，厚0.12米。墓门后面在西南角处发现人骨架，墓室淤泥之中有散乱人骨。墓底铺碳，无棺木。出土符瓦和灯盏两件随葬品。

（赵　辉　刘吉祥　闫勇允　马立新）

【太原市小店区明代晋端王墓陵园】

发掘时间：2020年1～12月

工作单位：山西省考古研究院、太原市文物考古研究所

晋端王墓位于太原市小店区黄陵街道办事处东峰村北，经过调查和钻探，探明晋端王墓陵园布局基本完整，平面近“目”字形，东陵墙保存相对较好，南北延伸约294米，夯土墙宽度2.9～5.1米，方向约18°。

三座大墓位于陵园中部，端王与殷氏合葬墓（M2）居中，继妃王氏墓（M1）居左，夫人院氏墓（M3）居右。

陵园西北角解剖时，在距地表深0.2～2.3米的位置发现夯土。由于20世纪70年代大规模平整土地，夯土被破坏，夯土内土质硬度不均，夹杂有大量夯土块，夯层不明。夯土厚30～50厘米。

陵园北墙解剖时距地表深约30厘米深发现夯土，夯土墙宽5.5米。夯土保存较差，夯土内土质硬度不均，夯土厚度为32～35厘米，夯层不明显。

陵前建筑基址位于端王墓（M2）的南端，北距M2墓道16.5米。编号为F1。F1只保留中轴线以西部分，东西残长16米，南北残宽11米。整体结构为夯土台基包砖。夯土台基高出明代地表0.95米。残存室内地面铺设方砖，根据铺砖方式和砖的规格，可以将现存地面分成东、中、西三个部分。以两条横向铺设的条砖带分界，西部带宽1米，东部宽1.3米，东西两侧有两列路牙。中部区域南北残长10米，东西宽7.2米。三个区域地表处于同一平面，未有叠压打破关系。西部区域方砖尺寸与中部、东部区域不同，推测西部区域可能为大殿建筑外回廊地面。条砖带可能为隔墙基面。中部区域残留柱础石4个，西部区域残留柱础石4个，F1夯土台基南侧西端，发现有一层墙砖，位于夯土台基外侧，应为台基外部包砖。根据柱础石和地面砖的分布情况，F1进深为3间，推测开间可能为5间。

（郝丽君　刘文杰）

【沁县南池清代墓地】

发掘时间：2020年12月～2021年1月

工作单位：山西省考古研究院、沁县文化和旅游局

为配合黎霍高速公路建设，山西省考古研究院联合地方文物部门对南池墓地进行了科学有序的考古发掘，发掘面积500平方米，清理墓葬77座。

南池墓地位于长治市沁县新店镇南池村北，浊漳西源和白玉河交汇西北方向的台地上，地势西北高东北低，墓地面积不详。

南池墓地的墓葬时代以清代为主，有极个别明代晚期墓葬。墓葬形制多为土洞墓，有少量砖石墓，部分砖石墓造型较为精美。多为双棺，葬具均已腐朽。出土有瓷罐、瓷碗、瓷盏、带钩、铜钱、符瓦、符砖等，共计500余件组。

较为重要的是，发现了一座保存较为完整的明堂，出土龟镇、买地券等祭祀器物，为研究该地区的明清丧葬习俗提供了完整的证据；发现了一套组合完整的锡制明器，对研究锡器制作的工艺，了解民间工匠独有的审美理念具有重要意义；另外，部分墓葬出土的瓷器具有明显的地方特色，为研究瓷器的烧造工艺等提供了新的材料。

（梁宪亮）

【泽州县贾泉村清代墓葬】

发掘时间：2020年7～8月

工作单位：山西省考古研究院、晋城市文物研究所、泽州县文化和旅游局

中国石化山西晋城石油分公司晋城油库搬迁项目拟定新建油库库址位于晋城市泽州县大东沟镇贾泉村西约500米处，选址为新征用地，征地面积约15.2公顷（折合228亩）。为配合该工程建设，由山西省考古研究院牵头，市、县文物部门配合，对勘探发现的古墓葬进行了考古发掘。

根据勘探报告中墓葬的分布位置和占地范围，发掘工作划分为Ⅰ区、Ⅱ区和Ⅲ区开展。实际发掘古墓葬42座，时代均为清代至近代时期，全部为长方形斜坡墓道砖室墓，其中双层砖拱券顶9座，穹隆顶31座；砂石封门8座、砖封门34座。42座墓葬当中，3座保存有骨架，其余未见骨架，应皆为迁葬墓，出土文物标本141件（套），主要器类有棕釉瓷罐、瓷碗、铜钱、铜发簪、铜扣、玛瑙扣、铜饰等。

M1008是一座长方形穹隆顶砖室墓，坐东向西，由墓道、墓门和墓室组成。墓道位于墓室西部，长方形竖穴式，底为斜坡状，长2.48、东宽1.4、西宽0.94米。墓门高1.24米，宽0.86米，砂石封门。墓室为长方形砖室墓，墓顶破坏，铺底砖呈“工”字形，长2.34、宽1.9米，墓底距地表2.44米，东、南、北壁各有一高0.28、宽0.26米的壁龛。葬具为木棺，二副骨架，头向东，葬式不详，人骨保存完整。该墓出土瓷罐、瓷碗、瓷杯、铜钱等文物标本共9件。

M2007是一座双层拱券顶砖室墓，坐南向北，由墓道、墓门和墓室组成。墓道为长方形竖穴式，位于墓室北部，长3.3、南宽1.6、北宽1.4米。内外双层砖砌墓门。墓室为长方形砖室，拱券顶，墓顶破坏，长2.78、宽2.02米，墓底距地表2.54米，有铺地砖。葬具已腐朽，未见人骨。出土瓷罐1件。

M2011是一座横向双层拱券顶砖室墓，坐东向西，由斜坡墓道、墓门和墓室组成。墓道为长方形竖穴式，底斜坡状，位于墓室西部，长5.02、东宽4.30、西宽1.20米。墓门高不详，石封门。墓室为长方形砖室，墓顶破坏，长3.64、宽3.02米、墓底距地表2.10米。东壁有一高0.72、宽0.4米的壁龛，北壁有一高0.56、宽0.26米的壁龛。葬具为木棺，未发现骨架。共出土瓷罐、铜钱等文物标本4件。

这批清代古墓葬是晋城地区科学考古发掘的为数不多的清代遗存，为了解晋城地区清代以来的丧葬习俗和地方墓葬文化等提供了新的研究材料。

（武俊华　杨林中　张清洋　赵慧鹏）

【晋中开发区弓村清代建筑基址】

发掘时间：2020年9～2021年1月

工作单位：山西省考古研究院、晋中市考古研究所

弓村建筑遗址位于晋中开发区潇河产业园区弓村以北，小牛线南侧，综合通道

（农谷大道）西侧，山西焦煤集团建设项目园区内，地理坐标为北纬 37°37′01.52″，东经 112°39′08.18″。

2019 年曾对遗址勘探试掘，推测为清代的寺庙建筑遗址。鉴于此，本年度在山西省文物局批复并向国家文物局报批后，对弓村建筑遗址进行发掘。

发掘面积为 2000 平方米，共布 10 米×10 米探方 20 个。目前发掘区域内遗址东西长约 27 米，南北长约 44 米，面积约 1200 平方米。结合 2019 年探沟发掘的情况，推测该寺庙基址为坐北朝南的两进院落，中轴线清晰，而且东西各有相应的配殿和厢房，但西侧遭到现代建造蔬菜大棚的破坏，建筑遗迹破坏严重。

发掘区域内目前可以看出明确的房址遗迹有山门、掖门、东厢房、过殿、东西配殿、耳殿、过门等，其排水系统保存较为完整。山门、东掖门、东厢房、过殿为一进院落，中殿之后的东西配殿为二进院落，由于发掘面积限制尚未发现大殿和寺庙的北部院墙。此外寺庙基址之外的东侧，尚有建筑基址的残存，但破坏较为严重。

寺庙内部分建筑遗迹的功能明确，东厢房内发现有大量的瓷碗、瓷盘、铁锅、铜勺、碳等文化遗物以及炉灰、火道、炕等生活遗迹，说明其为生活场所，兼做厨房。山门、掖门、中殿、过门的功能较为明确，其余配殿、耳殿的功能尚需进一步的发掘研究。

寺庙内发现有数量较多的文化遗物，其中青砖、筒瓦、板瓦，瓦当、滴水、横脊饰件、鸱吻等建筑构件类器物发现较多；此外还发现与生活相关的瓮、壶、碗、盘、碟、锅、勺、石臼、盆、罐、灯盏等，以及与供奉有关的香炉。

遗址内的建筑遗迹多位于淤泥层之下，距地表大约 0.3～1.1 米，说明该遗址的废弃年代较晚。依据遗址内发现的文化遗物，推测其年代为清代，且为清代中晚期，但未发现有明确纪年的遗物。根据县志和找寻的碑文记载，该寺庙为“寿圣寺”，其始建年代不可考，但在明成化、万历、清顺治时都有过修葺。

此次发掘揭示了一处清代的寺庙基址，整个建筑基址可能为多个时期的建筑，有叠压的关系。此外，在该层之下约 2 米处还发现有一层建筑遗迹，本年度发掘仅对此面进行了小范围解剖，有待下一年度的发掘工作。弓村建筑遗址不同时期内的遗址发掘，对于研究古建筑的布局、改建演变有着重要意义。此外遗址中还发现有数量较多的文化遗物，对进一步了解当时的社会生活和经济以及艺术审美等具有较为重要的意义。

（石晓润　崔晓东　任海云）

【晋中市榆次区怀仁村清代墓】

发掘时间：2020 年 10 月

工作单位：山西省考古研究院、榆次区文物管理所

墓葬位于榆次区张庆乡怀仁村村西北耕地间。墓葬是在机耕时发现。2020 年 10 月，根据山西省文物局指示，并报国家文物局批准，山西省考古研究院联合榆次区文物管理所对该墓葬进行了抢救性发掘。

此次发掘共发现墓葬 1 座。该墓葬形制为竖穴石砌墓，无墓道和墓门。整个墓室由条石堆砌而成，大致呈方形。根据头骨朝向，推测墓向为 347°。

整个墓室近方形，由 5 层条石堆砌而成，每层条石的高度、宽度相似（高约 25 厘米，宽约 30 厘米）。墓室整体长 3.8 米，宽 3.6 米，深 198 米；可分为东侧室、中室和西侧室三个小的墓室。墓顶盖板仅发现于东侧室和中室，西侧室填土；墓顶石板共计 10 块，其中东侧 4 块，西侧 6 块；石板的形制均为长方形、厚度均约 25 厘米。

墓室包括三个小墓室，呈东西向排列。

东、中、西3个墓室的尺寸大小相似，长约2.7米，宽约0.9米；在中室南壁上有简单雕刻的门框装饰，应为墓门的示意。墓室之间有拱形小门相通，由于西侧室未使用，因而西侧室与中室的小门用青砖封门。

东侧室和中室中各发现木棺葬具一副。木棺侧板厚度为9厘米，长约2.3米，棺大头宽约0.9米，小头宽约0.7米；在木棺大头盖板上各放置瓷罐一个。木棺表面髹漆，因遭受水和淤泥的浸泡而脱落严重。木棺内各有人骨一副，中室人骨为男性，骨骼经水和淤泥的浸泡，保存相对较差，为仰身直肢葬；右侧手臂处，发现玉烟嘴、铜烟锅、青玉佩、玛瑙玉坠，为烟袋锅及其装饰物，中间的烟杆腐朽，未能保存。东侧室人骨为女性，骨骼保存完整，仰身直肢葬；棺内未发现有随葬品。

出土器物共计6件，包括黑釉罐、褐釉罐、烟锅、烟嘴、玉佩、玉坠。依据随葬品以及墓葬的形制推测墓葬的年代为清代，但墓室内未发现墓志以及相关的纪年和表明墓主人身份的遗物，因此该墓下葬年代以及墓主身份待进一步识读。此类石砌墓葬在榆次乃至晋中地区较为罕见，丰富了当地该时期的墓葬资料，对研究当地明清时期的葬制葬俗乃至社会生活有较大意义。

（石晓润　闫　震　任海云）

【永济柳岸华都五期清代墓葬】

发掘时间：2020年9～11月

工作单位：山西省考古研究院、运城市文物局、永济市文物局

永济市柳岸华都五期项目位于运城市永济市城西街道富强西街西段南侧。为配合基本建设，联合考古队对墓葬进行了发掘。共发掘墓葬26座，其中土洞墓25座，砖室墓1座，时代均为清代。

土洞墓均为竖穴墓道，平面多呈前窄后宽的梯形，可见脚窝，底部以平底为主，个别为斜坡。墓门多呈拱形，封门可见土坯、砾石等。墓室弧形顶，平面多呈长方形或近方形，不见壁龛。砖室墓由墓道、过洞、天井、墓门、甬道和墓室六部分组成。墓道为阶梯式，过洞与阶梯式墓道相接，拱形顶。天井南窄北宽，平面呈梯形。天井北壁可见青砖砌筑的门楼，可见门匾。墓门由单砖砌制而成，拱形顶，青砖封门。墓室平面呈长方形，拱形顶，共由3层青砖组成。墓室内可见四个壁龛。棺床位于墓室后部，细砂铺设呈方形，周边为砂土夯制而成。除迁葬和不可辨者，其余者葬式均为仰身直肢。墓葬方向以正南为主，个别偏东南。夫妻合葬是该墓地的主要埋葬方式。随葬品种类多样，可见铁、瓷、陶等。既有具有日常使用功能的瓷罐、瓷碗、陶盆、灯盏等，亦有镇墓、祈福的符瓦、符砖等。随葬品组合具有很强的一致性，多以墓室内部埋葬人数的多寡进行随葬，一棺一套。其组合一般为瓷罐（1件）、瓷碗（1件）、陶盆（1件）、灯盏（1件）、符砖（1件）、符瓦（1件）。

本次发掘的墓葬时代均为清代，墓葬形制既有砖室墓亦有竖穴土洞墓，为构建该地区清代墓葬的类型框架，研究该地区清代的丧葬习俗、社会文化等提供了较为丰富的材料，具有一定的意义。

（袁文明）

【孝义市大虢城村清代墓葬】

发掘时间：2020年5～8月

工作单位：山西省考古研究院

墓葬发掘区位于大虢城村南，比邻崇贤街。为配合山西郦宝源房地产开发的建设工作，由山西省考古研究院牵头，在吕梁市文物考古调查勘探队、孝义市文物局的大力配合下，对涉及的文化遗存进行了考古发掘。

考古勘探报告中涉及墓葬19座，但有

16座墓葬属当地李姓家族墓地，且族谱中记录名字与墓葬相符，本着以人为本、维护社会公德的原则，此16座墓已由村民认祖迁坟，故仅考古发掘余下的3座墓。

此次发掘面积120平方米，清理墓葬3座，时代为清中晚期。其中1座为带墓道的多室砖构墓，2座为无墓道的砖石结构多室墓。出土器物有墓碑、符瓦、符砖、瓷罐、铜钱等。

此3座墓葬虽然时代较晚，但形制较为特殊，都为多室墓。三墓“呈”品字形分布，位于本次发掘区域的东北角，M3在北侧，M1和M2分列其东南和西南。墓葬内各墓室相对独立，但墓室之间用甬道相连，这种形制在山西省其他地区较为少见。M1为多室合葬墓，土坑竖穴墓圹，无墓道，共三个墓室，其中两墓室为砖构石板封顶，一墓室为土坑竖穴，三墓室之间有甬道相通，墓葬前端地表有砖砌祭桌底座，上置石质祭桌，祭桌有题记“道光十六年”及墓主名字等字样。M2为带墓道的多室合葬墓，共三个墓室，皆为砖构券顶，三室之间有甬道相连，墓道位于墓室南部，墓道上方有砖砌祭桌底座，但石质祭桌已佚。M3为双室合葬墓，土坑竖穴墓圹，无墓道，两墓室皆为砖构石板封顶，两墓室之间有甬道相通，墓葬前端地表有砖砌祭桌底座，上置石质祭桌，祭桌有题记“乾隆四十五年”及墓主名字等字样。随葬品方面，M1在东墓室人头骨处发现铜钱1枚、铜簪1支，M2仅在东墓室出土1件黑釉瓷罐，M3无随葬品。

此次发掘的三座清中晚期墓葬，均为多室夫妇合葬墓，分三室合葬和双室合葬，且墓前多有石质祭桌，这为了解清代孝义地区的社会家庭结构、姓氏制度、人群迁徙、墓葬习俗等提供了重要的实物资料。

（王普军）

【晋中市开发区弓村清代墓地】

发掘时间：2020年4~6月

工作单位：山西省考古研究院、晋中市考古研究所

弓村墓地位于晋中市开发区潇河产业园区（榆次区张庆乡）弓村北侧。为配合中铁云轨总部生产基地项目的建设，联合考古队对该项目占地范围内勘探发现的古墓葬开展了考古发掘工作，共清理墓葬5座，发掘面积约268.6平方米。

墓葬均为砖室墓，坐北朝南，由封土、墓门（封门）和墓室等组成，在距现地表深约3.2~3.6米的黄色纯净淤土层上直接或垫土或开挖浅坑后砌筑。整个墓葬全部埋藏于地下，封土、墓门及墓室，自上而下被耕扰土、淤积土及花杂土所掩埋。墓室大部被花杂堆积土层所掩埋，封土被耕扰土层及淤土层覆盖。M1、M2、M3不见墓道，仅M4和M5墓门前有宽短长方形浅坑。墓门均为直壁拱形券顶，条砖垒砌封堵，门外侧均有堆掩条砖现象。墓室除M1为三室（三墓门）外，其余均为单室，平面均呈长方形，有东西向长方形和南北向长方形两种，室顶有叠涩顶、券顶、四面结顶等多种。葬具可辨者均为梯形木棺，除M5为夫妻二人合葬（男左女右）外，其余墓葬均为夫妻三人合葬（男性居中），葬式包括仰身直肢葬和二次葬，头向均朝北。经清理，出土随葬品有黑釉瓷罐、黑釉瓷灯盏、符瓦、砂壶、铜钱、铜烟袋、铜饰、铅环形饰、火镰、铜帽顶饰、头饰、铜扣子、玻璃扣子等共77件/套。其中铜钱有乾隆通宝、嘉庆通宝、道光通宝、光绪通宝等；符瓦除M1西室：2瓦背墨书有“郝氏之柩”外，其他出土符瓦均无墓主姓名、生卒年、葬日等信息，仅瓦面画符并书“六丁守墓、王者安宁”，“六丁守墓、生安亡稳”，“印”，“奉”，“敕令”，“煞”，“罡”等字。

这5座墓葬排列有序，应为一处家族

墓地，根据墓葬形制、出土器物特征判断墓葬时代为清晚期。该墓地的发掘，为晋中市榆次地区清代葬制葬俗的研究增添一批新的实物资料。此外，通过墓葬封土被潇河水泛滥淤埋的现象，可以对清末以来当地的水文环境有一定的了解。

（贾志斌　崔晓东）

【晋中市榆次区郝家沟村清代墓地】

发掘时间：2020 年 11 月 ~2021 年 1 月

工作单位：山西省考古研究院、晋中市考古研究所

郝家沟村南墓地位于晋中市榆次区凤翔街北侧，郝家沟村南侧。为配合山西兰凯博房地产开发有限公司凤翔街项目的建设，联合考古队对该墓地开展了考古发掘工作，共清理墓葬 58 座，发掘面积约 3200 平方米。

墓葬包括土洞墓和竖穴土坑墓两种，时代均为清代或稍晚。土洞墓共发掘 55 座，其中墓道西北向者 19 座，墓道南向或东南向者 36 座。墓道均为竖穴土坑式，平面呈长梯形或长条形。长梯形墓道大多较短，前窄后宽，缓坡底，部分有台阶，前端多分布有脚窝；长条形墓道狭长，宽窄不一，长斜坡底，部分有台阶。墓门可辨者呈拱顶，多用土坯垒砌封堵，亦有条砖和石板封门。墓室绝大多数为单室，可辨者为前高后低的拱顶，平面多呈前窄后宽的梯形或近似梯形，仅有一墓为双室，平面形态呈“Y”形。葬具绝大多数用梯形木棺，仅发现一具陶质瓮棺。埋葬方式有单人葬、夫妻双人同穴合葬、三人同穴合葬和四人同穴合葬等多种，其中以双人合葬居多。双人合葬者男性居左，三人合葬者男性居中或居左，四人合葬者男性居中部左侧。葬式包括仰身直肢、仰身屈肢和二次葬，头向朝北或东南，脚均朝墓门方向。竖穴土坑墓共发掘 3 座，其中呈西北—东南向者 2 座，南北向者 1 座，埋藏较浅。墓葬平面呈梯形或近似梯形，其形制与大小近似土洞墓之梯形墓道，与邻近土洞墓应同属一家族墓地。其中一墓为空墓，人骨已迁走；另两墓为单人葬，梯形棺，埋葬男性人骨，葬式分别为仰身屈肢和仰身直肢，头向均朝东南。该墓地随葬品较为丰富，共出土符瓦、买地券、灰陶炉、蓝釉陶炉、蓝釉陶烛台、陶笔洗、黑釉/茶叶末釉瓷罐、黑釉/青花瓷壶/瓶、瓷碗、瓷杯、青花瓷盂、泥俑、铜盒、铜镯、铜帽花、铜/铁/泥钱、铜/玻璃扣子、铜/玻璃烟袋、铜/骨簪、铜帽顶饰、银耳环、银戒指、玻璃扳指、石砚台等各类器物 500 余件/套。其中，以符瓦、瓷罐（衣饭钵）为基本组合，瓷罐多置于棺盖板上，符瓦通常倚立于棺尾处。

根据墓葬相对位置关系、墓葬形制和出土器物特征等综合分析，这批墓葬可能分属多个家族墓地。墓道南向者，祖墓在家族墓地最北部；墓道西北向者，祖墓在家族墓地最东南部。墓葬大多为规模不大的土洞墓，甚至还有规模更小的竖穴土坑墓，各墓随葬器物大多较少，偶有较为丰富者。就墓葬规模和随葬器物判断，这批墓葬的墓主人大多属当地的平民阶层，个别或家境稍显殷实。这批墓葬的发掘，丰富了晋中榆次地区清代墓葬资料，对研究该地区清代丧葬制度、丧葬习俗及社会历史文化有重要意义。

（贾志斌　崔晓东）

【晋中市榆次区公交调度中心清代至民国墓地】

发掘时间：2020 年 6 ~ 7 月

工作单位：山西省考古研究院、晋中市考古研究所

公交调度中心墓地位于晋中市榆次区安宁东街南侧，锦东大道东侧。为配合晋中市公交调度中心项目的建设，联合考古队对该项目占地范围内勘探发现的古墓葬

开展了考古发掘工作，共清理清晚期至民国初年墓葬 14 座，发掘面积约 650 平方米。

该墓地 14 座墓葬全部为墓道朝东的土洞墓，由墓道、墓门（封门）和墓室组成。墓道平面呈长方形或梯形，斜坡底；墓门用石板、条砖或土坯垒砌封堵；墓室顶多已坍塌，平面近似梯形。该墓地大部分墓葬已被迁走成空墓，据墓室内残留的棺木痕迹判断，可能全为合葬墓，其中大部分为双人合葬，仅 1 座为三人合葬墓，留有人骨的或未迁走的墓葬仅有 3 座，葬式为仰身直肢，头朝西。随葬品出土有符瓦、紫砂壶、黑釉瓷罐、黑釉瓷壶、青花瓷碗、蓝釉笔洗、粉彩杯、银锞子、银耳环、铜钱、铜扣、铜饰、铜镜、铜帽顶、铁器残件、锡盒、锡灯台、铅环饰、玉/泥烟袋嘴、玻璃扣子、骨饰等共 112 件/套。其中以 M12 出土的紫砂壶最为精美，其底款有“逸公”二字，应是清乾隆时期制壶名家惠逸公所制，同墓所出蓝釉笔洗和瓷杯等物亦为清晚期民窑瓷器精品。

根据墓葬间位置关系、墓葬形制及出土器物特征分析，这批墓葬同为一郭姓家族墓地，共 5 排，自西向东呈 5 代排列，时间跨度从清咸丰年间至民国初年。该墓地墓葬大部分为空墓，有的仅残留部分人骨及器物，从墓道填土包含物以及墓室遗存情况判断该墓地应已整体迁葬别处，所遗留 3 座未迁走墓葬可能是因年代久远所遗漏。此次发掘的这批墓葬所处时段正好处于清晚期至民国初年的过渡阶段，为了解榆次地区这一时段的葬俗葬制、民风民俗提供了难得的实物资料。

（崔晓东　贾志斌）

【芮城坡头龙山时代遗址考古调查】

调查时间：2020 年 9 ~ 11 月

工作单位：山西省考古研究院

芮城坡头遗址位于芮城县东北部，东南距县城约 20 千米，地处中条山南麓，黄河北岸的台塬上，其年代从仰韶早期延续至二里头时期，其中龙山时期遗存最为丰富。2003 ~ 2005 年，原山西省考古研究所在遗址范围内的清凉寺墓地清理墓葬 355 座，出土大量玉石器，集中发现一批殉人墓，初步显示该遗址的重要性。

为推进其工作，山西省考古研究院开展了遗址的复查与勘探工作，完成调查面积 20 多平方千米，勘探面积 8 万平方米。

通过本次调查和勘探工作，进一步确认遗址面积 300 万平方米左右，时代主要为仰韶中期和龙山时期。根据调查情况来看，遗址范围内遗存主要集中在朱吕沟（恭水涧）上游两侧的南北向台塬上。

通过以上调查，基本可以确认龙山时期遗存集中于寺里北、坡头南北，清凉寺墓地对应的居址应是上述地点，同时对龙山遗存分布最为密集的坡头北地点进行了勘探，除了发现部分房址和陶窑外，在坡头北约 300 米处发现一条东西向的“大灰沟”，直指其两侧现存的南北向冲沟，这为进一步了解遗址宏观布局提供了重要线索。

（张光辉）

【浊漳河流域（黎城段）考古调查】

调查时间：2020 年 5 ~ 7 月

工作单位：山西省考古研究院、黎城县文博馆

2020 年，我们选择在浊漳河流域（黎城段）开展区域系统调查工作，主要是为弥补 2010 ~ 2014 年中国国家博物馆牵头在浊漳河上游调查中未涉及的空白区域。作为整个浊漳河流域上党地区通往豫北冀南地区的几乎是唯一通道的黎城盆地，正是太行八陉之一的滏口陉之所在，对该区域西周以前早期遗址开展系统考古调查，对推动区域文明进程、东西文化交流及中原与北方战略交通要道等研究都具有重要意义。

此次田野考古调查，结合传统考古调查与区域系统调查方法，沿盆地内的田间地坎，观察记录断面文化遗迹、采集遗物等，基本完成了浊漳河流域（黎城段）黎城盆地约100平方千米的调查面积，发现和确认了西周以前早期遗址28处、东周汉代遗址8处，采集点数据300余份，采集陶片、石器数百件。通过本次调查，基本摸清了浊漳河流域（黎城段）早期遗址的总体数量、分布特征、文化内涵、遗址范围、保存现状等。以往在该区域曾零星发现不少早期遗址和相关的遗迹遗物，但因未经系统调查，资料公布有限，对区域文明化进程研究实际上无法起到很好的推动作用。此次调查收获，明确了从仰韶晚期至西周时期，该区域均存在一定数量的遗址。其中仰韶晚期遗存有一定线索，但遗址保存一般；庙底沟二期遗址，以赵家山、上桂花遗址为代表，内涵相对比较单纯，遗迹遗物发现较为丰富，但保存现状堪忧；相对而言，龙山至夏时期遗址数量较多，几乎在全区均有一定发现，可以望壁遗址为代表，该遗址也是此次调查发现的面积最大的遗址，可达近百万平方米；更重要的是，进入历史时期后，黎城盆地（滏口陉）作为中原王朝核心所在的豫北冀南地区与上党地区乃至整个黄土高原东部沟通交流的唯一通道，到底扮演了何种角色，一直为学界关注但长期缺乏实证材料，本次调查发现了多处较大规模商代遗址，如西水洋遗址、赵店遗址、东旺遗址等，连同此前曾出土晚商青铜器的下桂花遗址等，这些重要发现，在继续工作的基础上，无疑将对推进商王朝对西土地区的管控等研究领域具有重大意义。此外，本次调查中，也对部分东周汉代遗址进行了标注记录，为相关研究积累了一些新线索。

（武俊华　杨林中　赵晓辉）

内蒙古自治区

【锡林郭勒盟镶黄旗乃仁陶勒盖新石器时代遗址及鲜卑墓葬】

发掘时间：2020年6～9月

参加单位：内蒙古自治区文物考古研究所、锡林郭勒盟文物管理站、乌兰察布市博物馆、锡林郭勒盟镶黄旗文物局、北京大学文博学院、赤峰学院历史文化学院、南京师范大学地理科学学院

本年度内蒙古自治区文物考古研究所对锡林郭勒盟镶黄旗乃仁陶勒盖遗址进行了考古勘探、发掘工作。共揭露房址27座，墓葬17座。房址为圆形和圆角方形半地穴式，有二层台、地面灶。出土有大量石制品，少量陶器、骨器及兽骨。与近年来在化德县等地区发现的“裕民文化”类型相近，遗址年代可能与之相当。

乃仁陶勒盖遗址位于锡林郭勒盟镶黄旗文贡乌拉苏木乃仁陶勒盖嘎查北3千米处，西与镶黄旗新宝拉格镇直线距离30千米。平均海拔1335米。遗址坐落于阴山东端北麓的草原丘陵地带，东、北、西三面环山，向西南开阔，中部为一片缓坡平原地带，遗址地势东北高西南低，中部有一条东北西南向泉水沟，地表植被低矮稀疏，属丘陵草原。

遗址呈东北至西南向分布，南北长约1000米、东西宽约300米。共分为三个区，Ⅰ区分布于遗址的东北部的山坡上，西南部为一条泉水冲沟。Ⅱ区位于遗址的西北部缓坡地带，两个区为新石器时代早期遗存，经过考古钻探发现有200余座房址。Ⅲ区分布于遗址南部，为鲜卑墓葬群。

Ⅰ区发掘面积900平方米，发掘房址14座，均为圆形地穴式。居室墓葬1座，为竖穴土坑屈肢葬。出土遗物有石制品、陶器、骨器和大量兽骨。兽骨多出土于房内灶旁，初步发现有鹿、野牛、狗、野驴、野马、野猪等；Ⅱ区发掘面积700平方米。发掘房址13座，有圆形和圆角方形两类，房内结构有二层台、柱洞、圆形地面灶、门道等，房址堆积较厚，堆积土为白干泥、灰黑土和黄褐土的混杂土。房内出土有石制品、石片、陶片、骨器、兽骨等。出土的兽骨相对较少，在房内灶旁，初步发现有鹿、野牛、狗、野驴、野马、野猪等；Ⅲ区发掘墓葬15座，均为长方形竖穴土坑墓，墓葬头向为西北308°～324°左右。部分墓葬有早期被盗的现象。部分墓葬有木棺及桦树皮棺。桦树皮棺为龙骨外包桦树皮。出土随葬品有陶器、铜器、铁器、饰件、骨器及羊骨。部分墓葬随葬有羊距骨及腿骨。

Ⅰ区、Ⅱ区遗存年代为新石器时代早期，属“裕民文化”类型，初步断定其年代为距今8000～7500年。

乃仁陶勒盖遗址是迄今为止在北方草原地带发现面积最大、房址最多的大型聚落遗址。文化内涵丰富独特，它填补了裕民文化中的时空及谱系的空白。为后来有较强流动方式的游牧业产生奠定了生业模式的基础。裕民文化的发现开启了对北方蒙古高原草原地带新石器时代文化的认知，为研究旧、新石器过渡阶段的演变过程提

供了重要的实物资料。Ⅲ区墓群年代为东汉晚期至北魏时期，判断为鲜卑墓葬。它的发掘对研究鲜卑文化及族群的发展和演变起到了积极的作用。

（包青川　陈文虎）

【清水河县后城咀龙山时代石城】

发掘时间：2020 年 7 ~ 10 月

工作单位：内蒙古自治区文物考古研究所、清水河县文管所

清水河县后城咀龙山时代石城位于呼和浩特市清水河县王桂窑乡后城咀村浑河北岸的台地上，由内城、外城、瓮城构成，东西长约 1200 米，南北宽约 1150 米，面积约 138 万平方米，是内蒙古中南部地区规模最大等级最高的龙山时代石城。2020 年为推进国家文物局“十三五”期间重大考古项目“考古中国——河套地区史前聚落与社会研究”课题的研究，在 2019 年发掘区的西部和南部进行了考古发掘，发掘面积 1000 平方米，清理城门 1 座，马面 1 个，墩台 1 个，在此前清理的基础上继续清理了城垣、壕沟，出土大量陶片及少量的玉刀、玉环、石铲、骨锥等器物。

城门位于瓮城中部偏南，与城墙相接，平面呈长方形，南北长约 15 米，东西宽约 9 ~ 11 米，由外侧石墙、石墙内侧土墙及中央通道构成。外侧石墙宽约 1.5 米，残高约 1 米，由层层板石错缝垒砌而成，板石之间以碎石填充，立面较为平直规整。土墙分立中央通道两侧，黄土堆筑而成，宽约 1.6 米，高约 0.5 米。土墙平面平铺一层板石，板石面及土墙立面均以黄色草拌泥抹面，经过火烤呈红色或青灰色，较为平整坚硬。两侧土墙平面各存有 6 个圆形柱洞，直径约 0.2 米，深约 1 米。中央通道平面呈长方形，宽约 3 米，踩踏面保存完好，残存大量木炭，可能城门顶部应有木质建筑。

马面位于城门西侧，平面呈长方形，南北长约 9 米，东西宽约 6 ~ 7 米，马面为空心，凸出于东西向延伸的城垣，与主城墙垂直分布，东西两侧石墙与主城墙墙体直接相接，墙体宽约 1.3 ~ 1.6 米，残高 1.3 ~ 2 米，为大块页岩层层错缝垒筑而成，石块之间以碎石填充，立面较为平直齐整。石墙间没有接口，三面石墙应为一体建造。底部为一层黄花土硬面，其上残存大量木炭，个别保存较好，年轮、枝节纹理清晰，从木炭分布及叠压等情况推断其顶部应有木质建筑。

墩台位于城门北侧，分立瓮城通道两侧，平面呈圆角方形，边长约 6.2 米，石墙包土芯结构，中部土芯为黄土堆筑，石墙由板石层层错缝垒砌而成，板石之间以碎石填充，石墙一体建造，未发现接口，石墙立面较为平直规整，宽约 1.4 米，残高约 1 米。与阙功用相似，可能为阙的前身。

2020 年的考古发掘明确了后城咀石城瓮城是中国北方地区已知最早的具备完整防御体系的瓮城遗迹，瓮城内出土的长方形玉刀、饰以几何纹的敛口瓮、斝足、夹砂鬲等器物兼具老虎山文化和永兴店文化双重特征，为研究内蒙古中南部地区史前考古学文化谱系提供了崭新的材料。

（曹建恩　李亚新　徐婷婷）

【赤峰市克什克腾旗下田家营子遗址】

发掘时间：2019 年 6 月 ~ 2020 年 12 月

工作单位：内蒙古自治区文物考古研究所

遗址位于赤峰市克什克腾旗芝瑞镇下田家营子村和糖房村之间的山坡上。为配合赤峰市克什克腾旗芝瑞抽水蓄能电站项目基本建设。2019 ~ 2020 年，内蒙古自治区文物考古研究所对该遗址进行了考古发掘。2019 年发掘区定位第一地点，发掘面积约 1800 平方米。共清理灰坑 59 个，墓葬 17 座。灰坑分为袋状坑和筒状坑两种；墓葬分为长方形土坑竖穴墓和袋状坑底开

口的长方形土坑竖穴墓两种。出土陶器有：陶鬲、陶罐、陶钵、陶响器以及大量陶器残片；铜器有：三马纹铜牌、铜剑鞘、曲刃青铜短剑、直刃青铜短剑、铜齿柄刀、铜管銎锥、铜锥、铜泡饰、铜镞、铜斧；骨器有：骨串珠、骨镞、骨针、骨锥、骨觿等；玉石器有：玛瑙珠、石环状器、弧背双孔石刀等。

2020 年发掘区为第二地点。发掘面积 3500 平方米。清理灰坑 53 个，墓葬 2 座，房址 3 座。遗物多为骨器，有：骨针、骨锥、骨匕、骨镞、骨剑、骨柄、骨锤柄、骨弹弓叉形器等；陶器有陶鬲、陶兽首、陶罐、陶壶以及大量陶器残片；石器有石球、弧背双孔石刀等；玉石器有料珠。

通过与周边地区考古学文化器形和陶器纹饰的比较，发现下田家营子遗址可能与高台山文化和白金宝文化有一定的关系。

（张红星　李春雷）

【阿拉善左旗敖包图青铜时代墓葬】

发掘时间：2020 年 9 ~ 10 月

工作单位：内蒙古自治区文物考古研究所、阿拉善盟文物局

敖包图墓群位于阿拉善左旗巴彦浩特镇南 15 千米处的敖包图嘎查，地处贺兰山西麓的冲积扇地带，2020 年为配合巴银快速铁路建设，对遗址进行了抢救性考古发掘，发掘面积 100 平方米，清理墓葬 3 座，出土少量陶器、石器等。

墓葬保存情况较差，由地上封堆和地下墓圹两部分组成，封堆平面呈亚腰形或圆形，剖面呈台状，多为东北西南向，周缘用河卵石水平围砌，有石围，石围内填充大量河卵石，封堆中多出土少量石器。墓圹多为竖穴，填充黄褐色粗砂土。

M1 由地上封堆和地下墓圹两部分组成，封堆平面呈亚腰形，剖面呈台状，方向 45°，长约 10 米，东北侧宽约 6.7 米，西南侧宽约 4 米，最窄处腰宽约 1.6 米，高出地表约 0.5 米。周缘用河卵石水平铺砌有石围，四角立有较大角石，石围内填充大量河卵石，西半部填石缺失。封堆下中心区域发现有竖穴墓圹，墓口平面近圆角梯形，东北侧宽，西南侧窄，墓向与封堆朝向相同，长约 2.1 米，最宽处约 1.1 米，最窄处 0.7 米，深约 0.5 米。墓圹内填充黄褐色粗砂土，包含大量粗砾，墓圹内未见人骨及随葬品。

M3 由地上封堆和地下墓圹两部分组成，封堆平面呈亚腰形，剖面呈台状，方向 21°，长约 7.7 米，东北侧宽约 4.6 米，西南侧宽约 3.8 米，最窄处腰宽约 2.4 米，高出地表约 0.6 米。周缘用河卵石垂直栽立有石围，石围内填充大量河卵石，西南部尾侧石围与填石缺失，石围外也堆砌有大量石块，分布不规律。封堆下中心区域发现有东西两个墓圹，东侧墓圹长约 1.6 米，宽约 0.5 米，深 0.5 米。西侧墓圹长约 1.5 米，宽约 0.4 米，深约 0.5 米。墓口平面皆呈圆角长方形，东北侧宽，西南侧窄，墓向与封堆朝向相同，墓圹内填充黄褐色粗砂土，两个墓圹底部仅见人骨朽痕，葬式难辨，东墓圹内出土穿孔陶片一件，酥粉严重。

阿拉善左旗敖包图墓群发掘的亚腰形墓规模较大、结构完整，应属典型的特布希文化遗存，封堆中采集的石磨盘、石球等磨制石器与定居农业存在关联，反映出不同人群多样的文化互动状况，这也为探讨我国农牧交错地带文化互动、生业转变、人群融合提供了新的重要研究线索。

（孙金松　李亚新）

【新巴尔虎右旗额尔敦山青铜时代石板墓群】

发掘时间：2020 年 7 ~ 8 月

工作单位：内蒙古自治区文物考古研究所、内蒙古蒙古族源博物馆等

新巴尔虎右旗额尔敦山石板墓群位于

新巴尔虎右旗阿拉坦额莫勒镇西克鲁伦河北部的丘陵草原上，2020年对额尔敦山石板墓群进行了系统的区域性考古调查并对遗址进行了小范围的发掘，调查面积100平方千米，新发现石板墓61座，试掘面积100平方米，清理石板墓3座，出土少量的陶器、石器、玛瑙人骨及动物骨骼等。

新发现石板墓多分布于山顶或山南的坡地上，规模较大，破坏严重。山顶周缘墓葬多自东向西呈散点分布，区域内还分布石堆或石圈。山南坡地墓葬多自南向北每2~3座成一组，每组均有立石，呈链状分布，可能反映了同一个氏族墓地中不同家庭单位的划分。

试掘墓葬保存情况都较差，地表可见被翻扰的石块与石板，墓葬由地上封堆和地下墓圹两部分组成，平面多呈长方形，剖面呈台状，朝向东北，周缘多栽立有石板框，中部填有大石板。

M1封堆平面呈长方形，剖面呈台状，方向60°，长约4.9米，宽约3米，高出地表约0.44米，周缘栽立有石板框，四角立有角石，石板框内填充石块，石板框外有石块支护。墓圹平面呈长方形，剖面呈桶状平底，墓向60°，长约1.8米，宽约0.85米，深约0.40米。口部盖有数块盖板石，底部与四壁不明显，内部未发现人骨与随葬品。墓圹东侧发现有大型哺乳动物头骨残片，受上层石块叠压，破损严重，无法辨别其种属。

M3封堆平面呈长方形，剖面呈台状，方向83°，长4.2米，宽2.8米，高出地表约0.35米。周缘栽立有石板框，局部石板已向外倒伏，石板框内填充石块，中部填有一大块石板，石板框外有石块支护。

呼伦贝尔地区作为中国北方地区最广阔的草原地带，石板墓群分布较广，新巴尔虎右旗石板墓遗存的调查与试掘工作为中国北方与蒙古高原青铜时代至早期铁器时代的文化格局与交流模式、欧亚大陆农牧互动等问题的研究奠定了基础。

（党　郁　李亚新）

【呼和浩特市玉泉区沙梁子古城汉代建筑基址】

发掘时间：2020年9~12月

工作单位：内蒙古自治区文物考古研究所、中山大学社会学与人类学学院

沙梁子古城位于呼和浩特市玉泉区小黑河镇沙梁子村西北，北距大青山约11千米，南距大黑河130米，为西汉时期云中郡属县城。通过钻探和局部解剖，基本确认沙梁子古城平面呈刀把形，西北—东南向，北窄南宽，面积约11万平方米。

本年度发掘揭露的建筑基址位于城址中部，平面呈长方形，略呈西北东南向，东西长约170米，南北宽约21米，几乎将城分隔为南北两半。为夯土台基建筑，选址在城址内地势较高的位置，台基下原始地貌北高南低，依地势夯筑，从现存建筑的夯面向下南部深2.1米、北部深0.5米。从发掘的情况判断，建筑为四面有宽厚夯墙的长方形建筑。建造过程是先夯筑周围墙基，夯筑较细密，平均夯层厚约4~10厘米；中间夯层较厚。夯平台基后，再在夯台上挖柱洞和南北向沟槽。柱洞有南北3排，5米等距分布，中间一排柱洞相对较大，柱洞内大部分有柱础石，个别为夯垫土。目前已揭露16道沟槽，多数南北贯通，大致垂直于高台边缘，相邻沟槽间距约3米。沟槽形制规整，大致呈曲尺形，南北两端较窄，平均宽约0.7米；中间部分向东凸出较宽，平均宽约1.5米。沟槽内东西两壁分别设6~7个壁柱，较宽部分加设一排6~7个南北向底柱，内均有柱础石，部分壁柱和底柱还可见到保存较好的炭化木柱。木材经鉴定全部为松木，它们为支撑其上地板而设。夯土台周围发现有大量陶瓦等建筑材料，在夯台北侧地面还有一条排水沟。从上述现象可知，这是一

座残存面阔16间、进深2间的大型夯台内带沟槽的建筑。从塌落瓦片的分布和埋藏状态以及瓦当的分布和数量来看，建筑屋顶基本可确认为重檐四面坡式。发掘出土遗物还有底部带两个对称“萬石”戳印的陶盆以及多个陶量残件。从出土器物看，该建筑使用时间为西汉早期偏晚到西汉晚期，最后毁于一场大火。其形制与汉长安城武库、桂宫三号建筑基址及华阴县西汉京师仓等遗址类似，应该也是一座具有仓储性质的建筑基址，并很有可能是一座粮仓。

沙梁子古城是汉代的一座边城，具有十分突出的军事色彩。此次发掘，第一次揭示出边城疑似粮仓建筑的形制，为研究边城该类建筑提供了形象资料，也为研究边城的布局及内涵提供了全新资料。这是我国首次在北方长城沿线地区发现和发掘的疑似粮仓建筑，也是我国迄今发现较大规模的单体夯台建筑之一。这一重要发现填补了汉代边城研究的空白，为汉代云中郡下辖县城研究增添了新的资料，也对研究我国汉代建筑技术、汉代中央政权对北方长城沿线地区的经略以及北方农牧交错地区的经济形态等都具有重要意义。

（刘　扬　金志伟）

【乌海市三坝汉墓群】

发掘时间：2020年9～11月

工作单位：内蒙古自治区文物考古研究所、乌海市博物馆

三坝汉墓群位于乌海市海勃湾区千里山镇王元地村东约500米。为配合包银高铁乌海段的建设，发掘汉代墓葬7座，出土各类遗物约80件。

墓葬所在区域原为三坝村居民住宅，地势平坦开阔。村民搬迁后地表满布建筑垃圾，处理掉建筑垃圾有些墓葬即已暴露。在没有建筑垃圾的地方，墓葬开口于现代表土层之下，打破黄沙层和砾石沉积层。墓葬由墓道和墓室两部分组成，平面呈“凸”字形。长条形斜坡墓道，较为狭长。墓室平面也作长方形，均为单室。依据建造墓室所用材质的差异，可将这7座墓区分为砖室墓、木椁墓和砖木混筑三种。砖室墓是以条形砖砌筑墓室，以梯形砖垒砌券顶。砖木混筑者是以条形砖垒砌墓壁，砖壁之上横铺木板。这6座墓葬皆南北向，墓道在北，墓室居南。M2偏处一隅，为东西向，墓室在东，墓道在西侧。部分墓葬椁室上方有厚10～20厘米的积炭层。单人葬3座，双人葬4座。墓葬中皆发现有木质葬具，保存状况各不相同。人骨原应盛放于棺中，因遭盗扰多已散见于棺外，葬式难辨。墓门或以青砖封堵或以竖立的木板封挡，多有不同程度的损坏。由于墓葬早年均已被盗，劫余的随葬品以陶制模型明器为主，种类有仓、灶、井、甑、盆、盘、勺、灯、博山炉，以及壶和各种形态的罐；另有铜灯、铜镦、铜钱、棋具、石耳瑱、琉璃饰品、残釉陶熏炉等；还出土有漆器和桦树皮器，但均已朽蚀严重，形制难辨。部分墓葬还清理出动物骨骼，如牛的盆骨，羊的肩胛骨、肋骨、脊椎骨、腿骨，狗下颌骨以及鸡等家禽类的骨骼。

依据墓葬形制以及随葬仓、灶、井、灯等成套模型明器的特征和M3出土的新莽时期“大泉五十”铜钱等判断，其年代为西汉末期至东汉初期。三坝汉墓群西距新地古城不足1千米，是安葬新地古城城内死者的一处墓地，它的发掘有助于探讨新城古城所在汉代河南地的人口来源和丧葬习俗。

（胡春柏　李伟南）

【苏尼特右旗吉呼郎图匈奴墓群】

发掘时间：2020年9～11月

发掘单位：内蒙古自治区文物考古研究所、北京师范大学、内蒙古大学、锡林郭勒盟文物保护管理站、

苏尼特右旗文物保护管理局

吉呼郎图墓群位于锡林郭勒盟苏尼特右旗额仁淖尔苏木吉呼郎图嘎查，墓群东北距苏木政府约5千米，赛苏线公路从其西侧穿过。2020年9～11月，内蒙古自治区文物考古研究所联合高校及地方文物管理部门，对该墓群进行了发掘，取得了重要收获。

吉呼郎图墓群由120座墓葬组成，墓葬的地表皆有石头封堆，形状分为圆形石头圈、圆形石头堆、长方形石头堆三类，以圆形石圈墓数量最多。发掘墓葬2座。M1早年被盗，石头封堆为圆环形，用单层石头摆放而成，直径约13米。石头圈西部及东北部的石头缝隙中，出土了许多破碎的陶片。石头圈西南部的石头缝隙内，出土了5块碎羊骨，个别羊骨压在未扰动的石头下面，应为地面祭祀遗存。M1的墓坑位于石头封堆的中央，为长方形土坑竖穴结构，方向23°。墓坑南北长约2.9米，东西宽0.8米，深3.14米，周围有直径约4.3米的圆形盗坑。墓坑底放置一棺一椁，木椁为简易的框架结构，其中东壁在木框架内竖立扁平的石板，顶部用木板东西横向搭建，木板间有6～12厘米不等的间隙。木椁南北长2.3米，东西宽0.85米，高约0.6米，顶部南端木板上发现了1件破碎的陶罐。木棺头朝北，用木板以榫卯形式组合而成，南北长2.3米，东西宽约0.6米、高0.5米。木棺四侧壁和棺顶外表面都用柿蒂形铁花装饰，柿蒂形铁花呈菱形分布，残存83件，由于棺盖板的北半部分被盗掘者拆毁，柿蒂形铁花也随之散失，木棺原来的柿蒂形铁花数量应超过100个。铁饰内壁有丝织品痕迹，说明木棺曾用丝织品包裹，铁饰钉在丝织品上。棺椁北部的侧板顶部上放置有铁镞。棺内发现一具人骨，仰身直肢放置，头端有扰动，头骨埋于左肩下方，墓主腿骨上方出土了1件铁刀。棺头外侧为殉牲和遗物放置区，其中西北侧出土了5个山羊头和一些羊的下肢骨及蹄骨，羊骨表面有非常明显的焚烧痕迹。东北侧出土了漆器，从残存的痕迹看，似有漆盘和漆杯，发掘时将漆器整体提取，有待修复后进一步确认。

M2位于M1东北21米处，地表上未见盗扰痕迹。M2墓石头封堆保存完整，直径约7米，石头堆厚0.2～0.3米。墓坑位于石头封堆的中央，为长方形竖穴土坑结构，南北长2.3米，东西宽0.8米，深2.33米，方向5°。坑内的填土中有数层石头，坑底亦为一棺一椁，木椁的结构与M1大致相同，也是用木板搭建的框架式结构。木椁和木棺外壁皆用藤条包裹，木棺内壁也有藤条包裹痕迹。棺头朝北，木棺内发现了少量人骨和羊骨，随葬遗物有铁带扣和铁镞，人骨和遗物的位置非常凌乱，棺头北侧发现了人的脚骨和少量羊骨。M2虽未遭人为破坏，但穴居动物将木棺作为巢穴，对墓葬造成严重扰动。

吉呼郎图匈奴墓群是我国阴山以北草原地区发现的第一处匈奴墓群，学术价值重大，本次发掘工作初步探明了该墓群的墓葬结构及丧葬习俗，为匈奴考古研究提供了重要的新材料。

（宋国栋　单月英）

【科尔沁左翼中旗小呼和格勒鲜卑遗址】

发掘时间：2020年8～11月

工作单位：内蒙古自治区文物考古研究所、科尔沁左翼中旗文物管理所

为配合引绰济辽输水工程主线项目建设，内蒙古文物考古研究所与科左中旗文管所合作对该遗址进行了抢救性考古发掘。小呼和格勒遗址位于通辽市科左中旗希伯花镇小呼和格勒嘎查西北约1千米。遗址处于一地势较高的沙丘上，植被破坏严重，地表散布着少量陶片。此次发掘清理房址2座，灰坑12座，出土了一批陶器、铁

器、石器等遗物。

两座房址平面均呈长方形，为半地穴式建筑，未发现门道。F1 长 410、宽 380、残高约 15 厘米，保存较差。居住面一侧见有圆形烧结面。居住面上发现马头骨、肋骨及马蹄钉等铁器，另外还出土较多的铁块、铁渣等。

F2 长 360、宽 245 厘米，墙壁保存最高约 25 厘米。房址内发现柱洞 5 个，深约 14～25 厘米。居住面大部分经过烘烤，较平整坚硬，近墙壁的部分地段有浅沟槽。居住面分二层，最厚处近 4 厘米。灶坑呈圆形位于房址西侧。房址内堆积为黄褐色砂质土，包含陶片、红烧土块、铁块、动物骨骼等。陶器器类主要为罐、壶、盆一类生活用具。

灰坑清理 12 座。灰坑平面形状有圆形、椭圆形、长方形、不规则形等几种，坑壁有直壁和斜壁。出土遗物主要是陶器。陶器有泥质和夹砂陶两种。纹饰以素面为主，还见有几何纹、弦纹、斜线纹及滚印的马纹等。可辨认陶器器形有罐、壶、盆、钵等。出土的铁器有刀、钉，石器有镞、珠饰、磨石等。在发现的马纹装饰中有多种不同姿态的马纹图案，或万马奔腾，或漫步草地，或以马为主的复合图案，并且马的体态也或肥或瘦。在小呼和格勒遗址陶器纹饰中还发现有毡帐及太阳纹的图案，也反映了鲜卑人游牧生活的特点。

在通辽市的新开河、老哈河流域近年来发现了多处早期鲜卑遗存，如科左中旗六家子鲜卑墓群、科左后旗舍根墓地等。小呼和格勒遗址面积较大，出土遗物性质单纯，虽没有明显纪年的遗物，但时代特征较明确。小呼和格勒遗址出土的陶罐、陶壶等与科左中旗六家子鲜卑墓群、科左后旗舍根墓地出土的陶器形制及陶器纹饰有诸多相同之处。科左中旗六家子鲜卑墓群、科左后旗舍根墓地年代为东汉至西晋时期，故小呼和格勒遗址的年代也应与其相当。

（连吉林　格日乐图）

【呼和浩特市武川县坝顶北魏遗址】

发掘时间：2020 年 7～11 月

工作单位：内蒙古自治区文物考古研究所、武川县文物保护管理所

坝顶遗址位于内蒙古呼和浩特市武川县大青山乡坝顶村西南约 1 千米处的大青山蜈蚣坝坝顶之上。大青山属于阴山山脉中段，蜈蚣坝顶部山势平缓，海拔高度达 1660 米，遗址即坐落于这片平缓山地的中部，西侧为乌素图沟，南望呼和浩特平原。

坝顶遗址分布范围约 1 万平方米。发掘区选择在遗址中部与东南部，发掘面积 800 平方米。初步搞清了遗址的建筑结构，自内而外由祭坛、内环壕、内垓、外垓、外环壕等五部分组成。

祭坛位于遗址中心，环绕一周的圆形夯筑土墙，底宽约 8.5 米，顶部最宽处达 5 米，残高 2.9～4.4 米。祭坛内径约 15.5 米，东南方向设门，方向为 143.5°。门道长约 8 米，宽约 1 米，两侧可见残高 0.9～1.7 米的炭化木壁柱，其中东壁有壁柱 28 根，西壁有壁柱 21 根；门道踩踏面土质坚硬，当中有宽约 0.25 米的凹槽排水沟。

从门道进入祭坛内部，除东部有两个不规则坑之外，环绕围墙内壁之上可见环绕的木壁柱 22 根，残存高度约 1 米，相互间距在 2～2.5 米之间。从部分可辨识的房屋坍塌遗迹观察，房屋内部均有木柱支撑，两侧有成排的"篱笆"式木柱隔墙，顶部木椽作架，其上覆盖草拌泥。房址进深多在 5 米左右，多数房址的开间难以辨识，两侧木柱隔墙较为明确的一座房址的开间约为 4 米。初步推算，整个祭坛内部的房址大约为 9 间。大部分房址内部出土有陶器，还出土少量石器、铁器等。这些陶器，应该就是《魏书・礼制》记载的祭祀所用

陶匏。建筑房屋的木头均已炭化，材质有松木、柳木和榆木等。

距祭坛围墙外缘约4.4米，有内环壕环绕，为在山体基岩上开凿而成的环壕。环壕开口宽约5.1米，底宽约1.2米，深约2.3米。内环壕外侧为内垓，二者间距约2米。内垓由内环壕中挖出的砂石夯筑而成，墙体宽约6米，残高0.5～1.2米。内垓外侧为外垓，二者间距约7米。外垓由外环壕中挖出的砂石夯筑而成，墙体宽约4米，残高0.4～1米。外垓外侧为外环壕，二者间距约1.5米。外环壕开口宽约3米，底宽约0.85米，深约1.4米。

综合来看，坝顶遗址的性质，就是北魏阴山皇家祭天遗址，最早可能修筑于太武帝拓跋焘“阴山却霜”期间。作为拓跋鲜卑的龙兴之地，北魏盛乐旧都的考古学研究工作仍然处于起步阶段，坝顶遗址考古发掘的重要收获为之开启了一个新的篇章。

（张文平　丹达尔）

【巴林左旗辽上京宫城中北部建筑基址】

发掘时间：2019年5月～10月

工作单位：中国社会科学院考古研究所内蒙古第二工作队、内蒙古文物考古研究所

辽上京遗址位于内蒙古自治区巴林左旗林东镇东南。为了进一步了解辽上京皇城遗址的布局和沿革，推进辽上京遗址的申遗工作，中国社会科学院考古研究所内蒙古第二工作队和内蒙古文物考古研究所联合组成辽上京考古队，2019年对辽上京宫城中北部建筑基址（编号为一号基址和二号基址）进行了考古发掘，取得了重要收获。

一号基址位于宫城中部偏北，东向中轴线北侧的自然高地上。根据考古遗迹遗物可知，该基址有辽、金两期大规模营建。辽代始建的一号基址是一座大规模的东向建筑。基址由夯土台基和残存殿身组成。夯土台基平面近方形，东侧中部突出一个长方形月台。殿身残存遗迹包括墙体、柱网结构及其基础和地面等。其平面布局为，殿身面阔9间、进深8间，四周设有一周围廊。夯土台基的基槽打破黄生土而建。殿身柱网基础打破夯土台基作磉墩，其上置平石柱础以承木柱。辽代一号建筑主体一直沿用，仅东侧月台南北两侧加宽。室内地面有过垫土抬高等改建。到金代，辽代营建的殿身毁废，仅存夯土台基。在原有夯土台基北部，重建一座南向金代建筑。建筑由台基和殿身局部组成。台基平面为长方形，由废弃杂土堆砌而成，南、东、西三面边壁用青砖包砌，磨砖对缝。台基南侧中部修建有包砖五瓣蝉翅慢道。殿身保存较差，仅存局部柱础、柱洞。

二号基址位于宫城西北部排房建筑群的中心位置。经考古发掘，二号建筑基址有辽、金两代四次较大规模的营建。二号基址始建建筑现仅存台基底部局部红褐色夯土。二号基址在辽代最重要的营建为一座东向的大型宫殿建筑，现存夯土台基和殿身柱网磉墩部分。台基四面边壁包砌长方形砖，其外作砖铺散水。殿身平面布局为面阔7间，进深4间的“金厢斗底槽”。二号基址是所在院落的正殿，其南、北两侧建有挟屋，与两侧廊庑连接。北侧破坏严重，南侧保存略好。挟屋夯土台基边壁包砖，其外作砖铺散水。挟屋和廊庑间设有通道，其内侧拐角尚存一砖砌慢道。做法为五瓣蝉翅慢道切半，直边与廊庑相接。金代二号建筑改为南向，对原有夯土台基东、西、北三面进行削减，西北角进行补筑而建。金代南向建筑还经过多次改建，最后一次改建形成了四周由不规则排水沟围合的布局，台基南侧设有出入通道。

2019年辽上京宫城遗址的考古发掘，具有重要的学术意义。一方面是推进辽上京城址布局的研究。新发现的宫城西北部

一号和二号建筑基址，均为大型东向建筑。二号基址所在的长方形院落布局，四周廊庑围合，正殿位于院落后方，坐西朝东，两侧有挟屋与廊庑相接。这是继宫城东向中轴线上一号殿院落之后，经考古发掘确认的第二组宫殿院落，增进了对宫城宫院布局的认识。另一方面是丰富了辽上京城址时代沿革的材料。本年度发掘的两座大型建筑基址都是辽金两代建筑重叠。辽代大型建筑基址朝东而建；金代建筑体量明显变小，并且改为南向。反映了辽代都城到金代地方城的沿革情况。本年度的考古发掘为研究辽代历史与考古提供了新的基础材料，为大遗址保护和申请世界遗产提供了新的学术依据。

（董新林　汪　盈）

【扎鲁特旗鲁杰东辽代墓葬】

发掘时间：2020 年 6 ~ 7 月

发掘单位：内蒙古自治区文物考古研究所、扎鲁特旗文物管理所

为了配合引绰济辽输水工程项目，内蒙古自治区文物考古研究所联合扎鲁特旗文物管理所对该墓葬进行了抢救性发掘。鲁杰东墓葬位于通辽市扎鲁特旗道老杜苏木鲁杰嘎查东南 3 千米。本次共清理两座辽代墓葬，由于其多次被盗掘，未出土随葬品。

M1 墓室平面呈圆形，直径 3.1 米，券顶现已坍塌，甬道长 1.5 米，墓室残高 1.65 米，斜坡式墓道，长 8.8 米，方向 148°。墓室地面铺三层青砖，墓室北墙发现残存的砖砌棺床。墓壁上残存少量彩绘。利用残破青砖封堵墓门。墓室内共发现 2 具成年人遗骨和 1 具儿童遗骨。

M2 墓室平面呈六边形，券顶已坍塌。墓室残高 2.2 米。墓地铺三层青砖，斜坡式墓道，方向 153°。墓内出土较多的木制棺椁残块。共清理出 2 个成年人遗骨。

经过发掘未发现随葬品，通过墓葬形制等因素综合判断可知两座墓葬年代应属辽代中晚期。

（连吉林　格日乐图　王　成）

【赤峰市敖汉旗辽武安州塔】

发掘时间：2020 年 10 月

工作单位：内蒙古自治区文物考古研究所

2020 年 10 月 6 ~ 11 日，内蒙古文物考古研究所会同相关文物部门对赤峰市敖汉旗辽武安州塔塔基、中宫进行了清理发掘，现将基本情况汇报如下。

辽武安州，相关史料多有记载，是耶律阿保机建立的最早的私城之一，具有斡尔朵性质，名“杏埚”，称新州。至圣宗时，将辽宋战役中俘获的战俘安置于此，取以武安天下意，故名“武安州”。以后金元沿用，明清渐废。该城东北隅存白塔一座，为砖筑八角十三层密檐类型，由塔基、塔身、塔檐、塔刹四部分组成，塔身内部设心室。现存十二层，残高 32.6 米，塔刹已毁。2020 年为了配合武安州塔的维修，对该塔塔基和中宫进行了发掘。

围绕塔基布设探沟 5 条，以南面探沟为例：探沟最深处约 1.6 米，最浅处 0.1 米。探沟内的地层堆积可分为 3 层，东壁地层如下：①层，表土层，为塔体坍塌后堆积于其顶部的覆土。②层，塔体坍塌堆积层，堆积由浅褐色土和碎砖块混合而成，砖块堆积杂乱无序。探沟北部的坍塌堆积层之下发现了碎砖平铺垒砌的高台，高台建于浅褐色硬土层之上，台面南北宽 3.2 米，高约 1.5 米。高台顶部及侧立面的砖块已经脱落，保存情况不佳。砖块之间主要以浅褐色泥浆黏合，局部可见少量白灰颗粒。3 层，浅褐色硬土层延砖砌高台向外延伸 5.5 米。此次未向下挖掘此层，厚度不详。根据 2008 年发掘的情况看，厚度约为 0.3 ~ 0.4 米。硬土层的表面较为平整，土质坚硬，应经过夯筑，可能是当时的塔基周围的散水面。

由于中宫室内面积较小，发掘采用分区域，由上至下，平剖结合的方法，逐层清理堆积，堆积主要由风被土、盗挖等原因形成，以碎砖及细土为主，大致分为两层。中宫门南向，损毁严重，形制不详，门洞进深1米。中宫平面略呈圆角方形，进深3.55米，面阔3.4米，青砖错缝，以白灰垒砌，在2.7米处起券，攒尖顶，地面用两层青砖铺设，以白灰勾缝。

塔基出土遗物不多，主要为建筑及装饰构件，还出土有铜钱、铁钉等。中宫由于盗扰严重，遗物出土不多，仅见少量纸质蒙文经卷残片和泥质擦擦等，其中经卷残片分墨书与朱书两种，手书，字迹工整。

通过对中宫的清理，其地面下为了能与一层塔心室的攒尖顶找平，其中用大量碎砖和细砂填充，碎砖有故意将大砖砸碎的迹象。填充找平后在上面用青砖铺设地面。中宫的砌筑砖不统一，大致可分三种，依砌筑的需要而安排用砖，表面的砖用白灰砌筑，里面则以黄泥垒砌。其建筑形制，特别是攒尖顶部与辽代早期墓葬颇为相似，具有辽代早期文化特征。中宫出土遗物属于清代，说明至清代，武安州塔中宫仍被使用。

（盖志勇　李　权　冯吉祥　毕力格）

【内蒙古居延地区考古调查】

调查时间：2020年9月23～28日

工作单位：中国人民大学历史学院考古文博系

居延遗址分布在内蒙古自治区额济纳旗和甘肃省金塔县境内，包括汉代至元代在额济纳河流域设立的各种行政机构和军事防卫设施等遗迹。居延遗址南起甘肃金塔县毛目，北至额济纳旗苏泊淖尔南端的宗间阿玛，全长250余公里。目前发现的有青铜时代遗址1处，不同时期的城址13座，墓葬区6处，汉代烽燧118座，西夏至元代的庙宇10余处以及大片的屯田区和河渠遗存等。

本次调查的遗址有青铜时代的绿城圆形城址，汉代的宗间阿玛、博罗松治、破城子、T9烽燧、K710城、温都格城、小方城、肩水金关、地湾、大湾城、红城等塞障亭燧遗址，魏晋时期的绿城高台封土墓葬，唐代的大同城和大方城以及西夏至元代的黑城、“辉煌舍利塔”和五塔等遗址，此外还考察了汉代的居延泽即现今的京斯图淖尔地区。本次调查工作明晰了额济纳旗境内西周、两汉、魏晋、隋唐、西夏至元代等不同时期的各类遗址的年代，更新了实地勘测数据，精确了诸遗址的GPS点位数据，明确了遗址的保存状况，并收集了一批相关的陶质和瓷质遗物。

通过本次对居延地区的考古调查工作，对居延地区汉至元等朝代的诸多遗址的分布位置、形制结构、建设布局和保存状态有了更加清晰的认识，为今后在居延地区开展考古发掘和保护利用等方面的工作奠定了基础。

（田小冬）

【内蒙古阿拉善左旗边塞城址调查】

调查时间：2020年12月26日～30日

工作单位：中国人民大学历史学院考古文博系

中国人民大学考古文博系魏坚教授带领研究生三人赴内蒙古阿拉善盟左旗对察汗克日木古城、希勃图古城进行实地考察，本次考察的主要目的是探究西夏白马强镇监军司治所所在。

察汗克日木古城位于阿拉善左旗巴彦诺日公苏木豪斯布尔都村沙日布拉格嘎察。古城略呈正方形，西北角地理坐标为北纬39°29′09″，东经104°39′04″，方向为北偏西约15°，城址边长约250米，南墙正中开门，设有瓮城，城内采集有西夏黑瓷片。考察队在察汗克日木古城附近新发现两座古城，一处在察汗克日木古城西南方向，距离察汗克日木古城约 1 千米，城址为正南北向，城址基本为正方形，边长约 440 米，未发现有马面或瓮城，另一处古城在察汗克日木古城南部，距离察汗克日木古城约 1.1 千米，正南北向，基本为正方形，边长约 330 米。新发现两处城址应同样具有军事性质，修筑的准确年代暂时无法判定，可能早于察汗克日木古城，在修筑察汗克日木古城时已无法继续沿用，因此另选新址筑城。

希勃图古城位于巴音乌拉山脚的一片红台地上，西北角坐标北纬 39°49′50.33″，东经 105°31′45.16″，城址坐西北朝东南，东西长约 60 米，南北宽约 40 米，墙体厚度约 1 米。古城东侧有用石片叠砌的房屋两座，墙上留有小窗。希勃图古城南墙中间有一门，宽度约为 2 米，未发现有马面、瓮城。城址内可见“品”字形台基，东西两侧被晚期石片干砌的石墙分割为两部分，并在东北角和西南部墙上开小门，外侧有加筑的房子。考察队员在城内及周围采集到了汉代陶片和西夏瓷片。这种较为独特的修筑方法，魏坚教授认为与乌拉特后旗至磴口县的高阙塞南侧石城及鸡鹿塞相近希勃图古城相似，应为汉代所建障塞，后被西夏沿用。

通过对这两处城址的实地考察可知，希勃图古城规模较小，防御功能弱，与监军司的军事职能不相匹配，应为西夏沿用汉代的普通障塞。察汗克日木古城面积与黑水城相似，军事性质较强，且与文献所记载的白马强镇军司地望相符合，应为白马强镇军司治所所在。两座新发现城址的具体年代和性质还需要结合文献资料进一步探究。

（宋卓远）

辽 宁 省

【建平县马鞍桥山红山文化遗址】

发掘时间：2020 年 6～11 月

工作单位：辽宁省文物考古研究院、朝阳市文物考古研究所、建平县博物馆、牛河梁遗址博物馆

遗址位于朝阳市建平县太平庄镇石台沟村六家村民组南约 800 米的一道小山梁上。南距牛河梁遗址、西北距红山后遗址均约 60 千米。地理坐标：北纬 41°51′21.34″，东经 119°21′27.80″，海拔 583 米。

遗址是在 2018 年“大凌河中上游地区红山文化遗存考古专项调查”中新发现的，2019 年对遗址进行了首次考古发掘，2020 年发掘区是在 2019 年发掘区向东扩，发掘面积约 1100 平方米，发现房址 3 座，灰坑 22 个、壕沟（环壕）1 条。

三座房址的结构和性质与 2019 年的发掘情况相同。房址中一座大型房址，已被破坏，仅存地面灶址一处，两座小型房址保存较好。

灰坑中除 H30 为兴隆洼文化时期，余均为红山文化时期，这是首次在该遗址中明确发现兴隆洼文化时期的遗迹和遗物，使该聚落址内涵更加丰富。

壕沟（环壕）是今年最重要的发现。目前已发掘清理位于 T2438—T2448 内的东环壕北段，长约 50 米。方向近正南北向。开口于第一层下，打破第二、三层堆积。沟体整体形状规整，上口宽大，底部窄小，斜直壁，平底，部分沟底内侧有生土二层台，外侧不见该种情况，上口宽约 2、底宽约 1、深约 1.2 米，其内堆积多为黑褐土，也有黄褐色五花土，堆积情况各段略有不同。在 T2439 内未发现壕沟的踪迹，对其进行解剖也未见明确壕沟迹象，推测该处应为保留的出入口或门道所在位置。

出土遗物主要为陶器和石器，有少量的骨角、贝和玉器等。

陶器多为碎片，复原器较少。以夹砂红褐陶为主，夹砂黑褐陶次之，泥质红陶也占有很大比例。器形有罐、盆、钵、碗、杯、器座、板状器、塑件等。纹饰丰富，有刻划之字纹、直线纹、勾连涡纹、附加堆纹、戳刺凹点纹、弦纹、篦点纹、篮纹、黑色彩绘平行线纹、红色彩绘等。

石器多为残破标本，完整器较少，细石器数量最多。器形有斧、锛、刀、锤、锄、铲、纺轮、磨盘、磨棒、有孔石器等。细石器有石核、石叶、刮削器、尖状器、钻、镞等。此外，出土一件小型石雕人头像。

根据对 F1 和 F5 内出土的人骨 ^{14}C 测年数据可知，遗址绝对年代为距今 6400～6000 年，属于红山文化早期阶段。

（樊圣英）

【阜新蒙古族自治县两家子青铜时代及金代遗址】

发掘时间：2020 年 9～11 月

工作单位：辽宁省文物考古研究院、阜新市公共文化服务中心考古研究部、阜新蒙古族自治县民族博物馆

两家子遗址位于阜新市阜新蒙古族自

治县哈达户稍镇哈达户稍村两家子屯中部的低矮山丘的台顶及东南坡上，整体地势西高东低。为配合奈曼至营口高速公路福兴地（蒙辽界）至阜新段工程建设，对两家子遗址进行了配合基本建设考古工作。发掘区分为西区及东区，其中发掘西区布5米×5米探方24个，发掘面积615平方米；发掘东区布5米×5米探方16个，发掘面积470平方米。

发掘西区见有环壕，环壕内发掘出房址3座、灰坑14个及灰沟1条。环壕平面呈环弧状，口宽底窄，斜壁，横截面呈覆斗状。房址均规模较小，半地穴式，带有短门道，浅坑式灶，大多室内置有四个柱洞，个别柱洞底部垫有陶片。灰坑按平面形状的不同，可分为圆形坑、椭圆形坑、圆角（长）方形坑、不规则形坑四类。出土遗物多为陶器，另有少量的石器。陶器以夹砂褐陶为主，多为素面，以罐、碗、钵为主，另有少量的瓮、甗、鬲、甗箅、纺轮、圆陶片等。石器数量较少，以磨制为主，多为磨石，另有少量的轴承、斧、铲、石核等。发掘西区为带有环壕的高台山文化聚落址，文化属性单纯。高台山文化房址在以往的发掘过程中数量极少，而此次发掘的3座房址特征鲜明统一，与夏家店下层文化房址风格迥异，为甄别同类型房址，进一步探讨高台山文化的房址布局提供了宝贵的实物资料。此外，遗址内发现的石轴承虽然是辽宁地区青铜时代轴承的孤例，但也证实了东北地区石器工艺从兴隆洼文化以来轮轴工艺的延续。

发掘东区共清理出6排14座房址及7个灰坑。房址均为半地穴式，平面呈圆角长方形；房址多由门道、烟道、灶址、出烟孔及柱洞组成。门道多呈横长方形，少量呈半月形；烟道多为3条，大型房址烟道均呈“匚”字形，小型房址烟道则呈折尺形；灶址后端多接操作坑；出烟孔均位于穴壁外；柱洞位于穴壁上，圆形。灰坑平面多为圆形，直壁、平底。出土器物数量较多，以瓷器及陶器为主，另有少量的石器、骨器、金属器等。瓷器均为白瓷，器类以碗、盘为主，另有少量的罐。陶器均为泥质陶，器类以盆、瓮、罐为主，另有少量的牛偶、纺轮、圆陶片等。石器数量较少，见有雕花建筑构件及磨石。骨器数量不多，主要为簪及刀。金属器主要有钉、錧、釜残片、环钩、叉及铜钱等。发掘东区为金代遗存，这批遗存是辽宁地区目前发现的布局最为规整的金代居址，部分解决了辽宁地区辽金遗存细化的学术争论，为探讨北方地区金代居址的规划布局、建筑结构及生活方式均提供了最为有力的证据。

（徐　政　李海波）

【建平县水泉遗址】

发掘时间：2020年4～12月

工作单位：辽宁大学、辽宁省文物考古研究院

水泉遗址位于朝阳市建平县朱碌科镇刘、杖子村水泉村民组东北侧的台地上。1977、1978年，辽宁省博物馆和朝阳地区博物馆曾进行联合发掘，并区分出下层、中层和上层三个时期的文化遗存，分别对应夏家店下层文化、夏家店上层文化和战国燕文化。为了进一步搞清水泉遗址的文化内涵，2020年辽宁大学和辽宁省文物考古研究院合作，结合辽宁大学18级考古学专业本科生实习，对水泉遗址进行了再次发掘。

本次发掘区选在遗址的西北部，位于原土城址以北，发掘面积300平方米。文化层平均厚度为1.5米左右，最深处距地表2.12米。清理较完整石院墙1处，房址7座（编号F1—F7），灰坑49座（编号H1—H49），墓葬5座（编号M1－M5），沟2条（编号G1、G2）、圆形黄土台1处。出土遗物主要为陶器、石器和骨器，此外还有少量角、牙、蚌、贝、铜等材质器物。

遗存的主体为夏家店下层文化，其中

两座保存较完整的地面式房址，一为圆角方形，一为圆形，室内均铺有白灰面，门道朝南，夯土墙壁内外抹泥，其外侧还有矮墙围绕。据出土遗物特征，并结合地层和遗迹的叠压打破关系，此类遗存应可进一步分期。此外，发现有打破夏家店下层文化地层和遗迹的多座墓葬和灰坑，出土遗物具有魏营子类型的典型特征，对比以前的发掘材料，此类遗存特征与水泉中层相一致。本次发掘未明确发现战国燕文化遗存。

本次发掘主要收获：1. 明确了水泉遗址土城址外北部，先后作为夏家店下层文化的居住区和魏营子类型的墓地使用，对研究城址沿革具有重要意义。2. 没有明确发现属夏家店上层文化的遗存，水泉中层遗存的文化属性有待进一步研究。

（王　闯　华玉冰）

【新民市北崴青铜时代遗址】

发掘时间：2020 年 8 ~ 11 月

工作单位：沈阳市文物考古研究所、新民市文物管理所

北崴遗址位于沈阳市新民市法哈牛镇巴图营子村东北 900 米的一处沙台地上，是一处青铜时代聚落遗址。沈阳市文物考古研究所于 2017、2019 年分别对北崴遗址进行了 1000、500 平方米的考古发掘，发现了自商周至西汉初的遗存，遗址延续时间较长、文化内涵较丰富。

2020 年 8 ~ 11 月，沈阳市文物考古研究所对北崴遗址进行了 500 平方米的考古发掘，发现了 8 座墓葬、4 条灰沟及 39 个灰坑，出土了大量的夹砂陶片、少量石器、青铜器等。发现的墓葬均为竖穴土坑墓，以仰身屈肢为主，西北向居多，随葬 1 ~ 4 件器物，器形有壶、罐、碗等，也有璧、串珠、铜銮铃等。灰沟及灰坑出土了大量的夹砂陶片、少量的石器，器形有鼎、鬲、壶、甑、罐、碗、纺轮、网坠、石刀、石斧、石镞、铜刀等。北崴遗址 2020 年度的发掘一方面确定了北崴遗址新乐上层文化时期聚落的西侧边界，另一方面补充了 2019 年发现的西周至春秋的墓葬材料，对于完善沈阳地区青铜时代考古学文化序列、探讨辽河流域同时期考古学文化间的交流与互动具有重要价值。

（李树义　苏　哲）

【沈阳市浑南区上马汉代遗址】

发掘时间：2020 年 4 ~ 7 月

工作单位：沈阳市文物考古研究所

上马遗址位于沈阳市浑南区高坎街道上马社区。地处浑南右岸的岗丘台地上，地势南高北低。东距沈阳四环快速路 0.6 千米，西临世博东街，南距国道黑大线（G202）0.6 千米，距沈吉铁路 0.7 千米，距浑河 2.6 千米。

经国家文物局批准，本年度沈阳市文物考古研究所对上马遗址开展了考古发掘工作。发现汉代建筑址 1 处，出土各类文物 200 余件。

上马遗址建筑址由台基、房址、外围墙构成，房址和台基残存东端一小部分，外围墙残存东北角。整体为院落式布局，台基居院落之东北角，其上有房址。台基整体呈覆斗状，夯筑，朝向南偏东 18°，进深 17.3 米，面阔不小于 13.8 米，南缘东端有 1 处阶梯式通道。外围墙位于台基外，夯筑，走向与台基平行，残存北墙东段（残长 14.6 米）和东墙北段（残长 26.7 米），残存最高处 1.1 米。房址构筑于台基上，朝向与台基一致，进深 12.8 米，面阔不小于 9.6 米。

出土文物以陶器为主，有“千秋万岁”瓦当、筒瓦、板瓦、菱形纹铺地砖等建筑构件，有釜、盆、壶、罐、瓮、钵等日用陶器；铁器有镢、斧、环首刀等；铜器有“半两”、“五铢”、鸡目“五铢”、“货泉”、镞等；还发现 1 只漆耳杯。

上马遗址是在战国（燕）、秦、汉辽

东长城沿线首次发现的高台建筑遗址，也是沈阳市开展考古工作以来出土“千秋万岁”瓦当最多的一处汉代遗址（刘明）。

【盖州市青石岭山城】

发掘时间：2020 年

工作单位：中国社会科学院考古研究所　辽宁省文物考古研究院　盖州市文物局

青石岭山城（2016 年以前为高丽城山城）位于盖州市青石岭镇，2015 年中国社会科学院考古研究所、辽宁省文物考古研究院、盖州市文物局开始对青石岭山城进行考古调查和发掘。山城周长约 6485 米，通过近年来的考古发掘，青石岭山城已经发现了城墙、城门、蓄水池、金殿山遗址、大型建筑址等高句丽遗迹，瓦当、陶器、石器、铁器及与冶炼有关的炉渣等高句丽遗物。2020 年青石岭山城考古工作是在 2019 年基础上主要发掘东北角楼西侧护坡和四号门外椅子山墓群。

东北角楼位于山城东城墙、北城墙交汇处，地势较高，具有良好的视域范围。角楼使用了大量筒瓦和板瓦，发现了木炭、红烧土、火烧变形的瓦件等火烧痕迹，推测角楼上原来有木结构房屋建筑。根据出土器物判断，角楼在高句丽晚期由于火灾被毁。

东北角楼西侧护坡南北长约 10.5 ~ 11.5 米、东西宽约 5.1 ~ 6.8 米、高约 0.4 ~ 2.4 米，根据对西侧护坡的解剖可知，西侧护坡的结构为土石混筑。角楼的马道位于角楼西墙与北城墙内墙相连接的地方，宽约 1.2 ~ 1.5 米、残长约 14 米，其中 8.5 米可见有明显的石砌台阶，另外 4.5 米从残存痕迹来看，可能为土石混砌。北城墙内侧局部发现明显的补筑痕迹，宽度为 0.8 ~ 1 米。发现了大量板瓦、筒瓦、铁钉、铁镞、铁甲、木炭、陶器残片等，为复原东北角楼的结构、研究当时高句丽人的物质文化生活提供了重要依据。

椅子山墓群位于青石岭山城四号门外、椅子山东南侧，因此称为椅子山墓群。2015 年调查时发现四号门外存在高句丽墓葬，2020 年进行再次调查时，发现这一区地表存在较多碎石，因此对地表的杂草进行了大面积的清理，发现墓葬及疑似墓葬数十座。目前可以确定有墓圹的墓葬为 26 座，仅有积石没有墓圹的疑似墓葬 18 座。椅子山墓群发掘收获如下。

根据目前的调查，椅子山墓群可以分为三个区域，目前发掘的第一区，确定的墓葬和疑似墓葬 44 座。第二区位于第一区东侧，调查发现有疑似墓葬十余座。第三区位于第一区域北侧，调查发现疑似墓葬三座。第二区和第三区的发掘当时拟在 2021 年进行。目前发掘的椅子山墓群第一区墓葬均为积石墓，除了 M7 平面形状为刀形之外，其他墓葬平面形状基本为长方形。根据对已经确定墓葬的解剖发现，多数墓葬为平地修建，一部分墓葬的墓圹向下开挖，形成了半地穴式的墓圹。墓葬没有打破关系，墓葬排列等相关问题需要进一步研究。由于没有发现人骨及残骸，葬式不明，但是个别墓葬发现铁棺钉，因此部分墓葬存在可能为木棺的葬具。多数墓葬被盗严重，随葬品较少，出土器物包括陶器碎片、石器、铁棺钉、鎏金铜镯等。根据墓葬形制、出土器物等，我们认为墓葬年代可能在高句丽晚期，墓主人为城内的高句丽居民。

（王飞峰　李新全　李海波）

【铁岭市西丰县城子山山城】

发掘时间：2020 年 5 ~ 11 月

工作单位：辽宁省文物考古研究院

城子山山城位于铁岭市西丰县凉泉镇东南约 5 千米哈达岭西麓的城子山上，山城所处位置山高谷深，周围群山环绕，北侧为碾盘河，碾盘河汇入清河，清河向西入辽河。城址于 1968 年被公布为省级文物保护单位，2013 年被公布为全国重点文物保护单位。山城由东侧的石城和西侧的土城两部分构成，土城的北墙和南墙接筑于石城的西墙上，平面呈“∞”形。石城实测周长约4332.8米，面积约100.6万平方米；土城实测周长约2865.1米，面积约6.44万平方米。

为了配合文物本体保护工程的实施，本年度对山城1号门址进行了发掘。1号门址位于石城南墙东段，东距南墙和东墙交汇处约30米。门址所处位置东高西低、门道北侧（城内）为自然山脊顶部平台，南侧（城外）为山脊外陡坡，地表植被茂盛，筑墙石材散落，石缝间有大量夹砂红陶瓦残片。1号门址发掘区布设5米×5米探方9个，加上后期扩方部分，发掘面积约300平方米。

地层堆积较为简单，第一层为腐殖土层，第二层为城墙和门道倒塌堆积，第三层为门址使用过程中堆积，第四层为修筑城墙和城门前的早期腐殖土。此次发掘完整揭露了1号门址以及门两侧的附属设施（包括门道、门外护坡、门内护坡、登墙马道、南北墩台等）；发掘出土了一大批高句丽时期建筑构件（筒瓦、板瓦、瓦当、压当条）和铁器（门包条、铁钉、铁镞、甲片、铁锥）。

城子山山城是辽东北地区目前所见规模最大的高句丽山城，通过此次工作，初步判断山城为石城和土城相结合的复合式山城，石城修筑的年代要早于土城；根据1号门址出土遗物和^{14}C测年数据，石城的始筑年代在高句丽晚期，并沿用至高句丽灭亡前后。

（褚金刚）

【阜新蒙古族自治县桃李营子金元时期遗址】

发掘时间：2020年9～11月

工作单位：辽宁省文物考古研究院、阜新市公共文化服务中心考古研究部、阜新蒙古族自治县民族博物馆

桃李营子遗址位于阜新市阜新蒙古族自治县阜新镇桃李营子村东1千米，马蹄营子屯西南1.5千米。东1千米是大凌河中下游的重要支流细河，西1里余还有一条细河的季节性小支流。为配合奈曼至营口高速公路福兴地（蒙辽界）至阜新段工程建设，对遗址进行了配合基本建设考古工作。发掘区共布5米×5米探方40个，发掘面积1000平方米。

发掘区共清理出28座房址及88个灰坑。根据遗迹、遗物及堆积层位看可分为早晚两期。早期应是金代较大规模的聚落址，晚期可能是元甚至更晚时期的小型聚落址（或是遗址的一小部分）。房址均为半地穴式，平面近长方形；房址多由门道、烟道、灶址、出烟孔组成。烟道2～4条，房址烟道多呈折尺形；灶址后端多接操作坑；出烟孔均位于穴壁外。灰坑平面多为圆形，直壁、平底。出土器物数量较多，以瓷器及陶器为主，另有少量的石器、骨器、金属器等。瓷器均为白瓷，器类以碗、盘为主，另有少量的罐。陶器均为泥质陶，器类以盆、瓮、罐为主，另有少量纺轮、圆陶片等。石器数量较少。骨器数量不多，主要为簪。金属器主要有钉、镞、环、叉、铁锁及铜钱等。早期房址炕道的构筑方式有两种：一种是直接在生土上挖槽形成炕道，一种是生土混灰土在生土面上堆砌而成；而房内地面少部分是生土，多是在生土上垫灰土，踩踏而成。早期房址还有三个有别于以往发掘的同时代遗址的特点：埋藏深；延用时间长（房址之间打破关系较多）；居住的房址极为密集。

（徐韶钢）

吉林省

【农安县围子里青铜时代遗址】

发掘时间：2020 年 7 ~ 11 月

工作单位：吉林省文物考古研究所、长春博物馆

遗址位于农安县小城子乡小城子村东北的松花江南岸台地上，距河道 6 千米，面积约 10 万平方米。

本年度发掘布 5 米 ×5 米探方 25 个，发掘面积 500 平方米。共计发现遗迹 20 处，均开口于②层下，都属青铜时代。其中灰坑 9 处，房址 5 处，墓葬 1 处，灰沟 1 条，柱洞 1 处，柱础 3 处。

房址多为长方形圆角半地穴式，最大者面积约 80 平方米，余者均在 20 平方米左右，局部残存有烧烤痕迹，居住面较为平整。房内出土成组器物，所出器物多保持原始摆放状态。

灰沟位于发掘区西侧，东北—西南贯穿发掘区南北，沟口宽 2.2 米，沟底宽 0.8 米，深 1.8 米，沟壁斜直，沟底平整。本次发掘揭露长度 16.8 米，两端向发掘区外延伸，已揭露部分略有弧度，弧顶向西，上述房址均在沟东侧，灰沟的整体规模和范围尚未探明，但结合已揭露区域的房址及其它遗迹来看，应具有环壕特征。

灰坑分布在房址之间隔出的大片空地上，平面多呈圆形、不规则形，直壁或斜直壁，平底或寰底。

墓葬为土坑竖穴墓，单人仰身直肢，出土 6 件陪葬品有玉器、石器和陶器，其中 4 件位于头骨西北，2 件位于颌骨下方。

发掘出土各类陶器、石器、骨器、蚌器、金属器等 160 余件，以陶器为大宗，骨器次之。陶器的可辨器形有罐、壶、瓮、鼎、鬲、豆、杯、碗、钵等；骨器多为骨料、骨锥、骨凿，另有少量卜骨，其中出土数枚用鱼骨制成的卜骨。

综合来看，此次发掘所揭示文化内涵虽然受白金宝——汉书二期文化影响较深，但又有所差异，一些器物所表现出来的特征是该地区以往所未见的，所以本年度工作的主要收获在于发现了一种不同于以往认识的独特的文化遗存，有助于填补吉林省中北部西流松花江流域青铜时期考古学文化的缺环。

（崔殿尧）

【延吉市河龙二队青铜时期至汉代遗址】

发掘时间：2020 年 5 ~ 9 月

工作单位：吉林省文物考古研究所

河龙二队遗址位于延吉市小营镇河龙村以西，地处布尔哈通河南岸一处高出水面约 10 ~ 20 米的台地上，地理坐标北纬 42°54′05.75″，东经 129°36′06.43″。为了配合延边朝鲜族自治州延龙图新区工程建设，吉林省文物考古研究所会同延吉市文物管理所对工程涉及河龙二队遗址范围进行了抢救性考古发掘，共布 5 米 ×5 米探方 59 个，实际发掘面积 1420 平方米。

本次共发掘房址 15 处，灰坑 136 个，沟 8 条，灶 3 个。遗址地层整体南高北低，南部地层较厚，向北变薄。①层为灰黑色耕土层，土质较疏松，含大量现代垃圾、

塑料薄膜及植物根系，出土少量陶片。②层土质土色与①层相似，较①层致密，出土少量陶片及铁器。发掘区东部②层下即为生土层。③层为黑色黏土，分布在发掘区南部，南部略厚，北部很薄，松软纯净，部分探方夹有黄沙，推测为自然形成的淤积层。④层为黄褐色黏土，分布在发掘区中部，含大量白色砂砾，少量炭粒，土质较硬，出土较多陶片。⑤层为黑灰色黏土，仅分布在发掘区西南角，较纯净，未出土陶片。

目前已发现的房址共15处，均为半地穴式。晚期房址面积较小，长3～5米，宽2～3米。房址形制规整的较少，平面为圆角方形，四角各有一柱洞，底部较平。多数房址平面为不规则的圆角方形或椭圆形，地面不平整，有的有门道，门道方向各不相同，柱洞分布及数量也无规律；出土器物较少。值得注意的是，除F15有一个很小的灶外，其余房址内均未发现灶。早期房址F16、F17、F18，面积较大，长10～11米，宽4～5米，东西两侧有较大的生土平台，中部较深，长度达4～7米不等，四周及房址中部有成排分布的柱洞，地面较平，有较硬的踩踏面，中部偏西有圆形灶址，灶四角分别有一个石块；出土较多石器，出土陶器包括平底筒形罐和陶钵。

发掘灰坑数量较多，共136处，以圆形或椭圆形坑为主，寰底或平底坑较多，少数底部形状不规则，推测为垃圾坑或废弃堆积。另有一种圆角方形直壁坑，形制较规整，坑壁经过平整，深度较大，有的有门道，有的有生土台或石头踏步。底部较平，形制不同，有的铺设炭灰烧土防潮层，有的底部有大小不一的圆形坑用来放置陶罐，有的有规律地放置石块。该类遗迹通常出土较多陶片，底部有保存较为完好的陶器或连片分布的陶片，推测为窖藏类遗迹。

发掘沟8条，除G6外均为南北向长条形排水沟，宽度较窄，G6为东西向，较宽，长度约25米，性质不明。发掘灶址3处，中心为10～20厘米红烧土，较纯净细腻。

遗址内共出土小件337件，陶器179件，其中可复原陶器77件，器形包括罐、豆、杯、碗、甑、瓮等，出土数量较多的砖形器，用途不明；石器117件，磨制石器包括石刀、石斧、石磨棒、石坠饰等，打制石器包括石核、石片、黑曜岩石叶等；铁器37件，大部分为炼渣，同时还出土2件鼓风管，应与冶炼有关；木器1件；还出土了3枚五铢钱。

根据地层叠压打破关系，结合出土遗物特征和测年结果判断，河龙二队遗址应包括早晚两期遗存，其中早期遗存属于青铜时代的柳庭洞文化，年代约相当于春秋战国时期，晚期遗存属于早期铁器时代的团结文化，年代约相当于东汉时期。该遗址的发现，极大地丰富了柳庭洞文化和团结文化的内涵，也为后续的分期研究提供了宝贵的材料。

（徐　廷　苗诗钰）

【吉林市丰满区永安汉代至北朝时期遗址】

发掘时间：2020年4～12月
工作单位：吉林省文物考古研究所

永安遗址位于吉林市丰满区永安村二队北侧，南侧紧邻东团山遗址平地城，东北约2千米为龙潭山山城，东南约1.5千米为帽儿山墓地。永安遗址于2011～2013年曾开展发掘工作，发现汉魏时期遗存。2018年在该遗址区域内采集到瓦当等建筑构件。经国家文物局批准，2020年吉林省文物考古研究所对该遗址开展了主动性考古发掘工作。

本年度发掘面积500平方米，共发现早晚两期遗存。早期遗存年代为公元1世纪至公元4世纪，为夫余遗存；晚期遗存为公元5世纪至公元6世纪末，为高句丽遗存。

早期遗存为该遗址的主体遗存，见有房址、灰坑、灰沟等遗迹现象，出土有陶器、石器、骨器、建筑构件等遗物。F1为半地穴式，平面近长方形，唯东南角呈圆角。东西长约4.5米，南北宽约2.5～3米，面积约13平方米。北壁保存较为完好，直壁，现存高度40～60厘米（西高东低），其余穴壁坍塌较为严重。门道位于南壁偏东部，宽约1.2米，向南延伸出探方，暂时未做发掘。活动面较为平整，上铺一层厚约0.5～1.5厘米的黄色黏土。未见灶、柱洞等迹象。房址内出土有陶豆、陶球、花纹砖等遗物。经^{14}C检测，该房址年代为东汉时期。

晚期遗存见有灰坑、灰沟等遗迹，出土有陶器、石器等遗物。

永安遗址发现的前后相继的二期遗存为研究汉代至北朝时期吉林市地区考古学文化序列提供了新的材料。永安遗址早期遗存所见遗物，在东团山遗址、帽儿山墓地均可见到同类器物。说明三处遗址年代相近，关系密切。F1为第一次发现的明确的夫余房址，该房址遗迹现象较为清晰，器物组合关系明确，对于进一步认识夫余文化的文化面貌具有重要意义。

（王　聪）

【集安市霸王朝山城外围遗址】

发掘时间：2020年7～12月

工作单位：吉林省文物考古研究所

本年度吉林省文物考古研究所对集安市霸王朝山城外围的2处遗址点（报马村北遗址、北头村东南遗址）继续进行考古发掘工作，总计发掘面积约920平方米。两处遗址点发掘情况如下。

报马村北遗址发掘面积约520平方米，发现有建筑台基、房址、灰坑、灰沟、柱坑等各类遗迹百余处，发现遗存分属于青铜时代晚期、高句丽、金代、晚清至民国四个时期，主体遗存为高句丽时期，青铜时代晚期遗存为本年度新发现，高句丽和金代遗存整体情况与2019年度的考古发现基本相同，但遗存数量更为丰富。通过本年度的考古发掘，出土了数量众多的高句丽时期遗存，极大地丰富了遗址所处区域的高句丽遗存资料，为探索本区域高句丽时期平民的生产、生活情况提供了重要的材料基础。同时，遗址内青铜时代遗存的发现，为探索遗址所处区域高句丽遗存的源流提供了重要线索。

北头村东南遗址发掘面积约400平方米，发现房址、灰坑、灰沟、石墙等各类遗迹120余处，出土陶、铁、铜、石器等标本数百件。根据房址内出土的“货泉”、“五铢”等钱币及陶器特征判断，遗址内部遗存应分属于高句丽和渤海两个时期，其中主体遗存为高句丽时期。遗址本年度最为重要的考古收获为②层下一批高句丽时期冶铁遗存的发现，相关遗迹有房址、灰坑和灰沟等，相关遗物主要有炉壁、炉渣等。相关房址为一处浅地穴式长条形排房式建筑，整体呈西北—东南走向，已发掘部分通长约19.85米，宽约2.42～3.14米，清理发现隔间5个，墙体普遍较薄，各隔间内部均无取暖设施，显然并非用于日常居住，可能为与金属冶炼活动相关的作坊或库房。此外，根据北京科技大学对炉渣、炉壁等遗物进行的初步金属检测，废渣内主要金属元素为铁（铁含量最高可达96%），综合上述情况判断，该遗址应为一处高句丽早期冶铁遗址。通过本年度的考古发掘，出土了数量众多的高句丽早期遗存，极大地丰富了吉林省内的高句丽早期遗存材料。同时，本年度遗址内冶铁遗存的发现，为中国东北地区首次通过考古发掘发现的高句丽早期冶铁遗存，是高句丽历史与考古的重要发现，对促进高句丽早期金属冶炼工艺，聚落形态、生业经济和社会组织结构等研究具有重要意义。

（王志刚　刘晓溪　王晓明　孙立斌）

【珲春市三家子乡古城村1号和2号寺庙址】

发掘时间：2020年7～11月

工作单位：吉林省文物考古研究所

古城村1号寺庙址、2号寺庙址位于延边朝鲜族自治州珲春市三家子乡古城村东侧100米的农田中。2016年发掘了古城村1号寺庙址，根据对出土遗物的年代学研究，推测1号寺庙址始建年代可早至高句丽时期。2017～2019年发掘了古城村2号寺庙址中的3处建筑台基以及窖穴、灰坑、灰沟、水井等遗迹，并清理了1号建筑台基下的舍利地宫。

2020年度，为明确2号寺庙址整体布局，在发掘区中轴线西侧的北部疑似存在墙体的位置布设10米×10米探方8个，并继续发掘2019年未完成的水井及窖穴遗迹，实际发掘面积944平方米，共揭露早期墙基1处、建筑台基1处、灰沟3条、灰坑15个、水井1处。

建筑台基编号为四号建筑台基，平面上呈内外两重结构，外侧南北残长约23.2米、东西残宽约14.6米，内侧分为东西两间，南北长14.6米，东西宽7.4米。从建筑外地面及周边倒塌堆积中出土的瓦件等遗物来看，此建筑为渤海时期建筑，与中轴线上三座台基建筑存在共同存续时间，为寺庙附属建筑，屋内发现与生活相关器物，推测其性质可能为僧房。

水井被金代人骨坑叠压，打破三号建筑台基，井口平面近圆形，直径约2.4米，深6.2米，井内发现有陶罐1件、瓦类残件12件、铁器残件、狗头骨及肢骨等遗物。

在清理2019年未完成窖穴时，发现窖穴打破一处早期墙体，该墙体与中轴线基本平行，宽约80厘米，内部为黄褐色黏土与黄沙层交替夯筑，仅存10～15厘米厚，打破生土，推测其与台基下侧早期遗存可能属同一时期。

出土遗物主要包括建筑构件、陶器、瓷器、金属器、佛像残件等。其中建筑构件包括板瓦、筒瓦、瓦当、当沟、亚当条等，均表现了渤海时期特征；陶器包括盘、瓮、罐等，瓷器主要为三彩器；金属器包括铁钉、铁环、铁镞等铁器，铜钱、铜带銙等铜器；佛像残件出土数量较少。

通过本年度发掘可明确古城村2号寺庙址的平面布局，确认了2号寺庙址至少存在早、晚两期建筑遗存。早期建筑基本已被破坏，仅发现与中轴线平行的墙基遗迹。晚期建筑布局完整，结构清晰，年代为唐代渤海国时期。

（解　峰　包艳玲　张　哲）

【吉林市乔屯辽金时期遗址】

发掘时间：2020年9～11月

工作单位：吉林省文物考古研究所

乔屯遗址位于吉林省吉林市桦皮厂镇乔屯村西北面的耕地里，遗址中心地理坐标北纬43°59′22.58″，东经126°16′38.07″。2020年9月至11月，为了配合“吉林中部500千伏电网完善工程”建设，吉林省文物考古研究所对拟建于乔屯遗址范围内的电网168号铁塔塔基占地区域开展抢救性考古发掘工作。本次发掘工作共布设5米×5米探方12个，发掘面积共计300平方米。揭露遗迹单位11个，其中灰坑9个，灰沟2条。出土器物中可复原的较少，只有陶甑一件、白瓷碗一件、白瓷钵两件和石铲、多面石磨器各一件。另外出土有板瓦残片、陶器残片和少量的瓷器残片、石器。板瓦残片多见灰色，少见红色，均为泥质，厚薄不一，板瓦凹面多有“布”纹。陶器残片较多，多为灰色，可辨识器形有罐、盆、钵、碗、甑、器盖等。瓷器残片发现有白瓷和褐色釉瓷，其中白瓷可辨识钵和碗的口沿和器底，褐色釉瓷可辨识罐的口沿和器底。

从以往考古调查和地表文物采集情况来看，乔屯遗址分布范围较广，遗址面积大约在50000～60000平方米。遗址所处区域地势平缓，腹地开阔，土质肥沃，十分适合农耕的开展。本年度发掘区域位于该遗址的东部，应该是遗址的东部一隅，虽然本次考古发掘中发现的遗迹和出土的遗物数量不多，但是从历年考古调查情况分析，乔屯遗址是保存较好的辽金时期一处重要的大型聚落，为研究辽金时期的物质文化面貌提供了丰富的实物资料。

（董　峰）

【双辽市四合村辽代墓葬】

发掘时间：2020年7～9月

工作单位：吉林省文物考古研究所

双辽市服先镇四合村古墓位于双辽市服先镇四合村少胡同屯一农户后院中，此处有一东北—西南向土岗。2020年春季，农户使用挖掘机在土岗南坡断崖处取土时发现该墓葬，之后吉林省文物考古研究所会同双辽市文物保护服务中心对墓葬进行了抢救性考古发掘。

为了明确墓葬的整体结构，以墓葬破坏中心布置10米×10米探方1个，实际发掘面积95平方米。发掘砖筑单室墓一座，编号为墓葬SSM1。

墓圹近圆角方形，墓道平面近长条带状，前窄后宽，直壁，坡底，墓道部分被破坏。墓道北侧发现砖筑祭台，祭台东南约1米处发现殉葬羊头骨一个。墓圹中部为砖室，底部近圆角长方形，上部为穹窿状。砖室可分为墓室、甬道两部分。甬道呈拱形，外侧有封门砖。墓室内搭建六边形木椁，在墓室底部共发现3具人骨，性别均为男性。

该墓葬内出土器物较少，随葬品包括瓷碗、骨簪、骨弓弥、穿孔羊距骨、玛瑙珠、铜带扣、铜耳饰、铜环、景德元宝、元丰通宝等。从墓葬结构、规模及随葬品情况推测，墓葬年代为辽代中晚期。

（解　峰　王力丹　张梦天）

【抚松县池南区老黑河遗址】

发掘时间：2020年7～10月

工作单位：吉林省文物考古研究所

老黑河遗址位于白山市抚松县池南区，地处长白山南麓老黑河北岸的密林深处。2020年，吉林省文物考古研究所对老黑河遗址及周边相关遗存进行了系统的考古调查，并报请国家文物局批准，对老黑河遗址进行抢救性考古发掘，发掘面积650平方米。

对老黑河遗址本体的调查除采用传统的地表踏查外，还聘请专家专门设计了以遗迹为导向的林区区域系统考古调查方法。

通过考古调查，明确了老黑河遗址分布于天然台地之上，由天然的冲沟、河流及人工修筑的铁路环绕，形成约2平方公里的封闭环境，遗迹分布核心区面积约为15万平方米，沿老黑河北岸台地呈东—西向分布。遗址内发现大型围墙院落两处、大型仓储性质房址数处，带有火炕的居住性质房址三十余座，以及道路、石墙、壕沟、水井等多处遗迹，这些遗迹依托地势修建，错落分布，结构复杂；遗址内出土大量印有伪“满洲国专卖总署/总局”的汽油桶、日本产罐头盒等生产生活遗物，并发现碉堡、铁丝网等军事性质遗迹，表明老黑河遗址为抗日战争时期长白山地区大型特殊遗址。

对老黑河遗址本体进行考古调查时，在遗址南、西、北三面发现了半环绕遗址而过的森林铁路。为日伪时期修筑的五道沟森林铁路，通过对五道沟森林铁路进行大范围的系统调查，在老黑河北岸发现森林铁路支线近三十公里，这些铁路多深入山谷，支线纵横，全部支线皆延伸至盛产红松等优质木材的山谷内。支线铁路多为临时性铺设，所用枕木均为红松类木材树梢部分，仅截取枝杈，未经修整直接铺设。

森铁沿线发现有数处大型院落址。通过对这些院落址形制、规模的调查，并结合相关文献，可以推断这些院落址应为五道沟森林铁路的背阴沟站和坨道口站等。铁路沿线发现大量日伪时期盗伐木桩，在长白山茂密植被的映衬下显得疮痍满目。

本次发掘对老黑河遗址目前发现的所有遗迹在图上统一布设10×10米探方，并选取了大型房址及院落围墙、碉堡进行发掘清理，清理出各类遗迹现象并出土大量遗物。

发掘的大型房址编号F10，室内可见多铺火炕，应为多人居住场所；门朝西北，不合常理；门口还有正对房门的小型房址；且F10周围架设有铁丝网，防卫森严。结合遗址性质，推测F10应为日伪关押伐木工人所用，正对房门的小型房址F32当为看守人员所用。

老黑河遗址向我们展示了80年前日本帝国主义对我国东北地区林业资源的恶意掠夺，也时刻在无声地提醒我们勿忘历史。

（孟庆旭　郭美玲　薛　婷）

【长白山地区旧石器考古专项调查】

调查时间：2020年3～11月

调查单位：吉林省文物考古研究所

长白山地区旧石器考古专项调查是吉林省2020～2022年省级文物保护资金补助项目，实施年份为2020～2022年。工作目的是通过专项调查，填补长白山地区多个县市旧石器时代遗址的空白，绘制长白山地区旧石器时代遗址分布详图，了解该地区旧石器时代工业面貌，寻找黑曜岩原料的产地，进而明确并深化长白山旧石器时代遗址群的文化内涵，为研究古人类的迁徙模式、生存策略及环境变化的响应方式等提供了丰富的基础资料。主要工作内容是对发源于长白山地区的图们江流域（全流域），松花江流域（上游包括头道松花江、二道松花江和牡丹江上游），鸭绿江流域（上游）开展旧石器考古专项调查。

2020年，本次调查在汪清县新发现含打制石器地点63处，采集石制品1362件；和龙市新发现含打制石器地点40处，采集石制品944件；敦化市新发现含打制石器地点86处，采集石制品886件；延吉市、龙井市新发现含打制石器地点86处，采集石制品916件；抚松县新发现含打制石器地点115处，采集石制品1209件；安图县新发现含打制石器地点27处，采集石制品203件（未完成）。涉及河流包括图们江流域的嘎呀河、布尔哈通河、海兰河、红旗河；松花江流域的牡丹江、头道松花江、二道松花江等，先后对木屋村后山遗址、菜营子沟遗址、新兴遗址第1地点和桃源遗址进行了试掘。发现洞穴6处，其中集安市2处、通化县1处、安图县1处、和龙市2处。

通过本次调查，发现了大量的含打制石器地点，通过对采集遗物的器物组合进行分析，辅以必要的试掘和测年工作，确定该地区含打制石器遗址的年代跨度较大，从旧石器时代一直延续到早期铁器时代；遗址多数都分布在河流的凸岸阶地之上，图们江左岸、头道松花江和二道松花江两岸较高的熔岩台地，往往因为汲水困难，遗址稀少；从原料的利用来看，黑曜石在长白山地区的使用延续时间很长，一直到相当于汉魏时期的早期铁器时代，黑曜石工具逐渐退出历史舞台；距离长白山天池主峰越近，黑曜岩原料的比例越高，反之则原料种类越多，特别是绥芬河流域，因为本地盛产玛瑙，也是良好的石器加工原料，遗址中很少见到黑曜岩原料石制品；从剥片技术看，既发现有普通石核，又发现有石叶石核和细石叶石核，绝大多数的石叶石核和细石叶石核都存在预制过程，剥离的石叶和细石叶形态规整，特征鲜明；从工具类型来看，常见的是长身边刮器、端刮器、修边斜刃雕刻器、琢背小刀和石钻等。

（徐　廷）

【集安市高句丽城址区域系统考古调查】

调查时间：2020 年 4～11 月

工作单位：吉林省文物考古研究所

本年度，根据吉林省文物考古研究所 2018 年编制的《吉林省集安市高句丽城址区域系统考古调查工作方案（2018～2023）》，结合实际工作及研究需要，在 2019 年度调查工作基础上，吉林省文物考古研究所对集安市境内的望波岭关隘、大川哨卡及关马山城周边区域开展了区域系统调查工作。本年度的调查工作大体可分为三个部分。第一部分为对大川哨卡、关马山城遗址本体的调查工作。根据既定工作计划，对大川哨卡和关马山城遗址本体进行了调查，对墙体的保存现状、结构、砌筑方式等进行了详细的分段记录；第二部分是对大川哨卡和关马山城外围的 7 处墓群进行调查记录及测绘工作，核实并记录各处墓群详细的墓葬信息情况；第三部分是对核心遗址周边区域的调查工作，此项工作主要围绕望波岭关隘、大川哨卡和关马山城周边区域开展。

本年度，在望波岭关隘 2019 年度调查范围基础上，继续向位于关隘东北方向的大、小荒沟区域开展调查工作，在该区域内新发现遗物采集点 5 个，其中 4 个为高句丽时期遗存。整体而言，通过 2019、2020 两个年度的考古调查工作，调查人员在望波岭关隘周边一共新发现遗物采集点 17 处，其中高句丽时期遗物采集点 8 处，采集点多分布在交通便利，靠近水源，地形平坦开阔，适合生产生活的位置，关隘的存在并没有对其周边的遗址分布产生明显的影响，也说明了望波岭关隘应该就是一处功能比较单一、扼守在新开河谷上的军事要塞。

此外，本年度开启了大川哨卡和关马山城周边区域的调查工作，年度调查覆盖面积约 300 平方公里，在该范围内新发现遗物采集点 10 处，其中，高句丽时期采集点 2 处。通过调查发现，关马山城和大川哨卡所处的苇沙河谷地遗址点的分布情况与望波岭关隘周边遗址分布情况相近，这也印证了关马山城的性质应是其所处交通道路上的一处功能单一的军事关卡，而大川哨卡则是经关马山城进入浑江流域的一处防御性前沿哨所。

（王志刚　刘晓溪　王晓明　孙立斌）

黑 龙 江 省

【尚志市二里地遗址】

发掘时间：2020 年 7 ~9 月

工作单位：黑龙江省文物考古研究所

二里地遗址位于尚志市一面坡镇三阳村二里地屯西 300 米、蚂蜒河支流左岸的二级阶地上。遗址东邻绥满公路，距一面坡镇 5 千米，距尚志市 26 千米。2018 年 5 月调查时发现石器地点两处，其第一地点地理坐标为北纬 45°02′32.9″，东经 128°07′17.6″，第二地点地理坐标为北纬 45°02′24.0″，东经 128°07′18.4″，遗址地处张广才岭西侧，蚂蜒河上游，地形属于山地向平原过渡的低山丘陵地带。地势西高东低，海拔在 282 ~295 米。遗址南北最长 300 米，东西最宽 50 米，总面积为 10000 余平方米。发掘区位于该遗址的东部，分别在第一、二地点布 5 米 ×5 米探方各 1 个，总发掘面积为 50 平方米。遗址层位堆积简单，可分为 2 层堆积。具体表现为：第①层为耕土层，第②层为文化层，黄褐色砂土，羼杂大小不一的料礓石，厚度约为 10 ~20 厘米；砂质多，疏松，主要包含石器、陶片、植物根茎与大量破碎料礓石。第②层以下为黄砂或风化基岩。

出土遗物以石器为主，第一地点出土 25 件，其中 24 件为凝灰岩石片，1 件为玛瑙细石核；第二地点出土石器 3 件，均为凝灰岩材质，其中石片 1 件，石斧 2 件。发现陶器较少，仅在第二地点耕土层中见有 1 件陶器口沿残片，泥质灰陶，侈口厚沿，质地较硬，烧制火候高。从已有的发掘情况来看，遗址中石制品数量较少，分布密度低，属原地埋藏，其性质可能为石制品的加工场所。石制品原料为就地取材，凝灰岩原料产地位于遗址附近。石器以石片为主，从特点上可以看出应属于石片加工技术。两地点采用石料一致，也见有同类石片加工技术，考虑到两处均出有磨制石斧，可将该遗址年代暂定为石器时代。此次发掘丰富了蚂蜒河流域石器时代的文化面貌，为研究石器制造技术、生业模式等提供了一批详实的资料。它的发现为进一步完善本地区的考古学文化序列提供了基础资料。

（刘　伟）

【饶河县小南山遗址】

发掘时间：2020 年 6 ~11 月

工作单位：黑龙江省文物考古研究所

小南山遗址位于饶河县饶河镇的乌苏里江岸边，从 20 世纪 50 年代开始在该遗址陆续发现古代文化遗存，尤其以大量玉器最为重要。2015 ~2017 年和 2019 年黑龙江省文物考古研究所对其进行考古发掘，荣获“2019 年度全国十大考古新发现”。2020 年总发掘面积 550 平方米。主要收获如下。

第一，在相距 75 米的第一墓葬区和第二墓葬区之间发现了 2 座房址，其中大的房址建在 15 度斜坡之上，开凿基岩而成，坡下东侧有门道，房屋周边有柱洞。房址内出土少量陶片、石片和两面尖状器等，属于小南山一期遗存，房址中心灶内炭粒获得的^{14}C数据校正后为距今14500年左右。此外，在第二墓葬区西南，出土了大量属于小南山一期遗存的石器和陶片，石器以两面器和锛形器为代表，还有较多的细石核和细石叶，陶片内外表面有压印草痕。以上小南山一期遗存与俄罗斯境内的奥西波夫卡文化接近。

第二，在小南山南部，1991年发掘的墓葬附近，发现新石器时代房址和墓葬各1座。新发掘的房址与2019年发掘的房址相邻，为半地穴式，有内外2排柱洞，中间有灶。根据出土陶片判断，房址年代为新石器时代晚期。墓葬叠压于房址之下，墓葬填土内含有大量烧土，随葬陶罐和磨制石凿、锛，其中陶罐口沿外饰凹弦纹，其特征与俄罗斯境内孔东早期文化接近，墓葬内炭块获得的^{14}C数据校正后为距今8600年左右。

第三，在2019年发掘的第二墓葬区西侧新发现墓葬2座，墓葬墓坑极浅，上有散落石堆，其中一座墓葬出土玉玦4件，另一座墓葬出土玉玦1件。在墓葬区周围清理出数条水沟，反映了墓地完整的排水系统。本年度发掘彻底弄清了第二墓葬区的布局、结构以及营造顺序，大大丰富了小南山遗址的文化内涵，为构建乌苏里江流域新石器时代文化谱系增添了重要的资料。陶器的发明和房屋的建造是人类发展历史上的重要事件。根据俄罗斯远东地区和日本列岛以往的工作，至少在13000年前陶器已经出现，最早可追溯到距今16000多年。小南山遗址发现的陶器无疑为东亚和东北亚地区早期陶器的研究提供了珍贵的资料。以往在东欧和西伯利亚发现了较多的距今2万多年前末次盛冰期时的地面或者半地穴的房址。小南山遗址的半地穴房址形状规整、结构复杂，对研究房屋的起源和发展具有重要意义。

（李有骞）

【大庆市九间辽金时期遗址】

发掘时间：2020年7～11月

工作单位：黑龙江省文物考古研究所、黑龙江大学历史文化旅游学院考古系

九间遗址位于大庆市大同区太阳升镇九间村西南约1千米，让胡路至通辽铁路太阳升车站北约1千米处，西临勃勒根湖。遗址沿勃勒根湖东岸呈长条状分布，东西宽约210米，南北长约1000米，总面积约21万平方米。遗址西部偏南区域遗迹比较密集，是一处辽金时期考古学文化遗存。本年度联合考古队对九间遗址的部分区域进行了考古发掘。发掘面积500平方米，清理灰坑49个，沟11条，房址1座，窑址2座，获取陶器、瓷器、砖瓦构件、铁器、石器、骨器、铜钱等遗物近300件。同时，围绕九间遗址对周边地区进行了专题性调查，可知在周边地区分布有大量辽金时期的遗址，新发现的于家窑遗址的面积可达近百万平方米，且地表可采集大量的建筑构件。

遗址发掘区域内地层堆积相对简单，共分三层。第①层为近现代耕土层，土色灰褐，土质较致密，厚0.05～0.20米。所见遗迹部分开口于第①层下。第②层为灰黑土，土质致密，厚约0.05米，所见遗迹大部分开口于第②层下。第③层为黄褐色生土，土质致密坚硬，多被第①②层下开口的遗迹打破。

本年度仅发现一座房址，编号F005。房址平面近似长方形，坐西朝东，方向180°。房址南北长4.50米，东西宽3.80米，门道部分被破坏。存在柱洞和墙体的痕迹，但没有烟道等取暖设施，判断房祉F005应为临时性建筑基址。

发现的灰坑平面多呈椭圆形或长方形，集中分布于发掘区西南侧和北侧。尤以西部的情况较为复杂，此处灰坑数量较多，分布密集，灰坑间多有低于开口的黄土梁

相隔，也有两个灰坑紧邻并排分布，间隔厚约10厘米黄土梁的情况。诸多灰坑密集分布，并且似乎存在明显布局，不排除与手工业生产有关的可能。

两座窑址均为小型窑，分别编号为Y3、Y4，呈南北向并列分布。形制基本相同，由3部分组成，自东南向西北依次为火膛、进火口（操作坑）与出烟口。火膛平面近椭圆形，弧壁外凸，平底，呈袋状，操作坑位于火膛西侧，平面近长方形，剖面为圆角长方形，填柴口进深0.14米，高0.12米，宽0.16米，另一端与火膛相接。出火口位于火膛西偏北部，平面近椭圆形，深0.18米处与火膛相连，平面东西宽0.22米，南北长0.15米。进火口平面近长方形，直壁且壁面较光滑，略陡，在北壁、南壁和东壁有少量人工加工的痕迹，痕迹呈竖直长条状，推测坑为人工夯筑而成。底部基本成平面，台阶东侧的四角略高，底面较光滑。操作坑南北长约2米，东西宽3.1米，最深处为1.2米。其中Y3周围探方遗迹中发现许多有灼烧痕迹的金属残渣，因此推测Y3可能被用于冶炼金属。

发掘出土遗物丰富，主要有陶器、铁器、瓷器等，并出土大量动物骨骼。陶器器形较大，最大口径多在40厘米以上。铁器主要有铁镰、铁钉、铁钩等。瓷器多为白瓷，有碗、盘等。

九间遗址的发掘具有十分重要的学术意义。2020年度的工作，取得了新的学术进展，进一步深化了学术认识。首先，通过出土遗迹、遗物的特点深化了“该遗址并非一般的居住形成的聚落遗址，聚落最终形成可能与当地的规模化生产有关”的认识。同时发现遗址不同区域遗存特征存在一定差异，反映了不同区域可能存在不同的生产类别，但此种情况是否反映规划意义还需开展工作进行证实；其次，加深了对黑龙江省西部地区辽金遗址的文化面貌的认识，丰富了辽金时期考古学文化遗存的类型，该遗址的遗存特征在已发现辽金时期各类考古学文化遗存中具有唯一性，代表了辽金时期考古学文化遗存的一个新类型；同时，通过对九间遗址周边同期考古学遗存的调查，发现有的遗址存在大量铁渣，有的遗址存在疑似废弃盐土堆积，认为此区域内辽金时期考古学遗存可能存在平面规划布局上的联系，同时不同遗址可能存在生产、生活上的分工意义，九间遗址应是该布局系统中的重要组成部分。其中新发现的于家窑遗址，面积约100万平方米，北部发现多处高于地表5～6米的高台，高台附近集中发现大量青砖、布纹瓦残块、陶片和瓷片。该处遗址面积大、遗物丰富，发现大量建筑构件，可能是该区域内较为重要的核心聚落址。

（刘晓东　包曙光）

【哈尔滨市阿城区金上京遗址】

发掘时间：2020年6～11月

工作单位：黑龙江省文物考古研究所

金上京遗址位于哈尔滨市阿城区南郊2千米。接续上年工作，本年度考古勘探重点集中在上京城南城内西南部区域。该区域以两条东西向道路将皇城南门址通往南城南垣西门址大街西侧，分隔为三个聚居单元。每个聚居单元内交错分布道路、建筑址、水井、排水沟、灰坑等大量遗迹。通过考古钻探，初步了解到南城内西侧的“中轴大街”两侧建筑址基本对称分布。

本年度对金上京城皇城外南侧、中轴大街中部西侧的建筑遗迹进行考古发掘，发掘面积1300余平方米。主要清理出夯土建筑基址3座及附属排水沟和房址等遗迹。发掘区东部为一座高台楼阁式建筑遗迹，其西侧区域南北向以长廊分隔，形成不同的居住单元。所揭露的建筑遗存大致有早晚两期年代差异。1号夯土台基南北走向，发掘部分南北长40余米，东西宽17.5米，为廊庑类建筑。2号夯土台基呈东西向，发掘出的部分夯土上均匀分布9个磉墩，磉墩宽3米左右，结合钻探可知此建筑东西面阔5间，南北进深2间，可能为高台楼阁式建筑。3号台基呈八边形，边长2.2~2.3米、直径5.8~5.9米，为亭榭类建筑。2座房址打破1号台基和2号台基，房址内有灶膛和火炕设施，属于金代稍晚阶段的建筑。主要出土器物为建筑构件和生活用品，包括大量的砖瓦和建筑饰件，砖瓦等建筑构件皆为废弃后的残件。陶器为泥质灰陶，有罐、甑、盆等；瓷器有碗、盘、碟等，以定窑白瓷为多；铁器有铁钉、斧、刀和锁等；铜器有铜镜、铜环等。

通过考古发掘，进一步了解了南城内西部区域道路网布局及各类建筑遗迹的结构特征，深化了对南城内遗存分布、建筑特征和使用沿革的认识。上京城使用时间较短，主要存在早晚两个时期的建筑遗存，遗存内涵相对单一，为认识金代历史及其文化面貌提供了标杆式的材料。

（赵永军　刘　阳）

上 海 市

【青浦区福泉山新石器时代遗址】

发掘时间：2019 年 10 月 ~2020 年 11 月

工作单位：上海博物馆

福泉山遗址位于青浦区重固镇。为更好地探究福泉山大遗址的全貌，上海博物馆考古研究部自 2007 年开始对福泉山遗址进行全面的调查和试掘。本次发掘是基于国家文物局重大课题“考古中国——长江下游区域文明模式研究”的学术要求及大遗址保护规划的主动性考古发掘。发掘区位于福泉山遗址西北部的堰西台地，发掘面积 428 平方米。

此次发掘发现宋元、周代、良渚时期文化层，共清理各时期灰坑 76 个、房址 2 座、灰沟 1 条、水井 17 口、墓葬 12 座、特殊遗迹 1 个、河道 1 条，并确认良渚文化土台 1 处。出土大量石器、陶器以及少量玉器、青铜器。

本年度最重要的发现是确认一处良渚文化土台，发掘区为土台中心区域，土台堆土为水平状堆积。良渚文化地层中的遗迹较少，每层的土质土色相对统一，堆积较厚，分别为 0.3 ~ 1.3 米，陶片碎小，分选度较低、圆整度较高，可确定为人工堆筑而成。土台上共发掘良渚文化墓葬 12 座，皆为竖穴土坑墓，部分存在叠压打破关系，主要分布于发掘区西部和南部。其中 4 座墓葬头向南，葬式以仰身直肢葬为主，剩余 8 座人骨残损严重无法识别。随葬品有陶器、石器、玉器、骨器，陶器器类有鼎、豆、罐、杯、双鼻壶等，石器有钺，玉器有钺、冠形器、锥形器、玉珠，骨器有镞。这批墓葬中，M256 保存较为完好，墓主为男性，骨骼较完整，但部分发生移位，共出土随葬品 29 件，其中棺外 4 件、棺内 25 件。该墓保留有清晰的棺板及垫木痕迹，有南北向盖板四块、底板三块，两块南北向垫木一东一西分别垫于底板下，另有四块东西向短垫木垫在棺底板北部，其中最北部两块置于棺外，上置随葬陶器。由于上部墓土塌落，侧板被压扁无法辨识。

福泉山遗址作为上海地区新石器时代晚期的中心性遗址，是探索该区域文明发展模式的关键，本次发掘为福泉山良渚文化土台结构、墓地分布、葬具研究提供了更多材料。

（陈　杰　冯雨程）

江苏省

【常熟市何村马家浜文化遗址】

发掘时间：2020 年 8 ~ 11 月

工作单位：苏州市考古研究所

何村遗址位于苏州市常熟市梅李镇周师线龙腾特钢 22 号门内，西临海洋泾，东临周师线。因遗址南侧原为何村（现已拆迁），暂命名该遗址为何村遗址。何村遗址为基本建设过程中通过考古调查勘探发现的遗址，由于历代环境变迁和现代建设的破坏，仅残存面积较小的地层堆积和少量遗迹，从勘探结果可知，遗址仅残存 1000 余平方米。发掘工作采用探方法进行，在前期勘探工作确定的遗址中心区域内共布设 10 米×10 米探方 8 个，均保留 2 米隔梁，各探方统一编号，实际发掘面积 600 平方米。

通过发掘，共发现了分属马家浜文化、东周、唐宋、明清等时期文化层 10 层，墓葬 38 座（其中明代墓葬 1 座、宋代墓葬 2 座、马家浜文化时期墓葬 35 座），灰坑 44 个（其中近现代灰坑 1 个、明代灰坑 4 个、东周时期灰坑 3 个、马家浜文化时期灰坑 36 个）、沟 8 条（其中近现代沟 2 条、清代沟 2 条、宋代沟 1 条、马家浜文化时期 3 条），马家浜文化时期柱洞 123 个，马家浜文化时期墙 1 段，井 3 个（其中唐代水井 1 口、马家浜文化时期水井 2 口）。

共出土瓷、陶、石、玉、角等不同材质器物 180 件组，以马家浜文化时期陶器和石器为多。陶器主要有夹砂陶饼、釜、豆，泥质陶豆、匜、壶、罐、钵等。石器主要有铲、斧、锛、凿、砺石等。玉器有璜、玦、管等。角器有靴形器。

通过发掘工作，我们确认了该遗址整体文化堆积厚约 0. 9 ~ 2 米，文化内涵包括马家浜文化、东周、宋代、明代、清代等不同时期文化遗存，发掘区东部文化遗存以马家浜文化为主。根据层位关系，该遗址马家浜文化时期文化遗存可分为三期，一期文化遗存主要有开口于⑨灰褐黑土下的 12 座墓葬、27 个柱洞、2 条沟、2 口水井和 5 个灰坑，以及出土器物；二期文化遗存主要是开口于⑧黄红褐土下的 19 座墓葬、21 个灰坑、1 个柱洞和 1 条沟，以及出土器物；三期遗迹主要是⑦红烧土层及其下 79 个柱洞，8 个灰坑、4 座墓葬、1 段墙，以及出土器物。此次发掘工作，为长江三角洲地区史前文化研究提供了一批新资料。

（张铁军）

【溧阳市东滩头新石器时代遗址】

发掘时间：2020 年 4 ~ 12 月

工作单位：南京博物院

东滩头遗址位于溧阳市溧城镇城东大道以西 500 米，104 国道南侧 200 米。遗址上原为东滩头村，现已拆迁，现地貌为中部较高、四周较低的缓坡平地。2019 年 7 月开始对遗址进行考古发掘，截至目前，已累计发掘 12600 平方米。2019 年的发掘工作主要集中在遗址东部，清理出马家浜文化时期的房址 25 座、瓮棺葬 56 个、道路 1 处、灰坑及柱洞千余处。2020 年的发掘集中于遗址的中部及西南部，发现马家浜文化时期墓地1处，清理马家浜文化时期墓葬250余座，目前墓葬的发掘工作仍在进行中。

本次发掘的马家浜文化时期墓葬以竖穴土坑墓为主，也有一部分墓葬未见墓坑，可能为平地掩埋。墓向均为北偏东。葬式多为仰身直肢葬，少数为曲肢葬或移肢葬。另有部分疑似二次葬。随葬品种类及数量均不甚丰富，玉、石器较多，少见陶器。常见器物有玉璜、玉玦、石钺、石斧、石锛、陶/石纺轮、靴形器等。玉璜常置于墓主颈部、玦多见于耳部或颅骨下；石钺、斧、锛等多置于墓主腰、腹部；纺轮多见于双手处；骨制靴形器均位于脚部。这批墓葬中常见腹部或胯间压置石块的现象，推测可能与玉石器加工有关。

东滩头遗址的发掘是近年来太湖西部骆驼墩文化研究的重大进展。目前发现的建筑遗存与墓地资料极大充实了骆驼墩文化的内涵，有助于我们充分认识此时期聚落形态与社会发展水平。

（胡颖芳）

【常州市象墩良渚文化遗址】

发掘时间：2019年10月~2020年12月

工作单位：南京博物院、常州博物馆、常州市文物保护管理中心

为配合国家文物局“考古中国”重大研究工程“长江下游区域文明模式研究”课题的开展，南京博物院联合常州博物馆、常州市文物保护管理中心于2019年10月启动对象墩遗址的考古工作。象墩遗址位于常州市新北区春江街道杏村，北距长江7千米，东南距太湖40余千米，是太湖西北部地区新发现的一处重要的以良渚文化为主体文化内涵的聚落遗址。遗址中心为一近圆形大土墩，当地人称象墩。

象墩遗址考古工作主要包括勘探和发掘两部分内容。勘探表明，象墩遗址中心土墩残存面积约4000平方米，堆积高度约4米。本次勘探的最大收获是发现环绕墩体一圈的环壕。环壕宽10米到30多米不等，最深约3.5米，南北两面封闭，西侧被现代厂房覆盖，在东南部有一缺口向东南延伸，与老澡港河相通。遗址主体文化内涵为良渚文化，整个墩体为良渚文化时期人工堆筑，局部用草包泥进行加固。该时期遗迹主要包括环壕1处、大型长方形建筑台基1处、房址4座、道路3条。壕沟内东周时期堆积相对丰富，东周时期遗迹只发现有灰坑，灰坑均位于墩顶，直接打破良渚文化地层，目前共发现东周时期灰坑10余座，其中部分灰坑堆积丰富，平面直径超过5米、深度近3米。此外，在墩顶东部发现明代家族墓地一处，墩顶及墩下零散分布清代墓葬。

当前发掘表明，象墩主体被环壕所环绕，整个墩体围绕长方形建筑台基为中心而规划、营建，台基北侧为东西向联排房址，两者之间为竹木棍铺就的道路，遗址本体面积并不大。结合遗址南侧不远处相对密集分布的大刘桥、四堡、千墩禅寺等同时期良渚文化遗址点，可知象墩与之组成一个聚落群，各遗址点是同一聚落群内部不同的功能分区，象墩遗址因其遗迹类别、形制及布局的特殊性，似为非普通类居址区，为我们研究良渚文化较低等级聚落的内部构成与功能分区提供了新视角。

（甘恢元）

【常州市金坛区沈家村春秋时期土墩墓】

发掘时间：2019年10月~2020年9月

工作单位：徐州博物馆（徐州市文物考古研究所）

沈家村土墩墓位于常州市金坛区薛埠镇沈家村，土墩高约5.6米。平面呈馒头形，底部呈不规则的圆形，西北部有一取土坑。墩子底部南北长35.5、东西宽36.6米，面积约1200平方米。编号为

2019JSD1。该土墩位于沈家村西北部南北向的一条岗地上，考古调查表明，该条岗地上还分布有十余座土墩，南部50米处还有明清时期的龙窑窑址。

发掘采用四分法，将整座土墩分为四个象限，保留2米的隔梁。按照剥“洋葱皮”式的方法逐层清理，以期尽可能全面的揭示土墩墓的营造过程。根据土质土色的差异和土墩形成过程，D1的地层共可分为11层，该土墩位于丘陵岗地之上，封土共分为10层，其中有3个时期埋葬行为较为集中，分别位于⑥a、⑦a、⑩层面上，在此埋葬过程中，墩子规模不断扩大。

在土墩外围有一周规模较大的环壕，相当于整个土墩的兆域，从地层叠压关系看，环壕的形成时间上限不早于⑩层，下限不晚于③a层。沈家村土墩墓为一墩多墓，共发现墓葬16座，M14为墩子中心的主墓，其余墓葬呈向心结构分布于主墓周围。M14为特殊的平地起坟，构筑墓道和墓室。其余墓葬均为长方形竖穴土圹墓。

沈家村土墩墓位于茅山以东，共发现墓葬16座，为典型的一墩多墓，周围的墓葬均呈向心结构围绕M14分布。根据墓葬结构与随葬品的特征，推断该土墩时代为春秋中晚期。

除主墓外，其余墓葬均为竖穴土圹墓，其中M11、M15规模较大，结构复杂，两座墓葬均有竖穴深坑，并在竖穴墓坑内构筑墓道、墓门、石床等复杂的丧葬设施，为既往土墩墓发掘所未见。

沈家村土墩墓垫土层下发现有早于土墩的墓葬，墓内仅发现有绿松石串饰，未见陶器随葬品，无法确定墓葬的时代，但是从其墓坑为生土坑来看，迥异于与土墩墓的营造方式，可能与土墩墓之间无直接关系。

（郑洪全 原 丰）

【句容市潘庄春秋时期土墩墓】

发掘时间：2019年9月~2020年7月

工作单位：南京博物院、句容市博物馆、先吴文化博物馆

为配合南沿江城际铁路的施工建设，联合考古队对潘庄土墩墓D1、D3进行抢救性考古发掘。

句容潘庄土墩墓D1、D3位于句容市区东南约14千米的茅山管委会潘庄自然村西北550米至600米处的低丘岗地、茅山山脉西北麓。

D1上有树木、杂草及藤类等植物，东南部有少许被近代取土烧窑破坏。整个土墩南北长26米，东西宽23米，面积为600平方米，现存高5米。经考古发掘，D1共清理墓葬14座和器物群1处，属于典型的一墩多墓形制中的向心式结构土墩墓。

D3位于D1西侧80米，保存相对完整，外观呈馒丘状，西北高东南低，南北长20米，东西宽19米，面积为380平方米。墩上有杂树，墩顶至生土面高约2.5米。经考古发掘，D3共清理墓葬11座（其中M1为晚期骨灰葬）、灰坑2座。属于典型的一墩多墓形制中的向心式结构土墩墓。D3M11为D3中心主墓，南北向，头向北。M11内发现“人”字形椁室，椁室底部有垫土，墓主葬于垫土之上，随葬器物摆放在其头部和右侧；椁室四周用草包泥封护。然后在其外侧堆土，堆筑土墩。

D1、D3中出土遗物较为丰富，器类较多，主要有：印纹硬陶瓮、罐、瓿、坛；硬陶盂、碗；原始瓷碗、盘；泥质红陶鼎、釜、器盖、灰陶盆、纺轮等。根据出土器物的器形、纹饰，初步判断潘庄D1、D3年代为春秋中晚期。

此次发掘的D1、D3两座土墩墓，皆采用宁镇地区典型的一墩多墓向心型结构的营建方式，为研究宁镇丘陵地区土墩墓的形制、营造方式以及文化属性提供了新资料。

（闫 龙）

【溧阳市后王东周土墩墓】

发掘时间：2020 年 1 ~4 月

工作单位：南京博物院、溧阳市文物管理委员会

后王土墩墓位于常州市溧阳市上兴镇上姚村后王自然村南 250 米处，东南距上兴镇政府约 2.8 千米，东北距宁杭高铁瓦屋山高铁站约 1.8 千米。为配合上姚殡仪服务中心工程建设，开展考古发掘工作。

经过调查和勘探，发现建设区域内有 3 个土墩墓，其中一个被破坏不存，另两个保存相对较好，分别编为 D1 和 D2。D1 平面呈椭圆形，剖面为馒头状，东部和北部坡度较缓，南部和西部坡度较大。土墩墓地层堆积有 4 层。土墩东西底径 26、南北 20、残高 1.8 米。D1 内发现器物群 4 处、墓葬 1 座。出土印纹硬陶罐、双系罐、红陶坛、红陶釜、灰陶钵、陶碗、原始瓷碗等器物 20 余件。

D2 平面呈圆形，平顶，剖面为馒头状。土墩墓地层堆积有 3 层。东西底径 25、南北 24、高约 1.2 米。D2 内发现器物群 7 处、墓葬 4 座。出土铜块、双孔石刀、黑皮陶豆、红陶罐、红陶釜、夹砂红陶鼎、印纹硬陶罐、原始瓷碗、原始瓷豆、原始瓷盅、器盖等器物 50 余件。

根据土墩墓中出土器物器形、纹饰及墓葬形制判断，后王土墩墓的年代应在春秋晚期至战国早期阶段。此次发掘为溧阳地区积累了土墩墓科学考古的可靠资料，也为今后的土墩墓研究增添了基础材料。通过发掘，获得了一批土墩墓中的珍贵文物，为探索溧阳地区地域文明、充实溧阳文物资源、保护溧阳文化遗产做出了贡献。溧阳土墩墓中首次发现金属器，而且是和生产工具有意识地安放在一起，这种现象在今后土墩墓发掘和研究中值得重视。

（徐　勇）

【徐州马棚山战国及汉代墓地】

发掘时间：2019 年 10 月 ~2020 年 8 月

工作单位：徐州博物馆（徐州市文物考古研究所）

徐州马棚山墓地位于徐州市南郊马棚山北麓，墓地中心地理坐标北纬 34°14′34″，东经 117°10′58″，海拔 60 米。2019 年 10 月接到奎山派出所报案，经实地调查后确认有 6 座古代墓葬被盗，为防止古代墓葬继续被破坏，决定对马棚山被盗古墓进行抢救性考古发掘，共计发掘墓葬 14 座，出土文物 150 件（组）。

本次发掘 14 座墓葬，其中汉代墓 7 座，战国墓葬 7 座。其中汉代墓葬形制大部分为石坑墓，仅 2 座石椁墓。根据墓葬形制结构及随葬品组合特点，初步判断时代为西汉早、中期。战国墓葬构建方式，主要利用山体自然裂隙挖坑建墓，部分墓葬墓圹用石块垒砌而成，这种墓葬形制在徐州地区为首次发现，根据墓葬形制结构及随葬品组合特点，初步判断时代为战国晚期。该墓地周围墓葬分布密集，有奎山汉墓群、凤凰山汉墓群、云龙山东麓汉唐墓群等，墓地距离楚国都城（彭城）仅为 2.5 公里，这次墓葬发现应和汉代彭城有着密切的联系，对于研究该地区汉代墓葬和汉代物质文化具有重要的意义。徐州市区战国时期墓葬发现极少，仅早年在市区奎山及翟山有零星发现，本次发掘战国墓，形制较为统一，出土器物组合完整，包含陶鼎、壶、豆、盘、匜，铜镜、铜构件等，为研究徐州地区楚文化提供了重要的参考资料。

（王庆光）

【睢宁县下邳故城汉代冶铁遗址】

发掘时间：2020 年 5 月 ~2021 年 2 月

工作单位：南京博物院、睢宁县博物馆

下邳故城位于徐州市睢宁县古邳镇北侧，南靠古邳镇约 1 千米，西北距岠山 3

千米。遗址内东南高，西北低，城内多河道、鱼塘。考古队5月开始在下邳故城城址内TG2南侧、东侧扩方1000平方米；6月对汉代下邳故城北城墙中段以及TG2外围进行钻探；10月开展岠山铁矿遗存调查工作。

下邳故城城址内现已揭露约1500平方米的冶铁遗址。冶铁遗址上有大量的红烧土堆积，部分区域遭到后期破坏。截至2020年12月对遗址的细致解剖揭露工作还没开始，遗址上已经能看到板筑的窑炉、熔铁沟、铁块堆积面等重要遗迹。遗址上发现少量的铸范、铁质兵器和农具，更多的是块状铁锭，还有大量炼渣、过火沙土等堆积。综合分析推测，此处冶铁遗址应是一处冶铁作坊，拥有冶炼生铁和铸造铁器的功能。

下邳故城城址汉代地层内发现的大面积冶铁遗址，与史书中汉代下邳铁官设置相吻合。下邳故城遗址的考古发现将揭露当年下邳国内铁官生产的厚重历史，也为汉代冶铁技术的研究提供重要资料。

（姬长飞）

【盐城市大松林墩汉代及明清墓地】

发掘时间：2020年9～12月

工作单位：南京博物院、盐城市博物馆

大松林墩墓地位于盐城市亭湖区串场河之东、范公堤之西，在盐南汉墓群范围内。墓地地处江淮地区滨海平原与里下河交界处，位于古老的沙岗—东冈上，成陆较早，地势较高。2008年全国第三次不可移动文物普查时，将其公布为盐南汉墓群。发掘项目分为南北两区，北区位于农贸路两侧，南区位于原盐城市肉联厂内。因盐城市进行旧城改造工程建设，联合考古队对墓地进行抢救性考古发掘。北区共发掘墓葬53座，其中汉墓8座，明清墓葬45座，出土陶器、瓷器、银器、铜器、玉器等各类文物100余件/套。南区共发掘墓葬88座，其中汉墓2座，明清墓葬86座，出土陶器、瓷器、铜器、银器、金器等各类文物200余件/套。

本次发掘基本廓清了盐城大松林墩墓地的性质及特征，其丧葬制度的揭示和随葬品的出土，对于研究汉代及明清时期盐城地区的墓葬制度及葬俗具有重要的学术价值。一些晚期墓葬被推断为家族墓群，为研究盐城地区明清时期家族墓地的形制结构、墓葬分布提供了丰富的实物资料。

（陈　钰）

【常熟市虞山南麓汉至清代墓葬】

发掘时间：2019年10月～2021年1月

工作单位：苏州市考古研究所、常熟博物馆

虞山南麓古墓葬位于苏州市常熟市环虞山区域。2019年下半年常熟市虞山街道启动民宅翻新工程，在虞山南麓中部多有古墓葬发现，随即苏州市考古研究所联合常熟博物馆对在民宅翻建过程中发现的古墓葬进行了抢救性考古发掘工作。随民宅翻建和考古工作开展，其范围逐渐延伸至虞山北麓，目前考古发掘工作仍在进行中。

虞山南麓古墓葬考古发掘工作均以每户宅基地为单位进行，截至2021年1月，先后对山居湾37号等28个点进行了考古发掘工作，共发掘古墓葬73座，灰坑11个，水井2口，累计出土及采集文物490件（组），标本45件（组），可辨器物主要有陶罐、陶壶、陶瓿、黑釉盏、青瓷碗、青花瓷碗、青花瓷罐、金戒指、铜镜、铜矛、铜簪、铜钱、石墓志铭和石砚台等。

虞山南麓古墓葬考古发掘主要为配合民宅翻建工程，多数墓葬在历史时期已有扰乱破坏，现今村民开挖宅基时亦多有扰动破坏，致使大多墓葬结构遭到破坏且随葬遗物有所散失。已发掘虞山南麓古墓葬形制主要有竖穴土坑墓、竖穴土坑砖室墓、竖穴土坑浇浆墓和骨灰坑墓等形制。墓葬具体时代有汉代、唐代、宋代、明代和清代等。总体来看，虞山北麓以汉、唐、宋、明等历史时期为主，虞山南麓以明、清为主，鲜有唐墓，说明随着时代变迁，古常熟人在墓葬选址和葬俗观念上有所转移和演变。

本次考古发掘为综合研究环虞山区域及苏州地区各时期墓葬形制和丧葬习俗演变等提供了新材料。

（张照根　张志清　谢金飞　李前桥）

【溧阳市古县三国魏晋时期遗址】

发掘时间：2020 年 8 ~ 12 月

工作单位：南京博物院、溧阳博物馆

古县遗址位于常州市溧阳市古县街道永平小学南侧原天目湖镇古县村。2008 年，溧阳市文管办将古县村临河石板路登记为一般文物点。2018 年，南京博物院考古队在对南京航空航天大学天目湖校区开展抢救性考古工作时关注到古县遗址情况。2019 年，南京博物院对古县村东、西两处地块进行了调查勘探，基本确认古县遗址分布范围和文化层堆积性状，对遗址文化内涵进行了初步认定。古县遗址地处现溧阳县城东南十五里处，遗址北倚燕山、屏峰山，南邻茶亭河、溧戴河，宜溧山地环抱，地势高亢，土地肥沃，现存面积约 25 万平方米，中心地理坐标为北纬 31°22′，东经 119°28′。

本年度对遗址Ⅰ区北部开展抢救性考古工作。

目前布方发掘区域主要位于遗址Ⅰ区北部地方学校的规划建设区域。本区域西侧地势较高，文化层堆积较厚，发掘探方主要布设在此处，共布设探方 12 个，发掘面积 1200 平方米；东侧地势较低洼，表土之下文化层较少，偶有灰坑灰沟遗迹，发掘工作主要为清理相关遗存。此外，在遗址Ⅰ区中部，前期勘探疑似北城墙区域进行了少量布方揭露，布设探方 4 个，发掘面积 400 平方米。

截至目前，在遗址Ⅰ区发掘区共揭露城墙 1 处，房址 2 处，路基 2 处，灰坑 25 处，灰沟 5 处，墓葬 15 座。其中，Ⅰ区中部揭露北城墙一段，房址 1 处，灰坑 12 处；Ⅰ区西北部清理清代墓葬 15 座，揭露圆形台地方形建筑 1 处，砖铺路面 2 处，灰坑 12 处，灰沟 4 处；Ⅰ区东北部洼地清理灰坑 1 处，揭露路基 1 条。

出土遗物十分丰富，器类以青瓷器为主，器形可辨有碗、钵、盘、罐、壶、洗等，另有较多釉陶器、陶器、建筑构件、铁器、铜器等生产生活器物。从出土遗物分析，城墙最上层年代至晚为唐，最下层年代至晚为三国时期。通过综合分析出土纪年砖瓦和遗址地望，该城址应与文献记载三国两晋南北朝时期“永平”、“永世”县治契合，对三国魏晋南北朝时期县城布局研究具有十分重要的意义。

（高　伟）

【江阴市敔山湾六朝及唐至明清墓群】

发掘时间：2019 年 11 月 ~ 2020 年 1 月，2020 年 8 ~ 9 月

工作单位：江阴市博物馆　无锡市文化遗产保护和考古研究所

墓群位于无锡市江阴市云亭街道金桂路东、海棠路南、长山大道西、牡丹路以北，分为两区进行考古勘探和发掘，共清理墓葬 63 座，其中竖穴土坑墓 57 座，砖室墓 6 座，年代包括六朝、唐至明清。墓地中部为墓葬的集中分布区，其他区域分布较零散，出土随葬品 112 件（组），包括铜器、陶器、瓷器等，铜器有铜钱、指环、纽扣、簪、镜子、耳坠等；陶器有陶罐、陶俑；瓷器有瓷碗、瓷罐等。

六朝时期墓葬发掘 4 座，两个一组，每组均为一大一小两座墓葬并列，均为单室墓，除一座呈“刀”字形，其余都呈长方形。墓葬之间相距不远，残损严重，从

其残存结构推测其结构均可分为墓室、甬道、封门三部分，甬道较短，墓室残留“人”字形地砖，墓道方向一致，推断为六朝时期的异穴合葬家族墓地。由于被严重盗扰，仅出土青瓷小碗一件。

唐代墓葬发掘2座，皆为带墓道的船形砖室墓，墓向不一。墓葬皆被盗扰，墓顶破坏严重，墓壁下部采用三顺一丁的砌法，内壁平整，外壁参差不齐。两壁和后壁各有3个壁龛。其中一座墓室无地砖，接近封门处设有四块青砖平铺的供台，仅存棺痕，随葬品有陶十二生肖俑和文官俑、瓷碗、砖质墓志等；另一座墓无供台，有“人”字形地砖，墓志作为地砖的一部分平铺在地上，出土陶十二生肖俑、瓷罐、瓷碗、铜钱、墓志等。从墓志得知，两墓葬于唐僖宗中和二年（882年）和唐文宗大和七年（833年）。

宋代墓葬为长方形土坑竖穴墓，个别墓的底部两端分别放置有长方形青砖，用来垫棺木。棺内头部出土有带柄铜镜、莲瓣纹青瓷碗等。明清墓葬分布密集，打破关系较少，也都是长方形土坑竖穴墓，基本不施浇浆，以单室墓居多，有少量夫妇同穴合葬墓。棺木保存较差，棺内多随葬青瓷碗或青花瓷碗一对，个别还有铜簪、耳坠、铜钱，部分墓棺外放置1个陶罐。

敔山湾六朝墓葬的发掘填补了江阴地区六朝墓葬发掘的空白。唐代墓葬根据出土墓志，墓主为平民，其中一人明确记载职业是烧砖或制陶。敔山湾墓群的发掘为江阴六朝、唐代葬制葬俗和地方史研究提供了重要的资料。

（周利宁）

【清凉山石头城遗址】

发掘时间：2020年

工作单位：南京大学考古文物系、南京市考古研究院

石头城遗址位于今南京城西鼓楼区清凉山—国防园一带，是南京六朝都城大遗址的重要组成部分。根据过去的考古工作资料获知，石头城城垣利用清凉山一带的自然山体形势，在山体岩石上进一步填土或夯土形成，城垣外部多包砌砖墙。20世纪70年代末，开辟城西干道（今虎踞北路）时，为降低路面高度而挖掘山体，拦腰切断了主山脉，将石头城遗址一分为二，西边辟为“石头城公园”和“国防园”，东边辟为“清凉山公园”；广州路的西延拓宽工程，也将石头城东垣局部切断。

石头城遗址发现于1998年，此后经过多次局部发掘。2020年，南京大学考古文物系与南京市考古研究院联合组成石头城遗址考古队，对石头城部分城垣遗迹进行发掘。本次发掘地点位于清凉山东北垣及国防园区域，同时配合以考古勘探，基本摸清了国防园区域石头城遗址北垣分布范围及地下遗迹保存状况，取得了重要的成果。出土的墙体遗迹为夯筑或堆筑，墙体遗迹外部有包砖，外包砖倒塌严重，包砖年代为东晋到南朝，但是局部也有东吴包砖。

发掘出土的遗物主要为砖、瓦、箭头、瓦当以及少量瓷片、钱币等，出土遗物具有明显的六朝时代特征，为此次考古发掘工作提供了重要的实物资料。

本次对石头城遗址所做的考古发掘，最大的收获是对国防园区域石头城遗址北垣的走向及墙体遗迹保存状况有了全面认识。六朝石头城遗址是迄今所知南京唯一大部尚存地表的六朝城垣遗迹，同时还延用到隋唐时期，有关发现可与历史文献相互印证。本次发现的遗址西北角墙体，学术意义重大。考古发现证明，六朝石头城是国内现存较早的大规模使用城砖包砌城垣的都城，是展示六朝文化重要的物质载体，有着特殊的文化地位和重大历史、科学价值。

（贺云翱　王碧顺）

【扬州市宋大城遗址北门外遗存】

发掘时间：2020 年 6～12 月

工作单位：中国社会科学院考古研究所、南京博物院、扬州市文物考古研究所

遗址位于全国重点文物保护单位——扬州城遗址中唐罗城的北部，宋大城北门以北 150 米处、宋夹城东侧。发掘遗存分三期，第一期为南宋夯土包砖墙体和宋代道路，第二期为宋元时期道路，第三期为明清时期道路和明清时期砌砖墙体 12 处。

南宋夯土包砖墙体，位于发掘区西部。墙体主体部分方向 97°，最东端折为东南向，方向 130°。西端边界尚未完全揭露。目前揭露砌砖遗迹东西长 28、高 0.6～1.1 米，未至底部。经勘探，尚有 2.46 米高墙体未揭露。已揭露部分：砌砖 7～16 层，收分为 2 厘米。其砌筑方法为一丁一顺，外侧用整砖，内侧多用碎砖，白石灰粘合。砖长 38、宽 19、厚 6.5 厘米。紧贴砌砖墙体北侧修筑夯土，土色灰褐，土质较硬。从晚期破坏坑壁来看，夯层厚度 0.1～0.15 米。目前仅揭露至夯土顶面，夯土向北延伸，其范围尚未解明。从黏合剂及用砖尺寸判断，此处墙体时代为南宋。宋代道路 L3，开口于第 4 层下，方向 2°，砖铺路面，目前揭露路面长 3.9、宽 0.4～0.9 米。自西向东依次为一丁一顺，砖均为侧面向上。顺砖长 32、宽 9、厚 4.5 厘米，丁砖长 28、宽 9、厚 4.5～5 厘米。铺砖之下铺垫一层黄色黏土，厚 5～10 厘米。道路向北仍延伸，其范围尚未解明。12 处砌砖墙体，编号 Q1～Q3、Q5～Q13。除 Q12、Q13 位于发掘区西部外，其余均位于发掘区东部。均开口于第 2 层下。砌砖墙体平面呈直线、直角等，方向为东西向、南北向、东南向等。砌砖墙长 1～7.73、宽 0.15～1.25、残存高度 0.2～1.84 米。保存砌砖 1～25 层。黄土、白灰为黏合剂。部分墙体残存顶面及近旁置石板。用砖尺寸有长 25.8、宽 9.5、厚 4.5 厘米，长 38、宽 18、厚 7 厘米，宽 17、厚 6.5 厘米，宽 15.5、厚 4 厘米等。砌砖墙体应为建筑基础的残存部分，根据开口层位、用砖尺寸等推断时代为明清时期。

出土遗物有“高邮军”、“都统司口口”等铭文砖，兽面纹滴水、兽面纹瓦当等建筑构件，还采集有“绍熙元宝”等钱币。

该遗址为扬州城唐—宋—明清时期街市生活、军事防御等历史文化变迁的集中体现。

（王小迎　魏　旭　王　睿　汪　勃）

【苏州市高新区姚市明代遗址】

发掘时间：2019 年 12 月～2020 年 6 月

工作单位：苏州市考古研究所

南京大学苏州校区项目选址范围内发现一处遗址，因属于高新区姚市村，故命名为姚市遗址。苏州市考古研究所对遗址进行了抢救性发掘。总发掘面积约 3000 平方米，出土各类文物及标本 148 件（组）。

遗址分为南区和北区。南区发掘面积约 2500 平方米。北区发掘面积约 500 平方米。北区发掘前原为苗木林地，地势较平坦，主要发现唐宋时期的文化遗存，有唐代水沟 1 条和灰坑 1 个；宋代水沟 5 条、池塘 1 个。应是当时的生产生活区。

南区发掘前为一个土墩遗存，土墩东西宽约 57 米，南北长约 66.5 米，现存高度约 2～3 米。南区发现宋代、明代和清代文化遗存。

在土墩中部偏南发现宋代水沟 G2 和柱洞若干。G2 贯通土墩东西。

土墩偏北位置有一处明代建筑基址。建筑晚期被严重破坏，残存有砖铺路面、石墙基、石柱础等遗存。目前初步复原房址 4 组，其中包括有水井、厕所等生活设施。另有明代中期墓葬 1 座。

发掘可知土墩主体是明代堆筑而成，

建筑房屋基址废弃后被清代用作墓地。清代墓葬26座，多为清代早中期。有双人合葬墓，还有数组4人或6人合葬的家族墓葬。出土物以青花瓷碗、盅为主，另有银簪、铜簪等，墓葬共出土器物96件（组）。

姚市遗址的发掘工作使人们对苏州高新区西太湖东岸区域的古文化内涵有了新的认识，为地域考古增添了新的资料。

（牛煜龙）

【苏州市姑苏区苏州中学东校区遗址】

发掘时间：2020年8～12月

工作单位：苏州市考古研究所

苏州中学东校区遗址位于苏州市姑苏区人民路东、沧浪亭街北、乌鹊桥路西、十全街南，地处苏州文庙以东、可园以北。因地块计划用于江苏省苏州中学东校区建设，故命名为苏州中学东校区遗址。

此次发掘面积共约2450平方米，主要发现一处规模较大的建筑基址，包括房址13座、道路12条、水井5个、灰坑3个、池塘1个、墓葬2座等，出土器物以青花瓷器为主。从出土器物、层位关系分析，建筑基址年代应为清代中晚期。根据叠压打破关系，又可将建筑基址分为三期。

此次发现的建筑基址规模较大，经过统一的规划，期间历经多次重修、重建，延续使用时间较长，彼此之间关系错综复杂。未出土能直接表明建筑性质及确切年代的相关器物，仅两块金砖上有纪年文字。

从文献记载来看，遗址所在地在清代中晚期的历史沿用情况为：乾隆二十三年（1758年）时建造了可园，乾隆四十三年（1778年）因受“一柱楼”诗案株连，沈德潜被夺官罢祠、削谥仆碑，可园亦由此荒芜；嘉庆十年（1805年）建立正谊书院，咸丰十年（1860年）因太平天国运动书院被毁，同治十二年（1873年）原址重建书院，光绪二十九年（1903年）书院改为苏州府中学堂。

综合上述信息，初步确定遗址第一期建筑年代为乾隆时期；第二期建筑年代与始建于嘉庆十年（1805年）的正谊书院相当；第三期建筑则与重建于同治十二年（1873年）的正谊书院相当。

通过此次考古发掘，基本确认遗址第二、三期建筑遗存为清代正谊书院基址。正谊书院作为最早设立于可园的官办书院，从1805年建立到1903年被改为苏州府中学堂，经历了清末民初苏州地区新式学校的兴起、发展过程。

苏州中学东校区遗址的发掘对研究清代书院建筑形态等具有一定意义，印证了可园地区不仅是苏州地区新学的重要诞生地，还见证了苏州近代教育发端与整合的变迁过程。

（孙明利　车亚风）

浙 江 省

【余姚市施岙遗址新石器时代稻田遗存】

发掘时间：2020年9月~2021年1月

工作单位：浙江省文物考古研究所、宁波市文化遗产管理研究院、余姚市河姆渡遗址博物馆

施岙遗址古稻田位于余姚市三七市镇相岙村施岙自然村西侧山谷中，东南距田螺山遗址约400米。为配合遗址所在的施岙村地块土地出让建设，先期勘探发现，史前古稻田堆积分布面积约8万平方米。2020年度发掘工作，主要对稻田的地层堆积、时代和整体格局进行了解，并大面积揭露了良渚文化时期稻田。

本区域虽然面积广大，但整体地层较为一致，可以分为12层。其中第⑪、⑧、⑥层分别为河姆渡文化早期、河姆渡文化晚期和良渚文化时期稻田层，第⑫、⑩、⑤层为泥炭层，第⑨、⑦、④为自然淤积层。稻田层之间均有自然层间隔。每期稻田检测2个，⑩、⑤层泥炭层各检测1个^{14}C年代数据。

第一期稻田属于河姆渡文化早期（公元前4700~4500年），仅在南部和北部三条探沟中揭露部分，为堆积比较平整的稻田。南部TG2中发现一条疑似的东西向凸起田埂。

第二期稻田属于河姆渡文化晚期（公元前3700~3300年），发现了宽约0.3~1米的东西向人工田埂7条，人工修整过的南北向自然原生土田埂3处，水沟2处。稻田堆积中出土遗物很少，发现极少量陶片，有绳纹釜、豆等。

第三期稻田属于良渚文化时期（公元前2900~2500年），发现了纵横交错的凸起田埂组成“井”字形结构，明确的田埂（局部区域铺垫木头、竹子）有22条，田埂宽约1~4米，间距约15~40米之间。部分田埂中间有缺口，为灌排水口，目前发现8处。明确的四块田块面积分别为750平方米、700平方米、1900平方米、1300平方米左右。水稻田堆积中出土遗物极少，仅出土极少量鱼鳍形鼎足、平底罐底、泥质黑皮陶片、泥质橙黄陶等。路12东端堆土中发现一条残独木舟，船头、船尾均残缺，残长5.6米、最宽0.8米、最厚约3厘米，当为独木舟废弃后被用作田埂中的垫木。

经检测，水稻田堆积中含有水稻小穗轴、颖壳、水稻田伴生杂草等遗存，水稻植硅体密度在1万~2万粒/克，远高于一般认定的土壤中含水稻植硅体超过5000粒/克即可判定为水稻田的标准。

施岙遗址古稻田是目前发现的面积最大、年代最早、证据最充分的大规模稻田，是史前考古的重大发现。根据姚江河谷调查勘探和宁波地区考古发掘成果来看，这一区域，在山前平原地带，普遍存在古稻田层。这一地区得天独厚的保存条件，为完整保存古代农耕遗迹创造了条件。施岙遗址古稻田特别是良渚文化时期的稻田呈“井”字形，由路网（阡陌）和灌溉系统组成，展示了比较完善的稻田系统。这种大规模稻田，起源年代可能早至距今6500

年以上，一直延续发展，刷新了学术界对史前稻田和稻作农业发展的认识。

（王永磊　郑云飞　宋　姝　张依欣）

【宁波市江北区东门村新石器时代至明清时期遗址】

发掘时间：2020 年 7～11 月

工作单位：宁波市文化遗产管理研究院、中国人民大学、中央民族大学、江北区文物管理所

遗址位于宁波市江北区慈城镇东门村旧址北，海拔约 2.6 米，分布面积约 18000 平方米。为配合基本建设，对其开展了 1500 平方米的考古发掘。

东门村遗址文化层堆积深度约 2.5 米，遗存时代由早至晚分别为河姆渡文化晚期、良渚文化、广富林文化、马桥文化、商周、春秋战国、汉晋、唐宋和明清时期，主体年代为史前和商周阶段。发现房址、灰坑、灰沟、烧土堆、灶、水井、木构护岸、柱坑等遗迹共计 179 处，出土陶、瓷、石、玉、铜、木、骨等完整或可修复文物近 600 件。

河姆渡文化晚期和良渚文化遗物主要出土于发掘区北部，多为碎陶片，可辨器形有双鼻壶、鼎、豆、罐等。

广富林文化遗存发现于遗址④层。木构护岸由两排底部削尖的木桩组成，靠近遗址西南边缘。结合遗址地层北高南低的特征来看，这一时期遗址南部可能为邻水环境，房址所在的居住区位于北部地势较高区域。陶器器表纹饰以丰富的刻划纹和拍印绳纹为主，器类有鼎、罐、豆、盆、鬶、瓮等。

马桥文化遗存发现于遗址③层。房址由走向规整的柱洞构成，为多间地面式建筑。部分烧土堆可能为房址倒塌形成，出土较多一面平整、另一面压印芦苇秆的烧土块，或带有竹子朽烂后形成的圆腔。该阶段陶器器形丰富，包括鼎、罐、豆、钵、盆、三足盘、觯、觚、杯、支脚、陶垫等，也发现有刀、锛、斧、犁、凿、戈、镞、镰等石器。

商周层位被晚期古人活动破坏，典型单位仅存 75 号灰坑。遗物见有硬陶罐、豆和夹砂陶羊角把鼎。

春秋战国遗物主要出土于②层下的灰坑和灰沟中，陶器以硬陶罐、瓿、瓮为主，器表压印规整纹饰。另有较多原始瓷碗、豆、碟、盘、杯等。出土的几件青铜兵器和饰品中最引人瞩目的是一件鎏金铜带钩，钩面有多道凸脊，通体鎏金，在浙江地区较为罕见。

汉晋遗迹主要为灰坑和水井。水井按井壁材质分为砖、石和土圹三类，砖砌水井井口呈八边形，每层横向单转叠砌而成。汉晋遗物多为罐、碗、盘等青瓷器。唐宋遗物以韩瓶和青瓷碗、罐居多。明清遗物主要为青花碗、盘、盏等。

东门村遗址出土了典型的广富林文化和马桥文化遗存，大大丰富了宁波地区这两个时期的材料，进一步完善了该区域考古学文化序列。聚落自河姆渡文化晚期延续至明清，几无间断，为探究聚落空间形态变迁等提供了很好的案例。所揭露汉晋水井群保存完好，类型丰富，较为罕见，为了解先民造井技术和用水历史提供了不可多得的实物资料。

（丁风雅）

【宁波市江北区朱家山新石器时代至商周时期遗址】

发掘时间：2020 年 11 月～2021 年 1 月

工作单位：宁波市文化遗产管理研究院、南京大学、江北区文物管理所

遗址位于宁波市江北区洪塘街道应家弄旧址西、北侧，朱家山东侧，为配合基本建设，对其开展了 200 平方米的考古发掘。

朱家山遗址文化层堆积深度约 1.5 米，地层可分为 10 层，划分为 4 个时段，由早

至晚分别为河姆渡文化三期、商周、唐宋和明清时期。出土遗存主体为史前和商周阶段。发现灰坑5处，出土陶、瓷、石、玉等可修复文物标本30余件。

河姆渡文化三期遗物主要出土于⑧~⑩层，多为碎陶片，可辨器形有釜、豆、罐等，另发现一件玉玦。

⑥、⑦层为自然淤积层，据周边遗址地层年代，这两层应属于河姆渡文化四期阶段。

商周遗存发现于遗址③~⑤层。文化层呈坡状堆积，西高东低。灰坑坑口为椭圆形或圆形，斜直壁、平底。陶器器表纹饰以丰富的压印和拍印纹饰为主，包括席纹、绳纹、方格纹等，器类有鼎、罐、釜等。出土一件完整的石矛。

唐宋遗物有釉陶罐和青瓷碗。明清遗物主要为青花碗、盘等。

本次发掘虽然揭露面积小，且位于遗址边缘，出土遗存不太丰富，但文化层早晚关系清楚，遗存时代特征明确，为了解朱家山遗址地层叠压关系和文化序列提供了很好的参照材料。文化层中间隔有淤泥层、泥炭层和冲积砂层，对于探讨遗址形成过程和区域自然环境演变有重要意义。

（丁风雅）

【杭州市富阳瓦窑里新石器时代遗址】

发掘时间：2020年6~12月

工作单位：浙江省文物考古研究所、富阳区博物馆

瓦窑里遗址位于富阳大源镇亭山村瓦窑里自然村，北距富春江约3千米，地处山前低缓台地。2010年发现该遗址，2016~2019年，因杭黄高铁富阳站的建设，考古队连续对其进行了四次考古发掘，发掘面积2500余平方米，发现了少许马家浜文化晚期遗物、30多座崧泽文化晚期至良渚文化早中期的墓葬、2处小型石器加工场，以及零星的历史时期墓葬、砖窑。

2020年，为配合大源安置二期B区块项目建设需要，对该区块进行考古勘探，并开展了考古发掘。发掘面积近400平方米，共揭露遗迹18个。崧泽晚期至良渚早期的灰坑4个、墓葬5座，墓葬为长方形土坑竖穴墓，长1.5~2.1米，宽0.8~1米，残深0.15~0.35米，墓向为西北东南向，随葬品有陶鼎、豆、过滤器等；马桥时期灰坑1个。此外还发现了8座历史时期墓葬，其中汉六朝5座、唐代2座、宋代1座，出土铜镜、铁刀、铁剪刀、陶灶、瓷盘、瓷碗、玉坠饰和铜币等。共采集和出土各类小件标本83件。

本年度发掘再次证明了瓦窑里遗址地理位置，环境的优越性以及极其深厚的历史文化底蕴；进一步明确了瓦窑里遗址史前聚落的范围，而且首次在墓葬区发现了史前时期的灰坑，反映了该地史前先民将居住区和墓葬区安置在一起的聚落结构。总之，瓦窑里遗址不仅推进了富阳历史文化的纵深，也更加确定富春江两岸沿江区域是浙江史前文化的重要组成部分，可能是良渚文化向浙西南传播的一个通道，对认识和复原富春江流域史前社会的发展过程，及其在整个浙江史前文化的区域性地位具有重要意义。

（刘亚林）

【宁波市镇海区黄山新石器时代遗址】

发掘时间：2020年8~10月

工作单位：宁波市文化遗产管理研究院、南京大学、镇海区文物保护管理所

遗址位于宁波市镇海区九龙湖镇路下徐村滕山路以北，与西面的鱼山、乌龟山遗址相距约800米。本次发掘共布设6个探方，揭露面积达300平方米。

遗址内T2008、T2009的文化层堆积较完整，包含从早到晚依次为马家浜文化、崧泽文化晚期以及历史时期的商周时期、

宋元时期遗存，T2109则扰动较为严重。地层共分15层，最深约为2.6米。其中第①层为现代耕土层，第②层属于宋元时期，第③～⑤层属于商周时期，第⑥～⑧层为自然水淤层，第⑨～⑫层属于崧泽时期，第⑬～⑮层属于马家浜文化时期。

本次发掘共发现灰坑18个，其中崧泽文化时期灰坑1处（H18）；灰沟2条，其中商周时期1条（G1）。出土遗物主要为石器与陶器，及少量动物骨骼、木头等。其中出土石器22件，类型主要为石锛、石刀，也有少量石钺、石斧等。这些石器多为残件，也有少量石料、石片及半成品。马家浜文化、崧泽文化时期的陶片集中出土在靠近北面山体的斜坡及其延伸堆积处。其中马家浜文化时期主要以夹砂红陶和外红里黑、表红胎黑的陶片为主，器形主要有釜口沿、腰沿、鋬手、喇叭状豆把支座、鼎足等，并且发现有2件形似鹿角状的陶制品。崧泽文化时期主要发现扁侧形鼎足、带有刻划纹和镂空的豆把、支座、罐口沿等，多为素面。在崧泽文化堆积中发现1件陶纺轮残件，上饰有中心放射状纹饰，可能与“太阳纹”或“八角星纹”有关。商周时期则发现少量印纹硬陶片，纹饰有几何纹、方格纹等。宋元时期则发现少量青瓷片以及较多瓦片、砖块等。

本次发掘发现的马家浜文化、崧泽文化晚期的文化遗存较为丰富，为完善宁波地区史前文化的文化谱系、讨论自然环境演变提供了新材料，有助于探讨史前人类的生计方式与社会面貌。同时，与本遗址相隔不远的还有鱼山、乌龟山、吕岙等史前遗址，这些考古新发现将进一步推动宁波滨海地区史前时期的人地关系、环境考古、聚落考古等研究。

（宁波市文化遗产管理研究院　梅术文）

【海宁达泽庙新石器时代遗址】

发掘时间：2020年3～10月

工作单位：浙江省文物考古研究所、海宁市文保所

达泽庙遗址本年度考古发掘分两个阶段，前半段发掘工程涉及区东北部，崧泽和良渚文化堆积保存较好；后半段发掘工程涉及区西南部，商周时期对史前遗存破坏较严重。合计揭露面积1800平方米，共清理遗迹单位110个，其中崧泽土台2个、灰沟1条、房址1座、墓葬3座、灰坑11个，良渚灰沟6条、墓葬16座、灰坑17个，广富林灰坑1个，马桥灰坑3个，商周灰沟1条、灰坑27个，春秋墓葬1座，战国灰沟1条、灰坑2个，唐宋灰沟2条、灰坑15个。出土各类遗物290件，其中史前墓葬随葬品149件，历史时期墓葬随葬品15件，地层及遗迹单位编号器物126件。

地层堆积分四个阶段，依次为崧泽—良渚文化、商周、唐宋、明清时期。前半段揭示的史前遗存是本次发掘的主要收获，重要遗迹有灰沟、墓葬和房址。灰沟成组分布于台Ⅶ和台Ⅷ之间，呈西南—东北走向。崧泽时期的G18较窄较浅，包含物也较少，宽1.5～2.5米，深0.2～0.4米。良渚中晚期的G17最长，揭露长度约108米。良渚晚期的G14最宽，揭露部分长65米，宽14.5～30米，深1.2米；包含物较多，共出土编号器物42件，其中石器有刀、镞、锛等32件，陶器有壶、豆、盘等8件，另有骨锥和残玉器各1件。

墓葬绝大多数位于台Ⅷ上，仅1座位于台Ⅶ上。墓葬形制均为长方形竖穴土坑，墓坑长120～251厘米，宽50～95厘米，残深3～32厘米。有17座头向朝南，2座头向朝北。葬具均未见，其中有8座残存肢骨，1座人骨架基本完整。随葬品数量2～21件不等，陶器器形有鼎、豆、罐、盆、壶、盘、杯、纺轮等；玉器有璧、锥形饰、坠饰、串珠、饰片等，石器主要为石钺，偶见耘田器、圆石片。良渚晚期的

M90 出土了达泽庙遗址迄今发现的唯一一块玉璧，另有锥形器、两端带突榫的细柄形器及一组野猪獠牙4枚，墓葬等级较高。崧泽晚期的M96墓坑中部设一腰坑，里面倒扣一破底成洞的夹砂缸，十分罕见。

崧泽时期的F2位于台Ⅷ上，平面呈长方形，东西长4.8米，南北宽2.7米，面积约12.7平方米。残存18个柱洞，大部为圆形和椭圆形，直径15～48厘米，深13～45厘米，间距大多在30～80厘米之间，东南部间距达210厘米，可能是门道。

本次发掘结束后，达泽庙遗址工程涉及区的考古发掘工作宣告全部完成。经过五年的间断发掘，达泽庙遗址呈现了一个从崧泽晚期至良渚晚期连续发展的史前聚落的基本样貌，为研究崧泽和良渚文化的聚落形态及社会结构提供了一个较丰富和完整的案例。

（赵　晔）

【嘉兴市南湖区西曹墩良渚文化遗址】

发掘时间：2020年10月～2021年1月

工作单位：浙江省文物考古研究所、嘉兴市文保所、嘉兴博物馆

西曹墩遗址位于嘉兴市南湖区余新镇金星村，东距曹墩遗址100米，西距黄姑庵遗址约200米。遗址上原有现代村庄，高出周边农田约1米。2020年6月该处村庄因被拆迁而进行土地平整，推土过程中发现石器及红烧土块、草木灰等遗存，由此确认为良渚文化遗址。2020年7～8月，当地文物部门对遗址进行试掘，出土100多件砺石和残石器，初步判断与石器加工制作有关。之后对其进行正式发掘，揭露面积600平方米，清理良渚文化灰坑11个，灰沟1条（G1），井窖1个（J6），另有马桥文化灰坑1个（H3）、宋代水井5口（J1—J5）。出土各类编号器物共计435件，其中良渚文化石制品350件、陶器61件、骨器9件、残玉锥1件、木板2块；宋代执壶、四系罐、铜钱、石杈等遗物12件。良渚文化陶器和陶片中，还发现70余件带有刻划符号，其中单符51件，也有多刻符标本。这些符号大多较为潦草，以抽象为主，个别似为形象。

发掘区的主体是一条良渚晚期的大型灰沟（G1），东西向开凿于人工熟土台上，残长55米，宽0.5～8米。沟内分4层，出土遗物主要为石制品，包括各种形状和体量的砺石，以及镞、刀、锛、镰、犁等扁平石器。此外也有一些罐、壶、盘、盆、豆、杯、鼎、器盖、纺轮等日用陶器。灰沟西侧局部倾倒着成片的红烧土块，有的含木骨印痕，似为建筑物废弃堆积。灰沟上覆盖的后期堆积内局部含大量碎陶片、碎石块和砺石残块，并采集到113件经过加工的残石片和1件石镞。

位于灰沟中段北侧并打破灰沟的J6为良渚晚期窖藏，大坑套小坑，结构十分特殊。大坑宽2米，长2.6米，底部呈单边阶梯状，最深处2.55米。小坑位于大坑最深处，底部铺有2块木板，然后用模具留出大约0.7厘米直径的空腔形成井状竖坑，同时将大坑逐渐填平。小坑内由下往上放置了6层陶器和5层石块，出土器物共计49件，其中陶器30件，保存大多完好，分别为罐12件、鼎6件、宽把杯6件、贯耳壶2件、壶1件、鬶2件、釜1件；石块间和大坑填土内出土砺石、石料、残石器14件。井窖内还淘洗出一些兽骨、鱼骨和桃核等有机质遗存。

良渚文化灰坑大部分位于灰沟南侧，个别位于灰沟东端。灰坑大小不一，形状以圆角方形和长方形居多，少数为圆形和不规则形。其中H1呈东西向圆角长方形，长3.7米，宽1.6米，深0.3米。堆积分两层，第一层5～14厘米，黄褐色黏土，较致密，含零星陶片；第二层16～28厘米，填满疏松的黑色草木灰，有明显层理，夹杂较多陶片，另有少量动物骨骼、石片

及骨锥等遗物。灰坑西壁及西侧底部有厚1～4厘米的青灰色硬面，似经高温烧烤。

西曹墩遗址是一处平整土地过程中新发现的遗址，残存部分出土了大量与石器加工制作有关的遗物，包括136件各式砺石，有的扁平、有的条状、有的呈多棱形，有的含多个磨面、有的有深磨槽；还有大量石料、半成品、边角料、残石器。虽未找到原生工作面，这些物证足以判定灰沟附近应该有过石器加工作坊。从石器种类来看，主要生产镞、刀、“耘田器”、锛、钺、镰等片状石器。灰沟及灰坑内还出土了上百块浅灰色和暗红色自然块石，可能也与石器制作有关。陶器窖藏位于灰沟北侧，结构特殊，遗物丰富而完好，皆为实用陶器，反映了石器匠人的日常生活状况，推测灰沟北边的台地应为匠人居住地。而陶器和陶片上的众多刻符，可能具有记号性质，跟不同的工匠有关。大部分灰坑分布于灰沟南侧，灰坑内也出土了一些砺石、石料和残石器，因此南边可能是主要的石器加工区。石料的来源，产品的结构和流向等问题，有待后续研究。总之，西曹墩是一处跟石器制作有关的遗址，对研究良渚文化的石器生产方式具有重要价值。

（赵　晔　时西奇）

【嵊泗县黄家台良渚文化遗址】

发掘时间：2020年10月26日～2021年1月18日

工作单位：浙江省文物考古研究所、舟山市文物保护考古所

嵊泗黄家台遗址位于舟山市嵊泗县菜园镇基湖村基湖沙堤隆起的西侧，其东距基湖沙滩约300米。基湖地区是嵊泗县的两个富水区之一，是远离大陆的海岛上淡水资源较为充沛适于人类生存的区域。本年度联合考古队对遗址因526国道破坏的残余本体进行考古发掘。发掘工作于开挖国道基坑形成的次生堆积中，筛选出大量的陶片、石器等新石器时代人工制品以及贝壳、动物骨骼等食余垃圾。

正式的发掘工作位于跨国道基坑的东西两侧，发掘面积为600平方米。发掘结果显示，黄家台遗址残存部分的主体堆积是一处良渚文化晚期的沙丘遗址，距今4800～4500年左右，遗址面积大约4000平方米。遗址上存在着至少两个不同阶段的人类居住活动面。较晚阶段的活动面属于良渚文化晚期，由人工填沙筑成沙台，表面坚硬，距离现地表约0.3～0.5米。沙台边缘是大面积的以食余贝壳为主的废弃堆积，出土陶器、石器等大量人工制品。较早阶段的活动面，主要分布于整个遗址的南部与东部，距离现地表约2米。其表面有石铺踏步类的遗迹。由于场地条件所限，对于这一时期埋藏较深的文化堆积，尚未能展开大面积的发掘清理，其具体年代暂时无法判断。

黄家台遗址的出土文物主要为器表装饰绳纹的夹砂釜和夹砂鼎这两套炊器。夹砂釜配合支脚使用，支脚多见鸟首形支脚，具有河姆渡文化晚期特征。釜、鼎类口沿多为内凹形，体表的绳纹多施至口沿中部，具有浙南山区跨湖桥文化的遗风。从鼎足特征来看，一部分为良渚文化晚期典型的鱼鳍形与“T”形鼎足；另一部分为圆柱或方柱或截面近三角形的绳纹鼎足，具有浙南山区的同时期文化因素。泥质灰陶豆、盘类盛器占有一定的比例，另有少泥质灰陶壶、罐等水器或贮藏器。石器多见石锛、石刀、石纺轮等。骨器发现较少，可辨认者有骨匕、骨纺轮等。

发掘同时在基湖村周边开展考古调查，在沙堤至老虎头山麓一线又发现两处与黄家台遗址内涵一致的遗物埋藏点。由此可以认为，基湖地区至少在良渚文化时期就存在一定规模的史前人类定居生活的村落，可称为“基湖遗址群”。

黄家台遗址是浙江境内发掘的第一处

沙丘遗址，将泗礁岛的人类定居史、海岛开发历史上溯近5000年。遗址整体器物群带有明显的良渚文化晚期特征，其中包含的河姆渡与跨湖桥文化遗风，表明了海岛史前人群的来源以及海岛上考古学文化发展具有明显迟滞的现象。

（朱雪菲）

【桐乡太亩头新石器时代至汉六朝时期遗址】

发掘时间：2020年4月~2021年1月

工作单位：浙江省文物考古研究所、桐乡市博物馆

太亩头遗址位于桐乡市乌镇镇皂林村太亩头自然村。本次发掘共布5米×5米探方100个，实际发掘面积2505平方米。

发掘确认，太亩头遗址的文化堆积经过了良渚文化、马桥文化、汉六朝三个发展阶段。良渚文化的堆积为一处西北—东南走向的长方形土台状遗迹，残存面积约1000平方米。由于马桥文化时期的扰动破坏，土台层面上仅发现数个灰坑而没有发现其他遗迹。从出土的陶器观察，其年代为良渚中期偏晚阶段。

马桥文化的堆积分布范围略广，主要分布在发掘区的西半部。共清理了马桥文化的灰坑59个，坑口平面除了个别呈圆形外，多为不规则形，坑底多为圜底状。灰坑和地层单元中出土了大量马桥文化的典型陶器，器类有夹砂陶甗、鼎、泥质陶罐、盆、豆、硬陶三足器、鸭形壶等，基本涵盖了目前已知的马桥文化陶器形态，特别是较多的马桥文化地层和遗迹单元具有科学的叠压和打破关系，这为研究马桥文化的内涵及其发展过程提供了十分重要的考古学资料。

汉代及以后的堆积主要分布在发掘区的北、东、南部，为一般的生活废弃堆积，大部分堆积直接叠压在生土之上，出土一些碗、盆、壶、灯盏等青瓷器。清理的遗迹有水井5口，井圈的形式和用材多种多样，有陶制圆形井圈层叠，有用长方形楔形砖叠砌，有全部用废弃瓦片叠筑。

（芮国耀）

【杭州市余杭区跳头商周遗址】

发掘时间：2020年7月~2021年1月

工作单位：杭州市文物考古研究所、余杭博物馆

遗址位于杭州市余杭区中泰街道跳头村东北400米，地铁南湖站北侧。为配合阿里达摩院一期地块三项目建设对其进行考古发掘，发掘面积约2100平方米。

从发掘情况看，遗址主体年代为商周时期，包含有马桥文化、后马桥文化、春秋时期等连续堆积的地层。遗址的结构为中部存在一条南北向河道（G1），河道开口于⑤层之下，口部宽约35~36米。河道东西两侧分布有人类活动的聚落，聚落以土垄、灰沟（G2）等为界分割成不同的遗迹单元，共清理灰坑25座、灰沟2条、房址2座、陶片堆2处、红烧土堆积9处、柱洞组合（建筑单元）5处、护岸遗迹1处等。

发掘区西侧还分布有灰坑、陶片堆、红烧土堆积、柱洞组合（建筑单元）等遗迹。发掘区东部也分布有灰坑、陶片堆、红烧土堆积、柱洞组合（建筑单元）等遗迹。发现一条近西北—东南方向的土垄。同时G1东部分布有护岸遗迹，部分木桩尚存。

遗址出土陶鼎、陶三足盘、陶罐、陶纺轮、原始瓷碗、铜镞、铜刀、铜矛、石锛、穿孔石刀、石斧等小件标本120余件。

春秋时期遗物以夹砂陶、泥质陶、印纹硬陶和原始瓷为主。可辨器形包括鼎、釜、豆、罐、盆等。后马桥文化时期遗物以夹砂陶、泥质陶、印纹硬陶等为主。可辨器形包括鼎、釜、豆、罐、三足盘、盆、钵、纺轮等。马桥文化时期仅在局部探方

揭露，从出土遗存看，拍印几何形纹饰主要施于泥质红陶上，纹饰以叶脉纹为主。凹弧形足的鼎（甗）、矮瓦足三足盘和觚的数量较多。

在发掘过程中，还对G1、G2、灰坑、柱洞填土等遗迹的土样进行浮选和植物考古学研究。通过对G1土样进行浮选，初步发现有炭化水稻、乌桕、桃核、梅核、炭化水桃核、橡子、柿属、青风藤、苦楝、樟属等植物种子，大量木材以及少量鱼骨等。

跳头遗址是杭州市第一次发现商周时期滨水环壕聚落，聚落内部结构相对清晰，对研究当时的人地关系、环境变迁以及聚落的形态与结构等问题具有重要意义。

跳头遗址的主体堆积层分为马桥文化、后马桥文化和春秋三个时期，堆积连续分布，在这一时期的遗址中比较明确区分出不同时期的文化堆积实属难得，对研究当时不同文化的分布、交流与变迁具有重要意义。

发掘表明跳头遗址为小型聚落遗址，结合近些年在东苕溪流域小古城城址、下菰城城址、昆山遗址等中心聚落遗址的发掘与研究，可以更全面了解环太湖地区夏商周时期的文化面貌。

（杨金东　林　森）

【宁波市镇海区应家商周时期遗址】

发掘时间：2019年10月~2020年8月

工作单位：宁波市文化遗产管理研究院、武汉大学、山东大学、镇海区文物保护管理所

应家遗址位于宁波市镇海区九龙湖镇应家村，分布面积约12000平方米。该遗址三面环山，东侧面向滨海平原，距离现海岸线约10千米。为配合当地经济建设，宁波市文化遗产管理研究院组织对其实施了2000平方米面积的考古发掘，共发现古代水井、灰坑、灰沟、基槽、柱洞群、烧土堆等各类遗迹220余处，出土陶、瓷、石、铜、木器等各类完整或可复原文物1000余件。

应家遗址发掘区所见地层有12层，由早至晚可划分为史前时期、商代末期至西周早期、春秋末期至战国时期、历史时期等四个发展阶段，其中以商周和春秋战国时期遗存为主体文化堆积。

商周时期遗存以第⑥层为代表。发现水井、灰坑、灰沟和基槽等各类遗迹90余处，以及400余个柱洞。柱洞群所构成的建筑单元是本次重要发现，推测其主体原为日常居住的干栏式建筑。此外，还在H172发现了木器和竹编器，H149发现了一捆用麻绳捆绑的竹片，它们可能与先民的储藏行为有关。出土遗物数量丰富，按照质地分为陶、原始瓷、石、木器等。以陶器为主，原始瓷较少，可辨器形有鼎、甗、罐、豆、盘、钵、盆和器盖等。

春秋战国时期遗存以第⑤—③层为代表。发现水井、灰坑、灰沟和烧土堆等各类遗迹110余处。尤为重要的是，H29底部出土了1件铜鼎器盖，这在浙江地区同时期遗址中较为罕见。出土遗物数量丰富，按照质地分为陶、原始瓷、石、铜、木器等。陶器和原始瓷器最多，可辨器形有鼎、罐、坛、盆、碗、钵、盒、杯、器盖和甬钟等。铜器较少，可辨器形有斧、锛、锸、锄、耨、刀和器盖等。此外，还出土了一些铜块和凝结物。

应家遗址文化堆积深厚，时间跨度大，发现古代遗存十分丰富，价值和意义颇为重要。

第一，应家遗址商周时期文化遗存不仅发现有地层堆积，还有丰富的遗迹和遗物，其文化性质相当于后马桥文化，而以往发现的后马桥文化遗存较为单薄，时空范围和文化面貌等还不清晰，且后马桥文化是上承马桥文化，下启越文化的关键环节。应家遗址发现的内涵丰富的后马桥文

化遗存为构建浙江地区青铜时代文化谱系提供了丰富的新材料，对盘活浙江地区青铜时代早期聚落考古研究具有重要意义。

第二，应家遗址春秋战国时期遗存的文化性质相当于越文化，时间段相当于勾践灭吴和越国强盛阶段。曹娥江以东作为越国的大后方，为越国的崛起和强盛提供了强有力的支撑，但是由于文献资料的匮乏和考古资料的不足，对该历史进程的研究还比较薄弱。应家遗址发现的该时期遗存不仅材料丰富，而且发现了铜鼎盖、原始瓷甬钟等高等级遗物，以及可能与铸铜活动有关的遗物，为深化对越国的政治、经济和文化研究提供了丰富的新材料。

（雷　少）

【衢州市衢江区孟姜村西周土墩墓群】

发掘时间：2020 年 4 ~ 12 月

工作单位：浙江省文物考古研究所、衢江区文物保护所

孟姜村土墩墓群整体位于衢州市衢江北岸的丘陵之上，周边被衢江、庙源溪、邵源溪三水环绕，为配合衢江区古越文化园及滨江公路建设，浙江省文物考古研究所联合衢江区文物保护所对衢江北岸区域实施考古调查，发现商周时期多座大型土墩墓，均遭不同程度盗扰。为保护地下文化遗产，经国家文物局批准，于 2020 年进行抢救性发掘。

本次发掘的孟姜村土墩墓群，主要为位于滨江公路北侧的孟姜 1 号墩、公路南侧的 2 号墩及 3 号墩，发掘总面积约 2000 平方米。

1 号墩外围虽遭农业活动破坏，但整体保存基本完好。土墩东西残长约 30 米，南北残宽约 19 米，高约 4.5 米，墩体大致呈椭圆形，墓葬形制为熟土堆筑的“甲”字形浅坑木椁墓，浅坑长约 14 米，宽 7.6 米，墓道朝西，宽约 5 米，残长 13 米，基本揭露出一号墩的“人”字形椁室，长宽与浅坑一致，为探究南方地区“人”字形木椁的起源提供了线索。

2 号墩墩体西部与北部遭严重破坏，仅南部与东部保存尚好，现存土墩平面呈不规则圆形，东西残长约 20 米，南北残宽约 16 米，高度约 2.5 米。墓葬形式为熟土堆筑的浅坑墓，墓底铺垫鹅卵石作棺床，残存石床平面呈东西向不规则长方形，东西长约 12.5 米，南北宽处约 7 米。该墓虽被严重破坏，但仍发现有较丰富的随葬器物，墓坑底部石棺床上发现有原始瓷碗、原始瓷盂、原始瓷钵、原始瓷小罐、原始瓷杖、陶纺轮、陶丸、陶网坠、料珠、玉玦、玉管、铜残片、铜箭头、漆器残片、条形石器等 58 件（组）。

3 号墩是这批土墩墓中墩体保存较好的一座，墩体大致呈正圆形，东西长约 56 米，南北宽约 58 米，高约 5.3 米。墓坑与墓道之间有明确的甬道迹象，长约 6 米，宽 4.8 米，墓道朝西长约 10 米，宽约 4.5 米。该墓结构相对完好，为熟土堆筑的“甲”字形深坑木椁墓，为研究西周时期南方地区墓葬形制提供了重要资料。在墓坑底部发现一批珍贵的原始瓷器、玉石器、陶纺轮、陶网坠等，器形丰富，组合明确，对于研究越文化的器用制度，礼仪规范，丧葬形式都具有极其重要的意义。

孟姜村土墩墓群的发掘是继 20 世纪 80 年代衢江西山、程家山等土墩墓发掘后，在该区域所开展的又一项重大考古工作，规模宏大的土墩墓及大量精美的器物极大丰富了我们对浙西地区商周时期历史的认识。

根据出土文物的器形和组合特点，上述 3 座土墩墓应为越地西周时期的高等级贵族墓葬，其整体墓葬风格虽仍属越文化范畴，但随葬品风格独特，轻灵的玉玦、成组堆放的原始瓷器、陶纺轮、陶网坠等，体现了较鲜明的区域文化风貌。

总体而言，该区域内大型土墩墓分布

比较集中，文化面貌相对统一，土墩的营建方式较为一致，应为同一文化的高等级墓葬集聚区，证明衢江地区在西周时期是一个明确的区域政治文化中心，是越地文化的重要源头之一。根据《逸周书》、《国语》、《吴越春秋》等典籍中“於越纳姑妹珍”、“西至于姑蔑”、“至于姑昧”的文字记载，商周时期在越地西部存在一个名为“姑蔑”的族群，与本区域目前所发现的土墩墓应有一定的关系。

衢江地处浙、闽、赣、皖四省交通之门户，自古以来就是文化交流的重要枢纽，该地区的考古工作对于研究相关墓葬制度、器用制度、礼制传统及年代框架具有重要意义，必将成为研究早期越地文化的重要突破口。

（黄昊德　张　森）

【长兴五峰西横山两周及明清时期墓葬】

发掘时间：2019 年 7 月 ~2020 年 5 月

工作单位：浙江省文物考古研究所、长兴县博物馆

五峰西横山土墩墓群，位于长兴县城西。为配合当地的土地整理项目，对西横山南侧小水库地块进行了考古发掘。本次发掘土墩共 16 座，清理西周至明清时期墓葬 45 座，出土随葬器物近 300 件。

从这 16 座土墩看，大多体量较小，墩的长径在 20 米，短径 10 多米，高度 1 米左右。西周和春秋时期的土墩墓，都是“一墩一墓”，是该土墩的“建墩主墓”。而两汉时期的墓葬可分二种情况。一是利用西周和春秋时期的土墩墓建墓，另一是自建土墩成墓。明清时期的墓葬有建在早期土墩上面的，也有自建土墩成墓的。墓葬基本可分为三段。最早的属于西周中晚期和春秋时期，共有 6 座。两汉时期墓葬数量最多，有 20 座。最晚的明清时期有 19 座。

西周和春秋时期的“土墩墓”，主要是石室型三座、石床型二座，平地掩埋型一座。除少量分布在一处山脊上，其余均位于一小山坳中。可见此时的土墩墓，不仅仅分布在山脊、山前坡地、岗地等高亢处，在小山坳等相对较次位置也有分布。D16M7 是一座西周时期的石床墓，建于一小山的山脊上。其封土由“青膏泥”经夯筑而成，中心部位被汉墓打破。石床长 5 米，宽 4 米多，中间及东侧边缘被盗洞打破。出土随葬器物 14 件，包括原始瓷豆、原始瓷小簋、印纹硬陶小罐等。

西汉墓葬主要为竖穴土坑墓，体量大的带木椁和墓道。东汉后流行砖室墓。D15M1－2，是一座西汉时期异穴合葬墓。M1 主体上有一盗洞，随葬器物基本无存。M2 保存较好，只北侧被 M1 略微打破。出土随葬器物 11 件。

明后期到清初，出现一种较有地方特色的墓葬形式。石砌的半圆挡墙如圈椅状，中间有五至六座墓葬，或单墓或合葬，排列有序。墓前依山体用小石块铺筑拜坛，有台阶及平台。这应是一家族或核心家庭墓地。

西周和春秋时期的墓葬，随葬器物主要是小件的原始瓷豆、碗、印纹硬陶罐等。两汉时期墓葬规格较小，随葬器物多是日常用具，如釉陶壶、罐、罍、瓿、盒、鼎、泥质陶罐、灶、纺轮、五铢钱等。明清墓葬随葬器物极少，仅见几件青花瓷碗及一些“嘉靖通宝”铜钱等。

本次发掘墓葬的三个时间段，正好是历史上长兴人口数量较多、经济较为富裕，文化较为繁荣的时期。本次发掘为长兴地区葬制葬俗研究提供了较为重要的资料。

（孟国平）

【安吉古城遗址】

发掘时间：2020 年 7 ~ 12 月

工作单位：浙江省文物考古研究所、安吉县博物馆

安吉古城遗址位于湖州市安吉县，今县城以北约12千米的递铺街道古城村，城址南靠天目山余脉九龙山，北侧面向一片相对开阔的山间平原。城址平面近方形，边长550~600米，城内面积约33万平方米，四周土筑城墙及护城河保存较好。勘探表明，城址有内外两重河道围护，其中内河围护的区域应为原官府建筑区。2020年，选择城址西城墙唯一缺口、马南公路南侧的城墙内侧区块进行发掘，发掘的目的是：通过城墙与城内堆积的相互叠压关系，进一步明确城墙的始建年代，发掘面积300平方米。

发掘区的地层堆积大体可分为九层，其中第①、②层为现代和明清时期的堆积，第③—⑦层为汉晋时期的堆积，第⑧、⑨层为战国时期的堆积，堆积总厚度0.7~1.8米。

本次发掘共发现灰坑、水井、瓦砾堆积、块石、柱洞等遗迹31个，其中灰坑26个，多数开口在第②、③层下，灰坑平面多为较规整的圆形锅底状，另有少数平面近方形、圆角方形、长圆形、不规则形等。瓦砾堆积共两处，DJ1，呈长条形，南北长2.5米，东西宽1.48米，由大量板瓦、筒瓦及少量砖、瓦当和生活用陶瓷器碎片构成，平面观察瓦片分布无规律，应为建筑废弃后倾倒所致。

在北侧探方T5015N第④—⑦层均发现较多石块，平面分布较为散乱，石块大多呈块状，棱角不明显。2015年，发掘区北侧相邻位置的探方中也发现了类似的迹象，初步判断为西城门内侧遗迹的残留。在发掘区南侧探方T4915S⑥层发现大量形制不规则的铜、铁冶炼残块及窑渣等，还出土了较多的三棱形铜镞，应与金属冶铸倾倒的废弃物有关。

发掘共出土小件及标本139件，包括铜、铁器和陶瓷器两大类，石器仅出土2件。铜铁器以三棱形铜镞为主，还发现数量较多的铜块和铁块，铜、铁块多不规则，多数见有明显烧结的气泡。陶瓷器可分为建筑构件和生活用器两部分，其中建筑构件多见绳纹板瓦、筒瓦以及卷云纹、人面纹圆瓦当，瓦的内侧面以素面为主，也见有部分方格纹、菱格纹、麻布纹和麻点等。生活用陶瓷器包括战国时期的原始瓷杯、碗、豆、钵、器盖及汉代釉陶双耳罐、泥质陶罐、盆等。

虽然由于明清时期扰乱沟的破坏，未能发现明确的城墙与城内堆积之间的直接叠压关系，但从出土遗物来看，常见战国至汉晋时期的印纹陶片和原始瓷器、建筑构件等，未见明确可早至春秋时期的遗物，结合2002年、2015年西城墙发掘情况综合判断，安吉古城城墙始建于战国。与城门及金属冶铸有关遗存的发现，为探讨城址内的分区布局提供了重要线索。

（田正标）

【安吉天子湖工业园区东周汉代和清代墓群】

发掘时间：2020年5~10月

工作单位：浙江省文物考古研究所、安吉县博物馆

为配合安吉县天子湖工业园区建设，联合考古队对D23地块的土墩墓群进行考古发掘。该地块主要为小型土墩，后期破坏比较严重，本次共发掘古墓葬9座，器物坑1个，年代包括东周、汉代和清代。

东周时期的土墩墓有5座，器物坑1个。平地掩埋土墩墓1座。D5M1墓底出土随葬品18件，其中原始瓷碗3件、小罐1件，硬陶罐10件，泥质陶罐2件、陶盆1件，陶纺轮1件。长方形竖穴土坑墓2座。D1M1方向125°，长2.2米，宽0.8~1.18米，深0.15米，直壁，底不平。墓底一端出土随葬品14件，其中原始瓷碗3件，硬陶坛2件（带泥质陶盆作为器盖）、罐4件（其中3件带泥质陶盆作为器盖）。

D4M1方向4°，长3.02米，宽1.92米，深1.92米，直壁，平底。墓底可见一棺板灰痕迹，棺下放置两根东西向垫木。棺内出土随葬品5件，其中泥质陶钫2件、盒1件、陶器1件，硬陶壶1件。“凸”字形土坑墓2座。D3M2方向285°，墓室长4.19米，宽1.87米，深0.8米，直壁，底不平。墓道位于墓室西部，长3.2米，口宽0.7～1.05米。墓道和墓室连接处出土硬陶罐1件。器物坑K1，位于M2墓道北侧，为不规则长条形，长约4米，宽约0.8～1.78米，深0.34米，放置硬陶坛7件（带泥质陶盆作为器盖）。D6M2方向273°，墓室长3.84米，宽2.2米，深0.4米，直壁，平底。斜坡墓道位于墓室西部，长2.6米，口宽1.04～1.31米。墓底出土硬陶罐5件。

东汉砖室墓1座。M1为“凸”字形，方向270°。墓室长5.33米，宽2.74米，深0.3米。斜坡墓道位于墓室西部，长2.84米，宽0.98～1.06米。墓室内仅西部残存部分砖块，无随葬品出土。

清代墓葬2座。D3M1为长方形浅坑，方向326°，长1.36米，宽0.38～0.52米，深0.1米，墓底出土铜镜1面。D6M1为长方形砖室墓，方向338°，长2.54米，宽0.73～0.9米，深0.51米。墓底出土瓷碗2件，铜钱3枚，铁器1件。

另有竖穴土坑残墓1座，未出土随葬品，年代不详。

根据以往的考古工作，判断该地块为上马山墓群的一部分。上马山墓群位于安吉县天子湖镇，东南距安吉古城遗址约3.5千米，为安吉古城大遗址的组成部分。为配合天子湖工业园区建设，自2007年起，浙江省文物考古研究所连续多年进行考古发掘，已清理古墓葬600多座，出土文物6000余件。上马山墓群以往的发掘，发现了大量汉代的墓葬。本次发掘增加了上马山墓群东周时期墓葬的新材料，对研究江南地区先民丧葬习俗的演变具有重要价值。

（游晓蕾　邱宏亮）

【宁波市北仑区四顾山东周遗址】

发掘时间：2020年6～10月

工作单位：宁波市文化遗产管理研究院、厦门大学、北仑区文物保护管理所

四顾山遗址位于宁波市北仑区新碶街道永久村卢郑自然村四顾山西侧坡地。为配合工程建设，对其开展了1000平方米的发掘。

四顾山遗址文化层堆积深度约1～1.5米，发现了东周至明清时期遗迹100余处，出土完整或可修复文物标本近300件。

东周时期文化堆积丰富，是遗址的主体堆积。发现有沉淀池1处、储泥池1处、水井1处、烧坑2座、炼炉1座、灰坑10余座，以及由排列较为有序的柱洞围成的房址1处和其他零散柱洞数十处，这些单体柱洞平面大多呈圆形，直壁，圜底近平，部分柱洞排列有序，合围平面近圆角方形，这些柱洞可能为与发掘区南部手工业活动相关的工棚类遗迹。

东周时期出土遗物较为丰富，以陶器和原始瓷器为主。陶器可分为印纹硬陶、夹砂陶和泥质陶，其中印纹硬陶数量最多，纹饰多为米字纹、方格纹、回字交叉纹，可辨器物部位主要有口沿和器底，可辨器形主要有罐、瓮等；夹砂陶多为素面泥质红陶，可辨器形主要为鼎，鼎足较为常见；泥质陶多为素面的灰陶和红陶，数量较少，可辨器形以盆、钵为主。原始瓷器包括碗、杯、盅、盘等器形。此外，还见有青铜铲、青铜箭镞、青铜鱼钩、铁锛等金属器以及石锤、石锛、石球等石器和少量竹木器。

四顾山遗址是一处保存较好、以东周遗存为主的中小型文化遗址。发掘区内所见东周时期遗迹的功能、性质大多与制陶

(瓷)、冶炼等手工业活动相关，一些排列较为规整的柱洞群，不排除是工棚一类的简易建筑。目前，考古单位已与中国社会科学院考古研究所、北京大学、北京科技大学等机构开展合作，对采样遗存进行科技检测与研究，以便为遗址性质的准确判定提供更多佐证。

（张华琴）

【长兴碧岩东周至汉代土墩墓】

发掘时间：2020年3～9月

工作单位：浙江省文物考古研究所、长兴县博物馆

为配合长兴图影太湖度假区管委会“龙之梦”大型项目的开发建设，浙江省文物考古研究所会同长兴县博物馆对长兴县碧岩村土墩墓葬群展开考古调查和发掘。

2020年共发掘土墩4处，发掘面积3000余平方米。发掘墓葬34座，出土随葬品434件（组）。其中东周墓葬2座，均为石室墓。汉代墓葬31座，出土随葬品427件（组）。墓葬形制有“凸”字形竖穴土坑墓、长方形竖穴土坑墓、长方形石框墓，长方形券顶砖室墓等，随葬器物有硬陶、泥质陶、低温釉陶、高温釉陶、铜器、铁器、琉璃、玉石器等，主要器形有罍、瓿、盘口壶、敞口壶、罐、灶、铁剑、铜钱、铁镞、铁削、红玉髓、蓝宝石等。墓葬年代为西汉末期至东汉晚期。其中D174M4出土保存较好的独木棺、木椁、椁底板、枕木等有机遗存，为研究浙北地区汉代葬制葬俗提供了资料。

（徐　军）

【绍兴越城区亭山战国至宋代墓葬】

发掘时间：2020年5～12月

工作单位：浙江省文物考古研究所、越城区文化广电旅游局

为配合绍兴市越城区常禧路延伸工程期建设，联合考古队对位于绍兴市越城区北海街道亭山村小亭山上的墓葬群进行了考古发掘。共发掘战国至宋代的墓葬45座，出土陶、石、玉、瓷、金属器等各类随葬品600余件。

战国时期墓葬共4座，均为长方形竖穴墓。位于山顶的M5为一座打破基岩的东西向竖穴墓。整个墓坑长约11.4米，现墓口宽约3.1米，残高0.40米，墓坑底部紧贴南北两壁分别开凿枕木沟。M21、M30、M36规模相近，大致呈南北向，均开凿于山腰生土。随葬石、玉、陶、原始瓷、印纹硬陶等器物。M21总长7.1米，其中墓道长2.0米，墓室长5.1米、宽2.44米、深1.44米。M21随葬品有100余件，大致置于墓内前部和后部，以墓室后半部随葬器物最多。主要有陶器、印纹硬陶、原始瓷等，腹径57厘米的泥质灰陶带盖罐则是罕见的器形。

汉六朝时期墓葬有土坑墓和砖室墓两种，出土陶、玉、石、铁、铜、瓷等各类器物100余件，包括陶灶、陶罐，玉璜、玛瑙珠，石黛板、料珠，铁剑、铁弩机，铜镜、钱币，青瓷壶、盘口壶、锺、瓿、罐等器形。土坑墓10座，均打破生土或开凿于山体中，均为两汉时期遗址。除M33被现代墓打破外，其余保存完整。M34、M35为西汉时期异穴合葬墓，墓坑规模相当。15座砖室墓均为长方形，破坏严重，大多数砖室墓券顶不存，一部分残存券顶。M18为王莽—东汉时期，长3.56米、宽2.56米、残高1.18米，墓顶不存，从墓室结构分析，墓顶可能为盖板。

唐宋时期墓葬共7座长方形砖室墓。破坏严重，随葬品残存不多。出土金、青瓷等器物20余件，有金戒指，青瓷盒、罐、碗、壶、小罐等器形。M25、M26为唐代同穴合葬砖室墓，两墓并列，共用一个墓壁。M25墓室前端出土一合砖质墓志，墓志铭中有唐“太和八年”纪年，为判断这组墓葬下葬时间提供了年代依据。

亭山墓葬群的考古发掘，为亭山及其周边区域自战国以来的文化面貌和葬制葬俗等研究提供了新资料。

（徐新民）

【湖州市安吉上马山179号东周土墩墓】

发掘时间：2019年9月~2021年1月

工作单位：浙江省文物考古研究所、安吉县博物馆

2019年9月，为配合安吉县天子湖工业园区建设，浙江省文物考古研究所联合安吉县博物馆对相关区域进行考古发掘，主要发掘土墩1座，编号为上马山D179。

D179平面呈长椭圆形，长径约65米，短径约30米，顶部较平略呈覆斗状，现存高度约5~6米。D179共发现东周时期的墓葬3座，坑2个，墓下建筑遗存1处。

战国晚期长方形竖穴土坑墓2座。M1位于土墩西南，开口距地表1.4米，方向125°，口长2.6米，宽1.7米，斜直壁，平底，底长2.3米，宽1.25~1.55米，深1.4米。墓底出土泥质陶豆2件、钫2件。M2位于土墩西部，开口距地表0.95米，方向5°，长2.15米，宽1.34米，直壁，平底，深1.43米。墓底出土泥质陶器5件，其中罐1，钫1，鼎1，盒1，豆1。

春秋早期越国高等级贵族墓、器物坑、墓下建筑一组。M3为土墩主墓，位于土墩中部偏西，开口距地表约3.2米，平面为“凸”字形，方向279°。墓室口长11.7米，宽5.75~6米，斜直壁，平底，底长10.9米，宽5.05~5.5米，深2.4米。斜坡墓道位于墓室西部，平面呈喇叭状，与墓室连接处最宽，口长8.7米，宽1.8~4.13米，斜直壁，底宽1.36~3米。墓室中发现“人”字形木椁痕迹，椁室内长10.8米，内宽4.24米，残高1.46米，墓底发现3处东西向垫木痕迹。由于多次被盗，椁室内仅出土随葬品28件，其中绿松石扣1件，泥质陶器5件，原始瓷碗15件、桶形罐1件，硬陶罐6件。K1位于M3墓道南侧，平面近长方形，长1.55米，宽0.68~0.76米，深0.1米。坑内一侧放置硬陶碗3件，泥质陶器1件。K2位于M3东北侧，平面近圆形，直径约2.7米，深0.28米。坑内中部放置口腹对扣的残硬陶罐2件。F1位于M3正下方，开口距地表5.6米，由柱洞组成，平面为“凸”字形。根据柱洞间的距离，房间长约14米，宽约8米，通道位于房间西侧，长约7米，宽约5米。柱洞平面近圆形，直径0.25~0.65厘米，多直壁，平底或圜底，深0.2~1.3米。

本次发掘基本厘清了D179的营建过程：选址后平整地面，然后铺垫黄土，搭建墓下建筑，进行相关仪式后拆除建筑，用草裹泥分块堆土留坑并举行相关仪式，修整预留坑后搭筑人字椁埋葬，最后封土成墩。D179的营建过程为以后土墩墓的田野发掘提供了借鉴和参考。墓葬中出土的器物和测年数据为土墩墓序列年代研究提供了明确的参考标尺。同时，本次发掘在浙江地区首次发现完整的土墩墓墓下建筑遗迹，也是首次发现由草裹泥堆筑的东周时期大型覆斗状封土土墩，为研究江南地区先民的丧葬习俗、建筑技术及传承提供了新的线索。

（游晓蕾　邱宏亮　隋丽娟）

【安吉五福汉代土墩墓】

发掘时间：2020年4~12月

工作单位：浙江省文物考古研究所、安吉县博物馆

五福墓群位于湖州市安吉县天子湖镇工业园区北侧N12地块。为配合安吉天子湖工业园区招商引资和基础设施建设，浙江省文物考古研究所联合安吉县博物馆，对安吉五福土墩墓群进行了考古发掘。其间2020年度浙江省田野考古培训班在五福考古工地举办，来自全省14家基层文博单

位的学员一并参与了发掘工作。

经调查，工业园区 N12 地块内共发现土墩 16 个，墩径 15 米左右的土墩较多见，地表馒头状封土均较明显，大部分土墩早年被盗掘。五福土墩墓群从分布上看可划分为东西两区，其中东区有土墩 7 个，西区有土墩 9 个。绝大多数土墩存在一墩多墓的埋葬形式。截至 11 月底，共发掘土墩 14 个，发现墓葬 54 座，出土器物共计 352 件。

发掘结果表明，五福土墩墓群以中小型汉墓为主，除发掘区最东侧两个土墩为东汉墓外，其余均为西汉墓。各墩墓葬的位置一般位于土墩中间，形制以长方形竖穴土圹墓为主，多见双墓并穴合葬现象，葬具以一棺一椁为主，椁下普遍横向铺设两条枕木。随葬器物以高温釉陶器为主，另配以少量印纹硬陶器、泥质陶器、铜器、玉器、漆器和琉璃器等；器物组合有鼎、盒、壶、钫、瓿、罍。另外，还清理西汉“凸”字形竖穴土圹墓 1 座，葬具为双棺一椁。东汉墓葬 3 座，均为长方形券顶砖室墓，葬具及骸骨朽蚀无存。

部分土墩边缘还发现了一些宋、明、清时期的砖室墓，或为单体墓葬，或为双墓并穴合葬墓。这些晚期墓葬在营建时利用了汉代土墩墓的封土，开口层位多在表土之下；墓室普遍较小，往往仅能容身；随葬器物有陶器、瓷器、铜钱、铜镜、玉器、金银器等。

根据发掘，安吉五福土墩墓自西汉早期开始使用，按自西向东的顺序开始埋葬，一直延续到东汉早中期，崇尚合葬和礼制，是一处规划整齐、风格统一、时代有序的汉代平民墓群。为研究浙江地区汉代土墩墓提供了丰富的资料。

（刘建安　张馨月）

【杭州市萧山区黄家河汉至明清时期墓群】

发掘时间：2019 年 5 月 ~ 2020 年 1 月、2020 年 6 ~ 8 月

工作单位：杭州市文物考古研究所、萧山博物馆

黄家河墓群位于杭州市萧山区蜀山街道黄家河村黄家河山、凉坞山东麓。为配合香山名居养老院地块对该墓群进行考古发掘。此次发掘共清理新石器时代至明代的墓葬 339 座，良渚文化竖穴土坑墓 1 座；两周时期竖穴土坑墓 5 座；汉代墓 228 座，其中竖穴土坑墓 196 座，砖椁墓 18 座，砖室墓 14 座；六朝时期砖室墓 22 座，其中三座为纪年墓；唐五代时期砖室墓 18 座；宋代墓 43 座，其中土坑墓 16 座，砖室墓 27 座；明墓 18 座，均为砖室墓。共出土文物 2602 件，有印纹硬陶器、原始瓷器、陶器、瓷器、铜器、铁器、石器、玉器和料器等，另外还发现 1 合墓志铭。

墓地最早的使用年代为良渚文化时期，后历经西周、战国、汉代、六朝、唐五代、宋代和明代，直至近代仍为墓地，沿用时间长，时代跨度大，墓葬形制的早晚变化与浙江地区的墓葬形制演变规律相符。

汉代墓葬，类型丰富，包括土坑墓、砖椁墓和砖室墓三种类型。土坑墓可分为不带墓道和带墓道两种类型，部分墓葬设有生土或熟土二层台，多数墓葬墓底发现枕木沟，少量墓葬发现排水沟。汉墓中出土大量随葬品，包括釉陶器、陶器、青铜器和铁器等，器形包括釉陶鼎、盒、壶、瓿、罐、罍、陶灶、井、铜釜、盆、锅、铜镜、铜钱、铁釜、铁甑、石黛板、石研黛器等，另外还出土低温釉陶壶、瓷盂等遗物。

六朝墓中有三座为纪年砖室墓。M159 纪年铭文为“凤凰二年七月日造作”，M7 纪年铭文为“永康元年七月六日造”。M7 出土 16 件遗物，包括青瓷罐、碗、盘、香炉、盂、灶、圈、冥币、井、谷仓等。

宋代墓包括砖室墓和土坑墓两种，出土青瓷香炉、罐、碗、青白瓷盒、铜镜、

铁券等遗物。

M26明代墓出土一盒墓志铭，志文信息量大，记载了贞洁烈妇周张氏的传奇一生。

汉代墓葬的密集发现为当时墓地规划的个案研究提供了详实资料，大量类型多样的墓葬和数量众多随葬品的出土对研究汉代的葬制丧俗具有重要价值。

（杨金东　崔太金）

【杭州市临安区环湖村平峰山东汉至明代墓地】

发掘时间：2020年10月~2021年3月

工作单位：杭州市文物考古研究所、临安区博物馆

为配合杭州市临安区青山湖建设管理有限公司项目建设，对该墓地进行了考古发掘。

墓地位于杭州市临安区板桥镇环湖村一处环凹形坡地上，西北距临安城区约4.7千米。经发掘，共清理了22座墓葬和2座陶窑，年代为东汉至明代，墓葬编号为M1至M22，陶窑编号为Y1和Y2。

墓葬、陶窑在地块内散落分布，以砖室墓为主。出土石、陶、瓷、银、铜、铁器等随葬品。

M8，宋墓，位于发掘区域东南侧，方向337°，为砖石混筑双室墓。墓室长220厘米、左右室各宽95厘米。两室之间有隔墙宽24厘米。右室东壁有壁龛。该墓所用砖、石尺寸差别大，且多用残砖，并可见汉六朝莲纹、几何纹墓砖。右室出土石人、陶碟。

M11，三国西晋墓葬，位于发掘区域西侧中部，方向75°。该墓为“凸”字形券顶砖室墓。墓室长391厘米，宽132厘米，高168厘米。由券顶、墓室、棺床、甬道和排水沟组成。墓壁采用三顺一丁砌筑，墓底采用“人”字形铺砌。墓砖多为几何纹砖。墓室前部两侧放置釉陶罍、青釉双系罐、青釉井、青釉灶、青釉耳杯、青釉镂孔熏炉、青釉火盆鐎斗、青釉猪圈。墓葬形制及随葬品与此前潘山出土三国东吴晚期纪年墓相近。

平峰山墓地墓葬分布较分散，年代跨度大，多为平民墓。M8出土石人（或称石真）被认为是墓主人像，M11出土较典型的三国西晋时期青瓷器，在杭州临安地区均较为少见。

（周德奖　王征宇）

【宁波市余姚花园新村汉六朝遗址】

发掘时间：2020年7~11月

发掘单位：宁波市文化遗产管理研究院、复旦大学、四川大学、余姚市文物保护管理所

遗址地处余姚市梨洲街道花园新村，北临明清时期的余姚南城巽水门。本年度宁波市文化遗产管理研究院联合多家单位对该遗址进行了2000平方米的考古发掘。

发掘表明，遗址原始地貌北高南低，北侧为受潮汐活动影响而形成的黄沙土高地，南侧为宽广的水域。20世纪80年代的花园新村建设对六朝及晚期地层造成了严重破坏。发掘工作主要清理出两汉时期的临河护岸和木构设施多组。护岸皆由木桩构筑，木桩下端削尖，大多自开口层位下打入生土0.8米左右。1号护岸由南北两组木桩构成，全长约12米。木桩内侧（近岸端）置横木或横向叠置竹竿，竹竿内侧再以纵向的竹子加固。推测1号护岸的两组木桩之上可能搭建有木板形成栈道，木桩内侧横置的横木或竹竿起着挡土的功用。2号护岸东西长28.1米，中部还见有伸向南侧水域中的两排木桩，推测为供舟船停靠的栈桥式码头。

发掘工作共出土各类遗物300余件。陶器以泥质黑、灰陶器为主，主要器形有罐、盆、钵等生活类器皿。青瓷器集中出土于扰土层，可辨器形有六朝时期的盏、

碗等。铜器有两汉时期各类铜钱、铜削、铜环等。木器有盆、梳篦、简牍及建筑材料。此外还出土有大量的砖、瓦类建筑构件。草鞋、绳索等编织物以及零星骨器。

简牍类文书是本次考古发掘的一项重大收获，发掘过程中出土了封检、木觚及双面墨书的木板各一件。木觚出土于河道堆积中，全长46厘米，正面六棱五行，朱漆墨书，初步释读可知文书内容与民间宗教活动相关。

花园新村汉六朝遗址具有鲜明的濒水特征，是浙江地区汉代基层聚落考古的重要收获，对于全面认识本地区汉文化具有重要意义。遗址出土的木觚文书，是研究东汉早中期东南地区民间信仰的重要材料，也是余姚作为“文献名邦”的实证。遗址濒临明清时期的余姚南城，与东汉晚期以来的余姚县城隔江相望，是余姚南北双城的雏形，对研究余姚古代城市发展也具有重要价值。

（许　超）

【安吉摘帽山汉代墓葬】

发掘时间：2020年9～12月

工作单位：浙江省文物考古研究所、安吉县博物馆

摘帽山墓葬群位于湖州市安吉县孝丰镇城北社区，地处摘帽山东坡山麓地带。为配合国家安吉竹产业示范园区项目建设需要，联合考古队对该区块进行了考古调查，共发现60余座砖室墓，主体年代为东汉末至三国时期。

截至2020年12月底，完成发掘的汉墓共计37座，可分为长方形券顶单室墓、方形穹窿顶单室墓和“吕”字形双室墓。墓向朝南者居多。墓圹长方形，墓道底部斜坡式，墓门为券顶，封门砖大多比较规整，少数墓葬带甬道。单室墓墓室长度约为3.5～4米，双室墓墓室长度约为6～7米。墓壁以平起错缝为主，偶有丁顺结构，墓壁上设置壁龛的做法较为常见。铺地砖多为两纵两横砌法。

出土器物250余件，以硬陶为主，少量釉陶、泥质陶、瓷器、铁器、铜器和石制品。这些器物具有典型的东汉末期风格，与M12“初平元年作施南……”、“太岁在庚午”（公元190年）的纪年砖相符。墓砖上的铭文有“万岁不败”“富贵祥宜侯王”“阳遂”“万岁三公”“富贵安乐”等，花纹有车轮纹、钱币纹、太阳纹、鱼纹等。

该墓地规模较大，时代特征鲜明，布局规整而有序。墓向基本朝南，首尾相接，东西成排，埋葬顺序由北向南、由坡上至坡下，是一个有规划的山坡型墓地，反映了在社会动荡的东汉晚期至三国时期，孝丰当地具有一定的社会稳定性，经济社会较为繁荣。

《元和郡县图志》载：“安吉县，本汉故鄣县地，汉灵帝中平二年，张角作乱，荆、扬尤甚，唯此郡守险阻固，汉朝嘉之，故分立为县。”据此可知，中平二年（公元185年），割故鄣县南境置安吉县。明嘉靖《安吉州志》：“安吉旧治在天目乡，今孝丰县址是也”，首次明确记载了最初的安吉县治设于天目乡（今孝丰镇）。而摘帽山墓葬群年代大体在安吉建县前后，为寻找最早的安吉县治提供了线索，对研究安吉建县伊始、县治所在地的历史地理和文化内涵具有重要价值。

（刘亚林）

【杭州市临安区虹桥村三国至明清墓地】

发掘时间：2020年11月～2021年1月

工作单位：杭州市文物考古研究所、临安区博物馆

为配合杭州市消防救援支队的项目建设，对该墓地进行考古发掘。

墓地位于杭州市临安区高虹镇虹桥村，北依大王岭，西邻横石公路，东邻大塘湾，

南邻白兔山。共发掘47座墓葬，以长方形砖室墓为主。年代从三国西晋至明清，多为六朝墓、宋墓和明墓。出土有陶器、瓷器、金银器、铜器、铁器、玉器等，器形有青釉碗、青釉罐、青白釉盘、铜簪、铜钗、铜钱等。

墓葬多为平民墓，类型较为一致。其中M40、M45、M47三座宋墓保存相对较好，M40建有围墙等墓上建筑。

M40为长方形砖砌双室墓，墓顶已毁。墓上建有围墙、环墉、环道、地坪、须弥座、排水沟等设施，是墓地中规模最大的墓葬。墓室铺地砖，墓壁用香糕砖和条砖垒砌，设壁龛。须弥座前侧置砖雕，上刻牡丹花、麒麟图案。墓底四角附近置棺木垫砖，出土石砚、青釉韩瓶和崇宁通宝铜钱等。

M45、M47为家族墓，均打破M40，保存完整。墓葬形制相同，为长方形砖石双室墓，墓室无铺地砖，墓壁为四顺一丁、六顺一丁砌筑，表面涂红色颜料。设腰龛和较多壁龛。墓壁顶部置压条石，墓顶用子母口石板铺成，石板缝隙间顶部置砖。排水沟位于墓葬东侧，从左室东壁往外延伸。墓底棺木已腐朽，漆皮保存较好。出土随葬品有青白釉碗、青釉罐、桃形银片、铜镜、鎏金铜簪、铜筷、铜钱、木梳等。M45左室尚存少量牙齿。

虹桥墓地墓葬分布集中，墓葬类型统一，多座墓葬有叠压打破关系，说明该地点自三国以来多作为平民墓集中地。此次发现，为杭州地区古代墓葬形制和丧葬制度的研究提供了新的实物资料。

（倪亚清　孙　媛　周德奖）

【杭州市余杭区李家塘六朝隋唐遗址】

发掘时间：2019年9月~2020年6月

工作单位：杭州市文物考古研究所、余杭博物馆

遗址位于杭州市余杭区仓前街道李家塘村。勘探发现遗址面积约14800平方米。为配合杭州西站枢纽建设，此次发掘面积3000平方米，共出土器物标本约800件。

④层下有房址、灰坑、池、窑、墓葬、灰沟、井、缸等遗迹。其中房址有12座，灰坑58个，池5个，墓葬2座，窑1座，灰沟13条，井2个，缸8个。

③层下的遗迹较少，发现大型砖铺建筑基址残迹和一处缸。

②层下有窑、墓葬等遗迹。遗迹数量不多，发现墓葬3座，窑2座。

G11整体形状近似“L”形，上宽下窄截面近似梯形，两边凹凸不齐。在西壁拐弯转向南方。沟内填土分两层，上层为黑褐色，土质较疏松，夹杂大量瓦片、砖块、石块等，出土大量陶瓷残片；厚约50~70厘米；下层为黑灰色淤泥，土质细腻纯净致密，局部可见芦苇、炭屑等。沟11两侧分布木桩共计16根。

F11：平面呈长方形，长约为2450厘米，宽约为730厘米。发现48个柱洞，大多为圆形柱洞，柱洞中的包含物多为碎瓦块、炭粒、红烧土等，出土有碎瓷片、碎陶片。推测其为干栏式建筑基址。

Y1：为宋代半倒焰式馒头窑。整个窑炉由窑前工作室、火门、火膛、窑床、窑墙以及烟道组成。窑内发现有板瓦和筒瓦两种产品。

出土遗物主要有瓷片（器）、瓦片、陶片、瓦当、石器、青铜残件、铜钱等，其中瓷片占绝大多数，主要的器形有碗、盘、罐、壶、盏、水盂、钵、高足盘、灯、器盖、研磨器等，碗的数量最多。釉色主要是青釉、黑釉、酱色，还有少量彩瓷。大部分胎质较粗，胎色较深。多数为素面，也有少量的拍印、刻划、模印、点彩、贴塑装饰。纹饰有莲瓣、重圈太阳纹、铜钱纹、弦纹、水波纹、网格纹等。产品来源丰富，包含有德清窑、越窑、洪州窑、岳州窑、长沙窑等。

遗址的堆积主体是④层，④层下发现有房址、灰坑、池、窑、墓葬、灰沟、井、缸等大量遗迹现象，还发现一处古河道G11，其内遗物最多。这组遗迹和遗物的时代为南朝至隋唐时期，发掘结果表明这是一处结构明确的聚落遗址，密集的房址和大量不同窑口遗物的出土表明该聚落具有一定规模，可能是当时的集镇。该遗址的发现为深入研究浙江乃至南方地区南朝至隋唐时期的考古学文化内涵提供了重要的实物资料，为研究当时人们的手工业生产、聚落生活方式提供了直接证据。

（杨金东）

【浙江工业大学屏峰校区六朝至唐宋时期遗址】

发掘时间：2020年10月~2021年1月

工作单位：杭州市文物考古研究所

遗址位于杭州市西湖区留下街道留和路288号浙江工业大学屏峰校区内，为配合基本建设，杭州市文物考古研究所对其进行了考古发掘，共计清理各时期古墓葬26座、六朝时期马蹄形砖窑5座、普安院遗址一处。

26座古墓葬主要分布于地块东北部缓坡位置，均为中、小型砖室墓，多已遭盗扰，按时代划分依次为东汉墓4座、六朝墓12座、唐墓2座、宋墓4座、明墓5座，共出土各时期器物110件。其中南宋早期枢密院文字主管张适及其妻董氏、李氏合葬墓（M10、M12）保存较为完好，出土有粉盒、绞丝胎瓷罐、玉剑彘、铜镜、金耳饰、方砖墓志等器物，另根据董氏墓志铭文所述，确定其西侧大型建筑基址为普安院。

普安院遗址位于地块中部区域，开口于表土下方，建筑主体大致呈西北东南向。遗址西部遭晚期破坏严重，已缺失。发现有砖砌台基包边、道路、排水沟、磉墩、墙基等建筑遗迹，于遗址区南端见有一面阔三间、进深三间的建筑，其东北侧有西北东南向廊道，进深一间。又于地块西北端发现有西北东南向砖砌道路，其用料及结构与中部建筑无异，亦当属普安院。根据《咸淳临安志》中所述，普安院始建于五代时期，废弃年代因地层缺失而暂且不详。

普安院遗址规模宏大，其南端当可延伸至地块南侧河流，北侧可延伸至地块红线以北之山体上，是杭州城内南宋时期发现的规模较为宏大的建筑之一。根据其与地块东北部南宋时期墓葬的位置关系，以及董氏墓志铭文记叙，推测其可能具有坟寺功能，为研究南宋时期宗教、丧葬习俗提供了珍贵的资料。

（施梦以　杨　曦　李　迎）

【余姚市施岙六朝至明清时期墓群】

发掘时间：2020年10~12月

工作单位：宁波市文化遗产管理研究院、山东大学、余姚市文物保护管理所

古墓群位于余姚市三七市镇相岙行政村施岙自然村以南、以西的山地区域，东南距离田螺山遗址现场约350米处，西距井头山遗址约1000米。为配合余姚市三七市镇田螺山小镇项目地块建设而进行考古发掘。

共发现古墓102座、砖瓦窑1座、水井1口。古墓被盗扰破坏严重，出土随葬品仅20余件，以钵、碗、水盂等越窑青瓷为主，另伴有少量陶罐以及铜钱、铜镜、银钗、石像、碑刻等金属器和石制品遗物。

六朝古墓8座。皆为券顶砖室墓，位置相近，墓向一致，应为家族墓地。根据形制可分为“凸”字形券顶砖室墓和“刀”字形券顶砖室墓。“凸”字形券顶砖室墓由墓道、排水沟、甬道、墓室、棺床等部分组成，甬道位于墓室中部，墓室铺底砖多为单砖横竖平铺或“人”字形平铺；

“刀”字形砖室墓甬道位于墓室一侧，墓室后方棺床由双砖横竖平铺而成，铺底砖均以“人”字形平铺。墓砖顺面有长方形对称斜向交叉纹，中间为“四出五铢钱”纹，部分墓砖上阴刻“元嘉二年……”“晋太守孟余姚令□□之”“□□□□年三歳太歳在寅鶏爲里”“筆國爲師此地大吉連世富貴宜子”等铭文。

唐代古墓3座。根据形制可分为船形券顶砖室墓和长方形竖穴砖室墓。船形券顶砖室墓包括M97、M98，两座墓平行分布，相距仅4米，朝向相同，形制相似，应为家庭墓地。券顶均已被破坏，仅M98后壁残余部分券顶，后壁设有壁龛，铺底砖皆以“人”字形平铺；长方形竖穴砖室墓，墓底砖以“人”字形平铺。墓室上部结构破坏严重，顶部情况不明。墓门用平砖堆砌十一层。出土越窑青瓷盘口壶、碗、执壶、谷仓塔式顶盖、圆形素面铜镜、“开元通宝”铜钱等遗物。

宋代古墓1座，明代墓叠压其上，已被盗扰严重。墓室整体结构尚完整，长方形竖穴双室砖椁石顶墓，墓向25°，墓长3.0、宽2.90、深0.98米。墓壁由素面青砖错缝平砌十三层，上有石条承顶。墓室顶部覆盖四块方形石板，左右各二。石板厚重，制作精良，底面带有子母口，与墓口石条契合。墓底未铺满砖，仅由青砖环绕墓底一周形成棺台。遗物仅发现部分残铜钱。

明代古墓45座。大部分为普通砖室墓，少部分为石室墓、石灰椁墓。普通砖墓室，石板盖顶，墓口石条承顶，墓壁由素面青砖砌筑，白石灰勾缝，盛行多室墓，多室墓中间隔墙上设过洞。石室墓建造较为精良，墓室四周采用石条砌成，石条内侧与盖板采用子母口契合方式对墓室进行封顶。石灰椁墓的墓室四壁由石灰浇筑而成，非砖砌墓壁。建筑规模较为宏大，由圈墙、墓室、排水沟、拜台、牌坊基础、挡墙等部分构成，此类墓多为明代达官显贵墓葬。

清代古墓45座。形制基本延续明代古墓，建造较为简易，无圈墙、拜台、排水沟等附属设施，只有砖（石）砌墓室。用砖规格差异较大，杂乱无序，有长方形砖也有方砖，砖尺寸普遍小而薄，少数墓葬利用早期墓砖建筑。石砌墓室多用乱石，没有明代石室墓建造精良。清代墓出土遗物极少，仅M80出土一枚银钗。M80墓碑上阴刻“见源魏公同配刘氏之墓（康熙癸酉年桂月）”碑文，为研究该地清代早期墓葬形制提供了参考资料。

窑炉1座。马蹄形窑，由操作室、窑门、火塘、窑床、排烟道等部分组成。操作室位于窑炉北侧，平面呈椭圆形，底部低于窑门，北部设置两条台阶供进出。窑门横截面近似矩形，高约0.54、宽约0.4米，高出操作室0.2米。火膛位于窑室前端，平面呈扇形，北接窑门、南朝窑床。窑床平面为椭圆形，长径1.8、短径1.6、残高0.2米，窑床铺3条与火膛相通的火道，中部一条呈直线形，两侧各环绕一弧形火道，火道宽约12厘米。窑床表面较为平整，呈烧结状态。排烟道位于窑室后壁，共3道，正对窑门和左右壁拐角处各有一道。排烟道横截面为矩形，长约0.5、宽约0.15米，烟道由立砖叠砌。窑室后侧地面与烟道相对处保留三个椭圆形排烟孔，长径0.35、短径0.2米。

水井1口。平面开口近圆形，南北长4.16米，东西宽3.74米。由长方形石板围成方形井口，井口现已被破坏。石板下用石块进行堆砌支撑，余南侧结构较为完整。该水井系在圆形水坑基础上，用石块堆砌成井壁，其上再用石板围成井口。井口至井底残深1.26米。水井东南距离窑炉2米，与窑炉开口于同一层位下，且水井中出土砖瓦残片与窑室及操作室清理出的相似，据此推测，水井与窑炉均为当时烧制砖瓦的厂所设施，水井临近窑炉，既能为制作砖瓦坯料提供水源，又便于取水浸窑。

本次考古发现古墓葬数量多，排列密集，时代跨度大，延续时间长，墓葬形制多样，为研究余慈地区六朝至明清时期古墓葬形制演变、丧葬习俗、家族墓地布局等提供了一批丰富翔实的资料。特别是六朝墓的纪年铭文砖也为六朝时期古墓及器物断代提供了珍贵纪年参考。明代大墓整体气势恢宏，建筑规范考究，石刻雕工精美，墓砖制作精良，彰显了墓主人高贵身份，体现了风水玄学等民间信仰，表明了此地自古以来就是墓地选址的风水宝地；保存良好的宋代砖瓦窑址也为宁波地区窑址形制演变、窑业生产技术水平研究提供了实例。古墓群所在的施岙村历史上或隶属余姚，或隶属慈溪，发现的大批古墓和窑址，为考证文献记载的名人墓葬提供了实物线索，丰富了该地历史文化发展脉络，也为余慈地区历史沿革研究提供了重要证据。

（罗　鹏）

【杭州市临安区天目窑宋元时期窑址】

发掘时间：2020 年 8 ~ 12 月

工作单位：杭州市文物考古研究所、吉林大学、杭州市临安区文物保护管理所

天目窑遗址群位于杭州市临安区於潜镇和天目山镇，沿天目溪上游南北向的东关溪的北岸和丰陵溪的南岸分布。以敖干水库为界，可分为东、西两个窑区，总分布面积约为 6 平方公里。产品以青白或淡青釉瓷为主，兼烧酱褐釉、黑釉瓷等。器形有碗、盘、瓶、盅、盏、罐、炉、灯等，采用刻花、划花、印花、点彩及堆塑等工艺。2020 年对天目窑敖干 2 号窑址进行了考古发掘。

敖干 2 号窑位于“天目窑遗址群”分布区内敖干水库西北侧，是一处烧造时间较长、产品类型多样、堆积丰富的具有代表性的宋元时期瓷窑遗存。龙窑窑床位于山谷西北侧坡地，依山势而建，坡度约为 10°，方向约为北偏西 20°。此次发掘对象主要为龙窑和其产品废弃堆积，发掘面积 500 平方米。

龙窑位于山坡上，水平高差约 4 米，长 21.4 米，宽 1.55 ~ 2.7 米，分室建成。火膛平面近半圆形，前低后高，略呈斜坡状，壁面由泥坯砖砌成。挡火墙横铺一层条砖，与窑室烧结层相连。挡火墙前建有由泥坯砖制成的炉栅，条道整体为南北走向，由北向南呈发散状。炉栅上有 2—3 层碎瓦堆积。窑前操作面残存两小段“八字”墙及窑前通道，保存状况较差。近窑头位置底部平铺零碎的残砖，踩踏面向窑前的西北方向略倾斜。窑室前后共 8 间，面积由北向南逐间扩大。西侧窑壁保存较好，窑壁残留有一到三层砖；东侧窑壁较残，多数仅余一层砖。窑床底部普遍垫一层黑色沙土，局部在黑色沙土下还有高岭土的痕迹。窑尾清理出排烟道、烟火弄与整个龙窑的后壁，平面呈长方形。排烟道紧邻第 8 间窑室，由泥坯砖制成，共 20 条。烟火弄位于排烟道与后壁之间，后壁上部倒塌，保存情况较差，且因山体挤压而发生位移。

除龙窑主体部分外，对龙窑东侧的废弃堆积也进行了发掘，产品废弃堆积主要集中在山谷东南侧，呈馒头状隆起。残存产品以青釉碗、盏类为主，灰、白胎共存，大多数为青黄色釉，少量饰刻划花、凸棱。明火叠烧，黑釉瓷器多叠烧于青釉瓷器上。窑具有窑柱、垫圈等，以窑柱为主。

敖干 2 号窑是天目窑址群黑釉瓷器的主要烧造址之一，其分室结构反映了当时民窑烧造技术的进步。此次发掘为进一步了解天目山窑址群的具体面貌提供了新材料，为未来的发掘工作打下了较好的基础，

也丰富了浙西地区茶、瓷及佛教文化的实物资料。

（翁彦博　王征宇　赵俊杰）

【兰溪市胡联村宋代壁画墓】

发掘时间：2020年8月

工作单位：浙江省文物考古研究所、兰溪市文物保护管理所

2020年7月31日，兰溪市柏社乡新里湖行政村胡联自然村村民在村南一处坡地使用挖掘机挖基建房过程中，发现一处古墓葬。受省文物局委托，浙江省文物考古研究所对该处墓葬开展抢救性考古发掘工作。

墓葬为长方形券顶砖室合葬墓，方向83°。两墓穴并列，营建时间和方式一致；南、西、北墓壁外侧均以一层立砖错缝砌封，两墓穴券顶以上以三层平砖错缝纵砌，另起一大券顶罩封；其中南墓穴保存较完整，北墓穴破坏殆尽。合葬墓通长2.98、宽2.92、高2.00米。墓葬外围未见附属建筑遗迹。

南墓穴墓底以长方形砖错缝平铺一层，封门、墓壁采用平砖错缝顺砌法，墓顶以梯形砖横砌起券；墓壁内侧砌筑仿木结构立柱、斗拱等装饰建筑，并彩绘壁画；墓穴内长2.46、宽1.06、高1.46米；封门残高0.31米，封门外侧砖砌挡墙面宽0.32、进深0.28、残高1.12米。墓壁长方形砖长28、宽14、厚6厘米；券顶梯形砖长22～28、宽14、厚5厘米。北墓穴仅存南墓壁和一段后壁，南壁亦见仿木结构立柱、斗拱等装饰建筑，并彩绘壁画。

南墓穴早年遭破门盗扰，淤土填塞几近墓顶，经清理在墓穴中前部发现残存腿骨一段，在墓穴后部出土白瓷碗1件、韩瓶1件，均已残破。

墓穴内为砖仿木结构。各墓壁两端均砌有立柱，柱间以阑额连接，阑额一周饰“七朱八白”，阑额中部上方补间斗栱为一斗三升，阑额上方斗拱之间墨绘卷草纹。后壁两砖柱上设方栌斗，栌斗顺墙身各出一跳斗栱，两斗栱上承托一枋。枋下中部伸出一砖，应为灯台。枋下栱眼板绘制瓶花。斗栱及枋刷红色，黑色缘边。除封门外，其余墓壁内侧均涂抹厚约1厘米的石灰，石灰表面细腻平整，彩绘壁画。壁画题材为植物花卉，内容有卷草、宝瓶花、花卉纹等等。卷草纹以墨绘，或有红线勾边。花卉纹以墨绘叶，花瓣刷红、黑色描边。南墓穴后壁的宝瓶、花枝叶以墨绘，三朵牡丹花瓣刷红色、黑色描边。

该墓出土的白瓷圈足碗为定窑产品，出土韩瓶与湖州凡石桥遗址所出宋代韩瓶相同，墓室结构、壁画内容与浦江嵩溪孝子桲宋墓多有相似，据此判断该墓时代为宋代。鉴于该宋墓结构可复原，特别是仿木结构墓穴和壁画保存较好，壁画题材新颖，相同墓例省内罕见，具有重要的科研价值和展示宣教意义，发掘结束后兰溪市博物馆对该墓予以整体提取保护、展示。

（刘建安）

【绍兴市宋六陵二号陵园遗址】

发掘时间：2020年3～12月

工作单位：浙江省文物考古研究所、绍兴市文物考古研究所、北京大学

宋六陵位于绍兴市富盛镇，为宋室南渡后历代帝陵攒宫所在，实际包含了北宋徽宗永祐陵、南宋高宗永思陵、孝宗永阜陵、光宗永崇陵、宁宗永茂陵、理宗永穆陵、度宗永绍陵七帝陵，并祔葬了哲宗昭慈孟后、徽宗显肃郑后、显仁韦后、高宗宪节邢后、宪圣吴后、孝宗成肃谢后、宁宗恭圣仁烈杨后七座后陵。2013年其被国务院公布为全国重点文物保护单位。2018年发掘了一号陵园遗址。2019～2020年，发掘了二号陵园遗址。

二号陵园位于一号陵园东侧约120米，原文保单位标识为“孝宗永阜陵”与“宁

宗永茂陵”，归属及边界均较为模糊。通过两年的考古发掘，揭露了同一中轴线上两组大型夯土建筑台基，方向均为338°。其中北部的一组台基（F1—1 和 F1—2）连接成“凸”字形结构，南部的台基（F2）为横长方形，通过回廊与北部台基构成一个围合院落。

中心台基 F1—2 保存最为完整。整座夯土台基平面为横长方形，南北进深22米，东西面宽30米，内设28个磉墩，中心减两柱，据此推测原为五开间殿堂建筑。磉墩柱坑为正方形，边长约1.8米，底部为土石混夯，再以细砖侧立铺面，上部又覆盖一层0.3米厚的条石。露明的柱础石已毁坏无存。同时，西北角和北侧保存了一部分条石结构，可知台基外缘整体用条石包边。现存每块条石基本长约1.3米、宽0.9米、厚0.3米，两头有明显的卯口。2019F1—1 紧贴在 F1—2 北部正中央，平面近方形，南侧夯土叠压在 F1—2 外壁条石之上，应为后期追加建造所致。

南部的 F2 面宽超过50米，其北部阶沿石基与东、西两回廊石基紧密连接，构成了一个完全闭合的庭院。F2 台基本体因遭严重破坏，具体建筑形制尚不明朗。庭院面宽45米，最大进深35米，四周包边条石仍保存了两至三层，结构完整。

根据已发掘的一号陵园的石椁墓穴、享殿、门殿和围墙遗迹，可以推断已经揭示出了某帝陵上宫（或后陵）的主体建筑群。二号陵园的发掘，则为认识帝陵下宫的实际规制提供了重要的标本。除了上、下宫自身的建筑结构之外，墓地的选择、各帝陵间的昭穆位次关系、上下宫的配列方式、陵园规制的演变过程，也都是在工作中予以关注的要点。以往对于南宋帝陵的研究，主要聚焦于具体的位次研究，其基础是对相关文献的解读，结论颇不一致。以上考古工作既印证了文献中部分重要记载的真实性，也突破了文献的束缚，使人更加具体地认识到了南宋帝陵上、下宫的确切结构。

（李晖达）

【台州市沙埠镇凤凰山宋代窑址】

发掘时间：2020年4～12月

工作单位：浙江省文物考古研究所、黄岩区博物馆、北京大学、故宫博物院

沙埠窑址位于台州市黄岩区沙埠镇青瓷村与廿四都村交界地区，该窑址包括7处窑址点，分别为竹家岭窑址、凤凰山窑址、下山头窑址、金家岙堂窑址、窑坦窑址、瓦瓷窑窑址和下余窑址。该窑址群于1963年被浙江省人民委员会公布为第二批省级重点文物保护单位，2019年被公布为第八批全国重点文物保护单位，2020年入选浙江省第三批省级考古遗址公园。

为全面了解沙埠窑址的窑业生产历史与价值，填补浙江地区窑业生产链条中的空白，并为考古遗址公园和沙埠青瓷小镇建设提供学术支撑，在2019年度竹家岭窑址考古发掘工作的基础上，2020年经由国家文物局批准（考执字2020年第156号），联合考古队对窑址群内的凤凰山窑址进行了主动性考古发掘，取得了重要收获。

从目前来看，凤凰山窑址窑炉区域至少存在2个不同阶段的龙窑窑炉，目前最晚期龙窑窑炉遗迹（编号为Y1）已经清理完毕。Y1，保存状况不好，整体由火膛、窑室、窑门和排烟室等部分组成。炉体斜长35.9米，前部较窄，宽度约0.87米，中后部较宽，宽度约1.45～1.5米，残高0～0.15米。窑炉坡度前后不等，前部13°，中部13～15°，后部11°。从局部解剖清理发现，在该窑炉（Y1）底部叠压早期窑炉（编号为Y2），其中Y2窑炉长度大于Y1。出于保护晚期窑炉的需要，暂时未进行完全清理。

此外，本次发掘较完整揭露出Y1的窑场生产范围，揭露出窑场北部和东部界墙，分别编号为DQ1和DQ2，其中DQ1斜长约34.7米，DQ2斜长约7.25米。两道墙均由匣钵砌成，DQ1和DQ2以内为窑场生产区域，挡墙以外为废品堆积。

废品堆积区在发掘过程中，延续竹家岭窑址的工作方法（将瓷片全部收集，待清洗拼对后再进行统计；对窑具进行分级统计与收集），以求最大程度提取相关信息。

结合凤凰山窑址地层堆积情况，大致可以将凤凰山窑址的窑业生产历史划分为三个时期。第一期，北宋中期早段。器类较丰富，可辨器形有碗（敞口、侈口、花口等）、盘（敞口、侈口等）、执壶、炉、器盖、韩瓶等。器物装饰方面，基本为素面。胎釉质量较差。窑具可辨器形有M形匣钵、钵形匣钵、直壁形匣钵、垫圈（圆形、喇叭形）、垫柱等。器物装烧以叠烧为主，并有少量单件烧器物。第二期，北宋中期晚段。器类丰富，可辨器形有碗（敞口、侈口、直口、花口）、盘（敞口、侈口）、执壶、炉、枕、多管灯、孔明碗、盏、盏托、瓶、器盖、盒等。流行内腹粗刻划花装饰，并有少量细线划花装饰。窑具可辨器形有M形匣钵、钵形匣钵、平底椭圆形匣钵、直壁形匣钵、垫圈（圆形、喇叭形）、垫柱等。器物装烧以一匣一器为主，并有少量叠烧器物。此外，还出土一件“熙宁三月”纪年熏炉标本。第三期，北宋晚期。器类较丰富，可辨器形主要为碗、盘等器物。器物装饰方面，碗类多为双面刻划花，其中外腹折扇纹、内腹篦划纹，盘类产品流行内腹篦划纹。窑具可辨器形有M形匣钵、钵形匣钵、垫圈（圆形、喇叭形）、垫柱等。器物装烧均为一匣一器、垫圈垫烧。

本次发掘揭露出两条具有叠压关系的龙窑窑炉，明确了窑场生产的三个阶段（范围），其中第二阶段的窑场界墙保存较为完整。并可与北部和东部废品堆积相对应，为探索沙埠青瓷窑址烧造技术演变、窑业生产行为模式、窑业废品倾倒方式等问题提供了丰富资料。揭露出丰厚的地层堆积，出土了大量瓷器和窑具标本，窑业生产历史涵盖北宋中期（早段、晚段）和北宋晚期，为探索沙埠窑产品结构、生产年代、窑业生产技术等方面问题提供了充分资料。

（谢西营）

【姚江谷地河姆渡文化核心区考古调查】

调查时间：2020年7月~2021年1月

工作单位：浙江省文物考古研究所

2018~2019年，我们主要调查了余姚翠屏山南侧与四明山北侧山前地带，调查与复查新石器时代到商周时期遗址69处（20处已知，4处消失），绝大多数遗址为依托山丘类型，仅下庄遗址为平地型遗址。2020年，我们主要调查了姚江和慈江附近的平原地区，调查总面积约70平方公里，采用了沿河道附近区域进行钻探的方法，一般钻探深度5米，发现平原地区遗址数量很少，仅确认4处新石器时代到商周时期遗址。泥炭层广泛发育，表明当时平原的环境主体为湿地沼泽。另外，初步探明了2条东西向古河道和1条南北向古河道的走向。

2020年度发现的遗址介绍如下。

1. 施岙遗址　位于三七市镇相岙村施岙自然村西侧乌龟山东坡下大平湾，为山麓坡脚型遗址，堆积厚约1米，于施岙遗址古稻田发掘过程中发现，解剖了局部地层，并发掘了少量灰坑等遗迹。主体为马桥文化到东周时期堆积，是否还有更早的堆积尚待进一步确认。

2. 张界遗址　位于河姆渡镇翁方村张界自然村。1980年河姆渡文化遗址专题调查时发现，本次调查仅在一探孔距地表3米处发现少量陶片、红烧土块和炭屑等，可能为古水域堆积，村落遗址具体位置和范围待进一步确认。探孔中出土陶片为夹砂红褐陶，时代当为河姆渡文化晚期。

3. 汪界遗址　位于河姆渡镇江中村汪界自然村北，河姆渡镇政府南侧平地中，1978年河姆渡文化遗址专题调查时发现，本次调查勘探进一步确认。该遗址分南北两片，中间有空缺地带。新石器时代堆积距地表80厘米，厚约20～50厘米，采集有良渚文化时期夹砂灰褐陶釜、罐，泥质黑皮陶罐、盆等，东周时期小方格纹、米筛纹印纹硬陶片。

4. 周家汇头遗址　位于河姆渡镇芦山寺村周家汇头村北鱼塘中，1983年第二次全国文物普查时发现，本次调查仅发现古稻田区，未确定聚落所在地，待进一步勘探确认。地表海拔2米左右，古稻田层堆积仅一层，距地表深约2米，厚约30厘米，时代应属于河姆渡文化晚期。

20世纪70～80年代，在姚江河谷平原地区还发现了疑似田屋、相山佛堂、下袁埭等遗址，本次调查、勘探未能确认，拟在后续工作中进一步确认这些遗址。

（王永磊　孙国平）

安徽省

【含山县凌家滩新石器时代遗址】

发掘时间：2020 年 6～12 月

工作单位：安徽省文物考古研究所、含山县凌家滩遗址管理处

凌家滩遗址 2020 年度发掘区位于岗地东南端的红烧土密集分布区域。发掘面积 500 余平方米。

通过发掘和局部解剖可知该红烧土分布范围为一处大型遗迹，平面呈长方形，南北长约 80 米，东西宽约 40 米，总面积约 3200 平方米，全部连续分布。

该处红烧土遗迹层距地表很浅，尤其在中西部区域，距地表仅 5～20 厘米；在东部区域存有 1 米厚的明清时期文化层。红烧土表面多被明清和近现代建筑破坏，未发现新石器时代柱洞基槽等遗迹。

红烧土堆积西部边界较直，通过解剖得知，红烧土西部呈坑状，坑壁较陡，呈 85°，深 0.4～1 米，部分红烧土底部有类似炭屑、草木灰甚至是火烧迹象的痕迹，部分红烧土底部出现烧结面。

中部红烧土堆积普遍厚 1～1.5 米，大体分 3 层，上部红烧土呈中等块状，中部为细碎纯净红烧土粒，底部为大块红烧土块，中间间以少量纯净的黄褐土，坑底不平，部分底部有草木灰、烧结面和陶片。

红烧土东界除了本身变化较大外，破坏也相对较多，在东界中部出现类似垒砌而成的、略呈西南—东北走向的、较直的大块红烧土堆积。

通过局部解剖可知红烧土底部有厚达 1 米的凌家滩文化早期文化层。

关于该大型红烧土遗迹的性质，目前倾向于认为其是一处大型公共工程类建筑遗迹，尚待进一步扩大发掘面积得以详细阐释。

（姚静敏　张小雷）

【阜阳岳家湖新石器时代遗址】

发掘时间：2020 年 6～11 月

工作单位：安徽省文物考古研究所、阜阳市颍东区文旅体局

岳家湖新石器时代遗址位于阜阳市颍东区朝阳大道与颍河东路交叉口东南角市肿瘤医院新区建筑工地内。

经国家文物局批准（考执字［2020］第［797］号），本年度安徽省文物考古研究所联合颍东区文旅体局对该遗址进行了抢救性发掘。发掘面积 500 余平方米。

此次岳家湖遗址共分三个发掘区，东北部为一、二区，西南部为三区。一区发现 1 座宋代砖砌水井，出土少量陶瓷残片。二区发现有壕沟、墓葬、灰坑、祭祀坑等遗迹 30 余处。三区发现灰坑、墓葬等 20 余处，其中 2 座大型灰坑，形制比较规整，填土多层分布，性质较为特殊。

本次发掘出土了大量遗物，其中以陶器为主，少量石器、骨器。陶器有鼎、鬶、豆、盆、盘、大口尊、杯、罐、纺轮、器盖等；石器有钺、凿、锛、钻、砺石、镞等；骨器有凿、针等。

岳家湖遗址主体为新石器时代晚期遗存，另有少量宋、明、清遗存。文化面貌

与大汶口文化尉迟寺类型相似，年代距今5000～4500年。是阜阳三区目前发现发掘的唯一一处以新石器时代遗存为主的遗址，将阜阳三区的历史提前到距今5000年。

本次发掘为研究皖西北地区新石器时代文化面貌、大汶口文化的西迁及其与中原仰韶文化的关系等重大问题提供了珍贵资料。

（张小雷）

【淮南三元孤堆及夏家孤堆战国及唐宋墓群】

发掘时间：2020年5～12月

工作单位：安徽省文物考古研究所

按照省文物局的批复意见，本年度安徽省文物考古研究所对淮南市三元孤堆古墓群进行考古发掘。三元孤堆古墓群位于淮南田家庵区三和镇东部，现调整为高新区华云集团云谷大数据产业园项目建设用地，是古墓葬埋藏密集区。

考古共发现44座古墓葬（含3座中型墓葬）、灰坑4处、围沟4条。其中小型墓葬发掘已经结束，但对3座中型墓葬M12、M31、M32发掘仍在继续。

从墓葬形制来看，古墓葬均为土圹竖穴墓，普遍带有斜坡墓道，墓道朝向或东或南，坡面上有明显脚窝。一、小型墓葬砖室墓较多、成片分布，封土不明显、埋藏较浅，相邻墓葬墓向、大小基本相同，但基本都遭严重破坏、仅余墓底残砖，完整墓葬（如M8）发现较少。二、中型墓葬均遭盗扰，地表残存封土，地势略有起伏，封土未见夯窝；封土之下垫有白色土层、四周较薄、接近圹口处较厚，应为修整墓圹口用途；填土夯筑、夯窝明显，但无明显规律；渐收台阶式圹壁、木棺椁葬具、偶见石椁（M12）；深度普遍超出6米。三元孤堆M12墓底留有生土二层台、放置边箱；墓向90°、墓主头向与墓向基本一致；墓道底端较高，与石椁顶部高度相近；墓圹东北角、倚壁摆放一只镇墓土偶，表面残存彩绘，M31、M32墓圹东北角各发现类似的镇墓土偶，头顶两支鹿角。

出土文物百余件。其中小型墓葬随葬器物较少，多为一至两件，有陶器、瓷器、铜器、铁器等，类型多为碗、杯、执壶、铜钱、铁钉等；中型墓葬出土器物有陶器、瓷器、铜器、玉器、骨角器等，类型分为鼎、盒、壶、豆、匜、盘、盆、镜、箕、带钩、行灯、玉珩、玉踩（鞋底）、璧等。从出土遗物判断，小型墓葬多为唐宋以后不同家族的墓群，而中型墓葬时代较早，应为战国晚期楚国墓葬。

从分布区域上分析，本区域位于洞山之阳、南俯东淝河，属于晚期楚国的京畿之地，同时也是高等级楚墓埋藏密集区，其西侧5.5千米即有武王墩古墓葬，其南侧约10千米有民国时期被盗的李三孤堆，20世纪70年代省考古所对长丰县杨公公社（现为谢家集区杨公镇）十多处楚墓进行发掘，均有重要发现。今年三元孤堆古墓群考古发掘将为江淮地区战国以来的历史、埋葬习俗、社会变化等，特别是楚文化传播研究方面提供较多参考材料。

（张　辉）

【亳州市西菜园两汉及宋代墓地】

发掘时间：2020年9月～2021年1月

工作单位：安徽省文物考古研究所、亳州市文物保护发展中心

该墓地位于亳州市谯城区薛阁街道西菜园村附近，曙光路以南，利辛路以北，药王大道以东，桐乡路、桑园路以西的区域，中间以人民路为界，分为北部和南部。为配合基建对项目范围内的墓葬进行了抢救性发掘。其中北区共清理墓葬120座、水井6座，灰坑20座（截至目前），出土陶、瓷、铜、铁、铅、银等各类型遗物330余件，铜钱30余枚（截至目前）；南区共清理墓葬40座（截至目前），出土

陶、瓷、铜、铁、料等各类型遗物80余件，铜钱10余枚（截至目前）。

该墓地墓葬类型有四种：砖室墓、竖穴土坑墓、空心砖墓、砖棺墓。

其中砖室墓数量最多，但破坏较为严重，多数被盗。根据墓室多少可分为单室墓、双室墓。

单室墓平面有长方形、梯形、船形。双室墓大多为并列状，多为夫妇合葬，多有斜坡墓道，部分墓葬两墓室间有通道相连。

空心砖墓次之，绝大部分分布在北部，平面均为长方形，单人葬较多，由空心砖构筑墓室四壁及底部，多数墓葬在一端设有器物箱，随葬品多数置于器物箱内，器物箱多位于墓葬一端，极少数空心砖墓附有斜坡墓道。双人合葬空心砖墓仅有1座，位于北部的M41，两室之间有通道相连，四壁和封顶均为空心砖立砌。

竖穴土坑墓再次之，北部较多。根据有无墓道情况，可将其分为有墓道和无墓道两种，部分墓葬存在生土二层台，多数为单人葬，少部分为双人合葬。

陶棺墓仅有1座，位于北部的M74，仅残存陶棺及部分儿童人骨，无随葬品。

水井6座，都为圆形，仅少数残存砖砌井壁，未见井圈，多数为土圹。

灰坑20座，多为圆形，部分为近圆的不规则形，少部分为窖穴废弃的垃圾坑，多数为深度较深的储水坑。

随葬品数量较多，种类丰富，按材质划分有陶瓷器、铜器、铁器、玉器、石料器、铅器、银器、蚌器、琉璃器等。陶器有泥质陶和釉陶器，泥质陶有罐、壶、鼎、钫、盒、豆、杯、勺、仓、灶、井、瓶、灯、碗、砚、瓦等；釉陶器有壶、瓿、罐、盒、碗等；瓷器有碗、罐、盏、盘、香炉等；铜器有铜镜、削、壶、勺、钫、盆、刷、环、钗、博山炉、镇、印章、带钩、铺首、泡钉、柿蒂花、饰件等；铁器主要为铁环首刀、剑、匕、斧、犁等；玉器有蝉、塞等。石料器有黛砚、球等。铅器有镳衔、车马饰件等；银器有钗、簪；蚌器有环等；琉璃器有珠。钱币主要是五铢钱和宋代通宝钱。

墓葬年代主要为汉代和宋代。水井及灰坑的年代为宋元至明清时期。本次发掘的墓葬数量较多，随葬品较为丰富，有重要的科研价值，其中空心砖墓、陶棺墓的发现和百余座墓葬的发掘，进一步丰富了西菜园墓地的墓葬类型和研究材料，拓展了西菜园墓地研究的广度和深度，对于复原和重建亳州地区古代文化和古人类的社会风貌有重要意义。宋元以后大量水井和储水坑的发现，对于研究本地区的水利开发、利用和生业有重要的参考价值。

（任一龙　李镇廷）

【灵璧师范学校汉代墓葬】

发掘时间：2020年10～12月

工作单位：安徽省文物考古研究所　灵璧县文物管理所

该项目位于宿州市灵璧县灵城镇山南村，钟灵大道以北、灵璧高级职业技术学校以东、凤山以西，为配合项目建设对项目范围内的墓葬进行了抢救性发掘。共发掘墓葬21座，窑址2座，出土陶、铜、铁、石料、骨、玉、铅等各类型器物160件，铜钱15枚。

竖穴土坑墓共8座，其中纯土坑墓有M11、M13、M20等，另有土坑砖底墓，有M1、M8、M12三座，四壁无砖，底部由青砖铺设而成；土坑石底墓，仅M17一座，墓底由数块不规则石板铺成，人骨置于石板上。

砖室墓8座，由青砖构筑墓室四壁，汉墓6座，皆为单室，为M2、M6、M7、M10、M14、M15，二次葬宋墓2座，为M18、M19，分别有两个小室、三个小室。

石室（椁）墓5座，由石板或石块构

筑墓室，内置棺室、随葬品，有单室和双室之分，单室有 M3、M4、M16、M21，双室仅 M5 一座，且有石盖板。石室（椁）墓多为双人合葬墓。

陶窑 2 座，均为圆形馒头窑，Y 仅剩底部，Y2 保存较为完整，推测为石灰窑。

随葬品数量较多，有 160 余件（套）；种类丰富，按材质划分有陶器、铜器、铁器、石料器、铅器等。陶器有泥质陶和釉陶器，泥质陶有鼎、盒、罐、壶、井、灶、盂、仓、磨、釜、甑、圈、溷、厕等；釉陶器有壶、罐、盒、鼎、器盖等。铜器有铜钱、铜镜、带钩、泡钉、提梁壶、洗、弩机、镞等。铁器主要为环首刀、剑、锸等。石料器有口唅、塞、料片等。另出土有铅条、骨牌、串珠等。

本次考古发掘共清理汉墓 19 座，根据墓葬形制、出土器物组合及特点并结合以往资料初步判断，年代基本处于西汉晚期至东汉时期。另发掘有 2 座宋墓，属于多人二次合葬墓。

本次发掘墓葬保存较完整，墓葬类型丰富，对于补充皖北地区汉墓类型及演变提供了重要的参考资料。出土了 160 余件（套）文物，其中不乏精美者，M1 出土的铜提梁壶、串珠，M2 出土的石料片（初步判断为石料衣或甲胄片），M8 出土的铭文铜镜、铜弩机，M12 出土的铭文铜镜、M13 出土的一套完整的釉陶器、M16 出土的保存较好的西汉晚期铜镜等，皆具有重要的文物研究价值。值得一提的是，本次共出土十余面铜镜，尺寸大、保存状况好、铭文清晰，这在本地区以往的考古发掘中极为少见。总之，本次考古发掘成果是近年来灵璧地区甚至是皖东北地区较重要的考古发掘收获之一。

（李镇廷　任一龙）

【淮南市大通区唐代寿州窑遗址】

发掘时间：2020 年 8 ~12 月

工作单位：安徽省文物考古研究所

淮南上窑村附近的窑址区自 1960 年发现之后，周边的窑址区陆续也有发现，比如 1983 年发现凤阳武店临泉寺窑址。在 1988 年秋天，安徽省博物馆与淮南市博物馆组成联合考古队，胡悦谦先生任队长，对寿州窑遗址的住院部窑址区、高窑窑址区和管嘴孜窑址区进行了第一次试掘。

本年度安徽省文物考古研究所和淮南市博物馆组成考古队，再次对寿州窑遗址的几个窑址区进行发掘，发掘了松树林窑址区、高窑窑址区和住院部窑址区。

松树林窑址区发掘一条东西向探沟，规格为 17 米 ×3 米；清理出一处瓷片堆积区，出土遗物主要是匣钵、窑棒、钵状支具、筒状支具、垫盘、垫砖、黄釉碗、青釉碗、黄釉盏、黄釉四系罐等。并且出土一排匣钵遗迹，位于瓷片堆积区的南部；高窑窑址区发掘位置位于一处水塘边南侧，靠近村村通公路不远。布设一条探沟规格是 9 米 ×14 米，清理一处瓷片堆积区，并且瓷片堆积区下压着一个取瓷土坑。瓷片堆积的范围较大，也比较深。出土窑具主要是垫砖、窑柱和大匣钵，其中窑柱为多。大量瓷器中，以酱黄釉为主，少量黄釉和酱釉，器形中盏占绝大部分，少量碗和四系罐；住院部窑址区分别布设 3 个探方和 1 个探沟。其中 T1 规格是 5 米 ×6 米、T2 规格是 6 米 ×6 米、T3 规格是 11 米 ×9 米；探沟规格为 13 米 ×5 米。清理出一处开采瓷土矿遗迹、一个窑炉、三座墓葬、两个灰坑。其中窑工墓在瓷窑址考古中发现是极少见的现象，而寿州窑考古共发现三座，时代是唐代和北宋早期。并且随葬品也是寿州窑的产品。出土遗物比较丰富，主要是窑柱、托珠、匣钵、垫砖、黄釉碗、黄釉盏、黑釉瓷枕、瓷塑等。有的特殊遗物是垫砖、窑柱和瓷碗粘连在一起。

此次发掘是寿州窑考古的阶段性重要成果，在松树林和住院部两个窑址区均清理了由匣钵排列的作坊区迹象，是寿州窑考古的首次发现；在住院部清理的一处馒头窑窑炉残迹，同样是寿州窑考古的首次发现。

清理的三处窑址时代从唐代早期至唐代末期，时代跨度较大。揭露出一段完整的唐代早期至晚期的制瓷历程堆积地层。瓷器种类比较丰富，出土许多反映寿州窑制瓷技术的产品，直观地呈现出寿州窑制瓷技术的变化。

（陈　超）

【芜湖市繁昌窑遗址】

发掘时间：2020 年 3 ~ 12 月

工作单位：安徽省文物考古研究所

繁昌窑遗址分布于芜湖市繁昌区南郊、西郊，是一处五代—北宋时期的大型瓷窑遗址，现为全国重点文物保护单位，2016 年被列入《大遗址保护“十三五”专项规划》152 个大遗址之中。2019 年，经国务院批准，繁昌骆冲窑遗址并入繁昌窑遗址，成为全国重点文物保护单位。

2020 年，为配合繁昌窑遗址防洪工程建设，经国家文物局批准（考执字 2020 第 284 号），安徽省文物考古研究所在防洪工程建设区域继续开展发掘，申报发掘面积为 800 平方米。因受新冠肺炎疫情影响，本年度考古发掘自 3 月中旬开始，截至目前，发掘面积为 540 平方米，已完成 240 平方米，其余探方平均深度已达 1.5 米。发现各类遗迹共计 28 处，其中龙窑和馒头窑各 1 处，陶车基座 6 个，房址 3 处，池类遗迹 4 个，灰坑 7 个，灰沟 4 条，墓葬 2 座。出土青白瓷器小件 1000 余件，器形主要有碗、盏、碟、盘、罐、钵、温碗、注子、执壶、盏托、炉、瓷塑小动物、围棋子等，另出土匣钵、匣钵盖、匣钵座、垫饼、窑柱、支座、碾槽、火照和刻槽盆等制瓷或装烧窑具。

馒头窑和生活类房址是本年度发掘获得的重要新发现。馒头窑位于 FKⅢT0209 西南部，开口于⑫层下，打破⑬层和基岩，平面呈“凸”字形，由窑室和操作间组成，窑室长 1.4、宽 0.9 米，残存红烧土窑壁约 0.1 米厚，窑床用窑砖铺底，表面有一层厚约 2 ~ 3 厘米的草木灰，局部发现有碳化小木棍。操作间以东还发现一处陶缸，开口层位与窑炉相同，应与馒头窑配套使用。根据地层关系，初步推断该馒头窑的年代为北宋早中期。这是繁昌窑遗址首次发现的馒头窑，是探讨繁昌窑窑业技术的珍贵新材料，为研究我国南北制瓷技术的交流和融合提供了新线索，也为繁昌窑青白瓷烧制工艺可能是北方制瓷艺人南迁后融合南北方烧瓷工艺的结晶的观点提供了新的证据。

北宋房址（F5）位于龙窑保护大棚东南约 70 米，平面呈长方形，方向 42°，东西长 7.4、南北宽 6.2 米，面积 45.9 平方米。房址用青砖垒砌房基，现存北、东、南三面砖墙，以北墙和南墙保存较好，西墙保存较少。墙壁均用青砖或残窑砖垒砌而成，残砖的完整面多朝向室内。房址整体坐西南，朝东北，门道位于北房基中部，宽 1.36 米；门外发现有由南向北略倾斜的路面，平整而坚硬，用青砖和匣钵片铺成；房内活动面平整、坚硬，房内东南部发现有疑似灶的红烧土遗迹；房基南部和东部还发现了宽 0.3 ~ 1 米的散水。居住房址属于繁昌窑遗址考古首次发现的生活类房址，很可能是当时窑业生产组织和管理的用房。从全省窑业考古发现来看，这类生活类房址在安徽省窑址考古发掘中亦属罕见。为研究繁昌窑窑业生产的组织与管理状况提供了珍贵资料，有助于丰富和深化对繁昌窑窑业生产的聚落布局情况的认识，同时对于研究安徽古代窑业生产的组织与管理也具有重要参考意义。

除生活类房址和馒头窑等新发现外，本年度考古发掘还揭露了青白瓷制瓷原料加工作坊和成型作坊各一处，发现了连片分布的料池遗迹与陶车基址，为进一步认识和研究繁昌窑遗址青白瓷生产的聚落布局与功能分区提供了实物资料；陶车基址保存状况较好，结构清晰，是进一步深化繁昌窑青白瓷成型工艺中基础技术研究的珍贵资料。

（罗　虎）

【长丰县埠里宋代家族墓地】

发掘时间：2019 年 5 月 ~2020 年 9 月

工作单位：安徽省文物考古研究所

埠里墓群位于合肥市长丰县下塘镇埠里社区鲁庄南约 180 米。调查和勘探结果显示，墓群位于一低矮丘陵的南坡，平面呈椭圆形，总面积约 18.8 万平方米，其北界为丘陵的陵脊，西界和南界地势低洼，系一条古河道，东界为一条小冲沟。该区域背山面水，坐北朝南，地理位置优越，是营建墓地的上乘之所。

为配合基本建设，经国家文物局批准，本年度安徽省文物考古研究所对墓群展开抢救性发掘，实际发掘墓葬 16 座，发掘面积约 420 平方米。发掘结果表明，宋代家族墓地系墓群的最重要组成部分。现以 M1、M12 和 M14 为例介绍。

M1 系带墓道的八边形单室砖墓，平面呈“凸”字形，方向 170°。墓葬通长 14.2、宽 6.1 米，由墓道、墓门、甬道和墓室四部分组成。墓道朝南略偏西，呈台阶状，由不规则的台阶 7 级组成；墓门颇具特色，砖砌仿木结构门楼，高约 3.4、宽约 3.2 米，上为砖雕斗拱及屋檐结构，下为长方形门道内辟拱形门洞；甬道进深 0.9 米；墓圹大致呈方形，内砌墓室，墓室下部呈方形，内空长约 3.86 米，直壁直角，在距墓室地面约 0.7 米处于四个拐角向上内收成八边形结构，然后以平砖顺砌两层普柏枋，向上由八面逐渐内收形成叠涩顶。墓室内设棺床，置三棺，保存完整。出土器物共 51 件（套），分漆木器、金银器、陶瓷器和铜器四大类，包括镶银扣十六曲葵口漆盒、镶银扣漆盏托、镶银扣六曲葵口漆碗、金背木梳、青白釉印花牡丹纹渣斗、青白釉印花牡丹纹银釦盏、青釉银釦盏、六曲瓜棱腹银碗、六曲瓜棱腹小银盒、金钗、金镯、金簪、金耳坠等。

M12 系墓地发现的最大规模墓葬，通长 12.1、宽 8.7 米，平面呈“凸”字形，方向 233°。墓葬早年被盗，顶部不存，墓葬形制与 M1 相似，为带墓道的八边形单室砖墓。墓道朝向西南，较短；仿木结构墓门复杂繁缛、豪华奢侈、蔚为壮观；墓圹平面呈椭圆形，墓室内部结构比 M1 可观性更强，有砖雕墓门和窗户，每面墙壁都设置有两个灯龛，顶部有仿木结构斗拱，每朵斗拱出三跳华拱。出土器物共计 20 余件（套），其中的湖田窑青白瓷腰檐烛台当属精品。出土墓志一盒，虽上半部漫漶严重，但也为判断墓主人身份提供了一些有益的线索。

M14 系带墓道的长方形单室砖墓，平面呈刀把形，方向 175°。墓葬规模与 M1 相当，通长 9.62、宽 5.24 米，由墓道、墓门、甬道和墓室四部分组成。墓道偏向墓室一侧，朝向西南；墓门亦为仿木结构建筑；墓室外顶部为龟背顶，保存完整，仅北部局部遭破坏，内顶部有仿木结构斗拱，每朵斗拱出两跳华拱，向上由四面逐渐内收成盝形顶。出土器物共计 5 件（套）。

综合调查和勘探成果，结合对墓葬形制和出土器物的分析以及对两盒墓志的解读推测，墓地经过严格的选址和规划，其中 M12 位于墓群最北面，处于最主要、最核心地位，其余各墓依昭穆制度等有序排列，符合北宋家族墓地特征。墓地所属家族祖籍寿县安丰，后迁至“慎县袁团镇”（即今肥东县元疃镇，与埠里乡直线距离约 10 公里），家族成员的主要活动年代为北宋晚期的元丰至政和年间，M12 墓主人为当时很有影响力的商家大贾。

埠里宋代家族墓地系安徽江淮地区一处具有典型代表性的宋代家族墓地，等级高、规模大，出土器物保存完整，品相好、级别高，填补了安徽江淮之间宋代墓葬研究的很多空白，对于研究宋代贵族的家族墓葬制度、宋代建筑、手工业制作技术等皆有重要意义。墓群出土的仿木结构墓葬建筑系宋代建筑考古的重要地下遗存。

（张义中）

【凤阳明中都遗址】

发掘时间：2020 年 4 ~ 12 月

工作单位：安徽省文物考古研究所、故宫博物院

本年度在国家文物局的批准下，安徽省文物考古研究所联合故宫博物院对明中都前朝宫殿和宫城护城河遗址进行了考古发掘。其中宫殿发掘面积 1675 平方米，护城河发掘面积 600 余平方米。

宫殿的发掘确认了明中都前朝宫殿的主殿址为前后殿加穿廊的“工”字形布局。前殿位置揭露出磉墩 17 个，其中中轴线以西 12 个，根据磉墩尺寸与排列方式，推测其上石础摆放的方式应是南北 5 排、东西 5 列，从而判断前殿的建筑开间为东西面阔九间、南北进深四间，与 2019 年发掘的后殿开间布局相同。前殿磉墩与后殿磉墩中间分布有南北 7 排磉墩，加上北侧还有 1 排磉墩与后殿南部 1 排磉墩位置重叠，总计在中轴线以西发现穿廊的磉墩有南北 8 排、东西 2 列，对称复原后可知穿廊的开间为东西面阔三间，南北进深七间。

发掘还揭示出了清代官学建筑的基本布局，根据记载，清康熙二十五年迁凤阳县学至宫城内，就坐落在明代前朝宫殿的基址上。发掘主要揭露了县学基址的西半部，显示县学为南北向长方形院落结构，已发现该县学五组建筑，与文献记载中的棂星门、仪门、大成殿、明伦堂和大成殿两庑等建筑可以对应。各组建筑都有着或多或少的维修、改建和扩建的现象，与文献中县学经过多次维修和扩建的记载基本吻合。

宫城护城河的发掘是为了配合凤阳县对明中都宫城护城河的清淤工程进行的抢救性发掘。共发现和清理出明初滚水坝 2 道、水井 1 口及玄武门外过河通道的两侧驳岸，另清理近现代土坝和涵洞各 2 处。东护城河北段坝体保存较好，坝体用砖砌筑，底部筑有夯土垫层，其上铺有碎砖层并砸入圆木地钉进行基础加固。坝体迎水壁砌成直壁，出水壁上半部分用斜面砖砌筑成坡壁。坝南侧砖壁外用坚硬的三合土作防水护坡。西护城河北段滚水坝遭受严重破坏，根据迹象推测也存有一座滚水坝，位置上与东护城河北段河坝东西呼应。玄武门北侧的过河通道两侧发现砖砌驳岸，驳岸墙之间为生土，未发现涵、闸等设施，依两侧驳岸可知该过河通道宽达 80 余米。砖砌驳岸外侧也以三合土作防水护坡。

本次明中都宫殿及宫城护城河的发掘明确了前朝主要宫殿建筑的布局、尺寸，探明了明初护城河内滚水坝、过河通道等设施的存在及其位置，了解了其结构和建造工艺。这些发现都进一步丰富了对于明中都宫城建筑布局、结构和技术工艺的认识。

（王　志　吴　伟　宁　霄）

【五河县临北古渡口遗址】

发掘时间：2020 年 3 ~ 7 月

工作单位：安徽省文物考古研究所、故宫博物院

五河县临北古渡口遗址位于淮河北岸，与淮河南岸的凤阳县临淮老街隔河相望。为配合淮河干流行洪区调整和建设工程施工，本年度在国家文物局的批准下，安徽省文物考古研究所联合故宫博物院考古研究所对该遗址进行了抢救性发掘，发掘面积 600 余平方米。发现了清代的沿河石砌驳岸、石阶码头，并发现砖石铺砌的清代街巷道路和多座房址。

石砌码头约修建于康熙时期，于乾隆时废弃。码头由路面、石阶和两侧挡墙构成。码头路面有三层，均用砖、石拼砌铺设。路南端以石砌台阶向下通向河面。随着明清以来淮河在该处不断侵蚀南岸、淤积北岸的过程，石阶码头自下而上不断被淤埋，岸面也不断抬高，码头延用期间，石阶上的挽船桩位置曾由下向上迁移，码头顶部还向北增置了台阶，路面也被不断垫高。根据台阶、路面的做法、用材和局部剖面可以看出，码头的使用至少经历三个阶段。

发掘区内发现的房址层层叠叠，经过反复修缮和增建。房址主要有砖墙房屋和木骨篱墙房屋。从清初至今，房屋地面上升达 7 米。这一方面说明临北古渡口遗址因地处南北要道、淮河关口处，吸引人们在这里繁衍生息连绵不断；另一方面也说明了淮水频繁的破坏，导致人们需要反复修缮、重建遭受损毁的房屋。

在南北向主道路东侧发现与主路垂直的道路，道路两侧建筑沿路布局，形成街巷。道路与房址对应，也因淮水屡次淤没而不断抬高重建。主路西侧未做发掘，不排除也有类似的街巷布局。

发掘出土了大量瓷器、铜钱等遗物，其中完整件和可复原的瓷器达 1000 余件，出土铜钱等其他遗物 600 余件。瓷器绝大部分是清代遗物，少许为明代，以民窑青花瓷为主。另出土残石碑一座，残存的碑文透露出该碑是为化解临淮与凤阳两县船行的争端而立，临淮县于乾隆十九年撤除并入凤阳，则该碑为乾隆十九年之前所作。

临北古渡口遗址的发现有着重要的意义。该遗址是临淮曾作为横跨淮河南北、雄踞淮水的重要关口的实物载体，为明清交通史研究增添了实物资料，同时为研究临淮在明清时期的繁荣和变迁增添了实证资料；也是临淮官民累世与淮水斗争的历史见证。发掘揭示出了临北清代淮河码头、驳岸的形制和工艺做法，是研究古代水利工程技术的重要材料。

（王　志　宁　霄　吴　伟）

【南陵县漳河——大工山区域系统调查】

调查时间：2020 年 12 月 5 日 ~12 月 24 日

工作单位：安徽大学历史学院、南陵县博物馆

作为连续性的区域系统调查项目，本年度在国家社科基金重大项目《安徽沿江地区矿冶遗址调查与综合研究》的支持下，对漳河—大工山区域继续进行了全面踏查，面积约 90 平方千米，调查对象以先秦时期为主，兼顾汉唐时期。

本次调查在大工山东麓地区新发现新石器时代至汉代遗存近 40 处，以聚落和墓葬为主，大多为商周时期遗迹，新石器时代遗址较少。商周遗存主要包括聚落和土墩墓，具有显著的群聚特点；采集的遗物以印纹硬陶为主，并有较多泥质陶和夹砂陶类，可辨器形有罐、鬲、鼎等，石器数量较少。在一些商周聚落遗址发现炉渣等矿冶遗物，矿冶活动的性质有待进一步判定。聚落、墓葬与矿冶活动的共存，为探讨南陵地区商周时期矿冶活动的生产组织模式和人群族属提供了重要的实物资料。

同时还对大工山南麓的七星河流域进行了实地踏查，共调查聚落遗址 22 处、铜矿冶炼遗址 10 处、土墩墓群 1 处。其中，聚落遗址主要分布在河谷地带，冶炼遗址和土墩墓紧邻大工山南麓。冶炼遗址的遗物有炉渣、印纹硬陶，其年代可早至周代。本区域聚落群所使用采矿点与大工山东麓聚落群的有所不同，对全面了解南陵地区古铜矿的开采活动具有重要意义。

（张文利　伏金兰　胡平平　魏国锋　张爱冰）

福 建 省

【平潭龟山新石器时代遗址】

发掘时间：2020 年 10～12 月

工作单位：福建博物院、平潭综合实验区博物馆

龟山遗址位于平潭综合实验区（原平潭县）平原镇上攀村，经国家文物局批准，福建博物院、平潭综合实验区博物馆联合组织考古发掘队伍，对龟山遗址进行考古发掘。此次发掘区域位于遗址的东部，主要发掘区域在东南角，共布三个探方，而其他区域布探沟，进行小面积的发掘。共揭露 1 处人工土台遗迹，1 个灰坑，若干柱洞，发掘面积 100 平方米。出土一批陶器（片）、原始瓷片、纺轮、人工石片等标本。

人工土台分布于东南角三个探方内，只揭露局部，具体范围不详。揭露部分为圆角长方形，台基正南北向，台面平坦，东部略高。东西长 13.95、南北最宽 3 米，面积 41.85 平方米。土台的北部边缘为山体的自然缓坡，裸露基岩。经过对土台小面积的解剖发掘，共发现了 6 层人为形成的堆积，土台的人工加工和堆筑迹象明显。

灰坑 1 个，编号为 H1，位于土台最上层活动面。平面形状呈长条形，长 1.47、宽 0.4～0.66、深 0.22 米。灰坑内包含几件破碎的陶器，是古人在土台上生产生活的见证。

发掘时未采集到测年样本，根据人工土台出的遗物与周边遗址的对比可知，人工土台的年代可以分为早晚两期，早期与平潭东山丘遗址的文化内涵相同，晚期属闽江下游黄土仑文化范畴。土台的年代大约距今 4000～3250 年，但其主体文化面貌的年代是属于晚期。另外，遗址北部区域探沟的发掘也发现了如人工土台一样的两期文化遗存，可与人工土台的年代相互佐证。

人工土台的发现并结合周围发现的柱洞遗迹，对于认识土台的性质有一定的帮助，认为其有可能是建筑遗存。此次发掘确认了龟山遗址主要的早期两期文化面貌，丰富了遗址本身的内涵。人工土台的发现对于研究龟山遗址内部功能布局，社会组织结构等有重大作用，同时也为研究整个平潭岛史前聚落形态提供了新的材料。

（危长福）

【平潭榕山新石器时代遗址】

发掘时间：2020 年 10～12 月

工作单位：厦门大学历史系、平潭综合实验区旅游文化局

榕山遗址位于平潭综合实验区平原镇榕山村南面的山坡东侧，毗邻东花丘遗址和壳丘头遗址。2018 年秋，厦门大学历史系对榕山遗址开展主动性发掘，发掘面积 1300 余平方米。此次发掘揭露了灰坑、水井、墓葬和柱洞等大量新石器晚期至历史时期的文化遗存，为后续考古发掘工作提供了详实具体的参照。

2020 年 10 月，为完成 2018 级考古学专业本科生田野考古实践教学，并解决相关学术问题，厦门大学历史系再次联合平

潭综合实验区旅游文化局对榕山遗址进行主动发掘。发掘区域位于2018年发掘区的西侧，共布5米×5米探方12个，发掘面积300平方米。此次发掘共清理灰坑16个，柱洞12个，灰沟2条，墓葬5座，并且出土类型丰富的石器、陶瓷器、铁器、钱币、墓砖等遗物90余件，以及大量陶瓷碎片。

此次发掘除了发现丰富的新石器晚期至历史时期的文化遗存外，首次在平潭岛发现了明确的唐代地层和灰沟，填补了本地区地层的考古学时代上的缺环。其中，在唐代灰沟中出土了2枚“开元通宝”和1枚“乾元重宝”，为遗迹和相关器物的年代提供了准确的依据。此外，东花丘类型的灰坑及陶器，与2018年度发掘的相关遗迹，组成了较为完整的年代序列，初步构建起平潭地区新石器晚期至青铜时代的考古学年代框架，对于我们更好地认识壳丘头遗址、东花丘遗址、龟山遗址及榕山遗址的相互关系，对于研究福建沿海考古学文化序列、文化谱系和文化互动具有重要意义。此外，此次发掘对于研究早期东南沿海地区先民的生业形态、社会结构和人地关系等有较高的价值。

（刘　淼　周　杨　冯　锋）

【泉州南外宗正司遗址】

发掘时间：2019年6月～2020年1月、2020年5～11月

工作单位：中国社会科学院考古研究所、福建博物院、泉州市文物局（2019年由泉州市海上丝绸之路申遗中心参加）

遗址位于泉州市鲤城区鲤中街道。为配合“泉州：宋元中国的世界海洋商贸中心”申报世界遗产，2019年开始对泉州南外宗正司遗址进行考古调查、发掘工作。2019年发掘面积约1400平方米，2020年发掘面积约1700平方米，清理出水池、台基等遗迹。2019年度考古发掘揭露出水池东岸线及其东侧的台基1、西岸台基2等遗迹，2020年度清理出宋元时期水池遗迹的东岸线和东岸上的建筑基址、宋元时期水池遗迹的南岸线及其南侧建筑基址、北部建筑遗存等相关遗迹，基本明确了2019年度西部建筑基址台基2的南、东侧边界。以下择要介绍台基1。

台基1主要为宋元时期水池遗迹东岸上的建筑基址，由西侧包边砌石及其下的纴木和木桩、土台、土台上的房址（台基1F1）等组成。包边砌石仅揭露出了西侧边缘的大部，东、南、北边缘的情况尚不明确。被第3B层叠压，其下叠压台基1下层之下的垫土层。

台基1西侧边缘用石包砌的部分，底部基础宽0.65米，揭露出来的部分南北长35.3米，底面海拔4.14～4.25、残存顶面海拔4.71～5.25米。大致可以分为南、北两部分。西侧包边砌石底层下纴木，直径12～15厘米，长160、250或300厘米不等，横铺，南北向3～5列。纴木外（西）侧的木桩，直径约13厘米，可见南北向分布的5根，相邻两根的中心间距约为0.25～0.3米。土台位于西侧包边砌石东侧，顶面海拔5.5、底面海拔4.25米，厚1.25米。主要分为下、上两个垫土层，其中下层垫土层之下还有一个垫土层。垫土层顶面均较平，其内包含炭屑、红烧土颗粒、白石灰颗粒等，夹杂瓦砾。土台上房址1F1，残存石墩10个、砖石墩1个、墙体5道、石铺地面等。残存顶面海拔5.62米。

出土遗物有“官”字砖、花鸟纹方砖，装饰莲花纹、莲瓣纹和其他花卉纹瓦当等建筑构件；“水陸”“水六/庫司”“庫司/供養”“水陸/庫堂”“西塔”等墨书瓷碗、元青花“寿”字菊花纹高足瓷杯、明德化窑乳白釉瓷碟等陶瓷器以及少量的铜钱等。推测19瓣莲花纹瓦当和“官”字

砖等建筑构件与南宋时期的较大型高等级建筑遗存有关，而瓷碗上的墨书文字内容佐证了此处曾与水陆堂/院、南外宗正司等相关。

（傅恩凤　王　睿　梁　源　汪　勃）

【泉州市舶司遗址】

发掘时间：2019 年 10～11 月、2020 年 5～11 月

工作单位：中国社会科学院考古研究所、福建博物院、泉州市文物局（2019 年由泉州市海上丝绸之路申遗中心参加）

遗址位于泉州市鲤城区海滨街道。为配合“泉州：宋元中国的世界海洋商贸中心”申报世界遗产，2019 年、2020 年持续开展泉州市舶司遗址考古调查、发掘工作。

2019 年布设了 1206TG1F、1206TG3G 两条探沟，揭露出来了铺砖地面、铺石等遗迹，结合遗址周边的水系、道路等构成因素，推测相关建筑遗存或与泉州市舶司遗址相关。2020 年，在原人民电器厂院内布设探方，揭露出铺砖地面和石墙、石墩、石构、鹅卵石铺面等宋元时期建筑基址。2020 年的发掘区域可以分为东北和西南两个区域，合计 15 个发掘单位，发掘面积约 1200 平方米。

其中 C1206TG3G 内揭露出了宋元时期的铺砖地面（C1206TG3GZM1）、基槽、灰坑。铺砖地面揭露部分东西约 2.75、南北约 2 米。方砖斜向对缝铺就，砖缝线 117 度。C1206TG1F 揭露出了宋元时期的铺石和基槽。2020 年东北发掘区内的第 2 层下，揭露出来了主体为宋元时期的建筑基址。从地层堆积和出土遗物来看，相关遗存的上限为南宋时期，而下限当不晚于明代，大致可以分为三期。第一期遗存包括石墙、石墩、石构等遗迹。第二期遗存可分为第二期 A、第二期 B 两小期。第二期 A 相对较早，包括 1 处石构、4 处石墙、1 处铺砖地面、2 处石墩和河滩石等遗迹；第二期 B 相对较晚，除沿用 SQ1 外，还有 5 处石墙、3 处石墩及 1 处疑似石墩坑、鹅卵石铺面、石铺面、石板面和灰坑等遗迹。第三期遗存包括石墙、石板、灰坑、井等遗迹。

出土建筑构件主要有瓦当、筒瓦、板瓦和砖等，陶瓷器有青瓷、白（青白）瓷、黑（酱）釉器、青花瓷等。

泉州城重要历史建筑与相关时期的堪舆思想、建筑朝向密切相关，宋元时期可能依然使用了以泉州开元寺大雄宝殿和东、西塔构成的天盘缝针（实测 9.1°）为基础的测绘系统。推测泉州市舶司遗址的大型较高等级官式建筑群遗存的朝向与之密切相关，2019 年在 C1206TG3G 内揭露出来的推测为中路正厅相关建筑遗迹的平铺方砖缝线角度为 117 度（正厅内斜铺砖，故而正厅朝向加上 45 度即 162 度），2020 年的考古发掘结果又揭露出来了朝向 159°的大型较高等级官式建筑遗存。2020 年在西南发掘区发现了侧面戳印有“（监）造市舶亭蒲（寿）（庚）”“…舶亭蒲（寿）…”的文字砖。

如此精心选址规划、精准测量修建的大型较高等级官式建筑，推测当为官方所修、所用，而该区域背靠八卦沟又与文献记载中的泉州市舶司位置密切相关，结合遗址周边的水系、道路以及观音宫、水仙宫、三义庙等因素，再辅以堪舆相关推演等，推测其四至范围大致为：西南依竹街，东北到西南—东北方向马坂巷东侧道路（舶司库巷）和南北向马坂巷，东南至水门巷，西北靠八卦沟。

（梁　源　汪　勃　黄必应　王　睿）

【安溪县青阳下草埔宋元冶铁遗址】

发掘时间：2019 年 10 月～2020 年 8 月

工作单位：北京大学考古文博学院、泉州市文旅局、安溪县人民政府

泉州安溪青洋村下草埔遗址属于青阳冶铁遗址的一部分。该遗址于1966年发现，面积约100万平方米，下草埔遗址是其中最为典型的遗址。遗址位于安溪县尚卿乡青洋村南的梯田处（北纬25°10′59″，东经117°57′26″）。

2019年10月～2020年8月，为配合泉州申遗，联合考古队对下草埔冶铁遗址进行第一阶段的考古发掘，共计布设探方68个，发掘面积约1800平方米（含扩方）。遗址发现系列重要遗迹，包括冶铁炉6座，石堆（SD）6处，池塘、护坡2个，炉6座，房址4处，地面（DM1），小丘（Q1）及众多板结层。

安溪下草埔冶铁遗址首次揭示出泉州宋元时期冶铁独特的技术体系，是该地区宋元时期块炼铁冶炼的代表。

遗址规模宏大，内部布局清楚。出土的莲瓣纹瓦当、建盏、景德镇窑青瓷、德化窑白瓷等表明遗址等级较高，或与宋代青阳铁务存在某种关联。此外，还出土了一批工匠墨书的瓷器。

发现的冶铁炉多样。既有冶炼块炼铁的碗状小高炉，也有可炼块炼铁、生铁的冶炉。此外，还有锻炉。冶炉或依傍山坡修筑，或在平地以大炉渣匡围而建，可与《天工开物》的记载相印证。

首次发现在冶铁过程中有规划地运用板结层的处理技术，具有典型的地方特点。遗址由18个板结层形成的14个台地自下而上有规划地堆积而成。

它是国内首个考古发掘的块炼铁冶炼遗址，拥有较为完整的生产体系。经过对炉渣的检测分析，确认遗址内生铁冶炼技术和块炼铁技术同时存在，实验室分析检测发现使用块炼法固态还原制钢的证据，丰富了对中国古代南方地区冶铁业及冶铁技术的认识。

下草埔冶铁遗址有助于了解我国古代块炼铁冶炼的具体步骤及相关遗存特征，了解遗址内生产与生活的图景，促进构建宋元时期福建乃至长江以南地区冶铁业的技术特点和组织结构；也为了解宋元时期泉州海上丝绸之路贸易提供了重要的考古学证据。

此外，此次考古工作还对余氏祖厝遗址进行了发掘清理，弄清楚了其平面布局和年代。

（沈睿文）

【德化县尾林—内坂窑址】

发掘时间：2020年3～7月

工作单位：福建博物院、德化县文管办、德化县陶瓷博物馆

尾林—内坂窑址位于德化县三班镇西北面山坡。本年度为配合泉州申报世界文化遗产工作，经国家文物局批准，福建博物院联合德化县文管办、德化县陶瓷博物馆，对德化尾林—内坂窑址进行考古发掘，发掘面积442平方米。共揭露5座窑炉遗迹，其中尾林窑一号窑4座、内坂二号窑1座，此外，还对尾林窑2处作坊遗迹进行试掘。

尾林一号窑共揭露出宋至清代有叠压打破关系的窑炉遗迹4座，其中南宋时期的龙窑被元代至明代中期的分室龙窑打破，龙窑残长110米，内宽2～2.3米。分室龙窑被明代晚期至清代中期的横室阶级窑打破，分室龙窑残长23.9米，已揭露窑室2间，进深3～3.2、内宽2.85米。横室阶级窑存三间窑室以及出烟室，斜残长7米。窑底呈斜坡状，坡度19°。窑室内宽4.46米，进深1.9～2.2米。第2室还保存成摞匣钵，部分匣钵内还装有未烧熟的清代康熙中期的青花葡萄纹碗。

尾林作坊区揭露了部分宋至清代与瓷土粉碎、淘洗加工以及制瓷拉坯等工艺流程相关的遗迹。

尾林一号窑出土器物主要有青白瓷、白瓷以及少量青花瓷等，青白瓷、白瓷器形

主要有碗、盒、盘、执壶、洗、瓶、炉等。纹饰种类较丰富，纹饰以模印、刻划为主，多花卉、草叶纹等。部分器物底部模印有文字“林□”“吴”“吴书”“葉家印”等。年代为南宋早中期至明代中期。青花瓷器形以碗、盘为主，年代为清代中期。

内坂二号窑揭露1座分室龙窑遗迹，斜残长59米，内宽2.4~2.6米。内坂二号窑出土器物以青白瓷为主，器形主要有碗、盘、盏、盒、瓶等。年代为南宋中期至元代初期。

德化—尾林窑的发掘，首次在一个窑址中揭露四座横跨宋、元、明、清四个朝代，并有叠压打破关系的龙窑、分室龙窑、横室阶级窑，完整地揭示了德化窑从宋元时期的龙窑至明清时期的横室阶级窑的发展演变过程，填补了德化窑古代窑业技术史的缺环，堪称德化古代窑业技术博物馆。此外，尾林—内坂窑址出土的部分标本在国内外沉船、遗址均有发现，证明德化窑是古代海上丝绸之路的重要组成部分，是宋元时期泉州港成为世界海洋商贸中心的重要商品支撑。

（羊泽林）

江西省

【高安上湖旧石器时代遗址】

发掘时间：2020 年 10～11 月

工作单位：中国科学院古脊椎动物与古人类研究所、江西省文物考古研究院、宜春市博物馆、高安市博物馆

江西地处长江中下游的过渡地带，是远古人类沿江迁徙扩散的必经之地，也是史前文化交流融合的纽带和核心地区。本年度联合考古队对上湖旧石器时代遗址进行了抢救性考古发掘。

上湖遗址位于宜春高安市上湖乡，地理坐标北纬 28°19′44″，东经 115°20′14″，海拔约 53 米。遗址坐落在锦江右岸第三级阶地，高出现今锦江河面约 25 米。由于长期的砖厂取土等原因，遗址发现时已经遭到严重破坏。共布设探方三个，发掘面积 85 平方米。发掘按照自然层与水平层相结合的方式进行，在每一自然层内以 5 厘米为间隔划分操作层。利用全站仪记录每件标本的三维坐标，利用倾角仪和罗盘记录部分标本的产状信息。同时，对重点发掘层位进行无人机航拍建模。

三个发掘区地层堆积情况相近，从上至下可划分为 4 层。第 1 层为现代表土层，土质疏松，含较多现代植物根系，与下伏原始地层界线明显。第 2 层为暂流水沉积层，主要由坡面流水侵蚀物质再堆积而成，粘土质，块状结构为主，含细小石英颗粒及少量植物根系，该层出土数量丰富的石制品，是遗址的主要文化层位，厚度约 30 厘米。第 3 层为均质红土层，粘土质，土质紧实，出土少量石制品，厚度约 30～40 厘米。第 4 层为网纹红土层，深红色，棱块状结构非常发育，存在显著的网纹化现象，不含石制品。

此次发掘共出土有坐标记录的石制品 6300 余件。整体来看，上湖遗址石制品组合表现出明显的小型化特点，包括小型石片以及以小石片为毛坯制作的各类轻型工具（刮削器、凹缺器和锯齿刃器等）。这与传统上认为的中国南方以大型砾石工具为主的技术特点有显著区别。因此，对上湖遗址的深入研究，能够使我们重新思考和认识远古先民在长江中下游地区的技术适应策略和生计模式等重要学术问题。

（李　浩　赵文杰）

【宜黄县锅底山新石器时代及商周时期遗址】

发掘时间：2020 年 7～12 月

工作单位：江西省文物考古研究院、宜黄县文物管理所

宜黄锅底山遗址位于宜黄县棠阴镇解放村村太坪上组东约 150 米，西距 316 省道约 300 米，西南距紫云古寺约 400 米，宜水河在其西南约 650 米的地方流经。本年度主要对遗址周边的辽家山遗址和杨家山遗址进行了试掘，并对锅底山遗址南部区域进行了发掘。

辽家山遗址试掘面积 75 平方米，文化堆积 20～50 厘米，发现灰坑 3 个，窑址 1 座，出土遗物主要为印纹硬陶，根据出土

遗物，初步判断该遗址年代为商代。

杨家山遗址试掘面积25平方米。文化堆积约60厘米，分为三层，发掘区域未发现有遗迹现象，出土遗物主要为印纹硬陶，根据出土遗物，初步判断该遗址年代为商周时期。

锅底山遗址共布5米×5米探方28个，发掘面积700平方米，发现遗迹主要有新石器时代晚期的城墙、窑址区、房基建筑、路土和灰坑等。2020年主要对东城墙与西城墙的南段进行解剖，通过发掘初步认定东、西城墙年代都为新石器时代晚期，且至少在两个使用时期进行修建。在遗址的南部发掘区域的西面，发现有黄色夯土，质地坚硬，整体呈西南东北走向的道路，并且在两侧有呈条带状分布的石块堆积，其与路土走向一致。2020年发现的房址多位于本次发掘区的北面及东面，其平面有呈长方形、近圆形等，且在房址下多采用黄土层垫层作为房基垫层，少量有木骨泥墙，时代为新石器时代晚期。共发现灰坑76个，平面有椭圆形、圆形、方形和不规则形等。

出土的器物主要为陶器、石器和玉器等。陶器主要有豆、杯、鬶、罐、钵、盂、盅、盒、盉、觚、鼎、甗、纺轮、网坠以及陶拍、陶垫、陶刀、器座等，陶质分印纹硬陶、原始瓷、泥质陶、夹砂陶等，印纹硬陶主要为灰色、红色，常见有方格纹、菱格纹、席纹、绳纹、刻划纹、雷纹、篮纹等；夹砂陶陶色见有浅灰色、浅黄色、红色，均为素面；石器主要有镞、刀、锛、针、矛、石扣、石梭、石芯、砾石、砺石等；玉器主要有璜、镞、管、锛、玉饰等。

通过2020年的发掘，主要有如下收获。

一是东城墙、西城墙的解剖发掘，不仅进一步证明了该遗址为新石器时代晚期城址，还确认了该城墙至少经历过两次修筑，同时还发现城墙边的道路遗迹；二是Y1为本次发掘保存最为完好的窑址，时代为新石器时代晚期，在窑址的周边还发现有相关的配套设施，如取土坑，陶土沉淀池等，陶工居住的房址，在此区域内出土有大量的红烧土块，陶拍，陶垫、石杵、砺石、石锛等制陶有关的工具及半成品陶器，初步判断该区域可能为窑址区；三是在发掘区域北部及东部发现有多个以黄土垫层作为房基垫层的情况，且从地层和出土遗物判断都为新石器时代晚期遗迹，同时这些遗迹存在多次重复使用和废弃的情况；四是通过对杨家山遗址与辽家山遗址试掘，可以确定这两处遗址年代为商周时期，与锅底山遗址的三期遗存相近，但又明显晚于早期遗存（新石器时代晚期）。因此，可以判断锅底山遗址与杨家山遗址、辽家山遗址既有共存关系，又有先后早晚关系。

（严振洪　余志忠）

【贵溪坦石村商代遗址】

发掘时间：2020年6~8月

发掘单位：江西省文物考古研究院、鹰潭市博物馆

遗址位于贵溪市文坊镇坛石村，由雷家山、应家垄、捻吴坡三个遗址点组成，地处武夷山北麓山间小盆地内，南与福建光泽马岭遗址直线距离约40千米。

为配合鹰潭市花桥水利枢纽工程建设，对坛石村雷家山遗址进行抢救性发掘，发掘面积200平方米，揭露商代房址1座、灰坑12个、灰沟2条，出土陶、石质地文物40余件。

雷家山遗址叠压在现代村庄下，地层堆积保存较差，表土层下即现遗迹，遗迹有房址、灰坑和灰沟。房址仅存垫土部分，平面呈不规则长方形，结构不明。灰坑平面形状多呈不规则形，少量近圆形、近长方形。灰沟呈长条形。

遗物以陶器为主，少量石器。陶器以

灰硬陶为主，少量夹砂灰陶、夹砂红陶、泥质红陶和黑皮陶、黑衣陶等；纹饰以方格纹为主，菱形填线纹和回字交叉线纹次之，少量刻划纹、叶脉纹、篮纹、席纹、云雷纹和附加堆纹；器形有釜、罐、豆、盆、杯、器盖、钵、陶垫和纺轮等，其中以仰折沿垂鼓腹圜底釜、矮领或高领折肩凹底罐、高领溜肩长腹平底罐、平折沿直腹凹底罐、突棱高柄豆、竹节状突棱豆、曲腹盆、单把捏口杯为代表。

从器物造型、纹饰以及部分器物施黑衣的特征来看，雷家山遗存属马岭文化，初步推断其年代相当于早商时期或更早，其人群应来自邻近的闽北地区。这为研究夏商时期赣闽两地文化交流提供了资料。

（崔　涛　江　凌）

【浮梁县张家仵商代遗址】

发掘时间：2020 年 11～12 月

工作单位：江西省文物考古研究院、景德镇市陶瓷考古研究所、浮梁县文物管理所

张家仵遗址位于景德镇市浮梁县王港乡高沙村，地处东河（昌江支流）河谷地带。为配合昌景黄高铁项目建设，经报国家文物局批准（考执字［2020］第［1321］号），对该遗址进行抢救性考古发掘，发掘面积 650 平方米，清理商代灰坑 18 个，出土陶、石质标本 80 余件。

遗址主要分布在张家仵岗地南端地势平缓处，现存面积约 6000 平方米，发掘区位于遗址南部。由于村民平整土地以及种植苗木活动影响，地层堆积较为简单，表土层下即现遗迹。

遗址以商代遗存为主。商代遗迹仅见灰坑，灰坑多呈不规则形。遗物以陶器为主，少量石器。陶器以灰色硬陶和夹砂红陶为主，少量泥质灰软陶、泥质红软陶和釉陶等；纹饰以云雷纹为主，叶脉纹和曲折纹次之，少量绳纹、曲折纹、方格纹、弦纹和附加堆纹等；器形有罐、甗、三足盘、鬶、缸、网坠和纺轮等，其中以罐为主，甗、大口缸次之。石器有斧、锛、刀、镞等，其中有柄石刀数量较多。

张家仵商代遗存整体文化面貌属万年文化，但也略有差异，如甗和大口缸数量较多，不见鹰潭角山窑址、婺源茅坦庄遗址中流行的甗形器以及方格凸点纹。

张家仵遗址的发掘为万年文化的深入研究提供了新材料。同时，遗址中出土较多三角形宽扁足甗，这在赣东北地区尚属首次发现，为探讨商周时期江西流行的甗形器来源问题提供了线索。

（崔　涛　刘　龙）

【樟树市筑卫城遗址国字山战国墓葬】

发掘时间：2020 年

工作单位：江西省文物考古研究院、中国社会科学院考古研究所、樟树市博物馆

联合考古队于 2020 年完成对国字山 M1 墓室的考古发掘。

国字山墓葬位于筑卫城城址西侧 300 米，是筑卫城遗址群的重要组成部分。国字山墓葬周围有近长方形围沟环绕。墓葬为东西向“中”字形墓，方向朝东。墓室面积约 230 平方米。椁室呈长方形箱体，东西长约 13.5 米，南北宽约 11.4 米，高约 2 米。椁室被隔板分隔为东西 5 行，南北 5 列共 25 个分室。主棺位于中间一行的东二室，为所有室最大的。椁室四周和底部均为木构。经鉴定均使用楠木。椁盖板横档在椁室上分室上。椁盖板上覆盖有数层柏木或杉木削成的金黄色木皮，是以往未见现象。

墓葬被早期盗扰，破坏严重，仍出土有 2000 余件器物，包括大量漆木器，以及金属器和玉石器等。墓内还发现 6 具陪葬棺。墓内出土两件铭“越王”的青铜兵器，是吴越地区首次科学出土的越国王器。

墓葬的时代约在战国中期。

墓葬规模大、等级高，应该是与筑卫城城址密切相关的越国王室墓葬；墓葬内具有多种文化因素杂糅的特点，除了越系文化因素外，还有楚系文化因素和群舒文化因素。国字山墓葬的发掘不仅仅为筑卫城的最终定性提供了明确资料，更是为填补本区域两周时期考古学文化序列的缺环提供了关键性资料，为探讨清江盆地的聚落布局和政治变迁打下了坚实的基础，对于剖析江西地区“吴头楚尾”的文化进程和“华夏化”历程具有重要意义。

（王意乐）

【安福县起凤山汉代墓葬】

发掘时间：2019 年 10 月 ~2020 年 12 月

工作单位：江西省文物考古研究院、安福县博物馆

起凤山墓葬是在安福县城北西片区路网工程建设时期发现的，墓葬位于县城西北约 1 千米的平都镇枫林村彭家起凤山南侧的小山岗上。为一大型竖穴土坑木椁墓，方向 189°，平面呈“甲”字形，墓葬坐北朝南。墓坑长 12. 1、宽 7. 1、墓道残长 4. 3 米，封土遭到破坏，墓内填土深 2. 2 米。填土经过夯打，夯窝痕迹明显，夯层厚 2 ~10 厘米。外椁与坑壁之间填充宽 0. 8 ~1. 2 米的木炭和白膏泥，墓室底部也铺一层厚约 0. 1 米的木炭。因早年被盗，棺椁保存情况较差，结构为二椁一棺，墓室分为前后室。棺长 2. 52、宽 0. 65、残高 0. 4 米，经过挪动至前室后部，棺内尸骨无存，不见随葬品。

由于墓葬被盗掘，出土的随葬品不多，有铜器、漆木器、金器、银器、琉璃器、陶器等。铜器多为偶车配件如马镳、马衔、车軎及铜镜、五铢钱等。漆木器均残碎变形，有耳杯、漆盘等，其中一件漆盘口沿下书有“东宫”二字。金器多为金箔。银器有圆形饰、盖弓帽等。琉璃器为一耳珰。陶器均为残片，难以复原。

从墓葬形制和出土器物推测，该墓葬年代为西汉中晚期。虽然因为被盗，墓葬内缺少可以直接证明墓主身份的信息，但从墓葬形制、出土遗物等方面仍可看出墓主身份地位颇高，应是列侯一级的高等级贵族。结合历史文献记载，墓主可能与安平侯有关。墓虽被盗，出土文物不太丰富，但墓葬形制较为明确，为研究当时侯国贵族的丧葬制度、漆器工艺等提供了重要材料。

（李荣华　徐宏杰）

【九江市八里湖新区朱垅口六朝墓】

发掘时间：2020 年 5 月

工作单位：江西省文物考古研究院、九江市文物局、九江市八里湖新区文化教育体育办公室

朱垅口六朝墓位于九江市八里湖新区兴联村朱垅口山东南侧山坡上，因村民取土发现。

墓葬为单砖室券顶墓，平面呈长方形，方向 150°。全长 4. 15 米，由封门墙、祭龛、墓室、后壁等部分组成。封门墙残高 0. 27 米，内宽 0. 76 米，砌于墓口内侧，残存部分由一丁三顺组砖砌筑。封门墙外侧有两个大小相同的祭龛，长 0. 16 米，宽 0. 14 米，属墓外祭祀结构。墓室长 3. 54 米，内宽 0. 76 米，高 1. 17 米，墓室底部由青砖呈“人”字形平铺。后壁内高 1. 29 米，内宽 0. 76 米，墓砖均为素面青灰砖。

发掘出土各类遗物，可分为瓷器、石器、铁器、墓志四类，其中瓷器根据釉色又可分为青釉器和酱黑釉器。青釉瓷器主要为罐、盏、洗，灰白胎，有脱釉现象，为洪州窑所产；酱黑釉器均为罐、钵类器物残片，器物胎釉结合较差，釉面多有脱落；板砚为青石质，造型长方近正，四边裁切较为规整，上下打磨精细；铁器呈菱形，器形不明；墓志残缺严重，青石质，

造型为长方形。墓志文字为阴刻楷书，均被破坏，仅依稀可见“九月”二字。

朱垅口六朝墓的墓葬形态与江浙地区六朝墓多有相似，属江西地区南朝向唐代的过渡形态。该墓的考古发掘为南朝向唐代过渡期的墓葬形态研究提供了资料，同时，也体现出长江下游地区对九江地区的文化影响。

（李兆云　王上海）

【九江浔阳城遗址】

发掘时间：2019 年 12 月 ~2020 年 4 月

工作单位：江西省文物考古研究院、九江市文物局

浔阳城遗址位于九江市八里湖新区八里湖街道。据文献记载，浔阳城始建于晋惠帝永兴元年（304 年），属江州，曾是县、郡、州治所，隋开皇九年（589 年），因水患移入湓城。1981 年 5 月、1985 年 2 月，文物部门两次对浔阳城遗址进行调查，发现了房址、窑址、作坊址、水井、冶铁遗址和太湖石等遗迹，采集到铜、铁、石、陶瓷、“大兴四年”纪年墓砖等遗物，确定了城址位置、面积约 3 平方公里。

2019 年底，省文物考古研究院对遗址进行了局部发掘，发掘面积 3500 平方米，主要发掘区域为玉兔山边缘处，发现西汉、东汉、三国、西晋、东晋、南朝、隋、唐、元时期等墓葬 23 座，出土了陶、瓷、铜、铁等重要文物标本，陶器有陶罐、陶瓮、陶鼎、陶壶、陶簋、陶灯、陶灶、器盖、纺轮等，铜器有铜镜、铜鼎、铜剑、铜矛等，银器为发钗、发簪等头饰，另出土少量金饰品，通过对遗址的器物研究，基本确定了墓葬时代及其文化内涵。浔阳城遗址玉兔山古墓群是一处排列有序，保存较为完整的古墓葬群遗址，为研究长江中游同时代考古文化提供了极为重要的参考资料。

（胡　胜）

【修水县唐代夏光庭墓】

发掘时间：2020 年 10 月 10 ~ 17 日

工作单位：江西省文物考古研究院、修水县文物局、修水县博物馆

据《夏氏宗谱》记载，夏光庭生于唐玄宗开元十九年（731），唐肃宗年间（761）获进士，唐代宗年间（公元 762 年）出任武宁知县，殁于唐宪宗元和二年（807）。清嘉庆二十年（1815）重修茔碑，20 世纪 80 年代至今历经多次修缮，多地夏氏后裔以夏光庭为一世始祖予以祭拜。

2020 年 8 月因修水县城市建设的需要，夏氏后裔在对夏光庭墓葬进行动迁的过程中发现了早期墓葬本体。经国家文物局批准，江西省文物考古研究院会同修水县文物局、修水县博物馆对其进行了抢救性考古发掘。该墓为长方形砖室墓，坐北朝南，墓向北偏西 28°。墓通长 284.5、宽 220、残高 12 厘米。墓室南北向错缝平铺叠砌单墙，相隔形成东西双室。东室（左室）内长 235.5、宽 90 厘米；西室（右室）内长与东室一致、宽 78 厘米。左右两室之间墓壁底部留有孔洞相通，宽 33 厘米，高度不详，该墓为典型的夫妻合葬墓。遗物仅发现铜镜 1 枚，圆形，弧状拱钮，素面。直径 8.7、厚 0.25 厘米，钮长 1.2、宽 0.8 ~ 0.9、高 0.6、孔径 0.25 厘米。根据对墓葬形制、墓砖规格及出土的青铜镜进行分析比较，我们基本判断该墓的相对年代为唐代中晚期。

经考古发掘证实的墓葬年代、形制、墓向、葬地等相关信息与《夏氏宗谱》记载的夏光庭墓葬基本吻合，可判断该墓应为夏光庭夫妻合葬墓，距今已有一千二百余年历史。此次考古发掘可进一步完善和补充《夏氏宗谱》等相关文献内容的记载，为研究唐代当地行政区划、埋葬习俗、冶炼铸造工艺、中国古代科学技术史提供了珍贵的实物资料。

（王上海）

【宜春市高士南路晚唐五代城墙遗址】

发掘时间：2020 年 11 月 ~2021 年 1 月

工作单位：江西省文物考古研究院、宜春市博物馆

2020 年 6 月 22 日，宜春市中心城区高士南路在进行正常土方开挖时发现大量城墙砖，经宜春市博物馆业务人员现场查勘，推断为古城墙遗址。在获得国家文物局批准后，江西省文物考古研究院与宜春市博物馆联合组建了宜春市高士南路城墙遗址考古队，开展了抢救性考古发掘工作，总发掘面积为 380 平方米。

城墙遗迹：在高士南路西侧发掘长度 5.64 米、东侧发掘长度 21 米，断面为内外壁砌砖、中间夯土的砖包土城墙。其中西侧城墙保存较好，城墙基础总宽 9.8 米，残高坪面总宽 8.3 米，呈上小下大的梯形。城墙外壁使用青砖错缝平砌，残高 3.2 米，共砌 61 层砖，在青砖的侧面见戳印楷体“官”字与带圈反文“官”字铭款；城墙内壁使用白砖错缝平砌，残高 3.9 米，共砌 49 层砖，在青砖的侧面发现有带方框楷体“官”字款。西侧城墙内、外壁之间的夯土层，断面也呈上窄下宽的梯形，下宽 7.29 米，顶宽 6.3 米。从土质土色看，没有明显的夯窝与文化堆积层，只是在板结的黄土层之间间隔分布着几大块灰黑色的胶泥层。说明当时修筑城墙，是利用原有山体的土层，稍加拍打紧实，没有进行版筑夯打。

值得注意的是，在西侧城墙外壁外侧相距 3.8 米处，还发现有一道与之平行的砖墙，使西侧城墙的断面看起来共有三道砖砌墙壁。这道墙是用碎砖乱石加粘土做墙基，墙基宽 1.89 米，高 1.5 米；墙基上再使用与城墙内壁一样的白砖错缝平铺砌筑，砖墙宽达 2.5 米，残高 0.6 米，见 3—9 层砖，砖上也发现有带方框楷体“官”字款。这道砖墙不但高度不及上面介绍的城墙内、外壁，长度也很短，残长不到 1 米。这道砖墙由于与城墙内壁同样用白砖砌筑，时代更接近内壁，有可能与内壁同时代，有可能为后来加筑，将中间的青砖外壁包裹在里面，成为新的城墙外壁。当然，也有可能是城墙外壁的护坡墙或城门之外月城的城墙。

公路东侧城墙，从高士断面上观察，其最底层在水平面上要低于西侧城墙，说明东侧的地势要比西侧低，城墙是根据地形地势修筑，从西往东，依据山形地势呈现西高东低的景象。东侧城墙由于所在地地势较低，历史上遭破坏程度较深，虽然也可以看到青砖砌筑的外壁长达 21 米，但很不完整，只见断断续续的残墙断壁，内壁更是只保留了 4.2 米长的残墙断壁。

不过，从东侧外壁上可以看出城墙历经多次维修与加固的痕迹。首先是在外壁青砖墙体上面叠压有厚厚一层鹅卵石夹杂碎砖的墙体与地面，鹅卵石墙体之上还有一层只铺了三层白砖的砖墙残迹，也就是说，这里至少存在三个不同时代的墙基遗迹。

其它遗迹：在东侧城墙内、外壁的两侧各发现一片宽度为 2 米左右的鹅卵石与碎砖混合铺成的长方形地面（F2、F3），地面上还有房屋墙基与排水沟等遗迹。此外，在外壁年代为晚清民国时期的地面上，还发现有大块石板铺砌的路面；在内壁的北侧，还发现有一条东西走向的红砖墙基，墙基宽约 30 厘米，长度有近 20 米，但不连贯，分析是晚清民国时期的民居建筑的墙基。

出土遗物：除了城墙的墙砖之外，此次发掘出土的其它文化包含物非常少，除了在东侧城墙表土层之下发现一大片晚清民国时期的青花瓷片以外，其它年代的陶瓷片很少，只有少量的汉代陶片、六朝至宋代的青瓷、青白瓷与黑釉瓷片，加起来不过 30 多片。没有发现铜钱与金属工具。

宜春，是汉代江西最早设置的十八县

之一。隋开皇十一年（591）置袁州（治所在宜春县），直到辛亥革命前，一直是袁州府（郡）治所。据明正德《袁州府志·城池》记载："汉高帝五年，大将军灌婴定豫章郡，六年，令天下郡邑皆筑城，袁之有城或始诸此。"但汉代宜春县城的具体位置、广袤几何及城门坐落均未见文献记载。袁州城垣修建的最早记载，在唐朝武德四年（612）九月，安抚使李大亮修建袁州城。此后在唐天宝五载（746），宜春郡太守房琯以旧有城池为依托，将城市的重心向郡城西部、南部干爽的台地转移。唐乾宁二年（895），刺史揭镇修筑罗城一千五百余丈，同时增筑外城，疏浚壕堑。五代十国吴杨乾贞二年（928），知州顿金又于四郭城门外置铺栅，罗城诸门以备守御。

根据上述文献记载，再对比高士南路城墙遗址在古代袁州府的地理位置、考古发掘城墙始建与废弃时代所在地层、城墙砖上的戳印"官"字铭记以及出土遗物的年代，我们初步推断这段城墙遗址属于唐乾宁二年（895）始建的袁州府外城的南城墙，当时只用青砖包筑了外壁，到五代乾贞二年（928）才用白砖加筑了内壁，并在城外加筑了"铺栅"，"罗城诸门以备守御"。

（肖发标）

【南昌县介冈八大山人出家地遗址】

发掘时间：2018 年 9 月 ~2020 年 7 月

工作单位：江西省文物考古研究院、南昌县博物馆

介冈八大山人出家地遗址位于南昌县黄马乡涂洪村介冈自然村西北面一片坡地上。遗址所处地属丘陵小盆地，东傍和尚山，西连豺狗山，北靠鹿牯岭，南望抚河。该遗址于 2009 年第三次文物普查中被发现，2010 年评为县文物保护单位。

介冈八大山人出家地遗址分为鹤林寺遗址和灯社遗址两部分。鹤林寺遗址位于南部，灯社遗址位于北部，两遗址中心区相距约 100 米，高差约 10 米。鹤林寺遗址处于一片长满竹林的台地上，面积约 3500 平方米。遗址上保留有两堵清代残墙，一堵位于遗址南侧偏西，称为西门，一堵位于遗址中部偏东，称为中殿东墙。鹤林寺原称为鹤林禅寺，毁于 20 世纪 60 年代"破四旧"时期。灯社遗址处于一片茶林中，面积约 3200 平方米。

为配合南昌县黄马乡人民政府对介冈八大山人出家地遗址的文物保护工程，经国家文物局批准，2018 年 9 月 ~2019 年 1 月，2019 年 11 月 ~2020 年 7 月，联合考古队分阶段对黄马介冈八大山人出家地遗址进行了考古发掘。

根据遗址整体现状，我们在鹤林寺遗址与灯社遗址进行了布方发掘，鹤林寺遗址发掘面积 1400 平方米，灯社遗址发掘面积 925 平方米，两遗址发掘总面积 2325 平方米，揭露出了明代中晚期、清代、民国时期建筑遗存，并出土了与遗存相对应时期的陶瓷片等遗物，出土地层实物证实该遗址为明清文献记载的"进贤介冈灯社"所在地，为八大山人出家地遗址的文物保护与利用提供了重要参考资料。

鹤林寺遗址揭露出了明代晚期、清代、民国时期建筑遗存，出土了大量的明清及近现代遗物，特别是出土的明万历官窑青花五爪龙纹大碗，与文献记载明万历时建庙宇相符。鹤林寺遗址揭露出清代遗迹较丰富、完整，有红石墙基、红石地面、夯土地面、青砖路面、排水沟、柱础等。清代建筑遗存坐北朝南，占地南北长 60、东西宽 35 米，面积约 2100 平方米，按其功能布局可分为山门、前庭院、前殿、中庭院、中殿、后庭院、后殿、西厢房、东厢房、围沟等。山门，由西门、中门和东门构成，其中门墙基呈"八"字形。前庭

院，位于山门与前殿之间，前庭院残留中门道，用红条石与青砖铺成。前殿，位于前庭院和中庭院之间，地面用填土夯筑。中庭院，位于前殿和中殿之间，呈“凹”字形，用红条石铺砌地面，中间有一条青砖路面把庭院分成东西两部分，庭院四周有红石铺砌的排水沟。中殿，位于中庭院与后庭院之间，地面用填土夯筑。西厢房，位于庭院西侧，分为四间，地面用填土夯筑。东厢房，位于庭院东侧，仅揭露靠南两间，地面用填土夯筑。后庭院与后殿叠压在现代建筑下，未能揭露。

灯社遗址破坏较为严重，仅揭露出少量遗迹，分明清两个时期。明代遗迹为一条门道路面，用红石铺成。揭露南北残长6.8米、东西宽2.4米。清代遗迹仅发现2条墙基和1条排水沟等。

根据介冈八大山人出家地遗址出土遗物并结合当地《介冈饶氏族谱》推断，介冈八大山人出家地遗址最早于五代、宋、元期间有人活动，至明万历年间修建庙宇，命名为崇化寺，并在万历、天启年间两次得到皇家赏赐；清代顺治十六年（1659年）进行了重修，并改名为鹤林寺；至民国十八年（1928年）又进行了重建；毁于20世纪六七十年代。

鹤林寺遗址与灯社遗址从空间布局来看应是一体的，只是功能分区不同而已。鹤林寺遗址为佛教徒每日功课之地，灯社遗址为佛徒、信士的生活起居交流之地。考古发掘出土标本上凿刻“灯”、“上灯”铭文，应为“灯社”“上灯社”之简称，与八大山人在《传綮写生册》、《个山小像》中“灯社”题款相应证，实证现今介冈灯社遗址为明清文献中“进贤介冈灯社”，从而说明八大山人曾在介冈灯社出家隐居是可信的。

介冈八大山人出家地遗址由鹤林寺遗址、灯社遗址与佛徒墓地一组遗址构成，这是一处集佛教建筑、信士修道与佛徒归宿于一地的小型佛教聚落遗址，是重要的佛教文化遗产。鹤林寺遗址揭露出来的清代建筑遗存不仅有中国传统庭院轴对称的特点，还具有佛门建筑特征，如揭露出来的山门墙基开三门，中门呈“八”字形，为佛教建筑山门典型特征。介冈八大山人出家地遗址的考古发掘，对佛教建筑布局、结构特征、功能分区的研究有着重要的价值，对曾在这里出家，并成长为海派绘画开创者的八大山人的研究及相关文物的保护也将起到重要的推动作用。

（李育远）

山东省

【沂水跋山水库旧石器时代遗址】

发掘时间：2020 年 9 ~ 11 月

工作单位：山东省文物考古研究院、沂水县文物管理所

跋山水库遗址地处沂河上游沂水县沂城街道河奎村东约 300 米。8 月下旬，跋山水库溢洪闸放水后，下游河岸因被冲蚀出露化石及石英制品，经确认为一处旧石器遗址。经国家文物局批准后进行年度抢救清理。因发掘工作可能改变水道周边环境，本年度野外工作仅对地表暴露遗物进行简单清理。

通过对流水冲刷后显露地层及剖面观察可知，堆积可区分为南北两区。总文化层堆积厚度超过 4 米。其中南区可划分为 5 个文化层，均包含动物化石及石制品。尤其第⑤层发育黑褐色黏土质沼泽相透镜体，地表可见数量丰富的古棱齿象、鹿、牛等化石及大量石制品，初步推测存在古人类原始活动面。目前采集石制品 50 余件，均以白色石英为石料，主要石制品类型包括石核、石片及制作精美的各类工具。

跋山水库遗址残余堆积厚、遗物丰富，是近年来山东省内发现的最为重要的旧石器中晚期遗存。因受流水冲蚀，遗存绝大部分被破坏，剩余地层已不完整。南区文化遗物最为丰富的④、⑤层已被全面冲蚀揭露，石制品及化石一览无余。山东地区已发现旧石器遗存多无原生地层，而该遗址保存巨厚文化层，包含丰富石制品及动物化石，对该遗址的后续发掘和研究，将为揭示沂沭河流域乃至山东地区旧石器中晚期文化面貌提供重要线索和材料。

（李　罡　尹纪亮　刘　禄）

【沂南县里宏北辛文化遗址】

发掘时间：2019 年 11 月 ~2020 年 8 月

工作单位：山东省文物考古研究院

里宏遗址位于临沂市沂南县砖埠镇里宏村东，地处沂河与汶河交汇处。遗址西部被村子覆盖，东靠汶河，受汶河冲击破坏，东部边缘参差不齐，与河床高差约 4 米。现存遗址平面为南北向长条形，南北长约 200、东西残宽约 40 米，残余面积约 7000 平方米。为配合沂南汶河三期治理工程汶河滨河西路修建，山东省文物考古研究院对里宏遗址进行了发掘，发掘面积约 1000 平方米。

本次发掘清理各时期灰坑 98 个、沟状遗迹 14 条、墓葬 2 座、房址 7 座、长条形坑 20 个、灶 2 个、水井 1 口、柱洞若干，时代自北辛文化，经龙山、岳石、商、周至魏晋时期。

其中以北辛文化遗存的发现最为重要。此次清理北辛文化小型环壕一段（环壕聚落西北部），房址 3 个，灰沟 1 条，灰坑若干。小环壕分布于发掘区北部，平面近圆弧形，根据环壕弧度测算，环壕内面积约 4000 平方米。沟内填土上层以废弃堆积为主，出土了较多陶片，可辨器形以乳头形三足釜、三足钵、红顶钵、小口双耳罐、鼎为主，有大型支脚及蒜头壶的发现；下层较纯净，可见明显淤积痕迹。房址共三

座，分布于壕沟边缘位置，均为近方形，现仅存垫土，未见明显活动面及柱洞。另有少量北辛文化灰坑，多为圆形圜底状。

沂南里宏遗址堆积较为丰富，文化内涵多且连续。此次发现的北辛文化遗存是沂南县境内乃至整个临沂地区时代最早的新石器时代遗存，环壕聚落的揭露为建立和完善该地区文化谱系，了解沂沭河流域北辛文化早期聚落面貌、文化特征及区域类型特点提供了非常珍贵的材料。

（朱　超　张　强）

【菏泽市牡丹区孙大园堌堆新石器时代至汉代遗址】

发掘时间：2020 年 8 月 ~2021 年 1 月

工作单位：山东省文物考古研究院、菏泽市历史与考古研究所、菏泽市博物馆

孙大园堌堆遗址位于菏泽市吕陵镇东北魏楼水库西南部，菏泽市高新区吕陵镇北约 2 千米，东南距菏泽市区约 12 千米，在配合菏泽魏楼水库建设过程中通过考古勘探发现。遗址平面呈南北向梭形，南北长约 220、东西宽约 80 米，总面积约 1.2 万平方米。遗址掩埋于淤积层之下，保存较好区域文化层距地表 0.8 ~1 米，埋藏最深的文化层距地表近 6 米，文化层最厚约 6.5 ~7 米。遗址因施工取土，上部已遭破坏，除西南部余下约 1000 平方米的高台保留原地表外，其他区域已被去掉 4.5 米。堌堆大部分区域仅余 2 ~3 米厚的文化堆积。实际发掘面积 2250 平方米。

孙大园堌堆遗址文化堆积丰富，延续时间长，发现有北辛文化晚期、龙山文化、商代、东周、汉代等时期的遗存。

北辛文化遗存以陶片为主，主要器形有鼎、钵、小口双耳壶等，但未见遗迹现象。

龙山文化遗存较丰富，以灰坑为主。从目前发现看，主要器形有鼎、盆、鬶、罐、甗、器盖等，以龙山文化晚期遗存为主，陶片多饰绳纹、篮纹及方格纹，磨光黑陶较少，中原因素较为浓厚。

商代遗存发现较少，时代为晚商，出土遗物主要有鬲、甗、盆、簋等，口沿部多宽带状，属于安丘堌堆类型。

东周墓葬多设有二层台，盛行腰坑并放置陶礼器。另外发现有灰坑和水井，表明此时堌堆之上已有先民定居。

汉墓可分为土坑墓和砖室墓两类，其中 80% 是土坑墓。土坑墓多为土坑砖椁，均设有脚箱，陶俑陪葬之风盛行。砖室墓多为带墓道的“甲”字形夫妻合葬墓，砖室券顶，受盗扰严重。

此次发掘，北辛文化的发现是本次发掘的重要收获。发掘中发现了丰富的文化遗物，为菏泽地区新石器时代、商代考古学研究提供了一批不可多得的新材料。这次发掘是菏泽地区第一次对汉代墓葬群进行的大规模科学发掘，为鲁西南汉代墓葬制度、葬俗等研究提供了新材料。

（孙启锐　饶宗岳　高明奎）

【济南市焦家新石器时代遗址】

发掘时间：2020 年

工作单位：山东大学考古学与博物馆学系

焦家遗址地处泰山系北侧的山前平原地带，跨山东省济南市的章丘和历城两区。本年度经国家文物局批准，结合“考古中国”、“文明探源”等项目的实施，山东大学考古学与博物馆学系开展了焦家遗址近些年来的第三次考古发掘。

发掘分为南、北两个发掘区，北区为探方发掘区，南区为探沟发掘区，实际发掘面积 527 平方米。北发掘区沿 2016 年、2017 年南部发掘区北部位置布设 5 米 ×5 米的探方 12 个，以进一步完善对居住址、墓区的聚落演变和格局等情况的认识。南发掘区沿 2017 年南区西部布设 5 米 ×30 米探沟 1 条，4 米 ×30 米探沟 1 条，主要

是探讨南城墙和环壕的通道（南城门）的年代、结构等问题。

该遗址的文化堆积可分为大汶口文化、龙山文化、岳石文化、汉代四个时期，共清理遗迹252个，包括南城门1处、房址5座、墓葬76座、灰坑171座，灰沟1条。其中大汶口文化遗存最为丰富，包括南城门1处、墓葬76座、灰坑62座。墓葬大、中、小型墓葬皆有发现，以1座“被毁”的、棺椁俱全的大型墓葬（M224）、一批随葬玉器、彩陶器的中型墓葬为代表。灰坑以器物坑最有特点，9座器物坑中有8座属于大汶口文化。龙山文化至汉代的遗存多见灰坑。

本次发掘共出土器物近千件，包括玉器、陶器、石器、骨器、蚌器、角器、螺等。对一些彩绘类、人骨类、动物骨类的较脆弱文物，与文物保护专家合作，现场开展了各类文物保护工作。另外，发掘还采集了大量自然样本（浮选、植硅体、土壤微形态、土壤成分等），为后期的多学科合作研究奠定了基础。

焦家遗址是一处鲁北古济水流域具有政治、经济和文化意义的大型中心聚落。此次发掘确立了大汶口文化夯土墙和环壕的南部通道的范围及部分路土，另外，居住区和墓区的进一步揭露，一批龙山文化中晚期遗迹、岳石文化地层和遗迹等的新发现，进一步加深了对其聚落变迁和格局等重要问题的认识。

（王　芬）

【滕州市岗上大汶口文化遗址】

发掘时间：2020年9月~2021年1月

工作单位：山东省文物考古研究院

岗上遗址位于滕州市东沙河街道陈岗村东部漷河两岸，横跨滕州市和山亭区两个行政区域，总面积约80万平方米，发现大汶口文化晚期城址，面积约40万平方米。本年度发掘区位于滕州市，分为南北两个区，北区为居址区，位于城圈内东南角，南区为墓葬区，位于遗址最南端，发掘总面积约1000平方米。

北区居址区在完成晚期堆积清理后暴露出大面积红烧土块堆积，烧土块集中分布于发掘区东西两端，烧土块堆积面积超300平方米，堆积内包含墙体拐角及带有白灰面的房屋残余构件，烧土块堆积初步推测为房屋废弃后倒塌形成。烧土块堆积叠压垫土层、基槽及柱洞等房址相关遗迹。

南部墓葬区北距城址南墙约240米，共发现墓葬17座，其中大汶口文化墓葬15座，呈排分布，均为土坑竖穴墓，方向近90度，头向东。根据墓葬规模、有无葬具、随葬品数量大体可分为大、中、小型三类。发现的四人合葬墓，是所有墓葬中最大的一座，葬具结构较为特殊。该墓棺盖板下为并排三联棺，首次发现边箱及头箱。大、中型墓葬主要分布于大型合葬墓周边，出土有大量陶器及较多玉器，陶器主要堆放于二层台上及棺内南侧。有手握獐牙，随葬大口缸、猪头、猪蹄的习俗。大、中型高等级墓葬的发现，为研究鲁南地区大汶口文化社会上层组织结构、葬俗及礼制起源提供了珍贵的材料。

岗上遗址考古新发现丰富了对鲁南地区乃至整个海岱地区大汶口文化阶段中心性聚落内涵的认识，对海岱地区文明化进程研究具有重要的学术价值。岗上遗址是海岱地区已发现的面积最大的大汶口文化城址，随着高等级墓葬及玉器的出土，区域中心地位尤为凸显。本年度居址区与墓葬区的发掘对考察聚落布局，了解聚落内部不同功能区之间的关系，进而分析研究当时社会组织状况具有非常重要的意义。

（朱　超　张　强　房书玉）

【滕州市唐村西南大汶口文化遗址】

发掘时间：2020年7~9月

工作单位：山东省文物考古研究院、滕州市文物局

遗址位于滕州市龙泉街道唐村西南，北距唐村遗址约150米，大部分被破坏，现存面积约500平方米。本次发掘布设10米×10米探方11个，发掘面积约900平方米，共清理各类遗迹30余处，以大汶口文化时期遗存为主，包括灰坑15个，沟4条，墓葬8座，房址2座，小型陶窑1座及柱洞若干，另外还清理汉代水井1口，明代墓葬1座。

大汶口文化时期的8座墓葬主要位于发掘区西部和南部，均为小型墓，没有发现较为集中的墓地，布局没有明显规律。墓葬均为土坑竖穴墓，人骨保存较差，头向一般朝东南，仅3座墓有木棺，其他墓葬没有使用葬具。随葬品数量都较少，在5~10件之间，随葬器物包括罐形小鼎、小高足杯、镂孔豆、背壶和平底尊等陶器及石锛、石镞和磨石等石器，未见拔牙、手握獐牙等习俗。

房址发现2座，位于发掘区东南部，均为柱坑套柱洞式的单间地面建筑，形状为圆形，面积在10平方米左右，门道可能朝东南，保存较差，均未见活动面及灶。

灰坑多为圆形或椭圆形，大部分较规整，直壁或斜壁，有的坑壁微呈袋状，平底，出土陶片以夹砂红褐陶和灰陶为主，还有部分泥质灰陶，可辨器形有罐、豆、鼎、壶等。

小型陶窑1座，近椭圆形，上部被破坏，保留有火膛、火道、火门及小型的操作间。

此外清理汉代水井1口，圆形，井口直径约2.1米，深约4米，井口大，向下收窄，出土汉代“半两”钱，大量板瓦、筒瓦和陶片；明代墓葬1座，长方形土坑竖穴墓，南北向，未见人骨，棺底板上散落铜钱，北侧墓壁内嵌有一件韩瓶。

唐村西南遗址应该是大汶口文化中期偏晚到晚期阶段的一处较低等级的小型聚落，通过本次发掘，对该遗址的聚落布局和等级有了比较清晰的认识，为滕州地区大汶口文化的研究提供了宝贵的资料。

（王　杰　郝导华）

【滕州市前大庙新石器时代至宋元时期遗址】

发掘时间：2020年5~6月

工作单位：山东省文物考古研究院、滕州市文物局

遗址位于滕州市龙泉街道前大庙村以西，面积约2.6万平方米。本次发掘面积约500平方米，共清理龙山文化时期灰坑5个，岳石文化时期灰坑2个，房址1座，周代灰坑10个，宋元时期灰坑43个，沟3条，清代墓葬2座。

龙山文化时期遗迹较少，仅清理5个灰坑，未发现龙山文化地层，灰坑内出土遗物比较丰富，完整器较多，包括中口罐、罐形鼎、深腹盆、器盖、高柄杯、陶鬶、石锛等。

岳石文化时期遗迹仅分布在发掘区北部，发现1座圆角方形半地穴式房址，面积约12平方米，保存较差；发现两个灰坑，出土陶片以夹砂红褐和灰褐陶为主，陶胎厚重，泥质陶极少，器形有陶甗、罐等，纹饰以素面为主，有少量刻划纹。

周代灰坑清理10个，形状基本都为圆形，较为规整，出土陶片数量均较少，可辨认出的器形包括绳纹陶鬲、陶罐等。

宋元时期灰坑43座，沟3条。灰坑多为圆形，有的灰坑较为规整，出土数量较多的陶片和瓷片等，可复原的器物较少，多为瓷碗、泥质灰陶罐等

清理清代墓葬两座，均为夫妻合葬墓。M1为长方形土坑竖穴墓，M2为带斜坡墓道的浇浆砖室墓，保存较好，两座墓葬应同属一个家族墓地。

前大庙遗址虽大部分已被破坏，但文

化内涵较丰富，应是该区域一处重要的古代人类活动地点，本次发掘发现了龙山文化、岳石文化、周代、宋元时期及清代多个时期的遗存，为我们研究该地区龙山文化至宋元时期的聚落形态变迁提供了新材料，为研究滕州地区的史前历史及古代人类活动提供了重要证据。

（郝导华　王　杰）

【高青县胥家村南龙山时期及隋唐时期墓地】

发掘时间：2020 年 4 ~ 5 月

工作单位：山东省文物考古研究院

胥家村南墓地位于淄博市高青县黑里寨镇胥家村南约 500 米小清河北岸。为配合小清河防洪、复航工程项目，山东省文物考古研究院对该遗址（墓地）进行发掘，揭露面积约 1900 平方米。共发掘墓葬 35 座、水井 1 口，道路 1 条。该遗址（墓地）的原始地貌为台地，东西长 170 余米，中间隆起，四周低。

龙山时期墓葬共清理 8 座，皆为中、小型竖穴土坑墓，墓向东南，单人仰身直肢葬。陪葬器物主要为陶器，器形有鬶、豆、鼎、罐、杯、器盖等。战国墓葬清理 1 座，为瓮棺葬。北魏墓葬清理 1 座，长方形土坑墓，仅剩迁葬后墓底，出土太和二十三年墓志砖一方。隋、唐时期墓葬共清理 25 座，皆为砖室墓，从墓室形制分为长方形带弧边、舟形、长梯形、马蹄形等。其中长方形带弧边砖室墓清理 5 座，舟形砖室墓清理 8 座，长梯形砖室墓清理 8 座，马蹄形砖室墓清理 4 座。另在墓地东侧清理汉代水井一口，唐代道路一条。

胥家村南遗址（墓地）发掘的墓葬时间跨度大，龙山时期墓葬时代以龙山早期为主，随葬品较多，器形多样，对鲁北地区的龙山文化研究提供了新实物资料。北魏墓中出的《窦玄秀墓志》砖，对东平原郡、临济城的侨治，位置等问题都提供了难得的文字资料。发现的墓地东侧唐代道路，方向上延伸向胥家庙遗址南部，且墓地中北朝至隋唐的墓地存在时间与胥家庙存在时间相当，该道路的发现为探索二者是否存在关联提供了新线索。

（刘文涛　房书玉　张　溯）

【曲阜郑家村龙山文化及东周时期遗址】

发掘时间：2020 年 8 ~ 10 月

工作单位：山东省文物考古研究院

郑家村遗址位于曲阜市时庄街道郑家村北，北距泗河 500 米左右，处在泗河由东南向西南的回湾内，东、西、北三面临泗河。遗址整体呈椭圆状，南北长约 200、东西宽约 150 米，现存面积约 3 万平方米，遗址南部可能被郑家村村庄占压。本次发掘位于遗址南部边缘区域，发掘面积 1000 平方米。

该遗址时代可分为三大阶段，分别为龙山早期，春秋早中期，宋、金、元时期。

龙山早期文化遗存分布较为零散。共发现窑 2 座，窖穴 1 个，灰坑 10 个，灰沟 2 条。出土遗物有陶器、石器、玉器、蚌器，但数量较少。可辨别器形的陶器有鬶、甗、鼎、罐等。

春秋早中期主要分布在发掘区中西部。遗迹分布相对密集，共发现窑 1 座，井 1 座，墓 1 座，灰坑 16 个。此期出土遗物也较少，全部为陶器，其中豆 3 件，盂 2 件，罐 1 件，鬲 1 件。

晚期地层中出土大量宋、金、元时代瓷片，器形有敞口碗、钵形碗、盘、瓷俑等，窑口有鲁南当地窑口、磁州窑、景德镇湖田窑、龙泉窑等。虽然没有原生地层，为冲积而来，但从出土瓷片数量及涉及众多窑口的瓷器来看，附近应存在较大规模宋金时期的聚落遗址。

曲阜市郑家村遗址发现了龙山早期、春秋早中期的文化堆积，宋元瓷器虽没有原生地层，但数量较大，文化内涵较为丰富。通过此次发掘，对遗址的内涵有了较为清楚的认识。其中龙山早期遗迹的发现，对于泗河流域同时期文化的认识起到了很好的补充作用。春秋早中期遗迹对于廓清周代鲁文化的分布范围，探讨该遗址与鲁国故城的关系都具有十分重要的学术价值。

（刘文涛　郑　商）

【博兴县北营龙山时期及汉代遗址】

发掘时间：2020 年 4 ~6 月

工作单位：山东省文物考古研究院

北营遗址位于滨州市博兴县店子镇北营村村北约 100 米处。该遗址在 20 世纪 80 年代的考古调查中被发现，平面近方形，东西长约 800 米，南北宽约 700 米，总面积约 56 万平方米。北营遗址文化内涵丰富，自龙山文化时期兴起，经岳石文化和商周时期发展，一直延续到汉代。为配合小清河应急防汛工程建设，根据国家文物局颁发的考古发掘证照（考执字［2020］第［492］号），对该遗址进行了考古发掘，发掘面积共约 800 平方米，揭露出丰富的龙山文化时期和汉代遗存。

本次共发掘龙山文化时期灰坑 110 余座，房址柱础 40 余处，墓葬 19 座，窑 1 座，沟 1 条。灰坑有圆形、椭圆形、圆角方形、不规则形四种，多斜壁，弧壁和直壁次之，平底居多，亦有少量圜底。柱础主要分布在发掘区的南部和东部，平面呈圆形、直壁、圜底，内填有两层及以上的硬土层，由细碎的陶片、红烧土块、蚌壳等仔细加工而成，质地坚硬。柱础附近成排或成组分布着同时期的墓葬，共 19 座，呈东、西两区聚集分布。这批墓葬均为长方形竖穴土坑墓，墓主头向以东南为主，葬式绝大多数为仰身直肢。未见葬具，绝大多数墓葬没有随葬品。遗址出土的龙山时期遗物以陶器为主，另有少量石质和蚌质工具。陶器胎质轻薄、形制规整，器形有鼎、罐、鬶、甗、杯、器盖等。

汉代遗存分布于整个发掘区，共发掘灰坑 21 座，沟 2 条，墓葬 2 座，水井 1 座，出土遗物以板瓦、筒瓦、砖等陶制建筑材料为主，另有少量陶豆、陶盆、陶拍、陶井圈等器物，年代以西汉时期为主。从发现的大量陶制建筑材料看，北营遗址可能存在规模较大的汉代建筑或制陶作坊。

本次发掘的龙山时期遗存，以早、中期为主，为研究鲁北地区龙山时期的文化特征、聚落形态、社会生业等提供了重要资料，尤其是数量较多的柱础遗迹，为研究龙山时期的房屋建筑方式提供了新资料。

（张　恒）

【高青县曹坡岳石文化至汉代遗址】

发掘时间：2020 年 4 ~6 月

工作单位：山东省文物考古研究院

曹坡遗址位于高青县花沟镇曹坡村西南约 1 千米处，向南延伸至邹平县腰庄村北。遗址东西约 250 米，南北约 150 米，略呈椭圆形，面积约 3 万平方米，小清河河道从中间穿过。为配合小清河综合治理（复航）工程建设，新发现该遗址，并展开考古发掘工作。

遗址地层堆积复杂，大部分区域覆盖厚 1 ~1.5 米的淤积层：第①层，耕土层，厚约 0.3 米。第②层，黄沙淤土，厚约 0.7 ~1 米，基本不含包含物。第③层，红褐色胶黏淤土，厚约 0.3 米，应为洪水淤积。此层打破或叠压宋代墓葬。第④层，浅黄褐色土质，较黏硬，包含唐宋时期白瓷片，陶片以及大量早期陶器碎片。应为唐宋时期。该层下开口较多汉代墓葬。第⑤层，黄褐色，略粘硬，包含较多汉代瓦片、碎砖等，另有岳石至商周的陶片。第⑥层，浅灰褐色，土质致密，黏硬。以商周时期陶片为主，该层下开口遗迹多为灰坑等生活遗迹。

共清理墓葬 24 座，灰坑 125 处，夯土台基 2 处，少量房址以及灶等遗迹。

发掘区内地层堆积整体上自东向西渐深渐厚，说明当时地势西高东低，遗迹堆积也呈现出西部更为密集复杂的状况，而且，从整体布局看，自岳石至晚商时期，发掘区西部作为人们生活重心的状况没有改变，各时期堆积相互叠压、打破，晚期堆积对早期遗迹的扰动非常严重。可见岳石房址、灰坑等，以及商代夯土台基、灰坑、祭祀坑、灶等遗迹，西周早期至东周时期也有人类在此居住活动的遗存，在同一遗址、同一区域长期以来频繁存在人类活动是该地区古代生存环境的写照，或能从侧面反映当时地处黄河下游泛滥平原地区的人群在生存时可供选址的区域并不丰富。到汉代，区域景观发生重大改变，该遗址成为单纯的墓葬区，墓葬基本呈东西向，排列有序，多为土坑竖穴墓或砖椁墓，随葬品多为两陶壶，均放置于墓主脚部的器物箱内，另有少部分随葬铜镜或铜钱。唐宋时期堆积并不丰富，偶见墓葬和少量灰坑。

（高明奎　赵益超）

【济南钢城区乔店岳石文化遗址】

发掘时间：2020 年 3 ~ 8 月

工作单位：山东省文物考古研究院

乔店遗址位于济南钢城区辛庄镇乔店村南约 300 米处，乔店河呈东北—西南向从遗址北边流过，遗址南边为低山丘陵。为配合济莱高铁建设工程，对乔店遗址进行考古发掘，发掘（包括扩方面积）面积总计约 700 平方米。

本次发掘除宋代墓葬和东周时期遗迹外，最重要的收获在于发现了一处岳石文化小型聚落。遗址受到自然影响尤其是雨水冲刷影响较为严重，文化层堆积上清晰可见冲刷痕迹，因此文化层堆积较薄，遗迹现象较为简单，主要以垫土为主。垫土以上为人类活动遗迹，包括少量灰坑、房址、柱洞等，房址为方形地面式建筑，仅存浅槽，槽内未发现柱洞，灰坑可分两类，一类为坑内堆积较纯净、填土多为淤砂，可能为取土坑一类遗迹，另一类为坑内填埋大量陶片、烧土和灰烬，应为垃圾坑或窖穴一类遗迹。垫土以下多为大片洼坑。

出土遗物主要以陶器残片和石器工具为主。陶器以夹砂褐陶和泥质灰陶为主，前者居多。夹砂陶均为素面，陶色以黄褐陶、灰黑陶居多；泥质陶以灰陶为主。可辨识器形有陶甗、陶罐、陶盆、陶鬲、器盖等。石器工具有双孔石刀、石镢、石镞等，另外还发现了数件石器坯料，均经过简单加工，初具雏形。

乔店遗址的发掘确认此处为小型岳石文化聚落，是以莱芜为中心的鲁中山区所发现的为数不多的岳石文化遗址之一。遗址地处低山丘陵腹地，受自然环境影响较大，因此对其聚落性质的判定也十分重要。目前看来，乔店遗址堆积较薄、遗迹简单，人类活动并不明显，可能是一处临时性或季节性营地。乔店遗址的发现为探究岳石文化分布、面貌和交流提供了新线索。

（梅圆圆）

【济南市历城区大辛庄商代遗址】

发掘时间：2020 年 9 ~ 12 月

工作单位：山东大学历史文化学院、济南市考古研究所、济南市历城区文化和旅游局

大辛庄遗址，位于济南市历城区王舍人街道办事处大辛庄村东南，是一处以商文化为主要堆积的考古遗址，另有少量史前和历史时期的文化遗存。自 1984 年秋至今，山东大学考古专业、山东省文物考古研究所、济南市考古所等单位对大辛庄遗迹进行了四次大规模考古发掘。

本年度为配合山东大学历史文化学院本科专业实习，联合相关单位对该遗址进行发掘。发掘区域位于“蝎子沟”西侧、2014 年发掘区的南、北两侧。布设 4 米 ×

4 米探方 50 个，4 米 ×20 米探沟 1 条，部分探方经扩方，实际发掘面积 894 平方米。

地层堆积主要分为五层：第①层：近现代耕土层，灰褐色粘土，质地疏松，包含较多杂质；第②层：近代文化层。黄色粉砂土，质地疏松，较为细腻，包含物、出土物都较少；第③层：汉代，深褐色粘土，质地细密，夹杂少量红烧土颗粒，植物根系等。此层仅分布于发掘区南部探方；第④层：东周，黄褐色砂土，质地细腻，夹杂部分红烧土颗粒和黄砂土粒，土质分布不均匀，包含物较丰富；第⑤层：商代，灰褐色砂土，质地致密，夹杂部分绿色、黄褐色水锈斑。包含物较少，分布不均匀，目前大部分探方仅露出此层。

截至目前，共清理灰坑 422 个，房址 2 座，墓葬 9 座，灰沟 12 条，窑 2 座，水井 2 口以及若干红烧土堆积。其中，房址集中分布于发掘区北区，平面长方形或略近方形，成排分布，布局规整。南区以规模较大的灰坑为主，两座窑炉均分布于南区大型灰坑周围。出土各类小件 400 余件，包括陶器、铜器、骨器、石器、瓷器、卜甲（骨）等，另有大量陶片、动物骨骼等。

大辛庄遗址是一处大型中心聚落，是商王朝经略东方的重镇，也是探索商王朝的政治、经济和文化结构、商—夷关系的重要遗址。考古队尽快邀请了商周考古特别是冶金考古方面的专家到现场进行业务指导，制订具体发掘、取样、分析工作方案。根据本年度发掘情况，在发掘区的周围组织更加细致的考古勘探，了解手工业区的整体布局，为当地政府考古遗址公园建设规划提供更加系统、准确的第一手资料。

（陈章龙　郎剑锋　赵永生）

【济南市历城区裴家营西北商代至明清时期遗址】

发掘时间：2020 年 6 ~8 月

工作单位：济南市考古研究所

裴家营西北遗址位于济南市历城区鲍山街道裴家营村西北部，面积约 2.2 万平方米。为配合济南东站片区省企总部城一期商业地块项目建设，济南市考古研究所对工程占压的遗址部分进行考古发掘。发掘区域位于遗址的南部边缘，共布 10 米 × 10 米探方 6 个，发掘面积 600 平方米。此次发掘共清理灰坑 30 个、水井 11 座、墓葬 3 座、灰沟 2 条、窨穴 1 个，遗迹时代包括商代、战汉、宋代、明清。发掘区域原地表为村庄民居，发掘前又经过了拆迁清表，遗址破坏严重，现存遗迹多暴露于地表，文化层仅在个别探方中有局部分布。

商代遗迹包括灰坑 5 个，灰沟 2 条，水井 1 座。出土可辨器物主要有陶鬲、陶罐、陶豆、陶盆、陶簋、陶纺轮等，以陶鬲居多。另出土有一定量的蚌镰、蚌刀，以及 1 片卜骨。灰坑平面形状多为圆形，平底，个别形状不规整，其性质均为垃圾坑。个别形制规整，壁面、底部加工较好的灰坑，可能原本为窨穴，后废弃为垃圾坑。灰沟平面形状均为不规则长条状，壁面整体均内斜，不规整，底部近平底，略有起伏，其性质应为自然冲击沟。水井平面形状近圆角长方形，内斜壁，壁面光滑规整，不见护壁材料。向下清理至 4 米，因地下水渗出，未发掘至底。

战汉时期遗迹包括灰坑 10 个，水井 5 座。出土可辨器物主要有筒瓦、板瓦、陶罐、陶盆、陶豆。该时期灰坑平面形状以近圆形和近长方形为主，个别形状不规整。多为直壁、平底。其性质均为垃圾坑。水井均为土井，直壁、筒状，不见护壁材料。水井口部大都存在坍塌现象，形状呈漏斗状。

宋代遗迹包括墓葬 3 座，灰坑 1 个。M1 为土坑竖穴砖室墓，墓室呈舟形，墓室东南角有一壁龛，随葬 1 件酱釉褐彩瓷罐。M2、M3 均为土坑竖穴墓，均破坏严重。

明清时期遗迹包括灰坑 11 个、水井 5 座，窖穴 1 个。出土可辨器物主要有瓷碗、瓷罐、瓷瓶、陶盆等，以碗、罐为主。瓷器釉色有酱釉、白釉、青花等，以酱釉为主。灰坑平面形状有长方形、圆形两类，多为直壁、平底，其性质均为垃圾坑。水井均为土井，直壁，筒状，不见护壁材料。口部多有坍塌现象，形状呈漏斗状。个别水井口部向下约 1.2 米，有月牙形二层台，可能为取水方便所留。

该遗址西南距大辛庄遗址仅约 5 千米，可能是一处与大辛庄遗址有密切关系的次级聚落，为研究济南地区商代聚落的层级形态提供了新的考古资料。此外，该遗址在 600 平方米的发掘范围内发现有各时期的水井 11 座，这些水井的用途及密集分布的原因尚须进一步考察。

（颜　奕　郭俊峰）

【曲阜东方御府商周时期遗址】

发掘时间：2020 年 4 ~ 11 月

工作单位：山东省文物考古研究院

东方御府遗址位于曲阜市小雪街道西陈村村西，鲁国故城南 6 千米处，北距蓼河约 500 米，与西陈遗址同属一个遗址。遗址呈东南—西北向分布，长 350 米、宽 200 米，面积约 7 万平方米。发掘区域基本覆盖遗址中心，清理面积 22000 平方米。共发现商周时期灰坑及窖穴 1700 余个，沟 10 余条，房址 53 座，墓葬 16 座。已出土大量陶器，另见有铜爵腹部残片、铜刀、骨簪、石戈、石璜、石钺等遗物。该遗址作为一处商周时期中等聚落，遗存内涵丰富，等级较高，布局清晰完整。

其中，晚商时期聚落由居住区、窖藏区、祭祀区、取排水系统、公共活动地带等不同的功能区组成。居住区及周围未发现墓地，这种情况迥异于殷墟等商代遗址“居葬合一”模式。祭祀区呈南北向分布，分布范围达 2000 多平方米。清理出四十余处殉祭坑及带有殉祭性质墓葬，殉祭人和动物数量超过五十具，殉祭动物种类有猪、牛、羊、马、狗等，以牛、羊最为常见。

该遗址自洹北早期至西周中期偏早大体可分为四个阶段，其中第一阶段与中商文化高度一致，第二阶段出现当地因素，第三阶段文化主体面貌再次与殷墟趋同，第四阶段商文化遗存仍在延续，但已出现周文化因素。

该遗址文化发展、聚落繁荣和突然废弃可与文献记录相关史实对照，如中商后段商文化在此地开始发展，可能与商王南庚“自庇迁于奄”有关；而第二阶段开始出现地方因素，可能与盘庚自奄迁于殷、商人主体离去相关；周初大量房屋突然废止且保存较多的日常生产生活物品，或与周公伐奄、封鲁有关。

通过此次发掘，发现了晚商时期聚落布局和功能区划最为清晰的中等级聚落，同时发现了除殷墟之外目前面积最大、最为集中的晚商时期殉祭遗存。既揭示了商文化和早期周文化在奄地（鲁地）发展轨迹，也为了解南庚、阳甲居奄和周人灭奄情况提供了线索。

（韩　辉　徐　深）

【兖州张刘商代及战国时期遗址】

发掘时间：2020 年 8 ~ 9 月

工作单位：山东省文物考古研究院

张刘遗址位于济宁市兖州区颜店镇张刘村东南约 400 米处，西距黄狼沟 2.5 千米，东距洸府河 6 千米，东与曲阜鲁故城直线距离 29 千米。遗址东西长约 200、南北长约 250 米，总面积约 5 万平方米。2020 年度发掘区位于遗址中南部，布设 5 米 × 10 米探方 16 个，共发掘面积 800 平方米，以商代和战国时期文化遗存为主，少量西汉、唐代、明清时期文化遗存。

商代遗存共发现房址 8 座、窑 1 座、灰坑41个。房址均为半地穴式，多数平面呈圆角长方形，方向不一致，多数房址有1灶，一般呈扁卵形，壁面经烧烤形成烧结面。建筑方式基本一致，首先挖出半地穴，再垫一层灰土，在灰土上活动，形成活动面，个别房址形成多个活动面。平面形状圆形或椭圆形灰坑36个，不规则形状5个。多直壁、平底，或袋状、平底，较为规整，填土多为浅灰褐色土，含烧土颗粒和草木灰，较为疏松，出土陶片较少；窑1座，平面形状呈椭圆形。口部最长375、宽134～186、深14～78厘米。由窑室、火膛、烟囱、操作间组成。遗物以陶器为主，典型标本有陶豆、罐、簋、四足方杯、盆、甗、鬲等残片，陶器纹饰多见绳纹、弦纹等，陶色主要以红褐色、灰色、灰青色为主，火候较高。少量石器见石斧、锛、砺石等，还出土1件三角形宽翼铜镞。

战国遗存以灰坑为主，共29个，以及井1眼。灰坑平面形状以圆形为主，多直壁平底。少量平面形状不规则，壁不规整，底不平。填土以灰褐色土为主，含水锈，疏松，含烧土颗粒和草木灰。出土遗物以陶器为主，铁器见1件铁锸。可复原器物有陶盂、豆、罐、杯等，出土陶器残片可见陶盆、罐、豆、壶、釜、砖等。陶色以青灰色为主，纹饰以细绳纹、素面、弦纹为主。

张刘遗址商代遗存发现房址、窑等重要遗迹，较为清楚地反映了该聚落的内部微观结构。商代遗存从中商延续至殷墟三期，与济宁潘庙、凤凰台遗址时代相当。战国出土陶豆、盂等器物及标本，从战国早期延续至战国晚期。

（赵国靖）

【邹平东安西周遗址】

发掘时间：2020年4～12月

工作单位：山东省文物考古研究院

邹平东安遗址发掘是为配合小清河综合治理工程的考古项目，遗址东西长约850、南北宽约650米，总面积约50万平方米。被小清河道隔断为南北两部分。

发掘分两个阶段展开工作，发掘面积共计6500平方米，遗址年代从龙山时期延续至唐宋时期，龙山至商代堆积并不丰富。西周时期主要见车马坑及少量墓葬，基本不见其他生活遗迹，发掘区在西周时期应为相对单纯的墓葬区。车马坑规模不大，大致呈3米×4米的长方形，南北向，均随葬1辆车（两马或四马）。尤以1号车马坑级别最高，配备4銮铃、4马冠，每匹马配备青铜马胄、马镳、马衔、络饰、胸缨饰以及成串的海贝马尾装饰，是目前山东地区发现西周时期保存最完整级别最高的车马坑。虽然没有发现主墓室，但无疑显示墓主的较高等级，可能为诸侯国君或者略低。春秋时期则发现大量规整的袋形窖穴，战国晚期至汉代主要为墓葬区。唐宋时期生活堆积丰富，或与文献所载唐陶口镇有关。

西周时期遗存是本次发掘的主要收获，地势较高的东区应为当时贵族墓葬区，而地势较低的西区则主要为平民墓葬，显示出明显的等级分区。无论是贵族墓葬区还是平民墓地，均表明其与陈庄城址存在密不可分的关系。尤以高规格车马坑最为重要，其年代、埋葬方式与陈庄城址贵族墓葬基本一致，而且从规格上看，指向国君的可能性很大。二期发掘大大丰富了遗址文化内涵，尤其是西周时期高规格“未完工”墓道的发现，进一步证实陈庄城址之外存在高规格、高等级贵族墓葬区。对于理解西周时期尤其是西周中期之前陈庄城址（遗址）的性质，了解齐国早期历史及早期齐文化的形成和发展具有重要意义。

（赵益超　钟晓寰）

【高青县拥护村南周代遗址】

发掘时间：2020年3～5月

工作单位：山东省文物考古研究院

拥护村南遗址位于高青县高城镇拥护村东南约1.5千米处，遗址大致呈长方形，面积约1.5万平方米。2020年小清河分洪道治理工程需对原堤坝进行开挖，其中北堤开挖区域占压遗址南部。

本年度经国家文物局批准，山东省文物考古研究院组织业务力量对遗址进行了考古发掘。发掘区位于小清河分洪道北堤以北，呈东西向狭窄条带状，总发掘面积400平方米。发掘区地层堆积可分为7层，⑤层下发现唐代墓葬及灰坑，⑥层及⑦层下发现周代遗迹，⑦层下未发掘，为黄色沙土，无包含物。

发掘共清理周代灰坑60座，年代涵盖西周晚期至春秋时期，集中分布于发掘区西部及中部，东部发现较少。多数灰坑平面近圆形，坑壁分为直壁、斜壁内收及斜壁外张等，部分灰坑内出土较完整、可修复的陶器，器形包括鬲、豆、盂等。发现春秋时期墓葬4座，分布于发掘区西部及中部，均为较窄小的土坑墓，墓内一棺，M3、M4、M5出土随葬陶器，器形包括鬲、豆、盂等。

发现并清理唐代灰坑1座及砖室墓1座。墓葬M1带有墓道，墓道向南，墓室平面呈梭形，以青砖砌筑，墓壁外张，近顶部被破坏，推测为叠涩顶。墓内未见明显棺痕，发现人骨2具，头皆向南，保存状况较差。随葬品放置于墓室内，包括陶罐、瓷罐、瓷碟、铜合页及长柄铁器等。

根据出土遗物推测遗址主要遗存年代为西周晚期至春秋时期，性质应为规模较小的一般聚落。由勘探情况可知，遗址整体呈北高南低、西高东低的地形特点，周代聚落的中心应位于发掘区西北方向的高地之上，发掘区所在位置为其边缘地带。遗址距离陈庄遗址约4千米。可能为从属于陈庄遗址的次一级聚落。

（吕　凯）

【临淄齐国故城小城西门西侧夯土基址】

发掘时间：2021年10月~2021年1月

工作单位：山东省文物考古研究所、济南市考古研究所

遗址位于齐国故城小城西门西南侧，紧邻城墙，现今分布在簧大道两侧，行政区划属于齐都镇小徐村。整体位于簧大道北侧，西距遄台路130米，东距小徐村300米，西北距小城西门230米。勘探结果显示，夯土建筑群整体呈东西向分布，东西约220、南北约160米，总面积约3万平方米，共发现夯土基址16处，分4排分布。

本年度山东省文物考古研究院对小城西门西侧夯土基址西南侧开始进行勘探和发掘工作，共布方500平方米。

本次发掘共发现灰坑37座、灰沟4条、水井7座、活动面1处、墓葬3座、墙体1处、环壕1条。重要考古发现为南墙和壕沟的确认，证明此处为一封闭区域的建筑群，遗物为齐法化钱范的大量出土。

南墙目前残存长度约150米，断续分布，宽6米，残高0.2~0.8米，由黄褐粉砂土夯筑而成，局部可见有基槽；在南墙南侧发现有环壕存在，连续分布，宽约6~8米、深3米，剖面呈锅底状。

在发掘区普遍出土齐刀币范残块，出土数量较大，总数达千余块。根据位置不同可分为背范和面范，面范之上有面文，均为“齐大刀”。此外还发现有少量“半两”钱范。钱范坑和水井内还有大量的硫渣、浇包、鼓风嘴、冶铸沙等遗物，判定该处为战国至秦汉前期的铸钱作坊。

（孙　波　董文斌）

【淄博市黄家东周遗址】

发掘时间：2020年7~8月

工作单位：山东省文物考古研究院

黄家遗址位于淄博市经济开发区（原属张店区）傅家镇黄家村南约500米，北

距浮山驿遗址约4千米，北2千米为唐家山，西临孝妇河，遗址处于二级台地上。北1千米为漫泗河。遗址位于两河交汇处，地理位置优越。经过勘探，遗址平面形状略呈梯形，东西190米，南北160米，面积约3万平方米，文化层堆积约0.5米～1.2米，采集的标本有龙山时期的豆盘，周代的罐、豆残片，战国的罐、豆残片，汉代的罐、盆口沿残片等，以及唐、宋时期碗、盆残片等，为一处大汶口、龙山、周、汉、唐宋时期聚落遗址。为配合淄博至博山铁路改造工程，对工程涉及的区域进行发掘，发掘面积400平方米。

遗址地层堆积分三层，第①层为耕土层，第②层为扰乱层，黄褐色粉砂土。第③层，周代文化层，褐色颗粒状黏土。清理一批春秋中晚期至战国早期遗迹、遗物。遗迹主要有灰坑、水井、沟等。遗物以陶器为主，器形有鬲、豆、罐、盆、盂等。

黄家遗址位于孝妇河东岸，遗址地层堆积多属河水淤积、侵蚀形成的颗粒状黏土。本次发掘位置位于遗址东南部边缘，发现周代、汉代、唐宋时期文化遗存，大汶口文化少量遗物也仅发现于周、汉时期遗存中，以东周时期遗存为主，标示这里是齐国一个重要的聚落。该遗址文化遗存较丰富，延续时间长，为研究这一地区的历史文化提供了重要的实物资料。

（党　浩）

【滕州东莱东周墓地】

发掘时间：2020年6～12月

工作单位：山东省文物考古研究院、滕州市文化和旅游局

东莱墓地位于滕州市官桥镇东莱村东，与大韩墓地同为大韩遗址的一部分。墓地整体近呈椭圆形，南北长约300米，东西宽约220米，总面积不低于5万平方米。为了解墓地时代、性质和内涵等基本信息，搞清东莱墓地和大韩墓地的关系，山东省文物考古研究院向国家文物局提交申请，对该墓地开展了主动性发掘，发掘面积800平方米。

发掘区分东、西两部分。西发掘区位于墓地西侧靠近大韩墓地处。发掘中确认为车马坑，勘探后进行扩方。发掘面积200平方米左右，揭露车马坑两座。一号坑南北长约25.4、东西宽约3.5米，北部被一战国晚期大型灰坑打破，残存车九架，多有两马。二号坑位于一号坑南部，南北长约8.5、东西宽3.4米，内有马车三架，其中两车各有两马。根据车舆形制和少量铜构件分析，时代为战国早期。两马坑位于东莱墓地和大韩墓地之间，与大韩墓地2017年度发掘的部分大中型墓葬墓道相对，推测为大韩墓地个别墓葬的陪葬坑。

东发掘区位于东莱墓地西南部，共布设10米×10米探方6个，发掘面积600平方米。清理各类墓葬50座，出土铜、陶、玛瑙、骨等各类器物近四百件。中型墓葬9座，其中3座带斜坡墓道，其余为长方形或方形土坑竖穴墓。墓室面积5～20平方米，多由椁室和器物箱（坑）组成，个别有殉人。墓主身份为低级别贵族。时代多春秋晚期，部分战国中期。小型墓葬均为长方形土坑竖穴墓，少数有随葬品，墓主身份多为平民。时代为春秋晚期和战国晚期。

本次发掘初步确认了墓葬形制、级别和时代等基本信息，对墓葬葬俗和内涵有了了解，对两墓地之间的关系也有了基本认识，达到了预期发掘目的。墓地的发掘为该区域东周古国文化面貌和区域文化谱系研究提供了重要实物资料。同时，新发现的车马坑也进一步完善了大韩墓地的结构，为该墓地级别和性质等的确认提供了重要新资料。

（王　龙　刘延常　张　桑）

【青岛市琅琊台东周至秦汉时期遗址】

发掘时间：2020年6～12月

工作单位：山东省文物考古研究院、青岛市文物保护考古研究所

琅琊台遗址位于青岛市黄岛区南部，遗址三面临海，起伏于主峰海拔高度为183.4米的众山之上，为全国重点文物保护单位。《史记》载秦始皇曾三次巡视并“作琅琊台，立石刻，颂秦德，明得意。”

2019年，山东省文物考古研究院与青岛市文物保护考古研究所对遗址进行了主动性考古发掘，发掘区分为大台台顶和距台顶中心约1100米的台西头村东南沿海两处，于台顶发现并揭露石砌地漏、石铺道路及陶管道等重要遗迹，于沿海发现一处较大规模的战国时期建筑。

2020年，经国家文物局批准，继续对两个发掘区进行发掘，主要收获如下：

台顶发掘区，台顶西侧对2019年探沟进行扩展发掘。夯土地面以下发现两列并排的陶管道1条，北端发现入水口，入水口由石砌水池及夯土上挖出的水沟构成。入水口、陶管道和石砌地漏共同构成一套较完整的排水系统。入水口水沟与夯土台基壁面之间为上有屋檐的走廊。走廊南端发现门道，门道以南为一处房间，编号F1，石砌地漏即位于F1内。F1东北角墙面贴砖，地面未见铺砖痕迹。台顶出土大量建筑材料，主要为饰绳纹和瓦棱纹的筒瓦、板瓦，“千秋万岁”文字和卷云纹瓦当，以及多种纹饰的铺地砖和经加工形状方正的石条、石块等，推测年代为秦汉时期，应为台上及台基周围建筑所施用。

南坡探沟发现倾斜夯层，推测与秦汉时期上山道路有关。夯土底部的垫土层出土绳纹瓦片及半圆形素面瓦当残块，与台顶出土的同类器物不同，具有战国时期特征。

台西头村东南发掘区，台西头村东南发掘区北部发现一处建筑基坑，南北宽约5米，东西长度因发掘面积所限未知，现已揭露长度约50米。基坑南北两侧沟内发现密集的瓦片堆积，多为建筑塌毁的原生堆积，推测其上原有覆瓦两面坡顶的“檐廊式”建筑。

出土遗物绝大部分为绳纹板瓦、筒瓦、半圆形素面瓦当等建筑构件，另有少量陶豆、鼎足等陶器残块。根据遗物推测建筑年代为战国时期。

琅琊台遗址是山东沿海一处重要的周代至秦汉时期遗址，据文献记载与周代齐国“四时主”祭祀、越国北上争雄以及秦汉皇帝巡视等重要历史事件有关。通过系统考古发掘，将逐渐揭示其真实面貌及历史内涵，从而为东周至秦汉国家祭祀制度发展演变研究提供重要的新材料，同时为琅琊台遗址保护规划制定提供更为详实的依据。

（彭　峪　吕　凯）

【济南刘官庄南东周及汉唐时期遗址】

发掘时间：2019年4～6月

工作单位：济南市考古研究所

为配合济南绕城高速公路二环线东环段工程建设，济南市考古研究所对工程占压的济南市历城区刘官庄南遗址进行了考古发掘，发掘面积220平方米。该遗址位于济南市历城区孙村镇刘官庄村南约600米处。此次工作发掘遗迹不多，共清理周代至汉唐时期灰坑33个，灰沟11条，水井1眼。

出土器物绝大多数为陶片，另有少量瓷片、窑具、零星兽骨等。陶片以泥质灰陶为主，另有少量泥质红褐陶、夹砂褐陶。纹饰以素面为主，另有绳纹、凹弦纹、瓦棱纹、压印纹、篦划纹、戳印纹、附加堆纹等。可辨器形有豆、鬲、甑、盂、罐、盆、瓮、钵、板瓦、筒瓦。瓷片包括青釉、白釉、黄釉、酱釉、素烧等，标本以器底、口沿、支钉、窑柱为主，余多为碎片，可辨器形有碗、盆、罐、三足支钉、五齿支具、窑柱等。小件主要有支钉、瓷碗、瓷

盘、陶罐、陶鬲、陶纺轮、圆陶片、铜钱（开元通宝）等。

根据出土器物特征及叠压、打破关系，发掘区域年代可初步分为东周、西汉、唐代。通过本次发掘，初步揭示了刘官庄南遗址的文化内涵。比较重要的是发现了一批唐代窑具。通过与周边窑址及墓葬出土瓷器的对比，发现刘官庄南遗址出土的瓷器，其时代从唐代早期到唐代晚期，有较为完整的演变轨迹。且器物种类较为单一，以瓷碗为主，均为实用器，出土数量也不很多。据此推测，在遗址附近应当存在主要供应当地日常使用的唐代小型民窑。唐代晚期以后，可能由于战争的原因而停产。唐代窑具的发现，为探寻济南地区出土唐代瓷器的来源提供了一定的线索，具有重要意义。由于发掘面积较小，对遗址整体性质的判断，以及窑址的寻找，还有待于今后的进一步工作。

（颜奕　邢琪　郭俊峰）

【兖州蒿庙东周及汉代遗址】

发掘时间：2020 年 8 ~9 月

工作单位：山东省文物考古研究院、济宁市文化和旅游局、兖州区文化和旅游局

蒿庙遗址位于济宁市兖州区颜店镇蒿庙村东北约 400 米。遗址整体呈椭圆形，南北长约 140、东西宽约 100 米，总面积约 1.2 万平方米。该遗址前期进行过勘探。为配合 G327 连固线曲阜张阳至任城长沟段改建工程，山东省文物考古研究院与当地文物部门联合对遗址进行了发掘。

此次发掘分东西两个发掘区，西区共布设 10 米 ×10 米探方 9 个，东区布设 35 米 × 2.5 米探沟 1 条。两区共布方面积 1087.5 平方米，因探方未打隔梁，实际发掘面积 816.5 平方米。

西区遗迹简单，除宋元时期一个灰坑外未发现其他遗迹单位，出土极少量碎陶片等遗物。

东区地层分为 3 层，第①层为耕土层，第②层为明清层，第③层为东周层。遗迹包括东周、汉、明三个时期。其中，东周时期墓葬 1 座，灰坑 15 个，灰沟 2 条；汉代水井 1 眼；明代墓葬 1 座。

东周墓葬为一土坑竖穴墓，仅发现人骨，墓主人为一 12 ~15 岁儿童。灰坑分布于整个发掘区，包括长方形灰坑 6 个，圆形灰坑 5 个，不规则形灰坑 4 个。2 条灰沟均呈南北向。灰坑及灰沟填土多为灰色土，较为疏松，内含大量的深灰色烧土颗粒和草木灰。出土陶片较多，器形有陶鬲、豆、罐、盆、筒瓦、板瓦等残片，陶器以灰陶为主，还有少量呈红褐色。陶器纹饰有绳纹为主，还有弦纹等。

汉代水井外圹呈椭圆形，内有陶井圈，但已被破坏成碎片。井内填土为深灰色土，较为疏松。出土陶片较多，器形有罐、盆、筒瓦、板瓦等残片。陶器以灰陶为主。纹饰有绳纹、布纹等。

明代墓葬为土坑竖穴墓，为一夫妻同穴合葬墓。墓主人头皆向北，均一棺，年龄均在 55 岁以上。随葬器物仅在棺底出有“崇祯通宝”铜钱。

综上，蒿庙遗址发现了东周、汉、宋元、明清多个时期的遗迹和遗物，由于发掘区只是蒿庙遗址被工程占压的部分，属遗址的南部边缘区，对遗址的认识不全面。但是，此次发掘，对该地区考古学文化序列的补充和完善有重要的意义，同时，也对该地区东周聚落及文化面貌的研究具有一定的促进作用。

（郝导华）

【郯国故城遗址】

发掘时间：2020 年 6 ~12 月

工作单位：山东省文物考古研究院、郑州大学历史学院、郯城县文化和旅游局

郯国故城遗址位于郯城县城区北部，北临官路口村，西偏北500米处是北马庄村，东北300米处是杨家楼村，205国道穿越北墙和东墙。地处沂沭河下游冲积平原地带。遗址平面呈长方形，西墙与北墙均长约1260、东墙长约1370、南墙长约780、周长4670米，故城面积约为128.5万平方米。

为配合郯城一中危房改造项目建设，对位于故城西北角的项目拟建区域进行考古发掘。依据勘探情况，选择文化堆积较好、受破坏较轻的地块确定A、B、C三个发掘区，布方面积共1920平方米，连同扩方，发掘面积共计约2000平方米。

本次发掘共清理各类遗迹449处，其中灰坑369个，灰沟22条，窑7个，井30个，路3条，墓10座，灶4个，柱洞4个。所获遗存年代集中于战国和两汉时期。战国遗存在A、B、C发掘区均有发现，仅见少量灰坑、陶豆、铜钱等文化迹象，没有明确地层；以汉代遗迹为主，不仅分布密集，数量也较多，类型常见陶窑、水井、灰坑、沟以及形制规整的取土坑等。遗物种类多样，有罐、壶、豆、盆、碗、纺轮、瓦当、板瓦等陶器，有铁块、铁刀、铁钉、铜钱、铜块、铜环、铜镞等金属器，有骨锥、骨笄等骨器，有石板、石球等石器，也有陶拍、陶垫、支座等明显的制陶用具。初步认为其应为一处汉代制陶作坊区。

本次发掘丰富了郯国故城遗址的文化内涵，进一步明确了故城的功能布局和聚落形态变迁。同时，也加强了对故城遗址应为汉代东海郡治所这一论断的认识。还为深入探讨鲁南地区战国两汉考古学文化、政治制度和社会形态提供了可靠实物资料。

（王子孟　惠夕平　夏立坤）

【枣庄市前刘庄战国秦汉时期遗址】

发掘时间：2020年5～11月

工作单位：山东省文物考古研究院

前刘庄遗址位于枣庄市山亭区山城街道办事处前刘庄村东南约150米，地处雪山西南坡。遗址坐落在一块台地上，地势东北高西南低，面积约15万平方米，地表采集遗物年代多为商周到汉代。

遗址南部属庄里水库淹没区，为配合水库施工建设，山东省文物考古研究院对遗址进行了考古发掘，发掘区域位于遗址的南部偏东，发掘面积共1000平方米，主要发现窑5座、灶6座、灰坑12个、水井2座、道路2条、沟3条。发掘区绝大多数遗迹年代为东周时期至汉代，共同构成了一处保存较完整的制陶作坊区。

陶窑均为地下拱顶结构，外观呈圆形馒头状。窑由窑室、烟道两部分构成，壁面含有2～5厘米厚的红烧土，保存状况较差，出土遗物为少量泥质灰陶片，可辨器形多为罐。灶形体普遍较小，平面形状近圆形，灶壁烧红。灰坑按平面形状可分为圆形、椭圆形及长方形三类，从出土遗物来看，推测用途可分两类：第一类为生活垃圾坑，坑内夹杂有炭屑、烧土颗粒、烧土块及其他杂物，土质较疏松，此类灰坑大小各异，数量较多；第二类似为专门的陶器弃置坑，坑内发现大量陶片，堆积集中，多见保存程度较好的残陶器。发现较完整制陶作坊一处，由陶窑、道路、练泥池、水井组成。陶窑Y4周围发现4个排列较规则的柱洞，柱洞构成了一个近三角形的空间，可能为晾坯的窝棚式建筑。

本次发掘最重要的收获为发现一处汉代制陶手工业作坊区，作坊区内各类功能性设施齐备、联系紧密且保存状况较好，为我们深入认识汉代制陶工艺提供了不可多得的新资料。遗址向南5千米内薛河沿岸分布着沃里墓地、横岭埠遗址墓地、海子遗址、东江西南墓地及前台墓地等战国至汉代遗址和墓葬群，本次发掘的成果对于薛河上游区域战国汉代聚落形态研究也有着重要的意义。

（吕　凯　崔天兴）

【济南梁王东周及唐代遗址】

发掘时间：2020年3~7月

工作单位：山东省文物考古研究院、济南市考古研究所

为配合济莱高铁建设，山东省文物考古研究院和济南市考古研究所联合对济南梁王遗址进行考古发掘。

遗址位于济南市历城区鲍山街道原梁王三村北，南距鲍山4千米，周边遗址丰富，南部为墓葬区，发现大型战国墓葬两座，出土大量的青铜器、陶器等遗物。遗址南高北低，整体呈长方形，东西约500、南北约300米，总面积约14万平方米。

本年度共布方2000平方米，发现有东周和唐代时期的灰坑、灰沟、水井、墓葬等各类遗迹100余座。唐代遗存主要为灰坑、灰沟和墓葬，出土有大量的板瓦、筒瓦、瓦当等建筑材料。周代遗存最重要的为战国中晚期城址的发现，出土有陶瓮、陶罐、陶豆、板瓦和筒瓦等遗物。

东周城址平面呈长方形，外围壕沟东西宽390、南北长320米，总面积约14万平方米；城墙东西约300米，南北220米，城内面积约7万平方米。西墙保存较好，长度约220米，宽度约13米，高1米。北墙残长90米，宽约12.6、深1.1米，南墙及东墙破坏严重。墙体四周均存在壕沟，宽约30~40米，深3~5米，呈锅底状。

梁王庄一带一直有着“梁王城”的历史传说，本次发现的东周古城南距鲍山4千米，北距黄河4千米，处于交通要道的咽喉之处，战略位置重要，应是齐国西部的一处重要的军事边邑重镇。

该城址的发现为目前济南市主城区内发现最早的城，对于济南的城建史研究有着重要的作用，将济南城区建城的历史向前推进一千余年。

（董文斌　胡　娟）

【临淄区医疗中心战国汉代及宋明墓地】

发掘时间：2020年8月~2021年1月

工作单位：山东省文物考古研究院、淄博市临淄区文化和旅游局

临淄医疗中心二期墓地位于临淄区齐兴路以北、学府路以南，齐都路以西，北邻临淄中学，东南距淄河2.0千米，北距齐故城1千米，地势平坦，土层深厚。区域内全国重点文物保护单位“临淄墓群”有封土墓葬4座。

本年度考古发掘面积约26000平方米，共发掘各类文化遗迹单位820余个，其中墓葬818座，包括战国墓18座，汉代墓774座，宋至明代洞室墓26座，古河道1处，古代道路1条。共出土陶、铜等各类遗物2300余件（套）。

战国墓葬：共发掘18座，均为竖穴土坑墓，深度距地表3~5米，个别墓葬填土中包含石子，墓壁四周均有壁龛，距离墓底深度0.8~1米处，器物置于壁龛中，多为盖豆、高柄豆、鼎、壶的组合。

汉代墓葬：共发掘774座，深度5~8米，有个别墓葬深度超过10米。根据墓葬型制可分为四种类型：土坑竖穴墓、砖椁墓、砖室墓和瓮棺葬。以土坑竖穴墓居多且时代跨度较大，砖椁墓跨越两汉时期，而砖室墓多为东汉时期且全部被盗扰。土坑竖穴墓和砖椁墓填土多经过分层夯打，有梯形脚窝对称分布于墓圹四角，个别墓葬在墓主脚部距离墓地约1米处有壁龛，龛内置陶器或漆盒或兽骨。葬具多为单棺，填土中包含大量卵状石子的墓葬多为一棺一椁、单人仰身直肢。个别墓葬脚部有脚箱或者漆盒，其中畜禽随葬，一般为鸡或狗或鱼或猪蹄抑或鸡狗、鸡鱼等组合，发现有殉明车、殉鹿现象。随葬品多为陶壶或陶罐，铜器主要有铜镜、铜带钩、铜镜

刷、铜钱等。

宋明洞室墓：共计发掘26座。平面呈不规则圆形，长方形墓道。葬具为单棺、葬式为双人合葬墓，个别墓葬有二次葬和迁葬现象。随葬品有瓷罐、瓷碗、铜钱等。

古河道和古代道路：各1处，是在一期河流道路的基础上，继续进行进一步的发掘和梳理。古河道在二期基槽区域中部折向西北，河面变得开阔。古代道路在二期基槽范围内沿着基槽东壁偏向东北。这为研究齐故城周边的水系和交通提供了进一步的资料。

本次发掘的墓葬，具有典型的鲁北特色，这对研究临淄及周边地区普通民众的生业发展、丧葬礼仪以及社会信仰，多有裨益。河流、道路的性质和时代进一步廓定，为探讨周代至两汉时期临淄齐国古城周围的水系、路网概况，进而研究该地区的生业发展状况、聚落形态特点和社会变迁提供了基础资料。

（吴志刚　昝金国）

【禹城市姚高东汉代墓地】

发掘时间：2020年9月~2021年1月

工作单位：山东省文物考古研究院

姚高东遗址位于德州市禹城高新技术开发区，科创路以西、天辰街以南，北距徒骇河约3千米。现存遗址平面近椭圆形，东西长约100米，南北宽约80米，面积6000余平方米。从遗址及其周边的自然淤积情况看，该遗址原地貌高于周边，应是一处堌堆遗址。为配合山东苏克食品有限公司项目建设，山东省文物考古研究院对该遗址进行了考古发掘，发掘面积约1000平方米。

本次发掘共清理岳石文化时期灰坑4座、汉代灰坑6座、墓葬44座。由于被汉代墓葬破坏严重，仅发现少量岳石文化时期灰坑。出土的岳石文化陶器以泥质灰陶为主，少量夹砂灰褐、灰褐陶、褐陶，另有少量的泥质黑皮陶，陶胎较厚，陶质较粗糙，泥质陶多轮制，烧造温度较高。纹饰以绳纹为主，素面次之，弦纹、方格纹等少见，多卷沿器，器形主要有罐、豆、盆、盂、甑，鼎、鬲、甗等三足器少见，年代为岳石文化中晚期。

汉代遗迹以墓葬为主，共发掘汉墓44座，其中砖椁墓37座，券顶砖室墓3座，瓦椁墓4座。据形制、结构的不同，砖椁墓又可分为单室砖椁墓和双室砖椁墓，部分砖椁墓具有墓门和墓道。这批汉墓分布较密集，排列有一定规律，成组分布的现象较明显，规模较大的墓葬多位于遗址高处，部分墓葬间打破关系较复杂，有些存在有意打破的现象。从葬制葬俗上看，砖椁墓普遍有二层台；有一定数量的殉牲现象。墓内流行积陶积瓦，葬具为单棺，棺下四角普遍垫砖，个别墓葬发现有脚箱。墓主头向均朝北，仰身直肢葬。随葬品较少，一般有陶器1至3件，常见器类有罐、壶、鼎、灶、樽等，普遍随葬有铜钱，少量墓葬随葬有铜镜、铜带钩等。根据墓葬形制和随葬品特征，初步推断墓葬年代主要集中在西汉晚期到东汉早期。这批墓葬规模较大、布局有序、多未被盗扰，应是一处重要的汉代家族墓地，对研究鲁北地区汉代的葬制葬俗、家族形态、社会结构等具有重要价值。

（张　恒　王　杰）

【定陶王陵M2】

发掘时间：2020年3~12月

工作单位：山东省文物考古研究院、定陶区黄肠题凑保护研究中心

本年度在克服新冠肺炎疫情的影响后，按照国家文物局批复的《定陶王陵M2汉墓考古工作方案》的要求，细化“拆解发掘细则”，完善各项分组管理制度，完善文物保护等各项技术储备。在文物保护专家指导下，自6月中旬起对M2整体墓室

进行拆解提取保护工作。

M2 墓室拆解提取前，在其所在区域 4 平方公里的范围内，建立数字化地理信息系统，以便于定陶王陵的勘探及规划。同时，建立完备的 M2 发掘数据处理系统。启用木材保护实验室，在专家指导下开展诸多文物保护实验及检测。木质构件保护方法：对含水少的木材采用无菌沙埋脱水保护。对含水率高且表面有文字信息的木材则放置在无菌水溶液浸泡，且对木材表面文字进行封护。目前该保护方式经文物专家论证，拆解保护措施基本合理，程序完备。

木椁墓室及文字砖的提取，采用自上至下分组拆解。每层提取前都进行三维数字化扫描，以便于今后还原建墓整个过程。本年度 M2 墓室上部的第一、二、三、四、五层盖板的清理测量、分区绘图、三维数字化、拆解提取等工作已经完成。诸多盖板方木的端部有墨书文字及贯穿数根方木的墨线，文字内容主要是记录该根木材的方位、长度等。提取过程中，详细采集每根木材及文字砖的断裂破损、能否修复、朱墨文字情况，拆解前后的状态、尺寸及照片等信息。采集信息都输入到 M2 考古发掘数据库管理系统。

从墓上方盖板方木出土文字以及贯穿数根盖板的墨线可以看出，该墓葬在修筑过程中，具有特定预制安排。主室上部第五层周边榫卯、凸凹槽扣合的独特构筑结构特点，对研究“黄肠题凑葬制”具有重要意义。

（崔圣宽）

【德州市德城区小刘庄东汉壁画墓】

工作时间：2020 年 9～11 月

工作单位：山东省文物考古研究院、德城区文化和旅游局、德城区文保中心

小刘庄墓地位于德州市德城区新华街道双一路南侧、新园社区东侧，在建安置楼盘新河湾紫东苑基建工地内。地理坐标北纬 37°24′17.7″、东经 116°20′33.4″，海拔 26 米。

2020 年 9 月中旬，经向国家文物局报批取得考古发掘执照后，山东省文物考古研究院对墓地进行了抢救性考古发掘。主要发现两座多室砖墓，编号 M3、M4，分别为四主室及三主室。两墓以中轴线布局，墓室对称分布，墓向朝南，墓向一致且并排分布，应为家族墓地。

据发掘情况来看，墓葬应是先挖大坑于一定深度，再于大坑内挖小墓坑修筑。墓葬营建方式为半地穴式，实际墓室高出墓葬开口地表。墓上有封土，封土经过夯打，有夯层，平夯为主。墓葬封土外侧有围沟，沟内包含物以残砖烂瓦为主，判断其应是排水或垃圾沟。

M3 通长近 20 米、宽近 6 米。M3 为带墓道、墓门及前室、前中室、后中室、后室共四主室墓葬，且前室、前中室、后中室两侧有耳室或侧室，耳室、侧室间南北向相互连通，形成类似连廊式庭院结构。主室及耳室、侧室皆为穹窿顶，各甬道为券顶。

M4 通长近 16.5、宽近 4.5 米。M4 为带墓道、墓门及前室、中室、后室共三主室墓葬。前室两侧各有对称耳室。主室及耳室皆为穹隆顶，各甬道为券顶。

尤其重要的是在墓门、墓室内壁饰有彩绘壁画，内容以装饰性图案及仿木结构图案为主，颜色有红彩、黑彩、白彩、蓝彩等，纹饰有鱼纹、波折纹、菱形纹、植物纹、勾云纹及仿木结构斗拱、立柱、柱础及栏杆等纹饰，多呈条带状分布。

出土随葬品有陶质壶、盘、盆、耳杯、灶、井、楼、狗、鸡、磨、碓、案、灯及铜钱、铜环等，以绿釉陶器居多，分为生活用器和模型明器。

M3、M4 墓葬体量较大，形制复杂，

因位处鲁冀交界地带，此二墓更接近东汉时期冀州系统风格墓葬。整体墓葬形制及随葬品与早年发掘的宁津庞家寺汉墓较为相似，装饰性图案与宁津庞家寺汉墓、景县大代庄汉墓以及陵城区神头汉墓比较接近。如此规格等级汉墓在德州乃至山东并不多见，为研究当时社会历史、葬式葬俗、精神信仰等提供了十分重要的资料。

（赵芳超　高玉林　吴金刚）

【聊城碧桂园唐墓】

发掘时间：2020 年 7 ~9 月

工作单位：山东省文物考古研究院

为配合聊城碧桂园国岳府地产项目建设，山东省文物考古研究院、东昌府区博物馆联合对位于工程用地分布稀疏的 12 座唐墓进行了发掘。古墓葬平均位于当前地表 6 米以下，涉及地层 10 层，所有墓葬均开口于 7 层，7 层上下俱为淤土。墓葬时代跨越唐中、晚期，其中砖室墓 9 座，土坑竖穴墓 1 座，瓮馆葬 1 座、砖棺墓 1 座。砖墓可见穹隆顶马蹄形、盝顶马蹄形、舟形和圆形等，多由短墓道、墓门、墓室三部分组成。出土瓷器、三彩器、陶器、铁器、铜器、珍珠、贝壳、骨梳、漆器、墨书墓志砖、石质墓志铭等近百件套。随葬瓷器、陶器器形多样，具有典型唐代特征，其中的三彩三足炉等造型精美；砖棺墓出土的 212 颗冠饰珍珠圆润剔透。

本次发掘为山东地区增添了一批唐代中、晚期墓葬资料，为研究鲁西地区唐代的生活提供了新材料。有景福纪年的墓志为墓葬断代及研究唐晚期聊城行政区划提供了依据；清理唐代及之后黄河等河流多次泛滥形成的淤土堆积，为研究黄河等河流的在当地的河道变迁和河水泛滥提供了科学依据。

（于中胜　吴志刚）

【聊城绳张晚唐至五代墓地】

发掘时间：2020 年 12 月 ~2021 年 1 月

工作单位：山东省文物考古研究院

聊城绳张墓地位于聊城市开发区北城街道绳张村西南。为配合聊城星光云创工程项目，山东省文物考古研究院对该墓地进行发掘，揭露面积约 400 平方米。共清理晚唐、五代墓葬 21 座。

墓葬皆为小中型土坑砖室墓。小型墓可分为长梯形、舟形，长方形三种形制。长方形墓清理 1 座。舟形墓清理 3 座。长梯形墓清理 10 座。墓向皆南，长梯形墓皆单人仰身直肢葬，无随葬品或很少随葬品。舟形墓、长方形墓大部分为双人合葬，头向南，有祔葬现象，出土器物主要有红陶罐与白釉瓷碗。中型墓为圆形或方形弧边墓室，穹窿顶。共清理 7 座。由墓道、墓门、甬道、墓室组成。墓向南。墓室内有砖砌棺床，多双人合葬，存在祔葬现象。随葬器物有瓷执壶、瓷碗、红陶罐、漆碗、铜镜、墨书墓志砖等。

聊城绳张唐代至五代墓地从规模、随葬品数量来看，多数为一般的平民墓葬，少数为有一定经济实力的平民墓葬。中型墓中出土的白底墨绘塔式罐与邢台、邯郸地区出土类似，而山东其他地区迄今少见。本次发掘出土的七块墓志，为纠正文献中记载的唐代博州城的位置，并补充文献中失载的城内坊，城外乡、村、草市、官道、河流、湖泊等多处遗迹，为晚唐博州城周边聚落、历史地理研究提供了较有价值的资料。同时这批唐代纪年墓的发掘，也为鲁西地区的唐墓断代研究提供了标尺。

（刘文涛、陈永婷）

【菏泽市牡丹区孙大园北明代墓地】

发掘时间：2020 年 5 ~7 月

工作单位：山东省文物考古研究院、菏泽市历史与考古研究所、菏泽市博物馆孙大园北墓地位于菏泽市牡丹区吕陵镇魏楼水库东北部，原孙大园村以北，西距侯庄约300米。墓地北、东、南三面被取土破坏，残存面积约500平方米。为配合魏楼水库建设，山东省文物考古研究院联合菏泽市历史与考古研究所、菏泽市博物馆对墓地进行了发掘。

共发掘砖室墓10座，均开口于河流淤积层下。按形制可分为两类：一类为带斜坡墓道的券顶砖室墓，平面呈“甲”字形，形制复杂，规模较大，包括M1－M5。另一类不带墓道，形制简单，规模较小，包括M6－M10。另外，还发现有祭台，可能用于整个墓地的祭祀。

“甲”字形墓一般由墓道、前庭、墓门、封门、墓室等部分组成，同时发现有祭台、门楼一类地上建筑的倒塌遗存，其中有破损的砖雕、建筑构件等。均为东北—西南走向，墓道在南，头向东北，约为30°。南北长6.9～10.1、东西宽3.1～6.5米。葬式多为双人合葬，也有多人合葬。小型墓形制简单，不带墓道，墓向较“甲”字形墓偏北，多为10°左右。多双人合葬，也有多人合葬。

出土遗物主要有各种砖雕建筑构件、黑釉四系罐、铜钱等，M2出土方形石质墓志铭1合，上为志盖，篆书“明太孺人陈氏墓志铭”，下为墓志，记述陈氏生平。从墓志铭及出土遗物判断，墓地时代为明代晚期。

孙大园北墓地是一处时代明确的小型家族墓地，布局和形制较为完整，对研究鲁西南地区明代晚期墓葬形制有重要学术意义；有的墓葬地上建筑部分保存较好，在同类墓葬中不多见。

（孙启锐）

【济宁河道总督署遗址】

发掘时间：2019年12月～2020年10月

工作单位：山东省文物考古研究院

济宁河道总督署遗址位于济宁市任城区古槐街道院后街社区，属第七批全国重点文物保护单位。河道总督署是明清运河及相关河道的管理机构，裁撤于清光绪二十八年（1902年），20世纪40年代总督署地上房屋已破坏殆尽。

为配合总督署博物馆规划建设，山东省文物考古研究院对遗址进行了发掘，实际发掘面积约4300平方米，清理现代坑、砖础、灰坑、房址、建筑基址、道路、砖铺路面、砖砌排水沟、集水井、水池、沟等各类遗迹二百余处。

因遗址面积较大，故本次发掘的重点集中在总督署的中路部分。通过发掘，基本完整揭露出了清代河道总督署的中路建筑遗存，发现有门前中轴道路、大门、院内中轴道路、甬路、过厅、疑似大堂、皂隶房等重要遗迹。

总督署遗址门前中轴道路南北残长约14.3、东西宽约4.1米，方向2.63°，两侧为制作光滑平整的长方形条石，条石之内为青砖错缝平铺，砖面磨损较为严重，南端因现代堆积占压未发掘。

总督署遗址大门保存相对较好，大门两侧有耳房，门前有踏跺，从残存形制推测应为三个独立踏跺，大门似为面阔三间。大门建筑的建造方式是四周砌筑拦土墙，墙内填垫土，中间部分为两排南北向立砖，起到支撑主体结构的作用。拦土墙与垫土构成大门的台基，台基上部墁砖、铺石，南北两侧则布设踏跺，东西两侧建造耳房。

院内中轴道路已被防空洞破坏殆尽，仅左右两侧甬路保存较好，甬路叠压于砖铺路面之上，砖铺路面一侧有排水沟、散水砖等。

甬路北接仪门，仪门东西通长约25、南北通宽约6米。仪门应为高台式建筑，四周砌筑拦土墙内部填垫土，顶面墁砖，顶部东侧残存有一列疑似柱础，台基南北两侧布设阶条石，初步判断为至少三间。

仪门北部发现有清代河道总督题名残碑、官箴残碑及赑屃、碑额残块等。遗址出土较多明、清、民国陶器、瓷器、铜钱、建筑构件等，其中以青花瓷器为大宗，较重要者有“大明成化年制”、“大明嘉靖年制”、“大清乾隆年制”、“大清嘉庆年制”、“雨香斋”、“玉堂佳器”、“冯和顺”、“义兴茂号”等款识器物。

本次发掘，为研究明清运河修治、漕运制度和河道总督署提供了新材料，亦为总督署区域下一步的保护、展示和遗址规划提供了基础资料。

（李宝军　张　超）

【菏泽市定陶区仿山墓群考古勘探】

勘探时间：2020 年 9 ~ 10 月

工作单位：山东省文物考古研究院

仿山墓群位于菏泽市定陶区仿山乡何楼行政村仿山新村西北 100 米处。遗址位于定陶县城北偏西约 5 千米处，北距菏泽市区约 13 千米。仿山墓群西侧紧邻何楼遗址，距离何楼遗址仅 150 米。仿山分为东西两山。1950 年前后曾出土汉代泥质灰陶罐、壶、鼎、盘、盆、马俑、铜镜、五铢钱、大泉五十铜钱等（见《考古通讯》1957 年第 2 期）。1977 年被列为省级重点文物保护单位。

为了进一步做好仿山墓群的遗址保护工作，为仿山墓群制定大遗址保护规划提供科学、准确的依据，本年度山东省文物考古研究院对定陶仿山墓群进行了全面勘探。经过系统的勘探，对仿山墓群的范围、保存状况、文化内涵、堆积形态、分布状况有了清晰的认识，明确了仿山墓群与何楼遗址的关系。

仿山墓群共分为四个单独区域，是一处由多个堌堆构成的综合遗址。仿山遗址以仿山古庙内两处高台地为中心，遗址主体分布在仿山古庙及古庙北侧、西侧区域。初步可以分为四个区域，分为东西两块，总面积近 12 万平方米。根据地层堆积及出土遗物初步判断仿山遗址是一处龙山—战国时期文化遗址，遗址上有晚期墓葬及人类活动的扰动。特别在仿山古庙内，遗址受到晚期人类反复修建寺庙活动的扰动，遗址整体保存状况较差。仿山古庙外围区域，受到晚期人类扰动较少，遗址保存状况相对好于仿山古庙内部。

（孙倩倩）

【鲁东南沿海区域系统考古调查】

调查时间：2020 年 11 月 ~2020 年 11 月

工作单位：山东大学文化遗产研究院

本年度山东大学考古团队在青岛市即墨区温泉街道皋虞河、社生河流域开展了区域系统考古调查活动。本次调查共发现并系统记录了十余处从龙山时期至汉代的遗址。

此次调查所发现的遗址中，面积较大且遗存较丰富的遗址主要有东皋虞遗址，西皋虞遗址、东埠头遗址、西埠头遗址、南北行村遗址、社生后街遗址等。

东皋虞遗址位于东皋虞村东北，钱谷山西南山麓地带，调查时采集到大量汉代遗存，主要有泥质灰陶罐、瓮、瓦等残片，另外还发现有少量龙山时期陶片。

西皋虞遗址范围主要为西皋虞村东南至东皋虞村以西的皋虞河沿岸地区，村庄占压了该遗址的部分地区，调查时采集到了大量汉代遗存，有泥质灰陶罐、豆、瓮、盆、盂、板瓦、筒瓦、瓦当、铺地砖等残片，在该遗址同时也采集到少量东周时期遗物，包括泥质灰陶豆和一些腹片。根据文献记载中对汉代皋虞故城的记载，考虑到采集遗物的丰富程度，我们认为该遗址应当与皋虞故城密切相关。

东埠头遗址位于东埠头村以东，地处社生河东侧的缓坡地带，该遗址以汉代遗存为主，调查发现一些泥质灰陶盆、罐、瓦等残片，另有少量龙山时期陶片。

西埠头遗址位于西埠头村周围，村庄占压了遗址的部分地区，该遗址位于社生河南侧阶地上，整体地势南高北低，调查时发现不少汉代遗存，主要有泥质灰陶盆、瓦等。

南北行村遗址位于南北行村以北，省道212从该遗址中部穿过，村庄也占压了遗址的一部分，该遗址紧靠一条自西向东汇入社生河的小河，地势比较平坦，调查时发现不少汉代遗存，有泥质灰陶豆、罐、瓦等。

社生后街遗址位于社生后街村东北，该遗址处于社生河上游的山谷中，地势西北高东南低，发现较多的汉代遗存，有泥质灰陶盆、罐、瓮、瓦等，另外还发现了少量龙山时期陶片。

宋家马坪遗址位于宋家马坪村以西，莲阴河北侧的二级阶地上，该遗址发现较为丰富的东周至汉代遗存，采集有东周的泥质灰陶盆、罐、釜以及汉代豆、盆、罐、瓮、井圈、砖等。

本年度调查的主要收获是在社生河、皋虞河流域发现了大量汉代遗址，而且这些遗址相距不远，尤其是在东、西皋虞村以及东、西埠头村发现的大量汉代遗存，从空间上呈现出连续分布的特点，我们认为这些遗存很可能属于同一大型汉代聚落，结合文献中对皋虞故城的记载，有理由相信这些汉代遗存属于汉代皋虞县的组成部分，总规模接近10平方公里，这对于我们理解胶东半岛南部沿海地区的汉代聚落形态有较重要的意义。

（方　辉　王政良）

【山东北部沿海地区环境考古调查】

调查时间：2020年9～10月

工作单位：中国国家博物馆、山东省水下考古研究中心、山东大学、昌邑市博物馆

在2019年昌邑境内潍河与胶莱河区间调查工作的基础上，本年度中国国家博物馆与山东省水下考古研究中心、山东大学及昌邑市博物馆组成联合考古队，分别向东（日照莱州）、向西（潍坊寒亭）对指示古海岸线的贝壳堤与牡蛎礁继续进行调查，延伸了该堤带的东西分布范围，更新了对贝壳堤与牡蛎礁分布特点、沿线海岸地质地貌变化等问题的认识。

在昌邑境内潍河和胶莱河之间约十五公里范围内，基本确定一条古牡蛎礁分布范围与走向，暂定名“潍胶牡蛎礁”。其平面形态与现在海岸线基本平行，略微的波动可能是受到潍河与胶莱河下游河流入海的影响。胶莱河以东，该牡蛎礁渐行消失，至东北方向莱州土山镇靠近虎头崖处彻底不见，应系淤泥质海岸地貌向砂岩海岸地貌转变的结果。潍河以西，牡蛎礁体表现不明显，“潍胶牡蛎礁”西向延长线出现贝壳堤的迹象，可以延续到潍坊寒亭境内的丰产河（丰产河以西尚未开展调查）。

对一处典型牡蛎礁地点的剖面进行序列采样，开展加速器质谱^{14}C测年分析，年代校正后集中在距今约6500～6000年和5700～5200年，表明其形成到灭亡至少持续了一千多年。该走向的牡蛎礁与学界已有认识有一定错位，显现了进一步研究的必要性。更多系统测年样品的补充（如平面上选取该堤带不同位置的样品、剖面上兼顾不同类型的样品）和史前遗址的发现或能够为解决该问题提供有效参考。

此外，对2019年度初步踏查确定的动物化石地点进行重点调查和初步清理（剖面暴露处被取土破坏较严重），尤其注意对各类古环境替代指标分析样品和测年样品的采集。主要发现少量钙质结核包裹的动物化石和石英岩碎块（或与人类活动有关），获取了包括剖面柱状微体分析土样、浮选土样、光释光测年样品、^{14}C测年样品等。

本年度的田野调查和实验分析，拓展和深化了本研究项目的外延和内涵。接下来，计划集中对已获得的研究标本开展包括形态、成分、测年、地理分布等在内的综合分析，以探索区域动物演化与迁徙、人类适应、环境变迁等问题。同时，优化工作方案，深化以动物化石地点和贝壳堤（牡蛎礁）地点为主的田野调查与研究

（邱振威　刘丹　刘文晖）。

河南省

【鲁山仙人洞旧石器时代遗址】

发掘时间：2020 年 10～12 月

工作单位：河南省文物考古研究院、平顶山市文物局、鲁山县文物保护管理所、南京师范大学、南京大学

仙人洞位于平顶山市鲁山县观音寺乡西陈庄村石门沟组，海拔 576 米，距现代河沟垂直高度为 193 米，处于山峰陡壁上。洞长 9 米，宽 3 米，高 3.9 米，洞内面积约 30 平方米。

2020 年获得国家文物局批准，发掘 I、L、O、S 四个探方，面积约 4 平方米。发掘前对地表浮土过筛，筛出动物骨头 10000 余件，破碎严重，大多数最大长小于 2 厘米。发掘过程中，采用地层与水平层相结合的方法，按照 5 厘米一个水平层进行发掘。利用水平仪在洞内设定一个水平面，以此水平面为基准面向下发掘。发掘深度 2.40 米，共分为 48 个水平层。其中，在第 1—9 水平层出土有动物化石、人牙、头骨断块、石料等。在第 18 水平层，四个探方内均有一层粒径在 2 毫米左右的小砾石，磨圆度较好。在第 30 水平层发现一件直径为 3 厘米的砾石，有一定磨圆度，应是被带入洞内，表面没有人为加工痕迹。

从已经发掘四个探方的北壁，特别是 S 方可以看出，洞内堆积可能更厚，整个洞穴的基岩是从洞口到洞内斜向下，越靠近洞内堆积越厚。发掘结束后，在探方 L、O 北壁交界处取光释光测年样品 5 件，深度距离基准面分别为 40 厘米、70 厘米、110 厘米、150 厘米、175 厘米。另外，在 O 方北壁从地表至最深处，每隔 10 厘米，采集一袋土样，用于孢粉分析和磁化率分析。

地表采集人牙和头骨断块较多，初步判断，有些应属于近现代，但是也有一些有一定的石化。筛出的动物骨头有些属近现代，对地表的一件有一定石化的羊牙进行 ^{14}C 测年，结果为距今 3.4 万年，对一件动物肢骨化石采用铀系法测年结果为距今 3.42 万年。

（赵清波）

【中牟业王新石器时代遗址】

发掘时间：2020 年

工作单位：首都师范大学、郑州市文物考古研究院

业王村遗址位于郑州市中牟县黄店镇业王村东北约 500 米的沙岗上，地理坐标为北纬 34°31′40.24″，东经 114°0′23.09″，海拔 101 米。遗址于 2008 年 6 月由河南省政府公布为河南省文物保护单位。遗址南北长 400 米，东西宽约 300 米，总面积约 12 万平方米。

业王遗址发现于 1978 年，1984 年对其进行了详细的调查，2019 年 11 月再次调查。曾出土有石磨盘、石磨棒、石铲等裴李岗文化遗物，包含新石器时代至商周时期的遗存，其中新石器时代遗存包括龙山与裴李岗文化，推测为遗址的主体文化堆积。

遗址于2020年10月16日开始正式发掘，共布设5米×5米探方11个，取正北方向；依地形布设5米×10米探方6个、2米×15米探沟1个，累计发掘面积400多平方米。

遗址整体堆积大体分三个阶段，包括近现代堆积、金元时期文化堆积、新石器时代文化堆积。

第1~2层为近现代堆积，厚20~40厘米，主要为1960年代平整土地以后的耕种土。

第3~4层为金元时期文化堆积，厚0.5~1.0米，主要包含物有青瓷片、青砖块、布纹瓦片等，3层下发现小墓3座（M1－M3），已被扰动，仅存墓底部铺砖，略呈长方形，由砖块和砖坯铺成，均未见人骨和随葬品，其中一座疑有骨灰（M3）。

第5层以下一般为新石器时代堆积，深0.5~2米不等，主要遗迹包括房址3处、灰坑17个、灰沟3条、墓葬1座、人类活动面两处。可辨器形有绳纹深腹罐、篮纹瓮、刻槽盆、鼎、鬲、斝、豆、器盖、碗、盆等，推测为龙山文化晚期遗存；另有石斧、石铲、石刀、石凿、石镞，骨镞、骨锥、骨笄，蚌刀、蚌镞，圆陶片、陶环等生产工具和装饰品等。

位于遗址核心区的T1—T6则发现裴李岗时期文化堆积，在这几个探方中，裴李岗文化层均较浅，深度为0.5~1米左右，为浅黄褐色粉砂质土，质地疏松较纯净，发现陶壶、陶钵、陶罐、石磨棒等裴李岗时期典型器物，但遗物密度较低。

遗址文化层下有多层自然堆积，主要为含沙或淤泥的层状堆积，疑为水成，其间偶见烧土颗粒和碳屑。最下层为黄色纯净砂土，应为生土，一般距地表深3.5~4.5米。

截至目前，出土器物主要为各类陶器、砖瓦、石器、磨制骨角器、蚌器、装饰品等，共获取小件220件，包括可修复的陶器、陶纺轮、陶环、磨制石器、骨针、骨凿、骨镞、蚌刀、蚌镞等，其中以陶环的比例最高。

共清理遗迹58个，包括灰坑40个（其中兽骨祭祀坑1个）、灰沟6条、墓葬4座、房址3座、陶窑1座、零散分布的柱洞3个、陶窑1个。

在T30107西北角最底部龙山时代文化层以下的砂层还发现地层断陷现象，据环境考古学家分析，应为地震造成。在遗址北部T3发现灰黑色的裂缝，经分析为地震造成的喷砂现象。据此推断，上述两处应为不晚于龙山时代的地震迹象。

本次发掘所获历史时期和新石器时代文化遗存，对于丰富郑州地区文化面貌具有科学意义。其中裴李岗时期文化遗存的发现是中牟地区首次大规模考古发掘所获；龙山时期文化遗存包括连间房址也为探讨这一时期房屋构造和聚落布局提供了重要资料。

遗址南部多个探方均发现斜坡状堆积，其间文化层和自然层多次交替出现，这为探讨郑州地区新石器时代人地关系研究提供了重要的研究资料。

地震遗迹的发现也对研究该地区地质灾害和人类响应提供了不可多得的科学依据。

（王　涛）

【灵宝城烟仰韶文化遗址】

发掘时间：2020年4~12月

工作单位：河南省文物考古研究院

城烟遗址位于灵宝市川口乡城烟村南，地处秦岭东段山前的洪积台地上，现存总面积约3万平方米。2019年为配合蒙华铁路建设，河南省文物考古研究院发掘了城烟遗址。2020年4~12月，在2019年发掘区西部进行了揭露面积约1000平方米的发掘，共发现各时期房址6座，墓葬21座，瓮棺30余座，陶窑8座，灰坑300余座，沟5条。以仰韶文化初期、早期遗存为主，另有少量仰韶中晚期和二里头文化遗存，遗迹遗物丰富。仰韶文化初、早期遗存概况如下。

房址有半地穴式和地面式两种，另有少量柱列式，平面以长方形和椭圆形为主。房址大多保存较差，仅残存部分烧结或踩踏硬面、柱洞和墙基。房内遗物较少。其中一处规模较大的约圆形地面式建筑F43墙基内较均匀排列着柱洞，墙基外围也有一圈柱洞，可能与房址有关，总面积达170余平方米。这种外围环绕柱洞的房址在仰韶早期属首次发现，对于研究这一时期的建筑技术具有重要价值。

陶窑中保存较好的Y33为瓢形窑，窑室内残存数量较多陶器残片，窑西侧为制陶场地，发现有柱洞和陶泥条痕迹。另一处Y35虽仅存底部烧结面，但也在窑室外发现大量的陶片堆积，包含钵、罐、小口尖底瓶等器形，陶器无使用痕迹，说明此窑当是在使用过程中突然被废弃。

墓葬以长方形竖穴土坑一次葬居多，多单人仰身直肢葬，大多无随葬品，另发现多人二次合葬墓。瓮棺葬常成片分布，每处数座，零散分布的较少，多为钵、罐组合，另有少数盆、罐组合。

灰坑数量众多、形制多样。出土陶器以泥质或夹砂红陶数量最多，较少褐陶和灰陶，纹饰以绳纹为主，有黑彩条带纹、长三角纹等少量彩陶，器形常见杯形口尖底瓶、钵、盆、夹砂罐、瓮、器盖等。生产工具有石斧、锛、凿，骨锥、针、镞，陶纺轮、刀、锉等。文化面貌上，这批遗存主要属于仰韶文化东庄类型。

（李晓燕　魏兴涛）

【南阳黄山新石器时代遗址】

发掘时间：2020年3～12月

工作单位：河南省文物考古研究院　南阳市文物考古研究所

本项目为连续主动性发掘项目。2018年4月～2019年12月，发掘了1300余平方米，发现了仰韶文化和屈家岭文化时期保存较好的大型玉石器制造作坊与高等级墓葬等重要遗迹，确定该遗址为中原地区新石器时代玉石器加工流通的中心性遗址，取得了重大考古发现。本年度新开探方500平方米，并继续对此前揭露的重要遗址下层进行了精细发掘，共清理仰韶早期墓葬2座，仰韶文化晚期大型高台式作坊址F1、F2、F7地面以上部分、中型不规则形房址1座，半地穴式房址1座，仓类灰坑2座；屈家岭玉石工匠墓葬48座、瓮棺葬17座、小型作坊址与居址13座、灰坑28座，获得了丰富的玉器、石器、石质工具、陶器等文物。

其中仰韶文化早期墓葬2座，均在一汉墓底下发现。M106露出大半，出土红陶钵1件、灰陶罐1件。M105在同一层位并相邻，露出大半，随葬有打击痕的独山玉料1块、石英玉料1块，说明距今近7000年的仰韶早期已经制造玉器了，将仰韶文化制玉史大大提前。

仰韶文化晚期F1为近南北向长方形大型类高台式地面建筑，高于西北部地面1米多，由“前坊后室”式宽窄有别5单元共10间房组成，面积121.1平方米。墙体有较多残留，最大残高0.4米。因古人拆房平地破坏较严重，残存有红烧土质的木骨泥墙、粘有较多沙粒的地面、活动面、炉台、陶器、砺石、石钻头、玉石器残次品。前堂较长，均设置有1个具备工作台性质的长方形炉台（以下简称工作台）。后室较短。前墙（西）和腰墙上各开有1个对应的推拉式门。F2为近南北向长方形大型类高台式地面建筑，由“前坊后室”宽窄有别的3单元共6间房和1个两开间有腰墙南面敞口的工房组成，面积126.15平方米。墙体也有较多残留，最大残高0.7米，一般残高0.4米左右，算上推倒在前坊内的部分墙体，可修复墙体 2.2 米高。F2 前坊部分保存很好，由 1 个长方形工作台、地面、大量陶器、前后推拉门构成，地面局部有玉石器半成品和石质加工工具。后室只一间保存较好，由炭火坑、睡人地面、炭渣烧骨堆、扣 3 陶罐的土台构成。

确定古河二是仰韶文化时期宽 25 米左右、深 7 米左右的大型人工壕，已发掘 3 米深，对研究遗址布局意义重大。

屈家岭文化墓葬绝大多数为仰身直肢葬，人骨架保存多数较好。方向为正北 29 ~36°，呈东北西南方向排列。大墓均有已朽成灰痕的长方形木质单棺或梯形独木棺，随葬品以猪下颌骨为主，其次为纺轮、残陶器、砂岩类制玉石工具。大部分随葬品均位于死者的脚部。M77 是继 2018 年 M18 以来的第三座酋长级大墓，梯形单棺，仰身直肢葬，成年男性，随葬玉钺 2 件、玉璜 1 件、木弓（灰痕）1 把、3 捆 30 件装在骨饰箭箙（灰痕）的木杆（灰痕）骨镞、陶器 6 件、猪下颌骨 200 余件；连同 2019 年北侧残存一半的陪葬坑内随葬 108 件猪下颌骨和 5 件陶器计算，M77 随葬猪下颌骨当在 400 个以上；随葬的玉钺和玉璜质地精良，是不可多得的独山玉精品。另有随葬较大玉料的 M67、较大加工痕玉料的 M70 等多座中小型墓葬。从已清理墓葬随葬品和发现葬具的情况看，可以确定这是一处豫西南乃至汉水中游地区已发现的屈家岭文化最高等级氏族墓地之一，推测墓主们是一个玉石工匠族群。

（马俊才　王凤剑）

【渑池仰韶村新石器时代遗址】

发掘时间：2020 年 8 月 ~12 月

工作单位：河南省文物考古研究院、三门峡市文物考古研究所、渑池县文旅局、河南大学历史文化学院、河南师范大学历史文化学院、郑州大学历史学院

仰韶村遗址位于渑池县城北约 5 千米，分布于仰韶村村南的台地上。遗址北靠韶山，东西两侧分别为东沟（饮牛河）和西沟，南为刘果水库，地势北高南低，三面环水，土地肥沃，是古人生息繁衍的理想场所，从东北到西南长 900 余米，从西北到东南宽 300 余米，面积 30 余万平方米。仰韶村遗址分别于 1921 年、1951 年、1980 年先后进行了三次考古发掘。2019 年 3 ~5 月，经河南省文物局批准，河南省文物考古研究院等单位对渑池仰韶村遗址进行了系统性的考古勘探。

为深入挖掘黄河文化内涵，实施开展“考古中国・中原地区文明化进程研究”项目，进一步了解仰韶村遗址文化内涵及聚落布局、功能分区等信息，深入探究豫西地区仰韶文化时期史前社会复杂化进程，在河南省文物局的大力支持下，经国家文物局批准，河南省文物考古研究院联合多家单位对仰韶村遗址进行第四次考古发掘。

仰韶村遗址第四次考古发掘 2020 年度考古发掘工作分为两个部分，其中主动性考古发掘面积为 200 平方米，配合仰韶村遗址寺沟组民房拆迁抢救性考古发掘面积为 400 平方米。发现遗迹较为丰富，共发现房址 3 座、墓葬 2 座、灰坑葬 5 座、窖穴 8 个、灰沟 3 条、道路 2 条、灰坑 100 多座。出土文化遗物较为丰富，有陶器、玉器、石器、骨器等，遗存年代分属仰韶文化中期、仰韶文化晚期、庙底沟二期文化和龙山文化时期。另外还发现大量红烧土草拌泥，类似“水泥”混凝土墙壁地面等房屋建筑遗存。

仰韶村遗址第四次考古发掘工作对进一步深化仰韶村遗址的文化内涵、各期遗存的分期及年代，进一步完善聚落布局、功能分区、聚落形态发展演变等具有重要的意义；草拌泥（草茎泥）红烧土墙壁地面等房屋建筑遗存为首次发现，刷新了对

仰韶村遗址仰韶文化时期房屋建筑类别、形制、建筑技术等方面的认识；类似“水泥”混凝土地面等房屋建筑遗存的发现，为研究仰韶村遗址仰韶文化时期房屋建筑技术提供了新材料；“涂朱”墙壁地面等房屋建筑遗存的发现，反映出仰韶村遗址极有可能存在高等级高规格的大型房屋建筑。发掘中收集的各类样品和标本，为多学科多技术研究工作的开展提供了宝贵材料，填补了仰韶村遗址近百年来多学科研究的空白，极大地丰富了对于仰韶村遗址仰韶和龙山时期人类生存状况、人地关系等多方面的了解。同时，仰韶村遗址第四次考古发掘对于深入挖掘黄河文化的内涵和价值，探究豫西地区史前社会的复杂化和文明化进程具有重要的意义。

（李世伟　魏兴涛　张　凤　张小虎　郑立超　侯建星）

【郑州市大河村新石器时代遗址】

发掘时间：2020 年

工作单位：郑州市文物考古研究院

2020 年度郑州大河村遗址发掘清理各类各时期遗迹 30 余处，其中灰坑 20 处，夯土墙 1 段（与 2018 年、2019 年发现的夯土墙相连）、地震遗迹多处（其中地震裂缝与 2018 年、2019 年发现的地震裂缝相连）、墓葬 7 座。

（1）墙体，发掘暴露墙体位于遗址西南部，地势西北高东南低，开口层位不一，暴露深度不一，部分平面呈长条形，东西长 46.5 米，墙顶南北残宽 1.6 ~ 4.7 米，开口距地表 0.3 ~ 2.4 米，墙底南北残宽 2.1 ~ 6 米，墙体残存高 0.55 ~ 1.7 米，呈东北—西南走向。根据层位关系，解剖墙内、与墙体有叠压打破关系的堆积单位内出土陶片，综合分析推断墙体始建年代为大河村四期。

（2）地震遗迹，2020 年度发现的地震遗迹现象较多，除发现有地震裂缝外，还发现有地层液化现象，同时通过对地震裂缝等现象的观察，至少有两次不同时段的地震，其中一次震级不小于六级。

（3）灰坑，灰坑均为龙山时期，形制主要有圆形和椭圆形，另有长方形、不规则形等。结构多直壁平底呈筒状，个别呈圜形锅底状，少量底部凸凹不平。其性质多为垃圾坑，也有个别推测为窖穴。

（4）墓葬，清理墓葬 7 座，其中汉晋墓 5 座，龙山时期墓葬 1 座，不明时代墓葬 1 座。汉晋时期墓葬均遭严重盗扰，均为斜坡墓道单室墓，出土物有仓、井、罐、多子盒等残片。龙山时期墓葬形制为长方形竖穴土坑，单人仰身直肢葬，未发现葬具，随葬陶罐一个。

大河村遗址的考古新发现为我们提供了研究仰韶文化时期先民的生存环境和社会组织结构等重要信息，对于探讨黄河流域仰韶文化的区域划分和豫中地区仰韶文化的发展序列、分期及类型乃至聚落形态、文化内涵等提供了重要新资料。这为深入贯彻落实习近平总书记“保护传承弘扬黄河文化”的重要指示精神，为“黄河文化”的研究阐释提供了学术支撑。

（丁兰坡　魏青利）

【郑州市高新区水牛张新石器时代遗址】

发掘时间：2020 年

工作单位：郑州市文物考古研究院

水牛张遗址位于郑州高新技术产业开发区紫楠路西、科学大道南。配合郑州土地储备中心郑土测字（2016）第 839 号宗地的建设开展考古工作。该遗址位于郑州市西北部，东距须水河 1.5 千米，南距东赵遗址 2.3 千米，北距朱寨遗址 2.5 千米，西北距汪沟遗址 10 千米、距青台遗址 15 千米、西距双槐树遗址 37 千米。

截至 2021 年 1 月，该遗址发掘面积 6000 余平方米，确定该遗址为一处仰韶文化晚期到龙山文化早期聚落遗址。遗址内暴露遗迹丰富，其中：仰韶文化晚期大型中心居址区1处，仰韶文化时期墓葬20余座、瓮棺2座，龙山文化早期城址1座，仰韶—龙山文化灰坑140座，另清理晚期遗存战国墓葬20座、战国水井8眼、明清墓葬70余座。

仰韶文化晚期大型中心居址区1处。位于遗址的北部正中。在居址四周残存有疑似院落墙体基槽，合围形成封闭的近椭圆形结构，面积1200平方米，基槽内填土有人工夯打痕迹。发现带有巷道的房址及大型窖穴，房址之间建有通道，有待进一步细致发掘。

带有明显规划的仰韶文化时期墓葬区1处。位于大型居址区南侧，现共揭露出20余座仰韶文化时期的墓葬，呈排状分布，墓葬均为东西向。这批墓葬是目前该遗址最具规划性的墓葬区。

瓮棺葬2座。分布于大型居址区西侧，方向均为东西向，W1为单件大口尖底瓶，由于被晚期灰坑打破，保存较差，W2为尖底瓶与钵扣合而成，暂未清理。

龙山文化早期城址1座。城址位于遗址中部，初步发现被内环壕及夯土城墙围绕，形成严密的防御体系，内环壕合围面积约21000平方米，上口宽约10～20米，深3.3米。夯土基槽保存较好，位于内壕内侧，上口残宽约2～4米，残深1.3～2.5米。值得下一步发掘工作高度关注。

战国墓葬20座。均为南北向长方形竖穴土坑墓，斜壁内收。根据葬式多为仰身曲肢，少量仰身直肢，头向均向北。根据形制多为无壁龛，少量有壁龛。部分墓葬残存有棺椁痕迹。出土陶鼎、陶盘、陶壶、陶豆、陶盒、陶匜等。

战国水井8眼。均为竖洞式井，由竖穴土坑和陶井圈两部分组成，根据平面形制分为圆形、近方形。出土陶罐、盆、瓮等器物残片。

本次考古发掘出土文化遗物以陶器残片为主，仰韶文化时期陶片陶质以泥质陶为主，少量夹砂陶，陶色主要有灰陶、红陶，少量褐陶，器表以素面为主，纹饰有弦纹、绳纹等。另有少量彩陶，纹饰有方格纹、菱形纹、直线纹、弧线纹等。器形有鼎、罐、钵、豆、环、碗等。另出土少量石器，器形有铲、斧、凿、刀等。龙山文化时期陶片陶质以泥质陶为主，少量夹砂陶，以陶色而言主要有灰陶，少量黑陶。器表纹饰有弦纹、篮纹、方格纹。器形有鼎、罐、鬶、豆等。

通过该遗址的考古发掘，可以更好地解决聚落的结构布局、形态变迁等学术问题，进而为综合研究郑州地区仰韶文化中晚期到龙山文化早期聚落形态变迁、考古学文化谱系等重要学术课题提供新的材料。

（高赞岭　朱少铮）

【驻马店双高楼新石器时代遗址】

发掘时间：2020年5～8月

工作单位：河南省文物考古研究院、驻马店市文物考古研究所

双高楼遗址位于驻马店市驿城区刘阁街道办事处双高楼村西南，北距驻泌公路约2千米，东南距杨吕庄约600米，练江河支流从遗址东部流过，遗址坐落在练江河支流西岸的高岗地上，中部隆起，四周漫坡向下，高出地表1.5米，南北稍长，东西略窄，平面约呈长方形，长250米，宽150米，面积约3万平方米，文化层厚0.3～1.5米。地表采集陶片可辨器形有陶鼎、陶豆、擂钵、陶杯、陶碗、陶纺轮、陶罐、石镞等。双高楼遗址于1985年文物普查时发现。

为配合驻马店国道107绕城改造项目的建设，报经国家文物局批准，河南省文物考古研究院联合驻马店市文物考古研究所等单位对驻马店双高楼遗址进行考古发掘。

此次发掘面积约2200平方米，地层堆

积较为简单，发现遗迹有灰坑46座、房址7座、灶2座、沟6条、环沟1条、墓葬1座、瓮棺葬2座、水井1眼。出土遗物有陶器、石器、骨器等，陶器发现数量较多，器形有罐、盆、红陶杯、鼎、刻槽盆、高柄杯、豆、瓮等，石器发现数量较少，器形有斧、镞等。所见遗存的年代主要为王湾三期文化时期，少部分遗存年代属石家河文化时期，另见到少量屈家岭文化时期遗物。

双高楼遗址的发掘对于研究驻马店练江河流域新石器时代文化的发展变迁以及该地区王湾三期文化时期小型聚落遗址的聚落布局、功能分区、社会组织结构等具有重要价值。

（李世伟 周立刚 李安娜 齐雪义）

【伊川县南寨新石器时代至二里头文化遗址】

勘探时间：2020年10月～2021年1月

工作单位：洛阳市文物考古研究院

南寨遗址位于伊川县彭婆镇南寨村西北，距离县城约10千米。遗址西距伊河约0.5千米，北部有伊河支流自东向西流过，与北寨遗址隔曲河南北相望。遗址南部与北部均为断崖，东部与南寨村连为一体。整个遗址坐落在伊河东岸的三级台地上。遗址平面呈近方形，东高西低略呈斜坡状。南北长约500米、东西宽约480米，总平面240000平方米。

南寨遗址主要包含有仰韶、龙山、二里头及二里岗时期的文化遗存。其中以二里头时期文化遗存最为丰富。

本次踏查区域面积约3平方公里，普探实际面积约22万平方米，重点勘探面积约5万平方米（位于遗址北部）。

本次勘探共发现灰坑96座，墓葬22座，烧窑6座，壕沟2条。其中发现的G1位于遗址西部，大致与遗址东部、北部天然河沟和南部断崖将遗址合围。G1南北长约420米，东西宽约11～12米，南高北低，深度约4.5～5.3米。

通过此次对洛阳市伊川县南寨遗址及周边小范围内调查和勘探工作，我们采集到了较多的龙山时期至二里头时期陶片，初步对遗址的边界、地层堆积厚度及遗迹现象的分布有了一定的了解。遗址北部为主要区域，遗址南部地层相对较浅，各类遗迹现象主要分布于北部，南部较为零散，发现的G1西侧遗迹现象较少。经过勘探，遗址的西部、南部及中部均发现有沟，我们对遗址西北部断崖处发现的沟进行了剖面清理。从沟（G1）的形状来看初步判定沟（G1）为人工开凿，该沟至二里头时期逐渐被废弃。从发现的一座打破G1的墓葬中（编号H55）出土的瓷碗可以判定至宋代这里已经完全看不见该沟存在的迹象。

（顾雪军）

【新乡市高新区西台头新石器时代至东周遗址】

发掘时间：2020年3～7月

工作单位：新乡市文物考古研究所

西台头遗址位于新乡高新区西台头村东，地处新乡市道清路与振中街交叉口西南角。2019年12月，新乡市文物保护中心在对新乡高新区西台头城中村改造安置区项目进行勘探时，发现此处新石器时代遗址。遗址南北宽80米，东西最大长度约100米，面积约8000平方米。遗址文化内涵较为丰富，时代从新石器时代延续到东周。此外，还有汉代、宋元至明清时期的遗迹遗物。2020年度经国家文物局批准，受河南省文物考古研究院委托和新乡市文广外旅局指派，新乡市文物考古研究所对该遗址进行了考古发掘。

此次发掘，新乡市文物考古研究所累计布探方15个，发掘面积近2000平方米，共清理古代沟5处，灰坑160处，水井10处，房基1处；发掘出土的遗物较为丰富，出土陶器、石器、玉器、骨器等200余件。遗址发现了大量后岗二期龙山时代晚期文化遗存，属典型器有大口瓮、鼎，方格纹折沿罐，绳纹折沿罐，器盖、罐形甑、刻槽盆、平底盆，豆、轮盘，典型的后岗二期遗存，另外，在整理过程中还发现以红陶鬶为代表的一些有山东龙山文化因素的器物；遗址还发现了属于先商文化辉卫型的文化遗存，出土了以篮纹瓮、蛋形瓮、捏口罐、陶鬲等属于辉卫文化的典型器形；发现了以灰坑为主的西周时期的遗迹，出土大量矮裆鬲、簋、罐、豆、盆为主的属于西周晚期的遗物；发现了包括环壕、排水管等重要遗迹以及陶文等重要遗物的东周遗迹。

东周时期，新乡地区各个势力犬牙交错，新发现的西台头遗址及陶文的释读对厘清新乡地区东周时期城邑分布有重要意义。

（张自强）

【登封王城岗龙山文化及二里头文化遗址】

发掘时间：2020年6月~2021年1月

工作单位：河南省文物考古研究院　北京大学考古文博学院　郑州大学历史学院

王城岗遗址位于登封市告成镇与八方村之间、颍河与五渡河交汇的台地上，南眺箕山、北依嵩山。遗址总面积约50万平方米。1976~1981年，河南省文物考古研究所的考古工作者在这里发现两座河南龙山文化晚期小型城址，并发现有奠基坑、青铜器残片、玉器和文字等，有专家称之为“禹都阳城”。2002~2005年，河南省文物考古研究所和北京大学考古文博学院在王城岗遗址新发现一座龙山晚期大城，同时发现祭祀坑、玉石琮和白陶器等重要遗存，并在大城中部偏北处发现三处夯土基址。

2020年登封市王城岗遗址作为“考古中国·夏文化研究”重大研究项目的重点遗址重新启动了更系统的考古钻探和发掘工作。

2020年度的钻探面积达8万平方米，取得如下突破：1. 在大城内北部发现面积超过两万平方米的夯土群；2. 在大城内东北部发现近闭合的沟状堆积，主体内涵是二里岗文化和东周遗存；3. 通过钻探和环境考古、地貌学研究的结合，大致找出了古颍河的北界，位于八方村南台地附近。

发掘选择大城内夯土进行，发掘面积500平方米，成果主要分为两个方面：1. 夯土的厚度约1米，其年代不晚于二里头文化二期；2. 发现一批二里头、二里岗和东周等时期的遗存。

2020年的工作将大城内的文化面貌向“夏文化”推进了一步。大城内的夯土群集中连片分布，是龙山晚期到二里头文化二期所发现的中原地区最大的夯土群之一，有助于对城内功能分区的认识，也佐证了王城岗大城在颍河流域的中心地位及环嵩山地区具有国家机器职能的“雏形国家组织”的出现。

（马　龙）

【孟州禹寺龙山文化及西周遗址】

发掘时间：2020年5月~2021年1月

工作单位：河南省文物考古研究院

禹寺遗址位于孟州市谷旦镇禹寺村西北的黄土丘陵上，遗址地形西南高、东北低，北面不远即是蟒河。309省道从遗址中部横穿而过。砖厂取土使得遗址遭到了严重破坏。

规划中的小浪底北岸灌区渠线从孟州市禹寺遗址上穿过。为配合小浪底北岸灌区工程建设，河南省文物考古研究院对禹寺遗址被渠线占压部分进行了考古发掘，根据发掘情况又主动做了一些钻探和发掘工作。共布探方15个，探沟6条，发掘面积约 2500 平方米。

考古发掘表明，禹寺遗址延续时间较长，从龙山文化、二里头（夏）文化、西周、东周直到汉唐时期都有人类活动，总面积大约 150 万平方米。

两座龙山时代城址的发现是本次发掘最重要的收获。龙山城址位于禹寺遗址偏北部，共发现一大一小两座城，由于历史时期及近代以来人为破坏严重，两座城址的地上城墙部分已基本破坏殆尽，仅余四面城壕相对比较完整。仅在大城的东墙和北墙位置发现少量残余的城墙基槽夯土遗迹，推测其上原来应该有夯土城墙存在。另外，在小城北侧壕沟边发现有类似护坡的堆积，推测应为小城城墙的护坡堆积。小城基本呈方形，长宽均约 150 米，面积 2 万多平方米。由于后期破坏，龙山小城仅存壕沟遗迹，壕沟宽约 13 米，深度可达 12 米多。在小城的北面壕沟南侧局部还发现了类似护坡的堆积，应是城墙的附属设施。大城略呈长方形，南北约 300、东西约 200 米，面积约 6 万平方米。由于后期破坏，大城目前仅残存城墙外的壕沟，已发现了北、东、南三面壕沟，壕沟宽约 10～12 米，深度 4 米多，沟壁陡直，沟底宽平。大城北、东壕沟内侧城墙位置局部还发现了残存的夯土基槽。夯土层发现的个别二里头陶片说明二里头时期可能修补过城墙。大城东墙外的壕沟中间有一处缺口，可能为东城门的位置。

由于后期严重破坏，龙山城址内保存下来的遗迹数量很少，仅发现了少量灰坑和深穴式窖穴。

由于破坏严重，目前二里头文化遗存仅发现零星灰坑。

西周文化遗存比较丰富，在遗址东西部都有分布，且在遗址东部部分揭露了小规模的平民生活区。已发现的遗迹有灰坑、房址、水井等，这些遗迹之间很少有打破关系。房址皆为方形或长方形半地穴式，门道皆向南，室内有灶。灰坑则多见圆形袋状和圆形筒状。遗址西南部还曾发现高等级墓葬，曾经出土过西周的铜鼎、铜车辖等。

禹寺遗址东西部都分布有东周时期文化遗存。目前已发现的遗迹有灰坑、水井、沟等，其中以圆形袋状灰坑最为常见。

此外，还清理了两座汉代墓葬和一座唐代墓葬。

焦作地区龙山时代考古工作较少，两座龙山城址的发现为了解焦作地区龙山时代的社会进程，研究当时区域间文化交流提供了重要的新资料，而西周遗存的发现也为研究西周时期成周的范围及文化面貌提供了重要的新资料。

（张小虎　吴小玲）

【叶县余庄龙山文化遗址】

发掘时间：2020 年 8～12 月

工作单位：河南省文物考古研究院、平顶山市文物局、叶县文化广电和旅游局

余庄遗址位于平顶山市叶县盐都街道余庄村村南，西临 S103 省道（叶县东环城路），西北距沙河约 4 千米。从初步调查勘探情况看，遗址东西长约 1500 米，南北最宽约 1000 米，面积在 100 万平方米以上。中心地理坐标为：北纬 33°38′08″，东经 113°22′54″，海拔 65.3 米。遗址地势整体较为平整，多数为农田。该遗址属于一处在配合基本建设过程中新发现的遗址。

河南省文物考古研究院与平顶山市文物局、叶县文化广电和旅游局联合组成考古队对该遗址进行了发掘。

本次考古发掘揭露遗址面积 1000 余平方米。清理出墓葬、房基、灰坑、窖穴及壕沟等各类遗迹 70 余处，出土陶器、石器、玉器、骨器等器物 200 多件。

在所发掘的墓葬中，龙山墓葬有十余座。其中，M10 是规模最大的一座。该墓

位于2020ⅡT0405内西南角，为一座近长方形竖穴土坑墓，开口于③层（龙山文化时期）下，打破第④层，其口部被H14打破。墓口距地表深0.7米，南壁长2.55、北壁长2.7米，宽1.22米，深0.8米，面积3.2平方米。方向110°。单棺，棺内葬有一人，仰身直肢葬，头东向，颅骨上有朱砂。另外棺外北侧还陪葬一人，亦为仰身直肢葬。墓内随葬器物有33件陶器，包括鼎2件、簋6件、尊1件、长颈壶1件、豆7件、觚7件、杯7件、罐2件。这组陶器形体较小，制作精良，属于明器。从地层关系及随葬器物形制判断，该墓属于龙山时期。M10是在河南境内发现的随葬器物最丰富，等级最高的龙山文化时期墓葬。

在T0504、T0806、T0805内出土了四组龙山文化时期的陶器，每组器物排列有序，各组器物器类大致相同，包括鼎、豆、簋、觚、壶、杯等。在同组中，同类器形制、大小基本相同，具有鲜明的礼制色彩，属于首次发现。

从目前的考古发现来看，叶县余庄遗址规模大、规格高、文化内涵丰富，是一处以龙山文化遗存为主的遗址，是沙河中游地区龙山时期的中心聚落。在出土的遗存中，部分龙山文化遗存的年代属于煤山二期（约公元前2100~1900年），进入夏代纪年。该遗址的发掘对研究龙山时期中原地区的礼制、社会复杂化以及早期夏文化具有十分重要的意义。

（吴伟华）

【郑州航空港区生金李村龙山文化遗址】

发掘时间：2020年

工作单位：郑州市文物考古研究院

遗址位于郑州航空港区张庄办事处生金李村，配合郑州航空港经济综合实验区（郑州新郑综合保税区）社会事业局郑港测古（2018）147、148地块项目建设开展考古工作。具体位置在郑州航空港区东北部，梁州大道以东，荆州路以西的领事馆南六路南侧（规划），荆州路西侧（规划），领事馆南六街东侧（规划），大寨路北侧（规划）。考古共清理各类遗迹517处，其中灰坑480处、墓葬18座、房址5座、灰沟8条、窑5座、井1座。出土部分珍贵文物标本。

灰坑517处。宋代灰坑1处，平面形状近长方形，直壁平底，用途为窖穴。

西周时期灰坑21处，平面形状有圆形、椭圆形，结构可分为直壁或袋状，平底。用途为窖穴、垃圾坑等。

龙山时期灰坑458处，平面形状有圆形、椭圆形、不规则形、长方形。结构可分为直壁平底、直壁圜底、袋状平底等。用途可分为窖穴、蓄水池、垃圾坑等。

墓葬18座，均为龙山时期墓葬。多数墓葬分布较集中，且排列有序，或为墓葬区。皆为长方形土坑墓，直壁平底。墓内均发现人骨，多为仰身直肢葬。无葬具痕迹，无随葬物品。

房址5座。依构筑方式可分为地面式建筑和半地穴式建筑两种。平面形状可分为圆形或方形，保存状况一般，多数仅余房屋底部，由居住面、基槽、柱洞及灶组成。

灰沟8条。除G1为西周时期，余皆为龙山时期遗迹。

陶窑5座，其中4座为西周时期，保存状况一般，顶部坍塌。由操作坑、火门、火膛、窑室、烟囱五部分组成。龙山时期窑1座，仅余底部。

通过考古发掘，此次出土遗物主要为龙山时期的文化遗物，少量西周时期遗物。龙山时期遗物最为丰富，陶器主要为灰陶，红陶较少，夹砂和泥质均较多。纹饰种类丰富，以篮纹为主，磨光黑陶、方格纹、弦纹等相对较少。器形主要有陶罐、碗、甑、圈足盘、豆、鼎足等。石器主要是石钺、石斧、石凿、石刀、石镞等。骨器主要是骨凿、骨簪、骨凿等。西周时期器形主要有陶鬲、陶罐、陶簋等。

通过本次考古发掘，发现了大量的龙山时期的各类遗迹，并且出土了大量龙山时期的文化遗物，这些文化遗存的发现，为今后该区域的文化遗产保护利用、历史文化内涵的研究提供了科学依据和实物资料。

（高赞岭　聂银超）

【驻马店高明楼王湾三期文化遗址】

发掘时间：2020 年 9 月 ~2021 年 1 月

工作单位：河南省文物考古研究院、驻马店市文物考古研究所

高明楼遗址位于驻马店市驿城区刘阁街道办事处高明楼村西，练江河支流北岸的岗地上，东距高卯村 180 米，西距鼎志植物油公司 55 米，北邻驻泌公路。遗址中部隆起，四周渐缓低下，高出周围地面 1 米，平面呈长方形，东西长 240 ~ 260 米，南北宽 150 米，面积约 36000 平方米，文化层厚 0.5 ~ 1.6 米，地表采集遗物有陶片、石器，可辨器形有鼎、豆、罐、碗、石斧、石凿、石锛等，属龙山文化遗存。1985 年文物普查时发现该遗址。板桥供水一期、二期工程由遗址北部东向西穿过。1992 年、1994 年为配合板桥供水一期、二期工程的建设，河南省文物考古研究院和驻马店市文物考古研究所等单位先后两次对该遗址进行了考古发掘。

为配合驻马店 107 国道绕城改造项目的建设，报经国家文物局批准，河南省文物考古研究院联合驻马店市文物考古研究所等单位对驻马店高明楼遗址再次进行考古发掘。

此次发掘面积约 2500 平方米，发现灰坑 34 座、房址 10 座、灶 6 座、沟 15 条、墓葬 2 座、瓮棺葬 2 座以及大量柱洞遗迹，数量达五百余个。房址均为柱列式，保存较差，仅剩柱洞部分，基本平面形状均为近长方形或近方形，有单间柱列式房屋，也有东西两间并列柱列式房屋，也有多间柱列式房屋；柱列式房屋建筑多为东西向，少数为南北向。整体上来看，发掘区南部灰沟至北部灰沟之间的区域应为高明楼遗址生活居住区，柱列式房屋建筑从南向北大致呈数排东西向排列分布，人为规划意识非常明显。出土遗物有陶器、石器、骨器等，陶器发现数量较多，器形有罐、盆、红陶杯、鼎、刻槽盆、高柄杯、豆、瓮等，石器发现数量较为丰富，器形有镞、斧等。所见遗存的年代主要为王湾三期文化时期。

高明楼遗址的发掘尤其是大量柱列式房屋建筑的发现，对深入了解该地区王湾三期文化时期小型聚落遗址的房屋建筑形制、房屋建筑分布与排列、聚落面貌、聚落之间分工和分化、聚落布局、功能分区、社会组织结构等，以及王湾三期文化对豫南地区的经营、该地区史前文化的发展和变迁等均具有重要的学术意义和价值。

（李世伟　周立刚　李安娜　齐雪义）

【郑州商城遗址】

发掘时间：2020 年 3 ~ 12 月

发掘单位：河南省文物考古研究院

为配合郑州市管城回族区创新街小学（北校区）项目建设，河南省文物考古研究院对郑州市管城回族区紫荆山路与东大街交叉口东北部区域进行了配合性考古发掘。

本次考古发掘工作共布 10 米 ×10 米探方 38 个，5 米 ×10 米探方 3 个，发掘面积 3950 平方米。整个发掘工地，发掘深度普遍达 2 ~ 2.7 米左右，清理出商代至明清时期的灰坑、水井、沟、窑址、道路、灶址等各类遗迹 1359 处。其中，灰坑 1240 座、沟 31 条、水井 42 眼、房址 3 座，路 4 条，窑（灶）37 座，墓葬 2 座。

发掘区西部 H981、H1034 等商代灰坑

规模较大，使用时间较长，从二里岗下层一直延续至二里岗上层，灰坑周边伴有完整陶器、牛角等。发掘区北部清理出埋有多具人骨的长方形灰坑和包含较多铜渣块的遗迹。结合相近区域化工三厂 H1 类遗存及二里岗期夯土基址，这些信息有助于郑州商城建城之际考古学文化面貌、内城宫殿建筑布局和手工业生产等问题的深入探讨。

发掘区中东部揭露出的唐宋以来一直使用的南北向道路、宋代的沟渠以及形制多样的灶址、部分残留的柱础石等遗迹，为探讨唐宋郑州城的布局规划以及该区域与东边开元寺这一重要城市地标之间的关系也提供了重要线索。

2020 年度，为配合郑州市商都历史文化区书院街历史街区环境整治一期项目建设，河南省文物考古研究院对郑州市管城回族区城南路与南关街交叉口西北部区域进行了配合性考古发掘。

考古发掘工作共布 10 米 ×10 米探方 30 个，揭露面积 3000 平方米。整个发掘工地，发掘深度达 1 ~3.5 米左右，清理出商代、唐宋、明清时期的灰坑、水井、沟、灶址等各类遗迹 400 余处。

2019 年度曾在该项目区域中部清理出近 60 处商代二里岗时期的长方形坑。这批长方形坑，形制较为规整，方向多东西向或南北向，集中分布却罕见互相打破关系，体现出一定的规划性。同时，多处坑内发现了较多的人骨、动物的埋藏现象，伴随着完整陶器、卜骨等遗物的大量出现，初步认定该区域可能存在较为长期、固定的祭祀行为，这批长方形坑可能为祭祀行为之后形成的埋藏坑。本年度在该区域西部、北部又继续开展工作，比较重要的是在北部发现 1 处人头骨埋藏坑，坑口形状为圆形，近底部发现 5 个人头骨，伴有卜骨、陶鬲等，目前该灰坑已经整体提取，搬迁至室内开展相关研究。

2020 年该项目的考古发掘工作进一步廓清了长方形坑的分布范围，为探究郑州商城内城功能区划以及商代祭祀行为和制度提供了新信息。

（杨树刚　曹凌子）

【偃师商城遗址】

发掘时间：2020 年 3 ~ 12 月

工作单位：中国社会科学院考古研究所河南第二工作队

本年度对偃师商城遗址进行了较大面积的勘探和发掘。勘探区域包括大城东南部的古湖泊西岸线和大城（含小城）东墙南段沿线，小城东北部和小城东部，勘探面积约 20 万平方米，确定了大城东墙南段的准确位置，城址与湖泊的空间关系，发现了宫殿区东部的雨污水排水渠道系统。

发掘工作自 2020 年 5 月开始，12 月底初步结束。上半年的发掘包括小城西北部仓储区的西侧和北侧，小城北墙中段疑似城门处。下半年的发掘为 2019 年新发现水道，穿越大城西墙处和宫殿区东侧。

小城西北部和小城北墙中段的发掘系 2019 年工作的延续，发掘目的为探索小城北门所在，了解小城西北部 2019 年发现的仓储区外围是否存在着围垣设施等。发掘结果表明，小城北墙西段在大城扩建中被削除两侧。在小城北墙西段的外侧发现有壕沟 1 条，宽约 2.5 米，钻探长度约 200 米，大体与小城北墙平行。在小城北墙西端发现临时门道一处，可能为大城修建过程中临时开设，随后重新封堵。在仓储区的西侧，大城（含小城）西墙的内侧发现南北向道路一条，应该为大城使用时期的顺城路。在小城北墙中段发现疑似门址 1 处，该处城墙基槽夯土宽出小城北墙中间位置的北边缘，形成两块类似“墩台”的夯土，因城墙基槽保存较差，仅余 10 余厘米，两块夯土之间未发现路土和城门设施，因而存疑。

小城中南部的水道遗存是2020年下半年主要的发掘工作。发掘地点主要有三处，其一为水道穿越大城（含小城）西墙处，其一为水道出宫殿区处，其一为宫殿区外东北侧的水道拐角处。

西部发掘点的水渠保存状况稍差，系沟槽状石构水渠。水道修建中先开挖基槽，然后在基槽底部和两侧铺砌石块（片），形成水腔。该段水渠为明渠，其中穿越护城壕的两侧部分已经初步揭露，穿越城墙处尚未揭露出来。该段水道的基槽宽2.7米，两侧砌石宽0.5～0.55米，水腔宽1.60米，深0.75米。可能为偃师商城第二期遗存。

东北部发掘点为水道拐折处，系沟槽状石构暗渠。基槽口宽2.1～2.3米，砌石宽1.7米，深0.9米，水腔口宽0.5米，高0.6米。该水道可能为第三期遗存。

东部发掘点发现的水道有早期的东西向沟槽状土木构水渠和中、晚期的东西向沟槽状石构明渠。其中早期水道东西向，斜壁，微圜底。斜壁上见有成排的柱洞，大小不一，可能为木构遗存。渠道口部残宽1.6～1.7米，底宽0.7～0.8米，深约0.62米。立柱间形成的水腔宽0.3～0.8米。早期水道内见有偃师商城第3段的遗物，其形成年代可能不晚于偃师商城第3段。

中期水道系在早期水道的基础上营建，为东西向沟槽状石构明渠。修建方法与大城西墙处和宫殿区外东北侧的水道拐角处类似。基槽直壁，平底。口宽2.6米，底宽2.5～2.6米，渠道两侧局部见有石块铺就的护岸，宽约1米，中部的水腔宽1.45米，深1.1米。中期水道局部被偃师商城第二期（4段）的灰坑破坏，其修建年代当不早于偃师商城第3段，不晚于偃师商城第4段。

晚期的水道是在中期水道的水腔内重新砌石改建。口部砌石总宽1.5～1.6米，水腔宽0.65～0.75米，深约0.8～0.9米。晚期水道被偃师商城第三期（5—6段）的遗存破坏，其下限可能为第5—6段，其始建年代可能不早于第4段，废弃年代则不晚于第6段。

除以上外，在宫殿区东侧发现了南北向的排水渠，联通上述不同时期的水道。其存续年代有待于下一步的发掘证明。

本年度的发掘收获丰硕，除了发现疑似的小城北门和小城北墙外的壕沟外，还初步探明了宫殿区中南部的水系遗存。为偃师商城布局的进一步探索和城市性质与功能的进一步研究奠定了基础。

（陈国梁　曹慧奇　谷　飞）

【安阳市安钢厂区商代遗存】

发掘时间：2019～2020年

工作单位：中国社会科学院考古研究所安阳队

为配合安钢厂区及周围区域的地下雨污管网分流改造，安阳队于2019～2020年间对埋设管线地段［管线施工区（宽2～2.2米）］进行了考古复探和发掘。

2019年10月7日～2020年5月6日，对项目经过地段进行全面、详细的考古复探。共分6个区段，实际勘探面积为20537平方米。共探明商时期灰坑29个，商时期灰沟1条、房基2座、井1眼、墓葬11座，战国墓1座，宋墓1座，路2条（时代不明）。综合前期钻探资料判断，涉建区域地下文物埋藏情况是：属于重点保护区内的东部较为丰富，一般保护区内相对稀疏。2019年10月～2020年7月布方发掘，面积超过2000平方米。本次发掘的古代文化遗存以殷墟时期为主，其次有战国时期的沟和墓葬。其他还有零星隋墓、宋代窑址和清墓。

殷墟文化遗迹有房址7座、灰坑164个、水井1眼、墓葬33座、车马坑1座。其中殷墟三期的墓葬2019AGM1东西向，墓口长2.93、宽1.45～1.7、深2.5～2.58米。有铜鼎1、斝1、簋1、壶1、觚2、爵2、卣1等，武器戈、矛置于棺外，其他还有锛、凿、刀以及玉器、贝等。殷墟三期的车马坑2020AGK1口部长3.4、宽1.2、深1.16米。底部置马车1辆，前有2马；殉人1（应是车夫）。先摆放马，再放车，车厢纵向放置，再放人于车厢上。人右下侧有弓形器1件，左腰部有铜镞3枚。车的衡饰、轭首、铜踵为铜质。

综合以往考古工作可知，殷墟西部、今安钢区域，是殷墟都城遗址的重要组成部分。区域内有众多的遗迹现象，以房址为核心，包括水井、窖穴、灰坑、墓葬、祭祀坑等，它们构成了殷墟都城的基本文化要素。通过对地下遗存进行发掘和综合研究，不断探明殷墟都城西部的功能区划，也将进一步推动对商文化与商史的研究。

（牛世山）

【安阳市大司空东地商代遗存】

发掘时间：2017年3～12月

工作单位：中国社会科学院考古研究所安阳队

大司空东地位于安阳市西北约3千米。这里位于殷墟遗址的东北部，1935年以来，这一带曾多次做过考古调查和发掘，发现过包括殷墟晚商文化在内的多个历史时期的重要文化遗存。2017年的2个发掘地点相互邻近，都位于殷墟保护区的一般保护区内。其中一处偏北，为殷墟保护区村民安置区基建考古项目；另一处偏南，为大司空棚户区改造基建考古项目。

殷墟保护区村民安置区工地，发掘时间为2017年3～9月，发掘面积2100多平方米。发现殷墟时期道路5、房址4、井1、灰坑309、墓葬154，还有少量后代遗迹。大司空棚户区改造区工地，发掘时间为2017年4～8月，发掘面积近1500平方米。发现有殷墟时期道路1、房址9、墓葬30、车马坑3、灰坑203、井2，还有少量后代遗迹。

殷墟保护区村民安置区工地发现殷墟文化时期的道路5条，为东西向，分上、中、下3层叠压。其中上层2条（L2、L3），宽3米左右，中间明显低，两侧高；路面有车辙，测得车的轨距约1.2米；时代不早于殷墟4期。中层道路2条（L4、L5），宽度相近，3米左右；路面有车辙，测得车的轨距约1.2米；时代不早于殷墟4期早段。下层道路1条（L6），路面宽7米左右；路面有车辙，测得车的轨距约1.2米；路南被殷墟4期早段的灰坑打破，下压生土，还发现下压一座殷墟3期的灰坑，北侧缓坡上有祭祀坑。

两个地点发现殷墟时期的单体房址都不大，被后代破坏，仅剩几部分。其中殷墟保护区村民安置区工地的1座房址（F6）位于三层道路的北面，主体在发掘区外，发掘有附属的排水道，底、侧板为砂岩砌筑，为以往未见；排水道的北面高，南面低，通向南面的道路方向。

殷墟保护区村民安置区工地发现殷墟4期的甲骨坑1座，袋状，口径1.8米，深1.6米，底平整。出土无字甲骨165片（暂编号）。其中基本为牛的肩胛骨，少数为龟甲。

大司空棚户区改造工地发现殷墟时期道路1条（L1），下压生土，被殷墟4期晚段的灰坑打破；东西向，路面4米左右，两侧有密集的殷墟时期遗迹。发掘大墓1座，带一条曲尺形南墓道，时代为殷墟4期。早期被盗。墓口5米×4.1米，深7.5米。1椁，椁内被完全盗扰。椁顶北侧的上部填土中有一狗和1个人头，北二层台一个殉人，东二层台上有一牛腿骨，南二层台有石磬1，还有鳄鱼皮、木质朽痕。南墓道东边有2座车马坑（时代略早）。

本次发掘，殷墟时期多条不同宽度道路的发现，进一步完善了殷墟时期洹河以北地带的商代道路及其层级网络。区域内众多的遗迹现象，以房址为核心，包括水井、窖穴、灰坑、墓葬等遗迹，为研究殷墟时期聚邑的内部结构提供了新的场景。有一条墓道的大墓，形制较特殊，为研究商代墓葬提供了新资料。

（牛世山）

【荥阳官庄遗址两周及汉代手工业作坊遗存】

发掘时间：2020 年 9 ~ 12 月

工作单位：郑州大学历史学院、郑州市文物考古研究院、荥阳市文物保护管理中心

官庄遗址位于荥阳市高村乡官庄村以西，北依连霍高速，西邻 234 国道，南距索河 3 千米，坐标北纬 34°51′22″，东经 113°22′79″。2019 年该遗址入选第八批全国重点文物保护单位。遗址总面积超过 130 万平方米，发现一座两周时期城址以及手工业作坊区、墓葬区等重要迹象。自 2015 年起，发掘工作的重心一直集中在位于大城内中北部的手工业作坊区。为配合 2018 级考古专业实习，2020 年继续对大城内手工业作坊区及其以东一处新地点进行了发掘。

2020 年度发现各类遗迹 330 余处，以东周时期为主，其次为汉代。包括道路 2 条、灶址 3 个、墓葬 12 座（含瓮棺葬 3 座）、房址 2 座、灰沟 9 道、灰坑 300 余座。L21 大致呈南北走向，贯穿东部发掘区 5 个探方。整体近水平状堆积，经过长期踩踏，未见明显分层。已清理路面长 21 米，路面最宽处达 3 米。路面上可见 3 至 4 条车辙。Z17 由操作坑、火膛和烟道组成，全长 169 厘米。操作坑及火膛底部为红烧土面，中部火膛壁面上有较明显的工具痕。M96 为长方形竖穴土坑墓，方向 90°，墓圹长 144 厘米，宽 48 厘米。墓底东高西低，呈倾斜状。人骨呈仰身直肢，双手交叉置于胸前，双脚交叉。墓内发现有铜锥 1 件及少量陶片。灰坑平面多为圆形或椭圆形，结构有圜底、直壁两种。H3424 位于作坊区南部，可能与熔铜活动相关。该灰坑平面呈椭圆形。灰坑底部发现一片面积约 2.5 平方米的铜渣、炭屑混合层，其中还夹杂有兽骨、烧土块等。检测结果表明，坑内铜渣等残留应为铜液或炉渣冷却后被掩埋并经二次搬运后形成。H3484 位于发掘区南部，可能与铸铜活动相关。该灰坑平面呈椭圆形。坑内堆积分三层，出土炉壁残块、坩埚残块、磨石以及疑似锡锭等与铸铜活动相关的遗物和大量陶片、兽骨等。

出土遗物有陶器、金属器、骨角蚌器、玉石器等。陶器数量最多，包括日用器鬲、盆、豆、罐、盂等；工具陶支垫、纺轮等。金属工具和兵器 68 件，器类包括铜镞、刀、锥以及铁镞、刀等。骨蚌器 95 件，器形有骨簪、骨笄、骨锥、蚌镰、穿孔蚌饰等。石器 53 件，以磨石为主。铸铜相关遗物亦有一定数量的发现，包括铜渣、炉壁残块、坩埚残块等。出土陶范 19 块，涵盖了容器、兵器、工具等不同器类。

经过本年度的发掘，新揭露一批可能与铜器铸造、加工，原料、产品的运输以及祭祀等活动相关的灰坑、道路、墓葬等各类型遗迹。结合以往手工业作坊遗存的分布情况，可进一步揭示官庄遗址大城中北部手工业作坊区的范围与结构。而更多遗存的发现，也为探讨城址内手工业生产模式、流通渠道，以及进一步认识官庄城址的布局及发展演变等提供了新的资料。

（常　乐）

【洛阳市涧东路中学东周墓葬和西汉陶窑址】

发掘时间：2020 年 11 月 ~2021 年 2 月

工作单位：洛阳市文物考古研究院

为配合洛阳市涧东路中学建设，研究

院对该遗址进行了考古发掘。工地位于九都路以南，涧东路以西，丽春东路以北，处在东周王城遗址西南部。在该发掘区内发掘清理出东周墓葬 29 座、汉代陶窑 3 座。

这批东周中小型墓葬，均为长方形竖穴土坑墓，其中 3 座为东西向，其余均为南北向。有两座南北向墓葬墓室北壁设壁龛，一座南北向墓葬墓室东壁设壁龛。墓葬长 1.9 ~3.5 米、宽 0.9 ~2.6 米、深 2.1 ~7.8 米。葬具多使用木棺椁，朽蚀严重，仅能见棺椁灰痕，多为一棺一椁墓。葬式有仰身直肢葬、仰身屈肢葬和侧身屈肢葬。半数墓葬有随葬品，其中 4 座墓出土青铜礼器、兵器、车马器和玉器等，其他墓出土陶器或只出土石圭玉石片等小件。随葬品陶器组合有鼎、豆、罐，鼎、豆、壶等。其中钻探编号 M27 出土青铜器较多，未见陶器。根据这批墓葬的形制和随葬品特征分期，陶器墓年代跨度很长，从春秋早期直到战国晚期；四座铜器墓时代应为春秋晚期。钻探编号 M27 规格较高，为本次的重要考古发现。

M27 墓室长 3.6、宽 2.6、深 3.9 米，墓底距地表 4.9 米。墓葬四壁较直，内填五花土，经过夯打。一椁一棺，已朽。椁长 2.85、宽 1.9 米，棺长 1.98、宽 0.66 米。棺内骨架一具，腐朽严重，头朝北。随葬品 32 件（套），铜器有鼎、豆、罍、盘、舟、匜、勺、马衔、辖軎、剑、戈、镞等；玉石器有圭、玦、水晶石等。从该墓出土器物组合、形制以及目前对两周青铜器比较成熟的分期成果看，其年代当为春秋中期。墓主人的尸骨腐朽严重，成粉末状，无法鉴定性别，但根据考古学界对两周大、中型墓葬的基本认识，随葬有兵器的墓主通常为男性，反之则为女性。此墓出土 2 把铜剑、1 件铜戈、2 件铜镞，其墓主人应为男性。从该墓出土的 4 件铜鼎、3 件铜罍等器物来看墓主的身份等级比较高。

此次发掘的三座西汉陶窑结构相仿，东西排列，均坐南朝北，间距约 20 米，窑床面积在 10 平方米左右，窑室由前室、窑门、火膛、窑床、烟囱五部分组成。操作坑大致呈长方形，火膛位于窑床与窑门之间，平面近梯形，长方形窑床中间有一条南北向凹槽，深约 1.5 厘米。烟道位于窑壁底部和窑床相交处，烟囱位于窑室后壁内。窑内出土了大量筒瓦、板瓦、条砖等陶质建材。

本次发掘陶窑北距汉河南县城的西南角约 1 千米，3 座陶窑的窑壁烧结面较厚，约 20 厘米，并经过多次修补，推断该区域有可能是汉河南县城外专门烧制建筑材料的窑址区。

（潘海民）

【鹤壁申屯东周至宋代遗址】

发掘时间：2020 年 9 月 ~2021 年 1 月

工作单位：河南省文物考古研究所、鹤壁市文物工作队

该项目地址位于鹤壁经济技术开发区，为配合鹤壁市电子智能信息产业园（中原光谷）项目的建设，联合考古发掘工作队共同对建设项目用地进行了考古发掘。

此次发掘工作以遗址西南角为基点，10 米 ×10 米布方为基准，该遗址区共发掘探方 60 个，探沟（TG1、TG2）2 条，发掘总面积 6035 平方米，探方深度平均为 3 米左右。发现各类遗迹，灰坑、水井、灶、窑炉、墓葬等 650 多处，发掘出土完整和可复原陶、瓷、铁、铜、石和骨器 3000 余件，陶、瓷及动物骨骼标本 3000 多袋。

发掘区域文化堆积较厚，遗迹现象复杂，出土遗物丰富，时代跨度较长，包含有唐、五代、宋、金、元时期，其中金、元遗存最为丰富。发掘共清理出仓储坑 96 座、仓窖 20 座、地道系统（窖藏）3 组、灰坑 510 个、水井 10 眼、建筑基址 3 座（破坏严重，无法复原）、炉灶 14 座、窑

炉1座，灰沟17条、路1条、墓葬5座。

此次发掘清理面积6035平方米，发掘清理出大量重要遗迹和文化遗物。就现有考古发掘资料的初步整理，得出如下认识。

申屯遗址早在春秋战国时期就有人在此活动，晚唐五代时期有人在此定居生活，北宋前期这里初具规模，进入北宋后期到元代前期，这里已成为当地集镇化政治、经济、文化的中心，元代晚期逐渐走向衰落；鹤壁东部地区是黄河冲积平原，是重要的粮食产地，自古就有“黎阳收，固九州”的说法。该遗址截至目前清理仓储坑96个，晚唐五代8个，北宋10个，金代42个，元代36个。据史料记载，西汉时期为防止饥荒，国家建立“常平仓”和“义仓”两种形式的仓储管理制度。有学者认为申屯遗址是“义仓”，即仓储遗址。这些仓储的进一步整理，对研究晚唐五代至元代的仓储管理制度、基层仓储建筑特点、储存方法，以及粮窖结构等，具有较高研究价值；具有防御功能的金末元初的地道遗存是这次考古发掘的重要收获之一，在黄河以北地区考古发掘中尚属首次发现，对研究当时当地的历史、经济和社会背景具有重要的学术意义。

出土文物以陶、瓷器为主，陶器中的生活器皿和建筑材料如砖、瓦等约占40%，瓷器约占60%，且器形丰富，几乎涵盖了鹤壁窑北宋到元代的所有产品。其精美程度，历年来罕见，代表着鹤壁窑发展最为繁盛时期的最高水平。

申屯遗址的考古发掘，为东周至宋代的生存环境、生活方式、经济基础、文化内涵的研究提供了不可多得的实物资料。

（牛合兵　赵晓瑞）

【郑州市惠济区苏屯村东周至唐宋时期遗址】

发掘时间：2020年

工作单位：郑州市文物考古研究院

遗址位于苏屯村，配合郑州市土地储备中心惠济区苏屯村城改E-06-02、E-06-03号宗地建设开展考古工作。遗址距离郑州12千米，北距黄河约7.6千米。郑州市文化遗产研究院对该区域进行文物勘探时发现有古代文化遗存分布。发掘区位于郑州市惠济区鲁河路以东、金杯北路以西、苏屯路以南、滨河路以北的范围内。地块南邻贾鲁河及连霍高速，东部为东风渠。

两个发掘地块共发现遗迹单位289处。其中灰坑242处、墓葬29处、瓦棺葬5处、水井7口、灰沟4条、窑址2座。根据地层堆积和出土器物的口沿形制，可知该文化遗存分属于商、西周、东周、汉代、唐等多个时代。其中商代堆积较少，均为灰坑，西周遗存仅见一座墓葬，东周和汉代的遗存较为丰富，而以汉代尤胜，可见多种类型的文化遗迹和遗物。

在清理03地块文化层期间，发现夯层。该处夯层顶部距地表约3.9米，整体呈灰褐色，少量呈黄褐色花土，夯层厚约0.05~0.1米；部分夯层夯窝明显，径长约0.05米，根据夯窝的大小、形制，我们初步判断夯具应为集束木棍。随后在发掘区四壁剖面，发现夯土东边界在03地块西部，且向北延续。初步判断该夯土为城墙遗址。

2020年5~12月，郑州市文物考古研究院组织勘探队伍对城墙延续区域进行跟踪勘探。经勘探发现城墙东西长约1360米，南北长约1190米。城内面积约为161万平方米。壕沟距城墙5米，宽15~20米，开口距地表6~8米，沟深2~3米，沟内填深灰褐色黏土质地松软，含水量较大，含软体动物外壳及少量陶片、烧土颗粒。

2020年5月开始，我们在苏屯地块内城墙经过区域先后布探沟、探方并逐步清理发掘以揭露城墙相关信息。根据现阶段发掘结果，该城历经三个时代，分三次四段夯筑而成。一期城墙位于最东侧，二期城墙依托于一期城墙，并利用一期城墙的壕沟作为基槽分两次夯筑二期城墙。三期城墙利用二期城墙壕沟作基槽夯筑城墙墙体。

Ⅰ期城墙位于最东部，顶宽约2.8米，底宽约5.6米，残高1.8米。西部对应Ⅰ期壕沟，宽约5.6～8.4米，深约2.2米。Ⅰ期城墙为平地起建。

Ⅱ期城墙在Ⅰ期城墙西侧，依托Ⅰ期城墙进行修建，顶宽约7米，底宽约13米，高约2.2米，分为两次夯筑。第一段顶宽约3.3米，底宽约5.3米，高2.2米。第二段城墙顶宽约4米，底宽约7.7米，残高约2.2米，其下部基槽宽约3米，深2.5米。将Ⅰ期壕沟修整并利用部分作为基槽夯筑Ⅱ期城墙。Ⅱ期壕沟位于城墙西侧1.5米。

Ⅲ期城墙坐落于Ⅱ期壕沟上，顶宽约11.2米，底宽约12.8米。

壕沟在城墙西侧，经初步勘探，可知宽约35米，深度暂未知。

根据地层、城墙、遗迹关系，初步确定该城墙始筑于东周，盛于汉代，终于唐代。

本次发掘出土遗物较为丰富。其中商代多以陶器为主，也可见少量骨、玉、石器等。器形有陶鬲、陶簋、盆、罐、玉钺、石刀、石镰等。西周的器物可见陶鬲、陶豆、陶罐、蚌刀，玉柄器等。东周时期的遗物以陶器为主，亦可见石、骨器以及板瓦等。器形有红陶鬲、陶盆、陶豆、陶罐等。汉代遗物陶器为主，也可见釉陶器、铜、石等。器形有陶罐、陶仓、釉陶器、铜镜、铜洗、铜钱及板瓦、筒瓦。唐宋遗存，陶瓷器多见。器形有陶罐、陶盆、瓷碗、瓷盏等，也可见瓦当、陶瓦等。

根据苏屯项目涉及地块所发现的文化堆积与遗存状况，同时结合周边地区考古工作的新成果综合考虑，我们初步认为这一地区的文化自商代就已经开始出现，在东周时期筑土成城，汉代之时依据旧城而造新城终蔚为大观，唐宋之际又渐繁华，而后便湮没于淤土之下。

Ⅱ期依托Ⅰ期修建，分两次夯筑。Ⅲ期依托Ⅱ期壕沟作基槽再次修建。其中Ⅰ期城墙修筑时间应为东周；Ⅱ期城墙是在最早城墙的基础上扩建，规模最大，时代应为汉代；Ⅲ期城墙时代应为唐宋。

公元前201年，汉高祖封功臣阎泽赤为故市侯国。至汉武帝刘彻元鼎五年（前112年）被废，共历经90余年，4位侯主。结合史料和发掘情况，发掘区域惠济区固城村很有可能是史记中所载的“故市侯国”。此外根据史料和发掘结果，我们认为此地亦可能存在更早的城址。

（高赞岭　刘　启）

【新郑华阳故城战国至汉代墓地】

发掘时间：2019年6月～2020年7月

工作单位：郑州市文物考古研究院

华阳故城遗址位于新郑市郭店镇华阳寨村，北距郑州市约25千米，南距新郑市约20千米。遗址平面呈束腰长方形，周长约2600米，遗址面积约120万平方米。现保存有北城墙，东、西城墙的大部分，10处马面及北、南、西三处城门，南城墙破坏严重。华阳故城是战国晚期韩国都城北边一处重要的军事堡垒、门户要塞。城址内、外布局结构、进攻防御体系等体现了战国晚期各地不同势力、不同文化在此交汇、冲突和发展的情况。

2010年郑州市文物考古研究院配合郑新快速路建设对该遗址进行了几处重点发掘，证实该遗址城墙主体建造于战国晚期早段，进行过两次修建。其中第二次增补扩建增加了城墙、马面、护城河及其内侧的防御墙等防御结构。

华阳故城墓葬区主体分布在华阳故城

城东沟以东的一条南北向岗岭之上，长度超2200米，东西宽约450米，但墓葬区局部被冲沟、取土、平整土地、工业生产以及城镇化建设等破坏严重。2014年，郑州市考古院配合郑州华商汇项目建设，在墓葬区北段至汇远路发掘战国至汉代等各时期墓葬510座。2019年6月至2020年7月，配合新郑市郭店镇张辛庄安置区项目工程建设，在该墓葬区中段部分考古发掘战国晚期至汉代等时期墓葬1072座。初步估算，华阳故城墓地墓葬五千余座。

通过考古发掘，华阳故城战国晚期至汉代墓葬类型大致可分为七类：A类：土坑竖穴墓［A1：土坑竖穴；A2：土坑竖穴（壁龛）］；B类：竖穴砖室墓（B1：竖穴单室砖室墓；B2：竖穴多室砖室墓）；C类：土坑竖穴土坑洞室墓（C1：土坑竖穴洞室单室墓；C2：土坑竖穴洞室多室墓）；D类：土坑竖穴砖室洞室墓（D1：土坑竖穴洞室单室砖室墓；D2：土坑竖穴洞室多室砖室墓）；E类：土坑竖穴偏洞室墓（或称侧室墓）；F类：合葬墓（F1：土坑竖穴同穴合葬墓；F2：并穴砖室合葬墓）；G类：斜坡墓道砖室墓。

华阳故城墓地具有以下特征：1. 华阳故城墓地规模宏大，墓葬排列整齐，方向多一致，说明墓地管理有序有规制；2. 墓葬主体涵盖时代较短，集中在战国晚期至西汉早期，这与华阳故城的始建和废弃年代一致，充分反映二者的密切相关性；3. 墓葬出土遗物较少，相当部分墓葬无陪葬品，或仅陪葬一两件器物，多数无棺，体现平民公共墓地的属性。

华阳故城墓地的墓葬文化表现在以下方面：1. 土坑竖穴墓及砖室墓的发展演变有序；2. 洞室墓的集中出现及其表现形式；多叠压打破土坑墓体现了文化的冲突和吸收与变化；3. 单墓室向多墓室的发展演变（耳室的出现及其表现特征），即墓葬结构复杂化的发展演变有序可循；4. 合葬墓的出现与发展，可能为汉代一家多墓的文化前兆；5. 独特的损器葬风俗：墓葬普遍存在陪葬带钩断勾现象；6. 墓葬遗物一般不体现墓主人身份特征；7. 遗骨鉴定证明，丧者以青壮年为主，年龄多介于20～45岁，大于50岁者极少。其中女性占比1/4～1/3，或可说明社会化的后勤服务结构分配问题。

对华阳故城墓地有以下认识：1. 华阳故城建造于战国晚期早段，华阳之战后进行修补扩建，增添了强大的防御系统。秦灭韩后占据此地，短短几十年后又过渡到西汉王朝。与三门峡、洛阳以及郑州各地发掘的秦人墓葬不同，华阳故城在文化发展上的跌宕起伏使其墓地为我们认识战国晚期、秦末至汉初墓葬文化的发展、融合与演变提供了一个绝佳的文化样本；2. 代表秦文化典型特征的土坑竖穴偏洞室墓、土坑竖穴洞室墓等突兀地植入到持续稳定发展的中原墓葬文化中，犹如平静的水面激起一朵朵浪花，为中原地区墓葬文化尤其是多墓室结构等方面的发展提供了新鲜的文化动力；3. 我们认为，华阳故城墓地较好地展示了平民墓葬文化在战国晚期至秦末、秦末至汉初演变发展的大致趋势：土坑竖穴墓发展到汉初，渐次消失，砖室墓葬逐渐发展兴盛；土坑竖穴偏洞室墓早于土坑竖穴洞室墓（二者是否有文化关联尚需探讨，亦即偏室墓的消失与发展问题仍待解决）；土坑竖穴洞室墓的发展是先有单室墓，后有多室墓；先有土坑洞室多室墓（耳室多位于洞口），后有砖室洞室多室墓（耳室在洞室内成为墓室的一处结构）。但单土坑洞室与单砖室洞室的发展在时间上差别不大；土坑洞室墓在汉初渐发生变化，洞室结构渐次消失，成为土坑竖穴墓道多室砖室墓葬；土坑竖穴墓道的渐次消失似乎与斜坡墓道的发展有一定传承关系，但仍需进一步探讨；不同于陪葬墓与附葬墓，合葬墓的发展较为寡鲜，可能是汉代一冢多墓穴的文化基础；华阳故城墓地大量的带钩断勾丧葬风俗在其前后各时期，在其他区域均不集中表现，成为此地独特的损器葬风俗。

总之，墓葬揭示了秦文化在中原腹地的表现形式及其特征（偏室墓、洞室墓等），以及其在较短时间内与中原墓葬文化融合发展演变的过程。华阳故城墓地为探讨中原地区墓葬结构复杂化的起源与发展进程提供了清晰的文化线索。

（黄富成）

【新郑市郑韩故城后端湾战国铸铁遗址】

发掘时间：2020 年 8 月 ~2021 年 2 月

工作单位：河南省文物考古研究院

该遗址位于新郑市郑韩故城东城区西南部，今仓城村南、后端湾中部及北部一带。遗址东邻中华路，西邻双洎河东岸断崖，南邻密杞铁路北侧断崖，北邻郑国车马坑博物馆和华城铂宫。地理位置是：北纬 34°23′，东经 113°44′。遗址地处平原，地势中间高，四周较低，落差近 10 米，双洎河环绕于遗址西部和南部，海拔高度在 92 ~ 99 米之间，地势开阔，原面平坦。东西长约 648 米，南北宽约 210 米，总面积 10 万平方米左右。

1960 年，河南省文化局文物工作队勘探郑韩故城时，曾对 1958 年前发现的仓城村的铸铁遗址进行试掘。2016 年考古人员对铸铁遗址保护房周围进行了勘探调查，发现有灰坑、红烧土和古墓葬等遗迹。2020 年 6 月，新郑市文物保管所服务站对后端湾遗址之前未勘探调查的区域进行勘探。

本次发掘区位于后端湾遗址东部区域，冶铁遗址保护房北部和西部。目前发掘面积累计 800 平方米，共清理灰坑 70 多座，水沟 4 条，铺地砖 2 处，柱础石 4 座，红烧土层 2 处，灶 1 座，窑 4 座，水管道 2 条，出土有陶、铜、铁、石等遗物 200 多件。根据出土器物判断，年代为战国中晚期。

重要遗物有陶范、石范和铁器。陶范包括农具范、工具范和兵器范，农具有锄范和镢范；工具有刀范、带钩范和削范；兵器范有剑范，目前出土 1 件。石器有石范和磨刀石，石范铸造铁条材，正反均可使用。铁器有工具、农具和兵器，与陶范铸造的器物基本相同，工具有铁锄，铁凿和铁镢；兵器以铁箭镞为主，铁工具有铁钉，铁刀和铁削。除此之外出土有少量的炉壁和炼渣。

重要遗迹有 Y1、Y2 和 2 号水管道。

Y1，开口于⑥层下，距地表深 150 厘米，方向 5°，残长 305 厘米，宽 150 厘米。平面呈长方形，由火门、火道和窑室组成。火门位于火道南部，有东西两处，西部火门对应单火道，东部火门对应双火道，火门南部结构被破坏，形制不详，火门底部和两壁均由砖垒砌而成。火道位于火门北部，共有三条，东部两条火道位于东部火门北部，底部呈斜坡状，有青灰色砖铺底，东西两壁垒砌有红色砖；西部为单火道，形制与东部火道相同。窑室位于火道北部，上部被破坏，残存底部，高于火道。Y1 布局整齐规整，平面呈方形，有多火道设置，体现了加热过程中的温度控制技术和能力，根据其形制判断功能可能是热处理炉，也可作洪范使用。

Y2，开口于⑥层下，距离地表 160 厘米，方向 90°，残长 460 厘米，宽 225 厘米，残高 140 厘米，窑室直径 220 厘米。平面为圆形和长方形构成的不规则形状，由烟囱、窑室、火塘、火门和操作坑组成。烟囱位于窑室西部，保存较好，平面呈圆形，底部与窑室后部连接，烟囱底部有两个进烟口，顶部有一个出烟口，烟囱壁有废弃的炉壁重复利用的痕迹。窑室位于烟囱东部，平面呈圆形，窑室顶部被破坏，窑壁向中部内弧，窑室底部由砖铺底。火塘位于窑室东部，平面近梯形，底部由砖铺底，中间留有间隙。火门位于火塘东部，平面呈长方形，拱形顶，直壁，平底。操作坑位于火门东部，平面呈长方形，直壁，平底，无砖结构。Y2保存较好，布局规整，不同部位功能明显，窑壁烧结面较厚，使用时间长，其功能应该是烧范或者还原脱碳。

2号水管道，开口于⑥层下，方向5°，位于Y2东部，距离地表160厘米。平面呈长方形，底部和顶部均有红色铺地砖，中部为圆形陶质水管道，属于暗渠，其功能应该是输水管道。该遗迹位于Y2东部，二者功能上应该有密切的关系。

本次发掘发现与铸铁相关的功能区包括有生活区、工作区、仓储区等。该遗址延续时间长，功能区的动态变化特征明显，出土了大量制作精良的铁器以及生产材料，是战国时期韩国都城一处重要的铁器生产作坊，同时承担一部分铸造兵器的功能。此次发掘为了解战国时期铸铁作坊的生产结构和工艺流程提供了丰富的材料，并在此基础上为分析研究战国时期社会生产的经营、管理模式和社会组织等相关问题提供了重要的材料支撑。

（樊温泉　常宏杰）

【偃师市前杜楼村战国至唐代墓葬】

发掘时间：2020年9月~2021年1月

工作单位：洛阳市文物考古研究院

墓地位于陇海铁路线以北，北环路以南230米，高速引线以西11000米，西至规划建设的聚贤路，为配合洛阳建龙吸附材料产业园改扩建项目进行发掘。共清理墓葬32座，包括战国墓3座、东汉墓15座、西晋墓7座、北魏墓5座、唐墓2座。以汉晋墓最为重要。

东汉墓包括砖室墓3座，土洞墓12座。可分为单室墓和多室墓。砖室墓由墓道、封门、甬道、横前室或横前室加后室构成。土洞墓多为单室墓，由墓道、封门、甬道和墓室构成，个别有侧室或耳室，保存较好的还发现棺床、人骨。

西晋墓多为砖室墓，其中M19仅铺设地砖而无壁砖。墓葬多由长斜坡墓道和方形或近方形墓室构成，部分墓葬带有后室或侧室。其中M10和M19较为特殊。M19为双天井墓，由墓道、天井、封门、甬道、墓室构成。墓道为长方形土圹斜坡式带两个天井，四壁均有明显修饰痕迹。长21.5、宽1.25、深11.4米，南天井长3.9、宽1.4，北天井长3.6、宽1.4米。墓室长3.5、宽2.6米。M10为大型西晋墓，由墓道、封门砖墙、甬道、墓室构成。墓道东西两壁内收4级台阶，口长23.8、口宽5.10、底宽2.02、深7.5米。墓室为方形，长3.72、宽3.66米。

战国墓均为竖穴土坑墓，其中两座墓内发现棺椁痕迹。北魏墓、唐墓皆为土洞墓，其中唐墓M21为双天井墓。

墓地整体被盗严重，仅部分汉、晋墓出土遗物较为丰富。汉代遗物包括陶罐、陶仓、陶耳杯、陶井、陶奁、陶案、陶盘、陶魁、陶灶、陶狗、玉覆面等。西晋遗物包括陶案、陶灯、陶碗、陶盘、陶耳杯、陶磨、陶多子槅、陶猪圈、镇墓兽、陶马、陶牛车、陶俑、铜镜、铁刀、铁镜等。战国墓遗物包括陶圭、陶盆、陶罐等，主要位于棺或壁龛内。北魏墓出土瓷碗、陶瓶、陶罐等。唐墓被盗最为严重，仅存铁锁、红陶罐、蚌壳。

本此发掘墓葬位于偃师西晋陵区保护范围，年代跨度较大，信息量丰富。汉、晋墓保存情况相对较好，是探究这一时期墓葬制度发展演变的重要新材料。西晋墓M10规格与早年发掘西晋帝陵陪葬墓较为相似，应与其有一定联系。M19为双天井墓，在洛阳乃至全国范围内都较为罕见。

（张　喆　李继鹏）

【鹿邑县卫真农贸城战国宋代遗址】

发掘时间：2020 年 10～11 月

工作单位：河南省文物考古研究院

为配合鹿邑卫真农贸城工程建设，2020 年 3 月研究院对卫真农贸城项目进行了勘探，勘探面积 49175 平方米。在拟建区域内发现有城墙及古墓葬，确认该区域是一处时代为战国至宋代的古遗址，命名为“鹿邑县卫真农贸城遗址”。

该遗址位于周口市鹿邑县栾台路与道源路交汇处。2020 年 10 月，由河南省文物考古研究院对该项目进行考古发掘。发掘区位于整个建设项目的东北部，总发掘面积 900 平方米。从发掘的情况看，文化堆积比较简单，仅发现有少量灰坑和墓葬。灰坑共 2 座，皆为圆形，时代为战国。墓葬共 7 座，皆为唐代，其中船形墓 4 座，圆形墓 2 座，长方形墓葬 1 座，皆为砖室墓。发掘出土有铜镜、“开元通宝”铜钱、铜钗、瓷碗、瓷壶、瓷罐、陶钵、陶磨、铁鐎斗、铁剪刀、蚌壳以及带铭文石砖等文物标本 37 件。

根据墓葬形制、大小和墓内铺砖以及随葬品的情况来看，发掘出土的墓葬皆为唐代的平民墓。通过发掘和整理以及结合历史文献，我们对卫真农贸城遗址有了更深一步的认识。出土的遗迹和遗物为研究唐代的丧葬习俗和社会情况提供了新的实物资料。

（朱树政　陈　艳）

【洛阳市西工区史家屯西汉墓】

发掘时间：2020 年 4 月中旬～6 月底

工作单位：洛阳市文物考古研究院

本次发掘位于洛阳市西工区史家屯村，王城大道与状元红路交叉口东南角。属邙山南麓，墓葬密集，常见叠压打破。共清理 269 座古墓，跨越东周、两汉、西晋、唐到明清，西汉墓最多，其中两座为画像空心砖墓。

C7M2563 无墓道，墓室底平面呈长方形，长 3.6、宽 1.8、距现地表 7.6 米深，方向 90°，多次被盗，砖椁破坏严重，未见斜坡形墓顶必备的构件，残高 0.9 米，人骨和木棺无存，墓底只发现少量黑灰，随葬品仅剩玉环和铜饰各一件。故形制为长方形竖穴土坑平顶阴文画像空心砖墓。

C7M2564 无墓道，由甬道、墓门、墓室三部分组成。底平面整体略呈长方形，通长 5.1、甬道宽 1.58、墓室宽 1.84、距现地表 8.1 米深，方向 90°，多次被盗，虽砖椁破坏严重，仍发现了抹角砖，残高 1.3 米，人骨和木棺无存，墓底只留少量黑灰，随葬品仅发现彩绘小陶壶盖两件。后期又拼对出龙纹山墙砖、脊砖等，故形制为长方形竖穴土坑斜坡形顶阴文画像空心砖墓。

两座墓葬所用画像砖细节突出，如“工”字形砖、墙砖侧面及端面和后壁砖两端均留榫头，借此可探讨空心砖制作工艺、墓室建筑技术和工艺美术史等问题。结合画像砖题材，判定二者时代不晚于西汉中期。

（张　瑾）

【洛阳白草坡东汉陵园遗址】

发掘时间：2020 年 3～12 月

工作单位：洛阳市文物考古研究院、郑州大学

白草坡陵园遗址位于洛阳庞村镇白草坡村东北，洛南东汉帝陵核心区域的北端。墓冢编号 M1030，封土已被夷平，原始封土直径约 125 米。2006～2007 年、2017～2019 年，洛阳市文物考古研究院多次对陵园开展了考古调查与发掘工作。

2020 年发掘位置为陵园东北部的三号陵寝建筑单元，发掘面积 1000 平方米。发现了三号陵寝建筑单元的西南侧门址、角楼、西侧主水渠和道路遗迹。门址宽 3.9 米。角楼位于三号建筑单元西侧垣墙和南

侧垣墙拐角处，为方形台基，边长约5.5米。在建筑单元内部揭露院落3处（近完整揭露1处，其余2处仅揭露局部）。经过发掘，初步确认三号陵寝建筑单元为院落式建筑，院落布局与一号建筑单元高度相似，院落两两一组，背靠背对称分布，南侧院落南向。院落面阔四间，进深六间。东西长约19、南北宽29米，北端为房址，南侧为天井，再向南为院落的门址。在天井的东西两侧为廊道，天井东南侧有渗井和小排水渠，小排水渠为暗渠，向南与外侧主排水渠连通。

遗址内出土遗物以陶制建筑材料为主，还有少量陶制生活用器残片、铁器、铜构件等。陶制建筑材料主要为板瓦和筒瓦，包括大量云纹瓦当。最重要的出土遗物为石圆形器，外径0.8米，内径0.7米，通高0.25米，底平，外侧壁有“光和三年造”题记。

白草坡东汉陵园作为洛南陵区距离都城最近的陵园，结合文献记载，前期被推测为桓帝宣陵，此次纪年石器的出土为这一推测提供了重要支撑。“光和”为东汉灵帝年号。桓帝去世之后，汉灵帝刘宏于建宁元年（168年）即位。虽然东汉时期存在皇帝在位时预作寿陵的情况，但是根据文献记载，灵帝文陵位于邙山陵区，且基本确认刘家井大冢为灵帝文陵，因此这件灵帝时期制造的石器，最有可能是在为桓帝修建陵园时制作。这是东汉帝陵地望研究的重要突破。

（王咸秋）

【洛阳纱厂路隋唐时期仓窖遗址】

发掘时间：2019年3月~2020年3月

工作单位：洛阳市文物考古研究院

该仓窖遗址是洛阳市文物考古研究院在配合都利置业保利大都会（东区）的基本建设考古发掘中发现的，其位于洛阳市西工区纱厂西路以北约200米处，西临棉麻路（原白马集团厂区内）；在东周王城遗址区保护范围的北边区域东周王城北城垣北100米处，南距汉河南县城北城垣约1000米。这批残存的仓窖排列基本规矩大致呈南北两列，东西七排，其本应为两两左右对称，但有些仓窖已被后期破坏殆尽，现残存仓窖12座，其中C12仅残存仓窖东部的一小部分，其他11座也仅残存底部区域。

这批仓窖结构形制基本相同，从残存情况看：仓窖窖口和窖底基本呈圆形，口大底小；底平整，壁斜直，窖底和窖壁都经过简单的平整，没有发现火烧窖底和窖壁使其坚固和防潮的手段。仓窖的底部一般都残存有两个南北对称分布的柱础石，柱础石一般呈方形，上面有一圆形柱础槽，这批柱础石选材一般，做工粗糙。仓窖底部有木板腐朽的痕迹，这应是这批仓窖的防潮措施之一。仓窖的残存口径在5.33~6.74米之间，底径在5.05~6.03米之间，残高在0.5~1.55米之间。

仓窖内填土比较单一，大部分为一次性回填完成；填土黄褐色，土质较硬，其内包含物大部分都是唐代的板瓦，有少量的筒瓦及砖块；个别砖为弧面异形砖，似为专门为窖壁之用。8号仓窖底部残留有大量的炭灰，其应为火烧后形成，这些痕迹可能与这批仓窖的废弃有关。

由于后期的破坏，这批仓窖没有明确的层位关系，其直接开口在生土层上，判断这批仓窖的年代只能通过仓窖内出土的遗物。仓窖填土内出土了大量的板瓦残片、筒瓦残片以及少量的莲花纹瓦当、砖等建筑材料。这些遗物的特征具有唐代初期的风格，因此我们推测这批仓窖的建设和使用时代应在隋末至唐代中期之间，唐代中期后应已经废弃。这批仓窖数量较少，形制较小（与洛阳隋唐时期的含嘉仓、回洛仓相比），做工简单粗糙，也不见于文献记载，我们推测其应不是同隋代洛阳城同期有规划而修建的，可能是某次历史事件临时起意而修建。这批仓窖的位置在隋唐洛阳城皇家苑林西苑遗址区内，参考文献记载推测这批仓窖可能与隋唐青城宫有关，可能与隋末唐初李世民攻打驻守洛阳宫的王世充有关。

（潘付生）

【郑州市地铁10号线红石坡段唐墓】

发掘时间：2020年8～10月

工作单位：郑州市文物考古研究院

郑州地铁集团有限公司郑州市轨道交通10号线红石坡车辆段项目工程，位于郑州市郑上路以南，绕城高速以东。

通过对该项目两期的考古发掘，共清理各类遗存28处，其中汉代墓葬2座，唐代墓葬19座，宋代墓葬1座，清代墓葬1座，清代水井5处。墓葬多遭严重盗扰，均开口于地表层下，方向南北向，相同时代排列较有规律，墓葬形制和出土器物时代特征较为典型。

此次发掘的重要收获是发掘清理一批唐代墓葬。均为南北向土洞墓，形制多数一般，其中两座规模较大。

一般土洞墓平面均近呈“甲”字形或刀把形，由墓道、封门、墓室三部分组成，个别墓葬设有壁龛。墓道呈长方形竖穴状，直壁，部分设不规则台阶状。封门仅一例用小兰砖错缝平铺而成，余多因盗扰不详。墓室均掏洞形成，平面形状为长方形，弧顶，直壁，平底。因个别墓室被淤土淤实，土圹保存较好，清理发现有棺木，仅存灰痕状，人骨朽蚀严重，均仰身直肢，有单人单馆，双人双棺，三人三棺等情况。两座形制较大的墓葬均为单室土洞墓，形制近同，以M20为例，由墓道、过洞、天井、封门、甬道、墓室等部分组成。长方形斜坡状墓道，壁规整。过洞拱顶，底与墓道底相接一致，呈斜坡状直通天井和墓室。天井形状呈长方形竖井状，底与墓道一致。墓门口封门因盗扰无存。甬道为长方形过洞式。墓室为掏洞而成，平面形状呈长方形，平底，墓室土圹四壁规整，顶已坍塌，盗扰破坏严重，清理发现葬具葬式不详，墓壁未见白灰粉壁与绘画，墓室东南角出土有位置未曾移动的陶俑群，有陶男女侍俑、陶骆驼、陶马、陶牛车、陶胡人俑等。

这批唐代墓葬虽然经盗扰或破坏，清理发现其仍出土有典型时代特征的随葬物品，器物种类亦较多，有陶器、瓷器、三彩器、金器、银器、玉器、铜器、铁器、石饰件、骨饰件等等，更为重要的出土石质墓志，纪年明确，墓主身份明确。发掘获得了一批新的考古学实物资料，对于研究郑州地区唐代葬俗、葬制、社会文化、生活习俗等均有重要意义。

（魏青利）

【郑州市颍河路小学唐墓】

发掘时间：2020年12月～2021年1月

工作单位：郑州市文物考古研究院

本次考古配合郑州鑫岚光房地产开发有限公司颍河路小学项目工程开展，共清理唐代墓葬1座，宋代灰坑4个。其中唐墓M1保存完好，出土有砖志1合及较为丰富的器物，墓葬年代明确。

M1为一长条形斜坡墓道土洞墓，由墓道和洞室两部分组成，方向189°。

墓道位于南部，长5.2米，宽1.2～1.3米，壁规整竖直，南壁呈不规则陡斜坡状，底长1.7米，深2.4米。北壁下部有小砖砌封门，高1.3米，封门底部有砖志一合，上有墨书34字：“维总章元年岁次戊辰十一月辛巳朔郑州管城县梅山乡龙□里李本固妻郑之铭记”。

墓室位于北部，呈近长条形，南北长3.1米，东西宽1.2～1.3米，高1.3米，壁和顶存在坍塌情况；似有棺痕，骨架1具，腐朽极为严重，仰身直肢，头向南，面向西。

墓室内出土有四系瓷罐 1 件、双系瓷罐 1 件，位于墓室东壁南部的小龛内；骨簪 1 件、铁剪 1 件、紫水晶石珠 1 件、红色矿石子 1 件，位于头骨东侧南部；铜簪 2 件、菱形片状铁头饰 1 件，位于头骨南部，应为下葬时固定墓主人头发的装饰；三彩小罐 1 件、铜镜 1 件、铜钵 1 件、铁镊子 1 件，位于胸骨东侧，与墓主人梳妆有关；铜钱 20 枚，5 个一摞分布于人骨附近；石器 1 件，位于足骨北部，平面呈椭圆形，长 0.25、宽 0.15、边缘厚 0.02 米，中部厚 0.04 米，打磨光滑细致，无纹饰，具体属性不详。

根据墓葬砖志的文字内容，墓葬的年代为唐总章元年即公元 668 年，墓主为李本固的妻子郑氏。该墓葬年代准确，为研究初唐时期该地区的埋葬习俗情况提供了新材料，有较为重要的价值。

（高赞岭　闫付海）

【新郑市郑韩故城唐墓】

发掘时间：2019 年 6 月 ~2020 年 5 月

工作单位：河南省文物考古研究院

该项目位于新郑市中华路西侧，文化路东侧，南邻后屯社区、新郑市实验高级中学，北邻金都文化城二期用地。同时也在之前新郑工作站发掘的能人大道制陶作坊西南方向。

为配合道路建设，探方呈东西向布方，有较多发现的是东部区域。发现一处大面积夯土，经完整揭露为一处联排房的房基。F1 开口于战国层下，东西长 15.3 米，南北宽 6.7 米。可分为南、北两间，其中北侧那间房基的北部，发现呈东西向的一排 4 个柱洞。通过对夯土墙基进行解剖，发现夯层中出土有陶盆、陶豆、陶鬲、陶盂以及板瓦、筒瓦等。此处夯土墙基推测应与制陶作坊有关。

发现战国时期道路一条，大致呈南北向，露出部分南北长约 15 米，宽约 4.5 米，路面垫有小碎陶片。这条战国道路上没有车辙痕迹，应是东城内一条普通的道路。

另发现汉代圆形窖藏坑 1 个，直径 1.05 米，深 0.7 米。出土铜钱数枚，以及铁镬 1 件、铜漏斗 1 件、铜饰件 2 件。

在发掘区西部，我们还发现了一座带有墓志的唐墓。墓室南部有长条形墓道，直壁，底呈南高北低坡状。墓门在墓室南端，拱形，有封门砖。墓室由于盗扰，封顶已不存在。墓室内人骨仅存下肢骨。随葬品有铜叶、铜饰件、陶罐以及保存较为完好的墓志。墓志盖上墨书“唐故赵郡李府君墓记”。墓志也是墨书而成，题为“唐故赵郡郑州新郑县主簿李公墓记”。墓主李德，“赵郡人也”。赵郡李氏，是中国魏晋至隋唐时期的著名大族，出自赵将武安君李牧，是广武君李左车的后代。赵郡李氏是著名的门阀世家，南北朝时是中原五姓七族高门之一，其后人主要活跃于赵郡，即今河北石家庄市赵县地区。墓志显示卒年应为元和五年，即公元 810 年。这合墨书墓志的发现，为赵郡李氏后人的迁徙提供了史料信息。

（余　洁　郭　亮）

【洛阳市洛龙区杜村北宋砖雕墓】

发掘时间：2020 年 9 ~11 月

工作单位：洛阳市文物考古研究院

墓葬位于洛阳市厚载门街以东，广阜路以西的龙诚安置小区内，北距隋唐洛阳城约 4.4 公里。该项目是为了配合龙诚安置小区的基本建设而进行的考古发掘。

发掘区内发现了一座北宋时期的砖雕墓，墓葬呈南北向，方向 185°。由墓道、过洞、墓门、甬道、墓室构成。墓道位于最南端，为竖穴台阶式，台阶共 7 级。墓道南宽北窄，壁直，南宽 1.26、北宽 1.16 米，最低一级台阶距过洞 1.24 米为平底。

墓道北部为过洞，长3.82米，宽1.16米，高2.1～1.64米，平底，过洞中部有一盗洞。过洞以北为墓门，墓门为人字形排列的砖封门，封门上半部被盗洞破坏，宽1.16、残高1.64米。墓门以北为甬道，东西壁由平砖垒砌，从1.2米处开始起券，券顶坍塌，仅残留0.5米，底部未铺砖。再向北为墓室部分，墓室平面为圆形墓坑，砖券圆形墓室，内径3.28米，顶部坍塌，不见起券部分。

墓室由6个倚柱分成5个部分，包括桌、椅、酒具、门、窗、柜、几等。在墓室中部偏北，放置一石棺，石棺呈东西向，由棺体和棺盖两部分组成，因盗扰，棺盖大部分缺失，棺体有少部分残破，但从残存的棺盖上可见"维大宋西京河南府河南……旹崇宁改元岁次壬午九"等文字。棺体四周线刻有二十四孝图、引路升仙图、牡丹花卉图等，雕刻有带门钉的大门、二力士、二狮子等形象。石棺通长2.46、棺宽0.8米、通高1.1米。石棺内残留有少量人骨，在墓室南侧放置有一铁券，出土随葬品仅一瓷碗、一铜钱。

根据棺盖上的文字可以推断这一墓葬为宋徽宗崇宁元年时期，这一时期的同类型墓葬在洛阳地区发现较少，同时墓室内以大型石棺为葬具的现象也不多见，虽然墓葬被盗扰，但是整体基本形制保存较好，墓室和石棺上保留的内容丰富，实为研究北宋墓葬形制和葬俗文化重要的考古学资料。

（屈昆杰　张　炜）

【平顶山地区旧石器时代考古调查】

调查时间：2019年11月～2020年9月

工作单位：河南省文物考古研究院、平顶山市文物局、鲁山县文物保护管理所

在河南省科学技术厅基础业务经费和河南省文物局文物保护专项经费支持下，河南省文物考古研究院联合市、县文物部门在平顶山地区开展系统旧石器考古调查。

今年重点调查平顶山鲁山县地区，涉及调查区域包括沙河流域及荡泽河北岸、尧山东麓山前60余条冲沟；尧山东麓浅山地区的洞穴；流经鲁山县境内的沙河及其支流荡泽河、清水河等河流两岸阶地。调查面积约700平方公里。

2019～2020年在平顶山市共发现旧石器地点44处（旷野遗址），采集石制品203件，动物肢骨18件。石制品中10余件出自地层中。除旷野型地点外，在鲁山、宝丰、汝州三县交界处还发现46处洞穴，其中4处洞穴内有较厚堆积，地表有化石和石器。其中位于鲁山县观音寺乡的仙人洞于2020年6月19日首次发现，7月25日首次进入该洞穴，在洞内浮土中采集人类头骨断块、牙齿及大量动物化石，动物化石经^{14}C测定，年代为距今3.4万年。2020年9月获得国家文物局批复，开始正式发掘仙人洞。

此次调查发现的石制品类型包括石核、石片、刮削器、砍砸器等，原料主要为脉石英、石英岩、石英砂岩等。石制品总体特征可分为两类：一类是以砾石为毛坯制作石器，剥片方法主要为锤击法，以砍砸器等大型石器为主；另一类是以石片为毛坯制作石器，类型主要为刮削器、尖状器等小型石器。根据石制品加工特点、石器风化程度、地层情况，初步判断，鲁山县境内的旧石器地点以旧石器时代早、中期为主，未见晚期典型细石器。这些旧石器地点的发现填补了鲁山县境内没有旧石器遗址的空白，同时为研究中国南北方旧石器文化及其与环境变化的关系等提供了重要材料。

（赵清波）

【新乡古黄河大堤及卷长城考古调查】

调查时间：2020年

工作单位：新乡市文物考古研究所

2020年，新乡市文物考古研究所组织业务人员对新乡地区的古黄河大堤及原阳县和平原新区的卷长城进行了考古调查。考古队员调查了武陟县、获嘉县、新乡县、红旗区、卫辉市几个县市区现存的古黄河大堤，调查总长度为50余公里，调查面积超过5平方公里，做剖面20余处。通过古黄河大堤的调查，基本摸清了黄河故道大堤的走势和性质，掌握了汉阳堤、金堤、太行堤、清代至今大堤的分布和走向，对黄河故道大堤的建筑形制也有了基本的了解。新乡地区古黄河大堤调查对研究中国古代黄河河道变迁、豫北水系变化、古代人民筑堤防洪技术以及黄河对古代黄河流域人类生活的影响都有重要价值。

卷长城的调查发现并确认了圈城遗址、垣雍城遗址、安城遗址和疑似卷长城的夯土遗迹。在圈城遗址发现了东周到宋代的文物遗存，调查队绘制了遗址平面图，采集了文物标本，制作了调查记录，并以此为基础申报了河南省第六批文物保护单位。

（王政）

湖北省

【荆门屈家岭新石器时代遗址】

发掘时间：2020年3～12月

工作单位：湖北省文物考古研究所、荆门市博物馆、荆门市屈家岭遗址保护中心

屈家岭遗址是屈家岭文化的命名地，位于荆门市屈家岭管理区屈岭村和京山市（原京山县）雁门口镇高墩村。遗址总面积达2.84平方公里，是以屈家岭遗址点为核心，包括殷家岭、钟家岭、冢子坝、九亩堰、大禾场、土地山和杨湾等遗址点的新石器时代大型环壕聚落。

为配合屈家岭国家考古遗址公园建设，2020年度的考古发掘工作主要集中在屈家岭遗址点和土地山遗址点，完成发掘面积800平方米。

本年度共清理新石器时代遗迹61处，其中土坑竖穴墓葬8座、瓮棺葬2座、灰坑39个、房址7座、灰沟1条、祭祀类遗存4处。出土各质地文物共计140余件（套），陶器器类有鼎、簋、碗、罐、釜、壶形器、彩陶杯、缸和盆等，石器器类有斧、锛、凿和砺石等。遗存年代历经油子岭文化早期至石家河文化早期，年代序列较为完整。

屈家岭遗址点中部台地揭露了一批油子岭文化和屈家岭文化遗存，主要包括灰坑、房址等。其中屈家岭文化晚期F31保存有较完整的院落设施，F32保存有居住面、火塘、灶坑等设施。从遗存性质与空间布局来看，应为油子岭文化早期至屈家岭文化晚期的一般性生活场所，延续时间较长，为进一步认识遗址的聚落布局及其演变情况提供了重要线索。

屈家岭遗址点北部坡地揭露了7座油子岭文化晚期长方形土坑竖穴墓，随葬品组合主要为鼎、簋，其中2座墓葬保存有人骨，1座墓葬发现有棺痕，5座墓葬发现有随葬品，为进一步研究该阶段的葬仪文化提供了新的材料。

土地山遗址点揭露了一批屈家岭文化晚期遗存，主要包括灰坑、灰沟和祭祀类遗存等，丰富了对该遗址点文化内涵和性质的认识。从遗址点空间位置、规模及遗存年代和内涵看，其与屈家岭遗址点南部台地联系密切。

屈家岭遗址点南部台地揭露了2座平面结构均为3间的大型长方形建筑F15和F18，以及疑为F18附属仓储类建筑的F17。其中，F15保存有回廊设施，总面积约160平方米；在F15东部区域揭露了一处面积约120平方米的室外广场设施，保存有完整烧烤面。F18面积约80平方米，其东部保存有廊道设施，其垫土范围及结构极为清晰；F17位于F18北部约5米处，面积约7平方米，室内局部保存有烧结的硬面。这些遗迹位于同一层面，年代均为屈家岭文化晚期，房址及其附属建筑的布局及规模表明该区域应为屈家岭文化晚期的中心居住区，对于进一步探索其聚落布局及深入认识其性质具有重要意义。

（张德伟　陶　洋　罗运兵）

【沙洋光华新石器时代遗址】
发掘时间：2020 年 9 ~ 12 月
工作单位：湖北省文物考古研究所

光华遗址位于荆门市沙洋县十里镇光华村三组西部一处高出四周 1 ~ 3 米的不规则形台地（当地人称朱家塝）之上，四周环绕沟状低地（古环壕），其中北部利用了自然古河道。台地中心的地理坐标为北纬 30°39′37. 39″，东经 112°9′21. 33″，海拔 46 米。为配合荆（门）荆（州）高铁建设，此次对台地进行了普探，并选择在遗址所在台地的东部和北部各发掘 375 平方米与 425 平方米，清理了房屋 19 座（含 6 段残断基槽）、烧土堆积 9 片、墙体倒塌堆积 2 处、柱洞 130 多个、灰烬层 2 片、灶 2 个、灰坑 142 个、灰沟 11 条、水井 2 口等遗迹。除近 30 个灰坑和 2 口水井为东周遗存以外，其余均属新石器时代遗存。

勘探显示，光华遗址主体遍布朱家塝台地，四周环壕明显，宽度在 20 ~ 50 米。环壕内圈东西长 340、南北宽 230 米，据此遗址面积可达 6 万平方米，以外圈计算近 12 万平方米。台地中部一条东北—西南向宽 55 ~ 70 米的冲沟将遗址分割成东南、西北两个扇形台地，扇形台地之上是文化层堆积最厚的地方，普遍厚度为 1. 2 ~ 1. 6 米。

发掘显示，遗址中的东周文化层堆积普遍偏薄、保存状况不好，此次发现较多的灰坑遗迹绝大多数仅保留了底部。但结合调查勘探可知，该阶段的遗存分布较广，在遗址范围内均有发现，且以生活废弃堆积为主，说明东周时期该处仍是一处较为重要的居址。

新石器时代文化堆积普遍偏厚，一般可分 5 ~ 7 层，上层为屈家岭文化早期，下层为油子岭文化晚期。其中，西北部的油子岭文化晚期遗存较东南部更为丰富，加之探勘显示的红烧土堆积遍布西北台地全区域，以此可大致推测，遗址的聚落格局经历了一个由西北向东南发展的总体趋势。

此次发掘的主要收获之一，是在西北、东南两区域揭露了一批与房屋居址相关的新石器时代遗存，通过这批遗存可知，油子岭文化晚期房屋有方形和圆形两类，但到屈家岭文化早期只见方形房屋，基本不见圆形房屋。房屋建筑之前，均用黄土铺平地面，也发现有用红烧土或房屋废弃后的烧土块作为居址垫面，或用作散水、路土等迹象。还发现一批规模较大的烧土坑，普遍采用深坑填坑，比一般铺平地面显得更厚更深，或许与建筑“储料”相关。

（向其芳）

【襄阳市襄州区凤凰咀新石器时代遗址】
发掘时间：2020 年 9 月 ~2021 年 1 月
工作单位：武汉大学长江文明考古研究院、湖北省文物考古研究所、襄阳市博物馆、襄州区博物馆

凤凰咀遗址位于汉水中游、南阳盆地南缘，在行政区划上隶属于襄阳市襄州区龙王镇前王、闫营两村。中心地理坐标为北纬 32°14′42. 67″，东经 111°59′20. 39″，海拔 94 米。遗址位于不规则形台地上，是一处平面近方形的新石器时代城址，四周有城墙，城墙外有护城河环绕，城址面积约 14 万平方米。据勘探，城内中南部高地是当时主要居住区，密集分布有与建筑有关的红烧土堆积。城外还发现多处附属遗址点，以凤凰咀城址为中心分布在周围。

本年度为配合凤凰咀遗址保护利用和武汉大学考古专业实习需要，武汉大学联合湖北省文物考古研究所、襄阳市博物馆和襄州区博物馆对凤凰咀遗址进行了一系列考古工作。工作前期，对遗址及周边地区共 8 平方公里范围进行了精细测绘，制成高精度的地形图和数字正射影像。之后以凤凰咀城址为中心将遗址及周边地区分为 36 个区。本年度发掘的 D4 区，位于遗址主体的南部，共布置探方 18 个，探沟 7

条，发掘面积450余平方米。

本次发掘除解剖出一段南城墙和护城河之外，还发现和清理房址6座、灰坑223座、灰沟11条、红烧土堆积19处、墓葬16座、瓮棺22个、陶片堆3处、陶窑3座、垫土台基1座。年代涉及屈家岭文化、石家河文化、煤山文化三个时期。屈家岭文化陶器以夹砂灰陶为主，泥质红陶、灰陶、夹砂红陶次之，纹饰以弦纹为主，少量篮纹和附加堆纹。器形有盆形鼎、大口罐、双腹豆、高圈足杯、红顶钵、花边钮器盖等。石家河文化陶器以泥质褐陶和泥质黑皮陶为主，泥质灰黑陶、泥质红陶及泥质灰陶次之，少量夹蚌褐陶和磨光黑皮陶，纹饰以篮纹为主，少量弦纹和附加堆纹。器形有盆形鼎、高领罐、中口罐、甑、圈足盘、盆、擂钵、鬶、红陶杯、器座等。煤山文化遗存较少，陶器以泥质黑皮陶、灰陶为主，少量夹砂褐陶，纹饰以篮纹为主，器形有鼎、釜、广肩罐、高柄豆、器盖等。

南城墙残存横剖面约20米，分为两期，Ⅰ期城墙厚0.44～0.67米，分为4层；Ⅱ期厚0.11～0.8米，分为2层。Ⅰ期城墙内出土遗物极少。Ⅱ期城墙内出有较多遗物，多为陶片，以泥质黑陶为主，泥质灰陶次之，多件小型薄胎陶片，可辨器形有碗、器盖、陶环、纺轮等，属屈家岭文化。Ⅰ期城墙和Ⅱ期城墙之间有屈家岭文化时期的长方形房址1座、灰沟4条。城墙以南即为城壕，目前已挖掘3米多深，尚未到底，当前暴露堆积属煤山文化时期。

房址按平面形状分为圆形和方形两种，其中圆形3座，方形2座，均为石家河时期的地面式房屋。其中F5比较重要，位置靠近城址中心区域，尚未清理，推测为圆形地面式，室内有红烧土铺垫的规整地面。周围大面积分布红烧土，应为房屋的倒塌堆积。出有制作精良的草拌泥墙体，墙体较硬，抹有多层规整的白灰面，推测房址经历了多次粉刷与修葺的过程。F5应为一处高等级的居住建筑。

灰坑有圆形、椭圆形、不规则形几种。以H13为例，年代为石家河文化晚期，平面形状呈椭圆形，弧壁，近平底，坑口长径约660厘米，短径约210厘米，坑深50厘米。H13内堆积可以分为两层，出土的陶器主要有鼎、高领罐、中口罐、甑、圈足盘、盆、擂钵、鬶、红陶杯、器座、陶纺轮等，其中出土的红陶杯多达50余件，多数完整或可复原。还出有猪、牛等动物骨骼。坑内填土发现大量密集分布的草木灰，且有未充分烧尽的植物秸秆。初步判断H13可能与宴飨活动有关。

墓葬均为土坑竖穴墓，集中分布于发掘区的西北部，其中石家河文化时期墓葬有12座，屈家岭文化时期墓葬4座。石家河文化时期墓葬分为西北—东南和西南—东北两种朝向，屈家岭文化时期墓葬均为东—西朝向。墓坑内未发现葬具，除M4为俯身屈肢葬之外，其他均为仰身直肢葬。部分墓葬随葬有少量的随葬品，包括陶环、陶纺轮、陶杯、猪下颌骨等。

瓮棺多发现于发掘区东北部，年代多为石家河文化和煤山文化时期。比较重要的有W14，其平面形状近圆形，平底。开口距地表43厘米，坑口长径59厘米，短径54厘米，坑深32厘米。填土为灰黑色砂土，土质较疏松，夹杂少量红烧土块，出土少量陶片，在填土中发现一陶环残片。瓮棺内出土少量骨骼碎屑，两颗较完整的牙齿，发现小鼎、盘、石斧等随葬品。

陶窑破坏较严重。其中Y1的平面形状为“8”形，长约380厘米，深10～15厘米，距地表约15厘米，破坏严重，仅存底部，可见火膛、火道、窑室等结构。

本次考古工作确认了城墙和护城河的存在与结构，并对城址的兴废年代取得初步认识。城墙被屈家岭文化早期遗存叠压，城墙内出土陶片属屈家岭文化，大致判断城墙修筑年代为屈家岭文化早期。城壕目前解剖深度暴露出的淤积层年代为煤山文化时期，现发掘仍在进行中。结合城内探方发掘，初步判断，城址主体使用年代为屈家岭文化时期，至石家河文化时期，城墙功能已经消失，城壕还在延续使用，凤凰咀遗址性质从城址变为台地型环壕聚落。煤山文化之后，遗址完全废弃。

凤凰咀城址加上周围附属聚落点总面积约 50 万平方米，城内有大规模建筑遗存，墙体有多层白灰粉刷，体现了高超的建筑工艺和较高的规格，还发现形状较规整的垫土台基，附近出有较多小型玉器、绿松石饰件，等级较高，应该是鄂西北地区的区域中心。另外，城址修建于屈家岭文化北疆，扼守在江汉平原与北方地区来往的通道处，推测其军事功能也较为突出。

（伍腾飞　李宗洋　田　辉　单思伟）

【武汉市盘龙城遗址杨家湾北坡遗存】

发掘时间：2020 年 8 月 ~2021 年 1 月

工作单位：武汉大学历史学院、湖北省文物考古研究所、武汉市文物考古研究所、盘龙城遗址博物院

本年度进一步了解盘龙城杨家湾北坡石头堆积的结构和性质，我们在 2019 年原发掘区及其以西的位置进行了补充发掘，新开探方 475 平方米。本年度考古发掘共发现石头台基 5 座、灰坑 26 座、灰沟 4 条、房屋基槽 1 座、墓葬 4 座、红烧土遗迹 4 处。除 3 座墓葬年代属于明清时期，其他遗迹均为商代前期。

2019 ~2020 年盘龙城杨家湾北坡发掘区位于一处南高北低的坡脊上，南距盘龙城聚落晚期大型建筑基址 PYWF4 和贵族墓葬区约 50 米，北距当代盘龙湖湖岸 90 ~100 米。本年度考古发掘首次确认原勘探、解剖发掘所见的石头堆积应属于一类台基建筑，并在此类建筑的周边发现大量规整的灰坑、原生的红烧土遗迹。目前发掘区所见商代前期的遗存主要分为三个阶段。第一阶段发掘区西部出现圆形或方形的灰坑，灰坑形状较为规整，相互之间无打破关系，似有一定的规划。第二阶段为这一区域主要的活动堆积，出现石块垒砌的台基建筑遗迹。其中保存较好的 3 号台基分两次修砌。早期由石块和黄土铺垫成近方形，外围石块较大，越往台基中部石块越小，周围因高温而形成了一圈红烧土面；之后建筑进行了第二次的修葺，其上覆盖一层夹杂生土的红色垫土，并零星可见烧结的活动面。早期石块和黄土垒砌的垫土长 2.4 米，宽 2 米；晚期垫土面积长 7.8 米，宽 5 米，总面积近 40 平方米。在 3 号台基的正北，发现有 4 号台基，方向和建造方式与 3 号台基一致，不过被破坏得较为严重，仅剩东南保存有平铺的石块，面积推测与 3 号台基一致。叠压第 3、4 号台基的还有第 5、1 号台基，其建造方式与早期台基略微有异，仅见较大的石块在外围围成一个近方形，其内零星填有碎石子铺垫。在这些台基的周边则发现有圆形、椭圆形的灰坑，灰坑填土底部多为纯净的灰烬土，应与台基建筑的使用相关。其中最大者为 H63，近椭圆形，最长 9.1 米，宽 4.8 米，深 1.2 米，其内为数层纯净的黄土、黑土和红土形成的圜底状堆积，每层厚 5 ~20 厘米，可见为数次倾倒活动造成。此外如 H70、H73 为较小的深坑，平面形状近椭圆形，开口最大径为 0.6 ~0.8 米、深 1 ~1.6 米，填土除上部有零星的陶片外，均为纯净的红褐土。第三阶段则为整个台基建筑的废弃阶段。地层出土大量的陶片和石块，并见多条较大的灰沟。这一层位出土的石块杂乱无章，应是较早阶段的台基建筑废弃之后形成的。

2020 年在原发掘区中部以南 5 米扩方，发现商代前期的墓葬和房屋基槽各 1 处。其中商代墓葬 M25，东西向，长约 3

米，宽1.1米，南侧被房屋基槽F9打破。墓葬随葬有1爵、1斝两件青铜器，以及1件印纹硬陶尊、1件陶罐、3件陶大口缸。随葬青铜器均为碎器埋葬，除爵腹身较为完整外，斝、爵足均散乱在墓室中。F9则仅发掘一段东西向的基槽，内填满石块，目前钻探已知建筑长9米，宽不详。从出土青铜器观察，M25的年代应属于盘龙城遗址偏晚阶段。这一地点南距80年代发掘的大约属于同一时期的PYWM11、PYWH6等贵族墓葬仅50米左右。

盘龙城是否存在外城垣一直是学界关注的重点。它的有无、年代、范围直接影响了我们对于盘龙城聚落布局和性质的认识。为此自2014年开始，我们有计划地对杨家湾北坡这一曾被认为存在外城垣遗迹的区域进行考古工作。经过近几年的连续工作，我们初步否认杨家湾北坡存在外城垣，但同时发现大面积石块堆积的迹象。2020年的考古工作首次确认这些石块属于商代前期的建筑遗迹。从地层关系和出土的陶片观察，以上台基建筑，以及伴生的灰坑和烧土遗迹均属于盘龙城遗址偏晚阶段。这些建筑均未发现柱洞和上部立墙的结构，却多有着由石块及纯净的红土、黄土铺垫而成的台基。同时台基形状规整、由大量石块修砌、做工复杂，显现出了其严格的规划和较高的规格，显然并非普通居住场所，怀疑其具有某种祭祀性的功能。而这些台基部分又多层叠压，伴生的灰坑也可见反复堆积，表明在杨家湾北坡，与建筑相关的活动曾反复进行。在以往的勘探中，我们发现杨家湾北坡的石块堆积分布长达约350米、宽80米。根据本年度发掘所示，石块修砌的台基类建筑可能在杨家湾北坡有着广泛的分布，构成了盘龙城遗址晚期整个城市聚落布局中的重要一环。

（孙　卓　张昌平）

【武汉市黄陂鲁台山郭元咀商代遗址】

发掘时间：2020年5～12月

工作单位：湖北省文物考古研究所、北京大学考古文博学院、黄陂区文物管理处

郭元咀遗址位于武汉市黄陂区前川大街二程书院北部，坐落于鲁台山北麓、滠水东岸的台地上。经国家文物局批准，本年度湖北省文物考古研究所联合北京大学考古文博学院、黄陂区文物管理处对该遗址进行了发掘。发掘面积1120平方米。遗址堆积大致分三个时段。

第一个阶段的堆积中，主要揭露了一处用于铸铜的大型台基以及台基上的各类铸铜相关遗迹，是与精炼粗铜、熔炼合金、陶块范浇铸相关的生产场所或废弃区。

台基南边宽28米、东边长48米，面积达1100平方米。台基南缘是一条东西走向的大型灰沟（G7），沟内堆积物丰富，除出土各类质地器物外，还浮选了大量炭化水稻、木炭、脊椎动物骨骼等，是生产生活的废弃堆积物。

台基上分布着大量与铸铜作坊相关的遗迹。铸铜作坊的核心区位于台基的中部，面积达30平方米，发现细沙坑、炉址、陶范坑、垫土坑等遗迹，以K11的发现最为重要，坑内铺垫多层细沙，包含大量铜渣、木炭和细碎陶范。坑内发现炉基1座，保存较好。其他炉址共发现13座，既有二次堆积形成，亦有原生形态。^{14}C测年数据显示绝对年代为公元前1418年～前1264年。

台基东缘是一条呈环状的灰沟（G8），发现大量碎陶范以及坩埚残块。此外，台基上还发现粗沙坑、细沙坑，可能与冶炼、铸造环节相关。

此次出土的商代遗物共计419件。种类有青铜器、冶铸遗物、陶瓷器、石器等。青铜器基本为生产工具，种类有斧、匕、箭镞、鱼钩、削刀、钻等。冶铸遗物有铜块、铜渣、坩埚残块、陶范等。陶瓷器以

陶器为主，另见少量印纹硬陶和原始瓷。陶器种类有分裆鬲、鼎、罐、假腹豆、簋、盆、大口尊、大口缸等。石器以生产工具为主。

第二个阶段为商末周初，发现烧土遗迹一个。^{14}C 测年数据为公元前 1211 ~ 前 1020 年。

第三个阶段为西周至春秋早期，发现墓葬六座。

鲁台山郭元咀遗址年代跨商代、西周、春秋时期。发掘的商代遗存的主体年代相当于洹北花园庄期至殷墟一期，发掘出土了大量与铸铜有关的遗迹和遗物，是长江中游地区近年保存最为完好、内涵最为丰富的商代铸铜遗址，按窝足陶鼎等器物也暗示此地与鄂东地区有着广泛的交流，其铸铜原料或来源于鄂东、赣北等地的长江铜矿带，对揭示殷墟一期之后的青铜铸造的组织、原料的运输等青铜时代重大学术问题具有重要价值，商末周初遗存的发现，为研究鲁台山西周早期长子国族属与源流提供了重要线索。

（胡　刚　程小锋）

【京山苏家垄遗址】

发掘时间：2020 年 5 月 ~2021 年 1 月

工作单位：湖北省文物考古研究所

苏家垄遗址位于京山县坪坝镇罗兴村。本年度继续在矿冶遗址点西部发掘，以期进一步了解遗址的功能布局、性质、年代、文化内涵，明确遗址点与墓地的年代关系，为苏家垄国家考古遗址公园的建设和大遗址保护、展示、利用提供更多的基础资料。发掘面积 625 平方米，布设探方 25 个。地层堆积，西部整体略薄，共有 3 层或 4 层。第 1 层，现代耕土层；第 2 层，清代文化层；第 3、4 层为战国文化层。其中第 3 层特点明显，整体呈黑灰色，夹杂有大量的草木灰、炭粒和少量的红烧土颗粒、块，出土大量的陶器残片，少量的陶器小件、石器、铜、铁器等。东部地层相对略厚，一般可分为 4 层堆积，部分探方堆积多至 5 层或 6 层。第 1 层，现代耕土层；第 2 层，清代文化层；第 3、4 层战国文化层；第 5、6 层应早到春秋时期。

发现的遗迹较为丰富：共有灰坑 44 座，灰沟 8 条，水井 11 口，陶窑 2 座，房址 2 座。出土遗物丰富，有陶器、石器、铜器、铁器和少量炼渣、窑壁等。尤其以陶片最为丰富，大多应为烧制陶器过程中产生的废弃陶片，以夹砂红陶、褐陶居多，次为泥质灰陶和泥质黑皮陶，少量的夹砂灰陶。器类有罐、盂、甗、鬲、豆、器盖等，以豆、鬲、罐的数量最多。各类小件器物共计 151 件，其中陶容器（包括可复原）47 件，器类有豆、双耳罐、鬲、盂、器盖、杯等；陶拍（垫），10 件；陶纺轮，12 件；石器 43 件，器类有石锤（球）、砧、臼、砺石、斧、锛、凿、刀、锥、钻、石片、纺轮等；铜器 27 件，器类有斧、鱼钩、镰、镞、戈、剑、带钩、簪等；铁器 12 件，多为铁工具，3 件为流状铁块，器类有锄、钁、斧、锤等。此次发掘初步收获主要有以下几点：（一）确定发掘区的性质为制陶作坊的一部分，从遗迹和遗物的情况看，该作坊规模大、规格较高。（二）除了春秋时期的遗存，还新发现明确的战国遗存，加深了对遗址年代和延续时间的认识。（三）新发现了一批铁器，年代相对较早，为研究早期铁器在曾国的生产和应用提供了新的资料。发现的两块铜铁合金，在目前矿冶考古的发现中较为少见，为研究早期从冶铜到冶铁技术的转变、东周时期冶铁技术的出现与发展等提供了新的线索。（四）发现的各类遗存为加深遗址文化内涵、性质等的认识提供了更丰富的基础资料。为苏家垄国家考古遗址公园的保护、规划、建设提供了更丰富的考古材料和可供展示的亮点。

（席奇峰）

【襄阳市贾巷东周至唐代墓葬】

发掘时间：2020 年 9 月 ~2020 年 12 月

工作单位：湖北省文物考古研究所、襄阳市文物考古研究所

贾巷墓地位于襄阳市樊城区王寨社区，北距邓城遗址约 870 米，西有大李沟水流过，东临内环路。贾巷墓地是邓城外围一处重要的墓地，自 2001 年起先后进行过 6 次发掘，发现东周至唐宋时期墓葬 1000 余座。

本年度为配合湖北襄投置业有限公司 209 项目 B 地块建设，襄阳市文物考古研究所对贾巷墓地进行第七次发掘。本次发掘具体位置北临汉江梦・御府小区、东为云兴路、南临绿地・理想城小区、西距大李沟 106 米。中心地理坐标：北纬 32°4′26.83″，东经 112°5′52.99″，海拔高程 67.38 米。此次发掘区域原地层被破坏殆尽，文化层基本无存，仅存一层表土扰乱层，所有遗迹原开口层位不详，现开口层位皆在该扰乱层下。本次共发掘墓葬 353 座，出土随葬品的墓葬共 220 座。其中楚墓 57 座、秦墓 119 座（6 座未出随葬品）、汉墓 44 座、晋墓 2 座、唐墓 4 座。出土各类器物共计 800 余件，随葬品种类有陶、铜、铁、铅锡、瓷、玉石料器、骨器等。

楚墓的年代主要集中在春秋晚期至战国晚期，多为中小型长方形竖穴土坑墓，仅有两座带有斜坡墓道。墓葬尺寸多为长 2 ~3 米，宽 1 ~1.5 米；墓向以东向为主，南向次之；可辨葬式均为仰身直肢；葬具多为单棺；随葬品数量较少，一般为 3 ~5 件，以日用陶器为主，有鬲、盂、豆、罐等。

此次发掘的秦墓年代为战国晚期至秦代，墓葬尺寸多为 2.5 米 ×1.5 米左右，墓葬尺寸稍大的在 4 米 ×3 米左右；多设有生土二层台；墓向以东西向为主；可辨葬式的 66 座墓葬中 39 座为屈肢葬；葬具多为单棺；随葬品以釜、罐等日用陶器为主，少数随葬有铜带钩。此次是继襄阳王坡墓地之后又一次发现集中分布的秦文化因素墓葬，为我们研究战国晚期秦占领荆楚以后这一区域的埋葬风俗有重要意义。

汉墓中 23 座为竖穴土坑墓，21 座砖室墓。其中 19 座为长方形竖穴土坑墓，墓葬尺寸多为 3 米 ×1.5 米左右，墓向以东向居多；葬具多为一棺一椁，仰身直肢；随葬品以陶器为主，有鼎、盒、壶、豆、罐等，年代集中在西汉早中期。M214、M221、M224、M297 四座墓皆带有长方形斜坡墓道，年代为西汉晚期。此次发现的汉代砖室墓皆遭到不同程度的盗扰，大多数葬具、葬式不明，随葬品有陶罐、陶瓮、陶仓、陶灶、陶井、釉陶鸡、釉陶狗、铜“五铢”钱等。

此外，M73 是一座保存相对完整的晋墓，方向 180°，墓室砖砌，由墓道、甬道、前室、通道和后室组成。南部设墓道，大部分被破坏，仍可看出是阶梯状墓道。前后室顶部保存完好，形制皆为四隅券进式盝顶。随葬器物共 34 件，有铜弩机、银镯、银钗、瓷盘口壶、鸡首罐、铜镜、“五铢”钱等。

贾巷墓地紧邻邓城城址，邓城遗址周围方圆 60 平方公里内分布着十分密集的东周至汉代遗址和墓地，以邓城遗址为中心，南北分别紧连周家岗、韩岗遗址；东有彭岗、余岗、沈岗东周墓地；北部分布有时代属东周至汉代的王坡墓地、张家岗墓地等邓城外围的重要墓地。因此，贾巷墓地的发掘对于研究邓城附近墓地分布以及其与周边墓地间的关系具有重要意义。对贾巷墓地东周至汉代墓葬的研究，能在一定程度上窥视当时社会生活状况，为深入探讨襄阳地区东周至汉代历史文化与丧葬制度变迁提供了重要资料。

（谢晓庆）

【熊家冢战国墓地】

发掘时间：2019 年 3 月 ~2020 年 2 月

工作单位：湖北省荆州博物馆

熊家冢墓地位于荆州市川店镇张新场村，与当阳市河溶镇新河村相邻，西南距当阳季家湖楚城遗址约 11 千米，东南距楚故都纪南城约 26 千米，距荆州城约 34 千米。熊家冢墓地是一处重要的楚国高等级贵族墓地，核心区域面积约 15 万平方米，由主墓、祔葬墓、车马坑、殉葬墓、祭祀坑等部分组成。主冢顶部海拔高度为 68.2 米，经纬度为北纬 30°37′012″，东经 112°00′037″。

为弄清祔冢殉葬墓的分布范围、排列规律，为熊家冢考古遗址公园建设提供考古学资料，国家文物局批准湖北省荆州博物馆对熊家冢祔冢殉葬墓地进行主动性考古发掘工作，两次发掘面积共约 5000 平方米。

共发掘祔冢殉葬墓 44 座，出土随葬器物编号 166 件，其中玉器 186 件（含碎玉 96 件）、铜器 23 件、陶器 4 件、水晶 8 件、玛瑙 3 件、绿松石 3 件、料器 1 件，为祔冢殉葬墓地的年代推断提供了实物资料。明确了祔冢殉葬墓地的分布范围、排列方式及数量，揭露了 12 排 46 座殉葬墓的开口位置（含 2009 年发掘的 NPM1 与 NPM2），其中第 1 ~ 10 排为每排 4 座，第 11 排、第 12 排各有 3 座，第 12 排为错缝排列，其规模正好为主冢殉葬墓（24 排 92 座）的一半；祔冢殉葬墓地占地约 5000 平方米，方向为北偏东 4°左右。祔冢殉葬墓第 1 排与第 2 排的间距约 10 米，第 11 排与第 12 排的间距约 3 米，其余两排之间的间距约 5 米。每一列的东西间距约 7 米。根据 2006 ~ 2011 年的发掘资料可知，祔冢殉葬墓的墓圹（长、宽、深）略小于主冢殉葬墓，墓葬方向则与主冢殉葬墓基本一致，祔冢殉葬墓地规模约为主冢殉葬墓地的四分之一，主冢、祔冢及两者的殉葬墓大致在一条直线上。另外清理晚期墓葬 15 座（唐代至明清时期）、灰坑 2 个、排水沟 6 条、陶窑 1 座，其中唐代砖室墓出土盘口壶 1 件、铜币数枚；明代墓葬出土买地券 2 块、八卦砖 2 块、瓷碗 2 件及陶罐 1 件。

在考古发掘工作中采取多学科合作的方式，科学、系统、全面地采集墓地信息；针对考古发掘的生物考古学与科技考古学研究针对古代人类的行为模式、营养状况、食物组成进行综合分析，综合全面地复原整个古代社会；对出土人骨进行体质测量和观察、性别鉴定、病理观察；通过分子人类学鉴定出土人骨的性别，分析其体质与生理病理特征的遗传学关系；从时间和空间两个维度充分考察墓地楚人的遗传动态。

熊家冢墓地对于研究战国时期楚国高等级贵族墓地的埋葬制度，以及其与邻近地区同时期的大遗址之间的关系等楚文化研究的重大课题具有十分重要的意义。

（贾汉清　田亚洲）

【荆门市沙洋新村战国墓地】

发掘时间：2020 年 9 月 ~2021 年 2 月

工作单位：湖北省文物考古研究所

新村墓地位于沙洋县十里铺镇光华村十组一条南北走向的自然岗地中部，是一处战国中晚期楚国高级贵族墓地。2020 年 9 月，为配合荆荆高铁项目建设，湖北省文物考古研究所对其进行抢救性发掘，发掘面积 1200 平方米。

墓地主要由两座带封土的土坑木椁墓及其西部陪葬车马坑组成，并在 M1 封土周围发现丧葬祭祀相关遗迹。M1 现存封土南、北、西三侧均发现有夯土墙，东部与墓道相接，用黑褐色黏土夯筑而成，整体是方形院落状，边长约 23 米，夯土墙上窄下宽，内坡稍陡，外坡较缓。M2 封土早年已被夷平，破坏严重，未发现封土墙基。在 M1、M2 封土中间发现 1 处方形烧坑，打破 M1、M2 封土，平底，坑壁光滑规整，坑内出土较多鼎兽足、方形鼎耳、敦、簠、簋等仿铜陶礼器碎片，推测应为墓建成后的祭墓遗迹。

M1、M2 均为带斜坡墓道的“甲”字形墓。M1 开口长 20.5、宽 19、深约 9.5 米；坑壁设 7 级台阶；斜坡墓道位于墓坑东部，口长约 15 米，坡度 35°。棺椁被盗扰已塌陷，一椁双棺，椁内以隔板分为三室。东部头厢和南部边厢放置随葬器物仅残存 33 件（套），以仿铜陶礼器为主，少量铜车辖、马镳、伞箍、戈、镞及玉璜。北部棺室内置长方形盒棺外棺及悬底弧棺内棺，人骨已朽。M1 椁底板下墓坑中部发现一长方形腰坑，坑内殉葬一动物，疑似犬，头朝东，侧卧于坑底。M2 开口长 16.5、宽 13.8、深约 8 米；坑壁设 9 级台阶；斜坡墓道位于墓坑东部，口长 12.3 米，坡度 32°。棺椁已塌陷，重椁重棺，椁内分东部头厢、南部边厢及北部棺室。随葬礼器、乐器、生活用器、车马器、丧葬用器等共计 104 件（套）。头厢出土以成组的青铜礼器和仿铜陶礼器为主，少量漆木竹器、玉器，上下两层叠放；南部边厢随葬较多漆木器，器类有虎座鸟架鼓、豆、耳杯、盒、镇墓兽等。内外棺置于北部棺室内，外棺为平底方棺，内棺为悬底弧棺。内外两棺内面均髹红漆。人骨已朽，葬式不明。

M1、M2 西部陪葬有车马坑 2 座，平面均呈“凸”字形，西壁中部偏南设斜坡坑道 1 条。M1 陪葬车马坑 CMK1 内陪葬 5 车 12 匹马，M2 陪葬车马坑 CMK2 内陪葬 3 车 2 匹马，车均舆东衡西，南北向横向排列；马头西尾东，相背侧卧于辕的两侧；车身多髹红漆，形体宽敞，个别车辆配有青铜车马构件。

新村墓地 M1 与塌冢 M1、望山 M1 规模相近，为中型楚墓，墓主推测为下大夫；M2 为其夫人墓。根据出土遗物形制初步判断，年代为战国中晚期秦将白起拔郢以前。

新村墓地发掘出一组异穴合葬墓及其陪葬车马坑、封土、封墙、祭祀坑等关联丧葬遗迹，是目前揭露的布局保存完整的一处战国时期楚国贵族家族墓地，填补了楚国贵族丧葬制度的部分空白。从布局来看，新村墓地为夫妻异穴合葬，夫墓与妻墓南北成排，墓道向东，墓葬西部均陪葬车马坑，推测该家族墓地为有规划预留位置的定穴埋葬。此外，本次发掘的 M1 夫墓开口大于 M2 妻墓，但 M2 台阶数较 M1 多两级，与过去一直认为的夫妻不同制，妻子较丈夫低一级的情况不同，故夫妻是否同制，以及楚墓台阶数与身份等级的关系还需进一步研究。

（周　青）

【云梦县郑家湖战国墓地】

发掘时间：2020 年 9 月 ~2021 年 1 月

工作单位：湖北省文物考古研究所、云梦县博物馆

云梦郑家湖墓地位于孝感市云梦县城关镇建新村江郭湾东部。墓地地处随枣走廊东南端咽喉位置。位于楚王城东南一条东西向的岗地东端。

前期勘探共发现墓葬 210 余座。已经发掘完成 118 座，均开口于①层下，无叠压打破关系，均为长方形土坑竖穴墓；除一座有墓道外，其余均无墓道；大部分墓葬的遗物位于壁龛或头龛。遗物的数量较多，类型较为丰富，包括铜、玉石、陶和漆木器等，以陶器为主，共计近 400 件套。铜器有剑、矛等兵器，印章、带钩、铜镜等日用器，铃型器等模型明器。陶器主要有鼎、敦、壶、盒、匜、鬲、盂、豆、双耳罐等，其中黑皮陶有地方文化特色。墓地年代为战国中晚期，性质为楚人及楚遗民的平民墓葬。

这次发掘的收获主要有两个方面：第一，首次在云梦地区集中发掘了一批战国中晚期楚人及楚遗民的墓葬，完善了云梦地区，乃至随枣走廊及汉东地区这一时期的文化序列。第二，此次考古工作获得的各类新的资料，丰富了该地区考古文化发展的时空框架和基本面貌，为研究战国中晚期楚地到秦汉时期南郡的历史变迁及秦国占领云梦后的统治模式提供了重要的研究资料，也为研究云梦古代历史和社会生活提供了新的材料。

（赵　军　张宏奎）

【荆州郢城遗址】

发掘时间：2019 年 8 月 ~ 2020 年 6 月；2020 年 7 月 ~ 2021 年 4 月

工作单位：荆州博物馆、荆州纪南生态文化旅游区文物局

郢城遗址是国务院核定公布的第七批全国重点文物保护单位。遗址位于荆州纪南生态文化旅游区凤凰办事处郢城村，南距荆州古城约 2.12 千米，西北距楚纪南故城约 2.61 千米，郢城平面呈不规则方形，城垣由土夯筑，高于城内外地表 3 ~ 4 米，城垣长度为 1.292 ~ 1.488 千米，周长 5.56 千米，面积约 191.8 万平方米。城垣西南角早年遭毁坏，其他均保存较好。城外护城河现宽 26 ~ 35 米。

2016 年 12 月 ~ 2017 年 6 月，为配合《郢城遗址保护总体规划》的编制，荆州博物馆组织考古人员对郢城遗址进行了较为全面的考古调查、勘探工作。2019 年以来，为验证前期考古勘探的结果，荆州博物馆对郢城遗址城垣西北角台基展开考古发掘工作、东城门及护城河。

郢城遗址西北角台基的发掘，是为了解郢城有无角楼遗存和该台基与护城河之间的关系。发掘仅揭露至城垣夯土本体，局部区域开展解剖工作。发掘有如下收获。

西北角台基夯土堆积情况：夯层厚度 9 ~ 20 厘米、夯窝直径 5 厘米；了解了郢城西北角台基垮塌情况；郢城西北角城垣距离护城河内边 4.1 米；城垣建设的年代问题：城垣夯土叠压于战国晚期文化层之上。城垣修建过程中有清理表土的行为，存在基槽；关于城垣角楼，因历年破坏严重，在目前发掘区域未发现柱洞、墙基遗迹，但在台基西坡中部集中发现大量筒瓦、板瓦等建筑材料，应曾存在角楼建筑。

为厘清郢城东城门的构造，掌握护城河宽度、堆积及与城垣的关系等，对东门及护城河进行发掘。其主要有以下收获。

东城垣选址利用了原有的一条南北向岗地，该段城垣叠压在石家河文化层之上，并发现有两座石家河文化的瓮棺和文化层堆积；东城垣为黏土夯筑，夯层厚 5 ~ 25 厘米，夯窝明显，直径 6 ~ 8 厘米，有基槽，基槽打破东周和石家河文化层。根据陶筒瓦、板瓦垮塌堆积情况推测，东城垣可分为两期城垣，城垣修筑不早于战国晚期；东门，单门道，宽度不长于 4.8 米，进深约 14 米；在东城门南侧城垣发现石柱础一个，开口呈不规则圆形，直径 0.42 ~ 0.48 米。在柱础石东侧城垣坡脚发现陶排水管，开口残长 1.16 米、宽 0.27 米，陶排水管截面呈圆形，由两块长 0.5 米、宽 0.14 米的筒瓦相扣而成；东门外护城河，该段护城河宽 18.6 米，距现地表深 3.5 米，护城河深约 2.5 米；木桥遗迹：正对东门，距东门 30 米，发现 2 排木柱，清理出桥桩 70 余根，直径 12 ~ 34 厘米，桥梁南北宽度 9.1 米、东西跨度 2.9 米，架桥处护城河宽 5.94 米。柱之间镶嵌有木板。

2020 年 7 月以来，为配合荆州郢城遗址本体保护修缮工程一期建设，在涉及的 5 处地点进行发掘，包括郢城东城门至郢城中鱼塘疏浚工程发掘 2 处；“L”形水系发掘 1 处；城内南、北水系与内壕交汇发掘点 1 处；南北水系中暴露木桩遗迹 1 处。5 处发掘点共发掘 1600 平方米，不但为工

程建设提供了必要的考古学依据，也取得了重大的考古收获。

郢城东城门至郢城中鱼塘疏浚工程发掘的目的是验证东门与南北中心水系之间有没有道路，目前发现大量的灰坑及灰沟，判断该区域为秦汉时期居住密集区，但本次发掘未发现道路遗迹，根据目前的地层堆积状况，判断道路遗迹因生产生活已被破坏殆尽；“L”形水系的发掘目的是厘清“L”形水系区域与郢城遗址的历史叠压关系，为科学编制保护方案提供依据，根据目前的地层关系及“L”形水系的包含物，推测“L”形水系存在于唐代，属于后期形成，并不是与郢城同时期使用的城内水系；城内水系木构桥梁的发现属重大考古发现。根据桥桩深度与河道内淤泥中的包含物，可以判断这三座木桥与郢城同期，为秦汉时期遗存，且三座木构桥桥梁几乎处于同一直线，这在近些年秦汉城址的发掘中极为少见；另外，这三座桥梁也是中国目前考古发现的最早木构桥梁之一。本次考古发现对研究秦汉城址的布局与木构桥梁的构造与演变都有着重要的意义；城内南北水系与南部内壕交汇处的发掘目的为验证城内水系与城外护城河是否连通贯穿，从目前的发掘淤泥情况可知，城内南北水系在此处与城外连通，对郢城及南方郡县级城址的布局有重要的指导意义。

郢城为秦至西汉前期的南郡、江陵县，西汉后期的郢县、王莽时期的郢亭所在地，与楚纪南故城、荆州古城形成江陵地区完整的城市发展序列，共同见证了该地区历史时期的政权更迭与人类活动变迁。郢城遗址包含丰富的历史信息，作为江汉平原一系列城址遗存中的代表性遗存，是秦汉时期城市体系的重要组成部分，见证了列国争雄分裂状态的终结和秦汉帝国统一局面下新的等级制度形成，是研究秦汉时期城市建设的重要实物例证。

（刘建业　张丙银）

【荆州古城城墙 11 号马面遗存】

发掘时间：2019 年 7 月 ~2020 年 9 月

工作单位：荆州博物馆

本年度荆州博物馆对荆州古城城墙 11 号马面进行了考古发掘工作，发掘面积 600 平方米。

截至目前，已发掘至五代时期墙体，考古发掘工作仍在进行之中，以下由早及晚介绍发掘情况。

目前发掘至五代时期城墙，墙基未发掘。五代时期城墙为土城垣内外包砖，错缝垒砌而成。墙体距城内地表高约 5.7 米，墙顶宽约 2.5 米。墙砖时代不一，形制各异，有东汉、西汉、六朝以及唐代的青砖。

宋代城墙分为两期。一期城墙，直接在五代城墙内侧加筑夯土护坡而形成，并沿用五代时期的外墙。墙体距城内地表高约 6.3 米，墙顶宽约 3 米，底宽约米。护坡夯层由残碎砖块夹土混夯而成，即在厚 0.2 ~0.5 米的夯土层上铺垫碎砖块之后再进行夯筑。

二期城墙，在一期城墙夯土护坡上加筑夯土形成，夯土层较薄。墙体距城内地表高约 6.6 米，墙顶宽约 2.5 米。护坡夯层由细碎砖瓦残片夹土混夯而成，即在厚 0.1 ~0.4 米的夯土层上铺垫细碎的砖瓦残块之后再进行夯筑。

二期城墙顶部有青砖铺设的墁铺，砖块分为两种尺寸，第一种砖长 0.33、宽 0.15、厚 0.06 米，第二种砖长 0.37、宽 0.18、厚 0.06 米。

明代城墙继续沿用宋代城墙，但是对宋代城墙外进行了夯土填垫，现城外地表比城内地表高约 2.5 米，墙体距城内地表高约 8.5 米，土城垣高约 7.85 米。明代城墙顶部有青砖铺设的墁铺，但砖块多残断，少有整砖。

清代城墙沿用明代城墙，墙体距城内地表高约 10.35 米，土城垣高约 8.85 米。

在考古发掘过程中，我们对 11 号马面

墙体截面尺寸、隐蔽部位砌筑工艺、基础材料种类和规格及其保存状况、堆积层次、包含物等进行全面记录和分析，进一步廓清了该段城墙的建筑年代及历史变迁、墙基做法、墙体砌筑和城垣夯筑工艺特点以及马面外侧活动面相关遗存等历史信息，为荆州城墙保护与研究提供了重要的资料。

【武当山五龙宫遗址】

发掘时间：2020 年 9 月 ~2021 年 1 月

工作单位：湖北省文物考古研究所、武当博物馆

五龙宫在唐贞观年间开始兴建，名为“五龙祠”，后历经宋元时期的数次毁弃与重建。明永乐皇帝朱棣敕建武当山时，建成有山门、廊庑、玉像殿、父母殿等 215 间建筑，并赐额“兴圣五龙宫”。明嘉靖皇帝朱厚熜又对五龙宫开展大规模的维修和扩建，五龙宫建筑增至 850 间。明代后，五龙宫开始衰败废弃。1994 年，五龙宫随同武当山古建筑群一并被联合国教科文组织列入世界文化遗产。2006 年，五龙宫被国务院公布为全国第六批重点文物保护单位。

本年度考古发掘工作计划清理、发掘五龙宫遗址中宫南厢房以及南宫东道院，发掘面积 5000 平方米。因受新冠肺炎疫情影响，实际清理、发掘发掘面积 1600 平方米，发掘深度在 0.1 ~3.3 米。主要清理、发掘区域为五龙宫遗址中宫南厢房及南宫东道院内的天井及院墙部分。

清理、发掘情况显示，五龙宫遗址为砖石建筑遗址，整体保存较好。遗迹单位主要有中宫南厢房及南宫东道院内天井。天井内有水池、甬路、台阶、水沟、院墙等 13 处建筑遗迹。其中的水池 1（月池）、水池 2（日池）为本次考古发掘工作发现的重要遗迹单位。其中已发掘完毕的水池 1（月池）地层堆积厚 7 层，出土了大量包含可作标准器断代的遗物，对这批出土的遗物进行整理，可以形成一个可靠的年代序列，为整个遗址提供一个可参考的年代标尺，展示出五龙宫不同时期兴起、发展、衰落的动态进程，为今后的文物保护和文物展示提供更为直观与精准的历史信息。

本次清理和发掘的出土遗物非常丰富，目前初步统计有 200 余件可修复器物。除大量的勾头、滴水、板瓦、筒瓦、脊兽、脊筒等建筑构件和碗、盘、杯、碟、铜钱、砚台、烛台、镰刀等生活用器外，还有少量的鎏金铜钱、真武像、灵官像等宗教用器；遗物年代最早为唐，偶见宋代，多为明清，延续至民国；遗物质地可分为陶、瓷、铜、铁、木、骨、石等七大类。

本次考古发掘工作时间较短，尚未取得重要发现。但是对五龙宫的整体研究工作已经开展，并取得一定成效。此次考古工作利用二重证据法，将考古发掘工作所得到的考古成果与文献资料（五龙宫舆图）进行考证后，确定了部分文献资料的真实性与可靠性。在厘清考古学地层堆积和遗存的空间分布情况的基础上，将考古学成果与历史文献学结合起来，尝试建立起一个宏观的五龙宫历史信息，为 2021 年继续发掘奠定基础。

（康予虎　曾　科）

湖南省

【汉寿县老坟山旧石器时代遗址】

发掘时间：2020 年 6 ~ 8 月

工作单位：湖南省文物考古研究所

老坟山遗址位于常德市汉寿县株木山乡全赋村，属沅水二级台地，现为丘陵地貌。

此次发掘共布设东西向并列，规格为 5 米 ×5 米的正方向探方 3 个，发掘面积共 48 平方米，遗址文化堆积厚约 2 米，根据土质土色及包含物情况，可划分出 3 个层位：第①层为浅红色黏土层，夹较多垂直或团状分布的灰白色砂质黏土，含有较多的铁锰结核颗粒；第②层为深红褐色黏土层，夹有密集垂直分布的条状灰白色砂质黏土，含有大量的铁锰结核颗粒；第③层为棕红色黏土，夹有密集垂直分布的点状灰白色砂质黏土，含有大量的铁锰结核颗粒。其中第①、②层为主要的文化层，出土了大量遗物，第③层仅有零星的石制品。

遗址出土的遗物较为单一，仅有石制品，共 1000 余件，以碎屑、断块和石片为主，石器数量极少。器类有砍砸器、刮削器、尖状器、石片、石核、碎屑、断块、备料等，原料包括石英岩、硅质岩、燧石、砂岩等，加工方法以锤击法为主。该遗址的石器工业已出现了小型化的趋势，石片石器工业与砾石石器工业共存，根据埋藏地层与所处地貌分析，遗址的时代为更新世晚期，其文化面貌与邻近的澧县乌鸦山遗址较为接近，老坟山遗址丰富了“澧水文化类群”的文化内涵，为探讨沅水流域旧石器文化特点、区域内古人类生态适应性策略的演变提供了重要的材料。

（张寒冬）

【澧县鸡叫城新石器时代遗址】

发掘时间：2020 年 3 ~ 5 月、2020 年 10 月 ~ 2021 年 1 月

工作单位：湖南省文物考古研究所、四川大学考古文博学院

鸡叫城遗址位于常德市澧县涔南镇鸡叫城村，是一处新石器时代城址。1998 年和 2006 年，曾对遗址西南城墙及内侧和中部一高地进行过小规模试掘。2018 年和 2019 年，湖南省文物考古研究所联合四川大学考古文博学院，对鸡叫城遗址及其周边区域进行了系统的考古钻探，对整个遗址的堆积状况有了一个概括性的认识。2019 年，在钻探的基础上，选择遗址北部、中部位置发掘，其目的是了解城墙的建造过程和建城之前环壕的情况。

本年度的发掘工作分两个阶段进行，春季将解剖北城墙未完成的 8 个探方发掘至底，并在紧挨发掘区北侧新发掘 2 米 × 10 米探沟一条，发掘面积 190 平方米；秋冬季湖南省文物考古研究所继续与四川大学考古文博学院合作，将解剖建城前环壕的 6 个探方发掘至底，并在西南城墙内侧和中东部小高地新布探方 33 个，发掘面积 722 平方米。本年度发掘主要有以下收获。

1. 廓清了遗址的文化内涵，发现了彭头山文化、大溪文化、油子岭文化、屈家岭文化、石家河文化、肖家屋脊文化时期

的遗存，认识到遗址延续时间长，文化内涵丰富。

2. 对聚落结构演变的过程和时间有了进一步认识。调查勘探及发掘显示，聚落在建城之前有一条环壕。南部环壕的解剖揭示该处环壕宽达 27 米，其开挖和使用年代大致为油子岭文化晚期。环壕淤积废弃之后在其上又建造一条小型壕沟，宽度约为 16 米。此壕沟之上则叠压着屈家岭—石家河文化时期的建筑堆积。北城墙的解剖显示，此处城墙分三期建造。Ⅰ期城墙规模较小，底宽约 5 米，高约 1 米；之后为构筑Ⅱ期城墙将Ⅰ期壕沟填平，加高并向遗址外加宽城墙，底宽达到 17 米；此后继续向内加宽城墙，形成了Ⅲ期城墙，Ⅲ期城墙建成后，城墙宽度达到了 28 米。这三期城墙对应 1998 年西城墙解剖中的Ⅰ期城墙，三期城墙的年代间隔不长，其整体修建的年代大致为屈家岭文化早中期。

3. 进一步了解了遗址内部的功能布局。根据发现的一批台基式、基槽立柱式木构建筑、篱笆建筑等不同形制的房址，认识到西南城墙内侧是一处长期使用且具有一定等级的居住区。局部揭露出一处大型建筑台基，其规模大、堆积厚、使用时间长，揭露部分面积超过 400 平方米，从屈家岭文化一直使用到肖家屋脊文化时期。中东部小高地的发掘则显示此处在屈家岭文化时期到石家河文化时期也是一处集中的居住区。

在建城前环壕废弃后的层面上发现一组大型木构建筑，其中 F63 保存最好，此次仅揭露西南一角，其建筑等级高，木材加工技术先进，建筑方式独特，具有十分重要的研究价值。发掘结果还显示，这组木构建筑的基槽打破了分布面积很广的水稻谷糠堆积。相关遗存对于史前稻作农业的形态与方式研究亦具有重要价值。

（郭伟民　范宪军　于孟洲　石　涛　胡　越）

【汉寿县扩龙嘴新石器时代至汉代遗址】

发掘时间：2020 年 5 ~ 7 月

工作单位：湖南省文物考古研究所

扩龙嘴遗址位于常德市汉寿县株木山乡全赋村翻水口，遗址位于沧水旁一处山前台地之上，北距汉寿县县城约 6 千米。为配合常德至长沙高铁的建设，湖南省文物考古研究所对扩龙嘴遗址涉及工程用地进行了抢救性考古发掘，发掘面积约 500 平方米。发现新石器时代灰坑 26 个，窑址 1 座，大量烧土块堆积等，此外发掘区内还发掘战国至汉代墓葬 9 座。出土各类陶器、石器、玉器、滑石器等标本百余件。

扩龙嘴遗址晚期扰动较大，原始堆积破坏较为严重，从目前发掘情况来看，根据堆积特征和目前出土的遗物，扩龙嘴遗址包含新石器、商周、战国至西汉时期遗存。

扩龙嘴遗址新石器时代遗存目前可以判断其年代约为大溪文化时期。遗址内出土有数量众多的年代相当于大溪文化时期的陶器，陶器以红褐陶为主，器类有鼎、罐、釜、盘等，还发现有少量的白陶陶片；在清理表土和扰土中，还发现有玉璜和玉玦等器物。在对扩龙嘴遗址堆积进行清理过程中，遗址内发现有大量红烧土块，部分烧土块似有木骨泥墙痕迹，推测当时应存在建筑遗存，但遗址晚期破坏较大，尚未清理出较为完整的房屋性质遗存。

扩龙嘴遗址二期年代应为商周时期，目前遗址内发现有一定数量的商周时期陶片，但由于遗址破坏较为严重，尚未发现明确的商周时期遗迹。

扩龙嘴遗址三期，遗址从早期的居址性质遗存转变为战国至西汉时期的墓葬。遗址内发现的墓葬应与当地云台墓群战国至西汉墓有关联，这批墓群应为当时生活在现今汉寿县城以西约 6 千米处西湖古城的居民有关。该城址从目前周边墓群年代分析，应为战国晚期至西汉中期一处县治级别聚落。

扩龙嘴遗址的发掘是继2009年对汉寿马兰嘴遗址发掘后，再度对汉寿地区史前至汉代遗址进行的系统性考古发掘。扩龙嘴遗址与马兰嘴遗址存在很多相似之处。从年代上看，二者均存在新石器、商周和战国三期堆积，这充分反映出汉寿地区古文化与古文明发展序列。从新石器时代文化堆积和因素来看，扩龙嘴遗址内新石器时代遗存文化因素与马兰嘴遗址内遗存相似，多数陶器均具有堆子岭文化特征，且扩龙嘴遗址位置更西，是目前发现堆子岭文化最西北的一处遗址。同时遗址内还存在一定数量大溪文化因素的陶器，反映出大溪文化与堆子岭文化于此处的文化整合。遗址内还发现有白陶陶片，这些陶片与沅水上游新石器时代文化遗存具有共同文化因素。因此，本次对于扩龙嘴遗址的发掘，不难看出汉寿地区在史前时期应为不同考古学文化汇集之地，东部的堆子岭文化、西部的大溪文化和沅水上游相关文化交汇于此，汉寿地区应为当时社会交通、经济、文化传播等活动的重要汇集地点，其文化联系作用不可忽视。

扩龙嘴遗址的发现，使我们再度认识到汉寿地区史前至西汉时期经历了从大溪（堆子岭）、商周、战国至西汉三个重要的历史发展阶段。同时遗址内出土的各类遗物，也充分反映出汉寿地区作为沅水下游重要的交通结点，其在史前和后来的历史时期对周边各文化的交流起到不可忽视的作用，是一个十分重要的地区。

（奚培坤）

【华容县七星墩新石器时代遗址】

发掘时间：2020 年 8～12 月

工作单位：湖南省文物考古研究所、岳阳市博物馆、华容县博物馆

七星墩遗址位于华容县东山镇，2018年被纳入国家文物局重大项目“考古中国·长江中游文明进程研究”。2018～2020年，湖南省文物考古研究所等单位连续三年对其开展主动性考古调查、勘探和发掘工作，2018～2019年通过考古工作基本弄清了七星墩遗址的城、壕布局，确认七星墩遗址“外圆内方”的双城结构在长江中游地区属于首次发现，更为重要的是内外城同时修建于距今5000年左右，这在全国都较为罕见，为探讨长江中游文明进程提供了新的研究视角。

根据之前的钻探和发掘，我们了解到七星墩遗址外城中部紧靠外城南垣的位置，有一较大的坑状堆积，底部为青灰色淤泥，初步判断是一处水塘，很可能保存有较多的古代生活和环境信息。因此我们将2020年发掘位置选定在外城中部，紧挨2019年发掘区域，一方面可以彻底弄清外城垣的形制结构，另一方面通过对池塘的发掘提取更多古代信息。2020年发掘面积共500平方米。清理城垣1处、池塘1个、窑址1处、瓮棺葬3个、红烧土堆积7处、房址6座、灰沟9条、灰坑65个、柱洞122个。出土陶器、石器、木器、漆木器共349件。

本次发掘最重要的发现是清理了一处池塘，平面近长椭圆形，池塘口部南北长约76（据钻探结果）、东西宽约25米。不同时期池塘内底部的宽度不一，人类活动之前，池塘底部宽度（据池塘内淤泥的分布）仅有16米，人类在此活动之后，池塘内淤泥不断淤积，最大宽度达19米。深约3.6米。斜弧壁，明显，未见加工痕迹。池塘四周分布有9个灰坑，均为直壁或斜壁、平底，挖掘规整，有圆形、长方形和椭圆形几种，可能与储水有关。

池塘内堆积分为两大部分，底部为使用时期堆积，共分8大层若干小层，上部为废弃后的堆积，分3大层若干小层。

池塘使用时期堆积主体为青灰色淤泥，保存了大量有机质遗物，如木器、植物种

子、果核、树叶、木材、碎树枝、木炭、兽骨、螺蚌壳等，据发掘现场初步判断，树叶有荷叶、小型阔叶、大型阔叶等，植物种子有野栗子、橡子、莲子等。出土了1件漆碗，刚出土时颜色鲜红光亮，口部略残，腹部受挤压略微变形，整体保存状况较好。侈口，弧壁，矮圈足，圈足与碗底交接处有一对穿孔。木胎，底漆红色，口沿外侧加髹黑色带状表漆。口径7.8~9.5、高3.2、底径4.7、壁厚0.2~0.3厘米。出土2件木桨，长短各一。长桨桨叶为长椭圆形，柱状木柄，通长104、桨叶长52、叶宽15厘米。短桨整体呈刀状，通长80、桨叶长37、叶宽13.5厘米。均保存完好。丰富的植物遗存为复原遗址古环境提供了珍贵的材料。

池塘内出土其他遗物还有彩陶壶1件、小口弦纹罐2件及纺轮、石器等。出土较多陶片，以泥质黑陶、灰陶为主，多为素面，纹饰主要为弦纹；少量彩陶，可辨器形有磨光黑陶双腹器等，出土时器表光亮似金属质。

池塘内堆积包含较多日常生活用品和垃圾，如漆木碗、船桨、陶罐、陶壶、果核、兽骨等，且该池塘位于城内，同时期的遗迹还有9个形制规整的灰坑，与池塘共同组成了城内的用水设施。从出土陶器特征判断，该池塘的使用时期为屈家岭文化时期。池塘废弃后的堆积为黄褐色或灰褐色砂质粘土，包含较多石器、陶器、木炭等，陶片可辨器形有宽扁足盆形鼎、泥质红陶鬶、夹砂红陶缸、泥质灰陶罐、纺轮等，应为石家河文化时期。

从出土文化遗物特征，尤其是彩陶壶、双腹器、小口弦纹高领罐等初步判断该池塘的最早年代与城垣Q2始建年代相当，为屈家岭文化早期，沿用至屈家岭文化晚期，至石家河文化时期池塘淤积严重，不再蓄水，废弃不用，成为一个大的垃圾坑，逐渐被填平，人们在其上建筑房子，形成F7等遗迹。

F7是一座中型房屋建筑基址，位于发掘区东南部。东西长12.6、南北宽9.9、面积约124.7平方米。仅残留基础部分，西部和南部残留有红烧土倒塌堆积；东部有一段长约3.5、宽约0.5米的基槽；北部有一条长排水沟；中部为14个圆形红烧土柱洞（础），呈长方形分布，长方形的南北两边各均匀分布6个，东西两边各有3个，柱洞为较规则圆形，内填大小不一的红烧土块，直径0.4~0.5、深0.4~1.05米，很可能是房屋立柱的承重基础。F7面积较大，内部不分间，立柱粗大，推测是具有礼仪性质的建筑基址。从出土遗物特征初步判断年代为石家河文化时期。

2020年发掘的主要收获还有以下几个方面：1. 弄清了外城南垣Q2的北部边界，Q2底宽约49.3、顶宽约22.2、残高约4.1米。城垣内坡发现大量柱洞、柱础等房屋建筑基址，因此也可以将城垣内坡理解为房址的垫土或台基，这可以解释为何城垣建造得如此之宽。2. 城垣内坡被石家河文化和屈家岭文化时期堆积叠压或打破，进一步证实外城垣的始建年代不晚于屈家岭文化时期。3. 发掘出土了较多屈家岭文化和石家河文化时期的文化遗物，有陶器、石器、木器、漆木器和植物遗存等，另外还在室内清理了一座肖家屋脊文化时期的瓮棺葬，出土玉器3件，这些发现进一步丰富了该遗址的内涵。

（王良智）

【澧县高堰村新石器时代墓地】

发掘时间：2019年11月~2020年4月

工作单位：湖南省文物考古研究所　澧县博物馆

常德市澧县高堰村墓地位于常德市澧县澧南镇高堰村六组，现地貌为丘陵台地，北距澧水6.5千米，东距道水约2.5千米。该墓地所在遗址在以往的文物资料中曾被称作“胡家屋场遗址”，未做过考古发掘，2019 年 11 月至 2020 年 4 月，为配合安慈高速建设，湖南省文物考古研究所对该遗址内高速公路建设用地进行了抢救性考古发掘。

高堰村墓地共发掘面积 1400 平方米，发掘石家河文化时期墓葬 79 座。其中除少量翁棺葬以外，均为竖穴土坑墓，墓坑普遍长 1.8～2.2 米，宽 0.7～1 米，残深 0.1～0.6 米不等，墓坑剖面呈墓壁内圜状。部分墓葬内，葬具痕迹较为明显，可以清理出相对完整的“独木棺”葬具。随葬器物主要为石家河文化晚期日用陶器，置于棺内或棺底，此外还发现有形态较小的石器，其性质可能为明器。

高堰村墓地的独木棺根据现保存特点，主要可以分为两种形态。A 型葬具：利用一段树干为基础，将树干两端削直，内部掏空，两侧呈内弧状，底部为圜底。本次发现多数可辨葬具痕迹皆为此型葬具。B 型葬具：B 型葬具在平面上与 A 型葬具最大的差异点在长边出头，与近些年孙家岗遗址中发现的葬具痕迹相同，因此我们最初在清理前曾认为其为榫卯结构的葬具，亦有可能为“悬底棺”。

高堰村墓地的陪葬品主要为石家河文化时期的日用陶器，在对随葬陶器进行清理的过程中，我们发现陶器在保存完整度上有着明显的差异。高堰村墓地的陪葬陶器保存形态上主要可分为三种。第一种：形态保存较为完整，这一类陶器往往被置于棺内，器类以陶鬶、陶罐为代表。在葬具腐朽之后，棺内的随葬陶器得到有效保护，其形态得以完整保存。第二种：形态保存状态一般，多呈残损陶片状态，但同器物陶片分布较为集中，可根据陶片形态判断器物类型。且出现第二种形态的墓葬中亦往往伴有形态相对完整的随葬陶器。第三种：形态保存较差，多为陶片且分布无规律，难以通过陶片有效辨别陶器器类，部分陶片紧贴墓底“生土”。根据上述三种不同的陶器保存形态和分布位置，结合清楚的葬具痕迹，我们对高堰村墓地的葬俗可做如下判断：高堰村墓地下葬时，棺内常放置随葬陶器，特别是以陶鬶为代表，此类陶器往往保存较好，形成第一种保存形态；棺盖上或葬具旁空间可能亦置有随葬陶器，在葬具腐朽、填土塌落的过程中，此类随葬陶器往往因为位移、挤压的原因遭到不同程度的破坏，形成第二种陶器保存形态；同时，根据第三种陶器的保存形态、结合 2020 年孙家岗墓地发掘取得的认识，高堰村墓地应存在“碎器葬”或“垫器葬”的可能。

（奚培坤）

【澧县孙家岗新石器时代遗址】

发掘时间：2020 年 10 月～2021 年 1 月

工作单位：湖南省文物考古研究所、澧县博物馆

孙家岗遗址位于常德市澧县城头山镇大杨村一比周围高出 1～2 米的岗地上，岗地总面积 22.9 万余平方米。中心点地理坐标北纬 29°39′40″，东经 111°36′30″，海拔高度 48.2 米。湖南省文物考古研究所于 1991 年曾在岗地东南部发掘新石器时代土坑墓 33 座。2015 年对遗址所在岗地及其周边实施了系统钻探，确认其为环壕聚落，墓地在遗址东部，环壕之外。2016 年在遗址南部和东部开始勘探性发掘，确认遗址主体文化堆积属肖家屋脊文化。2017～2019 年连续对遗址墓地进行大面积揭露，共发掘肖家屋脊墓葬 310 座，基本完成对该墓地现存墓葬的全部发掘。2020 年，田野工作重心转移至环壕范围之内的居址生活区。

孙家岗遗址 2020 年度田野发掘工作于 10 月上旬启动，至 2021 年 1 月下旬结束，在遗址近南北轴线部位分南、中、北三个发掘区进行发掘，共发掘面积 560 平方米。

先后揭示出灰坑类遗迹 67 处、沟状遗迹 17 处、建筑遗迹 16 组，并对遗址南部 2015 年钻探时所发现东西向大型壕沟的北岸进行了解剖。出土遗物主要为陶器，少量石器。陶器皆为残片，多呈灰黑色，红陶也较多，少量橙黄陶与磨光黑陶，多见篮纹、绳纹和方格纹，器形可辨认出较多的宽扁足鼎、矮领罐、圈足盘、折沿盆、平底钵、高圈足或长柄的浅腹豆，以及圈足杯、斜腹杯、扁腹壶、鬶、缸和器盖等。整体属肖家屋脊文化。

孙家岗遗址 2020 年度发掘最重要的收获是在遗址南部揭露出一座规模较大的房屋建筑遗迹。该建筑修建于一座大型堆土台基之上，整体呈长方形，包括略呈东西向一线排列的 4 间方形房屋和其北部南北宽 1.1～1.2、东西长 14.2 米的前廊 5 部分，其中前廊东端与最东边房间直接连通。整体建筑面积 153 平方米，方向北偏东 24°。现存遗迹包括宽度 80～100 厘米的多条基沟和 121 个直径 25 厘米左右的柱洞。基沟残深普遍超过 1 米，底部不平整，其内填土为人工夯土，夯层厚 0.08～0.12 米。立于基沟内的柱洞向下打破基沟底部生土，残深达 1.2～1.5 米。判断该房屋是一种夯土墙建筑，立柱是为了加固夯土墙体。

（赵亚锋）

【岳阳市罗城东周遗址】

发掘时间：2020 年 6 月～2021 年 1 月

工作单位：湖南省文物考古研究所

罗城遗址位于岳阳市屈原管理区河市镇古罗城村，中心位置的地理坐标为北纬 28°50′24.6″、东经 113°03′29″，海拔高程约 31 米。遗址主要由城址区及外围聚落组成。城址区现大体可见长方形的城垣，东西长约 620 米，南北宽约 320 米，面积约为 20 万平方米。城垣的东、北、西三面挖有壕沟，南面为李家河。在罗城城垣的外围，分布有小洲罗、熊家里、鸡公滩、马头曹等东周时期遗址。因罗城遗址开发利用配套设施工程项目建设，湖南省文物考古研究所主持对罗城遗址小洲罗地点进行了考古发掘。

小洲罗位于罗城城址的北部，东、北两面邻近汨罗江，南距罗城北城垣约 250 米。本次发掘共布探方 30 个，实际发掘面积约 2500 平方米，主要是发现了一批灰坑、水井、窑、沟、房址等遗迹，出土大量春秋中晚期阶段的陶器、石器等遗物。

小洲罗的地层堆积比较简单，第 1 层为耕土层，第 2 层为明清时期的文化层，第 3 层为东周文化层，该层之下为生土。东周文化层在发掘区分布不连续，普遍较薄，厚 0～20 厘米。本次发现的东周时期的遗迹主要开口于第 2 层和第 3 层之下，大多为灰坑和井，另外还发现有房址 1 处和窑 2 座。其中房址位于发掘区东部，自西向东进深不少于 20 米，南北整体宽度约 20 米，总体面积不小于 400 平方米。从层位关系看，房址的基槽打破春秋中期的灰坑，同时又被春秋晚期的灰坑所打破，由此判断其建造和使用时间应在春秋中期至晚期。在发掘区西北边缘发现残陶窑 2 座，仅剩火膛部分，从出土陶片看，均废弃于春秋时期。本次还发掘灰坑 100 余座，出土较多日用陶器，器类多为鬲、盆、豆、罐、甗等。此外，发掘水井十余口，多为圆形开口，直壁向下，距地面约 3 米处至底。

小洲罗出土的遗物主要为陶器，时代大致为春秋中期至战国中期，且集中于春秋中晚期，基本器类为鬲、盆、豆、罐、甗，也有少量钵、罐、硬陶等本地特征的器物。这些器物对于健全湘江下游地区东周时期考古学文化谱系、探讨楚人对湘江下游地区的经营等问题具有重要价值，为研究文献中记载的楚国迁罗事件提供了重要线索。除日常生活用器之外，遗址中还出土了较多的与制陶、制石等手工业活动相关的陶拍、支垫、残石料等以及墙体建筑的残件，结合遗址中发现有大量取土坑、水井以及陶窑、建筑等遗迹来看，推测小洲罗应当是一处以制陶、制石等手工业生产活动为主的作坊聚落。

（盛　伟　何晓琳）

【保靖县四方城遗址乳香岩战国墓群】

发掘时间：2020 年 10～12 月

工作单位：湖南省文物考古研究所、保靖县文化旅游广电局

乳香岩墓群位于四方城城址东面 280 米处，东临酉水，为山地地貌，属于第七批国保单位四方城遗址保护范围。为配合地方工程建设，我们对项目用地进行考古发掘，发掘面积 700 平方米，清理战国墓葬 27 座。

乳香岩墓群发掘的 27 座战国墓葬，其形制可分为 A 型（宽坑）墓、B 型（窄坑）墓、C 型（狭长型）墓三类。

A 型墓 7 座。长度均大于宽度，墓底宽度一般为 140 厘米以上（不含 140 厘米）。

M97，长方形竖穴土坑墓，方向 233°。墓上部被毁。墓室口长 3.88、宽 2.4 米，墓室底长 3.73、宽 2.28 米，残深 2.2 米。墓壁制作较粗糙，略内收。墓葬填土为红褐土夹白色岩砂，墓底为白色砂岩。从墓底器物位置判断，该墓应有棺椁。棺木位于椁室内南侧，墓主头向朝西南。随葬器物置于椁室内北侧，包括陶鼎 3 件、陶敦 2 件、陶壶 4 件、陶豆 4 件、陶匕 1 件、陶盘 1 件。

B 型墓 14 座。长度均大于宽度，墓底宽度一般大于 86 厘米，小于或等于 140 厘米，其中带头龛特征的墓葬 1 座。

M103，长方形竖穴土坑墓，方向 36°。墓上部被毁。墓室口长 2.8、宽 1.76 米，墓室底长 2.54、宽 1.35 米，残深 1.32 米。墓壁略内收。墓葬填土为红褐色花土。从墓底器物位置判断，该墓可能有棺椁。棺木位于椁室内北侧，墓主头向朝东北。随葬器物置于椁室内南侧，包括陶鼎 1 件、陶敦 1 件、陶壶 1 件、陶盘 1 件。

C 型墓 6 座。墓底宽度小于或等于 85 厘米，较狭长，其中带头龛特征的墓葬 3 座，带壁龛特征的墓葬 1 座。

M107，长方形竖穴土坑墓，方向 38°。墓上部被毁。墓室口长 12.3、宽 0.9 米，墓室底长 2.25、宽 0.85 米，残深 0.5 米。墓壁制作规整，略内收。墓葬填土为红土夹灰褐土。从墓底器物位置判断，该墓可能为单棺。墓室外北面设有头龛，龛内放置石块 1 件。

经统计，本次发掘的乳香岩 27 座战国墓出土器物共计 53 件，其中 A 型墓中出有陶礼器鼎敦壶组合的墓葬仅 2 座，其他的多出罐、钵、豆类生活用器；B、C 型墓多出 1 件陶器，为罐、钵、豆类其中之一，有的墓葬或空无一物。根据已发掘墓葬的形制及出土器物分析，乳香岩墓地墓主身份等级应较低，以社会中下层为主，真实反映了四方城遗址战国时期社会阶层分化状况。

（袁　伟）

【益阳市十字山战国墓群】

发掘时间：2020 年 4～11 月

工作单位：湖南省文物考古研究所、益阳市文物考古研究所

十字山古墓群位于益阳市赫山区笔架山乡笔架山村青家湾组，为湖南省省级文物保护单位笔架山古墓群三个组成墓群之一。为配合伍市至益阳高速公路主线及笔架山互通工程建设，对受影响的墓群南区进行了发掘。本次发掘共发现竖穴土坑墓 94 座，除 1 座为宋代墓葬外，其余墓葬年代均为战国晚期。出土青铜、陶、铁、玉石、玻璃、滑石、漆木器等各类器物计 450 余件（套）。

M116，带斜坡墓道的竖穴土坑墓，墓向280°。墓圹上部被破坏，墓口长3.1、宽2.98米，西端墓道长3.4、宽1.02米，坡度27°；南端有一小斜坡墓道，长0.86、宽0.44米，坡度35°。墓底长2.68～2.7、宽2.5～2.54米，残深3.44米，西端墓道底距墓底1.9米，南端墓道距墓底3.04米。墓葬口大底小，墓壁斜直、光滑经修整。墓内填红褐色花土，填土经夯筑，夯窝直径0.08～0.1米，夯层均匀，厚0.1～0.2米。葬具为“Ⅱ”字形单棺，棺内未见明显分厢。墓底见大量白膏泥、横向分布的枕木沟。随葬品均为陶器，置于棺内北侧，为4套鼎、敦、壶、豆、匕的组合，另有熏炉1件。

M101，狭长形竖穴土坑墓，墓向0°。墓圹上部被破坏，墓口长2.02～2.04、宽0.88米，墓底长2.22、宽0.66～0.7、残深1.86米。距墓口1.4米处东、西、南墓收成不封闭式生土二层台，北壁底端有一平头龛，龛与墓底平齐且同宽，龛高0.38、进深0.34米。龛内置陶鼎、敦、壶、豆组合1套，另有蟠螭纹铜镜1件。

本次发现的战国晚期墓葬均为中小型墓葬，随葬器物组合较为固定，以仿铜陶礼器鼎、敦、壶和日用器盂、豆、罐的组合为主；墓葬年代较为集中，文化内涵较为统一，均为楚墓；从墓葬布局和墓地规划上来看，墓葬形制和墓向的选择上有一定的规律。

十字山墓群经多次考古发掘，确认其为益阳市区外围一处东周至汉代的大型公共墓地。2018年配合长沙至益阳高速公路扩容工程和2020年伍市至益阳高速公路建设的抢救性考古发掘，已清理战国墓葬共计132座。为配合规划中的益阳至常德高速公路工程建设，还会继续对十字山墓群南部受影响墓葬区域进行发掘。随着发掘资料的增多，对十字山古墓群墓葬形制、整体布局及背后的人群流动、社会变迁等方面研究会更加深入。

（张世轩）

【桃源县桃诚战国至明清墓葬群及宋代遗址】

发掘时间：2020年11～12月

工作单位：湖南省文物考古研究所

宋代遗址与墓群均位于桃源县漳江街道西苑社区桃诚1号工地内，本年度遗址发掘面积共425平方米，发现房址3座、窑址1座，排水管道2条。房址残损严重，原地面已不存，仅发现有基槽及个别柱础，为两进或四进结构，面阔已不可考；窑址保存较好，为馒头窑，火膛、窑床、烟道俱存，并出土有大量烧结的瓷钵；排水管道为陶制或釉陶制，做工考究。遗址出土大量瓷片及建筑构件，瓷器器形有碗、盏、壶、瓶、钵、瓮等，建筑构件为青砖、瓦当及脊兽，另有少量铜钱。

本年度共清理墓葬168座，出土各类文物251件（套）。墓群时代跨战国晚期至明清，以唐宋墓为主，其中战国墓24座，唐宋墓98座，明清墓25座，其余墓葬遭晚期破坏，无法断代。墓葬以土坑墓为主，仅有1座为砖室墓。

战国墓均为竖穴土坑墓，可分为宽坑、窄坑及狭长型三类，以宽坑墓及狭长型墓为主，宽坑墓规模较大，部分为带有斜坡墓道的“凸”字形墓，此类墓葬墓底大多有较厚的白膏泥，部分墓底保留有葬具残骸，均为一棺一椁；狭长形墓一般带有头龛，龛内多随葬有陶器；窄坑墓数量最少，仅少数带有随葬器物。随葬器物以铜器及陶器为主，铜器基本为兵器，以短剑为主，另有少量的戈、矛，此外还出土有铜环、铜带钩与铜镜等装饰品。陶器的数量较少，器类有鼎、敦、壶、豆、罐、盆、匜、勺等，宽坑墓中存在鼎、敦、壶或鼎、豆、壶的器物组合。

唐宋墓除1座为砖室墓外，其余均为竖穴土坑墓，墓葬宽度均小于1.44米，呈窄坑或狭长型，葬具均不存，多数墓葬发现有瓦片，砖石墓为单室墓，残损严重，墓上部被毁，仅余墓底。随葬器物以瓷器、铜器为主，瓷器器类有瓶、壶、罐、瓮、碗、钵、盏、碟、杯等；铜器包括铜钱、铜镜、铜簪等，其中铜钱大多为宋钱，可辨识的有：开元通宝、咸平元宝、祥符元宝、天禧通宝、天圣元宝、熙宁元宝、元佑通宝、元丰通宝、崇宁通宝、宣和通宝等，几乎涵盖了宋真宗至宋徽宗年间的全部钱币。铜镜以素面圆镜为主，另有方镜、葵花镜、桃形镜等。此外还出土有玉环、铁发箍等装饰品。

明清墓均为竖穴土坑墓，墓葬宽度均小于1.46米，以狭长型为主，葬具及人骨均不存。随葬器物包括瓷罐、铜簪、铜扣、铜环等。

本年度发掘的宋代遗址与墓群出土的大量宋墓，其年代与文献记载的宋初设立桃源县相吻合，为了解宋代的城市生活与聚落状态提供了新材料。桃诚1号墓群发现的战国墓葬内涵丰富、特征鲜明，并有一定的等级分化，根据墓葬形制及出土遗物，可判定其年代为战国晚期，文化内涵以楚墓为主，为研究沅水流域东周时期的文化面貌提供了重要的资料，并在一定程度上反映了楚文化与当地文化的融合过程。

（张寒冬）

【益阳市黄家坡战国至西汉墓群】

发掘时间：2020年5～7月

工作单位：湖南省文物考古研究所、益阳市文物考古研究所

黄家坡墓群位于益阳市赫山区桃花仑西路原益阳市农业局办公楼区。为配合益阳步步高新天地项目建设，湖南省文物考古研究所、益阳市文物考古研究所组织人员对项目红线范围内的黄家坡墓群进行了考古发掘。共发掘墓葬53座，其中战国中晚期墓葬23座，西汉早中期墓葬24座。另有1座为东汉砖室墓，1座为唐代墓葬，1座为五代至宋时期墓葬，3座清至民国时期墓葬。黄家坡墓群发掘出土陶器、瓷器、铁器、铜器、滑石器、玻璃器、玉器等共计500余件（套）。

黄家坡墓群已发掘战国、西汉时期墓葬均为土坑墓，可分为宽坑、窄坑和狭长型墓三类。其中未见器物出土墓葬4座，43座土坑墓中出土陶器、铜器、铁器、滑石器、琉璃器、玉璧、泥钱等490余件（套）。出土陶器有鼎、敦、壶、豆、盒、钫、罐、鍑、盂、盘、钵、盆、匕、勺等，可分为仿铜陶礼器和日用陶器两种组合。

战国时期墓葬以鼎、敦、壶等仿铜陶礼器组合为主，出土铜器主要为剑、戈、戈龠、戈鐏和镜，未见铜礼器。另外在M1战国墓中出有1件琉璃璧，部分残缺。

西汉时期墓葬以鼎、盒、壶、钫、罐等器物组合为主，出土铜器有剑首、弩机、箭镞，亦未见铜礼器。另有少量滑石器、玉器和铁器。铁器很少，均锈蚀较严重。

黄家坡墓群位于益阳市赫山区北部，北面不到1千米为资水，东北不到600米处即为兔子山遗址。2013年对兔子山遗址的考古发掘工作证实该遗址属于战国以后益阳县治所在。在兔子山遗址周边区域曾先后在桃花仑、陆贾山以及赫山庙、羊舞岭一带发掘过大量楚、汉代墓葬，分布较为密集。这些墓葬可与楚秦至西汉时期益阳县治所在相联系。

黄家坡墓群此次发掘墓葬以战国、西汉时期墓葬为主。根据墓葬形制和出土器物，参照以往考古发掘成果，初步判断黄家坡墓群的年代主体为战国中晚期至西汉早中期。该区域距离兔子山遗址较近，应是当时益阳县城及周边居民死后的埋葬之地。此次对黄家坡墓群的考古发掘工作为研究战国至西汉时期益阳县治以及益阳地区楚汉墓提供了新的考古学资料。

（沈　江）

【汉寿县云台战国秦汉及宋代墓群】

发掘时间：2019 年 11 月 ~2020 年 12 月

工作单位：湖南省文物考古研究所

汉寿县云台墓群位于常德市汉寿县株木山乡云台村。墓群分布在撇洪河东侧的台地上，这里属沅水流域平原区边缘的丘陵地带，高出周围水稻约 6 米。为配合新建常德经益阳至长沙铁路项目的建设，在报请国家文物局审批发掘后，湖南省文物考古研究所对工程红线范围内的云台墓群进行了抢救性考古发掘工作。截至 2020 年 12 月，共发掘古墓葬 239 座，其中 156 座为战国晚期楚墓、38 座为西汉时期墓葬，2 座为宋代墓葬、另有 43 座墓葬未见随葬器物。共出土文物 1283 件（套），包括陶器、瓷器、铜器、铁器、玉器等。

云台墓群年代跨度大，战国晚期、西汉、宋代均有墓葬分布，以战国晚期与西汉时期墓葬为主。战国晚期楚墓 156 座，出土陶器、铜器、铁器、玉器、石器、琉璃器等 866 余件（套）。其中，陶器有鼎、敦、壶、盂、簠、高柄豆、矮柄豆、勺、匕、匜、罐、盘等。初步分析可分为仿铜陶礼器和日用陶器两种不同组合，其中仿铜陶礼器以鼎、敦、壶组合或鼎、簠、壶组合为主。铜器有印、镜、剑、剑首、箭镞、戈、矛、戟、砝码等，铜礼器基本不见。铁器很少，仅 M14、M23、M24 等 6 座墓有出土，锈蚀严重，可辨器形有铁斧、铁臿。琉璃器、玉器较少。西汉墓葬 38 座，出土陶器、铜器、玉石器等 417 件（套）。其中陶器有陶盒、陶鼎、陶壶、陶钫、陶豆、陶匕、陶勺等。玉石器有滑石璧。琉璃器有琉璃珠、琉璃璧。铁器有铁鼎、铁臿。铜器发现有铜鼎、铜剑、铜戈、铜带钩、铜镜、五铢钱等。

本次云台墓群的发掘是沅水下游地区楚墓又一次较大规模的发掘，也是汉寿楚墓一次最大规模的发掘。从云台墓群目前发掘情况来看，该墓地墓葬基本上是以中小型墓为主，随葬器物以鼎、敦、壶，鼎、簠、壶或罐、盂、豆等陶器组合为主，基本不见铜礼器，出土铜器以剑、戈、矛、戟等兵器为主。根据墓葬形制及出土遗物，可初步断定云台墓群楚墓的年代为战国晚期，文化内涵以楚墓为主。现发现的少量西汉墓中随葬品较为丰富，随葬陶器组合亦发生较明显的变化。云台墓群为研究沅水下游东周至西汉时期文化面貌、丧葬习俗的演变以及其与周邻地区的相互关系提供了重要的考古学资料。

（何　赞　余晓福）

【汉寿江家山战国至汉代墓群】

发掘时间：2020 年 11 月

工作单位：湖南省文物考古研究所

江家山墓群位于常德市汉寿县西湖区西湖村，墓群位于沅江下游南岸约 6 千米。为配合核拓普二期项目的建设，在报请国家文物局审批后，湖南省文物考古研究所对工程红线涉及的江家山墓群范围进行了抢救性考古发掘工作。共发掘古墓葬 7 座、古井 1 口，出土文物 32 件（套），包括陶器、铜器等。

7 座墓葬均为战国晚期楚墓。出土陶器、铜器 31 件（套），其中，陶器有鼎、敦、壶、盂、豆、匜、盘等。可分为仿铜陶礼器和日用陶器两种不同组合，其中仿铜陶礼器组合以鼎、敦、壶组合为主。铜器较少，有剑、矛等。古井 1 口，仅剩井底部分，出土陶盆 1 件。

江家山墓群作为汉寿县战国至汉代墓群的一部分，其距东周至汉代城址西湖古城约 1 千米。发掘的古井与墓葬同时期，证明墓群所在区域应存在与墓葬同时期遗址。此次江家山墓群的发掘为后续研究西湖古城、汉寿地区以及沅水下游区域楚文化提供了考古学资料。

（余晓福）

【保靖县四方城遗址洞庭汉代墓群】

发掘时间：2020 年 8 ~ 12 月

工作单位：湖南省文物考古研究所、保靖县文化旅游广电局

洞庭墓群位于四方城城址南面 450 米处，西、北两面邻近酉水，为山地、丘陵地貌，属于第七批全国重点文物保护单位四方城遗址建设控制地带。为配合地方工程建设，专业人员对项目用地进行考古发掘，发掘面积 1200 平方米，清理西汉中期到东汉墓葬 37 座。

西汉中期墓葬以 M130、M131、M132、M136、M138、M142 为代表，均为宽坑墓，墓室外有圆弧形边框。墓葬制作讲究，体量偏大较深，多有棺椁，椁内单棺。随葬器物丰富，置于椁室头厢或边厢内，多为滑石璧、1 ~ 2 套陶鼎、盒、方壶、圆壶组合，以及罐、灶、炉、灯等日用陶器。

西汉中晚期墓葬以 M98、M99、M100、M101、M120 为代表，为 2 座窄坑墓并列、疑为夫妻墓异穴合葬。墓葬制作讲究，体量较大较深，多有棺椁。出有滑石璧、鼎、盒、方壶、圆壶、盂、炉、灶、井、灯、罐等，部分器物为铜质、滑石质。此时的鼎、盒、方壶、圆壶的礼器组合已不完整，盒的数量明显减少，同时日用陶器和模型明器数量明显增多。

西汉晚期至新莽墓葬以 M83、M90、M91、M92、M140 为代表，均为宽坑墓，墓葬制作讲究，多有棺椁，墓内双棺或多棺，多为夫妻合葬。随葬器物略丰富，有滑石璧、鼎、方壶、圆壶、盒、谯壶、罐、钵、盘、盂、灶、井、铜镜等，礼器类组合不再成组出现，多只有方壶、圆壶，日用陶器和模型明器数量仍多。

东汉墓葬以 M80 - M82、M84 - M87、M93 - M94、M134 - M135 为代表，以窄坑墓为主，有少量夫妻合葬墓。随葬器物有滑石璧、鼎、盒、圆壶、方壶、谯壶、罐、钵、盂、灶、井、仓、屋、圈等，器物的数量和质量明显下降。鼎类器形变小，仅具象征意义；壶类以圆壶为主，方壶很少见；模型明器种类增多，硬陶罐增多。此类墓若与 2019 年发掘的东汉砖室墓相比较，两者差距明显，故推测砖室墓可能为湘西地区偶见的墓葬形制，只有身份等级较高的人群方可使用。

本次发掘的洞庭汉代墓葬分布密集、体量较大、遗物丰富，以物质资料再现了汉代酉水流域繁盛的政治、经济面貌，同时也反映了湘西武陵山区融入中原汉文化的历史进程。

（袁　伟）

【蓝山县牛承村汉至隋唐墓葬】

发掘时间：2019 年 9 ~ 10 月，2020 年 12 月 ~ 2021 年 1 月

工作单位：湖南省文物考古研究所　蓝山县文管所

牛承村古墓葬位于永州市蓝山县塔峰镇东方大道北侧，创业大道以东。经国家文物局批准，2019 年 9 ~ 10 月，在项目已征地范围内发掘清理汉至隋唐墓葬 47 座，其中砖室墓 20 座，土坑墓 27 座，出土陶器、铜器、铁器、玉石器、漆木器等共 465 件（套）。2020 年 12 月至 2021 年 12 月，共清理面积 2000 余平方米，发现 20 余座墓葬，均遭到不同程度的破坏或盗扰。已抢救发掘东汉至隋唐砖室墓 12 座，出土陶器、瓷器、铜器、铁器、银器等文物标本共 48 件（套）。

砖室墓葬均为单室墓，形制简单，平面基本呈“凸”字形，由墓道、封门和墓室三部分组成。其中隋唐时期砖室墓墓室和墓壁基本为双层砖错缝平铺垒砌而成，墓底有砖砌棺床。墓葬出土随葬器物较少，一般为 3 ~ 15 件（套），墓内棺椁、人骨均腐朽无存。墓葬出土器物种类较丰富，有陶器、青瓷器、青铜器、铁器、银器、滑石器等。在 M485 的墓砖上发现有“本

初元年”的纪年铭文，在 M488 墓砖发现有“大业四年”的纪年铭文。

牛承村汉至隋唐墓葬出土的器物、纪年铭文砖等为研究湖南汉至隋唐时期的政治、经济、文化提供了新的考古资料。

（陈　斌）

【益阳市大海塘东汉至三国墓群】

发掘时间：2020 年 3 ~4 月

工作单位：湖南省文物考古研究所、益阳市文物考古研究所

大海塘墓群位于益阳市赫山区桃花仑西路原益阳内衣针织厂所在范围的一处山岗南坡，西北约 1.1 千米即为资水。2020 年 3 月下旬 ~4 月中旬，为配合益阳云顶上品小区四期建设项目，湖南省文物考古研究所组织专业人员对项目区域进行了详细勘探和考古发掘工作。此次考古发掘发现墓葬 3 座，其中砖室墓 1 座，土坑墓 1 座，土坑洞室墓 1 座。

M1 为砖室墓，被破坏严重，仅出土 2 件青瓷四系罐和 1 件熏炉盖，墓砖纹饰见有几何形纹、树叶纹等，推测其年代大致为东汉晚期至三国时期。M2 被晚期沟槽破坏严重，墓内未见器物出土。M3 为土坑洞室墓，形制最为特殊，以下将其情况作简要介绍。

M3 由墓道和墓室组成。墓道是阶梯式，残存 4 级阶梯。墓室为洞室结构，分为前室和后室，前室两侧各有 1 个壁龛。墓室底部竖向铺有一层墓砖。墓室口有一道封门砖墙，高约 1.4 米。墓内出土器物 18 件（套），有瓷器、陶器、铜器、铁器和漆器等。除漆器、铁棺钉残损严重外，其余器物均保存较完好。墓内出土器物大多位于前室，后室为棺木所处位置，可见棺木底板。墓内出土瓷器均为青瓷器，基本保存完整。大多青瓷器上的釉已脱落，器形主要为碗、四系罐、盏。陶器主要为泥质陶罐，器形基本一致。器身通体施竖绳纹，口沿内侧饰横向绳纹。出土铜器为铜镜和铜钱。铜镜 1 件，出于后室棺床前端，保存完整，背面为柿蒂钮，柿蒂间有“长宜子孙”四字铭文，其外有宽凸面带一周，再外有八内向连弧纹，外侧有一圈弦纹带凸点纹。铜钱出于铜镜旁，锈蚀严重，其中部分仍可辨识出“五铢”字样。

此次发掘的这座土坑洞室墓，在益阳地区为首次发现，在湖南省境内以往的考古发掘工作中也较为少见。这种形制的古墓葬在北方地区较多，且可早至新石器时代，在南方罕见。根据出土器物特征，推测该洞室墓的年代大致为东汉晚期至三国时期。因此，我们推测该墓的墓主人可能为外来的北方人群，在东汉至三国时期已迁徙于此，沿用了原来的丧葬习俗，但随葬品的特征与本地区所用器物大体一致。此次发掘为研究益阳地区在东汉至三国时期的墓葬形制、丧葬习俗等方面提供了较为宝贵的考古资料。

（沈　江）

【宁乡金旺村南朝纪年墓】

发掘时间：2020 年 9 月

工作单位：湖南省文物考古研究所、宁乡市文化旅游广电体育局

为配合宁韶高速公路的建设，经国家文物局批准（考执字［2020］第［1103］号），湖南省文物考古研究所等单位对位于宁乡市回龙铺镇金旺村的尹家冲 M1 进行了抢救性考古发掘，墓葬位于金旺村二十组一名为尹家冲的山坡上，距宁乡市区约 8 千米。

尹家冲 M1 坐北朝南，方向 170°。为单室砖墓，由甬道、墓室组成，全长 4.80 米，墓室长 3.36 米，宽 1.30 米，残高 0.90 米。墓底用长方形砖平铺两层，底层纵向平铺 6 排，中间隔出宽约 0.10 米的排水沟 6 条，沟孔深 0.06 米，从墓后壁一直延伸到墓室前端，甬道外不详，排水沟内填土呈黄褐色，土质细腻，沙性土。上层

横向平铺一层。墓壁采用平砖单砖错缝顺砌，墓室填土中有较多楔形砖，推测墓葬为券顶。墓壁两壁各设两处咬土砖，向外伸出宽度约 0.20 米，以增强墓葬的稳固性。甬道位于墓室前端正中，其中壁已毁，长 0.22 米，残 0.18 米。甬道墓壁及墓底砖砌法同墓室内。墓内填土呈黄褐色，土质疏松，夹杂有一定的墓砖碎块等。

墓砖见长方形砖和楔形砖两种，长方形砖长 34 厘米、宽 16 厘米，厚 6 厘米，用于砌筑墓底和四壁。铭文砖有“元嘉廿七年宜子孙”“富贵宜子孙”两种，砖一面印粗斜网格纹，立面印车轮纹。楔形砖规格长 34 厘米、宽 6 厘米，厚 3～6 厘米，砖一面印粗斜网格纹，侧面印叶脉纹。

尹家冲 M1 共出土 6 件青瓷器和 1 件陶器。瓷器具有东晋晚期至南朝前期的典型特征，其中 1 件青瓷盘与武汉刘宋孝建二年（455）墓出土的同类器胎釉特征、装烧方法完全相同。结合出土瓷器的年代特征，墓壁砖上的纪年铭文“元嘉廿七”应该是南朝刘宋文帝的年号，即为公元 450 年。尹家冲 M1 出土的几件青瓷器均为青灰胎，青绿釉，釉层有细碎开片，釉层局部有脱落，青瓷盘底有齿状支钉叠烧痕，青瓷碗内底有三齿状垫圈痕，这些特征与湘阴岳州窑的产品特征相符，应属于湘阴岳州窑的产品。

尹家冲 M1 是为数不多的有明确纪年的湖南南朝早期墓，出土的 6 件青瓷具有明显湘阴岳州窑的产品特征，这为研究岳州窑产品的年代序列、工艺技术的发展演变等问题提供了珍贵的资料，具有很高的学术价值。

（杨宁波）

【临武县汾市镇渡头古城六朝时期遗址】

发掘时间：2020 年 11～12 月

工作单位：湖南省文物考古研究所、临武县文物管理所

渡头古城六朝时期遗址位于郴州市临武县汾市镇渡头村武水河南岸，是一处以渡头古城址为中心，并包括了城址周边墓群的古聚落遗址。

经国家文物局批准，2020 年 11～12 月，先是在 2019 年发掘区域西北部扩 3 个 5 米×5 米的探方，后在遗址东南护城壕区域布设 11 个 5 米×5 米的探方。2020 年揭露六朝时期灰坑、柱洞、墓葬等遗迹 6 处，其中灰坑 3 个，柱洞 2 个。出土陶、瓷器文物标本 5 件，陶、瓦片 300 余件。

发掘出土的遗物以瓷器为主，另有陶器、铜器等。瓷器以青瓷器为主，有钵、罐、盘口壶等。陶器主要有板瓦和筒瓦，多灰陶，瓦面施细绳纹。铜器数量少，仅见陶器残片。出土器物年代基本为六朝时期。

此次发掘为深入研究当时渡头城址布局以及社会发展状况提供了新线索，也为认识六朝时期地方城市的建筑结构及布局提供了新的考古资料。

（陈 斌）

【长沙市营盘路五代至南宋时期遗址】

发掘时间：2020 年 10～12 月

工作单位：长沙市文物考古研究所

遗址位于长沙市开福区营盘路与黄兴北路交叉路口东南角，为配合城市基本建设，长沙市文物考古研究所对该区域进行了发掘。

本次考古发掘共发现五代时期的护城河 1 处、五代至南宋时期沟 3 条，古井 9 口。其中最为重要的发现是这处五代时期的护城河遗址，呈东西向分布，并沿东、西两个方向向外延伸。

护城河遗址口部较宽，向下渐窄，底部较平整，发现区域河道长 30 米，口部宽 26 米，底部宽 20 米，深 2.5 米。内部填土中部及两侧不同，其中护城河内南部为较纯净的黄色黏土，包含物较少；而北部为灰褐色黏土，主要为使用时期的淤积层，

包含一些青瓷、白瓷器残片和铜或锡质的“开元通宝”铜钱。从护城河内出土遗物堆积层位关系分析，此次发现的护城河应开挖于五代早中期，在使用过程进行过多次清淤及疏通。

大致在五代末期，护城河逐渐被废弃，在此基础上在原河道中部又开挖了一条新的窄河道，两侧部分使用了木桩加固，口部宽16.5米，深2米，内部填土中出土了大量的青瓷、白瓷器、漆器以及“乾封泉宝”铁钱和“唐国通宝”铜钱。此后，在此基础上随着长沙人口的增加及城市扩展，至北宋时期该河道也被废弃填平，这里成为宋代城市居民的生活居住区，发现了这一时期的活动面和南宋时期的排水沟遗存。

此次五代时期护城河的发现以及两宋遗存的发现，说明营盘路一带五代至南宋时期，长沙城规模的扩大带来了城市功能区的变化，这对于研究长沙城市发展变迁具有重要价值。

（王传明）

【宁乡县杨家湾宋代家族墓及元代炭窑址】

发掘时间：2020年5～8月

工作单位：湖南省文物考古研究所、宁乡市文化旅游广电体育局

杨家湾墓群位于宁乡市坝塘镇南芬塘村杨家湾组，为配合宁乡至韶山高速公路的建设，经国家文物局批准，2020年5月起，对红线范围内发现的墓葬进行了抢救性考古发掘，发掘面积900平方米，共发现东汉墓2座，北宋墓5座，宋元炭窑1座。

2座东汉墓均为小型砖室墓，其中以M1保存最为完整，也未经盗扰，M1为带斜坡墓道单室砖墓，共出土硬陶罐、铁釜、铁剑等14件器物。

北宋墓共发现5座，其中M2和M3为夫妻合葬砖室墓，M4、M5为单室墓。M2近南北向，墓室前端加上两侧的挡土墙宽约2.8米，单砖错缝平铺墓壁，封门墙为单砖错缝平铺。两墓室共用一墓壁，墓壁中间留出一“小窗”，券顶，墓室后壁各砌筑一壁龛，券顶，墓底铺砖一层，其中东墓室被盗扰，西墓室保存完整。西墓室前端底部有一开挖于生土上的排水沟，西墓室内保留有蘑菇状和方形棺钉20余枚，墓室后部有枕瓦，墓室后壁壁龛出土釉陶罐两件。东墓室后部壁龛出土釉陶罐两件。

M4为一带墓道的土坑墓，墓道位于墓室前端，斜坡状。墓室长由三合土砌筑墓壁，异常坚固。封门墙三重，内外两重为砖砌，单砖错缝平铺，以三合土为黏合剂，中间填以白石灰，在后壁西南角有一石灰块，应当是起到防潮的作用。后壁有一生土二层台，其上放一釉陶罐，墓内出2枚北宋铜钱和6枚棺钉。

值得注意的是，在4座墓周围有一圈瓦片堆积，分为东、西、南三部分，西侧保存最为完整，东侧和南侧近存局部，东西两侧呈坡状，与墓向大体平行，从残存的部分来看，应当是围绕四座宋墓的不完全闭合堆积，其目的可能是界定家族墓墓域范围。

此外还发现了一座炭窑Y1，为半地穴式龙窑，东北西南向，由工作坑、火膛、窑床、烟囱构成。全长8.42米，工作坑平面呈不规则形，窑顶坍塌，窑身前部收缩呈簸箕状，烟囱位于窑尾后壁外中央，近圆形，下部与窑尾底部相连通。窑内底部为炭屑和木炭层，分布于整个窑床内，局部能看出相对完整的木炭。Y1第①层还出土一件元代早期青白瓷涩圈碗，推测Y1的年代可能为元代，结合人类学调查，推断此窑炉为炭窑。

杨家湾4座北宋墓葬，既有夫妻合葬墓，也有单室墓，尤其是M2发现了“过仙桥（或过仙洞）”。在M3、M4都发现了以石灰封门和墓主头部放石灰块防潮的现

象，M4 以石灰、糯米浆、黏土混合的三合土粘合剂异常坚固。4 座北宋墓葬周围发现的瓦片堆积应当是界定墓域的建筑遗迹，从而表明这是一处小型家族墓园，为了解湖南宋代墓葬的防盗和防潮措施及家族墓埋葬习俗提供了新的材料。

杨家湾半地穴平底龙窑是继 2017 年衡东大浦机场考古项目之后的又一例类似龙窑，从年代序列上看，衡东大浦发现的 8 座平底龙窑，年代从南朝末一直延续到北宋时期，杨家湾元代炭窑的发现又进一步丰富了隋唐至宋元时期湖南炭窑的发展演变的研究资料。

（杨宁波）

【永顺老司城遗址】

发掘时间：2019 年 9 月 ~2020 年 12 月

工作单位：湖南省文物考古研究所

永顺老司城遗址位于湘西土家族苗族自治州永顺县城东 20 余千米处的灵溪镇老司城村，是南宋至清代永顺彭氏土司的政治、经济、军事、文化中心。经国家文物局批准，2019 年度、2020 年度两次主动发掘面积分别为 400 平方米、500 平方米，目的是厘清老司城遗址若云书院区域的遗迹空间格局。

发掘区域共 4 个较小台地，经过发掘，其建筑布局得以明晰。第 1 台地至第 3 台地为中轴线布局，以大殿、厢房等建筑的檐墙、山墙与隔断墙、围墙等围合成独立院落，第 1 台地包括“子孙永享”牌坊、前庭（甬道、散水面）、踏步、两侧围墙、排水沟。第 2 台地包括天井、东厢房、西厢房、隔断墙、排水沟。第 3 台地包括大殿、大型排水围沟。第 4 台地为另一独立的建筑院落，年代略晚于前三级台地建筑体，主要包括卵石道路、F1 至 F7、天井、道路等。两个建筑院落的道路、天井、散水、排水沟等都由扁长形河卵石侧身纵铺而成，并在甬道、天井中形成不同图案。建筑体室内地面以方形青砖打磨镶嵌。发掘过程中，出土了部分陶瓷器残片、动物骨骼等，同时在大殿左前侧出土一方“祠堂碑记”碑刻，碑文追述了永顺土司远年勋绩及建祠缘由。

考古发掘初步表明，本区域包括两处建筑院落，前院落应该是祭祀作用的永顺土司祠堂建筑，后院落很可能为若云书院。“子孙永享”牌坊、土司祠堂、若云书院的并存，为研究永顺土司的社会结构、教育伦理、宗教祭祀等提供了更多的资料。

（张　涛）

【乌江流域考古调查】

调查时间：2020 年 10 ~ 11 月

调查单位：长沙市文物考古研究所

乌江系湘江二级支流、沩水中游一级支流，发源于湘乡羚羊山北麓，全长 79.5 千米，流域面积约 580 平方千米，其中流经宁乡市境内约 41 千米，面积约 380 平方千米。

为持续推进沩水流域史前至商周时期文化遗址调查课题工作，长沙市文物考古研究所联合宁乡市文化旅游广电体育局组成调查队于 2020 年 10 ~ 11 月对乌江流域进行了专项考古调查工作。

该项调查是沩水流域史前至商周时期文化遗址调查课题的组成部分，调查目的主要是有效掌握乌江流域古遗址分布情况及文化内涵，为全面研究沩水流域史前至商周时期考古学文化面貌、构建其文化谱系以及遗址后期保护提供科学资料。

调查的空间范围主要涉及乌江在宁乡市境内流经区域，重点调查乌江两岸的台地（一级台地、二级台地）、山前岗地以及低矮山包暴露的断面等。时间范围设定为新石器时代至汉代。

本次调查采用区域系统调查的方式开展，在调查前将整个乌江流域放在同一个地理坐标系统内，划分为调查网格（网格规格为 1 平方千米)，统一分区编号。以调查网格为单位通过走访、实地勘查、断面观察、地表遗物采集和勘探等方法开展调查工作。遗址的确认主要以发现原生文化层堆积为准，重点了解每个遗址的分布范围、环境特征、地层堆积特征、文化性质、时代及保存状况等信息。

此次调查面积约 350 平方千米，共发现古代遗存 25 处（新发现 20 处)，其中新石器时代至商周时期遗址 9 处，战国至汉代遗址 2 处，汉代墓葬 3 处，另发现宋代墓葬 4 处、明代墓葬 1 处，采集点 6 处。发现的 11 处遗址主要分布于河流两岸的二级台地，个别分布于一级台地，遗址年代以商周时期为主。

（曹栋洋）

广 东 省

【韶关市曲江区鸭子嘴石峡文化遗址】

发掘时间：2020 年 10～11 月

工作单位：广东省文物考古研究所、曲江区博物馆

曲江鸭子嘴遗址位于韶关市曲江区马坝镇马坝村委会上门村西面一处山岗上，地处北江支流马坝河沿岸的台地丘陵地带。为配合曲江区滨江华府项目建设，广东省文物考古研究所联合曲江区博物馆对该遗址进行了抢救性发掘。

遗址山岗总体为东北—西南走向，北坡较平缓，自北部山脚至山顶有两层平缓开阔小台地，海拔 82 米，相对高度约 20 米，山脚下有马坝河自东向西蜿蜒流过，相距仅 10 米。发掘区集中于山岗北部平缓开阔的平台，形似扁平的鸭嘴凸出，遗址发掘面积共 300 平方米。本次发掘取得丰富成果，发现大量早期遗迹与各类遗物，其中遗迹有灰坑 73 座，灰沟 1 条，墓葬 2 座，窑 2 座，柱洞 176 个，出土小件标本 123 件。

遗址地层共可分为三层，早期遗迹主要开口于第②、③层下。

灰坑主要开口于第②层下，形状有近圆形、椭圆形及不规则形等，小型灰坑居多，大型者较少，多数灰坑出土遗物较少。本遗址有灰坑底部或灰坑中存在柱洞的情况，此类柱洞中一般存在较多烧土块，较为独特，可能是与填埋柱洞有关。

两座石峡文化的墓葬是本次发掘的重要收获，均开口于第②层下，为长方形土坑竖穴墓，M1 打破 M2。M1 墓壁可见火烧痕迹，出土有果实核、陶鼎与陶盘的碎片等。M2 出土 3 件带盖三足鼎，与石峡文化早期墓葬 M129 中出土的同类器接近。

出土遗物达 124 件，以石器数量最多，其次为陶器，并出土有玉玦、水晶玦等。石器种类有锛、斧、铲、环、镞、砺石、砥石、石片、石器毛坯等。陶器有罐、三足鼎、器盖、足、支脚、钵等，数量相对较少。

遗址中的早期遗存可见四个阶段。第一阶段，年代大约相当于石峡遗址一期，出土陶片以夹砂灰陶、灰白为主，纹饰有刻划纹、细绳纹等；第二阶段，年代大约为石峡文化中期，出土陶器有三足盘、三足鼎、器盖等器形，出土陶片以泥质灰陶为主，多素面，纹饰有条纹、交错条纹等；第三阶段，年代大约相当于石峡遗址第三期，陶片以泥质灰陶为主，可辨器形有罐、小圈足底等，纹饰有梯格纹、长方格纹、曲折纹、附加堆纹等；第四阶段，年代大约在西周晚期至春秋，出土陶片以泥质灰陶为主，质硬，纹饰有菱格凸点纹、方格纹、粗方格纹、夔纹、篦点纹、弦纹、戳印纹等。

遗址为一处小型生活居址，年代跨度大，出土遗物较为丰富，文化内涵与石峡遗址接近，但是遗迹类型不及后者丰富，也少见典型石峡文化遗存，二者之间既有区别又有联系。

（朱 柯）

【英德市岩山寨石峡文化遗址】

发掘时间：2020年7月～2021年1月

工作单位：广东省文物考古研究所、北京大学考古文博学院、清远市博物馆、英德市博物馆

岩山寨遗址位于清远市所辖英德市青塘镇榄村柯树下，遗址发现于2017年，是广东境内目前唯一在石灰岩孤峰顶部、山体多个洞穴及外围台地同时发现文化遗存的早期遗址。通过考古调查与勘探，初步确认遗址面积超过5万平方米。从2019年开始，为推进广东先秦考古学文化谱系研究、岭南地区早期社会文明化进程等课题，多家单位组成联合考古队连续对遗址开展主动性考古发掘。

2020年7月～2021年1月，对岩背地点进行考古发掘，揭露面积500平方米，最主要的考古收获是清理出新石器时代晚期墓葬39座，此外还清理出大量灰坑、柱洞、烧土遗迹等新石器时代晚期至夏商时期遗迹单位。出土陶器、玉器、石器、青铜器、人骨及木质遗存等珍贵文物标本600余件，其中陶器有鼎、圈足盘、豆、釜、罐、壶、纺轮等，玉器有钺、琮、环、镯、锛、锥形器和圭形器，石器有石镞、石锛、石钁、石钺、石戈、石环、石凿、石矛、石拍和石刀等，青铜器仅见青铜短剑。

通过本年度考古工作，确认岩背地点为遗址内集中分布的墓葬区，其墓葬方向大体一致，且分布密集，墓葬间叠压打破关系较少，墓地内部可见分区、分组现象。墓葬可分为一次葬、二次葬和迁出葬，其中二次葬多见烘烤墓壁及底部铺垫炭灰的葬俗，个别墓葬还可见葬具迹象。墓葬反映出明显的等级分化，低等级墓葬仅见零星陶器或石器，高等级墓葬普遍随葬玉器。岩背墓地的墓葬形制、二次葬葬俗及随葬器物组合都具有明确的石峡文化特征。

岩背墓葬区是在石峡遗址考古发掘40余年后发现的又一处石峡文化大型墓地，对于进一步探讨本地区新石器时代晚期葬制葬俗、社会复杂化程度、石峡文化的传播、石峡文化与良渚文化的关系等具有重要意义。岩山寨遗址是岭南迄今发现规模最大的新石器时代至商周时期聚落遗址，为深入研究岭南地区先秦聚落形态演变、早期社会文明化与中原化进程、岭南乃至华南—东南亚的早期人群互动与文化交流等课题提供了极为重要的新材料。

（刘锁强）

【五华县新塔山新石器时代遗址】

发掘时间：2020年9～11月

工作单位：广东省文物考古研究所、五华县博物馆

新塔山遗址位于梅州市五华县华城镇塔岗村，发掘面积500平方米。共清理墓葬14座，灰坑10座，出土遗物107件，包括陶器、石器、青铜器等，纹饰种类较为丰富，包括绳纹、方格纹、旋涡纹、戳印纹、夔纹、“米”字纹、复线菱格纹、篦点纹等。遗存按年代早晚可分为三个时期，分别为新石器时代晚期、东周时期及清代。M13为新石器时代晚期墓葬，开口H8下，打破生土和基岩，是直接在基岩上开挖的长方形竖穴墓，墓坑北壁外凸呈弧形。东、南、西墓壁内收，北壁外扩4厘米，墓底呈北高南低状，高差为8厘米。墓坑开口距地表深110、长223、宽100厘米，墓底深34～40、长220、宽90厘米。在墓坑底部的南端有一腰坑，腰坑开口近圆形，壁内收，圜底，腰坑直径82、底深45厘米。填土为褐黄土，含有较多烧土块及炭化稻粒。填土中出土有夹砂灰陶和黑灰陶片，饰细绳纹。在墓坑底部铺有一层炭化稻粒，厚度为1～3厘米。腰坑底部出土两块叠压在一起的烧土块。随葬器物为1件陶釜、2件陶罐，均为口沿残片。H8开口④层下，打破M13，同时被H5打破。

平面呈圆角长方形，壁略内收，圜底。开口距地表深72～90、长312、宽185厘米，底深30、长297、宽160厘米。填土为黑灰色，包含烧土块及大量炭化稻粒。H9位于TN11E1中部，开口④层下，打破⑤层。坑口南侧被清代墓葬M10打破。平面呈椭圆形，纵剖面近袋状，斜弧壁，底部缓平。坑口长153厘米，宽72厘米；坑底长110厘米，宽67厘米，深83厘米。填土中出土夹砂细绳纹陶罐残片、彩陶残片等。

新塔山遗址的发掘，为研究韩江上游地区新石器时代晚期及东周时期的考古学文化提供了新的材料，为研究岭南地区彩陶文化的发展情况及传播路线提供了新的思路。

（刘晓宇）

【广州市黄埔区马头庄新石器时代至西周遗址】

发掘时间：2019年12月～2020年6月

工作单位：广州市文物考古研究院

马头庄遗址位于黄埔区中新广州知识城北起步区。配合广州开发区ZSCB—A5—1地块出让工作，经报请国家文物局批准，广州市文物考古研究院对马头庄先秦遗址进行了考古发掘，清理新石器时代晚期、两周时期墓葬65座，灰坑149个，柱洞272个，灰沟2条，房址3处，出土陶鼎、陶豆、原始瓷豆、陶器盖、陶器座、陶纺轮、石锛、石铲、石环、玉玦等文物107件套。另有宋至清代墓葬4座，灰坑1个，柱洞22个，房址1处，出土瓷碗、陶罐、铁矛等文物8件/套。

马头庄遗址发现的新石器时代晚期遗存距今约4000年，部分可能晚至夏商之际。墓葬17座，多分布于山顶靠北一带，皆为竖穴土坑墓，部分墓葬随葬陶鼎、陶豆、陶罐、双肩石铲、双肩石钺、玉玦等，根据随葬品分布状况推断部分墓葬可能为二次葬。另有灰坑55个、柱洞116个，灰坑和柱洞多分布于山顶靠西一带，出土遗物较少。新石器时代晚期遗存文化面貌可见珠三角、粤东、粤北三地的文化因素，与中新知识城发现的茶岭、甘草岭遗址内涵相近。

两周时期遗存是本次考古发现最丰富的遗存。共计发现墓葬48座、灰坑94个、柱洞156个、房址3个、灰沟2条。墓葬亦为竖穴土坑墓，集中分布于山岗南坡，东坡有少量分布，少见随葬品，仅个别墓葬出土少量原始瓷豆、器座等遗物。以往广州发现的两周时期遗址以墓地为主，本次考古发现清理发掘一批灰坑、柱洞以及房址等遗迹，为研究两周时期古越人居住习俗提供了新的材料。两周时期遗物多见泥质印纹硬陶，纹饰有夔纹、方格纹、菱格纹、篦点纹等，器形有陶罐、陶豆等；另有少量原始瓷器、陶器座、砺石、石环等。

宋至清代遗存仅见少量墓葬、灰坑和柱洞，出土遗物较少。

本次考古发掘进一步充实了广州地区先秦考古资料，为研究距今三四千年前环珠江口地区先民的生产生活面貌提供了重要实物资料。

（曹耀文）

【广州市荔湾区广雅中学先秦至明清时期遗址】

发掘时间：2020年7～10月

工作单位：广州市文物考古研究院

广东广雅中学位于广州市荔湾区环市西路，地处广州古城西北。此次配合广雅中学莲韬馆建设进行的考古勘探发掘，共清理遗迹188处，包括墓葬125座、灰坑32个、水井7处、沟2条、池2个，出土陶瓷器、青铜器、石器等470余件（套）。遗迹年代包含先秦、汉、晋南朝、唐五代、宋、明清等各时期。

先秦时期墓葬41座。墓葬均为小型长

方形竖穴土坑墓，皆为东西向。墓葬排列有序，未见明显打破关系。墓内填土含沙较多。位于发掘区域中部偏东的 M1、M96 形制略大，墓内有柱洞，墓圹长 3.1～3.3、宽 1.4～1.8 米，其余墓葬平面皆呈窄长方形，墓圹长约 2 米，宽 0.5～0.9 米，部分墓底有膏泥痕迹。随葬器物有陶器、铜器和石器，陶器多泥质，器形以豆为主，铜器有甬钟、剑、刮刀、斧等，石器有玦、砺石等。

汉代墓葬 36 座、灰坑 10 处、水井 4 处。遗迹分布密集，部分存在复杂打破关系。3 座东汉时期砖室墓规模较大，其中 M26 形制较特殊，平面呈“中”字形，墓室底部排水沟穿过后室向墓后延伸，这种结构在广州两汉墓葬中首见。该墓被严重盗扰，50 余件随葬器物置于前室，皆为陶器，其中 16 件狗、牛、羊、猪、鸡、鸭等家畜家禽模型，制作精美，形态生动。

晋南朝墓葬 33 座。其中 29 座为长方形竖穴土坑墓，4 座为砖室墓。土坑墓年代较早，为两晋时期，砖室墓年代稍晚，约为东晋至南朝时期。墓葬被破坏严重，随葬器物较少。

唐五代墓葬 6 座、灰坑 13 个、水井 2 处。墓葬分为砖室墓和土坑墓，年代为唐代。部分灰坑形制规则，有圆形和方形，集中分布于发掘区域东南角，出土较多砖瓦残片，年代皆为五代。

宋代墓葬 2 座、灰坑 7 个、水井 1 处、沟 2 条、池 2 个。砖室墓 M8 被破坏严重，仅存墓底，墓内出土一套铜钵、铜碗、铜筷和铜勺、2 面铜镜、4 件景德镇湖田窑青白瓷碗和 1 件青白瓷盏及百枚铜钱，十分难得。

明清墓葬 24 座、灰坑 2 个。墓葬分为灰砂墓、砖室墓、石室墓及土坑墓。灰砂墓 4 座皆为合葬墓。该时期遗迹被毁严重，未见遗物。

广雅中学先秦至明清遗址是广州古城西北郊发现的遗迹分布较密集的遗址，年代跨度大，内涵丰富，进一步补充了广州地区考古资料。尤其是此次发现的 41 座先秦墓葬，是广州地区先秦考古的重要新发现，这是迄今考古发现的距离广州古城最近、分布最集中的先秦时期遗存，为探索广州建城以前珠江北岸、越秀山附近的人类活动提供了重要实物资料，也为研究广州建城历史提供了重要线索。

（饶　晨）

【广州市黄埔区烧瓦窿两周时期遗址】

发掘时间：2020 年 7～10 月

工作单位：广州市文物考古研究院

烧瓦窿遗址位于广州市黄埔区长岭街道岭头村。遗址所在地为东西向山谷。配合岭头公司留用地开发项目建设，经国家文物局批准，广州市文物考古研究院对烧瓦窿遗址进行考古发掘。发掘面积 1700 平方米，清理新石器时代晚期至近现代墓葬 3 座，灰坑 61 个，窑址 4 座，柱洞 141 个，灰沟 4 条。出土陶豆、陶罐、陶器座、陶纺轮、陶盆、原始瓷豆、青花瓷碗、石锛、石环、石镞、铁锄等文物 102 件/套。

遗址包含 6 个时期的文化遗存。新石器时代晚期遗存未发现遗迹现象，仅在晚期地层内发现有少量夹砂陶片和石锛、石镞、砺石等。西周至春秋时期遗存是烧瓦窿遗址最丰富的遗存，有灰坑、灰沟、柱洞等遗迹，以及原始瓷豆、陶豆、陶罐、陶器座、陶纺轮等遗物。战国至西汉初期（南越国时期）遗存未发现遗迹现象，仅在晚期地层内发现有少量装饰水波纹、米字纹、三角格纹泥质硬陶片。东汉时期遗存包括两座土坑墓，规模较小，葬式、葬具不详，无人骨残留；其中 M3 规模相对较大，位于发掘区山顶，平面形状近梯形，竖穴土坑墓，底部有长方形棺椁印痕，墓底西侧发现陶罐、陶盆、陶壶、陶钵、陶盒等随葬品 8 件。唐宋时期遗迹较少，有少量灰坑和灰沟，地层出土较多陶瓷片。明清时期遗存包括瓦窑及少量灰坑和柱洞，地层出少许陶瓷片。其中 Y4 最为重要，位于遗址北部东坡坡脚，南北向，总体形状呈马蹄形，基本由窑壁、窑床、烟囱、烟道、火膛、出灰口、窑门、窑前工作区、防护墙组成，自下而上可分为前后发展的四期，层层叠压，并有扩建和改造。

（覃　杰　曹耀文）

【博罗县五斗种战国至西汉时期墓地】

发掘时间：2019 年 11 月～2020 年 1 月，2020 年 4～7 月

工作单位：广东省文物考古研究所

博罗五斗种墓地位于惠州市博罗县杨村镇埔连村南五斗种小组鹅石岭上，地处珠三角地区与粤东北接合部，东江中上游。为配合惠城至龙门高速公路工程建设，广东省文物考古研究所对博罗五斗种遗址进行了考古发掘，发掘面积 800 平方米。通过考古发掘发现有早晚不同时期的古代文化遗存，其中主体遗存年代为战国中晚期至西汉中期。早期遗存为新石器时代晚期至商代文化层。从墓葬填土中出土夔纹、勾连云雷纹、席纹等泥质硬陶残片可见该遗址于春秋战国时期也有人类活动。本次发掘主要成果是清理 28 座墓葬，其中 1 座商代晚期墓葬，2 座战国时期墓葬，13 座西汉时期墓葬，4 座宋代墓葬，8 座明清时期墓葬，出土文物 200 余件。

战国时期墓葬分布接近山顶，墓向大致为南北向。西汉时期墓葬基本与山体等高线垂直分布，墓向大致为东西向。除一座被破坏严重的宋代砖石墓以外，其他墓葬均为竖穴土（石）坑墓。随葬器物有陶器、原始瓷器、石器、铜器以及铁器等。陶器分泥质和夹砂两类，以泥质硬陶为主。陶器器类有罐、壶、瓿、五联盒、钵和纺轮等。原始瓷器有豆、簋和钵。石器有石锛、石戈和石范等。铜器有剑、矛、刮刀和斧等。遗址出土器物种类多样，根据器物类型和纹饰组合大致推测 15 座战国至西汉时期墓葬上限为战国中晚期，下限为西汉中期前后。其中西汉时期墓葬 M3 为目前珠三角地区及广东东部所发现同时期最大规模的墓葬之一。M26 为广东目前所发现的分布最东端的战国晚期狭长形腰坑墓。战国晚期至西汉前期数座墓葬封土内发现有大小不一各类陶瓮，高度为 45～55 厘米，纹饰主要为方格纹与弦纹组合纹饰，有的肩部施有一周戳印纹，推测可能为一种葬俗，为广东省以往发掘所少见。对 M8 与 M24 两座墓葬的封土解剖，基本确认该区域西汉时期墓葬封土形制与分层。

博罗五斗种墓地为珠三角东北沿一处重要的战国中期至西汉中期墓地，本次发掘区位于遗址西部区域，部分墓葬存在盗扰，但保存情况相对稍好。此次发掘出土的重要文物为广东战国至西汉时期考古研究工作补充了重要材料，丰富了墓葬形制与葬俗的考古资料，对于进一步研究岭南战汉时期考古学文化面貌以及社会历史进程具有重要意义。

（李　博）

【始兴县瑶前墓葬】

发掘时间：2020 年 4～6 月

工作单位：广东省文物考古研究所、始兴县博物馆

瑶前墓葬遗址位于韶关市始兴县城南镇瑶前村，发掘面积 200 平方米。经国家文物局批准，广东省文物考古研究所联同始兴县博物馆对其进行抢救性考古发掘。

已完成田野发掘工作，共发现西汉早期或南越国时期土坑竖穴墓 1 座，灰沟 1 条，出土文物共 9 件。其中，M1 为目前粤北地区所发现规模最大的西汉早期或南越国时期墓葬之一，斜坡墓道长 7 米，口宽 1.75 米，底宽 1.5 米，深 0～1.80 米。墓

室平面为长方形，口部长 6.25 米，宽 4.30 米，最深处深 2.65 米。墓室南、北两壁均有二层台。墓室底面中部铺有一层垫土，垫土之上铺有一层厚约 0.05 米的河卵石，四条枕木槽将卵石面分为三部分。在墓底中央垫土下有一近圆形腰坑，坑内放置一件泥质灰陶方格纹陶瓮，瓮中置有一块卵石。

瑶前遗址 M1 规模较大、形制完整，为本地区战汉时期及南越国时期的考古学研究提供了重要材料。

（刘晓宇）

【广州市荔湾区广钢新城东汉墓】

发掘时间：2020 年 7～8 月

工作单位：广州市文物考古研究院

广钢新城位于广州市荔湾区芳村大道以西、鹤洞路以南，地处珠江西岸，距广州古城区直线距离约 6 千米，属于广州市古墓葬埋藏区。本次广州市文物考古研究院配合国有建设用地出让进行考古勘探和发掘，清理汉墓 4 座，出土陶器、铜器 140 件套，采集各类标本 48 件。

4 座墓葬皆为东汉时期竖穴土坑木椁墓，被破坏严重。其中位于发掘区域西北部的 M4 上部毁佚，下部西北部被一水泥承台叠压，中部、北部分别被两条现代管道及渗井打破，但墓底形制仍有部分保存，尤其是封门结构非常清晰。M4 为带墓道的长方形竖穴土坑墓，方向 213°，由墓道、墓室组成。墓圹平面呈长方形，直壁平底，长 5.3、宽 2.8、最深处距墓口 0.8 米。墓道被损严重，残存 0.4 米。墓道东北侧约 0.2 米处有两截横向挡板。挡板以东有三立柱，墓室长 4.8、宽 2.1 米。其内东部偏北处有残存木痕，推测为棺室结构。墓内共出土随葬器物 50 件，皆为陶器。器形以井、囷等模型明器及四耳罐、匏壶、甗等带有本地特点的仿实用器组合为主。其中 1 件陶鸮形五联罐造型精美，刻画生动，为广州考古首见。

本次考古发掘成果进一步丰富了广州市城区近郊的古墓葬资料。为研究东汉时期广州地区的葬俗提供了重要实物资料。

（饶　晨）

【广州市越秀区中山六路汉至清代遗址】

发掘时间：2020 年 5～12 月

工作单位：广州市文物考古研究院

遗址位于广州市越秀区中山六路东段北侧，属于广州市“广州古城至珠江北岸”地下文物埋藏区中心地带。配合中山六路 RJ—6/7 地块的建设，经国家文物局批准，广州市文物考古研究院对该地块进行了抢救性考古发掘，发掘面积 2400 平方米，发现了晋南朝至民国时期的文化层，清理汉代至民国时期遗迹 430 处，其中灰坑 195 个、井 56 口、磉墩 52 个、池 43 个、柱洞 42 个、沟 18 条、墙 17 处、路 3 条、房址 2 处、台基 1 座、护堤 1 处，出土各时期陶器、瓷器、铜器、铁器等各类文物 2508 件（套）。

遗迹以晚唐五代、宋、明、清、民国时期的灰坑、水井、池等生活类遗迹为多，出土遗物丰富，既有汉代陶器、瓦当，也有南朝青釉器，特别是晚唐五代的遗物最为丰富。宋代建筑基址是本次考古最重要的发现。在发掘区中部发现 52 个磉墩，布局规整、排列有序，初步判断可以分为 4 组建筑。其中 SD7、SD8、SD33、SD37 等 21 个磉墩规格较大，呈东西走向，可能是一座主体建筑的北界及檐廊；SD38、SD39、SD52 等 10 个磉墩和 SD1、SD2、SD54 等 8 个磉墩分别位于第一组大磉墩东西两侧，规格较小，呈南北走向，可能是两组廊式建筑；这三组建筑同属一座大型建筑的一部分。SD15、SD16 等 12 个磉墩规格最小，呈东西走向，打破主体建筑磉墩，可能是后期改建。

中山六路 RJ—6/7 地块汉至清代遗址

是近年来广州城市考古发掘面积最大的遗址，大量唐代到民国时期的生活类遗迹遗物反映了自唐代以来这一带为人口聚居、商业繁华之地。52个磉墩表明宋代此地有一处等级较高、规模较大的建筑。遗址内还发现的来自全国各地不同窑口和其他较为少见的陶瓷器，反映广州在唐宋时期海上丝绸之路的重要地位。本次考古成果对探索广州城址变迁，唐宋时期广州城市发展和功能布局、广州城区历史地理变迁具有重要价值。

（程　浩）

【云浮市罗寺村六朝墓葬】

发掘时间：2020年12月~2021年1月

工作单位：广东省文物考古研究所、云浮市博物馆、云城区博物馆

罗寺六朝墓葬位于云浮市云城区都栗村委罗寺村西侧的后背山东坡。2020年11月中旬，罗寺村修建环村道路时，发现古代墓葬用砖。广东省文物考古研究所对墓地进了抢救性考古发掘，共发掘南朝晚期墓葬4座。

墓葬结构皆为砖室墓，一座单室墓，三座双室合葬墓。墓葬主要由墓道、封门、甬道、前室、后室和过洞等结构组成。出土随葬品有金戒指、银钗、滑石猪、青瓷碗、青瓷唾壶、四系罐、六系罐、盘、碟、杯共计98件（套），采集饰有戳印米字纹、叶脉纹、菱格纹、圆圈米字纹等纹饰墓砖一批，墓砖主要有长方形砖、刀砖、楔形砖三种。M1为双室砖室墓，分南、北两砖室，平面形状近“凸”字形，方向71°，由墓道、封门、甬道、墓室构成，南室与北室之间有过道。墓顶塌陷，墓道前段被破坏。残长8.7、宽约4、残高1.20~1.32米。出土罐、碗、盘、杯、碟、壶、豆、滑石猪、银钗、铜棺钉等遗物61件。M2为双室砖室墓，分南、北两砖室，方向78°。两室结构基本相同自东向西由封门、甬道、前室、过道、后室等组成。墓顶塌陷，长7.57、宽4.42~4.26、残高1.84~2.26米。该墓被盗掘，仅余青瓷碗5件。M3为单室砖室墓，平面形状近长方形，方向63°，墓室券顶坍塌，前段被破坏，仅余后段。残长3.27、宽1.15、残高1.50米。出土青瓷碗、盘各1件。M4为双室砖室墓，平面形状近长方形，方向77°，墓顶全部坍塌，墓道被现代房屋破坏无存。墓室分南、北两砖室，两室结构基本相同，自东向西均由封门、甬道、前室、过道、后室等组成。南北两室之间各有一过道。长8.09、宽5.06、残高1.90~2.41米。该墓曾被盗掘，南、北两室共出土青瓷碗、烛台、罐、壶、盘、金戒指、铁棺钉、滑石猪等遗物30件。

（柏宇亮）

【茂名市电白区西边坡南朝至唐代遗址】

发掘时间：2020年4~7月

工作单位：广东省文物考古研究所

西边坡遗址位于茂名市电白区电城镇，西距电白县城约27千米，东南方向距离冼太夫人墓园约3.3千米，是一处东北—西南走向的台地。为进一步厘清南朝—唐代俚人文化核心区的文化特征，经国家文物局批准，广东省文物考古研究所对西边坡遗址实施了发掘工作，面积500平方米。清理出了南朝、唐、宋及近现代等各时期的建筑基址、沟、灰坑等遗迹，同时也出土了南朝至近现代时期的瓷器、陶器、石器、铁器等遗物。

本次发掘主要发现了唐代建筑基址（1号建筑）1座，该建筑南北面阔五间，通面宽23.37米，明间面宽5.09、次间面宽4.81、梢间面宽4.33米；东西进深三间，通进深9.02米，房间进深3.74米，两侧檐廊深2.6米，是一处等级较高的建筑基址。遗址出土了大量遗物，包括：莲花纹瓦当、素面筒瓦、绳纹（素面）板瓦

等建筑构件；陶罐、盆、异型釜、青瓷罐、碗、盘、杯、炉、砚台等生活用品；陶网坠等生产工具。

2017～2019年，该发掘单位曾在电白区大桥河（乌石河）、马店河（庄垌河）流域发现了100余处同时期遗址，说明该区域内历史上曾存在数量庞大的俚人文化聚落，故在西边坡遗址发现高等级建筑遗存意义重大，该遗址的发掘对探索粤西乃至岭南地区的俚人历史文化、聚落形态、建筑形制和海上交通等问题具有重要的意义。

（刘　长）

【乳源县小江村隋唐墓葬】

发掘时间：2020年11～12月

工作单位：广东省文物考古研究所、乳源县博物馆

乳源县小江村墓葬位于韶关市乳源县桂头镇小江村东部一处缓坡山岗上，该山岗中部山脊微隆起，山脊大致为南北走向，山顶平坦开阔，北距武江约1千米，墓葬位于山顶较为平坦的台地。

因农民取土与建房活动，在该地发现有五座砖室墓，并被一定程度地破坏。广东省文物考古研究所联合乳源县博物馆组成考古队，对这批墓葬进行了抢救性发掘。

本次发掘清理的砖室墓共5座，择要介绍如下。

M1为长方形三室合葬墓，由墓道、墓圹及平面呈长方形的左、中、右三个墓室组成。墓道、墓圹为竖穴土坑，平面近长方形，每个墓室均由逐级抬高的前院、前室和后室三部分构成。前院平面略呈长方形，前室平面略呈方形，与前院之间形成台阶，后室平面亦为长方形，与前室之间形成台阶，侧壁夹砌刀形砖构筑券顶。三前室和后壁处各设拱形门相通。三后室之间的侧壁各设长方形砖纵置侧铺的直棂通窗两排。出土随葬品50件，左室出土8件，中室出土36件，右室出土6件。随葬品有瓷碗、瓷罐、瓷辟雍砚、瓷杯、金饰品等。

M2～M5均为长方形单室墓，由墓道、墓圹及墓室组成。M2位于M1西北约35米处，券顶及墓上部毁坏。为长方形单室墓，由墓道、墓圹及墓室组成。墓道、墓圹为竖穴土坑，平面近长方形，墓室平面为长方形。侧壁、后壁皆长方形砖错缝平铺叠砌。底铺“两纵两横”砖。墓砖有长方形砖及刀砖两种，素面。出土随葬品5件，墓室靠近封门处出土4件，左右各2件，分别为一个瓷罐带盖；近中部出土1枚铜钱。

对比广东地区已公开发表的隋唐时期砖室墓材料，结合墓葬形制、结构、规模、砌筑特点及随葬品特征与组合来看，M1与英德浛洸、乳源泽桥山等隋墓接近，初步判断为隋代，也可能至初唐；M2～M5与乳源、曲江、始兴等地出土唐中晚期墓接近，年代应相仿。

连接乐昌—乳源—曲江一线的武江，是沟通岭北的三条交通要道之一，在其河道沿线保存了丰富的墓葬、遗址等历史遗存，本次小江村墓葬的发掘，保护了历史文化遗产，为研究隋唐时期岭南与岭北的文化交流、人群迁徙提供了新的材料。

（朱　柯）

【广州市越秀区大佛寺南院区晚唐五代宋明清遗址】

发掘时间：2018年11月～2019年1月、2019年4～7月、2020年7～8月

工作单位：广州市文物考古研究院

广州市大佛寺位于广州市越秀区惠福东路惠新中街21号。配合广州市大佛寺南庭院的工程建设，广州市文物考古研究院对工程用地范围进行了考古勘探和发掘。发掘面积600平方米，并对约900平方米建筑施工区域进行了清理。考古清理唐代至清代文化层，发现池、房、沟、灰坑、井、路、墙、磉墩、柱等遗迹共132处，

出土陶器、瓷器、铜器、木器等各类文物335件（套），采集标本45件（套）。

地层堆积可以分为10层，遗迹十分丰富，包括磉墩、地面、水井、灰坑、水池等。其中以发掘揭露的五代、宋时期的建筑基址及唐代大规模陶器堆积等遗存最为重要。晚唐时期陶器堆积为一不规则灰坑状遗迹，灰坑南北长8.5、东西宽6.2、残深0.5米。坑内集中埋藏大量陶器和釉陶器，总数超过200件，包括坛、罐、碗、执壶等，大部分残损，也有少量较完整者。一些罐内放置有碗、小壶等器物，刚清理出土时还发现一些器物间有稻草残留。初步判断这批陶器和釉陶器是在运输过程中残损，从码头上岸后被发现并挑捡出来堆放于此。结合遗址的历史地理环境分析，附近很可能原有运输陶瓷器的码头。

五代南汉砖铺地面在发掘区内分布的范围东西长约18米，南北宽度超过28米，自南向北继续延伸到发掘区外。地面可分三期，规模较大、保存较完好、规格较高。地面由青砖平铺而成，北部原有房屋建筑，残存两排磉墩。南部可为庭院建筑，庭院近正方形。晚期在庭院修筑有“T”字形的道路。结合该遗存规模及其所处位置，推测原为高等级官衙或寺庙建筑。

广州市大佛寺院区的考古发掘成果为探索古代广州城市发展特别是五代南汉时期广州城市布局、珠江岸线的变迁提供了重要的考古资料。

（王　慧）

【惠东县三官坑明代窑址】

发掘时间：2020年7～11月

工作单位：广东省文物考古研究所

三官坑窑址位于惠州市惠东县白盆珠镇横江村。本年度广东省文物考古研究所对白马窑及其周边区域进行了文物考古调查与勘探工作，主要覆盖白马河、西枝江干流以及各支流流域，新发现了烂屋仔、陂角、石鼓岭、犁头坑、黄竹塘、圆墩背、三水窝、芋头窝、下坝、三水坑等10处窑址。为厘清窑址的年代及内涵，经国家文物局批准，广东省文物考古研究所对三官坑窑址实施了发掘工作，面积500平方米。

目前，发掘工作发现龙窑2座，其中，Y1清理工作已近尾声。Y1前端残毁，残长26.7米，坡度19°，从窑体基本形态看，是明代南方地区典型的分室龙窑结构，共发现窑室9个，每间窑室前部左右各置一窑门。Y1窑壁及窑室间隔墙以生胚砖砌筑，隔墙置火道约23个。窑床因匣钵取换频繁，多为沙底，少见烧结面。窑床上多保存有匣钵，其中窑室六可见匣钵排列整齐有序，共9排14列，多以M形匣钵单件装烧。窑内出土了大量匣钵、垫饼、垫圈、火照等制瓷烧窑工具。其产品以生活用品为主，有碗、盘等，胎体较为厚重，造型规整，纹饰大部分刻划菊瓣纹，有些碗心还刻划有“清”“福”等字样。

包括三官坑窑址在内的白马窑址群是我国明代重要的外销窑场，其产品行销于东南亚地区，长期以来，其历史价值被严重低估，本次发掘工作为系统了解窑址布局、性质和文化内涵，以及相关研究、保护、利用、传承和保护规划的制定提供了更加科学的依据。

（刘　长）

【普宁学宫明清时期泮池遗存】

发掘时间：2020年3～4月

工作单位：广东省文物考古研究所、普宁市文化广电旅游体育局

普宁学宫位于普宁市洪阳镇西村，2015年被公布为广东省文物保护单位。为推动普宁学宫的修缮保护工作，普宁市文化广电旅游体育局委托广东省文物考古研究所对学宫大成门以南、棂星门以北地域进行了文物调查和勘探工作。该区域东西长约27米，南北宽约22米，面积约600平方米。县志记

载普宁学宫大成门和棂星门之间有学宫泮池，民国后改为学校篮球场。

本次考古调查、勘探工作主要以探沟的形式，在大成门和棂星门之间东、南、西、北部共布设4条探沟，清理面积为25.8平方米。发现确认了普宁学宫内的泮池和状元桥，同时还发现与泮池密切相关的排水沟、三合土地面以及其他建筑遗迹，出土了大量明清时期陶片、瓷片、釉陶、铜钱、骨器等生活用品和瓦当、瓦片、砖块、灰塑等建筑构件。

根据地层关系和出土遗物，普宁学宫泮池范围内遗迹现象可分为四期：第一期包括三合土地面4、排水沟G2、墙体Q1和三合土堆砌遗迹。修建年代早于泮池，无法判断具体年代。第二期包括早期泮池、三合土地面3和排水沟G1。地面下垫土内出土少量青瓷、白瓷和青花瓷片等文化遗物，为明代建筑遗存。第三期为清代重修后的晚期泮池和三合土地面2，沿用至民国。泮池周边发现较多被破坏的望柱坑，状元桥残块上也有钢钎痕迹，判断泮池及状元桥在近现代被人为破坏随后废弃填埋。地面2下垫土出土的青花瓷片纹饰，在饶平九村窑第四期中亦有发现。第四期为泮池废弃填埋后修建的地面遗迹1，最晚沿用至中华人民共和国成立后。

通过本次考古工作，对普宁学宫泮池和状元桥的位置、形制、尺寸、营建方式及建造沿用年代有了初步的认识。本次发现的泮池是明清时期少见的三合土材质泮池，为潮汕地区地方官学泮池的形制结构研究增添了新的材料，也为学宫泮池及其周边环境的复原提供了详实的科学依据。保存较完整的泮池、状元桥及地面遗迹，与清代《普宁县志》、《潮州府志》以及地方文物资料显示的学宫泮池修建、重修、毁坏等人类活动多有对应，对研究普宁学宫的历史变迁有重要意义。

（景雅琴）

【广州市越秀区下塘西路清代墓群】

发掘时间：2020年11～12月

工作单位：广州市文物考古研究院

广恒区间风井清代墓群位于广州市越秀区下塘西路中段东侧绿化带内，地处广州市“桂花岗—狮带岗—横枝岗”地下文物埋藏区。配合广州地铁十二号线广园新村站至恒福路站区间中间风井的建设，经报请国家文物局批准，2020年11～12月，广州市文物考古研究院对广恒区间风井项目用地进行了抢救性考古发掘，共清理清代墓葬43座，出土陶器、玉器、铜器等各类文物88件（套），采集陶罐、买地券8件，人骨遗骸20具，其中部分墓葬已在施工过程中被破坏。

43座清代墓葬均为竖穴土坑墓，部分墓葬浇筑灰砂，其中8座为合葬墓，35座为单人墓。这批清墓有着鲜明的分布特征，墓葬分布密集，但墓葬之间的叠压打破关系较少，墓葬方向均为东西向，仅有1座墓葬为南北方向，并被东西向的M13打破，可能不同方向的墓葬在年代上有早晚的关系。墓葬一般长2.3～2.6、宽0.7～0.9米，合葬墓的每个棺室墓坑长宽亦是如此。这批墓葬的葬具绝大部分已朽无存，从残存痕迹来看，应均有木棺，木棺底部垫草木灰。较为难得的是，在这批墓葬中出土了20具较为完整的人骨遗骸，均为头东脚西，大部分仰身直肢，个别为俯身直肢。

本次在广恒区间风井地块内考古发掘的清代墓葬分布较密集，随葬器物较丰富，特别是出土和采集了12合明代至民国时期的买地券及20具较为完整的清代人骨遗骸，对研究广州明清时期的丧葬习俗具有重要价值。

（程　浩）

广西壮族自治区

【合浦县大浪古城】

发掘时间：2019年12月~2020年4月

工作单位：广西文物保护与考古研究所

大浪古城遗址位于北海市合浦县石湾镇大浪村，是第七批全国重点文物保护单位，作为北海市报送海上丝绸之路（中国段）申报点被国家文物局列入《中国世界文化遗产预备名单》。2002~2003年和2011~2012年，为配合汉代合浦港课题研究，曾先后两次对城址进行考古发掘。2019~2020年，为配合“海丝”申遗，广西文物保护与考古研究所再次对城址西北部进行主动性考古发掘，揭露面积606平方米。

城址处于合浦南流江冲积平原的古河道边，南北朝向，北、东、南三边有城墙和城壕，西边南、北两端有短墙分别与南、北城墙相接，中段未见明显墙基，西面是古河道，城壕与古河道相通。城墙及城内呈正方形，边长215米。南、北城墙居中各辟一门，规制一致，门道宽3.7米，门两侧墙体向城内凸出18米。北门外面连着生土，城壕到此不连通，南门外面城壕连通，未见生土路基。

城壕G1呈沟状，宽14米，深4.1米，在原地直接下掘而成，靠外3米坡度稍缓，往里则突然变陡，横截面呈“V”字形，内壁与城墙外壁连为一体，从城墙顶部一直陡斜至城壕底部，原高低落差超过6米。沟内堆积从上往下依序分为六层，其中G1第②层出宋代瓷碗，G1第③层出唐代陶片，G1第⑤层出战国几何印纹陶和大量炭屑。

城墙利用挖城壕的土直接在原表土上面堆筑而成，横截面呈梯形，底部宽15米，顶部残宽6.2米，现存最高2.35米，内壁斜高，外壁陡斜。堆土从下往上依序为灰黑土、网纹红土、黄白砂土（即城壕从上往下的原土顺序），断面层理呈起伏的土堆状，未见明显的板筑痕迹，局部经简单夯打，偶见直径约0.1米的圆形夯窝，外壁易塌落。土质纯净，未见遗物。

城内地层堆积分为五层，第④层出土遗物以几何印纹陶、原始瓷器、石器为主。陶器主要是硬陶和夹砂陶，少量为泥质陶，可辨器形有鼎、瓮、罐、瓿、釜、碗、杯、网坠等，纹饰有方框对角线纹、米字纹、方格纹、席纹、夔纹、刻划符号等，其中以多重方框对角线纹和米字纹最为多见。原始瓷器有碗和杯，施青黄薄釉，易剥落。石器有砺石、石锛、石砧等。

从出土遗物和相关现象看，大浪古城与浙江一带的越文化有关，年代为战国中晚期，为重新认识岭南先秦文明史提供了新视角。目前在合浦县周围的北海市、浦北县等地也发现了不少与大浪古城同时期的几何印纹硬陶文化遗存。

（蒙长旺）

重庆市

【云阳县磐石城新石器至商周时期和明清遗址】

发掘时间：2020 年 9 月 ~2021 年 1 月

工作单位：重庆市文化遗产研究院、云阳县博物馆

磐石城遗址位于重庆市云阳县双江街道，地处彭溪河（又称小江）与长江的交汇地带。遗址所在区域为一块独立隆起的岩石山体。整个山体斜卧于南北之间，城址平面布局近似棱形，长轴大体沿西南—东北向，前后寨门分别位于长轴的两端（东北为前寨门，西南为后寨门），相距约 420 米。东南与西北为悬崖，南北两面为陡峭岩壁，相距约 130 米。整体地形中间高、周边低，西北一侧地势较平缓，较为宽阔，东南靠江一侧地势陡峭。此次考古工作完成发掘面积 1350 平方米，发掘的遗存从时代上可分为早、晚两个阶段，早段为新石器至商周时期，晚段为明清至民国时期。早段遗存主要分布于遗址中部地势较高的区域，与 2017 年度发现的新石器至商周时期的分布区相邻。晚段遗迹分布范围广、数量多、保存相对较好，是磐石城遗址的主体遗存。

新石器至商周时期的堆积根据地势高低呈斜坡状分布，分布范围小，仅在原始地面较深的地方残存部分堆积，其内出土了数量较多的陶片和石器，可辨器形有罐、豆、盆、盘、器盖等陶器，以及斧、锛、凿、矛等石器。这一发现进一步充实了该遗址的先秦遗存，对峡江高海拔区域的先秦居址的研究具有重要的参考价值。

明清至民国时期是磐石城遗址的主体遗存，基本上遍布于遗址内各个区域，此次工作中清理的遗迹以房址为主，共清理房址 12 座，还包括道路、排水沟、灰坑等遗迹。出土遗物数量众多，类型丰富，均为日常生产生活用品。其中以青花瓷器为主，器形有碗、盘、杯、勺、盒等；铜钱数量也较多，时代涉及明代、清代、民国等不同时期；此外，还有大量的青灰色瓦片以及粗瓷器和石构件等。此次发掘对磐石城遗址的文物分布、保存和功能分区状况有了进一步的认识，为以后的发掘、保护等奠定了基础。

（杨鹏强　李大地）

【九龙坡区冬笋坝战国至新莽墓地】

发掘时间：2020 年 9 ~ 12 月

工作单位：重庆市文化遗产研究院、九龙坡区文物管理所

冬笋坝遗址位于重庆市九龙坡区铜罐驿镇冬笋坝，地处长江左岸的三级阶地上，核心区文物分布面积约 10000 平方米，是巴文化考古首证之地，是最早确认的巴文化遗址。1954 年、1955 年、1957 年，西南博物院、四川省文管会等单位对该遗址进行了 4 次考古发掘，共清理战国至汉代墓葬 81 座，墓葬形制较为多样，其中以船棺葬最具特点。遗址现为九龙坡区文物保护单位，大部分区域被政府大楼及市政设施所叠压。

为了促进“考古中国”重大项目“川

渝巴蜀文明进程研究”立项，重庆市文化遗产研究院、九龙坡区文物管理所组成联合考古队对冬笋坝遗址开展主动性考古发掘。通过历史文献资料的收集与整理、卫星航片判读、口述史调查、考古调查、考古勘探和考古发掘等工作，共清理墓葬 28 座，包括土坑墓 27 座，砖室墓 1 座、窑址 1 座、土坑墓中包括了船棺葬 4 座。墓葬时代涵盖了战国晚期、秦、西汉早期、新莽时期等几个阶段，遗存主体为战国晚期至西汉早期巴文化墓葬，出土器物主要包括铜器、陶器、琉璃器、铁器，其中铜器 62 件，包含铜剑、铜矛、铜钺、铜鍪、铜釜、铜甑、铜盘、铜削、钱币；陶器 291 件，器类有陶罐、陶釜、陶豆、陶甑、陶钵等；琉璃器 2 件，为料珠；铁器 14 件，有铁剑、铁削和铁锸等。

本次考古工作中注重科技考古手段的综合运用、出土文物的预防性保护、考古遗存信息的全面系统提取、重要遗迹的现场实验室保护，主要取得了以下几个方面的收获。第一，基本掌握了遗址既往发掘信息及现状。基本掌握了历次考古发掘的区域、范围及规模；并对基本建设中文物的出土地点进行走访与踏勘，对冬笋坝遗址的分布范围、遗存埋藏状况等基础信息进行确认。第二，进一步厘清了渝西地区晚期巴文化的内涵特点，文化因素以巴文化为主体，少见其他文化因素；较早阶段墓葬以船棺葬、狭长方形土坑墓为主；墓底和葬具四周均涂抹有青膏泥；墓主人均头东脚西，头向与长江垂直，为头向水、脚蹬山。第三，获取了晚期巴文化逐步融入汉文化的历史进程的考古实证材料。发现墓葬从战国晚期经秦、西汉直到新莽时期连续发展，文化面貌上从战国晚期基本不见或少见其他文化因素的较为单纯的巴文化发展到秦、西汉早期秦文化、楚文化、汉文化因素逐渐增多，再到新莽时期基本不见巴文化因素的完全汉化，系统反映了晚期巴文化及其逐步融入汉文化的过程。第四，发现了夫妻异穴并葬的新材料。墓地排列有序，表明墓地有着严密规划，同一时期墓葬南北向成排排列，特别是在成排的墓葬中发现了 3 组两两对应的墓葬，左侧墓葬出土兵器，右侧墓葬基本不出土兵器，其中 2 座右侧墓葬还出土纺轮，这种更小的墓组可能体现的是男左女右的夫妻异穴并葬。第五，以冬笋坝为代表的嘉陵江流域及渝西地区与渝东地区巴文化无论从墓葬形制、丧葬制度、随葬品组合还是文化因素构成等方面都有着较大的差异，表明二者可能属于巴人不同的族群，结合文献推测，前者可能属于板楯蛮，而后者可能与廪君蛮密切相关。第六，有助于对既往考古发掘资料进行重新解读。清理并明确了既往考古发掘的 M12 的位置，有助于对整个遗址墓葬进行分期、分组、墓葬排列反映的人群结构等方面的研究；此外，本次考古工作中，注重考古遗存信息的全面提取以及田野考古与科技考古手段的综合运用，对于重新解读和运用既往考古发掘资料有着重要促进作用。第七，发现了汉代墓地营建机制及砖窑形制的重要材料。本次考古发掘清理了 1 座汉代砖窑，形制结构完整，窑床上还残存有墓砖，墓砖形制与遗址发现的砖室墓相同，表明该窑是为营建砖室墓而设，为研究这一地区汉代墓葬的营建机制提供了新的实物资料。砖窑形制较为特别，为双火道、横长方形窑室，是探讨这一时期砖窑形制的重要补充。第八，深化了对新莽时期丧葬礼仪的认识。清理了 1 座新莽时期的砖室墓，是重庆地区时代较早的砖室墓，是研究土坑墓向砖室墓转变的重要资料。在墓门外短墓道内发现摆放整齐的一组 3 件带盖陶罐，在东墓壁东南角发现 1 件陶罐，是墓葬埋葬完成封门后举行祭祀活动的遗存，对于研究这一时期的丧葬礼仪有着重要意义。

（代玉彪　白九江　范　鹏）

【潼南区牌坊坡汉至六朝墓群】

发掘时间：2020 年 9 月 22 日 ~2021 年 1 月 22 日

工作单位：重庆市文化遗产研究院、潼南区文物管理所

牌坊坡墓群位于潼南区双江镇丁沟村八社，地处涪江右岸及其支流磨溪河北岸的山包上。为配合潼南区涪江双江航电枢纽工程建设，受涪江双江航电枢纽工程建设指挥部委托，经国家文物局批准，重庆市文化遗产研究院联合潼南区文物管理所，对牌坊坡墓群开展了抢救性考古发掘，发掘面积 1044 平方米，清理汉墓 13 座，包括土坑墓 1 座，砖室墓 7 座，崖墓 5 座，出土陶、瓷、铜、铁等各类器物 125 件，取得重要收获。

土坑墓（M3）保存较好，平面呈长方形，方向 287°，墓口长 4.1、宽 2.7、墓底长 4.06、宽 2.66、残深 0.44 ~ 0.48 米。葬具、人骨均已不存，仅在墓室北部发现少量红色漆器痕迹，可能为木棺朽痕。随葬器物主要分布在墓室西部。该墓随葬器物共有 33 件，包括陶器、瓷器、铜器和铁器四类，以陶器为主，器形有钵、罐、盆、盒、瓮，鸡、狗、猪、牛等；瓷器为罐；铜器为五铢钱；铁器为刀。

砖室墓 6 座，可按墓葬形制分为两型。A 型，2 座，无甬道、墓道。通长 4.2 ~ 4.3、宽 3.14 米。B 型，4 座，有甬道，部分有墓道。通长 7.04 ~7.6、宽 3.04 ~3.7 米。葬具、人骨均已不存。A 型砖室墓方向为 80° ~90°，B 型砖室墓方向为 114° ~ 135°，均为垂江而葬。随葬器物大部分已不存，少数墓葬出土器物以陶器为主，器类有罐、侍俑、劳作俑、乐舞俑、动物俑、塘等；铜器有扣器、耳杯、五铢等。

崖墓 5 座，其中 1 座未建造完成。均为中小型崖墓，由墓道、墓门、甬道、墓室组成，墓室多分前后室，通长 5.7 ~ 7 米，墓向 110° ~ 139°。部分墓葬墓室底部、顶部原有铺地砖及券顶砖，受晚期破坏，仅存部分铺地砖。随葬器物以陶器为主，器类有钵、罐、勺、耳杯、案、侍俑、乐舞俑、劳作俑、动物俑、塘、房等；铜器为镜、五铢。

牌坊坡墓群墓葬形制丰富，排列有序，尽管由于被破坏严重，砖室墓内随葬器物多不存，但从墓葬形制、方向、墓砖纹饰等判断，每组墓葬之间年代相隔不远，应为一处中小型家族墓地。潼南区涪江流域汉至六朝时期墓葬以往发现较少，本次工作为研究当地汉至六朝时期墓葬的建造、选址、形制演变及随葬器物组合、葬俗等内容提供了丰富的材料，也可丰富完善渝西嘉陵江流域汉至六朝时期的墓葬序列。

（肖碧瑞）

【奉节白帝城子阳城汉至宋元遗址】

发掘时间：2020 年 5 ~11 月

工作单位：重庆市文化遗产研究院、中山大学社会学与人类学学院

白帝城遗址位于重庆市奉节县瞿塘峡西口的长江北岸，东控荆楚，西扼巴蜀，历为兵家必争之地，曾先后建立过捍关、江关、白帝城、夔州都督府、夔州路、瞿塘关等以军事防御功能为主的重镇。历年考古工作表明，遗址由白帝山、下关、子阳城等部分组成。

此次发掘区域位于子阳城遗址皇殿台和中间台两处地点，共计发掘面积 3200 平方米，揭露有城门、城墙、房址、道路、墙基、基槽、排水沟、灰坑、柱洞、柱础石（坑）等各类遗迹 132 处，出土有大量板瓦、筒瓦、瓦当、滴水、脊饰类建筑材料，少量陶钵、陶盆、青瓷盏、青瓷鸡首壶、白釉瓷碗、钱币类生活用具及铁镞、铁鐏、铁矛、礌石类兵器遗物。

皇殿台地点清理发现有南宋、唐五代、汉至六朝时期的建筑遗存，依次叠压分布。南宋皇殿台为台城和外瓮城的布局结构。

皇殿台台城北部和东部破坏严重，现存平面呈不规则形，台体内部主体用灰白色碎石渣和褐色黏土堆筑而成，周围用长方体泥灰岩石块错缝叠砌包边构筑城墙外墙，局部现存有内城墙。台顶北部残存有柱础石及柱础坑11个，据现存柱网复原，应为一圆形建筑；台顶南部破坏较严重，建筑布局不清。台城西南部地势低洼处修筑有与城墙相连的城门，城门保存较好，坐东北，朝西南，平面呈“凸”字形，由外门道、内门道、墩台等部分组成。城门外有连接瓮城的阶梯踏道，紧接北墩台东侧有通往台顶的阶梯踏道。解剖结果显示，城门在早期堆积及基岩上开挖基槽后修建而成，包含早晚两次建筑使用期，元初毁城后门道仍用于通行，大致在清代乾隆年间彻底填埋废弃。外瓮城依山就势建造于台城西侧，平面近梯形，由北、东、南、西城墙围合而成，瓮城门设置于瓮城西北角，形制与主城门一致。瓮城北部空间较狭窄，近南部局部增宽。瓮城门及城墙上均修筑有建筑，瓮城内堆积的废弃瓦砾层下局部保存了建筑倒塌的白灰墙面。唐五代遗存被包裹于南宋台城内，为堆筑的高台基址，呈西南—东北向，台体堆积内出土有汉至六朝绳纹瓦片、六朝瓷盏、唐五代瓷碗及早期建筑的铺地石等遗物。汉至六朝时期建筑遗存分布于发掘区东南部，大部分叠压于晚唐五代高台基址之下，目前布局不明，结合叠压关系及出土遗物特征判断，包含东汉、六朝两个时期建筑。

中间台地清理亦发现有南宋、唐五代、六朝和东汉遗存叠压分布。南宋修建的中间台高台由外围的城墙、台体垫土和台顶附属建筑组成。唐五代遗存主要为人为活动后形成的文化堆积。六朝遗存主要为垫土。汉代遗存发现柱础坑7个，规格50～70厘米见方，柱础坑大致呈东西向排列，中部间距较大，可能分属东西两组不同的建筑，结合出土的绳纹板瓦、绳纹筒瓦及云纹瓦当分析，该台地上应分布有汉代大型建筑。

通过此次对子阳城遗址皇殿台、中间台两个高台的发掘和重点解剖，获取了不同时期建筑遗存依次叠压的地层关系，确认了子阳城遗址东汉始建、六朝沿用、晚唐五代筑台、南宋拓展的历史演变过程，建立了子阳城遗址的年代序列，为探讨历代白帝城的空间变迁提供了重要的实物资料。皇殿台、中间台两座南宋高台的发掘，基本廓清了高台的布局，确认了皇殿台为内台城和外瓮城的结构，布局完整，表明子阳城内各高台均为据险设防的台城，遗址军事功能突出，进一步完善了南宋白帝城的城防布局和攻防体系。

（孙治刚　李大地　王　宏）

【合川钓鱼城宋元时期遗址】

发掘时间：2020年4月～2021年1月

工作单位：重庆市文化遗产研究院

2020年钓鱼城遗址发掘面积2300平方米，清理揭露城墙、围墙、石墙、房址、道路、水沟、水池、水窖、水井、石塔、摩崖题刻等各类遗迹70余处，出土遗物1000余件。按照大遗址考古工作要求和国家考古遗址公园建设需要，本年度钓鱼城遗址考古工作重点梳理、研究城址布局和功能，建立大遗址考古“一张图”，采用探沟和探方相结合的散点式发掘方法，在大天池、范家堰、大草房、薄刀岭和九口锅等5个遗址点开展考古工作。主要收获如下。

大天池遗址调查发现两条围墙和一组建筑群。围墙走向基本清晰，形制、结构与范家堰遗址围墙相同。建筑群包括石构券顶建筑、高台包边石墙、水池及水井等。石构券顶建筑保存相对较好，外部两侧为条石丁砌的护坡石墙，前部左侧有一石构水池。内部前端为条石铺砌的门槛，门槛右部有两块砚窝石，应为门道，室内有纵横相连的排水沟和条石、夯土构筑的平台，排水沟自门槛下穿过，流入水池中。该建筑性质尚不清楚，需进一步扩大发掘加以明确。范家堰遗址园林区后部发现坐落于同一轴线上的建筑群，方向与公廨区中轴线建筑群平行。该组建筑群为一组上下错落、次第抬升的两级台基，其上已发现两处大型建筑基址，面阔均超过20米，与公廨区中轴线建筑群规格相同。这种“双轴线”形制布局大大丰富了衙署功能分区和结构格局。结合公廨区后部发现的“卫宅厅”兵营性质遗存，推断衙署后部至山崖间应有大量与衙署相关的附属配套建筑设施，对丰富、拓展范家堰衙署的文化内涵至关重要。大草房遗址揭露出三处房址，柱网结构清晰，所用条石体量大，修凿规整，建筑规格较高，前部有对称分布的石雕神兽分立门道两侧，沿门道有一条近5米宽的石构道路直通山下。遗址中出土大量琉璃构件及灰陶筒瓦、板瓦等，推断为一处祭祀性质的祠庙类建筑群。薄刀岭遗址在面向范家堰遗址一侧发现一段宋代石墙，长约115米，残高近5米，保存情况较好。石墙直接砌筑在山崖边缘的岩石上，条石丁砌而成。石墙东部保存完好，中部最狭窄处修建为内弧形，外壁修凿为规整平坦的斜面，西部逐渐变宽，形成一处平台。推测石墙之上有道路，平台处应有瞭望、警戒类军事设施等。九口锅遗址在“牛颈项城门”北侧岩石上清理城门、城墙、踏道及采石点等遗迹，并发现一处宋蒙（元）战争时期摩崖题刻。遗址东北部忠义祠附近清理石塔两处，包括塔基、地宫、塔座及其他石构件，与元明文献记载的护国寺开山祖师石头和尚“唐僧塔”地望一致。

上述考古发现进一步丰富了钓鱼城遗址文化内涵，初步廓清了宋蒙（元）战争时期大天池—范家堰—大草房—薄刀岭—九口锅遗址一线的遗存分布、路网体系及城防设施等，对于深化钓鱼城遗址功能分区、结构布局和综合防御体系研究具有重要意义。

（袁东山　胡立敏）

【忠县皇华城宋元时期遗址】

发掘时间：2020年3～8月

工作单位：重庆市文化遗产研究院

皇华城是宋蒙战争山城防御体系唯一的“孤岛型”城址，位于重庆市忠县忠州街道顺溪社区。此次考古发掘面积1477.95平方米，清理揭露城门、房址、道路、排水沟等各类遗迹71处。出土器物标本285件，采集土样、炭样及骨骼样品等35袋。

陶家嘴城门于2018年调查中发现，整体依山就势建造于圆角方形垫土台基之上，台基现存包边石墙、铺地石板、排水暗沟，其上散布城门废弃瓦砾层。城门坐东朝西，平面略呈“凸”字形，由外门道、内门道、排水暗沟、八字墙、阶梯踏道等几部分组成。外门道保留两层拱券顶，内门道进深两间，柱网清晰，门道贴壁石板装饰较有特色。石砌排水暗沟位于内门道及外门道中部铺地石板下。八字墙内填埋大量礌石。阶梯踏道局部解剖可见5层踏步。城门外发现通向码头的道路两段。外门道外侧及内门道内侧发现封堵石墙3道，城门内堆积可分为8层，结合对包含物的分析，基本可复原元初毁城填埋的具体步骤。

大湾片区清理发现一组大规模院落建筑，此次发掘基本确定其中轴线。该组建筑坐北朝南，依地势分布于5级台地之上，由南向北逐层抬高。第5级台地南端发现规整大型台基包边墙，包边墙中段现存规整踏道，踏道前对称分布4个规整柱础石，推测可能为“龟头屋”。“龟头屋”两侧为对称分布的两个大小一致的方形水池，包含大量废弃筒瓦、板瓦及勾栏望柱等建筑构件。前为第4级台地主体建筑，仅存西侧、南侧墙基和部分柱础石及“墁地金砖”。西侧发现廊庑、厢房，房屋散水与5级台地包边墙之间形成大型排水沟，东接水池，向西排出台地。2级台地南端发现石阶踏道一段。1级台地发现明清时期墓葬、灰坑，向下打破宋代房基和规整铺地石板，另发现大型柱础、石碑座。因揭露面积有限，该组建筑的具体布局结构有待进一步廓清。

瓦渣田片区发现为三层宋（元）时期遗迹，最上为保存较好灰坑及小型房址各一座，坑内堆积大量缸胎瓷片，器形以四系罐、双系罐及小敛口罐为主，推测可能为小型作坊。其下为厚2.25米、宽7.25米左右的大型垫土堆积，内外均有包边石墙，应为城址东部连接南北城墙的主要道路。

此次皇华城考古工作进一步深化了对城址内涵特征和突出价值的认识。新发现的宋（元）时期遗迹叠压、晚期遗迹打破宋代房址、水沟等现象，为探讨城址分期、沿革变迁提供了重要线索。瓦渣田、大湾片区的相关发现进一步明确了城址布局与功能分区，结合口述史调查，分析大湾片区应为衙署区。陶家嘴城门保存较好、要素齐全，内门道的柱网结构和贴壁石板装饰、城台石板活动面以及礌石堆填埋、前后封门石数次封堵现象，在既往工作中均较为罕见，在一定程度上可作为宋代排叉柱城门向拱券顶城门过渡的珍贵例证，具有重要的学术研究价值和展示利用价值。

（蔡亚林　李大地）

【南川区龙崖城宋代至民国遗址】

调查时间：2020年4～9月

工作单位：重庆市文化遗产研究院、南川区文物管理所

龙崖城遗址位于重庆市南川区三泉镇马嘴村7社马嘴山，分布在省道104风吹岭隧道上方，西北距南川城区约34千米，距三泉镇13千米。中心地理坐标为北纬29°03′16.7″、东经107°17′50.9″，高程1193～1476米。龙崖城遗址又名龙岩城、马脑城、马颈关、蟠龙寨、天城山。地处金佛山东北麓，悬岩绝壁，昂霄直立，势如天马行空；地通黔省，山高路险，紧扼川黔咽喉，是“邑中第一要隘”，有“一夫当关，万夫莫开”之势，被誉为“南方第一屏障”，是宋蒙（元）山城的重要代表，现为重庆市文物保护单位。

龙崖城遗址平面形状呈不规则形，呈西南—东北向狭长条形，中部稍宽，两端狭窄，保护范围内西南—东北最长为1600米，中部最宽为850米，面积约71万平方米；顶部环顶山城西南—东北最长为1200米，中部最宽为220米，面积约14万平方米，周长约2900米，顶部最高海拔1476米。龙崖城遗址四面临崖，仅西南部有小径与外界相通，顶部山丘与平地相间，山丘多，平地少。

本次调查在2019年度的基础上，继续对龙崖城遗址开展系统的考古调查，在调查过程中，对城墙、环城道路、炮台、敌楼、采石场等植被进行清理，对城墙、道路等重要遗迹充分利用自然剖面进行清理解剖，并完成了遗址现状及相关遗迹的测绘、碑刻拓片。此外，还对龙崖城遗址周边区域历史文化资源开展考古调查，主要包括龙尾城（龙崖城前沿哨所）、古道路（龙崖城至炮台垭口、龙尾城、大有镇）、字库塔、碑刻、古关隘与古驿站等。

2020年度龙崖城遗址的考古调查工作主要有以下几个方面的收获：一、基本弄清了龙崖城遗址现存考古遗存的时代及内涵。龙崖城遗址现存考古遗存大体可分为南宋晚期、明、清、民国四个阶段，以南宋晚期遗存为主，发现南宋晚期城址、明代万历十七年寺庙及造像、清代寺庙及造像、民国城墙城门及护国战争记事碑等。二、基本弄清了南宋晚期城址布局及功能分区。发现了南宋晚期的城墙、敌楼、炮

台、关隘等城防设施，环顶山城道路及与城址内部建筑连通的道路体系；作为主要贮水池的饮用水源区、四通八达的排水系统。识别出重点防御区、建筑密集区、高等级建筑分布区、饮用水源区、采石场等功能分区，是龙崖城遗址作为宋蒙山城的考古实证材料。三、为遗址保护规划的编制提供重要的实物资料。基本廓清了龙崖城遗址在南宋晚期、明代、清代、民国等各个时期的分布及保存状况，为科学评定遗址的历史、科学、艺术价值，编制专项保护规划奠定了坚实的基础。四、基本掌握了区域历史文化资源。发现了南宋晚期龙崖城前沿哨所龙尾城，其现存遗存为清代，但路线形成时间可能为南宋，曾是当时的渝黔古道。古桥梁、清代碑刻、字库塔、民国哨所性质的烟墩堡、文昌帝君世系碑等重要遗存，丰富了区域历史文化信息，为深入挖掘和规划区域文旅融合发展提供了重要实物资料。

（代玉彪　白九江）

【梁平区赤牛城宋至明清遗址】

发掘时间：2019 年 11 月 ~2020 年 7 月

工作单位：重庆市文化遗产研究院、重庆师范大学西南考古与文物研究中心、梁平区文化遗产保护中心

赤牛城遗址，又名牛头寨遗址，位于梁平区双桂街道牛头村一组（原金带镇牛头村），东北距梁平城区约 3.5 千米。2018 年 8 月，重庆市文化遗产研究院联合梁平区文化遗产保护中心对遗址进行了踏查，初步确认该遗址为南宋、明清时期的山城遗址。为进一步了解赤牛城遗址的保存状况、文化内涵，为建设城市公园打好基础，2019 年 11 月 ~2020 年 7 月，重庆市文化遗产研究院联合重庆师范大学西南考古与文物研究中心再次对遗址进行了更为全面的考古调查、勘探工作，对遗址北部调查发现的建筑基址进行了考古发掘，发掘总面积 662 平方米。

本次工作取得了重要收获。一是确认了城址内、外城垣的分布、保存与沿革情况。赤牛城遗址城墙分内、外两重。内城城垣环绕赤牛山山顶分布，总长度约 3800 米，城墙内面积约为 20 万平方米。城墙始筑于南宋末年，后于明清时期重建修补。内城于山顶垭口处筑有城门，共发现 7 座，其中结构保存较好的有 3 座。城门外发现有“嘉庆八年”“赤牛山……嘉庆二十五年”“同治二年”等题记，但除纪年外，余文皆毁。外城分东、西两部分。其中东外城城垣围合较为明确，其南城墙西接谭家包段内城墙，延坡蜿蜒而下，长约 110 米；北城墙西接牛颈子段城墙，延坡蜿蜒而下，长约 60 米；东城墙仅残余南北两端。东外城围合面积约 6 万平方米。时代为宋代。西外城城墙损毁严重，发现零星数段包边石墙及城门址 1 座，时代为宋代。二是发现了 1 件政和七年的香炉石，为《舆地纪胜》考证及历史地理研究提供了重要实证材料。成书于南宋晚期的《舆地纪胜》记载了梁山军（县）境内大量的形胜、景物、古迹与建置地名，由于该书宋时初刻本不多，故而流传不广，明代已失其完本，清初更一度失传。咸丰五年（1855）伍崇曜据岭南所存的影宋钞本开雕而成粤雅堂本，使其得以流传下来。但由于年代久远，其文所记及后续流传是否有误不得而知。本次调查中采集到的北宋政和七年石香炉石，其上题刻“皇宋夔府路梁山军县水东乡福德保王村”证明了《舆地纪胜》中相关记载，同时也为梁平的历史沿革及古代地理研究提供了重要参考。

（汪　伟　白九江　蒋　刚）

【璧山区沙湾大坟坡宋代墓地】

发掘时间：2020 年 8 ~9 月

工作单位：重庆市文化遗产研究院

沙湾大坟坡墓地位于重庆市璧山区大路街道阳河村一组，中心地理坐标为北纬29°43′12.4″、东经106°12′18.5″，高程约390米。2020年8~9月，为配合重庆市合璧津高速公路工程项目建设，重庆市文化遗产研究院对该墓地进行抢救性考古清理工作，发掘面积50平方米，清理出宋代石室墓3座，出土随葬器物11件。

1号墓、2号墓为双室墓，系夫妻同穴异室合葬墓，由翼墙、墓门、侧龛、后龛、棺床等组成。墓室雕刻图案精美，纹样布局繁杂，雕刻内容基本一致，主要为各种牡丹、荷花、启门图等。以2号墓右室为例介绍：前后侧龛之间的壁柱剔地起凸高浮雕，各雕刻一束荷花、牡丹，条带系扎，枝叶硕壮，左右对称。后龛分内、外两重。外重龛基雕有三个相互缠绕的菱形图案，内为荷花，左右龛柱上长方形图案内饰满缠绕的牡丹纹；龛楣中央为火焰纹，两侧各雕一束牡丹和荷花。内外两重龛图案较为一致，内龛仅龛基为缠枝花卉，龛内右扇门微开，门前一侍女，大半身探出门外作启门状，生动形象。

沙湾大坟坡墓地的考古发掘，是渝西地区乃至重庆地区宋代石室墓的重要考古发现。无论从墓葬形制、墓向、构筑工艺还是从墓葬中出土随葬品看，1号墓、2号墓应为时代接近的家族墓葬，是探讨该地区宋代家族墓地的重要材料。墓室侧壁及后龛雕刻有大量的图案，内容包括各种花卉、启门图等，工艺高超，图像精美，具有较高的历史、科学和艺术价值，对我们研究重庆地区宋代墓葬空间装饰风格、丧葬习俗乃至雕刻艺术、工艺技术等方面均具有重要的参考价值。

（王洪领　李大地）

【巴南区翰林坟明代墓葬】

发掘时间：2020年7~12月

工作单位：重庆市文化遗产研究院

翰林坟明代墓地位于巴南区南泉镇万河村何家嘴社，墓地三面环山，背依樵坪山西缘中段山峰轿子顶，山脊线从峰顶向西北方向下落，至翰林坟墓地处终止。樵坪山西缘山麓线在此蜿蜒呈“几”字形槽谷，槽谷东南端呈船形内凸至翰林坟墓地。其前为槽谷平坝，远望浅丘重叠，两侧各有溪沟，相汇于翰林坟墓地西北约120米处。

翰林坟墓地为全国第二次、第三次文物普查登录文物。2000年10月12日，巴南区人民政府公布“翰林坟石刻造像”为巴南区文物保护单位。2020年，由于渝黔复线高速公路连接道工程建设，重庆市文化遗产研究院对翰林坟墓地开展考古工作，为翰林坟原址保护提供基础支撑。考古工作包括考古调查，重点勘探面积1500平方米，考古发掘面积750平方米。

翰林坟墓地由下至上依次为明塘、望柱、享殿、神道及石像生。主墓刘春夫妻合葬墓、祔葬墓刘春次子刘大年夫妻合葬墓。明塘位于山嘴下，海拔311~313米，现存北侧堡坎约60米。明塘堡坎分内、外坎，外坎系大小不一的块石平砌，内坎上部立砌壁石，下有石蹬。根据现存堡坎弧度，推测明塘为半圆弧形。明塘至山嘴墓地用石阶相连。山嘴内凸呈船形，较缓地带起于海拔324米。墓地堡坎以东，依次为望柱、享殿、神道及石像生、主墓、祔葬墓。

因墓地在20世纪被严重扰乱，墓地地上建筑皆已不存，地表除现代房屋、现代坟外，也见散落的石构件。望柱有柱础1个，柱顶石构件望兽1件。享殿面阔18米，三间，进深15米（含后缘散水），现存东边铺地石面及柱础4个。散水、北侧台阶、西南侧台基包边石饰板。享殿西南角叠压宋代石室墓1座，现存墓室四周地袱条石，出土随葬品瓷盏1件、瓷碗1件。

神道起于享殿，终于主墓墓前拜台，

全长49米，宽6.5米，石像生沿神道由下至上依次为石羊一只，石马、石虎、石翁仲各一对。主墓与神道用石阶相连，墓前为拜台，现存零星铺地石块。主墓与祔葬墓形制因扰乱不完整，两墓平行并排，墓向294°，祔葬墓位于主墓东北侧。主墓墓圹长5.3米，宽4.7米。墓室为前后双室，前室内通宽3米，进深1米；后室单室内宽1.3米，长2.75米。棺床宽1.17米，长2.7米。墓室内装饰见于墓室后壁和前室侧壁，有仿木牌楼、椅座屏风、侍者、瓶花等。祔葬墓略窄于主墓，其他规格相若。除祔葬墓出土青花瓷碗2件外，其余为享殿区域出土的瓦当和滴水。

翰林坟墓地大环境完整、内部要素齐备、时代明确、墓主生平历史清晰，是西南地区代表性的明代品官墓葬考古实物资料，为明代品官墓葬制度研究提供了宝贵的资料。

（陈　东）

【涪陵区周煌清代墓葬】

调查时间：2020年11～12月

工作单位：重庆市文化遗产研究院

周煌墓位于涪陵区大顺乡明家社区双兴村2组，小地名为翰林坟的山丘上。为配合大顺乡对周煌墓的保护利用工作，重庆市文化遗产研究院组织专业队伍对周煌墓开展了调查、勘探工作，调查面积约0.8平方公里。

道光《涪州志》记载：“周煌墓，在长里明家场七贤沟。”根据调查成果显示，周煌墓由主墓园、望柱及石像生组成，占地面积2600平方米，规模宏大。主墓园依山势而建，由牌坊、拜台、墓冢三部分构成，牌坊后沿山势砌筑五层拜台，逐层内收，前三级拜台平面均呈方形，后两级平面呈圆弧状，每层间以石梯相连。拜台由长方形条石丁砌而成，外立面均经过细致修整，各层路面均以长方形石板铺砌。以保存较好的第四层拜台为例，拜台直径约18.73米。南面墙体保存较好，共有11层，高3.34米。东面墙体垮塌，石梯残存基础，基础宽3.9米，长约3.39米。

第一层拜台左右两侧对称分布两座碑亭，石质仿木结构，早年毁坏，现残留地基和基座。以保存较好的右侧碑亭为例，地基和基座平面呈正方形，地基边长3.13米，基座边长2.89米。碑座略呈长方形，长1.44米，宽0.95米。基座四边立面雕刻有纹饰，从下往上雕刻四层，第一层为幔帐；第二层为连枝花纹；第三层为竹节状深浮雕；第四层东面、西面为莲瓣纹，北面几何纹，南面为草叶纹。碑亭两边散落大量石质构件，从残存的碑顶推测，原碑亭可能为四角攒尖顶。

望柱位于墓园东部山丘上，当地人称为桅杆坡。望柱由底座、柱身、柱头三部分组成。底座略呈方形，柱身为榫，落入圆形柱基中，柱身为六棱形，柱头为圆鼓状托着方形花草纹浮雕，柱头上原应立有小兽，现不存。

墓园西南约300米处，发现石虎一尊，整体以巨石雕刻而成，蹲坐，通体残高1.6米。兽身下有一方形底座，底座边长1.1～1.15米，高30厘米。虎头残高0.33米，残宽0.45米，残长0.6米。从保存状况看，石虎应该略有移位。

通过本次调查工作，基本厘清了周煌墓墓园分布及主墓园结构，采集了一批重要的建筑构件和石像生，为下一步开展墓园的保护设计提供了重要依据。从墓葬规制来看，目前我们在墓园周边发现了望柱2件、石虎1件，原有石马已损毁。《清史稿·丧礼》记载，“公至二品，用石人、望柱暨虎、羊、马各二，三品无石人，四品无石羊，五品无石虎”，本次考古调查发现与文献记载基本吻合。从墓园整体结构和布局来看，周煌墓墓园基本遵从了中国古建筑中轴对称的传统，望柱、牌坊、拜台、墓冢沿横、纵轴线进行设计，这种布局是与中国封建社会的宗法和礼仪制度密切相关的，对于研究清代品官墓葬规制、墓园结构以及陵园选址等相关问题具有十分重要的意义。

（燕　妮）

【渝湘高速公路复线建设工程文物调查勘探】

调查时间：2020 年 3 ~ 8 月

工作单位：重庆市文化遗产研究院、酉阳文物管理所、彭水县文物管理所、武隆区文物管理所、南川区文物管理所、巴南区文物管理所

渝湘高速公路复线工程起于巴南区鹿角，止于酉阳县铜西，地跨巴南区、南川区、武隆区、彭水县及酉阳县，全长约 294.32 千米。本年度受重庆渝湘复线高速公路有限公司委托，在重庆沿途各区县文物管理所的配合下，重庆市文化遗产研究院在渝湘高速公路复线建设征地影响区域进行了考古调查、勘探工作，工作过程中共发现文物点 109 处，包括地下文物点 106 处、地面文物点 3 处。

其中，地下文物点均为古代墓葬；地面文物点包括古建筑 1 处，近现代重要史迹及代表性建筑 2 处。从时代上看，包括汉代文物点 1 处（青杆堡墓群），宋代文物点 1 处，明清时期文物点 105 处，近现代时期文物点 2 处。从保护级别上看，上述文物点中包括三普文物点 5 处（酉阳县文物保护单位 1 处、酉阳县未定级三普文物点 1 处、彭水县未定级三普文物点 1 处、南川区未定级三普文物点 1 处、巴南区未定级三普文物点 1 处），新发现文物点 104 处。

本次考古调查勘探工作发现的文物点数量多、种类全、涉及地域广、时代跨度大，系统梳理了工程沿线区域内的文物资源，丰富和完善了巴南区、南川区、武隆区、彭水县及酉阳县相关地区的汉至明清时期考古学文化谱系，为重庆地区文物事业的发展提供了有力支撑。其中青杆堡墓群为渝东南地区罕见的大型汉墓群，在整个乌江流域也属重要的考古发现。乌江发源于黔西北，流经渝东南的大部分地区，在涪陵汇入长江，是渝东南乃至西南地区重要的交通、文化大通道。青杆堡墓群对岸为洪渡河入乌江口，附近亦有汉墓分布。洪渡河上游约 60 公里有贵州务川大坪汉墓群。务川汞矿、朱砂资源丰富，大坪汉墓群近一半墓葬出土粉末状或颗粒状朱砂。青杆堡墓群下游 40 公里为彭水县城，近年发掘的大型汉至六朝时期石室墓，墓室内亦多见有朱砂颜料。青杆堡墓群上游 7 公里为阿蓬江与乌江交汇的龚滩镇，清光绪三年，龚滩设四川盐务总局，整治乌江境内滩礁，开凿纤道。综合来看，青杆堡墓群所在位置能控扼乌江、洪渡河、阿蓬江上下，反映了汉代对乌江流域的开发，是汉代管控乌江流域盐、朱砂、汞矿等资源运输的见证。在乌江流域古代开发、商贸流通、中原汉文化输入及其与地方民族文化同化过程等问题的研究中，青杆堡墓群皆可视为一个重要参考。

本次考古调查勘探工作是对经济建设与文物保护协调发展的一次有益探索，是对历史文物保护利用，“让文物活起来”的一次实地作业，是响应党和国家号召，努力建设具有中国特色、中国风格、中国气派的考古学的一次深入尝试。

（陈　东　卢烈炎）

【南川区工业园区文物调查勘探】

调查时间：2020 年 9 月 ~2021 年 1 月

工作单位：重庆市文化遗产研究院、南川区文物管理所

重庆市南川区工业园区南平组团、水江组团工程位于南川区南平镇及水江镇境内，占地涉及南平镇花盆村、景秀村、兴湖村，水江镇大燕居委、大顺村、兴盛居

委、水河村、大龙居委及中桥乡大坪村，总面积约12.55平方公里。2020年9月~2021年1月，受重庆市南川区工业园区管理委员会委托，重庆市文化遗产研究院对南川区工业园区南平组团、水江组团建设征地区域进行了考古调查、勘探工作，工作过程中共发现文物点211处，包括地下文物点202处、地面文物点9处。其中，地下文物点包括古遗址5处、古墓葬197座；地面文物点包括古桥3座、古民居2处以及近现代重要史迹及代表性建筑4座（均为水利设施及附属物）。从时代上看，包括汉—六朝时期文物点2处，唐宋时期文物点2处，明清时期文物点203处，近现代时期文物点4处。上述文物点中包括三普文物点1处（南川区未定级三普文物点），新发现文物点210处。此外本次文物调查勘探工作还进行了2处试掘（新田坝遗址、大车嘴遗址），试掘中发现古墓葬1座、柱洞5个、出土陶器2件、铁器9件、玉石器2件。

本次考古调查勘探工作发现的文物点数量多、种类全、分布集中、时代跨度大，系统梳理了南川地区的文物资源，丰富和完善了南川地区汉至明清时期的考古学文化谱系。其中新田坝遗址和大车嘴遗址为南川乃至渝西地区罕见的汉代遗址，从试掘情况来看，这两处遗址地层清晰、遗迹及出土物丰富，对于研究南川乃至渝西地区汉代历史文化、商贸交通等问题具有重要意义。从既往考古发现情况来看，南川地区的宋代遗存较少，本次调查发现的中车庙遗址及古墓墓群可提供考古学材料的补充。调查区域内的明代墓葬单室、多室墓并存，以墓葬为载体，反映出的民间堪舆、丧葬习俗、家族形态等信息，是研究明代该地区的社会形态与经济发展水平的独特实物材料，同时墓地多伴有清代墓葬的分布，表明了墓地使用的延续性。本次调查发现的清代墓葬数量丰富，形制结构多为石围土塚墓，体现出由明至清在丧葬习俗上的变化。墓室正面牌楼多为仿木结构，雕刻题材丰富、内容多样，具有较高的艺术价值，也是反映区域内清代丧葬文化的实物载体。此外，清代墓葬多带有碑刻等关于墓主人信息的文字材料，可为研究清代家族形态、人口规模和社会经济文化发展水平提供重要参考。

本次考古调查勘探工作是协调南川地区经济、文化、生态有机统一和可持续发展的有益探索，是响应党和国家号召，践行在保护中发展、在发展中保护理念的深入实践，是依托文物资源，弘扬文化传承的素材积累，将为南川乃至重庆地区文物事业的发展提供有力支撑。

（卢烈炎）

四川省

【眉山东坡区坛罐山遗址】

发掘时间：2020年3～11月

工作单位：四川省文物考古研究院、眉山市文物保护研究所、眉山市东坡区文化遗产保护中心

遗址位于眉山市东坡区悦兴镇马堰村，岷江支流醴泉河中游右岸的低缓垅岗上，地理坐标北纬30°15′04″、东经103°46′7″，高程约400米。2019年，为配合坛罐山陶瓷艺术馆项目建设，四川省文物考古研究院在坛罐山开展考古调查首次发现该遗址。本年度四川省文物考古研究院联合相关单位对该遗址进行考古发掘，发掘面积1200余平方米，涵盖旧石器时代、新石器时代、历史时期等文化堆积。

遗址旧石器时代发掘面积600平方米，出土遗存以石制品为主，共246件，属于砾石石器工业，石制品原料以石英砂岩为主，另有少量砂岩、石英、燧石等石料。遗址中石制品原料在附近砾石层中可以找到，应是就地取材。石制品以中小型为主，尺寸多在10厘米以内，另有部分尺寸大于15厘米。从石核和石片的形制来看，多为锤击法打制，推测砾石开料应该使用了碰砧法或投击法。石制品表面多保留石皮，石核剥片未见明显预制和规划，剥片技术简单，对石核的利用率不高。石器类型包括石锤、石砧、刮削器、凹缺刮器、石核砍砸器等，以刮削器为主。石器加工采用锤击法，加工方向以单向为主，部分石器刃缘的破损疤可能是使用产生的。刃缘基本为单直刃。

遗址新石器时代遗存发掘面积200平方米，堆积较薄，晚期被破坏严重，分布面积极小，主要包括6座灰坑和2段残存基槽，遗物以陶器为主，另有一定数量的打制、磨制石器。陶器可辨器形有喇叭口高领罐、绳纹花边罐、敞口尊、卷沿罐、壶、缸。多为素面，纹饰种类丰富，包括绳纹、交错绳纹、刻划纹、戳印纹、凹弦纹、凸棱纹、瓦棱纹等。结合成都平原既有材料分析，坛罐山遗址新石器时代遗存属于典型的宝墩文化早期。

此外，遗址还清理了6座汉代砖室墓和3座宋至清代窑址，这些墓葬早年因改土或被盗，破坏严重，大多仅余墓底，M5、M6保存相对较好，但随葬陶器多数被毁，未见人骨。窑址位于坡边或坡脚，保存较差，几无包含物。

坛罐山遗址最为重要的发现为旧石器时代遗存。遗址位于成都平原腹心地带，是平原内首次发现并经科学发掘的一处南方砾石石器工业遗址，为四川盆地目前发现的最早的旧石器遗存，将古人类在此区域的活动推进至中更新世中期。并且，地层堆积厚，石制品具有历时性，涵盖了不同时期的早期人类活动遗存，建立了首个成都平原人类生存演化序列，其发掘也为推进四川盆地进一步的早期人类发现、研究提供了重要线索。其次是新石器时代遗存的发现，遗址宝墩文化遗存的清理，将宝墩文化分布向成都平原南部延伸了30余千米，扩大了宝墩文化分布范围，也是眉

山地区首个经科学发掘并确认文化的新石器遗址，为该地区寻找新石器遗存提供了新的思路和方法。

（陈苇　董玉伟　杨宇春　杨　宇）

【马尔康市石达秋新石器时代至东汉时期遗址】

发掘时间：2019 年 5 月 ~2020 年 10 月

工作单位：四川省文物考古研究院、阿坝州文物考古研究所、马尔康市文物管理所

石达秋遗址位于阿坝州马尔康市松岗镇。配合马尔康 500KV 变电站新建工程项目建设，四川省文物考古研究院、阿坝州文物考古研究所、马尔康市文物管理所等单位联合对该遗址进行了发掘，发掘面积 4500 平方米。遗址时代为新石器时代晚期至东汉早期，主要遗存为东汉石砌建筑群、战国晚期石棺葬墓地、新石器时代晚期器物坑。

马家窑文化和齐家文化陶器特征的器物坑。出土可复原器物 40 余件，主要是陶器和绿松石饰品，陶器器类主要有彩陶罐、双耳罐、敛口钵、敞口盆等。

四川地区首次发掘具有马家窑文化和齐家文化特征的器物坑。出土大量完整或可修复的彩陶，对于川西高原新石器时代晚期考古学文化序列的建立及马家窑文化、齐家文化的南传研究有重要意义。

战国晚期墓地。清理石棺葬 39 座，均系在竖穴土坑内利用片石砌筑棺壁和盖板，无底板，部分墓葬有头龛、足龛、侧龛。有仰身直肢葬、二次捡骨葬两种葬式。墓葬方向为西北向，头朝山、脚抵河。

随葬器物主要位于头端，一般随葬 3 ~5 件，以陶器为主，有少量青铜器、铁器、石制品、蚌饰品等。陶器主要有双耳罐、单耳罐、罐、单耳杯；铜器有剑、带柄镜、削刀、牌饰、镯、泡等；铁器仅发现剑 1 把；石制品是绿松石和串珠等装饰品；此外还发现木剑鞘等。

本次发掘是大渡河上游地区首次对石棺葬墓地大规模科学发掘，对了解该地区考古学文化面貌及同时期周边考古学文化的关系研究有重要意义。

东汉早期居址。是典型的依山面水而建的古代聚落。共发现石砌房屋基址 26 座，既有规模较大的排房式建筑，又有功能分区的套房式建筑，还有仅能容身的单体建筑，特别是在聚落中部东西两侧分布有“邛笼式”建筑，基本具备完整的聚落布局。

出土遗物包括陶器、铁器、石器和动物骨骼。陶器主要有釜、钵、双耳罐、支架、勺等；石器均为磨制石器，包括转磨、杵、臼等；铁器仅发现残片；出土动物骨骼较多，主要有猪、牛、羊、鹿等。

本遗址是目前中国秦汉时期规模最大的石砌建筑群。为我们提供了有关石砌建筑的功能布局、砌筑工艺、用材特点等信息，极大地丰富了川西高原建筑考古的研究内容。对封建王朝早期内地与边疆之间的技术交流、文化交流等研究有极为重要的价值。

（郭　富）

【广汉联合新石器时代至唐宋时期遗址】

发掘时间：2019 年 10 月 ~2020 年 12 月

工作单位：四川省文物考古研究院、德阳市文物研究所、广汉市文物保护研究所

联合遗址位于广汉市新平镇联合村 1 组（现南丰镇阳关村 11 组），地处涪江支流——湔江（鸭子河）北岸约 1.5 千米处，南距三星堆古城遗址约 8 千米，海拔高度 458 米，面积约 17000 平方米。

为配合天府大道北延线（广汉段）建设，四川省文物考古研究院等对联合遗址进行了考古发掘，共完成发掘面积 8000 平方米，发现了极其丰富的新石器、商周、秦

汉、魏晋、唐宋和明清时期的遗存，揭露各个时期数以千计的灰坑、墓葬、窑址等遗迹，出土了大量的陶器、瓷器、石器等。

新石器遗存时代包含了两组风格迥异的文化：第一组要早于成都平原的宝墩文化，遗迹有灰坑12处。陶器以泥质陶为主，夹砂陶也有一定数量，绳纹占绝大多数（含细绳纹、粗绳纹、斜向绳纹、交错绳纹等），其余多为附加堆纹。典型的器物组合为：宽折沿高领鼓腹罐、折沿深腹盆、折沿鼓腹罐、折沿折腹深腹盆、细泥敛口钵、侈口花边口罐等，均为平底器，不见圈足器。无论器类还是陶质、陶色和纹饰风格，都与宝墩文化有较大的差异，而与岷江上游以姜维城、营盘山遗址为代表的史前文化有更大的相似度。石器有磨制石斧、石锛、磨石等，也有一定数量的剥片小石器。

另一组则与宝墩文化相似，遗迹有28处灰坑。陶器以夹砂陶占大多数，器形主要有折沿粗绳纹花边口罐、高领壶、镂空高圈足豆（盘）、圈足器、泥质敛口罐、侈口罐等，纹饰多粗绳纹、镂空、平行线划纹、齿状附加堆纹、戳印纹、凸棱纹等，口沿压印饰绳纹呈花边口状和圈足镂空是最为典型的风格，这组遗存与三星堆文化的发展序列紧密衔接。

三星堆文化在联合遗址发现最为丰富，遗迹包括墓葬、灰坑、沟等共1058处。出土和复原了大量的高柄豆、镂空圈足豆（盘）、小平底罐、器盖（盖钮呈杯状、鸡冠状、八字形、宝塔状）、直口缸、厚唇敛口罐、篡形器、圈足罐、觚形器、瓶状杯、小底尊形壶、鸟头勺把、字母口壶、带耳壶、纺轮等，这一时期高柄豆、小平底罐、圈足豆、器盖等最为盛行。其中出土的泥塑陶猪尤其值得称道，形象呆萌可爱，栩栩生动，堪称一绝；出土的阴线刻龙凤纹盘，生动形象，“龙凤呈祥”之意满满，是这一时期罕见的精品之作；发现的泥塑盘发人面双耳杯也是这一时期人们艺术创作的真实反映。石器包括大量的打制石器和磨制石器，打制的以盘状石器最多，有的十几件集中出现；磨制石器更为丰富，有大量的石璧、石斧、锛、凿、磨石等，也有少量的牙璋出土。

汉代遗存包括墓葬、灰坑、窑、沟、井等遗迹，共171处。出土器物有釜、罐、盆、钵、纺轮和“大富吉”铭文瓦当等。

唐宋时期有墓葬、灰坑、窑、井等遗迹169处，墓葬多为砖室墓，大部分为二次骨灰葬，有双室、三室合葬墓，另有小部分瓮棺葬。出土器物有双耳罐、四系和六系盘口罐、盆、瓮、双耳小杯、铭文砖、铜镜和铜钱等。

联合遗址涵盖了近5000年来连续不间断的区域发展史，堪称成都平原通史型遗址，对于揭示区域考古学文化面貌、建立完整的区域考古学文化发展序列以及研究古蜀文明的起源、发展、演变具有相当重要的意义。

（辛中华）

【成都市金牛区幸福桥新石器时代至商周时期遗址】

发掘时间：2019年11月～2020年3月；2020年6～12月

工作单位：成都文物考古研究院、金牛区文物保护管理所

幸福桥遗址位于成都市金牛区天回镇街道北部万圣社区8组、太华社区8组，为了配合成都地铁5号线幸福桥站修建TOD项目，对项目一期、二期分别进行了两次调查勘探，发现一处古代遗址，遗址主体年代为先秦时期，遗址总面积约40000平方米。

共清理新石器时期房址2座、墙6个、灰坑43个、灰沟4条、墓葬16座，商周时期灰坑81个、灰沟11条、灶1个、窑1座。

遗址内先秦时期灰坑以平面形状可分

为圆形、椭圆形、长方形和不规则形。其中以圆形和不规则形居多，坑壁大多未经过休整，填土多为褐色、红褐色粉沙土，较多包含碳屑及红烧土颗粒。少量灰坑坑壁用火烧烤并在底部平铺一层卵石，可能有某种特殊用途。先秦时期灰沟平面形状不甚规整，多数为斜壁圜底，填土与灰坑比较接近，多夹杂有鹅卵石。房址为基槽式房屋，墙基槽附近还有柱洞分布。先秦时期墓葬均为宝墩时期长方形竖穴土坑墓，埋藏较深，无随葬品，墓葬排列有一定规律。陶窑为升焰式横穴窑，平面呈葫芦形，保存较差。

从遗迹及出土陶器的陶系和器类来看，遗址先秦遗存面貌可以分为两期，第一期以夹砂褐陶为主，泥质陶较少，以黑褐陶为主，可辨器形主要有花边口罐、喇叭口高领罐、敞口圈足尊、宽沿平底尊、壶等。其中花边口罐多见外折厚方唇型，喇叭口高领罐多见外叠唇型，应该为宝墩文化三期。第二期以夹砂灰陶、黄褐陶为主，纹饰主要为素面，可辨器形有泥质尖底杯、泥质小平底罐、素面敛口罐等多见，高柄豆等较少见，不见新一村类型典型陶器，应该为十二桥文化一期偏晚阶段，年代下限应早于西周晚期，可推定为西周早中期。

幸福桥遗址是近年来成都金牛区毗河流域发现的众多先秦遗址中规模最大、出土遗物最为丰富的一处，对于探讨成都金牛区毗河流域先秦遗址群的文化面貌、分布情况有重要意义，也有助于更好地加深对成都平原先秦文化的认识。

（向　导　赵腾飞　宋述章　陈云洪）

【成都市温江区老坟地新石器时代至唐宋时期遗址】

发掘时间：2020 年 6 ~ 12 月

工作单位：重庆师范大学西南考古与文物研究中心、成都文物考古研究所

老坟地遗址位于成都市温江区永宁镇天王村 1 组，海拔 525 米。共计完成调查范围约 10 万平方米，勘探面积 7.806 万平方米，发掘面积 980 平方米。遗址包含东、西两个区域，遗存堆积年代及性质一致。

地层共分为六层。其中第①层、第②a 层和第②b 层为现代层，第③层为唐宋层，包含少量唐宋瓷片及早期陶片。③层下发现有唐宋窑址及部分灰坑。④层为商周文化层，包含大量早期陶片、红烧土颗粒、炭粒等。④层下发现大量墓葬、灰坑、房址、柱洞等遗迹，此次发掘遗迹主要为该层下。⑤层为新石器时代文化层。⑥层下为生土。

本次发掘遗迹数量较多，共计发现墓葬 31 座、房址 4 座、灰坑 125 个、灰沟 26 条、窑址 4 座、柱洞 219 个。时代包括新石器时代晚期、商周与唐宋三个时期，其中以新石器时代晚期宝墩文化与商周时期十二桥文化遗存为主。出土遗物 398 件（组）。器类包括宝墩文化时期的尊、绳纹花边罐、圈足、腰沿器、玉簪等，十二桥文化时期的尖底盏、尖底杯、小平底罐、高柄豆、钵、敛口罐、瓮、缸、束颈罐、高领罐、器盖、纺轮、陶球、圈足、铜片、铜钉等。唐宋时期的四系罐、双系罐、香炉、砚台、瓷碗、瓷盏、铜钱等遗物。

本次发掘遗存年代跨度较大，遗存堆积种类丰富，遗物数量较多，为研究该地区考古学文化演进提供了重要资料。其中十二桥文化早期的墓葬数量较多，分布密集，而且成人墓葬和儿童墓葬交错分布。本次发掘为进一步探索十二桥文化早期的丧葬习俗、三星堆文化向十二桥文化的过渡等问题提供了重要的资料。

（蒋　刚　刘晓亮　杨占风）

【德昌凌家堡子新石器时代至商周时期遗址】

发掘时间：2020 年 3 ~ 10 月

工作单位：四川省文物考古研究院

凌家堡子位于德昌县麻栗镇黄家坝村4组，小地名凌家堡子。地处安宁河右岸山麓缓坡及二级台地上。为配合白鹤滩水电站德昌县黄家坝居民点的建设，四川省文物考古研究院、凉山州博物馆、德昌县文管所等单位组成考古队开展发掘工作，共完成发掘面积3100平方米。

凌家堡子遗址是一处涵盖商周至先秦时期、明清时期的重要古文化聚落遗址。已发掘了灰坑、水沟、房址、瓮棺葬等各类遗迹现象542个。遗迹年代多为商周时期。

灰坑476个，形状多见圆形和不规则形，坑壁及底部加工状况不明显；水沟37条，多为南北向，自然冲积形成，G17填土内发现较多陶片；房址28座，有半地穴式和柱洞式两种，半地穴式26座，为近方形或长方形半地穴式房址，部分房址中部发现有用火痕迹；瓮棺葬1座，葬具为陶罐。

共出土各类小件465件，其中石器279件，有斧、凿、锛、刀、箭镞、锤、球等；陶器166件，有纺轮、罐、双耳罐、杯等；铜器8件，有钱、箭镞；瓷器3件；铁器6件；琉璃器1件；玉器1件；铅器1件。

采集各类测试样本251袋，其中土样105袋，碳样134袋，烧土11袋，兽骨1袋。

通过此次发掘基本摸清了遗址的分布情况、文化内涵等。遗址地势由西北向东南倾斜，由山脚缓坡逐渐过渡为安宁河二级台地。遗址的核心区域应位于山麓缓坡地带，二级台地范围内早期文化层呈片状或点状分布。

该遗址与安宁河流域其他遗址存在密切的联系。此次发掘出土的早期陶片，根据残片推测器物组合为双耳罐、折沿平底罐、圈足（豆）器等，该类器物组合特征与安宁河流域的大洋堆遗址下层遗存（土坑墓）和新庄遗址早期墓葬出土遗物较为类似。故此初步推断遗址年代可以早到新石器时代晚期至夏商时期。以陶双耳罐、折沿平底罐、圈足（豆）器等为器物组合的遗存在大洋堆遗址和新庄遗址仅发现于墓葬，未发现同一时期的文化层，凌家堡子遗址发现与该类遗存同一时期灰坑、水沟、房址及文化层，为安宁河流域首次发现，可将该类遗存暂称为凌家堡子类型遗存。

以往安宁河流域的先秦时期的遗址多发现在河流两岸的台地上。凌家堡子遗址黄家坝居民点范围位于山麓缓坡地带，距离安宁河较远。该遗址的发现为了解安宁河流域先秦时期遗址的分布情况提供了新的资料。

（连　锐）

【宁南县曾龙田新石器时代至商周时期遗址】

发掘时间：2020年5~12月

工作单位：四川省文物考古研究院、凉山彝族自治州博物馆、宁南县文物管理所

曾龙田遗址位于凉山彝族自治州宁南县大同镇银厂村。遗址分布于金沙江支流黑水河左岸坡地之上，在配合白鹤滩水电站建设工程而进行的文物考古调查中被首次发现，遗址分布区域全部处于白鹤滩水电站水库淹没范围。

为配合白鹤滩水电站工程建设，经国家文物局批准，从2020年5月开始，四川省文物考古研究院联合凉山彝族自治州博物馆、宁南县文物管理所等单位对曾龙田遗址展开发掘。截至2020年12月底，曾龙田遗址已发掘面积约11000平方米。通过发掘，在曾龙田遗址范围内发现了新石器时至商周时期文化层堆积，在堆积内出土了少量石器、陶器残件残片，石器有石刀、石锛、石凿、石箭镞、石网坠等；陶

器有纺轮、网坠、平底罐等，部分陶片饰有刻划纹、绳纹、附加堆等。在发掘中发现的遗迹有墓葬、房址、灰坑、灶、沟等，其中商周时期墓葬13座、半地穴式房址6座。灰坑数量虽多但大多不规整且坑内堆积包含的人工遗物极少。

通过发掘，目前已可确认曾龙田遗址为一处新石器至商周时期小型聚落址，遗存下来的早期遗迹主要为商周时期居住及墓葬遗迹。根据遗存信息初步判断，该时期曾龙田遗址范围内的小型聚落居住人员有限、居住时间亦不长，在居住期间聚落内部人员之间或聚落内部人员与外部人员之间可能发生过武力冲突，在冲突后该聚落被废弃。

（万靖　尹芊雪子　王维都）

【宁南县陈家田坝新石器时代至商周时期遗址】

发掘时间：2020年9月～2021年1月

工作单位：四川省文物考古研究院　宁南县文物管理所

陈家田坝遗址行政隶属于宁南县华弹镇金沙村七组，位于金沙江左岸的二级阶地上，海拔773～790米，遗址总面积约4000平方米，此次发掘面积3000平方米。文化内涵主体年代为新石器晚期—商周时期。

发掘地点原地貌为坡地，近现代经多次土地平整形成梯田现状。发掘区的地层堆积可分为15层，其中第⑨～⑪层为商周时期文化层，仅在发掘区东部和北部分布，第⑫～⑮层为新石器时期文化层，仅在发掘区东部分布。

商周时期遗存发现有灰坑和灰沟，出土陶片以夹砂黑褐陶为主，纹饰以素面为主，少量施戳印纹、刻划纹和镂孔装饰。可辨器形有侈口罐、高领罐、盘口器、单耳罐等。新石器时代遗存发现有灰坑、房址和墓葬等遗迹。出大陶片以夹砂灰褐陶为主，部分夹砂红褐陶，发现有少量泥质陶。陶器纹饰以素面陶为主，部分陶片饰有绳纹、附加堆纹、弦纹、戳印纹等。陶器可辨器形有敞口罐、高领罐、矮领罐、花边口沿罐、壶、钵、纺轮等；出土石器有斧、锛、刀、杵、镞等。

陈家田坝遗址地处金沙江下游干流区域，出土商周时期的盘口器、带耳器、施戳印纹等陶器特征与安宁河流域的商周时期陶器特征较为相似，而新石器时代晚期的锯齿状花边口沿罐、附加堆纹等陶器特征则与金沙江中下游干流的同时期陶器特征基本相同。遗址出土的先秦时期文化特征更多反映的是本区域的早期文化特征。此次发掘为构建金沙江流域早期文化谱系提供了重要的考古学资料。

（刘化石　刘家荣　李江涛）

【宁南县钟家梁子新石器时代至商周时期遗址】

发掘时间：2019年12月～2021年1月

工作单位：四川省文物考古研究院、凉山彝族自治州博物馆、宁南县文物管理所

钟家梁子遗址位于凉山彝族自治州宁南县华弹镇金江村第2、3组，地处金沙江左岸，支鲁沟南侧的二级阶地上。遗址现存面积约4万平方米。为配合金沙江白鹤滩水电站建设工程的实施，四川省文物考古研究院会同凉山州博物馆、宁南县文物管理所对其进行了考古发掘工作，已完成发掘面积22500平方米。

发掘表明，钟家梁子发现的遗存主要是墓地，揭露不同时期的土坑墓、石棺葬、瓮棺葬、灰坑葬共269座，另外还发现不同时期的灰坑25个、灶3座、水沟1条，出土各类陶器、石器、骨角器、蚌器等遗物1600余件。

墓葬的地层叠压关系清晰，石棺葬的年代普遍早于土坑墓和瓮棺葬；出土随葬品形制多样，陶器的演变序列明显，部分

器物与金沙江对岸的巧家小东门墓地出土随葬品相近；随葬品中不见铜器，多为陶器，装饰品多为穿孔的蚌片串饰，海贝较为常见。

钟家梁子新石器时代晚期至夏商时期墓地的发现，极大地丰富了这一时期的考古材料，为梳理构建金沙江中下游地区，尤其是干流两岸的先秦时期考古学文化发展谱系和脉络提供重要参考价值，为研究该区域与周边文化交流提供了重要线索，对研究金沙江中下游地区的史前考古学文化面貌具有重要意义。

（郑万泉）

【阆中市彭城坝新石器时代至唐宋时期遗址】

发掘时间：2019 年 11 月 ~2020 年 12 月

工作单位：四川省文物考古研究院、南充市文物管理所、阆中市文物局

彭城坝遗址位于阆中市彭城镇的彭城坝村和五谷台村，地处嘉陵江右岸一级阶地上。北距阆中古城 15 千米，南距南部县城 17 千米，西北靠马鞍山、冒火山，其余三面邻嘉陵江河漫滩。遗址总面积 1.5 平方千米，现为南充市文物保护单位。为探索嘉陵江中游地区的先秦文化面貌，弄清该区域巴、蜀文化互动情况，经过国家文化部批准，先后于 2019 年、2020 年进行了两次主动性考古发掘，共发掘面积 800 平方米，发现新石器至商周时期灰坑 109 座、陶窑 4 座、沟 44 条，汉代墓葬 2 座、沟 7 条，唐宋时期墓葬 3 座、灰坑 17 座。

其中新石器时代遗存有小范围分布，发现灰坑 4 座，形制均不甚规则，其中出土陶片以夹砂红褐、灰黑陶为主，少量夹砂灰陶、泥质灰陶等。器形有花边唇侈口罐、直口罐、折沿罐、钵、器盖等，纹饰有网格纹、粗绳纹、细绳纹、附加堆纹等。商周时期遗存较为丰富，发现灰坑 105 座，陶窑 4 座，沟 43 条。灰坑以圆形和椭圆形居多，H76 平面略呈椭圆形，长径 1.5、短径 1.4、深 0.25 米，出土有高领罐、小平底罐、尖底杯等。陶窑均为撮箕状，其中 Y1、Y2 相邻，Y3 和 Y4 共用一个操作台。Y3 长 4.24、宽 2.45、残高 0.3 米，窑室、火道底部呈斜坡状，窑内及窑周边区域出土大量陶片堆积，器形有高领罐、高柄豆、小平底罐、尖底杯等，年代为十二桥文化早期。发现汉代墓葬 2 座、沟 7 条，其中 G84 揭露长度 15.45 米，宽 2.4~3.4 米，深 2.06 米，其内出土大量红烧土块、铁矿渣，应与冶铁有关，年代为西汉。H148 长径 0.84、短径 0.63、深 0.7 米，出土较多坩埚残片及红烧土块、铁矿渣，应为冶炼后的废弃堆积。M8 已被盗扰，为竖穴土坑墓，长 4.9、宽 3.6、深 2.1 米，随葬品有陶罐、铜鍪、铁锸、铁环首刀、半两钱等，年代为西汉早期。唐宋时期墓葬均为竖穴土坑石室墓，保存较差。H129 平面略呈圆角四边形，长 6.6、宽 1.6、深 0.58 米，坑内堆积大量瓷片、陶片及少量动物骨、牙。出土瓷片以本地出产的粗瓷罐、壶，广元窑的黑釉瓷碗、盘、碟为多，也有少量景德镇的影青瓷碟、碗及耀州窑的印花瓷碗。

通过对彭城坝遗址的调查发掘，对该遗址的文化遗存分布状况及文化面貌有了较全面的认识，为研究嘉陵江中游的巴、蜀文化互动及变迁情况提供了重要的第一手材料。

（金国林）

【成都市武侯区陆坝商周遗址】

发掘时间：2020 年 1 ~10 月

工作单位：成都文物考古研究院

陆坝遗址位于成都市武侯区金花桥街道陆坝社区第 1、2 组，为了配合礼仪职中和陆坝新型社区二期两个相邻项目建设，成都文物考古研究院对发现的一处商周遗址进行抢救性考古发掘。遗址总面积约

15000平方米，遗址中部被晚期河流破坏。

礼仪职中发掘面积约720平方米，地层共分5层，第1层为耕土层。第2层为明清地层，第3～5层为商周地层。2020年5～11月对位于北区的陆坝新型社区二期项目进行发掘，发掘面积约1000平方米。地层共分5层，第1层为耕土层。第2层为明清地层，第3层为唐宋地层，第4层为汉代地层，第5～6层为商周地层。

共清理商周时期灰坑147个、灰沟5条、墓葬1座，汉代灰坑10个、灰沟6条，疑似耕作遗存1处，唐宋时期水井1个、灶2个、灰坑10个、灰沟2条、砖室墓3座。

遗址内商周时期灰坑以平面形状可分为圆形、椭圆形、长方形和不规则形。其中以圆形和不规则形居多，坑壁大多未经过休整，填土多为褐色、红褐色粉沙土，较多包含碳屑及红烧土颗粒。商周时期灰沟平面形状呈长条形，均为斜壁平底，填土与灰坑比较接近，部分夹杂有鹅卵石。商周时期墓葬仅发现一座长方形竖穴土坑墓，埋藏较浅，无随葬品。

出土陶器的陶系和器类以夹砂灰陶、黄褐陶为主，纹饰主要为素面，可辨器形主要有小平底罐、尖底杯、高柄豆、侈口罐、绳纹敛口罐、陶盉等，其中小平底罐减少，尖底杯增加，敛口罐绳纹减少。应该为十二桥文化一期，可推定为西周早期。

本次成都市武侯区金花桥街道陆坝十二桥文化遗址是武侯区江安河流域近年来发现为数不多的先秦遗址，也是第一次科学发掘的十二桥文化遗址。为初步了解成都武侯区江安河流域十二桥文化面貌，研究成都地区先秦时期考古学文化、聚落分布等相关问题提供了新的材料。

（向 导 谢 涛 蒋 成）

【宣汉县罗家坝战国至汉代遗址】

发掘时间：2019年12月～2020年12月

工作单位：四川省文物考古研究院、宣汉县文物管理所

为进一步探索川东北地区巴文化，并为该区域内族群变迁、生产技术和文化变迁等问题研究提供依据。2019～2020年，经国家文物局批准，四川省文物考古研究院联合宣汉县文物管理所对宣汉县罗家坝遗址进行了两个年度连续性的考古发掘。

本次发掘区位于遗址西南部，布设探方43个，加上扩方共发掘面积约1300平方米。发掘区地层清晰，遗迹较单纯，晚期地层中主要有汉代、宋代及清代三个时期灰坑及柱洞遗迹，汉代地层下即为先秦时期遗迹，除去少量的灰坑外，主要为墓葬遗迹。共清理战国至西汉早期墓葬78座，这批墓葬规格大多较高，随葬品数量多且种类丰富，出土铜器、陶器、玉器、石器、玉器等大量随葬品近1200件。其中仅青铜器就有500余件，包括青铜礼器、兵器、乐器、工具、印章等，铜器上多刻有巴蜀符合，印章年代从战国早期延续至西汉，而形制独特的两马拉车及串猪造型的铜腰带饰在以往考古中尚未有发现，这些均展示出巴人在青铜时代创造的丰富多元的物质文化。出土的青铜礼器、兵器等多具有蜀、楚等地方文化因素，与这一时期巴与楚、蜀频繁交流的历史背景有关，也揭示出战国晚期以来川东地区民族、文化融合的真实图景，是研究当时社会组织、人群结构的重要材料。

M83是本次考古发掘中规格最高的墓葬，也是继罗家坝遗址M33后又一座大中型贵族墓葬。该墓为一座战国早期男女合葬墓，随葬器物100余件，大部分为具有典型巴蜀文化风格的青铜器。其中，男性墓主还随葬大量龟甲、鹿角等与巫术相关的器物，其身份可能为当时的一名大巫。除M83外，附近还有8座随葬龟甲的墓葬，且其中一座为年龄不足10岁的儿童墓。这批墓葬在本次发掘中属于规格较高

的墓葬，均出土丰富的随葬品。从发掘情况看，随着社会发展与阶级分化，这一时期的巫术或者说与神灵沟通之事已被社会上层所垄断，成为一种独享的权力，并且存在世袭的情况。文献记载，巴人尚巫，其居住地区自古就是巫术发育繁盛之地，到春秋战国时期，巫风依旧盛行。这批与“巫”相关墓葬的发掘，无疑为研究巴文化及其社会情况具有重要意义。

罗家坝遗址 2019 ~ 2020 年度考古发掘是四川地区近年来先秦时期考古的一次重要发现，它集中展示了战国早期至秦汉时期川东北地区的考古学文化面貌和发展序列，其墓地规模、随葬品数量及其等级在巴文化研究中居于重要地位，从不同角度集中展示了先秦巴国在各方面的发展状况和文化面貌，也对今后继续推进川东地区巴文化考古研究具有重要意义。

（郑禄红　陈卫东）

【眉山市彭山区大坟包战国至宋代墓地】

发掘时间：2020 年 3 月 ~2021 年 1 月

工作单位：四川省文物考古研究院、彭山区文物保护研究所

眉山市彭山区大坟包墓地位于眉山市彭山区江口街道五一村，地理坐标为北纬 30°15′6″，东经 103°55′14″，海拔为 435 米。东侧为岷东大道，西侧为武阳故城址保护区，南侧为川西小镇，北侧为待建政府预留用地。墓地所在地为一山坡，地势起伏较大，西、南高，东、北低。

为配合彭山区武阳安置房一期项目建设用地，四川省文物考古研究院联合彭山区文物保护研究所对该墓地进行了考古发掘，共清理完成墓葬 441 座、灰坑 54 个、陶窑 18 个、沟 25 条；时代涵盖战国晚期、西汉、新莽、东汉—六朝、唐、宋、明、清，出土陶、金、银、铜、铁、瓷、玉、石、木等各类器物 3500 余件（组），标本若干。

战国晚期墓葬主要为竖穴土坑墓，多数一棺一椁墓，少量墓葬有排水设施。随葬品主要为陶器，器物组合主要为圜底罐、圜底釜、鼎、圈足豆等，少量墓葬出土有铁器及铜器。

西汉时期墓葬均为竖穴土坑墓，基本都有排水设施，随葬品主要有陶器、铜器、铁器、漆器等，陶器器物组合有圜底釜、圜底罐、盆、瓮、甑、三足陶釜等，部分墓葬陶器上有彩绘。

新莽至六朝时期墓葬均为砖室墓，东汉至六朝时期墓葬多数有排水设施，有明沟和暗沟之分，随葬品主要有陶、铜、铁、玉等。

汉代陶窑均为半地穴式升焰窑，出土器物主要为瓦当、板瓦、筒瓦、铺地砖、花纹砖等建筑构件以及陶钵、盆、罐等生活用具。

宋代墓葬主要为石室墓和砖室墓，随葬品主要为瓷器、铁器、铜器、银等，瓷器器物组合主要为四系瓶、四系罐、碗、盏以及双耳罐、双耳瓶、碗、盏等。

大坟包墓地考古发掘有着重要意义，主要体现在以下几点。

第一，发现大量战国至六朝时期墓葬，证实了大坟包墓地为武阳城遗址的一处大型公共墓地，墓地分布面积大、墓葬形制多样、分布规律，是彭山区首次发掘的大规模土坑墓、砖室墓墓地，极为重要，对研究该区域各时期的葬制葬俗以及年代序列有着重要意义。

战国至西汉时期土坑墓保存较好，分布规律，墓葬间打破关系较少，随葬品丰富，器物组合明显，特别是有部分西汉土坑墓有较长的排水设施，对于研究战国至西汉时期墓葬的营建方式、等级制度、葬俗等有着重要意义。

新莽、东汉—六朝时期墓葬之间打破关系较少，分布比较规律，器物组合变化明显。部分墓葬成组分布，推测应

为家族墓组合。大部分砖室墓虽被破坏，但墓室结构保存较好，特别是M29墓葬保存完好，未被盗掘，为研究新莽墓葬的营建方式、墓葬形制等提供了重要实物资料。

第二，发现的汉代陶窑作坊区证实了大坟包墓地曾是武阳城遗址的一处手工业作坊区，对研究武阳城遗址手工业有着重要意义。

第三，彭山区在先秦时期应属蜀国辖地，秦灭巴蜀后设置郡县，于其地置武阳县，两汉、蜀、晋因之。该墓地的发掘进一步佐证了彭山区的城市历史，在成都平原尤其是眉山城市发展史中有着重要的历史文化价值。大坟包墓地时代从战国晚期一直延续至明清时期，墓葬时代的延续、随葬品组合的变化体现了巴蜀区域文明向中华文明统一的进程，有重要的学术价值。

（李万涛）

【成都市成华区东林四组战国至西汉墓葬】

发掘时间：2020年3月~2021年3月

工作单位：成都市文物考古工作队、成华区文管所

东林四组墓地位于成都市区东北部，成华区青龙路北侧，昭觉寺东侧的一处高地上。其南侧紧邻成华区文物保护单位“东林汉墓”。此前在周边区域曾多次发现战国晚期至西汉时期的土坑墓葬，包括凤凰山木椁墓、羊子山墓地、海滨村墓地等。2020年3月起，为配合基本建设，成都市文物考古工作队联合成华区文管所对这一区域进行了发掘。截至2021年3月，发掘工作仍未完全结束。目前共发掘战国晚期至西汉初期的土坑墓300余座。

墓葬形制以带有生土二层台的竖穴土坑墓数量最多，约占三分之二，其余不带二层台。墓葬以中小型墓葬为主，长度多在4米以内，宽度1.5米左右。除地势较低处破坏严重外，墓葬深度基本在1米以上，少数较深者接近4米。墓葬方向较为多样，正南北向、西北—东南向、东北—西南向均较为常见，近东西向也有一定比例。在墓地东部可见西北—东南向墓葬成排分布，其余区域头向总体较为杂乱，但常见相邻两墓头向基本一致，可能为合葬墓。

葬具基本完全腐朽，但从痕迹看来包括一棺一椁以及单棺葬两类。人骨大多保存不好，少数能辨认葬式，以仰身直肢葬为主，屈肢葬也占有一定比例。多数墓葬棺底（人骨之下）有一层草木灰或者草木灰与细沙土混合的堆积，葬具外基本都有白膏泥。

随葬品以陶器为主，其中绳纹圆底罐为最常见器形，多数墓葬中仅有2~5件圆底罐。此外鼎、豆、尊缶等器形也偶尔与圆底罐共存。壶、缶、鬲等器形仅在个别墓中出现。铜器基本为铜镜、带钩、铜璜、印章、半两钱等小件器物，带钩中包括相当一部分钩首残端的形制，基本不见随葬兵器。漆器见于多数墓葬中，但普遍保存不好，仅有痕迹。此外还有少量料器、煤精制品等。陶器基本置于墓底的一端，通常为头端，少数墓葬置于足端。小件铜器一般置于棺内人骨周围。

根据墓葬形制及随葬品，判断这是一处秦灭巴蜀之后的移民墓地，即“乃移秦民万家实之”中的秦民之墓地。至于秦民的来源，不仅有关中地区的秦人，还包括原三晋地区的移民以及西北地区的戎人。此外，墓地东部成排分布的一批墓葬，其墓葬形制、随葬品组合、随葬品摆放位置等均与其他墓葬有所差异，而比较接近成都本地的蜀人墓。

（李　佩）

【西昌市大石磅遗址】

发掘时间：2020年3~10月

工作单位：四川省文物考古研究院、凉山彝族自治州博物馆、西昌市文物管理所

大石磅遗址位于凉山彝族自治州西昌市礼州镇宁乐村，地处安宁河西岸，中心地理坐标为北纬28°6′19.08″、东经102°9′72″，高程约为1580米。发掘面积2600平方米。

发掘揭露各类遗迹近200处。遗迹种类以房址为主，另有灰坑、灰沟、柱洞、灶址、墓葬等。其中房址39座，多被灰坑、灰沟等遗迹打破。从形制上可分两类：一为半地穴房址，平面呈弧角近方形或近长方形，部分房址中部有柱洞和灶坑，出土较多陶、石器。二为基槽加柱洞式房址，仅1座，房址平面大体呈弧角长方形，基槽分布于南、北、西三面，呈半包围式，内侧有一排柱洞与其大体呈平行状分布，东面则由一排柱洞与基槽合围，房内有柱洞排列分布，间隔形成开间。灰坑40座，依开口形状可分圆形、椭圆形、弧角长方形、不规则形等几类，时代有早晚之别。早期灰坑较少，坑内一般仅出土少量陶片，偶有石器伴出。晚期灰坑内多出土陶、瓷器残片及瓦片、砖块等遗物。墓葬有5座，分大石墓和土坑墓两类。其中大石墓3座，土坑墓2座。大石墓形制基本相同，均不同程度受到破坏。从发掘情况来看，墓室均为长方形，南北向分布，三面竖立大石，南端留出墓门，用较小石块封堵，墓顶以巨石覆盖，墓体部分暴露于地表之上。其中一座墓底在生土层面平铺一层卵石。墓内堆积受扰乱严重，仅在接近墓底时保留有原生堆积，出土遗物极少。土坑墓为长条形竖穴土坑，其中一座用废弃汉砖砌出棺体。

出土陶、瓷、石、铜、铁、银、琉璃、玛瑙、骨、漆器等各类遗物200多件，提取测试样本近百份。遗物以陶器、石器数量居多，可复原陶器多出土于房址、墓葬等遗迹内，有敞口罐、双耳罐、单耳罐、带流罐、碗、钵、纺轮、网坠等；石器有砍砸器、刮削器、砺石、石斧、石锛、石杵、石刀、石镞、石球、石砧、赭石等；另外，晚期单位出土少量的瓷碗、瓷盘、瓷盏、瓷罐、铜钱、铜饰品、铜构件、铁构件、银饰品、琉璃饰品、玛瑙饰品、骨饰品、漆器等遗物。

综合分析，该遗址主体是一处包含聚落及墓地在内的先秦时期重要遗址，另有少量汉晋及明清时期遗存，早期遗存与相邻安宁场、大泥坝、蚂蝗坎、马家包包、楱木沟等遗址出土器物相近，可能与大石墓遗存关系紧密。

（陈　苇　张　琦　补　琦　姜先杰）

【渠县城坝秦汉时期遗址】

发掘时间：2020年3～12月

工作单位：四川省文物考古研究院、渠县历史博物馆

为进一步探索川东地区的巴文化，了解巴文化融入汉文化的过程及秦汉帝国对西南地区的开发与管理情况。2014～2020年，四川省文物考古研究院联合渠县历史博物馆，已在城坝遗址连续工作七年，开展了系统性的考古调查、勘探和发掘工作，取得多项重要考古收获。

城坝遗址2020年度的考古工作分三个区域展开，揭露面积共1140平方米，各区域发掘情况如下。

Ⅰ区位于城坝村新六组，地处遗址北部，主要目的是确认津关遗址的范围，寻找相关衙署建筑并判断遗址内部结构和布局。共布10米×10米探方三个，发掘面积合计300平方米。主要发现房址3座，其中F15、F16均为矩形基槽式建筑，门向朝北，基槽内有条石及榫卯砖作为墙基，面积分别为41及22平方米，房内发现大量陶、瓦片。值得注意的是，F15内发现一件“宕渠”文字瓦当，这也是在郭家台城址区外首次发现“宕渠”文字瓦当，为

进一步探索津关遗址的功能和性质提供了新视角。而F17为立柱式建筑，平面近方形，立柱间无基槽，面积仅6平方米，或用作权益性仓储建筑。

Ⅱ区位于城坝遗址西北部，北邻渠江，在2019年发现四座先秦墓葬的周边区域，以调查勘探及小规模开掘探沟相结合的方式探寻先秦遗迹。从调查及勘探结果看，尚未发现较大区域内先秦墓葬集中分布的特定墓葬区。这也说明，城坝遗址先秦巴文化墓葬的分布特点为少数墓葬集中分布，大范围内分布零散。这为未来继续寻找巴文化墓葬奠定了一定基础，也在一定程度上缩小了未来的发掘范围。

Ⅲ区位于郭家台城址区西侧，即西城墙所在区域。揭露面积共840平方米。通过发掘发现，西城墙存在多次修补行为，在增修部分一侧发现基槽，应为在基槽内立板向上堆筑的遗迹。另外，沿西城墙发现有平行于西城墙呈南北走向的大沟，纵贯整个发掘区，北部被压在公路下，目前其性质未明。城址内表土层清理完后就露出大量灰坑遗迹，灰坑间基本均存在叠压打破关系，大多数灰坑内均填有大量瓦片和瓦当类建筑类遗存。从出土文物来看，“宕渠”文字瓦当相较往年出土较多，且集中出现于几个灰坑，说明该区域或附近可能存在大型建筑。

此次发掘在以往工作的基础上进一步增进了我们对城坝遗址文化内涵的认识，为日后的发掘和大遗址保护提供了重要的基础资料，同时，对了解川东北秦汉时期的文化面貌和当时人群的社会生活均具有重要意义。

（程应杰　陈卫东）

【成都市牛市口西汉至明代墓地】

发掘时间：2020年6～12月

工作单位：成都文物考古研究院、锦江区文物保护管理所

该墓地位于成都市锦江区海椒市街13号，东邻二环路，南邻盛华苑小区，西至瑞升·莲花逸都小区二期，北邻新世界广场。共清理墓葬77座，北宋时期砖砌井1口，墓葬有土坑墓和砖室墓两种形制，含西汉土坑墓7座，东汉砖室墓6座，晚唐五代至两宋砖室墓61座，明代土坑墓3座。墓葬整体保存情况较差，多半未见随葬品，共出土陶瓷生活用器、陶俑、钱币、石刻、铜器等文物200余件。

其中有明确纪年的石刻墓志地券5件。唐乾符五年（879年）M57出土墓志铭记“唐故绵州司马兼左神策军兵马使兼监察御史巨鹿魏府君墓志铭……府君讳师鲁字子徒……公筑室锦官城东而能严峻其宇树之珍花之奇者不远万里求之手植于庭……乾符五年十月五日终于成都府华阳县七星坊之私第享年七十有二……明年二月十二日葬于华阳县普安乡钦仁里祔于先茔”，该墓葬整体结构不明，残存长方形墓室前部两侧有小龛，仅余四系罐、开元通宝铜钱、陶砚等几件随葬物；其余4件为北宋乾德五年（967年）M47、南宋绍兴十二年（1142年）M13、乾道七年（1171年）M4、明成化十九年（1483年）M15出土买地券。据买地券记载，晚唐至南宋时期，地属“华阳县普安乡钦仁里”辖界。这批墓葬的发现为研究成都的城市发展变迁、区域历史、习俗信仰等提供了新的实物材料。

（袁维玉　易　立）

【成都市青羊区西御河沿街隋唐至明代遗址】

发掘时间：2019年10月～2021年3月

工作单位：成都文物考古研究院

为配合成都市青羊区国投建设发展有限公司西御河上市地块项目，成都文物考古研究院对该地点进行了文物勘探发掘。目前发掘工作接近尾声，陆续揭露出了隋唐宋元时期的城市道路及周边相关遗迹，

唐宋时期摩诃池西北角，与明代蜀王府宫城区域中轴线铺砖道路等重要遗存。

隋唐宋元时期的城市道路位于西侧发掘区，道路历经隋至唐初、晚唐、五代、北宋、南宋及元代近一千年长期通行，六个时期的道路上下叠压在同一轴线上，东北—西南向，揭露部分长约50米、宽2.5～10米，南宋时期路面最窄，晚唐、五代及北宋时期较宽。结合其方向与地理位置推测，该道路属于隋唐宋元时期成都子城（大城）内的主要城市轴线道路。

道路两侧各发现三条城市排水沟，始建于晚唐至五代时期，宋代有多次修补，方向与道路平行，二者并存使用，元代后期逐渐被废弃。道路东侧另发现多处房址，宋代及元代建筑尚保留有临街挡墙、天井、墙基、灶等，宋代房址下发现有瓷罐、瓷碗奠基坑。

摩诃池西北角池岸位于发掘区东南角，池岸底部较平缓，往东南方向逐渐变深。池内淤土堆积出土隋唐至南宋时期瓷片，池边打破隋至唐初地层。从现场情况判断，这部分的池岸在明初营建蜀王府时被回填废弃。

明代铺砖道路位于东侧发掘区，正南北走向，处于蜀王府中轴线上。路基垫土分层明显，用工考究。道路西侧残存廊庑垫土台基，与道路平行，宽约5米，台基层层垫筑。

西御河沿街隋唐宋元时期的城市主干道保存良好，时代关系明确，沿街的建筑布局清楚，对于复原和考察这一时期成都子城区域的城市格局、社会生活面貌都有极为突出的学术价值。唐宋摩诃池遗迹的考古发现对东华门遗址是一个重要补充，更加清晰地勾勒出摩诃池的池体轮廓和边界走向。明代铺砖道路通行痕迹清晰，西侧廊庑范围走向明确，进一步完善了对蜀王府宫城内部的空间格局的认识。

（易　立　唐　彬）

【蒲江县南街唐宋至清代遗址】

发掘时间：2020年7～11月

工作单位：成都文物考古研究院、蒲江县文物保护管理所

遗址位于蒲江县鹤山镇南街东侧，北临政府街，东近蒲江河。中心地理坐标北纬30°11′58″、东经103°30′22.8″，海拔491.5米。为配合迎晖广定坊项目的修建，对勘探发现的清代建筑展开抢救性发掘。发掘采用虚拟探方对清代建筑进行大面积揭露，实际发掘面积约1500平方米。发掘完清代建筑后，考虑到发掘区被现代及清代建筑破坏较为严重，首先密布探沟，然后选取保存较好的区域进行重点发掘，重点发掘面积300平方米。

整个发掘区地层可分为四层：第1层为现代建渣层。第2层为宋代地层，出土器物以琉璃厂窑、邛窑系瓷器为主，有少量景德镇窑、磁峰窑等生产的器物。瓷器可辨器形有碗、盏、带系罐、盆等，陶器有瓮、盆等。第3层为唐宋时期地层，出土器物较少，仍以琉璃厂窑、邛窑生产瓷器为主，可辨器形为碗、盏等。第4层仅在东北部局部分布，出土器物极少，仅见零星瓦渣碎屑。

清代遗迹均开口在建渣层下，共计发现13座、墙体2条、道路5条、池1个、灰坑13座、沟4条、井1口、坑12座。出土器物以青花瓷碗、盘、杯、勺等为主。其次是酱釉瓷罐、碗、灯等。另有一定数量的陶质板瓦、瓦当、滴水等建筑构件。还出土少量清代铜钱，可辨康熙通宝、乾隆通宝、道光通宝等。

以F2为例，现仅存大殿和殿前院落部分地面。大殿平面呈长方形，分主殿和东、西稍间。主殿面阔3间，进深3间。部分柱础柱身有浅浮雕花卉、卷轴等图案，柱櫍雕刻一周仰莲及乳钉纹。东稍间垫土内出土有“梅葛工（宫）北界”界石。结合《乾隆蒲江县志》记载，该区域位于县城

西南部，从西到东分布有万寿宫、梅葛宫、火神庙等建筑，考古发掘已明确 F2 即为梅葛宫，F2 东部邻近区域发现的院落可能是火神庙附属设施，其北部的大殿被现代建筑完全破坏。

唐宋时期遗存被清代遗存破坏严重，共计发现房址 1 座、窑址 1 座、灰坑 22 座、沟 2 条。出土器物以琉璃厂窑、邛窑生产器物为主，有少量景德镇窑、磁峰窑生产器物。瓷器可辨器形有碗、盏、罐、盆等。陶器可辨器物有泥质陶盆、罐等。另有一定数量的陶质布纹瓦残片，以及零星开元通宝铜钱。其中窑址、炒钢炉集中分布于发掘区中部偏西，附近发现的陶瓮内还附着有密集的铁钱印痕，推测该区域在唐宋时期可能存在冶铁作坊。

此次发掘补充了文献记载中关于梅葛宫等寺庙建筑形制的缺失，为进一步了解清代至民国时期的民间宗教信仰提供了新的材料。唐宋时期冶铁遗存的发现也为手工业考古提供了新的材料。

（邱　艳　姜　铭　鲜燕雨　杜沙沙）

【泸州市深基湾宋代墓地】

发掘时间：2020 年 3 ~4 月

工作单位：四川省文物考古研究院、泸州市博物馆、龙马潭区文物管理所

深基湾墓地位于泸州市龙马潭区罗汉街道丘坪村五组，小地名为“深基湾”。中心地理坐标为东经 105°30′18. 18″、北纬 28°54′43. 81″，海拔高程 310 米。墓地地处长江一级支流龙溪河左岸一座缓丘北坡的坡脚处。

此次发掘共布设 1 条探沟，发掘面积 120 平方米，清理了 4 座仿木构石室墓，按照发现顺序依次编号为 M1 – M4。墓葬大体呈西北—东南向分布，自西而东分别为 M4、M1、M3、M2，方向均坐西南朝东北，背靠山坡，朝向龙溪河。

这些墓葬均为竖穴基岩墓圹仿木构石室墓。M3 基本完整，M1 保存较好，M2、M4 保存较差。M2 为三室墓，其余墓葬为双室墓。M2、M3 各墓室带墓道，M1、M4 各墓室无墓道。M2 中室、M3 左室墓道为竖穴式，均有深排水沟。M2、M3 其他墓室墓道为阶梯式，无排水沟。M1 左室附排水沟，右室无排水沟。M1 ~ M4 各墓室以青灰色细砂岩砌筑，平面近长方形。墓室基本结构为：前有封门石、双扇墓门；底为棺床；两侧为门柱、侧壁、侧龛（两墓室共用的侧壁则设一双扇小门）；后设后龛；顶部为套斗顶或盝顶。墓室内雕刻有青龙、白虎、飞天、武士、男侍、女侍、格扇门、交椅、屏风、帐幔、柱、枋、斗拱、驼峰、花草等。M1 左、右墓室均在侧壁、盝顶底层刻一组 3 个（原应为一组 5 个）道教符篆，作用可能与营建墓葬时的消灾安镇活动有关。此次发掘仅在 M2 右室出土 1 面残损严重的缠枝花草纹铜镜。从图像组合来看，以上 4 座墓葬可能都是同茔同圹异室的夫妻合葬墓。

通过墓葬形制分析，以上墓葬时代初步推断为南宋早、中期。

据《江阳谱》的记载，深基湾墓地位于宋代泸州的衣锦乡白芳里。该乡里是泸州附郭县泸川县较早得到开发、经济最为发达、汉僚族群充分融合的地区。因此，此次发掘的墓葬其形制具有浓郁川南地区的地域性特点，对于探讨宋代泸州地区最为富庶乡里的丧葬习俗、生活习俗，以及开展西南地区宋代墓葬考古学研究都有着重要的参考价值。

（任　江　邱　钊　邹西丹　刘永平）

【成都市龙泉驿区太平村宋明墓群】

发掘时间：2020 年 5 ~11 月

工作单位：成都文物考古研究院、龙泉驿区文物保护管理所

墓群位于成都市龙泉驿区十陵镇太平村六组，为配合锦城绿道二期项目的开展，成都文物考古研究院对该墓群展开考古发掘，共计发现墓葬12座，其中宋墓9座，明墓3座。墓葬均开口于耕土层下，部分墓葬破坏严重。

宋墓均为砖室墓，以双室并列合葬墓为主，仅有2座单室墓（M11、M12）。其中有4座墓葬出土券文材料中记载有墓主信息。以M1为例，由墓道、封门墙和墓室组成，墓室带砖棺台、壁龛和后龛。出土器物中石质券文材料有墓志、买地券、天帝敕告文券、华盖宫文券、五方真文券；瓷器有双系罐、盏；陶俑可辨武士俑、女侍俑、猪首人身俑、人首鸟身俑、文官俑、匍匐俑、狗俑等；铜器有湖州镜。通过券文材料可知，西室墓主为杨氏一郎，东室墓主为张氏一娘，南宋绍兴二十九年（1159年）亡。

M7为杨希及其配偶吕氏、靳氏合葬墓，绍兴二十年（1150年）迁葬至此。M8西室墓主为杨宗裕，绍兴二十年（1150年）葬，M8东室为杨宗裕的妻子秦氏二娘子墓，南宋绍兴二十六年（1156年）葬。M12墓主为杨伟。

根据墓葬排列方式，结合出土券文材料分析，该墓群是绛州翼城县（今山西省临汾市翼城县）移民（杨氏家族），于绍兴二十年年，在华阳县宋城乡高楼里营建的新茔。家族墓地大体涵盖三代人：杨希（祖辈）—杨宗裕（父辈）—杨傑、杨伟（子侄辈）。四川地区发现的南宋早期翼城县移民墓葬还见于成华区二仙桥任公夫妻合葬墓、龙泉驿区狮子立交高氏家族墓等，从目前的材料来看，这些移民墓在墓葬形制和随葬品的选择上，更多遵循了宋代成都地区的丧葬习俗。

总的说来，这批家族墓地的发掘为研究南宋早期北方移民南迁问题、四川地区宋代家族墓地以及宋代乡里建置提供了新的材料。

（邱　艳　熊谯乔　王　博　江　滔）

【简阳方家寺宋明时期墓群】

发掘时间：2020年10～12月

工作单位：成都文物考古研究院

为配合市政道路建设，成都文物考古研究院对道路红线范围内的方家寺墓群进行了配合基本建设考古发掘工作。墓地位于简阳市赤水街道方家寺村8组，所处地形为浅丘，墓群处于山坡南侧，分布面积约450平方米。共发掘墓葬11座，皆为石室墓。其中明代墓葬3座，编号为M1－M3；宋代墓葬8座，编号为M4－M11。M1、M2为券顶墓，M3为平顶墓，出土有青铜镜、瓷罐等随葬品。M4位于墓地最东侧，被破坏十分严重，现仅残存墓底部分。保存相对较好的7座（M5－M11）宋代石室墓中，4座（M5－M8）为仿木结构墓葬。M5－M8前方尚保存部分茔域建筑，其上残存有石围封土圈。墓内雕刻十分精美，主题有人物、动物、花卉等。人物类有地藏、武士、门吏、侍者等；动物类有螭首、鹿、仙鹤等；花卉类有荷花、菊花、牡丹、荔枝、葡萄等；另外，还雕刻有经幡、壶门等图像。出土少量陶瓷器、钱币和5块残损的买地券。

此次发掘的明代墓葬中未出土明确纪年材料，结合简阳地区以往发现，从墓葬形制和随葬器物上看3座墓葬年代大致为明代中期前后。宋代墓葬年代确切，买地券中有庆元三年、嘉定七年和嘉定十二年等三个年号。墓内装饰图像种类丰富，图像雕刻技艺精湛，诸如地藏、螭首、经幡等雕刻图像在四川其他地区发现的宋代墓葬中较为少见。4座墓葬保存的石围封土圈及茔域建筑在已发掘的宋代墓地中亦不多见。此类南宋时期装饰墓葬在川南泸县等地区发现较多，而成都地区发现较少，此次发现的墓群为区域比较研究提供了重要的支撑材料。

（潘绍池）

【泸州市江阳区凤凰山宋代墓地】

发掘时间：2020 年 7～8 月

工作单位：四川省文物考古研究院、泸州市文化遗产研究保护中心、泸州市博物馆

凤凰山墓地位于泸州市江阳区南城街道中平远路 37 号泸州老窖股份有限公司"国窖酿酒基地"内。中心地理坐标为北纬 28°88′47.5″、东经 105°45′33.7″，海拔高程 245 米。墓地原处长江一级支流澄溪右岸一座名为"凤凰山"缓丘北坡的山腰部。

此次发掘共清理了 2 座石室墓，发掘面积共计 80 平方米。按照发现顺序依次编号为 M1、M2。墓葬大体呈西北—东南向分布，自西而东分别为 M1、M2，方向均坐西南朝东北，背靠山坡，朝向三星街（澄溪）。

2 座墓葬均为竖穴土圹仿木构石室墓，墓室以青灰色细砂岩砌筑。M1 保存较好，为异圹异室的双室墓。M1 各墓室平面呈长方形，基本结构为：前有封门石，底为棺床，两侧为门柱、侧壁、侧龛，后设后龛，顶部为叠涩拱顶。墓室内雕刻有青龙、白虎、武士、男侍、女侍、交椅、屏风、帐幔、格扇门、柱、枋、斗拱、驼峰等图像、图案。M1 左墓室靠后龛一横梁上残存 18 字道教古灵宝经《洞玄灵宝自然九天生神章经》经文，右墓室相同部位残存 4 字佛教密教真言，二者作用可能与营建墓葬时的消灾安镇活动有关。M1 左墓室拱顶龙口石正中刻"淳熙八年中〔仲〕春日建"等纪年铭文。从层位关系、图像组合等方面来看，M1 可能是一座同茔异圹异室的夫妻合葬墓。M2 保存较差，仅存一个墓室的后半部，可能原为异圹异室双室墓的左墓室，右墓室已遭后期彻底破坏。M2 墓葬结构与 M1 左室相同，后龛上横梁所刻《洞玄灵宝自然九天生神章经》经文漫漶依稀可辨。

M1 时代为宋孝宗淳熙八年（1181 年）。通过墓葬形制、图像风格的分析，M2 的时代初步推断为南宋中期。

据《江阳谱》的记载，凤凰山墓地位于宋代泸州南门"来远门"外的修德坊，附近有蔑桥街、酒务街、马军营巷等街巷。墓地还毗邻凤凰山上的营沟头唐宋窑址。该墓地所处的地理位置十分特殊。

综上，此次发掘的墓葬其形制具有川南地区的地域性特点，对于探讨宋代泸州城市考古，州城内居民的丧葬习俗、宗教信仰，以及开展西南地区宋代墓葬考古学研究都有着较为重要的参考价值。

（任　江　邹西丹　景俊鑫）

【华蓥市安丙家族墓地】

发掘时间：2019 年 12 月～2020 年 1 月、7～8 月

工作单位：四川省文物考古研究院、华蓥市文物管理所

安丙家族墓地位于华蓥市双河街道招勋村三组，时代为南宋时期。墓地地处华蓥山山脉中段畾然山的西侧。墓地的墓葬区位于马桑树梁子西麓的山腰，坐东面西。九层坎遗址大致分布在墓葬区西侧的坡脚至山腰，南北横亘，南以梭槽沟为界，北侧大致位于坡脚进入墓葬区的水泥踏道。原系一组九层台阶状石筑挡土墙（俗称保坎），自下而上逐层抬升。

根据发掘目的、遗址现状，此次发掘在遗址西南部共布设 2 条探沟，按照自北而南的顺序依次编号为 T3、T4，二者间距 2 米。T3、T4 位于 2011 年试掘探沟 T2 西侧下方。T3 东西长 9.4、南北宽 2 米，T4 东西长 7.2、南北宽 2 米，发掘面积共计 33.2 平方米，揭露了 2 层挡土墙其中的 2 段。

T3、T4 地层堆积单一。第①层：耕土层，黄褐色粉砂质黏土。厚0.09~1.3米。遗迹主体在该层下露头，局部暴露于露天，叠压于生土层之上。生土为基岩上覆的第四系粉砂质黏土。

遗迹为2层挡土墙其中的2段。T4内上层挡土墙已遭后期彻底破坏。2层挡土墙以青灰色细砂岩垒筑。石料主要为条石。多数表面经斧、錾修整，留有平行斜线或交首人字形打道痕。

上、下层挡土墙垒筑方法相同，均以条石丁置，平叠错缝垒筑。挡土墙条石立缝夹杂深黄褐色粉砂质黏土及深灰色铁渣。同一层条石因体量大小有差异，有些条石与下层条石之间的“卧缝”用碎砾及黏土补平。有些条石表面粘附有铁渣。个别条石顶面有铁水淋沥形成的锈斑。上层挡土墙现存7层。自下而上，第1~6层条石保存完好，第7层条石保存较差。下层挡土墙现存6层。自下而上，第1~3层条石保存完好，第4~6层条石保存较差。除无墙背的巨型丁字石，此次发掘揭露的2层挡土墙与2011年在T2内揭露的B挡土墙、C挡土墙Ⅱ段形制接近。

据传世碑志文献《安癸仲卜葬先茔记碑》的记载，九层坎遗址的时代为宋宁宗嘉定十五至十六年之间（1222~1223年）。

此次发掘为揭示安丙家族墓地原貌，开展南宋高等级品官家族茔园制度、古代石构建筑工程技术研究提供了较为重要的学术资料，为下一步制定抢险加固保护方案提供了科学的考古学依据。

（任 江 邱 钊）

【成都青白江区十五里村明代墓群】

发掘时间：2020年8月~2020年10月

工作单位：成都文物考古研究院

墓群位于成都市青白江区城厢镇十五里村三组，中心地理坐标为北纬30°51′40″、东经104°22′15″，海拔417米。发掘明代墓葬10座。其中砖室墓2座，灰椁墓2座，石室墓6座。

砖室墓M1墓向东北，M2墓向朝东。平面形状呈长方形，保存极差，仅残余墓室四壁砖，未见葬具、人骨和随葬品。

灰椁墓M3和M4均朝向东北，平面形状呈长方形，四壁用混有石灰浆的三合土浇筑，保存极差。M4未见葬具、人骨和随葬品，M3葬具为木棺，出土有一枚铜钱，锈蚀严重，字迹不明。

最为重要的发现为石室墓群M5至M10。墓向均东北向，平面形状长方形。按照墓室数量多寡又可分为单室和双室两类。墓葬均由墓道、封门、甬道、墓门、墓室、壁龛、棺床、排水沟等组成。以双室墓M7左室为例介绍。M7左室甬道顶部由长方形石板横向平砌，墓室顶部由长方形石板竖向起券砌筑。封门用长方形条石层层垒砌，墓门为仿木结构隔扇门，墓门由门额、门扇（饰有门把手和花卉图案）、门砧和地栿组成。壁龛位于墓室后部，四周雕刻有供桌、花瓶、卷草纹等图案。石室墓群出土随葬品有墓志（均出土于墓道底部近封门处）、武士俑、仪仗俑、侍俑、谷仓罐、龙纹罐等。其中M7和M9墓志均由志盖和志底构成，上下扣合，外围以铁条呈“井”字形加固。

根据M7左室墓志铭文“明故监察御史前翰林院庶吉士李君墓志铭……嘉靖二十一年（1542年）壬寅月二日”可知：M7墓主李佶，前翰林院庶吉士，历任监察御史、两淮巡盐御史、浙江巡按御史等。另根据M6《明故略阳县知县李公墓志铭》（卒于嘉靖元年）、M7右室《显妣孺人何氏述》（卒于嘉靖四十三年）、M9《明故文林郎山西太原府乐平令李公墓志铭》（卒于万历十二年）以及清嘉庆版《四川通志·金堂县志》记载可知：M7右室为其夫人何氏，M6为李佶父李显贵之墓，M9为李佶子李如柏之墓。可以看出，这几座墓为祖孙上下三代，以位于半山腰的M6为中心进行埋葬，故墓地应为明代中期李氏家族墓地，按照昭穆制度进行埋葬。

目前成都平原乃至四川地区发现的明代墓葬有蜀王及其妃子墓、太监墓、小型墓葬等，类似的明代品官墓葬则发现较少，仅有绵阳平武王玺家族墓、重庆铜梁区张文锦夫妇墓等，此次发现的明代中期李氏家族墓地纪年明确，随葬品比较丰富，尤其是几通墓志的出土，可以为研究四川地区明代中期墓葬习俗、丧葬制度及区域历史地理沿革等提供一个明确的年代标尺和参照。

（杨 洋）

【乐山市马边明王寺明代遗址】

发掘时间：2020年3~5月

工作单位：四川省文物考古研究院、马边彝族自治县文物管理所

马边明王寺遗址位于乐山市马边彝族自治县民建镇永乐村第5组的一处台地之上。为配合明王寺保护规划的制定，四川省文物考古研究院联合马边彝族自治县文物管理所对该遗址进行了考古发掘工作。

该寺始建于明弘治七年（1494），坐西朝东，中轴线上仍存有天王殿、大雄宝殿、三清殿等明代——民国时期建筑。据碑刻及史料记载，其现存建筑两侧原有文昌殿、东岳殿等建筑，20世纪60—70年代被陆续拆毁。此次发掘以明王寺现有建筑为中心，在其围墙范围内，分南北两个区进行。Ⅰ区位于现有建筑南侧，原东岳殿区域内；Ⅱ区位于现有建筑北侧，原文昌殿在此区域内，发掘面积700平方米。

通过发掘，共发现遗迹现象3处，包括灰坑1座，沟1条，房址1座。其中，位于Ⅱ区的F1较重要。F1现东西长约9.5、南北宽约7.4米，整体面积约70平方米。房内地面由三合土铺筑而成，在西侧还有呈“凹”字形条石，似为佛坛基址。并发现柱础2个，呈对角线状分布。F1位置正位于碑刻记载的文昌殿区域，应为文昌殿地面。在Ⅰ区西南区域，发现有少量踩踏面遗迹，或为东岳殿遗存。由于该区域后期人类活动频繁，对其破坏较为严重，能反映面积、结构等方面的遗存现象已不存。

出土小件28件（套），采集5件，共计33件（套）。皆为石质类文物，器物类型上有造像、佛座、碑刻、建筑构件等。其中，李春和造天王像（正德五年）、明代佛坐像、天官头像等，体量较大、较精美；还见有正德三年（1508）碑刻，内容为当地少数民族参与佛教活动的记录，是了解明代当地汉彝民众的民间信仰的重要实物资料。通过此次发掘，丰富了明王寺的历史文化内涵，对复原明王寺历史格局有重要作用，并为下一步保护规划制定提供了必要的科学依据。

（刘 睿 方 洁）

【彭山江口明末战场遗址】

发掘时间：2020年1~4月

工作单位：四川省文物考古研究院

经国家文物局批准，在四川省文物局的领导下，四川省文物考古研究院联合眉山市文物保护研究所、眉山市彭山区文物研究所对江口明末战场遗址开展了第三次考古发掘。

江口明末战场遗址本年度的考古工作以抢救和保护珍贵文物、进一步了解遗址分布范围及文物分布规律为目的，开展相关调查勘探和发掘工作，发掘面积5000平方米。总计出土各类文物10000余件，其中重要文物2000件。主要为金银器，包括金、银币，金、银锭，金、银食具，金、银首饰和金、银服饰等。其中最为重要的是发现了一枚金印，方形印台、龟形印钮，印面铸有“蜀世子宝”四字。印台边长10厘米，厚3厘米，含金量高达95%。“蜀”

字证明这枚金印原为明蜀王府之物，“世子”为亲王嫡长子，从印文可知这枚金印为明代蜀王世子所拥有。本年度出土的官银，从地域及税种上均可补前两次发掘之空白。尤其是发现了来自乐至、仁寿、乐山、德阳、广汉等地属于大西政权的银锭，对研究大西政权的财政制度以及统治区域均具有重要意义。继上一年度的工作中发现火铳之后，在本年度的发掘中出土了不同规格的铅弹，这是判定该遗址性质为古代战场遗址的又一佐证。

通过本年度的工作，对遗址本身有了更为深入的认识。首先，确认了文物的分布规律与遗址内河床的起伏状态、基岩局部的微结构以及航道的位置具有直接关系。其次，发现了同一属性的文物集中分布的情况，例如，发现了金器的集中分布区以及银锭的集中分布区，这很可能说明当时对于货物的运载存在分船以及分箱的情况。这对认识当时张献忠撤离成都前的状况具有一定的启示。本年度的考古发掘进一步确认了遗址为古代战场遗址的性质，抢救和保护了大批珍贵文物。同时，对遗址本身尤其是文物分布规律的认识取得了重要突破，这对未来遗址的全面保护和利用均具有重要意义。

（刘志岩　郑喆轩　何佩瑶　刘佳丽）

【岷江上游考古调查与试掘】

调查时间：2020 年 9～11 月

工作单位：四川大学考古文博学院、四川省文物考古研究院、成都文物考古研究院、阿坝州文物考古研究所

受四川省文物局委托，四川大学考古文博学院、四川省文物考古研究院、成都文物考古研究院、阿坝州文物考古研究所等单位组成联合调查队，正式启动对岷江上游区域的考古调查工作。本年度联合调查队对松潘县、茂县、汶川县进行了广泛踏查，以期深化对岷江上游史前至汉唐时期的文化、年代、生业、技术、环境、人群迁徙互动、人地关系、“六夷七羌九氐”等问题的研究。

此次共调查文物点 61 处，新发现文物点 23 处（较三普点），复查三普点 38 处。采集大量陶器、石器、玉器、铁器、铜器、瓷器、木器及建筑构件等遗物。时代跨度较大，从新石器时代至明清时期皆有。此次调查在以往考古工作较为薄弱的松潘县新发现文物点 19 处，极大地丰富了相关认识。

通过对松潘石长沟墓地 M3 的抢救性清理和汶川县布瓦、小帕依、龙溪寨等地点的试掘，发现墓葬、祭祀坑、灰坑、灰沟等遗迹，获得一批新石器时代晚期、青铜时代、汉代、唐代遗物，为该区域的考古研究提供了一批新资料。

调查过程中，系统提取了植物、动物、人骨、环境等多学科研究样品，并对所获铁器、铜器开展了科技考古研究。同时，将一批一年生植物种子及人骨样品进行 ^{14}C 测年，为岷江上游史前至汉唐时期遗存的年代学研究提供了支撑。

（杜战伟　陈学志　宋吉香　任星河　徐海伦）

【黄河流域（四川境内）考古调查】

调查时间：2020 年 10～12 月

工作单位：四川省文物考古研究院、阿坝州文物考古研究所、甘孜州文物局

黄河在四川境内主要流经川西北高原的甘孜藏族自治州和阿坝藏族羌族自治州，干流长 174 公里，流域面积 2.3 万平方公里，为青藏高原东南边缘部分，海拔 3200～4600 米，是四川省地势最高地区。根据切割深浅可分为高山原和高山峡谷区。主要山脉有岷山、巴颜喀拉山、牟尼芒起山、大雪山、雀儿山、沙鲁里山。

为保护、传承和弘扬黄河文化，本年度四川省文物考古研究院联合多家单位对四川境的黄河流域石渠县、阿坝县、红原县、若尔盖县、松潘县开展了集中调查。

调查新发现了50余处文物点，这些文物点多以古代遗址、墓地为主。其中，阿坝县新发现45处文物点，18处位于黄河支流夏容曲、贾曲、知隆曲，27处位于阿曲上游。采集的陶器有黄褐陶、灰褐陶和黑陶，素面为主，多为粗泥质或夹砂陶。采集的石器有打制石器和磨制石器，有石核、石片、砍砸器、刮削器、细石叶、石刀、石斧、、砺石、磨盘等。调查还采集了较多动物骨骼、少量碳样标本和炼渣等。清理了2座石棺葬，随葬有单耳带流罐、单耳罐、有领壶、木箭筒、铁箭镞、绵羊大腿肢骨等，取回了人骨标本。初步观察该具人骨年龄约20岁，身高约174厘米，头骨等部位伤势严重。

根据调查，大部分遗址分布于河流阶地，向阳。位于草地、沙化地带的遗址海拔较高，均在3400～3600米，这类遗址不见明显文化层，采集遗物比较稀少，但若尔盖境内黑河流域诸遗址细石叶、彩陶的发现又尤为重要。位于阿曲的遗址海拔略低，为3200～3400米，部分位于发育较好的二级阶地的遗址，分布面积大、地层较为清晰、采集遗物众多。

本次调查达到了摸清黄河流域四川境内文物点数量、分布、保存状况等既定目标，了解了其文化面貌和年代，明晰了遗址生业模式及景观，部分未见器物组合在该区域的分布，为进一步探讨该地区诸考古学文化性质及谱系等提供了第一手资料。

四川境内的黄河与甘肃、青海交界，自古以来在文化交流、传播中起到了关键性地域作用，该区域所发现的古代遗址是黄河上游古代文化向长江流域扩张、影响的直接证据，对历史时期茶马古道的年代、走向、遗存分布及保存现状等研究均具有重要意义。

（陈　苇　匡汉斌　陈学志　李勤学）

【嘉陵江上游广元段考古调查与试掘】

调查时间：2020年7～8月

工作单位：四川大学考古文博学院、四川省文物考古研究院

本年度四川大学考古文博学院联合四川省文物考古研究院对嘉陵江上游广元段进行考古调查工作，并对苟家坪等遗址做了调勘、试掘，调查收获如下。

本次实际调查文物点共60余处，其中旧石器3、细石器2、新石器6、商周1、战国秦汉10、唐宋明清30，另东汉至明清崖墓10余处。

新发现文物点9处，其中史前2、秦汉2、唐宋5，大幅度修正以往认识20余处（时代、性质）。

调查和试掘苟家坪遗址，出土了瓦当、筒瓦、板瓦、箭镞、铜铁器等大量器物，确定苟家坪遗址年代、范围、堆积，基本确定其性质，确认苟家坪遗址为探索汉代葭萌城最重要的遗址。

通过此次工作，对苴国遗址有了新的认识，进一步明确了遗址范围，为苴国遗址下一步的调查、发掘提供了新的依据。

（王　煜）

【青白江中上游地区考古调查】

调查时间：2020年1～2月

工作单位：西南民族大学、成都文物考古研究院

本年度西南民族大学联合成都文物考古研究院以“成都平原先秦聚落及社会结构”“文化的发展与变迁”为研究目标，对青白江中游地区进行了第一阶段的第二次区域考古系统调查。根据成都平原的土质特点，此次调查采用地面踏查结合高密度钻探的方式进行。整个项目调查面积10平方千米。发现静平村遗址、升平村遗址、

五灵村遗址、双桂寺遗址、龙家巷遗址5处遗址。遗存历经宝墩文化三期、三星堆文化、三星堆文化向十二桥文化过渡、十二桥文化、晚期巴蜀文化、汉代、唐宋等阶段，其中先秦时期遗存最为丰富。此次调查所获资料，为进一步探索三星堆文化与十二桥文化的关系提供了关键新资料。

（王　涛）

【彭州竹瓦街遗址调查及试掘】

调查时间：2020年10～12月

工作单位：四川大学考古文博学院、成都文物考古研究院

四川大学考古文博学院和成都文物考古研究院本年度以竹瓦街窖藏为切入点，完成对竹瓦街遗址及周边区域进行普遍布孔钻探及试掘工作，以彻底了解该遗址的分布范围、时代、性质和等级等问题。

此次共钻探2221个探孔，钻探面积约12平方公里，基本了解遗址的范围和堆积情况。确认在竹瓦街窖藏周围存在一处6.5平方公里以上的遗址，遗址时代主体为西周时期。

根据钻探情况，分别在三个区域布设了探方（探沟），编号为2020CPZ Ⅰ TN006E320、2020CPZ Ⅲ TW088S128、2020CPZ Ⅱ TW039N076，以了解该遗址内部不同区域的堆积和时代。此次试掘发现灰坑、坑（K）、水沟、陶窑群、房址等遗迹，出土遗物丰富。

根据钻探和试掘出土的遗物来看，竹瓦遗址时代主体为西周时期，上可至商，下至春秋，属于十二桥文化，时代与竹瓦街窖藏基本同时。其他还有新石器、秦汉、唐宋时期遗存，其中汉唐时期堆积也保存比较好。初步判断竹瓦遗址为一处古蜀遗址，原青龙村遗址属于竹瓦遗址的一个部分。排除唐宋时期改土和现代烧砖取土破坏因素，整个区域堆积基本连成一片，主体堆积时代一致，均为西周。综合考虑该遗址面积、堆积、发现的青铜窖藏以及与三星堆遗址等周边遗址的分布情况，我们初步认为该遗址是一处时代与金沙遗址接近、达到一定规模和等级的古蜀大遗址聚落。

（索德浩）

【五粮液老窖池群考古调查】

调查时间：2020年8～9月

工作单位：四川省文物考古研究院、宜宾市博物院、翠屏区文管所

为深入了解中国酿酒业发展历史、文化底蕴，推进白酒文化遗产研究，四川省文物考古研究院于2020年6月开展了“考古五粮液研究项目”。8～9月，四川省文物考古研究院联合宜宾市博物院、翠屏区文管所等单位对五粮液集团位于宜宾城区的8处明清老作坊及周边相关文化遗存进行了多学科联合考古调查工作。此次调查还邀请了四川大学考古文博学院、成都文物考古研究院等院所的科研人员，运用航拍、三维信息采集、物探等技术手段及加入了环境考古方面的研究内容。

8处明清老作坊包括利川永、全恒昌、天锡福、听月楼、刘鼎兴、张万和、钟三和、长发升。其中利川永作坊与长发升作坊为第七批全国重点文物保护单位。

此次考古调查，主要有以下工作内容及收获。一是对每处作坊进行了三维信息提取、考古调查工作。在钟三和作坊内的个别窖池边上发现有成组吉祥语的题刻，该做法暂未在四川其余明清时期窖池上发现。同时对作坊内窖池、晾堂等生产要素布局也进行了调查，发现其大体呈“凹”字形布局。二是结合宜宾明清时期城墙的最新研究成果，对8处作坊的分布规律进行了首次梳理。发现只有长发升作坊分布在城墙以内，其余7处都分布在城墙外，并集中在北门区域且毗邻岷江，这应与取水（宜宾城

区历史上酿酒取江水而非井水）、利于销售等因素相关。三是对刘鼎兴、钟三和等作坊进行了物探和传统勘探相结合的考古调查工作，发现了明清时期遗存和少量遗物。四是对宜宾城区及周边区域开展考古调查并加入环境考古工作内容，为下一步考古工作开展提供了基础。

（刘　睿　黄乐生）

贵州省

【铜仁市方田坝商周遗址】

发掘时间：2020 年 11 月 ~2021 年 1 月
工作单位：贵州省文物考古研究所

方田坝遗址位于铜仁市坝黄镇坪茶村西，处在锦江（大江）北岸一级阶地之上，2009 年 7 月三普调查发现，面积约 10 万平方米，海拔 287 米。为配合“一带双核”铜仁至梵净山建设工程（乡村振兴文旅示范项目），对方田坝遗址进行发掘，发掘面积总计 1500 平方米，钻探面积 5 万平方米，探方 63 个，探沟 4 个。

遗址主要分布于靠近锦江边的斜坡地上，地势北高南低，整体较为平坦，堆积以南面靠江的一侧较为丰富。遗址发掘区域的文化堆积目前可分 9 层。

第①~②层：为近现代地层；第③~④层：灰红褐色土层，土质紧密，出土有夹砂绳纹红褐陶、灰褐陶，泥质黑皮陶等，为先秦时期地层；第⑤~⑦层：为灰沙土层，无包含物，应为河水泛滥形成；第⑧层：黄褐色，夹带白色花斑，土质紧密，出土夹砂陶片等，推测为新石器时代晚期遗存。

遗迹方面种类较为单一，共发现遗迹 85 座，以灰坑为主，其中灰坑 80 座，沟 3 条，灶 2 个，还有零星分布的柱洞。灰坑分直筒状、锅底状、不规则状等，大小深度有别，出土物的丰富程度也不尽相同。

遗物方面，主要是各类陶器和石制品。陶器残片数量丰富，可修复的陶器已有 20 余件，大体上可以分为两大类。一类是夹细砂的红褐陶和灰褐陶，数量较多，大多均有纹饰，纹饰多是近似于线纹的细绳纹、交错绳纹等。器类主要是各式罐类，尤以平底罐最具特色，此外是杯、豆、钵、盘等，此外还有圈足器。另一类为泥质黑皮陶，数量较少，器类主要有罐、豆等，纹饰有刻画纹、旋涡纹，多数豆柄有转孔。且两种陶器多出自同一遗迹单位之中，为同一时期的器物组合。另外还有纺轮、网坠、器足等器物出土。石制品出土较多，可分打制石器和磨制石器两类。打制石器有 100 余件，主要有石片、砍砸器、石锛、石斧等类型，均是以砾石为素材加工而成，周身可见修理痕迹，基本上都属于砾石石器，少见石片石器。磨制石器也有 100 余件，多为斧、锛等工具，大多呈长方形或梯形，无段，无肩；多是在打制的基础上，施以局部磨光而成，磨制的部位多集中在刃部和两个侧棱。值得注意的是出土了约 30 件小型石器，器形有锛、坠、镞、矛等，其中Ⅱ区 H12 出土了一件牙璋，为贵州首次发现，有极其重要的意义。

方田坝遗址出土的陶器明显可见早期巴蜀文化的影响，反映了峡江地区古文化沿乌江向南渗透进入贵州腹地的情况。从地理位置来看，锦江（大江）的上游源头也紧邻乌江流域，这种地理位置的邻近使得乌江中下游地区的古文化得以沿锦江而向东发展。这初步揭示出这一流域古文化的独特性和重要性，对于深入研究锦江流域乃至整个沅水流域古文化的文化面貌及其发展特点都将起到积极的促进作用，为我们了解当时人类的生活习俗、文化面貌以及锦江流域考古学文化序列和文化类型的建立提供了重要的资料。

（陈　卿　胡昌国）

【黄平县镰刀湾商周时期遗址】

发掘时间：2019 年 11 月 ~2020 年 12 月

工作单位：贵州省文物考古研究所

镰刀湾遗址位于黔东南州黄平县谷陇镇岩门司村浦江组，地处清水江中上游南岸一级阶地上，地理坐标为北纬 26°48′21.84″，东经 108°09′45.84″，海拔高度 574 米。2019 年 11 月 ~2020 年 12 月，为配合贵州省清水江干流平寨水电站工程建设，贵州省文物考古研究所对镰刀湾遗址进行抢救性考古发掘，在遗址及周边共钻探 2 万余平方米，发掘 1450 平方米。

遗址堆积主要分布于临近江边的区域，遗址发掘按正南北方向以象限法布方，现以Ⅰ区 T0302 北壁为例，镰刀湾遗址的地层堆积共分为 7 层，主体堆积为第④~⑦层，年代约为战国秦汉至商周时期。遗址共发现有 3 座房址、22 座灰坑、3 条沟、2 座墓葬。房址的分布格局清晰，柱洞排列规整；灰坑年代多为商周时期，灰坑内出土少数陶片和石制品。遗址发现的沟年代较晚，可能与近现代修建水利设施有关。遗址中发现的 2 座墓葬，为竖穴土坑墓，坑壁较整齐，仰身直肢，人骨朽坏严重。遗址出土遗物有石制品、陶器、青铜器、骨器、石范等。石制品共计 800 余件，原料多为河滩砾石，多为打制，少量磨制石器，器形主要有刮削器、砍砸器、石斧、石锤、磨石等。出土陶片 2 万余片，目前已修复 10 余件，以夹砂陶为主，主要有夹砂黄灰陶、黑灰陶及灰陶，另有少量夹砂红褐陶、泥质灰陶等。可辨器类仅有罐、尖底器、平底器、器盖、纺轮、网坠等几种。陶片纹饰较为丰富，计有绳纹、方格纹、弦纹、直线水波纹、曲线水波纹等。这些纹饰通常是多种组合在一起使用，多饰于器物的肩部至口部之间。遗址出土 3 件青铜器，铜箭镞、铜釜（口沿）、铜扣各 1 件，铜箭镞保存较好，而铜釜（口沿）和铜扣锈蚀严重。遗址出土的骨器 2 件，1 件为骨锥，1 件为用鹿角磨制而成的角锥。出土铜矛石质合范 1 件，石质为红色砂岩，保存完整，是此次发掘的重要发现。

通过此次发掘，确认了镰刀湾遗址主体堆积时代为商周至战国秦汉时期，该遗址是清水江中上游一处内涵丰富、保存较好的重要遗址，具有重要的学术意义。首先，遗址出土的建筑遗迹，均为排洞式木构建筑，形制规整，可能居室建筑还是以干栏式为主。其次，出土遗物以陶器、石器和极少量铜器为主，陶器在形制和纹饰上与清水江下游天柱县溪口遗址相似。遗址内出土的铜矛石质合范，保存较好，其特征与清水江流域发现的铜矛特征吻合，该石范的发现，为研究清水江流域早期青铜器的来源和铸造工艺提供了难得的资料，为进一步追索清水江流域的青铜冶炼遗存提供了重要线索。

（董　州　熊　俊）

【铜仁市碧江区漩水湾遗址】

工作时间：2020 年 8 ~11 月

发掘单位：贵州省文物考古研究所

漩水湾遗址位于铜仁市碧江区坝黄镇龙井社区前进组和寨中组，东、南向临近锦江河，西、北向靠山，处于锦江流域北岸东南向凸起的一级台地上，以台地冲沟为界，分为 A 区和 B 区，地理坐标为北纬 27°43′30.2″，东经 108°58′31.01″（测量点位于漩水湾遗址 B 区基点处），海拔 305 米，分布面积约 50000 平方米。

2019 年年底至 2020 年年初，为配合

"一带双核"铜仁至梵净山建设工程（乡村振兴文旅示范项目），贵州省文物考古研究所对该项目的建设用地进行了详细的考古调查勘探，锦江流域沿线共涉及方田坝、漩水湾、宋家坝、寨坝等13处新石器至明清时期遗址。2020年8～11月，贵州省文物考古研究所对漩水湾遗址A区、B区进行了抢救性的考古发掘，揭露面积约1200平方米。

漩水湾遗址A区，破坏严重，共布设10米×10米探方5个，探沟2条，揭露面积约570平方米，共清理房址1座、灰坑10座和十余个零星柱洞。出土遗物有陶器和石制品。陶器陶豆盘2件、陶支座6件、陶纺轮4件、陶网坠1件，陶片较为细碎，可辨识的纹饰有粗绳纹、细绳纹、刻划纹和方格纹等，陶质以夹砂陶为主，有少量的泥质陶；出土石制品较为丰富，有磨制石斧150件、磨制石锛7件、磨制石矛3件、磨制穿孔石器2件、石碓108件、磨石48件、砍砸器4件、刮削器1件、石斧半成品461件、石矛半成品2件。

漩水湾B区，相较A区保存较好，遗址发掘共布设5米×5米探方18个，3条探沟，揭露面积约630平方米。共清理灰坑2个和20余个零散柱洞。出土遗物有青铜器、陶器、石器等。青铜器共计2件，一件为青铜钺（ⅣT0101③：4），为不对称铜钺，锈蚀严重保存较差，另一件为铜镞（ⅣT0101③：4），残损和锈蚀严重，保存较差；陶器可辩器形有平底罐和圜底罐等，纹饰有细绳纹、粗绳纹、刻划纹、弦纹等，以夹砂陶为主，有少量的泥质陶；石制品较为丰富，有磨制石斧28件、磨制石锛1件、磨制石矛3件、石碓106件、磨石41件、砍砸器2件、石斧半成品154件。

漩水湾遗址的发掘，取得了较大的收获，具有重要的学术意义。首先，获得了数千件的石制品，有磨制石斧、磨制石锛、磨制石矛、磨制穿孔石器、石碓、石杵、磨石等，虽然类型单一，但数量庞大，为深入开展先秦时期贵州境内不同区域石器工业类型的研究提供了重要的材料；其次，在漩水湾遗址下游，相距约7千米的方田坝遗址，出土了部分以小平底器、陶豆等为代表的峡江地区商周时期考古学文化的典型器物，但这些组合器物在漩水湾遗址并未发现，是何原因导致相隔如此之近的两个遗址文化差异如此甚大，有待进一步寻找更翔实的证据；最后，漩水湾遗址B区出土的夹砂圜底罐与天柱县溪口遗址出土的陶罐（ⅡT2⑦：48），形制基本一致，在文化内涵上较为接近，或受湖南西部地区以永顺不二门遗址商周时期文化遗存为代表的文化因素的影响。

（许国军　韩文华）

【铜仁寨坝汉代遗址】

发掘时间：2020年8～9月

工作单位：贵州省文物考古研究所

2019年年底，为配合"一带双核"铜仁至梵净山建设工程项目（乡村振兴文旅示范项目），贵州省文物考古研究所对该项目的建设用地进行了详细的考古调查，锦江流域沿线共涉及方田坝、漩水湾、宋家坝、寨坝等13处商周至汉代的早期遗址。

本年度贵州省文物考古研究所对寨坝遗址北部进行了抢救性的发掘。寨坝遗址位于铜仁市江口县坝盘乡挂口村龙塘组，为南北长条形，遗址所在总范围约101.9万平方米。杭瑞高速东西向拦腰穿过，分为南北两部分，北半部为半岛状地形，东、西、北三面临锦江河；南半部为河流东岸台地。因征地问题目前仅发掘了北半部范围，沿"一带双核"慢行道工程范围内共布5米×5米探方15个，探沟14条，揭露面积约700平方米。

探方集中在半岛北偏西一级台地上，

沿河岸走向布方，以河岸转折处为界分为Ⅰ区和Ⅱ区。地理坐标是北纬 27°43′59.99″、东经 108°53′53.58″（测量点位于寨坝遗址Ⅰ区基点处），海拔 330 米，分布面积约 400 平方米。

寨坝遗址北区三面临河，面积较大，从现在的角度看，地势较平坦，环境良好。但是出土遗物不多，类型零星不一。陶器基本上是残片，能复原的器物少。在文化层③d 层还出土硬质灰陶和铁器，推测遗址主体年代应在汉代前后。说明此地在汉代即有人类的生产生活活动。丰富了锦江流域的汉代遗存考古资料，是对下游漩水湾遗址、方田坝遗址文化的延续和补充，为研究锦江流域汉代的渔猎经济、生活方式提供了重要依据，为建立该地区商周以后的考古序列提供了重要线索。

（杨　磊）

【务川汞矿遗存】

发掘时间：2020 年 5～12 月

工作单位：贵州省文物考古研究所

贵州务川汞矿遗存在前期工作基础上，2020 年以寻找早期采冶遗址，解决务川朱砂开采年代问题为学术目标，新发现古矿洞、古道、祭祀遗址、汉代遗址及墓葬等各类遗存数十处，并对大岩箐等四处矿洞遗址、符家冲遗址等进行了考古发掘，取得了一定收获。

一、考古调查

2020 年在对务川汞矿遗存核心区域展开的补充调查中，新发现早期开采矿洞 28 处、古道 1 处、祭祀遗址 1 处、汉代遗址 1 处、汉墓 2 座、明墓 5 座。

早期矿洞集中分布在务川县三坑村长沟、板场至木油厂一带，早期矿洞或利用天然洞穴或是人工凿入，每个矿洞内又包含数量不一的矿井或开采痕迹。受当时工具和技术的限制，大部分早期矿洞（矿井）形制较小，常人难以进入，但四壁光滑，多有明显的人工凿痕。因长期不断开采，早期矿洞绝大多数已遭到后期破坏，保存较好的不多，矿洞中多见炮眼等近现代火药、炸药开采痕迹。

二、考古发掘

根据历年来矿洞调查情况，选取了大岩箐等四处矿洞遗址进行考古发掘。几处遗址均出土了数量不等的青花瓷、土瓷、陶器、砂锅片、铜钱、铁器等。其中有用于开采矿石的铁凿，用于冶炼水银的铁锅、砂锅，以及盛装水银、朱砂的盆、坛子等。矿洞遗址年代以明清时期为主，由于长期开采将遗址破坏严重，不排除早期遗存被破坏殆尽的可能。

符家冲汉代遗址位于务川县三坑村甘溪组，遗址位于公路旁的山坡上，目前发掘尚未结束，揭露面积有限。在已发掘范围中以遗址中部的一处汉代遗迹组合尤为重要，系由汉瓦堆积、矿渣堆积、两座灰坑及一座灶组成，各遗迹开口层位相同，相互距离极近，明显为共存共用的关系。所谓矿渣堆积是指人们在开采汞矿矿石后，将其中的主要矿物朱砂（硫化汞）选取后所遗弃的与朱砂伴生的脉石矿物，可直接反映朱砂开采及选矿活动。两座灰坑出土有少量汉瓦及矿渣，也直接证明了几处遗迹间的共时关系。

三、主要收获

2020 年调查及发掘的系列遗存，进一步丰富了务川汞矿遗存的实物资料和文化内涵。特别是符家冲汉代遗址及其选矿堆积，证明时人居住于此即是为了开采朱砂，这是目前国内发现的最早的与汞矿开采有关的遗存之一，具有重要意义。符家冲汉代遗址的发现为务川汉代开采朱砂提供了可靠的考古资料，实证了务川至少 2000 年的朱砂开采历史，弥补了文献的缺失，对进一步研究古代武陵山区朱砂开采及产地分布有着积极的推动作用。

（史　忞）

【安顺西秀区宁谷西晋墓】

发掘时间：2020 年 9 月

工作单位：贵州省文物考古研究所

2020 年 8 月 20 日，安顺市西秀区宁谷镇上苑村上苑组村民挖地基建房时，将一座石室墓破坏，并取出一青铜灯具。安顺市公安局西秀区分局接警后，将青铜灯具从村民家中搜出并送到省博物馆涉案文物鉴定中心鉴定。该青铜灯具为三足带梁灯，灯身圆盘状、直口、底平，内底正中立一短灯钎，灯壁残存黑色油垢，灯底从器壁下部向外铸接三只蹄状足，三足外撇。灯盘口沿外侧铸圆形灯梁，上铸呈对角线对称人物四个，其中二人吹箫，二人击掌，人物之间铸有树叶两片，灯具造型精美。

根据实地调研，该墓封土被挖掉近 20 平方米，挖掘深度 3.5 米，墓室券顶被严重破坏，8 月 30 日，贵州省文物考古研究所组成清理小组进驻宁谷，在安顺市、西秀区文物部门和宁谷镇、上苑村地方政府的配合下开展清理工作，依宁谷汉晋古墓统一编号之原则将该墓顺编为 M43，野外清理工作至 9 月 8 日结束。

M43 为一带甬道的石室墓，墓葬通长 8 米，内长 7.4 米，壁宽 0.3 米左右。甬道和墓室均为弧形券顶，其中甬道内长 1.6、内宽 1.5、内高 1.24 ~ 1.36 米。墓室内长 5.8、内宽 2.2、内高 1.14 ~ 1.60 米，墓室由后壁向前端逐渐倾斜，至甬道衔接处最高，并将甬道券顶套接。在甬道和墓室顶端交接处有一直径约 0.42 米的圆形盗洞，盗洞下方寨满泥土。墓室与甬道交接处，发现较多被盗墓时扰乱的墓主头骨与肢骨，从头骨为 2 个的情况推测，M43 为夫妻合葬墓。墓主人骨附近，残存有较多的陶、瓷器等随葬品。

M43 早年被盗，墓室又被村民严重扰坏，但仍清理出陶瓷器、青铜器、金器等各类文物 30 余件，钱币 200 余枚。陶瓷器有罐、瓶、壶、鐎壶、器盖、甑、人俑、鸡、狗和房屋模型等近 20 件。铜器有铜灯、铜指圈各 1 件。还有金戒指 1 枚和石髓花珠 8 颗。

根据墓葬形制和出土随葬品推测，该墓年代大致在西晋时期。

（张合荣）

【遵义市红花岗区明代茅衙遗址】

发掘时间：2019 年 5 月 ~2021 年 1 月

工作单位：贵州省文物考古研究所

2012 年以来，贵州省文物考古研究所对以海龙囤为核心的播州杨氏关囤遗址以及墓葬进行了系统深入的田野考古工作，对播州杨氏的军事理念和丧葬制度有了全面的认知。为增进对播州经济形态的了解，启动了播州杨氏土司田庄遗址调查，经国家文物局批准，于 2019 年 5 月底对茅衙遗址进行了发掘。

茅衙遗址位于遵义市红花岗区海龙镇温泉村天桥组，地理坐标北纬 27°44′44.29″，东经 106°50′6.88″，海拔 890 米，地处湘江上游支流喇叭河右岸一个西北东南走向的条形坝子中，坝子地势较平坦，周围环山，在坝子中央靠北隆起三座依坝子走向分布排列、高度约 30 米的石山，茅衙即依托石山而建。

遗址按功能可分生活区和庄田区两部分。生活区基本以陡峭的石山外沿与一道由人工砌筑的石墙围合而成，其外四周即为庄田区。

（一）生活区。其又分为庄宅区和休闲区。

庄宅区主体建筑为一组中轴对称逐级抬升的分散式三进院落，由山门、前殿、后殿和左右两侧廊庑组成，分布在依次抬高的三级台基上。第一级台基遗存破坏严重，前端外侧应有山门，惜门址破坏不存。第二级台基上为三合院建筑，中间靠后为前殿，左右两侧为廊庑，前殿位置现为茅衙寺天王殿。第三级台基呈后高前低的斜坡，其上为一组三合院建筑，台基靠后中央为后殿，东西两侧紧挨为通道，再往外侧为廊庑，后殿与两侧通道正前边为排水沟，排水沟前及两侧廊庑中间为宽阔的庭院。在主体建筑第二级台基东侧发掘出宽约3.1米底部铺设石板的通道，主体建筑第二台基西侧的玉米地中发掘出部分铺设石板的庭院，惜破坏严重，这两处遗存基本格局和功能不明。

休闲区主要是园林景观，分自然景观和人造景观两类。自然景观由庄宅北侧和东侧的三座秀丽的石山及山下的两处溶洞组成。人造景观由庄宅西南侧的1处水池和东北侧石山上的数条交错分布的游览道路、1座石拱桥、6块奇石、2处平台、1处三层的观景房建筑基址等组成。

庄宅区生活饮用水来自于庄宅西侧山坡，由数节凿成“U”形石槽的石条榫卯相接将水引至庄宅西侧人工修建的石屋水井内，山坡上引水石笕旁有破坏严重的建筑遗存，据其位置推测为水源管理用房。

（二）庄田区。遗存主要为横亘于庄田之间的灌溉渠。

生活区外为庄田，地势平坦，土地肥沃。砌筑有两条石渠将庄宅北侧大山山水引入庄田，在庄宅东北侧汇成一条，横亘庄田而过，最终注入喇叭河。渠壁底部有水眼将水引入两侧的农田实施灌溉，该沟渠兼具排洪作用。

茅衙遗址出土遗物主要为大量建筑构件，少量青花瓷片。集中分布在石山东北坡观景房建筑基址，茅衙寺下庄宅区以及庄宅西侧山坡上引水石笕旁的建筑遗存三处，其他区域仅有少量分布。建筑构件数量庞大，保存较差，主要是板瓦、筒瓦、勾头、滴水、瓦当、脊砖、普通青砖等。

经发掘确认，茅衙遗址叠压于茅衙寺基址之下，所出建筑构件与海龙囤新王宫遗址完全相同，系明代播州杨氏第三十世土司杨应龙为其妻田惜玉所建，且与平播后被建为茅衙寺的文献记载相印证。

庄田，是播州杨氏土司最基本的经济形态。为对庄田实施管理，修建有庄宅，而在环境优美之地，庄宅往往兼具休闲居住功能。茅衙遗址为一中轴线对称三进院落，同时配有自然景观和人工园林景观，而在庄田区，保存有灌溉渠。是目前发现保存庄田、庄宅、灌溉、园林等要素最完整的一处播州杨氏田庄遗址，对研究明代播州杨氏庄田经济、水利设施、庄宅格局、景观园林等有着重要意义。

（李　奎　周必素）

【毕节市辅处河先秦至两汉时期遗址】

调查时间：2020年10～12月

工作单位：贵州省文物考古研究所

毕节市辅处河的发源是草海，系长江支流横江上游，呈“S”形由南向北的辅处河，是赫章县与威宁县的界河，河西为威宁县羊街镇双河村和车边村，河东为赫章县辅处乡辅处村。辅处河两侧形成宽窄不一的冲积平地，平地周边为坡度较缓的阶地，在阶地背后则是一道道山梁和小沟壑，形成地理生态环境相对优越的开阔平坦之地。

1958年，当地在兴修水利工程中，于罗锅寨后面的山梁上挖到一面石寨山型铜鼓。70年代又调查发现石器、陶器、青铜器和铁器等文物。

本年度对赫章县辅处乡辅处河两侧阶地进行了详细的考古调查勘探工作。在河流两侧的赫章县辅处村和威宁县羊街镇的车边村、双河村等地共发现东周秦汉时期遗址和墓地28处，包括遗址15处和墓地13处，采集陶器、石器和汉砖等数十件。

15处遗址中有4处属赫章县辅处乡，11处属威宁县羊街镇。遗址均分布在坝子四周的一级缓坡台地上，多数遗址分布与现在村民居住地重叠，破坏严重。保存相对较好的遗址有潘家寨和赫地坪子遗址。地层堆积厚薄不一，最厚处150厘米。13处墓地有2处位于赫章县辅处乡，分别是罗锅寨墓地和小河寨后山墓地。另11处皆位于威宁县羊街镇。墓地规模一般较小，许多地区地面均能采集到汉砖，但没有发现保存相对完整的汉代砖室墓。采集遗物有铁刀、磨石、石锛、石刀残件、石镰、石箭镞和夹砂陶片、汉代瓦片、汉砖等。陶器器形有瓶、罐之类。

此次在辅处河两侧面积约3平方公里的范围内发现先秦至秦汉时期遗存28处，是贵州夜郎考古取得的重要新收获。

（张合荣　韩　东）

云南省

【沧源县农克硝洞旧石器时代遗址】

发掘时间：2019 年 10 月 ~2020 年 1 月

工作单位：云南省文物考古研究所、临沧市文物管理所、沧源县文物管理所、云南大学、武汉大学、山西大学

农克硝洞遗址位于沧源佤族自治县勐省镇农克村委会以南约 2 千米处的二叠纪岩厦型洞穴地点，中心地理坐标为北纬 23°17′49″、东经 99°29′42″，海拔 1310 米，离洞口约 15 米的贺猛河为澜沧江的二级支流。现为云南省重点文物保护单位。该遗址为 1981 年第二次全国文物普查期间发现，当地村民因挖肥料和挖土熬硝制作炸药，破坏了上部 1 ~2 米厚的文化层，大量石器和动物化石因此出露地表。此后云南省博物馆张兴永作了简要报道。2004 年起，云南省文物考古研究所开展基建考古调查期间陆续采集到“独特的”石器标本。2008 年临沧市文物管理所和云南省文物考古研究所进行了勘探。此后确认硝洞的石制品是更接近东南亚“和平文化”的一套组合，且年代可能较早。2015 年初，在 2008 年探沟的基础上作进一步的勘探采样，获得了新的更老的年代数据。2015 年末在 *Quaternary International* 发表初步研究结果，认为硝洞旧石器组合属于东南亚国家普遍存在的“和平文化”的初步研究成果，是亚洲最古老的“和平文化”遗存。到目前为止，我国境内只在澜沧江流域发现此类文化遗存。

2018 年和 2019 年云南省文物考古研究所分别组织了联合发掘。2018 年发掘面积 16 平方米，发掘深度为 3 米，2019 年再次发掘，深度达 6 米，文化层尚未到底。两次发掘严格遵守田野考古操作规程，配足多学科研究专家开展科技考古，全程用数字考古平台记录数据，坚持每一水平层完成三维建模。两次发掘共完成 14 个自然层、60 个水平层，厚度达 6 米。出土人牙 3 枚，骨环 1 件，石制品 5000 余件，动物化石数万件（其中大部分是小哺乳动物化石）。石制品技术从上到下也见变化，但显示石制品从上至下精品逐渐减少。发掘还发现大量的碳屑、烧骨和灰烬层。

初步测定年代 3 米以上的文化层已到达 AMS^{14}C 测年的极限 4.5 万年。据 2018 年勘探采集的光释光样品的初步测定结果判断，6 米深处的年代估计已达 10 万年。这一初步结果无论是时代的连续性还是文化层的厚度在国内外都属罕见。该遗址的发现、发掘和研究，对东亚现代人起源、扩散和多样性的演化，晚更新世以来气候变化等的研究都具有重要意义。

（吉学平　汪彪彪　杨　青）

【鹤庆龙潭旧石器时代遗址】

发掘时间：2019 年 11 月 ~2020 年 1 月

工作单位：云南省文物考古研究所、大理州文物管理所、鹤庆县文物管理所

龙潭遗址位于大理白族自治州鹤庆县黄坪镇财丰村委会定光自然村簸箕湾以北

约20米处的缓坡耕地内。龙潭遗址发现于2010年，2013～2016年，云南省文物考古研究所对其开展了多次调查和勘探，并在遗址区地表采集到大量石制品。近年来，由于耕作取土和雨水冲蚀等方面原因，遗址文化堆积破坏情况严重，为了更好地对遗址实施保护，并获取更为丰富的遗迹和遗物信息，对遗址进行考古发掘，发掘面积50平方米，最大清理深度为3.66米。

受近现代耕作活动的破坏，遗址文化层破坏情况严重，发掘显示目前残存的文化堆积主要分布于遗址所在缓坡耕地的南部区域，其分布范围约300平方米。遗址的原生文化层（第③层）为红褐色砂质粘土，最厚处约85厘米，包含大量石制品和少量炭屑。

遗址出土了丰富的石制品材料，其中文化层共出土石制品3487件。出土石制品以青灰色的石英正长斑岩为主要原料，另有少量石制品以安山岩、花岗岩和玄武岩等原料打制而成。遗址发现的石制品多以中型砾石为原料。石制品的类型包括备料、石核、石片、工具和废品，属石片石器传统，在重量和尺寸上以中小型标本为主。

遗址文化层出土石制品中共包括备料100余件、石核200余件、石片900余件、工具200余件和废品（断块和残片等）1000余件。石核的类型以锤击石核为主，另有少量砸击石核，锤击石核中还包含相当比例的石片石核和盘状石核。石片以锤击石片为主，另有少量砸击石片，锤击石片中还包括部分长石片和背面片疤呈向心分布的盘状石核石片。遗址出土工具的类型较为丰富，包括刮削器、凹缺器、锯齿刃器、尖状器和钻具等，其中刮削器占主体地位，刮削器中还有部分以厚石片为素材的陡刃刮削器。

遗址光释光测年数据显示其文化层的年龄距今6万～5万年。总体而言，遗址新出土的这批石制品材料表现出多样化、进步性的石核剥片技术，稳定成熟的工具加工技术，以及类型丰富的工具组合特点。这些技术特点在金沙江中游地区表现出了较强的区域性、一致性，以及与国内其他地区相比较的独特性。

龙潭遗址的发掘为我国西南地区晚更新世以来技术传统的多样性研究提供了重要素材，对西南地区现代人及现代行为出现和发展的研究，抑或本地人群技术和行为发展轨迹的研究提供了新的重要线索。

（阮齐军）

【耿马芒嘎新石器时代及明清时期遗址】

发掘时间：2020年5～10月

工作单位：云南省文物考古研究所、临沧市文物管理所、耿马县文物管理所、凤庆县文物管理所

芒嘎遗址位于耿马县勐简乡勐简村芒嘎组以东的一处台地上，南毗邻一条东西流向的冲沟，西北距南汀河约1千米。遗址东西长约530米，南北宽220米，面积约11万平方米。永勐高速公路建设影响到遗址的部分区域，此次发掘为遗址受影响区域内堆积较好位置，发掘面积9600平方米。

由于发掘区面积大，地层堆积不尽相同。大致分为三层：①层耕土层，现代人活动层；②层为明清时期文化层，土层内含大量硬陶、铁器、砖等遗物；③层出土夹砂陶片，石料、石斧等石器，同时也夹杂有硬陶、瓷片、铁器等质地的器物。应该说第③层可能是一层被晚期扰乱严重的早期文化层。

遗址发现的各类遗迹128个，类型有灰坑、沟、炼炉、墓葬、房址、砖窑等，以灰坑和沟为大宗，此外还发现大量分布无规律的大小不一的各类柱洞。遗迹现象一般开口于②、③层下，相互之间打破关系少。灰坑34个，大部分填土颜色深，包含物有夹砂陶片、硬陶、石器、陶器、瓷

器等。沟是遗址发现最多的一种遗迹现象，达67条。沟长短不同，宽窄不一，走势整体呈东高西低状，与台地的走向一致。沟的形状有长条状、“L”形、“Y”字形、“十”字形等，以长条状最多。炼炉15座，形状以长方形为主，部分呈不规则形，红烧土结节明显，部分炉窑有工作台面。炼炉填土中夹杂有红烧土块、炭屑、炼渣、硬陶片等。墓葬9座，以长方形竖穴土坑墓居多，随葬品以陶器、瓷器为主。此外，还发现一座房址和两座砖窑。

遗址发现的遗物983件（套），有石器、陶器、铜器、瓷器、铁器、铅制品等，以石器和陶器为主，器形有石斧、石锛、石箭镞、石刀、石锤、砺石、石环、陶釜、陶罐、陶杯、陶纺轮、陶网坠、陶烟斗、铜镊子、铜炼渣、瓷壶、瓷碗、瓷烟斗、铁刀、铁环、铅网坠等。遗址出土的遗物，明显地分为新石器时代—青铜时代早期和明清时期两个不同的时间段。

经过发掘，确认了遗址的年代、地层堆积、文化性质等。芒嘎遗址应该是一处新石器时代的临江台地遗址，后面由于南汀河发大水，居民被迫迁徙，直到明清时期，遗址又再次被利用起来，开辟为当地少数民族的村寨，类似于明清时期滇西南很多俗称“古城址”的聚落遗址。这种聚落遗址，四周有一条大环壕，使之成为独立的地理单元，可以起到防火、防水、防野兽的功效。芒嘎遗址是一处云南新石器时代考古难得一遇的大型遗址，从新石器时代跨度到明清时期，出土器物形制多样、遗迹类型丰富，对研究南汀河流域甚至滇西南地区的民族、文化、历史具有重要价值。

（胡长城）

【剑川海门口新石器时代至青铜时代遗址】

发掘时间：2019年10月～2020年1月

工作单位：云南省文物考古研究所、四川大学考古学系

遗址地属剑川县甸南镇海虹村，位于黑潓江河滨以及江边台地。此次发掘是遗址的第七次考古工作，发掘面积为500平方米。发掘区位于海尾河（黑潓江）西岸台地，分为南、北两个部分，南部探方群（15个探方）东距2016年度发掘区15米，北部探方群（5个探方）位于2016年度与2017年度发掘区之间。

南部探方群文化堆积平均深度超过2米，遗存分为四个大的时段。以CT5652为例：该探方第12～32层多为新石器时代人工垫土薄层，其间分布有房址、灰坑、灰沟、烧土堆等遗迹。第8～11层为青铜时代地层，有个别墓葬以及灰沟等少量遗迹，出土物较少。第5～7层为大理南诏时期遗存。第4层以上为元明及其后遗存。北部探方群地层东厚西薄，堆积年代与南部相仿，但缺乏大理南诏时期遗存。

本次发掘共清理灰坑340多个、灰沟50余条、房址8座、墓葬3座、窑1座、烧土堆5个以及大量柱洞及柱洞状遗存，出土铜、铁、石、陶等各类小件600余件，陶片8万余片。遗迹单位多属于新石器晚期。房址以干栏式建筑为多，有1座半地穴式房屋。灰沟多为形制规整的沟渠，分属新石器晚期和青铜时代晚期。陶窑和屈肢葬墓葬在遗址均属首次发现。

除发掘外，考古队继续在剑川坝子进行调查、钻探工作，调查面积约0.51平方千米，并在多个断面进行了观察、记录和环境土样采集。

本年度的主要收获有：基本弄清河西台地区域聚落的历时性变迁。连续四个年度对河西台地的发掘表明，遗址新石器晚期偏早阶段遗存分布于台地前缘局部地区，偏晚阶段遗存扩大到台地大部分区域，这一时期的核心区就在本年度南部探方群所在位置。堆积厚度、遗迹密度都属历年之最，十余个人工垫土薄层更反映出人类活

动极为频繁。青铜时代居址逐步东移向河滨，台地逐步成为墓地所在；对遗址早期聚落的特点以及人与环境的互动有了深入认知。发掘表明，台地北部新石器时期原始地貌呈西高东低的阶状（2016—2019—2017 三个年度发掘区逐级下降），本年度发掘区东北缘坡状下行与 2017 年度发掘区相接，其间存在一条西北—东南走向的大型自然冲沟。而台地南部区域整体西北高、东南低，高差远较今日为大，故地表径流也多自西北高地东南向汇入河中，这深刻塑造了早期聚落多呈西北—东南向条带状分布的格局。而南部探方群发现的“小沟渠—构建大型沟渠—大沟填平—再建大型沟渠”这一过程也展示了遗址自新石器时代晚期到青铜时代晚期气候变迁的动态图景。

（闵 锐 何元洪）

【巧家县三棵树新石器至青铜时代墓地】

发掘时间：2020 年 4 ~7 月

工作单位：云南省文物考古研究所、昭通市文物保护考古研究所、巧家县文化馆

三棵树墓地位于昭通市巧家县白鹤滩镇七里社区。墓地所处的地貌为江边台地，相对平缓的台地内地势略有起伏。金沙江从墓地西侧约 2 千米处蜿蜒流过。为配合白鹤滩水电站建设，对墓地进行了考古发掘，发掘面积 5500 平方米。发现早期墓葬 14 座，出土器物 46 件。

14 座早期墓葬根据形制可分为竖穴土坑墓和石棺墓两类。其中 M3 的形态介于两者之间，M3 墓内四壁围有不封闭的石板和石块，无盖板。竖穴土坑墓 11 座，石棺墓 3 座。从层位关系来看，竖穴土坑墓要晚于石棺墓。这批墓葬主要分布在起伏地势的低处，墓葬之间间隔较大。两种类型的墓葬均为长方形小型墓，长度一般在 2 米左右，宽度在 0.6 米左右。石棺墓除底板外，其他五面的石板俱全。两种墓葬的人骨均保存较好，葬式大多为仰身直肢葬，个别墓葬左小臂弯曲置于腹部。随葬品均为陶器，大多放置于头部两侧或是脚端。石棺墓 M10 发现有在遗体表面放置石块的现象。

早期遗物以陶器为主，绝大多数出土于墓葬中。陶器多为夹砂陶，胎心褐色，某些陶器表面呈黑色并磨光，纹饰多为用篦类工具制作的篦点纹、波浪纹、螺旋纹等，某些纹饰显现出衬花工艺。器形有壶、罐、杯、盏等。另出土 1 件较残的穿孔石刀。

根据墓葬形制和随葬器物初步判断巧家三棵树墓地的年代大体属于新石器晚期至青铜时代中前期。三棵树墓地在文化内涵方面与位于县城的巧家小东门墓地以及上游东岸约 50 千米的巧家段家坪子墓地存在联系但亦有差异。

（万 杨 邓国戈 余腾松）

【玉龙县为都青铜时代墓地】

发掘时间：2020 年 7 ~9 月

工作单位：云南省文物考古研究所、丽江市文物管理所、玉龙县文物管理所

为都墓地地处玉龙雪山北麓大具坝的一处南北向台地上，当地人称“中梁子”，属玉龙县大具乡头台村委会为都村民小组管辖，发掘面积 2300 平方米。墓地地层堆积相对简单，表土层下即为生土（砂石），所有遗迹均开口于表土层下，并打破生土。

共清理遗迹 155 个，其中墓葬 79 座、瓮棺 5 座、房址 7 座、灰坑 14 个、沟 2 条及无规律分布的柱洞 48 个。根据遗迹间打破关系和出土遗物形态，可将为都墓地的遗存分为早、中、晚三期：早期遗存数量少，仅有少量陶片，这些陶片均出于中晚期的遗迹中；中期遗存以房址、灰坑、瓮棺葬及其出土遗物为主；晚期遗存以土坑、石棺墓葬为主，墓葬最深达 5 米。房址有

方形和长方形两种。均仅存柱洞，不见活动面，推测为杆栏式建筑。灰坑多为圆形，大小不一，有袋形坑。瓮棺葬，位于房址内部或周边，上半部均被破坏。葬具为陶罐，罐口朝下，底朝上放置，罐内有小孩遗骨，不见随葬品。陶罐火候不高。墓葬可分为石棺墓和土坑墓两类，79 座墓葬中土坑墓 58 座，石棺墓 21 座，出土人骨的最小个体总数在 440 个左右，数量极多。土坑墓根据形制可分为长方形、圆形及不规则形三类，大部分土坑墓内分层埋葬若干层人骨，每一层内有 1 ~ 2 具完整人骨，周围放置二次葬人骨，最多可达 6 层，仅少部分土坑墓埋藏一次葬人骨一具。石棺墓均先挖墓圹，以砂石板结形成的硬面为底，四壁用石板围砌，放入尸骨和随葬品后再盖上石板，最后回填入土。

发掘出土石、陶、铜、牙、海贝、石饰珠、金等各类编号小件、标本共计 1000 余件（套）。石器以打制石器数量较多，磨制石器较少，有斧、锛、刀、镯等。铜器 40 余件，无大件铜器，多为铜镯、小铜管、牌饰、项饰等装饰品。牙饰件 3 件，动物獠牙加工而成。随葬品中还有鹿或牛、猪、羊的肩胛骨。

依据材料进行分析研究，为都墓地发掘的收获和价值归纳如下：发掘出土了数量极多且保存状况较好的人骨，在西南地区极为少见。对这些人骨进行深入、细致的研究，将使我们更准确地认识为都墓地的葬俗，也有助于了解为都墓地的族属、生业模式；通过对墓葬间叠压打破关系、遗物的初步梳理，并与周边其他墓地、遗址出土物进行对比，基本明确了房址、灰坑和瓮棺葬的年代稍早，年代大致在距今 3600 年。石棺葬和土坑葬年代大致为距今 2800 ~ 2400 年；一个墓坑里分层埋葬是这个墓地的特点，且每一层有 1 至 2 具或更多具一次葬遗骸，在其周边放置有多个二次葬遗骨，一个墓坑里最多有 6 层葬，这种特殊葬俗在国内是首次发现；发掘为金沙江流域青铜时代考古、西南地区石棺葬和这一地区古代族群活动和文化传播的研究提供了新资料。

（闵　锐　周毅恒　杨志坚）

【晋宁河泊所遗址】

发掘时间：2020 年 9 ~ 12 月

工作单位：云南省文物考古研究所、晋宁区文物管理所

河泊所遗址位于昆明市晋宁区上蒜镇，为弄清楚前期勘探发现的台地 6 的堆积情况和性质，对其进行考古发掘，发掘位置位于河泊所村和下西河村之间，围绕着台地 6 东部边缘进行布方，发掘面积 1000 平方米。

遗址发掘共清理遗迹 330 个，包括不同时期的房屋基址 12 座，灰坑 72 个、墓葬 31 座、人骨堆 2 处、火葬墓 21 个、沟 16 条、田块 7 块、道路 5 条、河道 1 条、水井 6 眼、活动面 65 个、硬面 62 个、灰烬面 15 个、垫土 13 处，陶片堆和灶各 1 个。

出土遗物小件 320 件，包括铜器（铜盆、铜镞、铜钱、铜饰、铜钉）、铁器（铁刀、铁环、铁钉）、陶器（完整的罐和釜、纺轮、弹丸）、石器（石锛、磨石、石范）、玛瑙玉器（玛瑙扣，玉珏）、骨器（骨镞、骨锥、骨针）等文化遗物。同时，采集了铜炼渣、玉石料、大量的骨骼、陶片，及浮选、植硅体及环境土样。根据现场湿筛、浮选和鉴定，动物骨骼至少包括牛、猪、羊、鹿及丰富的鱼类和螺蛳，植物遗存至少包括小麦、稻等农作物。

这些遗存主要包括三个时期。晚期的明清时期遗存、中期的汉代（主要是西汉中期至东汉时期）的遗存以及早期（西汉中期以前）的遗存，其中西汉中期以前的遗存未发现典型的汉代绳纹瓦片和泥质灰陶，出土陶片以夹砂陶和夹石灰石陶为主，

其时代最早可至商末周初。

此次清理发掘的墓葬，从遗迹现象分析，该台地不是聚落分布密集的区域，在台地的东北边缘均有墓葬或者人骨分布，表明各个时期内，冲积平原地带也有墓葬分布。这些墓葬和人骨遗存的发现，丰富了我们对滇池东南岸墓葬分布规律的认识。

（蒋志龙）

【大理太和城遗址】

发掘时间：2020 年 9～12 月

工作单位：云南省文物考古研究所、大理州文物管理所、大理市文物管理所

太和城内城坐落于德化碑西南侧的冲积扇缓坡上，坐西向东，东西长 210、南北宽 150 米。内城西部有一人工修筑的夯土台基，南北长 110、东西宽 50 米，台基高于东侧地表约 4.5 米。发掘面积 1000 平方米，揭露南诏时期建筑基址 2 座、排水沟 2 条、石墙 4 道、护墙 3 道、水池 1 处、坑 1 座，出土有字瓦、陶器及釉陶器等标本器物 750 余件。

三号建筑基址坐落于夯土台基正中，依地势坐西朝东，由正殿、北廊、南廊三部分组成，面阔 45.5、进深 14.8 米。北廊保存较好，平面形状为曲尺形，东西向突出部分长 8.1、宽 5.8 米，南向拐折部分长 15.8、宽 7.7 米。廊基由石块垒砌，东侧保存较好，高 0.7 米。廊基上垒墙，墙宽 0.5 米。沿廊道内侧边分布有磉墩及柱础石，均由石块及石板构建，间距 2、3.5、3.9 米不等。北廊拐角处有凸出角楼，南北长 4.1、东西宽 2.2 米。北廊北侧有排水沟，长 17.8、宽 0.45、深 0.35 米。北廊西侧有一水池，长 1.5、宽 1.2、深 0.8 米，出土多件陶罐。

与北廊对称分布的南廊保存较差，仅残存部分石墙。南廊拐角处亦有角楼，角楼长 4.5、宽 2.2 米，角楼内有一坑，坑壁垒石，填土为灰黑色粉砂土夹杂炭屑，坑内发现釉陶行炉 1 件。南廊北部发现一条东西向排水沟，南廊西墙基压于沟上，该沟或以暗沟形式穿过南廊。

南廊与北廊之间为正殿，正殿保存较差，台基范围已不存，仅残留部分磉墩。根据南廊、北廊间距及磉墩位置来看，正殿应为方形，面阔 14.8、进深 14.8 米。磉墩直径约 1 米，大多填充石块，部分进深间距为 3.9 米。

三号建筑倒塌堆积内包含有瓦片、砖块等，板瓦长 40、宽 20～23.5、厚 1.5 厘米，出土有“八官王”、“羅已”、“李政造”、“瓦铎君”、“囚徒”等有字瓦。发现瓦当滴水极少，但从少量的绿釉滴水、鎏金铜饰等可见三号建筑等级较高。

三号建筑基址北侧并排分布有一台基，南侧间隔 2.5 米分布有四号建筑基址。四号建筑平面呈长方形，面阔 15.4、进深 15.6 米，西侧有回廊，廊宽 3.5 米。四号建筑墙宽 0.45～0.55 米，局部台基残高 0.6 米。基址倒塌堆积内有较多瓦片，发现有“十官左□莫”、“官菖奴羅”等有字瓦。

三号建筑北侧台基、三号建筑、四号建筑并排分布于内城西部夯土台基上，三号建筑居中。三号建筑南北两侧对称分布有廊道，是一处等级较高的建筑。

（朱忠华　王艺乾　昂文亮）

【大理五指山遗址】

发掘时间：2020 年 1～7 月

工作单位：云南省文物考古研究所、大理州文物管理所、大理市文物保护管理所

五指山遗址位于大理市太和街道阳南村西，北距南诏都城太和城 600 米。发掘面积 6000 平方米。遗址分为四个发掘区，发现主体遗存为南诏时期，共揭露建筑基址 14 座、夯土台基 2 处、磉墩 155 座、石

墙63道、踏道3道、沟23道、砖瓦窑2座，出土瓦片40余吨，瓦当、滴水、鸱吻、有字瓦、陶器、釉陶器等8100余件，支钉、垫片9200余件。

一号建筑基址坐落于扇顶地势开阔处，依山势坐西向东，东西长41.5、南北宽20.6米，由大殿、南北廊道、天井、门廊、南北阙台、院内平台、大门等组成独立院落。大殿面阔三间9.9米、进深三间11.6米，分为西高东低的两台，高差1.3米。大殿东向洱海，正对洱海东侧独立山体红山。大殿东接南北廊道，廊宽4米，廊道内侧各有一排磉墩，每排五个。南北廊道与天井东侧门廊直角相连，门廊南北两侧拐角处对称分布有南北阙台。门廊东侧为两层院内平台，有台阶穿过平台直通大门。基址上出土有莲花纹、兽面纹、法轮纹瓦当，火珠纹、卷云纹滴水，发现有佛像、塔模、陶瓶、釉陶鸱吻等器物，以及“官家舍利”、“官廿七年”、“官廿九年”、“九年大和苴”、“斗”、“善净”、“奴行”、“白奴”、“佺善”等有字瓦。

一号建筑基址南侧有一夯土台，北侧为附属生活居住区，发现多座小型建筑基址以及台阶、踏道、水池、排水沟、护墙等遗迹。

二号建筑基址为塔基，由塔身、基座、台阶三部分组成，总体平面形状呈“回”字形。塔身以石块及红粘土垒砌，南北长4.6、东西宽4.1米。基座南北长8.6、东西宽8.8米，基座上有回廊，回廊东半部以残砖铺地，西半部有大量砖瓦、石块堆积。塔基南侧有曲尺形台阶。塔基上出土有莲花纹、兽面纹、法轮纹瓦当，发现有塔模、善业泥印模、釉陶香炉等器物。

三号建筑基址坐西向东，东西长33.5、南北宽28米，由大殿、朵殿、南北廊道、天井、门廊等组成独立院落。大殿居中，平面略呈“凸”字形，面阔12、进深11.7米。大殿南北两侧有方形朵殿，边长4.8米。大殿东侧有南、北廊道对称分布，廊宽3.3、长20.35米。南北廊道与天井东部门廊直角相连。有步道从门廊直通大殿，步道两侧以砖块镶边。院内散水均以青白两色卵石交错镶嵌成三角图案。三号建筑四周均有排水沟环绕，排水沟以石板铺底、以石板及石块镶边，垒砌规整。基址上出土有法轮纹、兽面纹瓦当及柿子蜘蛛纹滴水。

十一号建筑与三号建筑南北并列，由大殿及两层院内平台构成独立院落，东西长30米，南北宽21.3米。西侧大殿面阔8.9米，正对洱海东侧一独立山体，大殿南北两侧残留有廊道。十一号建筑下叠压有十四号建筑，面阔五间18米、进深三间9.5米，柱坑较为深大、底部多有垫石。

遗址东部第四发掘区出土大量支钉、垫片、印模、陶垫等窑具及烧造的釉陶残次品，是南诏时期生产砖瓦建材及釉陶器的窑址区。五指山遗址北距南诏都城太和城仅600米，从建筑结构及出土遗物来看，五指山遗址是太和城的重要寺庙功能区。一号建筑大殿基址上发现“官家舍利”有字瓦，或与南诏王室舍利供奉有关。揭露的多座建筑均由正殿、南北廊道、门廊等组成独立院落，由多座分散布局的院落构成一个寺庙建筑群，呈现多院式分散布局的特点。以第一、三发掘区为核心的遗址区域已进行原址保护。

（朱忠华　杨　森　昂文亮）

【耿马城子村明清时期遗址】

发掘时间：2019年11月~2020年4月

工作单位：云南省文物考古研究所、临沧市文物管理所、耿马县文物管理所

城子村遗址位于临沧市耿马县勐撒镇城子村，发掘面积7000平方米。遗址地层堆积简单，第①层为现代耕土层，第②层为近现代文化层，第③层为明清时期文

化层。

发掘共清理灰坑 62 个、柱洞 192 个、房址 8 座、沟 80 条、墓葬 161 个。灰坑多为椭圆形和圆形，有袋形坑，如 43 号灰坑，位于城址内，开口于②层下，为形制规整的袋状坑，平面呈椭圆形，口径 0.65～0.72 米，圜底，底径 1.22～1.28 米，深 0.83 米。墓葬多为长方形竖穴土坑，如 9 号墓葬，墓长 1.18、宽 0.8、深 0.34 米，随葬品 6 件，放置于墓坑底部一侧。偏洞墓 3 座，为 77、79、95 号墓葬，如 77 号墓葬，东部深 0.4 米，西部墓口向下 0.15 米时向西延伸，确认为竖穴土坑偏洞室墓，墓底有二层台，洞室在西部，高 0.53、进深 0.6、宽 0.6 米，出土葫芦瓶（残）1 件，瓷碗（残）1 件，瓷片二片，无骨骼保存。

城址发掘区位于东南角处，发掘区内东城墙长 13.8、宽 8.35 米；南城墙长 52.3 米，宽约 6.2 米；城墙现存最高约 1.5 米。城墙叠压于②层下，起建于③层层面。经发掘解剖确认，修筑城墙之前首先平整地面，将部分低洼区域垫土夯平之后再用石块砌筑墙基，墙基通长 65.5、宽 1～1.5 米，墙基在城墙东南角和南墙中部分别向外突出，可能与角楼和马面有关，墙基筑好后再堆土夯筑墙体。夯土以黄褐、灰褐亮色为主，土质紧密，夯层厚 10～20 厘米不等。城墙下叠压有灰沟、灰坑、墓葬等遗迹。东城墙外为断崖，城墙顶部与断崖底部最大高差接近 5 米，断崖陡直，可能经人为加工。南城墙外为城壕，地表可见，长约 52.8、宽 2.7～4.1、深 0.9～1.5 米，沟内堆积仅一层，为灰褐色粉沙土，较疏松，夹杂零星炭屑和较多植物根系，出土少量瓦片、陶片和瓷片。

发掘共出土编号小件器物 369 件。陶器 125 件，瓷器 163 件，金器 2 件，竹编器 5 件，铜器 50 件，银制品 8 件，石器 6 件，铅制品 2 件，玛瑙 1 件，铁器 7 件。另外在城址部分还出土瓦片 18300 余片，砖块 1200 余块。砖、瓦均为青灰色，火候良好。

清理的城墙年代为清晚期，城墙夯土内出土有光绪通宝，其下叠压有明代竖穴土坑墓、沟、灰坑等遗迹。这道城墙南部约 60 米处还有一道城墙，此墙年代应该更早一些，约为明代，墙外也有壕沟。墓葬年代为明清至近代，大部分墓葬年代为明代。偏洞墓为云南这一时期墓葬的首次发现，较为重要；随葬品中的葫芦形陶瓶也独具地方特色；近代墓葬中随葬印度卢比，说明这一时期这一区域同缅甸、印度存在经济上的交流，也证明了临沧地区同缅甸间有交往的通道。

通过对遗址的发掘，可以得到有关明清时期临沧地区城市建筑、墓地选址、葬俗等方面的新材料，发现的遗迹、遗物为研究城市布局、建筑结构、建造方法及建造年代等增添新的实物资料，为了解临沧地区明清时期生产生活状况、社会结构、对外交流等提供了信息。

（闵　锐　叶荣波　周毅恒
邱开卫　罗卫东）

【耿马勐永大坟坝明清墓地】

发掘时间：2020 年 3～4 月

工作单位：云南省文物考古研究所、临沧市文物管理所、耿马县文物管理所

墓地位于临沧市耿马县勐永镇。勐永镇政府所在地东距芒佑村约 6 千米，墓地位于芒佑村委会李倮村西的坡地上。发掘前，地表可见有陶片、残砖、瓦片、石相生及残片、青花瓷残片、大理石制墓碑残片、盗洞等，墓葬多次被盗，据出土物初步判断墓地年代为明清时期。发掘面积 1600 平方米。地层堆积简单，现在耕土层为第①层，第②层为明清时期文化层。墓葬开口于第①层下，打破第②层和

生土。

大坟坝墓地发掘共清理墓葬6座，其中4座为夫妻合葬墓。6座墓均为火葬，烧骨放置于陶、瓷罐内，陶瓷罐又放置在葬坑底部；随葬品放置于葬坑内或葬罐内；因为扰动较大，可以判断4座合葬墓前均有神道和石像生，这4座墓葬还设有甬道。

发掘共出土编号小件器物110余件，墓葬石质构件800余件，瓦片14万余片，陶、瓷片4000余片。

此次大坟坝早期遗址调查区域位于耿马县勐永镇勐永村南侧，李倮村西侧土司墓群周边。调查查明大坟坝区域遗址分布面积约为20万平方米，主要分布区域有两处，一处在大坟坝墓地区域，另一处在其西部山下缓坡地带。

顺利进行6座墓葬的抢救性清理发掘，下层堆积没有全部进行发掘，墓葬清理完成后进行回填保护。完成对大坟坝墓地及周边96万平方米范围的调查，调查记录应用云南省文物考古研究所调查管理平台进行数字化管理，取得较好成果；经过野外调查和发掘工作，发现大坟坝作为耿马罕氏土司家族墓地之前，已经有人在此生产生活，可能为勐永坝区城子村建城以前的老城址所在。基本弄清罕氏土司家族上、下两块墓地的早晚关系，下面的早，坡上的晚；通过对地层、遗迹和遗物的初步梳理，并与周边其他遗址出土物对比，基本明确大坟坝墓地和遗址的年代为明清时期；清理的其中4座墓葬基本按照朝廷官职规制营建，墓葬的布局基本完好，丧葬方式中可见儒、释、道等多种文化因素；积极运用新技术，更加全面地获取遗存信息，将为明清时期这一区域人类生产生活状况、社会结构、丧葬习俗、民族文化等后续的研究提供更多资料。

（闵　锐　邱开卫　罗卫东）

【建水窑遗址】

发掘时间：2020年7~9月

工作单位：云南省文物考古研究所、红河州文物管理所、建水县文物管理所、北京大学

建水窑遗址位于红河州建水县临安镇碗窑村，1982年文物普查时发现，1987年公布为云南省第三批省级重点文物保护单位，遗址现保护面积为130.58亩。

本年度对建水窑遗址进行主动性考古发掘。此次发掘是建水窑址首次进行考古发掘，发掘地点集中在碗窑村下窑区，以湖广窑、洪家窑两处地点为主，并对大新窑、高家窑进行了调查试掘。发掘面积500平方米，共揭露明清窑炉3座，清理灰坑7处、灰沟4条、匣钵墙2条，出土大量瓷片及窑具标本。

洪家窑地点发掘的1号窑为砖砌小型龙窑，靠近窑尾处可见窑壁经两次翻修的痕迹，残长10.9米，残宽1.65米，坡度9.5°。1号窑活动面东侧为一处地势较低洼的大型冲沟，沟内均密集填埋大量瓷片，是1号窑的窑业堆积。

湖广窑地点的两处窑炉遗迹中，2号窑主要揭露出窑床的尾部，是一处大型龙窑的局部，清理窑床长4.6、宽3.8米，坡度10°。2号窑推测由单砖砌筑窑壁，外围用废窑砖、石块、较为完整的青瓷盆罐等砌成护窑墙，护窑墙尚存两重，表明此窑曾经改建过，两侧还各保存有带八字形摆手的窑门一座。3号窑与洪家窑形制相似。

发掘出土的遗物有淡青色的青瓷和青花瓷，兼有少量酱釉瓷器。青瓷器类包括碗、盘、盘口罐、堆塑纹火葬罐、小壶、擂钵等，以及砌筑2号窑护窑墙所用大型青瓷罐、盆、坩埚。青花器类包括碗、盘、瓶、高足杯、香炉、盆、罐等。器类总体以日用器具为主，还有少量炉、花瓶座、净水碗等花香用具以及青瓷盘口罐、堆塑

纹和青花火葬罐等葬具。

大兴窑和高家窑两处地点试掘的最下层遗物与洪家窑、湖广窑产品近似；晚期遗物主要是各类青瓷小碗，部分有铁彩绘画的草率的花草、鱼藻纹。

发掘后初步判断建水窑的创烧时间在明代早期，修正了以往认为云南青花始烧于元代的认识；仿龙泉青瓷类产品的器形和装烧工艺，与浙江龙泉青瓷生产传统有着密切的联系，是明代迅速出现的遍及福建南部、广东、广西沿海地区的仿龙泉生产区域最靠西南的地点，青花瓷的器形和纹饰则与景德镇窑有密切联系；出土遗物在某些生产技术上与红河流域下游的越南地区制瓷业有较密切的联系，共同构成了红河流域制瓷业较为独特的技术体系。

（戴宗品）

【巧家县清代寿佛寺遗址】

发掘时间：2020 年 7 月

工作单位：云南省文物考古研究所、昭通市文物保护考古研究所、巧家县文化馆

寿佛寺遗址位于昭通市巧家县白鹤滩镇七里社区 12 社，南距巧家县城约 1 千米。寺庙所处缓坡由东北向西南倾斜，东面不远处有一条大沟。为配合白鹤滩水电站建设，对遗址进行了考古发掘，发掘面积 1400 平方米。

遗址地层堆积比较简单，倒塌的土坯墙等建筑结构形成的堆积以及耕土层就直接覆盖在建筑基址上，部分台阶、台基等结构裸露在地表。

发掘结果表明整个寺庙建筑由前院、东西厢房、正殿、东西耳房以及东西厢房和正殿围成的天井组成。现存基址主体东西长约 33 米、南北长约 33 米。东西长度较为准确，南北长度因正殿北部被破坏，其实际长度应大于 33 米。从发掘情况来看，前院的建造年代要晚于其他结构。寺庙地基东、南、西三面砌有毛石挡土墙，挡土墙之内取高填低平整地基。在平整的地基上再用条石建造各个建筑的基础。东厢房还残存有部分墙体，其制作方式为“金包银”，即外侧为青砖墙体内侧为夯土。

出土遗物主要为包括柱础、花纹砖等在内的大量建筑材料以及酱釉瓷器、铜钱、石香炉等 35 件小件器物。

民国《巧家县志稿》上记载：“寿佛寺四，一在城内县政府后。一在老村，乾隆年间建。一在双龙厂，一在汤丹厂，已毁。”该寺便是建在老村这一座。遗址范围内残留两块石碑，其中一块比较完整，碑文清晰，年款为乾隆五十三年（1788），为修寿佛寺时的功德碑。从碑刻上看，建寺时间在雍正年间，乾隆年间重修。

本次考古发掘工作对清理完毕的寺庙基址进行了影像三维建模和制图，并将所有建筑材料拆运至固定场所由当地文物部门妥善保管。通过本次工作对即将被全部淹没的寿佛寺遗址进行了全面的信息提取，并对涉及的文物采取了最大程度的保护措施。

（万　杨　李亚峰　邝振宇）

西藏自治区

【噶尔县且热旧石器时代遗址】

发掘时间：2020 年 8 ~9 月

工作单位：西藏自治区文物保护研究所、中国科学院古脊椎动物与古人类研究所

西藏自治区文物保护研究所与中国科学院古脊椎动物与古人类研究所，一直致力于青藏高原古人类的起源、迁徙、生产和生活等重大课题的研究。2018 年，两家单位共同组成的西藏旧石器联合考古队在噶尔县城西南、狮泉河南岸发现了一处地表有大量石制品、分布较多疑似火塘与灰堆的史前旷野遗址——切热遗址。

切热遗址位于阿里地区噶尔县西南，狮泉河支流朋曲南岸的山前冲积扇上，距噶尔县城约 13 千米，海拔约 4300 米。地表为风沙堆积，石制品分布密集、种类丰富，可见多处灰堆。经国家文物局批准，联合考古队对该遗址进行了系统的考古发掘。

本年度的发掘布设了四个探方（T4—T7）共 68 平方米，发掘工作严格遵循旧石器考古发掘规范，按照每个自然层内 5 ~10 厘米为一水平层逐层清理，出土堆积全部过筛后收集，采集了炭样和光释光年代学样品以及孢粉、磁化率等古环境学样本，能为切热遗址年代学序列的建立和古环境重建提供更可靠的基础。

T5 共出土遗物 5100 余件，以石制品为主，还发现有灰坑、疑似火塘及疑似居住面等遗迹现象。石制品包括细石核、细石叶、石片、工具、磨石，工具多以石片为毛坯，种类有边刃刮削器、端刮器、盘状刮削器、凹缺器等，加工较精良。石料多为优质的燧石、玛瑙和黑曜岩，以及变质石英岩、变质泥岩等。细石核数量虽少，但发现的船型石核、楔形石核丰富了青藏高原的细石核类型。T5 底部为石制品密集区，小石片数量较多，还发现有大量的碎屑与断块，应为原地的打片遗迹。

T6 共出土遗物 350 余件，以石制品为主，并发现有疑似火塘。石制品主要为石片、石核、工具和少量细石叶产品。石料主要是火山岩和石英岩，也有零星燧石和黑曜岩。普通石片较多且个体偏大，石核和工具相对较少，工具多为简单修理的边刮器。

从遗址两个探方出土的遗物来看，T5 探方的石制品面貌为石片工业与细石叶工业的组合，优质原料所占比重很大；T6 探方的下层为单纯的石片工业，所选原料相对较差。综合石制品组合和地貌位置来看，两个探方的年代可能在全新世早期，而 T5 与 T6 探方内石制品存在显著差异，应是两个不同时期内古人类遗留的产品，T6 探方下层相对早于 T5 探方。

切热遗址是西藏西部首批系统发掘的史前旷野遗址，是青藏高原腹地难得的有明确地层堆积的史前人类活动遗址，其发现为研究该区域早期人类生存和迁徙提供了坚实的证据，为西藏史前文化序列的建立填补了关键一环。切热遗址的石器组合

显示古人类在此地至少进行了两次反复占领，有助于了解环境变化与石器技术革新对于古人类适应高原的影响。切热遗址的石片工业组合与石片—细石叶工业组合的年代研究可为两种技术模式在青藏高原腹地的出现提供明确的年代证据，对于理解两种工业模式的分布扩散与本身内涵有重要意义。切热遗址的发掘及近几年在狮泉河流域一些旧石器地点的新发现，将中国境内的狮泉河流域整个串联了起来，为研究该区域史前人群的来源、扩散、交流以及古环境对史前人群迁徙生存的影响等问题提供了更丰富的证据。

（谭韵瑶 王社江 张晓凌 靳英帅 何 伟）

【革吉县梅龙达普史前洞穴遗址】

发掘时间：2020 年 9 月

工作单位：西藏自治区文物保护研究所、中国科学院古脊椎动物与古人类研究所、革吉县文旅局

2020 年 9 月 6 ~ 18 日，西藏自治区文物保护研究所与中国科学院古脊椎动物与古人类研究所对梅龙达普史前洞穴遗址进行了考古发掘。

梅龙达普史前洞穴遗址位于阿里革吉县，遗址海拔约 4600 米，洞口朝向南。梅龙达普遗址由一字排开的两个独立洞穴组成，今年在梅龙达普一号洞穴与二号洞穴的基础上新发现了三号洞穴，进一步扩大了该遗址的规模。其中一号洞穴面积最大，洞内石制品散落较多，近三年联合考古队的工作重心主要放在一号洞穴上。

为进一步探明一号洞穴文化层堆积的性质，本年度联合考古队选择对洞口中部区域进行发掘，目的是科学彻底地弄清楚洞口的堆积情况。此次发掘按照每自然层内 5 ~ 10 厘米逐层发掘，对所有出土堆积物进行筛选。

本年度发掘的探方内堆积大部分被后期扰动，发掘深度近 1 米，共出土遗物 2200 余件。出土的遗物包括大量动物骨骼及石制品，石制品类型主要为细石核、细石叶与石片，以及少量陶片、青铜片、骨锥等，并采集炭样和浮选土样用以后期实验室分析。

该洞穴是青藏高原发现的首个史前洞穴遗址，也是高原腹地目前有明确地层信息的细石叶文化遗址。该遗址的发现对于探讨青藏高原西部地区古人类生存活动、迁徙演变、人群互动交流等具有重要的意义，尤其是为研究掌握细石器技术的人群在高原腹地活动的时间和生计方式提供了最强有力的证据。

（谭韵瑶 王社江 何 伟）

【札达县格布赛鲁墓地】

发掘时间：2020 年 8 ~ 10 月

工作单位：西藏自治区文物保护研究所、陕西省考古研究院、西北大学文化遗产学院

格布赛鲁遗址是阿里象泉河流域中游一处包括地面建筑、洞窟和墓地等多种遗迹的综合性遗址，格布赛鲁墓地是遗址的重要组成部分。遗址位于札达县托林镇北 11 千米的桑达沟内，地处象泉河流域中游右岸一级支流桑达山谷。墓地和遗址主要分布于南北长 2000、东西宽 300 余米的山谷台地。以一处东西向山嘴为界，格布赛鲁遗址可分为南、北两区，墓地和建筑遗存集中分布于北区。北区以南北向的桑达沟为界，可分为东、西两个台地，墓葬集中于东台地，西台地主要分布有建筑遗址、洞窟群遗迹。

本年度发掘位于格布赛鲁西台地，共布设 6 个探方 T1—T6，发掘清理 1 座墓葬（M1）、2 个石构遗迹（S1、S2），发掘总面积达 232 平方米。

M1 墓葬形制为哑铃型双洞室墓。M1 墓室内人骨分布散乱且不完整，为“二次

葬拣骨葬”，未发现木质葬具。墓室和墓内有随葬动物的情况。陶器以圜底罐为主，常见的器形为高领、侈口、鼓腹，装饰纹样以绳纹为主，三角或者倒三角的网格几何纹在器物颈肩交界处出现较为普遍，本年度新出现一三角几何纹的叠加变形。为研究该类型几何纹的演变提供了新的实物资料。

根据墓葬形制、随葬陶器等多种因素综合分析，初步判定M1属格布赛鲁二期（距今2700～2100年）。

2020年度发现的两个性质为护坡的石构遗迹对于了解当时的活动面具有重要的意义。同时，阿里地区乃至西藏境内迄今所知最早的双室土洞墓出现于格布赛鲁墓地，年代为公元前7世纪至前5世纪时期。与此年代相近且为土洞墓的尚有皮央遗址群第一期遗存的墓葬，其上限年代为公元前6世纪。本年度发掘的M1为哑铃形双洞室墓，作为双洞室土洞墓中新的形制，丰富了格布赛鲁墓地的墓葬形制，同时也为西藏史前墓葬形制的演变研究提供了依据。

（夏格旺堆　德吉央宗
旦增白云　于　春）

【拉萨曲贡新石器时代遗址】

发掘时间：2020年7～8月

工作单位：西藏自治区文物保护研究所、四川大学考古文博学院、拉萨市文化局

拉萨曲贡遗址是雅鲁藏布江中游史前遗存的代表性遗址之一，也是目前该地区年代最早的新石器—青铜时代遗址。该遗址主要分为两个区域，Ⅰ区为遗址区，分布于色拉寺西、北部山前坡地；Ⅱ区为墓葬区，分布于西藏军区总医院东北角院墙内外。由于遗址区域依山坡分布，人为破坏与长期的水土流失严重影响遗址的安全与保护，根据自治区文物局工作部署，联合考古队在时隔28年后对曲贡遗址展开了更为科学与系统的考古发掘。本年度考古发掘分别在曲贡遗址Ⅰ区及Ⅱ区布设了探方和探沟共200平方米。

Ⅰ区的发掘出土了数量可观的遗物，包括石制品、陶片、骨器与动物骨骼等，石制品主要为打制石器与涂朱石器，包括砍砸器、刮削器与重石；陶片以泥质黑陶与夹砂红陶为主，泥质黑陶中游相当部分为磨光泥质黑陶，纹饰包括刻划纹、菱形纹、弦纹等，经陶片拼合复原的一件平底盏丰富了曲贡文化的器物类型；骨器较少，主要为骨锥与骨针。本年度还在早期文化层中出土了一件保存完好、通体磨光的双面刃玉箭镞，为西藏新石器时代考古工作中首次发现。Ⅰ区今年还发现了灰坑、墓葬等遗迹现象。

发掘过程中利用RTK技术实施数字化，记录了所有遗迹及出土遗物的三维坐标信息，为遗址内进一步的空间分析收集基础数据。在现场完成了植物、古环境和土壤分析样本的采样，并对采集的部分土样进行了浮选，采集了植物根系及植物种子等标本。

本年度曲贡遗址的发掘工作对前人发掘所获的信息进行了细化和补充，对曲贡文化的经济活动方式、动植物获取策略、居住形式以及人群的基因构成等情况获得了更多认识，使曲贡文化的研究迈向更加深入、广阔的领域，也为未来曲贡文化和西藏新石器时代考古研究提供了极为重要的基础材料。

（谭韵瑶　徐海伦　李林辉）

【仁布县色多新石器时代墓地】

发掘时间：2020年3月23～31日

工作单位：西藏自治区文物保护研究所、日喀则市文物局、仁布县文旅局

2020年3月22日，国道318线拉

萨至日喀则机场段改建工程施工队在仁布县切娃乡切娃村境内修建便道时发现了大量陶器及少量骨骸，后逐级上报至自治区文物局，在接到通知后立即组织专业人员前往实地进行了抢救性考古清理与保护工作。按最小地名原则，考古队将该片墓地命名为“色多墓地”。该墓地地处雅鲁藏布江北岸的一级台地上，距县城驻地西北约18千米，海拔3790米，整体地势北高南低。

考古队在施工断面范围内共布设了1个探方、2条探沟，清理了4座墓葬、1座祭祀石坑，发掘面积达98平方米。其中M1、M3、M4呈“品”字形分布在T1内。3座墓葬均为圆角长方形石圹墓，大小相似，M1、M4为侧身曲肢葬，M3未见人骨，葬式不明。从M1、M4墓葬剖面发现明显的暗红色土线，或为木质葬具腐朽后的残留物。M2与K1平行分布在T2内，M2为圆方形小型石圹墓，墓室四角以卵石垒角并用黏土填封。填土由沙土和卵石隔层堆积，各有两层。从人骨出土情况推测，为二次捡骨葬，未发现葬具。K1为圆方形石质祭祀坑，坑内出土大量有火烧痕迹的骨渣，出土物主要有陶罐、扁珠、陶珠、陶饰、铜铃、铜针、人骨、动物骨骸等。

从出土的陶器形制、质地等判定，出土的部分陶器与日喀则市桑珠孜区境内发现的尼色日山南麓墓地的喇叭口形和蛋形腹陶器，以及与曲贡墓地的喇叭口，球形腹陶器器形相似。同时，也表现出较为成熟的陶器制作工艺。根据已知陶器特征，推测色多墓地的年代至少为距今2000年之前。色多墓地抢救性考古发掘清理出土的文物遗存对于研究雅鲁藏布江流域古代生业经济、生产技术、丧葬文化、人群交流、社会历史及该地区考古学文化的建构等具有重要意义。

（德吉央宗　旦增白云　罗布扎西）

【札达县皮央东嘎周边区域遗址和墓葬】

发掘时间：2020年

工作单位：四川大学考古文博学院、西藏自治区文物保护研究所、阿里地区文物局、札达县文物局

皮央东嘎遗址群位于西藏阿里地区札达县托林镇东嘎村皮央、东嘎二组，分布在县城以北约30千米一处开阔的沟谷地带。最新确定的遗址地理坐标范围为北纬31°66′~31°69′、东经79°47′~79°84′，海拔4030~4250米，总面积约15平方千米。从1992年至2019年，皮央东嘎区域已经开展了9次考古工作。经西藏自治区文物局统一组织申报和国家文物局批准，2020年联合考古队在皮央东嘎区域开展了第十次考古工作，取得了重要收获。

本年度的工作主要聚焦皮央东嘎周边区域的遗址和墓葬，共发掘墓葬21座，其中包括抢救性清理的墓葬8座。21座墓葬分属于5个墓地，其中格林塘墓地4座、吉翁墓地7座、却丹嘎琼墓地9座、昂札布墓地1座。上述墓葬出土有陶器、铜器、铁器、木器、玻璃珠、肉红石髓珠和海贝等物品。这批墓葬的年代主要集中于两个阶段，第一阶段为公元前5~前1世纪，第二阶段为公元7~11世纪。本年度还对4处遗址进行了试掘，分别是却丹嘎琼遗址、果扎遗址、札布遗址和日巴岗遗址；除札布遗址外，其余三处遗址均为首次发掘。其中札布遗址的年代从公元前3世纪一直延续到16世纪甚至更晚；却丹嘎琼遗址发掘了一组半地穴房址，年代为公元10~12世纪，这是该区域首次发现的半地穴式居址。此外，本年度还对皮央东嘎区域的部分沟谷和台地进行了补充调查，新发现了1处遗址和1处疑似石丘墓地。

本年度的考古工作使我们对皮央东嘎区域古代遗存的类型、分布及内涵有了新认识，再次证明皮央东嘎是西藏西部一处重要的区域性综合类遗址群，其内长期有

人群活动，文化发展脉络连续且千年未断，这对认识西藏西部的历史和文明发展进程具有重要的价值和意义。

（李 帅 杨 锋）

【噶尔县觉莫林墓葬】

发掘时间：2020 年 8 月 11 ~26 日

工作单位：西藏自治区文物保护研究所、四川大学考古文博学院

觉莫林墓地位于噶尔县门士乡西南约 15 千米。故如甲木寺东北约 0.6 千米的觉莫林山坡上，故命名为觉莫林墓葬。“觉莫林”是藏语“Jo mo gling”的音译，汉语意思为“尼姑庙山岗”。

2020 年 8 月，噶尔县门士乡故如甲木寺修建防水工程时，在重型机械碾压下山坡上暴露了几座墓葬。联合考古队对觉莫林墓地进行了抢救性发掘工作。

觉莫林墓地东西长 300 余米，南北宽 400 余米，遍布整个山坡，山坡南侧直线距离 0.5 千米处为朗钦藏布，即象泉河。该墓地西南直线距离 650 米处为故如甲木墓地，且该墓地曾在 2012、2013 年经考古发掘确认时间为公元 2 ~3 世纪。而与其相邻的觉莫林墓地的发现，将会丰富这一区域的考古学文化。

觉莫林墓葬可分为土洞墓和竖穴石框墓。以 M1 为例，为圆形竖穴土坑墓道，墓门与墓室之间的过道为长方形，墓室平面为圆形，穹隆顶。墓室后壁有一木棺，木棺后壁无板。墓室南侧有一弧角长方形耳室。出土随葬品有铁器残件、陶片、包金青铜扣，海贝等。

竖穴石框墓以 M2 为代表，墓葬呈东南—西北向，埋葬可分两层。墓葬第一层平面为不规则长方形，墓主葬于中部，头朝东、面向南，屈肢侧卧葬，墓主南侧随葬一只动物（狗）。第一层与第二层之间用大砾石铺陈分隔开。第二层平面也为长方形，壁砌石墙，为二次捡骨葬。

墓葬出土陶器、铁器、铜器、木器、贝饰等，其中贝类纽扣、青铜包金扣饰、长颈圜底罐的回形纹表现出了与周边考古学文化的交流。

对觉莫林墓地墓葬形制、出土遗物的特征、组合方式与周围的曲踏、格布赛鲁、皮央东嘎、桑达隆果等墓地进行综合性比较，为探索西藏西部早期考古学文化特征，进一步认识喜马拉雅西段早期考古文化面貌，进行科学研究和专业分析增加了更丰富的材料。

（何 伟）

【当雄吐蕃墓地】

发掘时间：2020 年 6 ~10 月

工作单位：西藏自治区文物保护研究所、当雄县文旅局

受相关部门委托，经国家文物局《中华人民共和国考古发掘证照》考执字（2020）第 791 号文件批准，西藏自治区文物保护研究所对建设区域内的当雄墓地 5 座大型封土墓葬 M1 – M5 进行了保护性考古发掘工作。

当雄墓地位于拉萨市当雄县当曲卡镇，县政府驻地西北约 2 千米处的果瓦那布日山东侧平缓坡地上，海拔约 4300 米。M1 – M5 封土平面大体呈近圆形或方形，立面均呈覆斗状，边长 20 ~42 米不等，高出地面 2.7 ~6.2 米不等。封土主要以夯土层筑起，层面较为平整光滑。封土内部均存在护坡墙结构，均围绕核心墓室所建，系防止水土流失所用。此外，部分封土内还发现石堆、灰坑等遗迹，可能用作祭祀，或者晚期他用。

墓室形制和结构上，M1、M4、M5 基本类似，都系带竖穴土坑石室墓道的穹隆顶石室墓。M1 包括墓道、甬道、南墓室和北侧室，外围有 2 圈石墙结构；M4 包括墓道、甬道、主墓室、耳室和侧室，外围有 1 圈石墙结构；M5 包括墓道、甬道、主

墓室和墓道底部两侧各1间侧室，外围有1圈石墙结构。M2为竖穴土坑石室墓，整体呈“十”字结构，由墓道、主室、东西2侧室构成，墓室顶部搭有棚木，其上层有一花篮状石圈，外围有2圈石墙结构。M3封土下有2座独立的墓葬M3－1和M3－2，其中M3－1由墓道、甬道、北墓室和东南西3侧室构成，墓道为竖穴土坑石砌结构，北墓室为长条石砌穹隆顶结构，3侧室均为竖穴土坑石室墓，外围有5圈石墙结构，上述外围石墙结构大体均呈梯形。M3－2由墓道、甬道、主墓室和西侧室构成，墓道、甬道、主墓室均为竖穴土坑结构，仅东壁存在石砌墙，西侧室为穹隆顶土洞墓室。

5座墓葬均在封土部分发现了盗洞，表明被早期盗扰严重，出土遗物普遍较少，仅结构保存较为完整。发掘出土金银器、珠饰、陶器、铜器、铁器残件、漆器残片、围棋子、贝类制品，以及人骨和动物骨骼等共约300件（套）。

此次当雄墓地考古发掘是近年来在西藏首次对结构较为完整、复杂的较大型（或中型）封土墓进行正式发掘的考古工作，对进一步研究西藏腹心地区吐蕃时期封土墓考古学文化面貌、丧葬制度、汉唐与吐蕃关系史以及物质文化交流史等具有重要价值。

（扎西次仁　李林辉）

【浪卡子县那龙吐蕃墓地】

发掘时间：2020年6～7月

工作单位：西藏自治区文物保护研究所、山南市博物馆

那龙墓地位于山南市浪卡子县多却乡洞加村那龙山坡的冲积扇上，地处巴纠错南岸，距县城驻地东南约58千米，海拔4715米。

因该区域地质条件脆弱，且常年受雨水冲蚀，山南市文物局在得知墓葬存在安全隐患后，及时向自治区文物局汇报。联合考古队对那龙墓地进行了抢救性考古清理工作。

此次发掘在冲沟内发现一座墓葬遗存，该墓葬为长方形竖穴土坑墓，以木棺为葬具，棺顶垒石片封顶，木棺部分结构已被冲蚀，仅边缘木框残留有痕迹。木棺可分为东、西两部分，东侧葬墓主，西侧置随葬品，头向东。考虑到长时间的田野清理，墓葬会面临野外高强度紫外线直射的影响，加速遗迹、遗物的干裂，为保证考古资料的完整提取，考古队采用套箱法对墓葬进行了整体打包。

后于2020年11月在山南市博物馆对该墓葬进行了室内清理。随葬品有纺织物、铜器、木器、铁器、料珠等遗物。2020LNM1的^{14}C测年结果为公元6～7世纪，为吐蕃时期墓葬。墓葬内出土的一件完整冠饰，与该墓地早年出土的圆形金饰、弓状金耳坠、盘羊金饰、金戒指等遗物，共同为研究吐蕃首饰提供了宝贵的实物资料，同时也反映出青藏高原腹心地带与中国北方草原区域的文化互动，为“环羊卓雍湖”考古学研究的进一步深入提供实物资料与学术支撑。

（旦增白云　罗布扎西　何　伟）

【扎达县曲龙遗址】

发掘时间：2020年7～9月

工作单位：陕西省考古研究院、西藏自治区文物保护研究所、西北大学、阿里地区文物局、札达县文物局

本年度对曲龙遗址卡尔恩地点、曲米色布地点、嘎尊地点开展了全面考古调查，对嘎尊地点的3座房址开展了考古发掘。

卡尔恩地点调查发现石构遗迹6座、窑洞218座、院落8座、房址12座、护墙51段、高台3座、佛寺1座、石窟1座、佛塔67座，采集细石器、石器、铁器、陶

器、擦擦、经书残页等遗物标本 98 件（组），以各类石器和擦擦数量最多。

曲米色布地点调查发现岩画 106 组、石构遗迹 4 座。岩画图像以动物和人物为主，还有、日、月、卍、卐、车辆、藏文等图案或形象。石构遗迹平面略呈方形。调查中采集细石器、石片等遗物标本 12 件。

嘎尊地点调查发现石构遗迹 20 座、房址 13 座，石构遗迹以近圆形石堆或石圈为主，房址多为单间中小型，少数为多间大型。地表遗物以细石器和细石料为主，有少量略大的石片、磨制石器和陶片，采集遗物标本 20 件。本年度发掘的 3 座房址编号为 QGF3 ~ F5。F3 边长 4.9 米，规模最小，内部有灶址、小石框等功能分区；F4 边长 8.1 ~8.4 米，规模居中，内部仅有灰迹；F5 边长 15 ~20 米，规模较大，早期规整墙基破坏较严重，内部有石堆、石圈、隔间等功能分区，灰迹数量较多。三座房址内均有灰白色踩踏面，F3、F4 踩踏面较平整坚硬，F5 踩踏面质地略显疏松，应未进行过长期或连续的活动踩踏，加之其规模较大，不排除为集体活动场所的可能性，再结合其中出土数量较多自然水晶块的现象，可进一步推测其与布让曲拉石构祭祀遗迹的功能与年代相近。发掘出土遗物标本 28 件（组），以细石器、自然水晶块为主，还有少量小件铜器、铁器、陶片、珠饰及动物骨骼。

本年度考古调查与发掘的收获进一步丰富了曲龙遗址早期遗存的数量与内涵，为汉晋时期青藏高原丝绸之路与象雄考古研究提供了更多资料支撑。

（席　琳）

【普兰县宗朵墓地】

调查时间：2020 年 8 月 13 ~25 日

工作单位：西藏自治区文物保护研究所、西藏普兰县文化和旅游局

宗朵墓地位于普兰县巴嘎乡岗莎村宗朵地点，东侧紧临岗仁波齐神山转山道路，2020 年 6 月底，因当地村民建设茶馆向北侧坡地取土，暴露出 2 座墓葬。经自治区文物局统筹部署，对宗朵墓地进行抢救性考古发掘工作。

田野发掘工作先后布设两个探方，抢救性清理发掘两座墓葬，均为石室墓，墓室四壁用石块交错垒砌形成，墓室中间放置箱式木棺，其中 M1 内有 2 座木棺，M2 有 1 座木棺。墓主葬于棺内，系屈肢葬，且尸骨用纺织物、绳条包裹，M1 中共有 2 个个体，即两座木棺中各有 1 个个体，M2 中有 1 个体人骨。两座石室墓出土有动物、青铜罐、带柄铜镜、红玉燧珠、木梳等随葬品，以及植物种子、纺织物、炭屑、有机物等检测分析样本，共计 160 余件。

宗朵墓地石室墓内安放箱式木棺葬具来埋葬的习俗，与目前掌握的西藏西部葬俗的整体特征相一致，但一个墓室出现两个箱式木棺的情况，是该墓地独特的现象，为今后探索冈底斯山脉附近相关的考古学遗存提供了资料。

（童　艳）

【茶马古道西藏段文物考古调查】

调查时间：2020 年 5 ~7 月

工作单位：西藏自治区文物保护研究所、昌都市文物保护研究所、巴宜区文化和旅游局（文物局）、芒康县文旅局、贡觉县文旅局、波密文化和旅游局（文物局）、八宿县文化局（文物局）、察雅县文化局（文物局）、卡若区文化局

在国家文物局倡导的“丝绸之路南亚廊道”线路课题研究背景下，开展了茶马古道西藏段线路调查工作。茶马古道在西藏境内不仅意味着茶叶和马匹的运输、贩卖，更是一种线性文化遗产或文化线路的泛指。茶马古道是古代中国西部地区负载

有特殊功能的道路系统，这个系统里包含着连通茶、马等重要商品交换的主要通道，以及从周围汇集于主道上的支线小路，还有沿路与贸易相关的官府管理机构、客栈、具体交易场所等相关设施。

本年度调查主要沿怒江、澜沧江、金沙江流域进行，共涉及8个区县，调查各类遗迹点110处：波密县30处、八宿县19处、左贡县11处、芒康18处、察雅县14处、卡若区2处、贡觉县9处、工布江达县9处；试掘遗址点4处；测绘遗址点6处；采集动物骨、陶片、木样、碳屑、矿物质、草拌泥及铁炼渣等各类标本54件；拍摄照片3100余份，拍摄航拍图像1600余份；收录采访录音30余份；并且完整记录了整个调查轨迹线路，勾画出了茶马古道西藏段南线道路网络的框架。

目前已经进入资料整理阶段，对调查路线、调查遗迹点的分布图进行绘制，对采集样本进行实验室分析，对录音材料进行整理，对线路具体细节再做深入研究。主要目的在于：摸清茶马古道与四川、云南相通主道上的古代人类遗存，探清辐射于主道周围的支线小路，尽可能呈现一个以茶马互市为主、不同地域相互交流的路线网；逐步完成调查简报、调查报告，为中国古代交通文化遗产研究、为今天的文化旅游等提供可靠的一手资料。

（何 伟 拥 措）

【丝绸之路南亚廊道青藏段考古调查】

调查时间：2020年5～7月

工作单位：西藏自治区文物保护研究所、那曲市文化和旅游局、聂荣县文化和旅游局、安多县文化和旅游局、巴青县文化和旅游局、索县文化和旅游局、昌都市文物保护研究所、丁青县文化局、类乌齐县文化局、卡若区文化局、江达县文化局、洛隆县文化局、边坝县文化局、比如县文化和旅游局

丝绸之路南亚廊道青藏段西藏境内调查工作，是在国家文物局的总体部署和自治区文物局领导下实施的一项重要的文化遗产调查项目，2020年的调查工作由西藏自治区文物保护研究所与那曲、昌都相关市区县文化文物部门联合开展。

2020年5月29日～7月3日，南亚廊道青藏段调查队对那曲市安多、聂荣、索县、巴青、比如等5个县的18个乡镇和昌都市丁青、类乌齐、卡若、江达、洛隆、边坝等6个县区的28个乡镇进行民族学和考古学调查，历时36天，调查里程达7400余千米。

调查队采用社会学、民族学、考古学相结合的调查方式，通过现场访谈、实地调查，运用照相、航拍、测量、软件记录、3D建模等技术手段，尽可能全面地记录连通青海与西藏的古代交通道路以及与此相关的自然、环境、人文、历史等方面的信息。

通过调查确认，盐道与商道的路线分布系由毗邻青海的各乡镇根据地形地貌的实际情况就近选择唐古拉山脉的山口进入青海境内，然后沿当曲、布曲、扎曲、吉曲等几条较大河流及其支流前往不同的盐源地或通商目的地。沿途逐水草而居，因季节、气候、水流等自然环境的变化，在个别路段的线路又有较为灵活的选择，共调查确认31条盐道与商道、8处盐源地。

调查队先后对青藏古道沿线或邻近的32处文物点进行了实地考古调查，其中新发现了12处文物点，文物点类别包括古遗址、古墓葬、古建筑、石窟寺及石刻、近现代重要史迹及代表性建筑等五大类。

（陈祖军 德吉央宗）

【南亚廊道西藏阿里普兰段考古调查】

调查时间：2020年7～8月

工作单位：陕西省考古研究院、西藏自治区文物保护研究所、西北大学、阿里地区文物局、普兰县文物局

本年度对孔雀河中游、冈仁波齐山中南部、孔雀河上游至象泉河上游区域的文化遗产点及古代文化线路开展了专题考古调查。

调查遗产点21处，其中15处为新发现或确认的遗产点，分别为：3处石构遗迹—色龙、因揭陀、古如甲，1处石刻—古真拉，3处建筑遗址—色龙、因揭陀、嘎江玉洛，2处边贸市场遗址—赤德塘嘎、曲龙甲尼玛，6处墓地—门士觉莫林、岗沙宗堆、雄巴吉吾、多油森巴、吉让素孜、赤德强喀。本次调查对遗产点地理环境以及地面遗存的保存现状、布局结构进行了详细记录与拍照，对遗址的时代与性质进行了初步判断，并采集了石器、陶器、铜器、铁器、瓷片、螺饰等遗物18件（组）。此次新发现的墓葬以土洞石室墓为主，随葬品中出现螺饰、穿孔磨制石器、铜罐等，据此推测这批墓葬的年代应为东周至汉晋时期，与象泉河流域同时期墓葬、印度喜马偕尔邦斯比提河谷墓葬的部分文化因素表现出关联性。

调查文化线路2条，即边境区未开放但驻军的中印边境古真拉山口线路与境内文化宗教朝圣线路——冈仁波齐内转线路。这些文化传播与宗教朝圣线路沿线的文化遗产特征均反映了与南亚地区在文化、贸易、宗教上的直接联系，以中印边贸市场甲尼玛市场遗址、中尼边贸市场赤德塘嘎市场遗址、古真拉山口梵文石刻及祭祀石堆群最具代表性。

（席　琳）

陕 西 省

【渭南北刘新石器时代遗址】

发掘时间：2020 年 9～12 月

工作单位：中国社会科学院考古研究所、陕西省考古研究院、渭南市博物馆（渭南市文物保护考古研究中心）

北刘遗址位于渭南市临渭区闫村镇双刘村与白庙村之间，地处秦岭北麓，沈河支流清水河与稠水河交汇处的三角形台地上。1958 年黄河水库考古队调查发现该遗址；1979～1980 年，西安半坡博物馆复查并试掘，认为遗址面积约 8 万平方米；1982～1983 年，西安半坡博物馆进行了两次发掘，发现有仰韶文化庙底沟类型遗存和老官台文化遗存；2018 年，中国社会科学院考古研究所陕西第六工作队对北刘遗址进行了复查，发现此前所认定的北刘遗址、白庙遗址同为北刘遗址，并在遗址底部发现有疑似细石器文化的遗存。

基于北刘遗址对研究“早期中国”的文化面貌、寻找黄河流域最早的农业遗存、探讨黄河中游地区旧石器时代向新石器时代过渡等重大学术课题具有重要意义，联合考古队从 2019 年 3 月开始，对北刘遗址进行了初步勘探，探明遗址面积不小于 50 万平方米，除发现密集的房址、灰坑、红烧土面等遗迹外，还在遗址的西北部边缘地带发现有两条壕沟。2019 年 10～11 月，我们选择遗迹现象丰富、保存状况良好的区域进行考古发掘，发掘面积 500 平方米，发现有仰韶文化庙底沟类型的房址、灰坑、瓮棺葬等遗迹，以及一个用碎陶片铺就的生活面。

2020 年 9 月以来，在 2019 年度初步勘探和发掘的基础上，继续向下清理，目前已取得阶段性重要发现。发现有仰韶文化庙底沟类型的房址、灰坑、灰沟、瓮棺葬及大量遗物。在部分发掘区域，老官台文化地层已开始露头，发现有老官台文化的房址、灰坑等遗迹，以及三足钵、三足罐、筒形罐等典型遗物，并见有一些打制的石制品。

目前发现的材料显示，北刘遗址应是一处仰韶文化庙底沟类型的大型中心聚落遗址，在庙底沟文化层下存在丰富的老官台文化遗存。相信今后发掘和研究工作的持续开展，将会有力地推动“早期中国”文化面貌、黄河中游地区新石器时代早期文化及农业起源等课题的研究。

（王小庆）

【杨官寨新石器时代遗址】

发掘时间：2020 年 3～12 月

工作单位：陕西省考古研究院、高陵区文化和旅游体育局

杨官寨遗址本年度主要开展针对性发掘、补充性清理和重点整理等工作。

针对性发掘方面，主要对环壕聚落中心水池遗迹（H796）进行了清理。水池遗迹位于环壕聚落中部区域，平面呈不规则菱形，东北角略向外凸，长约 22、宽约 16.5 米，开口面积近 370 平方米，最深处距开口 4.5 米。遗迹整体由中心储水区、

取水台阶、排（给）水沟等部分组成。中心储水区域口大底小，剖面整体呈喇叭状，开口靠近边缘处底部为斜坡状，与开口线之间夹角约 15°，形成遗迹的外缘区；向内部 1.5～1.75 米处壁面下切得十分陡峭，与开口线之间夹角约 70°，接近直壁，形成遗迹的中心区；底部暂未发掘，结构不清。在该遗迹的东部发现两级台阶，西北角发现一级较小的台阶，两处都发现了坚硬的踩踏面，东部的第二级台阶上还发现用细泥涂抹的现象。在遗迹的西南角、东部各发现一条排（给）水沟，西南部的排水沟已揭露长度达 95 米，南部与另一个储水坑连接，东侧排水沟向东延伸，暂未发掘。H796 是首次揭露的杨官寨聚落内部水资源利用系统。

值得一提的是，由于该遗迹体量大、内涵丰富，我们采用了“模块法”发掘方法，除靠近西壁已清理区域外，将遗迹划分为 31 个 3 米见方的模块，以模块为单位间隔进行发掘，留存模块的四壁既可作为水池内部堆积的剖面，同时也是科学采样的理想地点。发掘过程中对遗迹内各层堆积全部过筛，并将采集的土样进行浮选。

目前为止，水池内堆积可分为九层，其中靠近上部的①～④层土质均较为纯净，出土遗物少，应为水池荒废后自然冲积而成；⑤、⑥层内含大量陶器残片，可辨器形以盆、钵、罐、尖底瓶、杯等为主，兼有少量纺轮、陶环、石环、骨器等小件器物，在⑥层下发现了至少 2 次人工局部清淤的迹象；⑦～⑨层皆为水池使用过程中形成的淤土层。上述堆积表明该水池作为聚落内部的重要水利设施，曾被长期沿用。

本年度继续对水池遗迹西侧 2010 年未发掘完成的四个探方进行发掘，发现并清理了部分庙底沟文化、半坡四期文化及汉代的遗迹。其中庙底沟文化遗迹包括 2 座房址、2 个灰坑和 1 个瓮棺葬。2 座房址均为地面式建筑，平面形状近圆形，现存墙基槽、柱洞、地面和灶坑。对 2019 年度已确认的 56 座墓葬进行清理，现已累计发掘 406 座史前墓葬。本年度所清理的墓葬与以往发掘相近，多为小型墓，墓向仍以东西向为主。但新发掘的 4 座带生土二层台土坑墓和 1 座孩童偏室墓，平面面积达 4～5 平方米，规格明显超出以往发现的小型墓。杨官寨遗址本年度阶段性考古成果，是国家文物局“考古中国：中原地区文明化进程研究”项目的重要收获。杨官寨遗址田野考古过程中发明的“模块法”发掘方法，是探索中国考古学工作方法、研究理念、学科建设的尝试手段。

（杨利平）

【府谷寨山新石器时代遗址】

发掘时间：2019 年 10 月～2020 年 12 月

工作单位：陕西省考古研究院、榆林市文物保护研究所、府谷县文管办

府谷寨山遗址位于府谷县田家寨镇王沙峁村寨山自然村，遗址处在黄河一级支流石马川中游南岸，石马川由此向东南约 25 千米汇入黄河，西南距石峁遗址约 60 千米。

2015 年，全面的考古调查认定寨山石城约 60 万平方米，属石峁文化次级（抑或三级）聚落，遗址内包含少量仰韶晚期遗存。2016 年，清理了寨山石城南墙外立面，初步了解了其年代、结构和砌筑方式。另外，试掘遗址北部庙墕地点发现一座较大的竖穴土坑墓，为找寻寨山墓地提供了重要线索。

2019 年 10 月底开始，寨山遗址的发掘工作主要集中在庙墕地点西南坡，共清理仰韶晚期房址 1 座、灰坑 1 座，石峁文化墓葬 24 座、灰坑 34 座、房址 2 座、灰沟 2 条。24 座墓葬中竖穴土坑墓 21 座、瓮棺葬 2 座、石棺葬 1 座。21 座竖穴土坑墓根据形制可分为以下四类。

一类墓：有木棺、有壁龛、有殉人，

共3座。墓主男性，葬于木棺内，仰身直肢，身上一般随葬5件玉器。殉人位于墓主左侧棺外，女性，侧身面向墓主，身上有劈砍痕迹。墓主与殉人身上均涂有朱砂，身下有铺垫物。墓主右侧墓壁上有一半月形壁龛，壁龛内一般放置5件带石盖陶器，陶器组合常见喇叭口瓶、斝、深腹盆、小罐或壶，另外壁龛内还放置1至2件细石刃。此类墓规模最大，面积约10平方米。

二类墓：有木棺、有壁龛、无殉人，共4座。均为单人仰身直肢葬，壁龛位于墓主左侧墓壁上，壁龛内放置猪下颌骨，多者10件，少者1件，初步鉴定为家猪。此类墓规模次之，面积6～7平方米。

三类墓：有木棺、无壁龛、无殉人，共7座。墓主均为单人仰身直肢葬，部分墓葬填土经夯打，棺木朽灰痕迹清晰，少量墓主身上发现纺织物痕迹。此类墓规模较小，面积2～6平方米。

四类墓：无木棺、无壁龛、无殉人，共7座。均为单人葬，葬式有仰身直肢和侧身屈肢两类，以仰身直肢为主。此类墓规模最小，面积2平方米左右。

上述墓葬形制特征鲜明、器物组合典型，四类墓葬数量由少到多、墓葬规模由大到小、随葬品由多到寡，体现了明显的等级区分，当分别代表了不同身份等级的人群。

寨山墓地是首次全面揭露的石峁文化大型墓地，也是河套地区首次发掘的等级区分明显的龙山时代墓地。该墓地的发掘，弥补了石峁遗址内墓地被严重盗掘的重大缺憾，为石峁文化墓葬研究提供了丰富的、系统的资料。

（邵　晶　裴学松）

【延安芦山峁新石器时代遗址】

发掘时间：2020年7～12月

工作单位：陕西省考古研究院、西北大学文化遗产学院、延安市文物研究所、延安大学历史学院

近年来的考古工作表明芦山峁遗址核心区面积约200万平方米，外围散布着多处居址区，遗址总面积超过600万平方米，其间沟壑占据面积近三分之一。核心区营盘梁顶部由南向北依次分布着4座制高点，分别名为大营盘梁、二营盘梁、小营盘梁和寨子峁。2016～2018年基本完成大营盘梁顶部的发掘，发现大营盘梁顶部整体是一座多阶式大型夯土台基，台基顶部南北长160余米，东西宽90余米，面积近16000平方米，台基顶部构筑有一座坐北朝南的中轴对称四合院式建筑群及其附属的两座院落式建筑群、前广场、外围道路系统等，出土了一批筒瓦和槽型板瓦、玉礼器等，与青铜时代都邑内宫殿建筑布局极为相似，应该是一座宫殿建筑基址，年代为庙底沟二期晚段，始建于公元前2500～前2400年，最后一次重建时间约为公元前2300年。

2019～2020年，发掘区域主要在小营盘梁。小营盘梁顶部在20世纪80年代曾经被村民用机械修整田地时削去超过2米的堆积，遗迹破坏极为严重。经过两个年度的发掘，基本确认小营盘梁山体也为一座大型多阶式夯土台基，台基顶部南北长约90、东西宽约70米，面积约6000平方米。从出土遗物判断，夯土台基及其上构筑遗迹均为庙底沟二期文化遗存，与大营盘梁宫殿建筑群年代基本一致。

小营盘梁的夯土台基顶部残存的遗迹有两类，即大型建筑群基址和同时期墓葬。

第一类遗迹为大型建筑基址，目前确定的一座编号为小营盘梁F1，坐东朝西，由门道、门堂、前室、中室和后室组成，前、中、后室之间有左右对称的短墙分隔，形成3个过渡的亚腰形区间。F1基址东西宽16.5、南北长近37米，面积600～700平方米，墙基内外分布着成排的柱洞磉坑，F1的南北两侧对称分布着稍小的配殿式附

属建筑，均坐东朝西，与F1共同构成连间排房布局。目前发掘工作尚未结束，根据揭露的迹象初步判断，每座附属房屋基址面积约300平方米。F1与两侧的连间大房址共同构成一组大型建筑群，建筑基址总面积近2000平方米。

第二类遗迹为墓葬，分布在附属建筑后侧，距离附属建筑的后墙基础1~2米。目前发掘2座，其中2019年度发掘了一座较大型竖穴土坑墓葬，编号小营盘梁M1，虽然被盗，但形制和葬式基本未受影响，有棺痕而无椁，墓主人腹部以下的骨骼被扰动，但上身骨骼基本在原位，头向西，墓内有3具殉人骨架，位于墓主人两侧及足下。两侧殉人头西脚东，其中东侧殉人的双臂被反绑于身后，俯身直肢而葬，头颅被放置在足下殉人的脑后，应该是下葬前遭到斩首。足下殉人头向南，双手被绑并屈于胸前，腕部佩戴一件小型青玉方珠。2020年，在M1的西南侧6米的地方发现了一座小型墓葬，编号小营盘梁M2。M2为竖穴土坑墓，南北向，南北长1.73、东西宽0.71米，墓葬开口到底部残存深度约0.37米。墓内葬1人，中老年男性，仰身直肢葬式，头北足南，双臂紧贴身体，双腿并拢，应该是捆绑和纺织物裹缠身体后下葬。值得注意的是，墓主人双脚和右手缺失，左手仅残存一节指骨，左侧髌骨缺失，随葬有玉器和人头骨碗。其中，右腕部穿有1件玉琮（被挤压成2块），髋骨右侧也放置1件完整的玉琮，头部右侧放置1件用人头骨磨制的碗（盏），口沿略有残损，底部有严重磨损痕迹，应是墓主人生前长期使用的物品。M2出土的1号玉琮断为两块，但拼对后形制基本完整，外方内圆，矮体，四角以浮雕手法勾划出兽面轮廓，但未雕刻出五官。高2.3、边长9.1厘米，白玉微青，玉质较润，表面附着一层钙质沉淀物。2号玉琮形制完整，无缺损，外方内圆，矮体，四面中部各刻画2道阴线，实为四角兽面纹饰的象征性边界线。

小营盘梁发现的大型建筑群基址和墓葬共处一地，应该是古人有意规划的结果。大型房址群坐东朝西，完全不同于大营盘梁等宫殿建筑的朝向，且主体建筑的面积几乎是大营盘梁宫殿主体建筑的3倍，多座建筑连间排列，规模远远超过大营盘梁宫殿建筑。因此，小营盘梁顶部建筑群基址极有可能是属于庙底沟二期文化阶段的宗庙建筑遗址。建筑基址背后为出土玉器且有殉人的贵族墓葬，附近还分布着大量未发掘的同时期墓葬。这些迹象表明，小营盘梁山体上部应该是宗庙建筑群与贵族墓地一体化布局的特殊区域，这些特殊的遗迹被集中于同一座山顶夯土台基上，具有超乎寻常的地位。

综合考察大营盘梁宫殿建筑群、小营盘梁宗庙建筑群及贵族墓地，以及勘探所了解的二营盘梁、寨子峁、阳峁等山顶存在的大面积夯土遗迹，可以断定，芦山峁核心区山梁顶部属于宫殿区、宗庙区、贵族墓地甚至宗教祭祀区的集中区域，显示出早期都邑最核心的要素和特质。

（马明志）

【白水县杜康新石器时代遗址】

发掘时间：2020年9~11月

工作单位：陕西省考古研究院、渭南市博物馆（渭南市文物保护考古研究中心）、白水县文物管理所

杜康遗址位于白水县杜康镇和家卓村南，东南距白水县城约6千米，地处白水河支流—杜康河东侧的黄土台塬及面向河谷的山峁上，毗邻省级重点文物保护单位—杜康庙和杜康墓。2020年5月中下旬，当地文物部门在对杜康庙实施修缮的过程中首次发现该遗址。

6月中上旬陕西省考古研究院组织专业人员两次对该遗址开展系统调查，确认

遗址现存面积约22万平方米，文化内涵以客省庄二期文化为主，还发现少量仰韶早中期文化遗存。调查显示，遗址内遗存分布密集，共发现暴露于断面上的房址36座、灰坑55个及少量的陶窑和墓葬。9月起，联合考古队对遗址进行抢救性发掘，发掘面积300平方米，清理房址3座、灰坑10个、墓葬7座。

房址均为窑洞式建筑，因早年当地修整梯田多被破坏严重，根据现存部分判断，房址由主室、门道等部分组成，部分房址还发现有院落和储藏间，整体平面呈“凸”字形。F3保存最好，由院落、门道、主室组成，平面呈“吕”字形，院落为在坡地处垂直向下挖建的长方形活动空间，残长4.8、宽3.4～3.8米，院落与主室之间以门道相隔，门道中部还发现有土筑的门槛，主室为窑洞结构，已清理部分长3.3、宽3.12米，窑顶已被破坏，墙壁向上内收呈袋状，墙壁下部保存有白灰面加工的墙裙，居住面系先用草拌泥加工基础，再涂抹一层白灰面，房址中部地面上有用火痕迹，未发现灶坑。灰坑以口小底大的圆形袋状坑居多，壁面加工规整，另有个别椭圆形锅底状坑和不规则形坑。出土典型陶器有单把鬲、喇叭口折肩罐、侈口鼓腹罐、带耳罐、三足瓮、豆等，另有石刀、石锛等磨制石器。

共发现7座墓葬。其中包括5座汉代墓葬，均为带竖穴墓道的土洞墓，东西向，墓室位于墓道西端，除1座墓葬中未见葬人外，其余4座皆为单人葬，葬具为木质单棺，现仅存朽木残迹，发现有少量柿蒂形铜棺饰、铜泡钉等，出土随葬品有陶罐、盆、甑、砚、铁釜、铁剑、铜钱、铅饰等。还发现2座竖穴土坑墓，平面呈长方形，东北—西南向，1座双人合葬和1座单人葬，葬式皆仰身直肢，均未发现葬具和随葬品，从开口层位判断其时代当早于汉代墓葬，具体年代有待进一步发掘研究确定。

本次在杜康遗址发掘的房址、灰坑等遗迹，根据出土陶器判断其应属客省庄二期文化，是继白水县下河西遗址之后，又一个在渭北台塬区域发现的龙山晚期重要遗存。本次发掘与发现丰富了当地的历史文化，为研究渭北地区龙山晚期人类活动、生态环境等提供了新资料，对于进一步探索关中东部与陕北、晋中南等周边区域之间的古代文化交流与传播通道具有重要意义。

（杨利平　殷宇鹏）

【西安灞桥区袁家崖夏商时期遗址】

发掘时间：2020年1～7月

工作单位：陕西省考古研究院

袁家崖遗址位于西安市灞桥区洪庆街道袁家崖村西南，东南接许家寺村，西距灞河河道约260米，属灞河东岸二级阶地的边缘区域，地势较平坦。本年度在2019年工作基础上继续发掘，再次发掘1700平方米。由于发掘区位于遗址的边缘，遗迹发现较少，仅揭露灰坑40座、墓葬3座、房址4座，出土遗物以陶片为主，另有少量的石器和骨器。从出土遗物判断，发掘遗存以夏代和晚商时期为主。

夏代遗存有灰坑、墓葬和房址。墓葬规模较小，未见葬具痕迹，器物以带耳罐和石璧为主。房址集中分布，形制相同，由门道、灶坑、柱洞及靠近一侧的生土台组成。

商代遗存以各种形状的灰坑为主，并有少量墓葬。H0159位于遗址边缘，周边遗迹稀疏，大致呈圆形，口部直径3.4米，底部距开口深2.8米，坑内有台阶供上下，出土大量陶片和动物骨骼。墓葬均被盗扰，为竖穴土坑墓，底部有腰坑。M19盗洞内出土陶簋1件，具有典型的商代晚期特征。

通过本年度发掘，进一步了解了袁家崖遗址主要遗存的时代内涵及分布情况。发掘期间，通过全面的调查，明确了袁家崖遗址近邻的老牛坡遗址聚落范围最大规模约 140 万平方米。结合以往发掘和新近考古工作情况，初步认为，老牛坡遗址在商时期经历了从早到晚的聚落变迁扩张的过程，遗址内性质明确的遗迹和遗物分布情况为划分聚落内部功能区提供了线索。

（李彦峰　陈　钢）

【旬邑县西头商周至宋元时期遗址】

发掘时间：2020 年 5 ~ 11 月

工作单位：西北大学文化遗产学院、陕西省考古研究院、旬邑县文物旅游局

西头遗址位于旬邑县张洪镇原底社区西侧约 1 千米处，第二、三次全国文物普查时，被命名为“上西头遗址”。后经西北大学文化遗产学院调查发现，该遗址在上西头村、下西头村、南头村等地都有分布，遂改称为“西头遗址”。

西头遗址 2018 年和 2019 年均进行过较大规模发掘。为确认西头遗址的考古勘探结果，进一步搞清上庙地点墓地的年代与文化属性，以及尖子地点有无建筑基址或城墙类遗存，本年度西北大学文化遗产学院、陕西省考古研究院、旬邑县文物旅游局联合对西头遗址进行了第三次正式发掘。发掘分为两个地点，尖子地点位于整个遗址的中北部，在 2019 年发掘区域的东北部新布 5 米 × 5 米探方 16 个，扩方 2 米 × 9 米，发掘总面积为 383 平方米。上庙地点位于遗址的东部，布 25 米 × 30 米探方 1 个，扩方 20 平方米，发掘总面积约 750 平方米。

尖子地点发掘所获遗存的时代主要为西周和十六国时期。西周时期遗存丰富，共清理灰坑 45 座、灰沟 3 条、墓葬 2 座，出土大量陶、骨角、石和铜等质地遗物。十六国时期遗存仅有墓葬 2 座，均为带墓道的土洞墓，墓主随葬有陶罐、陶碗、漆碗、泥饼、铁刀、铜指环等物品。依目前考古发掘情况来看，尖子地点在 2019 年发现有少量房址，2020 年清理了大量灰坑等遗迹，应为西头遗址的居住活动区。发掘区内发现许多大面积硬土层堆积，推测可能与建筑基础有关。该地点发现的 1 件陶器上刻有易卦陶文，此类易卦陶文多出土于商周高等级聚落遗址中，尖子地点易卦陶文的发现暗示西头遗址是一处高等级西周时期聚落。

上庙地点发掘所获遗存的年代主要集中在商周、汉魏和宋元时期。共发掘商周时期墓葬 42 座、马坑 1 座、灰沟 1 条，汉魏时期灰坑 1 座、墓葬 1 座，宋元时期墓葬 1 座。从目前的调查和钻探结果来看，商周墓地大致呈南北略长的长方形，面积近 10 万平方米。依据已发掘墓葬的分布密集度，初步推算这处墓地墓葬或达千座，是泾河流域目前已知规模最大的西周墓地之一。此次发掘的 42 座墓葬，可分东西向和南北向两组。东西向墓葬整体位置偏东，分布较松散，有中小型墓，也有大型墓；南北向墓葬位置偏西，分布较紧凑，仅有中小型墓，没有大型墓。无论东西向还是南北向墓葬，二层台、腰坑殉狗、俯身葬等葬俗的出现比例大致相当。这些商周墓葬虽被盗严重，仍然发现了大量陶、铜、玉、蚌、角和漆木器等。值得注意的是，在中小型墓葬中常随葬铜钺、石斧、铜戈、铜扬、漆盾等武器和防具，这些墓葬的主人可能是具有一定军事地位的低等级贵族。这类军事色彩较浓的墓葬在 2020 年发掘的墓葬中出现频率明显较高。

经过 3 年的考古发掘工作，对西头遗址商周时期遗存的年代、文化内涵、墓葬的形制、葬俗和整个聚落的分布规律均有了较深入的了解，为下一步全面揭示商周时期西头遗址的聚落布局、等级、人群构成及社会结构研究奠定了基础。

（王　振　豆海锋）

【宝鸡下河孙家商周时期遗址】

发掘时间：2020 年 4 ~9 月

工作单位：陕西省考古研究院

下河孙家遗址位于宝鸡市岐山县青化镇童峪村下河孙家组东南，处于七星河西岸（右岸）台地，北距丁童遗址约 1.4 千米、距周原遗址约 6 千米，总面积约 8 万平方米。本次揭露的遗址面积 1500 平方米，共清理灰坑 142 座、陶窑 3 座、墓葬 13 座，出土了较为丰富的器物，完整陶器 24 件，铜、铁、石、陶各类材质小件器物 45 件，还有较多陶器标本。

发掘遗存主要属于商晚期至西周和战国两个时期。少量灰坑、陶窑年代为商代晚期至西周早期。灰坑多为不规则形坑，陶窑被晚期遗迹打破，仅存火塘底部。目前发掘出土的陶片包含三种文化因素，分别为京当型商文化、刘家文化、郑家坡文化。京当型商文化陶器较少，可辨器形有鬲，年代特征为该文化最晚段。刘家文化陶器较多，典型器物有高领袋足鬲、袋足甗、单（双）耳罐、折肩罐等。郑家坡文化陶器更多一些，典型器物有联裆鬲、方格纹盆等。遗址发现的京当型商文化器物虽少，但为研究其分布范围提供了新的资料。遗址出土的刘家文化、郑家坡文化陶器为研究先周文化提供了新资料。

战国时期遗存较为丰富，有墓葬和灰坑。13 座墓葬中可辨葬式均为屈肢葬，分为仰身屈肢和侧身屈肢，头向西，随葬陶器组合有鬲、罐、豆，鬲、盆、豆，及罐、盆等，石圭亦是常见随葬品。这些墓葬为典型秦人墓，年代由战国早期延续至战国中期。灰坑 120 余座，形状大小不一，出土陶片较多，可辨器形有鬲、罐、豆、釜、盆等，另外出土了较多的绳纹板瓦。灰坑大多数叠压打破墓葬，且陶器年代可晚至战国晚期。

下河孙家遗址距离战国秦孝公所设美阳县（县治）不远，遗址这一时期遗存也从战国中期延续到了晚期，据此推测，下河孙家遗址可能是美阳县下的一处小型聚落遗址。

（杨　磊）

【周原遗址】

发掘时间：2020 年 9 ~12 月

工作单位：陕西省考古研究院、北京大学考古文博学院、中国社会科学院考古研究所

2020 年，陕西省考古研究院与北京大学考古文博学院、中国社会科学院考古研究所联合组成周原考古队，在周原遗址展开了新一轮的发掘工作。北京大学 2018 级考古专业本科生及 2020 年度“国家文物局田野考古实践训练班”学员全程参与发掘工作。

在此前工作的基础上，本年度通过考古调查、钻探发现了周原遗址西周时期东、南、西三面城墙的线索。东墙由齐家村北向东北延伸至强家村北，长度约 1300 米，南墙由齐家村北向西延伸至贺家村西南，残长约 700 米，墙宽 5 ~8 米。目前正在钻探强家北区域，已发现夯土与凤雏村之前发掘的夯土墙可对应，应是北墙东段。西周时期城墙的发现对深入认识周原遗址聚落结构具有突破意义。

本年度发掘地点位于岐山县京当镇王家嘴村，发掘面积 2200 平方米。发掘清理的遗迹有金元时期灰坑、灰沟，战国时期文化层、瓮棺、夯土建筑，商时期灰坑、墓葬、夯土建筑。其中两座大型夯土建筑最为重要，因后期被破坏，仅存地下基础部分。F1 已清理部分平面为“凹”字形，柱础较为密集，排列整齐，面积近 700 平方米。由遗迹打破关系判断 F1 可能为商时期建筑。因尚未完全揭露，F1 的结构、功用尚待进一步工作确认。F2 基址保存较为完整，目前已确认部分至少 1000 平方米，可见多条夯土墙基槽，础坑密布，推测为

干栏式建筑。F2 基址上被 18 座战国晚期瓮棺打破，夯土内还出土战国时期陶片，其年代应为战国时期。

王家嘴发掘区东北部探沟内发现一座先周时期墓葬（M100），墓口长 3、宽 1.7 米，现存深度 2.23 米，墓主头向北。该墓虽经盗扰，仍出土了较为丰富的随葬品。铜器有鼎、簋、戈、鍚、斧、锛、弓形器各 1 件，鼎、簋置于壁龛内，其余铜器放在二层台上，人骨腰部有一组泡形铜串饰。陶器仅 1 件高领袋足鬲，壁龛下有 1 件漆器。器物特征表明该墓年代为先周晚期，M100 是周原遗址近年来发掘出土青铜器数量最多的先周墓葬。

此外，本年度在王家嘴村南调查发现了龙山时期聚落的南入口，通过解剖可知此处有龙山晚期包边护坡。王家嘴地区发现的大型建筑遗迹、铜器墓显示出该地区为周原遗址先周时期的聚落中心所在。

（种建荣　杨　磊）

【西安市西咸新区西周丰京遗址】

发掘时间：2020 年 9 ~ 12 月

工作单位：中国社会科学院考古研究所陕西第三工作队

本年度在丰京遗址开展了制陶作坊遗址发掘工作。继续对大原村西南制陶作坊遗址进行了发掘，发掘总面积 500 平方米。共发现灰坑 35 座、墓葬 11 座和水井 3 口，出土鬲、豆、盂、罐和甗等陶器标本 100 余件，陶鬲、陶盂、陶豆、陶罐、陶纺轮、圆形陶器、陶垫、陶丸和骨笄等小件 300 余件。

通过发掘，确定东、西两组陶窑密集区之间区域以及靠近灵沼河西部台地区域发现大量与制坯相关的纺轮、圆形陶器、陶垫等器物以及灰色陶泥坯和砂料，另外均发现有水井、有很多小龛的灰坑和袋状窖穴，故这两处区域很有可能为制坯区以及生活区所在。遗址内部分葬式为附身直肢葬的西周晚期墓葬可能为陶工墓葬。另外，出土了大量带孔陶丸和较大的圆形陶器等特殊器物，这类器物出土于陶窑作坊区使人们对其性质和用途的考察有了一些线索。

（付仲杨　徐良高　王　迪）

【西安市西周镐京遗址】

发掘时间：2020 年 3 ~ 12 月

工作单位：陕西省考古研究院

为搞清花园村西、官庄村南西周大型夯土建筑基址的范围大小、形制结构、功能性质、使用和废弃年代及与周边西周大型夯土建筑基址的关系等问题，在 2019 年工作的基础上，2020 年继续在此进行发掘，以期为进一步研究镐京遗址高等级建筑的分布及都城布局等相关问题提供实物资料。

本年度揭露遗址面积 800 平方米，发现西周夯土基址及其他时代的遗迹，科学地开展了清理、绘图、照相、文物提取、现场保护等工作。确认西周夯土建筑基址约 200 平方米，新发现墙基 6 道、房址 3 间、散水遗迹（陶片铺设）1 处、灰坑 4 座、兽骨坑 1 座、陶排水管道 1 处、台地夯土护坡长约 20 米。发现客省庄二期文化椭圆形白灰面房址 1 座、长方形土墙房址 1 座、灰坑 8 座。另外还有汉代水井 1 眼，宋代灰坑 54 座、水井 1 眼、道路 1 条，清代墓葬 6 座。

西周时期的遗物主要为建筑废弃后残留下来的 10 多件弧形板瓦、槽形板瓦、筒瓦残件，数件带瓦环、瓦钉、瓦隼的板瓦残片，多件骨笄、骨锥、骨镞以及灰坑出土的大量陶罐、陶鬲、陶豆、陶盂等器物陶片等。另外，发现的汉代、宋代遗物也较多，主要有铜钱币、石砚、陶罐、瓷器残片等。

本年度发掘工作进一步丰富了镐京遗址大型夯土建筑基址的考古资料，为研究西周宫室或礼制建筑的分布、建筑技术、历史考古及城市布局等提供了实物资料。其中西周兽骨坑出土较多牛、羊、猪、鹿等动物头骨，与周代天子祭祀天地、祖先、神灵时最高级的用牲“太牢”相对应，为判断该座建筑的使用性质可能为天子宗庙提供了宝贵资料，是本年度的重要收获之一。另外，在发掘区的西北部发现围绕14号、11号建筑基址的斜坡夯土台基和排水管道，为确定该处宫殿区西北部边缘及与北部古河道的关系提供了重要资料。

（岳连建）

【澄城刘家洼芮国都邑遗址】

发掘时间：2020年3～12月

工作单位：陕西省考古研究院、渭南市博物馆（渭南市文物保护考古研究中心）、澄城县文旅局

为进一步探讨芮国墓葬制度、社会形态和车马埋葬特征等问题，2020年对东Ⅱ区贵族墓地及东Ⅰ区M2（国君墓）祔葬车马坑进行了发掘。

东Ⅱ区墓地共发现墓葬44座、车马坑2座、马坑5座。本年度在去年工作基础上又发掘了8座墓葬，其中小型墓2座、中型墓6座。墓葬均为南北向，葬具为单棺或一棺一椁，未见腰坑、壁龛、殉人等现象。出土铜、玉、骨及漆木器等各材质文物378件（组）。

中型墓M6收获颇丰，随葬品73件（组），包括3鼎、4簋、2壶、1盉、1盘、1盖盆、1甗等13件青铜礼器，以及车马器、兵器、丧仪器等，还有戈、玦、腕饰、琮等玉器。M19位于M6西北部，两墓并列，面积略小于M6，随葬品有3鼎、2鬲、2壶、1盘、1甗、1匜，同时还出有车马器、青铜甲胄等，玉器有腕饰、口琀、玉玦等；小型墓面积较小，随葬品极少，与中型墓差距较大。M12仅随葬石圭、骨圭各1件。

东Ⅰ区车马坑CMK2的车、马分层叠压放置，马在下层，车在上层。车为拆车葬，车体保存较好，全部髹漆。车衡上有2个车轭，车辕大部分朝北，车轮拆下后放置于旁边或压于车舆之下，一些带有青铜车軎等部件。目前已清理马车13辆。

本年度发掘的东Ⅱ区墓葬保存完整、信息清晰，文化面貌与以往发掘的墓葬特征一致，丰富了刘家洼遗址的墓葬材料，进一步反映出芮国等级鲜明的墓葬特征。车马坑的发掘，为研究墓地形态和丧葬制度提供了新材料，同时也推动了刘家洼遗址的保护与利用。

（种建荣　孙战伟　夏培朝）

【韩城陶渠周代墓地】

发掘时间：2020年6～12月

工作单位：陕西省考古研究院、韩城市文化和旅游局

陶渠遗址位于韩城市芝阳镇陶渠村北，20世纪80年代发现，《韩城市文物志》中公布为西赵庄遗址，第三次全国文物普查时更名为“陶渠遗址与陶渠墓群”。

因墓地被盗严重，受韩城市文化和旅游局委托，2020年5月，对盗掘密集区进行调查、勘探，勘探面积约27000平方米，共发现墓葬20多座，其中的8座“甲”字形墓、2座车马坑等遗迹是此次勘探的重要发现。2020年6月，经国家文物局批准，对墓地开展考古工作，同时对陶渠遗址所在的芝水河流域进行大范围调查。本年度共揭露探方面积约1500平方米，发现4座“甲”字形墓、1座深竖穴土坑墓以及19座浅竖穴墓道洞室墓。截至目前，已完成1座深竖穴土坑墓以及15座浅竖穴墓道洞室墓的发掘，两座“甲”字形墓的发掘正在进行中。

通过本年度的工作，初步判断了陶渠墓地的年代、性质等相关问题。M20为东西向深竖穴土坑墓，出土陶豆及陶鬲口沿、足

残片等；“甲”字形墓M28墓道内出土铜鼎、铜甗。结合调查、勘探、发掘采集的标本判断，墓地的年代上限为西周晚期，下限至春秋时期。墓向均为东西向。根据文献记载可初步确定陶渠墓地应属于两周时期的梁国，发掘区所在应属于高等级贵族墓地。

发掘战国晚期秦墓15座。墓葬形制分为竖穴墓和竖穴墓道洞室墓，葬式为屈肢葬，多为东西向，少数为南北向，器物组合为釜、盆、罐、茧形壶等，部分陶器上戳印“夏市”“夏亭”陶文。“夏”是“夏阳”的简称，文献记载秦惠文王十一年（前327）“更名少梁曰夏阳”，明确此地与秦夏阳、“少梁”有关，并可能与两周之际的梁国相关。

在芝水河两岸分布有大量两周秦汉时期的遗址，为探索与陶渠墓地同时期的聚落，研究这一区域两周秦汉时期聚落演变情况提供了基础资料。

（耿庆刚）

【延安觉德东周遗址】

发掘时间：2020年4～9月

工作单位：陕西省考古研究院、宝塔区文管所

觉德遗址位于延安市宝塔区临镇觉德村东380米左右，南距黄河一级支流云岩河310米左右，面积约1万平方米，2020年4～9月，工作单位对该遗址进行了发掘。

此次发掘，共揭露4000平方米，清理遗迹182处，其中灰坑152个、房址3座、墓葬17座、陶窑7座、沟3条。灰坑最多，有圆形、椭圆形、长方形、不规则形等，以椭圆形为多，多数较规整。墓葬有三类，一类竖穴土坑墓，一类为石棺墓，一类为土洞墓。竖穴土坑墓和石棺墓为东周或半坡文化晚期遗存，土洞墓为明清时期遗存。M2为一石棺墓，长1.9、宽1.5、深0.37米，多人二次葬，人头骨有27个，无随葬品。沟均为长条形，其中G2较规整，长14.1、宽0.65、深0.60米。房址较少，均为半地穴式，F2长11.4米，由前室、中室、后室等组成，门道位于西部。

该遗址出土陶器较丰富，主要为灰陶，器形有豆、罐等。从出土典型陶器来看，遗址的年代为春秋、战国时期，同时存在少量半坡文化遗存和明清墓葬。

觉德遗址位于陕北高原，该区域东周时期的遗址发现极少，本遗址的发掘，为研究这一时期的聚落形态提供了资料。另外，该遗址南距虫坪塬周代墓地30千米、距刘家洼墓地90千米，为研究东周时期居址器物特征和组合与墓地器物特征和组合的异同，提供了对比资料。

（郭小宁）

【宝鸡市陈仓区下站秦汉祭祀遗址】

发掘时间：2020年6～11月

工作单位：中国国家博物馆、陕西省考古研究院、宝鸡市考古研究所、陈仓区博物馆

下站祭祀遗址位于宝鸡市陈仓区潘溪镇下站村，地处秦岭北麓渭河南岸的台塬之上，东西两侧为冲沟，台塬南北长约4.3千米，东西宽约600米，南北狭长，北距渭河河道仅800余米。遗址位于台塬中部偏北，东西宽540米，南北约430米，总面积约23万平方米。

2020年度发掘共布设10米×10米探方8个，南北两列，总计800平方米。通过发掘可知遗址的地层堆积相对简单：①层为现代耕土层，厚约30厘米；②层为扰土层，是20世纪70年代平田整地形成的地层，自南向北逐渐增厚，10～20厘米；③层为文化堆积层，厚20～50厘米，土质较硬，土色较深，关中俗称“黑垆土”。本次发掘发现祭祀坑、房址以及灰坑等遗迹总计70余处，出土大量马、牛、羊祭祀用牺牲、铺地砖、瓦、瓦当以及少量玉器、铁器和青铜车马器。除少数灰坑开口在第

②层下，祭祀坑和房址均开口于第③层下。

祭祀坑总计52座，依据形制主要分两大类型：A型，南北平行排列的长条形祭祀坑，发掘7座，开口宽0.5~0.6米、深0.3~1.1米，横截面呈U形。B型祭祀坑主要为东西向长方形竖穴土坑，发掘45座，依据坑的尺寸和埋藏牺牲又可细分为三类：Ba型，36座，平面东西向长方形，略偏东北西南向，竖穴土坑，口小底大，长约1.8~2.2米，宽1.6~1.9米，深1.7米。Bb型，2座，平面东西向长方形，略偏西北东南向，竖穴土坑，口底一致，长约1.7米，宽约1.2，深1.2~1.3米。Bc型，7座，平面呈东西向长方形，略偏西北东南向，竖穴土坑，口大底小，长约3.0米，宽约2.4米，深1.9~2.2米。房址3座，均属于半地穴式，椭圆或近似圆形，长径长约2.1~3.3米，面积较小，打破A型和Ba型祭祀坑。灰坑20余座，平面多呈圆形或椭圆形，口大底小，形制大小不一，打破祭祀坑。

除马、牛、羊等动物牺牲外，遗址灰坑、房址填土内还出土大量砖、瓦、瓦当、陶器、铁器以及少量玉器。

下站遗址的祭祀坑数量庞大、内涵丰富，分布具有很明显的规律性，与血池、吴山祭祀遗址大同小异，都是畤祭祀遗存。从发掘发现的祭祀坑和出土的砖瓦等遗物分析，下站遗址至少从东周持续使用至西汉。据《史记》记载秦宣公四年（公元前672年）作密畤于渭南，祭青帝，这里的“渭南”显然并非今陕西渭南市，而是指渭河南岸。综合以上，我们判断下站祭祀遗址是雍五畤之一秦宣公所建密畤，祭祀青帝，遗址延续使用到西汉时期，至西汉晚期王莽改制被废。

（游富祥）

【凤翔南指挥秦墓】

发掘时间：2020年5~10月

工作单位：陕西省考古研究院、宝鸡市考古研究所、宝鸡先秦陵园博物馆

凤翔南指挥秦墓位于凤翔县南指挥镇宝鸡先秦陵园博物馆南侧，地处秦雍城遗址南指挥秦公陵区范围内。为配合秦雍城遗址保护设施项目建设，联合考古队对发现的古代遗迹进行了考古发掘，共发掘古墓葬8座、车马坑3座、坑1座（活土坑），出土各类器物125件。

墓葬均为西北—东南向，形制均为竖穴土坑墓，墓圹长2.5~3.06、宽1.4~1.75、深6~8米。底部椁室周围有熟土二层台。各墓均有木质葬具，已腐朽，均为一椁一棺。各墓均葬1人，骨架保存较好者均为屈肢葬。陪葬器物大多位于棺外椁室西端，少量位于棺的一侧，质地有陶、铜、玉石、骨、漆木等。器物组合有铜礼器和陶器组合及仿铜陶礼器组合两种。M1西端二层台上有殉人1具，仰身屈肢葬。

车马坑共3座，均为竖穴土坑，西北—东南向。K1、K3平面为梯形，西宽东窄。长3.7、宽1.8~2.6、深4米。每坑埋藏一车二马，车下有殉人坑。马位于车前，头朝东，伏卧状。车为单辕木车，盗扰破坏严重。K2平面近长方形，口小底大，上口长6.2、西宽2.4、东宽2.72米，底长6.6、西宽2.6、东宽3.1米。坑内放置木车两辆，车前各驾两匹马。马头朝东，伏卧状。西部木车北侧有殉狗1条。根据秦墓车马坑位于墓葬东南方向的习俗，可以确定墓葬与车马坑的对应关系分别为：K1隶属于M1，K2隶属于M5，K3隶属于M3。

根据墓葬规模、形制、葬式、出土器物组合等特点，可确定这批墓葬为小型秦墓，时代为春秋晚期，墓主为士一级的低级贵族。这批墓葬为研究东周时期秦国陵园埋葬制度提供了新资料。

（杨武站　景宏伟　陈爱东）

【洛川月家庄秦人墓地】

发掘时间：2020 年 3～12 月

工作单位：陕西省考古研究院、延安市文物局、洛川县文旅局

洛川月家庄墓地位于洛川县石头镇月家庄村东北塬面上，南北长 1000、东西宽 450 米。根据发掘和调查情况，墓葬总数量可达上千座。本次对公路涉及区域进行了全面揭露，共发掘战国中晚期秦墓 365 座，均为小型墓葬，未被盗扰，保存完整。

墓葬形制分平行式洞室墓和直线式洞室墓，两类墓葬数量基本相当。平行式洞室墓集中分布在发掘区北部，分布面积小而密集；直线式洞室墓主要分布在发掘区南部，分布面积大但较稀疏。墓地由北向南，墓葬形制由平行式向直线式发展，中间为两类墓葬共存、过渡地带。

平行式洞室墓和直线式洞室墓均有东西向和南北向两类，以东西向墓为主。东西向墓以头向西为主，少量头向东。南北向墓绝大多数头向北。葬式以仰身曲肢葬占绝大多数，下肢弯曲较甚。葬具以单棺为主，有极个别石板。

平行式洞室墓为长方形竖穴墓道，口底基本同大，两边或三边有生土二层台。墓室位于墓道一侧，长度小于墓道。墓道底较墓室底略深。墓室多有脚龛或头龛，随葬品多放置于龛内。随葬品有陶鬲、釜、罐、盆、茧形壶等。

直线式洞室墓为长方形竖穴墓道，口底基本同大，无生土二层台。墓室位于墓道短边一侧，宽度小于墓道。墓道底较墓室底略深。墓室内设壁龛，随葬品多放置在墓室封门处。随葬品有陶釜、陶罐、茧形壶、陶缶、铁釜、铁缶等。

墓地出土陶器可分为两大类，一类为秦式鬲、釜、罐、茧形壶、缶等，数量占大宗；另一类为西戎铲足鬲、单耳罐、双耳罐等，占有少量比例。

月家庄墓地墓葬形制、葬俗、随葬品及组合特征，均与关中典型秦墓风格相一致，年代为战国中晚期乃至秦统一，是目前陕北地区发现数量最多、最靠北的一处秦人大型公共墓地。同时墓葬中又有典型的西戎文化因素，应是秦、戎交流的具体表现。总之，月家庄墓地的发现，对于研究战国时期陕北南部地区的人群迁徙，秦、魏、戎关系以及区域政治地理演变具有重要意义。

（种建荣　孙战伟）

【秦咸阳城遗址】

发掘时间：2020 年 1～12 月

工作单位：陕西省考古研究院、西咸新区秦汉新城窑店文物保护管理中心

本年度主要工作可分为主动发掘、调查和抢救性清理三部分。

主动发掘方面，继续进行宫区 6 号遗址区建筑基址的发掘，包括 A、B 两个发掘点，发掘面积 1500 平方米，除出土大量残碎建筑材料外，还有瓦当、铜钱、铁镞、铁铲等小件器物 83 件。

A 区位于建筑区南部。主体为一座高台，在提取三维信息后对高台顶面进行了保护回填。高台下西北角清理面积约 1000 平方米，发现较多灶址、灰坑、活动面等晚期遗迹。原建筑受扰严重，部分夯土地基暴露，扰土中有一块面积极小的壁画残块。

发现 7 处房址，编号 AF1—AF7。其中 AF6 平面为长方形，方向近南北向略偏，半地穴式，南北长 6.2、东西宽 3.3、残深 1.6 米，东北角被晚期灰坑打破。门道位于北部，有夯土台阶，下部两级保存较好，高差 25 厘米。屋内墙壁局部残留涂抹泥皮，未见壁柱槽及柱石。堆积夹杂大量夯土碎块及陶片，最底部为厚约 10 厘米的细淤土层，陶片时代不晚于西汉初期。

B 区位于建筑区西南部，与 A 区相距

90米，之间有东西走向夯墙相隔。此区建筑包括早晚两段，晚期建筑几乎无存，只见零星水管道及散水、柱石。时代不早于西汉初期。

早期建筑夯土地基平面为曲尺形，总面积约1060平方米，南北长43、东西宽13.6~43.4米。南部和东部受扰严重，只残留地基夯面，推测原为高台建筑；西部和北部建筑保存较好，发现房址6处，依次编号为BF1—BF6。其中4处房址共用一条北墙。墙体截面呈梯形，基槽打破生土，深1.6、宽3.4米。BF1位于最西部，暂未完全揭露。BF2平面为长方形，东西长6.8、南北宽3米，东、西、南墙均叠压在垫土层上，居住面叠压北墙基，此建筑晚期存在改建的可能。

本年度重点发掘了BF3与BF4。BF4位于整个区域的东北部，该房址南部被扰殆尽，北部结构依次为东墙、廊道、东室、廊道、西室。东室南北长12、东西宽5、两侧的廊道均宽0.6米，铺几何纹方砖。西侧廊道被全面揭露，分为南北两段，长度均为4.3米，间距3.7米。廊道以西0.5米有南北向板瓦残片立砌散水一道，长2.4、宽0.2米。西室接于东室，低于上述结构约0.4米，平面近方形，边长2.8米。西室东廊道铺砖，长2.5米，距东室西廊道0.5米。东墙残长14.1、宽均为1米。倒塌堆积均为秦代建筑材料。BF3位于BF2与BF4之间，东墙与BF4西墙之间有宽0.9米的夹道，出土龙纹空心砖2件。BF3平面呈长方形，南北长23、东西宽3.4米，内隔墙4条，分隔出面积稍有不同的房屋5间。隔墙宽0.8~1、残高0.3~0.4米。建筑材料包括“有万熹”瓦当残片多枚。

接BF3西南部有BF5与BF6，三者共用一条南墙。BF5、BF6东、西分列，间距3米。BF5平面近方形，南北长2.4、东西宽2米，与BF6形状、面积均相同。

调查方面，在秦咸阳城遗址东部进行了面积约6平方公里的考古调查，旨在寻找城址东部“边界性”遗迹。调查中意外发现具有仰韶晚期特征的史前遗存一处，并清理灰坑9座，出土尖底瓶、钵、夹砂罐、鼓形器等器物残片。

抢救性清理方面，针对仰韶晚期突发的在建设控制地带中出现的盗掘现象，组织了局部抢救性清理工作，发现了人为铺砌的陶片堆积遗迹，其中包括秦汉时期的建筑材料，有完整的“长陵东当”2枚。将陶片堆积遗迹解剖后发现，其下为厚4米的河湖相淤泥。此淤泥堆积应与近年来持续跟踪的兰池水系有关。从层位上看，陶片堆积形成时期较晚，此时兰池水域已干涸或缩小。

综合分析本年度工作，主动发掘的B区建筑高低错落，结构复杂。南部、东部建筑原应为高台式，西北隅BF4属于其中稍低者；西部与北部地面经过平整，漫铺加了料姜石的纯净土后平地起建，形成相对封闭的空间；房址之间为庭院，有一处曲尺形卵石散水被晚期建筑叠压，提供了建筑使用时代的判断依据。而调查和抢救性清理取得的信息，不仅补充了该地区古遗存的内容，甚至对西汉帝陵研究提出了新疑问，更加有效地推进了对咸阳城东北部边界的探索。

（许卫红　张杨力铮）

【西安市西咸新区泾河新城吊庄秦汉时期遗址】

发掘时间：2020年1~12月

工作单位：陕西省考古研究院

吊庄遗址位于西咸新区泾河新城泾干街道吊庄村北侧，距离泾河北岸约3千米。截至目前发掘面积约4000平方米，初步确认该遗址是一处始建于战国晚期、沿用至西汉中期的离宫别馆。

考古发现多处夯土台基和砖瓦堆积，

出土了大量砖瓦建筑遗物，包括青石质础石、空心砖残块、菱形纹方砖、瓦当（葵纹、云纹）、筒瓦、板瓦，还有部分条砖。尤其是出土的夔凤纹大瓦当，与秦始皇陵、秦阿房宫遗址、秦栎阳城遗址出土的比较接近，更进一步印证了该遗址的等级之高。在清理水井时出土了部分陶文，可识别的有“宫甲”、“宫乙”、“北司”、“大匠”等。目前正在根据夯土台基与砖瓦倒塌堆积的相对位置关系，结合柱网分布的规律，寻找、确认原有建筑的结构和布局。

吊庄遗址在路基范围内面积近万平方米，加之路基以外的线索和调查资料，初步推断遗址面积为数万平方米。《史记·秦始皇本纪》、《三辅黄图》均记载在秦咸阳城郊、关中以及关外许多通都大邑都修建有离宫别馆，该遗址的全面调查和发掘，很可能为我们认识秦汉时期离宫别馆的布局与功用提供新的重要材料。

（王　东）

【西安市高陵区榆楚秦汉墓地】

发掘时间：2020 年 3～10 月

工作单位：陕西省考古研究院

为配合高陵融豪工业园三期项目建设，在高陵区榆楚村西发掘了一批战国至唐时期墓葬。对项目占地范围内的墓葬采取分区、布方发掘，分 A、B、C、D、E 五个区域，外围少数零散墓葬单独发掘，共发掘墓葬 500 余座。

A 区发掘 44 座。部分墓葬有多人葬、迁葬等习俗，迁葬分为三种形式：单人迁葬；一人正常、合葬者迁葬；多人迁葬。根据墓葬形制、出土器物等判断，墓葬年代为隋唐时期，推测其性质可能是定居关中的一支北方少数民族的后裔，并保留部分原葬俗。

B 区发掘墓葬 59 座，除 5 座唐墓外，其余均为战国秦汉墓。

C 区发掘墓葬 39 座，有三座战国秦墓较为特殊，规模稍大，周围陪葬有动物坑，这在以往的秦墓发掘中是少有的现象。CM1 为竖穴墓道洞室墓，南侧有四座动物坑，动物骨骼经鉴定为马、牛、羊等，为四分之一或二分之一个体，墓道南壁有壁龛，保存完好，出土器物较为丰富，有铜扁壶、铜灯、铜甗以及大量陶器。

D 区发掘墓葬 310 座，除 5 座明清墓外，其余均为战国秦汉墓。D 区南部为有围沟的战国秦墓，每一围沟合围 1 座、2 座、3 座等个数的墓葬。DM2 南侧仅存一动物坑，墓室虽然被盗，但墓道壁龛保存完整，出土有鼎、钫等铜器以及大量陶器。

秦墓陶器多见“高市”戳印，说明榆楚墓地应是秦高陵县居民葬地，到汉代墓地仍继续沿用。榆楚秦汉墓地的发掘为研究秦汉郡县居民葬制、葬俗、社会结构等问题提供了重要资料。

（赵汗青　夏培朝）

【咸阳沙河古桥遗址】

发掘时间：2020 年 6～11 月

工作单位：陕西省考古研究院、西咸新区沣西新城管委会、沙河桥遗址文管所

沙河古桥遗址位于咸阳市秦都区的台镇资村西南的沙河河中。为配合《沙河古桥遗址保护大厅改造计划》和《沙河古桥遗址本体保护工程计划》保护方案的完善和实施，进一步搞清沙河桥桥体长度、桥桩平面布局、河岸宽度、桥桩埋藏深度、地下部分保存状况等问题，经国家文物局批准，陕西省考古研究院组建沙河古桥遗址考古队，根据最新勘探成果，于 2020 年 6 月对沙河桥遗址行了考古发掘。

本年度沙河桥遗址发掘主要分为两个区域：一是保护大棚内的发掘。大棚内原有桥桩 3 根，分布在大棚内北、中、南三个区域，在此三个区域分别选点对桥桩本体及其下部进行发掘。其中中部区域桥桩

已经清理到底，底部仍为沙层，桥桩底部呈尖锥状插入沙层，尖锥长度约1米，距大棚内现地表深4.6米。据前期地质勘探情况，距现地表5.3～5.6米为地下水层，目前基本可确定桥桩底部未进入地下水层，为后续保护和展示方案设计提供了依据。

二是保护大棚南北两端的发掘。通过平面布方发掘，新发现桥桩三排17根，与保护大厅内桥桩方向基本一致，应与其为同一桥体，即桥体在保护大厅外仍继续延伸，最北至距保护大厅北端22米处，向北再未发现桥桩。探方内可见淤泥层和沙层，通过解剖发掘可见淤泥层由北向南呈斜坡状堆积，北部堆积较厚，南部堆积较薄，沙层由南向北覆盖于淤泥层上。淤泥层由块状淤泥垒叠而成，每块淤泥由竹席类编织物包裹，平面可见块状淤泥，剖面可见编织物包裹痕迹，是明显人工行为，应与人为制造的河岸护堤有关，故称之为“埽岸”，即用埽材筑成的堤岸。这是2020年较为重要的发现。

根据新发现的埽岸遗迹以及桥桩范围，可初步判定埽岸遗迹所在区域即为当时河岸，桥体北部边界即以新发现的最北排桥桩为界。

（陈爱东）

【西安市秦汉新城大堡子墓地】

发掘时间：2020年5～12月

工作单位：陕西省考古研究院

大堡子墓地位于秦汉新城（原泾阳县）高庄镇大堡子村西，地处泾河南岸台塬（咸阳塬东北部）。截至目前，共清理墓葬140余座、墓葬围沟2条，出土陶、铜、玉、铁等各类遗物近300件（组）。

大堡子墓地多见竖穴墓道洞室墓和竖穴土圹墓两类墓葬。墓地规划有序，以方形围沟为区划，可能代表了不同的家庭单元；墓向多样，多为单人葬，葬具为木棺；随葬陶器呈现一定的组合规律，常见鼎、灶、仓、缶、壶、钫、盒，显示出明确的时代特征；墓葬等级差异明显，小型墓葬仅以少量陶器、铜镜、铜钱随葬，大型墓葬随葬彩绘陶器（仿铜陶礼器）、铜容器、玉器等高等级器物。彩绘陶器色彩绚丽、线条流畅、构图繁复，极具灵动和神秘之感。

M51出土陶缶肩部刻有“新亭”二字，笔画清晰、易于识读。《汉书·地理志》记载，“渭城，故咸阳，高帝元年更名新城，七年罢，属长安”；《汉书·萧何曹参传》亦述“（曹参）东取咸阳，更名曰新城”。可见，咸阳曾在汉初短暂更名为“新城”。文献和考古资料表明，大堡子墓地周边秦汉时期设有咸阳、渭城、泾阳等县；加之大堡子墓地陶器组合和随葬铜钱多见“半两”所显示的西汉早期特征，这在时空基准上建立了大堡子墓地与汉初新城县的内在联系，“新亭”应指汉初新城县亭市。根据现有考古资料，西汉“新亭”陶文尚属首次发现，实证了汉初新城县的建置。大堡子墓地距秦咸阳城核心区域较近，鉴于其特殊的地理区位，大堡子“新亭”陶文还填补了秦汉政权更替时期的秦都咸阳建制更迭和城市变迁的重要一环。

大堡子墓地墓葬分布密集、年代集中、区划明确、等级明显、内涵丰富。墓地南距长陵邑4千米，位于秦咸阳城遗址东北8千米处，为研究秦汉之际咸阳周边的墓葬布局、埋葬制度、家族关系，特别是秦汉政权更迭和文化因素“过渡”提供了丰富而宝贵的考古学资料。

（邵　晶　朱瑛培）

【浐灞生态区谢二村汉代遗址】

发掘时间：2020年3～5月

工作单位：陕西省考古研究院

2020年度延续2019年度工作，对2019年未征地部分进行了发掘，发掘面积

3550 平方米，发掘夯土墙基 9 道、壕沟 1 条。

此次发掘的夯土墙基由外围墙和围墙内建筑墙基构成。外围墙呈东西向，在项目红线范围内长度 370 米（墙基东端延伸至项目用地外），并在西端有向北拐折，长度 21 米，向北延伸至项目用地外。外围墙内有内部建筑墙基 7 道，构成各类房屋、庭院等，均呈南北向并向北延伸。墙基宽度 2.35 ~ 2.8 米、残存高度 0.45 ~ 1 米。通过解剖可见明显夯层，厚度 0.06 ~ 0.08 米，夯窝直径 0.07 米。墙基直接打破黑垆土层，地层中可见废弃的汉代筒瓦、板瓦等建筑材料，因此判断墙体年代为汉代。

壕沟推测为修建夯土墙时的取土沟，后作为城墙外排水沟。沟内填有大量绳纹筒瓦、绳纹板瓦、几何纹铺地砖、瓦当等建筑材料，数量较多、体量较大，规格较高。瓦当多为文字瓦当，以“长乐未央”“长生无极”为主，另有部分云纹瓦当，瓦当整体尺寸、规格较大，直径 16 ~ 20 厘米。

谢二村遗址北部约 1 千米即为新寺遗址，其出土的筒瓦、瓦当等建筑材料与新寺遗址建筑材料基本相同，考虑到新寺遗址内有规模较大的夯土遗迹，而谢二村遗址的夯土墙基正有向北的拐角，因此判断夯墙遗迹与新寺遗址内大型夯土建筑之间应有较密切关系，为新寺遗址的南部范围、边界的认定提供了重要依据。

关于新寺遗址性质，目前主要有两种观点：新寺遗址公园内对其介绍为“汉代著名长门宫遗址”；李健超先生根据《水经注》记载推测新寺遗址为霸陵邑。此外，关于长门宫的位置，中国社会科学院考古研究所的刘振东先生在《顾城庙与奉明园》（《考古与文物》2019 年第 6 期）一文中将其位置标在长安城东，灞河西岸（新寺遗址在灞河东岸），并在文中推断长门亭可能位于汉长安城东郊略偏南处。

综上所述，谢二村遗址发掘的夯土墙基应与新寺遗址有关，并可进一步明确新寺遗址作为汉代大型宫殿建筑遗址的性质，但新寺遗址的具体属性仍有待进一步研究考证。

（陈爱东）

【泾河新城金田玉西汉墓地】

发掘时间：2019 年 11 月 ~2020 年 8 月
工作单位：陕西省考古研究院

金田玉汉代墓地位于泾阳县高庄镇金田玉村南的二级台原上，地势高亢轩敞，北眺泾河，南望西汉帝陵。为配合泾河新城 GZ02 －01 地块的项目建设，2019 年 11 月 ~2020 年 8 月共发掘墓葬 178 座，时代基本为西汉时期，以西汉早期墓居多。

墓葬形制为竖穴土洞墓、方坑墓和长斜坡墓道洞室墓，出土器物基本为陶器，器物组合以鼎、盒、钫、壶、缶、灶、罐和盆为主。大部分墓葬规模较小，葬具仅为单棺，除个别墓葬为屈肢葬以外，绝大多数为仰身直肢葬。墓葬往往两两一组抑或三五一组，排列比较规整，外围以围沟环绕，呈现出家庭合葬的形式，为研究西汉早期围沟墓增添了新的实物资料。少数大型墓葬周边往往发现有祭祀坑，陪葬牛、羊等动物和部分生活陶器。

西汉时期，出于保障帝陵营建、侍奉和服务陵园等诸多考量，在陵园北侧修建陵邑，与陵园共同组成陵区。陵邑作为汉长安城的卫星城横亘于五陵原上。按照古代城市郭与乡的功能划分，陵邑周边分布着一定数量的乡，居住着大量的居民，承担着服务城郭的部分功能，这一点在汉景帝阳陵的考古发掘中已经得到证实，出土了“都乡”、“泾乡”和“南乡”等封泥。在汉初的移民浪潮中，考虑到陵邑内居住空间相对有限，大量的移民应该是居住在陵邑周边的乡里。金田玉墓地恰好毗邻长陵和安陵陵区，墓葬的时代、规模也比较吻合，因此推断这批墓主人应与陵邑周边的居民有关。

（王　东）

【宝鸡西秦村西汉墓地】

发掘时间：2020 年 1 ~4 月

工作单位：陕西省考古研究院、宝鸡市考古研究所、宝鸡陈仓区博物馆

西秦村西汉墓地位于宝鸡市陈仓区东关街道西秦村，北距村委会文化广场约 50 米，南距陇海铁路约 100 米。本次发掘的 5 座墓葬已经暴露于断崖边缘。这些墓葬主体位于 20 世纪 80 年代村办厂房下，受房基和平整土地影响，墓葬开口在厚 1.5 ~2 米的垫土层下，打破仰韶或西周时期的灰坑。墓葬填土内发现仰韶、西周时期陶片。

这 5 座墓葬均为竖穴墓道洞室墓，由竖穴墓道、封门和墓室三部分组成。墓葬方向为东西向，排列整齐，相互间无打破关系。墓室葬具为一棺一椁，均腐朽成灰，人骨保存差，葬式不明。墓葬出土了较为丰富的随葬器物，总计 65 件（组）。以陶器为主，器类有缶、钫、罐、鼎、盒、茧形壶、锜和鍪等，另外有铁釜、铜钱和铅珠等。

从墓葬形制和出土陶器特征判断，这批墓葬的时代应为西汉早期。值得关注的是，当地村民曾在 20 世纪 90 年代于发掘区附近发现过一座西周晚期的青铜器窖藏，出有成钟、重环纹鼎、龙纹壶、垂鳞纹瓿 4 件铜器。发掘期间在墓葬填土及周边采集有西周晚期陶片，表明周边区域应有西周时期遗存分布。

（李彦峰）

【浐灞生态区广大门汉墓】

发掘时间：2020 年 5 ~11 月

工作单位：陕西省考古研究院

本次共发掘墓葬 17 座、围沟 1 组，其中汉墓 10 座，明清时期墓葬 7 座，出土器物 180 件（组）。汉代墓葬中以 M14 最为重要，其余汉墓主要以斜坡墓道洞室墓和竖穴墓道洞室墓为主。

M14 为长斜坡墓道土圹墓，南北向“甲”字形，由墓道、墓室、壁龛三部分构成，全长 39.1 米，墓室距现地表深 10 米。墓道及墓室逐级内收，东西两侧各 4 组对称的三层“之”字形台阶，墓室北壁为四层“之”字形台阶。墓室长 7.2、宽 3.4 ~ 3.58 米，被盗扰严重，葬式不明，可见 10 处盗洞，其中 D10 自墓室东北角进入墓室北部，墓室底部积炭，木椁破坏严重，墓室南侧东西两壁可见封门槽。壁龛位于墓道和墓室之间近封门处，其中东壁开 1 龛，西壁开 2 龛，壁龛亦全部被盗。墓葬出土器物 117 件（组），包括陶器、玉器、铜器以及数量较多的车马器。

M14 墓葬规格较高，其墓葬形制与西安地区已发掘的凤栖原张安世墓、东郊石家街汉墓、白鹿原栗家村汉墓较为接近，推测墓主级别可至“列侯”级，为西安地区汉代列侯墓葬的研究提供了重要资料。出土的龟钮铜印一为刻有“长寿”二字的四灵印，另一为刻有“信发之印”的私印，为墓主人身份判断提供了重要依据。

（陈爱东）

【泾河新城阜下汉唐墓地】

发掘时间：2020 年 4 ~9 月

工作单位：陕西省考古研究院

阜下墓地位于西咸新区泾河新城高庄镇阜下村南，地处咸阳塬东北缘，南望长陵，北瞰泾河。

道路用地为南北向长条形，长约 1600 米，宽 60 ~100 米，发掘区域即位于道路用地之中。共发掘清理古代墓葬 344 座、灰坑 4 座、陶窑 1 座，出土各类文物 1400 余件（组）。

汉代墓葬数量最多，共 292 座，集中

分布在发掘区北部。墓葬排列整齐，少有打破关系，部分区域有围沟分隔，围沟内的墓葬成组排列，或可按区域划分为不同的家庭墓园。形制主要为小型竖穴墓道直线型洞室墓，时代以西汉早中期为主。墓葬方向有两类，南北向占2/3，东西向占1/3。墓葬随葬陶器有鼎、钫、壶、缶、罐、盒、灶、仓、釜、盆、熏炉等，金属质地文物有铜钱、铜镜、铜盆、模型车马器构件、棺饰、带钩、铁剑等。

唐宋墓葬数量较少，共46座，主要分布在发掘区中南部。墓葬方向均为南北向，排列较为规整，不见打破关系。形制有竖穴墓道土洞墓、斜坡墓道土洞墓两种。出土随葬品有瓷罐、瓷碗、陶罐、镇墓兽、陶人俑、动物俑、铜钱、墓志等。其中有一座三天井唐墓，出土墓志显示墓主下葬于永徽年间。

阜下墓地的发掘为汉代和唐宋时期的墓葬研究提供了新的材料。墓地北部的汉墓分布区南距西汉长陵约4千米，距长陵北侧的长陵邑则更近，考虑到墓地与陵邑的时空范围接近，可推测这批汉墓或与长陵邑的居民有关。

（于有光）

【西安市秦汉新城龚东汉至明清时期墓地】

发掘时间：2020年5～11月

工作单位：陕西省考古研究院

龚东墓地位于西咸新区秦汉新城渭城街道办事处龚东村北，北部约1.3千米为汉义陵封土，东部200米为义陵4号陪葬墓，封土犹存，东部2.3千米为秦咸阳城保护区西界。本年度共清理墓葬151座，沟3条，陶窑11座以及包括灰坑9座、房址1座、水井1口在内的遗址共431平方米。出土文物1992件（组）。

墓葬时代包括汉、西晋十六国、北周、隋、唐、宋、明、清等。

汉墓形制基本为长斜坡墓道洞室或砖室墓，根据出土器物判断墓葬时代集中为西汉晚期及东汉早中期。其中，M100为“甲”字形斜坡墓道土圹墓，墓道填土夯打密实，墓道近墓室处有三个耳室，砖封门，底铺砖，墓室为砖券双室，墓室上部回填积沙。该墓盗扰极其严重，仅出土陶器碎片、铁铠甲片、石磬残块、“小泉直一”铜钱等，但根据墓葬形制判断可能为义陵陪葬墓之一。

北周墓为斜坡墓道土洞墓，形制小，墓室横长，内葬多人，基本无随葬品，个别见有北周“货泉”铜钱随葬。隋墓为长斜坡墓道土洞墓，多有一至两口天井，墓室近方形。盗扰严重。其中M8出土墓志一合，墓主为隋太子左庶子裴政，属河东闻喜裴氏家族，《隋书》有传，为隋代著名法学家、史学家。

唐墓多为小型墓，斜坡墓道土洞墓，刀形，随葬品出土较少，时代为唐中期，个别可能为晚唐至五代时期。个别唐墓稍具级别，带有一或两口天井，带有五口天井的唐墓有两座，属同一家族。发掘确认同属唐代元氏家族的墓葬共三座，出土墓志四合，分别为元大谦、罗婉顺夫妇墓（五天井），元不器墓（元大谦之子，两天井），元自觉墓（元大谦之侄，五天井）。元氏为北魏常山王后裔，其家族与唐让皇帝李宪有姻亲关系，唐汝阳郡王李琎为墓主亲自撰写墓志。其中罗婉顺墓志书丹者为时任长安县尉的颜真卿，该墓志书写于天宝五年，是少见的颜真卿早期书法作品。

陶窑、水井、灰坑、房址等遗址主要分布于发掘区东部，时代为汉代，推测与发掘区东部约100米的汉义陵4号陪葬墓相关。陶窑应当是提供修筑墓葬材料所用，水井、灰坑、房址等体现出临时使用性，应当与修墓人临时居所相关，有助于研究汉代大型墓葬的营造过程。

本次发掘获取了咸阳地区重要的一批

考古材料。汉代墓葬时代与汉义陵相当，但绝大部分墓葬级别较低，应不属于陪葬墓范畴。北周至唐代墓葬的材料以往在附近区域发现较少，特别是大量小型平民墓葬，应当与唐代渭城县有较为密切的关系，而较高级别的墓葬则补充了隋唐长安城周边贵族葬地分布的情况。出土隋唐墓志中所记载的地名（如武安乡、白起乡等）有益于研究咸阳地区历史地名变迁与秦咸阳城的关系。元氏家族墓志的发现，对唐让皇帝李宪亲族情况有所补充，补益了唐代正史缺憾。特别是颜真卿书丹墓志的发现，是目前极为少见的科学考古发掘出土的其早年书法作品，对研究其本人以及我国中古时代书法艺术意义重要。

（许卫红　张杨力铮）

【西安市长安区贾里村汉至明清时期墓地】

发掘时间：2020 年 3 ~8 月

工作单位：陕西省考古研究院、长安区文物旅游局

贾里村墓地位于西安市长安区常宁新区贾里村以东，何家营村以南。共计发掘墓葬 109 座，出土墓志 18 方，出土各类文物标本 400 余件。

墓葬时代自汉代至西晋、唐、宋、金、明、清等各时期均有发现。汉墓 5 座、西晋墓 1 座。

唐代墓葬共有 13 座，形制主要为斜坡墓道土洞墓及竖穴墓道土洞墓。较为重要的有 M115、M114、M113、M97、M177 等 5 座河东薛氏家族墓葬，M54、M60 两座独孤氏家族墓葬。出土墓志 7 合，随葬品主要有陶俑、塔式罐、铜镜、铜盆等，女性墓内还有漆盒、贝饰等。

薛氏 5 座墓葬均为竖穴墓道土洞墓，其中一座为夫妻合葬墓。墓志记载，自贞元至大中年间有两代 6 位家族成员祔其先茔埋葬于此，墓葬按时代早晚自西向东排列。梳理其家族关系可知，有 4 座墓主人为姊弟关系，薛氏女丽华、气娘均为少女早殇，薛少仪曾任鄜州司法参军，薛贯曾任淮南营田判官，会昌四年七月在淮南任中病卒，薛贯夫人韦正容为翰林韦表微之女，韦夫人季弟进士韦蟾为其书墓志文并序，薛贯之子薛橹曾任右骁卫录事参军。此支薛氏先祖可追至晋河东太守薛懿，其曾祖薛缙曾任洋州刺史，祖薛琳曾任抚州别驾，父薛技曾任试大理评事。

独孤氏两座墓葬均为斜坡墓道带天井土洞墓，M54 为独孤先第四女之墓，为斜坡墓道 1 天井、1 过洞土洞墓，墓葬基本未被盗扰，志文记载在其父任绛州刺史期间去世，开元十八年归葬神禾原先茔之北。M60 独孤稔墓，为斜坡墓道 3 天井、3 过洞土洞墓，墓道前端留有 11 级台阶，墓道两侧壁原涂有壁画，因未做地仗层现已损毁不存，墓主曾任安定郡良原县主簿，大父独孤先，父独孤芬。

宋金时期墓葬共有 32 座，其形制特征为竖穴墓道土洞墓，墓道向西，平面形状为甲字形，随葬品较少，部分墓内出砖质朱砂书墓志。以宋代苏氏家族墓园为代表，五座墓葬自东向西呈昭穆排列，形制为竖穴墓道土洞墓，墓穴深达 10 米，墓园外有围沟环绕。墓葬均为后期祔葬，部分为夫妻合葬，M93、M97 两座墓道前壁还有生土壁雕，惜近年来被盗严重仅出土墓志一方，以及少量耀州窑瓷器，据记载 M96 墓主人名为苏暲，其父苏通，祖籍武功县，为关中地区望族，元祐四年埋葬于此。这批宋金墓葬的出土为研究北宋到金代历史文化、丧葬制度乃至耀州窑瓷器断代都提供了较为重要的资料。元、明、清墓葬共有 58 座，形制主要为竖穴墓道土洞墓，墓向不固定，墓葬一般较浅，随葬品多为铜钱、瓷碗、陶罐等。

贾里村墓地坐拥神禾原头，北顾潏河遥望长安，东临樊川南依秦岭，地理位置

优越，历来是古墓葬密集区。本次考古工作发掘的一批唐、宋家族墓葬，出土的墓志、文物，为研究当时家族墓园制度、葬俗提供了新的资料。墓志中体现的唐代薛氏家族人物与当时的杜氏、虞氏、韦氏等门阀之间的师友、僚属关系及联姻情况，对了解中晚唐时期政治、经济、社会发展情况，乃至补充史料记载均有重要作用。宋代苏氏家族墓虽然遭到严重盗扰，其带完整围沟的家族墓葬形式、少见的墓道生土壁雕，对了解宋代文人士大夫生活方式、丧葬习俗有着重要的价值。

（张 博）

【西安市空港新城龙枣村汉唐墓地】

发掘时间：2020 年 3 ~ 12 月

工作单位：顺陵文物管理所

龙枣村汉唐墓地位于空港新城底张街道龙枣村西。2020 年 3 月起继续 2019 年的工作，截至 10 月底，共发掘完成墓葬 170 座，其中汉墓 123 座、唐墓 19 座、隋墓 3 座、明清墓葬 25 座。汉墓分为砖室墓和土洞墓两种，多为单室。多数土洞墓带有一口横天井。在北部区域发现多组围沟汉墓，一般由一方形的围沟和两座或三座墓葬组成。以 M173、M174 为例，围沟呈方形，在东北角留有出口。围沟剖面呈口小底大状，沟底较平整。两座墓葬呈东西并列分布，坐南向北，形制一致，为斜坡墓道带有一口天井的单室土洞墓。汉墓出土遗物以各类陶器为主，另有铜带钩、铜镜、铜印、车马器等。据墓葬形制及出土遗物判断这批墓葬的时代为西汉中晚期。唐墓以纪年墓 M10（天宝四年）、M20（大历十年）及 M91（开元二十三年）为代表，平面呈刀把形，为斜坡墓道带天井的单室土洞墓。M10 为唐杨思俭孙杨守操及夫人陈英合葬墓，M20 为唐高冲云墓。M91 为窦抗曾孙窦琇墓，为唐代望族窦氏家族成员。此次发现的墓葬，为汉代中小型墓葬的研究提供了新的资料。唐代纪年墓葬的发现，为咸阳原唐代高等级墓葬的分布特征及窦氏家族墓葬的研究提供了新资料。

（赵占锐 李 明）

【秦汉新城东史遗址】

发掘时间：2019 年 10 月 ~2020 年 5 月

工作单位：西咸新区秦汉新城正阳文物保护管理中心

建设工程：QH—2019—018 地块

为配合全国第十四届运动会，陕西省考古研究院对位于西咸新区秦汉新城正阳街道东史村的马术比赛场区进行前期考古发掘工作。该地点位于汉长陵东北部，东距长陵邑仅 700 余米，南部进入长陵陪葬墓区部分建设控制地带。

经过近 8 个月的工作，最终清理墓葬 53 座，以及包括陶窑 14 座、灰坑 44 座、沟 5 条、水井 2 口、古道路 2 条在内的遗址近 3000 平方米。出土文物 1219 件（组）。

墓葬整体遭受了较为严重的盗扰，形制多为长斜坡墓道土洞或砖室墓，其中又可分为单室、多室两类，墓向多为东西向。此外还见有少量竖穴墓道单室土洞或砖室墓，另有瓮棺葬 2 座、竖穴墓道偏洞室墓 1 座。个别墓中见有葬多人的情况，推测为同一家庭成员，所有人骨材料经过现场鉴定并科学提取。出土器物多见汉代典型陶器或釉陶器，包括罐、仓、井、灶、案、耳杯、盘、碗、盆等，小件器物有铜钱、口琀、七窍塞、铜镜等。通过墓葬形制及出土器物判断，这批墓葬时代为新莽时期至东汉早中期。

结合墓地位置，推测这批墓葬的墓主人与长陵邑关系密切，应当为东汉时期长陵邑中的居民。从清理情况来看，多数墓葬反映出墓主人有较好的经济状况，但政治身份不高，与真正属于长陵的高等级贵族陪葬墓有明显差异性。

遗址区保存状况一般，时代可分两期。第一期遗存为汉代，与墓葬时代相近，遗迹种类包括陶窑、灰坑、水井、沟等。陶窑是与墓葬修造过程关系密切的同期遗存，灰坑、水井等都是围绕着陶窑生产的共存单位。陶窑包括单体窑和组合窑两类，组合窑多为两个窑室共用一个操作间。窑室平面均为纵长方形，窑门处内收呈三角形，拱形窑门，不见下沉式火膛，操作间形态不一，烟道为3个，向上逐步汇集成一处出烟孔。窑室及操作间内出土大量陶片，包括建筑材料和陶器两类，这些陶片与墓葬出土完整器物多有相似，建筑材料也是汉代风格，如粗绳纹板瓦、筒瓦、云纹瓦当等，故判断为东汉时期。灰坑、沟形态不一，多集中于陶窑附近，个别灰坑通过其中包含物可以判断为储灰坑、废料堆积坑、储水坑等。

第二期为明清时期，包括陶窑、少量灰坑和古道路2条。该时期单位可见打破第一期遗存的情况。陶窑均为单体窑，形态与第一期陶窑区别明显，窑室为横长方形，深度远大于第一期窑室，拱形窑门，出现下沉式火膛和用土坯垒砌的火道，烟道为三个，向上亦汇集为一个出烟孔，操作间多呈较小的长方形。出土有青花瓷片、黑釉瓷片等。

本次发掘未发现西汉早期或更早时期遗存，均为新莽至东汉早中期遗存，没有发现与长陵或长陵邑修建使用过程直接相关的遗迹，但也发现了长陵邑使用至东汉时期的考古学证据，为研究长陵邑沿革提供了材料。

（许卫红、张杨力铮）

【西安市长安区居安汉唐至明清墓地】

发掘时间：2020年3～5月

工作单位：陕西省考古研究院

墓地位于西安市长安区郭杜街道小居安村以东、大居安村以西，地处高阳原南缘、潏河西北岸。发掘东汉、唐代、明清时期墓葬22座以及陶窑4座，出土各类文物300余件（组）。

4座东汉墓位于墓地东南部，除M14坐西向东外，其余3座皆坐南朝北。M4和M11系长斜坡墓道砖券“前堂后室”或带东、西侧室结构，全长约18米，M13和M14系长斜坡墓道单室土洞结构，全长10.5米。随葬品以陶罐、盆、壶、灶、案、耳杯、勺、魁、井等明器为主，兼有少量狗、猪等陶塑动物俑和铜镜、铁器、五铢钱等。4座西晋墓位于墓地西北部，长斜坡墓道前段坡面平缓、中段坡势陡峭、近甬道处地面平坦。M21和M22南北比邻，坐西向东，均系“前堂后室”带南、北侧室土洞结构，全长约16米；M20为“前堂后室”土洞结构，坐东向西，全长16.9米；M17为拱顶土洞单室，坐东向西，全长11.9米。随葬品以陶罐、盆、灶、耳杯、井等日用明器和陶塑猪、狗、鸡、鸭等动物俑及人物俑为主，兼有少量铜镜、钗、铃铛、五铢钱等。唐墓7座分布于墓地的南北两端，其中M19出土3合墓志，为武周长寿三年（694年）湖州刺史独孤伏奴与夫人杜氏合葬墓。

独孤伏奴夫妇合葬墓为长斜坡墓道多天井单室土洞墓，平面呈“刀”形，方向185°，水平全长37.8米，墓底距开口深10.1米，由墓道、5过洞、5天井、2壁龛、甬道、封门和墓室等组成。墓道至甬道两侧壁面施以轻薄白灰层，局部可见红、黑彩绘，原应绘制有简单的壁画，但未作地仗层处理。第五过洞下东西两壁对称凿挖近方形壁龛，内置骑马俑、骆驼俑及人物俑等百余件。墓室近方形，边长3.8米，条砖铺地，中部南北向平砌隔墙，墓顶完全垮塌，周壁仅残存高约2.7米直壁，壁面可见工具凿挖痕迹。甬道至墓室周壁原绘有人物类壁画，但因墓葬垮塌保存较差，甬道砖墙或为加固墙体而砌。墓室东南部出土40余件直径3～4厘米的小铜镜和大量的铜铃铛、玻璃花饰及微雕人物、鹦鹉、大雁等饰件。

（苗轶飞）

【西安市空港新城韩家村墓地北周及隋代家族墓】

发掘时间：2019年9月～2020年7月

工作单位：陕西省考古研究院、顺陵文物管理所

韩家村墓地位于空港新城底张街道韩家村。共发掘墓葬16座，其中汉墓2座、北周墓3座、隋墓7座、唐墓1座、宋代以后墓葬3座。隋王韶家族墓园是此次发掘最为重要的发现。该墓园由方形围沟和7座墓葬组成，围沟形成的兆域南北长147.7、东西宽138.5米，面积21360平方米，是目前所见的规模最大的、保存最完整的隋代墓园兆域。已发现的隋代墓葬有封闭围沟兆域的墓例非常少，咸阳边方村隋开皇十六年鹿善夫妇墓有封闭的围沟，但发掘者判定该墓为北周朝埋葬鹿善时初建，隋代合葬，严格意义上来讲其墓葬建筑应为北周制度。所以隋王韶家族墓园也是第一次发现的隋代封闭围沟兆域。围沟呈口大底小的沟槽状，南围沟中部一段向南凸出，模拟墓园入口。墓园内埋葬王韶、王韶嫡长孙王弘、北周原州刺史王楷（王韶祖父）长子王显、王楷长孙王仕通等数代七人。7座墓葬均为斜坡墓道多天井的土洞墓，坐北朝南，具有典型的北周—隋代墓葬形制特征。该墓园结构完整，墓主身份明确，出土物较为丰富，是北周至隋代考古的重要发现，为了解北周至隋家族墓地的特征、成员的埋葬规律提供了重要的实物资料。

另发现有北周伊娄氏家族墓地，3座墓葬东西并列分布。M13位于西北方，东边两座墓葬距离较近，墓主分别为北周上仪同大将军、永康公伊娄让（M14）和处士伊娄诠（M15）。三座墓葬形制接近，均为斜坡墓道带土坯封门的土洞墓。墓室形制可分为前后室（M15）和单室两种（M13、M14）。伊娄尹家族，是北朝胡姓中唯一知名的伊娄氏，《北史》《周书》《隋书》中提到的伊娄穆、伊娄谦亦为尹之子，皆系宇文泰亲信将领，多有战绩。此次发现的北周伊娄氏家族墓地，进一步丰富了洪渎原北周墓葬的考古资料。

（李　明　赵占锐）

【西安市空港新城南朱留墓地北周家族墓】

发掘时间：2019年11月～2020年5月

工作单位：陕西省考古研究院

南朱留墓地位于空港新城北杜街道敦化路以东，广德路以西。共发掘古墓葬41座，其中汉代墓葬5座、北朝墓葬5座、唐代墓葬5座、明清墓葬26座。

本次发掘尤以北周豆卢恩家族墓园的揭露最为重要。豆卢恩家族墓园由兆沟和墓葬本体两部分组成，兆沟围合部分整体平面略呈南北向长方形，南北约长152、东西宽135米，墓园面积约2万平方米，南围沟中部呈“凸”字形且与豆卢恩墓道相对应。南侧兆沟东南角并未与东部兆沟连通，留有长38.6米的缺口，当系墓园进出口，兆沟剖面上宽下窄，最宽达4.4米、最深至3.2米。豆卢恩墓，位于整个陵园的最南端，编号为M3，系长斜坡墓道三口天井单室土洞墓，出土有失传于世近百年的豆卢恩碑首碑座，弥足珍贵，所有墓葬中仅豆卢恩墓（M3）残存有封土迹象，封土底边平面近似于南北向长方形，南窄北略宽，现存一层堆积，残存厚度0.2米，墓道最南端略偏西3.0米处有一清代祭祀坑，残留有墓碑底座和瓦片构筑的祭台以及香炉等。距豆卢恩墓东北约22米处，是编号M4的豆卢恩第四子豆卢整与其妻乙

弗氏的合葬墓，该墓系一长斜坡墓道、两天井单室土洞墓，墓中随葬两套风格迥异的北周和隋代陶俑，其中包含成系统的骑马鼓吹俑及稀见的酒神驮囊骆驼，且都大致保存完整；距豆卢恩墓西北约51米为豆卢恩另外一子豆卢昊墓，编号为M9，系一座长斜坡墓道两口天井、前后室土洞墓，出土有成系列的陶俑和墓志，但墓志未提及该子在豆卢恩诸子的齿序。距豆卢昊墓东北约8米，是豆卢昊子豆卢儁墓，编号为M8，形制为长斜坡墓道、单天井前后室土洞墓。

本次较为重要的发现当为南北朝豆卢恩家族墓，除豆卢恩墓葬外均出土有墓志，为辩识墓主人身份和墓葬年代提供了明确的证据，该墓地为这一历史时期的家族墓地研究提供了珍贵的范本。

（段　毅）

【西安碑林博物馆隋唐至明清时期遗存】

发掘时间：2020年2～12月

工作单位：陕西省考古研究院

该项目位于西安市碑林区柏树林街道，南邻西安碑林博物馆，北至东木头市，西至安居巷，东至柏树林，面积约2万平方米。项目用地共分5个发掘区，多家单位参与，其中Ⅱ区发掘面积3600平方米，清理遗迹291个，其中灰坑203个、汉代墓葬1座、井86眼、夯土2处；Ⅴ区清理遗迹8个，其中灰坑5个、夯土3段。

发掘区域的地层堆积保存状况较差，遗迹多开口于现代地层下，打破生土。遗址延续时间较长，主要包含隋唐、五代、宋、金、元、明、清及民国等多个时代遗存。本次发掘最为重要的发现是3处夯土遗迹。馆内夯土南北至少宽22、东西至少长40、厚2.4米，夯层清晰可见，共22～24层，平均每层厚0.1米，或红褐色，或黄灰色，或浅灰色，土质坚硬，较纯净，发现时在夯土面上仍有排列整齐的条砖保存，共两排，东西向，北排三块，南排两块。条砖一面较平整，一面有拍印绳纹，部分在带有纹饰的一面有戳印记号，个别条砖一面有手印，较完整的一块长32.5、宽12.2、厚6.5厘米。初步判断，该夯土遗迹应是一处规格较高的大型建筑基址部分，推测与隋唐太庙有关。

馆北墙下的夯土HT1被多个遗迹打破，保存状况较差，东西残长23、南北宽约2米，最厚处厚1.5米，夯层清晰，每层厚0.15～0.18米，应是一段围墙。HT2位于HT1南侧约10米处，东西长约60、南北宽约6.5、最厚处深约2.4米。HT2在Ⅱ区内的部分被2个灰坑打破，根据坑内出土瓷片判断，两坑年代约为五代末北宋初，因此HT2的年代应不晚于五代。

五代及以后遗迹多为灰坑和水井，出土大量瓷器碎片，窑口丰富。五代及宋元瓷器以耀州窑青瓷为主，典型器物有青釉刻花缠枝牡丹纹瓶、青釉印花婴戏纹碗等；明清瓷器则以青花瓷为主，陈炉窑、尧头窑等窑口的黑釉瓷、白釉瓷、白地黑花瓷等瓷器也有较多发现；除此之外，还有少量霍州窑、定窑、均窑、龙泉窑等窑口的瓷片出土。考古工作表明，唐末之后，长安城虽然失去了都城地位，但本次发掘区域仍属人口较稠密区，并一直延续至今。

（于春雷　赵海晨）

【西安市空港新城布里墓地隋墓】

发掘时间：2020年6～12月

工作单位：陕西省考古研究院

布里墓地位于西安咸阳国际机场三期扩建工程考古发掘项目1分区（机场三期南飞行区东部），在空港新城底张街道布里村北，勘探发现古墓葬近300座。已发掘完成墓葬34座，其中汉墓12座、西晋墓1座、隋墓1座、唐墓3座，其余为明清墓。汉墓多成组分布，M2、M3、M4为砖室墓，墓道为斜坡带台阶状，墓室由前后室和侧室组成。出土遗物以陶器为主，置于前室或人骨周围。据墓葬形制及出土遗物特征，初步判断时代为东汉时期。M8为西晋墓，由斜坡墓道、砖封门、前后甬道、前后室和南北侧室组成，出土遗物中包含西晋墓葬中的典型器物——空柱盆。3座唐墓规模较小，均为刀把形的单室土洞墓，墓室西壁下葬一人。

隋墓M1系带有完整围沟兆域和封土的大型墓葬。围沟平面呈南北向长方形，面积近1万平方米。在南围沟中部留有缺口，应是墓园出入口。沟呈口大底小状。封土地表不可见，仅存底部少量堆积，平面呈南北向椭圆形，南北长近21、东西宽近15米。墓葬位于围沟内东北处，由斜坡墓道、4个过洞、4口天井、两重封门、甬道和土洞墓室组成，南北水平总长近40米。墓室平面近方形，被盗严重，南北壁略向外弧出，四壁原涂有白灰，现仅局部可见。出土各类遗物74件（组），集中分布于墓室东南角，种类有彩绘陶俑、陶模型明器、铜钱（永通万国）、墓志等。陶俑多为灰陶，体型较小，背部扁平。所有随葬陶器均系北周制品。墓志位于甬道内，志文记载墓主为北朝名将梁壹，《周书》有传，下葬于隋开皇二年（582）。

（李　明　赵占锐）

【西安市临潼区唐华清宫朝元阁遗址】

发掘时间：2020年4～10月

工作单位：西安市临潼区文物和旅游体育局

唐华清宫朝元阁遗址位于西安市临潼区骊山镇老母殿村东北，2018年9月开始发掘。截至目前，已全面揭露了唐华清宫朝元阁遗址的夯土高台、主体建筑、东西踏道、北廊房、东西廊房、西侧附属廊房等基址，厘清了遗址的层位叠压关系，发现了叠压在唐代遗址以上的晚期建筑基址，探明了唐代夯土的范围与深度，清理出残存的唐代建筑木构件，并对遗址开展了航空测绘、激光扫描等精细测绘工作。

唐代朝元阁利用山顶原有地貌削岩填坡，修整成一座现存高度达6米的夯土高台，以高台为中心布置主体建筑、东西踏道、北廊房、东西廊房、西侧附属廊房等5个部分，构成高低起伏、檐牙交错的复杂形制。通过发掘，朝元阁遗址的空间布局、构件形制、施工方法等已得到清晰揭示。朝元阁遗址保存情况良好，出土了北方地区罕见的碳化地栿、壁柱等唐代建筑木构件，揭示出诸多特殊的构造做法，为研究盛唐时期的木建筑技术提供了无可替代的实物资料。

朝元阁遗址还出土了刻印“北六官泉”和“六官泉南”的唐代铭文板瓦，可能是天宝六载（747年）官窑烧制的用于温泉宫的建筑用瓦，“北”、“南”表示方位。由此证明朝元阁在天宝六载开展过一次规模较大的营建活动。据唐代正史记载，天宝五载（746年）唐玄宗诏命房琯充任修宫使，“诏总经度骊山，疏岩剔薮，为天子游观”；天宝七载（748年）十二月，“言玄元皇帝见于华清宫之朝元阁，乃改为降圣阁”。可知朝元阁的营建时间在天宝五载至七载之间。

考古发掘显示，唐代的朝元阁主体建筑修建于夯土台基上，巧妙地利用了山势和地形，是目前发现的保存较为完好的唐代宫廷高台建筑遗址。

（邢福来）

【隋唐长安城布政坊遗址】

发掘时间：2020年4～6月

工作单位：西安市文物保护考古研究院

配合草阳小区棚户区改造项目，对隋唐长安城布政坊等遗址进行发掘。该项目位于西安市莲湖区，北临草阳巷，西临劳动南路，东临南小巷，南临丰庆路，平面呈不规则形。本次发掘共布方150个，规格为5米×5米，实际发掘面积约为4000平方米。总计发掘古墓葬42座，其中3座为汉代墓葬，其余皆为清代墓葬；灰坑47座，时代多为唐代；古井70口，大部分为唐井，个别为汉井，绝大部分为土井，仅发现三座砖井，砌筑规整；窑址3座，破坏严重。出土建筑构件和各类器物计300余件，有陶器、釉陶器、瓷器、唐三彩、铜器、骨器等。

J13平面略呈圆形。开口外径东西1.15米，南北1.19米，深1.5米，井底呈圆形，铺有青砖，直径1米。该井由青砖侧立砌筑而成，尚存9层，较完整。出土器物有板瓦、筒瓦及陶瓷器残片。根据用砖及出土物推断为唐代手工作坊蓄水之用。

H9平面呈椭圆形，口小底大，南北2.6米，东西3.2米，深0.6～0.7米。出土物有灰陶盏、陶器残片。根据开口层位、相关遗迹及出土遗物，初步判断原为唐代手工作坊的练泥池。

该项目发掘的3座汉代墓葬墓向不一，两座坐西朝东，一座坐东朝西，皆为小型单室砖墓，墓室为纵长方形，其中两座为竖穴墓道，一座为斜坡墓道。出土器物有釉陶壶、釉陶仓、釉陶盏、玉蝉、玉石璧、五铢钱等。从墓葬形制及出土器物推断，时代大致为东汉早期。根据隋唐长安城考古地理信息系统，这里位于布政坊西南隅，此处发现的灰坑、水井、窑址及大量文物多为唐代遗存。据《唐两京城坊考》载："布政坊西南隅，胡祆祠，善果寺。"但尚未发现相关寺院遗迹及遗物。在其中一座汉墓（M9）之上采集到唐代制作风帽俑、女俑和佛像的陶范，以及风帽俑、女俑、猴骑狮子狗等手工制品。因此处工地紧临西市，发现有炼泥池、蓄水井及分布较为密集的灰坑、水井，故推测应为唐时手工业作坊区及日常生活区。此外一些建筑构件和日用品残件的发现，都为研究唐代手工业生产、日常生活提供了重要资料。至清代，这里则成为一处排列有序的家族墓葬区。

（张全民）

【隋唐长安城东市遗址】

发掘时间：2020年6～11月

工作单位：西安市文物保护考古研究院

配合西安市碑林区三馆一中心项目，对隋唐长安城东市遗址进行发掘。该项目位于西安市碑林区，东临乐居场路，南临东市路，西临华陆太乙路小区，北临事故处理中队及乐居场小区。本次发掘共布方130个，规格为5米×5米，实际发掘面积3000平方米。总计发掘古道路5条，时代为唐；沟2条，均为唐代；古井72口，大部分为唐井，个别为汉井；灰坑64座，绝大部分为唐代。出土器物500余件，有陶器、釉陶器、瓷器、唐三彩、铜器、骨器等。

工地内发现的5条古道路中有东西向道路3条，南北向道路2条。根据最南侧东西向道路L5的发掘情况和位置，推测其为唐时东市井字形主干道路的北大街中段，此条道路在工地内仅清理出南北宽6米，其余路面大多叠压于墙外今东市路下。其余四条道路为东市内巷道，宽度约9米，排列较整齐有序。其中L1位于工地西北，南北向，可见南北向车辙。南北发掘残长45米，东西发掘残宽5～9米，路土厚度0.1～0.2米。在路面偏西发现南北向础石一列，为天然鹅卵石，表面较平。北部一组3个，间距3.3米。在最北侧础石北部、东部发现包砖，中部础石南部发现包砖，南部础石仅在东部发现包砖。南部一组4个，间距3.3～4米。由于在L1西北部发现夯土，推测这些础石用于承托沿街建筑的檐柱。

G1较为规整，位于工地东南，口大底小，斜壁内收，西高东低。发掘东西长4

米，口部南北宽 2～2.2 米，底部南北宽 1.8～2 米，深 0.6～1.2 米。

H23 平面呈不规则形，南北长 1～5 米，东西宽 1～3.6 米，深 0.2～1.4 米，底部呈不规则形。坑内发现五处烧制区，部分用土坯砌筑，其中两两一组共用同一烟道。出土物有灰陶盏、陶器残片。根据开口层位、相关遗迹及出土遗物，初步判断为唐代手工业烧制区或食品烹饪区。

J32 平面呈圆形，口大底小，口径 0.8 米，底径 0.6 米，深 1.6 米。出土器物有板瓦、筒瓦及陶瓷器残片。根据出土物推断为唐代手工作坊取水之用。

H23 内发现的手工业作坊遗迹以及大量水井可窥见东市内手工生产状况，说明唐时东市不仅是商业贸易场所，同时也进行着生产活动，为研究东市生产贸易提供了实物资料。据《唐会要》卷八六记载："诸坊市街曲，有侵街打墙，接檐造舍。"本次发掘在 L1 以西发现一排由鹅卵石构成的础石，即证实了侵街现象的存在，为研究东市形制的历史变迁提供了新材料。

（张全民）

【西安市灞桥区狄寨村唐墓】

发掘时间：2020 年 6～9 月

工作单位：陕西省考古研究院

墓地位于西安市灞桥区狄寨街道狄寨村北，为配合白鹿仓二期改扩建工程，陕西省考古研究院共发掘隋唐至明清时期墓葬 60 座，其中清墓 38 座，唐墓 10 座，隋、明墓葬各 1 座，时代不详者 9 座。

唐墓有 2 座规模较大，其中 M43 为长斜坡墓道土洞墓，总长 24.9 米，由斜坡墓道、3 个天井、3 个过洞、2 个壁龛、封门、甬道和墓室组成。该墓共出土文物 140 余件（组），包括骑马女俑、陶立俑、陶靴、风帽俑、银勺、铜花饰、琉璃珠等。据出土墓志可知，墓主李令华，唐高祖李渊孙，彭思王李元则第三女，张询道妻，食邑大宁县，于唐开耀元年（681 年）十月死于长安，开耀二年（682 年）正月葬于雍州万年县薄陵乡白鹿原。M46 为长斜坡墓道土洞墓，西距 M43 约 50 米。墓葬总长 23.5 米，由斜坡墓道、3 个天井、3 个过洞、4 个壁龛、封门、甬道和墓室组成。该墓共出土文物 150 余件（组），多位于壁龛内，包括陶骑马俑、陶立俑、风帽俑、陶骆驼、陶马、陶牛等。甬道口处出土墓志一合，墓主为李令华之夫张询道。据墓志可知，墓主曾任武周时期坊州中部县令，曾祖为北齐徐、兖刺史张晏之，祖张虔威，父张文收，唐长安二年（702 年）死于长安，同年葬于薄陵乡白鹿原。唐张询道、李令华墓葬的发掘，不仅弥补了唐史记载的缺环，也丰富了这一地区唐代墓葬的考古资料，为我们研究初唐时期家族墓地提供了重要的实物证据。

清墓平面形制多见竖穴墓道土洞墓，由竖穴墓道、土坯封门、长方形墓室组成，以单人葬为主，另有少量双人葬及二次葬现象。墓葬内出土有瓷碗、陶盆、符瓦、买地券砖以及顺治、康熙、乾隆年号铜钱等。

（朱晨露）

【西安市长安区杜回村北宋孟氏家族墓地】

发掘时间：2020 年 7～11 月

工作单位：陕西省考古研究院

该墓地位于长安区郭杜街道杜回村南，地处高阳原南缘、潏河西岸。共发掘汉唐、宋金及明清时期墓葬 52 座。其中 5 座北宋晚期孟氏家族墓葬，系近年来关中地区继蓝田吕氏家族墓葬发现以来，宋代考古的又一重要新发现。

孟氏家族墓地位于发掘区中部偏北，大致呈南北两排分布，南排 3 座分别为 M12、M13 和 M11，北排 2 座分别为 M31、M32。5 座墓葬均系竖穴墓道洞室墓，形制相同，规模相当，坐北向南，平面略呈“甲”字形，由墓道和墓室两部分组成，水平总长5.5米左右。葬具均为木棺，单人仰身直肢葬，头北足南。除M11外，4座墓葬均出土有长方形墓志，部分墓志侧面有线刻纹饰。北排2座墓葬被盗，随葬品几乎不存，南排3座墓葬未遭盗扰，出土了一批精美的随葬品。孟氏家族墓地共出土随葬品130件/组，有铜、铁、瓷、陶、玉、水晶等。

南排墓葬M12墓主孟珪和M13墓主孟琮属亲兄弟关系，是陕府阌乡县主簿孟輗第三子与次子；北排墓葬M32墓主张九娘系孟軏之妻，和M31墓主孟琏属母子关系，两墓前后略错位分布。根据墓志，张九娘卒于元符二年（1099年），年仅29岁；孟琏卒于政和八年（1118年），年仅26岁；孟琮卒于政和八年（1118年），年仅24岁；孟珪卒于宣和四年（1122年），年仅22岁。4位墓主生年均未过30岁，并于宣和五年（1123年）九月二十三日同一天迁葬京兆府长安县杜回村新茔，孟軏为其妻子和长子及两侄撰写了墓志。此外，M11墓主经鉴定系30岁左右的女性，从其与M12和M13并排而葬分析，三者应存在一定亲缘关系。综上分析，初步认定杜回村的北宋晚期孟氏家族墓地，或专为早亡之人迁葬所设。根据发掘区各时代墓葬的分布情况，基本可以确定孟氏家族墓地的四至，这有助于全面了解孟氏墓地的分布和布局情况。

除M31和M32随葬品在2010年前后被盗一空外，其余3座墓葬共计出土耀州窑瓷器60余件套，以茶具、酒具、生活用器和祭祀礼器等为主，保存完好，尤以2件狻猊钮盖熏炉最为精美罕见。孟氏家族墓葬统一埋葬于宣和五年，此时好古之风盛行，徽宗敕撰《宣和博古图》，这批青瓷中多有仿古器形，应该也是这一风潮下的产物。值得注意的是，墓地出土的4方墓志均采用唐代石葬具改刻，也反映了宋人的“好古”风尚。此外，还出土有景德镇青白釉瓷器、铜镜、宝石等随葬品以及石砚、墨锭等精致的文房用品，展现了北宋底层文人雅趣喜好。4方墓志记载葬地为“杜回村新茔”，为追溯杜回村沿革提供了直接资料，如今，墓地西南仍然是“杜回村纪念堂”，可谓古今呼应。

（苗轶飞）

【靖边清平堡明代显应宫遗址】

发掘时间：2020年6~12月

工作单位：陕西省考古研究院、榆林市文物考古勘探工作队、靖边县文管所

清平堡显应宫遗址位于榆林市靖边县杨桥畔镇清平堡遗址内。清平堡始建于明成化年间，为明代延绥镇长城沿线三十六营堡之一，其北10余千米为明长城大边，大约于清乾隆年间废弃。清平堡废弃后，城内基本没有人居住和活动。2020年4月末，当地村民在清平堡内挖沙取土，在两条取土沟内发现有砖墙、泥塑造像、铁香炉、青花瓷片、砖瓦等遗迹遗物，当地文物部门初步判断为明代遗存。

2020年5月，陕西省考古研究院对泥塑发现地点及周边进行了调查，确认出露泥塑的年代大致与清平堡年代相当，应属明代清平堡内的宗教建筑遗址，随即对发现的泥塑造像及建筑遗迹进行了抢救性考古发掘。通过分析出土的一件石碑碑文可以确定该处为一座名为显应宫的城隍庙遗址。石碑是明代晚期著名将领杜松于万历二十六年在担任延绥地区副总兵时所立。

显应宫占地面积约1500平方米，南北长65、东西长约25米，平面基本呈长方形。建筑结构保存完整，由院墙、照壁、大门、戏台、东西侧殿、正殿、寝宫等结构组成，共残存房屋8间，房屋顶部均已坍塌，墙体保存仍然较好，残高2~3米。

除戏台外，其余房屋内均发现有泥塑造像，目前共计发现32尊。从已经出土的造像来看，均为道教风格，正殿内主像应为城隍，在侧殿内有判官、小鬼等形象，造像大约与真人等大，制作水平较高，工艺精湛，造像内部木骨架已经基本腐朽，但形态以及表面颜色仍然保存完好。在遗址内及周边区域还出土有鎏金铜像、铁香炉、铁罄等遗物，以及较多青花瓷片及动物骨骼等生活遗物。此外，在显应宫东北另一条取土沟处，也发现一座小型院落，院落南北长约24、东西宽约9米，有院墙、南门及前后两座建筑。北侧建筑和西北院墙已经被取土沟破坏，南侧建筑内清理发现有4尊泥塑造像，根据造像造型推断，该处应该也是一处道教寺院。

显应宫遗址位于清平堡遗址中心区域，形制结构保存基本完整，是一处极为少见的明代晚期建筑遗迹。根据钻探及调查结果，其周边还有大量的建筑遗存，包括疑似城内中心钟楼及中轴线道路的存在。显应宫遗址的发掘，对于研究长城文化、了解明代晚期长城防御体系有着重要的意义，可以作为长城国家文化公园的重要组成部分。

（李　坤　胡春勃）

【西安市莲湖区友谊村明清时期陶窑遗址】

发掘时间：2020年9～12月

工作单位：陕西省考古研究院

友谊村陶窑遗址位于西安市莲湖区土门地区团结南路西侧，东邻富力西路，西邻友谊村小产权住宅楼，南邻惠林街，北邻颜家堡村。截至10月，共计发掘探方25个，清理遗迹51处，其中灰坑48座、水井2眼、陶窑1座。

发掘区域的地层堆积保存状况较差，遗迹多开口于现代土层下，打破生土。根据目前的发掘情况，灰坑全部分布在北部区域，大部分呈圆形，口小底大，坑壁上有单排或双排脚窝，有些灰坑在近底处挖有壁龛，有的灰坑底部不平，呈台阶状。坑内出土物多为轮盘、模具、陶拍等制陶工具和陶盆、砖瓦等器物，应与周边陶窑相关。目前清理完成的1座陶窑位于西侧中部，保存较好，窑室平面略呈长方形，土坯砌成，由窑门、火膛、窑床、烟道等部分组成，窑门外连着带台阶的通道，初步判断其年代为明清时期。窑壁上有多次涂抹痕迹，使用时间较长。窑内出土较多碎砖瓦。根据现场情况分析，陶窑几乎全部分布在遗址南部，形制与已清理者基本相同。遗址的南部和北部之间有一片遗迹极少的空白地带。

本次发掘区域可能为一处明清时期的窑场，发现较为系统的与制陶、制砖相对应的遗迹。遗址北部为作坊区，同时可能也是窑工生活区，发现有“卧泥池”；中部空白地带可能是晾坯场；南部为窑场。另外，遗址还出土较多的烟葫芦等器物，折射了晚清至民国期间西安市民生活的日常一面。

（于春雷　赵海晨）

【陕西秦岭北麓旧石器时代遗址调查】

调查时间：2020年9～11月

工作单位：陕西省考古研究院、中国科学院古脊椎动物与古人类研究所、渭南市博物馆（渭南市文物保护考古研究中心）

秦岭北麓是秦岭地区和我国旧石器时代遗存的重要分布区，距今约115万年前的蓝田公王岭直立人头骨化石及旧石器，距今约65万年前的蓝田陈家窝直立人下颌骨化石及旧石器，以及新近报道的、可能早至距今212万年前的蓝田上陈遗址等重要发现，表明秦岭北麓地区在研究中国人类起源与体质演化、旧石器文化发展、环境演变与人类适应方式等方面具有重大的科学价值。

尽管该地区的旧石器考古工作已经取得了长足的发展，但仍有不少亟待解决的问题。一是区域间工作的开展程度和遗址分布极不平衡，既往工作主要集中在蓝田地区，其他区域工作较少、鲜有遗址发现；二是考古发掘出土石制品很少，石器工业面貌及发展演变过程的研究有待深化；三是多学科综合研究薄弱，年代框架不健全，环境背景研究较粗略；四是陕西文博单位参与度低，文物保护、科学研究和人才培养较被动。因此，亟须开展系统的旧石器遗址调查、发掘和研究，以进一步巩固优势、填补空白、弥补短板、提升层次。2020 年，在陕西省文物局的支持下，我院联合中国科学院古脊椎动物与古人类研究所、渭南市博物馆（渭南市文物保护考古研究中心）启动了陕西秦岭北麓旧石器时代遗址调查，首先在秦岭北麓渭南市段开展了较系统的田野调查。调查面积约 140 平方千米，新发现旧石器遗址 33 处，获得石制品、动物化石等标本 400 余件。

本次新发现的旧石器时代遗址主要分布于潼洛河、桥峪河、箭峪河、沈河等渭河支流沿岸的黄土台塬地带，秦岭北麓渭南市段各县（区）均有发现。根据初步的野外观察，绝大多数旧石器遗址的文化遗存埋藏于黄土—古土壤地层中，自中更新世早期至晚更新世晚期的黄土地层中，均有人类文化遗存发现；另有极少数人类文化遗存埋藏于黄土底部的河流相地层中。中更新世早、中期地层中发现的石制品原料以脉石英为主，其次为石英岩，工具多见简单修理的石片刮削器，兼有少量砾石砍砸器，属于“简单石核—石片技术”的产品。中更新世晚期至晚更新世早期地层中发现的石制品原料仍以脉石英和石英岩为主，大多仍属于“简单石核—石片技术”的产品，存在少量“阿舍利石器技术”的产品。晚更新世晚期地层中发现的石制品，在原料方面未有显著变化，但呈现出更加小型化的趋势，从目前发现的材料看，均属于“简单石核—石片技术”的产品。在一些遗址中，还发现有哺乳动物化石，属种以牛科、鹿科动物为主，有少量犀牛发现。

根据已公布的资料，秦岭北麓渭南市段此前仅有 6 处旧石器地点发现，石制品数量均很少，且报道不详，遗物的出土地层和文化面貌不清晰。通过本次工作，在遗址数量、分布范围、遗物数量和埋藏地层方面，均有十分显著的提升，同时在工作中提升了渭南市文物干部的野外调查经验，有助于该地区旧石器遗址的保护和相关研究工作的深入、持续开展。

（张改课　孙战伟　景玉薇）

【榆林市黄河沿岸旧石器时代遗址调查】

调查时间：2020 年 5～7 月

工作单位：陕西省考古研究院、榆林市文物保护研究所、中国科学院古脊椎动物与古人类研究所、南京大学地理与海洋科学学院

基于恢复和发展陕西沿黄地区旧石器时代考古工作，为黄河文化遗产研究与保护提供基础支撑，在陕西省文物保护专项经费的支持下，陕西省考古研究院联合榆林市文物保护研究所、中国科学院古脊椎动物与古人类研究所、南京大学地理与海洋科学学院，在 2019 年工作的基础上，继续在榆林市黄河沿岸区域开展调查工作。首先对黄河沿岸地区部分重点遗址进行了复查，采集了多处遗址的年代学、环境学测试样品，开展相关分析与研究工作；而后以黄河一级支流无定河为中心进行试点，开展了黄河支流地区旧石器时代遗址的初步调查，调查面积约 60 平方千米，新发现旧石器时代遗址 11 处，获得石制品、动物

化石 200 余件。

本次新发现的旧石器时代遗址主要分布于无定河中、下游地区的榆阳、横山、米脂、清涧等区县，其中下游地区的清涧县境内遗址分布相对密集。遗址大多位于无定河支流（或冲沟）与干流交汇处相对平缓的河流阶地上，少部分位于河流转弯处的凸出平缓阶地上。石制品的原生埋藏地层主要为马兰黄土地层，如清涧县高杰村镇河口遗址；少数为河漫滩相堆积，如清涧县高杰村镇后坪里遗址；个别为洪积地层，如榆阳区上盐湾镇马山村遗址。

此次调查发现的石制品原料绝大多数为河滩砾石，岩性以石英岩为主，脉石英，燧石、玛瑙、凝灰岩等优质原料也有不少发现。石制品从技术类型上可以显著地分为两类：第一类是“简单石核—石片技术”的产品，数量众多，石制品个体普遍较小，包括石核、石片、修理的工具、断块、碎片屑等，工具以中小型的刮削器为主，第二步修理多较精细；第二类是“细石核—细石叶技术”的产品，数量很少，包括细石叶和以压制技术修理而成的刮削器、尖状器等。根据诸遗址所处的阶地部位和遗物所埋藏的原生地层初步判断，大多数遗址文化层的形成时代为晚更新世晚期，石制品的时代以旧石器时代晚期为主。初步的调查工作显示，相较于黄河干流，黄河支流地区旧石器遗址的分布密度、遗物丰富程度相对较低，但燧石、玛瑙、凝灰岩等优质原料相对较多。本年度的工作，填补了无定河下游的区域空白，进一步丰富了黄河中游地区旧石器时代遗址的数量，扩大了遗址的分布范围，新发现了一些颇具工作潜力的重要遗址，也使我们初步明晰了黄河支流地区旧石器遗址的分布规律和埋藏地层，有助于黄河中游地区旧石器时代考古工作的深入开展。

（张改课　乔建军　王社江）

甘肃省

【永登县奖俊埠旧石器时代遗址】

发掘时间：2020 年 7 ~ 9 月

工作单位：兰州大学、甘肃省文物考古研究所

奖俊埠遗址位于兰州市永登县武胜驿镇奖俊埠村西南 2.2 千米的奖俊埠岭处，该地处于庄浪河流域支流的二级阶地，遗址所在地出露一高近 8 米、长约 62 米的黄土剖面，为当地居民取土处。2015 年兰州大学环境考古团队在青藏高原东北部进行考古遗址调查时发现该遗址，2015 年及 2018 年考察时，在暴露剖面采集少量动物骨骼、石制品及多个^{14}C 和 OSL 测年样品。初步测年结果显示，包含考古遗存的地层形成于距今 8—11 万年，为青藏高原少有的旧石器时代中期遗址，对理解古人类向青藏高原扩散及其对高海拔环境适应问题有重要意义。

为了更加全面认识该遗址的文化内涵，2020 年 7 ~ 9 月，张东菊教授带领团队对奖俊埠遗址进行了正式的考古发掘。由于断崖坡度问题，顶部发掘面积 25 平方米，到底部发掘面积扩增至 50 平方米，发掘按 0.5 米 ×0.5 米为单位布方，采用自然层结合水平层的方法进行发掘，对出土石制品、动物骨骼、炭屑等考古遗存均使用全站仪进行记录，样品袋单独编号收集，重要遗迹遗物使用相机拍照，Gopro 全程录像，所有出土土样均进行筛选（干筛、湿筛）、部分探方的出土进行系统浮选，同时系统采集了遗址的残留物土样、土壤微形态样品、环境土样、OSL 测年样品及沉积物古 DNA 分析样品等。

根据遗址地层堆积、土质、土色及包含物等，将遗址共划分为 11 个地层，其中①～④层、⑪层均为非文化层，其余 6 层均为文化层，考古遗存主要出土于⑦、⑧、⑩层，出土大量石制品及动物骨骼，石料主要为石英，含部分石英岩，从发掘情况来看，石制品均为打制石器，打制技术为简单石核石片技术，含较多石英石片及刮削器等工具。骨骼普遍较为破碎，以破碎的肢骨骨干为主，完整骨骼及牙齿较少，从牙齿来看，包括野马/野驴、牛科、食肉动物和旱獭等动物。除此之外，还发现一用火遗迹，周围分布大量石器碎屑及少量动物骨骼，分布面积不大，部分延伸到西壁内侧，灰烬层较薄，疑似为一次性用火遗迹。

总体上奖俊埠遗址文化堆积较厚，文化遗存较为丰富，由此可推测，在旧石器时代中晚期，古人类长期生活在青藏高原东北部，为适应高海拔环境并进一步向更高海拔区域扩散奠定了基础。

（张东菊）

【临洮县寺洼新石器时代遗址】

发掘时间：2020 年 6 ~ 11 月

工作单位：中国社会科学院考古研究所、甘肃省文物考古研究所

寺洼遗址位于定西市临洮县衙下集镇，东临洮河，东北距县城约 20 千米。20 世纪 20 ~ 40 年代，安特生、夏鼐、裴文中等

先后在寺洼遗址开展考古工作。1949 年夏鼐依据该遗址的考古发现，命名了寺洼文化。2006 年寺洼遗址被国务院公布为第六批全国重点文物保护单位。2018～2019 年，中国社会科学院考古研究所联合甘肃省文物考古研究所启动“洮河流域新石器时代晚期至青铜时代聚落与社会”项目，并选择寺洼遗址作为发掘地点，重点探寻马家窑文化大型聚落及墓地、寺洼文化居址及墓地，以及一些关键生业技术如农作物种植、家畜驯养、冶金术等在洮河流域的发展与演变，取得了重要收获。2020 年，寺洼遗址的田野发掘继续开展，地点选在遗址北部，鸦沟东侧和西侧两处台地上，除继续清理 2019 年度未完成的探方外，还新布设探方（扩方）3 个，新揭露面积近 100 平方米。两处发掘区共清理马家窑文化、寺洼文化时期房址 3 处、墓葬 107 座、灰坑 212 处、窑炉 2 座、灰沟 2 条。此外，鸦沟西侧发掘区还发现一批马家窑文化房址，因天气原因未能全部揭露，有待继续发掘。

寺洼遗址在中国考古学史、西北地区文明化进程、早期中西文化交流等研究领域具有重要地位。2018～2020 年的考古工作已在寺洼遗址北部三处不同台地布设探方 42 个，揭露面积 1000 余平方米，清理出一批马家窑文化、寺洼文化时期的房址、墓葬、灰坑、窑炉、灰沟、祭祀坑等遗迹，并见有齐家文化、辛店文化遗存。发掘过程中收集了大量陶、石、骨类遗物，并采集了大量自然科学检测样品。这些发现对探讨马家窑文化、寺洼文化自身的诸多重要问题及其与齐家文化、辛店文化之间的关系具有重要意义；对讨论一些关键生业技术如农作物种植、家畜驯养、冶金术等在西北地区的发展和传播，以及早期中西文化交流具有重要意义；对讨论西北地区，尤其是青藏高原东北边缘这一环境、生态和文化敏感地带的文明化进程及模式，以及其在中华文明起源和发展过程中所扮演的角色也具有重要意义。

（郭志委　周　静）

【兰州市七里河区曹家咀新石器时代遗址】

发掘时间：2020 年 3～4 月

工作单位：甘肃省文物考古研究所

曹家咀遗址位于兰州市七里河区西果园镇青岗村北 1100 米、湾沟与硷滩河交汇处北侧二级台地上，与兰州市七里河区西果园乡曹家咀村西 100 米。面积约 7.5 万平方米，文化层厚 2～3 米，1971 年 12 月经发掘有灰坑和窑址。出土陶器以泥质红陶为主，彩陶纹饰有旋涡纹、带状纹、弧线纹等，器形有罐、壶、盆、钵；石器有石斧、石凿，该遗址属马家窑文化马家窑类型遗存。

因兰临高速公路长下坡路段改造工程建设施工范围涉及曹家咀遗址建设控制带和保护范围，为确保施工范围内文物安全，2019 年 11 月 8～29 日，甘肃省文物考古研究所组织人员对该工程涉及曹家咀遗址区域进行了考古勘探，2020 年 3 月 26 日～4 月 26 日对该工程涉及曹家咀遗址的区域进行了抢救性发掘，发掘面积 300 平方米，分为 2 个发掘区，Ⅰ区位于已勘探区域北侧，曹家咀遗址保护范围内，发掘面积 100 平方米；Ⅱ区位于勘探区域南侧，曹家咀遗址青岗岔部分（建设控制地带）内，发掘面积 200 平方米。Ⅰ区活土坑 1 处、灰坑 1 处、窑址 2 座；Ⅱ区灰坑 7 处。出土各类器物共计 8 件，其中陶器 4 件，器形有陶罐、陶盆等；石器 3 件，器形有石刀、石杵等；蚌饰 1 件。

通过对比发掘出土遗物与陶片标本，结合在遗址调查过程中采集的标本，初步判断曹家咀遗址包含马家窑文化马家窑类型、马厂类型和齐家文化遗存，延续年代较长。本次发掘为研究兰州地区马家窑文化、齐家文化提供了一批重要的实物资料。

（惠　芳）

【崇信县寺沟新石器时代遗址】

发掘时间：2020 年 11 月

工作单位：甘肃省文物考古研究所

寺沟遗址位于崇信县锦屏镇西街村寺沟社西北 200 米，汭河南岸的二级台地上，东起寺沟沟口，西至塬子边，北临汭河，南接大圪埏山，东西宽 270 米，南北长 270 米，分布面积 68000 平方米，文化层距地表 1.2～3 米。暴露的遗迹有袋形灰坑和白灰地面房址，采集的遗物有仰韶文化中晚期尖底瓶、钵、罐、玉锥等器物残片。

因崇信县人民医院传染病区项目建设，甘肃省文物考古研究所对寺沟遗址进行了抢救性发掘，发掘面积 400 平方米。本次清理各类遗迹 8 处，其中房址 2 座、灰坑 5 处、墓葬 1 座。

出土各类器物共计 209 件，其中陶器 190 件、石器 10 件、骨器 2 件、牙器 1 件、鹿角 1 件、铜钱 1 枚，耳珰 1 对等；绝大多数为陶片，可辨器形有陶环、陶罐、陶钵、陶缸、陶盆等；石器有石铲、石斧、石刀、石球等；骨器为骨笄、骨锥。可复原有尖底瓶、盆、钵各 1 件。

该遗址发现的晚期墓葬根据其墓葬形制及出土大泉五十钱币，可判断其时代为新莽至东汉早期。早期房址居住面涂抹白灰面，底下垫料礓石和细沙混合物，其下为一层夯土。此种居住面处理方式与大地湾四期遗存相似。由主室加左右侧室的多间房屋与大地湾四期 F901 较为相似。陶器以红陶为主，灰陶、黑陶次之，陶质以夹砂陶为主，泥质陶次之。彩陶比例极低。器形以平底为主，少量尖底。喇叭口尖底瓶是仰韶晚期典型器物，此种附双耳的喇叭口尖底瓶还出现在大地湾四期、师赵村四、五期，西山坪五期，宝鸡福临堡三期，扶风案板二期等，出土的宽沿盆、厚唇缸、泥质斜沿瓮、退化重唇口尖底瓶、平沿口瓶等也多与上述遗址同类器相似。根据该遗址早期的房址、灰坑及出土遗物判断，该遗址应为仰韶晚期，文化性质更接近西王村类型。寺沟遗址史前遗存的发现丰富了陇东的考古学文化，为我们讨论仰韶晚期文化的传播与发展，提供了一定的考古学资料。

（曾宗龙）

【灵台县桥村新石器时代遗址】

发掘时间：2020 年 7～11 月

工作单位：甘肃省文物考古研究所、北京大学考古文博学院

“考古中国——河套地区聚落与社会研究”项目是国家大遗址保护“十三五”专项规划重大课题之一，是跨区域的综合性考古研究项目。为配合项目总体学术目标的落实，并为构建甘肃陇东地区史前考古学文化谱系和框架，2020 年 7～11 月，甘肃省文物考古研究所与北京大学考古文博学院继续合作，对桥村遗址进行第三次发掘。本年度发掘地点依然在遗址中部东侧，桥村社东北部的塬顶台地上，发掘区为 E 区。发掘位置位于 2018～2019 年度发掘区域南侧，布设 5 米 ×5 米规格探方 20 个，揭露面积 500 平方米。清理龙山时代晚期长方形坑 62 个、灰坑 48 处、墓葬 1 座、活动面 3 处，汉代灰坑 1 处。出土遗物以龙山时代晚期泥质、夹砂陶片为大宗，同时有不同时期的陶、石、骨、角、铜、贝蚌等小件 164 件（组），灰坑内出土卜骨 3 件，初步统计槽型板瓦、筒瓦及瓦扣等建筑材料标本 100 余件。

发掘显示，2018～2020 年度发掘区内龙山时代晚期遗存主要有两个时期，晚期为开口于第②、③层下的长方形坑、灰坑等遗迹，早期为开口于第③、④层下的垫土堆积及其白灰面房址、活动面及基槽等与建筑有关的遗迹。从已揭露的剖面看，

活动面、基槽所代表的与建筑有关的遗迹可能存在早晚不同使用阶段，限于发掘区内晚期遗存尚未完全清理，早期遗存的不同使用阶段划分仅依据局部的剖面堆积证据，发掘范围内不同区域的活动面、基槽等遗迹的分布范围、延伸走向尚需进一步判断。但部分长方形坑的坑壁剖面堆积特征显示，发掘区内可能存在早期大型建筑遗存。

（周　静　张　海）

【宁县石家及遇村周代遗址】

发掘时间：2020 年 4 ~11 月

工作单位：甘肃省文物考古研究所、南京大学历史学院、洛阳市文物考古研究院

石家及遇村遗址位于庆阳市马莲河以东、九龙河以南的早胜原上，现隶属于宁县早胜镇。

2019 年石家墓地揭露出完整“墙柳”、“棺束”与“棺床”等棺饰遗存，在北方地区极其罕见，对于探讨东周时期棺饰制度及丧葬礼仪具有重要学术价值。同年，遇村遗址新发现了东周时期大型城址，平面大致呈东西向长方形，南部遭现代冲沟破坏，总面积至少有 20 万平方米。在陇东地区尚属首次发现，揭开了考古工作新的篇章。

基于 2019 年考古工作取得的重要收获，2020 年工作思路作了较大调整，开始以聚落角度来审视墓地与遗址。本年度考古工作重心围绕城址重要构成要素壕沟、高等级建筑基址区及居住区来展开。壕沟位于城垣外侧，其中对北墙以外壕沟进行解剖，形制为口大底小倒梯形，坑壁斜直，近底部发现淤土。高等级建筑基址区位于城址东北部。目前已勘探发现 9 座房址，已清理 3 座，最大单体面积超过 200 平方米。其形制均为夯土高台建筑，周缘有门道或“人”字形坡道，柱网为双列或单列，分布于高台周围，在中心柱周围发现祭祀现象。居住区位于城址西北部，清理出较多房址，可分半地穴与平面立柱两类，其中半地穴按照平面形状又可分为近圆形与长方形。平面立柱房址平面呈长方形，基础明显夯打，周缘柱网呈单列。半地穴与平面立柱房址之间多存在打破关系，显示年代上有早晚。居住区部分房址发现有灶坑，周围有蓄水池、储藏坑、窖穴等遗迹，与同时期房址存在一定对应关系。出土遗物有陶器、骨器、石器等，其中陶器基本为灰陶，多饰绳纹，可辨器形有鬲、豆、罐、盆、甗、瓮等；骨器以锥类和笄类为主；石器主要为石刀。

近两年考古发掘已初步表明该遗址为一处两周时期大型聚落。其聚落形态大致可分为三期。第一期为西周早中期，以东西向墓葬为主体。第二期早段为两周之际，居住区有半地穴房址、南北向墓葬出现。第二期晚期为春秋早期，大型城垣、壕沟、高等级建筑发现，南北向高等级墓葬营建于城外西侧。第三期为春秋中期及以后，大型建筑基址废弃，南北向高等级贵族墓葬继续存在，南北向平民墓葬出现。本年度揭露的壕沟、高等级建筑基址与石家墓地高等级贵族墓地年代上相对应，等级上相匹配，正处于聚落第二期晚段，即城址的兴盛期。

（王永安　杜博瑞　孙　锋）

【合水县九站遗址西周至明清墓葬】

发掘时间：2020 年 8 ~10 月

工作单位：甘肃省文物考古研究所

九站遗址位于合水县蒿嘴铺乡九站（后九站）村，面积约 10 万平方米，分遗址区和墓葬区。1984 年发掘 75 平方米，清理 80 多座竖穴土坑墓，出土陶器、铜器、石器、骨器等 700 余件，是甘肃省第四批省级文物保护单位。

本年度甘肃省文物考古研究所对该遗

址保护范围进行了勘探及抢救性发掘。发掘区域在遗址文物保护标志碑南侧梯田中间，北高南低，跨一、二层梯田，共400平方米。此次发掘共清理遗迹墓葬20座，其中近现代墓葬8座、灰坑5处。

墓葬M1、M2、M7、M10、M11、M13、M14、M15、M16、M20。开口在②b层和③层，都为土洞墓，墓道和墓室之间土坯封门，除M16为一棺一椁外，其余都只有一棺。方向基本为正北，葬式为仰身直肢，单人葬，墓主人男女都有，随葬品有白瓷碗、铜钱，可辨认“康熙通宝”“乾隆通宝”“道光通宝”，青铜装饰品有帽饰、耳环、发饰、铜扣等。

墓葬M18、M19，开口在⑤层，向下打破⑤层、⑥层、生土，M19墓道南部打破H5。两座墓葬均为土洞墓，方向基本为正北，墓道与墓室之间有土坯封门。葬式为仰身直肢，双人合葬，二次葬，有铁质棺钉，M19墓葬殉狗一只，无其他随葬器物，推断为战国时期墓葬。

H1、H2、H3，开口在②a、②b、③层，与清代墓葬在同一地层，包含物也有白瓷瓷片、灰陶陶片、布纹瓦残片等。

H4，开口在④层，平面呈四边形，包含物有陶片23片，骨头1块，铁器残渣1块，包括陶片有夹沙灰陶陶片，夹沙红陶陶片，泥质灰陶陶片，推断为战国时期遗迹。

H5，开口在⑥层，平面呈四边形，填土为灰色，土质疏松，包含物仅有陶片10块，包括泥质灰陶绳纹陶片，夹沙红陶陶片，推断为西周晚期遗迹。

本次发掘的20座墓葬，年代跨越西周至明清时期，年代跨度大，延续时间长，对于研究庆阳地区文化延续、人群变迁、葬俗发展变化等都有着重要意义。

（张奋强）

【宁县太子冢战国至明清时期墓群】

发掘时间：2020年6～8月

工作单位：甘肃省文物考古研究所

太子冢墓群位于庆阳市宁县县城北侧土塬上，地属庙咀村林地，西临马莲河，东依城北河，G211国道经过墓群西北侧，当地人称该区域为“太子冢”，面积约4700平方米，由山顶平台向下分布，逐级降低。

因银川至百色G69国家高速公路甜水堡（宁甘界）至庆城至永和（甘陕界）公路宁县段工程建设，甘肃省文物考古研究所对太子冢墓群进行了抢救性发掘，发掘面积4700平方米。本次发掘共清理遗迹61处，其中墓葬49座、夯土遗迹1处、灰坑11处。其中战国至秦汉时期墓葬30座，唐至明清时期墓葬8座，11座墓葬的年代无法确定。其中战国墓葬2座，汉代墓葬5座，唐代墓葬1座，唐代以后的墓葬1座，宋代墓葬1座，明代墓葬2座，清代墓葬3座。出土各类器物共计284件（组），其中陶器222件、铜器32件（组）、铁器26件、瓷器3件、石器1组。

本次发掘清理的墓葬分为晚期墓和早期墓。一方面，其中早期墓可能属于秦至西汉早中期；晚期墓依照铜钱来看时间跨度较大，但仅靠铜钱断代并不准确，在此不作具体断代。另一方面，太子冢所在的高地是两千年来人群所选择的死葬之地，反映了当地的丧葬文化，这对宁县本身来说具有独特的文化意义。出土器物种类包含铜、铁、陶三大类。铜容器数量很少，铁器绝大多数是铁釜，陶器的组合和器类与西安—咸阳一带的秦至西汉早期墓差别不大，体现了与关中地区的文化交流，这也反映了秦汉文化在大泾河流域内的扩张。

（段剑蓉）

【张家川马家塬战国墓地】

发掘时间：2020年3～12月

工作单位：甘肃省文物考古研究所、张家川县博物馆截至2020年底，马家塬墓地共发现战国晚期墓葬80座、祭祀坑3座，出土车辆遗存69辆。除了M3计划原址保护外，其余墓葬均已发掘完毕，该墓地田野考古发掘工作基本结束。

本年的主要工作是对墓葬原址中未解剖的车辆遗存进行清理解剖，并完成墓地出土所有殉牲的初步鉴定工作。具体情况如下。

一、车辆解剖

涉及10座墓葬内的13辆车，分别为M1、M10、M16、M19、M22、M25、M60、M62、M78、M81，其中M1墓道中4辆，其余各墓墓道中均有1辆车。由于前期在发掘墓葬时，仅揭露车体外轮廓，因此本年度的发掘是在原工作基础上对车辆进一步清理后再做解剖。车辆解剖方式与往年相同，首先，将车辆木质本体清理出来，再逐步对车辆各部位进行解剖，最后通过解剖了解车辆形制、结构、组合、装配、装饰等信息。解剖过程中对重要遗物进行套箱提取，后期转入室内进行发掘，如M16墓室随葬车的右侧板和舆内皮甲等。M3墓道中的4辆车计划进行原址保护展示，故未解剖。

本年度出土遗物共420余件（组），主要为车器、车饰、马具及兵器等。质地有金、银、铁、铜、锡、骨、陶等。

二、动物遗存鉴定分析

2020年8月～11月，对2009～2013年以及2017～2020年发掘的部分墓葬（28座）中出土的动物骨骼共计293具个体，进行了种属、部位及年龄等信息的鉴定工作。

三、收获认识

本年度清理解剖的13辆车，除M22因近代平田整地和盗扰，导致车辆形制不明外，其余12辆车的埋葬信息与形制特征有别。葬车方式上，有整车葬与拆车葬；辀的数量上，有独辀车与三辀车；车厢结构，有带珥车与无珥车；车軨后挡结构，有“V”形与“凹”形，车軨枳木有9层与多于9层者。葬车方式与车辆形制、装饰等方面的异同，可为我们研究该墓地的埋葬习俗、车辆制造工艺及不同阶层的社会生活等一系列问题提供重要线索。

通过2010年、2018～2020年的动物骨骼鉴定工作，初步统计马家塬墓地共提取可鉴定动物个体不少于1700具，它们均为脊椎动物，包括狗、马、黄牛、绵羊、山羊，且全部为家养动物，未见野生动物。墓地3座（M6、M4、M18），大、中型墓葬中殉葬4匹整马，其他墓葬皆为头蹄、肋骨及肢骨葬。可能存在高等级墓葬中殉牲以青壮年为主、低等级小型墓葬殉牲年龄两极分化的特征，具体结果有待进一步工作后进行分析总结。

（谢　焱　冯维伟）

【礼县四角坪遗址】

发掘时间：2020年8～11月

工作单位：甘肃省文物考古研究所、复旦大学文物与博物馆学系

礼县四角坪遗址位于礼县县城东北2.5千米处的四格子山顶部，海拔1867米，山顶面积约为28000平方米。山顶外围有围墙。由于山体滑坡及水土流失，仅剩西墙与西北部围墙地表可见，其余多为夯墙基槽。经勘探发现围墙范围内存在大量建筑夯土基址。中心建筑为面积900多平方米的方形夯土台，其四周为回廊式建筑，布局规整，错落有序。

2012年礼县博物馆工作人员野外调查时发现该遗址，同年甘肃省文物考古研究所对该遗址进行勘探，发现约3万平方米的围墙和墙内900余平方米的中心建筑基址。2019年，甘肃省文物考古研究所对该遗址进行复探，发现城内中心建筑布局极有规律，多为回廊式建筑。2020年甘肃省文物考古研究所、复旦大学文物与博物馆

学系联合发掘四角坪遗址，发掘面积 680 平方米，主要发掘中心台基建筑与南—东附属建筑。根据目前勘探和发掘结果来看，该遗址是一处秦代前后的大型礼制建筑群，遗址总体面积约 2.5 万平方米。其核心是中部夯土高台及高台中心的半地穴建筑，以及高台四周的附属建筑。附属建筑为东西南北四侧对称平行的双排建筑，每排建筑有东西或南北两个房间，房间之间有通道连接，包括连接四侧建筑的拐角建筑，残存占地面积约为 8765 平方米。

根据出土建筑材料的特征和制作工艺，结合大的历史背景判断，四角坪遗址应该是秦统一后即秦帝国时期的遗存。该遗址建筑主次分明、相互对称，结合其地理位置和文献记载，推测四角坪遗址是一处有着特殊形制和特殊功能的，与祭祀相关的礼制性建筑群。四角坪遗址是国内目前罕见的秦帝国时期代表国家意志的礼制性建筑群，是从王国到帝国阶段转型的标志性建筑。遗址体量巨大，是中国古代统一国家形成初期风格和气魄的重要体现。四角坪遗址的发现丰富和补充了中国古代祭祀建筑体系的链条，对研究中国早期祭祀制度具有重要意义。

（侯红伟）

【定西市赵家坪汉代墓群】

发掘时间：2019 年 11 月 ~2020 年 5 月

工作单位：甘肃省文物考古研究所

赵家坪墓群位于定西市安定区宁远镇，关川河上游北岸、红土窑村西北第二台地上，东为岔河口，南面坪下为红土村庄及旧西兰公路，北靠臊狐子辽𠙶山，西至鹿儿沟。遗址东西长 1500 米，南北宽 100 米，面积约 15 万平方米，所在区域地势平缓。地表现存封土堆 4 座，呈覆斗形。该墓群于 1989 年公布为县级文物保护单位。

因通渭至定西高速公路工程建设，甘肃省文物考古研究所对赵家坪墓群进行了抢救性发掘，发掘面积 6305 平方米。本次发掘共清理遗迹 93 处，皆为汉代墓葬。其中包括土洞墓 80 座、砖室墓 9 座、竖穴土坑墓 3 座、砖木结合式墓 1 座。土洞墓皆为直洞室墓，多呈甲字形，由墓道、墓室两部分组成。墓道平面多呈长方形，少数略呈梯形。墓室多呈纵长方形，按照棺椁形态可以分为一椁二棺墓 25 座，一椁一棺墓 42 座，双棺墓 4 座，一棺墓 8 座和不能分辨者 1 座。砖室墓根据墓葬形制可分为单室墓 5 座、双室墓 3 座、三室墓 1 座。墓室顶部大多数已经被破坏，尚存墓顶的均为弧形券顶。修建材料使用的均为小青条砖，规格较为统一。竖穴土坑墓均为长斜坡墓道竖穴土坑墓，平面略呈“甲”字形，由墓道、墓室两部分组成。按照棺椁形态可以分为一椁二棺墓 1 座、一椁一棺墓 2 座。砖木结合式墓为前室砖砌、后室土圹的双室墓。出土各类器物共计 648 件组，其中陶器 510 件组（包括釉陶 24 件）、铜器 125 件组、铁器 3 件组、骨器 2 件、石器 5 件组、铅器 2 件、玻璃器 1 件。陶器器形有罐、瓮、鼎、壶、盆、盘、碗、鬲、锺、樽、盒、熏炉、井、灶、模型院落、模型动物俑等，铜器包括铜五铢钱、大泉五十、货泉、铜镜、车马器、铃、带钩、剑、灯等，其他器形有砚台、琀蝉、弓弭、耳珰等。

赵家坪墓群是陇中地区目前已发掘最大的一处汉代墓群，丰富了甘肃地区汉墓资料。墓群包含汉文化、匈奴文化和土著文化的三大类因素，反映了这里“与关中同俗”、处羌戎之间的文化形势，是一处多文化因素并存、相互交融的遗存，为探讨汉文化的扩张以及多民族文化融合的研究提供了更多的实物资料。

（陈国科）

【武威地区吐谷浑王族墓葬群】

发掘时间：2020 年 7 ~ 11 月

工作单位：甘肃省文物考古研究所、武威

市文物考古研究所、天祝藏族自治县博物馆等

2019年9～12月，甘肃省文物考古研究所主持发掘了慕容智墓，取得重要收获。为解决“大可汗陵”及吐谷浑王族墓群相关学术问题，进一步推动吐谷浑文化遗产的保护和利用，甘肃省文物考古研究所主持编制了《武威地区吐谷浑王族墓葬群考古项目2020—2024年工作计划》和2020年考古工作方案，该项目经上报国家文物局获批（国文保函〔2020〕202号），被纳入“考古中国”重大研究项目。根据该项目工作计划和方案，2020年甘肃省文物考古研究所主持成立联合考古调查队，对武威的南山地区进行了考古调查，涉及面积400平方千米，并对调查发现的墓葬及墓葬疑似区进行勘探，面积34万平方米。

此次调查确定吐谷浑墓葬疑似点90余处，经勘探初步确认吐谷浑王族墓葬共24座，涉及墓葬群（点）5处。

（1）青咀湾墓群　位于冰沟河和大水河交汇处西侧，大水河北岸的黄土山岗上，面积20万平方米。共发现有墓葬8座，其中7座墓葬墓室已被清理，地面现留有大坑，墓道均保存完好。勘探发现墓葬1座。

（2）西湾（喇嘛湾）墓群　位于西湾村北侧、冰沟河北岸的黄土山岗上，面积约45万平方米。调查及勘探初步确定唐吐谷浑王族墓葬12座，其中2座于1945年由夏鼐先生发掘，墓室上方现有未完全回填的土坑，新发现10座，其中6座墓室破坏严重，1座被盗，墓道均保存完好。

（3）马场滩墓群　位于冰沟河和南岔河交汇处西侧、冰沟河北岸的黄土坡地上，面积约10万平方米。共有墓葬2座，其中M1已遭盗掘，现地表留有一个较大的土坑。M2地表无明显迹象，周围偶见青砖碎块，墓葬已遭盗掘，墓道均保存完好。

（4）长岭墓葬　有墓葬1座，早年被盗，墓室上方现有大土坑，四周散乱大量的墓砖，墓道保存较好。

（5）慕容智墓及周边　该地区仅慕容智墓1座，周围未发现其他墓葬。

另外，调查新发现马厂文化—沙井文化时期遗址2处，沙井时期和魏晋时期城址各1处，唐代烽燧7个，明清时期铜矿遗址2处（含窑址），复查马厂文化—沙井文化时期遗址2处。同时，勘探发现史前、西夏时期墓葬12座、灰坑13处及房址1座。

通过此次调查、勘探，总体了解了武威南山区大水河—冰沟河流域文化遗存的大致状况，基本确定了该地区吐谷浑王族墓葬群的分布范围、墓葬数量及分布规律，为后续考古发掘、保护和研究奠定了坚实基础。

（刘兵兵　张奋强）

【瓜州锁阳城遗址】

发掘时间：2020年5～12月

工作单位：敦煌研究院、中国社会科学院考古研究所、瓜州县文物和旅游局

锁阳城遗址位于瓜州县锁阳城镇，又称苦峪城，是迄今河西走廊规模最大、保存最完整的一座古城，在河西古代政治、经济、文化及军事诸方面曾起过非常重要的作用。

本年度敦煌研究院联合中国社会科学院考古研究所、瓜州县文物和旅游局对锁阳城东的寺院遗址——塔尔寺进行发掘，于塔尔寺中心建筑山门台基两侧和山门通大殿两侧布8个10米×10米的探方，发掘面积600平方米。经过科学的发掘，发现遗迹单位4处，包括2处房址，2段道路；出土遗物78件，包括方砖、条砖、瓦当、滴水、木质斗拱等各类建筑构件及少量陶瓷器残片。

通过此次发掘，锁阳城遗址区塔尔寺遗址的大体布局，包括外围墙、内院及一

些组合设施的情况基本明晰，外围墙基本呈东西向长方形，内院平面呈南北向长方形，寺院中心有大型殿堂台基和大塔，为前殿后塔式。殿堂台基南有台阶连接漫道，漫道向南连接山门。通过此次发掘，使我们对塔尔寺的面貌布局有了进一步了解。

（王建军）

【庄浪县紫荆路宋代遗址】

发掘时间：2020 年 7 ~ 8 月

工作单位：甘肃省文物考古研究所

水洛城址位于今庄浪县城所在地，原城址东起王家庄村，南至县第一中学西 600 米处，西北墙无存，现城址东北角仅存宋代残墙遗迹。该城始筑于汉代，总面积约 25 万平方米，平面呈正方形，边长 500 米，基宽 9 米，顶宽 3 米，残高 2 ~ 30 米，开西门。《庄浪县志》载：秦、汉设水洛亭；东晋义熙五年（409 年）西秦乞伏乾归攻占水洛城；唐为陇右监牧水洛监所在；北宋庆历四年（1044 年）刘沪扩筑水洛城；金皇统二年（1142 年）设水洛县；明代为静宁州南部大镇；元明时期西南角被水毁后，在西北角缩小为小城。今残存紫荆山东北部城墙为宋代修筑，紫荆山堡子为明代修筑，城墙夯土层采集有唐、宋白釉瓷片。

因庄浪县紫荆路沿线棚户区改造工程涉及水洛城址建设控制地带，本年度甘肃省文物考古研究所对紫荆路遗址进行考古发掘，发掘面积 300 平方米，本次发掘共清理遗迹现象 7 处，其中灰坑 4 处、墓葬 1 座、窑 2 座。出土遗物以陶瓷片为主，无完整器，可辨器形主要包括碗、罐、盆等。

发掘墓葬被严重扰乱，不见人骨。根据墓葬近靴形形制和出土陶、瓷遗物初步推断，墓葬年代应为宋代。

据出土陶片、瓷片，陶瓷器质地、器形、装饰、装烧方式等均带有宋辽金时期风格。陶器轮制和手工打磨痕迹明显，胎质较细，器表多不加装饰。瓷片胎色较深，胎上部分有刻花、剔花装饰，釉以白釉、青釉、黑釉、酱釉为主；部分瓷器为涩圈叠烧或足部刮釉，少量有支钉痕迹。结合庄浪县及周边出土、馆藏陶瓷器来看，应为宋金之际定窑、耀州窑向西北流通的结果。

2 座窑炉存在叠压、打破关系，Y2 在 Y1 原有窑室的基础上将其改建为操作间，向西构筑窑室再次使用。Y1 烧结面不明显，推测构建后使用时间不长。由于 2 座窑内无器物出土，仍需进一步研究。

本次发掘的地点接近庄浪县水洛古城本体。水洛古城遗址位于今庄浪县城紫荆山附近，汉代始建，宋代扩建，元明清之后逐渐废弃。庄浪县紫荆路遗址与水洛古城位置接近，出土遗物时代与古城发展兴盛阶段相仿，是否与水洛古城有关系，需要进一步的考古学研究。

（王　山）

【莫高窟大牌坊建筑遗址】

发掘时间：2020 年 4 ~ 5 月

工作单位：敦煌研究院考古研究所

为配合莫高窟文物保护利用设施建设项目南区大牌坊广场地面铺装工程，敦煌研究院考古研究所对莫高窟大牌坊广场西侧部分区域（坐标北纬 40°02.3765′、东经 94°48.3269′）进行了抢救性考古发掘与清理。

此次发掘先后布设 5 米 × 5 米探方 9 个，扩方 1 米 × 5 米，发掘面积共计 230 平方米。经过系统的发掘与清理，发现相连的建筑遗址 2 处，存墙基 7 段，墙体用条砖（规格为 31.5 厘米 × 13 厘米 × 16 厘米）单砖砌筑。其中东侧遗址东西 7.0 米，南北 7.6 米，整体近方形，内部地面为砾石。西侧遗址东西 5.78 米，南北 3.8 米，建筑内部地面铺设花纹地砖。在西侧遗址内部以及建筑外围南、西、北侧地面铺设花纹方砖，计有四种不同纹样，分别为：桃心十二卷瓣莲花纹砖（29 厘米 ×29 厘米 ×6 厘米）、复瓣莲花纹砖（28 厘米 ×27 厘米 ×6 厘米）、宝相如意纹砖（33 厘米 ×33 厘米 ×6 厘米）、尖角重瓣莲花纹砖（29.5 厘米 ×29 厘米 ×5.5 厘米）。

经过发掘清理，对该建筑遗址的分布范围、组合结构、墙体、地面等情况有了初步的了解。通过对比奥登堡等人拍摄于 20 世纪初的莫高窟窟区老照片，比对确认方位，发现该遗址处原存一座宝瓶式塔，塔西侧有一长方形平房式建筑，该塔的样式与现存大泉河东岸的王圆禄墓塔近乎一致。这一发现为了解古代莫高窟窟前寺院、建筑的分布、组合结构等情况提供了宝贵的实物资料。

（朱生云）

青 海 省

【同德县宗日遗址】

发掘时间：2020 年 5～10 月

工作单位：青海省文物考古研究所、河北师范大学、南京大学

宗日遗址位于海南藏族自治州同德县西 40 千米黄河北岸二级台地上，南临黄河。遗址以团结村为中心，左右延伸到班多与卡力岗村。为进一步推动宗日文化的深入研究，联合考古队对宗日遗址的东一、东二台地分三个区域开展了考古发掘，发掘面积近 800 平方米。清理新石器至青铜时代墓葬、房址、灶址、灰坑、灰沟等遗迹百余处，出土陶、石、骨及珠饰等遗物 2500 多件。

Ⅰ区位于遗址东一台地南侧坡地上，共五层堆积，由北向南呈坡状分布，最深处达 3 米左右，均属次生堆积。区内未发现任何遗迹单位。出土遗物包括陶、石、骨器三类，未发现完整器。陶器以夹砂陶为主，泥质陶次之。夹砂陶以乳白陶最具特色，纹饰多绳纹和附加堆纹，器形有壶、罐、盆、碗等。彩陶中，泥质陶彩绘波浪纹、平行条纹、网格纹；夹砂陶彩绘以变形鸟纹、折线纹为主。石器包括穿孔石刀、斧、锛和细石器等；骨器中锥和针数量最多。

Ⅱ区位于东一台地顶部，共清理灰坑 83 个、灰沟 5 条、祭祀遗迹 1 处、房址 1 处及柱洞 6 个。房址保存不佳，平面呈不规则形，中部有两个柱洞。房外发现有夹砂陶器置于地表，周边见有大量灰土，可能与祭祀活动相关。区内出土物以陶、石、骨器为主。陶器以夹砂红陶为大宗，少量灰黑陶和黑皮陶。骨器有锥、笄等。石器包括盘状器、研磨器、磨盘等器形。发掘成果表明，本区以卡约文化时期遗存为主。此外，H18 内出一件墨绘人像牛肩胛骨，根据人物特征推测应属吐蕃时期。

Ⅲ区位于东二台地，在北部墓地共清理马家窑—宗日文化墓葬 14 座，卡约文化偏洞墓 1 座。前者包括石棺墓 5 座、竖穴土坑墓 9 座，墓向多为西北。葬式以单人俯身直肢葬为主，流行二次葬。M5 是本次发掘规模最大的墓葬。竖穴土坑墓，有生土二层台，单人俯身直肢葬，头向西北，左臂上举。墓主人颈部有数十片绿松石饰品。随葬陶器包括马家窑文化与宗日式陶器两类。在南部生活区发现的灶、灰坑、活动面等遗迹主要分布在台地西南边缘。Z1 平面呈圆形，内砌一周石块，灶内有烧结面；灶周边发现有活动面，活动面上放置有夹砂罐，还发现多处疑似柱洞。区内出土遗物主要包括陶、石、骨器三类，陶器以夹砂陶为主。骨器以锥、针为主。石器中斧、锛数量最多。

此次发掘丰富了对宗日遗址不同时期文化面貌的认识，为探讨黄河上游地区史前时期人群迁徙、生业模式、文化交流、技术传播等提供了重要新资料。

（乔　虹　李冀源　马　骞　施兰英　曹　凯　姜法春）

【丝绸之路南亚廊道青海段调查】

调查时间：2020 年 7 ~9 月

工作单位：青海省文物考古研究所、西北大学文化遗产学院

本年度联合调查队完成了南亚廊道果洛、玉树段的考古调查，在伏俟城周边发现城址、夯台及居址等十余处，并对这些遗迹进行了初步勘探，还对贵南县森多桥以西古建遗址进行了小面积的试掘，这些工作均取得了较为显著的成果，为南亚廊道的申遗工作提供了有力的支撑。

2020 年 7 月 20 日 ~8 月 31 日，南亚廊道调查队对果洛、玉树境内的南亚廊道进行了考古调查，起自姜路岭，止于查吾拉山口，呈东北—西南走向，涉及玛多县、称多县，玉树市及杂多县，全长约 870 千米。在调查过程中还登记古道沿线的遗址、墓葬、岩画、石刻、渡口、古桥等 20 余处，其中新发现近 10 处。至此，丝绸之路南亚廊道（青海段）主线全部调查完毕。

7 月 25 日 ~8 月 30 日，由青海考古所和西北大学文化遗产学院联合组队对伏俟城外城及周边进行了大规模的调查及勘探，证实外城向北延伸至切吉河（菜济河）北岸，现存西北角部分地面痕迹清晰，外城南北长 1948 ~2240、东西宽 1446 ~1666 米。另外还发现城址 4 座、夯土高台 6 座、人工堆筑高台 1 座及居住遗址 1 处，这些遗迹中散布数量众多的板瓦、筒瓦及器物残片，其中绳纹板瓦、几何折线纹陶片与伏俟城内城的遗物相似，标本测年也证实这些遗迹与伏俟城属同一时期。伏俟城内外城及周边遗迹分布范围达 6.35 平方公里。这些重要遗迹的发现为吐谷浑都城的综合研究、保护和利用提供了详实的基础资料。

9 月 3 ~26 日，调查队对贵南县森多桥以西古建遗址进行了小面积试掘，共揭露面积 110 平方米，清理出灰坑、灰沟等遗迹，出土建筑构件、骨器、石器、铜器等 100 余件，其中兽面纹滴水和佛像纹瓦当都十分精美。通过此次试掘和对周边相关遗存的调查，表明在海南州贵南县、同德县及兴海县等广大区域内分布有数量众多的宋代宗教遗存。

（王忠信）

【青海省石窟寺专项调查】

调查时间：2020 年 11 ~12 月

工作单位：青海省文物考古研究所

2020 年 10 月国家文物局下发了《关于开展全国石窟寺专项调查工作的通知》，在省文物局的统筹领导下，青海省文物考古研究所随即成立调查队伍展开田野调查。调查于 2020 年 11 月 9 日开启，年底前完成石窟寺（摩崖造像）调查 27 处。

从现阶段调查来看，青海省石窟寺主要分布于东部河湟谷地，摩崖造像主要分布于玉树、海西、果洛地区，其修建年代从南北朝延续至明清时期。石窟内有雕刻、线刻、泥塑、彩绘佛像及佛教故事，囊括了汉、藏佛教艺术，部分摩崖造像体现了早期儒道佛的融合。青海石窟寺（摩崖造像）从全国范围来说数量并不多，但青海特殊的地理位置及民族构成使得其具有较高的研究及展示价值。青海是丝绸之路的重要组成部分，石窟、造像等宗教艺术对研究青海的丝绸之路有着极为重要的意义。河湟谷地中分布的石窟寺与河西走廊地区的石窟寺有异曲同工之妙，玉树等地区的摩崖造像又连通了西藏甚至南亚，是青海省丝绸之路交流的重要见证。石窟寺是民族融合、交流的宝贵遗产，也是藏汉佛教艺术结合的重要表现。其保留了南北朝凿窟高峰的石窟，也保存了大量的藏式摩崖造像。内容兼具汉藏佛教传统，为研究宗教及民族的交流融合提供了重要的实物资料。

（杜　玮）

宁夏回族自治区

【宁夏水洞沟旧石器时代遗址】

发掘时间：2020年7～9月

工作单位：宁夏回族自治区文物考古研究所、中国科学院古脊椎动物与古人类研究所、中央民族大学

水洞沟遗址位于宁夏回族自治区银川市东南28千米处，西距黄河18千米，该遗址由12个地点组成，地质时代从距今约4万年的晚更新世末期直至全新世早期，涵盖了旧石器时代晚期之初至新石器时代早期的不同文化堆积。文化类型多样，包括石叶、石片、细石叶工业，有意识地用火、象征行为等。

宁夏回族自治区文物考古研究所与中国科学院古脊椎动物与古人类研究所、中央民族大学联合组队，对水洞沟遗址第1地点进行了第三年度的发掘。主要对水洞沟第1地点晚更新世堆积进行了清理，深度3～4米，本年度共计出土各类遗物1623件，其中石制品1302件，动物化石272份，碳样26份，蛋皮11份，装饰品2件，动物牙齿9块，碳化木1份。根据已有发掘资料显示，水洞沟第1地点包含了旧石器与新石器时代两个文化层位。目前发掘的新石器时代文化层，出土有打制石器、磨光石斧、磨盘、磨石、陶片、细石器以及装饰品等重要文化遗物。

发掘基本探明了水洞沟第1地点地层情况。从2019年度发掘层位判断：该地点更新世堆积主要为灰黄色粉砂质土，厚度最大超过4米，出土较多包括典型石叶在内的石制品和动物化石；石制品类型显示出较为典型的旧石器时代晚期之初的文化特征。其上覆的砾石层向东延伸，与该遗址东侧第三纪红土与晚更新世早期堆积之间的砾石层相交，并且在发掘区东侧有一条明显冲沟。该砾石层上覆的全新世地层主要为湖相沉积，发掘区东侧暴露了部分湖盆的边缘。

本年度发掘更新世和全新世交界的洪积层中出土大量石制品。包括典型勒瓦娄哇技术的石核和石叶，也有石片遗存、动物骨骼出土，揭露少量用火遗迹。现有发掘揭露的情况证明水洞沟第1地点遗址形成过程较为复杂，探明该遗址地层成因对于了解该地区古人类在晚更新世及全新世的生存行为与迁徙活动特征具有重要意义。

前几次发掘的年代数据显示该遗址全新世地层年代在5000～8000年，本次发掘在全新世湖相沉积中仍出土较多石制品与动物化石，石制品中有磨盘和磨棒断块，显示全新世该地区人类活动也很频繁，对该区域湖盆边缘的进一步工作也许会丰富对这一沙漠边缘区新石器时代早中期文化面貌的认识。

（郭家龙　彭　菲　高　星）

【隆得县周家嘴头新石器时代遗址】

发掘时间：2020年7～10月

工作单位：宁夏回族自治区文物考古研究所

周家嘴头遗址位于宁夏南部六盘山西麓的隆德县神林乡双村西侧，地处渝河和

朱家河交汇的河嘴地带，1988 年被评为第二批区级文物保护单位。

周家嘴头遗址自 1984 年宁夏第一次文物普查，全国第三次文物普查时发现，2017～2019 年，宁夏回族自治区文物考古研究所对周家嘴头遗址进行了三次考古发掘。

2020 年宁夏文物考古研究所继续对周家嘴头遗址进行了第四次考古发掘，发掘面积 500 平方米，获得了重要的收获。本年度清理仰韶晚期灰坑 20 座、陶窑 4 座、灰沟 1 条；齐家时期房址 4 座、灰坑 20 座、陶窑 3 座；汉代墓葬 1 座、灰坑 1 座、近现代灰沟 1 条。将 2019 年仰韶中期房址 F23 未清理完部分今年继续清理完毕。

周家嘴头遗址仰韶中期房址 F23 坐北朝南，分为内外两间，西侧外间有灶址等遗迹现象，踩踏痕迹明显，有明显火烧痕迹，东侧里间仅有踩踏痕迹，活动遗迹较少，无火烧痕迹。仰韶晚期陶窑在整个遗址均有分布，台地边缘的陶窑依靠断面修挖，无操作间，台地顶部的陶窑则根据地势，挖出一个长方形或圆形灰坑当作操作间，再利用操作间的断面挖掘出一个陶窑。陶窑多分布在同时期房址附近，应是家庭作坊式手工业，很多陶器如陶钵等具有相同的尺寸，表明制陶的专业化程度较高；周家嘴头遗址出土秕粟，比例很高，可能和 6～9 月农作物的灌浆期、收获期加紧制陶而缺少人力照看农作物有关。

齐家文化时期出土有房址 4 座，可以分为类窑洞式房屋和半地穴房屋，这两种房屋两个一组，分布在遗址的东西两侧区域，出土遗物基本相同，年代相近，是否对应聚落内的不同的居住人群还有待进一步研究。齐家时期的陶窑均分布在遗址顶部台地，破坏较为严重。在一座灰坑内发现有一具完整的猪骨，可能与原始祭祀有关。

周家嘴头遗址出土遗物相对较为丰富，出土有陶罐、盆、钵、瓶、陶刀、陶环、陶人面、石刀、石笄、骨匕、骨锥等，部分彩陶残片可以早至仰韶文化早期，出土的仰韶文化陶人面在宁夏地区尚属首次发现，齐家文化时期的出土遗物丰富了宁夏南部地区的齐家文化面貌。

从周家嘴头遗址的发掘情况看，周家嘴头遗址在仰韶早期就开始有先民繁衍生息，在仰韶晚期时出土大量的陶窑，表明周家嘴头遗址发展成为一个以专业制陶为主的手工业聚落遗址；到了齐家时期，周家嘴头遗址的居民继续烧制陶器，但陶窑数量变少，规模变小，变成以农业和畜牧业为主的聚落遗址；发现汉代生活遗迹较少，清理的多为墓葬。

（王晓阳　霍　耀　杨　剑）

【宁夏红河流域区域系统考古调查】

调查时间：2020 年 3～5 月

工作单位：宁夏回族自治区文物考古研究所

红河古称阳晋川水，隋唐时期称洪（横）川河，后演变为今名，泾河支流。发源于彭阳县新集乡窦家山庄。其源头有三：主流马河源出于窦家山庄南；支流张化河源出于窦家山庄北；次支流白河源出于泾源县与彭阳县交界处的红砂石梁南。三流环绕新集乡境东流至沟口乡境汇合南流，向东流经红河乡，在常沟村雷声嘴进入镇原县境，于泾川县三山堡村流入泾河。流域地势北部高，南部低，海拔高程在 1301～2476 米。全长约 137 千米，境内长度 63 千米，流域面积 359 平方千米。

本次调查主要沿红河上游南侧支流大河进行全覆盖式地面踏查。调查沿大河进行，范围上西起新集乡谢寨村，东至刘红公路以东、102 乡道以西的山岗地带。调查以地面踏查的形式进行，每片调查区域分散人员以实现全覆盖。过程中发现有价值的线索如陶片、瓦片等遗物或断面、灰坑等遗迹现象即先在电子地图（“奥维互动地图浏览器”）上进行定位和坐标标注，随后对遗物进行采集或对遗迹进行必要的发掘清理以了解其相关情况。

本年度调查发现的古代遗存包括多处遗址、各类遗迹和大量遗物，年代上跨越新石器时代至明清时期，但主要集中于新石器时代。史前时期的遗存均属新石器时代，除地表零散所获陶片等遗物外，发现遗址9处，分别为窦家堡子遗址、庙咀水库北山新石器时代遗址、骡头峁新石器时代遗址、长沟西新石器时代遗址、冰草梁新石器时代遗址、梁子寨新石器时代遗址、白草岗子新石器时代遗址、剡堡新石器时代遗址、小咀子新石器时代遗址。遗址内发掘清理有不同类型遗迹，出土大量遗物。历史时期的遗存中除调查时地表所获陶片、瓷片等遗物外，主要收获是各类遗迹的发现，包括灰坑、房址、墓葬、断面、堡址、烽燧等，时代上涵盖汉代、唐宋、明清诸时期。

总体而言，本年度调查收获颇丰。新石器时代遗址发现9处，含50处新石器时代遗迹，历史时期的遗迹也发现有16处，发现的遗迹种类也多样化，涵盖灰坑、房址、墓葬、窑址、断面、窖藏坑、地层堆积、堡址、烽燧等。众多不同时期和不同种类遗迹的发现将大大促进陇东地区古代文化的研究的深入，尤其是大量新石器时代遗存的发现对于本地区史前文化面貌的逐步明晰起到重要作用。

（马　强）

【姚河塬西周遗址】

发掘时间：2020年3月～2021年1月

工作单位：宁夏回族自治区文物考古研究所

姚河塬遗址位于彭阳县新集乡姚河村，面积92万平方米，是西北地区首次发现的西周诸侯国都邑城址。曲尺形的壕沟和南北走向的墙体将遗址分为内城和外城两个部分。内城的面积为52万余平方米，城内东部、东北部为高等级墓葬区，墓葬区南部为铸铜作坊区和制陶作坊区，内城中部为夯土建筑基址，疑为宫殿区。内城东南部为小型墓葬区。外城面积40万余平方米，发现有房址、窑址、灰坑、窖穴、道路等遗迹，主要为当时的一些普通村落。姚河塬遗址水网密布，沟渠纵横，勘探发现较多的大型储水池，有干渠与这些水池相接，其与铸铜作坊、制陶作坊等关系密切，表现出该遗址人群非常重视对水资源的开发和利用。

姚河塬考古工作始终坚持以“聚落考古为纲，多学科合作”的田野考古工作理念。在遗址发掘过程中设计了诸多田野发掘规划，对不同遗迹采取有针对性的发掘，其获取资料的方式更系统、更科学，取得的信息量大大超过以往同时期的遗址及墓地。采取全面揭露式发掘，所有墓葬填土保留曲尺形的剖面，了解墓葬填土的来源方向，试图复原墓葬的下葬、填埋过程；对墓室填土采样浮选，以期通过浮选出的季节性植物种子来判断墓葬的下葬季节等；将墓葬填土作为一个遗迹单位，包含物全部编号收集，并试图复原墓葬打破前遗迹的虚拟单位；系统提取环境和残留物样品，人骨资料信息收集完整，通过这些系统科学的信息资料，将会在传统考古、环境考古、科技考古和体质人类学考古方面实现深入研究的可能，在研究区域内经济、技术、环境和人之间的关系方面实现新的突破。

姚河塬遗址2020年度经国家文物局审批发掘面积为600平方米，主要的发掘区域为铸铜作坊区。铸铜作坊区位于内城东北，处于第Ⅰ象限内，墓葬区的南侧，夯土建筑基址（疑为宫殿区）的东北侧，面积约4200平方米。2017年勘探过程中发现灰坑、房址、窑址、储水池、羼和料堆积，对发现的部分灰坑予以清理，出土大量陶范，确认该处有铸铜活动。2018 年对勘探发现的上述部分遗迹进行有针对性的清理，发掘了窑址、道路、房址、灰坑等遗迹，出土熔铜渣、陶范、铸铜工具等，进一步确认了此处为铸铜作坊区。2020 年发掘面积 600 平方米，清理了取土坑、储泥坑、水渠、储水池（部分）、踩踏面、墓葬、炉子（未发掘）、羼和料堆积等遗迹。结合 2017 ~ 2018 年的考古发掘，确认了产业链性质的遗迹组合。出土陶范 1000 余块，可分为容器范、车马器范、工具范等，另有刻刀、磨石、石刀、骨锥等铸铜工具，熔渣、炉壁、范泥、鼓风嘴等遗物出土。

从目前的考古发掘来看，铸铜作坊区的相关遗迹主要是围绕作坊区中部的一个大型储水池和一条东西向的水渠（G2）分布，水渠的沿用时间较久，有过三次清淤行为。铸铜相关活动就是围绕着水渠的南北两侧以及中部的储水池来开展的。以水池为中心的东部区域水渠南北两岸分布较多的过火烧结面、炉子等遗迹，距离水渠远一些的区域主要是大型的取土坑、掺和料堆积区、澄泥堆放区、烘范窑、储泥坑、废弃陶范填埋区等，在水渠北侧似乎是由东南向西北布设功能区，形成一条紧凑的产业链。作坊区的沿用时代从目前发掘出土器物判断，自西周早期开始至西周中期偏晚阶段。2017 年调查时在遗址区西北部第Ⅱ象限内 2017PY 断面 2 出土了陶范，2019 年勘探发现遗址区东部有红烧土、铜渣等，且分布于一条南北向的水渠周围，分布较广，我们有理由推断在西周中期之后，铸铜作坊区可能有过转移。

通过近年来持续的考古发掘，明晰了姚河塬获国城址贯穿整个西周历史，是具有连续性的文化。除了修筑相当规模城址和高等级墓葬，他们拥有高度的青铜铸造技术，以及象牙器、瓷器、玉器、绿松石等奢侈品的交流和获取网络。姚河塬遗址的考古发掘为了解西周国家的政治格局、周王朝与西北边陲地区的关系提供了珍贵的新资料。这也为我们研究这个地区的考古编年和复杂社会的进程，提供了新的视角。

（马　强）

新疆维吾尔自治区

【吉木乃通天洞旧石器时代遗址】

发掘时间：2020年6～9月

工作单位：新疆文物考古研究所

通天洞遗址位于吉木乃县托斯特乡南、萨吾尔山当地人称“通天洞”的洞穴中，所在地属于典型的花岗岩球状风化地貌，地形多样，是古人类理想的居住和狩猎场所。2016～2018年连续3年对洞穴内的遗存进行了主动性考古发掘。2020年继续发掘二号洞穴前的T0505（总探方号T0118），发掘面积36平方米，共发掘7个地层，出土有陶片200余片、石制品200余件和大量破碎的动物骨骼。

发掘了4条自然冲沟，部分冲沟中有石器、陶片、骨骼等遗物，有助于探讨自然环境演变对洞穴中人类生活的影响。第七层下发现了3个火塘，堆积中有大量的烧骨、灰烬，为研究青铜时代早期人类用火提供了材料。

第六层出土一块疑似烧流的矿石，第七层出土残铜管一件，经初步检测铜管为锡青铜，这些发现对于研究早期青铜冶炼技术的起源与传播有重要意义。

第六层到第八层都有陶片出土，陶片有口沿、器底、器身，器身较多，器底多为平底，多数为素面，另外有刻花纹、印压纹、戳印纹等纹饰，并表现出泥片贴筑的制作方法。

第十到十二层都有细石叶出土，^{14}C测年为距今13000～8900年，这是新疆目前发现最早的细石器文化层，对于探讨早期细石叶技术的起源与传播有着重要的意义。

2020年共收集浮选土样238袋，经北京大学考古文博学院初步鉴定，发现有黍、小麦、大麦等植物种子。经对比研究，表明黍的年代距今约5000年，并且所占比重较大，为研究早期黍由东向西的传播路径提供了新材料。

另外，经过多年调查，在遗址核心区北侧及西北各发现一处洞穴和一较大岩棚，西侧发现一青铜时代遗址，并发现9处古墓地，各类墓葬近200座。作为新疆境内发现的第一处旧石器时代洞穴遗址，通天洞已经进行了连续五年的田野工作，对遗址文化内涵的认识逐步清晰、发掘方法逐渐完善，为新疆地区洞穴遗址的考古发掘积累了重要经验；并初步建立起了多学科、跨领域的合作研究平台，对遗址展开全面、系统的工作，为深入研究和认识新疆旧石器时代考古学文化打下了基础。

（于建军　陈　鹏）

【黑山岭绿松石采矿遗址】

发掘时间：2020年

工作单位：西北大学文化遗产学院、新疆文物考古研究所、北京科技大学科技史与文化遗产研究院

黑山岭遗址是一处位于古丝绸之路上开采绿松石的矿业遗址群，位于哈密市伊州区与若羌县的交界地带的无人区内，距离古代丝路大海道仅数千米。

截至目前，调查发现黑山岭绿松石采矿遗址沿着黑山岭山脉呈东西向分布，东

西长约10千米，南北宽约2.5千米，发现矿坑110余处。这些遗址可分为古代采石区、采矿工具加工区、采矿区、选矿区、生活区，功能分区完善，是一处规模巨大的早期绿松石采矿工业遗址群。

2020年发掘工作分别在8座古代矿坑先后开展，揭露面积500余平方米，对位置、类型不同矿坑的探索性发掘，目的是了解不同矿坑的结构、时代和使用人群是否一致。

本年度发现房址若干，其中F1位于探方中部偏西，横跨T0601、T0701，部分位于T0601内。F1平面近长方形，南北向。西部被挖机破坏，残存平面呈三角形，距地表1.4米，残长4米，残宽3米，深0.4~0.7米。房址为石构建筑，结构较清晰，由护墙、硬面、储物槽、火种坑和厕所组成。

F3位于探方中部偏北，部分进入东壁。F3平面近圆形，东西向。距地表1.8米，东西长5.6米，南北宽4.4米，深0.6~0.66米。房址为石构建筑，结构较清晰，由护墙、硬面、门道、火坑组成。

F4平面近椭圆形，坐东朝西，门道位于西南方向。南北最宽，直径2.7米；东西较窄，直径2.2米。F4房址为半地穴结构。从发掘遗留的结构来看，F4是由石板和石头组成的墙体、斜坡式的门道以及灶组合而成。房址四壁是由15块石板组成，石板是由页岩片加工而成。

此次发掘出土遗物有石器、木器、纺织品、皮毛制品、植物纤维编制物、骨器、青铜器、陶器和绿松石、玉髓，以及大量的动植物遗存，为研究该地区古代矿人的生活生产提供了重要的考古资料。

通过2020年的田野发掘所获得的陶器类型以及^{14}C测年，初步判定该遗址采矿人群与河西走廊的骟马文化和四坝文化有密切的关系。

黑山岭绿松石采矿遗址是新疆境内目前所见年代较早、规模最大的一处古代采矿遗址，也是目前全球现存规模最大的一处早期绿松石矿业遗址群。为研究探寻中国古代众多绿松石器原料的来源提供了一条重要的线索。本次发掘意义重大，为解决我国早期绿松石的产地以及边疆与内地的早期资源联系提供了考古学支持。丰富的出土遗物，为研究河西走廊西端该时期的文化谱系提供了考古学依据。

（先怡衡）

【尼勒克县吉仁台沟口遗址高台遗存】

发掘时间：2020年7~10月

工作单位：新疆文物考古研究所、中国人民大学历史学院考古文博系

高台遗存位于吉仁台沟口遗址南部，北距居住区约1千米，地处喀什河沟口要冲，依山面水，东邻喀什河仅200余米。2018年对其进行了小规模的试掘，显示其为一边长120米的大型方形石构建筑，2019年考古发掘区域位于高台遗存的东北部及中部，确认高台遗存是一大型墓葬。2020年继续高台遗存的东北部清理。

对封堆上层显露的石条带进行清理，发现石条带应该是两两（或三）成组，先用黄土堆筑梯形土墙，其两侧再用石块包筑，形成向中心汇聚的逐渐抬升宽窄不一的条状石墙。形如封堆的上部装饰图案，显示当时的思想或宗教理念，最后石墙之间覆土完成整个建造工程。清理墓葬4座，其中两座打破墓葬封堆，时代较晚；2座幼儿墓葬埋于大墓上层填土之中，应该是与大墓同期遗存，不见随葬品。主墓室东部发现的坑洞在主墓室东北部约10米处，即T1512、T1513两个探方涉及一个大的扰坑（K8），南北长约20米，宽约10米，深约5米，呈“U”形，清理结果为我们提供了清晰的封堆局部层位关系（封堆以一层厚10~30厘米硬青灰层为界，明显可以分为上下两层，均以石墙构成条带），

同时在其底部（原地面）发现四个南北并列坑洞，分别编号 K11—K14. 除 K11 开洞于竖穴南部，K12—K14 洞均开于竖穴西部（向西延伸，压于主墓室外围石堆之下），且坑洞中均单面砌石墙（高约 1.2 米），坑洞内较为狭窄，开洞处见明显石块封堵现象。由于坑洞向前延伸，压于高达 5 米的堆积之下，清理极具危险性，本年度清理暂告一段落，此遗迹现象的形制及性质有待明年揭顶发掘。

遗物出土较少，主要是陶片和石器、兽骨及少量骨器，没有完整陶器，陶片也基本无法拼对。以夹砂红陶为主，均为平底器，3 件圈足，大部分素面，偶见弦纹，圈点纹、指甲纹，个别陶片有折肩现象。

本次高台遗存考古发掘，基本确认为大型墓葬封堆结构。墓葬封堆堆积明显可以分为两大层，以青灰硬土面为界，上层构筑石条带，主要以黄土构成，形成外表装饰图案，表达太阳崇拜理念；下层同样是土石构筑梯形石墙，石墙之间存在较多人为隔段，填以大量灰烬。在主墓室东部存在的 4 个坑洞，形制少见，很可能是墓葬的附葬坑（是否围绕主墓室一周，还需发掘判断）。总之，墓葬规模巨大，结构异常复杂，尚无同类遗存的发现，是目前为止在新疆乃至欧亚草原发现的史前时期面积最大、规格最高、保存最完整的石构墓葬建筑遗存，同时也是最神秘的遗存，可能不仅仅属于一个单纯的墓葬遗存，还包含众多当时的思想、宗教理念，有众多的文化现象无法阐释，需要深度发掘和研究，揭示本源。

（阮秋荣　罗佳明）

【新源县哈勒哈西特青铜时代遗址】

发掘时间：2020 年

工作单位：新疆维吾尔自治区文物考古研究所、新源县文博院

新源哈勒哈西特遗址位于伊犁州新源县别斯托别乡哈勒哈西特牧业村，北距新源县城约 13 千米。地处恰普河中游北岸二级台地上。

为配合新源县基本建设，新疆维吾尔自治区文物考古研究所联合新源县文博院，对其进行了抢救性考古发掘。

本年度发掘墓葬共计 26 座，墓葬分布较为集中，在山前开阔地呈东西链条状分布，绵延约 500 米。墓葬地表均有土石混合封堆，平面多呈圆形或椭圆形。墓葬形制分为竖穴土坑墓和竖穴石棺墓两种。封堆直径多在 5～15 米，高度 0.3～0.7 米，其中双室墓 M12 封堆较大，直径达 22 米。墓室大部分为东西向或西南—东北向，极少数为南北向；葬式流行单人、仰身直肢、头西脚东的埋葬方式。部分墓室无人骨及随葬品，除却盗扰的因素，推测存在二次迁葬的可能性。出土陶器、青铜器、铁器、骨角器、金器、石器等共计 61 件（组）。陶器主要有壶、罐等器形，夹砂灰陶或夹砂红陶质地，以平底器为主，圜底器较少；青铜器主要有刀、箭镞、锥、珠饰等；铁器多锈蚀，可辨别刀、包金铁簪、球等；骨角器、金器和石器多为小件器物且数量较少，以随身小物件和装饰品为主。

这批墓葬根据出土遗物、墓葬形制，并结合 ^{14}C 测年数据判断，年代集中在公元前 8～2 世纪，即早期铁器时代至汉代，可能与伊犁河流域塞人—乌孙文化有关。

遗址位于墓区东北部山脚下，是因 M8 打破早期房址而发现。本年度发掘面积共 450 平方米，共清理房址 5 间、灰坑 15 处、柱洞 30 个、窑址 1 座、灶 4 处、烧土面 2 处。房址均为半地穴式，平面近方形，门道多南向，按照面积大小，可分为 10～25 平方米的小房址与 80～100 平方米的大房址。其中 F2 为面积最大的房址，是以圆形石灶为中心建造，并以灶周边四角柱为房址主体支撑。房址内存在多座埋葬大量兽骨的灰坑，以及大面积火烧痕迹，皆显

示出房内频繁的人类活动痕迹。中心灶南侧的窑址Y1平面近似勺形，分为南北两个圜底坑。南侧坑较大且深，结构较特殊，从坑底分三级台阶向开口层位抬升。Y1内部火烧痕迹明显，红烧土甚至延伸至窑口之外。加上其附近出土的少量铜炼渣，我们综上推测这可能与冶炼活动有关。

遗址共出土陶器、青铜器、骨角器、石器等共计49件（组），另有大量陶片及动物骨殖。陶器主要有罐、壶、钵等器形，夹砂灰陶或夹砂红陶，部分红陶器表打磨光滑，全部为平底器，不见圜底器，常见纹饰有乳钉纹、花边纹、刻划纹、三角纹、折线纹、戳印纹、指甲纹、弦纹等；青铜器有锥、凿、镰、针等；骨角器有纺轮、棒、笄、镞等；石器有石杵、磨盘、石拍、纺轮、权杖头、饼形石器等。根据动物骨骼鉴定，遗址家养动物中牛占比最大，羊、马次之；野生动物包括豪猪等。虽未直接发现农作物种子，但是铜镰和大量石磨盘、石杵的出土，可能暗示着农业活动的存在。

新源哈勒哈西特遗址^{14}C测年数据显示，年代为公元前14～前12世纪，是恰普河流域首次发现的青铜时代晚期遗址，其文化性质与伊犁河流域发现的青铜时代晚期遗存较为一致。此次发现，丰富了该区域古代文化面貌，为构建伊犁河流域青铜时代考古学文化谱系提供了重要依据，同时为复原古代西天山地区聚落形态与社会状况，探讨西天山冶金、驯化、中西文化交流等重大学术问题提供了重要线索。

（罗佳明　阮秋荣）

【轮台县奎玉克协海尔古城遗址】

发掘时间：2020年4～11月

工作单位：新疆维吾尔自治区文物考古研究所、北京大学考古文博学院

奎玉克协海尔古城遗址位于巴音郭楞蒙古自治州轮台县轮台镇东南盐碱荒漠中，地处迪那河下游古三角洲，东西两侧渠道环绕。城址中心为椭圆形高台，四周环绕圆角长方形的围墙，地表散见夹砂褐陶片和动物骨骼残片。

经国家文物局批准，新疆维吾尔自治区文物考古研究所联合北京大学考古文博学院组织了第三次考古发掘，共布设探方23个，清理出不同时期的房址、灰坑、灶址等遗迹单位23处，出土陶、铜、铁、石、骨、木等各类器物212件（组）及大量陶片和动物骨骼。

根据遗迹间的层位关系与出土文物，结合^{14}C测年结果，将奎城遗址的年代大致分为了四期：第一期，公元前770～前550年，春秋早中期。主要遗迹包括“墙芯”以及与其同时期的文化层堆积，出土带有斜线纹、网格纹的彩陶片。第二期，公元前550～前400年，春秋中晚期。主要的遗迹包括城墙的主体部分，城墙外壕沟，高台建筑中最早期的部分，出土有夹砂红陶、褐陶片，可辨器形有带流器。第三期，公元前400～前150年，春秋晚期至西汉初期。主要包括城墙外侧的修筑部分和高台上的第二、三期建筑，出土有夹砂红陶、褐陶和灰陶片。第四期，公元前150～公元80年，西汉初期至东汉早期。主要的遗迹为高台外侧的棚架建筑、护坡以及城墙南部位于城墙上的墓葬，出土有夹砂灰陶、串珠等遗物。

由以上年代分期可知，该区域在公元前770～前550年就有人群活动，并形成了具有一定规模的聚落。至公元前550～前400年，高大的城墙及城中心的早期建筑开始建造。公元前400～前150年，高台建筑不断扩建、改建，直到公元前150年～公元80年城址衰落、废弃。

奎城出土遗物所展现的文化面貌与察吾乎沟口文化具有较多的相似性，特别是在奎城西北30公里的群巴克墓地，但是二者在年代上有明显的差异。两地之间是同一人群的迁移还是人群间的交往，尚需更

深层次的研究。奎城出土的夸张变形狼纹带扣、卧狼纹陶范等遗物与扎滚鲁克墓地和东塔勒德墓地出土的变形狼纹一样，都具有浓厚的北方草原风格。出土的卜骨和五铢钱币表现出中原地区的文化因素。综合分析来看，奎城体现的是一种兼容并蓄的多元文化特征。

奎城的发掘表明，至迟在公元前550～前400年，塔里木盆地北缘已出现了具有较高程度的文明，反映出西域文明与中华文明历史发展脉络的一致性。以往塔里木盆地北缘发现有大量公元前1000至公元前后的墓葬材料，研究者将其定义为早期铁器时代的考古学文化，奎城的发掘与研究为我们深入讨论这一时段该区域史前文明由聚落走向城邦文明的早期文明化进程提供了重要的线索。

（张相鹏）

【和静县乌兰英格墓地】

发掘时间：2020年6～7月

工作单位：新疆维吾尔自治区文物考古研究所、和静县文管所

乌兰英格墓地地处和静县西北部、天山中段山区巴音布鲁克山间盆地西北的哈尔诺尔沟下段西侧的草滩上，地势由北向南缓斜，地表为粉沙质，此地牧草茂盛，东南约250米外有一大片草库仑，东约200米处有数间牧房及羊圈。北距天山山脉约10千米；南距217国道约2.5千米。自巴音布鲁克镇西南约8.7千米的217国道处有一经乌兰英格后继续西行的土路从墓地中部穿过。

本次考古发掘共清理9座墓葬，由西南向东北呈链状依次排列，该墓群墓葬封堆形制主要为土墩墓、土墩石围墓两类，平面形状均为圆形，封堆直径7～17米不等，石围墓外部石围宽约1米，发掘过程中发现3座墓葬已遭受盗扰，其余墓葬保存完好。

墓葬形制均为土坑竖穴墓，平面开口呈圆角长方形，墓室长2.5～3米，宽1.5米，平均深度2米以上。在发掘过程中发现部分墓葬存在使用圆木进行棚盖的现象，少量随葬品较为丰富的墓葬存在使用木制尸床盛放人骨的现象。发掘过程中所见人骨葬式均为仰身直肢，头西足东。

出土器物主要有陶器、青铜器、铁器、金器、骨器等。陶器以陶罐为主，陶质分为夹砂黑陶以及夹砂红陶两类，主要有带流罐、敞口鼓腹罐等，部分陶罐表面装饰有刻划纹及戳印纹。青铜带扣一件，表面镂空，呈几何形图案。铁器有铁刀等，保存情况较为完好，尚能看出其整体器形。金器有金贝、金箔片等，金贝为金箔片制作而成，金箔片表面有狮首形纹饰。骨器平面呈斧形，其中较大一端带圆形孔洞，具体用途尚未可知。此外还发现玛瑙质圆形串珠1颗。

本次考古发掘的9座墓葬在巴音布鲁克草原地带尚属首次正式考古发掘，具有极为重要的学术价值，为我们研究巴音布鲁克草原地带早期铁器时代的文化面貌、年代谱系、文化变迁等问题都提供了新材料。

（朱永明）

【轮台卓尔库特古城】

发掘时间：2020年

工作单位：北京大学考古文博学院、新疆维吾尔自治区文物考古研究所

卓尔库特古城位于新疆维吾尔自治区巴音郭楞蒙古自治州轮台县境内，轮台镇塞维尔牧业村东北8千米，县城东南约24千米处的荒漠中。中心地理坐标为北纬41°62′07.03″，东经84°45′13.89″。西距轮南公路11.5千米，西南距阔纳协尔古城15千米，西南9千米处为奎玉克协海尔古城。西距喀拉塔勒河约10千米，东北距克孜勒河沟约2.2千米。

2019年主要发掘东高台南部区域，确认内城东高台为一处高台城址，城墙经过三期修改筑。卓尔库特古城高台城址建筑体量、规模，以及特殊的三重城结构，表明该城等级相当高，应为汉至魏晋时代塔里木盆地东北沿一处高等级中心城址。

2020年发掘清理房址1座（包括柱洞多处）、棚架遗迹4处、城墙墙体长30米、灰坑11座。其中重要遗迹现象2处。

卓尔库特古城内城东北部高台确认为长方高台城址建筑，城址建于高台之上，外筑大围墙。由此与内城、外城共同构成三重城结构。这种形制极为特殊，在新疆及中亚地区均较罕见。高台城址墙体经过多次修筑、补筑。可分为战国至西汉、东汉、魏晋，共三期。第三期施工较草率，说明这一时期该城已经渐趋没落。

出土相当数量陶片约1600片，兽骨（包括驼骨、马骨、牛骨、羊骨等）约300件，骨器3件，铜器3件，铁器8件，石器20件，珠饰2件。

本次发掘进一步确认了高台城址结构布局、营建方式，以及具体遗存的性质。为确认该城在西域都护府军政建置体系中的地位和性质，推定西域都护府遗址所在提供了资料。同时发掘对进一步探讨汉代军政建置体系的构成，推进两汉中央王朝管理新疆军政建置体系的认识均有重要意义。

（陈　凌）

【库车县乌什吐尔遗址】

发掘时间：2020年5～7月

工作单位：中国国家博物馆、新疆维吾尔自治区文物考古研究所

乌什吐尔遗址位于阿克苏地区库车县玉奇吾斯塘乡西5千米处，地处库车县与新和县交界处的渭干河东岸台地上，其西与新和县的夏合吐尔遗址隔河相望。2019年，中国国家博物馆牵头联合新疆维吾尔自治区文物考古研究所等单位对乌什吐尔遗址进行了正式考古发掘，至今已进行了两年。

2020年考古发掘是在2019年的发掘工作基础之上展开的，通过继续扩大遗址揭露面积，进一步了解遗址的结构和布局，为揭示遗址的年代和性质提供了更多信息。2020年发掘区域位于2019年发掘区北部，共布设5米×5米探方24个，发掘面积600平方米。发现并清理房屋遗迹2座、排房12座、灰坑4个、灶坑遗迹1处。其中，两座房屋平面均呈近方形，部分墙面及地面保存较好；排房主要分布在发掘区东北角两端，有北墙排房和东墙排房，排房之间有圆形垫木、隔墙等遗迹，部分排房之间的界限已无法辨识。

在4号排房东北角发现储粮仓棚一座，仓棚周围散落较多碳化粮食和植物种子，经初步辨识有粟、黍、核桃、沙枣、杏等。除出土了大量建筑废弃物（红烧土、草拌泥块、墙皮、砖块等）、陶片、动物骨骼、炭灰等与上年相似的遗物外，2020年还发现了较多铜饰件残片、铜泡、玉饰件以及石磨盘、陶纺轮、陶灯盏、铁器等生活用具。

经过对出土遗物的初步辨识和比对，我们初步判断乌什吐尔古城遗址的延续时间较长，主体使用年代应为唐代。根据近两年的发掘情况来看，乌什吐尔古城遗址除了西部残存的几间疑似禅窟外，尚未发现与佛教直接相关的典型遗迹和遗物，如佛塔、佛殿、窟龛、佛像、佛经等。与之相对的情况是，遗址出土了不少钱币以及生活用具、工具，如磨盘、纺轮、灯盏、铁器、铜泡等，发现了烧饭或取暖用的灶坑，还第一次发现了储存粮食的仓棚以及粮食、植物种子。加之此地位于渭干河沿岸的要冲，城中设有马面以及瞭望台式建筑，更像是戍守瞭望之所。

因此，我们初步推测乌什吐尔古城遗址最早可能为佛寺建筑，唐代改建为具有

军事戍卫和边贸管理功能的边堡或驿站，再结合其地理位置来看，非常可能就是文献中记载的唐代的东柘厥关。

（牛健哲）

【奇台县唐朝墩古城遗址】

发掘时间：2020 年 9～10 月

工作单位：中国人民大学历史学院考古文博系、新疆维吾尔自治区文物考古研究所

唐朝墩古城遗址位于昌吉回族自治州奇台县县城东北，东临水磨河，西、南紧邻县城居民区，北靠菜园子村。唐朝墩古城遗址在 2018 年和 2019 年已做过两年的考古发掘，本年度是第三次发掘，发掘面积 600 平方米，清理出佛寺台基遗址 1 处，同时清理灰坑 14 个、房址 1 处、明清时期墓葬 7 座、壁画遗迹 3 处。出土器物包括陶器、瓷器、铜器、铁器、木器、玉器、石器、骨器和动物骨骼等，遗物种类丰富。

本年度发掘区域集中在古城中心的一处高台建筑基址。经发掘判断此处应为一处佛寺建筑基址。该遗址坐西朝东，平面呈东西向长方形，回廊式。外墙墙体由条带状土坯墙构成，西墙残破较甚，南北两侧墙体的北墙残长约 28 米，南墙残长约 25 米，外墙体厚 1.6 米，外墙间距约 12.3 米，东侧墙体中部有门道，宽约 3.7 米。内侧西部为一夯筑的方形空间，应为塔基。中间部位是一略呈方形的土坯墙建筑，东西长 16.7 米，南北宽 3 米，墙体厚 1.4 米，与外墙间距 1.65 米，其间有活动面。中间建筑基址东部清理出残留的青色方砖铺面和一排柱础石，西侧土台上有残留的壁画。基址上有晚期墓葬打破。

唐朝墩古城遗址地处丝绸之路东西文化交流带要冲。经过 2018～2020 连续三年的发掘，在古城东北部发现了浴场遗址、城中心偏北处清理出了唐代院落遗址，在东墙清理出了东门门址等。同时通过调查和钻探，基本搞清了遗址的平面布局。该城址目前已基本被确认为唐代庭洲蒲类县城，沿用于高昌回鹘时期，至蒙元时期废弃。结合此前城址研究得出的年代结论，以及新疆东部在高昌回鹘时期盛行佛教和摩尼教的基本情况，本年度的高台建筑基址被初步推断为该时期一处前殿后塔回廊式佛寺遗址，可能经过二次修缮或改建，城址东北部高昌回鹘时期的罗马式浴场，很可能与高台佛寺遗址的宗教活动相关联。唐朝墩古城遗址内涵丰富的遗迹现象为研究唐代庭州军政建置、天山北麓唐至蒙元时期丝绸之路上的东西文化交流、宗教传播等问题提供了丰富的资料支撑。

（魏　坚　王晓丹）

【博乐市达勒特古城】

发掘时间：2020 年 6～12 月

工作单位：新疆维吾尔自治区文物考古研究所

达勒特古城位于博尔塔拉蒙古自治州博乐市达勒特镇破城子村北缘，西北距博乐市区 27 千米。现存城址为内外双重。外城平面不规则，残存西南部、南部及东南角墙体，其中南墙长约 550 米。内城位于外城西北部，平面大致约 100 米见方，内城门位于东墙中部，外有瓮城。

2020 年考古工作目标仍在于深化对古城性质布局与历史沿革的认识。设立内城西南角外、外城西南部和外城南墙 3 个主要发掘区，并布设 1 米宽探沟 4 条，探方发掘面积 800 平方米。截至目前，共清理出房址、灰坑、灶址、井穴、城门、沟、墓葬等遗迹 93 处，出土小件器物 218 件（组）。

内城西南角外。清理出房址和灶址各 3 处、灰坑 8 个。房址构筑在内城墙外人为掏挖的沟壑状遗迹堆积上，房内均有烟道设施，出土察合台铜币和钧瓷器、陶罐、珠饰、铁犁铧、水晶等遗物，其中大量铜币与铜条或铜片废料共出，与在外城西墙

发掘区所见一致，且有部分铜片已剪成圆轮状而未打制文字，推测为察合台铜币打制点；水晶中除大量原料外，也有心形水晶饰件的成品或半成品，推测为水晶制品生产作坊。

外城西南部。清理出房址和灶址各2处、灰坑11个。房址明显有早晚两期，均为土坯墙体，在早期房址居住面上出土两件完整的灰陶瓮，其中一件高70厘米、口径23厘米、器腹上部饰水波纹的陶瓮中有呈片状板结的白色面粉类物质。另出察合台铜币、祥符元宝铜币、陶壶、陶盘、釉陶器、钧瓷器、象牙器、海贝等，其中一件绿釉陶器残片上有汉文“造”字。

外城南墙。清理出房址1处、灶址6处、灰坑11个、井穴2处、沟2条。该处发掘区已证实为外城南门所在，门道有早晚两期，早期门道宽约5米，晚期在对早期门道补筑的基础上，门道宽度缩为约3.5米，门道中部有安放门限的圆孔。门外有瓮城，现已清理出瓮城东西两侧夯筑墙体。后在封堵城门之后又依托墙体兴建房址，房内废弃堆积中有大量木炭，从中部隔梁剖面上约略等距排列的木梁残留看，房址应为与现今新疆土制民居一样的木梁棚架式屋顶。从房内与墙体表面堆积中所出陶瓷器和珠饰判断，该城门址至少在蒙元时期即已封堵。

达勒特古城2020年度的考古工作对外城南门的确认为进一步了解古城的交通网络与防御体系奠定了基础，水晶饰品与钱币加工点的大体确认为探究古城的手工业生产体系提供了线索。但因受疫情及天气原因影响，多数探方尚未发掘到底，上述仅属初步推论。

（侯知军）

【库尔勒市玉孜干遗址】

发掘时间：2020年10～11月

工作单位：中国国家博物馆考古院、新疆维吾尔自治区文物考古研究所

为深入践行文化润疆，中国国家博物馆考古院积极开展边疆考古工作，确立了以新疆考古为重心的业务方向。在国家文物局和新疆维吾尔自治区文物局的大力支持下，中国国家博物馆考古院与新疆维吾尔自治区文物考古研究所组成联合考古队对玉孜干遗址进行考古发掘。

玉孜干遗址位于巴音郭楞蒙古自治州库尔勒市阿瓦提乡阿瓦提村三组南侧200米。地面现存遗迹主要有周边城垣和城内高台。城垣平面近圆形，东西长465米，南北宽400米。垣墙上窄下宽，底部宽10～15米，残高2～3.5米。高台位于城垣中部略偏北，平面呈椭圆形，南北长60米，东西宽50米。城内高台位于城址内的中心位置，是城址内唯一地面可见的遗迹。历次对玉孜干遗址的考古调查所采集的遗物多分布在城内高台附近。城内高台的年代和性质对认识玉孜干遗址具有重要的作用。因此，2020年玉孜干遗址考古发掘的主要目标是搞清楚城内高台的范围、形制、年代及性质等问题。

2020年发掘布方的区域位于城内高台的北侧边缘。布方面积600平方米，实际发掘面积400平方米。通过此次考古发掘，初步了解了城内高台及周边的地层堆积情况，明确了高台废弃后倒塌堆积的分布范围。通过对迁墓沟的局部清理，初步了解高台的营建方式及分布范围。高台台体的最外缘采用土坯砌筑的方式，单个土坯长约30厘米、厚约10厘米。在其外侧有一周斜坡状的护坡堆积。在迁墓过程中，暴露出的浅红色大陶瓮埋藏坑多开口于高台外侧的地面下，可知其年代与高台相近，由于没有发现遗物及人骨，对其具体性质、年代尚无明确认识。

以往对玉孜干遗址的研究多结合对历史文献的考证，而对其城址的形制、布局

及年代等问题则涉及较少。通过对玉孜干遗址进行考古发掘可以为上述问题的研究提供基础资料。玉孜干遗址位于库尔勒市近郊，扼守天山南部交通要冲，修筑有规模化的古城，尚保留有较为完整的城垣和城内高台等设施，对其进行科学的考古发掘将有助于提高古代中央政权对边疆地区的管理方式、多民族融合、文化共同体、交通贸易等相关课题的研究水平。

（张晓磊　孙抱一　刘　冉）

第三篇

赴外考古

【俄罗斯平丘卡—6号地点】

发掘时间：2019年6月

工作单位：吉林大学、西伯利亚联邦大学

2019年6月，吉林大学考古学院委派教师权乾坤，带领6名学生前往俄罗斯，参加由西伯利亚联邦大学组织的平丘卡—6号地点的考古发掘工作。俄方参与发掘人员，以P. V. 曼德雷卡教授为领队，共计12人。

平丘卡—6号地点位于俄罗斯联邦克拉斯诺亚尔斯克边疆区博古昌斯基区（Boguchansky）伊勒金叶沃村（Irkineevo）附近。该地点为安加拉河下游右岸一处凸向河心的台塬，地理坐标北纬58°25′、东经96°54′，海拔约150米。平丘卡—6号地点是一个多文化层位遗址综合体，包含新石器时代、青铜时代以及铁器时代三个阶段，文化内涵极为丰富，且埋藏环境佳，由于位于泰加森林，远离现代人群，故受到破坏也极小。

平丘卡—6号地点分布面积近2万平方米。2018年由俄方合作单位发现，并提前进行过小范围试掘，基本确定了该地点墓葬区的范围及文化属性。2019年度，中俄双方开始正式布方进行发掘。布方面积为525平方米。在对墓葬区域进行发掘的同时，还对周边区域进行了试掘，试掘面积20平方米，对平丘卡—6号地点的地层堆积有了系统的认识。除去发掘工作外，中俄双方团队合作对周边更大范围进行了踏查，发现两处青铜时代聚落。

2019年度工作的主要任务是对第一发掘区域进行发掘清理。此发掘区域为墓葬区，共计发掘14座墓葬，中方参与发掘的墓葬有4座，其余为俄方发掘。墓葬采用的葬俗是当地青铜至铁器时代流行的烧骨殓骨葬习俗，即逝者肉身在一地火化后，将其骨渣、骨灰及随身遗物收敛起来迁至另一地进行埋葬。墓穴尺寸非常小，平均为40厘米×60厘米左右。由于墓地处于泰加森林（针叶林），地层沉积速度非常缓慢，所以墓葬埋藏极浅，平均深度在35厘米左右，少量墓葬甚至揭露完上方树木落叶腐殖层后即可见。

发掘的14座墓葬中，出土2000余件人工制品，包括青铜带扣、青铜牌饰、铁刀、箭镞、陶片、串珠、皮革制品、桦树皮制品等。

通过对墓葬葬俗和随葬品的初步研究，判定此处墓地为公元4～6世纪的西伯利亚泰加森林区域人群的墓地，采用当地流行的烧骨殓骨葬法，较为独特，在中国北方地区也有类似葬俗。出土的青铜带扣等遗物与中国北方系青铜制品有一定相似性。平丘卡—6号地点的发掘工作为学界进一步了解亚洲北部边缘地带的文化面貌提供了多方面的材料，对于东亚文化区域辐射影响范围有着重要的学术意义。

（权乾坤）

【埃及卢克索卡尔纳克北部孟图神庙区】

发掘时间：2018～2020年

工作单位：中国社会科学院考古研究所、埃及文物部、郑州市文物考古研究院

遗址位于埃及南部古城卢克索（底比斯）卡尔纳克主神庙阿蒙神庙北侧，面积共10.6万平方米，其中围墙内的神庙区面积约2.4万平方米。遗址区内已探明的建筑遗迹共有22处，几乎全部是砂岩材质的宗教礼仪性建筑，个别为泥砖建造的附属建筑、居址和作坊。神庙区内还保留有方尖碑、圣湖等建筑的遗迹。目前在地表可见的建筑里，年代最早的建筑是一座图特摩斯一世时期（公元前1506～前1493年）所建造的大门；而年代最晚近的建筑之一是神庙区内最具标志性的北大门，竣工于托勒密四世时期（公元前221～前204年）。

截至2020年，考古工作主要集中在两

个区域：（1）南围墙处的奥西里斯小神殿区；（2）孟图神庙西南角与玛阿特神庙相连的区域。

奥西里斯小神殿区　考古工作者在此处成功地揭示出了第二座奥西里斯小神殿的柱厅。四座闪长岩柱基分列于入口两侧的地面上，直径均为1.4米。根据柱基残留的铭文可以印证该座神殿是由第二十五王朝圣女阿蒙尼尔迪斯为奥西里斯“生命之主”所建。此外，首次揭露出了第三座小神殿的整体轮廓。这是一座公元前1千纪时期典型的奥西里斯小神殿的结构：前厅通过一个主入口与主厅相连，主厅内侧有两个入口，分别连接东西两间内室，内室通常供奉着神像。而根据东室北墙内残留的浮雕残块，可以辨识出一位王室女性成员（圣女）向卡尔纳克的三位主神阿蒙、穆特和孔苏献祭的场景。发掘工作完善了对第三座小神殿在平面布局上的认识。在该区域内出土了数件用于祭祀使用的奥西里斯青铜小雕像。

孟图神庙与玛阿特神庙连接处　考古工作者揭示出了许多泥砖材质的建筑遗迹。其中最为重要的发现是一处由泥砖铺设的地面。地面由相同尺寸的泥砖通过黏合物平铺而成，铺设手法规整。细看之下，每块泥砖上都有一个椭圆形的印章留下的印记，内有孟图神庙始建法老阿蒙霍特普三世的登基名——Neb Maat Ra。这一发现为研究孟图神庙主体建筑的始建年代提供了准确的年代标尺，证明该区域的遗迹年代至少不晚于第18王朝阿蒙霍特普三世统治时期，即公元前14世纪上半叶，这对认识孟图神庙区早期的建筑分布起到关键作用。此外，位于玛阿特神庙西墙外的一处探沟向我们展示了该区域在建造孟图神庙之前的一些遗迹线索，似乎暗示了大约在古王国时期这里曾是一处生活聚落或营地，为我们认识该遗址的形成发展过程提供了重要的帮助。

除田野发掘工作外，铭文研究和文物修复与保护等工作也同步开展。该项目为中埃两国在考古领域的首次合作，也是历史上中国考古学家首次在埃及指导考古遗址的发掘与研究。

（高　伟）

第四篇

学 术 会 议

【中国社会科学院考古学论坛·2019年中国考古新发现在北京举行】

2020年1月10日，“中国社会科学院考古学论坛·2019年中国考古新发现”在北京举行，揭晓六项2019年中国考古新发现，分别是：山东滕州市西孟庄龙山文化遗址、黑龙江齐齐哈尔市洪河遗址、陕西神木市石峁遗址皇城台大台基遗迹、山西绛县西吴壁遗址、湖北随州市枣树林春秋曾国贵族墓地、青海乌兰县泉沟吐蕃时期壁画墓。此外，论坛上还公布了一项国外考古新发现：孟加拉国毗诃罗普尔古城纳提什瓦遗址。这些发现不仅为我们提供了填补重要历史空白，改变、更新甚至颠覆对历史的认识，解决重大理论问题、学术问题甚至是重大历史问题的科学资料，而且向我们展示了高超的发掘水平、明确的课题意识、突出的文物保护意识以及多学科合作的科研成果。

（中国考古网）

【2019年度全国十大考古新发现终评会在线举行】

2020年5月1～5日，“2019年度全国十大考古新发现终评会”在线上举行。因受疫情影响，全国十大考古新发现终评会首次以网络会议形式召开并在新媒体客户端全网直播。入围终评的20个项目经过4天的演示汇报，5月5日下午，评委会通过评议和投票，选出2019年度全国十大考古新发现。中国文物报社和中国考古学会联合召开新闻发布会，宣布：陕西南郑疥疙洞旧石器时代洞穴遗址、黑龙江饶河小南山遗址、陕西神木石峁遗址皇城台、河南淮阳平粮台城址、山西绛县西吴壁遗址、甘肃敦煌旱峡玉矿遗址、湖北随州枣树林春秋曾国贵族墓地、新疆奇台石城子遗址、青海乌兰泉沟吐蕃时期壁画墓、广东“南海Ⅰ号”南宋沉船水下考古发掘项目当选2019年度全国十大考古新发现。据不完全统计，配合此次评选活动，与“十大考古”相关的互动话题总阅读量达到1.66亿。四天的直播，观看总量达2278万人次。此次线上终评会通过网络向全国公众展示了2019年度中国考古的最新成果，也展现了中国考古学的发展。

（中国考古网）

【第二届城市考古开放工地高级研修班在内蒙古自治区巴林左旗辽上京遗址举办】

2020年7月31日～10月12日，第二届“城市考古开放工地高级研修班”在内蒙古自治区巴林左旗辽上京遗址成功举办。本年度研修班受国家文物局委托，由中国社会科学院考古研究所、内蒙古自治区文化厅（文物局）主办，中国社会科学院考古研究所汉唐考古研究室、内蒙古自治区文物考古研究所承办，赤峰市文物局、巴林左旗人民政府协办。研修班依托巴林左旗辽上京遗址的年度考古发掘工作，为期两个半月，采取“践、学、研”相结合的学习模式，即田野发掘实践、专家授课、研讨交流和参观考察相结合。其中，以辽上京遗址为例，探索如何进行城址等大遗址的考古发掘与研究工作是本次研修班的核心内容。

通过本次研修班的课程学习、田野实践、学员汇报和研讨交流，学员们在城市考古理论与方法、多学科视角下的城市考古、城市考古田野实践和城市类大遗址保护等方面得到了系统的培训与提升，这对于总结、推广近年来城市考古的新方法和实践经验，提升全国城市考古工作及赤峰当地的文博业务水平，促进中国古代城市考古学的研究和大遗址保护工作的开展，均具有积极意义。

（董新林　汪　盈）

【聚落与社会——新实践与新思考暨石峁遗址系统考古十周年学术研讨会在陕西省神木县石峁遗址举行】

2020年8月23～25日，为进一步探讨和交流聚落考古的新思考与新理念，纪念石峁遗址系统考古十周年，“聚落与社会——新实践与新思考暨石峁遗址系统考古十周年学术研讨会”在陕西省神木县石峁遗址举行，来自全国40多家文博单位和高校的200余位专家学者参会。本次学术研讨会围绕“国内外聚落考古的新发现”、“聚落考古视野下的石峁发掘与研究”、“聚落考古理论和方法的新思考”、“聚落考古与古代社会研究”、“多学科结合的聚落考古研究”、“石峁遗址本体保护技术研究”等方面展开讨论。

【大运河文博考古主题研讨会在江苏省南京市召开】

2020年8月26日，“大运河文化带建设研究院文博考古分院”揭牌仪式暨“大运河文博考古主题研讨会”在江苏省南京市召开。来自南京大学、大运河文化带建设研究院、南京博物院及江苏省考古研究所、江苏省内大运河沿线20多家考古文博机构的专家学者共计60多人与会。大运河文化带建设研究院文博考古分院依托南京大学，以南京大学文化与自然遗产研究所为建设主体，广泛整合省内外相关考古文博机构，聚焦大运河考古和文化遗产保护主题，以决策咨询和基础研究为其主攻方向。研讨会上，江苏省考古研究所所长林留根、江苏省社会科学院研究员王健、南京大学文化与自然遗产研究所所长贺云翱分别作了《大运河考古再出发》、《关于大运河文化带建设的几个问题》、《大运河考古工作的主要收获和方向》等主旨报告，23家与会单位代表分别就自身考古资源、研究重点、未来发展及如何更好推动大运河文化带建设尤其是大运河考古工作做了学术研讨。

（黄文浩）

【第三届古代玉器青年学术论坛在甘肃省兰州市召开】

2020年9月25～27日，由复旦大学文物与博物馆学系和甘肃省文物考古研究所联合主办的“第三届古代玉器青年学术论坛”在甘肃省兰州市召开。来自北京、浙江等10余个省市的考古科研机构、博物馆及北京大学、浙江大学等10余所高校的70余位专家学者参加会议，共有23位学者作了专题报告。此次研讨会以黄河中上游地区玉器考古发现与中国古玉多学科研究为主题，为期两天。与会学者围绕玉器考古新发现、玉文化交流与互动关系研究、单个器物研究、玉器工艺技术与科技检测分析、玉料矿产资源研究等几个方面做了精彩报告。

【中国考古学前沿论坛暨四川大学考古学专业创建60周年纪念大会在四川大学举行】

2020年10月31日，“中国考古学前沿论坛暨四川大学考古学专业创建60周年纪念大会”在四川大学江安校区举行。国家文物局副局长宋新潮、四川大学党委书记王建国共同为四川大学考古文博学院揭牌，四川大学考古文博学院正式成立。四川大学考古文博学院的目标，是成为立足西南、面向全国、辐射东南亚的世界一流考古文博学科。未来，学院将进一步积极参与“考古中国”项目、三星堆遗址的发掘和研究工作、四川大学的博物馆新馆建设工作，以中华优秀传统文化为基础讲好中国故事。主论坛上，中国科学院古脊椎动物与古人类研究所古DNA实验室主任付巧妹、北京大学考古文博学院院长雷兴山分别作主旨演讲。随后，还举行了“中国考古学学科发展讨论会”、“新时期一线考古人才的培养”、“新时期一线文博人才的培养”等分论坛。

【纪念新中国辉县考古发掘70周年暨古代文明研讨会在河南省新乡市召开】

2020年11月6～8日，新乡市文物考古研究所承办了全国性的“纪念新中国辉县考古发掘70周年暨古代文明研讨会”。会议由河南省文物局、新乡市人民政府指导，中国社会科学院考古研究所、中国考古学会夏商专业委员会、河南省文物考古学会、新乡市文化广电和外事旅游局主办。来自国家及省内外考古专家、高校学者、省市领导和各市县文物部门负责同志共160余人参加了会议。夏商周断代工程首席科学家、北京大学考古文博学院教授李伯谦围绕辉县发掘、中国古代文明起源等内容，中国社会科学院学部委员、郑州大学历史学院院长刘庆柱围绕黄河文化与中华文明内容分别进行了主题演讲。本次大会收到论文47篇，新乡考古所为本次会议筹备出版了《新乡古代文明研究》一书。

本次研讨会通过学习交流研讨的方式，促进了新乡乃至河南省文物考古事业的发展。

（李慧萍）

【考古学与当代社会——首都师范大学公众考古学中心成立五周年专题研讨会在北京召开】

2020年11月15日，由首都师范大学历史学院与中国考古学会公共考古指导委员会联合主办，首都师范大学公众考古学中心承办的“考古学与当代社会——首都师范大学公众考古学中心成立五周年专题研讨会”在北京紫玉饭店圆满召开。来自中国社会科学院考古研究所、北京大学、上海古籍出版社和首都师范大学等十几家单位的60余人参加会议。会上，公众考古界的前辈学者、媒体界的资深记者、出版界和教育界的杰出人士，围绕公众考古学的实践、现状和未来展开了热烈讨论。会上还举办了《公众考古学》（第一辑）首发式。

（王　涛）

【全国文物与博物馆专业学位研究生教育指导委员会工作交流暨培养单位教学研讨会在山东省青岛市召开】

2020年11月21～23日，全国文物与博物馆专业学位研究生教育指导委员会（简称文博专硕教指委）工作交流暨培养单位教学研讨会在山东省青岛市召开。山东大学校长樊丽明，国家文物局党组副书记、副局长顾玉才，山东省文化和旅游厅党组成员、副厅长王廷琦，复旦大学文物与博物馆学系主任、文博专硕教指委秘书长陆建松出席开幕式并致辞。国家文物局人事司司长朱晓东出席开幕式。本次研讨会由全国文物与博物馆专业学位研究生教育指导委员会主办，山东大学历史文化学院、文化遗产研究院、博物馆承办。文博专硕教指委委员、40多名文博专硕培养单位代表和十多位国内著名博物馆领导专家等共90余人参加会议。

（祁静怡　杜婷婷）

【陕西省考古学会第四届会员代表大会暨陕西考古论坛在陕西省西安市举行】

2020年12月5日，“陕西省考古学会第四届会员代表大会暨陕西考古论坛”在陕西省西安市举行，来自陕西省文物局直属单位、西安市县文博考古机构、西北大学等高校、中国社会科学院考古所西安研究室、中国科学院古脊椎动物研究所等单位的130余名会员代表和上级主管部门负责同志参加了会议。会议审议通过《第三届理事会的工作及财务收支情况的报告》，选举产生了第四届理事会及理事会的领导机构，并召开了第一次会议。孙周勇同志当选为新一届学会会长，王小蒙、李岗、马健、冯健、辛怡华、谢高文等六名同志当选副会长，种建荣同志当选学会秘书长。最后大会号召全体理事与会员，认真领会本次会议的精神，紧紧依靠上级主管部门和各级政府的支持，为建设“中国特色、中国风格、中国气派的考古学”而努力奋进，贡献陕西考古力量、陕西考古智慧。

【全国高校考古及博物馆学科人才培养研讨会暨第九届发现中国李济考古学奖学金颁奖仪式在中山大学举办】

2020 年 12 月 5 日，“全国高校考古及博物馆学科人才培养研讨会暨第九届发现中国李济考古学奖学金颁奖仪式”在中山大学广州校区南校园举行。本次会议及颁奖仪式由发现中国基金主办，中山大学社会学与人类学学院承办。来自广州文博界的十余位专家学者、奖学金主办方代表，以及第九届发现中国李济考古学奖学金获奖代表共计 29 人参加了本次会议。

（余　翀）

【考古学新文科实习基地建设暨先秦铸铜手工业论坛在郑州大学举办】

2020 年 12 月 6 ~ 7 日，郑州大学历史学院和河南省文物考古研究院联合主办“考古学新文科实习基地建设暨先秦铸铜手工业论坛”。来自国内 10 余座高校和科研院所的 40 余名专家学者与会。与会专家学者围绕铸铜遗址考古新发现、铸铜手工业研究新进展、商周国家对资源与生产的控制等分别作专题报告，并到郑州大学考古实习基地进行了现场考察与热烈研讨。

（李　凡）

【丝路沿线地区旧石器时代考古暨甘肃发现旧石器 100 周年研讨会在甘肃省兰州市召开】

2020 年 12 月 9 日，“丝路沿线地区旧石器时代考古暨甘肃发现旧石器 100 周年研讨会”在甘肃省兰州市召开。会议由中国科学院古脊椎动物与古人类研究所、甘肃省文物局、中国考古学会旧石器专业委员会主办，甘肃省文物考古研究所、旧石器时代人类演化与遗传国家文物局重点科研基地承办。来自中国科学院古脊椎动物与古人类研究所、中国社会科学院考古研究所、北京大学等 20 余家高校及考古院所的 60 余位学者参加了会议。本次会议围绕“丝路沿线地区旧石器时代考古发现与研究”这一主题展开交流讨论，对甘肃及周边地区近年来旧石器时代考古新发现进行共享，深入探讨旧石器时代人类扩散与交流这一重要学术问题。

【纪念侯马盟书发现 55 周年暨张颔先生诞辰 100 周年学术研讨会在山西省侯马市召开】

2020 年 12 月 9 ~ 10 日，由山西省文物局主办，中国古文字研究会协办，山西省考古研究院、山西省考古学会、侯马晋国古都博物馆承办，“纪念侯马盟书发现 55 周年暨张颔先生诞辰 100 周年学术研讨会”在山西省侯马市召开，学术研讨会邀请了国内古文字学界、考古学界以及为侯马盟书做出贡献的专家学者、新闻媒体等共计 80 余人。

会议围绕侯马盟书、张颔先生、山西垣曲北白鹅两周墓地考古新发现展开了主题发言与座谈研讨。中国古文字研究会会长吴振武、山西大学文学院副教授高智、山西省考古研究院研究员田建文、副研究员杨及耘进行了主题发言，回顾了张颔先生学术、工作生涯、侯马盟书的发现及意义，汇报了山西垣曲北白鹅两周墓地考古成果。另外，山西省考古研究院、山西省考古学会在张颔先生 100 周年诞辰之际，编著了张颔先生 100 周年诞辰纪念文集——《绵瓞集》（2020 年 11 月第一版第一次印刷）。

（马煜娟）

【丝绸之路传统文化保护开发利用国际产学研用合作研讨会在陕西省西安市举办】

2020年12月11日，由教育部和陕西省人民政府主办，陕西省教育厅、西北大学承办的“丝绸之路传统文化保护开发利用国际产学研用合作研讨会”在陕西省西安市举办。国家文物局文物保护与考古司副司长辛泸江，陕西省委教育工委、省教育厅二级巡视员罗侃淳，陕西省文物局副局长贾强出席本次会议开幕式，国内外80家高校、科研机构和企事业单位的280名相关人员参加会议。开幕式结束后，9位专家学者分别作了主旨报告。下午，会议分为四个会场进行分组讨论。分组讨论结束后，会议举行总结仪式。此次研讨会系统揭示丝绸之路文化遗产的历史价值和现实价值。

（邢咚琳）

【晋国都城遗产的价值与“申遗”研讨会在山西省曲沃县举行】

2020年12月12～13日，“晋国都城遗产的价值与‘申遗’研讨会”在山西省曲沃县举行。此次研讨会由北京大学考古文博学院、联合国教科文组织亚太地区世界遗产培训与研究中心（北京）、山西省考古研究院主办，中共曲沃县委、曲沃县人民政府承办，山西省文物局指导，临汾市文化和旅游局支持。来自国内考古和遗产保护研究相关方面的30余名专家学者齐聚曲沃，围绕遗址情况、历史价值、申遗可能性及途径等方面展开了讨论。会议期间，专家学者参观曲村—天马遗址、三张古城等多处遗址，了解曲村—天马遗址、侯马晋国遗址、新郑郑韩故城遗址、邯郸故城遗址、夏县禹王城遗址和晋阳古城遗址的考古研究和保护情况，重点就晋国都城和“三晋”都城遗址的价值与申遗可行性和申遗途径进行了讨论。

【泉州城考古学术研讨会在福建省泉州市召开】

2020年12月11～12日，“泉州城考古学术研讨会”在福建省泉州市召开。本次会议由中国社会科学院考古研究所、福建省文物局、泉州市人民政府共同主办，泉州市文化广电和旅游局具体承办，中国考古学会丝绸之路考古专业委员会、中国考古学会宋辽金元明清考古专业委员会协办。来自中国社会科学院以及北京、河北等地的考古文博机构，北京大学、清华大学等高等院校以及《南方文物》等相关机构50余名专家、学者出席会议。会议上有28位学者发言，另有6位学者提供了文稿，内容以泉州相关的考古研究为主，同时涉及福建、浙江、陕西、河南乃至全国的相关考古研究。会后出版《泉州城考古学术研讨会论文集》。

（王　睿　吕秀家）

【第十届北京高校研究生考古论坛在北京联合大学举办】

2020年12月12～13日，由北京联合大学应用文理学院、北京联合大学考古研究院与中国人民大学历史学院、中国人民大学北方民族考古研究所共同主办的“第十届北京高校研究生考古论坛”在北京联合大学应用文理学院举办。来自京内外21家高校、科研院所及媒体单位的70余位代表云集文理，50名硕博研究生展示了他们最新的研究成果，15位嘉宾点评分析。线上线下同时进行，超500人次参与其中，见证了此次活力迸发的学术盛宴。这场切磋学问的学术盛事，在提升青年学生学术水平上具有重要意义。

【中国都城考古新进展国际学术研讨会在线上召开】

为推动中、日、韩三国古代都城考古学研究，促进三方学术交流与合作，由中国社会科学院考古研究所和日本东北学院大学亚洲流域文化研究所联合组织、中国社会科学院考古研究所主办的“中国都城考古新进展——汉魏洛阳城和邺城考古新进展及日韩古代都城的发掘与比较研究”国际学术研讨会于2020年12月19～20日在线上召开，来自中国、日本、韩国的近20位专家学者出席会议并发言，另有来自三国各高等科研院所和高校50余位学者和研究生旁听会议。都城考古是东亚考古研究中最为重要的学术课题之一，来自中、日、韩三国的十余位学者聚焦各国最新都城考古成果，进行了深入的交流与讨论，与会学者中不仅有长期从事田野一线发掘的考古学者，亦有浸淫都城研究多年并卓有成就的历史学者，此次会议为促进东亚地区古代都城考古和历史学研究做出了积极的贡献。

（沈丽华　卢亚辉）

【事生与超越：中国古代帝王的生死观学术研讨会在郑州大学举办】

2020年12月26～27日，“事生与超越：中国古代帝王的生死观学术研讨会”在郑州大学举办。来自10余所高校和科研院所的60余名专家学者与会，共有9名学者围绕中国古代帝王陵墓建设的思想观念和社会内涵、中国历代帝王陵墓的重要考古新发现与收获等进行了专题发言。与会专家学者还考察了新密打虎亭汉墓，对东汉墓葬的墓园布局、形制结构、墓室图像内涵等问题进行了现场探讨。

（李　凡）

【靺鞨渤海文化研讨会在线举办】

2020年12月27日“靺鞨渤海文化研讨会”在线举办，参会人数达40人左右。主办单位为吉林大学考古学院、吉林大学高句丽渤海研究中心和黑龙江大学历史文化旅游学院。参会人数共计40余人。共计有6位学者发表演讲。其中，吉林大学的冯恩学汇报了《靺鞨的扩张》，武松汇报了《靺鞨文化的斜口器》，李鹏汇报了《渤海上京发现的昆仑奴像》，黑龙江大学的梁会丽汇报了《锡涅利尼科沃1号城址俄韩联合考古发掘》，包曙光汇报了《乌斯季·伊万诺夫卡靺鞨墓地的发掘》，黑龙江省文物考古研究所的刘晓东汇报了《靺鞨考古学文化墓葬的初步观察》。

第五篇

考古教学

2020 年毕业本科生人数

北京大学考古文博学院考古学专业 29 人
北京大学考古文博学院文物与博物馆学专业 4 人
北京大学考古文博学院文物保护技术专业 1 人
北京大学考古文博学院考古学（文物建筑方向）专业 16 人
北京大学考古文博学院外国语言与外国历史（考古学方向）1 人
吉林大学考古学院考古学专业 35 人
吉林大学考古学院文物与博物馆学专业 29 人
山东大学历史文化学院考古与博物馆学系考古学专业 25 人
山东大学历史文化学院考古与博物馆学系文物与博物馆学专业 8 人
西北大学文化遗产学院考古学专业 30 人
西北大学文化遗产学院文物保护技术专业 28 人
西北大学文化遗产学院文物与博物馆专业 20 人
四川大学历史文化学院考古系考古学专业 26 人
四川大学历史文化学院考古系文物与博物馆学专业 11 人
郑州大学历史学院考古系 28 人
南京大学历史学院考古文物系考古学专业 11 人
南京大学历史学院考古文物系文物鉴定专业 11 人
南京师范大学社会发展学院文物与博物馆学系文物与博物馆学专业 26 人
厦门大学人文学院历史系考古专业 12 人
中山大学社会学与人类学学院考古学专业 22 人
武汉大学历史学院考古专业 19 人
山西大学历史文化学院考古学系 31 人
南开大学历史学院考古学与博物馆学系文物与博物馆学专业 28 人（不含双修）
复旦大学文物与博物馆学系文物与博物馆学 21 人
北京联合大学应用文理学院历史文博系文物与博物馆专业 36 人
北京联合大学应用文理学院历史文博系文化遗产专业 42 人
中央民族大学民族学与社会学学院文物与博物馆学专业 32 人
首都师范大学历史学院考古学与博物馆学系考古学专业 13 人
首都师范大学历史学院考古学与博物馆学系文化遗产专业 15 人
辽宁师范大学历史文化旅游学院文物与博物馆学专业 19 人
重庆师范大学考古文博系文物与博物馆学 40 人
辽宁大学历史学院考古学系考古学专业 8 人

黑龙江大学历史文化旅游学院考古学专业27人

中国人民大学历史学院考古文博系考古学专业8人

安徽大学历史学院考古学专业20人

西南民族大学旅游与历史文化学院文物与博物馆学专业47人

注：广西师范大学、暨南大学、西北师范大学、北京师范大学、中国社会科学院大学历史学院考古系未招收本科生

2020 年毕业的硕士研究生

北京大学考古文博学院

文物与博物馆专业硕士（补授学位：2 人，未授予学位 1 人）

陈绰敏：《陇东地区史前农业研究》

指导教师：秦　岭

秦　博：《半坡类型的区域文化传统与发展趋势》

杨一笛：《平粮台龙山文化骨器研究》

指导教师：张　弛

许丹阳：《商族起源探索的回顾与反思》

张艺璇：《绍兴地区东周墓葬研究》

焦琦雁：《晋南地区晚商西周封国研究》

指导教师：孙庆伟

萧吟庭：《北方地区战国秦汉时期夭殇的考古学观察》

乔　杰：《汉晋时期的碱釉陶瓷器及相关问题研究》

指导教师：杨哲峰

陈　婷：《察吾呼文化略论》

指导教师：陈　凌

李晓敏：《青海大通上孙家寨墓地铜器研究》

指导教师：陈建立

张子欢：《秦汉三辅地区建筑遗址复原学术史与方法论研究》

袁　琦：《晋东南宋、金佛教寺院与社会关系研究》

马　力：《绍兴南宋皇陵一、二号遗址建筑考古复原研究》

王藏博：《明清北京紫禁城外檐斗栱形制年代研究》

毛静彦：《明清官式建筑梁架形制研究——以紫禁城外朝门类建筑为例》

指导教师：徐怡涛

杨梦梅：《新疆尉犁营盘墓地初步研究》

指导教师：林梅村

冯文鹏：《南北朝时期墓葬孝子图像研究——以襄阳地区“郭巨埋儿”题材为主线》

指导教师：倪润安

胡选奇：《北齐墓葬研究》

指导教师：韦　正

蒋子谦：《唐燕妃墓屏风画补考》

指导教师：沈睿文
马青龙：《明清平遥山前近水聚集型村落生长过程研究》
指导教师：张剑葳
姬　闽：《T-MLA 模式下戏曲文化遗产资源的保护、共享与整合——以江苏柳琴戏为例》
杨佳帆：《世界文化遗产利用与城镇化——基于 354 处世界文化遗产的数据分析》
席雅卿：《北京市长辛店老镇历史地段保护实践中的多方参与》
邓盈盈：《西方博物馆专业化的早期发展》
指导教师：杭　侃
秦崇泰：《婺源博物馆馆藏书画保护修复方案》
安　文：《城坝遗址出土饱水竹片的风冷干燥研究》
指导教师：胡东波
高　宇：《故宫室外石质文物病害分析及评价方法研究》
盛崇珊：《基于数据库的故宫室外铜质陈设保存状况科学评估》
指导教师：胡　钢
杨若梅：《大理至剑川古道的调查与研究》
王路凝：《太原文物建筑的百年变迁：从 1918 年到 2020 年》
赵雅婧：《太原城的古今变迁》
指导教师：孙　华
高小东（补授）：《八里岗遗址仰韶文化中晚期墓葬出土人骨鉴定分析报告》
指导教师：张　弛
郜凯玮（补授）：《江西六朝墓葬的考古学研究》
指导教师：韦　正

吉林大学考古学院
专业方向：旧石器时代考古
丁伯涛：《吉林省和龙大洞遗址端刮器的实验考古学研究》
指导教师：方　启

专业方向：新石器时代考古
马　龙：《嵩洛地区仰韶时代历史与文化的考古学研究》
葛昕炜：《句容孔塘新石器时代墓地与其表述的史前社会》
马洪涛：《新石器时代胶东半岛与辽东半岛的文化交流》
指导教师：赵宾福
陈玉涵：《石家河文化墓葬出土玉器研究》
李姗姗：《东北地区新石器时代人像雕塑相关问题研究》
马诗琪：《杨庄文化研究》
指导教师：段天璟

专业方向：夏商周考古

陈 飞：《陕晋北部南流黄河两岸地区东周墓葬研究》
刘佳丽：《试论角山文化》
孙 贤：《东周青铜罍研究·兼论青铜𬭚、青铜浴缶》
指导教师：王立新
黄海波：《“觚”的起源及相关问题研究》
谢悦茹：《夏商时期原始瓷的生产与流通》
指导教师：井中伟

专业方向：战国秦汉考古
岳江伟：《北方长城地带东周时期腰带具研究》
指导教师：潘 玲

专业方向：陶瓷考古
李姗姗：《吉林辉南辉发城址出土瓷器初步研究》
张欣怡：《浙江出土青白瓷研究》
指导教师：彭善国

专业方向：高句丽渤海考古
白婧芸：《高句丽壁画墓四神图的文化渊源及其发展脉络》
李 聪：《渤海“瓦构”墓葬研究》
指导教师：宋玉彬

专业方向：体质人类学
廖雪竹：《曾侯乙墓出土人骨研究》
满星妤：《山西襄汾陶寺北墓地出土人骨研究》
指导教师：张全超

专业方向：科技考古
郭雅琦：《新疆吉仁台沟口遗址出土古代盘羊的线粒体全基因组分析》
指导教师：蔡大伟

专业方向：分子考古
邵鑫月：《古 DNA 揭示中国古代家驴的母系起源与传播》
指导教师：蔡大伟

专业方向：动物考古
盖钰涵：《吉林大金山遗址出土的动物骨骼遗存研究》
指导教师：汤卓炜

专业方向：环境考古

曹竞元：《吉林省双辽大金山遗址2018年孢粉分析及炭化植物遗存的环境考古研究》
指导教师：汤卓炜

文物与博物馆专业硕士
专业方向：东北地区汉唐考古
刘　珂：《辽河及大小凌河流域战国至西汉城址初步研究》
指导教师：赵俊杰

专业方向：体质人类学
吕　滢：《新疆和田比孜里墓地出土人类遗骸研究》
指导教师：魏　东

专业方向：陶瓷考古
杨梓丹：《吉林大学考古与艺术博物馆藏陶瓷器的整理与初步研究》
指导教师：彭善国

专业方向：博物馆学
胡苏儿：《我国博物馆品牌建设浅析》
商　奇：《〈黑龙江俄侨文化文物展〉地方特色研究》
武月波：《博物馆老年观众参观需求初探》
指导教师：张文立

山东大学历史文化学院考古与博物馆学系
专业方向：新石器时代考古
王一帆：《玛雅文明古典时期人、鹿互动关系研究》
指导教师：栾丰实
林彦中：《大汶口文化薄胎高柄杯研究》
指导教师：王　芬
姜富胜：《河南荥阳蒋寨遗址石制品初步研究——以石刀和石镰为例》
指导教师：王　强
王政良：《早期国家的政治实践——基于龙山时期黄河中下游中心聚落的观察》
指导教师：方　辉

专业方向：商周考古
杜泽瑜：《曾国玉器的年代及用玉制度研究》
高　扬：《西周国家西北边境的身份认同和政治空间》
王安琪：《春秋战国时期西戎文化墓葬研究》
指导教师：方　辉
赵　静：《西周墓葬出土晚商遗玉研究》

指导教师：王　青
　赵孟坤：《中商青铜器研究》
指导教师：郎剑锋

专业方向：汉唐考古
　赵　娜：《孙吴宗室墓葬的考古学研究》
指导教师：郎剑锋

专业方向：植物考古
　贾　茵：《河湟地区史前居民木材利用研究》
指导教师：靳桂云

专业方向：地学考古
　饶宗岳：《焦家遗址大汶口文化中晚期城墙与壕沟的生命史重建——来自地学考古的证据》
指导教师：靳桂云

专业方向：体质人类学
　牛月明：《焦家遗址大汶口文化时期居民行为模式的重建》
指导教师：赵永生

专业方向：动物考古
　张琪伟：《江苏高邮龙虬庄遗址 2016—2017 年出土动物遗存研究》
指导教师：宋艳波

专业方向：博物馆学
　单琦惠：《关照社会：肯尼斯·哈德森的博物馆理念探析》
指导教师：方　辉
　赵昕宇：《博物馆集群策略研究——以齐都文化城博物馆集群为例》
指导教师：陈淑卿

文物与博物馆专业硕士
专业方向：新石器时代考古
　张婉泽：《海岱记忆与仰韶浪潮：彩陶艺术的发生与流变》
指导教师：栾丰实
　边荣伟：《大汶口文化彩陶分期与分区研究》
　高鸿儒：《史前陶甗谱系研究》
　黄梦雪：《安徽寿县卫田遗址 2018 年度发掘报告》
指导教师：王　芬
　刘云秀：《东北地区新石器时代大型房址复原和功能研究》

指导教师：王　青

专业方向：商周考古
吴娟娟：《商周时期玉璜研究》
指导教师：王　强
卜凡童：《西周时期鲁北地区的考古学文化研究》
指导教师：方　辉
刘　智：《鲁东南地区东周贵族墓葬初探》
杨　镇：《东周时期齐国水晶玛瑙制品初论》
指导教师：王　青
段新霞：《中山国墓葬研究》
指导教师：郎剑锋

专业方向：汉唐考古
武海文：《长江下游地区出土汉代玉璧研究》
丁　雪：《魏晋南北朝橦戏研究》
王　佩：《山西繁峙县公主寺水陆壁画研究》
指导教师：唐仲明
蒋戈娅：《唐代昆仑人研究——以敦煌图像为中心》
指导教师：朱　磊

专业方向：宋元考古
陈荣贤：《山西河津窑的宏观考古学研究》
刘　灿：《北方早期青瓷流布问题研究》
指导教师：陈章龙

专业方向：植物考古
郭珊瑞：《早期盐业聚落中的植物利用——来自宁波大榭遗址的植物考古证据》
王潇滨：《成都平原史前农业与城的兴起——来自大邑高山古城遗址的植物考古证据》
指导教师：靳桂云
程慕言：《淄博张店黄土崖遗址先秦农业的植物考古研究》
刘海燕：《山东菏泽青邱堌堆遗址的形成过程研究——以植物大遗存为主》
指导教师：陈雪香

专业方向：动物考古
靳乐普：《唐冶遗址 2014 年出土动物遗存研究》
刘子桐：《张家口兴隆遗址 2018 年出土新石器时代动物遗存研究》
指导教师：宋艳波

专业方向：实验室考古
　吴登弟：《湖北京山苏家垄 M88 出土头饰实验室考古研究》
指导教师：朱　磊

专业方向：文化遗产保护与研究
　王胜楠：《山东招远口后地区传统村落的乡村景观遗产研究》
　张宜轩：《山东博山颜文姜祠建筑历史研究》
指导教师：王建波
　夏佳琪：《殷墟遗址公园阐释展示与公众理解研究》
指导教师：王　华

专业方向：博物馆学
　吴　奇：《博物馆老年观众研究——以内蒙古博物院为例》
指导教师：陈淑卿

专业方向：文物保护
　张　萌：《出土皮革文物中胶原蛋白提取与分析方法研究》
指导教师：李　力

非全日制文博专硕
专业方向：商周考古
　刘安鲁：《山东出土东周异域诸国青铜器及其历史背景探析》
指导教师：方　辉
　徐吉峰：《滕州地区东周时期青铜兵器研究》
指导教师：郎剑锋
　杨东晓：《临淄粉庄 2 号墓地东周时期墓葬研究》
指导教师：朱　磊

专业方向：汉唐考古
　李祖敏：《汉代温明的研究》
指导教师：方　辉

专业方向：宋元考古
　孙华勇：《淄川渭头河窑址陶瓷标本科技研究》
指导教师：陈章龙

专业方向：科技考古
　程露霞：《焦家遗址的人骨同位素分析》
指导教师：王　芬

专业方向：植物考古
　曹靖靖：《山东菏泽青邱堌堆遗址植物遗存的人类生态学分析》
指导教师：陈雪香

专业方向：动物考古
　裴　琦：《江苏淮安黄岗遗址新石器时代动物遗存研究》
指导教师：宋艳波

专业方向：文化遗产保护与研究
　李　锴：《诸城市文化和旅游融合发展研究》
指导教师：朱　磊
　刘剑钊：《枣庄市省级及以上文物保护单位保护和利用情况研究》
指导教师：陈淑卿
　孙岱玉：《孔孟文化遗产地保护世行贷款项目研究》
指导教师：王建波
　李志存：《文化遗产保护视角下的民国中央体育场建筑群演变研究》
指导教师：王　华

专业方向：公众考古
　孙雪融：《公众考古基于新媒体的应用研究与实践：以微信小程序等为例》
指导教师：董　豫

西北大学文化遗产学院
专业方向：新石器时代考古
　张婉婉：《黄河中游史前未成年人墓葬研究》
　杜　萌：《关中地区新石器时代半地穴式建筑的建筑方式研究》
指导教师：钱耀鹏
　周东亚：《甘青地区史前时期墓随葬陶器摆放位置研究》
　王颖琦：《黄河中游史前聚落防御设施的发展》
指导教师：陈洪海
　郭方玥：《新疆伊吾河流域史前聚落遗址形态初探》
　王渭真：《东天山地区史前彩陶纹饰研究》
指导教师：习通源
　李美晨：《新疆伊尔卡巴克遗址石制品研究》
指导教师：朱之勇
　秦　宇：《关中地区史前时期的制陶工具研究》
指导教师：刘　斌
　童雪琴：《朱开沟遗址甲类遗存墓地研究》
指导教师：王　振
　阿力木·阿卜杜：《新疆阜康白杨河流域四号墓地 B 区墓葬研究》

指导教师：马　健

闫丽敏：《新疆地区史前房屋建造方式研究》
指导教师：任　萌

专业方向：商周考古
崔思远：《关中地区商周时期房屋建筑遗存研究》
韦星星：《关中地区夏商时期的花边口沿陶器研究》
韩一夫：《GIS 技术支持下的泾河流域先秦时期人地关系研究》
刘　威：《泾渭地区西周早期墓葬形态研究》
指导教师：豆海锋
何　赞：《石门马鞍遗址商代遗存研究》
指导教师：陈洪海
梁　硕：《晋陕高原出土商周青铜兵器研究》
陈珊珊：《陶高柄器座的考古学研究》
指导教师：赵丛苍

专业方向：秦汉考古
汪天凤：《甘谷毛家坪遗址秦墓葬俗研究》
孙　晨：《陇东地区中小型秦墓研究》
程亦萱：《秦汉与古罗马沐浴文化的考古学比较研究》
权弼成：《汉代司隶地区青铜容器考古学研究》
杨　懿：《西汉诸侯王崖洞墓研究》
张　琦：《卧虎湾墓地战国、秦墓葬的考古学研究》
指导教师：徐卫民
周　敏：《陕北米脂卧虎湾秦汉墓的考古学研究》
指导教师：段清波、徐卫民
李　娇：《三原天井岸汉代礼制建筑遗址（西夯土台）考古资料整理与研究》
指导教师：段清波、尹夏清
韩　烁：《塔吉克斯坦贝希肯特谷地月氏时期墓葬研究》
邢咚琳：《北巴克特里亚贵霜时期墓葬初探》
比　龙：《费尔干纳盆地卡拉布拉克文化墓葬研究》
指导教师：梁　云
周　宁：《汉代动物形铜灯研究》
指导教师：陈洪海

专业方向：魏晋隋唐考古
赵聪颖：《洛阳地区北魏墓葬出土动物俑研究》
指导教师：冉万里
白嘎力：《辽代帝陵形制的考古学研究》

指导教师：张建林、于　春
王燕妮：《陕西富县石泓寺石窟考古调查与研究》
指导教师：于　春

专业方向：考古人类学
雷　帅：《陕西澄城刘家洼遗址出土人骨研究》
指导教师：陈　靓

专业方向：科技考古
郭苗苗：《龚西战国秦墓 M8 出土铜器制作工艺研究》
王奕舒：《四川会理县猴子洞遗址出土人骨的稳定同位素研究》
指导教师：凌　雪
李　壮：《中国考古学碳十四年代学研究——以二里头遗址为例》
指导教师：陈洪海
陈　婷：《新疆博乐达勒特古城出土动物遗存研究》
指导教师：李　悦
王　英：《河南省卢氏县竹园沟绿松石采矿遗址的调查研究》
指导教师：先怡衡
许惠攀：《铅盐添加物在固态烧结中国紫过程中的调控行为研究》
指导教师：孙　凤
殷晏华：《新疆巴里坤海子沿遗址陶器制作工艺研究》
指导教师：郭　梦

专业方向：文化遗产管理
李松橘：《旅顺太阳沟历史文化街区的活化策略研究》
刘冬雪：《崆峒山遗产价值传播策略研究》
指导教师：周剑虹
任亚莉：《延安革命遗址展示提升对策研究》
林　茹：《延安宝塔区革命旧址的活化利用研究》
李依琳：《延安宝塔区革命文物保护管理对策》
曹雅琪：《宝鸡西秦大队社区博物馆保护与发展研究》
指导教师：吴铮争
刘　琳：《山西运城关圣文化建筑群保护传承研究》
刘　海：《西安城墙预防性保护研究》
指导教师：刘军民
郭　瑶：《田园综合体视域下瓦窑头遗址区保护利用研究》
指导教师：刘卫红
徐　冉：《郑州市一般性遗址的保护与利用研究》
张丽贝：《李崖遗址保护利用与区域社会发展研究》
指导教师：赵丛苍

专业方向：文物保护学
　魏子琴：《图像处理及病害标记程序在文物保护中的运用研究》
指导教师：刘　成、夏　寅
　王文旻：《昌宁地区出土青铜器文化因素研究》
指导教师：刘　成、冯　健
　王　璿：《哈巴河多尕特岩画文化信息符号学研究》
　王艺文：《辽宁义县奉国寺飞天彩画颜料分析与病害调查初探》
　朱思颖：《新疆伊犁地区早期铁器时代铜器科学分析》
指导教师：刘　成
　徐兴彬：《万佛堂石窟“元景造像记”题刻保存现状调查与病害成因分析》
指导教师：周伟强、刘　成、吴双成
　张仲明：《延安清凉山石窟风化特征研究》
指导教师：马　涛、刘　成、张　刚
　冯圆媛：《奉国寺大雄殿元代壁画颜料层起甲病害研究》
指导教师：刘　成、杨　璐
　陈慧颖：《PS 材料加固杨官寨遗址墓葬区地层剖面试验研究》
指导教师：孙满利
　初伟铭：《激光技术清除陶质文物表面污染物工艺研究》
指导教师：王丽琴、夏　寅
　王子铭：《环氧基 POSS——湿固化聚氨酯文物加固材料的制备及应用研究》
指导教师：王丽琴
　迪丽热巴・阿迪力：《故宫养心殿燕喜堂古建筑琉璃构件保护初探》
　靳文斯：《文物常见多糖类有机残留物的气质联用分析》
指导教师：杨　璐
　王家逸：《秦陵土遗址水盐运移数值模拟研究——以 K9901 陪葬坑为例》
指导教师：杨　璐、夏　寅
　蒽艳娥：《陕西唐墓壁画地仗层工艺及其保存环境影响研究》
指导教师：凌　雪、赵西晨
　李　莎：《杨官寨遗址墓葬的典型病害及成因研究》
指导教师：王旭东、孙满利
　苏东晓：《保山昌宁大甸山墓地出土青铜器腐蚀产物研究》
指导教师：铁付德、刘　成

专业方向：文物与博物馆
　高　娟：《春秋战国建鼓的考古学研究》
　何　凡：《中国古代鸟兽形香炉研究》
　马雨希：《魏晋北朝出土青铜容器研究》
指导教师：尹夏清
　喻　刚：《新时代陕西革命文物资源管理模式研究》

指导教师：尹夏清、赵　荣

赵文正：《明代万历年间景德镇御器厂生产变革研究》

指导教师：温　睿

杜　超：《东北亚系多钮几何纹铜镜研究》

指导教师：王建新

王云龙：《西安地区博物馆教育实践研究——生态系统的视角》

指导教师：陈理娟

康蓉婷：《泉州市博物馆公共文化服务提升策略研究》

指导教师：周剑虹

闫文颖：《智慧博物馆视野下如何提升博物馆观众参与度研究——以陕西历史博物馆为例》

指导教师：刁通源、彭进业

金玉云：《陕西博物馆“讲好中国故事”对策研究——以秦始皇帝陵博物院为例》

马希辉：《陕西革命类纪念馆活化利用策略研究》

指导教师：田　静、陈理娟

张　茜：《良周社区博物馆可持续性发展研究》

崔　萌：《法国卢浮宫博物馆文创产品开发模式研究》

指导教师：徐卫民

马雪翎：《博物馆叙事性陈列展览中说明文字的运用研究》

秦莹莹：《常香玉故居的保护和利用研究》

指导教师：董　理、徐卫民

宋凯莉：《西安博物院社会教育活动研究》

指导教师：王　梅、徐卫民

李婉莹：《体验学习理论在陕西历史博物馆的应用研究》

指导教师：刘军民

崔馨元：《中国文物交流中心文物出境展览研究》

指导教师：马　健

闫莉君：《我国灾难博物馆建设初探》

陈怡彤：《博物馆进校园活动探析——以陕西历史博物馆为例》

指导教师：陈洪海

四川大学历史文化学院考古系

专业方向：先秦考古学

张晓雯：《山南邦嘎遗址陶器分析》

指导教师：吕红亮

专业方向：秦汉至元明考古

吕瑞东：《宋代南方地面茔园遗存研究》

祝　铭：《新出吐蕃金银器研究》

指导教师：霍　巍

刘梦华：《战国秦汉时期书写工具研究》
胡　盛：《景德镇湖田窑研究——以 K、Ⅱ—1 扩区为中心》
马驰浩：《成都新川创新科技园六朝崖墓研究——以卢家冲、黄家官山、尹家湾为中心》
王红艳：《成都金堂十里村崖墓的初步研究》
郑郁洁：《安岳上大佛摩崖造像研究》
指导教师：白　彬
李孟雅：《北宋士大夫家族墓地研究》
指导教师：王　煜
位　灿：《宋代墓葬壁画中“佛教因素”的区域性研究》
指导教师：罗二虎

专业方向：专门考古
滕道霄：《重庆巫山大水田遗址大溪文化出土人骨研究》
指导教师：李映福、原海兵
江　靓：《中国历史时期冶铁业南迁与森林资源变化关系研究》
贺　璨：《临邛地区古代冶铁遗存研究》
指导教师：李映福
周　懋：《西藏邦嘎遗址 2018 年出土植物遗存分析》
指导教师：吕红亮、宋吉香
若溪兰卡：Chinese Ceramic in Māntai Port Case Study of Māntai Investigations（1980－1984，2018 and 2019）
慕达婉：A Preliminary Study on Chinese Ceramics Unearthed from the Sepon Mining Tenement Site in Savannakhet Province，LAO PDR
指导教师：吕红亮、范佳楠
杜兰卡：Beads in Mantai Port（Case Study in 2018 and 2019）
指导教师：黎海超
薄弘夫：《老挝人民民主共和国华番省勐宋县帕岭村考古遗址管理》
指导教师：李映福、黎海超

专业方向：宗教考古
李　凯：《丽江市博物院藏释迦牟尼佛与十六罗汉唐卡组画研究》
指导教师：熊文彬
闫月欣：《四川南朝佛教造像样式中的印度文化因素研究》
指导教师：董华锋

专业方向：文物与博物馆学
乔　丹：《国内考古成果临展初步研究》
指导教师：霍　巍
吴　兰：《老挝沙湾拿吉省沙湾拿吉博物馆文物管理研究》

伯士万：《老挝万象市西萨克博物馆的佛像管理方法研究》
指导教师：李映福、原海兵

文物与博物馆专业硕士
专业方向：先秦考古
王玉霞：《鱼凫村文化研究》
指导教师：于孟洲

专业方向：秦汉至元明考古
曾　萍：《泸州地区宋墓石刻女性形象研究》
指导教师：霍　巍
常　梅：《唐墓屏风式壁画“树下人物图”研究》
指导教师：罗二虎
何娅妮：《新津县大云山墓地汉六朝墓葬分析》
指导教师：赵德云
康铁琼：《汉代式盘类图像的研究》
鲁云霞：《汉晋时期兽首人身图像研究》
指导教师：王　煜

专业方向：专门考古
侯晓宁：《成都琉璃厂窑址出土瓷器初步研究》
吴　雪：《辽金时期兽面纹瓦当研究》
指导教师：李映福
林子聪：《宝资山汉墓出土陶器病害调查及分析》
曹玉珍：《贵州黔东南地区烧纸法研究》
指导教师：罗雁冰

专业方向：文物与博物馆学
余　丽：《博物馆参观动线及相关问题研究——以参观动线、展览动线与观众流线为中心》
宫　珏：《由“民间文物走进博物馆”看我国文物托管问题》
岳一红：《一个现代博物馆的“生成”与“进化”——四川大学博物馆馆史展览叙事设计研究》
指导教师：霍　巍
廖一洁：《国内博物馆跨文化对话式展览叙事研究》
陈　霞：《博物馆“夜经济”的实践与展望》
指导教师：周　静
史霄曜：《地市级博物馆临展现状问题研究》
郑钦予：《地方农业博物馆的非物质文化遗产展示初探》
指导教师：李　林

贺舒扬：《汉至宋金属制多足香炉研究》
指导教师：代丽鹃
李　倩：《网络社会下的博物馆角色与实践研究》
指导教师：陈长虹

郑州大学历史学院考古系

专业方向：先秦考古
韩子超：《河南淅川下寨遗址仰韶文化遗存研究》
指导教师：靳松安
张然璞：《史前夏商时期建筑遗存正位现象研究》
郭明辉：《论二里头文化的东渐》
张华贞：《殷墟一期文化新探》
胡晓强：《豫东地区两周遗存研究》
指导教师：张国硕
宋雪明：《中原地区夏商西周砺石研究》
韩　冬：《东周时期冶铸作坊研究》
指导教师：郜向平

专业方向：汉唐宋元考古
赵玉兵：《南京地区土墩墓研究》
指导教师：赵海洲
苏瑞晨：《唐墓出土的炊厨模型明器研究》
郑国奇：《江南地区隋唐墓葬的考古学研究》
指导教师：李　锋

专业方向：出土文献整理与研究
杜佳浩：《宾组卜辞所见国族材料分类整理与研究》
指导教师：王建军
王百川：《从出土材料看东周时期的楚附庸体系》
指导教师：田成方

专业方向：历史文化遗产与博物馆
孔媛媛：《石板墓文化对卡拉苏克文化的继承性研究》
指导教师：孙　危

专业方向：科技考古（含文物保护）
张良帅：《AMC－E 丙烯酸盐弹性凝胶在劣化石质文物加固中的应用》
指导教师：陈家昌

文物与博物馆专业硕士

张晓冉：《郑州孙庄遗址仰韶文化人骨研究》
王一鸣：《三门峡上石河春秋墓地人骨研究》
周　贝：《郑州地区仰韶文化居民的肢骨研究》
指导教师：周亚威
于可心：《大河村遗址出土仰韶文化彩陶研究》
指导教师：任　伟
李　欣：《先秦虎形玉器研究》
张汝丽：《新石器晚期至西周墓葬出土玉质仪仗器研究》
张　凯：《夏商周时期出土玉璧研究》
薛　涛：《山东滕州于山遗址发掘简报》
指导教师：惠夕平
冯景通：《河南邓州杨岗遗址史前文化遗存发掘简报》
指导教师：靳松安
李媛媛：《郑州小双桥出土刻划符号整理与研究》
李伦鹏：《明清瓷绣墩研究》
指导教师：王　琳
王　崇：《殷墟遗址祭祀用品组合研究》
张少蓓：《荥阳官庄遗址出土陶范制作工艺研究》
指导教师：郜向平
王　苛：《周代青铜容器自名限定语研究》
指导教师：田成方
李春燕：《东周时期晋文化区城邑模式研究》
孙政委：《关中地区秦汉时期大型房屋建筑基址研究》
指导教师：陈　博
王婉婉：《郑州地区汉墓研究》
吴坤瑛：《苏鲁豫皖交界地区汉墓研究》
指导教师：赵海洲
郑　卫：《平顶山芦河与小店遗址考古发掘简报》
指导教师：李　锋
徐军委：《伊犁河中下游地区乌孙墓葬的初步研究》
段利华：《乌孙农业经济的考古学研究》
指导教师：孙　危
樊　欣：《山西大同金港园墓地人骨研究》
张晓宇：《国内外古代淀粉粒研究述评》
指导教师：陶大卫
司亚东：《河南新郑后周皇陵的调查与初步研究》
指导教师：韩国河
刘启东：《展览品人的伦理性分析》
鲁　宇：《宝鸡地区博物馆现状调研》
刘洋帅琦：《文学类博物馆教育功能探讨》

范洁帆：《跨文化语境下中国博物馆国际展览研究（2009—2019）》
指导教师：徐　玲
武　鑫：《基于青铜器保护修复理念下的补配材料应用评价分析》
侯向辉：《郑州市金泰家园项目遗址发掘简报》
指导教师：贾连敏
贺思予：《考古出土漆器表面漆膜的劣化分析与加固保护》
指导教师：陈家昌

南京大学历史学院考古文物系
专业方向：新石器时代考古
孔懿翎：《骆驼墩文化陶器制陶原料研究》
王梦珊：《论长江下游地区史前时期石质农具与稻作农业》
指导教师：黄建秋

专业方向：青铜时代考古
刘　钰：《宁镇地区西周至春秋早期考古学文化及势力变迁研究》
指导教师：赵东升
吴青青：《“不籍千亩”和千亩之战关系的研究》
指导教师：周　言

专业方向：魏晋南北朝考古
王倩茹：《长江下游地区东晋南朝小型砖室墓研究》
指导教师：吴桂兵

专业方向：隋唐考古
尤嘉青：《汉唐广陵聚落与墓葬初探》
朱　祎：《南方唐墓区域特征初步探讨》
指导教师：张学锋

专业方向：文化遗产
潘　婷：《中国境内中心柱窟的发展研究》
指导教师：贺云翱

专业方向：东方建筑
王文丹：《商末周初半地穴房址建筑形式复原与相关问题研究——以柴庄遗址为例》
夏碧草：《宋金砖雕墓仿木构建筑大木作制度研究》
指导教师：周学鹰

专业方向：文物鉴定

张　炎：《吴历仿王蒙山水画鉴定》
指导教师：杨　休
郭筠培：《张公巷窑及其年代与性质问题——以出土器物及宋代文献为中心》
孙玮琪：《两汉随葬公印整理研究》
指导教师：周晓陆

文物与博物馆专业硕士
冯向源：《晋南地区新石器时代末期墓葬研究》
王思园：《郑洛地区东周墓葬出土饮食器具的考古学研究》
王钰雯：《甘肃宁县遇村遗址春秋时期手工业遗存研究》
指导教师：水　涛
柏倩然：《屈家岭——石家河文化建筑复原研究：以石家河遗址群为例》
胡梦丹：《新石器时代岱海地区建筑复原初探》
王雨佳：《龙山时期陕北房址复原初探》
指导教师：马　晓
王伯强：《夏商周礼器的二分、列器现象研究》
周　洁：《丁家畈遗址研究——兼论“金道锡行”》
指导教师：赵东升
南　妮：《早期制盐陶器的标准化研究》
指导教师：黄建秋
潘小娟：《吴越地区出土商周青铜兵器研究》
汪　威：《安徽江淮地区两周时期陶豆初步研究》
万琴峰：《两宋境内龙泉青瓷流布的初步研究》
指导教师：周　言
汪亦娟：《楚国墓葬中出土的鱼类遗存研究》
方文清：《中原地区隋唐侍女俑研究》
伍惠璇：《阿契美尼德帝国的图像艺术与帝国观念》
指导教师：张良仁
毕重阳：《东周楚国城邑类型和分布研究》
谢姗姗：《汉代溷厕的考古学研究——以河南地区为例》
杨　欢：《宁镇地区汉代墓葬研究》
指导教师：刘兴林
杨逸云：《战国三晋玺印国别研究》
王安祺：《两汉魏晋赐民族公印整理与研究》
指导教师：周晓陆
甘忠琪：《余杭小横山东晋南朝墓文字砖研究》
邓悦君：《敦煌石窟隋代佛像服饰研究》
指导教师：吴桂兵
衡　雪：《繁昌窑瓷业经济的考古学研究》
唐易超：《婺州窑研究》

指导教师：贺云翱

南京师范大学社会发展学院文物与博物馆学系

专业方向：新石器时代考古

曹映红：《以鹿角靴形器为视角看常州地区距今6000～5300年的生业经济》

指导教师：陈声波

专业方向：历史时期考古

吴雪辰：《先秦时期吴国地区青铜鼎研究》

指导教师：王根富

徐　良：《南昌地区两汉墓葬及相关问题研究》

指导教师：徐　峰

张　驰：《长沙地区东汉、六朝墓葬研究》

指导教师：王志高

段涵茜：《江西隋唐五代窑址研究》

指导教师：周裕兴

文物与博物馆专业硕士

顾静雯：《佘老遗址周代器物的类型学研究》

沈　影：《引江济淮工程（引江济巢段）考古遗址的环境分析》

陈林婕：《南京市非国有博物馆现状调查与研究》

指导教师：王根富

符　娅：《区域文化视野下的考古遗址和博物馆——以苏锡常为例》

指导教师：徐　峰

倪雨诗：《苏州沧浪亭园区清代以来的历史变迁及保护利用》

郭梦尧：《南京鼓楼、大钟亭的历史沿革与保护利用》

汪明玥：《南京城墙东水关、西水关的历史沿革及保护利用》

指导教师：王志高

徐　凡：《明中都遗址的现状调查与保护利用》

汤怡婷：《花丝镶嵌制作技艺的历史沿革与保护传承研究》

黄维尹：《自然博物馆视域下北疆博物院的调查研究》

指导教师：陈声波

倪雨婷：《试论专题博物馆对地域文化的展示与利用——以江苏盐税博物馆为例》

杨梦宇：《南京地区人物纪念馆调查研究——以拉贝纪念馆为中心》

詹　璁：《江苏地区纺织类非遗博物馆化的研究》

指导教师：刘可维

熊　洁：《近十年博物馆学图书研究》

虞　挺：《婺源传统村落保护研究》

指导教师：周裕兴

周靖芬：《文物的活态传承——以琮为例》

朱苏倩：《文物的活态传承——以璧为例》
指导教师：徐　峰

厦门大学人文学院历史系考古专业
专业方向：新石器时代考古
官民伙：《闽江上游地区新石器时代墓葬初步分析》
指导教师：付　琳

专业方向：宋元考古
彭王波：《明州罗城城墙遗址望京门段出土陶塑玩具的初步分析》
指导教师：王新天

专业方向：科技考古
陈虞通：《蒋庄遗址动物骨 C、N 稳定同位素分析》
指导教师：葛　威

文物与博物馆专业硕士
专业方向：夏商周考古
王丹菲：《东周时期人物图像的类型与族属研究》
周　萌：《安徽江淮地区周代陶鬲谱系试析》
指导教师：张闻捷
王欢欢：《环太湖地区夏商时期原始瓷初步研究》
指导教师：付　琳

专业方向：秦汉考古
包文放：《海昏侯刘贺墓出土的玉耳杯和玉印》
薛万琪：《海昏侯刘贺墓出土玉带钩研究》
指导教师：蔡保全
林俊毅：《襄阳西王家巷秦汉墓的初步研究》
罗诗晨：《东周秦汉图像资料中的乐钟制度》
指导教师：张闻捷

专业方向：宋元考古
杨　逸：《元代庆元港市的考古学观察》
指导教师：王新天

专业方向：陶瓷考古
施佳钰：《闽南地区元中期至明晚期的制瓷手工业》
指导教师：刘　淼

专业方向：科技考古
　周　苗：《福建连江黄岐屿遗址出土动物骨骼的碳氮稳定同位素分析》
　王卫卫：《赤塘山遗址陶瓷器科技考古研究——以原始瓷为中心》
　王　洁：《广州松丁山遗址植物考古研究》
指导教师：葛　威

专业方向：博物馆研究
　张佩娜：《博物馆内的开放型图书馆的构建研究》
指导教师：刘　淼

中山大学社会学与人类学学院
专业方向：考古学及博物馆学
　梅欣欣：《广西崇左冲塘——何村古人类长骨生物力学研究》
　张　月：《南宁灰窑田遗址人骨切割痕迹研究》
指导教师：李法军
　丁艳艳：《渭河流域秦墓中的北方文化因素研究》
　沈美辰：《沮漳河流域早期楚文化研究》
指导教师：王　宏
　李　琰：《长安城郊汉代墓地布局研究——以白鹿原等典型墓地为例》
　刘梦雨：《鲁东南地区汉代墩式封土墓研究》
指导教师：郑君雷
　龙　翔：《贵州天柱清水江出水青铜器研究》
　罗　翀：《岭南地区宋代堆塑罐研究》
指导教师：刘文锁
　文安琪：《关中地区北周佛教造像研究》
指导教师：姚崇新
　麦迪安：《西沙群岛 2018 年新出水明清外销青花瓷的科技考古研究》
指导教师：朱铁权
　余　程：《埃特鲁里亚东方化时期墓葬壁画研究》
指导教师：周繁文

文物与博物馆专业硕士
　吴京达：《崧泽文化与马家浜文化的分界问题——兼论二者间“过渡阶段”遗存》
指导教师：郭立新、郭静云
　刘亚楠：《禹会村遗址的文化来源及性质分析》
　杨　喻：《长江上游青铜时代早中期灯形器研究》
　张昊辰：《贵州遵义市皇坟嘴杨氏土司墓地研究》
　陈燕铭：《玉林高山村的古村落保护及旅游开发研究》
指导教师：郭立新
　周尉荆：《小河墓地丧葬用色初探》

指导教师：刘文锁
董会芳：《峡江地区汉至六朝墓葬出土釉陶器研究》
宣善芳：《广州美术学院美术馆藏胡一川延安时期的木刻及其研究》
指导教师：王　宏
邱玉梅：《两广地区汉代细线刻纹青铜容器研究》
陈　彦：《射频识别（RFID）技术在国有基层博物馆藏品管理中的应用探索——以广东省S博物馆为例》
卢宣淼：《博物馆研学旅行发展现状及对策研究——以广东省为例》
指导教师：周繁文
何　洪：《两宋时期墓葬中所见孝子图像的考释与研究》
王皖婷：《佛山地区博物馆所藏明清铁钟的调查与研究》
田从芝：《东莞历史人物熊飞文化遗产的整理和研究》
张一知：《文化遗产视角下的侨墟研究——以公益埠为例》
付　雪：《省级综合性博物馆文创产品开发的品牌化建设与运营》
杨琍钧：《女性文化的博物馆呈现——以“自梳女”文化的展陈设计为例》
指导教师：李宁利
许成豪：《萧县欧盘窑出土瓷器的原料和工艺研究》
黄琳梓：《“南海1号”出水仿龙泉瓷器产地研究》
指导教师：朱铁权
王莉晶：《古沉船船体保护性展示方式研究》
指导教师：谭玉华
施　梵：《考古遗址类博物馆公众教育之馆校合作研究——以南越王宫博物馆为例》
李小蓉：《部门主导制与策展人制度下的博物馆教育实践比较研究——以西汉南越王博物馆与广东省博物馆为例》
指导教师：金志伟
邓　珊：《古瓷标本博物馆陈列展览的理念与实践——广州明珠古瓷标本博物馆基本陈列的前置研究》
指导教师：郑君雷

武汉大学历史学院

专业方向：断代考古
戴清荷：《庹家洲遗址新石器时期文化遗存研究》
王　健：《马岭遗址朱家台文化聚落研究》
指导教师：余西云
张春秀：《金沙遗址黄忠小学遗存研究》
指导教师：陈冰白
马　亮：《西安地区东周至汉初秦墓陶器研究》
指导教师：徐承泰
王梦缘：《中国遗址博物馆展陈的内容设计研究》

指导教师：张昌平

文物与博物馆专业硕士

赵　军：《松滋关洲遗址年代及文化性质研究》
史德勇：《万福垴遗存相关问题研究》
程昊卿：《新疆东部地区青铜至早期铁器时代考古学文化研究》
张梦婷：《曾国考古学文化展应用与展示》
张春静：《武当山柳树沟秦汉墓葬研究》
敬雪梅：《新疆汉唐长城研究》
谢紫晨：《岐山孔头沟遗址宋家墓地出土马骨研究》
孙　昊：《非物质文化遗产的博物馆展示研究》
指导教师：余西云
易浩天：《西汉钱币的量化数理研究》
关斯琪：《幽冀地区出土汉代铜镜研究》
指导教师：徐承泰
宋　贝：《郧县辽瓦店子遗址夏至早商时期陶器研究》
李　盟：《东汉中晚期至三国时期青瓷工艺的比较研究》
彭雅莹：《魏晋时期金属头饰的考古学研究》
指导教师：王　然
席凡晴：《山东地区宋金墓葬研究》
朱　黎：《江浙地区宋元金银器分期研究》
罗方浩：《中外博物馆网站内容比较研究》
指导教师：贺世伟
楚蜀思：《古代瓷器常见缺陷及其相关研究》
陈贤威：《长江中上游先秦陶窑研究》
绪　娜：《关中及中原地区地区唐宋时期青瓷工艺研究》
指导教师：李清临
冯新悦：《古代鉴藏著作及其文物分类学价值初探》
指导教师：谢贵安

山西大学历史文化学院考古学系

专业方向：史前考古
李　磊：《中国旧石器时代晚期船形石核相关研究》
许　乐：《山西吉县东梁峁旧石器时代早期遗址初步研究》
指导教师：宋艳花
吴晓聪：《郑州双槐树遗址制陶工艺研究》
指导教师：王小娟

专业方向：商周考古
张新华：《大河口墓地与横水墓地出土青铜器垫片技术研究》

指导教师：谢尧亭
孙科科：《晋阳古城出土瓦件的制作工艺研究》
张丹华：《太原地区唐墓壁画研究》
指导教师：王　炜

专业方向：文物与博物馆
梅雅萱：《山西原平辛章遗址动物骨骼的C、N稳定同位素分析》
赵燕妮：《内蒙古福路塔墓地动物骨骼的C、N稳定同位素分析》
任姣蕾：《黑龙江绥滨东胜明代墓地人骨的C、N稳定同位素分析》
王　佳：《博物馆教育评估研究——以山西博物院教育活动评估为例》
指导教师：侯亮亮
陈雅文：《黄河流域夏商周墓地性别分布形态研究》
韩睿洋：《商与西周的墓地形态及墓地与居址关系初探》
吴星源：《周代前期青铜礼器组合方式研究》
张　越：《我国考古报告编撰的历程与范式研究》
指导教师：谢尧亭
陈　瑞：《寨头河墓地研究》
薛　萍：《春秋中期铜器群研究——以上马墓地M13为核心》
巩　丹：《叶家山墓地高等级墓葬分析》
惠文波：《殷墟一期青铜器研究》
指导教师：陈小三
陈双艺：《江东地区汉末至三国时期的中小型墓葬研究》
寇筱轩：《广州地区中小型汉墓随葬品位置研究》
芦雨婷：《西安地区中小型汉墓出土陶灶研究》
指导教师：张　亮
胡一平：《北魏陶俑首服的考古类型学研究》
牛　婕：《金代墓葬装饰中的家具图像研究》
杨尚禹：《两汉云中郡属县城址的考古学观察》
宋　潇：《山西地区宋金时期茶盏研究》
席国斌：《晋阳古城晚唐五代建筑基址用砖情况初步研究》
指导教师：宋艳花、韩炳华
张　帆：《云冈石窟的窟顶雕刻造型研究》
指导教师：张　焯
杜广元：《河津固镇瓷窑址金代四号作坊出土瓷盘初探》
郭超然：《河津固镇瓷窑址金代四号作坊出土弦纹折腹钵初探》
指导教师：王晓毅
高庆余：《平定冠庄传统村落的调查与研究》
李　丹：《朝阳地区辽墓壁画研究》
刘一凡：《天龙山石窟及寺庙现存碑刻研究与保护》
马周根：《山西省文物建筑认养制实践研究》

赵继宇：《明清以来大同古城街巷格局的演变》
指导教师：李　君

南开大学历史学院考古学与博物馆学系
专业方向：夏商周考古与物质文化研究
刘潇然：《东周巴蜀文化墓葬研究》
指导教师：贾洪波

专业方向：秦汉魏晋南北朝考古与物质文化研究
李冬静：《汉代东海郡墓葬研究》
指导教师：刘尊志

专业方向：宋元明考古与物质文化研究
史阳阳：《明代宦官墓葬研究》
指导教师：袁胜文

专业方向：陶瓷考古
宋柯欣：《相州窑瓷器及相关问题研究》
指导教师：刘　毅

文物与博物馆学专业硕士
专业方向：史前考古与物质文化研究
冯爱蕊：《京津冀地区新时期时代炊器研究》
李雪斐：《山西地区新石器时代炊器研究》
指导教师：陈　畅

专业方向：夏商周考古与物质文化研究
董瑞盈：《周代燕国青铜器纹饰的初步整理与研究》
魏欣怡：《东周楚国和越国贵族墓葬比较研究》
臧志晗：《冀北地区春秋战国时期北方系文化的中原化进程》
指导教师：贾洪波

专业方向：秦汉魏晋南北朝考古与物质文化研究
牛广余：《汉代当卢研究》
王玉莹：《汉画像石建鼓图研究》
裴玉洁：《汉画像石六博图像研究》
符云逸：《南朝陵墓石刻的调查与相关研究》
指导教师：刘尊志

专业方向：宋元明考古与物质文化研究

孙　悦：《元代墓葬宗教题材壁画研究》
指导教师：刘　毅

专业方向：中国古代玉器
夏若涵：《中国史前动物形玉器研究》
董佳琦：《出土商周玉璧研究》
指导教师：袁胜文

专业方向：陶瓷考古
方　月：《宋代墓葬出土的陶瓷祭器研究》
刘掌玺：《宋金时期北方窑具及装烧工艺初步研究》
指导教师：袁胜文
王　卓：《内蒙古东部地区辽墓出土瓷器研究》
桑国粹：《浙江地区出土宋元魂瓶研究》
指导教师：刘　毅

专业方向：中国古代青铜器
华文慧：《周代曾国青铜容器研究》
指导教师：贾洪波

专业方向：科技考古
李　蕾：《内蒙古中南部地区新石器时代晚期至青铜时代生计方式研究》
赵聆亦：《大同金港园墓地人骨 C、N 稳定同位素分析》
指导教师：张国文

专业方向：博物馆理论与实务
杨　洋：《天津区级博物馆建设与发展研究》
于亚宁：《博物馆儿童教育活动评估指标体系的建设》
赵　丹：《天津博物馆与古雅博物馆旅游吸引力研究——基于旅游体验视角》
指导教师：黄春雨

专业方向：文化遗产研究和保护
马　娇：《线性文化遗产文化元素的提取、利用和展示》
指导教师：刘　毅

复旦大学文物与博物馆学系
专业方向：考古学及博物馆学
王榕煊：《浙江原始瓷制釉——施釉工艺的实验考古研究》
奚　洋：《浙江新石器时代晚期旱地作物利用初探》
指导老师：陈　淳

张　蒻：《常州市博物馆藏寺墩良渚文化玉器研究》
指导教师：王　荣
秦　婷：《行业博物馆藏品管理工作方法研究——以国际乒联博物馆和中国乒乓球博物馆为例》
张爱星：《泰国私人博物馆经营管理模式研究——以金·汤普森博物馆为例》
指导老师：陈红京

文物与博物馆专业硕士
专业方向：考古学及博物馆学
朱旭初：《浙东沿海地区新石器时代鱼类遗存研究》
指导教师：袁　靖
才　璐：《透闪石——阳起石玉中铁元素呈色机制及应用研究》
麦蕴宜：《中国早期玉器“汞质”黑色沁的发现与研究——以桐柏月河春秋墓出土玉器为例》
指导教师：王　荣
周宗艺：《近百年甲骨文书法研究》
王然蒙：《商代至西周早期青铜器龟纹研究》
王博宣：《唐宋时期谥、哀册研究——以出土文物为中心》
指导老师：吕　静
刘炫圻：《十六国北朝时期陶瓷器研究——以铅釉器与瓷器的互动为中心》
胡蕾娜：《十八世纪外销瓷边饰研究》
潘语晨：《水仙花器考》
指导老师：刘朝晖
聂　然：《云冈石窟与北魏佛教政治传统——以“三世佛”图像流变为线索》
指导教师：祁姿好
郭芷彤：《浅论北宋朝廷的礼器建设——从〈三礼图〉到〈宣和博古图〉的过渡》
徐华东：《淄博窑花釉研究》
徐紫砾：《明清行旅题材绘画研究》
谷　瑶：《清代玉佩研究》
指导老师：朱顺龙
燕竞飞：《西夏瓷器烧造技术研究》
周禺含：《南宋越窑研究》
指导教师：沈岳明
丁　睿：《考古临时展览的实践和探索》
指导老师：高蒙河
刘邵远：《村史构建中的遗产话语研究——以地西村史调查与撰写为例》
田澍瑶：《蜀道申遗背景下的阆中交通路网研究》
严　冬：《蜀道申遗视野下的阆中文化遗产资源构成与价值分析》
指导教师：杜晓帆
陈雪冰：《毛边纸的源流与工艺研究》

指导教师：陈　刚
吴闻馨：《“千年中医”专题陈列展览内容设计方案研究——郑州博物馆专题陈列之一》
韩雨逍：《京杭大运河博物馆〈旷世工程〉展览内容大纲设计方案》
刘竹璇：《世界旅游博物馆“大美中国”展览内容策划方案》
马　欣：《世界旅游博物馆——“寰宇大观”展览内容设计方案》
指导老师：陆建松
陈钰彬：《数字博物馆展示内容策划研究——以复旦大学文化人类学数字博物馆为例》
指导教师：陈红京
林　非：《上海市博物馆针对高中生的教育活动研究》
王芷薇：《上海市博物馆高中阶段馆本课程的开发研究》
指导老师：郑　奕
郭川慧：《前置性评估在博物馆临时展览中的应用研究》
邢　池：《艺术展览阐释性说明牌的编写研究》
韩令令：《我国博物馆研学旅行方案设计探究——以自然科学类博物馆为例》
指导老师：周婧景

北京联合大学应用文理学院历史文博系（含同力，不含补授、结业、肄业）

专业方向：新石器商周考古
何慧芳：《松柏汉墓出土简牍初释》
石　旭：《汉代漆器的金银箔装饰研究》
指导教师：武家璧
王长春：《阿尔泰地区早期铁器时代丧葬观念研究——以阿尔然和巴泽雷克墓地为中心》
指导教师：韩建业

专业方向：汉唐宋元考古
孙玉洁：《北京地区金元明时期古桥研究》
田依平：《北京地区金元明时期石像生研究》
王　雨：《北京地区现存元代道教碑刻的考古学研究》
黎高波：《元明时期佛教六拏具研究》
指导教师：陈悦新

专业方向：科技考古与文物保护
何　姗：《陶瓷文物补配材料筛选体系构建与修复研究》
指导教师：武家璧、周华、吕淑玲
南　希：《尼雅遗址出土纺织品工艺研究及保护建议》
指导教师：武家璧、周　华

中央民族大学民族学与社会学学院

专业方向：考古学

李纪洁：《试论钱塘江流域新石器时代的陶钵类型及其所反映的文化互动关系》

指导教师：杨　楠

任平平：《二里头文化骨镞的初步研究》

指导教师：马　赛

耿瑷洁：《汉代幽冀地区中小型墓葬出土陶灶研究》

指导教师：刘连香

马伟洲：《新疆萨恩萨伊主体墓葬的社会分层和社会身份研究》

指导教师：肖小勇

王梦然：《召烧沟岩画初步研究》

指导教师：张亚莎

范思迪：《白音长汗火塘遗迹的功能与意义探究》

指导教师：戴成萍

赵婷婷：《云南石羊镇明清空间布局复原研究》

马　琳：《明清时期云南州城古镇空间布局复原研究》

指导教师：张薇薇

专业方向：出土文献研究

邓雪芳：《江西宋元墓志基础研究——以中央民族大学民族博物馆藏墓志拓本为中心》

丁思远：《江西抚州宋元地券整理与研究》

指导教师：张铭心

文物与博物馆专业硕士

王　桐：《新石器时期成人瓮棺葬比较研究》

李　亚：《湖南地区出土的汉代军事遗存研究》

张　珂：《新疆出土首饰的初步研究》

指导教师：肖小勇、杨　林

李志慧：《皇城台立鸟型陶塑的初步研究》

指导教师：朱　萍、孙周勇

徐　琳：《临潼新丰秦墓随葬品摆放位置初探》

丁钰赟：《羊甫头墓地滇文化墓葬等级定量分析》

指导教师：朱　萍、闵　锐

王　力：《关中地区商至西周时期出土石刀的研究》

李　娜：《论商及西周时期关中地区墓葬中的贝》

蒋　雅：《新疆和中原地区早期马器的比较研究》

指导教师：马　赛、孙周勇

郝双帆：《新疆扎滚鲁克墓地古代儿童头骨投影面积的年龄变化与生长发育研究》

指导教师：李海军、王明辉

刘琳如：《新疆扎滚鲁克墓地古代儿童牙齿磨耗研究》
指导教师：李海军、张雅军
达娃措吉：《秦始皇陵铜车马车轮制作工艺的初步研究》
杨　颖：《布达拉宫古籍文献囊匣材料的适用性研究》
张紫月：《重庆大足石刻宝顶山圆觉洞及北山孔雀明王窟彩绘工艺研究》
郑熙莀：《改革开放以来纪录片文物保护工作者形象》
指导教师：袁凯铮、成　倩
李　媛：《四川盆地汉阙建筑形制研究》
王　妍：《四川盆地汉代建筑形象中的斗栱形制研究》
肖　阳：《长城以南地区辽代汉人墓葬仿木构形制研究》
指导教师：张薇薇、张　荣
路梦晓：《汉代杵臼功用研究》
蔡　迪：《唐代船形墓研究》
指导教师：刘连香、祁庆国
陈丽园：《洛阳地区宋墓研究》
指导教师：刘连香、冯　好
王永娇：《唐长安城内水井与公共生活探讨》
指导教师：陈伟驹、冯　好
鲍世明：《乡村博物馆的主题展示策略研究：一个历时性与共时性的分析视角》
孙　克：《多棱镜视角下的企业博物馆——以海尔世界家电博物馆为例》
指导教师：陈伟驹、安来顺
姜　尧：《山西地区宋元墓葬中所见孝行图研究》
方　晓：《应县木塔碑刻研究》
孙博文：《正定地区佛教碑刻整理与研究》
指导教师：戴成萍、李文瑛
马甜甜：《清至民国时期云南借贷契约文书研究》
指导教师：郑喜淑、李彩萍
季冬青：《摩梭人“日汝穆”研究》
指导教师：郑喜淑、们发延
许　桐：《凤首箜篌研究——以中央民族大学民族博物馆馆藏为例》
指导教师：郑喜淑、李彩萍
闫可恒：《多视角影像三维重建技术对云冈石窟风化病害的量化研究》
马　苗：《MICP 加固云冈石窟粉状风化砂岩的现场模拟试验研究》
兰小迪：《镇闽将军出巡图壁画制作材料与病害成因分析》
刘彩霞：《山东肥城魏家坊关帝庙壁画病害调查与制作工艺研究》
指导教师：马赞峰、郭　宏
孙依纯：《成都博物馆藏石兽文物保护三维勘测及研究》
指导教师：袁凯铮、李　博
于　凡：《东北地区少数民族簪饰研究》
指导教师：祁春英、祁庆国

曹　艺：《陕西宁强地区传统刺绣研究》
李亚彤：《博物馆陈列表征民族文化探析——以羌族博物馆基本陈列为例》
指导教师：祁春英、们发延
刘玲燕：《博物馆观众读写能力研究》
谢　欣：《“棘手遗产”的学术维度与批判性思考——以麦夏兰的论述为中心》
指导教师：潘守永、安来顺
吕长蕊：《非物质文化遗产的“活态”传承研究》
指导教师：潘守永、祁庆国

首都师范大学历史学院考古学与博物馆学系
专业方向：新石器时代考古
景思源：《黑龙江地区史前玉器研究》
孙苗苗：《江苏省连云港藤花落遗址龙山文化遗存研究》
指导教师：袁广阔
安陆一：《甘肃临洮马家窑遗址 2017 年出土动物遗存研究》
指导教师：袁广阔、尤　悦
臧雅帆：《先秦时期刻槽陶容器功能初步研究》
张莞沁：《河南灵宝底董遗址制陶工艺初步研究》
指导教师：王　涛

专业方向：夏商周考古与青铜器研究
邱敬媛：《丝绸之路视角下商周至两汉时期丝织品纹样的演变与发展》
指导教师：钱益汇
张雨涵：《新石器至商周时期龟鳖类雕塑及相关遗存综合研究》
指导教师：朱光华

专业方向：汉唐考古
王子煜：《中国古代房形葬具研究》
指导教师：后晓荣

专业方向：陶瓷考古
马新敏：《浙江台州东晋时期窑业研究》
指导教师：袁　泉

专业方向：科技考古
臧　硕：《河南马庄遗址出土动物遗骸及其相关问题研究》
指导教师：王　涛、尤　悦

专业方向：艺术考古
王雪霏：《从出土的域外器物看魏晋南北朝时期的中外交流》

指导教师：欧阳启名
周　澍：《西夏来迎图研究——以东千佛洞第 7 窟来迎图为中心》
孙　毅：《北京法海寺大雄宝殿壁画、塑像的历史学调查与分析》
指导教师：宁　强

专业方向：出土文献与古文字研究
郭小青：《秦汉简牍所见吏民归宁问题研究》
指导教师：刘乐贤

文物与博物馆专业硕士
刘昱圻：《郑州大河村遗址仰韶文化晚期聚落研究》
指导教师：袁广阔
于通海：《泗水中上游西周聚落演进与政治格局变迁研究》
王维龙：《中国市县级博物馆公共文化服务体系研究——以临沂地区为例》
杨志伟：《智慧博物馆视域下藏品库房智慧化管理研究》
指导教师：钱益汇
辛雅琳：《泗水中上游地区东周墓葬研究》
指导教师：钱益汇、刘延常
何　鑫：《淄博市博物馆藏金属文物的修复与保护》
指导教师：钱益汇、梁宏刚
王嘉堃：《非水分散体材料的渗透特性和加固机理研究》
李东红：《古代木建筑表面涂饰用桐油的耐光老化改性研究》
指导教师：钱益汇、周双林
梁　萌：《西安米家崖遗址 2010～2011 年出土动物骨骼研究》
指导教师：尤　悦
温　峰：《辽西地区史前人像研究》
李皓晨：《辽墓出土佛教文化因素玉器研究》
指导教师：朱光华
闫　彦：《西夏民族音乐图像研究》
刘　洁：《克孜尔石窟艺术中的女性形象研究——以第 114 窟为例》
指导教师：宁　强
马　莹：《线性文化遗产的阐释与展示研究——以构建大运河博物馆群为例》
司　雨：《日本埋藏文化财行政体系对我国考古管理工作的启示》
指导教师：范佳翎
鲍杰瑞：《中国博物馆延时开放现状分析与对策建议》
指导教师：王　涛
海　策：《媒介融合下博物馆信息传播策略研究——以故宫博物院为例》
商　迪：《美国博物馆公共教育研究——以史密森学会为例》
肖佳琦：《文创产品对中小型博物馆自身发展的影响——以上虞博物馆为例》
指导教师：欧阳启名

　姚雨萌：《指定管理者制度对中国博物馆公私合作运营的启示研究》
　许晓玉：《玉器著录的整理与研究》
　胡婷婷：《四川盐源青铜文化的初步研究》
指导教师：后晓荣
　尚季廷：《川渝地区宋元时期窖藏龙泉青瓷初步研究》
　薛彤彤：《唐宋墓葬“用帐”制度》
　赵嘉铭：《宋元南方窖藏出土青白瓷研究》
指导教师：袁　泉

广西师范大学历史文化与旅游学院
专业方向：史前考古
　任俊涛：《广西田林风老遗址出土石器研究》
指导教师：谢光茂、陈洪波

专业方向：汉唐考古
　梁香连：《广西汉墓出土陶器纹饰研究》
指导教师：周长山、谢日万
　毛明霞：《南流江与古代海上丝绸之路经济社会发展研究》
指导教师：廖国一、黄启善

专业方向：区域考古
　周仁琴：《宋代广西佛教研究》
指导教师：吴伟峰、廖国一
　陈　凯：《两广地区六朝墓葬的考古学研究》
指导教师：黄启善、廖国一
　倪云麒：《骆越陶瓷文化研究》
指导教师：陈洪波、吴伟峰
　陈佳男：《骆越墓葬研究》
指导教师：林　强、陈洪波

辽宁师范大学历史文化旅游学院
专业方向：辽海考古
　李　强：《兴隆洼文化聚落与社会研究》
指导教师：徐昭峰

专业方向：夏商周考古
　李佳欣：《瀍河成周城的营建与布局研究》
指导教师：徐昭峰
　刘青文：《西周早期征东夷铜器铭文集释及相关问题考略》
指导教师：张德良

专业方向：北方民族考古
韩　笑：《辽代陵寝空间布局及建筑规制研究》
姜子强：《金朝陵寝制度研究》
指导教师：田广林

文物与博物馆专业硕士
赵心杨：《第二松花江流域、牡丹江流域新石器时代聚落形态与社会研究》
指导教师：徐昭峰
于博文：《辽西地区新石器时代的生业研究》
指导教师：戴玲玲
董李泽：《辽东地区屋室式石构墓葬遗存研究》
指导教师：田　野
李彬彬：《辽金时期鸡腿瓶研究》
孙著骞：《辽东地区辽墓探析》
王　捷：《山西明代建筑琉璃探析》
指导教师：徐学琳

重庆师范大学历史与社会学院
专业方向：先秦考古
唐　聆：《吴越地区两周青铜礼器研究》
指导教师：袁艳玲
胡　菲：《春秋晚期青铜镈、钟铭文整理与研究》
指导教师：孔令远

专业方向：文化遗产保护
赵坤影：《涞滩古镇的历史文化遗产及其传承保护》
指导教师：武仙竹
张庭郡：《磁器口古镇发展过程中的公共参与研究》
指导教师：蒋　刚

文物与博物馆专业硕士
专业方向：文物研究
陈吉梅：《春秋早期青铜乐器铭文集注与释译》
刘　璐：《北方地区出土商周铜铙研究》
指导教师：孔令远
李　蕾：《中国早期铜镜初探》
徐晓玉：《吴越地区两周青铜鼎初步研究》
黄晓雨：《川渝地区汉代灯具研究》
指导教师：袁艳玲

专业方向：区域历史文化研究
　纳兰丁琳：《重庆涪陵珍溪转转堡汉魏六朝墓群初步研究》
指导教师：蒋　刚
　杨舒涵：《广元千佛崖石窟及其艺术探究》
指导教师：邓　晓
　韩旻君：《沮漳河中下游地区夏商周时期考古学文化研究》
指导教师：杨　华

专业方向：文化遗产保护
　侯昀霞：《非物质文化遗产的博物馆保护——生态位视角下的川剧艺术传承和发展》
指导教师：白九江、蒋　刚
　秦　灿：《成都宝光寺佛教匾额的文化内涵探析》
　张梦峡：《匾额文物漆膜起翘脱落的软化与回贴研究》
　杨佳丽：《匾额文物起翘剥离地仗层的粘接材料比较研究》
指导教师：郑利平
　邱彩霞：《重庆市工商联早期活动旧址及其资源价值研究》
　黄真彦：《红岩革命历史博物馆红色资源保护与利用研究》
指导教师：武仙竹

辽宁大学历史学院考古学系
专业方向：史前及夏商周考古
　李能交：《中国北方新石器时代晚期勾连涡纹彩陶纹样研究》
　王芳泽：《牛河梁遗址红山文化彩陶纹饰分类与溯源》
指导教师：张星德
　王　健：《红山文化筒形器研究》
　张长江：《于家砣头墓地研究》
　万鸿杨：《夏家店上层文化墓葬分类研究》
指导教师：华玉冰
　毛　雪：《东北地区新石器时代至汉代居民人种类型综合研究》
指导教师：陈　山

专业方向：文化遗产与博物馆
　李秋实：《本溪地区高句丽遗迹价值评估与保护对策研究》
　王钰航：《辽宁省抗日斗争史迹价值与保护利用研究》
指导教师：丁　辉

黑龙江大学历史文化旅游学院
专业方向：中国考古

张雪微：《黑龙江查哈阳地区石制品研究》
指导教师：李有骞
龚宁宁：《东周时期铜器刻文研究》
指导教师：石　岩
罗祎纯：《中原地区周代葬玉研究》
指导教师：王乐文

专业方向：专门考古
张欣悦：《中国境内渤海墓葬出土铁器研究》
指导教师：包曙光
李登峰：《中国境内金上京路城址考古学观察》
指导教师：赵永军

专业方向：外国考古
余肖肖：《特佩西墓群塔加尔文化墓葬研究》
指导教师：包曙光

中国人民大学历史学院考古文博系
杨林旭：《文明起源的理论之争——酋邦理论与古国理论对比研究》
罗欣欣：《中国北方地区新石器时代人口研究》
指导教师：韩建业
樊思琪：《东南亚旧新石器时代的文化适应变迁——兼与华南地区的比较》
指导教师：陈胜前
徐紫瑾：《查海遗址晚期家户考古研究》
廖盈棋：《周代环刃铜钺研究》
指导教师：吕学明
郭郑瑞：《汉唐时期琴乐形象研究》
梁博闻：《中国南北朝时期独立佛教造像台座研究》
指导教师：李梅田
董　耘：《北魏铺首研究》
指导教师：王晓琨
周睿麟：《高昌回鹘佛教发展略论——以北庭西大寺为中心》
李馥璃：《仕宦与燕居：五代十国壁画墓的图像研究》
指导教师：魏　坚
严　茜：《类型与风格：考古学与美术史年代学研究方法的比较》
杜鹏飞：《严州城复原研究》
指导教师：刘　未

文物与博物馆专业硕士
陈　坤：《族属理论及其考古学应用研究》

指导教师：James Thomas Williams
　叶灿阳：《裕民文化锛状器研究》
指导教师：陈胜前
　介　颖：《新石器时代中原地区箭镞研究》
　陈　敏：《新疆吉仁台沟口遗址植物遗存研究》
指导教师：韩建业
　康　越：《战国中山国的青铜器研究》
　阿热阿依·托列根：《贺兰山岩画的类型与分布》
指导教师：王晓琨
　王秦岭：《铸器与葬器——晋都新田铸铜模范与晋式铜礼器的比较研究》
指导教师：吕学明
　张　羽：《河套地区汉墓研究——以墓葬反映的社会生活为中心》
　赵芃芃：《桌子山岩画研究》
　于柏川：《新疆奇台唐朝墩古城发掘与研究》
　武　彤：《辽墓中仿木构门楼形制的考古学研究》
　袁漫潇：《宋元时期重庆老鼓楼遗址的考古发现与遗产价值保护研究》
指导教师：魏　坚
　向子骞：《比尔·科特·古万代城址的考古学研究》
　孙　洁：《斯瓦特地区古代佛塔的考古学研究》
指导教师：陈晓露
　梁欣彤：《桑干河流域战国秦汉城址研究》
指导教师：张林虎
　贾　楠：《北朝围屏石床研究》
　吴楚韵：《基于考古遗址保护与展示的国内遗址博物馆展陈研究》
指导教师：李梅田
　杨东峰：《元大都考古史》
指导教师：刘　未

安徽大学历史学院

专业方向：汉唐宋元考古
　陈　凯：《安徽出土隋唐五代陶瓷器初步探究》
指导教师：周崇云

专业方向：科技考古
　易识远：《郑州地区仰韶中晚期房屋建筑墙体工艺研究》
指导教师：方成军、魏国锋
　张宝霞：《洛阳徐阳墓地出土青铜器的科技研究》
指导教师：张爱冰、魏国锋
　胡　悦：《含硫氧化铜矿还原冶炼模拟实验研究》
指导教师：魏国锋

王玉龙：《甘肃西和法镜寺石窟的风化综合性研究》
指导教师：黄　凰、王　峰

文物与博物馆专业硕士
李　筝：《安徽史前彩陶研究》
李业法：《安徽地区商周时期几何印纹硬陶初步研究》
指导教师：张爱冰
张　弛：《中国史前玦饰研究》
指导教师：吴卫红
杜冠博：《周原贺家遗址薄壁镀锡车马器制作工艺及相关问题研究》
指导教师：魏国锋
张　瑞：《楚墓出土带钩研究》
指导教师：单晓伟
王梦圆：《安徽地区出土汉代青铜灯具研究》
指导教师：陆勤毅、朱华东
徐伊菁：《徽杭古道徽州段研究与保护》
指导教师：张钟云、单晓伟
万佳文：《引江济淮工程文物保护利用及其相关问题研究》
桑文娟：《宣城市博物馆的地域文化展示分析》
指导教师：周崇云
李仁靓：《遗产廊道视野下的红色文化遗产研究——以岳西县为例》
解明明：《乡村振兴背景下肥西圩堡文化遗产保护与研究——以刘老圩为例》
指导教师：朱华东
王思旭：《皖北地区博物馆调查与研究》
黄佳妮：《芜湖近代西洋建筑调查与研究》
指导教师：方成军
杨蓓蓓：《桐城市区的桐城派名人故居遗存调查与研究》
指导教师：江小角

西南民族大学旅游与历史文化学院
专业方向：专门考古
向　虹：《高山古城遗址2015—2016年度出土木炭初步研究》
指导教师：王建华

专业方向：先秦考古
王　瑞：《成都平原府河流域商周时期出土木炭遗存的初步分析》
指导教师：王建华

专业方向：汉唐考古
尚春杰：《四川崖墓排水设施的考古学观察》

指导教师：乔　栋

西北师范大学历史文化学院

专业方向：战国秦汉考古

佟纯正：《秦汉时期习字简牍研究》

张恒瑞：《西南地区出土汉代金银器研究》

指导教师：李迎春

彭　宇：《战国两汉蒜头壶研究》

指导教师：张德芳

专业方向：西北考古学史

田雅宁：《甘肃泾河流域考古史研究》

指导教师：刘再聪

毋东茜：《抗战时期中研院组织的西北考察团考古活动研究》

指导教师：僧海霞

专业方向：先秦考古

王　娇：《甘肃境内出土两周时期青铜容器研究》

指导教师：秦丙坤

文物与博物馆专业硕士

纪　媛：《陇东南地区新石器时代至战国陶鬲调查与研究》

指导教师：何玉红

冀　萌：《松嫩地区北部新石器至青铜时代骨器研究》

卢文宇：《汉唐时期环首刀研究》

马佳俐：《炳灵寺洞沟区石窟调查与研究》

指导教师：秦丙坤

潘　祎：《四坝文化墓葬及其相关问题研究》

李婷婷：《甘新地区汉唐墓葬出土人物俑研究》

麻　吉：《西和县全面抗战时期兵役档案研究》

指导教师：李建国

王淑纬：《陇东南地区东周墓葬研究》

刘　婷：《兰州市河口古镇文化遗产调查与研究》

刘吉兆：《从碑刻看明清时期天水的社会状况》

指导教师：僧海霞

辛　欣：《北方地区战国至辽“金饰墓主现象”研究》

指导教师：刘再聪

省玉霞：《礼县大堡子山金饰片研究》

周佩鹏：《甘宁地区西夏贵族、平民葬俗研究》

指导教师：郑　峰

田　汉：《沙井文化偏洞室墓研究》
潘　飚：《摩羯纹中国化研究》
指导教师：党庆兰
陈　晶：《天水市博物馆藏战国车饰件的整理与研究》
林笑雨：《河西魏晋十六国棺板画研究》
指导教师：何玉红
冯旭蓉：《汉代釭灯研究》
毛建明：《魏晋时期河西地区墓葬中所见的四神图像研究》
王雨曦：《清代广彩外销瓷纹饰研究》
指导教师：胡小鹏
方亚楠：《周汉玉覆面研究》
袁　瑶：《汉画像中方相氏图像研究》
赵国伶：《甘肃河西地区十六国时期衣物疏整理与研究》
指导教师：李迎春
王宁远：《汉代江苏地区出土漆器研究》
王　艳：《魏晋南北朝墓葬中历史人物古史图像研究》
指导教师：李晓英
王兴蓉：《滕州汉画像石建筑图像研究》
刘鹏成：《河西魏晋壁画墓绘画艺术研究》
郭永良：《明代西安府书院调查研究》
指导教师：张继刚
曹中俊：《丝绸之路河南道出土文物蕴含的粟特文化因素研究》
汪文灏：《明清时期河西地区文昌宫（阁）调查研究》
万钰炜：《明清陇东关帝庙调查研究》
指导教师：李顺庆
郝慧滨：《河西走廊魏晋壁画墓的羽人图像研究》
李成康：《河西魏晋十六国壁画墓神兽图像研究》
宫新越：《山东曲阜孔庙清代尊孔崇儒碑刻研究》
指导教师：黄兆宏
李世莉：《青海都兰地区出土丝织品图案研究》
李泽蕾：《重庆抗战遗址博物馆研究》
指导教师：郑　峰
苏　昕：《2015—2017 甘肃省博物馆新征集唐代丝织品纹饰的研究》
马晓杰：《明代松山古城遗址调查与研究》
丁建伟：《明代洮州卫军事戍防遗址调查与研究》
指导教师：杨　芳
杨　宁：《甘肃境内宋金砖雕墓出土画像砖图像研究》
崔　凯：《陕西清徐县现存古神庙戏台调查研究》
指导教师：连菊霞
石　硕：《宋元时期磁州窑瓷盆研究》

　魏士茹：《河西地区魏晋墓“六畜”图像研究》
指导教师：张　嵘
　康佳玉：《甘肃白银地区明清碑铭研究》
　陈　伟：《晋中明清民居宅门调查与研究》
　张填景：《山西泽州县三教堂戏台考述》
指导教师：张连银
　曹雷南：《清至民国时期晋式童帽研究》
　刘　璇：《肃南民族博物馆陈列展览及其相关问题研究》
指导教师：张　荣
　苟树芬：《陇南山歌中的民俗研究》
　李小慧：《中国大陆现存抗战石刻初步整理研究》
　徐　静：《漳盐及其文化研究》
指导教师：尚季芳

北京师范大学历史学院考古学专业
专业方向：旧石器时代考古
　李三灵：《从灵井许昌人遗址石制品看旧石器时代中期中西文化交流》
指导教师：杜水生

中国社会科学院大学历史学院考古系
专业方向：中国新石器时代考古
　毛玉菁：《史前中国和玛雅文明的龟崇拜》
指导教师：李新伟

专业方向：夏商周考古
　张一丹：《东周嵌错图像青铜器研究》
指导教师：施劲松

专业方向：动物考古
　白　倩：《河南省郑州市青台遗址出土动物遗存研究》
指导教师：袁　靖

专业方向：古文字学
　何　苗（同等学力）：《甲骨文𩵋及相关问题研究》
　李潇洁（同等学力）：《早期蝉饰与蝉纹研究》
指导教师：冯　时

2020年毕业的博士研究生

北京大学考古文博学院（补授学位：2人，未授予学位2人）

专业方向：旧石器考古
　刘　拓：《我国晚更新世石器原料问题的综合研究》
　邓婉文：《晚更新世末岭南及周边地区的石器工业与社会发展》
　李文成：《MIS3阶段嵩山东麓及华北石片石器研究》
指导教师：王幼平

专业方向：新石器及夏商周考古
　卢　一：《先秦两汉时期漆器的考古学研究》
指导教师：徐天进
　蔡　宁：《商系墓地形态探索》
　张天宇：《叶家山墓地研究》
指导教师：雷兴山

专业方向：汉唐考古
　王　倩：《魂兮有奉：三国两晋南北朝墓葬祭祀遗存研究》
指导教师：韦　正

专业方向：宋元考古
　林思雨：《辽宋金元墓葬装饰中的茶酒题材研究》
指导教师：秦大树

专业方向：佛教考古
　廖彩羽：《犍陀罗佛传雕刻——图像组合与汉译佛典》
指导教师：李崇峰

专业方向：建筑考古
　陈　豪：《建筑遗存所见晋东南地区宋金元时期的民众信仰空间》
指导教师：杭　侃

专业方向：科技考古
　张　吉：《东周青铜器的资源与技术研究——以汉淮地区为中心》

指导教师：陈建立
　张予南：《考古遗址的资源利用与微观环境重建——来自非花粉和脂质遗存的新证据》
指导教师：吴小红

专业方向：文物保护技术
　黄　希：《良渚玉器腐蚀与天然加固材料研究》
指导教师：胡东波

专业方向：中外交流考古
　黄　莹：《大食与中国的文化交流——公元7至11世纪海上丝绸之路考古学研究》
　马丽亚·艾海提：《草原帝国金银器——兼论匈奴至回鹘时期丝绸之路》
指导教师：林梅村

专业方向：博物馆学文化遗产
　郭　磊：《登封“天地之中”历史建筑群价值认知过程研究》
　魏子元：《南诏大理都城考古与保护研究》
　王雨晨：《云南地区古代交通遗存研究——兼论丝绸之路南亚廊道东线的中段》
指导教师：孙　华
　佘向军：《价值视角下的建筑遗产保护——以〈中国文物古迹保护准则〉为中心》
指导教师：杭　侃
　张荣蓉（补授）：《琉球王国首里城出土元明时期龙泉窑青瓷与景德镇青花瓷研究》
指导教师：秦大树
　陈元棪（补授）：《南宋四川山城研究——以川江防御体系的沿江城址为重点》
指导教师：孙　华

出站博士后
专业方向：考古学
　徐斐宏：《武昌隋唐墓：20世纪50年代发掘资料》
合作导师：韦　正
　王思渝：《遗产的生成与传统的延续——四川省阿坝藏族羌族自治州直波村的调查与研究》
合作导师：孙　华

吉林大学考古学院
专业方向：新石器时代考古
　熊增珑：《辽西地区新石器时代聚落研究》
指导教师：陈国庆

专业方向：夏商周考古

祁　冰：《长城地带中段夏商时期遗存研究》
指导教师：王立新
李晓健：《中心与周邻：陶器视角下的晚商文化研究》
指导教师：林　沄

专业方向：战国秦汉考古
王　宇：《喇嘛洞墓地研究》
指导教师：潘　玲

专业方向：汉唐考古
李龙彬：《东北地区燕秦汉长城及城址研究》
指导教师：王培新

专业方向：动物考古
陈　君：《吉林大安后套木嘎遗址的动物考古学研究》
指导教师：陈全家

专业方向：体质人类学
胡春佰：《集宁路古城金元时期墓葬出土人骨研究》
指导教师：朱　泓

专业方向：分子考古
朱司祺：《中国北方三个遗址出土马属动物（Equus Ovodovi）的分子考古学研究》
指导教师：蔡大伟

山东大学历史文化学院考古与博物馆学系
出站博士后
专业方向：旧石器时代考古
Luc Doyon：Osseous Technologies：History，Methods，Contributions and Prospect
合作导师：李占杨

专业方向：先秦考古
于雯霞：《战国中晚期名辩研究》
合作导师：方　辉

专业方向：科技考古
吴晓桐：《人类迁徙与资源产地——锶和铅同位素考古研究进展》
合作导师：栾丰实

专业方向：有机质文物保护

李　力：《有机质文物保护工作中分析检测技术研究》
合作导师：方　辉

西北大学文化遗产学院
专业方向：考古学
汶　翰：《秦都邑的军事考古学观察》
指导教师：赵丛苍
王天艺：《黄土高原史前房址的考古学研究》
指导教师：钱耀鹏
杨岐黄：《中国古代玉璧的起源与发展阶段研究——史前至汉代》
指导教师：赵丛苍、刘云辉
王晨仰：《东周至魏晋南北朝时期戎装俑研究》
指导教师：赵丛苍、陈洪海

专业方向：文化遗产管理
刘幼臻：《物联网背景下的文化遗产管理研究》
指导教师：徐卫民
陈　曦：《阐释学视角下的中国文物出境展览研究》
指导教师：冉万里

四川大学历史文化学院考古系（不含补授、结业，含1月毕业）
韩恩瑞：《论汉代云贵南夷地区青铜文化的解体》
指导教师：罗二虎
易　立：《唐宋时期成都城的考古学研究》
指导教师：白　彬
魏健鹏：《图像与文本：敦煌石窟维摩诘经变研究》
庞　政：《秦汉时期蓬莱神仙信仰的考古学综合研究》
邓宽宇：《考古资料所见楚人的灵魂与丧葬观念研究》
张梦逸：《岭南地区早期铁器、冶铁技术与社会》
赵祎君：《博物馆展览的叙事性研究》
指导教师：霍　巍

郑州大学历史学院考古系
专业方向：夏商周考古
张　婷：《中原地区先秦庭院建筑研究》
指导教师：张国硕

专业方向：音乐考古
乔　军：《汉代乐器的考古学研究》
指导教师：陈　艳

南京大学历史学院考古文物系

专业方向：新石器时期考古
　彭　辉：《崧泽文化研究》
指导教师：黄建秋

专业方向：商周考古
　郭泰宗：《南诏城镇与城镇制度的考古学研究》
指导教师：水　涛

专业方向：秦汉考古
　张艳秋：《两汉列侯墓葬的考古学研究》
指导教师：刘兴林

专业方向：魏晋南北朝考古
　许志强：《南朝陵墓研究》
指导教师：张学锋

专业方向：文物鉴定
　汪映雪：《弘仁绘画鉴定研究》
指导教师：杨　休
　满泽阳：《明代亲王用瓷相关研究》
指导教师：周晓陆

出站博士后
专业方向：考古学
　王　元：《秦雍城宫室体系的考古学研究》
合作导师：贺云翱

专业方向：亚洲内陆考古
　李宇奇：《新疆古代农业研究方法的新探索》
合作导师：张良仁

南京师范大学社会发展学院文物与博物馆学系

专业方向：历史时期考古
　赵淑怡：《韩国百济都城遗址的发现与研究》
指导教师：周裕兴

出站博士后
专业方向：汉唐考古

韩　茗：《三国两晋南北朝青铜器的考古学研究》
合作导师：周裕兴

中山大学社会学与人类学学院（不含补授、结业）
专业方向：考古学及博物馆学
张雨萌：《规律性与个性化——唐墓壁画的内容与布局研究》
指导教师：姚崇新
马　明：《海岱地区的文化变迁：从龙山文化到岳石文化的考古学观察》
指导教师：许永杰

出站博士后
专业方向：越南考古、华南考古
韦伟燕：《两汉时期越南境内汉文化的考古学研究》
合作导师：郑君雷

武汉大学历史学院
专业方向：新石器时代考古
袁飞勇：《煤山文化研究》
指导教师：余西云

专业方向：商周考古
李龙俊：《丹淅地区战国至西汉墓葬研究》
指导教师：徐少华
邹秋实：《公元前1600年至公元前1100年江汉地区景观考古研究》
指导教师：张昌平

专业方向：文化遗产保护
彭　蛟：《近代城市空间视角下的建筑遗产研究——以汉口为例》
指导教师：余西云

山西大学历史文化学院考古学系
专业方向：史前考古
石晓润：《大同李汪涧旧石器遗址综合研究》
指导教师：李　君

南开大学历史学院考古学与博物馆学系
专业方向：夏商周考古与物质文化研究
程文博：《中原地区先秦陶瓷礼器研究》
指导教师：贾洪波

专业方向：秦汉魏晋南北朝考古与物质文化研究

常 乐：《苏鲁豫皖交界地区汉代贵族官吏墓葬研究》

潘继业：《汉墓遗址保护与利用路径研究》

指导教师：刘尊志

专业方向：中国古代陵墓

高科冕：《黄河下游地区东周王侯墓葬考古学研究》

指导教师：刘 毅

专业方向：陶瓷考古

于陆洋：《金代中原地区瓷器研究》

冯 冕：《晚唐到清代景德镇制瓷技术变革研究》

指导教师：刘 毅

复旦大学文物与博物馆学系

专业方向：考古学及博物馆学

李无言：《我国非国有博物馆发展对策研究》

指导教师：陆建松

出站博士后

专业方向：考古学

生膨菲：《黄土高原北部地区新石器时代晚期至青铜时代早期农业经济研究》

Michael Storozum（司徒克）：《华北平原的人类世地质考古》

合作导师：袁 靖

首都师范大学历史学院考古学与博物馆学系

专业方向：新石器时代考古

陈雪飞：《裴李岗文化聚落形态研究》

指导教师：袁广阔

专业方向：夏商周考古

朱雪峰：《手工业与晚商社会——以殷墟手工业遗存为中心》

指导教师：钱益汇

专业方向：美术考古

王翠萍：《明清民间祖先画像研究》

指导教师：欧阳启名

李 慧：《宋辽金元礼器研究》

指导教师：宁 强

中国人民大学历史学院考古文博系

　李小龙：《燕山南北地区青铜时代早期的文化格局与社会进程研究》

指导教师：吕学明

　刘　翀：《两汉魏晋时期东北部族文化的考古学研究》

　付承章：《魏晋北朝时期中国北方地区金银器研究》

指导教师：魏　坚

　陈昊雯：《六朝汉水流域墓葬研究》

指导教师：李梅田

安徽大学历史学院

出站博士后

专业方向：文化遗产保护

　夏淑娟：《徽州古村落及其保护利用研究》

合作导师：李修松

暨南大学文学院历史学系考古学与博物馆学专业

出站博士后

　米　夏（比利时）：《先秦东江流域原始瓷的生产与消费》

合作导师：王银田

北京师范大学历史学院考古学专业

出站博士后

专业方向：宋辽金元考古

　任　冠：《唐代庭州军政建制调查与研究》

合作导师：晁福林

中国社会科学院大学历史学院考古系

专业方向：夏商周考古

　贺　俊：《二里头文化区的聚落与社会》

指导教师：许　宏

专业方向：汉唐考古

　刘露露：《辽上京城选址和规划的考古学研究》

指导教师：董新林

专业方向：边疆考古

　朴真浩：《夏家店下层文化聚落、经济与社会形态研究》

指导教师：刘国祥

专业方向：古文字学

韩　雪：《西周金文后宫制度研究》
王沛姬：《西周太史寮官制研究》
指导教师：冯　时

第六篇

逝世考古学家

王劲

著名考古学家、湖北省博物馆原副馆长、湖北省考古学会原理事长、湖北省博物馆、湖北省文物考古研究所研究馆员王劲先生于2020年2月6日上午10时30分因病在武汉不幸离世，享年94岁。

王劲先生是湖北省文物考古工作的奠基人之一。她1926年12月12日出生，湖北黄陂人。1949年毕业于湖北省第二女子师范学校艺术专科，时值武汉解放，王先生随即进入湖北革命大学学习，结业后被分配至湖北省文联文工团从事美术工作，后被调入湖北省文联创刊的《湖北文艺》担任书刊出版工作。为响应全省支边文化建设的号召，王先生曾赴湖北长阳参与创建长阳县文化馆，工作结束后被调至湖北省文化局人事科任政治理论学习专职干部。1954年参加中央文化部文物事业管理局、中国科学院考古研究所和北京大学历史系联合举办的“第三届考古工作人员训练班”的学习，通过这次考古基础理论与田野考古实践相结合的学习，王先生初步获知了考古学的内涵及意义，了解到田野考古工作的科学要求与严谨的工作方法，意识到文物考古工作者肩负的神圣职责和历史义务。学习结束后，王先生被调入湖北省文物管理委员会从事文物考古工作。

20世纪50年代屈家岭遗址的发掘，是中华人民共和国成立后湖北省的第一项重大考古工作。1954年，湖北省拟兴建石龙过江水库及配套水利设施石龙干渠。王劲先生带领一支考古工作队，在工程线路经过的区域进行田野考古调查。此次考古调查，发现了近百处新石器时代文化遗址，著名的屈家岭遗址和石家河遗址赫然在列。建国初期，关于新石器时代考古文化，学术界只知道黄河流域有“彩陶文化”之称的“仰韶文化”，和晚于仰韶文化有“黑陶文化”之称的“龙山文化”，以及长江下游发现的一支考古学文化，当年称之为“青莲岗文化”。在针对屈家岭遗址的考古调查中，王劲先生采集到了有别于上述考古学文化典型陶器的“蛋壳彩陶”和薄胎黑陶。王先生当即将工程线上的屈家岭遗址和石家河遗址群中的四处遗址定为重点抢救性考古发掘的对象，自此拉开了长江中游地区田野考古发掘的序幕。为配合国家修建丹江口水库大型水利工程，1958～1960年，王劲先生组织湖北省相关地区级、县级文物干部进行了一次库区文物普查。1960年，王先生带领湖北文物考古队30余人，对库区一期工程淹没区内的“明代净乐宫”大型宫殿建筑进行拆迁前的古建筑测绘工作。取得实测数据后，组织力量圆满地完成了大型建筑的拆迁工程，后将“净乐宫”巨大建筑构件及其附属的大型“石龟碑”等雕刻文物安全地水运至丹江口市。与此同时，王先生联合中国科学院考古研究所所长江考古工作队，结合考古发掘的实际情况举办考古训练班，重点培训了一批丹江水库工程所在地区级、县级基层文物干部。20世纪80年代初，王劲先生带领湖北省博物馆考古部同事，在配合三峡大型水利工程建设的过程中，带着探索峡江地区史前文化内涵与文化谱系和寻找西周时期的早期楚文化遗存等考古学课题，对大坝施工区的西陵峡地区进行文物复查，确定古文化遗址的考古发掘重点。通过配合三峡大型水利工程的建设，在西陵峡地区进行了全面的田野考古调查和相关商周遗址的重点考古发掘。1985年，王劲先生从单位领导岗位上退居二线；1990年，先生离开顾问职位办理了离休手续。她在退休之后，仍然参与主编了《盘龙城—1963年～1994年考古发掘报告》、《武昌放鹰台》和《房县七里河》等考古发掘报告，其中《房县七里河》付梓时，先生已是耄耋之年。王先生认为考古发掘的目的是保护地下珍贵的历史文化遗产，含有各类历史信息的考古发掘资料，经过科学地整理研究编写成的考古学报告，是保存、保护地下文化遗存的重要平台。

王劲先生是武汉大学考古专业的创建人之一。1978年，武汉大学历史系联合湖北省博物馆共同创建武汉大学历史系考古专业，王劲先生是创建人之一。王先生受聘为客座考古教师，授课并带领学生进行田野考古实习，为武汉大学考古专业的发展壮大做出了贡献。

王劲先生是新中国第一代女考古学家，历任湖北省文物考古队副队长、队长，湖北省博物馆副馆长、研究馆员，中国考古学会第一、二、三届理事，湘鄂豫皖楚文化研究会秘书长、名誉理事，湖北省考古学会副理事长、理事长，湖北省楚国历史与文化研究会第一、二届副理事长与第三届学术顾问，湖北省社会科学联合会第三届委员会委员。从1954年调查发现屈家岭遗址开始，王先生先后参与主持天门石家河、武昌放鹰台和蕲春毛家咀等遗址发掘，主持大冶铜绿山遗址、黄陂盘龙城遗址、房县七里河遗址和江陵马山一号墓等一系列重大考古项目。先生毕生致力于考古学术工作，著有《盘龙城—1963年～1994年考古发掘报告》、《武昌放鹰台》和《房县七里河》等。提出“三房湾文化”的命名，创办《江汉考古》期刊，为江汉地区新石器时代文化谱系的建构进行了开创性的研究，对南方与中原先秦文化的交流和融合进行了深入的探讨，对先秦矿冶技术进行了有意义的探索，为湖北文物考古事业做出了卓越贡献。

王劲先生是新中国培养出来的卓越知识女性，她把自己的毕生都奉献给了新中国的考古事业。王先生曾说过：“如果有来生，仍要从事考古；即使到天堂，也要在天堂考古。”先生深厚的爱国情怀、无私的奉献精神、坚定的学术志向和顽强的工作作风，必将永存于世，泽被后学、激励后进！

（罗运兵、陶洋）

张长寿

著名考古学家张长寿先生于2020年1月30日在北京病逝，享年91岁。

张长寿先生于1929年5月出生于上海。自幼就读于教会学校，1945年入上海圣约翰高中，1948年考入圣约翰大学数学系，后在历史系学习西洋史。1950年转入燕京大学改学中国史，1952年夏毕业。

1952年秋，张先生到清华大学工农速成中学任教，1956年7月调入中国科学院考古研究所。从此，张先生先后在河北邢台、河南洛阳、陕西长安、河南安阳、山东日照、陕西扶风、云南元谋、黑龙江绥滨、山西石楼、河南商丘等地开展考古工作，从事商周考古学研究；历任研究实习员、助理研究员，1979年晋升副研究员，1986年任研究员、博士生导师；1985年7月至1988年5月任考古研究所副所长，1989年退休，1991年享受政府特殊津贴。张先生是国家“九五”社会发展重大科研项目“夏商周断代工程”专家组成员，1988年12月被德意志联邦共和国考古研究院授予“通讯院士”称号，2006年被推举为中国社会科学院荣誉学部委员。

在张先生的考古生涯中，工作时间最长、学术贡献最大的是对西周都城丰镐遗址的发掘与研究。张先生在西周考古领域的成就，也多建立在沣西发掘的基础上。

1957~1989年，张先生参加和主持丰镐遗址的发掘，以此为中心研究西周考古学。沣西的考古发掘收获丰富，现在对西周物质文化史的认识绝大部分得之于此。尤其是20世纪80年代以来，张先生主持发掘客省庄西周大型建筑基址和张家坡井叔墓地，并于1960年和1999年两次整理沣西发掘报告的资料。张先生在沣西的30多年中，对发掘井叔家族墓、建立西周文化的分期与断代标尺、揭示西周文化面貌、确认先周墓葬，以及开创性地研究商周车制等，作出了重要贡献。

沣西的西周文化年代研究始于20世纪50年代末，张先生根据张家坡的发掘材料，把西周的居址分为两期，墓葬分为五期，后又根据新材料加以补充。经多年的实践检验证明，这个断代标准科学、可靠。1999年由张先生主编的《张家坡西周墓地》（中国大百科全书出版社，1999年）出版时，仍将墓葬分为五期，并与西周各王对应，这是对西周考古学文化断代研究的重要贡献。对于考古学文化的分期研究，张先生认为应坚持考古地层学和器物类型学相结合的方法。其中，地层学方法是第一位的，是田野考古的基础；运用类型学进行文化分期，则应以整个器物群的演变为标准，而不宜局限于个别器物的细部变化。张先生运用这些科学方法，将沣西的周文化分为三期：第一期为先周期，典型陶器是高领袋足鬲；第二期是西周前期，典型陶器是簋；第三期是西周后期，典型陶器是盂。每期的其他器物也各有变化。学术界对西周文化分期虽在细节上仍存歧见，但这个年代序列已成共识，这正是因为张先生的意见是建立在长年的田野考古和综合研究的基础之上。

张先生在西周考古领域中的另一贡献是在沣西确认了先周墓葬。对于先周文化学界始终存有不同观点，如认为太原附近的光社文化和西北地区的辛店、寺洼的姜炎文化合成了周文化，或认为以陕西武功郑家坡遗址为代表的文化是先周文化。张先生认为不宜把一种文化分成各种因素，一种文化就应被视为一个整体而非混合体。如果周文王在灭殷以前已作丰邑，那灭商前就是先周，如此丰镐遗址的最早阶段就在先周。张先生早就注意到沣西遗址各类遗迹的种种叠压和打破关系，希望从中探寻先周文化。1967 年张先生在沣西发掘的一座墓出土高领袋足鬲和圆腹罐，由此发现沣西个别墓葬出土的陶鬲不同于西周早期鬲，但与宝鸡出土的鬲相同，便判定这座墓可能属先周，并在发掘报告中将墓葬分期新增一期。以后张先生又在沣西发掘出两座这样的先周墓，并证明高领袋足的陶鬲同青铜方格乳钉纹簋、弓形饰和鸟形内戈共出。这样对于沣西的先周文化的确认就不再是孤例，并有陶器和青铜器共同为证。先周文化的确认是张先生在沣西田野工作的基础上做出的重要贡献。对于先周文化的渊源，也可据此基点再向前追溯。

在沣西，经发掘的西周墓逾千，包括带墓道的大型井叔家族墓，张先生对这些墓葬和西周丧葬仪礼进行深入研究，《墙柳与荒帷》（《文物》1992 年第 4 期）即其成果之一。1985 年张先生在发掘井叔家族墓时，发现外棺周围有成串的贝饰，联系到其他墓葬中的铜鱼和蚌饰，即意识到在棺外必有软质棺罩，于是结合文献资料，论述其形制及结构，探讨西周的丧葬制度。张先生在井叔墓地发现的这种现象在后来发掘的山西绛县和陕西韩城的西周大型墓葬中均得以证实。

沣西的西周墓葬中有不少车马坑。20 世纪 30 年代在河南安阳和浚县就发现过商代和西周的车马坑，但直到 1951 年夏鼐先生在辉县琉璃阁才第一次发掘出完整的战国时期的车子痕迹。张先生 1957 年到沣西时开始学习掌握发掘西周车马坑的方法和技术。张先生深知发掘技术和文献资料对了解轮舆结构的局限，所以特别注意附着在轮舆上的各类青铜车器，由此判定它们在轮舆上的确切位置和相关部位的准确尺度。张先生和张孝光先生合写的《说伏兔与画輯》（《考古》1980 年第 4 期）就是根据青铜轴饰的出土位置与形制，为探讨伏兔的结构提供了实证。以后，又由毂饰复原了轮毂的结构和辐数，由衡饰复原了直衡和曲衡，由軏饰和踵饰复原了辕的形制等。相关成果均见《井叔墓地所见西周轮舆》（《考古学报》1994 年第 2 期）。张先生从准确复原车子的各个部件入手，进而装配出一辆完整的车。这些研究具有开创性，在尚无商周车辆实例的情况下成为复原商周车制的可行方法，为深入研究商周车制奠定了坚实基础。

张先生对沣西以外的西周遗存也有深入研究。针对 20 世纪 70 年代以来在陕西周原地区的一系列重要发现，张先生联系各种现象考察青铜器窖藏和大型夯土建筑的关系，认为岐山凤雏和扶风召陈的大型建筑并非周王室的宗庙、宫殿，而是埋藏青铜器的贵族的宅第。这一见解受到学术界的广泛重视。

基于对西周各类遗存的发掘和研究，张先生认为就西周的物质文化而论，西周前期受殷文化影响较大，特别是青铜器几乎完全继承了殷文化的传统。但西周中期后文化面貌发生了深刻变化，西周文化摆脱殷文化的影响而发展出自身特色，这很可能是由社会变革引发的。

张先生对从龙山时代到商周时期的考古学文化有深入研究。对于商周时期的考古学文化，张先生认为考古材料最丰富的是陶器，但代表一个文化发展程度的却是上层统治者占有的东西，由此才能揭示一个文化的面貌和发展水平。因此，张先生对最能体现商周时期考古学文化内涵的青铜器和玉器进行了大量研究。张先生研究商周青铜器主要依靠考古发掘资料，从考古学层面综合研究铜器的组合、器形、纹饰、族徽铭记、窖藏、分期与年代、流传与收藏等。

商周时期的青铜器以中原地区发现较早，研究有素，自成体系；对南方地区青铜器的研究则起步较晚。关于中原青铜器，张先生的一项重要成果是《殷商时代的青铜容器》（《考古学报》1979 年第 3 期）。该研究将殷商时期的青铜礼器分为早、中、晚期三期，比较各期铜器的组合、器形和纹饰等，探讨演变规律；又类比殷末和周初的青铜器，考察殷周之际的变化。关于南方青铜器，张先生对江西新干铜器群（《新干出土鼎形器的比较研究》，*Journal of East Asian Archaeology*，Vol. 2，1 – 2，2000）、湖南宁乡铜器群（《论宁乡黄材的青铜文化》，《湖南省博物馆馆刊》第五辑，2009 年）、安徽屯溪铜器群（《论屯溪出土的青铜器》，《吴越地区青铜器研究论文集》，香港两木出版社，1997 年）等都有深入研究，揭示了商周时期各地青铜文化的统一性与地域性。

张先生在青铜器领域中的另一项重要成果是亚醜铜器研究。20 世纪 60 年代在山东益都县苏埠屯发现一批墓葬，随葬铜器上的铭文曾见于该地 1931 年出土的铜器上。张先生综合研究这类铜器，确定其时代为商代晚期，墓地中的大墓墓主是薄姑的国君，研究成果《山东益都苏埠屯墓地和“亚醜”铜器》（《考古学报》1977 年第 2 期）发表后备受重视。这项研究搜集整理传世的有“亚醜”铭记的青铜器，探讨铜器群的特征、年代和族属，为研究相同族徽铭记的铜器群开创了新途径，提供了用考古材料来整理传世铜器并开展综合研究的范例。这项研究提出了一种重要的研究方法，此后学术界也开始就青铜器做类似的研究。

张先生在青铜器方面的重要成就还有纹饰研究。针对商周青铜器上最常见的兽面纹和鸟纹，张先生和陈公柔先生合作撰写了《殷周青铜容器上鸟纹的断代研究》（《考古学报》1984 年第 3 期）和《殷周青铜容器上兽面纹的断代研究》（《考古学报》1990 年第 2 期），从花纹的型式总结两类纹饰发展演变的规律，为青铜器的断代研究确立了重要标尺。

由青铜器看商时期各地的文化，张先生认为宏观上都是统一的，但各地文化有自身特色且相互影响。商代是中国历史上青铜器非常繁荣和发达的时期，从二里冈文化时期到殷墟时期，北方和南方在发展青铜文化方面都作出了贡献。

1983 ~ 1986 年，张家坡西周墓地出土很多玉器，张先生由此开始研究玉器。张先生曾因香港发现的牙璋撰写《论神木出土的刀形端刃玉器》（《南中国及邻近地区古文化研究》，香港中文大学出版社，1994 年），并为此到神木实地调查出土情况，征集新的标本，为神木玉器增添新资料。因张家坡墓地发现的兽面玉饰，又撰写《记沣西新发现的兽面玉饰》（《考古》1987 年第 5 期），广泛联系国外收藏的同类玉饰，讨论其年代等。张先生系统整理、阐述张家坡墓地的玉器，在补充了所有玉器的图像材料后于 2007 年出版了《张家坡西周玉器》，将张家坡西周墓地的玉器完整呈献给学术界。

张先生在他的学术生涯中，最珍视的就是田野考古发掘，他的学术成就多源于数十年在田野工地的发掘、积累和思考。

张先生切身体会到田野实践非常重要。以商周车制的研究为例，早在 1957 年他在长安张家坡就开始从发掘中获取经验和认识。但张先生没有只局限于发掘，因为木质车经过千年的变化和结构上的叠压已很难保存原状，但他也未完全依靠《考工记》这类文献，因为科学的研究不能完全陷入其中。张先生利用青铜车器来研究车的结构具有合理依据，如由车轴两头的未经移动的軎而得知轴长和轴端直径，进而便能将车制的某些局部复原出近乎实际的尺度。以此方法便可将车轮、车厢、车辕、车衡等各部件整合从而拼合组装成一辆比较切合实际的车。因有长期的实践积累、文献研究和深入思考，张先生对车制的研究厚积薄发。张先生认为在学术上要有突破，要靠田野实践、厚积薄发、新的思路和方法，而不能急功近利。

张先生将研究立足于田野发掘和考古材料，强调认识要与时俱进。如 20 世纪 80 年代他认为商文化分三期，早商是偃师二里头文化，中商是郑州二里冈文化，晚商是安阳殷墟文化。但发现偃师商城后，其陶器、宫殿遗址等并不同于二里头文化，这样偃师商城就可能是早期的商，张先生便不再坚持二头文化是商文化。张先生认为考古学是门日新月异的学科，每天都会有新发现，一项新的发现就可能动摇原有的体系，因此从事考古学研究就要有与时俱进的意识。根据新发现调整认识是考古学的特点，考古学必须求实，根据新材料、新研究吐故纳新。

带着这种学术态度和科学精神，张先生退休后长期坚持考古发掘和研究。

20 世纪 90 年代，张先生任中国社会科学院考古研究所与美国哈佛大学联合组成的中美考古队的中方领队，以探寻商代早期都城和聚落为学术目标在河南商丘调查和发掘，之后又整理和编撰商丘发掘的考古报告。

2005 年，山东滕州前掌大墓地的考古资料系统发表，张先生深入研究并发表了《前掌大墓地解读》（《安志敏先生纪念文集》，文物出版社，2011 年），提出前掌大北区以大型墓为主体，南区的“史”氏家族墓地则以中型墓为主体，两者在等级和年代上均有差别，实为两个墓地。北区墓地和苏埠屯墓地等级和年代相当，均属接受商文化传统而并存的两个地缘政治势力的遗存，其中苏埠屯是薄姑氏墓地，前掌大北区则可能是奄君的墓地。前掌大南区墓地的史族可能是奉命随征东夷而留驻于商奄的一支氏族。这项研究厘清了对前掌大墓地的认识。

进入 21 世纪以来，河南、陕西、山西等地不断发现西周封国的墓地，张先生从中发掘出具有重要意义的学术论题。如《论梁带村芮国墓地》一文研究了 2005 ~ 2007 年在陕西韩城梁带村发掘的 5 座两周之际的大型墓葬，认为南区四墓属芮国墓地，M27 双墓道大墓和 M28 的墓主人均为芮公，M26 和 M19 按常制应为夫妇异穴合葬墓，墓主或是芮太子夫妇。北区 M502 的随葬器物和葬俗与南区诸墓有较大差异，墓主人为毕伯克，并不属芮国墓。他还将墓中出土的青铜器与传世的芮国青铜器相联系并加以综合研究。

张先生离开田野后，在考古研究所的图书室中常能看到他的身影。他常谈起由考古新发现而生发的学术论题，寥寥数语中蕴含着敏锐的洞察和深邃的思考，他将追求学术新目标的期望寄予下一代。

田野考古使张先生在研究中葆有开放的态度和与时俱进的精神。透过他的考古成就，我们可以领悟到更为超越的东西，那就是对学术的真诚、信念和无尽追求。

（施劲松）

谭维四

著名考古学家、湖北省博物馆原馆长、研究馆员谭维四先生于2020年9月7日7时因病在武汉逝世，享年91周岁。

谭维四先生为湖北的文物考古与博物馆建设事业奋斗了一生。他1930年4月生于湖南省望城县（今长沙），1949年毕业于湖南师范学校，随后进入湖北省文联文工团。1950～1952年在湖北人民革命大学工作，1952～1964年先后在湖北省人民政府文物管理委员会、湖北省博物馆、湖北省文化局工作。1954年参加中央文化部文物事业管理局、中国科学院考古研究所和北京大学联合举办的“第三届考古工作人员训练班”培训，随后参加中南行政委员会和文化部组织的“长沙近郊古墓葬清理工作队”的考古发掘工作。1964年之后一直在湖北省博物馆工作，历任文物考古队队长、业务秘书、副馆长、馆长。1992年7月退休。2013年入选湖北文化名家。

谭先生毕生从事文博工作，组织完成多次文物普查，主持发掘或负责组织发掘了随州曾侯乙墓、江陵望山楚墓、江陵楚郢都纪南城、凤凰山秦汉墓等一系列重大的考古发掘项目，为湖北考古事业建设和发展作出了重要贡献。其中1978年主持发掘出土的曾侯乙编钟是我国文物考古、音乐史和科技史上的空前重大发现，在发掘和研究过程中，他特别注重多学科合作研究。合作编写的《曾侯乙墓》（文物出版社，1989年）考古报告荣获1999年中国社会科学院首届郭沫若中国历史学奖二等奖。曾侯乙墓的发掘和报告编写在湖北考古史上都具有里程碑式的意义。随后主编的《曾侯乙墓文物艺术》（湖北美术出版社，1991年）获湖北省社会科学优秀成果二等奖。另合著有《江陵望山沙塚楚墓》、《纪南城的考古勘探与发掘》等。代表性论文有《曾侯乙编钟所见先秦列国文化交流》（中国考古学会第七次年会论集，1992年）、《江陵雨台山21号楚墓律管浅论》（《文物》1988年第5期）等。

谭维四先生不仅见证了越王勾践剑、吴王夫差矛、曾侯乙编钟的出土，更让曾侯乙编钟走向了世界。他是曾侯乙编钟的音乐学、乐理学研究的倡导者，以及编钟复制研究的开拓者。他主持的曾侯乙编钟复制的研究成果获得了1979年度文化部科技成果一等奖。曾侯乙编钟的复制成功，既有效保护了文物（编钟原件），又为古乐新生开辟了新的领域，在谭先生首倡下，湖北省博物馆建立编钟古乐厅，成立编钟乐团。曾侯乙编钟复制品也频频出现在国际舞台上（法国、日本、卢森堡、意大利、美国、新加坡等），成为中国对外文化交流的金色名片。

谭维四先生高度重视专业人才的培养。他创办“亦工亦农文物考古训练班”，为湖北培养了一批又一批考古专业人才，这种方式也被国家文物局推广。他第一个提出帮助武汉大学历史系建立考古专业，1978年，武汉大学历史系联合湖北省博物馆共同创建武汉大学历史系考古专业，谭维四先生是武汉大学考古专业的创建人之一。他还携手武汉音乐学院音乐学系联合创办音乐考古专业，为我国音乐考古培养了一批特殊人才。

1992 年退休后，谭维四先生仍然心系湖北文物考古，不管哪里有破坏文物的事件，他都及时奔赴现场，为保护文物奔走呼号。晚年笔耕不辍，致力于曾侯乙文物研究和宣传，先后整理出版了《文物考古与博物馆论丛》（湖北美术出版社，1993 年）、《20 世纪中国文物考古发现与研究丛书·曾侯乙墓》（文物出版社，2001 年）、《乐宫之王》（浙江文艺出版社，2002 年）、《中国重大考古发掘记：曾侯乙墓》（生活·读书·新知三联书店，2003 年）、《解放军与国宝编钟的故事》（军事译文出版社，2011 年）、《战国王陵》（由《乐宫之王》改版，浙江文艺出版社，2012 年）。

谭维四先生是湖北文博事业的开创者之一，因主持曾侯乙墓的发掘和曾侯乙编钟的复制在中国文物文博行业享有盛誉。曾兼任中国考古学会理事、中国文物学会理事、湘鄂豫皖楚文化研究会常务副理事长等职。谭先生开启了湖北文物考古事业的新篇章，为湖北文物考古事业发展作出了重要贡献。

（罗运兵）

第七篇

考古学文献资料目录

考古学书目

壹 总类

一 考古学通论

柴尔德：考古学的革命（当代世界学术名著）［加］布鲁斯·特里格（Bruce G. Trigger）著 何传坤、陈淳译 中国人民大学出版社 2020年3月 文274页 插图37幅 16开 译自 Gorden Childe, Revolutions in Archaeology, 1980

现在的过去：给考古学家的人类学指南 ［英］伊恩·霍德（Ian Hodder）著 徐坚译 北京大学出版社 2020年5月 文248页 插图47幅 32开 译自 The Present Past, an Introduction to Anthropology for Archaeologists, 1982

阅读过去：考古学阐释的当代取向 ［英］伊恩·霍德（Ian Hodder）、［美］斯科特·赫特森（Scott Hutson）著 徐坚译 北京大学出版社 2020年5月 文294页 插图7幅 32开 译自 Reading the Past, Current Approaches to Interpretation in Archaeology, 2003

最早的农人：农业社会的起源（广西文物保护与考古研究所学术丛书）［澳］彼得·贝尔伍德（Peter Bellwood）著 陈洪波、谢光茂译 上海古籍出版社 2020年9月 目录、序21页 文324页 插图53幅 16开 译自 *First Farmers, the Origins of the Agricultural Societies*, 2005

考古学与史前文明 ［美］布赖恩·费根（Brian M. Fagen）著 袁媛译 中信出版社 2020年7月 文491页 插图252幅 16开 译自 *Ancient Lives, an Introduction to Archaeology and Prehistory*, 5th ed.

中国考古通识（高等学校历史学通识系列教材） 韩建业、李梅田主编 高等教育出版社 2020年12月 文299页 插图178幅 16开

中国考古学理论与方法（一） 王巍、余西云主编 科学出版社 2020年12月 文272页 插图65幅 插表10幅 16开

中国考古文献学（川大考古文博系列精品教材） 张勋燎、白彬编著 科学出版社 2020年6月 文277页 16开

穿越古今：海外考古大家访谈 李水城主编 温成浩副主编 上海古籍出版社 2020年5月 全二册 文654页 照片31幅 32开

求索：考古人访谈录Ⅳ 王巍、乔玉主编 上海古籍出版社 2020年5月 文262页 插图71幅 32开

了不起的文明现场：跟着一线考古队长穿越历史 李零、刘斌、许宏、唐际根、高大伦、伊弟利斯·阿不都热苏勒、段清波、杨军、刘瑞、崔勇、樊锦诗著 生活·读书·新知三联书店 2020年7月 文311页 插图312幅 16开

文明探源：考古十讲 中国社会科学院离退休干部工作局、首都图书馆编 社会科学文献出版社 2020年9月 文277页 插图290幅 插表7幅 16开

燕园清华园日记 夏鼐著 东方出版中心 2020年10月 文437页 插图18幅 32开

夏鼐传稿（中国社会科学院老年学者文库） 王世民著 社会科学文献出版社 2020年11月 文352页 插图80幅 16开

捕捉火花："苏秉琦学术思想"研读笔记　郭大顺著　文物出版社　2020年12月　文239页　16开
安志敏日记（中国历史研究院学术出版资助）　安志敏著　安家瑶、安家瑗整理　社会科学文献出版社　2020年3月　全五册　文2851页　照片18页　16开
中国考古学：永远在路上　张忠培著　故宫出版社　2020年6月　文267页　插图15幅　32开
不断裂的文明史：对中国国家认同的五千年考古解读　刘庆柱著　四川人民出版社　2020年1月　文425页　插图407幅　16开
刘庆柱访谈录：考古学与中原文明　韩国河主编　科学出版社　2020年4月　文202页　照片12页　32开
中国文明：农业与礼制的考古学　［日］冈村秀典著　陈馨译　上海古籍出版社　2020年9月　文250页　插图44幅　彩版8页　32开　译自『中国文明：農業と礼制の考古学』（京都大学学术出版会，2008年）
早期中国：社会和文化史概论（史学丛书）　李峰著　刘晓霞译　台湾大学出版中心　2020年1月　目录29页　文456页　插图87幅　彩版15页　32开　译自 *Early China*：*a Social and Cultural History*，2013
万年行旅：一个考古人的独白　蒋乐平著　浙江大学出版社　2020年7月　文246页　照片25幅　32开

二　各地考古综述

考古新乡（河南大学考古中原系列丛书）　李慧萍、郭强、张自强著　科学出版社　2020年6月　序、目录16页　文206页　插图126幅　16开
重庆文物考古十年（二）　重庆市文化遗产研究院、重庆市文化遗产保护中心编　白九江、方刚主编　四川人民出版社　2020年12月　前言、目录14页　文322页　插图534幅　16开
考古重庆（2019）　重庆市文化遗产研究院、重庆市文化遗产保护中心编　白九江主编　人民日报出版社　2020年12月　文137页　插图356幅　16开
重庆公众考古：乙亥集　重庆市文化遗产研究院、重庆文化遗产保护中心编　林必忠、高碧春主编　巴蜀书社　2020年10月　文330页　插图408幅　16开
宜春文物考古发现　宜春市文化广电新闻出版旅游局编　江西美术出版社　2020年12月　文242页　插图211幅　16开
广西文物考古60年　广西文物保护与考古研究所编著　文物出版社　2020年11月　文256页　彩版760幅　12开
广西考古散记（桂学文库）　蒋廷瑜、彭书琳著　广西科学技术出版社　2020年10月　目录6页　文385页　插图275幅　16开
海南考古三十年　海南省博物馆编　寿佳琦著　江苏人民出版社　2020年5月　目录10页　文180页　插图207幅　16开
西沙考古概略（南海历史文化研究丛书）　郝思德著　南方出版社　2020年5月　序、目录6页　文225页　16开

补　遗

南京考古小史（南京小史）　黄敏编著　南京出版社　2019年9月　文103页　32开

三　论文集

考古学研究（十一）：丝绸之路考古研究专号（北京大学考古学丛书）　北京大学考古文博学院、北京大学中国考古学研究中心编　沈睿文主编　科学出版社　2020年9月　文500页　插图291幅　插表31幅　彩版20页　16开
考古学研究（十二）：文物保护研究专号　北京大学考古文博学院、北京大学中国考古学研究中心编

胡钢主编　科学出版社　2021年2月　文267页　插图209幅　插表58幅　彩版8页　16开

古代文明（第十四卷）　北京大学中国古代考古学研究中心、北京大学震旦古代文明研究中心编　上海古籍出版社　2020年5月　文258页　插图95幅　插表97幅　16开

青年考古学家（第一辑）　北京大学考古文博学院、北京大学文物爱好者协会编　科学出版社　2020年10月　文283页　插图121幅　插表24幅　16开

西部考古（第十九辑）　文化遗产研究与保护技术教育部重点实验室、西北大学丝绸之路文化遗产保护与考古学研究中心、边疆考古与中国文化认同协同创新中心、西北大学唐仲英文化遗产研究与保护技术实验室编　冉万里主编　科学出版社　2020年8月　文306页　插图310幅　插表14幅　16开

西部考古（第二十辑）　文化遗产研究与保护技术教育部重点实验室、西北大学丝绸之路文化遗产保护与考古学研究中心、边疆考古与中国文化认同协同创新中心、西北大学唐仲英文化遗产研究与保护技术实验室编　冉万里主编　科学出版社　2020年12月　文337页　插图277幅　插表22幅　16开

东方考古（第17辑）　山东大学《东方考古》编辑部编　科学出版社　2020年12月　文317页　插图95幅　插表28幅　彩版8页　16开

边疆考古研究（第27辑）　吉林大学边疆考古研究中心编　朱泓主编　科学出版社　2020年7月　文472页　插图254幅　插表48幅　彩版20页　16开

边疆考古研究（第28辑）　吉林大学边疆考古研究中心编　朱泓主编　科学出版社　2020年12月　文481页　插图282幅　插表36幅　彩版10页　16开

北方民族考古（第九辑）　中国人民大学北方民族考古研究所、中国人民大学历史学院考古文博系编　魏坚主编　科学出版社　2020年7月　文358页　插图227幅　插表12幅　16开

北方民族考古（第十辑）　中国人民大学北方民族考古研究所、中国人民大学历史学院考古文博系编　魏坚主编　科学出版社　2020年12月　文300页　插图190幅　插表12幅　16开

南方民族考古（第二十辑）　四川大学博物馆、四川大学考古学系、成都文物考古研究院编　霍巍、颜劲松主编　科学出版社　2020年10月　文453页　插图178幅　插表38幅　16开

公众考古学（第一辑）　首都师范大学公众考古研究中心编　王涛主编　上海古籍出版社　2020年9月　文481页　插图110幅　16开

不惑集：山西大学考古专业成立40周年纪念文集　山西大学历史文化学院考古系编　李君、赵杰、王炜主编　科学出版社　2020年6月　文320页　插图159幅　插表19幅　附图1袋　16开

考古文博教学与研究（第二辑）　刘再聪、胡小鹏主编　兰州大学出版社　2020年10月　文376页　16开

早期文明的对话：世界主要文明起源中心的比较　中国文化遗产保护与考古学研究国际中心（ICCHA）、北京大学中国考古学研究中心编　上海古籍出版社　2020年7月　文300页　插图122幅　插表3幅　16开

国家起源问题研究的理论与方法："国家起源研究的理论与方法国际学术研讨会"论文集（中国国家起源研究的理论与方法丛书）　谢维扬、赵争主编　中西书局　2020年7月　文492页　插图30幅　插表12幅　16开

中华之源与嵩山文明研究（第四辑）　郑州中华之源与嵩山文明研究会、中华炎黄文化研究会史前文化专业委员会编　阎铁成、朱乃诚主编　科学出版社　2020年12月　文397页　插图220幅　插表17幅　16开

天中讲坛·中华文明探源（中华之源与嵩山文明研究系列丛书）　郑州中华之源与嵩山文明研究会编　李伯谦主编　科学出版社　2020年11月　文374页　插图300幅　16开

丝绸之路考古（第4辑）中国考古学会丝绸之路考古专业委员会、宁夏文物考古研究所、西北大学文化遗产学院编　罗丰主编　科学出版社　2020年10月　文230页　插图119幅　16开

丝绸之路与文明记忆：丝绸之路对中华文明演进与传播的影响学术研讨会论文集　天水市博物馆编　李宁民主编　文物出版社　2020 年 4 月　文 391 页　插图 92 幅　插表 15 幅　16 开

女性考古与女性遗产（第二辑）　贺云翱主编　江苏人民出版社　2020 年 6 月　文 337 页　插图 89 幅　插表 28 幅　图表 5 幅　16 开

故宫考古文集（一）　故宫博物院考古部、故宫考古研究所编　故宫出版社　2020 年 10 月　序、目录 16 页　文 235 页　插图 184 幅　插表 5 幅　16 开

晋中考古文集　晋中考古研究所编　胡慧鑫、崔晓东主编　三晋出版社　2020 年 12 月　全二册　序、目录 17 页　文 1151 页　插图 884 幅　插表 67 幅　彩版 132 页　16 开

新乡古代文明研究　新乡市文物考古研究所、首都师范大学组编　李慧萍、袁广阔主编　上海交通大学出版社　2020 年 10 月　450 页　31 页　16 开

宝鸡考古：纪念宝鸡市考古研究所成立四十周年论文集　宝鸡市考古研究所编　陕西人民美术出版社　2020 年 11 月　文 592 页　16 开

扬州考古发现与研究（总第一辑）　扬州市文物考古研究所编　王小迎主编　文物出版社　2020 年 12 月　文 167 页　插图 188 幅　插表 3 幅　16 开

从史前到历史：台湾东半部的文化样相（中研院历史语言研究所会议论文集之二十一）　郭素秋主编　台湾“中研院”历史语言研究所　2020 年 12 月　文 398 页　16 开

天津博物馆论丛（2019）　天津博物馆、天津文博院编　梁淳久主编　科学出版社　2020 年 6 月　文 287 页　插图 181 幅　16 开

辽宁省博物馆馆刊（2020）　辽宁省博物馆编　王筱雯、刘宁主编　科学出版社　2020 年 12 月　文 425 页　插图 192 幅　插表 11 幅　16 开

河南博物院院刊（第一辑）　河南博物院编　马萧林主编　大象出版社　2020 年 4 月　文 154 页　插图 109 幅　16 开

河南博物院院刊（第二辑）　河南博物院编　马萧林主编　大象出版社　2020 年 7 月　文 154 页　插图 163 幅　16 开

淮海文博（第二辑）　徐州博物馆编　李晓军主编　科学出版社　2020 年 10 月　文 322 页　插图 226 幅　插表 8 幅　彩版 6 页　16 开

温州文物论集（2008～2018）：温州博物馆建馆六十周年纪念专辑　温州博物馆编　中国民族摄影艺术出版社　2020 年 6 月　文 286 页　16 开

广州文博（拾叁）　广州市文化广电旅游局、广州市文物博物馆学会编　全洪主编　文物出版社　2020 年 7 月　文 329 页　插图 112 幅　彩版 5 页　16 开

马衡文存（清华国学书系）　马衡著　方遥选编　江苏人民出版社　2020 年 6 月　文 513 页　照片 3 页　16 开

绵瓞集：张颔先生 100 周年诞辰纪念文集　山西省考古研究院、山西省考古学会编　王晓毅主编　三晋出版社　2020 年 11 月　文 481 页　插图 84 幅　书迹 17 幅　照片 42 幅　16 开

张学海考古文集（海岱考古人文集之一）　张学海著　张溯主编　文物出版社　2020 年 9 月　全二册　序、目录 10 页　文 586 页　插图 60 幅　插表 7 幅　照片 22 页　16 开

山海为伴：考古随想录　郭大顺著　文物出版社　2020 年 12 月　文 359 页　插图 18 幅　16 开

李健民考古与文物论文集　李健民著　中国社会科学出版社　2020 年 9 月　文 352 页　插图 139 幅　照片 9 页　16 开

长河沃野：魏坚北方考古文选·史前卷　魏坚著　科学出版社　2020 年 11 月　序、目录 14 页　文 360 页　插图 148 幅　插表 13 幅　16 开

大漠朔风：魏坚北方考古文选·历史卷　魏坚著　科学出版社　2020 年 11 月　序、目录 14 页　文 452 页　插图 322 幅　16 开

行疆探微：边疆考古与美术考古文集　冯恩学著　上海古籍出版社　2020 年 9 月　文 430 页　插图 219

幅　彩版 2 页　16 开
沙发考古随笔（光启文库）　陈淳著　商务印书馆　2020 年 7 月　文 398 页　32 开
考古随笔（一）　陈星灿著　文物出版社　2020 年 12 月　序、目录 12 页　文 262 页　插图 86 幅　32 开
考古随笔（二）　陈星灿著　文物出版社　2020 年 12 月　文 312 页　插图 116 幅　插表 4 幅　32 开
考古随笔（三）　陈星灿著　文物出版社　2020 年 12 月　文 419 页　插图 39 幅　32 开
参差集　杭侃著　北京联合出版公司　2020 年 11 月　文 303 页　插图 95 幅　32 开

补　遗

东亚文明　南京师范大学文物与博物馆学系编　燕山大学出版社　2019 年 12 月　文 331 页　16 开
“晋界”讲坛文集（2016～2017）　山西博物院编　三晋出版社　2019 年 6 月　文 370 页　16 开
太原考古（第二辑）　周富年、周健、冯钢、陈庆轩编著　山西人民出版社　2019 年 9 月　文 387 页　插图 721 幅　图版 7 幅　16 开
先秦太原研究　常一民著　三晋出版社　2019 年 12 月　文 341 页　插图 7 幅　彩版 2 页　16 开
西市文博（第一辑）　大唐西市博物馆编　西北大学出版社　2018 年 12 月　文 202 页　插图 172 幅　16 开

四　博物馆藏品、陈列和展览图录

山西珍贵文物档案（十一）：太原卷　山西省文物局编　科学出版社　2020 年 11 月　凡例、前言、目录 10 页　彩版 233 页　16 开
山西珍贵文物档案（十四）：长治卷　山西省文物局编　科学出版社　2020 年 11 月　凡例、前言、目录 13 页　彩版 249 页　16 开
山西珍贵文物档案（十五）：朔州卷　山西省文物局编　科学出版社　2020 年 11 月　凡例、前言、目录 7 页　彩版 220 页　16 开
山西珍贵文物档案（十六）：晋中卷　山西省文物局编　科学出版社　2020 年 11 月　凡例、前言、目录 10 页　彩版 176 页　16 开
河南博物院藏品精粹　河南博物院编　马萧林主编　上海人民美术出版社　2020 年 12 月　彩版 285 页　16 开
南开大学博物馆藏品图录：百件文物精品卷　南开大学博物馆编　刘毅主编　科学出版社　2020 年 5 月　文 200 页　插图 50 幅　彩版 100 幅　16 开
云中典藏：托克托博物馆馆藏文物精华　内蒙古自治区文物考古研究所、内蒙古博物院、托克托博物馆编　陈永志主编　文物出版社　2020 年 12 月　文 297 页　彩版 122 幅　16 开
流光溢彩：邗江文物精萃　邗江区文化体育和旅游局编　朱育林主编　广陵书社　2020 年 1 月　文 168 页　彩版 152 幅　16 开
穿越：浙江历史文化展（首都博物馆书库）　首都博物馆编　北京出版集团　2020 年 1 月　文 273 页　彩版　16 开
华夏宝库，耀世华章：陕西历史博物馆（走进博物馆丛书）　陕西省文物局编　谭前学撰　西安地图出版社　2020 年 5 月　文 281 页　插图 150 幅　16 开
千年帝都，文武盛地：西安博物院（走进博物馆丛书）　陕西省文物局编　崔钧平撰　西安地图出版社　2020 年 5 月　文 208 页　插图 108 幅　16 开
史前家园，文明曙光：西安半坡博物馆（走进博物馆丛书）　陕西省文物局编　陈锦航、李爱萍撰　西安地图出版社　2020 年 5 月　文 152 页　插图 137 幅　16 开
秦皇陵墓，文明标识：秦始皇帝陵博物院（走进博物馆丛书）　陕西省文物局编　张卫星撰　西安地图出版社　2020 年 5 月　文 233 页　插图 141 幅　16 开
汉家陵阙，治世气象：汉景帝阳陵博物院（走进博物馆丛书）　陕西省文物局编　赵超等撰　西安地图

出版社 2020年5月 文160页 插图81幅 16开

丝路明珠，大唐故宫：法门寺博物馆（走进博物馆丛书） 陕西省文物局编 陈锦航等撰 西安地图出版社 2020年5月 文150页 插图105幅 16开

秦风楚韵，多元荟萃：安康博物馆 陕西省文物局编 施昌成、来昌浩、王晓洁撰 西安地图出版社 2020年5月 文163页 插图167幅 16开

河润华章，人物风流：渭南市博物馆（走进博物馆丛书） 陕西省文物局编 温二强撰 西安地图出版社 2020年5月 文226页 插图114幅 16开

汉台聚珍，大汉源脉：汉中市博物馆（走进博物馆丛书） 陕西省文物局编 何健撰 西安地图出版社 2020年5月 文141页 插图100幅 16开

丰碑如数，宝刻成林：西安碑林博物馆（走进博物馆丛书） 陕西省文物局编 王庆卫撰 西安地图出版社 2020年5月 文242页 插图139幅 16开

陈仓记忆 宝鸡市陈仓区博物馆编 董卫剑主编 西北大学出版社 2020年4月 文175页 插图14幅 彩版173幅 16开

古徵流韵：澄城县博物馆馆藏文物精粹 澄城县博物馆编 成振武主编 文物出版社 2020年8月 文223页 插图31幅 彩版185幅 16开

朐忍风华：云阳文物精粹 云阳博物馆编 温小华主编 巴蜀书社 2020年9月 文232页 彩版231幅 8开

征途：贵州省博物馆建成六十周年纪念专集 贵州省博物馆编 广西师范大学出版社 2020年4月 文327页 插图234幅 插表5幅 16开

第一次全国可移动文物普查云南省珍贵文物集萃（第一卷） 云南省文物局编 杨德聪主编 云南人民出版社 2020年2月 文273页 插图27幅 彩版162幅 16开

亚洲文明展 孔子博物馆、中国文物交流中心编著 文物出版社 2020年4月 文169页 彩版150幅 16开

大美亚细亚：亚洲文明展 国家文物局编 文物出版社 2020年7月 文388页 插图34幅 彩版527幅 16开

长渠缀珍：南水北调中线工程河南段出土文物保护成果展 郑州博物馆编著 田凯主编 文物出版社 2020年6月 文287页 彩版308幅 16开

丝路孔道：甘肃文物菁华（中国国家博物馆国内交流系列丛书） 王春法主编 王志强等撰稿 北京时代华文书局 2020年7月 文545页 插图24幅 彩版324幅 16开

唐蕃古道：七省区精品文物联展 青海省博物馆编 文物出版社 2020年7月 文263页 插图6幅 彩版213幅 16开

万里同风：新疆文物精品（中国国家博物馆国内交流系列丛书） 中国国家博物馆编 王春法主编 北京时代华文书局 2020年1月 文297页 插图39幅 彩版183幅 16开

西出阳关：新疆文物精品展 深圳市南山博物馆编 戚鑫、何嘉主编 文物出版社 2020年11月 文259页 彩版221幅 16开

殊方共享：丝绸之路国家博物馆文物精品展（中国国家博物馆国际交流系列丛书） 王春法、刘万鸣主编 闫志、葛承雍、邵学诚、赵永、邓璐、陈淑杰撰稿 安徽美术出版社 2020年8月 文398页 插图77幅 彩版215幅 16开

春风千里：江南文化艺术展特集 上海博物馆编 杨志刚主编 上海书画出版社 2020年5月 文281页 彩版197幅 16开

荷浦珠还：荷兰倪汉克新近捐赠文物展 上海博物馆编 杨志刚主编 上海书画出版社 2020年7月 文125页 插图8幅 彩版48组 8开

广东省文物考古研究所藏品精粹（广东省文物考古研究所文物图录系列） 广东省文物考古研究所编著 曹劲主编 科学出版社 2020年8月 前言、目录15页 彩版275页 16开

金色名片：全国文物进出境展览集粹（2018 年度）　中国文物交流中心编　北京时代华文书局　2020 年 2 月　文 201 页　16 开

补　遗

山西珍贵文物档案（十二）：运城卷　山西省文物局编　科学出版社　2019 年 12 月　凡例、前言、目录 10 页　彩版 237 页　16 开

山西珍贵文物档案（十三）：大同卷　山西省文物局编　科学出版社　2019 年 12 月　凡例、前言、目录 10 页　彩版 237 页　16 开

辽宁省第一次全国可移动文物普查珍品集　辽宁省文物局编　万卷出版公司　2019 年 12 月　全二册　综述、彩版 1074 页　16 开

喀左县文物精品图录　刘雅婷主编　北京联合出版公司　2018 年 4 月　序、前言、目录 5 页　彩版 221 页　16 开

源・流：99 件文物里的南京　南京市博物馆总馆编　吴阒主编　南京出版社　2019 年 9 月　文 415 页　彩版 99 组　16 开

五　田野考古方法

考古地层学原理　（百慕大）爱德华・赛西尔・哈里斯（Edward Cecil Harris）著　李宁利译　中山大学出版社　2020 年 12 月　序、前言、目录 7 页　文 211 页　插图 68 幅　16 开　译自 Principles of Archaeological Stratigraphy，2nd ed.，1989

六　科技考古

科技考古与文物保护技术（第三辑）　重庆高校市级科技考古与文物保护技术重点实验室、重庆师范大学考古学及博物馆学市级实验教学示范中心主办　武仙竹主编　科学出版社　2020 年 12 月　文 323 页　插图 179 幅　插表 34 幅　16 开

空间考古学导论　郭华东、王心源、陈富龙、王成等著　科学出版社　2020 年 8 月　文 256 页　插图 77 幅　插表 21 幅　16 开

地质考古学：地球科学方法在考古学中的应用　［美］乔治・拉普（George R. Rapp）、克里斯托弗・希尔（Christopher L. Hill）著　杨石霞、赵克良、李小强译　科学出版社　2020 年 11 月　序、目录 10 页　文 300 页　插图 100 幅　16 开　译自 *Geoarchaeology：the Earth Science Approach to Archaeological Interpretation*，Yale University Press，1998

骨骼疾病图谱：人类骨骼病理与正常变异指南［第三版］　［美］罗伯特・曼恩（Robert W. Mann）、［美］大卫・亨特（David R. Hunt）著　张全超、秦彦国译　科学出版社　2020 年 10 月　序、引言、目录 10 页　文、附图 350 页　插图 244 幅　插表 5 幅　附图 142 幅　16 开　译自 Photographic Regional Atlas of Bone Disease，a Guide to Pathologic and Normal Variation in the Human Skeleton，3rd edition，2013

饭局的起源：我们为什么喜欢分享食物（新知文库）　［英］马丁・琼斯（Martin Jones）著　陈雪香译　生活・读书・新知三联书店　2019 年 10 月　文 392 页　插图 37 幅　32 开　译自 Feast：Why Humans Share Food，2008

举箸观史：东周到汉代中原先民食谱研究　周立刚著　科学出版社　2020 年 11 月　前言、目录 15 页　文 172 页　插图 26 幅　插表 29 幅　16 开

补　遗

古陶瓷中子活化分析技术规范（GB/T37666－2019）　中国科学院高能物理研究所起草　中国质检出版社　2019 年 6 月　7 页　16 开

北疆草原人种考古（中国新疆人种考古丛书）　王博、付昶著　新疆人民卫生出版社　2019 年 9 月　文 224 页　插图 54 幅　插表 91 幅　16 开

南疆绿洲人种考古（中国新疆人种考古丛书） 王博、付昶著 新疆人民卫生出版社 2019年9月 文334页 插图71幅 插表136幅 16开
骨骼与干尸的调查（中国新疆人种考古丛书） 王博、付昶著 新疆人民卫生出版社 2019年9月 文294页 插图173幅 插表27幅 16开
新疆干尸和改形颅（中国新疆人种考古丛书） 王博、付昶著 新疆人民卫生出版社 2019年9月 文315页 插图123幅 插表49幅 16开

七 工具书

中国考古学年鉴（2018） 中国考古学会编 王巍主编 中国社会科学出版社 2020年6月 目录19页 文653页 彩版18页 16开

贰 田野考古资料

一 调查发掘报告

通州田家府村：通州文化旅游区A8、E1、E6地块考古发掘报告（北京文物与考古系列丛书） 北京市文物研究所编著 上海古籍出版社 2020年5月 目录11页 文182页 插图190幅 彩版76页 16开
大兴古墓葬考古发掘报告集（北京文物与考古系列丛书） 北京市文物研究所编著 科学出版社 2020年9月 目录14页 文295页 插图303幅 彩版90页 16开
朔黄铁路平山段古中山国墓葬发掘报告 河北省文物考古研究院、中国人民大学考古文博系编著 科学出版社 2020年6月 序、目录15页 文198页 插图134幅 彩版68页 16开
磁县滏阳营至槐树屯段墓葬考古发掘报告（南水北调中线一期工程文物保护项目，河北省考古发掘报告，第十一号） 邯郸市文物保护研究所编著 王晖、薛玉川、尹建兵主编 科学出版社 2020年9月 目录10页 文223页 插图141幅 彩版32页 16开
元氏南白楼墓地（南水北调中线一期工程文物保护项目，河北省考古发掘报告，第十二号） 武汉大学历史学院考古系编著 宋海超、余西云、李默然主编 科学出版社 2020年12月 目录9页 文118页 插图80幅 插表3幅 彩版12页 图版52页 16开
右玉县苍头河流域区域考古调查报告：以马营河北岸为中心（国家文物局“十三五”规划重大课题“河套地区聚落与社会研究”成果之二） 山西省考古研究院、右玉县博物馆编著 科学出版社 2020年7月 目录18页 文497页 插图291幅 插表51幅 彩版40页 16开
晋阳古城三号建筑基址 山西省考古研究院、太原市文物考古研究所、晋源区文物旅游局编著 韩炳华执笔 科学出版社 2020年6月 目录30页 文293页 插图234幅 彩版132页 16开
太原北齐韩祖念墓 太原市文物考古研究所编著 周富年、彭娟英、龙真主编 科学出版社 2020年6月 目录8页 文133页 插图54幅 插表10幅 彩版72页 16开
2015年度洞沟古墓群山城下墓区清理报告 吉林省文物考古研究所、集安市博物馆编著 安文荣、董峰主编 科学出版社 2020年10月 目录12页 文216页 插图151幅 彩版60页 16开
黄淮七省考古新发现（2018） 河南省文物考古研究院、山东省文物考古研究院、安徽省文物考古研究所、江苏省考古研究所、河北省文物考古所、陕西省考古研究院、山西省考古研究所编著 大象出版社 2020年8月 文353页 插图383幅 16开
登封方家沟遗址发掘报告 北京大学考古文博学院、郑州市文物考古研究院编著 科学出版社 2020年2月 序、目录10页 文175页 插图52幅 插表22幅 附表3幅 彩版72页 16开
安阳孝民屯（三）：殷商遗存·铸铜遗物（中国田野考古报告集，考古学专刊，丁种第九十四号） 中国社会科学院考古研究所编著 王巍、王学荣、岳占伟主编 文物出版社 2020年5月 全二册

前言25页　目录33页　文551页　插图254幅　拓版85幅　彩版385幅　16开

安阳郭家湾新村（中国田野考古报告集，考古学专刊，丁种第一〇五号）　中国社会科学院考古研究所、安阳市文物考古研究所编著　刘忠伏、孟宪武主编　科学出版社　2020年11月　目录16页　文273页　插图265幅　插表5幅　彩版116页　16开

安阳北徐家桥2001～2002年发掘报告（殷墟田野考古发掘报告集）　安阳市文物考古研究所编著　中州古籍出版社　2020年9月　全二册　目录56页　文769页　插图453幅　拓片10幅　附表22幅　彩版119页　图版74页　16开

新郑赵庄旧石器时代遗址发掘报告　郑州市文物考古研究院、北京大学考古文博学院编著　科学出版社　2020年11月　目录10页　文164页　插图64幅　插表32幅　彩版56页　16开

新郑部楼两周墓地　河南省文物考古研究院编著　上海古籍出版社　2020年8月　目录11页　文382页　插图246幅　彩版131页　16开

淅川下王岗：2008～2010年考古发掘报告（南水北调中线工程文物保护项目，河南省考古发掘报告，第四十号）　中国社会科学院考古研究所编著　科学出版社　2020年5月　全三册　前言、目录33页　文608页　插图517幅　插表38幅　彩版201页　16开

淅川马川墓地战国秦汉墓（南水北调中线工程文物保护项目，河南省考古发掘报告，第四十一号）河南省文物考古研究院、驻马店市文物考古管理所编著　李安娜、齐雪义主编　科学出版社　2020年9月　前言、目录31页　文524页　插图473幅　彩版28页　图版96页　16开

宝丰清凉寺窑　河南省文物考古研究院、宝丰汝窑博物馆编著　科学出版社　2020年11月　全二册　目录25页　文502页　插图165幅　彩版368页　16开

洛阳考古勘探报告（第五辑）　洛阳市文物勘探中心编　周海涛、李春敏、张博主编　三秦出版社　2020年12月　文429页　插图127幅　附表22幅　彩版24页　16开

海岱考古（第十三辑）　山东省文物考古研究院编　何德亮、张溯主编　科学出版社　2020年11月　文497页　插图329幅　插表18幅　彩版88页　16开

临淄齐故城冶铸业考古（中国田野考古报告集，考古学专刊，丁种第一〇四号）　中国社会科学院考古研究所、山东省文物考古研究院、临淄市临淄区齐文化发展研究中心编著　科学出版社　2020年9月　全三册　目录68页　文1162页　插图1163幅　插表131幅　附表6幅　彩版320页　16开

淄川渭头河窑址　山东大学历史文化学院、淄博市淄川区文物事业管理局编著　文物出版社　2020年1月　目录9页　文126页　插图148幅　插表25幅　彩版64页　16开

胶东调水考古报告集（南水北调东线一期工程文物保护项目，山东省考古发掘报告，第二号）　山东省文物考古研究院编著　孙波主编　科学出版社　2020年9月　序、目录5页　文290页　插图270幅　附表8幅　图版60页　16开

山东沿海汉代墩式封土墓考古报告集　山东省文物考古研究院编著　文物出版社　2020年10月　文324页　插图319幅　插表8幅　彩版58页　16开

铜陵师姑墩：夏商周遗址考古发掘与研究　安徽省文物考古研究所、安徽大学、铜陵博物馆、铜陵市义安区文物局编著　文物出版社　2020年10月　全二册　目录65页　文760页　插图525幅　插表340幅　彩版261页　16开

大云山：西汉江都王陵1号墓发掘报告　南京博物院、盱眙县文化广电和旅游局编著　李则斌主编　文物出版社　2020年1月　全四册　序、目录47页　文1110页　插图424幅　彩图212幅　彩版473页　16开

东台辞郎村（泰东河工程文物保护项目系列报告）　南京博物院、无锡市文化遗产保护和考古研究所、东台市博物馆编著　周润垦主编　文物出版社　2020年7月　目录13页　文236页　插图164幅　彩版137页　16开

无锡城南村明清遗址考古报告（无锡市文化遗产保护和考古研究所科技成果，四）　无锡市文化遗产保护和考古研究所编著　刘宝山主编　李永军执笔　江苏大学出版社　2020年3月　文113页　插图

109 幅　彩版 36 页　16 开

江西抚河流域先秦时期遗址考古调查报告Ⅲ：临川区·崇仁县　江西省文物考古研究院、西北大学文化遗产学院、西安弘道文化遗产保护工程有限公司、抚州市文物博物管理所、临川区文物管理所、崇仁县博物馆编著　文物出版社　2020 年 6 月　目录 18 页　文、彩版 336 页　插图 453 幅　彩版 39 幅　16 开

银坑坞：景德镇南河流域窑址考古调查报告之一（江西昌江流域水下文化遗产调查报告之窑址系列）　江西省文物考古研究院、中国人民大学历史学院、北京大学考古文博学院编著　文物出版社　2020 年 12 月　目录 12 页　文 217 页　插图 155 幅　彩版 120 页　16 开

于家山：越窑遗址发掘报告（宁波文物考古研究丛书，乙种第六号）　宁波市文化遗产管理研究院、奉化区文物保护管理所编著　王结华、李永宁、罗鹏执笔　科学出版社　2020 年 12 月　序、前言、目录 12 页　文 139 页　插图 54 幅　彩版 32 页　16 开

泉州南外宗正司遗址 2019 年度考古发掘报告（中国田野考古报告集，考古学专刊，丁种第一〇三号）　中国社会科学院考古研究所、福建博物院、泉州市海上丝绸之路申遗中心编著　科学出版社　2020 年 8 月　目录 11 页　文 153 页　插图 161 幅　插表 7 幅　16 开

闽清义窑考古调查发掘报告　福建博物院编著　羊泽林主编　林海南、羊泽林、栗建安执笔　海峡书局　2020 年 5 月　全二册　699 页　彩版 1679 幅　线图 177 幅　附图 220 幅　16 开

襄阳沈岗东周墓（西区）（襄阳古邓城考古发掘成果之五）　襄阳市文物考古研究所编著　王伟主编　科学出版社　2020 年 11 月　全二册　目录 27 页　文 563 页　插图 516 幅　彩版 88 页　图版 124 页　16 开

郧县大寺遗址（南水北调中线一期工程文物保护项目，湖北省考古发掘报告，第十号）　湖北省文物考古研究所编著　黄文新、袁飞勇主编　科学出版社　2020 年 8 月　全二册　目录 35 页　文 631 页　插图 747 幅　彩版 84 页　图版 188 页　16 开

郧县店子河遗址（南水北调中线一期工程文物保护项目，湖北省考古发掘报告，第十一号）　武汉大学历史学院考古系编著　宋海超、余西云、冯小波主编　科学出版社　2020 年 9 月　目录 24 页　文 428 页　插图 373 幅　插表 7 幅　彩版 84 页　图版 60 页　16 开

湖南省蒸水流域考古调查报告　湖南省文物考古研究所编著　科学出版社　2020 年 8 月　目录 8 页　文 347 页　插图 440 幅　16 开

沅陵虎溪山一号汉墓　湖南省文物考古研究所编著　文物出版社　2020 年 11 月　全二册　目录 17 页　文 187 页　插图 116 幅　插表 5 幅　彩版 91 页　图版 107 页　8 开

2010～2014 年度广东基建考古新发现　广东省文物考古研究所编著　科学出版社　2020 年 11 月　序、目录 5 页　文 304 页　插图 765 幅　16 开

1996 年西沙文物普查（海南省博物馆出版物·丙种）　海南省博物馆、海南省文物考古研究所编著　科学出版社　2020 年 7 月　文 195 页　彩版 495 幅　16 开

澄迈清代福安窑　海南省博物馆、海南省文物考古研究所编　科学出版社　2020 年 11 月　文 172 页　插图 531 幅　插表 3 幅　16 开

武鸣马头先秦墓　广西文物保护与考古研究所、南宁市博物馆编著　文物出版社　2020 年 7 月　目录 9 页　文 196 页　插图 128 幅　彩版 72 页　16 开

蓝田新街：新石器时代遗址发掘报告（陕西省考古研究院田野考古报告，第八十八号）　陕西省考古研究院编著　文物出版社　2020 年 1 月　全二册　目录 22 页　文 630 页　插图 358 幅　插表 20 幅　彩版 174 页　16 开

西安文物勘探考古工作编年（2000～2010）　西安市文物保护考古研究院编著　张翔宇主编　科学出版社　2020 年 6 月　目录 30 页　文 536 页　插图 24 幅　16 开

甘肃省基本建设考古报告集（一）　甘肃省文物考古研究所编著　陈国科主编　文物出版社　2020 年 10 月　序、目录 5 页　文 287 页　插图 179 幅　插表 4 幅　彩版 83 页　16 开

甘肃徐家城旧石器时代遗址2009年发掘与研究（甘肃省旧石器时代考古研究，一）　甘肃省文物考古研究所、中国科学院古脊椎动物与古人类研究所编　李锋、陈福友、王山等著　科学出版社　2020年11月　序、插图11页　文160页　插图62幅　插表24幅　彩版24页　16开

肃南马蹄寺石窟群（敦煌研究院学术文库）　敦煌研究院、甘肃省文物局、肃南裕固族自治县文物局编著　马玉萍、赵声良主编　科学出版社　2020年7月　目录16页　文124页　插图41幅　彩版168页　16开

新疆拜其尔墓地：2004～2005年度发掘报告（新疆文物考古研究所丛刊之十；西北大学考古学系列报告，第二号）　新疆文物考古研究所、西北大学文化遗产学院、哈密市文物局、哈密博物馆、伊吾县文物管理局编著　文物出版社　2020年10月　目录25页　文266页　插图196幅　彩版190页　16开

新疆库车苏巴什佛寺遗址石窟调查报告（西北大学考古系列报告，第一号）　西北大学文化遗产学院编　冉万里编著　上海古籍出版社　2020年5月　目录9页　文106页　插图62幅　彩版50页（110幅）　16开

新疆北庭故城遗址考古调查勘探报告（2012～2014）　新疆维吾尔自治区文物古迹保护中心、洛阳市文物勘探中心、新疆吉木萨尔县文物局编　梁涛、桑永夫、马君凤主编　中州古籍出版社　2020年9月　文333页　插图241幅　16开

重庆三峡后续工作考古报告集（第二辑）　重庆市文物局、重庆市文化遗产研究院编著　幸军主编　科学出版社　2020年11月　文350页　插图342幅　插表7幅　彩版60页　16开

万州金狮湾墓群（长江三峡工程文物保护项目报告，乙种第三十五号）　南京市博物馆、南京航空航天大学、南京市考古研究院编著　岳涌主编　科学出版社　2020年8月　目录8页　文127页　插图97幅　彩版60页　16开

忠县中坝（长江三峡工程文物保护项目报告，乙种第三十六号）　四川省文物考古研究院编著　孙智彬主编　科学出版社　2020年11月　全四册　目录60页　文1886页　插图1167幅　插表208幅　彩版172页　16开

成都考古发现（2018）成都文物考古研究院编著　科学出版社　2020年12月　文358页　插图344幅　插表19幅　彩版14页　16开

兰坪玉水坪（云南省文物考古研究所田野考古报告，第二十一号）　云南省文物考古研究所、怒江州文物管理所、兰坪县文物管理所编著　文物出版社　2020年8月　目录7页　文239页　插图52幅　插表21幅　附表4幅　彩版64页　16开

穿越西伯利亚：2016年中俄联合考古（重庆文物考古研究系列）　重庆市文化遗产研究院、重庆文化遗产保护中心编著　邹后曦主编　科学出版社　2020年9月　文161页　彩版、拓图、线图192幅　16开

补　遗

小营与西红门：北京大兴考古发掘报告（北京文物与考古系列丛书）　北京市文物研究所编著　上海古籍出版社　2018年6月　目录11页　文271页　插图247幅　彩版72页　图版12页　16开

南阳市鸭河工区考古调查报告　南阳市文物考古研究所编著　王巍、杨俊峰主编　河南大学出版社　2019年11月　序、目录20页　文230页　插图250幅　彩版108页　16开

张掖甘州黑水国汉代墓葬发掘报告　甘肃省文物考古研究所编著　陈国科、杨谊时、刘兵兵主编　甘肃教育出版社　2019年9月　全二册　目录16页　文755页　插图340幅　插表51幅　彩版204页　16开

二　出土文物图录

2019中国重要考古发现　国家文物局主编　文物出版社　2020年5月　文181页　彩版379幅　16开

甘肃重要考古发现（2000～2019）　甘肃省文物考古研究所编著　陈国科主编　文物出版社　2020年

10月 文375页 彩版742幅 16开
黄河文明的标识：陶寺·石峁的考古揭示 山西博物院编 赵志明主编 山西人民出版社 2020年11月 文216页 插图61幅 彩版214幅 16开
周风遗韵：陕西刘家洼考古成果展（中国国家博物馆全国考古发现系列丛书） 中国国家博物馆编 王春法主编 王月前等撰稿 北京时代华文书局 2020年9月 文253页 插图61幅 彩版116幅 16开
河东之光：山西酒务头考古成果展（中国国家博物馆全国考古发现系列丛书） 中国国家博物馆编 山东美术出版社 2020年10月 彩版217页 16开
梦回布哈拉：唐定远将军安菩夫妇墓出土文物特展 洛阳博物馆编 王军花主编 中州古籍出版社 2020年7月 文176页 插图37幅 插表5幅 彩版55幅 16开
最忆是江南：湖州凡石桥南宋遗址出土文物 浙江省博物馆、浙江省文物考古研究所、湖州市文物保护管理所编 汤苏婴、陈云主编 文物出版社 2020年3月 文140页 彩版193幅 8开
月朗山高：元代青浦任仁发家族文物集萃 上海市青浦区博物馆编 张依明、王辉主编 上海人民出版社 2020年5月 文147页 彩版50组 8开
凤舞潇湘：桂阳千家坪出土陶器（湖南史前陶器图集，一） 湖南省文物考古研究所编著 故宫出版社 2020年6月 全二册 文539页 插图40幅 彩版388幅 16开
古道传“真”：2018～2019年韶关机场考古发掘成果展（广东省文物考古研究所公众考古丛书） 广东省文物考古研究所、乳源瑶族自治县民族博物馆编 唐博豪、陈雨生主编 广东高等教育出版社 2020年5月 文94页 插图8幅 彩版142幅 16开
重庆三峡后续工作考古出土文物图集（重庆文化遗产保护系列丛书） 重庆市文化遗产研究院、重庆文化遗产保护中心编著 白九江、范鹏主编 科学出版社 2020年11月 综述、目录23页 插图12幅 彩版310页（342幅） 16开

补 遗

考古成都：新世纪成都地区考古成果展 成都金沙遗址博物馆、成都文物考古研究院编著 四川人民出版社 2018年10月 文116页 彩版103幅 12开

叁 考古学分论

一 人类起源与旧石器时代

周口店遗址史前文化遗产保护、研究与可持续发展国际会议论文集：纪念周口店遗址发现100周年 周口店北京人遗址博物馆编 科学出版社 2020年11月 全二册 文5267页 插图424幅 插表34幅 照片20页 16开
史前人类：文明的起源 ［英］亨利·内维尔·哈钦森（Henry Neville Hutchinson）著 张晓宁、张浩楠译 中国大地出版社 2020年4月 文270页 插图10幅 插表6幅 16开 译自 Prehistoric Man and Beast
人类的诞生 柳州白莲洞洞穴科学博物馆编 周国兴、蒋远金著 广西科学技术出版社 2020年9月 文177页 12开
海南远古人类文化图鉴 李超荣编著 科学出版社 2020年9月 文182页 彩版215幅 16开
微研大义：石器微痕研究与思考 陈虹著 浙江大学出版社 2020年2月 文260页 插图92幅 插表34幅 16开
鉴微寻踪：旧石器时代石英岩石制品的微痕与功能研究 陈虹著 浙江大学出版社 2020年9月 文238页 插图137幅 插表22幅 16开
石器工业与适应行为：澧水流域晚更新世古人类文化研究（北京大学震旦古代文明研究中心学术丛书之四十） 李意愿著 上海古籍出版社 2020年5月 文328页 插图134幅 插表119幅 16开

郑州地区旧石器时代考古新发现论文集　郑州市文物考古研究院、北京大学考古文博学院主编　科学出版社　2020 年 11 月　序、目录 8 页　文 517 页　插图 249 幅　插表 117 幅　16 开

从史前到文明（华夏文库：史前中国书系）　陈淳著　中州古籍出版社　2020 年 5 月　文 190 页　插图 13 幅　16 开

当时世界年纪小：考古学家爸爸的 12 封来信　徐新民著　浙江大学出版社　2020 年 11 月　文 164 页　插图 119 幅　24 开

补　遗

人类起源的故事：我们是谁，我们从哪里来　［美］大卫·赖克（David Reich）著　叶凯雄、胡正飞译　浙江人民出版社　2019 年 6 月　文 364 页　插图 28 幅　16 开　译自 *Who We Are and How We Got Here: Ancient DNA and the New Science of the Human Past*, 2018

远古的秘密：洛南盆地旧石器遗址群　张毅真主编　陕西旅游出版社　2019 年 1 月　文 158 页　插图　16 开

二　新石器时代

剑桥古代史（第一卷第一分册）：导论与史前史　［英］I. E. S. 爱德华兹（I. E. S. Edwards）、C. J. 嘉德（C. J. Gadd）、N. G. L. 哈蒙德（N. G. L. Hammond）等编　汪连兴等译　中国社会科学出版社　2020 年 3 月　序、前言、目录 16 页　文 967 页　16 开　译自 *The Cambridge Ancient History, Volume I, Prolegomena and Prehistory*

中国新石器时代考古讲义（复旦科技考古文库）　袁靖主编　复旦大学出版社　2020 年 10 月　文 278 页　插表 4 幅　16 开

史前的现代化：从狩猎采集到农业起源　陈胜前著　生活·读书·新知三联书店　2020 年 9 月　目录、序 11 页　文 475 页　插表 25 幅　图版 28 页　32 开

齐家文化百年研究文丛　兰州大学历史文化学院、中国社会科学院考古研究所、甘肃省齐家文化研究会、甘肃省社会科学界联合会编　魏文斌、唐士乾主编　兰州大学出版社　2020 年 10 月　全二册　文 582 页　插图 731 幅　插表 48 幅　16 开

河西走廊地区史前时代生业模式和人与环境相互作用　董广辉、杨谊时、任乐乐、马敏敏著　科学出版社　2020 年 10 月　文 214 页　插图 41 幅　插表 6 幅　彩版 18 页　16 开

彩陶·中华：中国五千年前的融合与统一　陕西历史博物馆编　王炜林主编　陕西师范大学出版社　2020 年 5 月　文 345 页　插图 30 幅　彩版 264 幅　16 开

国色初光：甘肃彩陶艺术（中国国家博物馆国内交流系列丛书）王春法主编　张运、贾建威、张朋川撰稿　北京时代华文书局　2020 年 9 月　文 349 页　插图 45 幅　彩版 223 幅　8 开

彩陶中国：纪念庙底沟遗址发现 60 周年暨首届中国史前彩陶学术研讨会论文集　中国社会科学院考古研究所、河南省文物考古研究院、三门峡市文物考古研究所编　赵春青、贾连敏主编　上海古籍出版社　2020 年 11 月　文 328 页　插图 272 幅　插表 6 幅　照片 8 页　16 开

农耕星火　许永杰著　故宫出版社　2020 年 1 月　文 295 页　插图 281 幅　16 开

中国史前城址（华夏文库·史前中国书系）　王妙发著　中州古籍出版社　2020 年 6 月　文 92 页　插图 33 幅　附表 6 幅　16 开

华夏文明起源的考古学观察　索全星、刘文科著　郑州市文物考古研究院编　科学出版社　2020 年 2 月　文 407 页　插图 255 幅　彩版 4 页　16 开

新石器晚期嵩山地区的古环境与生业特征　李中轩、吴国玺著　黄河水利出版社　2020 年 3 月　文 264 页　插图 146 幅　插表 36 幅　16 开

河南新石器时代考古研究　袁广阔著　科学出版社　2020 年 9 月　前言、目录 10 页　文 410 页　插图 200 幅　16 开

长江文明的曙光［增订版］　严文明著　文物出版社　2020 年 7 月　文 235 页　插图 9 幅　插表 3 幅

彩版 8 页 16 开
长江中游的史前时代 于森著 武汉大学出版社 2020 年 11 月 文 337 页 插图 394 幅 20 开
史前考古与古代文明研究论集 张之恒著 文物出版社 2020 年 12 月 文 321 页 插图 21 幅 插表 21 幅 16 开
良渚遗址（新编历史丛书） 罗晓群、黄莉著 北京人民出版社 2020 年 3 月 文 125 页 插图 73 幅 32 开
良渚 良渚博物院、良渚研究院组编 骆晓红、赵晓豹主编 东南大学出版社 2020 年 8 月 文 171 页 插图 129 幅 插表 5 幅 16 开
苏秉琦、张光直、俞伟超论良渚 良渚博物院编 科学出版社 2020 年 6 月 文 118 页 插图 34 幅 图版、彩版 7 页 16 开
严文明论良渚 良渚博物院编 科学出版社 2020 年 7 月 文 77 页 插图 2 幅 彩版 5 页 16 开
看见 5000 年：良渚王国记事 马黎著 浙江古籍出版社 2020 年 7 月 文 288 页 32 开
新石器时代的生计方式：基于岭南地区的分析（中央民族大学考古与文博丛书） 陈伟驹著 社会科学文献出版社 2020 年 4 月 文 323 页 插图 66 幅 16 开
中国东南地区新石器时代石镞研究 张俭著 学苑出版社 2020 年 10 月 文 225 页 插图 27 幅 插表 28 幅 16 开
云南史前文化史（云南文化史丛书） 吉学平、吴沄、宋鸽著 广西师范大学出版社 2020 年 7 月 文 373 页 插图 279 幅 16 开
从石峡到珠三角：中国南方史前先秦考古研究 李岩著 科学出版社 2020 年 7 月 文 417 页 插图 136 幅 插表 16 幅 16 开
海南昌化江流域史前文化考古调查与研究 海南省博物馆编 何国俊著 海南出版社 2020 年 12 月 文 169 页 插图 172 幅 16 开

三 夏商周时代

夏商周考古学［第二版］ 井中伟、王立新编著 科学出版社 2020 年 8 月 目录 25 页 文 546 页 插图 182 幅 彩版 20 页 16 开
三代损益记：夏商周文化史研究 夏含夷（Edward L. Shanghnessy）著 上海古籍出版社 2020 年 9 月 文 280 页 插图 37 幅 插表 28 幅 16 开
陶器·技术·文化交流：以二里头文化为中心的探索（陕西师范大学史学丛书） 朱君孝著 中国社会科学出版社 2020 年 6 月 文 376 页 插图 97 幅 插表 22 幅 16 开
百兽率舞：商周时期中国北方动物纹装饰综合研究 邵会秋、侯知军著 上海古籍出版社 2020 年 4 月 文 331 页 插图 105 幅 插表 2 幅 彩版 8 页 16 开
辽西区青铜时代考古文献选编：回眸药王庙、夏家店遗址发掘六十周年 中国考古学会、中国社会科学院考古研究所、内蒙古自治区文物局、赤峰市人民政府编 徐光冀主编 科学出版社 2020 年 8 月 文 546 页 插图 236 幅 插表 32 幅 彩版 8 页 图版 16 页 16 开
中国西北地区青铜时代考古论集［增订本］（欧亚备要） 水涛著 商务印书馆 2020 年 2 月 文 413 页 插图 70 幅 插表 28 幅 16 开
过渡带：两淮地区早期社会进程（国家社科基金后期资助项目） 徐峰著 上海古籍出版社 2020 年 4 月 序、目录 9 页 文 348 页 插图 63 幅 附图 23 幅 16 开
居于南土：长江流域商周时期建筑的考古学观察（四川省文物考古研究院博士文库） 郭明著 科学出版社 2020 年 3 月 序、目录 16 页 文 224 页 插图 167 幅 16 开
从三星堆遗址看成都平原文明进程（四川省文物考古研究院博士文库） 万娇著 科学出版社 2020 年 9 月 序、目录 16 页 文 379 页 插图 106 幅 插表 31 幅 彩版 24 页 16 开
西周成周研究 刘余力著 文物出版社 2020 年 10 月 文 254 页 插图 47 幅 插表 3 幅 16 开
西垂有声：《史记·秦本纪》的考古学解读 梁云著 生活·读书·新知三联书店 2020 年 6 月 文

235 页　插图 123 幅　16 开

小邾国历史文化的考古学研究（河南大学考古学研究丛书）　袁俊杰、贾一凡著　科学出版社　2020 年 6 月　序、目录 11 页　文 302 页　插图 74 幅　插表 5 幅　16 开

南有嘉鱼：荆州出土楚汉文物展　深圳市南山博物馆、荆州博物馆编　戚鑫主编　文物出版社　2020 年 6 月　文 242 页　插图 66 幅　插表 8 幅　彩版 120 幅　16 开

汉东大国：历代曾侯墓出土文物精华　随州市博物馆、山西博物院编　山西博物院印　2020 年 8 月　文 147 页　插图 30 幅　彩版 50 幅　16 开

吴越之迹：江南地区早期国家形态变迁（中国社会经济史新探索丛书）　付琳著　厦门大学出版社　2020 年 3 月　文 270 页　插图 68 幅　16 开

四　秦汉及汉以后各代

秦汉文明：历史、艺术与物质文化　孙志新主编　刘鸣、徐畅译　社会科学文献出版社　2020 年 12 月　文 287 页　插图 238 幅　彩版 140 幅　16 开　译自 *Age of Empires*, *Art of the Qin and Han Dynasty*, 2017

栎阳考古发现与研究　中国社会科学院考古研究所、西安市文物保护考古研究院编　刘瑞主编　科学出版社　2020 年 9 月　前言、目录 26 页　文 596 页　插图 153 幅　插表 23 幅　16 开

考古有意思：秦始皇的兵与城　许卫红著　中信出版集团　2020 年 11 月　序、目录 19 页　文 437 页　插图 209 幅　16 开

丝绸之路与秦汉文明：丝绸之路与秦汉文明国际学术研讨会论文集　甘肃省文物考古研究所、中国考古学会秦汉考古专业委员会、甘州区黑水国遗址保护管理所、复旦大学文物与博物馆学系编著　白云翔、王辉主编　文物出版社　2020 年 10 月　文 341 页　插图 170 幅　插表 13 幅　16 开

汉长安城未央宫骨签（考古学专刊，乙种第四十四号）　中国社会科学院考古研究所编著　刘庆柱主编　李毓芳、刘瑞副主编　中华书局　2018 年 10 月～2020 年 6 月　全九十册　8 开　［考古编］　2018 年 10 月　全八册　序、目录 23 页　文 2144 页　插图 50 幅　图版 267 幅　摹本 600 页　［释文编］2018 年 10 月　全七十二册　11100 页　图 64305 幅　［文字编］　2020 年 6 月　全十册　序、目录 20 页　图表 3257 页

旨归汉道（“中原历史文化”研究丛书）　韩国河著　科学出版社　2020 年 5 月　文 231 页　插图 46 幅　插表 6 幅　16 开

死与重生：汉代的墓葬及其信仰　李虹著　四川人民出版社　2020 年 8 月　文 325 页　插图 61 幅　32 开

汉代墓葬艺术（中华考古记·壹玖壹肆）　［法］谢阁兰（Victor Segalen）、［法］奥古斯都·吉尔贝·德·瓦赞（Augusto Gilbert de Voisins）、［法］让·拉尔蒂格（Jean Lartigue）著　秦臻、李海艳译　文物出版社　2020 年 10 月　文 341 页　插图 182 幅　16 开　译自 L’Art Funéraire a L’Époque des Han

巍乎盛景：汉阳陵考古陈列馆基本陈列　汉景帝阳陵博物院编　李举纲主编　三秦出版社　2020 年 12 月　文 182 页　彩版 233 幅　16 开

金色海昏：汉代海昏侯国历史与文化展　南昌汉代海昏侯国遗址博物馆编著　文物出版社　2020 年 9 月　文 257 页　彩版 196 幅（组）　16 开

刘贺藏珍：海昏侯国遗址博物馆十大镇馆之宝　彭明瀚编著　文物出版社　2020 年 9 月　文 148 页　插图 131 幅　32 开

四川汉代陶俑与汉代社会　索德浩著　文物出版社　2020 年 5 月　文 296 页　插图 60 幅　彩版 64 页　16 开

云贵高原汉墓研究　张勇著　吉林大学出版社　2020 年 11 月　序、目录 10 页　文 392 页　插图 64 幅　插表 11 幅　16 开

南越国—南汉国宫署遗址与海上丝绸之路 南越王宫博物馆编著 全洪、李灶新主编 文物出版社 2020年4月 文175页 插图95幅 彩版63幅 16开

南越王墓探奇（亲历汉陵考古文化丛书） 何东红编著 三秦出版社 2020年7月 文274页 插图342幅 16开

合浦南越国遗存及相关问题研究（合浦海丝研究系列，二） 郑君雷、富霞著 广西科学技术出版社 2020年11月 文266页 插图135幅 插表23幅 彩版6页 16开

汉风唐韵：五代南汉历史与文化（南汉二陵博物馆丛书） 广州市文物考古研究院、南汉二陵博物馆编著 朱海仁主编 文物出版社 2020年9月 文215页 插图76幅 彩版228幅 16开

通向远方的记忆：路县故城遗址考古手记 孙勐著 北京美术摄影出版社 2020年12月 文208页 插图106幅 32开

三国志文化展 深圳南山博物馆编 文物出版社 2020年10月 文241页 彩版146幅（组） 16开

魏晋南北朝唐宋考古文稿辑丛（宿白集） 宿白著 生活·读书·新知三联书店 2020年6月 文539页 插图189幅 插表39幅 16开

解读虞弘墓：北朝定居中国的粟特人（山西与丝绸之路丛书） 张庆捷著 三晋出版社 2020年1月 文349页 插图176幅 16开

永远的长安：陕西唐代文物精华展 深圳市南山博物馆、陕西历史博物馆编 戚鑫、强跃、侯宁彬主编 文物出版社 2020年5月 文263页 插图49幅 彩版150幅 16开

唐代墓葬胡人形象研究 杨瑾著 人民出版社 2020年4月 文421页 插图92幅 插表7幅 16开

隋唐长安城圜丘（隋唐长安城圜丘与祭天丛书） 韩建华著 西安出版社 2020年4月 文284页 插图16幅 32开

乐居长安：唐都长安人的生活展 西安博物院编 余红健主编 文物出版社 2020年5月 文213页 彩版196幅 8开

北宋西京城市考古研究（考古新视野） 王书林著 文物出版社 2020年6月 文335页 插图66幅 彩版14页 16开

闲来弄风雅：宋朝人慢生活镜像（中国古代文明系列展） 湖南省博物馆编 岳麓书社 2020年9月 文291页 插图63幅 彩版70幅（组） 8开

辽金历史与考古（第十一辑） 辽宁省博物馆、辽宁省辽金契丹女真史研究会编 刘宁、齐伟主编 科学出版社 2020年12月 文361页 插图84幅 插表8幅 彩版8页 16开

契丹印象：辽代文物精品展（广东省博物馆展览系列丛书） 广东省博物馆、内蒙古博物院、内蒙古自治区文物考古研究所编 肖海明主编 岭南美术出版社 2020年8月 文221页 彩版144幅 16开

蒙元时期中原北方地区墓葬研究（考古新视野） 袁泉著 文物出版社 2020年12月 文282页 插图139幅 插表44幅 16开

开城遗址研究文集 固原市原州区文物管理所编 胡永祥主编 宁夏人民出版社 2020年9月 文355页 16开

1420：从南京到北京（首都博物馆书库，丙种第伍拾贰部） 首都博物馆、南京博物院、南京市博物总馆编 北京燕山出版社 2020年8月 文190页 彩版240幅 8开

补 遗

守护传承，创新发展：秦始皇帝陵博物院建院四十周年纪念文集 秦始皇帝陵博物院编 西北大学出版社 2019年9月 文346页 16开

兄弟王：从满城汉墓到大云山汉墓 南京博物院编 龚良主编 译林出版社 2019年12月 文267页 彩版 16开

中原北方地区宋金墓葬艺术研究（考古新视野） 邓菲著 文物出版社 2019年10月 专家推荐意见5页 目录13页 文400页 插图278幅 16开

肆　考古学专论

一　甲骨卜辞　附：古文字研究

甲骨文与殷商史（新十辑）　宋镇豪主编　上海古籍出版社　2020年11月　文622页　插图269幅　插表37幅　彩版1页　16开

殷契重光：纪念甲骨文发现120周年特展　天津博物院编　张夏主编　文物出版社　2020年1月　文155页　彩版170幅　16开

殷墟甲骨学大辞典　郭旭东、张源心、张坚主编　中国社会科学出版社　2020年12月　目录69页　文、索引1372页　彩版18页　16开

中国社会科学院古代史研究所藏甲骨文拓（中国社会科学院历史研究所藏甲骨墨拓珍本丛编，第二辑）　孙亚冰编纂　上海古籍出版社　2020年7月　文116页　拓本182幅　检索表4幅　16开

黄天树甲骨学论集　黄天树著　中华书局　2020年8月　文299页　16开

殷墟王卜辞龟腹甲文例研究　何会著　中国社会科学出版社　2020年8月　序、凡例、目录11页　文418页　插图250幅　16开

殷墟甲骨断代标准评议（中国社会科学院老年学者文库）　常玉芝著　中国社会科学出版社　2020年12月　目录6页　文403页　插图70幅　16开

缀兴集：甲骨缀合与校释（出土文献译注研析丛刊）　张宇卫著　万卷楼图书公司　2020年　150页　161页　16开

殷墟花园庄东地甲骨读本（出土文献译注研析丛刊）　朱歧祥著　万卷楼图书公司　2020年　文390页　16开

甲骨文所见商代的农业生产与生态环境变迁研究　韩文博、丁军伟、王森、钟舒婷著　四川大学出版社　2020年5月　文238页　32开

甲骨文所见动物研究（吉林大学考古学院中国古文字研究中心、出土文献与中国古代文明研究协同创新中心学术丛刊）　单育辰著　上海古籍出版社　2020年9月　文399页　16开

古文字研究（第三十三辑）　中国古文字研究会、河南大学甲骨学与汉字文明研究所编　中华书局　2020年8月　文667页　插图140幅　16开

出土文献与古文字研究（第九辑）　复旦大学出土文献与古文字研究中心编　刘钊主编　上海古籍出版社　2020年11月　文464页　插图125幅　插表36幅　16开

汉语古文字学概论（川大史学系列精品教材）　彭裕商著　四川大学出版社　2020年5月　文318页　插图270幅　插表13幅　图版4页　16开

战国文字研究（第二辑）　安徽大学汉字发展与应用研究中心编　徐在国主编　安徽大学出版社　2020年7月　文134页　16开

栎阳陶文（考古学专刊，乙种第四十八号；西安市文物保护考古研究丛书）　中国社会科学院考古研究所、西安市文物保护考古研究院编　刘瑞主编　科学出版社　2020年10月　前言、目录17页　图版202页　16开

字砖研究（第三辑）　中国字砖文化研究与保护中心、上海明止堂古砖文化研究与保护中心主办　宫长为、朱明岐主编　文物出版社　2020年4月　文102页　插图50幅　16开

逐狐东山：先秦两汉出土文献与古文字论集　侯乃峰著　上海古籍出版社　2020年5月　文256页　16开

视月集：王辉文存三（陕西省考古研究院专家学术研究丛书）　王辉著　商务印书馆　2020年10月　文549页　照片10页　16开

补　遗

安阳博物馆藏甲骨　安阳博物馆编　周伟主编　西泠印社出版社　2019年9月　概述、检字表、释文、图版325页　图版446幅　8开

二　青铜器及铭文

商周青铜器铭文暨图像集成三编　吴镇烽编著　上海古籍出版社　2020年8月　全四册　前言、凡例、目录36页　图版、索引624页　图版1772组　16开

中国国家博物馆馆藏文物研究丛书·青铜器卷（商）　中国国家博物馆编　苏强主编　上海古籍出版社　2020年12月　序、目录12页　文、彩版361页　插图41幅　插表6幅　彩版159幅　16开

中国国家博物馆馆藏文物研究丛书：青铜器卷（西周）　中国国家博物馆编　田率主编　上海古籍出版社　2020年7月　全二册　文、彩版538页　插图29幅　彩版164幅　16开

青铜器与金文（第四辑）　北京大学出土文献研究所编　朱凤瀚主编　上海古籍出版社　2020年9月　文188页　插图87幅　插表12幅　16开

青铜器与金文（第五辑）　北京大学出土文献研究所编　朱凤瀚主编　上海古籍出版社　2020年12月　文247页　插图103幅　插表18幅　16开

青铜器、金文与齐鲁文化学术研讨会论文集　山东省文物考古研究院、北京大学出土文献研究所、山东大学历史文化学院、潍坊市博物馆编　孙波、刘延常主编　上海古籍出版社　2020年12月　文458页　插图206幅　插表22幅　16开

中国古代青铜器整理与研究：中国早期铜器卷　刘远晴著　科学出版社　2020年6月　序、目录16页　文220页　插图54幅　插表6幅　16开

资源与社会：以商周时代铜器流通为中心（国家社会科学基金博士论文出版项目）　黎海超著　中国社会科学出版社　2020年8月　文381页　插图133幅　16开

吉金类系：海外及港台地区收藏的中国青铜器研究　张昌平著　科学出版社　2020年12月　文305页　插图232幅　插表3幅　16开

吉金元鸣：中国青铜时代的考古学研究　胡嘉麟著　上海古籍出版社　2020年12月　文378页　插图556幅　插表4幅　16开

山右吉金：隰县青铜器珍粹　隰县文物旅游局、山西省考古研究院编著　王进、王晓毅主编　山西人民出版社　2020年8月　文339页　彩版136组　16开

山右吉金：闻喜酒务头商代墓地出土青铜器精粹　山西博物院、运城市文物工作站、闻喜县文物局编著　高振华、白曙璋、马昇主编　山西人民出版社　2020年10月　文243页　彩版96组　16开

山西青铜博物馆珍品集萃　山西博物院编　科学出版社　2020年12月　文139页　彩版83幅　16开

日照出土青铜器集　日照市博物馆编　张启泽、郭公仕、程红编著　齐鲁书社　2020年7月　序、前言、目录11页　彩版202页（169幅）　16开

洛阳古代青铜器研究　张剑、周立著　洛阳市文物考古研究院编　文物出版社　2020年11月　序、前言、目录9页　文454页　插图692幅　插表5幅　彩版32页　16开

宅兹中国：宝鸡出土青铜器与金文精华（中国国家博物馆国内交流系列丛书）　中国国家博物馆编　王春法主编　北京时代华文书局　2020年8月　文401页　彩版149组　16开

青铜之乡，礼乐天下：宝鸡青铜器博物院（走进博物馆丛书）　陕西省文物局编　王竑、崔濬华撰　西安地图出版社　2020年5月　文203页　插图119幅　16开

中国古代青铜器整理与研究：曾国青铜器卷　欧阳怡婷、刘树满著　科学出版社　2020年12月　文223页　插图94幅　插表16幅　附表2幅　16开

曾国铜器铭文探赜　黄锦前著　科学出版社　2020年9月　文327页　插图17幅　16开

广东出土先秦青铜器（广东省文物考古研究所文物图录系列）　广东省文物考古研究所编著　科学出版社　2020年6月　概述、目录12页　彩版178页　16开

西清古鉴今访三卷　范季融，陈克伦主编　（纽约）范季融、胡盈莹基金会　2020年　全三册　8开　子目：一、国立故宫博物院卷（吴晓筠、张莅编　文459页　彩版96组），二、北京故宫博物院卷（丁孟编　493页　彩版98组），三、宫外卷（范季融、周亚、张光裕、川村佳男、陈克伦、吕唯编　文313页　彩版60组）

纸上吉金：钟鼎彝器善本过眼录　仲威编著　文物出版社　2020年10月　全三册　序、凡例、目录9页　文、拓本746页（上册：乐器、食器209页　中册：食器250页　下册：酒器、水器287页）　8开

大盂鼎拓本评析：兼及前期青铜器全形拓（金石拓片细读丛书）　唐友波著　上海大学出版社　2020年1月　文225页　插图139幅　16开

金相椎痕：百年金石学发展及青铜器传拓精品特展图录　《金相椎痕：百年金石学发展及青铜器传拓精品特展图录》编委会编　陈振濂主编　上海书画出版社　2020年11月　文278页　图版164组　8开

宋人著录商周青铜器铭文文字编（汉字文明研究·书系之六）　刘秋瑞编著　社会科学文献出版社　2020年12月　前言、凡例、目录31页　文336页　16开

清代金文研究综论　郭国权著　中国社会科学出版社　2020年12月　文188页　插图17幅　16开

金文与青铜器研究论集　陈英杰著　上海古籍出版社　2020年12月　序、目录11页　文475页　插图144幅　插表24幅　16开

𪔛羌编钟铭文与清华简《系年》（出土文献与中国古代文明研究丛书）　杨蒙生著　上海古籍出版社　2020年7月　文161页　插图17幅　插表4幅　16开

秦汉铭刻丛考（秦文明新探丛书）　董珊著　上海古籍出版社　2020年5月　文277页　插图118幅　彩版6页　16开

补　遗

国家图书馆藏青铜器全形拓集成八卷　国家图书馆编　上海书画出版社　2019年12月　全八册　文2172页　拓本912组　8开　卷目：一、食器，二、食器，三、食器、酒器，四、酒器，五、酒器，六、水器、乐器，七、兵器、权量器、杂器，八、附录

商周金文与先秦史研究论丛　邹芙都主编　科学出版社　2019年6月　文427页　插图107幅　插表36幅　16开

西周出土铜器铭文之组成类型研究（出土文献译著研析丛刊）　李珮瑜著　万卷楼图书公司　2018年11月　文1085页　附图1681幅　16开

战国铭文分域研究（出土文献与古文字研究丛书）　周波著　上海古籍出版社　2019年10月　文370页　16开

青铜冶铸（长江文明之旅·人文历史篇）　万全文著　上海科学技术文献出版社、长江出版社　2019年6月　文149页　插图164幅　16开

三　简牍、帛书、文书写本

出土文献研究（第十九辑）　中国文化遗产研究院编　杨小亮主编　中西书局　2020年12月　文462页　16开

出土文献综合研究集刊（第十一辑）　西南大学出土文献研究中心、西南大学汉语言文献研究所主办　巴蜀书社　2020年6月　文175页　16开

出土文献综合研究集刊（第十二辑）　西南大学出土文献研究中心、西南大学汉语言文献研究所主办　巴蜀书社　2020年12月　文159页　16开

简帛（第二十辑）　武汉大学简帛研究中心主办　陈伟主编　上海古籍出版社　2020年6月　文327页　插图21幅　插表9幅　彩版1页　16开

简帛（第二十一辑）　武汉大学简帛研究中心主办　陈伟主编　上海古籍出版社　2020年11月　文

296 页 16 开

简帛研究（2019 秋冬卷） 中国社会科学院简帛研究中心、中国社会科学院古代史研究所秦汉史研究室、出土文献与中国古代文明研究协同创新中心主办 邬文玲、戴卫红主编 广西师范大学出版社 2020 年 1 月 文 367 页 插图 17 幅 插表 12 幅 附表 20 幅 16 开

简帛研究（2020 春夏卷） 中国社会科学院简帛研究中心、中国社会科学院古代史研究所秦汉史研究室、出土文献与中国古代文明研究协同创新中心主办 邬文玲、戴卫红主编 广西师范大学出版社 2020 年 6 月 文 351 页 16 开

简牍学研究（第九辑） 西北师范大学历史文化学院、甘肃简牍博物馆、河西学院河西史地与文化研究中心、兰州城市学院简牍研究所编 甘肃人民出版社 2020 年 7 月 文 215 页 16 开

清华大学藏战国竹简（拾） 清华大学出土文献研究与保护中心编 黄德宽主编 中西书局 2020 年 11 月 全二册 凡例、说明、目录 6 页 原大图版、放大图版、释文注释 257 页 6 开

清华大学藏战国竹简（壹～叁）文字编［修订本］ 李学勤主编 沈建华、贾连翔编 中西书局 2020 年 10 月 文 446 页 16 开

走近清华简［增补版］ 刘国忠著 清华大学出版社 2020 年 6 月 文 382 页 书影、彩版 8 页 16 开

岳麓书院藏秦简（陆） 陈松长主编 上海辞书出版社 2020 年 5 月 全二册 彩色图版、红外线图版、附录 240 页 8 开

里耶秦简博物馆馆藏文物选萃 里耶秦简博物馆编 学苑出版社 2020 年 12 月 文 183 页 彩版 8 开

武威汉简集释（甘肃秦汉简牍集释） 田河著 甘肃文化出版社 2020 年 8 月 文 662 页 8 开

马王堆汉墓简帛文字全编 湖南省博物馆、复旦大学出土文献与古文字研究中心编 刘钊主编 郑健飞、李霜洁、程少轩协编 中华书局 2020 年 1 月 全三册 目录、前言 16 页 文 1642 页 16 开

海昏简牍初论（北大人文跨学科研究丛书） 北京大学出土文献研究所、江西省文物考古研究院编 朱凤瀚主编 柯中华副主编 北京大学出版社 2020 年 12 月 文 405 页 插图 161 幅 插表 34 幅 16 开

长沙五一广场东汉简牍（伍） 长沙市文物考古研究所、清华大学出土文献研究与保护中心、中国文化遗产研究院、湖南大学岳麓书院编 中西书局 2020 年 12 月 彩版、红外线图版、释文、附录 263 页 8 开

长沙五一广场东汉简牍（陆） 长沙市文物考古研究所、清华大学出土文献研究与保护中心、中国文化遗产研究院、湖南大学岳麓书院编 中西书局 2020 年 12 月 彩版、红外线图版、释文、附录 276 页 8 开

旅顺博物馆藏新疆出土汉文文献 王振芬、孟宪实、荣新江主编 中华书局 2020 年 10 月 全三十二册 目录 582 页 专论 55 页 书影、照片 12 页 图版 9329 页 解题 1343 页 8 开

旅顺博物馆藏新疆出土汉文文献·总目索引 王振芬、孟宪实、荣新江主编 中华书局 2020 年 10 月 全三册 文 1745 页 16 开

旅顺博物馆藏新疆出土汉文文书研究 孟宪实、王振芬主编 中华书局 2020 年 5 月 文 515 页 插图 162 幅 插表 36 幅 16 开

出土文献史地论集（吉林大学考古学院中国古文字研究中心出土文献与中国古代文明研究协同创新中心学术丛刊） 吴良宝著 中西书局 2020 年 6 月 文 315 页 插图 16 开

补 遗

出土文献研究（第十八辑） 中国文化遗产研究院编 杨小亮主编 中西书局 2019 年 12 月 文 451 页 16 开

清华大学藏战国竹简（玖） 清华大学出土文献研究与保护中心编 黄德宽主编 中西书局 2019 年 11 月 全二册 凡例、说明、目录 6 页 原大图版、放大图版、释文注释、字形表、竹简信息表 299 页 6 开

出土文献（第十五辑）　清华大学出土文献与中国古代文明研究中心、清华大学出土文献研究与保护中心编　李学勤主编　中西书局　2019 年 10 月　文 370 页　彩版 2 页　16 开

出土文献综合研究集刊（第十辑）　西南大学出土文献研究中心、西南大学汉语言文献研究所主办　巴蜀书社　2019 年 12 月　文 154 页　16 开

四　古代碑刻、墓志

碑林集刊（总第二十五辑）　西安碑林博物院编　裴建平主编　三秦出版社　2020 年 12 月　文 281 页　插图 70 幅　插表 5 幅　照片 2 页　16 开

北京大学图书馆藏历代石刻拓本草目　孙贯文编著　三晋出版社　2020 年 5 月　全二册　文 1178 页　照片、书迹、拓图 14 页　16 开

延安石窟碑刻题记　延安市文物研究所编　张华、石建刚主编　陕西人民出版社　2020 年 7 月　目录、综述 38 页　文 396 幅　插图 320 幅　16 开

泉州海外交通史博物馆藏宗教石刻精品　福建省泉州海外交通史博物馆编　丁毓玲主编　海洋出版社　2021 年 4 月　目录 5 页　彩版 208 页（246 幅）　16 开

北国石刻与华夷史迹（博士生导师学术文库）　杨富学著　光明日报出版社　2020 年 1 月　文 262 页　插图 42 幅　16 开

镌刻的峡：三峡石刻研究与保护（研究卷）　中国文化遗产研究院（李宏松）编著　文物出版社　2020 年 12 月　全二册　目录 15 页　文 560 页　插图 737 幅　插表 81 幅　16 开

定州北庄子汉墓黄肠石题铭（定州历史文化丛书）　定州市文化广电和旅游局编　文物出版社　2020 年 12 月　全二册　文 783 页　8 开

秦晋豫新出墓志蒐佚三编　张永华、赵文成、赵君平主编　国家图书馆出版社　2020 年 6 月　全四册　前言、目录 27 页　图版、索引 1284 页　8 开

洛阳市文物考古研究院藏石集粹：墓志篇　洛阳市文物考古研究院编　史家珍、余扶危、郭茂育主编　中州古籍出版社　2020 年 9 月　序、目录、凡例 17 页　图版、说明、释文 489 页　8 开

洛阳新获墓志百品　齐运通主编　国家图书馆出版社　2020 年 10 月　文 258 页　8 开

东汉刑徒墓砖集释与研究　刘涛编著　南京师范大学出版社　2020 年 12 月　全四册　目录 23 页　文、登记表 2125 页　插图 53 幅　插表 31 幅　8 开

吐鲁番出土墓志汇考　张铭心编著　广西师范大学出版社　2020 年 11 月　文 396 页　32 开

中国佛教石经：陕西省（第一卷）　陕西省文物保护研究院、德国海德堡科学院编　赵荣、雷德侯（Lothar Ledderose）主编　中国美术学院出版社　2020 年 7 月　文、图版 640 页　插图 24 幅　8 开

补　遗

中国历代墓志全集：北魏卷　洛阳市文物考古研究院编　余扶危、郭茂育主编　中州古籍出版社　2019 年 10 月　全二册　序、目录 22 页　图版、释文、索引 842 页　8 开

中国佛教石经：四川省（第四卷）：卧佛院 D 区　北京大学考古文博学院、成都市文物考古研究所、四川省文物考古研究院、安岳县文物管理局、德国海德堡科学院编　马本汉（Martin Bemmann）、孙华主编　中国美术学院出版社　2019 年 12 月　文、图版 612 页　插图 27 幅　8 开

The Chu Silk Manuscripts from Zidanku, Changsha Hunan Province, Volume 1: Discovery and Transmission 长沙子弹库出土楚帛书（第一卷）：发现与传播　李零著　罗泰（Lothar von Falkenhausen）译　香港中文大学出版社　2018 年 10 月　文 180 页

西安碑林博物馆珍品讲读（中华文物览胜）　陈根远编著　西北大学出版社　2019 年 12 月　文 112 页　彩版、图版 88 幅　16 开

五　古代玉器

中国古玉研究文献索引（2001～2016）　袁广阔、张友来、朱光华主编　科学出版社　2020 年 4 月　前

言、目录8页　文290页　16开

玉魂国魄：中国古代玉器与传统文化学术讨论会文集（八）：中华玉文化特刊　中国玉文化中心编　杨晶、周黎明主编　浙江古籍出版社　2020年9月　文217页　插图330幅　插表4幅　16开

中国史前玉巫教探秘　杨伯达著　故宫出版社　2020年9月　文505页　插图202幅　彩版12页　16开

玉出红山：红山文化考古成就展（中国国家博物馆国内交流系列丛书）　中国国家博物馆编　王春法主编　郭大顺等撰稿　北京时代华文书局　2020年10月　文251页　插图36幅　插表2幅　彩版175幅　16开

红山文化研究（第七辑）：玉器研究专号　红山文化研究基地、赤峰学院红山文化研究院编　孙永刚、陶建英主编　文物出版社　2020年12月　文113页　插图32幅　插表8幅　16开

独山玉文明之光：南阳黄山遗址独山玉制品调查报告　南阳市文物考古研究所编　中州古籍出版社　2020年12月　目录9页　文、图版275页　插图61幅　图版157幅　16开

实幻之间：院藏战国至汉代玉器特展　台北"故宫博物院"编印　2020年6月　文460页　彩版　16开

璋显中国　史家珍、王献本主编　上海交通大学出版社　2020年12月　文147页　插图29幅　彩版68幅　16开

中国早期玉器科技考古与保护研究（复旦科技考古文库）　王荣著　复旦大学出版社　2020年8月　文547页　插图216幅　插表148幅　附表1幅　16开

六　古代钱币

黄河资阜：托克托博物馆馆藏钱币精华　内蒙古自治区文物考古研究所、内蒙古博物院、托克托博物馆编　陈永志主编　文物出版社　2020年12月　文313页　彩版292幅　16开

丝路流金：丝绸之路金银货币精华与研究　浙江省博物馆编　李晓萍、魏祝挺主编　文物出版社　2020年12月　文291页　彩版485幅　插图254幅　16开

汉代压胜钱（中国钱币丛书，甲种本之二十九）　公柏青著　中华书局　2020年9月　文174页　16开

补　遗

一眼看世界：丝绸之路历代钱币展图录　酒泉市博物馆编　王锋朝主编　中国书籍出版社　2019年9月　彩版89页　16开

七　铜镜

中国铜镜图典［修订本］　孔祥星、刘一曼、鹏宇编著　上海古籍出版社　2020年12月　全二册　再版前言、总论16页　目录24页　彩版10页　镜拓、后记等1343页　镜拓1300幅　16开

山西博物院藏品概览：铜镜卷　山西博物院编　张元成主编　文物出版社　2020年12月　序、综述、目录8页　彩版243页（155幅）　16开

龙照光华：复旦大学藏青铜镜　复旦大学博物馆编　麻赛萍编著　上海书画出版社　2020年7月　文201页　彩版118幅　16开

八　玺印、封泥

考古印史　周晓陆著　中华书局　2020年3月　文429页　插图510幅　16开

秦封泥集存　刘瑞编著　中国社会科学出版社　2020年3月　全二册　前言、凡例43页　目录134页　简称对照表7页　正编1423页　16开

九 古代兵器

中国古代物质文化史：兵器 杨泓、于炳文著 开明出版社 2020年9月 文215页 插图255幅 16开

伍 美术考古

一 通论

艺术史研究（第二十三辑） 中山大学艺术史研究中心编 向群主编 中山大学出版社 2020年8月 文281页 插图241幅 彩版1页 16开

陈规再造：巫鸿美术史文集（卷三） 巫鸿著 郑岩译 上海人民出版社 2020年1月 文348页 插图237幅 16开

第一堂课：在哈佛和芝大教中国美术史 巫鸿著 湖南美术出版社 2020年6月 文371页 插图241幅 16开

实证与寻根：教育部西北艺术文物考察（1940～1944） 刘渟著 中华书局 2020年4月 文333页 插图58幅 32开

甘肃美术史图鉴（敦煌与丝绸之路石窟艺术丛书） 胡同庆、郑怡楠著 甘肃教育出版社 2020年10月 文322页 插图491幅 16开

黄土上下：美术考古文萃 张朋川著 上海三联书店 2020年9月 插图268幅 插表10幅 16开

二 古代雕塑 附：汉画像石

中国雕塑史（东洋镜，第一辑） ［日］大村西崖著 疏蒲剑、姚奕崴、管浩然译 广东人民出版社 2020年10月 全三册 目录39页 文、附图1045页 图版978幅 16开

山西博物院藏品概览·砖雕卷 山西博物院编 张元成主编 科学出版社 2020年12月 综述、目录8页 彩版227页 16开

陇东北朝佛教造像研究（敦煌与丝绸之路石窟艺术丛书） 董华锋著 甘肃教育出版社 2020年8月 文342页 插图122幅 16开

高城佛光：黄骅市博物馆藏北朝石刻造像菁华 黄骅市博物馆编 张宝刚主编 上海书画出版社 2020年9月 文310页 插图33幅 彩版62组 16开

映世菩提：南北朝时期的造像艺术与文化交流（成都博物馆2020展览系列丛书） 成都博物馆编 任舸主编 四川美术出版社 2020年10月 文335页 彩版 16开

东汉佛教入华的图像学研究（汉学大系） 朱浒著 科学出版社 2020年6月 文211页 插图203幅 16开

汉画总录（42）：安丘 刘冠军、朱青生主编 广西师范大学出版社 2020年10月 文227页 图版67组 16开

方花与翼兽：汉画像的奇幻世界（汉学大系） 朱存明主编 文化艺术出版社 2020年12月 序、前言、目录9页 文414页 插图269幅 16开

画外之意：汉代孔子见老子画像研究（乐道丛书） 邢义田著 生活·读书·新知三联书店 2020年6月 文489页 插图412幅 32开

莒县汉画像石 刘云涛编著 齐鲁书社 2020年1月 文226页 图版83幅 16开

石上风华：徐州新见汉代画像石拓片选（汉学大系丛书） 朱浒编著 生活·读书·新知三联书店 2020年10月 序、目录8页 文、拓片227页 拓片188幅 16开

补 遗

忠实良犬：南阳出土汉代陶狗精粹 南阳市文物考古研究所编 乔保同、刘新主编 河南美术出版社 2019年4月 文232页 彩版220幅 16开

邺城北吴庄出土佛教造像 中国社会科学院考古研究所、河北省文物研究所编著 何利群主编 科学出版社 2019年7月 前言、目录8页 彩版，专论244页 插图53幅 彩版131幅 16开

凤阳明中都石雕刻艺术遗存考古调查报告 凤阳县文物管理所编著 阚绪杭、唐更生主编 文物出版社 2019年11月 全二册 目录22 文147页 插图168幅 彩版462页 16开

佛影湛然：西安临潼唐代造像七宝 浙江省博物馆、西安市临潼区博物馆编 宣鼎文、黎毓馨主编 中国书店 2019年6月 文241页 插图62幅 彩版166幅（组） 16开

徐州汉画像石 徐州汉画像石艺术馆编 江苏凤凰美术出版社 2019年12月 文416页 16开

三 石窟寺

石窟寺研究（第十辑） 中国古迹遗址保护协会石窟专业委员会、龙门石窟研究院编 孙英民主编 科学出版社 2020年6月 文282页 插图280幅 插表5幅 16开

龟兹石窟题记 新疆龟兹研究院、北京大学中国古代史研究中心、中国人民大学国学院编 赵莉、荣新江主编 庆昭蓉、荻原裕敏编撰 中西书局 2020年11月 全三册（题记报告篇、图版篇、研究论文篇） ［题记报告篇］ 庆昭蓉、荻原裕敏、赵莉撰 目录10页 文457页 插图391幅 插表3幅 ［图版篇］ 庆昭蓉图片处理 目录33页 彩版403页（1231幅）［研究论文篇］ 朱玉麒等撰 目录、彩版16页 文291页 插图79幅 插表8幅 彩版40幅 16开

龟兹石窟佛教艺术研究 李瑞哲著 科学出版社 2020年6月 前言、目录13页 文369页 插图78幅 16开

克孜尔石窟壁画复原研究 中国新疆龟兹研究院、德国柏林亚洲艺术博物馆、俄罗斯国立艾尔米塔什博物馆编 赵莉著 上海书画出版社 2020年12月 全二册 文791页 插图25幅 彩版1078幅 8开

高昌回鹘时期吐鲁番观音图像研究（吐鲁番学研究丛书） 陈爱峰著 上海古籍出版社 2020年9月 文233页 插图89幅 插表11幅 16开

柏孜克里克石窟第十五窟回廊壁画保护与研究 邓永红著 甘肃文化出版社 2020年6月 文176页 插图128幅 插表25幅 16开

炳灵寺石窟（丝绸之路石窟艺术丛书） 郑炳林主编 魏迎春、张景峰、郑怡楠编著 安徽美术出版社 2020年7月 全五册 文1349页 彩版1216幅 16开

榆林窟第三窟壁画与文本研究（汉藏佛教艺术研究丛书） 贾维维著 浙江大学出版社 2020年8月 文405页 插图207幅 插表11幅 16开

须弥山石窟考古报告集（壹）：圆光寺区 宁夏文物考古研究所、浙江大学文化遗产研究院、须弥山石窟文物管理所编著 李志荣执笔 文物出版社 2020年9月 全二册 目录24页 专文11页 文482页 插图1028幅 测绘图7幅 插表、附表14幅 8开

延安宋金石窟调查与研究（敦煌与丝绸之路艺术丛书） 石建刚著 甘肃教育出版社 2020年4月 文576页 插图376幅 插表7幅 32开

魏唐佛光：龙门石窟精品文物展（广东省博物馆展览系列丛书） 广东省博物馆、龙门石窟研究院编 肖海明主编 岭南美术出版社 2020年11月 文190页 插图13幅 彩版80幅 16开

龙门史话（走进龙门书系）龙门石窟研究院编 路伟、焦建辉编著 科学出版社 2020年11月 文376页 插图293幅 彩版6页 16开

龙门石窟供养人：中古中国佛教造像中的信仰、政治与资助 ［美］倪雅梅（Amy McNair）著 陈朝阳译 龙门石窟研究院编 中华书局 2020年10月 文335页 插图84幅 32开 译自Donors of Longmen：Faith，Politics，and Patronage in Medieval Chinese Buddhist Sculpture，2007

巴蜀摩崖石窟寺建筑环境研究　冯棣、张兴国、文艺、查红叶著　科学出版社　2020年9月　文234页　16开

大足学刊（第三辑）　大足石刻研究院、四川美术学院大足学研究中心编　黎方银主编　重庆出版社　2020年5月　文403页　插图358幅　插表13幅　16开

大足学刊（第四辑）　大足石刻研究院、四川美术学院大足学研究中心编　黎方银主编　重庆出版社　2020年12月　文376页　插图221幅　插表17幅　16开

云南剑川石钟山石窟　罗世平主编　三晋出版社　2020年12月　文152页　彩版、插图143幅　16开

补　遗

炳灵寺石窟艺术　陈雪雪著　中国美术学院出版社　2019年11月　文209页　插图140幅　32开

中国古代物质文化史·绘画：石窟寺壁画（敦煌）　王治著　开明出版社　2018年9月　序、目录16页　文293页　插图176幅　16开

四　古代建筑

中国古代建筑史纲要（上册）（南京大学考古文物系系列教材）　周学鹰、李思洋编著　南京大学出版社　2020年4月　文349页　插图308幅　16开

中国古代建筑史纲要（下册）（南京大学考古文物系系列教材）　马晓编著　南京大学出版社　2020年7月　文419页　插图537幅　16开

汉代建筑图像研究：以苏鲁豫皖地区为中心　刘冠著　广西师范大学出版社　2020年9月　序、目录10页　文889页　插图744幅　插表15幅　32开

嵩岳寺塔　河南省文物建筑保护研究院编　杨振威、张高岭著　科学出版社　2020年9月　全二册　目录20页　文475页　插图455幅　插表64幅　图版229页（测绘图108幅　现状照片93幅　彩色老照片78幅　黑白老照片61幅　拓片83幅）　8开

四川古建筑调查报告集（第一卷）　成都文物考古研究院编著　文物出版社　2020年12月　序、目录等14页　文321页　插图271幅　测绘图144幅　插表2幅　16开

三台云台观（四川传统建筑）　四川省文物考古研究院、三台县文物保护管理所编　科学出版社　2020年11月　文425页　彩版、平面图、剖面图、示意图90组　附图8幅　16开

栎阳瓦当（考古学专刊，乙种第四十九号；西安市文物保护考古研究丛书）　中国社会科学院考古研究所、西安市文物保护考古研究院编　刘瑞主编　科学出版社　2020年10月　前言、目录19页　图版618页　16开

高句丽瓦当艺术研究（高句丽历史文化研究丛书）　耿铁华、张瀛予著　吉林大学出版社　2020年10月　文324页　图版176页（185幅）　16开

补　遗

严陵遗萃：建德梅城发现古代牌坊石构件　杭州市园林文物局、杭州市文物考古研究所编著　周学斌主编　浙江人民美术出版社　2019年12月　文141页　16开

宝鸡瓦当（上卷）：宝鸡出土瓦当　冯永哲、上官存德、李昌峰编　陕西人民美术出版社　2018年2月　概述28页　目录10页　拓图220页　16开

五　陶瓷与窑址

宋元窑业技术交流研究（中国古陶瓷研究，第二十五辑）　中国古陶瓷学会编　孙新民主编　科学出版社　2020年6月　文359页　插图546幅　插表40幅　彩版10页　16开

故宫博物院藏龙泉窑青瓷研究（紫禁书系，第九辑）　董健丽著　故宫出版社　2020年6月　文298页　插图213幅　插表3幅　附表2幅　附图59幅　16开

故宫博物院九十华诞汝窑学术研讨会论文集　故宫博物院陶瓷研究所编　吕成龙主编　故宫出版社　2020年7月　全二册　文439页　插图649幅　插表13幅　16开

故宫博物院九十二华诞哥窑学术研讨会论文集　故宫博物院陶瓷研究所编　吕成龙主编　故宫出版社　2020年11月　文320页　插图231幅　插表5幅　16开

浮滨撷英：广东大埔、饶平原始瓷发现与研究　广东省文物考古研究所编　上海古籍出版社　2020年9月　目录、序、前言10页　文97页　插图62幅　插表2幅　彩版104页　16开

面向海洋（西汉南越王博物馆研究丛书）　西汉南越王博物馆、长沙博物馆编著　岭南美术出版社　2020年4月　文236页　彩版　16开　"面向海洋：长沙窑瓷器精品展"图录

千年瓷都，万年窑火：江西古代陶瓷文化（穿越万年看江西：江西省博物馆常设展览丛书）　江西省博物馆编　叶蓉主编　江西美术出版社　2020年9月　文286页　彩版　16开

赣州七里镇窑址出土瓷器　江西省文物考古研究院编著　肖发标主编　科学出版社　2020年10月　文227页　插图3幅　彩版289幅　16开

明代淮王府遗址出土瓷器　江西省文物考古研究院编著　肖发标主编　科学出版社　2020年10月　文326页　插图6幅　彩版400幅　16开

吉简吉美：吉州窑遗址出土瓷器集萃　江西省文物考古研究院编著　文物出版社　2020年10月　文308页　插图80幅　彩版234幅　16开

15世纪的亚洲与景德镇瓷器　上海博物馆编　上海古籍出版社　2020年2月　文243页　插图292幅　16开

明代官窑瓷器研究：以御窑厂遗址出土遗物为中心　江建新著　文物出版社　2020年1月　文255页　插图　16开

陶瓷：粘连文明的泥土（里程碑文库，第一辑）　［日］三杉隆敏著　吴昊阳译　北京燕山出版社　2020年5月　文177页　插图12幅　32开　译自『やきもの文化史：景徳鎮から海のシルクロードへ』（岩波书店，1989年）

丹丘瓷韵：台州窑陶瓷简史　台州市文化和广电旅游体育局、台州窑陶瓷研究课题组编著　吕振兴、杨跃鸣主编　周建灿、王妤编撰　文物出版社　2020年5月　文359页　插图542幅　16开

江南陶瓷（江南文化丛书）　冯泽洲著　上海人民出版社　2020年11月　文373页　插图237幅　32开

初论井陉窑：纪念井陉窑发现卅周年　孟繁峰编著　人民出版社　2020年5月　文652页　插图623幅　插表7幅　16开

山西博物院藏品概览：瓷器卷（二）　山西博物院编　张元成主编　科学出版社　2020年12月　综述、目录7页　彩版225页（152幅）　16开

河津窑瓷枕　河津市文物保护服务中心、山西省考古研究院、西汉南越王博物馆编著　孟耀虎主编　科学出版社　2020年6月　序、目录10页　专论、彩版204页　插图116幅　彩版86幅　16开

陶瓷手记Ⅱ：亚洲视野下的中国陶瓷文化史（浙江大学艺术与考古研究丛书）　谢明良著　浙江大学出版社　2020年10月　文369页　插图610幅　16开

抟泥作瓷：波士顿美术博物馆藏中国陶瓷　［美］吴同著　丁雨译　北京大学出版社　2020年1月　文177页　插图11幅　彩版79幅　16开

陶语瓷渊　罗宏杰、王芬、施佩、李强编著　科学出版社　2020年6月　文296页　插图161幅　16开

湖北省国有博物馆馆藏陶瓷文物保护及活化研究　彭放、李奇主编　武汉理工大学出版社　2020年4月　文222页　插图73幅　插表103幅　16开

补　遗

中国陶瓷大系（国家馆藏珍宝）　上海人民美术出版社编　上海人民美术出版社　2019年3月　全十五册　文3659页　彩版2194幅　16开

器成走天下："碗礁一号"沉船出水文物大展图录　中国航海博物馆、福州市博物馆编著　张东苏、张振玉、周群华、毛敏主编　文物出版社　2019年8月　序、目录9页　专论、彩版313页　插图42幅　插表2幅　彩版198幅　16开

中国东南海洋性瓷业的历史进程（国家社科基金后期资助项目）　王新天著　天津古籍出版社　2019年2月　文310页　插图48幅　16开

重庆市永川区汉东城遗址出土瓷器保护修复（重庆市文化遗产系列丛书）　重庆市文化遗产研究院、重庆市文化遗产保护中心编著　邹后曦主编　四川人民出版社　2019年10月　文233页　16开

六　古代绘画

洛阳古代壁画墓　洛阳古代艺术博物馆、洛阳古代壁画馆编　朱世伟主编　三秦出版社　2020年10月　文167页　彩版、线图81幅　16开

中国古代物质文化史：绘画·墓室壁画（魏晋南北朝）　孙丹婕、祁姿好、刘韬著　开明出版社　2020年12月　序，目录16页　文327页　插图186幅　16开

汉魏晋辽阳壁画墓　李龙彬、马鑫、邹宝库编著　辽宁人民出版社　2020年3月　文161页　插图127幅　彩版21页　32开

层累的图像：拼砌砖画与南朝艺术（人美学术文库）　耿朔著　人民美术出版社　2020年7月　文193页　插图112幅　16开

丝路回音：第三届曲江壁画论坛论文集　周天游主编　文物出版社　2020年1月　序、目录13页　文296页　插图493幅　插表9幅　16开

唐代壁画珍品馆导览　陕西历史博物馆编　韩建武主编　文物出版社　2020年8月　文311页　彩版283幅　32开

五代十国壁画研究：以墓室壁画为观察中心　黄剑波著　上海大学出版社　2020年11月　文374页　插图161幅　插表26幅　附表16幅　16开

大辽丹青：敖汉辽墓壁画　田彦国、王苹主编　内蒙古科学技术出版社　2020年2月　文162页　16开

西安明清寺观壁画　西安市文物保护考古研究院编　赵凤燕主编　三秦出版社　2020年12月　文260页　插图170幅　插表23幅　附图166幅　附表2幅　16开

岩画科学：远古艺术的科学研究　罗伯特·G. 贝德纳里克（Robert G. Bednarik）著　金安妮译　陕西人民教育出版社　2020年8月　文324页　插表3幅　彩版20页　16开

中国岩画的文献学研究　童永生著　江苏凤凰美术出版社　2020年8月　文220页　插图153幅　16开

岩画研究（2020）　宁夏岩画研究中心编　李彤主编　宁夏人民出版社　2020年11月　文223页　插图241幅　照片、书影10页　16开

吉布胡楞特海尔罕山岩画（“一带一路”考古学研究译丛）　（蒙古国）Д. 策文道尔吉、Я. 策仁达格瓦、Б. 贡沁苏荣、Д. 嘎日玛札布著　特日根巴彦尔、通格勒格、丹达尔译　社会科学文献出版社　2020年6月　文230页　插图334幅　附图64幅　16开

俄罗斯叶尼塞河流域人面像岩画研究（考古新视野）　肖波著　文物出版社　2020年8月　推荐意见、目录13页　文408页　插图174幅　彩版8页　32开

中蒙俄联合岩画科考与论坛论文集（2015～2017）　内蒙古河套文化博物院、中国人民大学北方民族考古研究所编　魏坚主编　中国言实出版社　2020年10月　序、目录10页　文526页　插图390幅　插表11幅　16开

天山女神：康家石门子岩刻画文化新探　巫新华著　广西师范大学出版社　2020年9月　文346页　插图129幅　32开

补　遗

壁上乾坤：山西北朝墓葬壁画艺术　山西博物院、山西省考古研究所编　山西人民出版社　2019年12月　文192页　插图32幅　彩版55幅（组）　照片39幅　16开

文物陕西：壁画卷（陕西第一次全国可移动文物普查丛书）　伏海翔主编　陕西师范大学出版社　2019年　文209页　16开

岩画研究（2019）　宁夏岩画艺术研究中心编　李彤主编　宁夏人民出版社　2019年12月　文

225 页　16 开

古代岩画研究文献指南　田广林、周宇杰主编　辽宁师范大学出版社　2019 年 4 月　文 386 页　16 开

青铜峡岩画　宁夏博物馆编　王固生著　宁夏人民出版社　2019 年 10 月　文 198 页　16 开

西辽河流域人面岩画研究　孙晓勇著　民族出版社　2019 年 10 月　文 211 页　插图 176 幅　插表 4 幅　32 开

新疆温泉县博尔塔拉河流域的岩画　尼・葛丽著　新疆人民出版社　2018 年 9 月　文 146 页　插图 226 幅 16 开

敦煌西方变空间结构研究（紫禁书系，第九辑）　王治著　故宫出版社　2019 年 8 月　文 275 页　插图 72 幅　16 开

七　古代书法

中国国家图书馆善本碑帖综录　中国国家图书馆编著　卢芳玉、陈红彦主编　国家图书馆出版社　2020 年 12 月　全二册　文 989 页　8 开

千年遗墨：中国历代简帛书法展（中国古代文明系列展）　湖南省博物馆编　中华书局　2020 年 8 月　彩版 205 页　文 70 页　插图 97 幅　8 开

战国竹简书法艺术　濮茅左编著　中西书局　2020 年 11 月　目录、概述 16 页　彩版、意符通用例 300 页　8 开

战国中山三器铭文　郝建文编撰　文物出版社　2020 年 8 月　文 135 页　12 开

未央宫遗址出土骨签书法研究（美术学博士论丛）　王海勇著　荣宝斋出版社　2020 年 10 月　序、目录 11 页　文 217 页　插图 63 幅　图版 8 页　32 开

万里同文：新疆出土汉文书迹集萃（遐迩一体：新疆文物考古研究丛书）　陈凌著　浙江大学出版社 2020 年 11 月　前言 32 页　插图 16 幅　目录 6 页　彩版、释文、说明 422 页　16 开

八　古代工艺美术

包山二号墓漆奁的出行图像与相关问题研究　胡莺著　河北美术出版社　2020 年 8 月　文 138 页　图版 31 幅　16 开

黄金为尚：历史・交流・工艺　苏州博物馆编　陈瑞近、姚进庄主编　江苏凤凰美术出版社　2020 年 12 月　文 261 页　插图 110 幅　彩版 98 幅　16 开

辽代金银器研究　王春燕著　科学出版社　2020 年 6 月　前言、目录 8 页　文 235 页　插图 112 幅　插表 16 幅 16 开

广州出土汉代珠饰研究（广州文物考古研究丛书）　广州市文物考古研究院编著　邝桂荣主编　科学出版社　2020 年 3 月　序、目录 55 页　文 413 页　插图 396 幅　插表 15 幅　16 开

锦绣中华：古代丝织品文化展　首都博物馆编　科学出版社　2020 年 4 月　文 257 页　彩版 176 幅 8 开

中国丝绸设计　赵丰著　浙江大学出版社　2020 年 8 月　文 292 页　插图 44 幅　彩版 218 幅　16 开

丝绸之路织染绣服饰研究：新疆段　王乐著　东华大学出版社　2020 年 6 月　文 194 页　插图 196 幅 16 开

敦煌莫高窟唐代团花纹样研究（中国传统服饰文化系列丛书）　张春佳著　中国纺织出版社　2020 年 3 月　文 181 页　插图 100 幅　插表 22 幅　16 开

鸣沙菩提，星耀大漠：敦煌装饰图案考　贾玺增主编　湖北美术出版社　2020 年 11 月　文 272 页　插图 348 幅　16 开

瑞典藏俄国军旗上的中国丝绸　赵丰主编　浙江大学出版社　2020 年 6 月　序、目录 10 页　文、彩版 226 页　插图 59 幅　彩版 127 幅　16 开

丝路之光：2020 敦煌服饰文化论文集　刘元风主编　中国纺织出版社　2020 年 10 月　文 198 页　插图

393 幅　16 开

衣冠大成：明代服饰文化展　山东博物馆、孔子博物馆编　山东美术出版社　2020 年 9 月　文 260 页　彩版　12 开

补　遗

简明中国工艺美术史　尚刚著　高等教育出版社　2019 年 2 月　文 114 页　插图　16 开

盛世风尚：唐代金银器装饰艺术研究　王丽梅著　四川大学出版社　2018 年 8 月　文 269 页　插图 274 幅　插表 3 幅　彩版 8 页　16 开

陆　古代科学技术与手工业

战国戎人造车　甘肃省文物考古研究所编　赵美成、马玉华著　文物出版社　2020 年 8 月　文 243 页　插图 236 幅　插表 9 幅　16 开

补　遗

中国盐业考古（中国盐业考古与盐业文明）　李水城著　西南交通大学出版社　2019 年 10 月　文 475 页　插图 226 幅　16 开

柒　古代文化生活

音乐考古学通论　方建军著　人民音乐出版社　2020 年 4 月　文 319 页　插图 130 幅　插表 6 幅　16 开

中国音乐考古学（中国音乐学文库）　王子初著　人民音乐出版社　2020 年 12 月　文 841 页　插图 535 幅　插表 117 幅　16 开

中韩音乐文物研究：中韩音乐文物国际学术研讨会论文集　河南博物院、韩国国立国乐院编　霍锟主编　大象出版社　2020 年 12 月　文 259 页　插图 186 幅　插表 49 幅　16 开

嵩山文明与中国古代音乐（中华之源与嵩山文明研究系列丛书）　岳冰著　科学出版社　2020 年 1 月　目录 12 页　文 239 页　插图 203 幅　插表 20 幅　16 开

唐代莫高窟壁画音乐图像研究（敦煌与丝绸之路石窟艺术丛书）　朱晓峰著　甘肃教育出版社　2020 年 9 月　文 498 页　插图 217 幅　插表 6 幅　16 开

补　遗

音乐考古学研究　方建军著　中国音乐学院出版社　2019 年 5 月　文 241 页　插图 38 幅　插表 5 幅　16 开

唯寄歌舞寓长安：陕西古代音乐文物展　西安音乐学院编　王真、强跃主编　三秦出版社　2018 年 12 月　文 103 页　彩版 66 幅　附图 21 幅　8 开

唯寄歌舞寓长安：陕西古代乐舞文物特展　陕西历史博物馆编　陕西人民美术出版社　2019 年 12 月　文 174 页　8 开

捌　民族考古和边疆地区考古

古代中国与欧亚大陆：边疆地区公元前 3000 年至公元前 700 年的金属制品、墓葬习俗和文化认同　曹玮、［美］林嘉琳（Katheryn M. Linduff）、孙岩、刘远晴著　上海古籍出版社　2020 年 9 月　目录 9 页　前言 10 页　文 262 页　插图 59 幅　地图 9 幅　插表 2 幅　16 开　英文版题名：Ancient China and Its Eurasian Neighbors：Artifacts，Identity and Death in the Frontier，3000 – 700 BCE（Cambridge University Press，2018）

鄂尔多斯史海凭栏　杨泽蒙撰　鄂尔多斯青铜器博物馆编　科学出版社　2020 年 5 月　文 293 页　插图

271 幅 16 开
流域文明视野下的东北历史与文化 王禹浪、王天姿、吴博、王俊铮著 中国社会科学出版社 2020 年 11 月 文 440 页 插图 47 幅 插表 5 幅 16 开
斯坦因敦煌考古档案研究 王冀青著 敦煌文艺出版社 2020 年 1 月 目录 12 页 文 334 页 插图 156 幅 16 开
丝路探险：1902－1914 年德国考察队吐鲁番行记（亚欧丛书） ［德］卡恩·德雷尔（Caren Dreyer）著 陈婷婷译 上海古籍出版社 2020 年 8 月 文 330 页 照片、线图、文稿 327 幅 16 开 译自 Abenteuer Seidenstrasse，die Berliner Turfan－Expeditionen 1902－1914
北庭和高昌研究（欧亚备要） 孟凡人著 商务印书馆 2020 年 5 月 文 690 页 插图 197 幅 16 开
从克什米尔到喀什噶尔（西域游历丛书 01） ［英］奥雷尔·斯坦因（Aurel Stein）著 方晶译 广西师范大学出版社 2020 年 4 月 文 201 页 32 开
绿洲和田（西域游历丛书 02） ［英］奥雷尔·斯坦因（Aurel Stein）著 方晶、孙莉译 广西师范大学出版社 2020 年 4 月 文 303 页 插图 63 幅 32 开
尼雅遗址与安迪尔遗址（西域游历丛书 03） ［英］奥雷尔·斯坦因（Aurel Stein）著 肖小勇译 广西师范大学出版社 2020 年 4 月 文 305 页 插图 99 幅 32 开
重返和田绿洲（西域游历丛书 04） ［英］奥雷尔·斯坦因（Aurel Stein）著 刘文锁译 广西师范大学出版社 2020 年 4 月 二版 文 246 页 插图 78 幅 32 开
踏勘尼雅遗址（西域游历丛书 05） ［英］奥雷尔·斯坦因（Aurel Stein）著 刘文锁、肖小勇、胡锦州译 广西师范大学出版社 2020 年 4 月 二版 文 299 页 插图 143 幅 32 开
路经楼兰（西域游历丛书 06） ［英］奥雷尔·斯坦因（Aurel Stein）著 肖小勇、巫新华译 广西师范大学出版社 2020 年 4 月 二版 文 316 页 插图 111 幅 32 开
从罗布沙漠到敦煌（西域游历丛书 07） ［英］奥雷尔·斯坦因（Aurel Stein）著 赵彦、谢仲礼、秦立彦译 广西师范大学出版社 2020 年 4 月 文 335 页 32 开
发现藏经洞（西域游历丛书 08） ［英］奥雷尔·斯坦因（Aurel Stein）著 姜波、秦立彦译 广西师范大学出版社 2020 年 4 月 文 306 页 32 开
穿越塔克拉马干（西域游历丛书 09） ［英］奥雷尔·斯坦因（Aurel Stein）著 巫新华、新华、张良仁、赵静译 广西师范大学出版社 2020 年 4 月 文 358 页 插图 148 幅 32 开
再探喀什噶尔和和田古遗址（西域游历丛书 10） ［英］奥雷尔·斯坦因（Aurel Stein）著 龚国强译 广西师范大学出版社 2020 年 6 月 文 282 页 插图 92 幅 32 开
重返楼兰（西域游历丛书 11） ［英］奥雷尔·斯坦因（Aurel Stein）著 艾力江、秦立彦译 广西师范大学出版社 2020 年 6 月 文 296 页 插图 73 幅 32 开
踏勘河西走廊古遗址（西域游历丛书 12） ［英］奥雷尔·斯坦因（Aurel Stein）著 巫新华、秦立彦译 广西师范大学出版社 2020 年 6 月 文 283 页 插图 92 幅 32 开
寻访天山古遗址（西域游历丛书 13） ［英］奥雷尔·斯坦因（Aurel Stein）著 巫新华、秦立彦译 广西师范大学出版社 2020 年 6 月 文 318 页 插图 129 幅 32 开
塔里木古遗址与古道（西域游历丛书 14） ［英］奥雷尔·斯坦因（Aurel Stein）著 巫新华、秦立彦译 广西师范大学出版社 2020 年 6 月 文 233 页 插图 67 幅 32 开
中亚古道与古遗址（西域游历丛书 15） ［英］奥雷尔·斯坦因（Aurel Stein）著 巫新华、秦立彦译 广西师范大学出版社 2020 年 6 月 文 279 页 插图 123 幅 32 开
罗布泊腹地的旅人：72 天科考随记 魏东著 社会科学文献出版社 2020 年 8 月 序、目录 12 页 文 178 页 插图 72 幅 彩版 12 页 32 开
天山的种子：木垒的历史与文化 肖小勇等著 广西师范大学出版社 2020 年 9 月 文 285 页 插图 66 幅 32 开
中国西南考古：新石器时代至西汉（川大考古文博体系列精品教材） 罗二虎、李映福主编 科学出版

社　2020年6月　目录17页　文528页　插图280幅　插表4幅　16开

丝绸之路上的文化交流：吐蕃时期艺术珍品　敦煌研究院编　王旭东、普利兹克（Tom Pritzker）主编　中国藏学出版社　2020年1月　文350页　彩版　16开

人与神：古代南方丝绸之路文物精华展　三星堆博物馆、凉山彝族自治州博物馆编　四川人民出版社　2020年4月　文280页　彩版　16开

牧司一方：播州杨氏土司墓葬管窥（贵州省文物考古研究所学术丛书）　周必素、彭万、韦松恒著　科学出版社　2020年11月　文356页　插图162幅　插表15幅　16开

瓯风骆韵　广西壮族自治区博物馆编　广西教育出版社　2020年4月　彩版、专论278页　16开

怒江傈僳族自治州馆藏文物研究　赵美、李秉涛编著　科学出版社　2020年3月　文230页　彩版347幅　16开

中国与东南亚先秦两汉铜鼓研究　李昆声、黄德荣著　云南美术出版社　2020年10月　文349页　插图266幅　插表25幅　附表4幅　彩版32页　16开

福建与南岛语族　焦天龙、范雪春著　科学出版社　2020年11月　文203页　插图105幅　插表13幅　16开

补　遗

呼伦贝尔民族文物考古大系：海拉尔区卷　中国社会科学院考古研究所、中国社会科学院蒙古族源研究中心、内蒙古自治区文物局、内蒙古蒙古族源博物馆、北京大学考古文博学院、呼伦贝尔民族博物馆编　王巍、孟松林、刘国祥、白劲松主编　文物出版社　2018年12月　文263页　彩版212幅　16开

古蜀文明研究论著目录（1930～2017）　四川省文物考古研究院编　高大伦主编　四川人民出版社　2018年10月　文324页　16开

劫掠丝绸之路：从斯文·赫定到斯坦因的中国寻宝历程　［英］彼得·霍普科克（Peter Hopkirk）著　张湘忆译　九州出版社　2020年12月　文249页　地图2页　32开　译自 Foreigh Devils on the Silk Road，the Search for the Lost Treasures of Central Asia，1980

玖　宗教遗迹与遗物

长安与洛阳：五至九世纪两京佛教艺术研究　常青著　文物出版社　2020年6月　全二册　序、前言、目录36页　文766页　插图680幅　插表3幅　地图3幅　16开

中国古代舍利地宫研究（山东大学东方考古研究书系）　高继习著　科学出版社　2020年7月　文369页　插图40幅　插表3幅　16开

雷音洞：2012年度考古调查报告　云居寺文物管理处、浙江大学文化遗产研究院、房山石经与云居寺文化研究中心编　李志荣、罗炤、黄硕执笔　浙江人民美术出版社　2020年9月　目录15页　文280页　插图366幅　插表12幅　8开

西湖佛迹：杭州石窟造像调查与研究　浙江省博物馆编　王宣艳、黎毓馨主编　常青著　中国书店　2020年10月　文397页　插图434幅　16开

梵塔入云霄：南高峰塔遗址的考古发掘（杭州市文物考古研究所公共考古系列丛书）　孙媛著　浙江人民美术出版社　2020年11月　文88页　插图53幅　32开

全国重点文物保护单位官渡妙湛寺金刚塔　昆明市官渡区文化和旅游局（官渡区文物局）、官区老外编　文物出版社　2020年10月　文131页　16开

入主祭祀研究　山东大学历史文化学院、山东省文物考古研究院、故宫博物院考古部编著　王睿、林仙庭、聂政主编　文物出版社　2020年5月　目录16页　文378页　插图456幅　16开

补　遗

丝绸之路与永昌圣容寺国际学术研讨会论文集　杜斗城、丁得天主编　兰州大学出版社　2019年12

月　文 423 页　16 开

传心之美：梵蒂冈博物馆藏中国文物　故宫博物院、梵蒂冈博物馆编　故宫出版社　2019 年 6 月　彩版 229 页　16 开

拾　文物保护单位、文物志与历史地理

华北考古记（近代以来海外涉华艺文图志系列丛书）　［法］埃玛纽埃尔 - 爱德华·沙畹（Emmanuel Édouard Chavannes）著　袁俊生译　中国画报出版社　2020 年 5 月　全四册　文 1344 页　图版 1179 幅　16 开　译自 Mission Archéologique Dans la Chine Septentrionale, 1907

石家庄市文物保护单位概览　河北省古代建筑保护研究所编　解欣、董旭主编　科学出版社　2020 年 12 月　文 320 页　插图　16 开

承德文物考古志略　河北省文物考古研究院编　郑绍宗著　文物出版社　2020 年 7 月　序、目录 15 页　文、图版、彩版 283 页　插图 12 幅　图版 148 幅　彩版 46 幅　16 开

青州市文物志　青州市博物馆编　文物出版社　2020 年 5 月　文 497 页　16 开

政和古迹概览　王志明主编　海峡文艺出版社　2020 年 11 月　文 294 页　16 开

随州文物志　随州市博物馆编　武汉大学出版社　2021 年 6 月　文 465 页　16 开

曲靖市文物志　曲靖市文物局编　云南人民出版社　2020 年 12 月　19 页　707 页　16 开

中国唐代帝陵　王双怀著　陕西人民出版社　2020 年 8 月　文 412 页　插图 285 幅　插表 13 幅　16 开

齐长城遗址保护与研究　山东古建筑保护研究院编著　荣瑞峰主编　齐鲁书社　2020 年 1 月　文 423 页　插图 281 幅　插表 44 幅　附表 3 幅　彩版 27 页　16 开

宁夏明代长城·北长城调查报告（宁夏文物考古研究所丛刊之二十八）　宁夏文物考古研究所编著　文物出版社　2020 年 7 月　目录 11 页　前言 22 页　文、彩版 186 页　插图 36 幅　插表 6 幅　彩版 210 幅　16 开

甘肃境内战国秦长城调查纪实　甘肃省博物馆编　敦煌文艺出版社　2020 年 8 月　文 111 页　16 开

大运河遗产：江南运河　浙江省文物考古研究所编著　浙江古籍出版社　2020 年 12 月　文 306 页　插图 294 幅　16 开

明徐有贞撰书敕脩河道功完之碑　河南省文物考古研究院、濮阳市文物局、台前县文物局编　广陵书社　2020 年月　文 43 页　16 开

京杭大运河会通河台前段史料考古者说　郑嘉励著　广西师范大学出版社　2020 年 4 月　文 323 页　32 开

补　遗

陕西文物古迹大观（四）：陕西省第六、七批全国重点文物保护单位巡礼　陕西省文物局编　罗文利主编　三秦出版社　2019 年 10 月　文 433 页　16 开

沈阳市文物志　沈阳市文物局编　沈阳出版社　2019 年 12 月　13 页　28 页　918 页　16 开

拾壹　中外关系与中外文化交流

考古所见古代新疆地区的东西方文明交流（大国学研究文库）　李肖主编　中国社会科学出版社　2020 年 6 月　文 209 页　插图 144 幅　插表 3 幅　16 开

丝路豹斑（续集）：不起眼的交流，不经意的发现　冉万里著　科学出版社　2020 年 10 月　文 367 页　插图 506 幅　16 开

海岱丝语："一带一路"与山东研讨会论文集　山东省水下考古研究中心编　王守功主编　齐鲁书社　2020 年 5 月　文 349 页　插图 93 幅　插表 8 幅　彩版 142 幅　16 开

万里江海通：江南与海上丝绸之路展品集珍　常熟博物馆、江阴市博物馆、张家港博物馆、太仓博物

馆、吴江博物馆编　李瑞刚、翁雪花、钱峻、朱巍、董志红主编　中国美术学院出版社　2020年1月　文218页　彩版　16开

补　遗

无问西东：从丝绸之路到文艺复兴（中国国家博物馆国际交流系列丛书）　王春法主编　北京时代华文书局　2018年9月　文461页　彩版226幅　16开

拾贰　文物保护、大遗址和文化遗产保护

一　文物保护事业

国际文化遗产保护文件选编（2006～2017）　西安市文物保护考古研究院、联合国教科文组织世界遗产中心、国际古迹遗址理事会、国际古迹遗址理事会西安国际保护中心编译　文物出版社　2020年12月　全二册　文910页　16开

H. K. 列里赫的文化遗产保护探索之路　俄罗斯圣彼得堡国立列里赫家族博物馆（研究院）著　陕西省考古研究院、陕西省文化遗产研究院编译　科学出版社　2020年9月　文548页　插图16幅　书影52幅　16开

文物保护地方性法规和地方政府规章选编　国家文物局编　文物出版社　2020年4月　全二册　文1028页　16开

中国世界文化遗产2019年度保护状况总报告　中国文化遗产研究院著　文物出版社　2020年12月　文236页　插图115幅　插表22幅　16开

中国文物年鉴（2019）　国家文物局编　文物出版社　2020年8月　文429页　照片12页　16开

陕西文物年鉴（2019）　陕西省文物局编　吴晓丛主编　陕西人民出版社　2020年10月　文379页　彩版、照片26页　16开

湖北省博物馆、考古所（2019）　湖北省博物馆、湖北省文物考古研究所编　方勤、万全文主编　武汉大学出版社　2020年10月　文255页　16开

浙江文物年鉴（2020）　浙江文物年鉴编辑委员会编　曹鸿主编　浙江古籍出版社　2020年12月　页　16开

大道偕行：中国和意大利文化线路保护研究新视野（中国文化遗产研究院·人文社会科学系列）　于冰、[意]海莱妮·波斐里奥（Heleni Porfyriou）主编　文物出版社　2020年1月　文218页　插图76幅　插表7幅　16开

第二届中国—中东欧国家文化遗产论坛文集（中国文化遗产研究院·世界文化遗产系列·2020年）　国家文物局办公室（外事联络司）、中国文化遗产研究院编　文物出版社　2020年10月　文471页　插图119幅　16开

析情探路：符合国情的文物保护利用与改革发展（中国文化遗产研究院·符合国情的文物保护利用之路探索成果之三）　曹兵武、何流、于冰主编　文物出版社　2020年8月　文289页　插图21幅　插表12幅　16开

薪火相承：陕西省文物保护研究院成立三十周年　陕西省文物保护研究院编　赵强、范桂强主编　三秦出版社　2020年6月　文248页　插图610幅　16开

我从秦国来：兵马俑出境展览亲历记（陕西历史博物馆学术文库）　庞雅妮著　陕西师范大学出版社　2020年7月　文314页　32开

文物安全管理工作指南　殷连生著　文物出版社　2020年7月　前言、目录12页　文138页　16开

五国文物法制比较研究　王云霞主编　文物出版社　2020年6月　文366页　16开

补　遗

众志成城守护文明：全国打击防范文物犯罪成果精粹　公安部、最高人民法院、最高人民检察院、国家文物局编　北京时代华文书局　2019年9月　文362页　彩版230幅　16开

浙江文物年鉴（2019） 浙江文物年鉴编辑委员会编 曹鸿主编 浙江古籍出版社 2019年12月 文337页 16开

追回的宝藏：随州市打击文物犯罪成果集萃Ⅰ 随州市博物馆、随州市公安局主编 武汉大学出版社 2019年 文210页 彩版134幅 16开

古城文物的保护与实践：泉州市文物保护科学技术协会学术年会论文集 陈建中主编 文化艺术出版社 2018年7月 文272页 16开

二 文物保护技术与文物修复

中国文物保护技术协会第十次学术年会论文集 中国文物保护技术协会、山西博物院编 王时伟、张元成主编 科学出版社 2020年5月 文694页 插图639幅 插表103幅 16开

文物保护装备标准汇编（三） 文物保护装备产业化及应用协同工作平台编 文物出版社 2020年9月 文107页 16开

中国国家博物馆文物保护修复报告集 中国国家博物馆编 王春法、王建平主编 北京时代华文书局 2020年12月 文354页 插图496幅 插表39幅 16开

韦编不绝：可移动文物保护修复方案编制理论与实践（重庆文化遗产保护系列丛书） 重庆市文化遗产研究院、重庆文化遗产保护中心编著 白九江主编 四川人民出版社 2020年10月 文237页 插图87幅 插表19幅 16开

文物保护概论（文物保护基础理论及先进技术丛书） 龚钰轩编著 中国科学技术大学出版社 2020年5月 文246页 插图18幅 插表8幅 彩版11幅 16开

考古技术与文物保护实验教程（西北民族大学规划教材） 西北民族大学历史文化学院编著 夏春峰主编 甘肃文化出版社 2020年8月 全二册 文398页 插图92幅 插表20幅 16开

金属文物修复工艺学 周华、姚启东、倪炎著 文物出版社 2020年9月 文216页 插图 彩版8页 16开

许昌博物馆馆藏青铜器保护与修复（许昌博物馆学术文库） 张迪著 上海交通大学出版社 2020年9月 文252页 插图279幅 插表6幅 16开

晋源区藏部分青铜器保护修复研究 韩革著 山西人民出版社 2020年10月 文174页 插图176幅 插表10幅 图表21幅 附表1幅 16开

古铜今识：青岛市黄岛区博物馆藏青铜文物保护修复与研究 徐军平、刘靓、郭长波著 文物出版社 2020年10月 文198页 插图185幅 插表25幅 16开

张家界市博物馆馆藏青铜器文物保护与修复研究 马菁毓、伍元军著 学苑出版社 2020年9月 文470页 插图943幅 插表19幅 16开

铁器文物保护方法及新材料的研究应用 黄强、齐迎萍、陈海松主编 中州古籍出版社 2020年5月 文386页 16开

皮革文物保护研究（文物保护基础理论及先进技术丛书） 张杨著 中国科学技术大学出版社 2020年10月 文182页 插图70幅 插表21幅 彩版20幅 16开

中国陶质彩绘文物保护修复案例报告：青州香山汉墓（文物保护修复丛书） 刘江卫著 科学出版社 2020年10月 文270页 插图160幅 插表31幅 16开

赵卿墓车马坑搬迁复原保护修复研究 耿莉玲著 山西人民出版社 2020年1月 文125页 插图162幅 16开

唐安国相王孺人墓壁画修复报告 洛阳古代艺术博物馆、河南古代壁画馆编 杨蕊主编 三秦出版社 2020年10月 文267页 插图134幅 附图53幅 彩版35幅 16开

昭陵“二骏”修复实录 周萍编著 陕西人民美术出版社 2020年1月 文108页 插图161幅 16开

水下遗址出水文物保护方法（上海市文物保护研究中心水下考古译丛） ［美］唐纳·汉密尔顿（Donny Hamilton）著 赵荦、金涛译 上海交通大学出版社 2020年7月 文256页 插图21

幅　16 开　译自 Methods of Conserving Archaeological Material from Underwater Sites

考古发掘舟船的保护：躬行实践　［德］佩尔·霍夫曼（Per Hoffmann）著　沈大娲译　科学出版社　2020 年 7 月　文 194 页　插图 166 幅　框图 13 幅　16 开　译自 Conservation of Archaeological Ships and Boats，Personal Experiences

海洋出水木质文物中的硫铁化合物（中国文化遗产研究院·文物保护科技系列·2020 年）　沈大娲著　科学出版社　2020 年 8 月　文 195 页　插图 167 幅　插表 71 幅　16 开

海门口遗址木质文物保护关键技术研究与应用　邱坚、高景然著　中国林业出版社　2020 年 12 月　前言、目录 9 页　文 154 页　插图 78 幅　插表 40 幅　16 开

文物无酸纸包装研究（安博学术文丛）　安徽博物院编　安徽美术出版社　2020 年 5 月　文 147 页　插图　16 开

补　遗

洛阳市文物考古研究院三彩文物修复鉴赏　洛阳市文物考古研究院编　陈谊、史家珍主编　郑州大学出版社　2019 年 5 月　彩版 206 页　16 开

三　文物保护工程

石质文化遗产监测技术导则（遗产保护译丛）　［德］米夏尔·奥哈斯（Michael Auras）、［德］珍妮娜·迈因哈特（Jeannine Meinhardt）、［德］罗尔夫·斯内特拉格（Rolf Snethlage）主编　戴仕炳、徐一娴、施晓平译　同济大学出版社　2020 年 1 月　文 281 页　10 页　32 开　译自 Leitfaden Naturstein – Monitoring Nachkontrolle und Wartung als zukunftsweisende Erhaltungsstrategie

不可移动石质文物保护工程勘察技术概论（中国文化遗产研究院·文物保护工程系列，2020 年）　李宏松著　文物出版社　2020 年 8 月　目录 8 页　文 462 页　插图 690 幅　插表 156 幅　彩版 16 页　16 开

大足石刻千手观音造像保护修复工程报告　中国文化遗产研究院、大足石刻研究院编著　刘曙光、黎方银主编　文化艺术出版社　2020 年 5 月　文 753 页　16 开

永乐宫迁建工程档案初编　（中国文化遗产研究院编）查群编著　文物出版社　2020 年 12 月　全二册　序、前言、目录 21 页　文、图版 694 页　插图 496 幅　附图 93 幅　图纸 454 幅　照片 218 幅　档案图 388 页　专题原始档案图 978 幅　原始档案图 148 幅　8 开

补　遗

茶胶寺庙山五塔保护工程研究报告（中国文化遗产研究院·文物保护工程与规划系列·2018 年）　中国文化遗产研究院编著　许言主编　文物出版社　2019 年 1 月　序、目录 21 页　文 314 页　插图 141 幅　插表 6 幅　实测图 79 幅　彩版 147 幅　16 开

石窟文物抗震防护研究　石玉成、王兰民、王旭东著　兰州大学出版社　2019 年 12 月　文 448 页　插图　16 开

四　遗址保护

中国大遗址保护理论与方法研究　刘卫红著　科学出版社　2020 年 3 月　文 272 页　16 开

正定城墙东城门（4 号山）遗址保护工程考古勘察报告　河北省文物考古研究院编著　陈伟、佘俊英执笔　文物出版社　2020 年 12 月　目录 15 页　文、彩版 250 页　插图 84 幅　彩版 143 幅　8 开

含弘光大：含光门遗址博物馆学术研究论文集　西安唐皇城墙含光门遗址博物馆编著　郭柱社、谭道提主编　三秦出版社　2020 年 3 月　文 247 页　插图 175 幅　插表 26 幅　16 开

成都大遗址保护研究　成都市文化广电旅游局、成都文物考古研究院编著　颜劲松主编　四川科学技术出版社　2020 年 6 月　前言、目录 12 页　文 146 页　插图 78 幅　插表 5 幅　16 开

成都大遗址保护规划　成都市文化广电旅游局、成都文物考古研究院编著　颜劲松主编　四川科学技术出版社　2020 年 6 月　前言、目录 14 页　文 326 页　图表 276 幅　表 7 幅　16 开

补 遗

荆州大遗址研究 王红星、谢军著 湖北人民出版社 2019年12月 文325页 插图13幅 插表15幅 彩版12页 16开

拾叁 水下考古

水下考古（第二辑） 国家文物局水下文化遗产保护中心主办 宋建中主编 上海古籍出版社 2020年12月 文247页 插图242幅 插表4幅 16开

新成果·新趋势·新进展：第二届“水下考古·宁波论坛”文集（宁波文物考古研究丛书，丁种第五号） 宁波市文化遗产管理研究院、宁波中国港口博物馆、国家文物局水下文化遗产保护中心编著 王结华、林国聪主编 科学出版社 2020年10月 文302页 插图93幅 插表27幅 彩版40页 16开

宝历风物：“黑石号”沉船出水珍品 上海博物馆编 杨志刚主编 上海书画出版社 2020年9月 文307页 插图29幅 彩版158幅 8开

大唐宝船：黑石号沉船所见9～10世纪的航海、贸易与艺术 上海博物馆编 上海书画出版社 2020年9月 文399页 插图443幅 插表3幅 16开

沧澜帆影：探秘南海Ⅰ号 广东海上丝绸之路博物馆编著 曾超群、郑燕燕主编 华南理工大学出版社 2020年7月 文204页 插图212幅 16开

再见经远：2018年中国水下考古“经远舰”调查工作纪实报告（国家文物局水下文化遗产保护中心著作系列） 张瑞著 天津大学出版社 2020年1月 文284页 16开

补 遗

平潭与海上丝绸之路：平潭水下文化遗产（平潭综合实验区博物馆文化遗产系列，一） 平潭综合实验区博物馆编 羊泽林主编 海峡书局 2019年6月 文344页 插图17幅 插表4幅 彩版3666幅 16开

拾肆 世界古代文明与考古

埃及古珠考 夏鼐著 颜海英、田天、刘子信译 社会科学文献出版社 2020年9月 全二册 前言、导言、目录16页 文、线图图版314页 线图图版20幅 图版、索引314页 彩版341幅 16开 译自 Ancient Egyptian Beads

龙出漠北显华章：高勒毛都2号墓地中蒙联合考古记 河南省考古研究院、洛阳市文物考古研究院、蒙古国乌兰巴托大学考古学系编 周立刚主编 中州古籍出版社 2020年12月 文295页 彩版425幅 16开

印度－伊朗人的起源（东北亚与欧亚草原考古学译丛） ［俄］爱莱娜·库兹米娜（Elena E. Kuz’mina）著 ［英］J. P. 马劳瑞（J. P. Mallory）英译主编 邵会秋译 杨建华校 上海古籍出版社 2020年12月 全二册 序、前言、目录17页 文862页 地图18幅 插图114幅 插表19幅 16开 译自 The Origin of the Indo－Iranians，2007

绝域苍茫万里行：丝绸之路（乌兹别克斯坦段）考古成果展 故宫博物院、西北大学编 吴伟、王睿、梁云撰稿 故宫出版社 2020年10月 文、彩版200页 插图11幅 16开

正仓院 韩昇著 生活·读书·新知三联书店 2020年1月 文204页 插图151幅 16开

印度帕拉王朝佛教造像艺术遗产 ［印］苏达卡尔·沙尔曼（Sudhakar Sharma）著 向红笳、刘钊译 上海社会科学院出版社 2020年5月 文223页 插图206幅 8开 译自 *The Heritage of Buddhist Pala Art*，2004

希腊世界的艺术与考古 ［英］理查德·西奥多·尼尔（Richard T. Neer）著 翁海贞译 华中科技大学

出版社　2020 年 3 月　文 408 页　插图 472 幅　16 开　译自 *Art and Archaeology of the Greek World*，2012

罗马世界的艺术与考古　［美］马克·D. 富勒顿（Mark D. Fulleton）著　郭佳好译　华中科技大学出版社　2020 年 11 月　文 408 页　插图 453 幅　16 开　译自 *Art and Archaeology of the Roman World*，2012

海洋文明史：渔业打造的世界　［美］布赖恩·费根（Brian M. Fagen）著　李文远译　新世界出版社　2019 年 4 月　文 363 页　插图 36 幅　16 开　译自 *Fishing*，*How the Sea Fed Civilization*，2017

北极史前史：人类在高纬地区的定居（北冰洋译丛）　［美］约翰·霍菲克尔（John F. Hoffeeker）著　崔艳嫣、周玉芳、曲枫译　社会科学文献出版社　2020 年 5 月　文 228 页　插图 32 幅　16 开　译自 *A Prehistory of the North*：*Human Settlement of the Higher Latitudes*，2004

拾伍　金石学

长安学研究文献汇刊·考古编·金石卷（第十三辑）　贾二强主编　科学出版社　2020 年 3 月　影印本　文 601 页　16 开　子目：1. 积古斋钟鼎彝器款识，2. 秦汉瓦当图，3. 秦汉瓦图记，4. 唐风楼秦汉瓦当文字，5. 昭陵六骏赞辩，6. 瘗鹤铭考，7. 石门碑醳（附：石门碑醳补），8. 长安获古编，9. 求古録，10. 金石存

长安学研究文献汇刊·考古编·金石卷（第十四辑）　贾二强主编　科学出版社　2020 年 5 月　影印本　文 609 页　16 开　子目：1. 古志石华，2. 关中石刻文字新编，3. 邠州石室录，4. 语石

长安学研究文献汇刊·考古编·金石卷（第十五辑）~（第十七辑）　贾二强主编　科学出版社　2020 年 5 月　影印本　全三册　文 778 页　766 页　707 页　16 开　子目：八琼室金石补正（附札记、祛伪、偶存）

蓬莱松风：黄易与乾嘉金石学，附武林访碑录　朱琪著　上海古籍出版社　2020 年 5 月　文 410 页　插图 281 幅　插表 6 幅　16 开

两罍轩尺牍校注（近代金石学家尺牍校注系列）　（清）吴云撰　马玉梅校　上海古籍出版社　2020 年 12 月　文 676 页　16 开

容媛金石学文集　容媛著　莞城图书馆编　齐鲁书社　2020 年 12 月　全四册　文 1874 页　32 开

（编辑者：张文辉）

考古学论文资料索引

（刊后第一个数字是期号，第二个是页码；2020 年）

壹　总论

一　综述

建设中国特色中国风格中国气派的考古学　更好认识源远流长博大精深的中华文明　习近平　中国文物报 12 月 2 日 1 版

中国考古学会学习贯彻习近平总书记“9·28”重要讲话——中国考古学会七届五次常务理事会议在北京召开　中国考古学会秘书处　中国文物报 10 月 27 日 3 版

努力建设中国特色、中国风格、中国气派的考古学——考古工作者热议习近平总书记在中央政治局第二十三次集体学习时的重要讲话　遗产编辑中心　中国文物报 10 月 9 日 1、2 版

什么是考古学　严文明　公众考古学（第一辑）　3 – 22

作为一场相遇的考古学　鲁本·格里玛　范潇漫译　范佳翎译校　公众考古学（第一辑）　334 – 342

中国学派考古学的基本内容　李新伟　南方文物 6：1 – 4

无角度、不（非）学术——对考古学学科性质和中国考古学学科发展的思考　宋江宁　南方文物 6：35 – 51

考古学如何重建过去的思考　陈胜前　南方文物 6：29 – 34

作为文化建设的考古学——考古学不只是一门学科，更是文化，一项促进文化发展的事业　陈胜前　中国文物报 9 月 18 日 5 版

关于考古学文化的几个问题　谢尧亭　不惑集——山西大学考古专业成立 40 周年纪念文集　184 – 190

西方考古学的关键概念：context 的含义分析　刘岩　东南文化 1：19 – 29

过程考古学的再思考：考古学理论建设的问题　陈胜前、王红博　东南文化 3：44 – 51

考古材料的真实性问题：废弃过程理论研究及其启示　李彬森、陈胜前　东南文化 1：30 – 38

后过程考古学的发展历程　［英］伊安·霍德　刘岩译　南方文物 3：259 – 264

埋藏学视角下的考古发掘　武进新　中国文物报 4 月 3 日 6 版

试论解剖性考古发掘的意义　于璞、杨菊　北京文博文丛（第一辑）　94 – 99

关于“考古类型学”的新思考　赵丛苍、曾丽　西北大学学报（哲学社会科学版）3：64 – 70

考古报告中陶器研究内容与方法的变迁　王小娟　不惑集——山西大学考古专业成立 40 周年纪念文集　191 – 210

建设中国历史时期考古学叙事——《南方文物》“历史时期考古”栏目开栏语　霍巍、王煜　南方文物 1：75 – 77

关于史学价值与意义的几点认识　徐良高　南方文物 6：12 – 22

何谓公众考古学？　［英］Tim Schadla – Hall　侯洁译　范佳翎译校　公众考古学（第一辑）　307 – 320

共享过去的可能？——21 世纪公众考古学的理论和实践　［美］伊恩·霍德　朱静宜译　王涛译校　公

众考古学（第一辑）　321－333
公众考古学研究文献索引　范潇漫　公众考古学（第一辑）　446－467
考古学语言在公众考古中的使用问题　祝晓东　中国文物报4月17日7版
公众考古学：走向广阔与平易的学问之道　王仁湘　公众考古学（第一辑）　36－51
公共考古学推动考古学发展　杭侃　公众考古学（第一辑）　52－55
“公众考古学”和“公众考古理念”辨析　范佳翎　公众考古学（第一辑）　65－74
年鉴：公众考古2015　范潇漫、王涛　公众考古学（第一辑）　431－445
公众考古大家谈　公众考古学（第一辑）　29－35
中国的“公众考古学”：一个初步调研　汪涛著　范潇漫译　王涛校　公众考古学（第一辑）　343－360
公众考古的另一种载体——文创产品和文创思维　吴长青　公众考古学（第一辑）　127－138
另一只眼看“公众考古”——大众传播视野下的公众考古新问题　付裕　公众考古学（第一辑）　139－146
开展公共考古活动应找准切入点　祝晓东　中国文物报7月10日7版
初析中国民族考古学的类型　王炜　不惑集——山西大学考古专业成立40周年纪念文集　211－220
试论民族考古学研究方法及内容的定位　石岩、陈豆豆　北方文物6：89－93
医学考古学初论　赵丛苍等　文物12：60－65
瘟疫的考古学思考　陈胜前　中国文物报2月21日5版
关于人类瘟疫的产生、传播及考古学研究　周华　中国文物报4月3日3版
遗产与话语研究综述　于佳平、张朝枝　自然与文化遗产研究1：18－26
文化遗产概论（上）——文化遗产的类型与价值　孙华　自然与文化遗产研究1：8－17
充分发掘文化遗产的核心价值　助推经济社会高质量发展　徐建成　中国文物报2月7日4版
文化遗产的伦理学观察　孙晨　中国文物报9月11日6版
世界遗产大会决议应成为遗产地工作的重要抓手　高晨翔　中国文物报12月11日6版
关于全国重点文物保护单位申报制度的分析与思考——基于第八批国保申报表的考察　李说、詹春晖　自然与文化遗产研究4：53－60
广东特色“海上丝绸之路”文化遗产初论　罗伊　南方文物3：269－277
全国高校考古教师畅谈建设中国特色、中国风格、中国气派的考古学　中国文物报10月16日5版
考古学的生命源泉——田野考古实习三题　许永杰　南方文物6：23－28
考古勘探验收工作的几点感悟　吕春华　中国文物报5月23日7版
浅谈新时期考古勘探工作的重要性　石忠　文物世界5：43－44
试论音乐考古田野工作——以两例音乐考古新发现为例　王清雷　中国音乐学3：83－94
城市基建考古中勘探工作的一点思考　王偈人　中国文物报4月3日6版
基建考古“十四五”外部环境变化分析及应对策略　张晓云　中国文物报11月20日7版
关于考古报告编写的一些思考　蒋辉　中国文物报7月24日7版
二十六年来敦煌学研究的图书情报学分析——以中文核心期刊库与CSSCI库为数据源　师俊杰　敦煌研究4：147－156
发掘过去、发觉现在——以英国为例谈社区考古的理论与实践　秦岭、庞睿　公众考古学（第一辑）　361－411
博物馆观众视野下的考古文物阐释　李林　南方民族考古（第二十辑）　428－438

二　考古学史和考古学家传记

中国体质人类学发展历程（上）　王明辉　南方文物6：52－60
考古学在西藏的发展　李旻、李永宪　西藏研究6：112－123
回顾与展望——徐州考古工作六十年综述　刘超　淮海文博（第2辑）　285－296

20 世纪上半叶知识界对考古学与金石学关系的认识　肖宇　博物院 3：83 – 88
1935 年汲县山彪镇发掘史事钩沉　郭强、李建文　黄河　黄土　黄种人 14：48 – 50
奥登堡考察队新疆所获文献外流过程探析——以考察队成员杜丁的书信为中心　郑丽颖　敦煌学辑刊 1：171 – 180
奥登堡敦煌考察队路线细节探析——以主要队员杜丁书信为中心　郑丽颖　敦煌研究 2：107 – 113
陕甘总督升允阻止斯坦因敦煌考古始末　王冀青　敦煌学辑刊 4：122 – 134
莫高窟第 464 窟被盗史实及被盗壁画的学术价值——莫高窟第 464 窟研究之一　王慧慧　敦煌研究 4：129 – 135
20 世纪上半叶敦煌西千佛洞考察史述评　杨婕　敦煌研究 4：136 – 146
20 世纪中国考古发现对西方《易经》译介的影响　林风、岳峰　中国文化研究 1：146 – 156
新中国考古从这里出发　辉县发掘在中国考古学史上的意义　郭强　大众考古 11：46 – 49
斗鸡台遗址发掘的回顾　许丹阳　青年考古学家（第 1 辑）　1 – 17
小河墓地与新疆青铜时代考古的发端　杨雅洁　大众考古 1：22 – 27
中瑞西北科学考察团与额济纳考古　裴海霞　丝绸之路 2：151 – 155
热河纪游　卞鸿儒　辽金历史与考古（第十一辑）　55 – 77
俄国驻喀什领事彼得罗夫斯基与新疆文物外流　韩莉、李林安　甘肃社会科学 3：215 – 221
风物长宜放眼量——中罗合作考古发掘项目侧记　温成浩　中国文物报 5 月 23 日 7 版
考古中国　发掘美好　贾昌明　中国文物报 6 月 12 日 7 版
紫禁城考古：微创与拼缀　李季　故宫考古文集（一）　1 – 14
吕大临生卒时间新考——从蓝田吕氏家族墓地出土文物确认　李孟雅　南方文物 6：286 – 287
夏鼐与新中国考古学——纪念夏鼐先生一百一十周年诞辰　王世民　考古学报 1：1 – 20
"以考古经世"：唯物史观与历史语言研究所时期夏鼐的考古学研究　刘春强　史学理论研究 3：24 – 35
夏鼐与《古物》的情缘　宛凌　中国文物报 9 月 4 日 7 版
《夏鼐传稿》读后 尽瘁于新中国考古学奠基的一代大师　裴世东　大众考古 10：83 – 88
引导与躬行——夏鼐先生与中国古陶瓷研究　吴慧、彭善国　南方文物 5：15 – 21
中美考古合作事件中的夏鼐和张光直　胡文怡　青年考古学家（第 1 辑）　18 – 30
第一个"怪圈"——苏秉琦"大一统"思想束缚论述的新思考　李新伟　南方文物 3：1 – 13
第二个"怪圈"——苏秉琦关于马克思主义经典理论应用论述的新思考　李新伟　南方文物 5：1 – 6
苏秉琦晚年考古学研究探索的启示　朱乃诚　文物春秋 2：3 – 10
考古何为：论苏秉琦的考古观　孙庆伟　古代文明（第 14 卷）　245 – 258
苏秉琦藏麦英豪来信小读　刘瑞　广州文博（拾叁）　267 – 279
宿白先生与须弥山石窟调查　罗丰、李志荣　敦煌学辑刊 2：1 – 11
淹没的班村与淡忘的俞伟超　孙庆伟　江汉考古 116 – 123
考古学的中国力度：张忠培先生的社会发展论　段天璟　东南文化 3：52 – 56
李学勤与"曾国之谜"　张懋镕　江汉考古 124 – 128
李学勤先生与《文物》月刊　李缙云　中国文物报 8 月 18 日 3 版
回忆王劲先生　方勤　江汉考古 5：3 – 5
乌恩岳斯图与北方草原考古　邵会秋、张文珊　考古 11：106 – 116
"预流者"和"引流者"——童恩正的西南考古学研究　王煜　南方民族考古（第二十辑）　439 – 450
岩山觅古迹 画中释春秋——纪念盖山林先生　孙金松　草原文物 1：122 – 123
史前勤求索 辽西秀芬芳——纪念索秀芬先生　党郁　草原文物 1：124
驽马加鞭 独行踽踽——王仁湘先生访谈录　王仁湘、肖宇　南方文物 3：47 – 68
织就绚烂的考古人生——王亚蓉先生访谈录　王亚蓉、刘慧中　南方文物 4：21 – 32

一位考古学教授的所思所想——访中国人民大学教授陈胜前　李瑞　中国文物报9月8日1版
史汀史翠普与泥炭沼泽“四叠层”　何文竞　大众考古1：19－21
第一位职业考古学家：J. J. A. 沃尔塞　高超　大众考古8：31－35
鸟瞰过去 航空考古的奠基人克劳福德　吴玲、何文竞　大众考古10：35－38
试析柴尔德1930年之前的考古学文化见解　李唯　北方文物2：71－77
中国考古百年须从桑志华写起　高星、许渤松　中国文物报7月10日5版
罗伯特·布雷德伍德自传　［美］罗伯特·布雷德伍德著　杨明强、靳桂云译　陈淳校　南方文物3：253－258
俄罗斯科学院档案馆圣彼得堡分馆收藏的 П. К. 科兹洛夫写给 С. Ф. 奥登堡的信　М. Д. 布哈林著　杨军涛译　М. Д. 布哈林校　丝绸之路考古（第4辑）　169－187

贰　考古学分论

一　人类起源及旧石器时代

总述

莫维斯线理论的现实意义与旧石器时代东西方文化交流　韩诣深　文博5：48－52
史前人类对资源的认知和开发能力——石器原料研究的方法与意义　杨石霞、岳健平　人类学学报1：12－20
走进石器时代：石器技术的演进之路　高磊　大众考古9：31－36
史前时期文化层形成原因初探　马金磊　文博3：48－55
再论石叶的定义、方法与技术　郭家龙等　北方文物5：29－35
中国石器实验考古研究概述　周振宇　考古6：77－87
石器技术与早期人类的迁徙扩散　王幼平　考古学研究（十一）　1－12
长江中下游地区旧石器时代文化分期分区研究　陈虹、方梦霞　考古学报1：21－42
中国旧石器时代遗址中赭石的功能　申艳茹　南方文物1：187－192
旧石器遗址出土烧骨的技术分析及其考古学应用　黄超、张双权　人类学学报2：249－260
旧大陆东西方比较视野下磨制石器起源探讨　陈宥成、曲彤丽　考古10：78－89

人类起源

颅骨测量数据揭示欧亚大陆东部史前人群扩散的“二层”模式　松村博文等 南方文物2：226－241
水洞沟遗址与早期现代人扩散　李锋　中国文物报11月13日7版
资阳人头骨化石的内部解剖结构　吴秀杰、严毅　人类学学报4：511－520
中国旧石器时代人类用火遗存的发现与判定　向金辉　北方文物6：38－49
史前人类的生存之火　高星　人类学学报3：333－348
两项考古新成果实证早期人类起源衍变与民族融合交流　李瑞　中国文物报11月3日2版

华北地区·东北地区

石器技术与人群流动和文化互动——MIS3阶段嵩山东麓及华北石片石器研究　李文成　中国文物报7月10日6版
从泥河湾到周口店——中国北方旧石器文化演进模式　李君、石晓润　山西大学学报（哲学社会科学版）2：59－67
石制品废片尺寸分布的实验研究：以泥河湾盆地大田洼区域燧石原料为例　任进成等　人类学学报3：379－391
“许家窑人”埋藏地层与时代探讨　王法岗、李锋　人类学学报2：161－172
西安沙河沟遗址新发现石制品的考察与研究　王小庆　考古与文物1：68－78
旧大陆视野下的中国旧石器晚期小型两面器溯源　陈宥成、曲彤丽　人类学学报1：21－29

于家沟遗址鸵鸟蛋皮的人类利用特征　王晓敏等　人类学学报 2：236－248
鸵鸟蛋皮串珠装饰品的发现与研究　魏屹、高星　人类学学报 2：223－235
徐水南庄头遗存的沉积学考察及相关问题　王辉等　南方文物 4：153－162
河南郑州老奶奶庙第 3 地点初步研究　李文成等　人类学学报 1：42－51
南坡遗址石制品研究　石晓润、李君　考古与文物 1：61－67
黄河中游晋陕峡谷延安段新发现的石制品　张改课等　人类学学报 1：86－105
山西下川遗址流水腰地点的细石叶工业　申艳茹等　第四纪研究 1：264－274
牡丹江流域旧石器工业研究　陈全家等　边疆考古研究（第 28 辑）　87－112

华东地区·华南地区

福建龙岩大熊猫化石重要发现与学术价值　吴锡超　南方文物 3：100－105
广西崇左缺缺洞早更新世晚期堆积中与巨猿伴生的偶蹄类　董为等　人类学学报 2：306－318
广西百色盆地高岭坡遗址的地层及年代　谢光茂等　人类学学报 1：106－117
阿舍利大石片生产方式与策略研究　雷蕾等　人类学学报 2：183－192
海南三亚落笔洞遗址海南三亚落笔洞遗址石器工业新研究——与东南亚和平文化遗址的比较　李英华等　考古 1：68－81
新世纪背景下的华南与东南亚早期文化关系的考古学研究　李英华、赵春光　南方文物 5：51－59
广西隆安娅怀洞遗址出土动物遗存初步研究　宋艳波等　第四纪研究 2：343－353
砾石石器二题　吕红亮　南方民族考古（第二十辑）　34－49

西南地区·西北地区

贵州观音洞遗址石制品剥片技术辨析　李锋等　人类学学报 1：1－11
更新世中晚期西南地区古人类和旧石器研究的最新进展以及问题　胡越　南方民族考古（第二十辑）　1－10
云南保山塘子沟遗址出土石制品研究　朱之勇等　边疆考古研究（第 27 辑）　85－100
洞里乾坤：通天洞遗址考古发掘手记之一、二　于建军　大众考古 5：19－23、9：19－23
新疆骆驼石遗址石制品研究　朱之勇等　西域研究 3：55－64
宁夏水洞沟遗址第 7 地点石制品的剥片与修理技术　牛东伟等　人类学学报 3：367－378
水洞沟第 2 地点 2014－2015 年出土石制品初步研究　张佩琪等　人类学学报 1：30－41
水洞沟遗址与“水洞沟模式”　高星　中国文物报 11 月 13 日 7 版
青海湖盆地史前狩猎采集人群的石料利用策略研究　申旭科等　第四纪研究 2：525－537

二　新石器时代

总述

聚落考古的新局面　李新伟　中国文物报 11 月 5 日 6 版
国内聚落考古发展之探讨　贠泽荣　文物世界 6：9－10
基于 K－means 聚类方法的早期聚落规模等级研究　闫丽洁等　地域研究与开发 2：176－180
新石器时期聚落的地貌形态变迁与气候农业环境研究——以黄河中下游平原地区为中心　张鹏卜　农业考古 3：28－33
“华山玫瑰燕山龙”与“良渚琮璧海岱城”——苏秉琦区系类型理论的新思考　李新伟　南方文物 1：1－8
多区域视角下中国农业的肇始　［美］高德著　李磊译　许乐校　南方文物 1：240－251
史前陶瓦与窑洞式建筑的关联性蠡探　彭小军　文物春秋 6：3－10
新石器时代割体葬研究　崔潇瑜　草原文物 1：53－59
史前石锛及其建筑意义考察　肖宇　中国国家博物馆馆刊 1：45－55
古代手制陶器上的泥片缝隙和泥条缝隙　李文杰　文物春秋 5：3－7

怎样处理制陶技术考古学中的十种关系　李文杰　西部考古（第20辑）　277－293
陶器研究方法与陶器的地域间交流　秦小丽　南方文物5：22－43
中国史前陶器图像反映的“天极”观念　李新伟　中原文物3：81－93
彩陶：开启中国考古学之门　朱彦臻　中国社会科学报1月3日3版
关于史前“盘状器”的再认识　陈宥成、曲彤丽　南方文物3：91－99
古代碓演变考　殷志华　农业考古1：104－109
正反相生：史前阴阳互生图像例说　王仁湘　中原文物5：84－93

文明起源研究

中国考古学中“古国”与“王国”的理论与方法问题　林沄　国家起源问题研究的理论与方法——“国家起源研究的理论与方法国际学术研讨会”论文集　9－23
从中国文明化历程的研究看国家起源的若干理论问题　李伯谦　国家起源问题研究的理论与方法——“国家起源研究的理论与方法国际学术研讨会”论文集　1－8
当今文明探源的理论、方法与实践　陈淳　国家起源问题研究的理论与方法——“国家起源研究的理论与方法国际学术研讨会”论文集　60－90
酋邦与国家接近到什么程度？——对国家起源研究中前国家复杂政治组织地位问题的一点认识　谢维扬　国家起源问题研究的理论与方法——“国家起源研究的理论与方法国际学术研讨会”论文集　147－166
裂变、撞击和熔合——苏秉琦文明起源三种形式的新思考　李新伟　南方文物2：1－7
共识的中国、理想的中国和现实的中国——苏秉琦“中国”形成理论的新思考　李新伟　南方文物4：1－6
中国考古学界国家起源探索的心路历程与相关思考　许宏　国家起源问题研究的理论与方法——“国家起源研究的理论与方法国际学术研讨会”论文集　45－52
有关中国早期国家的形成，狩猎—采集者可以告诉我们什么？　［美］罗伯特·凯利　国家起源问题研究的理论与方法——“国家起源研究的理论与方法国际学术研讨会”论文集　53－59
中国最早的国家：长时段轨迹分析法　［以色列］吉迪恩·谢拉赫、伊扎克·贾菲　国家起源问题研究的理论与方法——“国家起源研究的理论与方法国际学术研讨会”论文集　337－384
中华5000多年文明的考古实证　王巍　求是2：70－76
从考古发现看中华文明的起源　王巍　中华文明探源　23－54
五项考古新成果揭示早期中国的文明基因　李瑞　中国文物报9月25日2版
文明、国家与早期中国　戴向明　南方文物3：14－21
中国史前社会的阶段性变化及早期国家的形成　戴向明　考古学报3：309－336
文化上的早期中国与中国文明的起源　韩建业　中华文明探源　345－374
三论观象授时与中国文明起源　赵瑞民、郎保利　不惑集——山西大学考古专业成立40周年纪念文集　11－17
文明史观视野下的江西早期国家文明演进　周广明　文物天地10：24－30
追溯中华文明的源头——访北京大学考古文博学院教授李伯谦先生　王征　中国文物报9月29日1版
中原地区从古国到王国的演进概论　郑杰祥　黄河　黄土　黄种人22：17－21

黄河中上游地区

从晋西考古发现看北方与中原地区的史前文明化进程　王晓毅　中华文明探源　322－344
河南省新石器至夏商时期城邑与一般聚落空间关系研究　闫丽洁等　第四纪研究2：568－578
河南新郑史前农业初论　郭荣臻　文物春秋1：20－29
黄河博物馆“民族摇篮”展区中的史前彩陶　赵博　黄河　黄土　黄种人16：35－39
论裴李岗文化的分期与年代　蔡金英　殷都学刊4：21－31
裴李岗、后李文化生业经济模式比较研究　陶治强　黄河　黄土　黄种人22：27－33

河南地区新石器时代生业方式初探　白倩　南方文物 1：167－178
濮阳地区新石器时代文化面貌初探　刘朝彦　黄河　黄土　黄种人 10：19－23
淮河中游地区石山子文化遗存初探——以豫东鹿邑武庄遗址为个案　鲍颖建　中原文物 6：84－93
大地湾陶符的性质及史前陶符的研究方法　黄亚平等　西北民族大学学报（哲学社会科学版）2：158－165
贾湖遗址出土绿松石器微孔工艺的实验考古研究　崔天兴等　考古学集刊（第 23 集）　285－296
铃的起源初探　邓玲玲　考古学集刊（第 23 集）　166－189
渭河上游史前农业文明与环境复原研究——以甘肃天水地区为例　雍际春　社科纵横 5：109－114
公元前三千纪马家窑文化东向传播的考古学观察　魏坚、常璐　考古 8：86－100
兰州盆地新石器时期遗址分布与地形的关系研究　姜梦迪等　干旱区地理 1：27－37
甘青地区马家窑文化彩陶贸易及其动力探讨　崔一付等　第四纪研究 2：538－546
马家窑文化彩陶中的白彩陶器研究　郭永利　丝绸之路与文明记忆——丝绸之路对中华文明演进与传播的影响学术研讨会论文集　201－214
中国古代联珠纹的两个源头　孙晨　中国文物报 7 月 14 日 7 版
仰韶文化：华夏文明的奠基者　曹兵武　中国文物报 11 月 20 日 6 版
黄土高原地区史前凸字形房址研究　王天艺　考古 4：77－89
凝聚背后的多元与统一：从西安鱼化寨遗址看关中地区仰韶文化早期房屋的建筑技术　杨菁　西部考古（第 19 辑）　39－55
黄河中下游地区史前二层台墓研究　秦博　四川文物 2：23－35
关于半坡 M152 儿童墓的探讨　李培壮　黄河　黄土　黄种人 6：24－28
论半坡彩陶盆的天象图式　武家璧　文博 3：37－47
半坡“人面衔鱼”图案再分析　李默然　江汉考古 1：48－54
王湾一期遗存三段说　马龙　中国文物报 1 月 17 日 6 版
中原地区庙底沟时期农业生产模式初探　钟华等　第四纪研究 2：472－485
试论中原地区史前城址的选址思想与特征　刘丁辉　黄河　黄土　黄种人 2：19－29
仰韶文化中期的聚落与社会——灵宝西坡遗址微观分析　马萧林　中原文物 6：64－73
河南虞城马庄第五层遗存的发现及意义　袁广阔、崔宗亮　考古 3：63－72
河南省内黄县河流地质考古研究　司徒克等　第四纪研究 2：579－593
河南三门峡市仰韶文化遗址考古勘探取得重要成果　魏兴涛等　中国文物报 4 月 3 日 5 版
河南仰韶村遗址不同功能区土壤特征研究　查理思等　土壤学报 2：500－507
杨官寨遗址仰韶文化中晚期古环境研究　朱晗等　考古与文物 3：112－118
大河村彩陶“十二太阳纹”研究　武家璧　中原文物 5：94－101
试析人头形器口陶瓶　李彦英　中国陶瓷 5：80－83
从平底瓶到尖底瓶——黄河中游新石器时期酿酒器的演化和酿酒方法的传承　刘莉等　中原文物 3：94－106
唯创则新　彩陶活了　侯霞、侯俊杰　中国文物报 1 月 7 日 6 版
为神绽放还是为礼歌唱——从仰韶时代的神采飞扬说开去　卜工　中国文物报 8 月 7 日 7 版
彩陶与史前中国的文化融合　王炜林　文博 3：26－36
彩陶・中华——中国五千年前的融合与统一　王炜林　中华文明探源　286－310
试论我国史前出土鹿角靴形器的功能　戢征　黄河　黄土　黄种人 6：20－23
传说黄帝事迹的可信性　李伯谦　中华文明探源　1－22
青海喇家遗址地层划分及齐家文化废墟覆盖层成因分析　王海燕等　地理科学 5：853－862
齐家文化及相关遗址出土双大耳罐研究　甄强等　四川文物 5：34－51
甘青地区新石器——青铜时代陶器演变及其影响因素分析　陈晓良等　四川文物 3：43－52

青海地区齐家文化中期居址初探　夏艳平、裴宇　文物春秋5：13－24
浅谈齐家文化中青铜器与玉器的地位　马晓兰　丝绸之路4：151－154
论齐家文化的圜底器　任瑞波、陈苇　考古3：100－110
青海喇家遗址出土4000年前面条论辨析及其加工工具新论　刘刚　丝绸之路与文明记忆——丝绸之路对中华文明演进与传播的影响学术研讨会论文集　234－248
青海共和盆地史前时期装饰品刍议　艾婉乔　四川文物4：26－39
天水师赵村第七期遗存文化属性试析　崔俊俊　不惑集——山西大学考古专业成立40周年纪念文集　45－51
白银地区发现的两件人头钮盖陶罐探究　陈辅泰、金珠　收藏9：76－81
白银市两件人头钮盖陶罐研究　陈辅泰、金珠　陇右文博2：45－50
中国境内出土的喇叭形耳环及其相关问题　宋添力　陇右文博4：15－22
石峁遗址与陶寺遗址的比较研究　邵晶　考古5：65－77
陶寺观象台与良渚文化祭坛　卫玉敏　大众考古2：38－44
“陶寺遗址”与“尧都平阳”的考古学观察——关于中国古代文明起源问题的探讨　卫斯　西部考古（第20辑）　59－76
陶寺文化与社会的三个特质　高江涛　中国文物报12月4日6版
制度文明：陶寺文化对中国文明的贡献　何驽　南方文物3：22－46
尧都之证——山西襄汾陶寺城址考古侦探　何驽　中华文明探源　55－77
荆村遗址出土陶埙数量问题简述　李辉、丁金龙　文物世界3：41－43
试论晋西南地区三里桥文化的分期及其相关问题　董霄雷　中国国家博物馆馆刊6：6－17
山西兴县碧村遗址石器研究　任海云等　人类学学报1：52－63
晋陕高原含双錾手鬲遗存研究　陈小三　不惑集——山西大学考古专业成立40周年纪念文集　18－44
石峁文化的命名、范围及年代　孙周勇等　考古8：101－108
石峁遗址的考古发现与研究综述　孙周勇等　中原文物1：39－62
公元前3000～公元前1800年北方地区的聚落与社会——以陕西榆林地区考古资料和石峁考古发现为中心　孙周勇　早期文明的对话——世界主要文明起源中心的比较　78－114
石头上的王国：石峁遗址考古新发现解读　孙周勇　中华文明探源　257－285
石峁皇城台与美索不达米亚“塔庙”对比分析　何驽　南方文物1：9－16
石峁遗址皇城台大台基出土石雕研究　孙周勇、邵晶　考古与文物4：40－48
石峁初音——音乐学、考古学与语言学结出的奇葩（上）、（下）　罗艺峰　中国音乐3：107－114、4：19－24
石峁遗址出土口簧的年代问题——兼谈石峁遗址的分期　田建文　文博4：47－52
陕西神木石峁遗址出土口簧研究　孙周勇　文物1：44－53
石峁骨簧的音乐历史意义　方建军　音乐研究1：6－12
从三例新出土钟磬实物的试奏谈“金石之乐”的创作　王清雷　音乐探索3：13－22
芦山峁遗址居室葬的相关认识　常经宇　文博5：53－60
试论环嵩山地区的龙山时代墓葬　李唯　中国国家博物馆馆刊9：20－35
豫北冀南地区龙山早期遗存新探　秦存誉、袁广阔　南方文物5：226－235
河南龙山晚期人群的营养健康分析——以郝家台、平粮台、下寨和贾庄遗址为例　孙蕾等　中原文物4：39－47
中轴对称　布局方正　规划严整——河南淮阳平粮台龙山城址发掘取得重要收获　秦岭、曹艳朋　中国文物报3月6日8版

黄河下游地区

山东薛河流域古今聚落的比较研究与启示　郭明建　南方文物5：246－256
试论胶东地区史前文化的彩陶　赵紫君、王湘越　文物春秋2：11－24

连续、转折与汇融——海岱地区史前社会的文明化进程　王芬　中华文明探源　207－240
济南章丘西河后李文化聚落的初步分析　张溯　东南文化1：75－84
中原史前文化的东渐与海岱地区筑城技术的发展　曹凌子、郭崇文　黄河　黄土　黄种人16：13－22
海岱地区史前扁琮穿臂葬俗的西传和演变　刘文强　北方文物6：59－66
性别考古视角中的王因墓地分析　张超华　四川文物1：107－116
中日史前拔牙年龄和次数比较研究　何星亮　广西民族大学学报（哲学社会科学版）1：117－123
北辛文化小口双耳罐的酿酒功能研究　刘莉等　东南文化5：74－84
安徽淮河流域大汶口文化时期的原始农业初探　程至杰　农业考古1：22－28
大汶口与良渚大墓葬仪的比较　张弛　早期文明的对话——世界主要文明起源中心的比较　1－28
大汶口文化匕形器研究　张超华　东南文化1：93－105
大汶口文化立鸟神器为昆仑模型说　宋亦箫　黄河　黄土　黄种人22：22－26
大汶口文化随葬獐牙习俗研究　袁波文等　江汉考古5：51－59
大汶口文化人群口颊含球行为研究　原海兵　考古学报1：43－66
红陶兽形壶的审美文化解读　韩丽　黄河　黄土　黄种人22：60－63
黄河下游地区堌堆遗址时空分布特征及其与黄河洪水关系　陈诗越等　地理科学7：1202－1209
试谈城子崖龙山至岳石城址防御设施的演变　朱超　南方文物5：236－245
基层聚落还是军事据点——山东滕州西孟庄龙山寨墙聚落的一些探讨　孙波、梅圆圆　中国文物报5月23日6版
淮阳平粮台城址防御系统探析　周要港　黄河　黄土　黄种人22：41－43
考古所见潍坊地区蛋壳黑陶杯　刘威　收藏家8：43－48

长江中游地区

先秦时期皖江流域渔猎经济的考古学观察　汪启航　黄河　黄土　黄种人16：19－25
江西史前区域考古调查和聚落考古历程　徐长青　文物天地10：20－23
试论彭头山文化的源流　王良智、曲新楠　黄河　黄土　黄种人8：26－31
玉溪文化古居民生业模式探析　陈珊珊、马江波　农业考古3：13－20
长江中游史前石钺的功能和社会意义　彭小军　南方文物5：220－225
湖北荆门屈家岭遗址史前农业发展的植硅体证据　杨玉璋等　第四纪研究2：462－471
数十载追寻祖先足迹　长江畔破解文明密码　海冰等　中国文物报11月13日4版
石家河文化：东亚自创的青铜文明（二）　郭静云等　南方文物3：69－90
长江中游地区早期文明进程的考古学观察——以石家河为中心　孟华平　中华文明探源　195－206

长江下游地区

“器物坑”与上山文化——兼谈考古学的非对称性解释　蒋乐平　中国文物报1月17日6版
将军崖文化遗产与农业崇拜研究　张嘉馨　农业考古1：212－221
史前东方地区联盟活动的考古学观察　刘文强　中原文物6：74－83
江淮走廊新石器时代晚期的聚落变迁　张东　南方文物6：116－121
江西抚河流域先秦时期遗址类型初探　豆海锋等　文博5：34－41
关于河姆渡文化两种造型模式的讨论　朱雪菲　文物12：51－59
宁波镇海乌龟山遗址出土鱼类遗存研究　朱旭初等　南方文物2：97－111
马家浜文化聚落形态研究　郑铎　东南文化5：85－94
洪口墩遗址新石器时期文化面貌及其文化断层的环境因素初探　邵栋　无锡文博（庚子撷英）　3－13
楼家桥类型的性质、年代及相关问题　郭梦雨　东南文化1：85－92
草鞋山遗址考古学意义上的文化认定　韩卫兵等　中国文物报10月20日4版
器物视角下的社会组织形式与分化——以新岗崧泽文化聚落为例　穆东旭　东南文化3：122－133
长江下游和淮河中下游地区史前生业格局下的凌家滩文化　吕鹏、吴卫红　南方文物2：119－125

从玉器到聚落——凌家滩实践与区域史前社会的构建问题　吴卫红　南方文物3：116－135
文明形成初期中原与太湖地区的社会发展　曹峻　国家起源问题研究的理论与方法——“国家起源研究的理论与方法国际学术研讨会”论文集　385－396
良渚古城：中华5000多年文明史的实证之城　宋姝、刘斌　自然与文化遗产研究3：8－25
良渚古城考古的历程、最新进展和展望　刘斌等　自然与文化遗产研究3：26－35
良渚的国家形态及相关问题　赵辉　中华文明探源　175－194
良渚：神王之国　刘斌等　早期文明的对话——世界主要文明起源中心的比较　29－75
良渚文化的生业经济与社会兴衰　袁靖等　考古2：83－92
区域视角下良渚文化因素的排他性与独立性　富鹏程　文物春秋4：3－9
浙江省平湖市庄桥坟遗址刻画符号简述　秦晓杰　草原文物2：36－45
瑶山、反山良渚文化墓地及相关问题研究　闫付海　河南博物院院刊（第二辑）　15－27
五千年前良渚古国的王：反山第12号墓　方向明　公众考古学（第一辑）　202－228
新石器时代随葬陶器的演变与地域社会的统合——以环太湖地区为中心的考察　刘恒武、杨子　国家起源问题研究的理论与方法——“国家起源研究的理论与方法国际学术研讨会”论文集　312－336
良渚文化玉器在中华文明史上的重要贡献　杨晶、祝萌　故宫考古文集（一）　15－32
谈谈中国古代权杖的发现　张明华　收藏家1：63－68
宗函：龟甲之变　王仁湘　南方文物5：272－275
苏州五峰北遗址磨制石器的“操作链”及“生命史”研究　陈虹等　考古11：72－82
试论钱山漾文化的内涵、分期与年代　郭梦雨　考古9：69－80
吴兴钱山漾遗址资源域分析　王榕煊　丝绸之路1：87－89
藤花落史前城址的几个问题　马明　江汉考古1：55－64
漆觚、圆陶片与柄形器　严志斌　中国国家博物馆馆刊1：6－22

东南沿海地区

岭南地区新石器时代特殊性的思考　陈洪波　农业考古6：7－14
试论福建史前海洋文化的发展脉络及内涵　吴卫　文物春秋6：11－17
中国酿酒起源考古研究综述　陈洪波　南方文物6：102－108
顶蛳山遗址肢解葬相关认识之辨析　张俭　南方文物1：193－196
革新桥文化的生计方式与广西史前农业起源　陈伟驹　中央民族大学学报（哲学社会科学版）1：110－117
从生计经济看石峡遗址　吴建新　广州文博（拾叁）　1－17
石峡文化的琮、璧、钺　黄一哲　中国国家博物馆馆刊9：6－19

西南地区

石寨山文化时期滇池水域　陈斌　思想战线3：98－106
贵州牛坡洞史前陶器来源初探　付永旭　中原文物5：49－57

燕山南北、东北及内蒙古地区

中国黄土高原北部地区新石器－青铜时代农业结构演变及其对区域生态环境的适应　包易格等　人类学学报3：461－472
辽宁广鹿岛贝丘遗址动物考古学研究的认识及展望　吕鹏　中国文物报7月24日5版
白音长汗遗址兴隆洼文化聚落空间研究　陈继玲、陈胜前　边疆考古研究（第27辑）　101－116
内蒙古白音长汗遗址兴隆洼文化时期的社会空间研究　刘岩　边疆考古研究（第27辑）　117－134
白音长汗遗址二期乙类遗存A、B两区聚落对比分析　常经宇　北方文物2：29－35
内蒙古敖汉旗兴隆沟遗址出土陶器岩相与成分的初步分析　栗媛秋　四川文物4：110－118
日常生活实践：查海遗址聚落空间的社会考古学研究　刘岩　考古12：81－94
从人面纹石雕像看查海文化的精神崇拜　胡娟、李井岩　丝绸之路1：60－63

内蒙古岱海地区新石器时代晚期半地穴式房屋门斗研究　李培壮　草原文物1：60－65
镇江营文化的发现和认识　袁广阔、崔宗亮　文物春秋1：3－19
关于赵宝沟文化的若干基本问题　杜战伟　南方民族考古（第二十辑）　50－66
北京地区史前文化的研究刍议——兼谈上宅文化　王淼　丝绸之路4：64－67
对雷广臻红山文化研究方法及成果的再研究　董婕　丝绸之路2：80－106
半拉山积石冢及相关问题　吴炎亮　文物天地11：106－110
红山文化与中华5000年文明之路——兼谈龙的起源问题　刘国祥　中华文明探源　241－256
半拉山红山文化遗址相关遗迹性质分析　孟庆旭、孙婷婷　西部考古（第20辑）　49－58
论牛河梁红山文化遗址的分期　牛文楷、王丽蓉　黄河　黄土　黄种人24：17－24
牛河梁“女神庙”及其出土人形泥塑造像性质研究　田广林、文茜　地域文化研究1：97－105
牛河梁遗址墓葬分期再讨论　郭明　北方文物6：50－58
雪山一期文化的再认识　袁广阔、秦存誉　中国国家博物馆馆刊1：23－34
哈民忙哈遗址制陶工艺研究　朱永刚、陈醉　边疆考古研究（第28辑）　113－130
内蒙古哈民忙哈遗址陶器生产专业化研究　陈醉　边疆考古研究（第28辑）　131－145
景观考古视角下的庙子沟遗址　王红博、陈胜前　大众考古11：63－65
辽西地区史前鸟形象作品的考古学观察与研究　张星德、李能交　北方文物1：38－47
辽西地区新石器时代晚期前段聚落研究　熊增珑　吉林师范大学学报（人文社会科学版）1：60－64
辽西地区新石器时代筒形罐形制研究　高守雷　文物保护与考古科学5：116－125
雄安新区环境考古研究的主要收获和认识　王辉　中国文物报7月24日5版

三　夏文化探索

科学方法、文明探源与夏代信史之争　陈淳　广西师范大学学报（哲学社会科学版）3：128－140
夏文化探讨的回顾与现状　刘绪　早期文明的对话——世界主要文明起源中心的比较　136－159
夏商文明的北疆——夏商文明形成进程中的北方途径　段宏振　中华文明探源　311－321
中原地区夏商时期农业结构的考古学观察　郭荣臻　四川文物5：52－63
中原国家形成进程中的南方文化因素　秦小丽　考古与文物5：57－64
大禹治水及其考古学观察——兼论夏的王朝叙事　孙慧琴　文物春秋2：25－31
鼏宅禹迹——夏代信史的考古学重建　孙庆伟　中华文明探源　78－92
参加“夏商周断代工程”夏代年代学研究课题有感　李伯谦　中国史研究动态4：59－61
新砦文化时期的大洪水与二里头文化的形成　魏继印　南方文物2：31－37
二里头：中国早期国家形成中的一个关键点　许宏　早期文明的对话——世界主要文明起源中心的比较　115－135
二里头都邑的两次礼制大变革　许宏　南方文物2：8－16
从二里头文化设防聚邑看夏王朝的控辖模式　李鹏辉、井中伟　江汉考古3：57－67
论二里头文化四期中原腹地的社会变迁　侯卫东　中原文物3：51－56
二里头都邑聚落形态新识　赵海涛　考古8：109－120
试论二里头文化时期洛阳盆地和江汉平原的交流通道　庞小霞、高江涛　南方文物2：38－48
二里头遗址与陶寺遗址比较研究　李杰、缪小荣　南方文物2：61－67
二里头遗址第二期考古的主要成就　杜金鹏　中原文物4：48－57
二里头遗址新见神灵及动物形象的复原和初步认识　王青等　考古2：93－101
鹤壁刘庄墓地二里头文化时期石棺墓研究　张新华　文物世界2：13－17
二里头文化陶三足盘研究　胡晓强　文物春秋5：30－37
二里头文化陶礼器造型艺术研究　郭子月、袁广阔　南方文物1：197－203
二里头文化花边罐来源的再研究　刘丁辉　南方文物2：49－60

青铜时代世界体系视角下早期中国的生业经济　陈相龙　中国文物报9月4日6版
论牙璋的年代及反映的夏史痕迹　朱乃诚　考古与文物6：58－67
略谈夏商西周时期的斝　周要港　黄河　黄土　黄种人4：47－49
中原所见三代权杖（头）及相关问题的思考　李水城　中原文物1：86－95

四　殷商

试论郑州地区商文化形成的一般性问题　马希辉　黄河　黄土　黄种人14：15－17
殷商文化的发掘及当代价值研究　杜光华　南方文物4：111－114
试论考古发现所见的商王室宗庙制度　胡进驻　北京师范大学学报（社会科学版）1：64－84
谈谈商代考古学研究中的"泛祭祀倾向"　岳洪彬　南方文物4：66－73
中心与周边——二里冈文化青铜礼器的器用问题　陈丽新　江汉考古6：76－82
江西清江盆地商代诸遗存兴起背景探讨　李宏飞　南方文物4：128－137
泗水中上游地区商代聚落形态初探　孙淇　殷都学刊2：56－62
殷墟"外来文化因素"研究　何毓灵　中原文物2：33－49
从考古材料看殷墟第四期的文化面貌　岳占伟　南方文物4：74－81
商代晚期社会的考古学观察　刘绪　中华文明探源　115－136
晚商西土考古学文化变迁与社会管理的认识　张天恩　江汉考古3：68－75
湖北东北部晚商文化的新认识——从蕲春毛家咀遗址和新屋塆青铜器谈起　牛世山　南方文物4：121－127
从考古发现看莱夷的生业模式　程文博　农业考古3：21－27
商代早期中原腹地中小型城邑的形成背景研究　侯卫东　考古学集刊（第23集）　190－199
偃师商城城门遗址的发现与研究　曹慧奇　中原文物6：55－63
囷窌仓城：偃师商城第ⅩⅢ号建筑基址群初探　陈国梁　中原文物6：45－54
郑州商城是商朝第一个都城——亳　李伯谦　中华文明探源　93－114
从郑州商城商代铜器窖藏坑出土铜鼎试说窖藏坑的性质　陶亮、郭飞飞　河南博物院院刊（第一辑）17－22
郑州商城二里岗期穿孔石铲辨析　郑龙龙　南方文物2：77－83
论辉县孟庄商城的年代　侯卫东、张玲　江汉考古1：65－68
关于盘龙城的性质　张昌平　江汉考古6：53－56
盘龙城杨家湾"金片绿松石兽形器"的原貌重建研究　唐际根等　江汉考古6：57－66
盘龙城遗址出土陶器制作技术初步观察　陈晖、荆志淳　江汉考古6：116－125
殷墟房基分类研究　辛宇　殷都学刊2：44－55
藁城台西遗址"遗迹组合"初探　蔡宁　青年考古学家（第1辑）　31－41
早商时期墓葬内出土"圆陶片"浅析——以郑州商城和偃师商城为例　王亚　考古与文物2：33－41
试论中国早期都邑宫城宗庙核心区高级贵族墓葬墓主的身份　胡进驻　文物春秋5：25－29
商系墓葬用牲初探　刘一婷、雷兴山　考古3：111－120
罗山天湖商代墓葬再研究　李晓健　江汉考古1：69－73
殷墟墓地人口复原及殷墟都城人口规模的蠡测　何俊谦　古代文明（第14卷）　32－67
殷墟孝民屯"族墓地"分区研究　王建峰、井中伟　中国国家博物馆馆刊1：35－43
血缘与地缘：殷墟西区墓地制度再研究　吴桐　西部考古（第19辑）　56－67
从随葬陶器看殷墟以外的晚商"族墓地"　常怀颖　江汉考古6：83－96
殷墟"石子窖"和"石子墓"性质探析　苗霞　考古3：73－85
殷墟地区出土石容器研究　董好　南方文物4：97－110
殷墟西北冈大墓出土大理石雕及相关问题　朱雪峰、钱益汇　南方文物1：204－211

略谈晚商太行山南麓及临近地区的铜器墓 常怀颖 中原文物4：58－70
商周之际关中西部的车马埋葬 常怀颖 考古学研究（十一） 13－38
关中地区商周时期偏洞室墓初探 李鑫叶、豆海锋 西部考古（第20辑） 116－132
玉山县博物馆藏出土文物赏析 吕珺、毛传寿 文物天地11：66－71
谈“跽坐俑”及其相关问题 张维慎 文博2：53－60
圆铜泡功能考 邵会秋、张文珊 边疆考古研究（第28辑） 159－190
商周万舞考 屠志芬 北京舞蹈学院学报1：47－55

五 西周

考古周原 雷兴山 中华文明探源 137－152
洛阳盆地两个空间观念与雒邑成周疏证 严辉 中原文物5：66－76
曲阜鲁国故城布局新探 陈筱等 文物5：48－58
宁乡炭河里周城考 黄川田修 文物春秋2：41－51
湖南宁乡炭河里古城出土陶鬲研究 刘俊男、易桂花 四川文物5：81－87
虢都上阳城遗址发现记 崔松林 大众考古4：68－71
安徽铜陵师姑墩遗址周代遗存性质及相关问题初探 王爱民、张爱冰 东南文化5：106－114
周王朝西北边疆的新发现——宁夏彭阳姚河塬西周遗址 马强 大众考古2：19－24
试析江南土墩墓葬俗所反映的宗与孝观念 刘宝山、刘昊 黄河 黄土 黄种人8：22－25
试论大河口与横水墓地六座墓葬的年代及特征 陈晓宇、谢尧亭 文物世界1：16－22
西周都邑车马器埋葬的东西差异与含义变迁 张礼艳、陈园 中国国家博物馆馆刊6：30－40
试论西周时期的“同铭异墓”现象 韩帅闯 黄河 黄土 黄种人10：24－26
棺钉初探 张岩 黄河 黄土 黄种人6：14－19
西周随葬车器等级制度研究 王洋 考古12：95－105
试析几处西周墓地中的殷周杂处 杨广帅 黄河 黄土 黄种人12：22－26
西司马墓地与殷遗民 陈翔 江汉考古1：81－87
论周原遗址姚家墓地柄形器器用制度 韩蕙如 青年考古学家（第1辑） 80－87
试论邳州梁王城遗址发现的西周墓葬——兼论铜山丘湾社祀遗迹的年代 李宏飞 中原文物1：77－85
也谈叶家山曾侯墓葬的排序问题 陈丽新 故宫博物院院刊2：42－50
由西关、西南呈墓地遗存及清华简再论西周黎国 禚孝文 河南大学学报（社会科学版）1：51－56
试论周代墓葬中的“朱干玉戚” 杨广帅、石磊 河南博物院院刊（第二辑） 64－75
白浮西周燕国墓葬的族属与礼器器用 杨博 北方文物4：51－55
周原遗址云塘制骨作坊之制骨工艺的研究 胡玉君 殷都学刊2：63－70
宁夏隆德出土有銎纵刃石锤斧研究 井中伟等 文物4：46－50
周原遗址制陶工艺的初步考察 曾丽 西部考古（第20辑） 294－306
釉砂之路——古代陶工的调色盘从何而来 杨益民 中国文物报9月4日6版

六 东周

从“牝鸡无辰”到“共牢合卺”——由考古学统计资料看东周女性贵族社会地位之变迁 杨文胜等 江汉考古3：83－92
郑国中行遗址盟誓性质说 李可言 西部考古（第19辑） 85－102
战国中山国研究的回顾与展望 郝沁源、王晓琨 北方文物4：91－97
夜郎国与夜郎酋邦社会 段渝 国家起源问题研究的理论与方法——“国家起源研究的理论与方法国际学术研讨会”论文集 287－311
中原地区封土起源再研究 索德浩 考古与文物1：79－87

洛阳东周王城大墓与周王室陵寝的探索　王震　考古 6：88－96
论春秋时期鲁东南殉人墓的文化因素——兼及东夷与嬴秦文化的关系　印群　复旦学报（社会科学版）4：50－60
河南义马上石河春秋墓地考古发掘　杨海青、燕飞　大众考古 10：19－25
再论“穆穆曾侯”及随州文峰塔 M4 的墓主　黄锦前　文物春秋 4：25－28
钟离君柏墓礼乐制度研究　张闻捷　文物 3：39－48
安徽蚌埠市双墩一号春秋墓白土功用研究　孙升等　考古学集刊（第 23 集）　272－284
山东蓬莱柳格庄 M6 墓主身份探析　孙鑫　大众考古 12：79－83
陕北战国时期“辛庄类遗存”初论　孙战伟　考古与文物 5：79－87
战国至汉代八棱柱器物的考古学观察　孙凤等　四川文物 6：33－42
湖南地区仿玉滑石器浅析　廖薇　边疆考古研究（第 28 辑）　285－300
中国北方东周西汉时期偏洞室墓遗存及相关问题　曹建恩、孙金松　边疆考古研究（第 27 辑）　219－238

秦文化·燕文化·齐文化

考古学上所见秦的崛起与统一　梁云　中华文明探源　153－174
秦国礼乐文明浅说——以大堡子山乐器坑出土乐器为中心　魏泽民　陇右文博 2：58－63
凤翔雍城 14 号秦公陵园墓主蠡测　王元、田亚岐　考古与文物 5：73－78
论圆顶山秦高级贵族墓随葬青铜礼器组合——兼与晋、楚墓比较　印群　殷都学刊 4：32－40
大马各庄春秋遗存探析　洪猛、杨明　北方文物 2：36－44
朝阳袁台子燕地燕文化墓葬分期再研究　张振腾　草原文物 1：76－86
山东临淄齐故城出土燕侯脮磬及相关问题　魏成敏等　文物 10：59－63
齐狸城及黄河故道地理位置浅析　佟宇喆　北方文物 2：45－48
东周齐国的棺椁和墓室装饰研究　徐倩倩　东南文化 5：115－125
环渤海地区积贝墓研究——兼论汉代环渤海航线之发展　宋薇薇、王海　四川文物 3：66－74
山东临淄两醇墓地的性别考古研究　李首龙、井中伟　东南文化 3：143－150

楚文化

探索楚国早期都城的新思路　笪浩波　中国社会科学报 4 月 28 日 7 版
楚墓棺椁辨识　高崇文　江汉考古 5：67－70
六安白鹭洲 M566 和 M585 的年代及相关问题　胡平平　江汉考古 4：72－80
泥质楚金冥币分布及其埋葬特点探讨　易浩天　中国钱币 6：17－22

徐、吴、越文化

扬州蜀岗最早城址——春秋吴邗城之探寻　汪勃　扬州考古发现与研究（2020 年）（总第 1 辑）　61－74
考古学文化、文献文本与吴越早期历史的构建　徐良高　考古 9：81－92
绍兴坡塘 306 号墓的再认识　李零　中国国家博物馆馆刊 6：41－48

七　夏商周时期周边地区的青铜文化

东北及其附近地区

试论朱开沟文化　魏坚、冯宝　考古学报 4：461－484
浅谈晋西北地区夏至早商时期遗存　祁冰　不惑集——山西大学考古专业成立 40 周年纪念文集　52－61
夏家店下层文化在冀北山地的分布及其西南边界　洪猛　文物春秋 4：10－16
赤峰二道井子聚落的形制布局与社会关系探讨　刘国祥等　南方文物 4：59－65
喀左土城子遗址农业生产工具研究　徐紫瑾　北方文物 3：23－28
也论玉皇庙文化驭马器　钟雪　文物春秋 4：17－24
玉皇庙文化中的两种虎牌饰　金东一、杨建华　边疆考古研究（第 28 辑）　147－157
玉皇庙文化研究述略　洪猛　草原文物 1：66－75

早期游牧文化起源问题探析 邵会秋、吴雅彤 北方文物1：28－37
大甸子墓地社会结构的再探讨——基于K－均值聚类方法 王含元 古代文明（第14卷） 19－31
西梁垙墓地及其所揭示的玉皇庙社会 洪猛 边疆考古研究（第27辑） 135－148
上马石瓮棺葬类型探讨 徐昭峰 边疆考古研究（第27辑） 187－195
论中国辽东与朝鲜半岛西北地区石棚的年代问题 田野 东疆学刊2：54－60
带钩起源问题再探 包桂红 草原文物2：75－81

东南地区·西南地区

夏商时期青铜文化大背景下的多样性格局概论——兼谈岭南的印纹陶与原始瓷 李岩 广州文博（拾叁） 18－40
商周时期川南地区与成都平原的考古学文化交流 王彦玉 四川文物5：64－73
早期巴人农业经济结构及其生态背景 朱圣钟 古今农业2：27－36
茂县及岷江上游地区在古蜀文明形成中的重要作用与地位 朱乃诚 四川文物1：68－76
论三星堆—金沙文化 施劲松 考古与文物5：65－72
郎家村遗存再分析——兼谈三星堆文化在成都平原的分布 冉宏林 中国国家博物馆馆刊6：18－29
三星堆遗址青关山一号建筑基址初探 杜金鹏 四川文物5：108－118
三星堆一件特殊牙璋的图像学——并论饕餮本质、苍龙能量传递、雷泽神诞等问题 顾万发 黄河 黄土 黄种人16：41－62
论金沙遗址出土的一件木雕彩绘人头像 田剑波等 草原文物2：51－58
试论成都平原春秋时期考古学文化 周丽、江章华 考古2：102－111
试析战国秦汉时期的葭萌与石牛道 金国林 四川文物6：24－32
东周秦汉时期巴蜀文化墓葬等级分类新论 向明文 边疆考古研究（第28辑） 257－284
四川荥经同心村墓地出土巴蜀符号探析 严志斌 四川文物6：62－75
四川宜宾桥沟头遗址出土铁器的初步研究 李玉牛等 南方民族考古（第二十辑） 417－427
考古背景中的巴蜀符号 施劲松 四川文物3：112－118
巴蜀符号的变迁及其性质分析 江章华 四川文物1：77－86
云南青铜文化若干关键问题研究 李东红 思想战线3：89－97
云南宜良纱帽山墓地人骨拔牙习俗初探 李培聪 黄河 黄土 黄种人6：29－32
论滇文化器物上的猴装饰 杨勇 文物7：44－53
西南夷的发饰 代丽鹃 南方民族考古（第二十辑） 129－148
雅鲁藏布江中游及昌果沟遗址古环境分析 李拓宇等 第四纪研究2：547－555

西北地区

李家崖文化年代再议 祁冰 江汉考古1：74－80
甘青宁地区东周至汉墓内置牲现象研究 刘駷 边疆考古研究（第27辑） 251－261
四坝文化靴形陶器及相关问题浅析 魏文斌、任瑞波 丝绸之路与文明记忆——丝绸之路对中华文明演进与传播的影响学术研讨会论文集 247－260
仪式经济视角下的二次扰乱葬：以东灰山墓地为例 温成浩 中原文物5：58－65
辛店文化甩袖舞蹈人纹陶罐解读 马振华 丝绸之路4：130－133
寺洼文化族属探索 尹盛平 文博5：42－47
甘肃敦煌发现旱峡玉矿等三处玉矿遗址——在非金属地质矿产、工业文化遗产保护及丝绸之路与西玉东输等研究上均具有重要价值 陈国科 中国文物报2月21日8版
宁夏隆德沙塘北塬遗址生业经济研究 陈相龙等 南方文物2：134－143
早期铁器时代新疆东天山地区与欧亚草原的基因交流 王尹辰等 西域研究3：106－114
喀什河流域早期铁器时代中小型墓葬研究——以定量分析为基础 刘露露 北方文物2：49－56
新疆温泉县古代墓葬的初步分析 贾笑冰 北方文物6：67－80

新疆伊吾拜其尔墓地年代分期及相关问题探讨　马迎霞　西部考古（第 20 辑）　105 – 115
新疆阿敦乔鲁墓地出土釉砂分析研究　谭宇辰等　考古与文物 5：123 – 127
中国古代牧业社会骨制品的初步考察：以新疆巴里坤石人子沟遗址为例　李悦等　第四纪研究 2：331 – 342
新疆公元前 2700—前 800 年的素纹陶　王博　西部考古（第 20 辑）　77 – 104
新疆与中亚青铜时代晚期至早期铁器时代彩陶类遗存对比研究　林铃梅　考古与文物 3：52 – 60
新疆部善洋海墓地环首刀和管器斧的初步研究　王太职　丝绸之路与文明记忆——丝绸之路对中华文明演进与传播的影响学术研讨会论文集　261 – 168
新疆早期铁器的制作技术及年代学研究　陈建立　考古学研究（十一）　39 – 55
阿尔泰周边所见短柄石棒来源及功能蠡测　李水城　四川文物 4：93 – 100
弓形器与钻木取火　吕恩国　考古学集刊（第 23 集）　200 – 217

八　秦代

秦汉帝国的南疆：考古学视角的长时段观察　周繁文　边疆考古研究（第 27 辑）　263 – 278
秦汉之徙，元以山东——秦、西汉时期蜀地的移民　索德浩　南方民族考古（第二十辑）　149 – 163
凤翔雍山血池遗址初步研究　田亚岐、陈爱东　考古与文物 6：68 – 75
郢城遗址的年代与性质新证　王建苏等　江汉考古 3：93 – 99
荆州郢城遗址　刘建业、黄冰冰　大众考古 11：20 – 27
秦汉朝那湫渊遗址与万年以来东海子气候变迁　罗丰　考古与文物 3：65 – 74
山东威海成山头始皇庙庙志　王睿　故宫考古文集（一）　41 – 61

九　汉代

汉代家庭安全与防御的考古学观察　董雪迎　南方文物 2：171 – 179
汉晋时期西域精绝国农业生产考述　叶俊士　农业考古 4：51 – 57
汉代琴乐繁荣的社会文化因素　季伟　交响（西安音乐学院学报）1：44 – 52
从考古资料看西汉河南郡的地位与影响　朱津、钱豪　黄河　黄土　黄种人 24：25 – 28
走近汉代海昏侯国　徐秀丽　中国文物报 9 月 25 日 1 版
徐州汉文化的形成、定义和遗存特点——考古学视野下的徐州汉文化研究　刘照建、李生兰　淮海文博（第 2 辑）　31 – 44
檀石槐鲜卑的文化认同与帝国构想　倪润安　考古学研究（十一）　65 – 83
道教民俗与道教考古　张勋燎　南方民族考古（第二十辑）　335 – 363
汉长安城中轴线再认识　鲁维铭　文化学刊 7：192 – 196
西汉长安城市场研究——兼论汉魏洛阳城的市场　钱彦惠　考古学报 2：161 – 176
从丰镐到长安——西安咸阳地区都城选址与地貌环境变迁的关系初探　张建锋　南方文物 3：179 – 185
河西走廊黑水国遗址的兴废年代与环境变迁初步研究　王乃昂、李卓仑　丝绸之路与文明记忆——丝绸之路对中华文明演进与传播的影响学术研讨会论文集　225 – 233
东汉洛阳城复原研究的回顾　刘涛　南方文物 3：186 – 194
汉代墓葬的双重空间与三维世界　刘尊志　南开学报（哲学社会科学版）1：108 – 116
以汉代墓葬为例解读中国古代墓葬性质　刘振东　考古与文物 4：64 – 69
“乐舞百戏”与汉代丧葬文化　王音　黄河　黄土　黄种人 4：41 – 46
汉代墓葬的墓垣类型及相关问题　刘尊志　中国国家博物馆馆刊 2：6 – 19
汉代双层木椁墓研究　索德浩　东南文化 4：107 – 117
试论《方言》和汉墓的分区特征与联系　朱津　南开学报 1：122 – 129
试析汉墓砖砌穹窿顶的分类　谢安琪、党丰　南方文物 5：257 – 262

汉代墓内设奠现象与祭奠器再研究　魏镇　考古 11：83－90
汉代土墩墓的“苏州解读”　车亚风　中国社会科学报 6 月 3 日 2 版
两汉墓葬陶礼器的变化与原因试探——两汉之变之一端　韦正、方笑天　古代文明（第 14 卷）　83－92
西汉列侯墓葬墓园及相关问题　刘尊志　考古 1：82－92
西汉诸侯王墓乐器的考古发现与研究　乔军　音乐艺术（上海音乐学院学报）1：122－141
霍去病墓位置的再探讨　马永嬴　文博 4：70－75
南昌汉代海昏侯墓出土编钟的造物思想研究　罗剑鸿、刘慧中　南方文物 6：208－214
从海昏侯墓衣镜看西王母、东王公图像的出现及相关问题　庞政　江汉考古 5：78－84
汉哀帝义陵“董贤墓”考辨　胡中亚　黄河　黄土　黄种人 8：32－36
西汉江都王和王后墓相关研究　李银德　中原文物 5：77－83
论东汉帝陵南北兆域的形成　梁云、汪天凤　中原文物 2：59－66
东汉画像崖墓研究　罗二虎、宋丹　考古学报 4：485－520
关中地区东汉墓葬等级差异蠡测　李云河　考古与文物 2：60－68
中古北方地区镇墓神物的文化构成和变化机制　韦正、刘绎一　考古与文物 3：75－83
再论东汉吐舌镇墓兽　陈昊雯　中原文物 1：116－123
东汉人对墓葬功能认识研究——以考古发现为主的观察　杨爱国　南方文物 2：154－161
关于早期拓跋鲜卑“毁镜”葬的文化思考　马颖　文物世界 4：19－22
华北民族融合进程中人群生存方式及对健康的影响——以北京延庆西屯村墓地为例　朱思媚等　人类学学报 1：127－134
河北抚宁郝各庄东汉墓地相关问题探讨　刘尊志　文物春秋 3：21－33
河北南皮芦庄子汉墓的性质　刘尊志　中原文物 2：50－58
涿州出土的汉代陶楼　葛淑英　文物春秋 2：95－97
辽宁汉墓出土陶井模型明器的研究　周畅等　黄河　黄土　黄种人 2：34－41
两和县马集村古墓相关问题辨析　魏泽民、周静　陇右文博 1：3－9
扬州地区出土西汉文献与图像研究二则　朱超龙　扬州考古发现与研究（2020 年）（总第 1 辑）　88－103
徐州早期画像石椁墓相关问题浅谈——以徐州铁刹山 M66 为例　李祥　文物天地 1：92－96
徐州狮子山楚王陵“食官监”陪葬墓墓主人探析　周波等　四川文物 3：60－65
略论徐州狮子山西汉楚王墓出土沐浴器具　周倩　淮海文博（第 2 辑）　88－93
徐州青山泉水泥厂一号汉墓画像考　刘姝妹　淮海文博（第 2 辑）　72－82
徐州博物馆藏西汉漆衣陶钫赏析　郑洪全　文物天地 1：50－52
从出土钱币看徐州北洞山和狮子山汉墓的时代　李红、李春雷　淮海文博（第 2 辑）　45－48
族群身份的双向性——岱海地区楼烦墓地人群族属的考古学研究　陈畅　南方文物 5：210－219
山东地区汉代合葬墓分析　赵丹　中国国家博物馆馆刊 3：36－56
山东平度界山汉墓相关问题浅析　刘尊志　南方文物 2：144－153
山东沂南画像石墓墓主问题研究述评　郎咸东　博物院 4：74－79
河南洛阳西工区纱厂路发现西汉大墓——墓葬形制独特，发现“仙药”，为研究西汉中晚期高级贵族的生活习惯、埋葬习俗等提供了极为难得的实物材料　潘付生、薛方　中国文物报 2 月 7 日 8 版
洛阳纱厂路西汉大墓的发掘　潘付生、薛芳　大众考古 5：25－33
洛阳邙山东汉帝陵再探　李继鹏　中国国家博物馆馆刊 5：20－26
三峡地区土洞墓研究　索德浩、周静　边疆考古研究（第 27 辑）　305－321
三台郪江汉代崖墓中所反映的地面建筑复原研究　马晓亮　南方民族考古（第二十辑）　195－210
四川汉代陶翼虎研究　苏奎　四川文物 4：57－64
成都博物馆藏东汉陶仙山插座初探　张倩影、王煜　四川文物 2：43－50
贵州出土汉代狮形器研究　杨菊　贵博论丛（第一辑）　123－130

陕西靖边杨桥畔东汉壁画墓司命、司禄考　邱雅暄　文博 4：60 – 69
民乐八卦营墓群研究　方笑天　西部考古（第 19 辑）　103 – 117
麦积区博物馆馆藏汉代“熊虎搏铜镇”浅论　王春苗　丝绸之路 2：142 – 144
民丰尼雅出土蓝印花布丰饶角图像分析　李静杰　故宫博物院院刊 1：56 – 69
试论两汉随葬车马明器　赵丹　考古与文物 2：50 – 59
汉墓棺上置物葬俗的初步研究　赵丹　南方文物 2：162 – 170
试论汉墓出土陶奁的类型及装饰图案　王涛　黄河　黄土　黄种人 14：18 – 25
汉代太一手拥伏羲、女娲图像及相关问题　庞政　南方文物 1：78 – 88
汉墓羽人与南朝“中国化”飞天——墓葬系统象征符号的新发展　王诗晓　西南民族大学学报（人文社会科学版）6：30 – 35
东汉陶“扑满”　张新顺　中国文物报 2 月 18 日 7 版
论汉代建筑模型对吴晋魂瓶的影响　何志国、王烨　中原文物 2：116 – 128
再论汉代的漆木“面罩”　焦阳　考古 5：83 – 95
越南境内汉墓出土院落明器研究　韦伟燕　四川文物 2：51 – 59
指鹿为龙：汉墓鹿蹻葬仪考　姜生　社会科学辑刊 1：121 – 133
从权杖头到鸠杖头——“杖”象征意义的演变　夏才艺　博物院 3：43 – 55
汉代枝灯的考古学研究　宋蓉　考古学集刊（第 23 集）　218 – 239
由西林铜鼓葬和可乐套头葬想到的几个问题　唐文元　贵博论丛（第一辑）　96 – 104
汉代带柄方身器研究　毕洋等　边疆考古研究（第 27 辑）　279 – 303
摇钱树与佛像　袁炜　贵博论丛（第一辑）　105 – 122
“珠”海泛舟　走进汉代岭南珠饰　龙丽朵　大众考古 5：46 – 55
对几件汉代农耕“文物”的考辨　史晓雷　农业考古 4：140 – 146
汉代瓟羊纹马珂与文化交流　苏奎　考古与文物 2：42 – 49
中国汉代环保灯具浅谈　杨勇伟　文物世界 6：6 – 8
汉代艺术表现形式与博山炉形名再思考　张瀚墨　中国文化 52：316 – 339
从乐器研究到表演研究——丝绸之路上的抱弹类鲁特及其演奏传统　徐欣　中国音乐 4：46 – 50
古代阮乐器名称与形制演变　朱迪　兰州文理学院学报（社会科学版）1：118 – 122
昭通市博物馆藏汉代早期道教代人俑　丁长芬、秦平　文物春秋 4：75 – 77
扬州地区出土汉樽　刘松林、周赟　大众考古 4：40 – 46
成都天府广场出土石犀牛的几个问题　宋治民　南方民族考古（第二十辑）　164 – 173
南越国宫署遗址出土残铜人俑的解析　胡建　广州文博（拾叁）　100 – 110
内蒙古通辽市博物馆藏鲜卑金牌饰　恩和特布沁　收藏 8：110 – 113
环境差异与文化交流视角下的鲜卑牌饰研究　李嘉妍　丝绸之路考古（第 4 辑）　47 – 70
靴扣：贵霜王朝建立者源自大月氏新证　杨富学、米小强　敦煌研究 5：11 – 21
中国古代农耕图像作用与分布探究　隋斌　古今农业 3：12 – 17
汉代图像中的乐舞形象研究　朱青生　北京舞蹈学院学报 1：29 – 31
汉代“盘鼓舞”图像再考订——侧重于考古材料的梳理与解析　王菁　考古与文物 4：70 – 77
汉代乐舞研究现状与反思　郑亚萌　北京舞蹈学院学报 1：41 – 46
我之所见“妇人启门”图　张雅男　文物世界 1：3 – 7
“启门图”的天上人间　党丰　南方文物 1：220 – 226
南越国的鼠害　范彬彬　大众考古 11：50 – 53
从出土文物探索汉匈和亲与草原丝绸之路关系　武高明、包苏那嘎　三峡大学学报（人文社会科学版）2：37 – 43
河西汉塞取火方式续考　史亮　丝绸之路 1：152 – 154

一〇 三国两晋南北朝

2019年三国两晋南北朝考古发现与研究述评 郭晓涛 西部考古（第20辑） 158－170
三国西晋陵寝制度新论 付龙腾 中原文物2：67－78
墓道的“延伸”：魏晋南北朝墓葬制度演变的一个关键点 金弘翔、王煜 南方文物1：89－109
长江中游青瓷院落形制及其相关问题 韦伟燕 中国国家博物馆馆刊9：36－45
孙吴墓葬中的砖台及其渊源流布——以都城墓葬为中心 王音 南方文物2：193－199
汉魏六朝墓砖“反书”现象与“生死异路”观念 魏镇 南方文物2：189－192
六朝从这里开始苏州地区发现的大、中型六朝早期墓葬 何文竞、吴玲 大众考古11：41－45
从棘币、笔架、三子钗、镜架、假发穿饰到捆扎器——兼论汉魏晋墓出土叉形器的功用 阎焰 中国文物报10月9日6版
马鞍山“朱然家族墓”墓主再认识 刘萃峰 东南文化6：90－96
西高穴出土“慰项石”解 李恒光 西南交通大学学报（社会科学版）1：105－110
曹操高陵墓中的3号人骨是丁夫人 袁祖亮 殷都学刊3：19－23
敦煌祁家湾新出魏晋式盘研究 马洪连、张俊民 敦煌研究2：84－92
苏州黑松林出土三国时期石屏风 姚晨辰 中国文物报1月17日6版
江苏邳州煎药庙西晋墓地1号墓的独特性 马永强 大众考古11：66－72
关中地区新出土西晋、十六国时期空柱盘考——从西安咸阳机场二期M85、M298出土空柱盘谈起 赵海燕 文物天地5：81－85
武威雷台M1出土银印识读及墓主身份探索 王科社 文博2：79－86
武威雷台墓葬年代的重新认识 刘志华 陇右文博1：19－28
锦州地区西晋至前燕时期的汉人墓葬 潘玲、郭丽娜 北方文物1：48－58
《华阳国志》中的音乐史料研究 谢艾伶 音乐探索3：104－112
莫把酒壶当唾壶——对传统认知的“唾壶”再认识 袁宏磊 大众考古3：51－57
广州大刀山与武汉熊家岭东晋墓出土鎏金铜銙带的比较研究 刘德凯 考古学集刊（第23集） 240－253
从相和歌到鼓吹乐的转变 辛雪峰、刘杲运 中国文化52：362－370
古代高昌佛塔及佛寺中心塔柱研究 林立 西域研究3：149－162
化梵为夏：浅议维摩诘形象的演变 卫玉敏 文物世界4：17－20
辽宁北票喇嘛洞墓地出土的马具 王宇等 北方文物2：57－65
南朝陵墓石刻新秩序的建立 卢小慧 学海184－189
试析南朝陵寝制度的两大取向 付龙腾 东南文化4：118－125
入华袄教火坛杂考 张小贵 考古学研究（十一） 263－287
维摩诘“隐几”图像考 张保珍 四川文物2：60－70
北魏明堂和平城遗址 张伟莉、韩生存 文物世界3：11－13
北魏平城明堂建设时间初探 张春 文物世界3：13－16
北魏平城佛教艺术与后秦长安的关系 常青 故宫博物院院刊8：4－24
北魏六镇军政地位的考古学观察 魏坚、郝园林 河北师范大学学报（哲学社会科学版）4：74－80
承德奚族史迹考略 沈军山等 文物春秋3：34－44
安阳北朝贵族墓葬初探——以近年河南安阳地区考古发现为视角 张鹏展 黄河 黄土 黄种人16：26－30
固原北朝时期葬俗葬制研究 母雅妮 文物天地11：13－24
大同北魏平民墓葬浅析 韦正、崔嘉宝 西部考古（第19辑） 128－140
大同北魏墓葬中的乐舞形象 骆东峰 文物天地12：56－61

北魏平城墓葬陶俑演变的阶段性　古顺芳、吕晓晶　古代文明（第 14 卷）　93 – 126
北魏平城迁都洛阳前后墓葬陶俑式微　古顺芳、吕晓晶　不惑集——山西大学考古专业成立 40 周年纪念文集　99 – 109
“丝绸之路”上平城晚期鲜卑族墓葬装饰的多元文化——以固原北魏漆棺装饰为中心的探讨　陈彦平　美术观察 5：41 – 45
关于晋阳地区北齐墓葬出土镇墓俑年代分期的讨论　高丁丁、车环宇　文物世界 3：6 – 10
北周墓葬面貌的形成及其影响　徐斐宏　古代文明（第 14 卷）　127 – 139
圣火艺术与拜火文化——北周袄教墓葬中以史君墓为核心　葛承雍　考古学研究（十一）　252 – 264
北朝的马具与马饰　王雁卿、伍雅涵　西部考古（第 19 辑）　141 – 162
北朝至宋代墓葬出土地轴的考古学研究　卢亚辉　四川文物 5：88 – 100
试论中国境内出土的下颌托　霍巍、庞政　考古学报 2：141 – 160
圣哲的衣装——半偏袒式袈裟溯源　王云　故宫博物院院刊 8：25 – 42
藤座、束帛藤座与筌蹄——一种坐具从图像到实物的传播与演变　冉万里　西部考古（第 20 辑）　198 – 261
摩羯纹在中国的传播与兴衰　常樱　中国国家博物馆馆刊 3：126 – 135
北朝隋代五十三佛与三十五佛图像考论　王友奎　南京艺术学院学报（美术与设计版）2：108 – 114
北朝时期中原佛教艺术概说　武玮　河南博物院院刊（第二辑）　76 – 91
契丹居地变迁考　毕德广　内蒙古社会科学 2：71 – 77
申遗以来我国高句丽考古的主要发现与研究　魏存成　中国边疆史地研究 3：108 – 121
高句丽丸都山城宫殿的八角形遗址　赵庆宜　大众考古 11：36 – 40
高句丽大型建筑址试论——从青石岭山城二号建筑址谈起　王飞峰　北方文物 1：59 – 70
国内城后期高句丽王陵研究　王飞峰　不惑集——山西大学考古专业成立 40 周年纪念文集　300 – 311

一一　隋唐五代

隋唐东都城的里坊空间试析　石自社　南方文物 3：215 – 223
宁化畲族及其遗存痕迹　刘根发　福建史志 3：47 – 52
浅谈扬州曹庄隋炀帝墓的发现与研究　颜张奕　扬州考古发现与研究（2020 年）（总第 1 辑）　155 – 162
浅析固原南郊隋唐史氏墓葬群中的文化因素　高雪　丝绸之路与文明记忆——丝绸之路对中华文明演进与传播的影响学术研讨会论文集　306 – 321
廿年虞弘夫妇合葬墓研究回顾与展望——以虞弘族属与鱼国地望为中心　冯培红　西域研究 2：153 – 165
虞弘墓——文化交流与融合的例证　冀美俊、陈雅彬　中国文物报 6 月 9 日 4 版
虞弘墓石质葬具分析　秦若晨　丝绸之路考古（第 4 辑）　99 – 115
隋张盛墓出土双陆棋盘考辨　蔡杰　博物院 6：21 – 24
环形壶：从地中海到大兴城——西安隋墓出土环形壶（askos）艺术研究　葛承雍　文物 1：58 – 68
中古时期的“生灵座”及其在西域的传播　吴正浩　西域研究 4：139 – 149
陕西耀州区神德寺隋仁寿舍利埋藏考辨　郑燕燕　西部考古（第 19 辑）　183 – 190
唐长安城大明宫兴安门遗址发掘与研究　何岁利　南方文物 3：205 – 214
唐长安城大明宫紫宸殿考古复原探析　裴琳娟　西部考古（第 19 辑）　191 – 199
瓮城的认知历程及判定研究　高勇　青年考古学家（第 1 辑）　88 – 110
略论正定城墙历史变迁及唐五代时期正定城的三城格局　刘友恒、于坪兰　文物春秋 3：45 – 53
重庆永川汉东城遗址地层记录的长江上游唐代洪水事件　李兰等　第四纪研究 2：547 – 555
濮阳市清丰县杨韩村唐代塔寺遗存的发现与认识　袁广阔　黄河　黄土　黄种人 16：16 – 18
新疆克亚克库都克烽燧遗址考古百年　田海峰　大众考古 2：80 – 82
唐朝墩古城浴场遗址的发现与初步研究　任冠、魏坚　西域研究 2：58 – 68

略论唐代官服入殓的制度与实践　何月馨　考古1：93－105
唐代夫妻多人葬现象探析　焦杰、李欣宇　河南师范大学学报（哲学社会科学版）2：89－95
唐代赣江流域丧葬习俗考　刘礼堂、陆晗昱　江汉考古5：85－90
考古资料反映的唐代室韦人的生产生活方式　张久和、刘芳　内蒙古大学学报（哲学社会科学版）2：5－10
唐代墓田取吉穴葬法的初步研究　何月馨　中原文物3：68－73
唐代“以胖为美”之审美观的考古学观察——以唐代纪年墓所见女性形象为中心　魏子元、王乔玉　文博1：45－53
中国境内粟特人家族墓地的考古学观察　马晓玲　考古学研究（十一）　222－238
西安地区中晚唐壁画墓研究　郭美玲　考古学研究（十一）　434－473
唐宋墓葬出土人首鱼身俑研究　丁子杰　东南文化6：119－125
敦煌佛爷庙湾唐代模印塑像砖墓（五）——模印龙首犬身怪兽砖与有关问题　戴春阳　敦煌研究4：18－25
巩义唐墓出土的绘彩魌头　孙角云、孙六明　黄河　黄土　黄种人12：41－43
略论洛阳红山HM2026出土的铁牛与生肖俑　徐斐宏　四川文物3：75－81
唐五代墓葬所见墓龙　卢亚辉　文物春秋3：54－63
生肖俑在唐代　张永珍　中国文物报11月5日6版
试论扬州唐末五代墓葬出土石函　刘刚等　扬州考古发现与研究（2020年）（总第1辑）　125－130
从文物看唐都长安人的生活　李文环　收藏8：94－105
唐代长安人生活中的西域元素　雷君　文物天地7：66－69
试论古代唐卡艺术的历史演变及风格特征　黄春和　文物天地7：4－24
从何家村窖藏出土文物谈唐代金银玉器的社会政治功能　田卫丽　文物天地8：4－11
大同地区出土的塔形罐研究　王利民　文物天地9：4－9
浙江东阳吴越国中兴寺塔出土文物　魏祝挺、陈荣军　东南文化4：78－95
唐代鞶囊使用考论　张红玲　文博1：36－44
唐宋时期高昌回鹘的佛衣样式　陈悦新　西域研究1：152－159
从“匪腰”甑管窥唐代的蒸馏器　钱耀鹏　南方文物6：109－115
渤海上京遗址博物馆藏铜伎艺“黑人像”探究　李鹏　地域文化研究4：94－98
室韦与靺鞨陶器的考古学文化关系　倪润安　边疆考古研究（第28辑）　337－353
和同为一家——唐蕃古道遗珍赏析（上）、（下）许彩莲　收藏家9：43－48、10：61－70
英国博物馆收藏的军持　孔利宁　殷都学刊4：56－65
雨抛金锁甲，苔卧绿沉枪　中国的锁子甲　易弘扬　大众考古10：51－53
唐代鎏金发钗研究　王洋洋　西部考古（第20辑）　186－197
胡旋：从粟特乐舞到宫廷燕乐　刘晓伟　艺术评论1：68－87
药师·佛——以图入史的研究　李翎　美术研究2：50－56
从碑铭中bark一词看突厥人“敬鬼神”之俗　陈浩　西域研究4：134－138
五代十国壁画墓墓主人阶层考证　黄剑波　南京艺术学院学报（美术与设计版）2：8－13
五代李茂贞夫妇墓墓葬形制和神道石刻略论　崔世平、包建文　考古与文物5：108－114
从王处直墓看中国古代墓葬中“门神”形象的流变　赵永　中国国家博物馆馆刊2：30－45
略论前后蜀墓葬特征　韩莎　文博3：68－76
柳斗纹器小议　党郁　草原文物2：99－109
佛传图像的叙事逻辑初探——以栖霞寺舍利塔浮雕“乘象入胎”为例　张柘潭　美术观察7：53－56
西藏阿里卡孜河谷10世纪佛塔供养人题记与壁画研究——兼论与吐蕃时期卫藏及敦煌早期的关联　王瑞雷　文艺研究2：124－137

南京栖霞山舍利塔营造年代与形制来源考　徐永利　东南文化2：108－117
后唐时期途经敦煌的赴印求法僧及相关史事　杨宝玉　敦煌研究5：22－26
南唐二陵出土女俑的衣冠服饰　王文静　大众考古8：58－61
渤海都城城门与城墙研究　岳天懿　北方文物5：56－65
行政建制视角下的渤海上京城营建时序研究　宋玉彬　中国边疆史地研究3：134－144
鞍鞯—渤海马具研究　包曙光、张欣悦　北方文物4：56－66
渤海陶器的类型与文化渊源　彭善国、王安琪　边疆考古研究（第28辑）　355－382
龟兹史前文明初探　宁强　敦煌学辑刊1：73－84
阴山汪古景教图像的初步研究　魏坚、郑玉　故宫博物院院刊8：60－72
都兰热水墓群考古发现、研究的回顾与反思　韩建华　西部考古（第20辑）　171－185
青海都兰古墓葬遗址新获文物调查与研究　朱建军　兰州大学学报（社会科学版）2：83－89
青海新见非科学出土奢华艺术品：吐蕃统治区域的伊朗图像　康马泰著　李思飞译　敦煌研究1：16－22

一二　宋至明清

北宋时期庄浪地区的佛教文化及其特点　陈晓斌　陇右文博2：64－71
榆林上盐湾城址调查——兼北宋永乐城考　康卫东　丝绸之路1：168－171
寻城记——遇见汉东城　代玉彪　大众考古10：62－69
再谈南宋扬州蜀岗上城池的位置范围　汪勃、范东日　东南文化2：127－134
宋元明铺钱葬俗研究　葛林杰　东南文化2：118－126
宋元墓葬的"金鸡""玉犬"　白彬、谈北平　南方民族考古（第二十辑）　275－317
略论宋金时期八边形装饰墓葬　林思雨　四川文物2：77－85
边陲的华彩：宋金时期西北边境地区砖室墓的壁面布局和设计　张保卿　考古学研究（十一）　474－489
甘肃天水地区宋金时期墓葬空间的观看方式探究　张玉平　敦煌学辑刊1：149－158
北宋四京地区墓葬等级制度初探　张保卿　考古4：100－111
山西宋墓初论　刘辉　不惑集——山西大学考古专业成立40周年纪念文集　131－141
许从赟墓出土鏊盘及相关问题研究　白月　文物天地9：19－22
北宋李彬夫妇墓出土五星俑研究　吕瑞东　东南文化6：126－134
江苏溧阳北宋李彬夫妇墓五星镇墓葬俗考　庄程恒　文博2：99－110
金华陶朱路村宋墓文物年代略论　王依农　收藏5：14－21
北宋吕氏家族墓研究——吕倩容疾病及其用药考证　龚钰轩等　考古与文物4：120－124
重庆南川龙崖城　蒋刚等　大众考古1：58－65
宋代出土文物中"寿星图"的辨识　廉萍　中国国家博物馆馆刊8：40－56
宋辽夏官帽、帝师黑帽、活佛转世与法统正朔（上）、（下）——藏传佛教噶玛噶举上师黑帽来源考　谢继胜、才让卓玛　故宫博物院院刊6：45－60、7：58－71
美国沃尔特斯艺术博物馆藏"大晟·南吕"钟　李幼平　中原文物3：129－132
略谈西藏早期八大圣迹佛传唐卡　黄春和　收藏家8：75－80
黄泗浦遗址出土两件陶球形器性质小议　张欣怡　中国文物报5月23日6版
睒子故事的流变　刘倩　中国国家博物馆馆刊9：67－77
双林寺罗汉殿观音像的图像学研究　吴昌明　艺术工作1：10－15
21世纪前20年辽宁省辽代考古发现与研究　李宇峰、齐伟　辽金历史与考古（第十一辑）　15－25
辽上京宫城南门门楼基座做法初探　王文丹　草原文物2：90－98
宋使所记辽中京形制小考　常钰熙　文物3：92－96
辽代的宗庙与御容殿　万雄飞　边疆考古研究（第27辑）　323－333
城四家子城址考古工作与再认识　梁会丽　辽金历史与考古（第十一辑）　47－54

再论吉林省中部老边岗的性质　孟庆旭、王晓明　中国国家博物馆馆刊 9：46 – 53
辽代石室墓形制初探　林栋、李琼璟　辽金历史与考古（第十一辑）　26 – 36
从辽代琉璃棺分析大同地区葬式特征　贾霞　文物天地 9：41 – 44
辽祖陵陵寝制度初步研究　董新林　考古学报 3：369 – 398
辽代帝陵考古发现与研究述略　于春、白嘎力　文博 2：27 – 33
辽宁朝阳市天骄城辽墓的发掘　白燕培、蔡强　北方文物 3：15 – 22
黑龙江抚远市东辉墓群出土的文物　贺春艳　北方文物 3：7 – 14
大同地区辽金墓葬出土酒具类型分析　刘贵斌　文物天地 9：10 – 15
辽代墓函初探　林栋　地域文化研究 3：92 – 97
简述朝阳博物馆馆藏辽代石棺四神像　王冬冬　辽金历史与考古（第十一辑）　286 – 294
随葬品视角下辽金时期女真人萨满墓葬的性别探讨　梁娜、谢浩　地域文化研究 1：131 – 138
再论吉林大安辽金时期蒸馏酒遗存的工艺及历史地位　吴敬　北方文物 6：104 – 110
河北涞源县阁院寺辽代铁钟考略　曹静　收藏家 5：87 – 94
光孝寺药师佛像拓片考　肖浪　法音 3：44 – 47
东西文化交融视野下的辽代耳饰研究　常乐　南方文物 2：217 – 224
文殊菩萨信仰及早期形象传承考证（上）、（下）　刘钊　收藏 8：66 – 71、9：59 – 75
辽代摩竭形象独特性成因　栗翠　中国陶瓷 2：92 – 96
契丹—辽多民族音乐文化间的交流与融合　刘嵬　艺术探索 3：79 – 87
武威西夏二号墓出土木板画“金鸡”与“玉犬”的历史学研究　陈于柱　丝绸之路与文明记忆——丝绸之路对中华文明演进与传播的影响学术研讨会论文集　321 – 327
武威亥母寺遗址出土擦擦类型学研究　蒋超年、赵雪野　敦煌研究 3：71 – 85
近三十年西夏服饰研究综述　徐雯雅　北方文物 3：85 – 88
虚构的云顶天宫，真实的东夏王国　东夏国南京城故址探秘　徐廷　大众考古 6：24 – 32
北京已发现的金元两代水关遗址之比较分析　王晓颖　北京文博文丛（第二辑）　40 – 46
北京地区金代石椁墓及火葬习俗再谈　丁利娜　中原文物 4：78 – 84
河北三河老辛庄砖室墓的年代及相关问题研究　沈晔　文物春秋 4：37 – 43
汾阳东龙观金代王氏家族墓地葬序研究　郝军军　不惑集——山西大学考古专业成立 40 周年纪念文集　142 – 149
陕甘宁地区金代墓葬初探　赵永军　边疆考古研究（第 27 辑）　335 – 343
临夏金代王吉砖雕墓的建筑及艺术特色　马彩霞　丝绸之路 4：139 – 142
金代黑龙江地区出土的铁犁和农田耕作技术及农田面积的初步探讨　何元龙　古今农业 3：59 – 68
金代社火表演之儿童乐舞　牛小芹　文物世界 4：21 – 24
试析元大内考古的理念、方法与手段　徐海峰　故宫考古文集（一）　62 – 74
蒙元城址考古二题　杭侃　四川文物 4：80 – 92
哈剌和林古城的历史沿革及空间结构演变　宋国栋　不惑集——山西大学考古专业成立 40 周年纪念文集　288 – 299
山西蒙元仿木构墓葬文化特征研究　姚庆　草原文物 1：97 – 103
合符示信——艾黎捐赠文物陈列馆藏符牌探析　白玉章　陇右文博 3：37 – 43
观音菩萨早期形象传承考证　刘钊　收藏家 3：31 – 46
从永乐宫重阳殿地狱图像榜题看全真教的冥界信仰　赵伟　故宫博物院院刊 6：61 – 75
元明墓葬出土“日”“月”铭文牌饰考　葛林杰　四川文物 5：101 – 107
元“长安脾地寄寄老人”款陶器新考　张建民　文博 5：61 – 65
古都“中轴线”溯源及发展变化——兼论古都北京“中轴线”历史意义　陈静　中国文化遗产 6：85 – 96
影响明代大同关城布局的因素分析　江伟伟　文物世界 6：11 – 13

明代大同城墙之北小城城门考　江伟伟　文物世界3：17－19
台州府城墙防洪功能的考古学观察　郎爱萍　中国文物报2月21日6版
明代福宁州水寨　陈浩　水下考古（第二辑）　117－125
山东威海定远舰的发现与论证　王泽冰等　自然与文化遗产研究7：21－27
日照地区明清海防遗迹的考古调查与研究　杨睿等　水下考古（第二辑）　81－116
拨沙始见郑门墟　葛奇峰　大众考古8：19－27
明代广东海防防御性军事聚落空间布局研究　谭立峰等　中国文化遗产3：103－109
沉舰、军港与海战场——考古学视野下的北洋海军史　姜波　自然与文化遗产研究7：4－11
海崖烽燧——一座特殊的15世纪明代盖州卫烽火台形制研究　王鹤、吕海平　中国文化遗产4：89－95
明楚王墓愍王茔园考古工作取得重要成果　刘永亮、杨娟　中国文物报10月16日8版
明代蜀藩亲王墓葬的分布及相关问题试析　张南金　四川文物2：96－105
簪钗花钿锁云鬟——明代江西藩王墓出土头饰赏析　陈建平　收藏家5：3－8
藩王瑰宝　奢华之色——江西明益王墓出土的王母驾鸾鬏髻头面　张琼　文物天地12：70－75
四川平武龙州王氏土司墓葬研究　岳亚莉、郑万泉　四川文物6：54－61
土司遗珍——明代土司家族墓出土文物精品赏析　蔡君　中国文物报8月11日5版
明初礼仪制度管窥——以鲁荒王墓出土文物为例　李栋　文物天地1：88－91
太原晋王府和晋王墓　梁宪亮　文物世界5：38－40
阮鹗墓调查考证　陈如斯　黄河　黄土　黄种人12：48－50
黔史两题：从“夜郎王印”到余庆司副长官墓　李飞　贵州文史丛刊2：67－76
明南京工部尚书沈应时家族墓地的考古发现　吴业恒　大众考古2：26－36
武宁贵胄，元勋之裔：南京两座明代徐达家族墓　邬俊、许志强　文物天地9：116－124
一壶浊酒喜相逢　考古所见濉溪明清酿酒的历史　陈超　大众考古1：34－37
明代汉传佛教观音菩萨形象——用文物解读《西游记》系列　邢鹏　收藏家3：47－56
一幅明代西藏西部上师对坐唐卡研究——兼论西藏上师对坐题材唐卡的历史源流　黄春和　博物院6：43－49
古塔遗珍　明韵流彩——兰州市博物馆白衣寺塔藏文物介绍　张艳玲　丝绸之路3：152－155
明代伴虎大肚神僧组像考释——兼论佛教信仰实践中的形象转用与母题演化　孟丽　文艺研究2：138－147
房山区大韩继村香光寺多宝佛塔内出土文物概况及相关研究　邢鹏　北京文博文丛（第二辑）　47－56
大明华裳——孔府旧藏之明代传世服饰　吕健等　文物天地12：16－25
明成化万贵妃之母王氏头簪及相关文物解读　刘明杉　收藏家12：31－36
戒指浅说　刘朝霞　收藏家3：83－86
11－15世纪佛教艺术中的神系重构（三）——以星曜佛母为中心　廖旸　故宫博物院院刊12：33－47
故宫南三所影壁东侧建筑垃圾埋藏坑的发现与研究　唐雪梅　故宫考古文集（一）　188－195
清宫如何消夏避暑　姚文娟、王磊　大众考古7：50－60
四川博物院藏唐卡题材分类赏析　赖菲　文物天地7：25－33
普宁寺大雄宝殿十八罗汉辨识　李建红　文物天地1：98－107
馆藏泉台两地同祀清水祖师、观音神像赏析　张雅真　文物世界2：47－48
寻访葡京的乐海遗珠——记里斯本博物馆文物天地的康熙五十五年石磬　方雪扬　文物天地5：86－87
清宫旧藏18世纪法国代工制品　王翯　文物天地7：80－83
中国国家博物馆藏清代女性服饰鉴赏　秦溢　文物天地5：60－69
赤珠华翠　陕西历史博物馆藏清代簪花　周叶青、王西梅　收藏9：96－99
清代钿子的形成　朱亚光　中国国家博物馆馆刊7：50－63

一三 其他

早期中国“龙”形象的发展演变 毛洪东等 寻根1：4－8

论宋前蚕桑图像叙事主题的嬗变 瞿萍 南京艺术学院学报（美术与设计版）1：22－28

史不绝鼠——文物中的鼠形象 张清文、史一媛 大众考古7：46－48

从考古角度看中国古代对鼠的爱恨 姚玥 大众考古3：47－50

鼠咬天开——庚子年谈文物中的“鼠辈” 刘芳芳、刘刚 收藏家1：39－44

叁 考古学专论

一 甲骨文

甲骨文输入法综述 刘永革、李强 殷都学刊3：43－46

文献数字化技术在甲骨文数据库建设中的应用与展望 李邦、刘永革 殷都学刊3：47－53

基于深度学习的甲骨文字检测与识别 刘国英 殷都学刊3：54－59

甲骨文研究中跨模态知识图谱的重要性刍议 熊晶、韩胜伟 殷都学刊3：60－64

计算机拼接甲骨碎片图像技术简论 张展等 殷都学刊3：71－74

计算机技术驱动的未识甲骨字考释研究 焦清局、刘国英 殷都学刊3：65－70

故宫博物馆院藏殷墟甲骨文整理的理论与实践 王素 甲骨文与殷商史（新十辑） 58－61

关于国图藏甲骨中涂朱现象的初步考察 胡辉平 甲骨文与殷商史（新十辑） 475－490

走出甲骨文的认识误区 王双庆 中国文物报1月7日6版

由正反面卜辞论兆序的正确读法 胡云凤 古文字研究（第三十三辑） 29－35

甲骨分类史小考 许子潇 甲骨文与殷商史（新十辑） 577－591

甲骨契刻研究综述 赵孝龙 甲骨文与殷商史（新十辑） 572－576

在甲骨文中寻找楚人的踪迹：一个学术史的回顾 古育安 甲骨文与殷商史（新十辑） 316－332

再论“余一人”问题——兼说商周的“民本”与王权 宁镇疆 国家起源问题研究的理论与方法——“国家起源研究的理论与方法国际学术研讨会”论文集 421－437

关于山东博物馆、天津博物馆所藏甲骨文的整理研究 宋镇豪 甲骨文与殷商史（新十辑） 37－57

商代方国甫研究 丁军伟 古文字研究（第三十三辑） 168－172

甲骨金文所见庚族考论 唐英杰、邹芙都 古代文明2：66－73

甲骨金文所见㠱族考论 高长浩 殷都学刊2：21－29

从甲骨刻辞看殷人的“尚白”观念 夏荻楸 郑州大学学报（哲学社会科学版）1：93－99

卜辞所见青铜礼器器用研究 韦心滢 甲骨文与殷商史（新十辑） 363－368

甲骨卜辞中所见商代的军事祭祀 张海涛 殷都学刊3：4－10

甲骨卜辞中所见的灾异现象 魏慈德 古文字研究（第三十三辑） 36－39

甲骨文中反映的疠疫认知 宋镇豪 人民政协报3月23日2版

关于武丁以前甲骨文的探索 刘一曼 甲骨文与殷商史（新十辑） 1－11

论晚商的龟卜和信仰 谢炳军 殷都学刊3：11－18

甲骨文家谱刻辞的提出和早期研究 郅晓娜 甲骨文与殷商史（新十辑） 22－36

论殷墟卜辞中的“在先王宗卜” 刘源 殷都学刊3：1－3

殷墟“王令某步”卜辞探讨 辛悦 中国史研究1：165－169

殷墟甲骨文“妇某”角色析论 江俊伟 甲骨文与殷商史（新十辑） 276－298

殷墟甲骨文中的“宴”与商代的奄国及奄侯 黄锦前 甲骨文与殷商史（新十辑） 308－315

宾组卜辞中所见战争分期初探 钟舒婷 甲骨文与殷商史（新十辑） 343－362

殷商时期宾组甲骨灾害刻辞研究 王建军 郑州大学学报（哲学社会科学版）3：83－91
论历组卜辞时代争论与“两系说”使命之终结 曹定云 殷都学刊1：1－6
论历组卜辞时代争论与“两系说”前途 曹定云 甲骨文与殷商史（新十辑） 12－21
殷墟花园庄东地前辞夕卜辞的整理与研究 张丽敏 殷都学刊4：17－20
殷墟花园庄东地甲骨卜辞中“侃”的占卜用途及其所表达的主观感受 史亚当（A. C. Schwartz） 甲骨文与殷商史（新十辑） 387－402
说花东卜辞中的一个地名 周忠兵 古文字研究（第三十三辑） 157－160
论一版新见无名类卜辞中的“作册般” 孙亚冰 古文字研究（第三十三辑） 136－139
花东卜辞“革”字释义及黄类卜甲兆枝指向问题刍议 韩宇娇 甲骨文与殷商史（新十辑） 238－242
从异类同版现象看黄组甲骨文的精细分类 王森 甲骨文与殷商史（新十辑） 543－553
周原庙祭甲骨族属问题再探讨 杜勇、李玲玲 历史研究6：173－187
《甲骨文合集》《补编》等所著录国图藏甲骨校勘记之一 赵爱学 文献1：156－192
《尚书·尧典》“析因夷隩”与出土文献新证 邓佩玲 古文字研究（第三十三辑） 618－623
读《合集》6571札记 王蕴智 古文字研究（第三十三辑） 53－59
释《合集》3522中的“迩臣” 付强 殷都学刊2：34－35
安大略博物馆藏甲骨实物之于甲骨文献材料的再整理 刘影 古文字研究（第三十三辑） 7－13
甲骨文中的乐舞补说 宋镇豪 海南大学学报（人文社会科学版）4：1－9
殷周时期“虢族”“虢国”及相关问题研究 王建军 中原文物4：136－144
商代甲骨卜辞中的“四戈”问题补议 韩曈曈 甲骨文与殷商史（新十辑） 333－343
兆语“不綷蛛”与甲骨填朱 陈光宇 古文字研究（第三十三辑） 67－75
甲骨文中的“宗□”与“□宗” 门艺 古文字研究（第三十三辑） 140－146
甲骨卜辞中的“子韦” 李爱辉 古文字研究（第三十三辑） 132－135
说卜辞中的“寇”与商王朝对异族的统治政策 蔡哲茂 古文字研究（第三十三辑） 20－28
从“令王隹黄”辞例谈卜辞“王”字的指涉问题 张惟捷 古文字研究（第三十三辑） 125－131
试说甲骨文“丘”及名丘的地名 马保春 古文字研究（第三十三辑） 161－167
谈谈“非王卜辞”研究中的一些问题 黄天树 古文字研究（第三十三辑） 1－6
甲骨形态对纠正卜辞误读的重要价值 何会 甲骨文与殷商史（新十辑） 537－542
从同文卜辞看一版甲骨的释读 张新俊 古文字研究（第三十三辑） 60－66
《村中南》319片龟腹甲刻辞读后记 朱凤瀚 古文字研究（第三十三辑） 45－52
甲骨卜辞中的“帝五丯臣” 陈彩虹、邓飞 甲骨文与殷商史（新十辑） 403－412
根据辞例谈“[illegible]”和“[illegible]”的释读 吴丽婉 古文字研究（第三十三辑） 113－116
说“凸”与“凹” 李发 甲骨文与殷商史（新十辑） 184－201
甲骨文中的“妿”读为“嘉”补证 方稚松 古文字研究（第三十三辑） 83－89
甲骨金文所见“四单”考论 徐熠 殷都学刊1：12－23
甲骨文考释四篇 刘桓 古文字研究（第三十三辑） 76－82
甲骨残辞补释十二则 林宏明 古文字研究（第三十三辑） 40－44
试缀何组腹甲九则 张军涛 殷都学刊1：30－33
旁系商王庙号冠字考 胡其伟 殷都学刊4：1－8
说“民” 冯时 古文字研究（第三十三辑） 180－183
说甲骨文“驱”、“鸿”、“鸘”、“羌” 黄天树 甲骨文与殷商史（新十辑） 122－126
“商”字新论 顾万发 黄河 黄土 黄种人2：48－55
風、鳳、朋考 金璋、郅晓娜 殷都学刊2：30－33
甲骨文“瓠”“瓢”“卣”考辨 韩江苏 中原文物1：131－139
甲骨文“臂”“肘”字考订与辨析 韩江苏、韩栓柱 殷都学刊2：12－20

释甲骨文的“觅”　薛宏凯、王加稳　殷都学刊 1：24－29
释甲骨文中的“㖾”字　张婷婷　音乐探索 3：87－92
释殷墟甲骨文中的“[illegible]”字　张玉金　古文字研究（第三十三辑）　90－102
释殷卜辞中快速的“速”字　蔡哲茂　甲骨文与殷商史（新十辑）　127－144
释甲骨文中的“殄”字　王子杨　古文字研究（第三十三辑）　103－109
甲骨文“至”补释　张军涛　古文字研究（第三十三辑）　110－112
甲骨文中的“丂”字新释　李春桃　甲骨文与殷商史（新十辑）　253－264
甲骨文“吉”字新探　黄锡金　甲骨文与殷商史（新十辑）　143－160
也说“盗”、“铸”　谢明文　甲骨文与殷商史（新十辑）　172－183
弁、筐考辩　李聪　甲骨文与殷商史（新十辑）　243－252
甲骨形态学研究述评　赵鹏　殷都学刊 1：7－11
古文字中的总角形象　肖晓晖　古文字研究（第三十三辑）　173－179
甲骨文处所介词“自”和“从”意义差别的原因　莫伯峰　古文字研究（第三十三辑）　117－124
从甲骨文“肩”形说到判断卜骨左右的一项新标准　蒋玉斌　古文字研究（第三十三辑）　14－19
卜辞“焚”字异体所呈现甲骨文用字表词的特点　欧瑞安（Marian Olech）　甲骨文与殷商史（新十辑）　265－275
殷墟甲骨文中“我”的用法分析　赵伟　古文字研究（第三十三辑）　147－156

二　青铜器与铭文研究

综述

杨树达金文研究对前代的继承和发展　康盛楠　语言研究 3：102－106
论古代中国西南与东南亚的联系——以考古发现的青铜器为中心　杨勇　考古学报 3：337－368
概说古器物上的痕迹　夏志峰　中国文物报 12 月 29 日 7 版
青铜器技术研究的里程碑——盖顿斯和《弗利尔艺术馆藏中国青铜器图录Ⅱ·技术研究》　刘煜　南方文物 5：44－50
青铜器上的几种工艺表现　周叶青　收藏家 12：17－22
中国古代青铜嵌错工艺的技术源流与审美特征　翟胜利　收藏家 12：3－10
《仪礼·士虞礼》所见废爵、足爵、繶爵辨　阎步克　中华文史论丛 1：1－19
盐源盆地出土青铜器研究综述　田湘萍　成都文物 2：8－12

夏及殷商

论游凤七器——关中地区先周时期铜器群探索之二　李宏飞　考古与文物 4：49－57
彝—斝—爵：夏商周酒器—礼器演进的多重变奏　张法　中山大学学报（社会科学版）1：71－79
从二里头文化看夏代晚期箭镞的形制及演变　芦金峰、于新　殷都学刊 2：36－43
山西省艺术博物馆馆藏塞伊玛—图尔宾诺式铜矛简介及相关研究　古慧莹　文物世界 4：13－16
论桃花庄龙形兕觥的含义并论五步蛇与夏人的图腾问题　顾万发　黄河　黄土　黄种人 6：57－63
中国早期铜镜的类型、流布和功能　潘静、井中伟　西域研究 2：37－57
二里冈文化时期青铜器的礼器特质——以盘龙城材料为例　张昌平、陈丽新　中国国家博物馆馆刊 11：50－59
叶家山 M111 出土的商代铁援铜戈　张天宇等　江汉考古 2：110－115
“爰”戈　张晓蔚、石晓霆　河南博物院院刊（第一辑）　23－26
晋西两件商代南方风格青铜器研究　苏荣誉　中国国家博物馆馆刊 11：37－49
重庆出土两晋以前青铜器概述　方刚　西部考古（第 20 辑）　145－157
北方地区出土先秦铜铙初探　任晓琳　海岱考古（第十三辑）　420－437
安阳殷墓出土青铜空首斧形器研究　夏福德、井中伟　边疆考古研究（第 28 辑）　191－228

湖南沩水流域出土商周青铜礼器研究 孙明 南方文物2：84－94
戈亳册父丁簋与复合氏名 耿超 考古与文物6：90－92
妇姒启鼎与商代妇女称姓说 雒有仓 考古与文物3：104－109
试说商周动物形铜容器的定名与分类 管文韬 青年考古学家（第1辑） 42－79
商周球铃装饰的起源与流向 韩金秋、杨丙君 中原文物1：96－101
商周时期的青铜觚及相关问题研究 孙明 中原文物2：99－106
商周铜礼器分类的再认识 李零 中国国家博物馆馆刊11：21－36
西安博物院新入藏的一批商周青铜器 崔钧平 中国国家博物馆馆刊10：89－97
承袭或转化？——商晚期至西周早期菱格乳丁纹簋的区域发展 钟雅熏 故宫文物月刊450：86－96
喀左器群与殷周兴替时期东北边域族群的铜礼器器用 杨博 地域文化研究4：71－77
弗利尔美术馆藏人面盉 付强 大众考古6：40－43
皿方罍的流失与回归 解黎晴 寻根4：45－50
商代虎食人纹饰分类研究——兼论青铜器上的"飞翼"纹饰 王祁 南方文物4：138－145
瑞典斯德格尔摩远东古物馆所藏一件中国商代铜鬲图像解读——并论中国古代饕餮的定义及内涵 顾万发 黄河 黄土 黄种人8：59－64
两龙纹的衍生纹样（上）、（下）：龙星纹 张远山 社会科学论坛3：4－12、4：4－23
商周金文族徽内涵刍议 雒有仓 文物春秋2：32－40
论殷金文的特征体系 刘源 故宫博物院院刊11：46－55
新乡市博物馆藏"쓰须婦쓰"青铜组器铭文考释 王丽娟 中原文物4：94－100
大禾与后稷 冯时 江汉考古2：87－90
"礛𪓐"新证——兼说其与"繁""鼾""鐈"的关系 黄锦前 海岱考古（第十三辑） 386－419
谈谈与晚商井方或相关联的几则材料 陈絜 甲骨文与殷商史（新十辑） 299－307
蚰匕铭文新释 刘洪涛 考古与文物2：99－104
说金文中"伐"字的一种用法 李爱民 文博2：69－71
郑州博物馆藏几件夏商青铜器 郭春媛 文物1：69－74
新乡市博物馆藏殷商青铜器赏析 饶胜 黄河 黄土 黄种人14：58－63
灼灼华彩 熠熠生辉——潍坊地区出土青铜器赏析 郭伟 文物天地1：34－38
湖南宁乡市文物管理局收藏的几件商周铜器 孙明等 文物2：66－75

西周

西周诸侯国铜器的生产、流通问题研究 黎海超等 南方民族考古（第二十辑） 67－94
一件反映郑、宋两国早期政治关系的青铜匜 郑清森 寻根2：100－102
南公与曾国封建 黄益飞 故宫博物院院刊7：50－57
西周早期青铜器修补与改制现象研究 林森 边疆考古研究（第27辑） 149－167
周初会同礼考——从保卣和犁子鼎谈起 黄益飞 江汉考古5：110－116
师䛴鼎"作公上父尊于朕考郭季易父𣪕宗"解——兼论西周贵族宗族成员祭祀相关问题 杨坤 中国国家博物馆馆刊5：37－44
山西周代青铜兵器的礼用化特征 郑中天 文物世界5：14－18
葬钟陈列与周代乐悬制度 张闻捷 音乐艺术（上海音乐学院学报）1：98－109
西周初期墓葬铜礼器器用区位研究——以随州叶家山为中心 杨博 江汉考古2：91－102
出土日名青铜器所见周初殷遗政策 刘逸鑫 四川文物5：74－80
两周时期扁茎柳叶形青铜短剑区域差异研究 方晴、金梦 博物院6：6－11
关于陕西扶风上康村西周窖藏出土青铜器的几个问题 王晶晶等 文博3：56－61
息父乙册簋及相关问题 韩炳华 山西大学学报（哲学社会科学版）2：68－73
美国洛杉矶艺术博物馆藏西周有铭铜簋 黄锦前、孔纨 文物7：69－75

故宫博物院藏杨宁史旧藏饕餮纹簋　冯峰等　故宫博物院院刊 6：76－82
疏公簋续说　谢尧亭、陈晓宇　北方文物 2：78－84
论两周青铜乐器之“歌钟”与“行钟”　孙思雅　音乐研究 1：23－30
叶家山 M111 出土编钟的音乐考古学研究　任宏　音乐艺术（上海音乐学院学报）1：110－121
安徽江淮地区出土西周甬钟简论　朱华东　江汉考古 5：60－66
两周辽西地区“铜铎”命名问题及源流探究　赵凌烟　北方文物 4：41－50
小析“戎壶”重器：曲阜鲁国故城出土西周侯母壶　孔燕、张帅　收藏 6：126－129
伯作彝鼎与原始瓷器　韩炳华　文物世界 4：3－5
略论海岱地区的西周青铜鼎　丁大涛　中原文物 4：101－112
良季鼎全形拓辨析　万晓　文博 2：49－52
孔子博物馆藏木工册鼎　邢成朋、郑建　文物天地 5：18－21
两件四瓣目纹卣　韩炳华　文物世界 3：3－5
保利艺术博物馆藏神面卣初探　赵晓雪　文物天地 12：99－101
爵与雀——从本院新入藏西周斗形爵谈起　吴晓筠　故宫文物月刊 450：74－84
浅谈喀什地区博物馆藏铜鍑　王晓华　博物院 3：56－59
文物会变身？谈院藏西周“凤鸟纹四足鬲”的改制前后　张莅、陈东和　故宫文物月刊 443：84－94
西周青铜器盉簠水器组合变迁研究　王冬冬　江汉考古 4：60－66
陕西汉中南郑县发现西周青铜甬钟　王兴成　考古与文物 5：128
河西走廊发现早期带柄铜镜研究　陈亚军　敦煌学辑刊 4：135－146
一件西周早期青铜钺上“鸟蛇相斗”主题纹饰的辨识及相关问题讨论　王迪　南方文物 4：146－150
西周时期半月形铜钺龙与有关图像性质新论　顾万发　黄河　黄土　黄种人 14：51－57
论戈国墓地一件铜簋的图像　顾万发　黄河　黄土　黄种人 16：50－53
颂壶中龙和人面的组合以及有关铜器的类似图像　顾万发　黄河　黄土　黄种人 20：59－62
西周金文历谱和商末金甲文历谱的多学科研究　徐凤先　中国史研究动态 4：67－70
两周金文中的繁地与西周早期的东土经略　陈絜　中原文物 1：71－76
论西周金文所见“宗子主祭”　杨坤　中原文物 2：137－144
嬭加编钟铭文补释并试论金文所见曾楚交往的政治辞令　吴冬明　江汉考古 3：115－120
从霸国铜器铭文看霸氏与周王朝的关系　彭紫荆　文博 5：66－70
霸伯治盐与西周井田　冯时　中原文物 1：63－70
霸伯簋铭文校议　严志斌　故宫博物院院刊 5：86－91
献簋与商周时代的光氏　田蕊　文物春秋 1：30－33
由近见左右簋铭探析西周贡纳制　叶先闯　学术探索 6：148－156
墙盘铭文补释——兼论周王朝的昭穆时代　晁福林　中国史研究 4：5－22
《墙盘》铭文补释——兼论周代彝铭的文王武王形象　晁福林　中国文化研究 1：22－33
山西翼城大河口墓地出土霸姬盘、盉铭文试析　王静　殷都学刊 2：71－77
翼城大河口 1017 号墓出土青铜器铭文补说　孙合肥　古文字研究（第三十三辑）　298－300
大河口墓地 M6096 出土㲻盆铭文简释　黄益飞、谢尧亭　文物 1：54－57
大河口西周墓地叔骨父簋铭文所见西周礼制考　黄益飞　中原文物 5：136－140
晄（畯）簋铭文考释与历朔研究　叶正渤　文博 6：46－48
宗人簋铭文补释　李爱民　文物春秋 3：11－16
师道簋铭文新考　王一凡　四川文物 3：53－59
释室叔簋铭文的“脂食”　何景成、胡旋　古文字研究（第三十三辑）　227－231
应国兽簋铭文及相关问题　李树浪、黄晓龙　文博 4：80－85
新出西周兑盆器主名另释　张天恩　文博 3：77－78

辛鼎铭文与西周蜡祭　冯时　中国文化51：256－266
盠驹尊铭文补释　李建西　西部考古（第19辑）　68－72
《髗匜》铭文补释及其性质再考——附论“牧牛”为何受罚　晁福林　历史研究2：31－43
“铺首”“鈇钺”“鈇锧”新释——兼论金属铜的名称嬗变　李建西　文博1：62－66
释麦器铭文中的“䣙”“嗝”　董莲池　古文字研究（第三十三辑）　184－190
乘盨小考　田率　文物4：59－61
烟台市博物馆藏几件周代铜器　曹斌、王晓妮　文物2：76－82
宅兹中国——宝鸡出土青铜器与金文精华展文物撷英　山水　中国文物报9月8日5版
父乙角赏析兼说青铜角　张俊儒　河南博物院院刊（第二辑）　59－63

东周

东周时期刻纹铜器再检讨　滕铭予　考古9：93－111
东周铜箪铜筥考——兼论“樽”与“觯”　樊波成　考古与文物2：105－109
杆头饰的起源、分布区域及功能　李水城　草原文物2：59－74
论东周赵国青铜器　张渭莲、段宏振　中国国家博物馆馆刊6：50－59
黄国青铜器综考　黄巧萍　殷都学刊1：52－62
论贾国青铜器　黄锦前　文博2：72－78
枣树林曾侯编钟与叶家山曾侯墓　朱凤瀚　中国国家博物馆馆刊11：7－20
曾侯乙编钟“六阳律”乐律铭文的省略变化、体例模式和乐律内涵解析　宋克宾　中国音乐4：38－45
古代青铜器制作工艺赏析——以曾侯乙青铜器为例　院文清、谢正芬　收藏家12：23－30
记回归的曾伯克父青铜器　张昌平　文物9：50－55
战国中山国青铜器的嵌错工艺　刘卫华　收藏家12：11－16
中山王𰯼墓九鼎考辨——对“考古材料”与“考古证据”的反思　巫鸿　考古5：78－82
越式鼎的年代及其他——以两件湖南省博物馆藏鼎为例　袁鑫　收藏家8：31－35
长治市博物馆藏春秋兽面三蹄足兽首扉棱蟠螭纹铜鼎　殷小亮　文物世界5：6－8
长治学院博物馆馆藏青铜盉综合研究　杨宝、任鹏　文物世界6：30－34
淮滨王岗楚墓出土公子戈及相关问题　黄锦前、贺传凯　四川文物4：50－56
楚屈子赤目年代与作器者小识　徐少华、姚练　江汉考古4：67－71
再谈韩城梁带村M27出土一组铜器的年代及相关问题　陈小三　中国国家博物馆馆刊5：45－56
宁夏隆德县出土素面铜镜辨识及相关问题　井中伟等　边疆考古研究（第28辑）　229－233
新见三件“叔休”器及相关问题　韩炳华　江汉考古3：76－82
多元一体维度下石寨山型铜鼓纹饰的文化解读　张伟　广西民族大学学报（哲学社会科学版）1：157－166
四川盆地青铜烟荷包钺的年代及相关问题研究　向明文　边疆考古研究（第27辑）　169－185
涪陵巴国瑰宝“鸟形尊”之谜　肖伊绯　大众考古8：8－30
灵武博物馆收藏的北方系青铜器　刘宏安等　西部考古（第19辑）　73－84
大同市博物馆藏李峪青铜器述议　刘思祺　文物天地9：16－18
南阳市博物馆藏上都太子平侯匜及相关问题研究　张志鹏、尹俊敏　文物4：62－66
定兴县文物保护管理所藏八年郾王詈铜戈、铜矛　韩智慧、杨艳成　文物春秋3：91－93
“十九年蜀守斯离”考　许卫红、张杨力铮　考古与文物4：58－63
安徽六安白鹭州战国墓出土铜镜　秦让平　文物天地5：102－105
四川盆地战国时期铜胄顶研究　于孟洲　南方民族考古（第二十辑）　95－113
西南夷青铜兵器上蹲踞式人形图像初探　赵德云、杨建华　文物5：59－69
功能·隐喻·观念：青铜纹饰在音乐考古学研究中的功用——以郑国祭祀遗址编钟为例　曲文静　交响（西安音乐学院学报）2：27－35

漫谈滇国青铜器舞蹈造型　陈亮　寻根 2：73－81
东周时期南方地区“阏阅类”铜器铭文试析　黄锦前　黄河　黄土　黄种人 6：33－43
秦五十年上郡戈铭文校释及相关问题　王伟　古文字研究（第三十三辑）　310－313
秦“五十二年蜀假守竈戈”新考　徐世权　古文字研究（第三十三辑）　639－646
赵氏戈铭考略——兼论赵卿墓墓主　谢耀亭　文博 6：78－81
黎侯墓地出土青铜器铭文考释　高智　江汉考古 4：112－113
南京博物院藏楚郢陵君铜器铭文新识　魏栋　故宫博物院院刊 7：41－49
南阳叶公臧之均邦之鼎考辨　郭煜宸　中国文物报 8 月 11 日 7 版
王十一年大梁司寇鼎铭文考释　刘余力　文物 1：75－78
子汤鼎铭研究综述　程鹏万　古文字研究（第三十三辑）　306－309
改善鼎年代与国别质疑——兼谈箕国灭亡时间　马超　四川文物 2：36－42
论曾公求编钟中的“公共知识”与“命册”关系　龚伟　理论月刊 8：150－160
曾侯与钟铭“君庀淮夷，临有江夏”解析　徐少华　中国史研究 2：5－13
曾公畯钟铭初读　田成方　江汉考古 4：114－120
曾公畯编钟铭文初步释读　郭长江等　江汉考古 1：3－13
新见小邾国有铭青铜器探析　贾一凡　江汉考古 1：88－95
谈谈匜类青铜器自名的一些问题　潘婕　汉字文化 9：34－36
读东周兵器铭文札记二则　刘云　古文字研究（第三十三辑）　294－297
战国兵器铭文研究三则　常淑敏、李蓉　南方文物 1：212－214
出土文献中的战国名将李牧　刘乐贤　文物 3：63－68
雎盘考释　黄锦前　考古与文物 1：111－114
“邛”“江”考辨　肖启荣、黄锦前　中国历史地理论丛 1：154－158
释𠫑羌钟铭文中的“戕”　冯胜君、温皓月　古文字研究（第三十三辑）　191－195
浅议回归的曾伯克父青铜器　方勤　文物 9：36－49
废品堆里的珍宝——从武进博物馆收藏的几件青铜器说起　张彩英　收藏家 2：11－18
山东滕州特大盗墓案文物赏析　李雪　收藏家 1：51－56

秦汉及以后

临淄齐故城镜范与汉代铸镜技术　杨勇、白云翔　中原文物 1：102－115
汉晋时期跽坐和骑兽胡人铜灯初探　韦伟燕　边疆考古研究（第 28 辑）　301－316
汉晋时期双头龙纹镜研究　韩茗　考古学报 1：67－88
新见汉代铜叉形镜架　刘芳芳　中国文物报 7 月 10 日 6 版
论汉代云雷纹镜　韩国河、赵小雨　中原文物 4：113－120
论海昏侯墓“孔子衣镜”图像的构图方位及空间问题　王刚　南方文物 6：156－166
“铜叉形镜架”献疑　肖宇　中国文物报 8 月 7 日 6 版
“日月”铭铜镜考略　闫璘等　扬州考古发现与研究（2020 年）（总第 1 辑）　75－87
扬州蚕桑出土东汉画像镜再研究　秦宗林　扬州考古发现与研究（2020 年）（总第 1 辑）　108－113
朝鲜半岛南部发现的汉镜　段媛媛　边疆考古研究（第 28 辑）　235－255
人类学视角下的女性文化遗产——石寨山青铜器扣饰的记忆　沈宁　博物院 2：72－83
汉代铜染炉浅析　刘尊志　南方文物 2：180－188
汉代贵族“袖珍编钟”　司娜　南方文物 1：299－300
长沙市博物馆藏“大祝氏”铜鼎浅析　孙明　中国文物报 7 月 14 日 7 版
略论外来玻璃器对岭南汉代青铜器的影响　赵德云　考古学研究（十一）　56－66
古滇青铜贮贝器考——以中国国家博物馆藏品为例　王志强　收藏家 7：71－80
唐瑞兽葡萄镜纹饰母题的由来　陆彦雪　地域文化研究 4：78－93

禹州钧官窑址博物馆馆藏唐代铜镜及分期探讨　苏朝阳　黄河　黄土　黄种人6：44－47
宕昌县博物馆藏“光流素月”镜考略——兼谈八音与八卦的关系　茹实、杨志洁　陇右文博3：23－36
浅谈唐代铜镜　王琰　黄河　黄土　黄种人4：57－59
宕昌县博物馆藏“光流素月”镜伎乐飞天所持乐器　茹实　大众考古3：58－65
不丹王国发现吐蕃铜钟研究——兼论吐蕃钟的形制与文化源流　夏吾卡先　西藏研究4：104－109
浙江黄岩委羽山北宋大晟钟考　俞珊瑛、罗永华　中原文物3：133－139
西和县博物馆馆藏宋代铜象棋　王武江　陇右文博4：75－76
山东地区馆藏金元明纪年铜镜　布明虎　收藏家12：77－80
宁波奉化孔庙礼乐器研究　俞珊瑛、张牵牛　文博1：54－61
曲阜孔庙雍正八年祭器研究　俞珊瑛、布明虎　故宫博物院院刊8：73－80
清宫编钟制作考　孙召华　故宫博物院院刊4：16－33
衢州孔氏家庙的两件清代乐钟　俞珊瑛　收藏家6：65－70
浅谈滇国青铜器上的人物造型艺术　周军　文物天地39－43
古滇青铜器舞蹈造型研究　陈亮　收藏家2：3－10
秦“酒”职官考　李超等　农业考古1：228－234
汉镜铭文类化字研究　徐正考、焦英杰　复旦学报（社会科学版）4：27－35
“安成家鼎”所有者问题初探　张艳秋　南方文物1：215－219
临淄出土汉代昭明铭文镜释文校释　赵岩　古文字研究（第三十三辑）　288－293
朝那鼎与乌氏、朝那　付建　考古与文物3：61－64
苏州东吴博物馆藏“然于举土”铭新莽铜镜铭文校释　杨东圆　文博6：56－66
“然于举土”铭新莽镜铭文校释　杨东圆　大众考古9：44－48
安徽青阳“光和二年”铜镜铭文校释　刘铮　文物春秋6：75－77
安徽博物院藏“建安十年”弩机铭文补释　李瑞亮、张雷　中国国家博物馆馆刊6：60－64
麦积区博物馆馆藏铭文铜镜浅析　王春苗　丝绸之路1：164－167
古越雄风——西汉南越王博物馆藏武备赏析　何少伟　收藏家5：43－50
玲珑慧智　汉韵生香——满城汉墓出土博山炉　王晓阳　收藏家9：69－72
龙腾万里　虎跃千年——新乡市博物馆藏汉代龙虎镜　饶胜　收藏家2：27－30
龙腾万里　虎跃千年——新乡市博物馆藏龙虎镜　饶胜　中国文物报2月18日6版
茂陵博物馆藏西汉铜镜　张文玲　文物3：74－81
朔州博物馆藏汉代乳钉纹铜镜赏析　苏晓蓉　文物世界4：6－8
芜湖市博物馆藏汉代铜镜撷珍　张伟　收藏家2：31－34
镜里千秋　邀你“鉴”赏中国古代铜镜　杨亚鹏　中国文物报12月15日5版
新乡市博物馆藏唐代花形铜镜赏析　秦欣欣　收藏家2：23－26

其他古文字研究

浅谈夏商时代的文字与文体　宋镇豪　殷都学刊2：1－11
释小臣系石簋铭文与小臣系诸器　朱光华　古文字研究（第三十三辑）　324－328
说温县盟书中的纲字　汤志彪　古文字研究（第三十三辑）　647－649
温县盟书释字研究的新进展　王建军、郝本性　古文字研究（第三十三辑）　650－664
燕陶文考释两则　张振谦　古文字研究（第三十三辑）　594－597
新见临淄刻划陶文简释（一）　吕金成　古文字研究（第三十三辑）　589－593
论左冢漆盘所见“水”字当读为“準”　程少轩　古文字研究（第三十三辑）　236－240
马王堆汉墓漆器“素”铭及相关问题研究　聂菲　江汉考古4：81－91
“梁天监九年”砖铭正讹　陈光建　成都文物1：16－19
北魏洛阳城一号房址瓦文中“隨主”再考　郭晓涛　中原文物6：101－105

从“南海Ⅰ号”出水墨书看宋代的商业信誉　林唐欧　文物天地2：64－66
汾阳太符观玉皇殿新发现纪年文字及墨书的初步研究　张海蛟　不惑集——山西大学考古专业成立40周年纪念文集　150－160

三　简牍、帛书、文书、写本

战国简

战国楚系简文的酒文化　吕佩珊　古文字研究（第三十三辑）　531－535
楚简“太一”性质考　郭晨晖　中国史研究2：14－29
楚简里的“[illegible]”和“[illegible]”　程邦雄、邓珍　语言研究2：1－10
“焚”字补释　夏大兆　考古与文物3：110－111
战国文字“矢”旁变体辨说　禤健聪　古文字研究（第三十三辑）　360－362
楚国卜筮祭祷简文字补释　朱晓雪　古文字研究（第三十三辑）　434－437
利用楚简校读《左传》一则——“陈公穿封戌”辨疑　付安莉　殷都学刊3：24－28
包山丧葬简牍中的“赤金之鈲”及其他　范常喜　古文字研究（第三十三辑）　397－402
郭店、上博简孔子文献合考一则　李松儒　古文字研究（第三十三辑）　473－475
郭店楚简《穷达以时》“聖之弋母之白”新解　牛新房　古文字研究（第三十三辑）　423－426
湖北荆门严仓1号楚墓出土竹简　湖北省文物考古研究所、武汉大学简帛研究中心　李天虹等　文物3：58－62
老河口安岗楚墓遣册补说　陈美兰　古文字研究（第三十三辑）　523－530
传抄古文与出土文献互证三则　段凯　古文字研究（第三十三辑）　559－565
清华大学藏楚竹书丛释　连劭名　文物春秋5：38－45
清华简新见“湛（沈）”字说　黄德宽　清华大学学报（哲学社会科学版）1：35－38
清华简“牢鼠不能同穴”试解　刘信芳　文博2：66－68
清华简《程寤》中太姒所梦“六木”的象征寓意　王志平　中国文化研究3：1－8
礼乐文明视野下的清华简《保训》“詷”字新释——以《尚书·顾命》与“内史亳同”为线索　白立超　西北大学学报（哲学社会科学版）5：119－125
三监之乱与周公治国谋略的展开——以清华简《皇门》为中心的考察　刘光胜　古代文明3：63－70
三晋始侯相关史事新探——再读清华简《系年》与羌钟铭文　贾连翔　中国史研究3：55－71
清华简“周亡王九年”新释　王杰　殷都学刊1：46－51
清华简《说命上》5－7号简解释　邬可晶　古文字研究（第三十三辑）　490－494
清华简《赤鸠之集于汤之屋》九题　马文增　殷都学刊1：34－40
清华简《厚父》与早期民本思想　杜勇　国家起源问题研究的理论与方法——“国家起源研究的理论与方法国际学术研讨会”论文集　397－420
清华简《厚父》“本”字补释　贾连翔　古文字研究（第三十三辑）　371－374
清华简《封许之命》年代再议——兼及《书》类文献在两周的整编与流传　李冠兰　学术研究7：161－169
清华简新见郑国人物考略　程浩　清华大学学报（哲学社会科学版）1：20－32
清华简《郑武夫人规孺子》二题　侯瑞华　殷都学刊1：41－45
《清华简（陆）·管仲》释文商榷　单育辰　古文字研究（第三十三辑）　495－498
清华简《邦家处位》补释与再析　陈颖飞　古文字研究（第三十三辑）　499－502
从《治邦之道》《治政之道》看战国竹书“同篇异制”现象　贾连翔　清华大学学报（哲学社会科学版）1：43－47
清华简《治政之道》《治邦之道》思想性质初探　陈民镇　清华大学学报（哲学社会科学版）1：48－52
读清华简《治政之道》札记（六则）　马晓稳　清华大学学报（哲学社会科学版）1：52－56

清华大学藏战国竹简《治政之道》校释五则 侯瑞华 文物春秋 5：46－50
《清华简（捌）·天下之道》考释两则——兼论其兵学思想 洪德荣 古文字研究（第三十三辑） 455－458
《清华简（捌）》札记两则 罗小华 古文字研究（第三十三辑） 485－489
《成人》篇“市”字的释读及其相关问题 赵平安 清华大学学报（哲学社会科学版）1：38－42
清华简《四告》的文本形态及其意义 赵平安 文物 9：72－76
清华简《四时》中的星象系统 石小力 文物 9：77－81
略论清华简《行称》的几个问题 贾连翔 文物 9：82－85
“清华简”第十辑成果公布 收录竹简五种八篇 张小筑 中国文物报 11 月 24 日 2 版
上海博物馆藏楚简补释十二则 俞绍宏 黄河 黄土 黄种人 4：24－28
上博简《诗论》“樛木之时”刍议 高长浩 文物春秋 3：17－20
上博简《季庚子问于孔子》简 4“恭则述”解 王凯博 语言研究 1：96－97
也说上博简《吴命》中原释作“走”的字 刘乐贤 古文字研究（第三十三辑） 375－379
上博楚竹书文字释读与简序互证五则 顾史考 古文字研究（第三十三辑） 503－508
安大简《诗经》“流木”补说 陈伟武 古文字研究（第三十三辑） 392－396
说说安大简《召南·羔羊》中的“人” 俞绍宏、张青松 古文字研究（第三十三辑） 363－367
“僉”字补释 白于蓝、沈奇石 古文字研究（第三十三辑） 354－359

秦简

谈秦汉简所见“常行”“尚行”与“当路” 王强 古文字研究（第三十三辑） 417－422
秦汉简牍中的楚系笔法现象及其发展 徐舒桐 南京艺术学院学报（美术与设计版）3：10－15
基于语料库的秦汉简帛文献用字研究二则 刘艳娟、张再兴 语言研究 1：90－95
秦二世元年诏书解读 何有祖 文献 1：49－55
秦“十二郡”考议 屈卡乐、卢地生 殷都学刊 1：63－71
秦简“将阳”再议 孔德超、牛海茹 文博 5：71－78
秦“从人”简与战国秦汉时期的“合从” 杨振红 文史哲 3：125－136
秦简“丹而复生”与“泰原有死者”合论 刘信芳 考古与文物 6：93－97
里耶秦简所见异地廪食及粮食补偿问题 常城 西安文理学院学报（社会科学版）3：60－65
里耶秦简所见秦代县吏的调动 琴载元 西北大学学报（哲学社会科学版）1：25－39
秦简“君子”身份再探 李玥凝 古文字研究（第三十三辑） 407－411
秦简中“久”的词性和用法 洪飏、张馨月 古文字研究（第三十三辑） 380－387
与“物故”有关的几枚里耶秦简牍的缀合、释读 何有祖 古文字研究（第三十三辑） 509－512
里耶秦简（贰）所见秦代乡仓初探 吴方基 湖南社会科学 1：58－67
《里耶秦简（贰）》疑难文字补释（四则） 蒋伟男 古文字研究（第三十三辑） 476－579
岳麓秦简秦郡史料补议 欧扬 中国历史地理论丛 2：137－143
岳麓秦简中的对、请、奏文书及相关问题探论 陈松长 文物 3：69－73
岳麓秦简中的“为符官”与“致所官”考论 陈松长 湖南大学学报（社会科学版）1：104－107
秦“输作”相关问题研究——以岳麓书院藏秦简为中心 董飞 西北大学学报（哲学社会科学版）5：126－132
《岳麓书院藏秦简（五）》上事“散书”补释 李章星 文博 1：78－80
岳麓秦简《尉卒律》中的“比其牒”与“案比”制度 王萍 中国史研究 2：182－185
《鲁久次问数于陈起》中的“音律－历法生成论”及其宇宙图像 刘未沫 哲学动态 3：37－45
北大藏秦简《制衣》所见上衣服类相关问题探讨 王煊 南方文物 4：217－226

汉简

汉简文字中的合文与连写现象 李洪财 古文字研究（第三十三辑） 427－433

汉代西北戍卒家属廪食问题考论——以出土简牍为中心 秦浩翔 古今农业3：24－35
简牍所见汉代西北边郡的骆驼 张庆路 农业考古1：162－167
新见汉律律名疏证 张忠炜、张春龙 西域研究3：12－22
汉简所见“私市”研究 曾令杰 丝绸之路3：50－56
试说汉代的“齎” 白军鹏 古文字研究（第三十三辑） 583－588
西北边塞汉简词语考释札记 白海燕 古文字研究（第三十三辑） 438－443
河西汉简所见县“守丞”整理札记 许程诺 敦煌学辑刊3：182－186
居延出土“牛头检”蠡测——河西汉塞出土封检形制考 肖从礼 丝绸之路1：155－157
《居延新简》误缀拾遗 姚磊 敦煌研究5：128－133
说汲甀 于淼 古文字研究（第三十三辑） 403－406
肩水金关汉简“河东定阳”辨正——兼论宋人著录“周阳侯甗鍑”的真伪 崔建华 中国历史地理论丛2：144－151
肩水金关的机构与职能考 王蕾 敦煌研究4：119－128
《肩水金关汉简（肆）》断简缀合十则 姚磊 江汉考古5：117－120
地湾汉简：再现两千年前河西边关汉塞多彩的屯戍生活 肖从礼 陇右文博2：18－21
汉代酒泉郡驿置道里新考 贾小军 敦煌研究1：115－122
汉代敦煌郡库与西域戍卒兵物管理 马智全 敦煌研究1：123－127
敦煌汉简中的一件买卖契约 邬文玲 文物12：66－72
敦煌汉简中的卑爰疐及相关问题研究 高佳莉 兰州文理学院学报（社会科学版）3：6－9
《悬泉汉简（壹）》中出入符初探 袁雅洁 敦煌研究5：134－140
马圈湾汉简几组与西域有关文字的释读问题 张俊民 敦煌研究5：27－32
驿路豹斑：西汉末年汉与西域间的政令传递——马圈湾汉简发掘出土四十周年记 张俊民 陇右文博2：9－17
敦煌研究院藏汉代简牍 魏丹、梁旭澍 敦煌研究4：106－113
敦煌市博物馆藏汉晋简牍解要 邓天珍、张俊民 敦煌学辑刊2：125－130
马王堆三号汉墓“遣册”中的几支乐事简及其他 许继起 音乐研究2：65－77
张家山汉简《二年律令·赐律》简序新探——以胡家草场汉简为线索 何有祖等 文物8：60－64
西汉归德、中阳、西都地望新考——以张家山汉简《二年律令·秩律》为中心 马孟龙 陕西师范大学学报（哲学社会科学版）2：59－66
张家山汉简《二年律令》新编（二则） 何有祖、李志芳 江汉考古3：121－124
张家山汉简《二年律令》校读（续） 周波 古文字研究（第三十三辑） 464－472
典册琳琅：海昏简牍整理与研究的新进展 西汉海昏侯刘贺墓出土简牍与研究课题组 杨博 中国史研究动态6：69
西汉海昏侯刘贺墓出土“礼仪简”述略 田天 文物6：73－75
西汉海昏侯刘贺墓出土竹简《诗》初探 朱凤瀚 文物6：63－72
西汉海昏侯刘贺墓出土《论语》“曾晳言志”简初释 陈侃理 文物6：76－79
西汉海昏侯刘贺墓出土“房中”简初识 杨博 文物6：80－82
《地湾汉简》所见“孝经”残简试解 魏振龙 敦煌研究4：114－118
地湾汉简所见“淮布”及相关问题 李永平 陇右文博1：67－71
玉门花海出土汉代七棱觚新考 乐游（刘钊） 古文字研究（第三十三辑） 604－611
先秦“孙子学派”考略——基于银雀山竹简的研究 熊剑平 西北大学学报（哲学社会科学版）2：31－38
银雀山汉墓竹简《孙子兵法》佚文《吴问》考论 黄朴民 北京师范大学学报（社会科学版）1：156－160

阜阳汉简《庄子》残简研究　李锐、王晋卿　古文字研究（第三十三辑）　513－516
湖北荆州市胡家草场西汉墓 M12 出土简牍概述　李志芳、蒋鲁敬　考古 2：21－33
胡家草场汉简《诘咎》篇与睡虎地秦简《日书·诘》对读　李天虹等　文物 8：53－59
胡家草场汉简 1039 号简所记辟兵术考　纪婷婷、李志芳　文物 8：65－69
胡家草场汉简医方杂识两则　纪婷婷、李志芳　江汉考古 1：118－123
胡家草场汉简与尹湾汉简数术文献中的“刑德行时”　李天虹、蒋鲁敬　江汉考古 1：113－117
周家寨汉简《告地书》识小　陈伟　古文字研究（第三十三辑）　517－519
从松柏汉简“令丙第九”看汉代的鲜果贡献制度——兼论二品诏书转化为法令的格式变化　李兰芳、刘蕴泽　农业考古 6：146－153
汉律体系新论——以益阳兔子山遗址所出汉律律名木牍为中心　张忠炜、张春龙　历史研究 6：4－23
五一广场东汉简所见“史白开”类简考释——兼谈东汉文书签收的几个特点　李凯凯　博物院 6：12－20
再读长沙东牌楼东汉熹平元年人形木牍——兼论告地策与买地券、镇墓文之关系　朱超龙　不惑集——山西大学考古专业成立 40 周年纪念文集　80－89
从北大藏汉简《苍颉篇·颛顼》看祝融与灶神关系　李现红　古代文明 2：85－95
北大汉简《苍颉篇》简 42“某楫皂蠸”句试说——兼谈“赍购”章之版本问题　许文献　古文字研究（第三十三辑）　444－454
北大汉简《节》“地有五则”“地有七死”探析　厖壮城　古文字研究（第三十三辑）　412－416
有待发掘的汉武帝“外长城”——边塞汉简研究的未来　邢义田　古今论衡 34：3－52
天长纪庄汉墓 10 号木牍史事探微　焦培民、袁祖亮　中原文物 6：94－100

三国简·晋简

南京城南出土六朝简牍及相关问题　王志高　文物 12：73－90
临湘县的地理环境与走马楼吴简　安部聡一郎　河北师范大学学报（哲学社会科学版）2：34－43
长沙吴简所见“科”与“辛丑科”考论——对孙吴及三国时代“科”性质的再检讨　徐畅　中国史研究 3：72－89
中国国家博物馆藏王江妃木牍考释　田河　中国国家博物馆馆刊 5：135－145

帛书·文书·写本

出土帛书《战国纵横家书》史料性质考论　沈月　湖南社会科学 2：76－85
17 世纪 30 年代有关俄蒙关系的一份珍贵蒙古文文书　姑茹玛　中央民族大学学报（哲学社会科学版）2：111－118
楼兰简纸文书西晋纪年中断始末　谢振华　中国边疆史地研究 1：44－55
敦煌寺院经济文书考证十一则　王祥伟　敦煌研究 2：58－67
论敦煌西域出土古藏文契约文书的结构格式与语言风格　高莲芳、贡保扎西　西藏大学学报（社会科学版）2：97－107
唐五代时期敦煌寺院经济管理的民主色彩　明成满　敦煌研究 4：89－97
敦煌文献 P. 3730V 书信与出土《唐张淮澄墓志》的联系　王使臻　西华师范大学学报（哲学社会科学版）1：9－14
古代僧人的知识结构——以敦煌僧人习字文书 P. 2129V《僧善惠习字文书》为例　裴长春、沈寿程　殷都学刊 3：29－37
唐末五代宋初慕容家族对玉门地区的管控——以敦煌文献和壁画为中心　程嘉静　敦煌学辑刊 2：108－116
唐前期西州邻保组织与基层社会研究——以吐鲁番出土文书与砖志为中心　赵晓芳、郭振　敦煌学辑刊 2：91－107
吐鲁番出土衣物疏中的“兔豪（毫）”“狐毛”性质考释　李研　西域研究 3：31－35
丝绸之路吐蕃文契约与汉文契比较研究　丁君涛　云南民族大学学报（哲学社会科学版）1：138－143

吐鲁番出土契约文书所见唐代房屋租赁——以65TAM40：28号文书《唐杜定欢赁舍契》为中心 李明、冯金忠 文物春秋1：34－40
改元更张：吐鲁番契券与初唐政治变迁 江小夏 殷都学刊1：78－84
西夏典借制度的几个问题——以Инв. №. 5147②西夏文典畜契为中心 田晓霈 敦煌研究2：75－83
黑水城文书所见元代亦集乃路的社会治安问题 侯爱梅 殷都学刊3：38－42
黑水城出土《景德传灯录》考略 崔红芬 河北师范大学学报（哲学社会科学版）3：53－59
有关西藏贵族世家江洛金的三件重要藏文铁券文书（བཀའ་གཏན）档案考述 道帏·才让加 西藏研究4：89－97
山西永乐宫发现蒙元时期道教纸质文物 席九龙等 中国文物报9月4日6版
河南大学文物馆藏明神宗封赠潞安府推官焦思忠诏书考释 魏继印、涂白奎 文物5：73－79
两件清道光年间地契考释 张有海 陇右文博4：27－32
清代四川南部县捐监文书初探 王一婷 文化学刊4：245－247
清末民初天主教会在南昌的发展——以江西省博物馆藏契约文书为中心 高劲松 文物天地10：115－119
中国国家图书馆藏一叶回鹘文《增壹阿含经》研究 阿依达尔·米尔卡马力 敦煌研究6：88－93
法藏敦煌藏文写卷P. t. 1042定名考述 杨春 敦煌学辑刊3：81－91
敦煌书钞写本P. 3890文本形态考论 王涵 敦煌研究1：101－107
般若与禅：敦煌写本《金刚经》注疏研究——以北敦15403号背与《晋魏隋唐残墨》第36号为中心 董大学 敦煌研究5：109－114
敦煌本《妙法莲华经》缺题残卷缀合释例 冯国栋、秦龙泉 敦煌学辑刊3：37－47
敦煌研究院旧藏三叶回鹘文《增壹阿含经》残片研究 张铁山、崔焱 民族语文1：3－10
敦煌本《十王经》文本系统再考察——以经中长行为中心 王娟 世界宗教研究1：56－65
敦煌古藏文《十万颂般若经》来源研究——兼论河州在吐蕃佛教史上的地位 沈琛 丝绸之路考古（第4辑） 143－155
日本杏雨书屋藏敦煌写本《修禅要诀》考论 袁贝贝、李万营 敦煌研究3：95－98
成都市群众路唐墓出土佛教纸本真言及相关问题 王瑾 考古9：112－120
道宣律学在长安、敦煌和吐鲁番三地的传播——从P. 2041题记谈起 朱义德 敦煌研究1：108－114
唐代前期军中肉食供给初探——以敦煌吐鲁番军事文书为中心 刘啸虎 敦煌研究3：107－116
敦煌归义军接待天使仪礼初探 杨立凡 敦煌研究4：98－105
相逢在青藏高原——敦煌古藏文《松赞干布本纪》残卷人物与葬地之一 林梅村 敦煌研究6：78－87
交流与共生：敦煌藏文写本I. O. 32《无著世亲传略》考释 夏吾拉旦 敦煌研究6：94－103
敦煌写本《都僧统康贤照和尚邈真赞并序》与石城镇粟特部落徙居敦煌考论 郑炳林、黄瑞娜 敦煌学辑刊3：1－17
敦煌写卷安雅《王昭君》考论 龙成松 敦煌研究2：75－83
敦煌本《七阶礼》残卷缀合研究 张涌泉、沈秋之 敦煌学辑刊3：24－36
敦煌《尔雅注》写本相关问题研究 许建平、王鹤 敦煌学辑刊3：48－61
敦煌驱傩词“赶五句”民歌的地方属性考索 孟凡玉 中国音乐学3：35－45
敦煌写本P. 2833《文选音》重字反切考 韩丹、许建平 敦煌研究2：49－57
敦煌本《韩朋赋》写卷缀合及叙录 王惠、纳姗 丝绸之路3：144－147
敦煌本“八味药”刍识 马德、都惜青 敦煌研究3：91－94
河西走廊珍贵古典戏剧文献考辨 黎羌、赵琦 云南艺术学院学报2：70－76
和田出土《法华经》古藏译本的初步研究报告（一） 扎西本 西藏研究6：91－111
摩尼教占卜书中的东方传统——吐鲁番中古波斯语写本M556再研究 胡晓丹 北京大学学报（哲学社会科学版）1：130－137
新疆文物考古研究所藏六页手抄经书考 索琼 大众考古9：49－52

西藏阿里札达县皮央杜康大殿藏部分佛教文献管窥　熊文彬　南方民族考古（第二十辑）　263－274
西藏所藏《观自在（菩萨）赞》梵文写本研究　达娃群宗　西藏研究6：80－90
关于新出梵本《八大灵塔礼拜赞颂》的研究　张梦妍　西域研究3：106－122
黑水城写本《劝学文》考释——兼谈亦集乃路的教育问题　张蓓蓓　敦煌学辑刊2：140－149
苏联科学院东方学研究所藏蒙古文写本与木刻本　［俄］Л. С. 普奇科夫斯基、李梅景　敦煌学辑刊3：156－176
国家图书馆藏三件回鹘文《阿含经》残叶研究　阿依达尔·米尔卡马力　西域研究3：123－133
西北师大图书馆藏《状元策》版本价值简论　马庆洲　丝绸之路4：68－71

四　碑刻与墓志

碑刻

综述

碑刻文化与历史记忆　李岩、顾涛　中国社会科学报8月21日2版

秦、汉

秦汉碑刻探研　徐卫民、孙晨　文博3：84－89
秦德与秦法——从秦始皇刻石看秦王朝的帝国叙事　杨基炜　管子学刊1：76－82
汉代碑刻的地域特征　邱茗　美术观察2：75－76
山东苍山城前村汉墓题记与画像石考　张露胜　大众考古3：19－24
虚实相间：东汉碑刻中的祖先书写　沈刚　中国史研究2：30－50
东汉刘平国摩崖刻石补考　任乃宏　文物春秋1：76－79
再议河南博物院藏熹平石经《乐经》残石　任哨奇　中原文物5：141－144
佛教中国化视角下造像碑的功用类型　蔡晓菁　中国宗教7：70－71

魏、晋、南北朝

六朝石刻疑难字考释　梁春胜　中国语文3：358－366
由王基残碑论及曹魏时期的职官制度　马青青　黄河　黄土　黄种人10：27－31
从出土石牌铭文“朱绶”看西朱村曹魏大墓等级　时军军　中国国家博物馆馆刊5：27－35
洛阳西朱村曹魏墓石牌“三合银香炉”小考　范常喜　中原文物6：142－144
鉴裁文明遗产：《瘗鹤铭》打捞缀合版　方汉文等　江南大学学报（人文社会科学版）53－60
石刻中的乙弗昆裔踪迹与北朝社会格局　刘连香　中央民族大学学报（哲学社会科学版）1：135－145
北朝时期陇东碑刻人名视野下各族人民的社会生活——以《山公寺碑》《豆卢子等结社造释迦像》等为例　李贺文　丝绸之路与文明记忆——丝绸之路对中华文明演进与传播的影响学术研讨会论文集　294－305
北魏马鸣寺碑考略　燕晴山　海岱考古（第十三辑）　457－465
北齐响堂山佛教石刻文字研究　刘征等　宁夏大学学报（人文社会科学版）2：1－6
成都龙泉区北周文王碑再调查　雷玉华　敦煌学辑刊2：37－47
惠斯陶勒盖碑文与回鹘的崛起　敖特根等　敦煌学辑刊3：117－128

唐、五代

川渝石窟唐宋铭刻材料的佛教史及社会历史研究价值　董华锋、闫月欣　南方民族考古（第二十辑）　254－262
唐代命妇凶礼卤簿“鼓吹”使用制度补考——以唐代碑志为中心　胡元超　文博4：76－79
重庆白鹤梁石鱼纹饰分析　沈速　装饰3：128－129
《石台孝经》碑述略　姬为民　成都文物1：20－24
安徽柳孜运河遗址出土唐处士刘怀璧浮图铭碑考释　陈超　文物10：89－92
江苏灌南陈庄《仪制令》碑年代考释　杨梅　大众考古12：55－59

唐元和三年《先藏禅师塔铭》考释　季爱民　文物2：59－65
海气苍茫走鱼龙——唐故杨府君神道之碑考释　闫静亚　中国文物报10月13日7版
唐代凉州《大云碑》与首任河西节度使　濮仲远　西域研究3：23－30
成都百花潭锦江河道出土石经及相关问题研究　董华锋、何先红　江汉考古1：96－101
《安重荣出行图》研究——一位五代粟特将领的“神化”　陈粟裕　敦煌研究4：44－52
广东乳源云门禅寺南汉二碑调查与研究论述　全洪　广州文博（拾叁）　189－205

宋、辽、金、元

宋初“舞亭”碑刻的发现及其戏剧史价值　延保全　文学遗产3：86－95
辉县百泉藏北宋涌金亭碣考　郑才旺　中国国家博物馆馆刊2：66－74
陕西户县紫阁峪宋代摩崖石刻调查及相关人物考　郃紫琳　文博5：25－33
江西遂川宋代碑刻考录　黄淑群　南方文物6：294－296
四川渠县南宋《礼义城图》的拼合与考释　郑万泉、陈卫东　四川文物1：62－67
舍利供养与护法——补释云居寺的两方辽代碑刻　尤李、张爱民　世界宗教研究3：72－83
辽上京遗址出土残碑刍议　赵里萌　北方文物5：98－100
金代官员结衔中的职官探析——以金代石刻为基础　宋卿　中央民族大学学报（哲学社会科学版）4：101－108
僧俗·经藏·碑板：辽刻房山石经书经活动的变局　管仲乐　北方论丛2：122－130
大金重修唐太宗庙碑刍议　张志攀　文博3：90－93
陕西岐山女真遗民完颜氏世系碑文考释　杨富学、王小红　吉林大学社会科学学报1：190－199
大金定州创建圆教院牒并记碑考　王丽花　文物春秋4：84－91
重塑空间与记忆——《大金得胜陀颂碑》研究　张鹏　美术研究1：27－32
辽宁北票金代长寿院残碑考释　都惜青、姜洪军　辽金历史与考古（第十一辑）　340－347
金元时期晋东南地区寺院间互动——以高平金峰寺为例　陈豪　四川文物2：86－95
元大德元年定州开元寺塔重修佛像铭记碑考　王丽花　文物世界4：34－38
江州玄妙观碑及相关问题考　熊凯　南方文物6：288－290
云南大理梵文文献的释读与研究——以“至正四年追为亡人杨观音护神道碑”为例　张梦妍、刘震　复旦学报（社会科学版）3：93－101
合水县元孟公信武显扬先墓碑研究　王科社、周占全　陇右文博2：22－33
元山东提刑按察使陈祐诗刻考　张立明等　海岱考古（第十三辑）　480－485
巨野元代景教家族碑历史人名札记　马晓林　中山大学学报（社会科学版）1：136－139
福州乌山元代摩崖石刻一则考述　尤澳　福建史志3：33－36

明、清

碑刻文献所见回族历史上的国家认同　钟银梅　回族研究1：48－54
山海奇观——嵊泗列岛明清摩崖石刻研究　周兴、袁启飞　水下考古（第二辑）　155－168
明代《邑侯蒋公生祠碑记》碑文考释　王俊、范岩　黄河　黄土　黄种人6：51－53
柏乡出土明代“汉光武斩石人处”残碑初探　秦进才　文物春秋6：80－91
山东济宁清真东大寺明代天顺时期四文石碑研究　马保全　世界宗教文化3：116－123
甘谷县明代报恩寺记碑考　张弛　陇右文博3：44－53
天祝县明正统敕赐普福寺残碑调查及考述　张世勇　陇右文博1：56－62
正宁罗川明戴公德政碑残石考述　张明鹏　陇右文博4：39－45
有关太原纯阳宫的几通碑刻　王婷　文物世界1：30－33
隆兴寺康乾御碑现状与记载不符原因探考　刘友恒等　文物春秋1：92－97
欲知大道　必先为史——康熙平定朔漠告成太学碑补遗　黄茜茜　收藏家7：87－94
汉长安城遗址“重修三台庵碑”考　高叶青　法音6：38－41

乾隆石经磨改考实 姚文昌 清史研究1：135-142
保圣寺藏清乾隆严氏祭田“执帖”碑 高超等 农业考古1：50-54
山东聊城西梭堤“聊城汛”碑 王迪 文物10：93-95
吉隆沟“招提壁垒”石刻题铭解析 罗勇 西藏研究5：57-60
武山县请陈韶德政碑探析 令陆胤等 陇右文博2：40-44
甘谷大像山石窟清重建大像山碑考析 马丽桂 陇右文博4：50-53
《唐石经校文》研究现状述评 李思远 黑龙江教师发展学院学报5：131-133
江苏宿迁骆马湖运河堤东清代涵洞工程碑 晁剑虹 大众考古4：30-33
巩义市小关镇的乡规民约碑 张庚辰 寻根1：30-34
“新安崇义堂记”残碑——徽商慈善设施的重要遗存 姜岱品 文物天地8：81-83
纯阳祖师命书符碑 李晓霞 文物世界4：39-41
石景山新现“工部为比例乞恩赐给祠额祭葬事”碑初探 史迪威 北京文博文丛（第一辑） 46-53
从务本堂现存碑刻看清代广州红木行业的兴衰 黄勇 南方文物6：297-300
两当北路清严禁赌博告示碑研究 张辉 陇右文博3：54-59

墓志与地券

汉、魏、晋、南北朝

《赵壮侯墓表》质疑 王受宽 丝绸之路与文明记忆——丝绸之路对中华文明演进与传播的影响学术研讨会论文集 283-293
东汉时期河南地区买地券研究 孟佳倩 黄河 黄土 黄种人10：37-40
出土东汉周世雅买地券探析 杨涛 中国文物报11月24日6版
读东晋刘媚子、张镇墓志札记 张今 中国国家博物馆馆刊3：77-84
墓志所见北魏末至唐初汉化鲜卑家族政治地位与其社会文化的变迁——以扶风武功苏氏为例 程刚 北方文物6：81-88
出土文献所见北魏早期的士族制元素——杨琏、刘玉墓志比较研究 刘军 重庆师范大学学报（社会科学版）4：46-53
文本与形制的共生：北魏司马金龙墓表释证 范兆飞 复旦学报（社会科学版）4：61-74
《北魏长孙显业墓志》考释 张建民 文物世界6：24-26
北魏常敬兰墓志考释 霍倩 大众考古5：34-38
北魏《韩玫墓志》四题 赵满 中国国家博物馆馆刊2：47-56
侯马铜厂新月小区出土《后魏河乐裴君讳经子仲略之铭》考 王俊 不惑集——山西大学考古专业成立40周年纪念文集 90-98
东魏《窦泰墓志》相关问题研究 袁鹏博、石磊 河南博物院院刊（第一辑） 64-68
西魏晖华公主墓志所见的吐谷浑与柔然名号 罗新 中山大学学报（社会科学版）5：124-127
西魏冯景之墓志所见中古寒士之升进 刘军 烟台大学学报（哲学社会科学版）2：82-92
西魏乙弗虬暨夫人隋代席氏墓志考释 宁琰 考古与文物1：88-92
出土墓志与东魏北齐邺京行里制度探析 黄敏 四川文物2：71-76
北周康城恺公柳带韦墓志考释 宁琰 文博5：79-82
北周李贤及其家族 李鑫、禹凤 文物天地11：33-38
固原出土北周宇文猛墓志考 徐超、朱小平 文物天地11：46-49

隋、唐、五代

《隋代墓志铭汇考》续补 刘琴丽 中国国家博物馆馆刊8：58-68
隋代《戴府君墓志铭》考释 陈意 陇右文博1：51-55
隋《杨矩墓志》考论 冯臻 文物世界1：37-39
墓志所见中古太原的两个历史地理问题 武亨伟 文博2：87-93

中古寿春皇甫氏世系考订——以唐代墓志为中心　吴炯炯　敦煌学辑刊4：112－121
唐代尊胜墓志咒石释考——兼论墓志中所见唐人密教信仰　左金众　文博1：104－110
唐墓志所见唐代梦兆语汇管窥　贾淋婕、呼啸　考古与文物2：94－98
唐濮恭王李泰墓志铭考　刘志军　考古与文物1：93－99
唐长孙家庆、长孙祥墓志探析　韩凯英　中原文物4：130－135
唐《史从及墓志》考释　李宗俊、温佳祺　西藏大学学报（社会科学版）2：39－45
新出唐《吕秀实墓志》疏证——兼及唐代宗、德宗时期宦官监军制度补论　惠萌　考古与文物4：105－110
辽宁朝阳唐隋㝹墓志考　马文涛　北方文物3：64－67
唐《段伯伦墓志》考释　何如月、李静　考古与文物2：86－93
唐邹鸾昉墓志疏证　卢亚辉　博物院6：25－29
唐王公淑墓志考释　鲁晓帆　收藏家4：105－110
山西太原唐代赫连山、赫连简墓志校补　吴葆勤　文物4：92－96
唐代郭超岸墓志及其相关问题探析　黄林纳　郑州大学学报（哲学社会科学版）3：92－96
唐宋俨墓志考释　盛会莲　北方文物4：85－90
唐崔玄泰墓志考释　何军海　丝绸之路2：77－79
唐代"逍遥公房"韦侹墓志考释　郤紫琳　中国国家博物馆馆刊10：116－131
西安出土一方唐番禺府折冲都尉袁石墓志考　陈鸿钧　广州文博（拾叁）　179－188
河南安阳新出《安师墓志》所见北朝末至隋唐之际邺城的粟特人　毛阳光　考古学研究（十一）　237－251
扬州出土骆潜墓志与相关问题　余国江　扬州考古发现与研究（2020年）（总第1辑）　114－118
《班悉墓志铭》考论　陈浩铭　寻根5：127－131
唐义兴县令陆士伦墓记考辨　梁彩蕊　大众考古5：39－45
唐代张璀夫妇墓志考　刘青彬　寻根1：125－131
中国国家博物馆藏唐代独孤思敬及夫人墓志考辨　程源源　中国国家博物馆馆刊11：121－132
南阳出土两方唐代墓志　乔保同　黄河　黄土　黄种人4：50－52
新出《阎用之墓志》及阎氏家族源流事迹考释　梁雨昕　文博6：82－91
新出墓志与白居易家族谱系、婚姻问题考论　龙成松　新疆大学学报（哲学·人文社会科学版）2：94－99
唐丞相孙偓墓志与晚唐政局相关问题考　李宗俊、沈传衡　宁夏社会科学3：161－167
《唐陇西李公夫人河东薛氏墓志铭并序》考略　韩革　博物院3：66－71
唐代墓志中的北京地望一例——周肇祥旧藏《唐陆日岘夫人王氏墓志》考释　鲁晓帆　收藏家10：71－76
王雄诞夫人魏氏墓志录文校理浅见　刘日照　重庆科技学院学报（社会科学版）1：107－109
唐代金银器錾文中的"李杆"与墓志铭中的"李扞"小考　冉万里　公众考古学（第一辑）　229－235
唐代"安门物事变"史实考辨　冯培红、殷盼盼　敦煌研究6：104－114
武周范词墓志考　张丽敏　大众考古6：44－49
洛阳新获墓志考见安西大都护郭虔瓘家世与西域行迹　王庆昱、杨富学　西域研究1：108－119
潍坊博物馆藏《义葬墓志铭》考论　刘文涛　海岱考古（第十三辑）　466－472
西安新出《唐故回鹘白夫人墓志》疏证　郑旭东、杨富学　敦煌研究4：81－88
新见武威粟特安氏家族唐《李弼墓志》考释　魏迎春、马振颖　兰州大学学报（社会科学版）1：99－105
武威粟特康氏与凉州萨宝之职再探——以出土墓志《康阿达墓志铭》为中心　张国才、柴多茂　社科纵横6：99－103
武威新出唐代墓志三种　马振颖、朱安　敦煌学辑刊4：166－171
唐敦煌米钦道墓志与嶲州都督张审素冤案　郑炳林、黄瑞娜　兰州大学学报（社会科学版）1：93－98

唐敦煌县令宋素墓志再考——敦煌相关金石整理研究之二　黄瑞娜、马振颖　敦煌学辑刊 2：117 – 124
高昌国末年以降砖志书写中的“高昌人”　裴成国　中国边疆史地研究 1：98 – 106
五代武将牛知业墓志及相关问题研究　陈朝云、梁彩蕊　郑州大学学报（哲学社会科学版）1：100 – 105
扬州新出三方五代十国时期买地券考释　秦宗林　扬州考古发现与研究（2020 年）（总第 1 辑）　131 – 135
后晋定难军节度副使刘敬瑭墓志研究　陈玮　北方文物 1：71 – 78

宋、辽、金、元

北宋《曲行殷墓志》考证　王丽霞、刘良超　黄河　黄土　黄种人 12：44 – 47
北宋罗仲宣墓志考释　李宝军、李瑞兴　海岱考古（第十三辑）　473 – 479
济源出土杨志墓碣与志主生前军事活动考述　刘志刚　中国国家博物馆馆刊 3：85 – 95
河南偃师宋代李氏墓志考释　李秋展　大众考古 4：34 – 39
宋《田成墓志铭》释注暨田世雄相关碑刻举要　蔡副全　兰州文理学院学报（社会科学版）3：7 – 13
登封李守贵墓买地券考释　吴倩　黄河　黄土　黄种人 10：41 – 48
《宋故谏议方公墓志铭》新证　赵磊　博物院 4：66 – 73
浅析《宋故三班奉职卫府君墓志铭》　马志刚　文物世界 2：32 – 34
《宋故苏氏夫人墓志铭》考释　陈文利　黄河　黄土　黄种人 24：40 – 43
陕北横山新发现党项族《故野利氏夫人墓志铭》考释　高建国等　中国国家博物馆馆刊 2：57 – 65
“趋尊”与“附男”宋代士家女眷墓志首题文化探考　丁宁宁　大众考古 12：60 – 64
新见南宋关文觟墓志考释　和艳芳　中国国家博物馆馆刊 3：96 – 105
新见南宋洪备家族圹志考释　钱汝平　中国国家博物馆馆刊 8：81 – 85
襄阳发现的两道买地券　姚练等　中国文物报 7 月 28 日 7 版
辽代《耶律延□墓志铭》校勘补述　王玉亭等　辽金历史与考古（第十一辑）　314 – 322
辽代韩德让墓志考释　万雄飞、司伟伟　考古 5：111 – 120
内蒙古多伦县小王力沟辽代贵妃墓墓主家世再考　史风春　北方文物 5：86 – 91
《许国公墓志铭》为赝品说　刘凤翥　辽金历史与考古（第十一辑）　311 – 313
辽王仲兴墓志补考——兼论墓志撰者杨丘文事迹　常志浩、王玉亭　北方文物 5：92 – 97
辽《孟初墓志》考　杨亦武　辽金历史与考古（第十一辑）　323 – 333
辽代韩佚墓志中所见“大契丹国”考释　乔宇　文化学刊 1：206 – 210
《大辽归化州故殿直张公墓志铭》考释　顾春军　文物天地 12：86 – 88
辽故东郡夫人康氏墓志铭考释　王雁华　文物春秋 1：80 – 84
金代女真人墓志所见文化交融与认同　周峰　中央社会主义学院学报 1：149 – 154
金时昌国石棺刻文考释　孙建权　文物春秋 1：85 – 91
金代黄斡窝鲁不墓志考释　周峰　辽金历史与考古（第十一辑）　334 – 339
蒙元时期汉军世侯刘黑马家族世系与婚姻新证　李举纲、樊波　西部考古（第 19 辑）　200 – 207
郑州出土元代薛氏墓志考析　贾璞、卫森林　黄河　黄土　黄种人 8：44 – 47
山东高唐出土元代宣使李处贞墓志考释　裴一璞　文物春秋 5：80 – 86
元耀州同官县尹郭汝弼墓志简释　常莹　中国国家博物馆馆刊 2：75 – 82
元富珪墓铭跋　朱建路　文物春秋 4：92 – 96
无湖南道宣慰使富珪墓志考　武振伟　中国文物报 5 月 12 日 6 版
元代买地券词语考　王阳　青海师范大学学报（哲学社会科学版）1：114 – 118
江文贞公神道碑碑主考辨　汪小红　陇右文博 1：63 – 66

明、清

明初下西洋使团中的医者——从新出张仕琦墓志谈起　虞金永、王志高　中国国家博物馆馆刊 10：132 – 140

明《周景麟及成氏合葬墓志铭》及其作者　顾春军、顾静姝　寻根5：134－137
明许彬墓志考　魏国、于勇　海岱考古（第十三辑）　486－497
明代驸马都尉林岳与德清公主墓志新考　李永强、王继红　北京文博文丛（第二辑）　10－14
北京出土明安平侯方锐墓志考释　申红宝　北方文物3：68－75
南京出土明代米万钟撰书墓志考释　许志强　南方文物1：122－127
王诏墓志铭考　张庆华、唐新　寻根4：127－132
扶风宁璞夫妇墓志考析　汪玉堂、杨小兵　陇右文博4：46－49
明故太夫人赵母范氏墓志考述　张明鹏　陇右文博2：34－39
扬州采集的两方墓志释读与考略　刘刚　扬州考古发现与研究（2020年）（总第1辑）　119－124
王景澄夫妇墓志铭及相关人物考证　罗娜、刘遇春　南方文物6：291－293
通州新出土清随时道买地券考释　李伟敏　北京文博文丛（第一辑）　54－57

五　玉器

综述

中国古代玉料来源的多元一体化进程　徐琳　故宫博物院院刊2：94－107
玄玉时代钩沉——四重证据法的新尝试　叶舒宪　安徽大学学报（哲学社会科学版）1：31－44
中国古代“玉人”发展及其背后的信仰变迁——以汉唐至明清时期为例　陈南　收藏家1：45－50
浅谈中国古代玉雕动物造型与工艺——以中国国家博物馆藏品为例　毕海　收藏家8：36－42
人物造型玉器的流传与演变　王月前　收藏家2：67－76
古代玉器中的凤凰纹饰　蔡霞　收藏家11：73－78

新石器时代

中国早期玉器技术之管窥　叶晓红等　中国文物报11月20日6版
华西系玉琮功能新蠡测　何驽　黄河　黄土　黄种人8：13－16
试析陕西延安芦山峁遗址出土玉器　钟雪　北方文物5：36－44
浅议石峁文化玉人头与眼睛崇拜　胡中亚　文博4：53－59
诸城前寨遗址出土大汶口文化玉器　诸城市博物馆　张健等　海岱考古（第十三辑）　1－12
花厅墓地玉器再认识——兼论中国史前时期海岱系玉器文化的形成　栾丰实、袁波文　东南文化3：134－142
再论海岱地区的史前牙璋　栾丰实　中原文物4：85－93
山东罗圈峪和上万家沟出土牙璋调查记——牙璋探源　栾丰实　大众考古4：54－58
湖南出土的新石器时代玉佩饰研究　喻燕姣　河南博物院院刊（第二辑）　1－14
神玉之国：环太湖史前的玉器符号与国家权力　胡建升　丝绸之路4：21－23
寻琮：玉琮在墓葬中的出土位置分析　王仁湘　南方文物3：231－234
礼地：灌祭之琮　王仁湘　南方文物4：271－273
良渚玉器腐蚀与天然加固材料研究　黄希　中国文物报7月24日6版
瑶山7号墓出土玉牌饰造型研究——兼谈龙首纹上的菱形纹及相关问题　曹峻　东南文化1：106－114
流散欧美的良渚古玉　邓淑苹　中原文物2：79－98
4300年前后玉器在北方地区各文化间的互动　杨岐黄　考古与文物2：28－32
燕辽地区出土史前玉璧浅析　杨岐黄　草原文物2：46－50
地域环境视阈下的史前古玉刍议——以红山文化玉器为例　谷会敏、徐健　地域文化研究1：106－111
红山文化勾云形玉器造型研究　方广智　美术研究3：45－49
探究红山文化勾云形器的由来　张鹏飞　文物天地7：114－115
红山文化熊冠玉人身份探析——从一件流散又曾被误解的红山玉人说起　江美英　吉林师范大学学报（人文社会科学版）1：53－59
辽宁朝阳半拉山墓地出土玉璧研究　熊增珑等　文物3：82－91

牛河梁遗址出土玉贝的考古学研究　范杰　黄河　黄土　黄种人 16：23－29
牛河梁 N16M4 出土玉人性别与功能考辨　王爱民　文物春秋 5：8－12

夏、商、周

夏商周时期玉石钺形器研究　隗元丽、井中伟　东南文化 5：95－105
商周时期玉鱼浅析　李京震　东南文化 1：115－125
崇明古陶瓷博物馆收藏的几件先秦玉器　徐天进、路国权　文博 6：42－45
玉鸟来仪——商代鸟形玉饰赏析　练洁、井娟　收藏家 1：73－78
新乡市博物馆馆藏青玉鸮研究——兼述商人的鸮崇拜　丁思聪、王怡珩　黄河　黄土　黄种人 16：34－40
浅谈商代玉器的功能与文化内涵——以新乡市博物馆藏商代玉器为例　王雪、饶胜　收藏家 7：101－105
新干出土商代侧身玉“羽人”的再解读　彭适凡　文物天地 10：60－68
山东博物馆藏苏埠屯出土商代玉石器研究　周婀娜　丝绸之路 3：13－21
古蜀玉石文化初论——兼论蜀王即是最大巫师　刘泽波　黄河　黄土　黄种人 20：12－17
周代多璜式组玉佩相关问题研究　张睿祥等　四川文物 4：40－49
周代多磺式组玉佩相关问题研究——以磺为核心的佩琐规范　张睿祥等　丝绸之路与文明记忆——丝绸之路对中华文明演进与传播的影响学术研讨会论文集　269－282
虢国墓地出土的生肖玉器　常军　寻根 4：70－75
战国“水田”纹服饰探讨　王方　中国国家博物馆馆刊 7：36－49
镶金银质猿形带钩与圆雕黄玉马考释　张桂芳、于芳　中国文物报 12 月 29 日 7 版
战汉人像中的佩玉形式　黄诚　收藏 2：108－111
杭州博物馆藏战国玉器赏析　高敏　文物天地 6：6－12

秦、汉

汉代圆雕人物和动物玉器艺术成就试析　刘云辉、刘思哲　河南博物院院刊（第二辑）　28－40
龙凤形象在汉代的三大改变　黄豫民、郁明　文物天地 3：62－65
王侯的威仪——以汉代玉牌贝带为中心　李银德　河南博物院院刊（第二辑）　41－58
凤翔雍山血池遗址出土玉器的几点认识　杨岐黄等　考古与文物 6：76－81
玉瑱小议——从大葆台西汉墓出土玉瑱说起　赵芮禾　收藏家 6：59－64
钻孔技术在西汉玉器工艺中的灵活应用——以徐州狮子山楚王墓为例　叶晓红等　文物 9：86－92
徐州地区出土汉代玉璜研究　吴公勤　中原文物 3：115－119
狮子山西汉楚王墓出土的玉璜　周倩　大众考古 2：48－54
徐州狮子山西汉楚王墓出土双联玉管功用考析　刘照建　中国国家博物馆馆刊 1：56－62
略论徐州狮子山西汉楚王墓出土玉璧　吴公勤　淮海文博（第 2 辑）　83－87
西汉楚国“玉舞人”组佩研究　武耕　中国国家博物馆馆刊 1：63－79
“滇王玉衣”名称及相关问题驳正　梁英旭、董晓京　文博 3：62－67

东晋及以后

基于传统文化融合的安徽东晋玉器考察——以马鞍山市当涂县青山 M23 为例　陶治强　黄河　黄土　黄种人 12：30－34
玉中三玦：谁曾腰下探宝玦　大众考古 4：48－53
陕西历史博物馆藏玉带銙赏析　潘婷　文物天地 8：49－55
温故而知新——江苏南京祖堂山南唐陵区出土玉册的再观察　左骏　南方文物 1：110－121
奔马与鸳鸯——北京艺术博物馆藏两件宋辽金元玉器的时代辨析　高塽　收藏家 1：57－62
草原丝绸之路视角下辽代玉器整理与研究　万文君　北京文博文丛（第二辑）　25－39
由“南海Ⅰ号”船员的民间信仰说起　马显冰　文物天地 2：73－74
玲珑美玉　合衣而佩——山东博物馆藏明代玉佩饰　周婀娜　文物天地 12：26－31
倚玉美带出金枝——江西出土明代藩王玉带巡礼　陈建平　文物天地 10：77－88

杭州博物馆藏明清玉石器赏析 王小冰 文物天地 6：13–26
孔府旧藏清代玉器之管窥 褚红轩、孔燕 收藏 12：66–75

六 货币

商、周

“朋无定数”质疑 陈东川 文博 3：79–83
带有“共”字古地名的先秦货币 戎畋松 收藏 11：24–29
新乡市馆藏先秦时期布币 王瑞钢 收藏 11：74–76
齐国金属铸币概述 么彬 黄河 黄土 黄种人 4：32–36
圁阳釿布 戎畋松 收藏 8：79
圁阳刀币 戎畋松 收藏 9：18–21
“蔺”字、“离石”圜钱 戎畋松 收藏 10：34–35
“封坪”还是“址坪”圜钱 姜彬 收藏 8：30–31
试论延庆军都山山戎墓地尖首刀币 王显国 中国钱币 5：22–31
天津博物馆藏钱币述略 李君 收藏家 8：81–84

秦汉、魏晋南北朝

横向茬口型半两钱初探 徐勇捷 中国钱币 1：19–24
汉代铸钱夹砂陶背范的分析研究 廉海萍 文物保护与考古科学 6：61–70
天津博物馆藏汉代五铢钱铜范模 黄娟 文物 5：70–72
临朐出土齐国刀币和西汉半两石钱范 杨益青 管子学刊 1：125–128
反映西汉贵族生活的“宫中行乐钱” 戎畋松 收藏 12：38–41
汉代“白金三品”货币及其相关问题 姜宝莲 考古 10：90–96
神秘而古老的汉佉二体钱 张威 收藏 6：137
汉长安城地区铸钱遗址与上林铸钱三官 徐龙国 考古 10：97–107
考古报告所见“布泉”辨疑 李延士 中国钱币 6：49–52
陕西岐山五丈原地区钱币窖藏研究 王文耀 中国钱币 3：42–46
从出土钱范看魏晋南北朝时期的铸钱工艺 朱安祥 文物春秋 5：71–76
宁夏固原发现的萨珊银币及相关问题研究 樊军、王洋洋 中原文物 6：106–111
从考古发现谈“凉造新泉”的铸行年代 黎李 陇右文博 1：43–50
南京栖霞刘宋升明二年墓及其出土的钱币 邵磊、义小明 中国钱币 6：53–58

唐、五代及以后

谈唐安西都护府铸币背景及原因 吴文强 陇右文博 1：72–75
大历元宝钱刍议 官学明 收藏 7：159
会昌开元背为何要铸一个汉字 王永生 收藏 11：138–142
天成元宝铅钱身世之谜 蒋将 收藏 10：36–37
宋代和明代银锭铭文所见财税制度异同 陈阳 博物院 5：37–46
三种至和钱 沈飞 收藏 9：140–143
皇宋通宝瘦字类版别探索 葛天越 收藏 5：44–47
甘肃武威亥母寺遗址出土钱币述略 蒋超年、赵雪野 中国钱币 5：58–65
奉国寺大殿柱下铜钱与寺院的创建史 刘剑等 中国文化遗产 5：104–108
常州地区出土铭税文物刍议 邵建伟 南方文物 2：276–279
南宋金银货币：再现京城临安的富庶与繁荣 李晓萍 文物天地 4：86–93
南宋洪遵《泉志》所收“台主衣库钱”释义 张玉兴 文博 5：83–85
南宋茶马贸易及马政相关银铤 刘翔 博物院 5：15–22

后土司时代的海龙囤：以出土钱币为中心　李飞等　中国钱币 4：57－63
“南海Ⅰ号”沉船出水铜钱背后的故事　田国敏　文物天地 2：67－69
小议南海Ⅰ号出土的金叶子　李岩　博物院 5：10－14
大同市博物馆藏辽钱所见辽代货币与贸易　吴中华　文物天地 9：45－47
庆城县博物馆馆藏彭原银锭再考　范仲杰、张志升　陇右文博 2：51－54
甘肃藏西夏钱币及其相关问题研究　韩爱丽　丝绸之路 1：172－175
阿拉善左旗原水泵厂院内出土窖藏钱币　梅花　草原文物 2：18－25
伊犁阿力麻里等地出土察合台汗国钱币初探　邓丽　中国钱币 2：46－52
明钱失实史料二例　张林杰　收藏 2：44－45
解读明代藩王府银锭　李小萍　博物院 5：23－30
天启通宝小平钱版别概述　沈飞　收藏 4：122－127
滇版永历通宝折银钱　蒋将　收藏 6：131
古钱币中稀少的大字五厘折银钱　师文涛　收藏 7：125
清代直隶宝直局铸钱概述　沈飞　收藏 8：154－157
清代山西宝晋局铸钱概述　沈飞　收藏 1：104－107
顺治通宝浙江局铸钱研究　张彦刚　收藏 6：138－139
养心殿“嘉庆六年”宝匣内“天下太平”钱币的制作工艺研究　高飞等　故宫博物院院刊 6：83－91
苏斋藏珍中最有意义的一枚嘉庆宝苏局钱　汪洋　收藏 2：43
安南“景盛通宝”钱及其它　张德千　成都文物 3：51－64
最具难解之谜的平靖胜宝钱　沈飞　收藏 11：136－137
大清铜币丙午中心“浙”铜元　吴昆　收藏 9：104－105
“文王百子”银花钱释读　臧公建　收藏 10：135
清代云炉双书体吉语大花钱　黄诚　收藏 9：103
与科举文化有关的挂花钱　臧公建　收藏 8：89
古代“铜版画”几枚吉祥图案花钱赏析　尹钊等　收藏 3：68－69
清末各省铸造的一文铜元　沈飞　收藏 10：130－131

七　玺印与封泥

古代玺印与中国史的重建　周晓陆、林静怡　中国文化 52：350－361
释晋系玺印中的“尨”字　查飞能　北方文物 4：83－84
从战国箴言玺探寻诚信之传承　张丽敏　中国文物报 7 月 14 日 7 版
海昏侯墓出土“刘贺”玉印的印纽造型辨析　温乐平、周广明　南方文物 6：167－179
刘贺墓出土玉印“合欢”释义　廖薇　中国文物报 6 月 19 日 6 版
徐州西汉楚王墓出土官印“凿刻”考　邢艺凡、周波　淮海文博（第 2 辑）　114－119
西汉陈参考辨　秦宗林　扬州考古发现与研究（2020 年）（总第 1 辑）　104－107
庄浪县出土的汉代“诏假司马”铜印考　李晓斌　陇右文博 1：10－13
“大刘记印”杂识　罗小华　中国文物报 1 月 3 日 6 版
武威雷台铜奔马墓出土银印新释——关于张轨墓确认的玺印学研究　王科社　陇右文博 1：29－42
罕见的西夏“官”字款烙印　中国文物报 7 月 14 日 8 版
“土默特札萨克达喇嘛察罕第彦齐呼图克图之印”的历史价值　陈烨　文物天地 9：103－105

八　瓷器

综述

21 世纪以来古陶瓷科技考古研究新进展（上）　鲍怡、郑建明　文物天地 12：89－95

试论中国古代陶瓷窑炉的结构与命名　李清临　南方文物 5：129 – 139
古代陶瓷窑址遗产构成分析与研究　陈昀　南方文物 2：258 – 265
试论瓷器化妆土工艺及其早期渊源　郭志委　南方文物 5：140 – 145
古代制瓷工艺简述　刘慧茹　文物天地 2：37 – 40
中国古代陶瓷中的铜红釉彩工艺　潘子砚　大众考古 8：62 – 67
青铜器陶范与陶瓷　范季融　中国文物报 7 月 14 日 5 版
南方白瓷与“青白瓷”产品定名的再探讨　李颖翀　中原文物 6：118 – 128

汉及以前

咬文嚼字话古瓷　朱兵　收藏家 6：101 – 104
发现中国古陶瓷之美　龙霄飞　收藏家 9：49 – 55
安吉上马山汉代江东类型原始瓷工艺研究　周雪琪等　南方文物 1：227 – 235
我国秦汉时期瓷器考古相关问题初探　张潇、贺云翱　东南文化 4：96 – 106
陕西出土西汉原始青瓷的印证与谜题　杜文　收藏 4：108 – 115
西汉南越王博物馆新获赠诗文枕　黄明乐　中国文物报 7 月 14 日 5 版

三国、南北朝

长沙窑档案　李晔　收藏 7：20 – 23
陶瓷十二生肖俑中的鼠　龙霄飞　文物天地 1：23 – 27
略谈六朝至五代的青瓷　刘诗洋　成都文物 3：57 – 60
六朝青瓷辟邪拾遗　杨绪昌　文物天地 4：44 – 47
婺州古瓷中的蛙文化　周凯　收藏 2：62 – 65
黑釉瓷器二三问　穆怡帆　收藏家 4：27 – 30
高足盘浅析　逯斌、曹俊　文物世界 2：9 – 12
南京出土的六朝洪州窑瓷器　苏舒　大众考古 2：55 – 59
融合之美——北朝青瓷　姚颖　收藏家 7：66 – 70
胡人献舞　洛阳博物馆藏北朝乐舞扁壶　程召辉　大众考古 6：68 – 71

隋、唐、五代

隋代邢窑遗址出土白釉兽形杯　贾城会　文物春秋 5：77 – 79
淄博市博物馆藏早期青釉瓷器　么彬等　收藏 11：86 – 93
唐宋时期芝麻钉装烧工艺初探　王瑾　四川文物 4：65 – 79
陶瓷器上的孝道故事　赵延梅　收藏 1：46 – 55
唐代缁素瓷略考　天津　收藏 12：52 – 59
梅瓶源流考　刘翠　文物世界 2：22 – 25
玉璧底碗的年代特征　郝红星　黄河　黄土　黄种人 24：48 – 49
浮提金壶与唐代双龙尊　王依农　收藏 7：99 – 101
蒹葭之美　古代瓷器上的芦苇纹　杨俊艳　收藏 10：28 – 33
中国国家博物馆藏唐代“广福窑”朱书“大历元年”青绿釉枕　胡朝辉　四川文物 1：54 – 61
唐三彩胡俑的时空演变探微　刘琪　四川文物 3：82 – 91
唐三彩凤首壶的凤首装饰及其流播　罗佳　美术 7：140 – 141
庆城县博物馆藏彩绘黑人俑初探　张志升　文物天地 12：62 – 65
巩义黄冶窑动物俑的命名问题　王卫敏　黄河　黄土　黄种人 8：40 – 43
越窑探“秘”　余甫倩、余蕾希　收藏 11：62 – 67
洪州窑青瓷及其成就　游越　文物天地 10：92 – 96
洪州窑瓷器赏鉴　张文江　中国文物报 10 月 13 日 5 版
透过馆藏谈邢窑与定窑白瓷　杨俊艳　收藏 12：30 – 35

丝路名物考——唐庆山寺佛塔地宫盖纽式白瓷盒研究　张菊芳、刘令贵　中国陶瓷4：64－70
大获成功的民窑贸易　李晔　收藏7：24－31
唐朝长沙窑兴衰的影响因素分析　郭爱鹏等　南方文物5：146－154
长沙窑瓷器：9世纪印度洋——中国海域地区全球型海上贸易的典型商品　赵冰　文物11：37－48
长沙窑瓷因此崛起　张海军　收藏7：58－61
长沙窑，中国彩瓷丰碑　李晔　收藏7：36－51
长沙窑釉色的烈火魂灵　李晔　收藏7：32－35
长沙窑瓷里的唐代长沙　李光辉　收藏7：62－67
绚丽的长沙窑胎装饰　李晔　收藏7：52－57
长沙窑瓷模印贴花人物　史明立　收藏7：68－77
长沙窑瓷上的婴戏装饰　王安妮　收藏7：78－81
移动的乐舞：长沙窑瓷器乐舞纹再论　孙兵　美术研究5：23－30
趣谈长沙铜官窑博物馆老鼠偷油酱釉油灯　杨莉娟　中国文物报12月15日8版
中外交流中的长沙窑灯具　张越　收藏7：82－87
陕西出土的唐长沙窑瓷器　杜文　收藏7：88－93
长沙窑的“胡风”与中古长江中游社会变迁　李梅田　故宫博物院院刊5：4－14
10世纪耀州窑生产转型及技术渊源——从M形匣钵说起　李坤、王小蒙　中原文物4：71－77
10世纪耀州窑青瓷造型中的仿唐金银器因素　杨俊艳　收藏8：30－35
论淄博窑的仿烧工艺　么彬、张冲　黄河　黄土　黄种人　10：54－58
淄博窑青瓷的发展研究　吴咏梅　齐鲁艺苑3：58－63
富平银沟遗址青瓷标本的类型学分析　娄佳清等　中国陶瓷1：67－80
富平银沟遗址部分陶瓷碗类的造型规格及装饰制作　孟树锋等　中国陶瓷2：82－89
吉林大学考古与艺术博物馆藏瓷选介　彭善国、杨梓丹　文物4：67－72
唐人饮茶分析——以望野博物馆藏唐代茶具为例　吴咏梅　文物天地7：121－126
鲁山段店窑瓷器精粹赏析　闫睿等　文物天地1：66－73
御窑厂遗址出土青花瓷的初步研究　马仁杰等　古代文明（第14卷）　162－182
由叠唇碗的发展轨迹试析青白瓷的起源与传播问题　汪发志　东南文化6：111－118
柴窑文化及其公众文化传播　王晓如　西安文理学院学报（社会科学版）3：43－47

宋、辽、金

北宋时期郑州地区瓷枕生产浅析　卞建龙　黄河　黄土　黄种人14：26－29
山东博山大街窑出土青釉印花瓷探考　么彬、王滨　博物院6：30－36
西村窑瓷器装饰样式的生成及其文化意义　罗佳　装饰5：78－81
钧窑器的类型和用途　施君玉　文物天地12：102－105
宋代耀州窑青瓷的刻花、印花工艺　甘莉莉　大众考古8：68－71
汝窑素烧礼器、出香、水仙盆等相关问题初探　杜文　收藏12：42－51
别开生面的定窑瓷塑动物玩具　方琦　淮海文博（第2辑）　131－136
国宝资料更新——以北宋汝窑青瓷无纹水仙盆为例　余佩瑾　故宫文物月刊445：96－112
汇集南北　从宋代瓷器认识广元窑　唐志工等　收藏3：134－137
宋代吹笙人物执壶的断源争论暨繁昌窑考察　宋黎藜　文物天地3：88－99
磁州窑戳记装饰考　胡秋莉　黄河　黄土　黄种人8：37－39
玄远无极穹空幽——定窑黑釉瓷　姚颖　收藏家4：21－26
关于“龙牙惠草”谢明良　故宫文物月刊442：66－82
耀瓷解码：从飞仙纹到装鬼图　杜文　收藏家3：87－94
高丽镶嵌青瓷与中国瓷器镶嵌装饰工艺的联系与传承　秦大树　故宫博物院院刊9：5－27

扬州宝祐城西城门外出土黑釉盏研究 林海南、张敏 扬州考古发现与研究（2020 年）（总第 1 辑） 136－142
龙泉窑厚釉技术和粉青釉瓷器的烧造 沈岳明 故宫博物院院刊 5：15－22
"南海Ⅰ号"瓷器反映的多文化融合 冯正腾 文物天地 2：61－63
从"南海Ⅰ号"出水器物上的"丙子年号"款谈文物断代中干支纪年法的功用 田国敏 文物天地 2：126
"南海Ⅰ号"出水龙泉青瓷 温苇苇 文物天地 2：20－22
话说"南海Ⅰ号"故事之义窑瓷器 田国敏 文物天地 2：25－26
"南海Ⅰ号"出水的碗碟类瓷器 温苇苇 文物天地 2：27－33
从"南海Ⅰ号"沉船出水器看宋人插花 佚名 文物天地 2：70－72
"南海Ⅰ号"出水墨书陶瓷器概述 陈浩天 文物天地 2：34－36
玉华金泥传千古 影青秀色呈眼前——"南海Ⅰ号"景德镇窑瓷器赏析 刘慧茹 文物天地 2：16－19
南宋官窑瓷"墩"的初步探究——从几件南宋官窑的青瓷标本说起 杜晓俊 收藏家 12：37－44
却忆金明池上路 红裙争看绿衣郎——从瓷枕看宋人的求仕观念 胡田甜 文物天地 1：62－65
漫谈壶盖 刘慧茹 文物天地 2：43－45
宋代黑釉茶盏 张润平 收藏家 4：17－20
从宋代茶文化看鹧鸪斑建盏 汪震 收藏家 4：11－16
记宋瓷修饰 谢明良 故宫文物月刊 449：82－93
宋辽金时期佛塔出土瓷器研究 隋璐 边疆考古研究（第 28 辑） 407－425
浅析朝阳北塔出土辽代白瓷器 张海莉 辽金历史与考古（第十一辑） 299－307
建平博物馆馆藏辽三彩 张微 辽金历史与考古（第十一辑） 295－300
新乡市博物馆藏宋金动物纹陶瓷枕 王元黎 文物春秋 4：78－83
枕上婴戏：两宋金元时期婴戏枕的纹饰特点 黄巧好 文物天地 8：56－61
新发现的宋金时期烈山窑及其陶瓷产品 武可 收藏 7：152－157
宋金元时期的萧窑瓷器探析 刘东 文物天地 9：110－115
中国三峡博物馆藏宋、金耀州窑青瓷 王永超 收藏 12：86－89
竹马走童儿 宋金陶瓷上所见童子竹马图 杜文 收藏 3：126－133
宋、金、元时期瓷器上的夔龙纹与螭龙纹 杨俊艳 收藏 6：20－23
宋至明代瓷器考古发现与研究 王睿 南方文物 3：224－230
福建德化三班内坂—尾林宋元窑址与瓷土作坊 张红兴 大众考古 9：58－65
开封博物馆藏宋元瓷枕鉴赏 仝留洋、杨佳琳 收藏家 6：35－38
杭州博物馆藏宋元出土瓷器鉴赏 高敏 文物天地 6：27－36
试论宋元明时期闽北地区的仿龙泉青瓷 刘净贤 考古与文物 1：100－110
素简玄妙——宋元时期建盏类器物 董健丽 收藏家 4：3－10
朝阳辽代刘文学墓出土影青瓷器赏鉴 韩国祥、蔡强 文物天地 9：106－109
出土瓷器所见辽金燕云地区政治及文化变迁 常乐 文物春秋 2：71－78
试论辽金大同瓷窑的装饰风格 马雁飞 文物天地 9：52－55
宁夏地区西夏瓷器类别与特征鉴识 张瑞芳 收藏 12：90－97
西夏白釉褐彩龙纹罐赏析 郑鹏飞 陇右文博 4：23－26
山西霍州窑的别名及相关问题考辨 杨涛 中国陶瓷 3：87－91
雅致生活小物件 文集遗址钧釉鸡心形瓜棱执壶功能探析 杨浩淼 大众考古 2：60
磁州窑白地黑花豆形枕断代新考 张丽萍、张美芳 中国文物报 7 月 28 日 7 版
试析金代白釉红绿彩瓷的彩绘技法的渊源及其影响 王爱国 文物世界 1：34－37
淄博市博物馆藏博山大街窑金三彩狮形器 张冲、张伟伟 文物天地 3：66－71

元、明、清

元青花起源之我见　杭侃　中国文化 51：267－279
扬州太子岗遗址出土青花龙纹玉壶春瓶研究　魏旭、张敏　扬州考古发现与研究（2020 年）（总第 1 辑）　143－148
草原明珠——草原丝路上发现的元代青花瓷　井明　收藏家 3：73－78
关于元代卵白釉加彩贴金瓷器相关问题的探讨　余金保　中国国家博物馆馆刊 7：65－74
试论元代卵白釉瓷命名及其存在的问题　余金保　中原文物 6：129－136
大同市博物馆藏元代广寒宫青白釉瓷枕相关问题研究　文慧　文物天地 9：33－36
中国国家博物馆藏两件元代钧窑双耳连座瓶的再认识　彭晓云　中国国家博物馆馆刊 6：151－160
吉州窑水波纹装饰类釉下彩绘瓷的物质文化分析　史明立　文物天地 1：74－82
孔雀蓝釉技术源流考辨　冯冕　中原文物 1：124－130
对御用瓷器龙纹装饰的历史文化观察　王光尧　文物天地 9：132－135
江西宜丰县邮电局工地元代窖藏　刘金成等　文物天地 4：48－53
新疆阿力麻里古城出土元代瓷器解析　包伟柯、樊静怡　黄河　黄土　黄种人 14：30－32
从“龙泉天下”到“天下龙泉”——元明时期龙泉窑对外输出方式的变革　沈岳明　博物院 6：37－42
北京艺术博物馆藏明宣德官窑瓷器及后仿品分析　杨俊艳　收藏 11：32－35
明嘉靖时期祭祀用瓷新探　高宪平　文物 11：67－78
析明万历十七年德府施舍绿釉香炉　胡秋莉　收藏 2：47
浅谈景德镇出土明代仿龙泉窑瓷器　方婷婷、江建新　故宫博物院院刊 5：34－42
西安西大街古井出土瓷器赏析　权敏等　收藏 11：78－85
明代纪年墓出土青白釉瓷器初步研究　陈扬　中国国家博物馆馆刊 7：75－85
陕西两座明代宦官墓出土瓷器小考　杜文　收藏 11：58－61
明磁州窑黑釉矫龙倒流壶　张军红　文物春秋 5：87－89
也说宜钧与禹钧、广钧、炉钧的区分　王朔飞　收藏家 8：85－88
古代石湾窑产品特色及成就　黄晓蕙　文物天地 4：54－61
明代“磁州窑类型”瓷器分期研究——以明代墓葬出土瓷器为中心　陈扬　故宫博物院院刊 3：63－75
景德镇瓷器生产“二元配方”起源初探——兼论高岭土开发史　肖红艳等　故宫博物院院刊 5：23－33
对明代早期景德镇御窑青釉瓷器的思考——以与龙泉青瓷的比较为中心　单莹莹等　故宫考古文集（一）　177－187
明中期景德镇御器厂制瓷作坊布局讨论——以 2014 年考古发掘资料为中心　钟燕娣等　故宫博物院院刊 9：43－60
瓷僧帽壶源流考　高杰　文物 3：49－57
常州博物馆藏磁州窑人物花卉梅瓶考识　肖宇　中国文物报 2 月 4 日 7 版
明代梅瓶赏析　李文涓、胡景茗　收藏家 6：17－20
青幽靓丽　质朴典雅——山西博物院藏明代青花瓷精粹　郭智勇、海青　文物世界 6：3－6
一块瓷板上的故事　赵磊　中国文物报 10 月 13 日 7 版
明清天球瓶的形与纹浅说　王娟　文物天地 4：62－72
明清德化窑道教偶像赏析　黄静　收藏 10：84－91
高人逸士　鹤鸣九皋——江西省博物馆藏明清瓷器上的高士图研究　王小琴　文物天地 10：97－104
清宫内务府广储司瓷库相关问题探讨——兼及清以前宫廷瓷库考述　项坤鹏　中国国家博物馆馆刊 12：71－83
福禄之器　吉祥万代——清宫康雍乾三朝葫芦瓶　张莹、李理　收藏家 10：51－60
古雅青翠　妙趣天成——江西省博物馆藏康熙青花瓷器赏析　王小琴　收藏家 6：3－10
乾隆时期仿青铜尊造型瓷器探析　李采莲　收藏 2：112－115

吉林省博物院藏乾隆青花瓷器（上）、（下） 高雪、张语师 收藏家 2：39－46、3：69－72
慎修思永“慎德堂制”款瓷器 杨俊艳 收藏 8：24－27
浓妆淡抹总相宜 新乡藏清代青花与粉彩瓷 王元黎 收藏 2：66－71
宫中邂逅——当青花瓷遇见剪纸 李理、李晓丽 收藏家 7：37－44
北京艺术博物馆藏清代彩绘瓷上的春花 杨俊艳 收藏 5：22－29
北京艺术博物馆藏清代官窑暗八仙纹瓷器研究 杨俊艳 收藏 1：20－23
河北博物院藏清代民窑青花瓷 冯宁 收藏家 6：27－34
溧阳市博物馆藏清官窑瓷器 黄诚 收藏 4：74－76
龙凤呈祥——潍坊市博物馆藏清代龙凤纹瓷器撷珍 郭伟 收藏家 8：49－53
三门峡市博物馆藏青花瓷香炉 常军 收藏家 5：57－58
新乡市博物馆藏帽筒 秦欣欣 收藏家 6：11－16
花有露珠 蝶有茸毛——新乡市博物馆藏清代粉彩瓷器鉴赏 郑媛媛等 收藏家 11：51－56
黑龙江省博物馆藏清三代釉上彩瓷 王晓艳 收藏家 4：69－76
天国遗粟——太平天国时期瓷器赏鉴 孙建 收藏家 6：21－26
俄罗斯东方艺术博物馆藏中国清代异形陶瓷 李智瑛、赵腾 收藏家 12：65－70
新年能说多少“蝠”瓷器上的福文化 杨俊艳 收藏 2：16－23

九 其他

论楚国的“砝码问题” 武家璧 考古 4：90－99
狮子山楚王陵出土石质石权研究 贺国娟、刘聪 博物院 3：60－65
建初铜尺的考订与诗 乾嘉考订家的物缘与诗情 叶倬玮 中国文化 52：340－349
浏阳市博物馆藏元大德二年铜权 林洪 文物 12：91－92
北宋雕龙题记香炉石 张国勇、翟宏友 大众考古 11：58－59
十四年上郡守匽氏钢刀考 吴镇烽 文博 6：72－77
李贤墓出土环首刀 曹莹、宋平 文物天地 11：45
广州出土南明弘光元年铁炮 王慧 大众考古 12：65－69
张家口市崇礼区明长城遗址新发现铁铳研究 张依萌 中国国家博物馆馆刊 11：73－82
清代宫廷鞘刀辨识 白兰 收藏家 7：61－65
澳门大炮台英制大炮阐释——兼论澳门内港古炮类型归属 陈炳辉 收藏家 12：45－50

肆 田野考古

一 北京市

通州区前北营村汉代墓葬群考古发掘工作简况 北京市文物研究所（魏然、刘乃涛） 北京文博文丛（第二辑） 87－94
北京大兴四合庄唐墓考古发掘简报 北京市文物研究所（耿征等） 黄河 黄土 黄种人 20：7－11
北京大兴国际机场 2019 年度考古工作简述 北京市文物研究所（张智勇、刘乃涛） 北京文博文丛（第二辑） 98－104
北京市通州古城东城墙遗址发掘简报 刘风亮、王策 北方文物 6：18－37
鼓楼西大街 35 号院考古工作简报 北京市文物研究所（王继红、王宇新） 北京文博文丛（第一辑） 87－93
延庆南寨坡城堡遗址考古工作简述 北京市文物研究所（尚珩、刘乃涛） 北京文博文丛（第二辑） 95－97

二　天津市

天津蓟州朝阳洞发现旧石器遗址——系天津首次发现的有明确原生层位的旧石器时代洞穴遗址　盛立双等　中国文物报 3 月 20 日 8 版

天津市宝坻区茶棚村发现金代石椁墓　天津市文化遗产保护中心、天津市宝坻区文化馆（尹承龙、戴滨）　北方文物 6：10－17

三　河北省

河北省康保县兴隆遗址 2018－2019 年发掘收获　郭明建等　中国文物报 12 月 18 日 5 版

河北肃宁县后白寺遗址发掘简报　河北省文物考古研究院等（魏曙光等）　考古 4：22－42

河北平山县北七汲墓地早期墓葬发掘简报　河北省文物考古研究院、中国人民大学北方民族考古研究所（刘连强、王晓琨）　文物春秋 1：49－52

河北平山中七汲战国墓地 M11、M37 发掘简报　河北省文物考古研究院、中国人民大学历史学院考古文博系（王晓琨、刘连强）　文物 9：4－19

河北雄安新区张市南遗址　杨丙君　大众考古 12：16－17

河北正定开元寺南遗址　陈伟等　大众考古 7：12－15

河北雄安新区安新县涞城东遗址唐墓发掘简报　河北省文物考古研究院、安新县文物管理所（雷建红等）　文物春秋 5：51－58

河北文安大龙华村唐代砖室墓清理简报　廊坊市文物保护研究所、文安县文物管理所（张刚）　文物春秋 1：53－55

河北泊头十里高遗址发掘简报　河北省文物考古研究院、泊头市文物保管所（魏曙光）　考古与文物 2：16－27

深泽县东固罗墓地元代墓葬发掘简报　河北省文物考古研究院（杨丙君）　文物春秋 3：73－78

河北正定古城考古勘察简报（一）、（二）　河北省文物考古研究院（陈伟等）　文物春秋 5：59－70、6：36－50

雄安考古中的雄安质量——雄安新区考古调查与发掘方法简介　郭明建　中国文物报 4 月 17 日 7 版

四　山西省

2019 年山西考古综述　王晓毅等　中国文物报 3 月 6 日 6 版

大同市阳高县旧石器考古调查及相关问题讨论　石晶等　不惑集——山西大学考古专业成立 40 周年纪念文集　1－10

山西离石信义遗址发现庙底沟二期窑洞式房屋　赵辉、刘吉祥　中国文物报 9 月 25 日 5 版

山西绛县周家庄遗址 2017 年秋季东区发掘简报　中国国家博物馆等（田伟、戴向明）　中国国家博物馆馆刊 10：18－29

山西忻州河拱新石器时代遗址发掘简报　山西省考古研究院等（张登毅）　中国国家博物馆馆刊 10：6－17

山西吕梁山中段史前考古调查取得新收获　任海云等　中国文物报 3 月 20 日 8 版

山西林遮峪遗址发现龙山时期石城等重要遗迹　王俊、崔俊俊　中国文物报 8 月 7 日 8 版

山西绛县西吴壁遗址发掘取得重要新收获——明确该遗址是一处以冶炼纯铜为主，兼制作小型工具的聚落，是学界首次在邻近夏商王朝的腹心地带发掘的专业冶铜遗址，填补了冶金考古的空白　戴向明、田伟　中国文物报 1 月 3 日 5 版

山西绛县西吴壁遗址 2018～2019 年发掘简报　中国国家博物馆考古院等（戴向明等）　考古 7：47－74

山西大学东山校区考古勘探简报　张欣　文物世界 1：46－48

山西洪洞坊堆—永凝堡遗址商至西周遗存调查简报　山西省考古研究院等（郑媛等）　中国国家博物馆馆刊 10：30－41

山西翼城大河口西周墓地 M6096 发掘简报　山西省考古研究所等（谢尧亭等）　文物 1：4－25

山西翼城大河口西周墓地一号墓发掘　山西省考古研究院、临汾市文物局等（谢尧亭等）　考古学报 2：177－290

山西绛县横水西周墓地 M2531 发掘报告　山西省考古研究所等（杨及耘等）　考古学报 1：89－122

山西翼城大河口西周墓地 M1034 发掘简报　山西省考古研究所等（谢尧亭等）　中原文物 1：4－30

山西隰县瓦窑坡墓地的五座铜器墓　山西大学历史文化学院、山西省考古研究院等（陈小三等）　中国国家博物馆馆刊 10：42－87

山西黎城西关墓地 M7、M8 发掘简报　山西省考古研究院（张崇宁、韩炳华）　江汉考古 4：3－24

山西晋中小南庄东周遗址发掘简报　山西省考古研究所、晋中市考古研究所（高振华等）　黄河　黄土　黄种人 2：12－15

山西闻喜邱家庄东周大墓　陈海波　大众考古 4：12－13

山西太原东山古墓发现大型西汉墓园遗址　常一民等　中国文物报 6 月 19 日 8 版

山西寿阳阳摩山石窟调查简报　中央美术学院丝绸之路艺术研究中心石窟调查组（邢陆楠）　文物 1：79－96

山西太原开化北齐和公墓发掘简报　山西省考古研究院等（张光辉）　中原文物 6：10－15

山西太原唐代郭行墓发掘简报　山西省考古研究院、太原市文物考古研究所（周富年等）　考古与文物 5：43－56

山西翼城原村元墓发掘简报　山西省考古研究院（荆泽健等）　文物 7：25－32

山西盂县后元吉元代纪年墓发掘简报　山西省考古研究院等（张光辉等）　文物 7：33－43

山西榆次发现两座元代墓葬　晋中市考古研究所、山西省考古研究所（崔晓东、贾志斌）　文物春秋 1：56－60

山西朔州发现元代壁画墓　张光辉等　中国文物报 12 月 18 日 8 版

21 世纪元青花考古新发现及其意义　胡朝辉　文物天地 7：103－113

山西天镇盘山石窟调查　赵慧建　大众考古　1：50－57

五　内蒙古自治区

内蒙东部考古遗址考察记　安成邦　大众考古 2：62－73

坝上地区史前遗存调查及兴隆遗址发掘项目的策划与实施　郭明建等　中国文物报 12 月 18 日 5 版

内蒙古乃仁陶力盖遗址发现新石器时代早期大型聚落　内蒙古自治区文物考古研究所（陈文虎等）　中国文物报 10 月 9 日 8 版

草原地区新石器时代早期季节性营地式聚落遗址的新发现——内蒙古化德四麻沟遗址发掘取得重要收获　胡晓农等　中国文物报 1 月 3 日 8 版

内蒙古扎赉诺尔蘑菇山北遗址 2019 年调查报告　汪英华等　人类学学报 2：173－182

内蒙古通辽市腰伯吐遗址 2015 年发掘简报　内蒙古自治区文物考古研究所、通辽市博物馆（包海平）　北方文物 5：11－18

内蒙古库伦旗小奈林稿遗址发掘简报　内蒙古自治区文物考古研究所等（胡春佰等）　考古 3：3－27

2019 年内蒙古自治区文物考古研究所考古发现综述　内蒙古自治区文物考古研究所　草原文物 1：1－15

“考古中国——河套地区聚落与社会研究”内蒙古区的工作与展望　河套地区聚落与社会研究内蒙古自治区课题组　（孙金松等）　草原文物 2：26－35

鄂尔多斯市准格尔旗纳林汉墓发掘简报　内蒙古自治区文物考古研究所、准格尔旗文化馆（李倩等）　草原文物 2：11－17

乌特拉中旗文物考古工作概述　张文平、丹达尔　草原文物 2：82－89

内蒙古呼和浩特市坝顶遗址发现北魏皇家祭天遗存　张文平等　中国文物报 12 月 4 日 8 版

21 世纪以来宋（辽金）元时期三彩暨低温釉陶窑址考古新进展　郑建明、赵子豪　文物天地 5：94－101

内蒙古巴林左旗辽上京宫城建筑基址 2019 年发掘简报　中国社会科学院考古研究所内蒙古第二工作队、内蒙古自治区文物考古研究所（汪盈等军）　考古 8：52－72

赤峰市敖汉旗韩家窝铺辽代壁画墓发掘简报　内蒙古史前文化博物馆（王泽）　草原文物 1：36－47

呼伦贝尔市额尔古纳市卡伦敖包清理　哈达　草原文物 1：48－52

六　辽宁省

辽宁凌海大刘台山遗址夏家店下层文化遗存发掘简报　辽宁省文物考古研究院、锦州市博物馆（徐政等）　文物 7：4－24

辽宁朝阳市上河首南地遗址发掘简报　辽宁省文物考古研究院、朝阳市龙城区博物馆（司伟伟等）　边疆考古研究（第 28 辑）　51－69

阜新高林台城址 2014～2015 年度发掘简报　辽宁省文物考古研究院、阜新市考古所（褚金刚等）　边疆考古研究（第 27 辑）　1－27

辽宁鞍山市调军台墓地西汉墓葬的发掘　辽宁省文物考古研究院、鞍山市博物馆（徐政、司伟伟）　考古 3：46－62

辽宁省辽阳市耿家墓地考古发掘简报　吉林大学考古学院、辽宁省文物考古研究院（李龙彬等）　边疆考古研究（第 27 辑）　29－58

辽宁本溪县下堡山城及采石遗址调查报告　辽宁省文物考古研究院等（卢治萍等）　北方文物 4：10－16

辽宁朝阳市哨口营子村唐墓发掘简报　朝阳市文物考古研究所、朝阳博物馆（刘超等）　考古 1：46－67

辽上京遗址宫城内发现大型宫殿基址　董新林等　中国文物报 2 月 21 日 8 版

辽宁省北镇市医巫闾山辽代帝陵遗址群重要发现——新立 M1、M2　辽宁省文物考古研究院等（苏军强等）　边疆考古研究（第 27 辑）　59－65

辽宁朝阳市水泉三座辽代纪年墓　朝阳市龙城区博物馆（李道新等）　北方文物 4：17－31

辽宁北镇市辽代韩德让墓的发掘　辽宁省文物考古研究院等（司伟伟等）　考古 4：58－76

辽宁北镇市新立遗址一号基址 2015～2018 年发掘简报　辽宁省文物考古研究院（苏军强等）　考古 11：48－71

辽宁朝阳市水泉辽代 M5～M7 发掘简报　朝阳市龙城区博物馆（赵海杰等）　辽金历史与考古（第十一辑）　3－14

辽宁丹东致远舰遗址调查　周春水　自然与文化遗产研究 7：12－20

七　吉林省

吉林抚松县漫江村鱼池地点发现的石制品　李万博等　北方文物 5：3－10

吉林抚松枫林遗址　徐廷　大众考古 8：12－15

吉林省长岭县西凤凰岭遗址调查简报　吉林省文物考古研究所（孟庆须等）　草原文物 1：28－35

吉林通榆县海力营子西北四处遗址的调查　王建峰、王立新　北方文物 2：3－17

东辽河上游青铜时代遗址 2017 年考古调查简报　吉林大学边疆考古研究中心等（任平等）　北方文物 4：3－9

吉林梨树县长山遗址发现青铜时代晚期墓葬　方启等　考古 10：118－120

鸭绿江上游积石墓——坡口墓群 2016 年发掘简报　黑龙江大学历史文化旅游学院等（刘晓溪等）　边疆考古研究（第 28 辑）　71－85

辽金春捺钵遗址群的新发现——2018 年乾安县藏字区春捺钵遗址考古调查发掘的重要收获　吴敬等　吉林大学社会科学学报 1：200－205

吉林省图们市磨盘村山城考古工作的重要收获　安文荣、徐廷　中国文物报12月4日7版
吉林省梨树县偏脸城西侧金代遗存2017年发掘简报　吉林大学边疆考古研究中心等（史宝琳等）　边疆考古研究（第27辑）　67－83
吉林洮南市敖尼哈嘎二号遗址的调查与认识　潘静等　北方文物6：3－9
吉林双辽东孟益辽墓发掘报告　吉林大学边疆考古研究中心等（刘晓溪等）　考古与文物1：49－60

八　黑龙江省

考古新发现改写完善黑龙江流域文明史　董云平　黑龙江日报1月10日1版
黑龙江饶河小南山遗址发现新石器早期墓地——为我国玉文化的起源和传播以及早期玉器加工技术等问题的研究提供了宝贵的资料　李有骞　中国文物报5月23日8版
黑龙江齐齐哈尔洪河遗址发现新石器文化聚落——发现“连珠式”环壕聚落和大型房址　极大丰富了昂昂溪文化的内涵　张伟　中国文物报5月23日8版
黑龙江穆棱市八面通四平山第二地点调查简报　张利军等　北方文物3：3－6
黑龙江逊克农场四分场遗址石制品研究　张雪微、李有骞　文物春秋1：41－48
宁安北安南山旧石器地点石器研究　陈全家等　文物春秋2：79－88
黑龙江大兴安岭呼中北山洞遗址2016年发掘简报　黑龙江省文物考古研究所、中国人民大学北方民族考古研究所（王长明）　北方文物1：3－20
黑龙江齐齐哈尔市洪河遗址　黑龙江省文物考古研究所　考古7：20－33
削足适履与量体裁衣——“七星河模式”的创建　曹耀文　南方文物6：76－81
黑龙江逊克县胜利村金代墓葬发掘简报　黑龙江省文物考古研究所（金太顺）　北方文物1：21－27

九　上海市

上海市青浦区崧泽遗址2014年发掘简报　河南大学历史文化学院、上海博物馆考古部（郑秀文、李溯源）　考古11：3－15

一〇　江苏省

江苏“十三五”期间考古成果及效益　吕春华　中国文物报10月16日7版
淮安市洪泽区朱坝镇孙庄遗址考古勘探报告　祁小东　不惑集——山西大学考古专业成立40周年纪念文集　73－79
江苏苏州市五峰北遗址2016年发掘简报　中国社会科学院考古研究所、苏州市考古研究所（唐锦琼等）　考古1：3－19
江苏宝应县双琚南荒子遗址勘探与试掘　扬州市文物考古研究所、宝应博物馆（薛炳宏等）　扬州考古发现与研究（2020年）（总第1辑）　1－8
江苏金坛沈家村土墩墓发掘取得重要收获　原丰等　中国文物报12月18日8版
鸿山遗址M1－3土墩环壕发掘简报　李光日　无锡文博（庚子撷英）　14－20
江苏金坛薛埠立夫路土墩墓D4发掘简报　南京博物院等（胡兵、赵李博）　东南文化1：39－49
江苏溧阳子午墩土墩墓D1发掘简报　南京博物院（陈钰、高倩）　东南文化5：59－73
江苏溧阳子午墩土墩墓D2发掘简报　南京博物院、常州市考古研究所（郑铎等）　东南文化1：50－64
江苏常州金坛方山土墩墓D2发掘简报　南京博物院、常州博物馆（肖宇等）　东南文化5：36－47
江苏常州金坛顺水桥土墩墓D9发掘简报　南京博物院、常州博物馆（张华等）　东南文化5：48－58
江苏溧阳蒋笪里墓地汉墓发掘简报　南京博物院、溧阳市博物馆（马永强等）　东南文化2：37－52
丹阳市十墓山西汉墓的发掘与研究　司红伟、王书敏　黄河　黄土　黄种人10：7－18
扬州西湖经圩村西汉孔中意墓发掘与研究　扬州市文物考古研究所（秦宗林、吴宝春）　扬州考古发现

与研究（2020 年）（总第 1 辑）　9－17
江苏省扬州市邗江区侯庄组汉、晚唐至五代墓葬发掘简报　南京博物院、扬州市文物考古研究所（魏旭等）　东南文化 4：38－54
2012～2014 年徐州贾汪、铜山四座汉魏墓葬考古发掘简报　徐州市文物考古研究所（缪华、田二卫）　淮海文博（第 2 辑）　3－10
江苏金湖徐梁墓地　祁小东　大众考古 2：14－17
江苏沭阳吕台三国水井发掘简报　晁剑虹　东南文化 6：49－57
江苏苏州虎丘路新村土墩三国孙吴 M5 发掘简报　张铁军、何文竞　东南文化 6：40－48
江苏宿迁锅矿山西晋墓 M28 发掘简报　晁剑虹　东南文化 6：58－64
江苏邳州煎药庙西晋墓地二、三号墓发掘报告　南京博物院等（马永强等）　考古学报 1：123－140
南京大报恩寺遗址东晋、唐墓发掘简报　南京市考古研究院（龚巨平、苏舒）　中国国家博物馆馆刊 12：6－23
江苏徐州云龙区骆驼山北朝墓 M1 发掘报告　徐州汉兵马俑博物馆、徐州狮子山楚王陵（贾飞等）　东南文化 6：65－73
江苏盱眙新华村遗址清理简报　盱眙县博物馆（褚韩悦等）　考古与文物 4：36－39
江苏扬州广陵区凯运天地商业广场唐代墓葬群发掘简报　扬州市文物考古研究所（刘松林、刘刚）　东南文化 2：53－67
江苏苏州姑苏区福星小区两座唐代纪年墓发掘简报　苏州市考古研究所（何文竞）　东南文化 4：63－77
扬州梅岭公馆唐至明清运河故道的发现与研究　扬州市文物考古研究所　扬州考古发现与研究（2020 年）（总第 1 辑）　18－27
江苏灌云罗祖庙晚唐五代古墓葬发掘简报　连云港市博物馆（朱良赛等）　东南文化 4：67－77
南京市江宁区汤山晚唐五代墓发掘报告　江宁区文化遗产保护中心（夏仁琴）　东南文化 6：74－78
扬州中信泰富嘉境晚唐五代墓葬发掘简报　扬州市文物考古研究所（林海南、魏旭）　扬州考古发现与研究（2020 年）（总第 1 辑）　28－35
扬州玉箫路东延段晚唐五代墓葬发掘简报　扬州市文物考古研究所（朱超龙）　扬州考古发现与研究（2020 年）（总第 1 辑）　36－42
扬州邗沟中学杨吴孙四娘子墓发掘简报　扬州市文物考古研究所（朱超龙等）　扬州考古发现与研究（2020 年）（总第 1 辑）　43－48
徐州下淀路阳光美邻工地宋墓发掘简报　徐州市文物考古研究所（刘超）　淮海文博（第 2 辑）　11－19
江苏苏州尹山北宋墓（M15）发掘简报　苏州市考古研究所（刘芳芳、张铁军）　文物 5：44－47
江苏洪泽长山村宋代壁画墓发掘简报　淮安市文物考古研究所、洪泽湖博物馆（赵李博等）　东南文化 2：68－76
江苏扬州邗江区经九路元墓 M17 发掘简报　扬州市文物考古研究所（闫璘等）　东南文化 2：77－82
南京林业大学三座明代徐达家族墓发掘简报　南京市考古研究院（许志强）　文物 9：26－35
南京林业大学四座明墓的发掘　南京市考古研究院（许志强）　中国国家博物馆馆刊 4：68－81
江苏淮安清江浦区拱辰佳苑小区明代家族墓发掘报告　淮安市文物考古研究所（祁小东等）　东南文化 2：83－95
徐州回龙窝明南城墙遗址发掘简况　徐州市文物考古研究所（郑洪全）　淮海文博（第 2 辑）　20－30
无锡西坟墩明清墓地发掘简报　李永军、张雷　无锡文博（庚子撷英）　21－36
扬州市岗庄明清墓葬发掘简报　扬州市文物考古研究所（周赟）　扬州考古发现与研究（2020 年）（总第 1 辑）　49－60

一一　浙江省

浙江余姚井头山发现史前贝丘遗址——埋藏深度达 10 米，距今 8000 年左右，是我国沿海地区年代最早、

埋藏最深的一处史前贝丘遗址　浙江省文物考古研究所等　中国文物报6月19日8版
奉化江流域史前考古新发现　丁风雅等　中国文物报1月17日4版
浙江海宁达泽庙遗址揭露成片史前聚落　赵晔　中国文物报11月20日7版
浙江宁波奉化方桥上王遗址2018年发掘简报　宁波市文物考古研究所等（丁风雅等）　南方文物1：36－45
杭州萧山东蜀山发现古代墓群　崔太金等　中国文物报7月24日8版
浙江宁波奉化白杜汉六朝墓地2019年发掘简报　宁波市文物考古研究所等（许超等）　南方文物1：46－58
浙江德清东汉上渚山窑址发掘简报　浙江省文物考古研究所、德清县博物馆（郝雪琳、周建忠）　东南文化4：26－37
浙江余姚穴湖孙吴时期虞氏墓发掘简报　宁波市文物考古研究所、余姚市文物保护管理所（许超等）　文物9：20－25
浙江宁波镇海澥浦息云寺山遗址发掘简报　宁波市文物考古研究所等（雷少等）　南方文物1：59－66
浙江杭州钱江新城发现钱塘江古海塘遗址——首次发现柴塘与石塘的双塘结构海塘　确认清乾隆49年至51年所修翁家埠至七堡石塘的终点位置　杨金东　中国文物报1月17日8版

一二　安徽省

安徽省宣城麻村旧石器遗址调查及发掘简报　董哲、战世佳　人类学学报1：74－85
安徽桐城魏庄发现新石器时代聚落遗址　王晓琨、张之航　中国文物报2月21日8版
安徽含山县凌家滩遗址新石器时代墓葬的清理　凌家滩遗址考古队（吴卫红）　考古11：16－28
安徽萧县金寨新石器时代遗址西区2016年发掘简报　安徽省文物考古研究所、萧县博物馆（张小雷、周水利）　东南文化3：57－70
安徽萧县金寨新石器时代遗址北区2017年发掘简报　安徽省文物考古研究所、萧县博物馆（张小雷等）　东南文化3：71－84
安徽寿县西北部先秦遗址考古调查简报　安徽省文物考古研究所、中山大学南中国海考古研究中心　考古学集刊（第23集）　1－40
安徽太湖县卓家老屋遗址商代遗存发掘简报　安徽省文物考古研究所、安徽太湖县文物管理所（陈小春、蔡息园）　南方文物6：130－136
安徽宁国灰山土墩墓D2发掘简报　安徽大学历史系、安徽省文物考古研究所（唐天航、王峰）　东南文化3：98－103
安徽寿县寿春城八里遗址　蔡波涛、张义中　大众考古6：12－15
安徽固镇南城孜遗址战国秦汉墓葬发掘简报　武汉大学历史学院、安徽省文物考古研究所（李龙俊等）　江汉考古1：40－47
安徽寿县定湖大道M6发掘简报　安徽省文物考古研究所、安徽博物院（张钟云）　考古2：50－69
安徽六安经济开发区碧桂园汉代墓葬M30发掘简报　安徽省文物考古研究所、吉林大学考古学院（姬美娇、王峰）　东南文化2：27－36
安徽淮北烈山窑遗址发掘简报　安徽省文物考古研究所（陈超）　中原文物2：20－32
近年来萧窑考古的新收获　蔡波涛　文物天地3：108－116

一三　福建省

福建德化格梓山原始瓷遗址　张红兴　大众考古2：74－79
乐土瓷韵——发现“将乐窑”　林薇等　文物天地　1：53－61
福建德化三班内坂—尾林宋元窑址　张红兴　大众考古3：14－17
21世纪以来仿烧龙泉青瓷窑址考古新进展　翁倩、郑建明　文物天地3：100－107

福建省安溪县下尾林窑址发掘简报 羊泽林等 故宫博物院院刊 7：72－90
福建顺昌高付头窑址调查 郑皓元、栗建安 大众考古 11：73－80

一四 江西省

南方山地、丘陵地带考古调查工作的实践与思考——以江西抚河流域为例 豆海锋等 西部考古（第 19 辑） 294－304

江西樟树国字山墓地考古调查勘探简报 江西省文物考古研究院、樟树市博物馆（徐长青等） 文物 3：4－10

江西南昌西汉海昏侯刘贺墓主棺实验室考古发掘 李存信 文物 6：4－16

景德镇银坑坞窑址群道塘里——铜锣山段调查简报 江西省文物考古研究院等（饶华松等） 南方文物 6：137－143

景德镇银坑坞窑址群碓家坞窑址调查简报 江西省文物考古研究院等（杨东峰等） 中国国家博物馆馆刊 12：62－70

明代早期景德镇民窑生产的区域性与阶段性 高宪平、李晞 南方文物 5：185－195

落马桥窑址明清遗存发掘的收获及相关问题 秦大树等 文物 11：79－96

江西景德镇落马桥红光瓷厂窑址明清遗存发掘简报 景德镇市陶瓷考古研究所等（江建新等） 文物 11：4－36

一五 山东省

枣庄市山亭区旧石器地点调查简报 李罡等 人类学学报 3：357－366

山东宁阳发现细石器遗存 李罡等 中国文物报 4 月 17 日 8 版

山东沂南里宏遗址发现北辛文化环壕聚落 朱超、张强 大众考古 8：16－17

山东宁阳于庄东南遗址发现“”符号大口尊 房振等 中国文物报 3 月 6 日 8 版

山东日照苏家村遗址发现龙山文化居址和墓葬 宋艳波等 中国文物报 1 月 3 日 8 版

山东滕州市西孟庄龙山文化遗址 山东省文物考古研究院等（梅圆圆等） 考古 7：3－19

山东省成武县满白寺遗址 2015 年考古调查简报 山东大学文化遗产研究院等（陈雪香等） 海岱考古（第十三辑） 189－209

临沭县东盘遗址发掘报告 山东省文物考古研究院、临沭县文物保护管理所（赵国靖等） 海岱考古（第十三辑） 13－188

山东曲阜西陈遗址 韩辉 大众考古 5：12－13

山东曲阜发掘西陈商代遗址——为探索商周交替的重大历史事件与社会变革提供了较为明确的线索 韩辉等 中国文物报 4 月 3 日 7 版

济南市大辛庄遗址商代墓葬 2010 年发掘简报 山东大学考古学与博物馆学系等（郎剑锋等） 考古 3：28－45

鲁南地区东周考古的新突破——出东滕州大韩墓地大面积揭露布局完整墓地，发现有关“倪大司马”铜器铭文 开辟枣滕地区东周考古学文化研究新篇章 刘延常等 中国文物报 1 月 17 日 7 版

山东淄博市临淄区粉庄 2 号墓地春秋战国墓的发掘 山东大学历史文化学院（方辉等） 考古 4：43－57

山东邹城市邾国故城西岗墓地一号战国墓 山东大学历史文化学院考古系、邹城市文物局（路国权等） 考古 9：18－30

淄博市临淄区永流墓地 M401 发掘报告 临淄区文物管理局（杨淑香等） 海岱考古（第十三辑） 227－234

烟台莱山区南沙子、三十里堡和轸格庄汉墓发掘简报 烟台市博物馆、烟台市莱山区文化新闻出版局（闫勇、赵娟） 海岱考古（第十三辑） 235－258

山东嘉祥县竹园汉墓发掘报告 山东省文物考古研究院等（韩辉等） 海岱考古（第十三辑） 259－271

山东省龙口市埠下王家窑址发掘简报　烟台市博物馆（侯建业、闫勇）　海岱考古（第十三辑）　278－296

济南市刘家庄遗址唐代墓葬发掘报告　刘秀玲等　中国国家博物馆馆刊 12：24－42

聊城市东昌府区董桥村清理一座唐代古墓　聊城市东昌府区文物保护修复中心（李燕、吕黎黎）　海岱考古（第十三辑）　272－277

莒国故城子城遗址考古勘探报告　山东省文物考古研究院等（孙启锐）　海岱考古（第十三辑）　297－321

淄川渭头河窑址的发掘　山东大学历史文化学院考古系等（陈章龙、方辉）　考古与文物 4：125－128

山东章丘发现明代家族墓地　刘秀玲等　中国文物报 4 月 3 日 7 版

广饶县中南世纪城明清墓葬发掘报告　日照市文物考古研究所、山东省水下考古研究中心（石念吉等）　海岱考古（第十三辑）　322－378

一六　河南省

河南淅川坑南旧石器时代遗址 TG05 发掘简报　中国科学院大学考古学与人类学系、河南省文物考古研究院（赵静芳等）　中原文物 3：4－14

三门峡灵宝盆地史前遗址的调查收获及重要意义　魏兴涛等　中国文物报 4 月 3 日 5 版

河南新郑裴李岗遗址 2018－2019 年发掘　中国社会科学院考古研究所河南第一工作队等（李永强等）　考古学报 4：521－545

仰韶、西阴村与斗鸡台遗址发掘方法对比分析　许丹阳　古代文明（第 14 卷）　225－244

河南南阳黄山遗址　马俊才　大众考古 12：12－15

河南省淅川县姚河遗址新石器时代遗存发掘简报　首都师范大学历史学院等（袁广阔等）　黄河　黄土　黄种人 4：13－23

河南淅川县下寨遗址新石器时代墓葬发掘简报　河南省文物考古研究院、河南省文物局南水北调文物保护办公室　（曹艳朋、楚小龙）　考古 5：3－19

河南淅川焦皮凹遗址石家河文化遗存发掘简报　郑州大学历史学院等（尹彩燕）　中国国家博物馆馆刊 7：6－16

河南淅川县马岭遗址煤山文化遗存的发掘　武汉大学历史学院考古学系等（郝晓晓、余西云）　考古 2：34－49

河南淅川下王岗遗址二里头文化遗存发掘简报　中国社会科学院考古研究所、山西队河南省文物局南水北调办公室　（高江涛、庞小霞）　中原文物 3：15－27

河南偃师市二里头遗址宫殿区 5 号基址发掘简报　中国社会科学院考古研究所二里头工作队（赵海涛、许宏）　考古 1：20－36

河南偃师商城遗址新发现大型仓储区及囷仓类建筑基址　陈国梁等　中国文物报 8 月 7 日 8 版

偃师商城 2018—2020 年田野工作的新收获　谷飞等　中原文物 6：37－44

2018—2020 年偃师商城小城北城墙发掘简报　中国社会科学院考古研究所河南第二工作队（陈国梁等）　中原文物 6：25－36

河南安阳市洹北商城铸铜作坊遗址 2015～2019 年发掘简报　中国社会科学院考古研究所安阳工作队（何毓灵等）　考古 10：3－29

河南郑州西太康路北晚商墓葬发掘简报　郑州市文物考古研究院（宋歌、秦德宁）　文物 2：4－9

河南省体育场商代祭祀遗址发掘简报　郑州市文物考古研究院（刘文科、信应君）　中原文物 2：4－19

河南济源柴庄遗址发现商代晚期至西周早期大型聚落　梁法伟、王豪　中国文物报 4 月 3 日 7 版

河南南阳夏饷铺鄂国墓地 M5、M6 发掘简报　河南省文物局南水北调文物保护办公室、南阳市文物考古研究所（崔本信等）　江汉考古 3：12－32

河南淅川县焦皮凹遗址西周遗存发掘简报　郑州大学历史学院等　南方文物 3：106－115

河南伊川徐阳墓地2020年度考古发掘　马占山、吴业恒　大众考古11：12－15
河南伊川徐阳东周墓地西区2013－2015年发掘　郑州大学文物考古研究院、洛阳市文物考古研究院（吴业恒）　考古学报4：547－578
南阳李八庙东周墓地发掘简报　河南省文物考古研究院等（曹新洲）　中原文物5：4－20
河南荥阳市官庄遗址铸铜作坊区2016～2017年发掘简报　郑州大学历史学院等（赵昊等）　考古10：53－77
河南南阳春秋楚彭氏家族墓地M1、M2及陪葬坑发掘简报　河南省文物考古研究院、南阳市文物考古研究所（乔保同等）　文物10：4－45
河南淅川裴岭墓地三座秦墓发掘简报　南阳知府衙门博物馆、南阳市文物考古研究所（李长周、宋海富）　中原文物4：22－26
河南灵宝唐李沟墓葬　高鸣　大众考古10：12－13
河南驻马店江庄汉画像石墓　平顶山博物馆、驻马店市博物馆（徐玉凤、彭爱杰）　中原文物4：27－31
河南舞阳第二污水处理厂西汉墓清理简报　河南省文物考古研究院、舞阳县文化旅游局（赵宏、牛曾近）　中原文物6：4－9
淅川兰沟墓葬区M12和M25考古发掘简报　河南省文物局南水北调文物保护办公室等（王凤剑等）　黄河　黄土　黄种人16：7－12
河南许昌长葛市佛耳岗汉墓发掘简报　河南省文物考古研究院、许昌市文物考古研究管理所（陈军锋）　黄河．黄土．黄种人6：8－13
河南洛阳纱厂路西汉大墓　薛方　大众考古3：12－13
新野樊集中学汉代画像砖墓M1发掘简报　河南省文物考古研究院、南阳市文物考古研究所（王凤剑等）　黄河　黄土　黄种人2：16－18
河南荥阳官庄汉代窖藏　郑州大学历史学院、郑州市文物考古研究院、荥阳市文物保护管理中心（赵昊等）　中国国家博物馆馆刊4：55－67
2010年新郑市郭店镇工业园区墓葬发掘简报　河南省文物考古研究院（刘亚玲、樊温泉）　黄河　黄土　黄种人22：10－16
南阳市孔明路书香水岸二期M17发掘简报　南阳市文物考古研究所（魏晓东等）　黄河　黄土　黄种人8：7－12
南阳东汉建宁四年周世雅墓发掘简报　南阳市文物考古研究所（翟京襄）　中原文物3：28－32
河南南阳陈棚墓地的考古发掘　翟京襄等　大众考古8：78－81
河南温县南张羌西晋墓发掘简报　安阳师范学院历史与文博学院等（贾立宝等）　考古与文物6：50－57
河南三门峡上村佳苑唐墓M53发掘简报　三门峡市文物考古研究所（郑立超）　中原文物6：16－24
洛阳偃师唐夏侯敏墓发掘简报　偃师市文物保护服务中心（李秋展）　黄河　黄土　黄种人12：11－14
河南宝丰小店唐墓发掘简报　郑州大学历史学院等　文物2：10－19
河南洛阳关林唐代三彩墓（C7M5657）发掘简报　山东大学历史文化学院、洛阳市文物考古研究院（程保增）　文物2：20－32
河南洛阳市洛龙区唐卫蕤夫妇墓的发掘　程召辉　考古1：117－120
河南荥阳市飞龙路学校两座唐墓发掘简报　郑州市文物考古研究院等（魏青利、尚元昕）　中国国家博物馆馆刊12：43－50
荥阳京城花园唐墓发掘简报　郑州市文物考古研究院、荥阳市博物馆（高赞岭、季惠萍）　黄河　黄土　黄种人18：6－15
巩义二纸厂M2发掘简报　巩义市博物馆、郑州市文物考古研究院（孙角云等）　黄河　黄土　黄种人14：7－14
荥阳市周古寺唐墓M3发掘简报　郑州市文物考古研究院、荥阳市文物保护管理中心（魏青利等）　黄河　黄土　黄种人12：7－10

21世纪以来唐三彩暨低温釉陶窑址考古新进展 赵子豪、郑建明 文物天地4：100－106
21世纪以来绞胎和绞釉陶瓷窑址考古新进展 赵子豪、郑建明 文物天地8：90－95
21世纪以来青花瓷窑址考古新进展（上）、（下） 郝雪琳、郑建明 文物天地6：90－97、7：94－102
洛阳龙门西山北坡僧侣墓群发掘简报 洛阳博物馆、洛阳市文物考古研究院（石燕燕等） 文博3：20－25
河南荥阳鲁庄墓地唐宋金时期墓葬发掘简报 河南省文物考古研究院（赵志文） 中国国家博物馆馆刊3：57－75
周口市川汇区幸福河唐宋墓发掘简报 周口市文物考古所、郑州大学历史学院考古学系（郝柯羽） 江汉考古4：53－59
河南延津宋代仿木构砖雕墓 郭强 大众考古5：14－15
河南舞钢宋墓发掘简报 河南省文物考古研究院、平顶山市文物事务服务中心等（王红卫等） 中原文物4：32－38
河南淅川姚河遗址宋代大型建筑基址发掘简报 首都师范大学历史学院、河南省文物局南水北调文物保护管理办公室（袁广阔等） 黄河 黄土 黄种人24：9－16
文集遗址出土的青汝瓷研究 杨浩淼 黄河 黄土 黄种人4：29－31
明代郑韩两座藩王墓遗存的调查 刘毅、曹永歌 中原文物3：74－80
郑州明代南陵庄裕王墓石刻调查简报 郭磊、刘彦锋 中原文物3：33－40
河南尉氏县明代范九恩夫妻合葬墓的发掘 曹金萍 考古11：117－120
河南新乡市金灯寺明清时期窑址发掘简报 河南省文物局南水北调文物保护办公室等（齐雪义） 考古学集刊（第23集） 125－156

一七 湖北省

丹江口库区大土包子旧石器遗址发掘简报 李浩等 人类学学报3：349－356
湖北省郧县周家坡旧石器时代遗址发掘简报 北京联合大学应用文理学院、郧阳区文化和旅游局（谭琛等） 江汉考古3：3－11
湖北天门市石家河古城朱家坟头遗址墓葬发掘简报 湖北省文物考古研究所等（孟华平等） 考古6：3－24
湖北沙洋县城河遗址王家墓地2017～2018年发掘简报 中国社会科学院考古研究所等（范晓佩等） 考古6：25－52
湖北石首土城垸新石器时代遗址试掘 武汉大学历史学院、石首市走马岭考古遗址公园管理所（单思伟等） 江汉考古5：6－16
武汉市盘龙城遗址小嘴M1、M2发掘及周边文物调查简报 盘龙城遗址博物院（韩用祥等） 江汉考古6：19－24
武汉市盘龙城遗址小嘴2017～2019年发掘简报 武汉大学历史学院等（路晋东、张昌平） 江汉考古6：25－41
武汉市盘龙城遗址杨家嘴2006年发掘简报 武汉市文物考古研究所、盘龙城遗址博物院（韩用祥等） 江汉考古6：42－52
武汉市盘龙城遗址各地点历年考古工作综述 武汉大学历史学院等（邹秋实、张昌平） 江汉考古6：3－18
湖北随州叶家山M111发掘简报 湖北省文物考古研究所、随州市博物馆（黄凤春等） 江汉考古2：3－86
湖北随州市枣树林春秋曾国贵族墓地 湖北省文物考古研究所等（郭长江等） 考古7：75－89
湖北随州枣树林发现春秋曾国贵族墓地——弥补曾国春秋中期的空白，对完善曾国世系及研究春秋中期诸侯墓葬形制、礼器组合等相关问题提供了翔实的资料 郭长江 中国文物报4月17日8版
襄阳沈岗墓地（西区）邓国墓葬发掘简报 襄阳市文物考古研究所（王伟等） 江汉考古4：42－52

湖北荆门沙洋县余湾楚墓发掘简报　四川大学历史文化学院、沙洋县文管所（白彬等）　江汉考古3：33－48
襄阳王家巷遗址春秋制陶作坊遗存发掘简报　湖北省文物考古研究院、襄阳市文物考古研究所（姚练等）　江汉考古4：25－41
湖北荆州七星堰战国楚墓发掘简报　荆州博物馆（刘建业、朱枫）　考古学集刊（第23集）　87－124
湖北枣阳周台遗址J1、J2发掘简报　湖北省文物考古研究所等（胡刚、方勤）　江汉考古5：17－29
2017年湖北随州长堰墓群发掘简报　魏镇等　江汉考古5：30－38
湖北荆州市胡家草场墓地M12发掘简报　荆州博物馆（李志芳、蒋鲁敬）　考古2：3－20
武昌桂子山唐墓M147发掘简报　徐斐宏　江汉考古5：39－50
湖北武汉明楚王墓愍王茔园　杨娟、刘永亮　大众考古9：16－17

一八　湖南省

湖南澧县十里岗旧石器时代遗址发掘简报　湖南省文物考古研究所、澧县文化旅游广电体育局（李意愿）　考古与文物1：3－13
湖南宁乡市楚江流域先秦遗址考古调查简报　长沙市文物考古研究所、宁乡市文化旅游广电体育局（曹栋洋、何佳）　考古学集刊（第23集）　41－74
湖南益阳潭溪口遗址　何赞、余晓福　大众考古1：14－17
湖南南县卢保山遗址发现湖南第四座史前城址　何赞、余晓福　中国文物报3月6日8版
湖南华容七星墩遗址2019年考古工作　王良智　大众考古1：12－13
湖南华容七星墩遗址发现“外圆内方”双城结构史前城址　王良智　中国文物报8月7日8版
湖南澧县孙家岗遗址墓地2016～2018年发掘简报　湖南省文物考古研究所、澧县博物馆（赵亚锋、周华）　考古6：53－76
湖南资阳潭溪口遗址发现商周至宋元遗存　何赞、余晓福　中国文物报7月10日8版
湖南汨罗新发现商代兽面纹铜铙　黄军认等　中国文物报11月5日8版
湖南宁乡罗家冲遗址1号建筑基址发掘简报　长沙市文物考古研究所、宁乡市文化旅游广电体育局（何佳、曹栋洋）　中原文物4：4－21
湖南益阳十字山墓群2018年度战国墓葬发掘简报　湖南省文物考古研究所（何赞等）　文博3：3－10
湖南临澧九里楚墓群马鞍岭墓地发掘简报　中国社会科学院研究生院等（盛伟）　文物5：4－17
湖南宁乡金旺村刘宋纪年墓　杨宁波　大众考古11：16－17
21世纪以来铜红（彩）釉瓷窑址考古新进展　郝雪琳、郑建明　文物天地11：92－99
湖南醴陵毛家岭五代窑址发掘简报　株洲市博物馆、醴陵窑管理所（文国勋、黄云英）　中国国家博物馆馆刊　12：52－61
湖南宁乡杨家湾墓群　杨宁波　大众考古10：14－17
湖南宁乡冲天湾宋元遗址发掘简报　湖南省文物考古研究所（何赞）　文物5：18－43

一九　广东省

广东英德青塘遗址黄门岩2号洞地点2016年度的发掘　邓婉文等　人类学学报1：64－73
广东普宁葫芦山遗址发掘简报　广东省文物考古研究所（柏宇亮）　东南文化3：85－97
广东省揭西县乌崇岭遗址发掘简报　广东省文物考古研究所（柏宇亮）　江汉考古1：31－39
见证岭南商周时期的变革　广东东源大顶山墓地　李博　大众考古10：54－60
广州市南越国宫署遗址南越宫城北墙基址的发掘　广州市文物考古研究院等（李灶新）　考古9：31－52
广州市农林上路一横路东汉竖穴木樟墓M6发掘简报　广州市文物考古研究院（黄碧雄）　广州文博（拾叁）　321－328
广东广州横枝岗汉六朝至明清墓葬　饶晨　大众考古4：14－17

广东省陆丰市长浦仔墓地发掘简报　广东省文物考古研究所、陆丰市博物馆（唐博豪）　东南文化 4：55－62
广东水下考古的发展　林唐欧　文物天地 2：13－15
广东东莞市牛石马明墓发掘简报　广东省文物考古研究所（吴启昌）　四川文物 6：17－23
广州市金沙洲明代陈天游墓考古勘查清理报告　广州市文物考古研究院（易西兵）　广州文博（拾叁）　308－320

二〇　广西壮族自治区

广西武宣发现勒马秦汉城址　蒙长旺　中国文物报 3 月 20 日 8 版
广西防城港沿海近年考古调查新发现　何守强　水下考古（第二辑）　59－80

二一　海南省

海南澄迈、儋州瓷窑址调查简报　国家文物进出境审核海南管理处等（陈建辉等）　南方文物 4：42－58

二二　重庆市

重庆市云阳县大凼子墓群 2014、2015 年度发掘简报　重庆市文化遗产研究院、云阳县博物馆（黄伟、龚玉龙）　四川文物 1：22－38
重庆市奉节县谢家包东汉崖墓 M1 发掘简报　重庆市文化遗产研究院、中国人民大学历史学院（陈昊雯等）　考古 9：53－68
重庆江津白坪崖墓群 2015 年发掘简报　重庆市文化遗产研究院、重庆市江津区文物管理所（范鹏、白九江）　文物 1：26－43
重庆龙崖城遗址　代玉彪　大众考古 6：16－17
重庆市大足区锅盖坡宋墓清理简报　重庆大足石刻研究院（杨光宇）　四川文物 2：14－22
重庆市荣昌区瓷窑里宋代瓷窑址调查、试掘简报　重庆市文化遗产研究院（赵振江等）　四川文物 3：25－42
重庆市荣昌区瓷窑里宋代窑址 2014 年度发掘简报　重庆市文化遗产研究院、荣昌区文物管理所（赵振江等）　文博 6：24－41
大小石城凌虚势，天生磐石倚空城——天生城、磐石城考古工作　杨鹏强、蔡亚林　大众考古 6：72－78
重庆永川高洞子南宋墓群清理简报　重庆市文化遗产研究院、重庆市永川区文物管理所（代玉彪等）　文物 6：25－40
成渝古道走马区域手工业遗址调查试掘简报　重庆市文化遗产研究院等（孙治刚等）　文博 2：12－20
重庆酉阳何土司城遗址　杨鹏强　大众考古 5：16－17

二三　四川省

四川联合遗址考古取得重要收获　辛中华　中国文物报 8 月 4 日 1 版
成都市 2019 年田野工作纪要　成都市文物考古工作队　成都文物 1：74－80
四川汉源县富林遗址发掘简报　四川省文物考古研究院、汉源县文物管理所（陈苇等）　四川文物 5：4－12
白龙江流域若尔盖段先秦遗址调查简报　四川省文物考古研究院等（陈苇等）　四川文物 6：4－16
四川会理县李家坪遗址新石器时代遗存发掘简报　四川省文物考古研究院等（高寒）　四川文物 2：4－13
嘉陵江中游（阆中至仪陇段）先秦时期遗址调查简报　四川省文物考古研究院、南充市文化广电新闻出版局（陈卫东、郑禄红）　四川文物 3：4－24
四川屏山县石柱地遗址 2010－2012 年度新石器时代遗存发掘简报　四川省文物考古研究院（李万

涛）　四川文物 4：4－17

四川西昌市李家湾遗址新石器时代与唐代墓葬　四川省文物考古研究院等（蒋刚等）　考古学集刊（第23集）　75－86

四川广汉市三星堆遗址青关山一号建筑基址的发掘　四川省文物考古研究院（冉宏林、雷雨）　四川文物 5：13－20

四川广汉市三星堆遗址青关山 H105 的发掘　四川省文物考古研究院（冉宏林、雷雨）　考古 9：3－17

三星堆东北方发现新石器至明清不间断文化层　周洪双　光明日报 8 月 3 日 2 版

四川成都双元村东周墓地一五四号墓发掘　成都文物考古研究院等（王天佑等）　考古学报 3：399－403

四川渠县城坝遗址 2019 年度考古发掘　陈卫东　大众考古 2：12－13

四川新津县宝资山墓群四座汉代崖墓的发掘　重庆师范大学历史与社会学院、成都文物考古研究院（葛林杰等）　考古 11：29－47

四川蒲江九莲村东汉画像砖墓发掘简报　成都文物考古研究院、蒲江县文物管理所（邱艳、杜沙沙）　考古与文物 1：14－22

四川阆中大雁山崖墓发掘简报　四川省文物考古研究院等（郭富）　中国国家博物馆馆刊 5：6－19

四川广元市水柜村南宋王光祖墓　四川省文物考古研究院等（李飞等）　考古 2：70－82

四川渠县礼义城遗址调查简报　四川省文物考古研究院等（陈卫东等）　四川文物 1：39－53

成都市青羊区羊市街东口元代沟渠遗址发掘简报　成都文物考古研究院、青羊区文物管理所（耿丽娜等）　四川文物 5：21－33

四川成都东华门明蜀王府宫城苑囿建筑群发掘简报　成都文物考古研究院（易立等）　文物 3：11－38

四川南充竹林寺村清代石室墓　王兴堂　大众考古 7：16－17

二四　贵州省

崖上阴宅：习水崖墓调查记　李飞　贵博论丛（第一辑）　72－95

二五　云南省

云南文山市清水沟岩画调查简报　云南省文物考古研究所、文山州文物管理所（吴沄、刘波）　四川文物 4：18－25

云南丽江玉龙县大具乡为都墓地考古发掘取得重要收获　闵锐等　中国文物报 11 月 5 日 8 版

二六　西藏自治区

西藏琼结县邦嘎遗址 2015 年的发掘　西藏自治区文物保护研究所等（吕红亮等）　考古 1：37－45

青藏高原首次发现史前彩绘手印岩画　乔虹等　中国文物报 2 月 7 日 8 版

西藏桑达隆果墓地考古工作取得重要成果——为探索西藏西部早期葬俗提供新材料　何伟　中国文物报 12 月 4 日 8 版

西藏日喀则岗巴县多尔玛石窟的初步调查与研究　赵刚等　西藏研究 3：51－156

二七　陕西省

陕西旬邑县史前时期遗址考古调查　西北大学文化遗产学院（童雪琴等）　西部考古（第 20 辑）　1－20

陕西神木石峁遗址皇城台发掘取得重要收获——大台基南护墙出土石雕远超以往学界对 4000 年前中国早期文明高度的判断，核心区域皇城台是目前东亚地区保存最好、规模最大的早期宫城建筑　孙周勇等　中国文物报 2 月 4 日 5 版

石峁文化次级聚落：陕西府谷寨山石城考古新发现——首次全面揭露的石峁文化大型墓地　邵晶等　中国文物报 10 月 16 日 8 版

石峁遗址2019年考古纪事　陕西省文物考古研究院　中国文物报11月20日5版
漆水河下游先秦时期遗址考古调查简报　西北大学文化遗产学院（豆海锋、崔思远）　西部考古（第20辑）　21－38
陕西大堡子墓地出土考古证据见证秦汉政权更迭　朱瑛培等　中国文物报12月18日8版
陕西咸阳发现隋代王韶家族墓园　李明、赵占锐　中国文物报7月10日8版
生不满卅　金石千秋——陕西长安杜回北宋孟氏家族墓地考古发现　胡松梅等　中国文物报12月4日8版
陕西神木市石峁遗址皇城台大台基遗迹　陕西省考古研究院等（孙周勇等）　考古7：34－46
石峁遗址皇城台地点2016～2019年度考古新发现　陕西省考古研究院等（孙周勇等）　考古与文物4：3－11
陕西省旬邑县西头遗址调查简报　西北大学文化遗产学院等（韦星星等）　草原文物1：16－27
陕西西咸新区大原村西南西周墓葬发掘简报　中国社会科学院考古研究所丰镐队（付仲杨等）　南方文物4：33－41
陕西宝鸡市周原遗址凤雏六号至十号基址发掘简报　周原考古队（宋江宁等）　考古8：3－18
陕西凤翔大唐村新发现春秋早期文物　孙宗贤　考古与文物2：127－128
陕西咸阳岩村墓地M41发掘简报　陕西省考古研究院（张杨力铮、许卫红）　中原文物1：31－38
渭河仓张段滩地考古调查简报　陕西省考古研究院（高忠玉）　文博3：11－19
陕西清涧辛庄战国墓地调查发掘简报　陕西省考古研究院等（种建荣、孙战伟）　考古与文物5：25－42
陕西凤翔雍山血池秦汉祭祀遗址考古调查与发掘简报　陕西省考古研究院等（田亚岐等）　考古与文物6：3－24
陕西西咸新区坡刘村秦墓发掘简报　陕西省考古研究院（张杨力铮等）　考古与文物4：12－35
秦始皇帝陵考古的新进展——秦始皇帝陵陵西墓葬勘探与发掘取得重要收获　秦始皇帝陵博物院　中国文物报6月19日5版
西安白鹿原发现西汉早期大型墓葬　朱连华、郭昕　中国文物报7月24日8版
汉长安城北宫一号遗址发现西汉建筑遗址　徐龙国　中国文物报4月17日8版
陇西东阙坪汉墓清理简报　陇西县问题广电和旅游局、陇西县博物馆（杨郦）　陇右文博4：3－9
陕西蓝田孟家岩汉墓发掘简报　陕西省考古研究院（杨亚长等）　文博4：3－11
陕西西安曲江春临村汉代窑址发掘简报　冯健等　文博2：3－11
陕西西安西咸新区西石羊汉墓发掘简报　陕西省考古研究院（许卫红等）　文博6：3－23
陕西西安西北大学长安校区东汉M3发掘简报　西北大学文化遗产学院、陕西省考古研究院（侯苏洋等）　文博1：3－7
陕西西安空港新城岩村汉墓M7发掘简报　陕西省考古研究院（李明等）　文博4：12－21
陕西西安空港新城西晋墓M85发掘简报　陕西省考古研究院（刘呆运等）　文博5：3－9
陕西延安宝塔区冯庄乡北魏墓葬发掘简报　陕西省考古研究院、延安市文物保护研究所（段毅）　考古与文物2：10－15
陕西西安西魏乙弗虬及夫人隋代席氏合葬墓发掘简报　西安市文物保护考古研究院（宁琰等）　考古与文物1：33－48
陕西西安北周康城恺公柳带韦墓发掘简报　西安市文物保护考古研究院（郭永淇等）　文博5：10－24
陕西铜川隋折娄罴墓发掘简报　铜川市考古研究所（任筱虎）　文物10：46－58
西安南郊唐上清大洞法师姜希晃墓发掘简报　郑州大学历史学院、西安市文物保护考古研究院（陈钦龙等）　中原文物5：42－48
陕西西安东郊高楼村唐墓（ⅢM48）发掘简报　西北大学文化遗产学院、西安市文物保护考古研究院（冉万里、段成刚）　文博1：8－13
西安南郊唐代元淑墓发掘简报　西安市文物保护考古研究院（赵晶等）　中原文物5：31－41
陕西西安曲江孟村元墓发掘简报　西安市文物保护考古研究院（郭昕等）　文博1：14－21

二八 甘肃省

白银市新石器时代麻地沟墓地调查简报 陈辅泰 陇右文博3：3－8
甘肃宁县石家墓地M4、M166发掘简报 甘肃省文物考古研究所（张俊民等） 考古与文物5：3－24
甘肃肃北马鬃山径保尔草场玉矿遗址2016年发掘简报 甘肃省文物考古研究所（陈国科、王辉） 文物4：31－45
河西走廊地区早期玉矿遗址考古调查发掘收获概述 陈国科等 丝绸之路1：38－41
交流、变迁与融合——甘肃宁县石家及遇村遗址考古新发现 甘肃省文物考古研究所、南京大学历史学院（王永安等） 中国文物报9月4日8版
张掖市甘州区大满镇新新村汉代墓葬发掘简报 郑晓春 陇右文博3：9－12
张掖市甘州区甘浚镇速展村墓葬清理发掘简报 郑晓春 陇右文博4：10－14
甘肃临泽五三汉晋墓群发掘简报 张掖市文物保护研究所（王卫东、王冉） 中国国家博物馆馆刊3：6－35
甘肃嘉峪关市峪泉镇汉魏墓发掘简报 嘉峪关丝路（长城）文化研究院（俞春荣） 考古与文物2：3－9
甘肃酒泉丰乐三坝湾魏晋墓2013年发掘简报 甘肃省文物考古研究所（刘兵兵） 考古与文物1：23－32
瓜州东千佛洞第5窟佛台遗迹考古清理简报 敦煌研究院考古研究所（邓虎斌等） 敦煌研究1：23－31
甘肃张家川上磨砖瓦厂金墓发掘简报 张家川回族自治县博物馆（王文斌） 文物春秋4：44－51

二九 青海省

青海互助县金禅口遗址发掘简报 青海省文物考古研究所、互助土族自治县文物管理所（梁官锦等） 四川文物1：4－21
青海乌兰县泉沟一号墓发掘简报 中国社会科学院考古研究所等（仝涛等） 考古8：19－37
青海省共和县那亥烈古城调查简报 西北大学文化遗产学院、青海省文物考古研究所（李犇等） 西部考古（第20辑） 39－48
丝绸之路青海道考古新发现——青海都兰热水墓群2018血渭一号墓考古收获 中国社会科学院考古研究所、青海省文物考古研究所 中国文物报11月20日8版
青藏高原首次发现吐蕃时期壁画墓——青海乌兰泉沟吐蕃时期壁画墓发掘取得重要成果，密封暗格为世界考古首见，内藏鎏金王冠和金杯 仝涛等 中国文物报1月17日8版

三〇 宁夏回族自治区

重塑土遗址的生命力：多重视角的水洞沟考古发掘 彭菲 中国文物报11月13日7版
宁夏隆德县沙塘北塬遗址2016年发掘简报 宁夏回族自治区文物考古研究所（杨剑、王晓阳） 考古4：3－21
宁夏彭阳县姚河塬遗址铸铜作坊区2017～2018年发掘简报 宁夏回族自治区文物考古研究所、彭阳县文物管理所（马强） 考古10：30－52
固原南郊北魏墓发掘简报 宁夏回族自治区文物考古研究所（王洋洋、樊军） 中原文物5：21－30
宁夏固原南郊唐墓发掘简报 宁夏回族自治区文物考古研究所（王洋洋、樊军） 文物12：37－50
宁夏彭阳县张湾金代砖雕墓发掘简报 宁夏回族自治区文物考古研究所、彭阳县文物管理所（柴平平等） 北方文物2：18－28

三一 新疆维吾尔自治区

2019年新疆考古收获 索琼、张相鹏 西域研究3：44－54
2019～2020年新疆维吾尔自治区库车市乌什吐尔遗址的新发现 牛健哲 文物天地11：100－105

新疆阿勒泰地区 2017－2018 年石器调查报告　新疆文物考古研究所等（冯玥等）　古代文明（第 14 卷）　1－18
新疆吉仁台沟口遗址发掘有了新进展　王瑟　光明日报 7 月 10 日 9 版
新疆吉木乃县 219 国道沿线墓地考古发掘报告　新疆文物考古研究所（阿里甫江·尼亚孜等）　边疆考古研究（第 28 辑）　1－50
新疆伊犁州墩那高速公路尼勒克段沿线古代墓葬的发掘　新疆文物考古研究所等（特尔巴依尔等）　考古 12：3－20
新疆若羌黑山岭古代绿松石矿业遗址调查简报　西北大学文化遗产学院等（先怡衡等）　文物 8：4－13
新疆阜康白杨河流域发现大型墓群　闫雪梅等　中国文物报 7 月 24 日 8 版
新疆伊犁发现青铜时代大型高等级贵族墓葬——吉仁台沟口遗址考古取得重要收获　阮秋荣等　中国文物报 7 月 10 日 8 版
新疆尼勒克县吉仁台沟口遗址 2019 年发掘收获与初步认识　袁晓等　西域研究 1：120－125
新疆沙湾宁家河水库墓地发掘简报　新疆文物考古研究所（胡兴军等）　文物 4：4－30
新疆阜康白杨河上游墓群发掘简报　新疆文物考古研究所、新疆博物馆（闫雪梅等）　文物 12：4－20
新疆巴里坤海子沿遗址 2017 年发掘简报　西北大学文化遗产学院等（任萌等）　文物 12：21－36
新疆伊吾斯外特昆多遗址 2018 年调查简报　西北大学文化遗产学院等（任萌等）　西部考古（第 19 辑）　1－12
新疆伊吾盐池古城遗址 2017 年度调查简报　西北大学文化遗产学院等（肉孜·买合买提等）　西部考古（第 19 辑）　26－38
新疆伊吾甘沟遗址群 2017—2018 年调查简报　西北大学文化遗产学院等（肉孜·买合买提等）　西部考古（第 19 辑）　13－25
新疆伊吾阔腊遗址 2017～2018 年调查简报　西北大学文化遗产学院等（习通源等）　文物 8：14－28
新疆奇台县石城子遗址 2018 年发掘简报　新疆文物考古研究所（田小红等）　考古 12：21－40
新疆鄯善吐峪沟西区中部高台窟院发掘报告　中国社会科学院考古研究所边疆民族考古研究室、吐鲁番学研究院(李裕群等)　考古学报 3：429－433
新疆库车龟兹故城穷特音墩遗址 2017 年发掘简报　新疆文物考古研究所（冯志东等）　文物 8：29－52
新疆奇台县唐朝墩城址 2018～2019 年发掘简报　中国人民大学等（任冠、于柏川）　考古 5：38－64
2019～2020 年新疆维吾尔自治区库车市乌什吐尔遗址的新发现　牛健哲　文物天地 11：100－105

伍　科技考古

年代测定

我国考古年代学 ^{14}C 方法研究述评　李壮　西部考古（第 19 辑）　272－278
放射性碳素测定年代报告（四六）　中国社会科学院考古研究所科技考古中心碳十四实验室等　考古 7：117－120
碳十四测年技术前沿：新一代校正曲线 IntCal20 发布　［英］刘睿良、［英］理查德·斯达夫　江汉考古 5：121－128
试论如何运用贝叶斯统计处理碳十四数据　宋殷　古代文明（第 14 卷）　183－198
中国古人类遗址年代学问题　孙雪峰等　科学通报 20：2136－2144
凌家滩遗址外壕沟沉积物的光释光测年研究　范安川等　南方文物 3：165－169
夏商周断代工程中的碳十四年代学研究　张雪莲　中国史研究动态 4：62－66
近年来盘龙城遗址的碳十四年代测定　孙卓等　江汉考古 6：103－115

成分分析

“微量元素分组法”的验证与应用　黎海超等　江汉考古 2：103－109

顶杆热膨胀法测定古陶瓷烧成温度的应用研究　鲁晓珂等　文物保护与考古科学 5：70－80
一种基于扫描电镜能谱有标样分析的古代青瓷釉化学成分半定量方法及应用　王元锴等　中国文物科学研究 2：50－56
广域 X 射线荧光扫描成像技术——一种新型的文物分析方法　段佩权、曲亮　中国文物科学研究 3：52－58
低温铅釉陶器“银釉”的形成　谈釉色变　赵志强、韦松恒　大众考古 11：85－88
综合性陶器产地分析：方法和实践　陆青玉等　东南文化 5：27－35
西坡遗址出土器物的光谱学分析　鲁晓珂等　光谱学与光谱分析 4：1186－1194
史前陶器的手持式 X 射线荧光光谱仪分析　李涛　南方文物 5：263－271
彩陶黑彩颜色表征与成分的初步研究——以半坡类型与马家窑类型彩陶样品为例　霍晓彤、景博文　文博 4：90－96
安徽怀宁孙家城遗址夹植物陶器初步研究　吴卫红、邱振威　江汉考古 4：92－101
安徽凌家滩遗址出土陶器的岩相分析　张又尹等　南方文物 3：159－164
凌家滩遗址出土陶器的 LIBS－PCA 分析　吴卫红等　光谱学与光谱分析 2：628－631
晋南地区新石器末期制陶粘土原料 EDXRF 分析　王小娟等　中国国家博物馆馆刊 5：146－160
殷墟锡衣仿铜陶礼器的发现与研究　郭梦等　考古学报 2：291－308
湖南桃源出土战国彩绘陶器的科学分析　赵志强等　文物保护与考古科学 5：51－58
大同北魏宋绍祖墓出土彩绘陶器的科学分析　贾延勤　文物天地 11：111－115
上林湖后司岙窑址出土秘色瓷工艺特征的研究　丁银忠等　南方文物 5：155－160
法门寺地宫出土唐髹漆平脱秘色瓷碗髹漆工艺初探　张勇剑等　文物保护与考古科学 5：26－32
从模仿到创新——景德镇中晚唐、五代至宋代瓷器胎釉配方的演变　张茂林等　故宫博物院院刊 9：28－33
宋代南丰白舍窑青白瓷初步科技分析　方涛等　中国陶瓷 4：71－78
河南漯河古城遗址出土宋代青白瓷化学组成及来源研究　崔名芳、朱建华　光谱学与光谱分析 8：2634－2639
试论汝官窑青瓷制釉技术的南传与发展　丁银忠等　故宫博物院院刊 4：86－92
正定开元寺南广场遗址出土白瓷的科学分析与产地研究　李佳书等　中国文物科学研究 1：64－72
龙泉青瓷大缸标本的分析研究　纪东歌等　南方文物 5：161－169
基于 LIBS 和主成分分析的南海 I 号出水青瓷产地研究　王京等　水下考古（第二辑）　216－227
浙江龙坦青花窑址标本的成分特征研究——兼谈青花“浙料”的相关问题　李合等　故宫博物院院刊 4：93－101
广东大埔余里窑青瓷的成分特征研究　李合等　南方文物 5：196－203
透闪石玉物相构成及沁蚀演化机理新解　王云鹏等　文物保护与考古科学 6：1－12
古代出土玉器表面光泽度的初步研究　李艳红等　青年考古学家（第 1 辑）　170－181
安徽凌家滩遗址 07M23 出土玉器的初步科技分析　陈天然等　南方文物 3：151－158
湖南战国楚地贵族墓葬出土玉器黑色水银沁现象再研究　赵瑞廷等　博物院 2：97－101
珠海市平沙棠下环遗址、惠州市博罗横岭山墓群出土玉器的分析鉴定　张亮　南方文物 3：285－290
鹿邑太清宫长子口墓出土玉器的材料属性与制作工艺研究　陈建辉、胡永庆　文物保护与考古科学 5：33－44
巴里坤西沟遗址 1 号墓出土绿松石制品来源初探　先怡衡等　边疆考古研究（第 27 辑）　445－454
新疆两处遗址出土绿松石文物的成分分析和产源判别　先怡衡等　光谱学与光谱分析 3：967－970
新疆吐鲁番胜金店墓地出土仿绿松石玻璃珠研究　王栋等　文物 8：80－88
成都光华村街唐墓出土琥珀的红外分析　肖琪琪等　文物保护与考古科学 1：84－89
登封南洼遗址出土的宋代玻璃饰品　崔天兴等　文物保护与考古科学 2：51－56

德辅博物馆馆藏矿物颜料的科技分析　高守雷、张童心　吉林师范大学学报（人文社会科学版）1：47－52
夏家店下层文化遗址出土铜器的矿料来源分析　王永乐等　文物保护与考古科学 3：1－7
商代青铜器高放射成因铅矿料来源的调查研究　金锐等　南方文物 6：87－94
关中东部地区商代冶金遗物的科学分析研究　长孙樱子等　文物 2：83－90
盘龙城遗址小嘴商代冶金遗物的分析与研究　刘思然等　江汉考古 6：126－137
浙江衢州庙山尖土墩墓出土青铜器初步检测分析　王志雄等　河南博物院院刊（第二辑）　136－141
虢国墓地出土部分青铜器微量元素的分析　魏强兵等　文物保护与考古科学 5：19－25
论強国本地风格铜器的生产问题　黎海超等　考古 1：106－116
山东滕州薛国故城出土部分青铜器的时代及科学分析研究　张吉等　中国国家博物馆馆刊 10：98－114
曾伯克父青铜器的科技分析　崔剑锋等　文物 9：56－62
山西隰县瓦窑坡 M30 出土刻纹铜斗的制作工艺　南普恒翰　考古 7：107－116
南阳淅川葛家沟出土青铜器的初步科学分析研究　曾庆硕等　博物院 2：89－96
海昏侯墓车马坑出土鎏金青铜当卢铜、锡元素迁移变化研究　蔡毓真等　南方文物 6：180－188
吴越铸剑三绝研究新进展　程义　大众考古 12：19－24
内蒙古正镶白旗伊和淖尔 M1 出土部分金属器的初步研究　谢欣芮等　草原文物 2：110－117
隋唐鎏金铜释迦佛坐像铸造结构的检测分析　丁忠明、李柏华　中原文物 1：140－144
河南宝丰小店唐墓出土金饰的金珠工艺研究　姚智辉　文物 2：91－97
苏巴什佛寺遗址出土两枚金属制品功能探讨　冉万里等　文物保护与考古科学 5：135－143
清中晚期双龙五凤点翠冠饰材质与工艺研究　纪娟等　文物保护与考古科学 1：35－41
明代金花银成分分析——以上海博物馆藏金花银为例　吴旦敏　博物院 5：31－36
明代“金花银”银锭元素组成的无损检测分析　朱逸冰等　文物保护与考古科学 4：97－102
湖南怀化大塘古代冶铁遗址初步研究　邹桂森等　有色金属（冶炼部分）6：92－98
周陵贺家战国秦墓出土紫色八棱柱的科学检测　王奕舒等　文物保护与考古科学 3：28－37
馆藏元代玉泉古琴结构和髹漆工艺的科学研究　李澜等　文物保护与考古科学 1：29－34
基于磁化率测量平遥古城古砖的烧制温度　申佳妮、张中俭　文物保护与考古科学 5：81－85
西安城墙明代“前衞”字砖材料成分、结构与性能研究　高衡等　建筑材料学报 1：122－127
红外光谱在传统年画红蓝色料分析中的应用研究　闫玥儿等　文物保护与考古科学 4：89－96
漫反射光谱结合化学计量学方法无损分析彩绘文物颜料　杨璐等　分析测试学报 7：844－850
秦陵 K9901 坑出土百戏俑彩绘颜料及胶结材料的分析研究　张尚欣等　文物保护与考古科学 4：82－88
重庆大足大佛湾彩绘绿色和蓝绿色颜料的分析研究　崔强等　文物保护与考古科学 6：87－94
重庆涞滩二佛寺石刻彩绘颜料分析　李思凡等　中国文化遗产 6：79－84
中国古建彩画中血料氨基酸组成的线性判别分析及其应用研究　杨璐等　西北大学学报（自然科学版）4：589－594
嘉峪关新城魏晋墓壁画砷铅矿族矿物颜料分析研究　水碧纹等　敦煌研究 1：133－140
北齐徐显秀墓壁画颜料的科学分析　员雅丽、王江　文物保护与考古科学 4：16－25
新疆和田达玛沟佛寺遗址出土壁画颜料分析　高愚民等　文物保护与考古科学 5：86－93
柏孜克里克石窟第 15 窟回廊壁画工艺的初步分析　邓永红等　文物天地 1：108－113
重庆钓鱼城遗址悬空卧佛彩绘颜料初步分析　姜凯云等　文物保护与考古科学 1：98－105
清宫藏庆成灯角片彩绘颜料分析研究　张彤等　中国文物科学研究 2：88－96
清代皇家建筑彩画所用胶结材料的分析研究　蒋建荣等　文物 5：89－96
汉阳陵东阙门出土黑色颜料的科学分析　孙凤等　文物保护与考古科学 5：94－97
河南信阳战国楚墓出土彩席漆膜的成分、表面形态及髹漆工艺分析　贺思予等　文物保护与考古科学 6：31－39

陕西历史博物馆藏“虎啸”琴漆膜研究 王莉 文物保护与考古科学4：73－81
北魏司马金龙墓出土木板漆画漆膜的科学分析 贾延勤 文物世界3：76－80
北魏司马金龙墓木板漆画工艺探究 刘贵斌 文物世界3：58－64
马鞍山朱然墓漆砚的实验研究 訾威等 文物保护与考古科学3：99－104
光谱技术在文物绘画用胶结材料中的研究进展 陈冬梅等 光谱学与光谱分析3：961－966
高光谱和拉曼光谱的比较——以亚美尼亚手稿为例 裔传臻 文物保护与考古科学2：124
近红外高光谱成像用于伊斯兰纸的定量化学分析 马江丽 文物保护与考古科学5：144
故宫博物院藏清代瓷青纸的初步分析研究 李筱楼等 中国文物科学研究2：76－81
高光谱图像系统应用于模糊印章的提取研究 周新光等 文物保护与考古科学1：56－60
最小噪声分离（MNF）变换应用于模糊印章提取的研究 周新光等 文物保护与考古科学3：65－69
汉中山河堰二堰和羊头堰灰浆的分析研究 张宝霞等 光谱学与光谱分析2：637－642
锶同位素分析的新进展 赵春燕 中国文物报7月24日5版
稳定同位素视域中的古人哺乳行为 王路平 大众考古8：40－44
稳定同位素视角下中国北方长城地带先民的食物结构和生业经济 孙语泽、侯亮亮 北方文物3：46－53
稳定同位素视角下山西先民的食物结构 侯亮亮 不惑集——山西大学考古专业成立40周年纪念文集 233－243
人骨稳定同位素视角下长江下游地区史前先民的生存方式及演变 董惟妙、胡耀武 南方文物6：253－260
河南博爱西金城遗址人和动物骨的碳氮稳定同位素分析 杨凡等 第四纪研究2：418－427
东周至两汉时期小麦在山西的推广：以屯留余吾墓地人骨的稳定同位素分析为例 侯亮亮等 边疆考古研究（第28辑） 455－471
河北南部两处先商文化遗址动物骨骼的稳定同位素分析 侯亮亮、乔登云 文物春秋3：3－10
凌家滩与韦岗遗址出土猪牙结石的碳稳定同位素分析 赵春燕等 南方文物3：170－171
四川大邑县高山古城遗址宝墩文化先民牙本质序列的碳氮稳定同位素分析 易冰等 四川文物1：96－106
凤翔雍山血池遗址北斗坊地点牛、马牙釉质的锶同位素研究 唐自华等 考古与文物6：122－125
植硅体与稳定同位素分析揭示的新疆汉代驻军多样的农作物利用策略 王伟等 第四纪研究2：428－440
西山遗址出土器物淀粉残留物分析 葛威等 考古与文物4：111－119
内蒙古赤峰三座店遗址出土石器的淀粉残留物分析 赵昊、郭治中 黄河 黄土 黄种人8：48－51
通过烟台午台遗址人牙结石淀粉粒探究人类对植物资源的利用 赵珍珍等 人类学学报3：473－482
内黄三杨庄遗址汉代旋转磨功能的淀粉粒分析 赵昊、刘海旺 考古与文物2：122－126
安徽定远侯家寨遗址二期植物性食物资源利用的淀粉粒证据 罗武宏等 人类学学报2：292－305
新疆洛浦县比孜里墓地出土食物遗存的科技分析 肖琪琪等 第四纪研究2：441－449
科技考古解开千年古酒的神秘面纱 刘林 中国文物报9月29日4版
“美酒”还是“仙药”——洛阳西汉墓出土青铜壶内液体的科学研究 蒋建荣等 中国文物报2月7日6版
山西翼城大河口墓地M5010和M6043出土红色粉末鉴定报告 董豫等 222－226
西藏阿里曲踏墓地及加嘎子墓地可见残留物的科技分析 任萌等 考古与文物1：122－128
古环境DNA与环境考古 顾政权等 第四纪研究2：295－306

数字考古

数字考古研究进展 刘建国 中国文物报8月7日6版
试探田野考古资料数字化采集 马小飞 边疆考古研究（第27辑） 395－411
新时代田野考古调查空间信息技术应用的探索 高振华 中国文物报2月7日7版
遥感与地理信息系统在城市考古中的实践 任冠、魏坚 江汉考古4：102－111
早期考古发掘遗址重定位方法研究 耿同等 中国科学院大学学报3：317－323

浅谈 AutoCAD 在遗址发掘中的应用　郭丽娜　中国文物报 11 月 20 日 7 版
基于 K－S 统计检验方法的从化流溪河流域先秦时期遗址预测模型　曹耀文　黄河　黄土　黄种人 24：44－47
基于多源数据融合的遗址古地层重建与应用研究　沈姜威等　南京师大学报（自然科学版）2：49－55
云锦府发掘与新乡科技考古的探索　郭强　大众考古 3：39－42
郑州老奶奶庙遗址空间结构初步研究　陈宥成等　中原文物 3：41－50
基于 GIS 技术的嵩山圣山崇拜考古学观察与分析　丁大涛、赵献超　大众考古 3：33－38
现代测量技术在奎玉克协海尔古城考古中的应用研究　徐佑成、江红南　中国文物报 2 月 21 日 7 版
新疆轮台奎玉克协海尔古城空间考古综合研究　于丽君等　遥感技术与应用 1：255－266
基于考古发掘资料的遗址地形三维重建实验研究　杨瑞霞等　黄河　黄土　黄种人 8：17－21
三维技术对安徽白鹭洲战国墓 M566 墓主容貌的复原　周亚威等　人类学学报 4：671－679
三维激光扫描技术在歇山古建筑信息模型建立中的应用研究　杨振威　中原文物 6：137－141
建筑信息模型技术在古建筑信息管理中的应用　杨振威等　中国文物报 11 月 13 日 8 版
利用计算机软件绘制北魏平城板瓦考古线图的新方法　陈洪萍等　敦煌研究 5：101－108
辽金元铁工图表三维解读　万欣　辽金历史与考古（第十一辑）　229－273
基于三维模型绘制考古遗迹线图的方法探索——以墓葬绘图为例　高振华等　草原文物 2：118－124
数字化技术在西沙群岛出水石雕文物中的应用　包春磊　大众考古 7：29－32
“数字敦煌”资源库架构设计与实现　俞天秀等　敦煌研究 2：120－130
山顶洞 101 号男性头骨的三维颅面复原　税午阳等　人类学学报 4：659－670
3D 虚拟复原精度的差异对头骨测量数值的影响——以 Mimics 软件为例　张玄等　人类学学报 2：270－281
文物数字采集与展示的基本流程探讨——基于良渚博物院文物数字化的建设实践　骆晓红　自然与文化遗产研究 3：59－68
基于 PTM 模型文物纹理映射算法　刘颖等　计算机工程与应用 12：209－214
中子衍射和成像技术在文物领域中的应用进展　赵凤燕等　文物保护与考古科学 4：117－124
运用 Photoshop 软件解决文物拍摄中微距镜头景深过浅的方法　赵铮　中国文物报 7 月 10 日 7 版
数位板和 Photoshop 在考古绘图中的综合应用　凌煊　大众考古 8：45－49
基于多特征描述子自适应权重的文物碎片分类　陆正杰等　激光与光电子学进展 4：321－329
田野考古机器人的“前世今生”　谈博伟等　大众考古 6：50－57

动物考古

以数据库推进动物考古研究的标准化　吕鹏　中国文物报 9 月 4 日 5 版
古基因组学在古代家马研究中的应用　文少卿等　第四纪研究 2：307－320
几何形态测量在动物考古学中的应用：基本理论与方法　喻方舟　南方文物 1：146－152
利用古蛋白技术分析巨猿演化地位的评述　王伟　人类学学报 4：717－726
中国北方原始牛历史地理分布的再认识　汤卓炜　农业考古 3：7－12
家鸡何处来？——家鸡起源问题又有新进展，或始于东南亚和中国西南部　中国文物报 7 月 10 日 6 版
江苏宿迁嶂山地点晚更新世脊椎动物化石　陈曦等　人类学学报 2：319－331
陕西华阴兴乐坊遗址家养动物的饲养模式及对先民肉食资源的贡献　胡耀武等　第四纪研究 2：399－406
中国北方早期农业生产模式下的人群营养与健康——以陕西靖边五庄果墚遗址的生物考古为例　陈靓等　第四纪研究 2：379－390
青海化隆县沙隆卡遗址动物遗存研究　乙海琳等　北方文物 5：66－77
甘肃洮河流域古代家养黄牛与家羊的动物考古学研究新证据　赵欣、博凯龄　中国文物报 7 月 24 日 5 版
甘肃省礼县西山遗址出土马骨的 DNA 初步研究　东晓玲等　南方文物 4：182－186
山东省菏泽市定陶区何楼遗址大汶口早期动物资源利用初探　左豪瑞等　南方文物 1：153－159
安徽省蚌埠双墩遗址 2014 年～2015 年度发掘出土猪骨的相关研究　戴玲玲、张东　南方文物 2：112－118

安徽萧县金寨遗址（2016、2017）动物遗存分析　宋艳波等　东南文化3：104－111
由动物遗存探讨凌家滩文化的史前生业　吕鹏等　南方文物3：172－178
宁波北仑大榭遗址的动物遗存研究　董宁宁等　南方文物6：246－252
华南地区家禽家畜史研究述评　谢升凤　古今农业1：113－120
四川大邑县高山古城遗址出土新石器时代动物骨骼遗存　何锟宇等　四川文物1：87－95
吉林大安市后套木嘎遗址出土鸟类遗存研究　梁琪瑶等　人类学学报1：118－126
5000年前的跨大陆瘟疫与动植物传播　杨益民　中国文物报4月17日6版
夏家店下层文化动物遗存研究　包曙光、余肖肖　农业考古4：36－41
河南偃师二里头遗址1号巨型坑祭祀遗迹出土动物的饲养方式　陈相龙等　第四纪研究2：407－417
河南安阳殷墟孝民屯遗址出土家养黄牛的DNA研究　赵欣等　第四纪研究2：321－330
河南省淅川县单岗遗址两周时期动物资源的开发与利用　尤悦等　第四纪研究2：354－366
2014—2015年任丘后赵各庄遗址出土动物遗存　李文艳、陈伟　文物春秋6：29－35
河北省石家庄市石邑城遗址出土动物遗存的初步研究　李倩等　南方文物1：160－166
邾国故城遗址2015、2017年度出土动物遗存研究报告　宋艳波等　考古与文物1：115－121
东周临淄城居民肉食消费初探：动物考古学的视角　李志鹏等　南方文物4：173－181
山东滕州东康留周代墓地随葬动物研究报告　宋艳波等　海岱考古（第十三辑）　210－221
金沙遗址祭祀区动物遗存的考古学观察　何锟宇、郑漫丽　成都文物2：1－7
凤翔血池遗址北斗坊马牲饲养方式及相关问题　陈相龙等　考古与文物6：109－114
凤翔雍山血池遗址北斗坊7号坑马骨的古DNA研究　文少卿等　考古与文物6：115－121
楼兰故城三间房遗址2014年发现的动物骨骼遗存初步研究　王春雪等　边疆考古研究（第27辑）
425－443
靖边统万城西城遗址动物遗存分析　胡松梅等　考古与文物3：119－128
宁夏固原南塬水厂唐墓M4随葬马骨研究　侯富任、樊军　南方文物1：179－186
河南新乡宋墓家猫骨骼研究　赵坤影等　第四纪研究2：379－390
黑龙江绥滨县奥里米城址出土动物骨骼遗存研究　盖钰涵等　北方文物4：73－82
黑龙江依兰县倭肯遗址出土的动物骨骼遗存研究　刘禄等　北方文物3：54－63
河北康保西土城城址出土动物遗存研究　武庄等　南方文物2：126－133
内蒙古苏尼特右旗牧民家畜饲养与利用的民族学调查　李鑫叶等　南方文物4：187－195

植物考古

东南亚植物考古学研究概述　王维维　南方文物5：60－69
植硅体分析与旱作农业史研究　葛利花、王振祥　古今农业1：101－112
植硅体的小材大用　葛利花、原江　大众考古8：50－57
黍、粟炭化温度研究及其植物考古学意义　王灿、吕厚远　东南文化1：65－74
洞鉴木材“透物见人”　王树芝　中国文物报12月18日6版
考古发现所见古代薏苡　崔敏　大众考古7：43－45
古地貌演化对洛阳盆地新石器中晚期至夏商时期水稻种植的影响　李亚萍、张俊娜　第四纪研究2：499－511
植物考古所见先秦时期中原地区作物种植的“先进性”　钟华　中国文物报7月24日5版
先秦时期关中地区农业生产的一致性与不平衡性：以西安弓背崖遗址为例　唐丽雅等　南方文物4：163－172
农作物传播研究：以陕西汉中龙岗寺遗址新石器时代炭化植物遗存为例　唐丽雅等　第四纪研究2：512－524
榆林地区龙山晚期至夏代早期先民的作物选择初探　生膨菲等　考古与文物2：114－121
古代植物的医药功能初探：以陕西高陵杨官寨遗址H85出土植物遗存为例　唐丽雅等　第四纪研究2：

486－498
安徽萧县金寨遗址（2017）植物遗存分析　杨凡等　东南文化3：112－121
史前时期内蒙古地区粟作探究　曲胜楠　农业考古3：34－41
北京东胡林遗址植物遗存浮选结果及分析　赵志军等　考古7：99－106
成都市新津县宝墩遗址田角林地点2013年度浮选结果初步分析　宋吉香等　南方民族考古（第二十辑）　375－383
成都市新津县花源镇联合公社十组铁路遗址出土植物遗存分析　石涛等　南方民族考古（第二十辑）　364－374
西南地区先秦时期藜属植物利用的考古学观察　郜媛媛　西藏大学学报（社会科学版）2：17－26
周原遗址西周墓葬出土芦苇编织物的材料鉴定及用途研究　周逸航等　文物保护与考古科学2：45－50
东周时期河济地区农业生产模式初探——河南濮阳金桥遗址出土植物遗存分析　钟华等　农业考古4：18－27
历史时期农牧交错带地区的生产经营方式复原——苍头河流域考古调查浮选出土植物遗存分析　赵志军　农业考古4：7－17
新疆尼勒克县吉仁台沟口遗址石器功能分析：来自植物微体遗存的证据　王清等　第四纪研究2：450－461
凤翔雍山血池遗址出土木材鉴定与相关问题　王树芝等　考古与文物6：104－108
重庆永川汉东城遗址2013年度浮选结果及分析　马晓娇等　农业考古4：28－35
福建武夷山市城村汉城植物考古及年代学新资料　葛威等　南方文物6：122－129
论汉代古夜郎区域的农耕稻作发展　颜全己、杨军昌　农业考古4：58－65
南昌海昏侯刘贺墓粮库内出土植物遗存的初步研究　蒋洪恩等　南方文物6：226－230
桃花岭汉墓植被调查相关问题探讨　徐路　文物春秋4：29－36
吐鲁番晋唐时期的农业活动研究——以吐峪沟石窟作物遗存为例　荆磊等　农业考古1：16－21
“华光礁Ⅰ号”南宋沉船船体构件的用材分析　包春磊　文物保护与考古科学4：58－65
江苏双沟酒厂老厂区出土疑似酒糟土样的植物遗存分析　程至杰等　农业考古4：42－45

人类骨骼考古

体质人类学研究近年在中国的快速发展　刘武　人类学学报4：509－510
考古遗址中人类遗骸的价值何在？　张雅军　中国文物报8月7日6版
“透骨见人”考古现场人骨信息的提取与解读　杨露　大众考古12：36－40
我国古代人骨采集、管理工作的问题和对策　马萧林　中国文物报9月4日5版
加强人类骨骼变异变形学研究　王明辉　中国文物报10月9日6版
考古遗址出土的人骨研究　张旭　中国文物报10月9日6版
古DNA研究加入抗击新冠肺炎疫情战斗　文少卿、袁靖　中国文物报3月20日5版
古DNA捕获新技术与中国南方早期人群遗传研究新格局　王恬怡等　人类学学报4：680－694
郑州孙庄遗址仰韶文化人群的龋病　周亚威等　人类学学报2：282－291
郑州汪沟遗址仰韶文化居民的创伤研究　周亚威等　北方文物4：67－72
汪沟遗址仰韶文化居民的颅骨形态学分析　周亚威等　边疆考古研究（第27辑）　371－393
浙江宁波大榭遗址一期人骨的古DNA研究　文少卿等　南方文物6：261－266
上海柘林遗址良渚文化墓地人骨初步研究　熊建雪等　南方文物6：238－245
北京东胡林遗址人骨的体质演化与生物文化适应　何嘉宁等　考古7：90－98
华南地区史前人类骨骼的生物力学特征　李法军　人类学学报4：599－615
云南丽江古人类股骨的形态结构　魏偏偏　人类学学报4：616－631
线粒体全基因组揭示嫩江流域史前人群遗传结构的动态变化　李春香等　人类学学报4：695－705
内蒙古中南部先秦两汉时期人群龋病与生业模式初探　张旭　农业考古1：7－15

商代人骨上跪踞面的观察与分析　赵永生等　考古10：108－117
古代不同社会阶层先民食物结构差异探讨——以荥阳小胡村晚商族墓地为例　王宁等　黄河　黄土　黄种人10：42－48
淇县宋庄东周墓殉人颅骨的形态学　孙蕾等　人类学学报3：420－434
北京军都山古代居民的颅骨创伤　何嘉宁、李楠　人类学学报4：576－585
古蜀人群遗传表型特征探微——基于成都新一村十二桥文化人颅骨的观察与测量分析　原海兵等　南方民族考古（第二十辑）　398－412
新疆喀什下坂地墓地青铜时代人群颅骨的测量性状　魏东等　人类学学报3：404－419
新疆下坂地墓地青铜时代人群的病理与创伤现象研究　魏东等　边疆考古研究（第28辑）　441－453
小河墓地古代人群颅骨的人类学特征　聂颖等　西域研究3：115－125
宝鸡郭家崖秦国墓地（北区）出土人骨研究　赵东月等　西部考古（第20辑）　307－318
南阳百里奚墓地西汉早期棺椁彩绘墓主人　孙蕾等　黄河　黄土　黄种人12：35－40
内蒙古磴口县沙金套海墓地汉代居民的颅骨研究　胡春佰等　边疆考古研究（第27辑）　346－370
宁夏石砚子墓地颅骨缺损个体的古病理学　张群等　人类学学报4：586－598
楼兰地区汉晋时期墓地的考察与初步认识——兼析楼兰孤台墓地的颅骨形态学特征　魏东等　西域研究3：126－132
从头骨形态学和古DNA探究公元3～4世纪西藏阿里地区人群的来源　张雅军等　人类学学报3：435－449
内蒙古陈巴尔虎旗岗嘎墓地古代人骨的DNA研究与蒙古族源探索　武喜艳等　考古4：112－120
宁夏彭阳县张湾金代砖雕墓人骨研究　赵惠杰等　北方文物2：66－70

纺织考古

中国古代“布”的材质演进——兼论棉花在中国的普及　丁培利等　南方文物4：196－200
蚕丝业起源探讨　曹攀攀　黄河　黄土　黄种人22：34－40
卢龙蔡家坟遗址出土陶纺轮及相关问题　李小龙　边疆考古研究（第27辑）　239－250
河北考古中的丝绸文物——东北亚丝绸通道的重要发现　李宝才　中国文物报12月4日6版
黄色缂丝绣联句幡的科学分析　张云等　中国文物科学研究1：91－96
西北地区出土古代针织物的组织结构研究　刘大玮　南方文物4：236－239
新疆吐鲁番市胜金店墓地M15号墓葬服饰研究　玛尔亚木·依不拉音木、林铃梅　南方文物4：240－250
新疆尼雅遗址95MNⅠM1：43的纤维和染料分析所见中西交流　宋殷　敦煌研究2：131－140
桂门岭出土纺织品时代考　王树金、唐涛　南方文物4：251－261
海昏侯墓新出木楬所见汉代丝织物初探　吴方浪　文博1：22－28
新疆尼雅墓地出土纺织品文物的数字化信息采集——以95MNIM8：15“五星出东方利中国”织锦护臂为例　尚玉平等　文物5：80－88
大葆台汉墓出土棺衣纹饰及染色研究　赵芮禾、司志文　南方文物4：227－235
东汉“元和元年”锦囊的时代性　倪润安　黄河　黄土　黄种人4：37－40
新疆出土的古扇　阿迪力·阿布力孜　中国文物报8月11日6版
福州南宋黄昇墓出土纺织品纹样初探　陈寒蕾　南方文物4：262－270
明代的帽顶、帽珠与帽缨　董进　文物天地8：62－69
明清女裙形制的演变及实例分析　王淑珍　文物天地11：82－88
故宫院藏缂丝挂屏中染料的快速筛查分析　张云等　文物保护与考古科学1：70－76

天文考古

《周髀算经》从数学看先秦的天文观及地中问题　曹慧奇　南方文物4：7－20

其他

近年国外早期砷铜冶金的研究进展　崔春鹏等　中国国家博物馆馆刊9：147－160

外来因素与本土创造：古代冶金技术的交流与互动　陈建立　早期文明的对话——世界主要文明起源中心的比较　160－180
略说古代铜器制作材料的演变　夏志峰　中国文物报11月24日6版
中国早期冶铜遗迹的分布与冶铜起源研究　刘俊男、易桂花　南方文物4：115－120
近期冶金考古研究进展和趋势　吴晓桐等　有色金属（冶炼部分）5：100－108
邓家湾屈家岭文化祭坛上的冶炼遗迹考辨　郭静云、郭立新　南方文物6：82－86
浅谈殷墟青铜器的铸后打磨工艺　翟少冬等　江汉考古5：98－109
资源控制的通道模式——论商王朝对长江中下游铜矿区的控制　杜杨　南方文物6：95－101
论盘龙城发现的铸铜遗存及相关问题　路晋东　江汉考古6：67－75
商周青铜器铸后制铭工艺考证　杨欢、杨戬　江汉考古3：100－106
商周青铜铸造泥模范的七个问题　苏荣誉　南方文物3：235－244
商周时期南北方铜矿开采技术比较研究——以鄂赣交界地带和辽西地区为例　和菲菲　江汉考古1：102－112
安阳殷墟苗圃北地铸铜作坊探讨　郜向平等　南方文物4：82－88
论安阳辛店商代晚期铸铜作坊的布局　孔德铭、孔维鹏　南方文物4：89－96
河南安阳发现迄今范围最大的商代晚期铸铜遗址——河南安阳辛店商代晚期铸铜遗址考古取得重要收获　孔德铭　中国文物报1月3日5版
湖北黄陂鲁台山郭元咀遗址发现商代晚期铸铜作坊　胡刚等　中国文物报10月9日8版
闻喜千斤耙采矿遗址及相关问题探讨　田伟　文博6：49－55
孔头沟遗址铭文芯与西周铭文制作方法　郭士嘉等　江汉考古3：107－114
安徽铜陵夏家墩遗址出土青铜冶金遗物科学研究　崔春鹏等　考古11：91－105
综论长江中下游铜矿带先秦矿冶考古　刘海峰等　中国国家博物馆馆刊7：17－34
济南市章丘区东平陵城遗址铸造区2012年发掘简报　山东省文物考古研究院等（张溯等）　考古12：41－52
黄河铁牛——中国古代铸造奇迹之作　侯宁　铸造技术8：801－803
广西玉林胜果寺古代冶铸遗址研究　黄全胜等　有色金属（冶炼部分）8：99－106
安徽省怀宁县铜牛井矿冶遗址冶炼工艺研究　李强等　有色金属（冶炼部分）7：105－110
石器微痕分析在中国的实践与思考　陈虹　不惑集——山西大学考古专业成立40周年纪念文集　221－232
也谈石器研究中的微痕分析　仪明洁、余官玥　考古学集刊（第23集）　157－165
射击类带尖石制品使用微痕动态形成过程的实验研究　徐哲等　人类学学报2：208－222
水洞沟地区白云岩细石叶的微痕实验研究　余官玥等　人类学学报2：193－207
山东潍坊前埠下新石器时代遗址文化层沉积物微形态分析　柏哲人等　海岱考古（第十三辑）　379－385
长山遗址沉积物粒度特征及其环境指示意义　刘颖等　东北师大学报（自然科学版）1：136－143
凌家滩遗址外壕沟沉积物反映的土地利用变化——土壤微形态研究案例　宿凯等　南方文物3：136－150
成都平原宝墩遗址土壤理化特征及其环境意义　李兰、何锟宇　南方民族考古（第二十辑）　384－397
浅析大运河的功能与属性问题　王安坤　黄河　黄土　黄种人20：27－31
中国史前治水文明初探　刘建国　南方文物6：5－11
夏代水井的考古发现与研究　张超华　古今农业2：17－26
灵渠修缮工程研究　韦友贝　文物天地3：4－7
汉代医药的炮制与储藏——兼论江西海昏侯墓出土医药内容的价值与意义　谢佳芮　南方文物6：215－222
基于中医养生“忌口”文化对海昏侯“医工五禁汤”漆器初探　邓根等　南方文物6：223－225
中国古代蒸馏技术探源　李喜萍等　文博1：29－35
宋代隔麻拓产生的动因分析与技法复原　茹溪　文博6：67－71

西夏对中国印刷史的重要贡献　史金波　中国史研究1：98－115
陕西历史博物馆藏逦鼎全形拓研究　王晶晶　文物天地5：76－80
“南海Ⅰ号”考古现场绘图　林唐欧　文物天地2：122－125

陆　美术考古

一　通论

从当代视角看美术考古与绘画艺术发展　胡静　社科纵横2：111－113
近年世界旧石器时代美术考古新发现的意义　罗二虎　南方民族考古（第二十辑）　11－33

二　雕塑

画像石·画像砖

论张道一的汉画像石研究之路　顾颖、岳凯　南京艺术学院学报（美术与设计版）3：60－62
民国时期陕北、晋西北东汉画像石发掘与研究史略　刘晓达　文化学刊6：26－32
文图一个时代——汉赋与汉画像互文主题及其文化意义　王思豪　吉林大学社会科学学报1：206－218
汉代画像与天府成都的社会生活　黄剑华　成都文物3：1－13
汉代大象与骆驼画像研究　王煜　考古3：86－99
汉代画像中的“牛耕图”　张宣逸　农业考古4：258－263
汉画像砖石中的松柏树寓意　崔华　中国文物报6月30日7版
教化与信仰——汉代忠孝信仰与画像石图像表达　李为香　济南大学学报（社会科学版）3：46－55
汉代有翼仙兽：从多样形像到新创典范　郭静云、王鸿洋　宗教学研究2：244－252
汉代画像石上的齐国故事与汉代齐学的繁荣　王海玉　中国国家博物馆馆刊8：28－39
汉画像石中的晏子　王海玉　中国文物报9月8日7版
年年有鱼　廖静好　中国文物报2月4日5版
徐州汉画在室墓中位置初探　刘文思　淮海文博（第2辑）　49－61
安徽省淮北市烈山区烈山镇邓山东汉早期画像石祠堂　朱永德、解华顶　东南文化6：30－34
出土汉画像石中的乐舞百戏与相关图像综述　刘冠　北京舞蹈学院学报1：32－40
萧县画像石造型初探　高亚南　文物世界2：35－38
晋陕地区画像石中的铺首衔环图像　崔潇瑜　文物世界1：23－29
道德与信仰——明尼阿波利斯美术馆藏北魏画像石棺相关问题的再探讨　贺西林　美术研究4：30－32、41－51
胡汉合乐：北周礼佛石刻画艺术新样　葛承雍　美术研究4：17－23
南京狮子冲南朝墓出土散砖画像研究：以卤簿画像为切入点　张今　东南文化2：96－107
南京石子岗南朝墓“龙”“虎”壁画砖的拼装及研究　王汉　东南文化6：97－110
余杭小横山南朝墓左右将军考　蒋天颖　中国国家博物馆馆刊2：20－29
郑州地区汉代画像空心砖墓的图像学研究——以新通桥汉代画像空心砖墓为例　樊钢亮　黄河　黄土　黄种人22：44－47
见微知著——洛阳西汉阴纹画像空心砖模印技术的痕迹研究　徐婵菲、［加］沈辰　故宫博物院院刊2：51－65
许昌地区东汉实心建筑画像砖赏析　赫玉芳　收藏8：80－87
示威仪　崇升仙——四川汉画“迎谒”图说　魏崴　黄河　黄土　黄种人10：32－36
大英博物馆藏汉代人像砖柱出土时间地点及功能探微　霍宏伟　故宫博物院院刊2：66－83
山西博物院藏宋金砖雕图像管窥　郭智勇　黄河　黄土　黄种人22：54－59

甘肃清水县箭峡砖雕墓孝行图像的重新释读　后晓荣、杨燚锋　公众考古学（第一辑）　236－252
山西晋中明清古建院落砖雕石刻考略——太谷县武家巷24号院武铨住宅砖雕石刻为例　霍奇峰　美术观察2：71－72

造像

视觉与感知：古代佛教汉化寺庙造像的“观看”机制　袁秋实　南京艺术学院学报（美术与设计版）3：100－104
图像学视域下汉代造像画像与早期儒释道之交融　贝玉芳　河北学刊2：214－219
也谈佛教造像的长安模式　韦正、马铭悦　敦煌研究3：1－13
试论北魏关中地区佛教造像的地方风格　常青　故宫博物院院刊3：31－46
佛光寺东大殿造像组合及相关问题探讨　李雅君　南京艺术学院学报（美术与设计版）2：103－107
唐代巴蜀石窟药师佛、观音与地藏组合造像研究　邓新航　法音6：61－65
唐代新样文殊造像的特征、内涵及渊源　许栋　中原文物3：120－128
体认与适应：陇南宕昌藏族“凤凰山神”造像成因考析　张犇、邵迪莎　装饰1：108－111
佛教考古研究中的“中心环节缺失”现象——以敦煌和四川的唐代瑞像为例　于春、宋瑞　西部考古（第20辑）　262－276

金铜造像

新发现的十六国时期法常造鎏金铜佛立像　金申　文物春秋6：78－79
新发现的十六国时期僧法常造金铜佛立像　金申　收藏1：26－33
浙江金华万佛塔出土鎏金铜水月观音像研究——兼谈水月观音图像的演变　张萌　博物院4：58－65
水月之体　吴越之秀——金华万佛塔地宫鎏金铜观音造像　王溪　中国文物报9月8日5版
从赵州到波士顿：端方旧藏隋范氏造像的分合因缘　张建宇　美术研究4：24－29
金身妙相融汉藏　稀有等身似真身——元代铜释迦太子诞生像赏研　黄春和　收藏家4：61－68
闪耀东瀛的镇馆之宝——新乡市博物馆藏关羽铜造像　王元黎　中国文物报2月4日6版

石造像

热瓦克佛寺遗址雕塑初论　李永康　收藏1：94－103
雄浑高古　南朝气韵——我看南朝帝陵石刻造像　吴为山　南京艺术学院学报（美术与设计版）3：24－28
中古时期略阳权氏家族相关佛教石刻研究　安俊维　丝绸之路3：72－76
笈多时期中印佛传故事造像碑比较　奚静　法音6：66－70
论佛教造像中“一佛二弟子”模式的诞生　孟宪实　美术研究5：16－22
略论北魏复佛初期造像中的君佛合一观念　叶原、彭丽　美术观察2：51－54
邺城遗址出土北魏谭副造像图像考释　何利群　考古5：96－110
庄严妙相——河南佛教石刻造像概说　王景荃　河南博物院院刊（第一辑）　31－45
陕西洛川北朝佛教石造像　杨军、李妮　大众考古2：45－47
麦积山石窟第142窟“猴头”“象头”造像研究　杨文博　敦煌学辑刊4：176－180
固原博物馆藏北魏石造像艺术探述　陈静静、李海平　文物天地11：6－12
上海博物馆藏云冈石窟造像残件整理　师若予　故宫博物院院刊8：51－59
山西出土北朝单体佛教石造像研究　武夏、朱思奇　不惑集——山西大学考古专业成立40周年纪念文集　110－130
云冈石窟早期造像　在犍陀罗风格中融入中国元素　陈雪雪　中国宗教7：68－69
东魏北齐响堂石窟与邺城造像比较研究　唐仲明、王亚楠　故宫博物院院刊　12：20－32
跋东魏武定四年道颖造像碑　冉万里　文博5：100－109
微笑的北齐思惟菩萨像　鞠志海、朱伯霞　中国文物报8月11日5版
四川中部首次发现北朝佛教摩崖造像　雷玉华　中国国家博物馆馆刊9：55－66

浅谈大像山石窟迦陵频伽的艺术特征　巩兰兰　丝绸之路2：129－132
四川盐亭龙门垭摩崖造像调查简报　中央民族大学考古文博系、盐亭县文物管理所（刘连香）　文物10：72－88
四川丹棱石佛湾、佛儿崖石窟中的五十三佛、二十五佛造像及相关问题　张亮、贺越洋　敦煌研究5：87－94
四川广元千佛崖武周至开元时期佛教造像研究　八木春生、姚瑶　敦煌研究2：34－48
四川眉山法宝寺东方天王造像及相关问题　张亮　南方民族考古（第二十辑）　246－253
四川安岳玄妙观唐代摩崖造像调查报告　四川大学历史文化学院考古学系等（张亮等）　考古学报4：579－627
四川通江诺江镇千佛岩摩崖造像调查简报　白彬等　敦煌研究6：67－77
四川邛崃市盐水村夫子岩摩崖造像　符永利、刘超　敦煌研究4：26－37
山东平阴天池山唐代摩崖造像调查简报　山东大学历史文化学院、山东省文物考古研究院（唐仲明等）　文物7：76－84
四川资中西岩五代毗沙门天王大像窟考察　刘易斯　考古学集刊（第23集）　254－271
南齐永明元年造像碑　张想　中国社会科学报6月10日1版
南齐永明元年造像碑的再研究　霍巍　南方民族考古（第二十辑）　211－245
僧伽变相的内容、演变及形成：以安岳、简阳两铺摩崖造像为中心　张亮等　敦煌研究1：80－89
重庆市大足区峰山寺摩崖造像调查简报　大足石刻研究院（米德昉、方珂）　四川文物6：76－87
杭州七宝山仁王寺摩崖造像调查及相关问题　赖天兵　敦煌研究2：26－33
师心佛心——西藏阿里地区出土上师像浅述　郭萌　收藏家4：97－104
湖南江永县摩崖造像调查与辨识　张辛欣　湖南社会科学2：67－75
陕西延长七里村石窟造像辨识——兼论道教语境中的炽盛光佛　廖旸　敦煌研究5：44－52
门头沟石佛村摩崖造像小考　顾大勇　中国文物报5月12日7版
杭州南高峰无门洞罗汉像调查　常青　文博2：21－26
内蒙古通辽市博物馆藏石佛赏析　丁晓娜　收藏8：106－109

木雕·泥塑造像

浅议元大都雕塑家与漆木宫廷风格造像　詹文静　收藏10：68－77
神秘古佛国的文化密码——从国博馆藏彩塑菩萨头像说起　张萌　中国文物报8月11日8版
天龙山圣寿寺唐金刚力士造像的制作工艺研究　龚德才等　文物世界1：76－80
苏州保圣寺、紫金庵罗汉雕塑研究　尚荣　南京艺术学院学报（美术与设计版）3：105－110
易县辽三彩罗汉像的艺术风格初探　吴敬、沈辰　边疆考古研究（第28辑）　393－405
临汾大云寺铁佛头考　褚甜莉、侯慧明　文物世界1：40－42

陶俑

三件相似的战国骑马俑　李云　中国文物报1月7日8版
秦始皇陵兵马俑的创新与功能　张卫星　南开学报1：117－121
西安泾渭秦墓陶俑的发现与研究　曹龙　考古与文物5：88－95
西汉彩绘杂技乐舞陶俑　杨冬梅　中国文物报7月14日6版
长沙西晋永宁二年墓出土“对书俑”身份再研究　李慧君　宗教学研究2：253－262
晋阳地区北齐墓葬陶俑首服　高丁丁、车环宇　大众考古12：70－78
北朝晚期单模陶俑研究　董雪迎　文物春秋6：18－28
固原地区出土的北朝时期陶俑服饰浅析　刘勇、王竟　文物天地11：25－32
隋唐墓葬出土袒腹胡人俑类型、特征与文化渊源　杨瑾、乔静瑶　中原文物4：121－129
从元淑墓女立俑看开元初唐墓中的女性形象　郃紫琳、赵晶　中原文物5：102－108
戏泥巧尽群儿态——陕西历史博物馆藏宋代童子俑　梁煜东　收藏家7：81－86

古俑探谜 解读南宋黄氏墓墨书人俑群 余蕾希、余学云 收藏5：70－81
明秦简王墓仪仗俑与明代亲王仪仗制度 韩诣深 考古与文物5：115－122

陵墓雕刻

南京上坊孙吴大墓覆顶石纹饰 佘永通 大众考古3：43－46
人首鸟身祭司的形象来源与图像组合 王东 考古学研究（十一） 308－337
蠡测陕西唐代帝陵狮子石雕中的外来文化元素 吴铁、朱利民 西北大学学报（哲学社会科学版）6：105－114
唐代帝陵蕃酋像的发现与研究 张建林、张博 丝绸之路考古（第4辑） 116－133
合川镇宋墓石刻艺术探秘 肖伊绯 寻根3：75－80
安氏末代土司墓石雕画像背后的故事 侯文科 中国文物报8月11日5版
四川清代神主碑碑帽装饰研究 张超、郭泽宇 艺术探索47－55

其他

汉代“马式”造型风格特征及其成因研究 洪波 文化学刊6：193－198

三 石窟寺艺术

中国石窟寺考古报告编写的历史、现状及建议 张铭 中国文物报9月1日3版
推动文化繁荣 坚定文化自信——以石窟艺术观北魏文化 刘鸿庆、苏鹏 辽宁工业大学学报（社会科学版）1：81－83
邺城地区音乐图像研究——以南响堂山石窟、灵泉寺石窟及小南海石窟为例 罗佳琳 齐鲁艺苑2：19－25
华服与毡裘——麦积山石窟佛像袈装材质表现出的地域差异 董广强 丝绸之路与文明记忆——丝绸之路对中华文明演进与传播的影响学术研讨会论文集 382－385
云冈昙曜五窟洞窟形制中的印度因素与相关问题研究 郭静娜、韦正 敦煌研究4：38－43
云冈石窟佛教造像服饰风格的中国化演变 邹璐 中国宗教6：72－73
云冈石窟佛教文化研究 文莉莉 文物世界2：42－44
云冈石窟的希腊大力神赫拉克利斯 王雁卿 大众考古5：61－69
云冈石窟的皇帝大佛——从鲜卑王到中国皇帝 ［日］石松日奈子著 王云译 故宫博物院院刊12：4－19
云冈石窟的花花草草 鲁云云 大众考古5：70－74
昙曜五窟的营造次序和理念 韦正 敦煌研究6：32－38
云冈石窟第三期洞窟图像组合分析 王友奎 敦煌研究3：48－62
云冈石窟第七、八窟图像内容与组合特征研究 李君、郭静娜 边疆考古研究（第28辑） 317－335
从云冈第11窟乐伎图像看北魏平城时期佛教音声伎乐供养 吴巧云 中国音乐1：110－119
云冈第38窟音乐树图像研究 赵昆雨 敦煌研究1：44－50
云冈石窟中晚期尖楣圆拱龛千佛 陈洪萍 文物世界4：9－13
山西寿阳阳摩山石窟中区及西区调查与研究 许栋等 大众考古3：66－80
杭州南屏山净慈寺禅窟考察记 一个奇特的蘑菇状石窟 胡同庆、王义芝 大众考古8：82－85
试析龙门洞窟的前部空间 彭明浩 四川文物6：43－53
龙门奉先寺大卢舍那像龛唐代的补凿与加建 彭明浩、李若水 考古2：112－119
龙门石窟唐代佛像着衣类型 陈悦新 文物7：85－96
浅论巴蜀摩崖石窟群的空间布局 张乃千、肖宇窗 美术观察6：74－75
四川安岳石窟孔雀洞经目塔与法宝崇拜 赵献超 四川文物6：106－118
四川广元千佛崖莲花洞考古新发现 张宁等 四川文物6：88－95
试论安岳石窟刻经的发端 陈晶鑫 四川文物6：96－105
宋代文氏一系工匠与宝顶山石窟寺的营建 米德昉 敦煌研究4：53－63
宗教文化的圣境 记甘肃省张掖市文殊山石窟 俞春荣 中国宗教7：92－93

俞剑华敦煌艺术研究述评　荆琦　艺术探索 3：17 – 25
天乐佛国天桥洞——论炳灵寺第 169 窟佛教艺术　王玲秀　法音 1：46 – 49
炳灵寺石窟第 169 窟“建弘题记”研究述评　曹学文、丁万华　敦煌学辑刊 3：92 – 103
金塔寺石窟研究　吴玮　丝绸之路 1：183 – 185
炳灵寺第 169 窟“丙申题记”的若干问题研究　曹学文　敦煌研究 3：86 – 90
元荣抄经与莫高窟第 249 窟的营建关系探析　魏健鹏　敦煌学辑刊 1：124 – 134
中西文化交流视野下莫高窟三兔共耳纹来源再议　陈振旺、彭艳萍　艺术百家 1：169 – 173
隋代中期莫高窟藻井图案研究　陈振旺等　敦煌研究 1：51 – 59
敦煌莫高窟第 96 窟（北大像）营建及外貌变迁　张景峰　丝绸之路与文明记忆——丝绸之路对中华文明演进与传播的影响学术研讨会论文集　353 – 365
唐、吐蕃、粟特在敦煌的互动——以莫高窟第 158 窟为中心　沙武田　敦煌研究 3：14 – 26
敦煌资料中所见讲究卫生爱护环境的习俗　李并成　中国历史地理论丛 2：30 – 37
敦煌莫高窟第 217 窟营建家族新探　陈菊霞　故宫博物院院刊 8：43 – 50
样式溯源与图像思想——敦煌石窟弥勒经变老人入墓图塔墓考　郭子睿、沙武田　文博 3：107 – 112
莫高窟第 365 窟七佛榜题录释　赵燕林、赵晓星　敦煌研究 6：39 – 47
莫高窟第 353 窟西夏重修新样三世佛的思想内涵　沙武田、李志军　敦煌学辑刊 4：63 – 76
敦煌“西夏石窟”的年代问题　刘永增　故宫博物院院刊 3：4 – 14
西夏仪式佛教的图像——莫高窟第 61 窟炽盛光佛巡行图的几点思考　沙武田　四川文物 3：92 – 111
东方雕塑艺术陈列馆——麦积山石窟　李天铭　中国文物报 9 月 25 日 4 版
瓜州榆林窟道教遗存谫论　李博雅、李国　敦煌学辑刊 2：25 – 36
榆林窟道教游人题记刍议　李国　敦煌研究 3：27 – 36
吐峪沟石窟佛教遗址新发现回鹘文题记释读　吐送江・依明　敦煌研究 5：115 – 127
吐鲁番吐峪沟石窟寺园艺类植物遗存研究　王龙等　农业考古 6：15 – 26
龟兹石窟佛像的艺术风格及其特点　赵丽娅　敦煌学辑刊 1：98 – 111
龟兹石窟中的佛陀、声闻、缘觉和菩萨造像及其反映的思想　苗利辉　敦煌学辑刊 1：85 – 97
《贞元六年造窟功德记》与唐西州宁戎窟寺　夏立栋　敦煌研究 2：18 – 25
伽蓝遗痕——克孜尔石窟出土木制品与佛教仪式关系的考古学观察　魏正中著　赵蓉译　敦煌研究 1：32 – 43
现状的释读与转译——克孜尔第 14 窟佛龛想象复原　何韵旺　敦煌研究 3：120 – 128
焉耆七个星毗卢遮那佛法界身图像研究　魏文斌、周晓萍　敦煌学辑刊 1：112 – 123
清代西域文献中的龟兹石窟　朱玉麒　丝绸之路考古（第 4 辑）156 – 168

四　古代建筑

综述

厚墙无柱：土木混合建筑体系——漫谈古建和考古之一　周学鹰　中国文物报 2 月 11 日 4 版
定居与游居的再思考——漫谈古建和考古之二　周学鹰　中国文物报 2 月 14 日 4 版
草顶、擎檐柱与重檐——漫谈古建和考古之三　周学鹰　中国文物报 2 月 18 日 4 版

专题研究

两汉魏晋南北朝都城建筑的发展演变　徐龙国　中原文物 3：57 – 67
南越宫苑弯月池上建筑的复原研究　胡建　广州文博（拾叁）　57 – 71
三晋文化视域下的古建筑琉璃文化　任昆龙　文物世界 6：35 – 38
土石营造与圣地建构——比叡山文殊楼建筑样式及供奉文殊七尊像考　张书彬　美术研究 3：29 – 44
从两座庙碑看宋金时期坛庙建筑的营造思想　刘勇　文物世界 4：24 – 26
“劄牽”？“劄牵”？“札牵”？——宋式建筑大木作梁栿构件名辨析　王藏博　青年考古学家（第 1

辑） 160－169
金代长白山神庙遗址出土部分建筑构件的材料学分析 赵俊杰、崔剑锋 边疆考古研究（第27辑） 455－465
江西金溪竹桥村明清民居建筑构件装饰与题材研究 肖学健等 南方文物1：270－278
从清华大学藏定东陵烫样看烫样的支撑结构设计 文雯等 故宫博物院院刊10：112－132
“样式雷”定陵地宫建筑烫样设计图研究 王方捷、王其亨 文物4：73－91
粤东南沿海地区客家民居大木构架形制衍变分析 杨星星、赖瑛 南方文物1：279－284
“景观人类学”与“再创生”视角：日本人类学家的中国客家建筑研究述评——以河合洋尚与小林宏至为例 吴天跃 自然与文化遗产研究4：73－82
徐州地区的汉代空心砖 刘妍、张爽 大众考古6：62－66
论巴蜀汉阙所映射的地域文化与气质 王小红 成都大学学报（社会科学版）1：59－63
吴越王金涂塔形制来源新探 王敏庆 敦煌学辑刊2：48－59
早期窗棂的演变 张清文 大众考古9：53－57
豫中地区古建筑柱础雕饰艺术研究 李玉杰、朱晓冬 设计艺术研究2：119－123
浅析中国古建筑中“藻井”的文化特征 王娟 文物世界1：43－45
山西省东南部秦赵长平之战长城遗迹的调查研究 赵杰 不惑集——山西大学考古专业成立40周年纪念文集 161－171
战国燕长城研究综述 褚亚龙 不惑集——山西大学考古专业成立40周年纪念文集 172－183
“遥观”内蒙古汉外长城北线障塞遗址 邢义田 古今论衡34：53－76
“遥观”内蒙古汉外长城南线障塞遗址 邢义田 古今论衡34：77－128
甘肃长城调查研究略述 梁建宏 陇右文博2：3－8
甘肃山丹明代长城调查研究 刘晔海 中国国家博物馆馆刊11：61－72
基于GIS的明长城紫荆关防区防御性聚落空间特征研究 解丹等 中国文化遗产6：97－104
成都古城墙现状调查与研究 耿丽娜 成都文物1：8－15
魏晋南北朝时期砖瓦窑业技术及相关问题研究 李清临 考古与文物4：85－95
秦汉都城瓦件的考古学研究 张效儒 考古与文物4：78－84
故宫博物院藏“斡籥不鸞”瓦当研究 焦东华 艺术工作3：90－93
越南海阳省菊浦遗址出土的“万岁”瓦当及相关问题 韦伟燕 文物春秋2：52－57
构图理念视角下的高句丽和渤海瓦当研究 宋玉彬 考古6：97－107
郧城遗址核桃园5号建筑基址出土瓦制品的整理与研究 沈丽华、吕梦 南方文物3：195－204
方寸见佛韵——隋唐佛教瓦当浅议 许彩莲、井明 草原文物1：87－96
唐长安青龙寺的用瓦制度与寺院营建 吕梦等 考古与文物4：96－104
浅析渤海的脊头瓦和兽头 武松、冯恩学 考古12：106－115
渤海曲背檐头筒瓦新探 武松 边疆考古研究（第28辑） 383－391
吉林白城城四家子城址出土文字瓦初步研究 梁会丽 文物4：51－58

调查与研究

北京·河北·山西·江西

景山寿皇殿历史沿革及营缮考 周悦煌等 故宫博物院院刊10：96－111
故宫宝蕴楼明清建置变迁考辨——以中料档案和考古发现为考察中心 吴伟 故宫考古文集（一） 143－176
从斗栱形制探析故宫太和殿院落四角崇楼的建筑年代 王藏博等 故宫博物院院刊10：57－70
从乾隆朝养心殿的改造看明清紫禁城硬山建筑的变化 李燮平 故宫博物院院刊10：133－148
北京故宫养心殿和养性殿的比较分析 牛筱甜、许政 自然与文化遗产研究4：83－93
从宗教空间到庆典空间——基于样式雷图档的颐和园排云殿建筑群重修设计过程研究 刘婉琳等 故宫

博物院院刊10：71－82
颐和园绮望轩建筑群遗址复原研究　张龙等　故宫博物院院刊10：83－95
故宫建福宫花园的赏石台座　晋宏逵　故宫博物院院刊10：46－56
西黄寺“班禅塔”形制探源——印度摩诃菩提寺建筑的考古及传播　张文玲　故宫文物月刊452：18－35
城市中轴线控制下的地区形成过程之研究——以北京东交民巷地区的变迁为例　缴艳华　黄河　黄土　黄种人20：49－55
邺南城东魏北齐宫殿琉璃脊饰及相关问题　胡强　文物世界4：9－12
晋城青莲寺下寺建筑营造特征探析　裴莹　文物世界5：3－5
壶关真泽二仙宫建筑风格浅探　王记兰　文物世界5：27－28
山西长子布村玉皇庙中殿散斗尺度与传统加固方法初探　段恩泽等　文物世界3：37－40
晋祠圣母殿拱、枋构件用材规律与解木方式研究　周森、胡石　文物8：70－79
晋祠鱼沼飞梁　刘丽萍　文物世界5：41－42
金元之际高平圣姑庙的建筑空间与信仰　陈豪　北方文物1：79－88
山西高平西李门村　康峰、王金平　文物6：83－97
山西高平南杨贾氏民居略考　李艳茹　文物世界6：39－41
方山县大武镇观音楼建筑形制与结构特征浅析　刘建平　文物世界6：17－20
试论太原永祚寺东塔始建的社会背景　李庆玲　博物院4：51－57
山西大同北岳恒山寝宫梳妆楼建筑探微　赵凯丽　文物天地9：37－40
寻访陵川古庙清凉禅院　李贺青　文物世界1：53－55
大同地区清代民居现状与建筑空间特征　段晓莉　文物世界3：20－23
左云县清代四合院的建筑特色与装饰风格　冯汉卿　文物世界3：28－32
晋祠关帝庙及关公祭祈　苏慧、田瑞媛　文物世界1：56－58
大华山崇仙观遗址调查　王炎松等　中国道教2：69－75

江苏·河南·湖南·重庆

南京江南贡院的“三门”　王凡　大众考古3：87－91
登封嵩岳寺塔初建年代探究　张高岭　中国文物报6月9日4版
登封三祖庵塔现状勘测及形制研究　张勇、吕军辉　黄河　黄土　黄种人8：55－58
神圣与世俗交汇的空间——湖南芷江天后宫会馆戏台探究　郭丹　南方文物2：271－275

四川·甘肃·西藏·陕西

奉节宝塔坪遗址出土“兽面挂饰”功能再探讨　冯恩学、王春委　江汉考古5：91－97
赵云驻防大邑古迹综合调查　刘红彬　成都文物3：20－26
正宁县文庙大成殿的建筑布局及其价值　梁彦斌　丝绸之路2：136－138
甘肃山丹明代长城调查研究　刘晔海　中国国家博物馆馆刊11：61－72
西藏罗布林卡建筑格局形成与特征研究　孙丽娟　黄河　黄土　黄种人22：48－53
西安化觉巷清真寺平棊研究　马岚　文物世界6：21－24

五　绘画

岩画

“中程理论”在岩画研究中的方法论价值　张嘉馨　艺术探索1：48－57
内蒙古阿拉善左旗水磨沟岩画调查简报　阿拉善盟文物局（杨峰）　草原文物2：1－10
景泰姜窝子沟岩画“搏虎图”初识　高启安　陇右文博3：13－17
浙江仙居西塘岩画　张静思　大众考古1：76－80

壁画

汉墓中太一升仙图的母题溯源　王晨光　宗教学研究2：44－54

鄂尔多斯汉墓壁画狩猎图像解析　赵国兴　文物世界2：39－41
洛阳卜千秋墓西山墙壁画试说　阎安　新美术3：34－50
知识、传说与制作：陕西靖边渠树壕东汉壁画墓星象图的几个问题　王煜　美术研究5：52－59
由成都西郊曾家包汉墓画像谈川西林盘格局的初成　李倩倩　南方民族考古（第二十辑）　174－194
渠树壕壁画中的星象与神话　段毅　考古与文物2：69－79
酒泉地区魏晋墓壁画砖艺术特征研究　马军强　丝绸之路1：158－160
河西魏晋壁画墓“采桑图”考辨　刘兴林　农业考古4：252－257
伏羲女娲图中天象刍议　吕媛媛　收藏家7：55－60
北魏墓室壁画中的佛教因素对高句丽墓室壁画的影响　常乐、郑京日　兰州文理学院学报（社会科学版）2：124－128
大同地区的北魏墓葬壁画　张雁红　大众考古10：40－47
宋绍祖墓奏乐图再议——兼论北魏时期平城与河西地区的互动　张帆　敦煌研究6：57－66
北魏邢合姜石椁壁画研究　李梅田、张志忠　美术研究2：28－32
惊世华彩　博物馆展览语境下的娄睿墓壁画解读　崔跃忠、安瑞军　大众考古2：83－90
北周李贤墓壁画内容浅析　沈立君、武瑛　文物天地11：39－44
中古壁画与陶塑再现的挎包女性形象　葛承雍　故宫博物院院刊1：47－55
高句丽古墓壁画所见出行图研究　郑春颖、盛宇平　南方文物2：200－216
房龄大长公主墓托果盘侍女图新考　王晶晶　收藏家6：77－80
唐章怀太子墓壁画《客使图》补考　赵超　考古6：108－120
唐章怀太子墓“东客使图”新论　毕德广　考古与文物5：96－101
唐贞顺皇后敬陵壁画试析　呼啸　中原文物5：109－115
文物图像与唐代戏剧研究的理念、材料及方法——以《唐代郜夫人墓志线刻〈踏摇娘〉演剧图》研究为中心　姚小鸥　文艺研究6：81－88
韩休墓乐舞壁画解析　霍嘉西、李西林　交响（西安音乐学院学报）1：53－62
唐代舞筵考——从韩休墓壁画乐舞图谈起　李丹婕　考古与文物5：102－107
晚唐魏博镇女性形象的考古学观察——以安阳晚唐墓壁画为例　申文喜　文物春秋3：64－72
特殊的记忆——唐墓壁画丝路文明赏析　程旭、王霞　文物天地6：52－63
唐代墓室壁画与传世卷轴　刘欣　大众考古10：48－50
唐长安墓葬乐舞图中的氍毹及莲花上的舞蹈　冉万里　西部考古（第19辑）　223－271
从文本到史境：舞蹈图像的辨识、互证与形象阐释　王海涛　北京舞蹈学院学报1：64－68
高昌伏羲女娲图纵观　杨晓明　中国文物报8月11日7版
河西高台县地埂坡M4壁画娱乐图再研究——与《河西高台县墓葬壁画娱乐图研究》商榷　曾丽荣、徐卫民　敦煌学辑刊2：12－24
内蒙古清水河县山跳峁墓地壁画　高兴超、张瑞锋　大众考古7：68－72
宋金元时期墓葬“开芳宴”图像模式辨析　夏天　中原文物6：112－117
宋金元时期墓葬壁画中帷幔图像研究　郑以墨　北方文物3：29－45
格套与订制——由平陌宋墓“女子读写图”说起　夏天　南方文物1：285－291
盐裹聘狸奴　猧子綵丝牵——辽金墓葬壁画中的猫与狗　郭凤　文物天地9：23－27
辽墓壁画中的西域文化　张星瀚、潘晓暾　大众考古8：86－90
从墓葬壁画看辽金大同地区饮食文化　王利霞　文物天地7：70－75
山西沁源县正中村金代砖室墓壁画摹本考　崔跃忠、安瑞军　中国国家博物馆馆刊8：6－27
山西古代建筑栱眼壁壁画初探　李润成　文物世界6：27－29
应县文殊寺观音殿壁画考　杨家燕、赵改萍　文物世界4：42－44
刺鹅荐庙：大使厅南壁壁画研究　王静、沈睿文　考古学研究（十一）　132－181

内蒙古西部地区寺庙壁画保存现状调查　王永乐　文物世界5：45－47
山西浑源永安寺壁画中的男性头冠　王帅　大众考古5：56－60
太原明秀寺壁画诸天图像考　孟冠华　美术观察8：71－72
山西阳高云林寺彩塑壁画时代的初步考察　尹刚、张海蛟　文物世界2：3－8
山西寿阳白道普光寺水陆壁画图像考　史宏蕾等　文物世界4：27－31
试论山西明代壁画榜题的特征——以太原明秀寺供养人榜题为例　孟冠华　文物世界5：22－24
勾蓝瑶水龙祠壁画图像与画意探析　贺景卫、彭迪　美术研究2：47－49
图像与文本：西藏当雄县羊八井寺早期壁画遗存初探　熊文彬等　故宫博物院院刊3：47－56
西藏甘丹彭措林寺大经堂“如来藏十经”壁画研究　闫雪　故宫博物院院刊12：48－58
内蒙古柳树湾召庙的清代壁画　高兴超、赵国兴　大众考古6：86－92
甘肃妙因寺多吉强殿曼荼罗图像内容及其布局考述　杨旦春　西藏大学学报（社会科学版）1：88－96
形式与意义——湖南江永勾蓝瑶水龙祠壁画中的“官方宗教”图像研究　杨会娟、刘灿姣　装饰1：112－115
龙门石窟图像中的“外来”乐器浅析　郑聪　黄河　黄土　黄种人16：31－34
法国巴黎集美博物馆藏克孜尔石窟壁画调查与原位考证　赵莉　中原文物2：129－136
从敦煌壁画看“水墨山水”图像之变　于安记　敦煌学辑刊4：85－93
敦煌壁画中女性外道表现手法发覆　宋若谷、沙武田　敦煌研究1：60－69
敦煌壁画僧人所坐榻形高座和椅形高座　杨森　敦煌研究2：1－10
莫高窟北周第428窟降魔图解析　陈培丽　敦煌学辑刊4：94－104
莫高窟第257窟提婆达多图像试论——敦煌“弊狗因缘”献疑　樊雪崧　敦煌研究6：48－56
“灵山圣会”与“人天秩序”——敦煌莫高窟第285窟西壁图像再解读　白文　艺术探索3：37－46
大同市云波里华宇二期壁画墓的年代　侯晓刚　文物世界1：12－15
莫高窟第285窟南壁故事画扇状持物图像辨析——兼论佛教汉化进程中视觉图像的明晰与含混　马莉　敦煌研究5：53－62
克孜尔石窟降魔图像源流考　满盈盈　敦煌学辑刊2：60－66
莫高窟第419窟萨埵太子本生图补考　樊雪崧　敦煌研究1：70－79
敦煌壁画中的载竿杂戏探微　朱爱　丝绸之路2：121－124
浅谈天梯山石窟唐代彩塑及壁画　赵雪梅　丝绸之路2：127－128
佛教供养与政治宣传——敦煌莫高窟第156窟供养人画像研究　沙武田　中原文物5：116－126
龟兹石窟壁画铁线描探究　詹勇　艺术百家3：172－176
龟兹石窟壁画中的誓愿画　李瑞哲　西部考古（第19辑）　163－182
龟兹回鹘时期的故事画及其历史渊源　欧阳晖　丝绸之路3：122－127
敦煌壁画中的罽宾人形象考　沙武田　考古与文物6：82－89
莫高窟唐代《维摩诘经变》中的帝王像及其冕服研究　赵燕林　敦煌学辑刊1：135－148
莫高窟第322窟“乐器树”图像研究　汪雪、魏文斌　敦煌学辑刊4：77－84
敦煌壁画与中国本土家具图式的拓展　邵晓峰、李汇龙　南京艺术学院学报（美术与设计版）2：123－128
敦煌莫高窟唐代壁画中幡的图像研究　王文洁　丝绸之路1：108－112
莫高窟唐代团花纹样造型演变研究　张春佳　敦煌研究5：77－86
莫高窟第12窟华严经变图像解读　方喜涛　敦煌研究3：37－47
隋唐琵琶源流考——以石窟寺所见琵琶图像为中心　周杨　敦煌研究4：64－73
从敦煌壁画中的弯琴形象看风首箜篌的传播　温和　艺术评论1：88－100
“反弹琵琶”：敦煌壁画舞姿艺术形象来源考　葛承雍　敦煌研究1：9－15
解读敦煌乐舞——敦煌乐舞研究方法之讨论　朱晓峰　艺术评论1：54－67

敦煌莫高窟阴氏供养人画像与其碑铭赞互证研究 周晓萍 丝绸之路与文明记忆——丝绸之路对中华文明演进与传播的影响学术研讨会论文集 366－381
丝路宗教艺术的交流融合 摩尼教壁画遗存浅析 高明君、孟庆凯 中国宗教4：72－73
敦煌西夏石窟壁画呈现多元文化 沙武田 中国社会科学报8月17日8版
大桃儿沟第9窟八十四大成就者图像补考 陈爱峰等 敦煌研究5：63－76
敦煌壁画中"花树"图式造型研究 任丹泽 美术观察8：70－71
西藏阿里地区皮央石窟护法殿壁画考察报告（下） 王露、罗文华 故宫博物院院刊1：93－106
麦积山石窟第12窟窟顶壁画释读 张铭 敦煌研究3：63－70
河西走廊中东部石窟寺壁画中的建筑图像探微——河西走廊中东部地区石窟、寺观壁画考察与研究之十一 李慧国、张多金 丝绸之路4：126－129

其他

魂归何处：马王堆一号汉墓T形帛画中的阴阳、神仙思想 邓辉、陈华丽 吉首大学学报（社会科学版）1：94－101
读阿斯塔那纸画札记 一张珍贵的习作纸画 孙晨 大众考古11：55－57
一个智慧的阴谋——北魏漆棺画中的"二桃杀三士"故事 罗丰 美术研究5：31－32、41－51
唐代景教绘画的中国化演变 毛思潮 中国宗教1：72－73
中国北方地区9～14世纪木理纹彩画的初步研究 张吉 青年考古学家（第1辑） 135－159
百年来古建筑彩画调查研究进程管窥 王仲傑 故宫博物院院刊10：31－45
麦积山瑞应寺清代小型纸像牌水陆画的用途 夏朗云 敦煌研究2：11－17

六 书法

西周金文书写风格与行文格式的演变——以西安博物院藏青铜器为例 崔钧平 收藏家7：50－54
汉嵩山太室阙铭拓本版本 宋松、王欣 收藏家6：93－96
论曾巩的"以史笔为墓志" 张亚静、马东瑶 华南师范大学学报（社会科学版）1：28－41
关于金代书法的再认识——以墓志、墓志拓片拓本材料为中心 张大鹏 辽金历史与考古（第十一辑） 215－225
明清民窑陶瓷汉字图形设计探究 潘镜如 美术研究1：61－63
梁巘行书书碑风格研究 张见 美术研究3：50－53

七 工艺美术

漆器

良渚文化漆器初探 李娜 江汉考古3：49－56
殷墟漆器的发现与研究——以辛店遗址出土漆器为例 孔德铭、孔维鹏 中原文物3：107－114
楚国漆器鉴赏（上）、（下） 阮文清 收藏家1：83－94、2：57－66
浅析楚国漆器凤鸟双联杯制作工艺 钱红 文物世界2：52－53
战国秦汉仿生漆器造型研究 刘芳芳 南方文物5：292－296
西汉饮酒具研究——以漆器为中心（上） 洪石 故宫博物院院刊12：59－73
海昏侯墓出土龙纹漆盘赏析 夏华清、张建文 文物天地10：72－76
略论巢湖北山头汉墓出土神兽纹漆盒 程晓伟、方晓晓 西部考古（第19辑） 118－127
汉代夹纻胎漆器的分类与分期 杨小博、吴双成 海岱考古（第十三辑） 438－456
新疆古代漆器：见证中原生活习俗的影响 阿迪力·阿布力孜 中国民族报8月28日5版
江西出土魏晋时期漆器纹饰研究 刘晗露 南方文物5：297－300
司马金龙墓屏风漆画的历史文化价值探究 白晶 文物世界3：73－75
山西大同地区出土漆器工艺浅析 唐慧娟 文物世界3：65－68

中国古代漆器制作工艺探析——以北魏司马金龙墓漆屏风画为例　宋志辉　文物世界3：69－72
漆茶具　郭丹英　收藏家10：19－28
斒斓新熠——明正德至嘉靖戗金雕填龙纹方盘工艺赏析　项琐、罗琦　收藏家3：79－82
吉林省博物院藏漆器　高雪、张语师　收藏家10：3－10
绚丽华贵——话黑漆描金器　刘晓晨　收藏家10：11－18
皇帝的多宝格“天府球琳”盒　侯怡利　故宫文物月刊442：44－51
清宫漆器的运用——以沈阳故宫藏品为例　刘晓晨　收藏家4：33－46
大同博物馆藏精品漆器赏析　解思睿　文物世界1：59－62

金银器

论金沙“太阳神鸟”金饰图案的文化意蕴和形式美　邱紫华　三峡大学学报（人文社会科学版）4：1－5
异域与本邦：战国晚期至汉代前期的银质器皿　史明立　东南文化6：79－89
对羊与金珰——论战国至西汉羊纹金饰片的来源与器用　左骏　故宫博物院院刊11：56－74
江西南昌西汉海昏侯刘贺墓出土部分金器的初步研究　刘晟宇等　文物6：41－62
由北而来的对羊纹金饰片　霍雨丰　文物天地6：64－70
海昏侯墓出土部分金器初步研究　张烨亮、李文欢　南方文物6：189－207
西汉废帝海昏侯刘贺墓出土17枚大马蹄金制作工艺研究　杨小林等　南方文物6：144－155
作为政治信物的汉晋瑞兽纹带扣　郭物　故宫博物院院刊7：4－18
流光溢彩——宣城市出土的古代金银器　王爱武　中国文物报8月25日7版
从何家村窖藏鸳鸯莲瓣纹金碗看唐代金银器制作工艺　李倩　文物天地8：12－14
何家村唐代窖藏金银器的装饰纹样　赵青　文物天地8：15－23
何家村窖藏金银器宝相花纹样小议　荆海燕　文物天地8：29－35
何家村窖藏出土的鎏金仕女狩猎纹八瓣银杯　周叶青　文物天地8：36－39
鹦鹉花间春意闹——何家村唐代金银器纹饰“时乐鸟”　张佳　文物天地8：44－48
大唐兴衰的见证——鎏金舞马衔杯纹银壶　高智颖　文物世界6：14－16
黑龙江省博物馆藏金器赏析　王晓艳　收藏家5：17－24
20世纪以来吐蕃金银器的发现与研究　霍巍、祝铭　西藏大学学报（社会科学版）2：8－16
鎏金飞狮纹银盒及飞狮纹溯源考略　白璐、吴锦程　文物天地8：24－28
西藏拉萨大昭寺藏鎏金银壶再探讨　周杨　考古与文物2：80－85
撼人的文化符号　青海热水吐蕃墓地金银器　许彩莲　收藏1：56－62
错镂金钗映彩蝶——安徽博物院藏南唐金银首饰赏析　裴亚　收藏家5：13－16
围腰金带　璀璨千年——南宋朱晞颜墓出土“双玦单挞尾式”御仙花金带銙的考古学观察　李湘　收藏家1：79－82
对“南海Ⅰ号”出水“鎏金”环的再认识　张玄微　文物天地2：46－47
南宋葵花金盏的故事　李军　中国文物报12月29日8版
杭州博物馆藏金银首饰赏析　沈焱　文物天地6：37－47
浅谈云南省博物馆藏石寨山出土金器　王丽明　收藏家11：57－66
河北博物院藏金银器品析　冯宁　收藏家5：33－42
元代鎏金银瓶纹饰上的隐士杜甫形象探微　沈润冰　杜甫研究学刊1：34－42

家具

山西绛县太阴寺金代法澍大椅研究　张志辉　文物7：54－68
明清家具上的龙纹雕刻类型与技法　屈峰　故宫博物院院刊7：31－40
清宫内务府造办处档案之天然木家具研究　屈峰　中国国家博物馆馆刊8：87－101

文房四宝

海昏侯墓出土古墨考　管理　文物天地10：69－71

砚国明珠——从上饶市博物馆藏砚山宋代戴家砚坊遗址出土藏品说起 江进民、张婷 中国文物报11月17日4版
“南海Ⅰ号”出水的试金石与歙石砚赏析 叶道阳 文物天地2：48－51
风韵之砚遇 济南市博物馆藏精品砚 杨萌、孙忠梁 收藏6：72－83
清代黑舍里氏墓出土文房用具研究 裴亚静 博物院6：50－58
故宫旧藏清代雕漆剔彩竹林七贤笔筒 邢娜 收藏家10：29－32

竹木工艺

“松鼠葡萄”的吉祥含义及起源 胡栌文 故宫文物月刊442：4－9

玻璃工艺

战国晚期中国玻璃制造业的地域传统试探 赵德云 南方民族考古（第二十辑） 114－128
新疆营盘墓地出土人面纹玻璃珠来源新探 刘念等 文物8：89－96
新疆尉犁营盘墓地出土马赛克人面纹玻璃珠来源考略 覃春雷 丝绸之路考古（第4辑） 71－84
新疆伊犁河谷早期铁器时代玻璃珠饰研究 张弛 西部考古（第20辑） 133－144

其他

战国时期齐国随葬水晶玛瑙串饰研究 张冲、么彬 东南文化5：126－133
大同地区北魏墓葬出土的琥珀器物研究 林皓 文物天地11：89－91
中原琉璃器 西学东渐后的传承和发展 李臣 收藏9：106－109
《听琴图》中束腰高足杯式炉与莲花鹊尾炉的关系 丁祎、朱晓辉 新美术3：117－120
“山西三宝”之珐华器再探究 李玉鹏、吴舒静 收藏9：88－91
透过馆藏谈宜兴紫砂杂器 杨俊艳 收藏7：102－105
品茗佳器 北京艺术博物馆藏清代宜兴紫砂壶 杨俊艳 收藏3：18－27
宝石盆景“翠玉白菜”的联想与赏析 王柏桦 故宫文物月刊444：46－58
康熙朝的珐琅器礼物与皇权 常建华 中国史研究3：160－176
清乾隆掐丝珐琅轿瓶 侯怡利 故宫文物月刊448：126－127
清铜鎏金掐丝珐琅狮纽印模初探 郑延玲 文物天地7：76－79
清掐丝珐琅出戟花觚年代考 付博 收藏家5：59－63
北京艺术博物馆藏京派内画鼻烟壶鉴赏 胡桂梅 收藏12：76－85

柒 中外交流与世界考古

中外交流

文明交流视野下的古楼兰及其周边——汉晋时期楼兰遗物中所见文化因素分析 冉万里 考古学研究（十一） 84－131
从域外与周边重新理解中国：以丝绸之路研究的区域转向为中心 黄达远 陕西师范大学学报（哲学社会科学版）2：29－38
“丝绸之路学”初论 赵丛苍等 文博4：39－46
从考古发现看青海道与丝绸之路 张延清 敦煌学辑刊3：104－116
丝绸之路出土的少数民族文字文献与东西方文化交流 史金波 敦煌研究5：1－10
汉晋文物艺术形象中的丝路名马 沈骞 南方文物5：288－291
从“秦汉子”看十六国时期河西地区文化涵化的历史因素 张晓东 黄钟（武汉音乐学院学报）1：116－123
丝绸之路上的类钱币式金片新考 郭云艳 考古与文物3：95－103
通过文物探析丝绸之路对朝阳地区佛教的传入与输出 马文涛 黄河 黄土 黄种人2：56－62
丝绸之路绢帛图像考——以敦煌画和唐墓骆驼俑为中心 沙武田 考古学研究（十一） 199－221

略论古代丝绸之路上的杭州产品　党宝海　丝绸之路考古（第4辑）　134－142
我国南方海上丝绸之路音乐传播的形态变迁与文化根基　叶春　艺术探索1：121－128
从音乐考古学视角看海上丝绸之路音乐传播　孔义龙　艺术探索1：111－120
海外藏对鹿纹挂锦所见丝绸之路多元文化交融　郑炳林、朱建军　中央民族大学学报（哲学社会科学版）5：21－26
关于海上丝绸之路的几个问题　孟原召　考古学研究（十一）　379－404
海上丝绸之路的起点与特点　刘庆柱　广州文博（拾叁）　72－82
浅议海上丝绸之路史迹中的海防设施　张晓斌　丝绸之路2：68－72
输出商品之功能附加与转变原因初探——海外考古调查札记（二）　王光尧　南方文物3：245－250
华夏与南岛之间：早期东南历史的长时段建构　高逸凡　中国文物报11月27日6版
中国广西与日本冲绳丧葬文化比较研究——以洗骨二次葬为例　张芳、李明华　广西民族研究1：63－71
汉唐时期中日文化交流中的古玺印　崔璨　淮海文博（第2辑）　105－109
中国古代陶瓷艺术的对日传播与影响研究　叶磊、钱露露　文化学刊1：200－205
新安沉船上的福建酱黑釉陶瓷　李榕青　博物院1：40－50
首里城出土清朝瓷器及相关问题研究　项坤鹏　故宫博物院院刊9：92－107
竞妍争芳——清代中日伊万里瓷赏析　方若素、魏敏　中国文物报7月14日5版
半跏思惟像初传中国考　张保珍　南京艺术学院学报（美术与设计版）2：115－122
唐宋茶文化和茶器在朝鲜半岛的传播及影响　刘明杉　殷都学刊4：83－92
蒙古青铜时代墓葬形制的发展——以积石塚文化为中心　宫本一夫著　戴玥译　边疆考古研究（第27辑）　197－217
中蒙联合考古实录——高勒毛都2号墓地2017至2019年度收获　周立刚等　中国文物报7月10日7版
东亚古代跨文化交流研究：罗马帝国的中土丝绸　可茉著　卢亚辉译　考古学研究（十一）　182－198
重现古老丝路　见证中西交流　阿联酋拉斯海马考古记　王思阳等　大众考古1：38－42
阿联酋朱尔法遗址出土青釉标本的类群关系及产地研究　故宫博物院等（丁银忠等）　南方文物5：170－184
见证中阿文明交流　重现海上丝绸之路——拉斯海马考古记　胡兆辉　中国文物报2月21日7版
黑石号上的“宫廷瓷器”——中古沉船背后的政治经济史　陈烨轩　北京大学学报（哲学社会科学版）1：119－129
从“黑石号”出水瓷器看长沙窑诗文装饰特征　方静仪　文物天地12：66－65
再论滇文化的金属饰件——中国西南与欧亚草原、中亚文化交流的一些新例证　黄维　四川文物4：101－109
东北亚系多纽几何纹铜镜的源流及其象征意义　杜超、王建新　西部考古（第19辑）　208－222
新加坡对中国陶瓷贸易研究的贡献　John N. Miksic　水下考古（第二辑）　189－198
泰国青铜时代的年代问题和青铜技术起源　赵春光　南方文物5：106－118
中国外销泰国“苯扎龙”瓷器研究　张爱星　文物天地1：84－87
柬埔寨吴哥荔枝山窑青釉盒子装饰工艺与中国陶瓷的关系　黄慧怡　故宫博物院院刊9：34－42
论东南亚大陆T字形环的起源　黄超　南方文物5：70－79
中亚七河地区公元前3世纪—公元3世纪考古遗存的发现与研究　刘汉兴、孔媛媛　北方文物5：45－55
达罗婆门汉字碑铭与元缅战争考略　祝湘辉　中国边疆史地研究3：161－170
犍陀罗与马图拉造像艺术比较研究　王蕴锦　中原文物2：107－115
入华粟特葬具上“人鸟祭司”的四种身份与多元起源论——结合Akchakhan－kala遗址考古新证　程雅娟　南京艺术学院学报（美术与设计版）1：29－37
寻找粟特人的踪迹——“丝绸之路的腓尼基人”　［日］吉田丰著　杨天丽译　广州文博（拾叁）　162－178

中西亚印章及艺术的东传　韩香　西域研究 2：124－135
塔吉克斯坦苦盏地区丝绸之路相关遗迹价值研究　李尔吾　中国文化遗产 4：96－104
伊塞克湖水下遗存刍议　孙危等　丝绸之路与文明记忆——丝绸之路对中华文明演进与传播的影响学术研讨会论文集　215－224
浅述田弘墓出土的东罗马金币　马彩虹、徐海荣　文物天地 11：50－53
马可·波罗“南海Ⅰ号”德化窑瓷　田国敏　文物天地 2：23－24
试析明清德化白瓷外销的器形、原因与影响　黄静　博物院 1：51－59
明中期景德镇窑瓷器的外销与特点　钟燕娣等　文物 11：49－66
明清外销瓷器中的园林图样　王晓明　文物天地 7：116－120
明清漳州海域港市发展视野下的外销瓷窑口与内涵变迁　刘淼　水下考古（第二辑）　126－140
外销瓷中烟叶纹饰的模块化设计　万芬芬、宁钢　南京艺术学院学报（美术与设计版）3：200－204
定制外销瓷上的东西交融：17 世纪荷兰定制外销瓷研究　孙晶　美术观察 3：71－72
茗香远扬谁为器——中国茶叶博物馆藏清代外销茶具鉴赏（上）、（下）　李竹雨　收藏家 9：63－68、10：33－40
收藏家克拉克瓷器的再探讨——以中国消费市场为中心　刘朝辉　故宫文物月刊 448：88－103
东瓷西典清代景德镇外销瓷中的西方人物故事　王小琴、戚朋　收藏 12：104－111
海南新发现的与海上丝绸之路相关的文物　孙琼新、贾宾　水下考古（第二辑）　169－174
清代广州外销丝绸上的康乃馨　白芳　收藏家 6：51－58
从新出土钱币看中国文化在金帐汗国的传播　马晓林、彼加列夫　西域研究 2：17－24
俄罗斯远东地区早期国家起源与演化　［俄］尼古拉·克拉丁　国家起源问题研究的理论与方法——“国家起源研究的理论与方法国际学术研讨会”论文集　246－261
关于墨西哥恩塞纳达沉船出水中国瓷器的调查及相关思考　翁彦俊、李旻　故宫博物院院刊 9：108－122
福斯塔特遗址与黑石号沉船的瓷器——海外考古调查札记（三）　王光尧　南方文物 4：274－277
肯尼亚沿海出土中国陶瓷的初步相关比较研究　丁雨　考古学研究（十一）　417－433
肯尼亚格迪古城和蒙巴萨沉船出土明清瓷器及相关问题讨论　秦大树　考古学研究（十一）　405－416

世界考古

Hierarchy and Civilization in Global Perspective　Michael Rowlands　早期文明的对话——世界主要文明起源中心的比较　284－299
海外实地调查资料与中国文献之对比——海外考古调查札记（一）　王光尧　故宫博物院院刊 7：91－97
面包还是啤酒？——从近东地区石臼的功能看科技手段在石器功能研究中的应用　翟少冬　中国文物报 7 月 24 日 6 版
大月氏—贵霜时期索格底亚那之希腊化遗物　齐小艳　敦煌研究 5：33－43
日本北海道地区细石叶技术研究概述　岳健平等　人类学学报 3：392－403
日本翠鸟园遗迹公园初探　王炜、万小珍　大众考古 9：37－43
蒙古——外贝加尔类型鹿石图案的刻画过程试析　任萌、黄飞翔　文博 2：34－41
要塞背后的故事　蒙古国巴彦布拉格遗址人骨遗存分析　周立刚　大众考古 11：28－35
蒙古国艾尔根敖包墓地考古发掘主要收获　特尔巴依尔等　西域研究 2：69－74
蒙古国后杭爱省乌贵诺尔苏木和日门塔拉城址发掘简报　吉林大学考古学院（萨仁毕力格等）　考古 5：20－37
援助蒙古国科伦巴尔古塔保护工程纪实　刘江　中国文化遗产 5：12－15
浅谈西亚地区早期农业起源问题——以羊与麦为例　肖华、朱宏斌　农业考古 4：225－229
北部欧贝德文化的形成过程　彭博、杨建华　考古 8：73－85
驱逐恶魔——舍恩藏品中的两河文明咒语　张家瑞　大众考古 7：61－67
伊朗高原及西奈半岛绿松石考古　张登毅　不惑集——山西大学考古专业成立 40 周年纪念文集　312－320

萨珊浮雕所见阿胡拉·马兹达偶像的起源与观念　孙武军　考古与文物 3：84－94
波斯湾古代海上贸易：萨珊鱼雷型安佛拉罐的证据　Hossein Tofighian、Farhang Khademi Nadooshan　水下考古（第二辑）　199－215
玫瑰之城　约旦佩特拉古城　［约旦］宋晓天　大众考古 5：75－88
拉斯海马阿尔马塔夫遗址 2019 年考古收获　翟毅等　故宫博物院院刊 5：92－107
班诺洼与考山考——泰国两处史前遗址的考察及相关问题讨论　白云翔、杨勇　中国国家博物馆馆刊 4：82－99
吴哥古迹考古与文物保护史概述　刘汉兴　中国文化遗产 5：78－84
2019 年吴哥古迹王宫遗址考古调查　刘汉兴　大众考古 4：60－67
柬埔寨吴哥古迹王宫遗址建筑遗存现状特征及修复策略浅析　王晶等　中国文化遗产 5：23－33
柬埔寨吴哥古迹崩密列东神道建筑考古复原的初步构想——兼论崩密列遗址整体保护问题　黄雯兰、金昭宇　中国文化遗产 5：34－41
扩张的风险——吴哥、蒂卡尔和阿努拉达普拉的教训　［澳］罗兰·弗莱彻著　郭露莎译　陈淳校　南方文物 1：237－239
越南旧石器文化概述　陈鹏等　南方文物 5：80－89
越南和平文化石器技术分析及对华南东南亚砾石石器工业研究的启示　李英华等　南方文物 5：90－105
越南黎朝中兴时期升龙皇城的海阳瓷器　范氏莺、张心仪　故宫博物院院刊 9：79－91
亚洲历史文化背景下的越南彩绘瓷　裴明智、张心仪　故宫博物院院刊 9：61－78
老挝石缸平原考古　周然朝　大众考古 12：50－54
试论缅甸萨蒙河流域早期铁器时代考古学文化　和奇　南方文物 5：119－128
伊斯兰化前中亚所见人首鸟身形象述论　孙武军　考古学研究（十一）　288－307
阿姆河上的神庙　塔赫梯桑金遗址　刘斌　大众考古 4：73－84
草原上的游牧民　探访吉尔吉斯斯坦文化遗产　宁琰　大众考古 7：19－28
吉尔吉斯斯坦红河古城西侧佛寺遗址 2018～2019 年度发掘简报　陕西省考古研究院、吉尔吉斯斯坦科学院历史考古与民族学研究所（田有前等）　考古与文物 3：37－51
塔吉克斯坦卡什卡尔墓地 2018 年调查发掘简报　西北大学中亚考古队等（梁云等）　考古与文物 3：13－26
大使厅西壁壁画研究综述　王静、沈睿文　故宫博物院院刊 12：74－89
乌兹别克斯坦拜松市拉巴特墓地 2018 年发掘简报　西北大学中亚考古队等（唐云鹏等）　考古 12：53－80
乌兹别克斯坦撒马尔罕市撒扎干遗址 M11－2 发掘简报　西北大学中亚考古队等（梁云等）　考古与文物 3：27－36
水对乌兹别克斯坦地区文化遗迹的影响——以阿米尔·图拉经学院的修复为例　马跃宁、金昭宇　中国文化遗产 5：16－22
哈萨克斯坦伊塞克拉哈特东南墓地早期铁器时代 M1 发掘简报　陕西省考古研究院、哈萨克斯坦伊塞克国家历史文化博物馆（丁岩等）　考古与文物 3：3－12
八世纪前古印度人首鸟身紧那罗图像述考　孙武军　南京艺术学院学报（美术与设计版）1：38－46
印度河文明行记　赵东升　大众考古 12：25－35
阿旃陀石窟鬼子母龛研究——以义净相关记载为基础　胡俊麟　法音 6：57－60
达克玛与纳骨瓮：中古琐罗亚斯德教葬俗的传播与演变　张小贵　丝绸之路考古（第 4 辑）　85－98
斯里兰卡“佛足迹图”的考察与初步研究——以阿努罗陀补罗（Anuradhapura）为中心　霍巍　故宫博物院院刊 3：15－30
斯里兰卡贾夫纳阿莱皮蒂遗址 2018 年发掘简报　上海博物馆考古队等（王建文）　考古学集刊（第 23 集）　297－313

尼泊尔桑库金刚瑜伽母殿铜佛立像新探　马逸风　世界宗教文化 2：151－158
尼泊尔加德满都杜巴广场九层神庙建筑特性及地震损伤机理初探　王晶等　中国文化遗产 5：52－61
受援国法律体系框架下援外文化遗产保护的制度适用实践——以尼泊尔加德满都杜巴广场九层神庙修复项目为例　郭倩如、刘志娟　中国文化遗产 5：71－77
比利牛斯山两侧莫斯特文化末期的石器技术　任海云著　白曙璋译校　不惑集——山西大学考古专业成立 40 周年纪念文集　263－287
农牧文明的边界——人类学视野下的早期欧亚草原考古　于建军　丝绸之路考古（第 4 辑）　21－28
阿瓦尔人　Samuel Szádeczky－Kardoss 著　卢亚辉译　丝绸之路考古（第 4 辑）　29－46
走进美国旧石器时代考古　怀俄明州遗址发掘　李威乐、罗伯特·L. 凯利　大众考古 12：41－49
洪都拉斯科潘遗址 8N－11 号贵族居址北侧建筑 3 号大墓　中国社会科学院考古研究所科潘工作队（李默然等）　考古 8：38－51
澳大利亚岩画调查记　吴沄　大众考古 9：66－74
新兴技术在古遗址数字化改造中应用——以塞维利亚圣奥古斯汀老修道院前院大门为例　莫灿　文物保护与考古科学 3：110
古代埃及的书吏教育　令狐若明　大众考古 6：80－85
精微细致的古埃及浮雕艺术　令狐若明　大众考古 10：70－77
古埃及文明中的平衡稳定观——以卡尔纳克神庙为例　刘青彬等　黄河　黄土　黄种人 20：18－23
孟图神庙考古：复原神之圣域　贾笑冰、高伟　中国社会科学报 8 月 6 日 3 版
古埃及那尔迈调色板的社会记忆功能　郭子林　东北师大学报（哲学社会科学版）1：62－71
斯瓦西里考古研究概述　丁雨　古代文明（第 14 卷）　209－224
肯尼亚斯瓦希里文化清真寺米哈拉布形制初探　王太一　故宫考古文集（一）　97－128

捌　文化遗产保护

文物保护事业

学习习近平新时期文物保护利用系列重要指示　邵波　中国文物科学研究 1：4－11
中国文物保护单位制度的实践与新时代保护利用的思考（一）、（二）、（三）　滕磊　中国文物报 1 月 17 日、1 月 21 日、1 月 24 日 3 版
加强考古和历史文化遗产保护　刘玉珠　中国文物报 12 月 2 日 2、3 版
抓住文物工作改革发展的历史性机遇——探索符合国情的文物保用中国之路　曹兵武　中国文物报 9 月 25 日 3 版
文物保护学科建设的思考与建议　龚德才等　中国文化遗产 6：41－47
文物发掘和文物保护意识的探讨　陈礼亮　成都文物 3：78－80
社会力量参与文物保护的现状、问题与长效机制研究　张伟明　东南文化 2：21－26
文物作用和文物利用建设的新时代　李晓东　中国文物报 7 月 17 日 3 版
文物作用和文物利用建设的发展　李晓东　中国文物报 7 月 14 日 3 版
生态文明视角下历史文物在现代社会的再脉络化——兼论符合国情的文物保护利用之路的有关问题　曹兵武　东南文化 3：13－22
古为今用　让文物活起来　刘卫红　中国文物报 12 月 11 日 6 版
论最小干预原则的发展历程及内涵——兼议其在中国的应用与发展　龚德才等　东南文化 5：6－12
加强文物行政执法　保护历史文化遗产　马洪宝　中国文物报 10 月 20 日 3 版
田野文物保护中的法制完善和公安管控　张楠、罗娟丽　中国文物科学研究 1：28－34
关于加强文物保护利用改革的实施意见　吉林日报 1 月 15 日 1 版
面对自然灾害的不可移动文物保护　乔云飞　中国文物报 8 月 28 日 5 版

可移动文物的预防性保护探析　程召辉　黄河　黄土　黄种人 8：52－54
考古出土文物保存管理等存在的问题及对策建议　王涛等　南方文物 3：265－268
从陆地走向海洋——水下考古在海洋基本建设文物保护中的作用　王泽冰、王守功　中国文物报 4 月 17 日 5 版
古艺新生匠心传情——河南博物院文物保护工作 70 年　刘康、赵直　河南博物院院刊（第一辑）　138－144
保护文物　发展文化　传承文明——“十三五”期间陕西文物工作回顾　庞博　中国文物报 12 月 18 日 4 版
贵州省第一次可移动文物普查综述及文物信息资源的利用　云海　贵博论丛（第一辑）　247－276
新形势下文物古迹保护利用分析——基于临淄区文物古迹的调查　昝金国　中国文物报 1 月 3 日 7 版
中国援外文物保护国际合作纪实　刘志娟、王元林　中国文化遗产 5：4－11
域外所见特殊人文社会环境背景下的文物保护利用实践　王元林　中国文化遗产 5：85－91

金属器的保护

金属材质文物保护与修复的现状与进展　范小宁　中国文物报 7 月 31 日 8 版
X 射线探伤技术在金属文物保护修复中的应用　胡瑞等　大众考古 6：58－61
青铜器传统修复技术科学化的思考　张鹏宇　黄河　黄土　黄种人 6：48－50
青铜提梁卣的保护与修复　张晖　收藏家 2：19－22
馆藏金属器物上浅蓝色铜锈蚀物的辨别与成因分析　王全玉　文物保护与考古科学 6：117－125
中国国家博物馆藏“妇好”青铜偶方彝的科学研究与保护　刘薇等　中国国家博物馆馆刊 1：145－160
故宫博物院藏兽面纹青铜斝的保护修复研究　王有亮等　中国文物科学研究 2：70－75
湖北随州叶家山西周墓地出土青铜器锈层结构的综合分析　穆艺等　文物保护与考古科学 3：8－16
高青陈庄遗址 M35、M36 出土青铜器腐蚀特征初步分析　张红燕等　文物保护与考古科学 1：42－55
虢仲墓出土铜钺的保护修复　杨爱民　中国文物报 9 月 11 日 8 版
青铜蟠虺纹敦（春秋）的修复　秦志芳　文物世界 5：74－76
青铜文物翻模复制的一般工序——以大冶铜绿山铜斧的复制为例　晏德付、张鹏宇　中国文物科学研究 3：92－96
宁县石家墓地出土 M39 铜翣的修复　庞萍　丝绸之路 2：156－161
林州桂东春秋战国墓出土青铜鑑可辨识保护修复研究　李静生等　中国文物科学研究 3：63－70
一件战国时期青铜缶的保护修复　孙向阳等　淮海文博（第 2 辑）　137－141
两件中国古代青铜错金（银）器表面锈蚀产物的光谱分析　徐来五等　光谱学与光谱分析 5：1457－1460
重庆忠县洞天堡墓地出土西汉青铜钫的腐蚀研究　凡小盼等　文物保护与考古科学 2：57－63
“南海 I 号”出水铜器及其保护　龙志坤　文物天地 2：52－54
铜镜修复解析与思考　马立治　中国国家博物馆馆刊 6：145－150
出土铜钱及其表面锈蚀产物的成分分析　张淇馨　中国文物报 9 月 11 日 8 版
故宫博物院藏明代掐丝珐琅朝冠耳三足炉的修复保护研　高飞、张雪雁　中国文物科学研究 2：82－87
铁质文物常用除锈试剂的除锈效率及其腐蚀性的比较研究　张然等　文物保护与考古科学 3：17－27
新疆东塔勒德墓地出土错金猛虎逐鹿铁泡的保护修复　宋俊荣、于建军　黄河　黄土　黄种人 10：49－53
玉泉铁塔表层原封膜清除及其溶解性能分析　刘雪刚等　涂料工业 5：57－64
陕西三原城隍庙铁质焚纸炉的锈蚀测试及形成机理探讨　杨景龙等　文博 4：97－104
镇安寺铁牛表层油漆膜清除及其溶解性能分析　刘雪刚等　文物保护与考古科学 6：21－30
当阳赵巷春秋楚墓壁形包金饰片的保护与研究　李沫等　文物保护与考古科学 6：13－20
宝相重光——清乾隆金寿佛修护记　林永钦　故宫文物月刊 452：36－47
故宫博物院藏铜镀金嵌珐琅升降塔问乐钟的保护与相关研究　杨晓晨　博物院 6：131－136
宜昌博物馆藏金属文物保护修复概述　董清丽　文物天地 9：136－143

石质文物的保护

基于CT影像的砂岩文物结构特征分析 王莹莹等 中国地质灾害与防治学报1：127－134
石质文物修复锔钉式锚固技术 晁剑虹等 大众考古10：78－81
茂陵石刻表面污染物和可溶盐的分析研究 纪娟等 文物保护与考古科学2：22－28
南朝陵墓石刻的整体性保护与多样化展示 徐晨希 东南文化4：20－25
桂海碑林摩崖石刻水害成因分析及防治对策 刘硕等 水文地质工程地质2：126－133
浅析水下文化遗产保护管理措施及成效——以白鹤梁题刻为例 蒋锐 自然与文化遗产研究1：114－119
重庆大足宝顶山小佛湾经目塔经目复原探讨 赵献超 青年考古学家（第1辑） 111－134
一座辽代石棺的科学保护与复原 王贺等 辽金历史与考古（第十一辑） 274－285
常州碑刻文化资源的现状及保护对策 吴冬冬 中国文物报6月26日7版
从董份墓墓志铭被盗透视偏远地区不可移动文物保护问题 高超 中国文物报9月11日7版
凤翔雍山血池遗址玉器火燎祭祀实证研究 王荣、田亚岐 考古与文物6：98－103

古建筑的保护

历史性建筑的预防性保护 （比）柯恩·范巴伦著 戎卿文译 中国文化遗产2：5－11
文物建筑保护和利用策略研究 苏继明 文物天地3：31－33
文物建筑维修工程变更、签证及索赔管理研究 唐利勤 文物天地3：52－54
古建筑防雷技术浅探 赵静 文物世界2：54－56
构建基于空间信息技术的古建筑防火体系 高振华、梁孝 中国文物科学研究2：40－44
空气采样火灾报警技术在文物古建筑中的应用 李月 中国文物报6月26日8版
谈当今汛情对古建筑的危害及保护措施 高鸣 中国文物报8月28日6版
文物古建筑的墙体纠偏技术 苏继明 文物天地3：23
结合热力学对古建筑墙体砖（雕）风化侵蚀机理探究 范永丽等 文物保护与考古科学1：1－9
城垣类“预防性保护”中监测及成果——以西安城墙为例 吴春 中国文物报12月11日8版
新型氟硅丙烯酸树脂镀膜技术在榆木类木构古建筑保护领域的应用研究 刘璐璐等 文物保护与考古科学6：45－54
布达拉宫精细化测绘与预防性保护 查群 中国文化遗产3：49－53
建水指林寺大殿木构件材种鉴定及配置研究 李世民等 文物保护与考古科学3：91－98
从雷峰塔到南高峰塔：关于历史建筑重建问题的思考 夏攀 中国文化遗产5：100－103
内蒙古藏传佛教建筑数字化研究与保护——以呼和浩特大召寺为例 张爱琳等 草原文物1：104－110
陕北明长城夯土密度与雨蚀破坏的量化研究 姚雪 文物保护与考古科学2：79－86
天水古民居影壁的保存现状调查及保护策略 欧秀花等 中国文物科学研究1：45－49
白居塔塔体结构稳定性分析研究 张立乾等 文物保护与考古科学3：82－90
单檐歇山式木构古建抵抗极端烈度地震试验调查研究 周乾等 文物保护与考古科学2：29－44
故宫养心殿燕喜堂古建筑琉璃构件的釉面损毁研究 赵静等 文物保护与考古科学2：1－12
故宫养心殿燕喜堂琉璃构件表面污染物的清洗实验初步研究 张力程等 文物保护与考古科学5：98－104

壁画的保护

土壤埋藏对常见彩绘文物蛋白胶料形貌和结构的影响 马珍珍等 分析化学7：896－902
南方潮湿地区壁画表面加固与裂隙灌浆材料的评价研究 徐童伟等 文物保护与考古科学2：13－21
馆藏壁画表面污染物的激光清洗初步研究 王佳等 文物保护与考古科学1：61－69
浅析馆藏壁画修复的可再处理性 刘轩成 博物院6：115－120
微乳液在清除文物失效保护材料中的应用研究——以壁画清洗为例 赵丹丹等 中国文化遗产4：83－88
复原临摹和现状模写对于传统壁画保存修复的意义 吴守峰 美术8：140－141
莫高窟壁画地仗土——水特征曲线的测定与拟合 谌文武等 岩土力学5：1483－1491
基于电阻率成像法的莫高108窟墙体内水盐运移过程分析 周启友等 文物保护与考古科学4：34－44

珍贵壁画重现唐代生活场景——唐高祖李渊重孙墓道壁画部分修复　张哲浩、杨永林　光明日报8月20日
甘肃瓜州东千佛洞壁画材质分析及保护修复思考　杨韬等　文博6：99－104
陕西唐墓壁画地仗层制作工艺与保存状况的初步研究　葸艳娥等　文博6：92－98
石家庄毗卢寺壁画病害治理　张世标　文物世界4：78－80
Photoshop虚拟修复在奉国寺壁画保护中的应用　樊丹丹等　文物保护与考古科学6：95－103
修复大同关帝庙壁画的实践与体会　王吉　文物世界5：29－31
四川广汉龙居寺中殿壁画制作材料与工艺研究　赵凡等　文物保护与考古科学4：8－15
河南省许昌市禹州昆仑寺壁画的揭取与修复　许少华　草原文物1：111－121
太平天国侍王府壁画表面修复材料的原位无损FTIR分析　王卓等　光谱学与光谱分析2：356－361
活态博物馆的艺术精神与文化传承——以青海年都乎寺清代壁画和唐卡的保护为例　邓启耀、邓圆也　文化遗产2：38－45
传统西藏壁画表面涂层材质与工艺研究　张化冰等　文物保护与考古科学4：1－7
古建筑油饰彩画的传统工艺修复　李志中　文物天地3：28－30
古建外檐彩画保护修复理念探讨　王睿　文物世界5：71－73
辽宁盖州玄贞观大殿彩画病害调查及保护对策研究　刘成等　西部考古（第20辑）　319－328
山西长子崇庆寺千佛殿彩绘泥塑贴金表面涂层的清洗研究　王永进等　文物保护与考古科学6：40－44
新疆洛浦县比孜里墓地出土彩棺的科学研究　蒋建荣等　光谱学与光谱分析7：2296－2300
X射线摄影技术在漆下彩画识别中的应用　高伟等　文物保护与考古科学1：113－119

石窟寺的保护

预防性保护理念对我国石窟寺保护的影响与实践　安程等　东南文化5：13－19
砂岩文物加固材料与实验室工艺研究　范敏等　文物保护与考古科学4：45－51
杭州烟霞洞造像大气降水与洞窟渗水关系调查研究　张兵峰　中国文化遗产2：103－109
北方石窟病害防治及保护技术研究——以大同焦山寺石窟为例　孙瑜、富中华　北方文物1：89－95
云冈石窟顶部土层水盐分布特征研究　刘成等　文物保护与考古科学3：70－81
大足石刻形成全方位保护格局　王征　中国文物报12月22日2版
明清时期云冈石窟保存状况析论　杨俊楠　敦煌研究5：95－100

漆木器的保护

出土、出水饱水木质文物冷冻干燥研究进展　卢衡等　文物保护与考古科学6：126－137
木质文物的真空充氮消杀技术探析　孙南南　丝绸之路2：162－164
盖蒂保护研究所的亚洲漆快速识别方法　和玲等　文物保护与考古科学3：125－128
脆弱漆器文物的包埋保护探索　贺思予　中国文物报3月13日8版
几种考古出土漆木器用防霉剂的筛选与评估　何秋菊等　博物院6：121－130
出土漆器起翘漆皮回软用多元醇类材料筛选研究　何秋菊等　中国文物科学研究2：57－63
一种饱水木质文物含水率无损检测方法的研究　陈华锋、陶静姝　文物保护与考古科学3：58－64
超临界CO_2流体干燥海洋出水木质文物的实验研究　穆磊等　文物保护与考古科学6：55－60
新疆巴里坤石人子沟遗址出土木质弓干的现场保护及分析研究　黄建华等　文博5：86－91
江西南昌西汉海昏侯刘贺墓出土竹简室内清理保护　江西省文物考古研究院等（吴昊等）　文物6：17－24
十年之功："阿育王塔之王"保护修复记　城市考古与保护国家文物局重点科研基地、河南省文物考古研究院（陈家昌）　中国文物报7月31日6版
太仓半泾河古船可溶盐脱除技术研究　袁雨等　文物保护与考古科学4：52－57
"南海Ⅰ号"出水木质文物临时物理加固方法　马显冰　文物天地2：106－108
"南海Ⅰ号"船体及发掘现场稳定性保护——喷淋保湿防腐系统的应用　张玄微　文物天地3：97－98

上海博物馆明清家具接榫修复及其力学原理　马如高等　文物保护与考古科学 3：49 – 57
明清家具龙纹雕刻的常见伤况及成因　屈峰　中国文物科学研究 1：73 – 77
清代镶嵌类家具的保护和修复——以一件紫檀木漆面嵌玉宝座的修复为例　孔艳菊　中国文物科学研究 2：64 – 69
从两把椅子的保护修复谈起——故宫博物院与盖蒂博物馆木器文物保护修复理念思考　屈峰　文物天地 5：112 – 117
从清代剔红云龙纹龙耳圆瓶的修复谈雕漆文物的日常维护　张军　文物天地 6：98 – 101

纸质品的保护

修复材料对书画纸张酸化的影响评估　何秋菊等　文博 3：94 – 100
湿热加速老化法降低古籍修复用纸伸缩性的研究　易晓辉等　文物保护与考古科学 5：126 – 134
试论中国书画文物修复用纸　张诺　中国文物科学研究 1：78 – 84
中国古代药水去污的科学原理——剖析中国古代的书画清洗　刘家真　图书馆杂志 3：84 – 88
托裱浆糊浓度对纸张拉伸性能的影响　龚德才等　敦煌学辑刊 4：147 – 154
书画装裱中“古方”的科技内涵解读　何秋菊　中国文物报 7 月 31 日 8 版
和纸与古糊在日本挂轴装裱中作用的探析　何韵旺　文物保护与考古科学 2：73 – 78
古书画临摹复制技艺复制工序改良研究　王赫、李广华　中国文物科学研究 1：57 – 63
藏文大藏经金色经文成分及纸张微生物分析　马燕莹等　文物保护与考古科学 6：78 – 86
海藻胶、化纤纸修复应用研究——以水陆画为例　胡琰　丝绸之路 3：156 – 159
古代折扇的还原修复——以“文俶”“永瑢”扇为例　白玉　文物保护与考古科学 4：103 – 109
养心殿燕喜堂内檐槅扇书画的历史沿革与保护　喻理　故宫博物院院刊 12：90 – 103
馆藏清代《牧牛图》轴的微生物病害研究　张诺、徐森　文物保护与考古科学 1：77 – 83
清代边寿民《芦雁图》的保护性修复　吕云　中国文物科学研究 1：85 – 90
清黄慎《炼丹图》轴修复纪实　洪顺与　故宫文物月刊 451：78 – 97
《毛公鼎全形拓》横披修护与重装　许兆宏、徐羽亭　故宫文物月刊 450：98 – 109
古籍保护中的虫害防治及建议——从江西省图书馆古籍保护谈起　熊炜、秦慧　南方文物 5：285 – 287
地契修复案例浅析　李长红　收藏家 10：83 – 86
纸质文物的损害原因与保护修复方法探讨——以贵州省博物馆藏品为例　全锐　贵博论丛（第一辑）235 – 244

陶瓷器的保护

丙烯酸树脂 B72 丙酮溶液在陶瓷文物修复中应用比例研究　赵慧群　文物保护与考古科学 3：38 – 48
桥式有机硅用于陶质文物的保护研究　陈熜等　河南博物院院刊（第一辑）　145 – 150
马王堆出土锡涂陶的初步研究和保护　李园　文物保护与考古科学 5：45 – 50
关于瓷器污染物的研究　潘坤容　中国国家博物馆馆刊 6：138 – 144
上海青龙镇遗址出土瓷片的微纳米气泡清洗研究　黄河等　文物保护与考古科学 5：59 – 69
长沙窑高温釉上彩瓷的检测分析　张兴国等　故宫博物院院刊 5：71 – 85
浅析陶瓷制作工艺缺陷与文物病害辨识——以“南海 I 号”出水龙泉窑青釉碗为例　刘慧茹　文物天地 2：117 – 121
“南海 I 号”出水瓷器保护修复前期评估简析　马显冰　文物天地 2：109 – 112
“南海 I 号”出水瓷器脱盐　张玄微　文物天地 2：113 – 114
浅谈“南海 I 号”发掘现场出水文物脱盐技术　耿苗　文物天地 2：115 – 116
“南海 I 号”出水陶瓷器脱盐技术对比研究　习阿磊　文物保护与考古科学 1：90 – 97
清代绿釉琉璃瓦的褪色机理研究　高峰等　中国陶瓷 4：43 – 50

遗址的保护

推进符合国情的考古遗址保护利用之路——新中国考古遗址保护 70 年光辉历程　刘卫红、杜金鹏　中

国文物报 1 月 3 日 6 版
城市化进程中大遗址的保护与利用　王守功等　南方文物 1：256－263
《大遗址利用导则（试行）》编制过程及内容解读　文保宣　中国文物报 8 月 28 日 3 版
考古遗址的预防性保护——英国的政策与实践　［英］珍妮·亨德逊、［英］阿施类·M. 灵勒著　蔡晓萌译　中国文化遗产 2：25－35
国家考古遗址公园如何阐释和转化其核心遗产价值　张冬宁　中国文物报 5 月 19 日 6 版
江苏考古遗址保护利用示范项目遴选工作实践与思考　吕春华　中国文物报 2 月 14 日 5 版
凤翔县创建国家文物保护利用示范区的认识与思考　董海兵　中国文物报 9 月 11 日 7 版
古今辉映：河南考古遗址公园的建设探索与文化图景　袁广阔　中国文物报 8 月 7 日 7 版
洞穴遗址保存环境的探测与研究——以桂林甑皮岩遗址为例　卫敏洁等　中国岩溶 1：54－61
大河村考古遗址公园研学工作的探索与实践　钱燕　中国文物报 8 月 21 日 3 版
世界遗产保护中缓冲区的作用研究——以良渚遗址为例　王晓　中国文化遗产 6：58－66
良渚古城遗址保护管理实践概述　周苏　自然与文化遗产研究 3：36－46
良渚古城遗址公园规划与建设的启示与思考　陈强　自然与文化遗产研究 3：69－79
大遗址保护利用及其公园体制建设研究——以良渚遗址为例　周苏　中国文物科学研究 3：8－14
世界遗产视角下良渚古城遗址系统化监测的实践和思考　郭青岭　自然与文化遗产研究 3：47－58
模拟复原＋钢网雕塑：遗产创新性保护展示探索　黄莉　自然与文化遗产研究 3：80－90
滨水类古遗址保护区划划定研究——以湖北若干古遗址为例　李长盈　江汉考古 4：121－128
一般性聚落遗址的保护利用——以河南新密前士郭遗址生态文化公园建设为例　丁大涛　中国文物报 3 月 13 日 6 版
刘森淼：守住文物、保护历史、传承文化　张丽卉　中国文物报 8 月 21 日 2 版
三星堆遗址分布式光纤全天候盗掘立体监测技术　杨竣淇等　中国激光 7：421－422
关于遗址保护工作的思考和讨论——以喇家遗址和中子铺遗址的开发与保护问题为例　叶茂林　成都文物 1：1－7
积极探索临淄齐国故城文物资源保护和活化利用　陈魁、昝金国　中国文物报 6 月 26 日 7 版
对古方国城址保护利用的几点思考——以山东郳国故城为例　邓庆猛　中国文物报 8 月 28 日 7 版
隋唐扬州城的大遗址保护与隋炀帝墓　张敏　扬州考古发现与研究（2020 年）（总第 1 辑）　149－154
废墟故事：从海龙囤遗址化过程看国家治理模式的变迁　李飞　南方文物 5：7－14
吐鲁番安乐古城遗址的保护　肉克亚古丽·马合木提、胡振卉　中国文物报 1 月 10 日 8 版
合川钓鱼城范家堰遗址的性质——基于钓鱼城遗址考古再研究的保护与展示　童瑞雪　自然与文化遗产研究 1：68－80
河北蔚县多堡聚落空间形态及其保护策略研究　刘丹书、胡雪松　自然与文化遗产研究 2：113－124
湖南老司城遗址古民居保护工程实践与思考　王洪　中国文物报 1 月 10 日 8 版
历史时期建筑遗址原状性回填保护的探索——以北京故宫隆宗门、长信门遗址为例　徐华烽　故宫考古文集（一）　79－96
大运河文物保护法律研究——以天津市红桥区估衣街、曾公祠、西沽保护为例　任会会等　中国文物报 12 月 11 日 5 版
江海交汇首现文明曙光　帆影重叠赓续千年古港——张家港国保掠影　张家港市文物局、张家港博物馆　中国文物报 8 月 28 日 8 版
水玻璃体系材料加固土体影响因素的研究　周双林等　古代文明（第 14 卷）　199－208
理论方法　定位：土遗址保护与遗址公园建设的理性三问　吴卫红　东南文化 3：23－29
土遗址盐害机理与抑制研究综述　张良帅等　敦煌研究 3：129－136
土遗址表层加固微波设备的研发　张金风等　文物保护与考古科学 4：26－33
真实性　安全性：土遗址保护与遗址公园建设的原则两辨　吴卫红　东南文化 6：6－12

中国长城保护报告（2017—2018） 刘文艳等 中国文化遗产 2：91 – 102
北京长城保护与发展简要概述 吕忠霖 北京文博文丛（第一辑） 109 – 114
预防性保护理念下的土遗址保护——以统万城遗址为例 樊东等 中国文化遗产 3：54 – 57
栗家村汉墓车马坑“搬家”记 郭瑞等 中国文物报 8 月 28 日 7 版
安阳曹操墓数字化保护工作的思考 沈倩 黄河 黄土 黄种人 20：24 – 26
浅析焦作许衡墓的价值与保护策略 孙锦等 黄河 黄土 黄种人 16：40 – 44

其他

中西方文化遗产保护理念辨析——兼论中国特色文化遗产保护发展理念的理论建构 李颖科 中国文化遗产 1：57 – 64
文化遗产保护利用设施工程建设的实践与思考——以桃花岭墓园保护和配套基础设施工程为例 徐路 中国文物报 3 月 13 日 8 版
对加强汛期文化遗产保护工作的思考 范小宁 中国文物报 8 月 28 日 6 版
文化遗产保护视野下的博物馆与公众考古 陆韵羽 成都文物 3：65 – 70
从日常到崇高的文化遗产体验——文化遗产保护中公众考古的逻辑和实践 崔天兴 公众考古学（第一辑） 87 – 96
美术考古与丝绸之路的文化遗产保护 汪小洋 福建论坛（人文社会科学版）6：48 – 57
文化遗产保护“金溪模式” 吴泉辉 南方文物 1：264 – 269
清末民政部与近代文物保护事业——兼及主事尚秉和之功迹 刘文华 中国国家博物馆馆刊 3：149 – 160
《敦煌宣言》对保护水下文化遗产的作用 王朝辉 中国文物报 11 月 13 日 8 版
水下文化遗产保护与管理的中国实践 魏峻 中国文化遗产 6：67 – 73
黄河水文化遗产的主要类型及其价值 薛华 黄河 黄土 黄种人 14：33 – 38
促进黄河文化遗产系统高质量保护 切实加强黄河文化遗产的系统性保护 唐金培 中国文物报 1 月 10 日 6 版
农业文化遗产的活态保护与传承模式研究 韩凝玉等 农业考古 1：243 – 249
长江中游地区农业文化遗产的现状、功能与保护 黄国勤 农业考古 6：200 – 206
故宫的遗产监测——从故宫世界文化遗产监测总平台的架构谈起 狄雅静 中国文化遗产 3：43 – 48
西山永定河文化带文化遗产信息网构建模式研究 王如梅、郑源 北京文博文丛（第一辑） 115 – 122
保护传承敦煌文化 增强中华文化自信 樊锦诗 求是 4：60 – 69
滋养文化气质 守望古道初心——云南沙溪古镇遗产保护与利用观察 杨晓 中国文物报 7 月 31 日 7 版
考古勘探对于地下文物保护的重要性 段欣 文物世界 1：49 – 50
文物的赋存环境及其预防性保护问题 汪怡珂等 文物保护与考古科学 2：95 – 102
馆藏文物保存环境调查与监测分析 于沁 文物世界 4：69 – 73
物联网技术在秦始皇帝陵博物院环境监测中的应用 李华 文物保护与考古科学 4：110 – 116
文物保护修复场所通风系统设计 谷岸等 文物保护与考古科学 3：105 – 110
馆藏环境温湿度稳定性的频域图谱分析方法研究——以重庆博物馆为例 曾铁哲、赵卓 文物保护与考古科学 5：105 – 115
馆藏文物预防性保护的实践与思考——以深圳博物馆为例 卢燕玲 文物保护与考古科学 2：87 – 94
馆藏珍贵文物的无酸纸包装 江勤 中国文物报 1 月 10 日 7 版
一种文物微环境专用调湿剂的回烘方法初探 雷淑 文博 3：101 – 106
热脱附 – 气质联用法无损测定函套中挥发性物质的探索研究 龙堃等 文物保护与考古科学 6：112 – 116
薄荷醇作为临时固型材料在文物保护中的应用 冯丹等 文物保护与考古科学 2：112 – 117
考古发掘现场脆弱文物新型临时固型保护技术及应用 容波等 中国文物报 3 月 13 日 5 版
文物修复中熟石膏的科学应用及发展趋势 戚军超 文物保护与考古科学 3：118 – 124
文物中蜡类材料的热裂解 – 气相色谱 王娜等 文物保护与考古科学 6：71 – 77

检测分析技术在文物保护修复方案中的应用　刘爽　边疆考古研究（第 27 辑）　413 – 424
扫描电镜在文物霉变病害分析中的应用　杨娟　电子显微学报 1：65 – 70
用先进科技手段提升文物保护水平　唐婷　科技日报 6 月 10 日
浅谈现代科技在文物保护中的应用　高婷颖　文物世界 2：45 – 46
几种常见的现代分析检测仪器在文物保护中的应用　王岳　文物世界 5：77 – 80
浅谈无损检测技术在考古现场中的应用　梁萍、王岳　文物世界 3：44 – 46
文物管理的三维 GIS 系统设计与实现　崔力鹏等　工程勘察 5：75 – 78
从遥感考古走向空间考古——文化遗产保护时代的新任务　王心源、骆磊　遥感学报 7：837 – 841
高光谱遥感在文物保护领域的应用前景　高振华等　中国文物报 9 月 11 日 5 版
图像建模拍摄方法在文物数字化保护中的应用研究　黄婧等　文博 5：92 – 99
应用 5G + AR 文物修复助手的感悟与思考　张济、夏李剑　中国文物报 9 月 11 日 5 版
5G + AR 文物修复助手——中国（海南）南海博物馆 5G 创新尝试　中国（海南）南海博物馆　中国文物报 12 月 2 日 13 版
数据采集技术在顺义区元圣宫物质文化遗产保护中的应用　安逸飞　北京文博文丛（第二辑）　57 – 67
吴昌硕篆书对联保留原裱绫的修复　沈骅等　文物保护与考古科学 2：64 – 72
清王原祁《杜甫诗意图》巨轴的保护修复　褚昊等　文物保护与考古科学 5：11 – 18
《智行佛母》唐卡的物理清洁方法研究　方小济等　中国文物科学研究 1：50 – 56
蓝地妆花纱蟒衣的保护修复　管杰　文物天地 5：36 – 41
中国国家博物馆藏清代土司官服金属线的分析研究　赵作勇　文物保护与考古科学 4：66 – 72
清代袷袢的保护修复及其面料来源　王淑珍、库尔班·热合曼　收藏家 5：67 – 70
古代皮革劣化机理的研究　张杨等　文物保护与考古科学 5：1 – 10
现代仪器分析技术在皮质文物保护中的应用　张杨、龚德才　文物保护与考古科学 3：111 – 117
皮革类文物的保存与典型病害的修复　马艺蓉等　文博 1：81 – 87
薄荷醇及其衍生物对漆皮遗迹表面的影响　王春燕等　文博 1：88 – 91
南京大报恩寺遗址出土玻璃瓶的实验室微型发掘研究　付永海、席光兰　中国文物科学研究 3：67 – 76
故宫博物院藏清代盆景装饰类宫灯工艺解析——以一件寿康宫原状展的硬木嵌玻璃宫灯的修复为例　张潇　收藏家 5：71 – 78
传统手工艺的保护与传承——以金石传拓为例　李宇翔　收藏家 8：89 – 94
贝叶经保护与修复研究综述　吕晓芳、张美芳　中国国家博物馆馆刊 8：147 – 160

玖　盐业考古

考古视角：人类早期制盐出现的时间和地点　李水城　南方文物 1：128 – 129
从古文字看晚商时期商王朝对山东沿海食盐的经营　王祁　文物 9：63 – 71
大宁河流域盐业考古：以汉代盐业考古材料为中心——兼论考古视角下三峡地区女性的主体性　陈艳　南方文物 1：130 – 139

拾　水下考古

2015 年西沙甘泉岛海岛考古调查　国家文物局水下文化遗产保护中心等　水下考古（第二辑）　1 – 37
近现代沉船（舰）水下考古的价值认知与思考　尹锋超　自然与文化遗产研究 7：37 – 43
浅探水下考古实时定位监控系统　朱世乾、梁国庆　水下考古（第二辑）　228 – 245
广东“南海Ⅰ号”南宋沉船水下考古发掘项目圆满完成　“南海Ⅰ号”考古队　中国文物报 2 月 7 日 5 版

浅谈“南海Ⅰ号”出水文物的分类法 陈士松 文物天地2：99－105
“南海Ⅰ号”·鱼·古代鱼饰品 田国敏 文物天地2：92－94
探秘“南海Ⅰ号”出水铁锅 田国敏 文物天地2：55
浅谈“南海Ⅰ号”出水的锡器 田国敏 文物天地2：56－57
“南海Ⅰ号”出水的石质文物 张玄微 文物天地2：58－59
漫谈渔网坠——以“南海Ⅰ号”出土的网坠为例 田国敏 文物天地2：60
辽宁庄河经远舰遗址水下考古发现与水下文化遗产的研究价值 冯雷等 自然与文化遗产研究7：28－36
碧海长鲸探龙宫“中国考古01” 王志杰 大众考古9：24－30
从沉船考古看海洋全球化在环中国海的兴起 吴春明 故宫博物院院刊5：43－70
金银岛一号沉船遗址2018年水下考古调查简报 西沙群岛2018年水下考古队（邓启江等） 水下考古（第二辑） 1－37

拾壹 交通考古与古迹

地理及地图

仲丁迁隞地望新探 赵俊杰 南方文物2：68－76
商周时期东北孤竹国地望考 王文轶 黑龙江民族丛刊1：82－86
滕州所出妊爵在商周地理研究中的意义 陈絜 河北师范大学学报（哲学社会科学版）4：67－73
“太伯奔吴”再考 詹刚 国家起源问题研究的理论与方法——“国家起源研究的理论与方法国际学术研讨会”论文集 482－492
浚县“辛村”与“新村”之历史地名考 高振龙 大众考古6：33－39
河南密县“新岩”“双洎河”称名辨异 李维明 河南博物院院刊（第一辑） 132－134
从申息一体到秦汉南阳郡：汉淮之间的政区化进程 郑威 江汉考古6：97－102
《左传》长葛邑地望考 宋萌萌 中国地方志2：108－116
鄞县故城考 张华琴 南方文物1：67－74
秦代南郡属县订补 郭涛 江汉考古5：71－77
秦西汉怀德县小考 王辉 考古与文物2：110－113
秦汉黔陬县地望考 龙啸等 中国历史地理论丛1：150－153
西汉海昏县名称由来与地理范围考证 温乐平 中国史研究4：69－81
西汉“眩雷塞”新考 李鑫鑫 内蒙古社会科学4：63－70
万斛堆故址在何处 高启安 敦煌研究6：115－123
元前文献图籍所载黄河河源 冯令晏 云南大学学报（社会科学版）2：71－79
吐蕃“玛冲”（rMa Khrom）、“廓域”（Kog Yul）地望考辨 妥超群 中国边疆史地研究1：87－97
杂花生树，群莺乱飞：唐代敦煌郡的水环境 刘振刚 中国地方志3：59－66
唐玉门关地望新探——基于历史文献与考古遗存互证 王乃昂 中国边疆史地研究1：70－86
唐代轮台与西海置地新考 田海峰 文博1：67－72
朝阳县“乌兰黄道遗址”为“安晋城”考 陈守义 辽金历史与考古（第十一辑） 37－46
金代梁鱼务考 齐伟 中国边疆史地研究2：191－195
“淮海第一关”名实考 周黎等 淮海文博（第2辑） 255－258

交通·交通工具

丝绸之路南亚廊道东线初论——遗产范围、开辟过程、重要路段和价值意义 孙华等 考古学研究（十一） 338－378
唐蕃古道青海段联合申遗的几点思考 青海省社会科学院课题组 青海社会科学2：143－150
中国大运河沿岸龙王信仰及其遗迹调查 陈春华、王元林 南方文物6：279－282

王审知整修的甘棠港在今长乐东北考　周运中　水下考古（第二辑）　141－154
“营国制度”中“国城”的道路体系模型推演　张俊辉　文博2：42－48
清代航海图针路簿中的北洋航线　聂政　水下考古（第二辑）　175－188
车的起源及其向东方的传播　林俊雄著　李博含译　丝绸之路考古（第4辑）　1－20
车及其部件演变出的文化信息　雷建鸽　中国文物报8月18日4版
马家塬墓地出土车辆的“重生”　冯维伟　中国文物报7月31日4版
江苏淮安运河村出土战国木雕鼓车型态设计特点研究　张万辉　文物天地5：106－111
满城汉墓出土车马器探析　贾叶青　收藏家7：45－49
贵州兴义、兴仁出土的东汉铜车马　袁炜　陇右文博1：14－18
古代海上丝绸之路之航海技术简述　陈士松　文物天地2：89－91
“南海Ⅰ号”的水密隔舱　陈士松　文物天地2：75－82
初识船体型线图　赵峰　文物天地2：95－96
沈阳故宫藏清宫廷马镫　蔡憬萱　收藏家9：56－62

古迹

徐州吕梁凤冠山古迹考　刘聪等　淮海文博（第2辑）　62－71
舍利与佛塔　张文玲　故宫文物月刊447：60－79
乡宁寿圣寺创建年代及寺名流变考论　许文胜　文物世界2：18－22
西夏通吐蕃河湟间的交通路线及沿路军事堡寨考察　张多勇　中国历史地理论丛3：112－127
高平龙渠村广禅侯庙与广禅侯信仰　彭明浩、陈豪　古代文明（第14卷）　140－161
瞿昙寺及其文物的历史文化价值初探　李福善　丝绸之路3：169－172
宣文佛塔浅谈　李丹　文物世界1：51－52
洛阳新安洞真观　郑文丽、王宏涛　寻根5：108－116
泉南古刹安海龙山寺　黄善哲　寻根3：64－69

拾贰　学术简讯

一　学术会议

2019年度全国十大考古新发现入围项目　中国文物报5月8日7版
2019年度全国十大考古新发现揭晓　贾昌明　中国文物报5月8日1版
二〇一九年度全国十大考古新发现揭晓　时达　文物天地6：86－89
2019年度全国十大考古新发现　中国文物报5月8日6版
深度解读：2019“十大考古”与中国考古学的特点和趋势　中国文物报5月8日5版
不忘初心　砥砺前行——2019年山西重要考古发现　山西省考古研究所、山西省考古学会　中国文物报3月6日6版
国家文物局在京召开“考古中国”重大项目重要进展工作会　徐秀丽　中国文物报11月27日1版
同饮一川黄河水　共启华夏文明史　党郁　中国文物报9月25日7版
溯源寻根　传承利用——“彩陶·中华——中国五千年前的融合与统一”展览研讨会纪要　胡中亚、张倩　中国文物报8月25日6版
“溯源寻根传承利用‘彩陶·中华——中国五千年前的融合与统一’展览研讨会”在西安召开　文博4：75
“史前聚落：新实践与新思考”暨石峁遗址系统考古十周年学术研讨会述要　彭小军　中国史研究动态6：78－79
巍巍皇台　城彼北方——石峁遗址皇城台考古新发现暨口簧国际研讨会综述　赵海晨　中国文物报3月20日6版

金声玉振：上古世界体系中的石峁与二里头　焦天然　中国文物报 12 月 18 日 6 版
安徽蚌埠禹会村遗址聚落考古新发现学术交流会召开　李政　中国文物报 11 月 3 日 2 版
上山遗址发现二十周年学术研讨会召开　张小筑　中国文物报 11 月 27 日 2 版
深埋 10 米下　追溯 8000 年——井头山遗址考古发掘成果专家论证会纪要　王永磊、陆雪姣　中国文物报 6 月 19 日 6 版
牛河梁女神庙的真相再揭秘——记文学人类学家与考古学家的一次对话　杨朴、杨旸　吉林师范大学学报（人文社会科学版）1：25 – 31
牛河梁遗址重启发掘　专家学者出谋划策顶层设计——牛河梁遗址考古发掘与研究现场座谈会召开　李政　中国文物报 10 月 16 日 3 版
“神熊”文化大传统的解码与重构——“朝阳市德辅博物馆成立十周年暨古代熊文化国际研讨会”会议综述　孔祥羽、姜亭亭　吉林师范大学学报（人文社会科学版）1：65 – 69
“古蜀文明保护传承暨纪念桂圆桥遗址发现十周年”学术研讨会综述　杨剑等　四川文物 1：117 – 120
纪念二里头遗址科学发掘 60 周年国际学术研讨会综述　李宏飞、赵海涛　黄河　黄土　黄种人 20：38 – 42
新中国考古从这里走出第一步——“纪念新中国辉县考古发掘 70 周年暨古代文明研讨会”述要　郭强　黄河．黄土．黄种人 24：61 – 63
专家学者研讨二里头遗址考古工作和夏文化研究　李政　中国文物报 10 月 16 日 6 版
全面推进二里头文化与夏文化研究走向深入　师永伟　中国文物报 10 月 16 日 6 版
聚焦徐淮区域　再掀研究热潮——“苏鲁豫皖地区商周时期考古学文化学术研讨会”综述　王龙等　中国文物报 1 月 3 日 6 版
“中国西南与东南亚地区冶金技术的起源与传播暨临邛冶铁实验考古”国际学术研讨会综述　曾宇、刘芳　四川文物 2：106 – 113
“第二届西周金文与西周史国际学术研讨会”简述　李忠林　中国史研究动态 1：63 – 64
“居延遗址学术研讨会”述要　陈玲　中国史研究动态 1：65 – 66
“汉代玺印封泥国际学术研讨会”会议纪要　王庆光　淮海文博（第 2 辑）　319 – 322
贯彻习近平总书记对云冈历史文化遗产保护工作重要指示——“云冈石窟·北魏平城与民族融合学术研讨会”成果丰硕　中国文物报 12 月 29 日 3 版
“高句丽·渤海的都市、文化及其世界”国际学术会议纪要　杨筱筠、牛昊林　边疆考古研究（第 27 辑）　467 – 472
“加强石窟寺保护利用”进行时——记“龙门石窟保护研究成果发布暨龙门石窟列入《世界遗产名录》二十周年学术交流大会”　张怡　中国文物报 11 月 13 日 5 版
有力推动山东古陶瓷研究——“淄博窑与中国北方窑业技术交流学术研讨会暨山东省考古学会·山东古陶瓷研究会成立大会”纪要　王晓晨、管东华　中国文物报 2 月 21 日 6 版
融合激荡与华丽蝶变——“首届复旦大学陶瓷考古论坛——两宋（宋金）之际的中国制瓷业”学术研讨会纪要　郝雪琳等　中国文物报 2 月 7 日 6 版
2018 全国第十四届科技考古学术讨论会会议纪要　温睿等　西部考古（第 19 辑）　279 – 293
李学勤先生学术成就与学术思想国际研讨会综述　程薇　中国史研究动态 1：59 – 60
从雪域高原到丝路重镇：“6—9 世纪丝绸之路上的文化交流国际学术研讨会”综述　罗华庆、李国　敦煌研究 1：1 – 8
文物建筑预防性保护“太原共识”　滕磊等　中国文物报 1 月 14 日 4 版
“首届中日韩出土简牍研究国际论坛暨第四届简帛学的理论与实践学术研讨会”综述　王风利、郭晴　中国史研究动态 3：73 – 75

二　文博机构介绍

基层文博单位现状及改善对策　徐鹏　中国文物报 1 月 24 日 3 版

使命与担当——故宫博物院95年的回顾与展望　王旭东　故宫博物院院刊10：5－16
上海博物馆文物保护品牌建设之路　上海博物馆　中国文物报11月20日4版
镌刻历史记忆　谱写新时代华章——记河南博物院70年发展成就　马萧林　中国文物报2月4日4版
剖切历史　构建对话——海南省博物馆“海南考古七十年”展陈设计　中国文物报12月22日6版
直挂云帆济沧海——复旦大学科技考古研究院2020年的成果与展望　复旦大学科技考古研究院　中国文物报12月18日7版
承载峡江文明　展现巴楚风韵——宜昌博物馆新馆铸新篇　唐凛然等　中国文物报5月8日4版
波澜壮阔70年　砥砺奋进新重博——70年，重庆中国三峡博物馆（重庆博物馆）这样走过　何娇　中国文物报2月4日4版
尘封千年历史重现　北朝考古博物馆开馆　金大陆　中国文物报10月20日5版
华夏第一王都——二里头夏都遗址博物馆基本陈列巡礼　赵晓军等　中国文物报3月27日4版
西出长安第一城——记平凉市博物馆新馆基本陈列　王启峰　中国文物报11月17日5版
星源集粹——记婺源博物馆　汪根寿　中国文物报11月3日4版

三　其他

“十三五”期间中国考古学的主要成就　王巍　中国文物报12月4日1版
“十三五”期间中国重要考古发现和研究成果　王巍　中国文物报12月4日5版
2019，不断开拓进取的中国考古　贾昌明　中国文物报1月10日3版
互联网时代公众考古传播的探索与实践　乔玉　公众考古学（第一辑）　75－86
“云考古”带来的文化体验　闻白　人民日报5月13日1版
“云考古”的一小步　中国考古的一大步——2019年度全国十大考古新发现线上终评会的回顾和思考　李政、贾昌明　中国文物报5月23日5版
疫情下的公共考古　变革中的融媒发展　穆森　中国文物报5月8日1版
公地与私意识：遗产化进程中的在地社区——以河南淮阳平粮台遗址为对象的观察　王思渝　公众考古学（第一辑）　147－162
喇家遗址的公众考古　叶茂林　公众考古学（第一辑）　109－126
公众考古视野下的海昏侯国考古外译问题初探　刘清　南方文物6：231－236
公共考古的利益攸关方及相关问题——以海昏侯墓考古新发现公共考古实践为例　曹兵武　公众考古学（第一辑）　56－64
加泰土丘遗址的公众考古学观察　王涛　公众考古学（第一辑）　412－427
历史城市地标建筑遗址的价值观察——以安庆大观亭为例　叶子瑜、陈璟　中国文化遗产4：105－109
推动考古成果转化　着力文物福民惠民——洛阳市文物考古研究院公众考古实践之路　程召辉　中国文物报9月4日7版
湖北省博物馆公众考古的实践与思考　方勤　公众考古学（第一辑）　163－166
湖北省博物馆公众考古工作的发展策略　钱红　公众考古学（第一辑）　167－173
考古揭示的早期城市化信息　闻白　人民日报1月5日2版

拾叁　书刊评介

一　总述

万年不平等史：财富差异考古学　李楠迪娜　中国文物报12月25日6版
“了了，仍未了”——写在《中国考古学：永远在路上》出版之际　徐海峰　中国文物报7月17日8版
发现的发现：从考古发现到发现历史——读《中国考古大发现》（增订本）一得之见　傅光中、刘海

军 中国文物报4月24日3版
一本应该被用作教材的“小书”——评《考古小历史》 何文竞 中国文物报11月27日8版
族属问题与身份认定——评希安·琼斯《族属的考古》 彭昊 中国文物报11月27日6版
艺术考古学新论——评练春海《重塑往昔——艺术考古的观念与方法》 江澜 艺术评论3：133－139
英国《考古发掘标准与指导》简介和评析 王英 中国文物报6月19日7版
《成都考古发现》20年 成都文物考古研究院 中国文物报10月30日6、7版
读《内蒙古文化遗产丛书》札记四则 郝军军 边疆考古研究（第28辑） 427－440
丝绸之路研究的新视野 卜天舒 中国图书评论7：117－121
文物志书编纂结构刍议——从《中国文物志》说起 胡奥千 中国文物报12月22日3版
新时期甲骨学的全面总结和展望——读王宇信、具隆会的《甲骨学发展120年》 郭胜强 殷都学刊4：120－124
几经打磨的敦煌学精品著作——读刘进宝《敦煌学通论（增订本）》 赵大旺 敦煌学辑刊4：155－161
中国石窟寺研究的丰碑评《宿白集·中国石窟寺研究》 姜涛 中国宗教4：74－75
中国传统文化的美术考古阐释——《中国墓室壁画史论》的宗教与艺术理论建构 王诗晓 艺术工作3：26－27
从图像到重生：一部完整的墓室壁画通史——汪小洋新著《中国墓室壁画史论》评介 李慧国 中国文物报3月27日6版

二 史前考古

再说何以为人——考古学家理查德·利基《人类的起源》读后 曹兵武 中国文物报10月30日5版
回眸二十年——写在《中国文明起源新探》（繁体版）再版之际 郭大顺 中国文物报11月5日5版
日本学者视角中的中国文明——《中国文明：农业与礼制的考古学》述评 宋殷 江汉考古1：124－128
中国史前陶器 闫铭 中国文物报12月25日5版
闽江下游史前考古重要的新材料——读《闽江下游流域史前遗址考古调查与研究》 黄运明 中国文物报2月28日6版
即类求书 因书究学——评《中国新石器时代考古八十四年文献目录（1923—2006）》 崔天兴 中国文物报8月21日8版
不可思议的哥贝克力丘——《最早的神殿：石器时代不可思议的圣地》介绍 王献华 中国文物报1月24日8版

三 夏商周考古

夏商文明探索之路——“夏商考古研究”系列论文读后 张国硕 南方文物2：24－30
赣闽地区夏商考古研究的重要基点——《角山窑址》读后 豆海锋、刘威 江汉考古3：125－128
黄帝玄玉的人文创世——读《玄玉时代：五千年中国的新求证》 雷欣翰 丝绸之路4：24－26
《安阳孝民屯（四）》读后 郜向平 中国文物报11月27日6版
当甲骨遇上考古——读《殷墟考古与甲骨学研究》 岳洪彬 南方文物2：17－23
《华夏边缘——历史记忆与族群认同》书评 王含元 青年考古学家（第1辑） 200－210
赵德云著《西周至汉晋时期中国外来珠饰研究》评介及兼论珠饰考古的研究方法 覃春雷 丝绸之路考古（第4辑） 188－205
一部别出新裁的青铜器研究著作——读《陕西古代青铜器》 吴镇烽 中国文物报6月5日7版
吴越文化与社会的几个问题——读《吴越文化比较研究》札记 吴桐 青年考古学家（第1辑） 182－199
楚汉之间——读《双龙机床厂墓群发掘报告》《巨鹰墓地发掘报告》 崔秀琳 青年考古学家（第1辑） 221－229

研习战国时期楚文字书法的珍贵资料——《清华大学藏战国竹简精选字帖》推介　贾连翔　中国文物报6月5日7版
谱晋风晋韵　写历史华章——评《晋国兴衰六百年》　石磊　中国文物报11月27日7版
毛锥摹效苦　旨在传中山——读郝建文编撰《战国中山三器铭文》　袁永明　中国文物报12月29日8版
战国至汉代玉器艺术考古的真正典范——评《实幻之间——院藏战国至汉代玉器特展》图录　何努　文物春秋5：90－96
简评《甘肃境内战国秦长城调查纪实》　陇右文博4：82
回眸药王庙、夏家店遗址发掘六十周年　徐光翼、朱延平　中国文物报12月15日8版
论勾云形器的艺术造型与思想内涵——读《哈民玉器研究》　王鹏　北方文物3：104－112
《陇南金石校录》的史学价值　李若楠　兰州文理学院学报（社会科学版）1：1－6

四　秦汉及以后

编写发掘报告是考古人的职责——写在《秦始皇帝陵一号兵马俑陪葬坑发掘报告（2009－2011）》出版后　许卫红、申茂盛　中国文物报1月24日6版
考古学视角的秦汉文明新认识——读白云翔著《秦汉考古与秦汉文明研究》　王子今　中国文物报4月24日6版
追龙半百醉新醒——读《新见秦汉度量衡器集存》　周晓陆　文博2：111－112
美哉古瓦　妙矣匠心——读《中国历代瓦当考释》　王子今　中国文物报6月5日6版
读《中国历代瓦当考释》有感　刘庆柱　中国文物报7月17日8版
新时代馆校融合发展的探索——《汉阳陵校本教程》编写的思考　程艳妮　中国文物报9月25日5版
帝陵大遗址保护的示范之作——《汉成帝延陵考古调查勘探报告》推介　孙丹　中国文物报11月27日8版
古代漆器研究的力作——《马王堆汉墓漆器整理与研究》评介　高至喜　中国文物报2月28日6版
中国古代髹漆工艺研究的扛鼎之作——读《马王堆汉墓漆器整理与研究》　王世民　中国文物报3月27日6版
汉代漆器研究的典范之作——评《马王堆汉墓漆器整理与研究》　刘庆柱　中国文物报2月28日6版
《广西合浦文昌塔汉墓》读后　王音　青年考古学家（第1辑）　230－242
番禺一都会也——《广州出土汉代珠饰研究》读后　熊昭明　中国文物报6月5日7版
始自田野　成于书斋——《陕西省考古研究院新入藏墓志》编者谈　李明　中国文物报9月25日5版
《吴简与吴制》评介　苏俊林　中国史研究动态3：87－88
由神秘到现实拼合起的南朝文化气韵——《层累的图像：拼砌砖画与南朝艺术》序　齐东方　中国文物报10月30日8版
古旧塔影，清新风铃——读《陕西古塔全编》　王子今　文博1：111－112
穹顶下的光华、寂灭与呈现——《陕西古塔全编》读后　刘栓　中国文物报1月24日7版
北朝晋阳城市考古研究的深入进展——读《晋阳古城晋源苗圃考古发掘报告》　安瑞军、李鹏为　中国文物报1月24日6版
继承、提升、引领云冈学的巨著——专家谈《云冈石窟全集》　李君、张庆捷　中国文物报1月24日5版
不守夕阳美，只为晨光升——读佛寺遗址考古发掘报告《南宫后底阁》　谢飞　文物春秋3：94－96
玉像重生——评《南宫后底阁》　于春　中国文物报6月5日8版
隋唐元蒙古高原历史研究的珍贵资料——评森安孝夫、敖其尔编著《蒙古国现存遗迹碑文调查研究报告》　白玉冬　丝绸之路考古（第4辑）　206－215
佛教艺术研究的精心之作——《长安与洛阳》序　黄文昆　中国文物报11月27日7版

《吐鲁番出土官府帐簿文书研究》出版 西域研究3：64
段晴《于阗语无垢净光大陀罗尼经》评介 荣新江 丝绸之路考古（第4辑） 221－224
上帝的剧本——读《解读“南海Ⅰ号”：打捞篇》 姜波 中国文物报2月28日7版
从大书小书谈起：千年古建奉国寺纪念的当代文旅意义 金磊 中国文物报9月25日8版
辽代铁器研究的集大成之作——冯永谦著《辽代铁器考古研究》评介 董学增 中国文物报3月27日6版
一部调查报告 一位良师——读《凤阳明中都石雕刻艺术遗存考古调查报告》（全二册） 高超 中国文物报12月25日8版
乡土建筑遇上考古学——《凤山楼：聚落考古学视角中的粤东古村落》读后 陈雍 中国文物报6月5日6版
长城考古调查的新成果——两部关于宁夏明长城调查报告述评 姚蔚玲 文博6：105－108
咸若梵华：清代北京的藏传佛教艺术 中国文物报1月24日7版
北京城中轴线“纪念碑性”的历史记忆——评《中轴旧影》 姚庆 中国文物报11月27日7版

五 科技考古

测天地间高低起伏 量方寸中古往今来——读《考古现场多视角三维重建》 周振宇 中国文物报6月5日6版

六 其他

公众考古学著作导读二则 张莞沁 公众考古学（第一辑） 468－479
读陈雍先生《说说考古》，谈考古科普读物 宋小军 故宫考古文集（一） 75－78
傅斯年与古史重建——读《傅斯年全集》 孙庆伟 公众考古学（第一辑） 183－201
新见傅斯年《巴黎燉煌写本集读记》考述 吕德廷 敦煌研究4：74－80
张忠培先生的玉器玉文化研究理念——《张忠培论良渚》读后 许永杰 北方文物4：32－40
筑史与拼图：一位考古学人的心路追迹——读蒋乐平《万年行旅——一个考古人的独白》有感 孙瀚龙 中国文物报9月25日5版
一位考古学者的探索之路——景爱先生新著《求索录》推介 冯朝晖 中国文物报10月30日8版
黄传懿与《中国文物地图集·湖北分册》 王先福 中国文物报7月28日4版
释物 固本 传承 开拓——《李晓东文物论著全集》出版座谈会发言摘要 赵昀 中国文物报9月18日3版
中国文物事业挚诚的实践者与清醒的思考者——《李晓东文物论著全集》编辑札记 周成 中国文物报8月21日5版
丝路玉路探究竟 水落石出华夏魂——《玉石之路踏查三续记》简评 许诗怡 丝绸之路4：27－31
西域文献中的大历史——朱玉麒《瀚海零缣：西域文献研究一集》评介 刘子凡 丝绸之路考古（第4辑） 217－220
国外考古学著作导读系列 秦昱、徐小亚 中国文物报11月27日5版
巴克特里亚、大夏、大月氏和贵霜（上）、（下）——《黄金之丘出土钱币研究》读后 姚朔民 中国钱币5：66－78、6：70－80
考古学研究的当代视角——《二十一世纪的家庭生活：对32个美国家庭的入户调查》推介 温成浩 中国文物报2月28日7版
寻迹往圣 探赜东西——评介《犍陀罗与中国》 耿昀 中国文物报8月21日8版
Michael Shenkar，Intangible Spirits and Graven Images：The Iconography of Deities in the Pre－Islamic Iranian World 孙武军 丝绸之路考古（第4辑） 225－230

（编辑：许匀馨 李美慧）

新发表古代铭刻资料简目

（原形字用“□”号代替。期刊名称后的数码依次为期和页）

一　金文

商代

斝

器内底铸有铭文：“止”。

（新乡市博物馆藏　　中国文物报2020年3月3日第6版）

商代晚期到西周早期

鼎

器内壁铸有2字：“父辛”。

簋

器内底有铭文：“山”。

觚

圈足内壁有铭文：“子父丁”。

觚

圈足内壁有铭文：“黿父戊”。

爵

鋬内铸有铭文：“父癸”。

爵

铭文：“父辛”。

（以上西安博物院藏　　中国国家博物馆馆刊10：90－94）

西周

鼎

后腹内壁5字铭文：“倗白乍旅鼎”。

簋（2件）

盖器对铭，均2行8字：“白旅父乍宝铃簋四”。

鬲

后腹内壁中部有铭文4行22字（含重文2字）：“唯征月初吉　□姬乍宝彝　其万年保　子子孙孙其永宝用”。

爵

耳鋬内侧腹壁铸有铭文，2行4字：“白乍宝彝”。

尊

器内底有铭文，4 行 20 字：“隹九月　白□父赏御正射丝马匹　用乍父乙宝尊彝”。

卣

盖内壁顶部和器身内底对铭，均 4 行 20 字：“隹九月　白□父赏御正射丝马匹　用乍父乙宝尊彝”。

（以上 2004～2007 年山西绛县横水西周墓地 M2531 发现　　考古学报 1：92－112）

鼎

后腹内壁铸铭文 2 行 5 字：“白乍宝尊彝”。

甗

后腹内壁铸铭文 1 行 5 字：“格中乍尊彝”。

簋

内底铸铭文 1 行 3 字：“白乍彝”。

簋

内底铸铭文 1 行 3 字：“白乍彝”。

簋

内底中部铸铭文 1 行 4 字：“亚离父戊”。

簋

盖内和器内底对铭 2 行 5 字：“霸中乍尊彝”。

簋

盖内和器内底对铭 3 行 11 字：“内公舍霸马两玉金　用铸簋”。

铜木觚

圈足内壁铸铭文 2 行 4 字：“匽侯乍赞”。

觯

盖顶面捉手内铸铭文 1 字：“册”。

盖内铭文 1 行 3 字：“析父丁”。

器内底铭文 1 行 4 字：“册析父丁”。

觯

内底铸铭文 1 行 3 字：“庚父乙”。

觯

内底铸铭文 1 行 3 字：“幸父丁”。

爵

鋬内侧腹壁铸铭文 1 行 3 字：“□父丁”。

爵

正面柱外侧铸铭文 1 行 2 字：“□乍”。

鋬内侧腹壁铸铭文 1 行 2 字：“父乙”。

爵

“□乍父乙”。

爵

正面立柱外侧铸铭文 1 行 2 字：“旨乍”。

鋬内侧腹壁铸铭文 2 行 3 字：“父辛□”。

爵

“旨乍父辛□”。

尊

内底铸铭文 2 行 9 字：“匽侯旨乍姑妹宝尊彝”。

罍

钮内侧腹壁铸铭文 1 字："执"。

盉

鋬内侧外腹部铸铭文 2 行 11 字："□又□□贝　用乍母己□彝"。

提梁卣

盖器对铭，2 行 9 字："匽侯旨乍姑妹宝尊彝"。

戟

内后端一侧铸铭文 1 字："□"。

（以上 2007～2008 年山西翼城大河口西周墓地一号墓发现　考古学报 2：185－253）

鼎

腹内后壁铸竖行铭文 1 行 4 字："□乍旅鼎"。

盆

内壁铸铭文 8 行 46 字："唯王二祀　王令应伯正淮南夷　□从　率厥友専于为山　休又禽　无□用对　乍□簋　□拜稽首　用□永霝冬于厥文且敔季"。

（以上 2010 年山西翼城大河口西周墓地 M6096 发现　文物 1：7－10）

盨

内底铸有铭文 10 行 51 字："隹三年二月初吉己巳　中大师才□　令乘□官□走马驺人　易乘马乘□车　乘敢对□中氏不显休　用乍宝盨　乘其万年子＝（子子）孙永宝"。

（以上中国国家博物馆藏　文物 4：59）

簋

内底中部铸一双阴线勾勒的阳文："戈"。

簋

内底中部铸铭 4 行 35 字（含重文 1）："侯休乍叔骨父庙　正月初吉□延侯　侯赐骨父贝朋牛十　骨父陽　对侯休　用乍宝簋　其永用"。

（以上 2010 年山西翼城大河口西周墓地 M1034 发现　中原文物 1：9－10）

卣

盖器对铭："作宝尊彝"。

卣

盖器对铭："作宝尊彝"。

（以上山西公安机关追缴　文物世界 3：3）

鼎

内壁铸铭文 3 字："白乍彝"。

（2019 年山西绛县公安局追缴　文物世界 4：3）

鼎

盖、器对铭，均 2 行 8 字，自右至左读作："□侯乍父乙寶□彝"。

曾鼎（3 件）

盖、器对铭，均 2 行 7 字，自右至左读作："□侯乍寶□彝鼎"。

鼎

盖铭 7 字："□侯乍宝□彝鼎"，器内壁铭文 5 字："□侯乍宝鼎"。

鼎

内壁铸铭 3 字："□祖辛"。

簋

器内底铸铭 2 行 9 字："犺乍刺考南公寶□彝"。

簋

盖内铸铭 2 行 7 字："曾侯犺乍寶尊彝"。器内底铸铭 1 行 3 字："乍寶彝"。

簋

盖、器对铭，均2行7字：“□侯□乍寶尊彝”。

簋

盖、器对铭，均2行6字：“曾侯乍寶尊彝”。

簋

器内底铸铭1行3字：“□父癸”。

罍

器口沿内侧铸铭1行3字：“□父丁”。

尊

器内底铸铭2行4字：“曾侯用彝”。

尊

器内底铸铭1行3字：“□父乙”。

卣（2件）

盖、器对铭，均2行4字：“□侯用彝”。

卣

盖内铸4字：“□□父辛”。

壶

器盖内、鋬内侧铭文相同，各1行5字：“□侯乍田壶”。

斝

鋬内器腹铸铭1行4字：“□侯用彝”。

盉

盖及鋬内器腹铸铭2行3字：“□父丁”。

爵

器内底铸铭2行5字：“乍南公□彝”。

觶

盖及内底铸铭2行4字：“曾侯用彝”，其中内底铭文中“曾”字的全部及“侯”字的上半部被一块补铸疤遮住，无法看清。

盘

器内底铸铭2行4字：“曾侯用彝”。

钺

中部重环纹内铸铭3字：“太保虘”。

戈形佩

援、内间阴刻铭文1行3字：“冉丁眉”；背面1行3字：“冉丁眉”。

（以上2013年湖北随州叶家山M111发现　江汉考古2：11－66）

鬲

沿面铸有铭文：“鄂姜乍羞鬲”。

簠

盖、器对铭约5字：“鄂姜乍旅□”。

钟

器身有铭：“鄂侯乍”。

（以上2012年河南南阳夏饷铺鄂国墓地M5、M6发现　江汉考古3：13－23）

西周晚期到春秋早期

鼎

内壁铭文有铭文3行17字（含重文2）：“叔醜父作宝鼎 其万年子子孙孙永宝用享”。

盘

盘内底铭文3行17字：“叔醜父作宝盘 其万年子子孙孙永宝用享”。

（以上西安博物院藏 中国国家博物馆馆刊10：94－95）

春秋

鼎（5件）

器内壁铸铭文8行48字：“隹王正月初吉丁亥 曾公求择其吉金自作□彝升鼎 用享以孝于辝皇祖南公至于桓庄 以旂永命眉寿无疆 其永保用之”。

圆壶（2件）

盖的八个莲瓣内侧铸有铭文16行49字：“隹王正月初吉丁亥 渔芈择吉金自作宗彝□壶 用享寿孝于辝皇祖南公至于桓庄 以旂永命眉寿无疆 子子孙孙永保用之”。

器身颈部外壁铸铭文13行51字：“隹王正月初吉丁亥 曾公求择其吉金自作宗彝□壶 用享以孝于辝皇祖南公至于桓庄 以旂永命眉寿无疆 子子孙孙永保用之”。

方壶（2件）

壶盖铭文51字：“隹王正月初吉丁亥 曾公求择其吉金自作宗彝□壶 用享以孝于辝皇祖南公至于桓庄 以旂永命眉寿无疆 子子孙孙永保用之”。

钮钟（13件）

钲部、侧鼓部铸铭4行23字：“隹王正月初吉丁亥 曾公求择其吉金自作行钟 其永用之”。

（以上2018年湖北随州市枣树林春秋曾国贵族墓地M190发现 考古7：75－89）

镈钟

铭文38行226字（含重文1、合文1）：“隹王五月吉日丁亥 曾公□曰 昔在辝不顯高且 克逑匹周之文武 淑＝（淑淑）白旨 小心有德 召事一□ 遹褱多福 左右有周 □神其□ 受是不□ 不顯其霝 甫匐辰敬 王客我于康宮 乎厥命 皇且建于南土 敝蔡南門 質應京社 適於漢東 方無疆 涉政淮□ 至于繁湯 曰 卲王南行 □命于曾 咸成我事 左右有周 易之用鉞 用政南方 南公之刺 □聖有聞 陟降上下 保埶子孙 曰 嗚呼 嬰舍□火子 余無謗受 隶余行辝卹 卑辝千□ □天孔惠 文武之福 有成有慶 福禄日至 □我土疆 擇其吉金鐈□ 自作龢鏄宗彝 既淑既平 冬龢□鳴 以享于其皇且南公 至于□莊 以祈永命 眉壽無疆 永保用享”。

甬钟（2件）

约260字：“隹王五月吉日丁亥 曾公□曰 昔在辝不顯高且 克逑匹周之文戈 淑＝（淑淑）白舌 小心有德 召事一□ 遹褱夕福 左右有周 □神其□ 受是不□ 不顯其霝 甫匐辰敬 王客我于康宮 乎厥命 皇且建于南土 敝蔡南門 質應京社 適於漢東 方無疆 涉政淮夷 至于繁湯 曰 卲王南行 豫命于曾 咸成我事 左右有周 易之用戉用政 南公之刺 □聖有夷 至于繁湯 曰 昭王南行 豫命于曾 咸成我事 左右有周 易之甬鉞 用政南方 南公之刺 □聖有聞 陟降上下 保□子孙 曰 嗚呼 嬰舍乳小子 余無謗受 隶余行辝卹 卑辝千□ □天孔惠 文武之福 有成有慶 福祿日至 □我土【疆 擇其吉金】鐈□ 自作龢鏄宗彝 既淑既平 终龢虘鳴 以享于其皇且南公 至于□莊 以祈永命 眉壽無疆 永保用享。”

甬钟

（以上2019年随州枣树林曾国贵族墓地M190发现 江汉考古1：3－5）

簋（4件）

器腹底部铸铭文4行15字：“唐侯制随侯行簋 随侯其永祜福唐侯”。

鬲（5件）

口沿铸铭文1行7字：“曾夫人渔之□□”。

簠（4件）

盖器对铭，5 行 27 字："隹正月初吉乙亥　楚王媵渔芈□□　其眉寿万年无疆　子孙永保用之"。

（以上 2018 年湖北随州市枣树林春秋曾国贵族墓地 M191 发现　　考古 7：75－89）

鼎（5 件）

腹壁铸铭文 2 行 8 字："湛之行鼎　其永用之"。

簋（4 件）

盖面捉手外铸铭文 1 行 8 字："湛之行簋　其永用之"。

（以上 2018 年湖北随州市枣树林春秋曾国贵族墓地 M81 发现　　考古 7：75－89）

勺

柄有 3 字铭文："□之□"。

（2013～2015 年河南伊川徐阳东周墓地西区发现　　考古学报 4：563）

匜

内底铸 3 行 16 字："二都大子平□作盥□　子子孙孙永宝用"。

（南阳市博物馆藏　　文物 4：62）

鼎

腹部内侧铸铭 6 行 46 字："白克父甘娄乃执干戈　用伐我仇敌　乃受吉金　用自乍宝鼎　用享于其皇考　用赐眉寿黄耇　其万年子子孙孙永宝用享"。

簋

盖、器对铭 6 行计 50 字："唯曾白克父甘娄自乍大宝簋　用追孝于我皇祖文考　曾白克父其用受多福无疆　眉寿永命　黄耇□终　其万年子子孙孙永宝用"。

甗

内壁铸铭文 3 行 16 字："唯曾白克父甘娄乃用乍旅献　子孙永宝"。

盨

盖、器对铭 4 行 16 字："唯曾白克父甘娄乃用乍旅盨　子孙永宝"。

壶

盖、壁对铭，计 24 字："唯曾白克父自乍宝飤壶　用害眉寿黄耇　其万年子孙永宝用"。

𨱔

颈部凸棱下铸有铭文，共 8 字："曾白克父自乍飤𨱔"。

（以上中国国家博物馆藏　　文物 9：36－47）

簠（2 件）

盖、器对铭，共 5 行 31 字："正月梦庚　敀自作飤簠　以征以行　献以飤士庶子及我父兄　永保用之　眉寿无疆"。

戈

胡上铸有阴线铭文 1 行 4 字："彭敀之戈"。

戟

胡上有错金鸟书铭文 2 行 4 字："玄□之用"。

戟

胡上铸有阴线铭文 5 字："彭敀之行戟"。

（以上 2008 年河南南阳春秋楚彭氏家族墓地 M1 发现　　文物 10：6－21）

戈

内有铭文 2 字："成周"。

（2015～2016 年河南伊川徐阳墓地东区发掘发现　　华夏考古 3：28）

鼎

内腹壁铸有铭文 3 行 20 字："□者君□卤叔休乍宝鼎　其万年子子孙孙永保用"。

方壶

盖、器对铭，3行20字："□者君□卤叔休乍宝壶　其万年子子孙孙永保用"。

方壶

盖、器对铭，3行20字："□者君□卤叔休乍宝壶　其万年子子孙孙永保用"。

（以上山西公安机关追缴　　江汉考古3：76）

盘

盘内底部铸有铭文4行24字："中丂父不录　季□耑誓遣尔盘匜壶两簋两鼎一　永害福尔后"。

鼎

腹部内壁铸铭文3行19字（含重文2字）："楷宰中丂父乍季□宝鼎　其万年子子孙孙用享"。

壶

盖、器对铭，3行9字："楷侯宰□乍宝壶永用"。

匜

内底铸铭2行15字："中考父作旅匜其万年子子孙孙用享"。

（以上2006年山西黎城西关墓地M7、M8发现　　江汉考古4：5-13）

战国

鼎

耳部上方细线錾刻2字："张氏"。

鉴

腹部有铭文4行16字："十九年　蜀守斯离造工师狢丞求乘工耐"。

（以上2017年陕西西咸新区坡刘村秦墓发现　　考古与文物4：17）

鼎

腹部两腿之间自右向左横刻铭文1行17字："王十又一年　大□司寇肖□□　为量□四分"；腹部另一腿上方自右向左横刻铭文1行2字："下官"；器盖两纽之间自右向左横刻铭文1行4字："大□下官"。

（洛阳理工学院文物馆藏　　文物1：75）

东周

戈

胡部有铭文6字："申伯剌之用戈"。

（2018-2019年南阳李八庙东周墓地M59发现　　中原文物5：16）

西汉

铜鋗

外有铭文11字："襄城家铜鋗容三升重九斤"。

（2018~2019年西安白鹿原西汉早期大型墓葬M21发现　　中国文物报2020年7月24日第008版）

元代

权

腹部有"大德二年""浏阳州造"两组铭文，其中"德"字漫漶不清。

（浏阳市博物馆藏　　文物12：91）

炉

腹上部三面所铸铭文，其中一面铸1行5字："皇帝万万岁。"一面铸14行95字："杭州路在城东

北隅兴福寺　伏承丕显名檀越施财铸造铜香炉花瓶一副并座　舍入本寺永充大佛宝殿长生供养　所冀宅门昌盛　眷属康宁　今生之为福寿增荣　他报之中二严具备者　时岁次己未　延祐六年孟夏望后一日住山释梵舟募缘谨题”。一面铸2行14字：“车桥万寿观营内铸古铜　杨子春造”。

（杭州市文物考古研究所藏　　东方博物1：43）

权

权身正面阴刻铭文：“至元八年”，该铭文右侧有楷书款“＋”字，背面阴刻铭文：“口天路造”。

权

权身正面阴刻铭文：“至大四年”，背面阴刻“元”字。

（以上元中都博物馆藏　　中国文物报2020年9月8日第007版）

清代

簋

内底铸铭文13字：“囗自作囗簋其子子孙孙永宝用”。

簋

内底铸铭文20字，可辨七字为“伯作尊彝用……永……享”。清代配紫檀嵌透雕龙纹玉钮盖，内刻“乾隆御赏”款。

觚

足内壁铸铭文2字：“亚弓”。

甗

清代配黄花梨透雕春水玉钮盖，内刻“乾隆御赏”款。

鼎

清代配紫檀木嵌透雕花鸟玉钮盖，内刻“乾隆御赏”款。

卣

盖、内对铭3字：“册父乙”。

鼎

内壁铸铭文7字：“木工册作妣戊囗”。清代配紫檀木嵌透雕龙纹玉钮盖，内刻“乾隆御赏”款。

香炉

底部蓝彩楷书“雍正年制”款。

烛台

底座蓝彩双龙框内红彩楷书“雍正年制”款。

尊

座饰缠枝牡丹纹，蓝彩双龙框内红彩楷书“雍正年制”款。

编钟

每枚钲间分别铸铭“倍夷则”“倍南吕”“倍无射”“倍应钟”“黄钟”“大吕”“太簇”“夹钟”“姑洗”“仲吕”“蕤宾”“林钟”“夷则”“南吕”“无射”“应钟”，背面铭文“康熙五十二年制”。

镈钟

钲正面有篆书铭文132字：“自古在昔　功成作乐　辨物涓吉　铸此钟镈　皇祖正音　中和大备　讵独是遗　或存深意　绩底西旅　瑞出西江　考制象器　协和万邦　一簴特悬　用起律首　编钟继奏　箫韶成九　宽横栾舞　必考必精　慎遵前宪　敢或损增　宣阳导阴　立均出度　万事本根　百王矩矱　緊余小子　蒙业重熙　赖天耆定　惟曰际时　范器识年　悉新巳盛　铭无溢辞　惕乾懋敬　乾隆御制”。

背面有铭文37字。夹钟自铭“镈钟第四夹钟”，南吕自铭“镈钟第十南吕”，另有纪年铭文“大清乾隆二十又六年　岁在辛巳冬十一月朔越六日庚子铸成”。

（以上孔子博物馆藏　　东方博物1：57－63）

附一：金银器

汉代

金饼

正面刻划“郭”“□□”“五”“下六”“□八”字样。

正面有单字戳记（未辨识），并刻划“租重二未”字样。

正面有“V”形戳记，并刻划“弓”“下八”“巨□”“巨”“三下”“九”等字样，外缘錾刻“去六未下十二未”字样。

正面有“V”形戳记，并刻划“上五”“上十四”“张□”等字样。

正面刻划“禾”“郭四□五十□五”字样。

187 枚金饼中有 62 枚带有戳记，有 139 枚带有刻划文字，仅 1 枚带有錾刻文字，另有 41 枚既无戳记亦无刻划痕迹。

錾刻 1 处，为“去六未下十二未”字样。

戳记主要有两类。一类是简单几何图形戳记，包括 V 形和△形。另一类是文字类戳记，其中“由”（或“甲”）、“市”、“士”、“贝”、“重”、“巨”、“周”、“长”各出现 1 次，其余难以准确辨识的文字共发现 18 处。

刻划痕较为复杂，其中以带姓氏刻划痕居多，有单字，如“王”“杨”“陈”“郭”等，也有多字组成的序列文字，又以“郭”字开头的一列文字最具代表性，已发现 20 余处，包括“郭四□五十□五”“郭四□五十中”“郭□□□五十□”“郭上一”等。除此之外，还有描述重量的，如“租重二未”；意义不明的，如“上”“中”“下”“上二”“上三”“中甲”“下三”等，已发现 40 余处。

大马蹄金

第一类 9 枚。铸“上”字。

第二类 4 枚。铸“下”字。

第三类 4 枚。贴“中”字。

小马蹄金

第一类 13 枚。铸“上”字。

第二类 8 枚。铸“中”字。

第三类 2 枚。铸“下”字。

第四类 3 枚。贴“中”字。

第五类 4 枚。贴“下”字。

麟趾金

第一类 13 枚。铸“上”字。

第二类 7 枚。铸“中”字。

第三类 4 枚。铸“下”字。

（以上江西南昌西汉海昏侯刘贺墓出土　　文物 6：41－56）

五代

鎏金银匙

匙柄背面錾刻：“辛酉建隆贰年玖月廿伍日　募众缘舍匙筯壹副入真身舍利宝塔永充供养”。

鎏金铜盒

器腹浅刻：“中兴寺　岁次辛酉建隆二年九月二十五日　当寺僧敬恩舍”。

（以上 2018 年整理浙江东阳吴越国中兴寺塔出土文物发现　　东南文化 4：88－89）

清代

银簪

珍珠间隙装饰花蕊及5个“福”字，现存4个“福”字。

银簪

珍珠间隙装饰花蕊及5个“福”字，现存2个“福”字。

（以上2019年苏州同里方尖港村墓地M2发现　　东方博物3：26）

二　玺印

（未注明质地者皆为铜质）

战国

印

印面1字：“田”。

（2013年湖北荆州市七星堰战国楚墓发现　　考古学集刊23：113）

印（玉）

阴刻篆书：“共”。

印（玉）

内阴刻篆书：“□印”。

（以上2017年陕西西咸新区坡刘村秦墓发现　　考古与文物4：33）

战国秦

印

印面为日字格，阴刻篆书，兼有隶意：“和众”。

印

印面为日字格，阴刻篆书，兼有隶意：“善守”。

（以上2011－2012年河南淅川裴岭墓地秦墓M211发现　　中原文物4：25）

西汉

印

印文：“郭武私印”。

印

印文：“□尚印”。

印

印文：“杜道私印”。

印

印文：“夏昌之印”。

（以上2015～2017年陕西西安西咸新区西石羊汉墓发现　　文博6：12）

印（银）

印文：“陈午私印”。

印

印文：“陈午”。

（以上2008年陇西东阙坪汉墓清理发现　　陇右文博4：4－5）

东汉

印

印面2字："都乡"。

（2013年南京江宁湖熟东汉墓M1发现　　东南文化6：37）

印

印文："诏假司马"。

（庄浪县良邑村村民家藏　　陇右文博1：10）

汉晋

印

印章悬针篆铭："孙酆私印"。

（2017～2018年甘肃临泽五三汉晋墓群发掘发现　　中国国家博物馆馆刊3：19）

金代

印

正面边框内阳刻"监支纳印"，字体为九叠篆，2行4字。印侧面阴刻款文与印正面内容相同，字迹近于行楷，钮右侧刻"天泰四年五月造"，印钮顶端阴刻"上"字。

（2013～2020年吉林省图们市磨盘村山城考古发现　　中国文物报2020年12月4日第007版）

明代

印（银）

阳刻印文："陈函辉印"。

印（银）

阴刻印文："寒山木叔"。

（以上临海市博物馆藏　　东方博物1：30）

三　墓志

北魏

长孙晖业墓志

志文：魏故世宗挽郎长孙显业墓志铭

卒于北魏孝明帝元诩正光五年（524年），享年三十岁，葬于洛阳城西北七里。

（私人收藏　　文物世界6：24～25）

西魏

乙弗虬墓志

无盖称。

首题："魏故使持节车骑大将军仪同三司散骑常侍兖州刺史美阳县开国男乙弗君志。"

乙弗虬夫人席氏墓志

盖称："大隋故长乐郡君之铭"。

首题："魏故车骑大将军仪同三司秘书监散骑常侍兖州刺使美阳孝公柳君夫人席氏墓志铭"。

卒于西魏恭帝元年（554 年），次年葬于城南少陵原太夫人寿昌君墓次。夫人席氏卒于隋开皇六年（586 年），十一月合葬少陵原。

（以上 2013 年陕西西安西魏乙弗虬及夫人隋代席氏合葬墓发现　　考古与文物 1：45－48）

北周

柳带韦墓志

盖称："大周上开府新州刺史康城恺公墓志铭"。

首题："大周使持节上开府仪同大将军并州司会赠新遂楚三州诸军事新州刺史康城恺公之墓志".

生于北魏正光四年（523 年），卒于北周建德六年（577 年）。

（2014 年陕西西安北周康城恺公柳带韦墓发现　　文博 5：22－24）

北齐

和公墓墓志

盖称："和公墓志"。

无首题。

葬于武平四年（573）十一月一日

（2013 年山西太原开化北齐和公墓发现　　中原文物 6：13－14）

隋代

娄罴墓志

无盖称。

首题："大隋使持节骠骑大将军上开府招义县开国公故折娄氏墓志"。

开皇三年（583）葬，春秋七十有五。

（2018 年陕西铜川隋折娄罴墓发现　　文物 10：55）

成氏故士孙夫人墓志

无盖称。

首题："大隋成氏故士孙夫人墓志之铭"。

开皇十年（590）卒，春秋年六十四。

（河南安阳邺城故地出土　　华夏考古 2：109）

戴府君墓志

盖称："戴府君墓志铭"。

首题："隋北地郡主簿戴府君墓志铭"。

戴弘应生于 565～568 年，卒于大业四年（608 年），享年 40～43 岁。

（天水市私人收藏　　陇右文博 1：51－52）

唐代

卫□墓志

盖称："唐故河东卫府君墓铭"。

卒于唐宣宗大中十二年（858 年）。

（2006 年洛阳市洛龙区通衢路中部南侧唐卫□夫妇墓发现　　考古 1：118）

郝凤墓志

盖称："大唐故开府仪同三司辽州总管府司兵参军事郝君墓志之铭"。

无首题。

卒于贞观十四年（640），葬于永徽元年（650）。

（2016 年辽宁朝阳市哨口营子村唐墓 M1 发现　　考古 1：54）

段伯伦墓志

首题：“唐故太中大夫检校户部尚书兼太仆卿上柱国赐紫金鱼袋赠吏部尚书段公墓志铭”。

生于大历十四年（779），卒于开成元年（836）十二月四日。

（关中博物院藏　　考古与文物 2：86－88）

郭行墓志

盖称：“郭君墓志”。

生于隋大业四年（608），圣历三年（700）二月四日殁于私第，时年九十有二。

（2019 年山西太原唐代郭行墓发现　　考古与文物 5：55－56）

刘静墓志

盖称：“大唐故处士刘君之铭”。

首题：“大唐上柱国刘君墓志铭并序。”

生于贞观二十一年（647），开元六年（718）卒，终年 71 岁，开元十二年（724）与夫人合葬于此。

（2015 年宁夏固原南郊唐墓 M3 发现　　文物 12：46）

长孙家庆墓志

无盖称。

首题：“□□门大夫长孙府君墓”。

贞观九年（635）卒，春秋三十有八。

长孙祥墓志

无盖称。

首题：“□□故刑部尚书长孙府君墓志铭并序”。

显庆四年（659）卒，春秋六十一。

（以上千唐志斋藏　　中原文物 4：130－132）

元淑墓志

盖称：“大唐故元夫人墓志铭”。

首题：“唐故陇州刺史男吏部常选张君故夫人河南元氏墓志铭并序”。

常选撰文

开元五年（717）卒，春秋廿有三。

（2012 年西安南郊唐代元淑墓发现　　中原文物 5：39－40）

姜希晃墓志

盖称：“大唐故姜先生墓志铭”。

首题：“唐故上清大洞法师西岳真人姜先生化所铭”。

姜复撰文

生于神龙三年（707），卒于贞元七年（791），享年八十有五。

（2018 年西安南郊唐上清大洞法师姜希晃墓发现　　中原文物 5：45－46）

大唐故上柱国袁公铭

盖称：“大唐故上柱国袁公铭”.

首题：“大唐故番禺府折冲都尉上柱国阳夏县开国子袁府君墓志铭并序”。

生于北周大成元年（579 年），永徽元年（650 年）卒，始葬南海县，永徽三年（652 年）归祔长安，享年七十有一。

（唐长安东南郊之细柳原出土　　广州文博 13：179－183）

张谊墓志

盖称：“大唐故张府君墓志铭”。

志石从右至左阴刻竖行楷书 21 行，计 427 字。

首题："故衙前同十將宣威將軍守左卫大将军员外置同正员无试殿中监上柱國南陽縣開國男張公墓志铭并序"。

刘安贞撰文

生于开元二十四年（736 年），卒于永贞元年（805 年），享年六十有九。

石凝墓志

盖称："唐故渤海石府君墓志"。

首题："故渤海石府君墓誌"。

石异撰文生于开元二十四年，卒于贞元五年（789），享年五十有三。

（以上 20 世纪 50 年代成都羊子山遗址两座唐代墓葬发现　　长江文明 3：13 – 16）

灰陶墓志

盖称"邢府君锺離氏寰氏三殡墓□"。

志内铭文为阴刻行书，内容漫漶不清。

（2008 年江苏扬州广陵区凯运天地商业广场唐代墓葬群发现　　东南文化 2：64）

韦侹墓志

无盖称。

首题："唐故朝散大夫衢州司马上柱国韦公墓志铭并序"。

生于显庆二年（657），终于开元十五年（727），享年七十有一。

（2011 年西安市南郊唐代曲江池遗址东侧韦侹墓发现　　中国国家博物馆馆刊 10：123 – 124）

卢瑱墓志

盖称："卢公墓志"。

首题："唐故泾王府长史范阳卢府君墓志铭"。

贞元二年（786）卒，大和元年（827）其夫人去世，次年合葬于荥阳祖茔。

（2018 – 2019 年河南荥阳市飞龙路学校唐墓 M18 发现　　中国国家博物馆馆刊 12：48 – 49）

北宋

卫杲墓志

失盖。

首题："宋故三班奉职卫府君墓志铭"。

王肇撰文　刘涣书丹　司马桂篆盖　王世安刻石

绍圣元年（1094 年）五月初四卒，享年六十有一。

（运城市盐湖区博物馆藏　　文物世界 2：32）

萧拱辰墓碑

盖称："宋提点墓志铭"。

首题："宋朝奉大夫提点江淮荆浙福建广南等路坑冶铸钱事萧公墓志铭"。

宣和四年（1122）十二月己亥，享年五十有九。

野利氏夫人墓志

失盖。

首题："故野利氏夫人墓志铭并序"。

王旦撰文

生于唐末天复二年（902 年），宋太平兴国己卯年（979 年）终，春秋七十八岁。

（现存横山区文管办　　中国国家博物馆馆刊 2：58 – 59）

辽代

韩德让墓志

盖称："文忠王墓志铭"。

首题："……纬地匡时致主霸国功臣枢密使开府仪同三司太丞相兼政事令晋国王食邑二万户食实封陆千户赠尚书令谥文忠漆水耶律王墓志铭并序"。

卒于统和二十九年（1011）三月，十一月下葬，享年七十有一。

（2015～2017 年辽宁北镇市辽代韩德让墓　考古 5：111－120）

刘知新墓志

盖称："故尚书虞部郎中刘君墓志铭"。

首题："维寿昌五年岁次乙卯正月甲辰朔三十日癸酉壬时掩勘前天积库使尚书虞部郎中刘公墓志詺并序"。

乡贡士韩长国撰文。

寿昌四年（1098）十一月十三卒。

刘知微墓志

首题："右承制刘知微墓志铭并序"。

大安三年。

刘知古墓志

盖称："故彭城郡刘公墓志铭"。

首题："维大辽国寿昌三年岁次丁丑八月壬午朔十五日丙申坤时掩勘彭城郡刘公墓志詺并序。"

韩长国撰文　李勉书丹

（以上 2016 年辽宁朝阳市水泉三座辽代纪年墓发现　北方文物 4：28－30）

元代

赵妙惠墓铭

额题："故安人赵氏墓志铭"。

首题："故安人赵氏墓志铭"。

曾淳卿篆盖　孟桎撰文　叶森书丹

前至元十七年（1280）出生，后至元五年（1339）卒。

（石狮市博物馆藏　福建文博 2：37－38）

郭汝弼墓志

首题："大元故从仕郎耀州同官县尹郭君墓志铭"。

吕端善撰文　郭安善书丹　程珪刊石

生于蒙古国贵由汗三年（1208），卒于成宗大德三年（1299）。

（现存陕西省考古研究院　中国国家博物馆馆刊 2：76－77）

富珪墓铭

首题："有元中奉大夫湖南道宣慰使富公墓铭"。

曹质撰文

至元十七年（1280）三月二十三日卒

（山东省高青县述青藏古博物馆藏　文物春秋 4：92）

明代

范九恩及其妻王氏的合葬墓志

盖称："明赠奉政大夫山西按察司佥事范公暨配诰封王太宜人合葬墓志铭"。

首题："明赠奉政大夫山西按察司佥事范公暨配王太宜人合葬墓志铭"。

范九恩生于正德乙亥年（1515），卒于嘉靖丁未年（1547），享年三十二岁。其妻王氏，生于正德丙子年（1516），卒于万历丁未年（1607），享年近九十二岁。万历三十六年（1608）春正月十五日合葬于此。

（2019 年河南尉氏县明代范九恩夫妻合葬墓　考古 11：119）

焦思忠墓志

盖称：“明乡进士奉政大夫平阳府同知荩轩焦公暨配孺人孙氏李氏合葬墓志铭”。

首题：“明故奉政大夫平阳府同知荩轩焦公暨配孙氏李氏合葬墓志铭”。

边之靖撰文

焦思忠生于嘉靖三十四年（1555），卒于崇祯六年（1633）。

（河南省延津县大觉寺博物馆藏　文物 5：74－78）

徐景瑄墓志

盖称：“大明锦衣卫散骑舍人徐公圹志”。

首题：“大明锦衣卫散骑舍人徐公圹志”。

生于永乐二年（1404）十月，卒于宣德三年（1428）七月，同年八月葬入祖茔。

徐铎墓志

盖称：“明故南京锦衣卫指挥佥事徐君墓志铭”。

首题：“明故南京锦衣卫指挥佥事徐君墓志铭”。

生于正统九年（1444）九月，卒于成化十五年（1479）十月，葬于同年闰十月。

M28 墓志

志盖字迹已不存：

首行仅存：“……徐公圹志”。

墓主可确定为中山武宁王徐达的后人。

（以上 2012 年南京林业大学三座明代徐达家族墓发现　文物 9：27－34）

南陵王妃樊氏墓志

盖称：“大明周悼王子南陵王继妃樊氏墓志铭”。

首题：“明周府南陵王倴妃樊氏墓志铭”。

明周□南陵庄裕王合葬圹志

盖称：“明周□南陵庄裕王合葬圹志”。

（以上 2004 年郑州明代南陵庄裕王墓石刻调查发现　中原文物 3：35－38）

陈天游墓志

盖称：“大明御葬通议大夫应天府府尹天游陈公墓志”。

首题：“大明谕葬通议大夫应天府府尹天游陈公偕安人伍氏墓志”。

陈天游夫人伍氏墓志

盖称：“大明敕封安人伍氏墓志”。

（以上 2009 年广州市金沙洲明代陈天游墓发现　广州文博 13：309－319）

张柱墓志铭

盖称：“明故进士中大夫张柱墓志铭”。

首题：“明故伯考大中大夫张公墓志铭”。

张儒臣撰文，张模书丹，张棋篆盖。

生于景泰五年（1454），卒于嘉靖十三年（1534），终年八十岁。

（重庆市垫江县文物管理所藏　长江文明 3：62－64）

李慕塘妻刘氏墓志

盖称：“江西小港湖茫李宅墓記万历庚辰年二月初一日子时生皇明李慕塘元配刘氏孺人之柩崇祯戊辰年七月初七日午时卒孝男李先锦铨率孙印腊等奉祀”。

志身楷书 15 行。

首题：“皇明硕德李慕塘元配刘氏贤孺人实录”。

米万钟撰文

生于万历八年（1580），卒于崇祯元年（1628），享年四十九岁。

（2016 年李慕塘元配刘氏墓出土　　南方文物 1：122－124）

杨仲康墓志

盖称："明处士杨公仲康偕配戴氏合葬墓志铭"。

杨富撰文　李元书丹　蔡昂撰盖

生于正统十二年（1447），卒于正德十三年（1518），于正德十五年（1520）三月吉旦入葬。

（2016 年江苏淮安清江浦区拱辰佳苑小区明代家族墓发现　　东南文化 2：91）

张仕琦墓志

失盖。

首题："故承事郎齐庵张君墓志铭"。

吕懑撰文　金泽书丹　黄谦篆盖

生于宣德九年（1434），卒于弘治十八年（1505），享年七十二岁。

（南京西善桥历史文化博物馆藏　　中国国家博物馆馆刊 10：133－134）

呼鹤鸣墓志

额题："明镇国将军广西都司佥书署都指挥凌虚呼公墓志铭"。

首题："明镇国将军广西都司佥书署都指挥凌虚呼公墓志铭"。

孙昌裔撰文　李柱篆额　叶成章书丹

生于万历十四年（1586）二月初十日。卒于崇祯二年（1629）五月二十一日，享年四十四岁。

（2020 年福建省福清市宏路街道溪下村牌岐山一处建筑工地古墓葬发现　　福建文博 2：53－55）

宁璞与夫人李氏合葬墓志

志称："明故待封友园宁公配夫人李氏合葬墓志铭"。

首题："明故待封双园宁公配夫人李氏合葬志铭"。

张纪撰文　魏邦俊题盖　朱旂书丹。

万历四十三年（1615）同年去世，享年分别为七十八和七十九岁。

（扶风县绛帐镇大营村宁氏家族祠堂藏　　陇右文博 4：46－48）

张氏墓志

盖称："明节妇贞肃孺人周母张氏墓志铭"。

（2019～2020 年杭州市萧山区黄家河墓群考古发现　　东方博物 4：10）

清代

郑润材墓志

志盖四边正中各有一字，连读为"长发其祥"。

志文由正文、"中人"和落款三部分组成。

生于道光辛丑年（1841 年）八月廿五日亥时，殁于光绪甲辰年（1904 年）二月廿四日寅时。

（2018 年广州市横枝岗清代郑润材墓发现　　广州文博 13：326－327）

王景澄墓志

无盖称。

首题："钦加二品衔赏戴花翎前署两浙江南都转盐运使司盐运使浙江补用道王公清如墓志铭"。

喻兆蕃撰文　李豫书丹

生于嘉庆壬申年（1812）四月，光绪辛卯年（1891）九月殁，享寿八十岁。

王景澄夫人墓志

无盖称首题

洪钧篆盖　文缉熙撰文　肖立炎书丹。

生于嘉庆癸酉年（1814）九月，殁于同治丁卯年（1867）十一月二日。

（以上 1984 年江西萍乡市安源区跃进北路原变压器厂家属区两座砖室墓发现　南方文物 6：291－293）

附一：买地券

东汉

周世雅买地券（铅）

券文刻铸 174 字，表面涂朱砂。

券主周世雅卒于建宁四年（171）。

（2019 年河南南阳东汉建宁四年周世雅墓发现　中原文物 3：31）

魏晋

焦兴胜妻王氏买地券（木）

券文朱书。120 余字。

焦兴胜妻王氏镇墓券（木）

券文朱书，7 行 70 余字。

券主葬于咸熙二年（265）十二月二十五日。

（以上 2013 年甘肃酒泉丰乐三坝湾魏晋墓发现　考古与文物 1：30）

唐代

谷氏买地券

券文阴刻，3 行 41 字。

券主葬于中和二年（882）。

（2018 年南京市江宁区汤山晚唐五代墓 M2 发现　东南文化 6：76）

晚唐五代

买地券

出土现场可辨识出墨书“青龙”“白虎”等字迹，现已无文。

（2016 年江苏省扬州市邗江区侯庄组墓葬 M119 发现　东南文化 4：52）

宋代

买地券

券文朱书，字迹已漫漶不清，隐约见有“丘丞墓伯　道路将军”字样。

（2016 年河南荥阳鲁庄墓地唐宋金时期墓葬发掘发现　中国国家博物馆馆刊 3：69）

高氏买地券

券文 9 行 103 字。

券主葬于端拱三年（990）十二月十三日。

（2011 年 7 月湖北襄阳吴家坡墓地发掘发现　中国文物报 2020 年 7 月 28 日第 007 版）

元代

周氏买地券

券文朱书，13 行 189 字，部分券文已漫漶不清。

此墓年代为元至正六年（1346），券主于十月十五日下葬。

（2004 年山西翼城原村元墓 M1 发现　　文物 7：29－31）

买地券

券文朱书，13 行 300 余字。

券主葬于泰定元年（1324）。

（2018 年山西盂县后元吉元代纪年墓发现　　文物 7：40）

明代

戴得原买地券

券文阴刻 20 行 470 字。

券主戴得原生于元顺帝至正十七年（1357）十月二十五日，殁于永乐十七年（1419）五月十七日，葬于同年八月十二日，享年六十三岁。

丘志泉夫妇买地券

两面阴刻券文，正面 12 行 174 字，背面 8 行 79 字，共 253 字。

丘志泉夫妇券文未载二人之生卒年月，而只记其迁葬时间为正德十二年（1517）季冬十二月。

（南京市江宁区博物馆藏　　华夏考古 1：116－118）

苏铨买地券

券文朱书，300 余字。

券主苏铨生于明嘉靖己亥年（1539），亡于明万历癸卯年（1603），享年六十五岁，于明万历甲辰年（1604）由其子苏斗金和苏斗灿为之立券，即时苏铨入葬于“本境”。

（2011 年 11 月湖北襄阳枣园墓地发掘发现　　中国文物报 2020 年 7 月 28 日第 007 版）

杨仲康买地券

券文字口涂朱，大部分已脱落。18 行 100 余字。

由杨仲康墓志知，券主卒于正德十三年（1518）。

（2016 年江苏淮安清江浦区拱辰佳苑小区明代家族墓发现　　东南文化 2：90－91）

清代

随时道买地券

券文朱书，16 行 278 字。

券主随时道，其子随龙于清康熙五十一年（1712）十月二十七日为其父立券。

（2015 年通州区杨庄黄瓜园地区发现随时道买地券　　北京文博 1：54－55）

附二：墓碑

南宋

王光祖墓碑

额称：“有宋王公之墓”。

卒于淳熙十三年（1186），同年八月葬。

（2013～2014 年四川广元市水柜村南宋王光祖墓发现　　考古 2：79）

明代

碑

首题“工部为比例乞”，末款“弘治十六年（1503）六月初九日”。

（现存石景山区田义墓　　北京文博 1：46－47）

南陵王墓碑

额称：“明册封南陵庄裕王墓碑”。

首题：“明册封南陵庄裕王墓碑”。

钦赐祭文碑

额称：“钦赐祭文”。

东宫赐祭文及南陵王夫祭文碑

碑阳额称：“东宫赐祭文”。碑阴额称：“南陵王夫祭文”。

（以上 2004 年郑州明代南陵庄裕王墓石刻调查发现　　中原文物 3：35－38）

墓碑

碑文上款：“钦命广东布政使司左参政张烜、董治祭赐进士詹事府少詹兼翰林院侍读学士掌南京院事国子监祭酒黄佐”。

碑文中间：“皇明御葬通议大夫北京应天府府尹天游陈府君、诰封淑人伍氏陈太夫人合墓”。接下来为墓主人子、孙及曾孙名氏。

下款为：“嘉靖二十四年岁次乙巳夏六月初四吉旦”。

墓葬始建于嘉靖二十四年（1545 年）。

（以上 2009 年广东广州金沙洲明代陈天游墓发现　　广州文博 13：309－319）

明清

1 号墓穴封门碑

碑文分 3 行：“南阳始祖阁□□侯葉公十八郎祖福八成宗长青墓”（中行），“康熙□□□年乙未□□月念三丙辰申时葬”（右行）。

2 号墓穴

6 号骨灰罐盖内面见有朱书“李”及墨书“……次乙未七月……”等字。

3 号墓穴神牌

阴刻红字 3 行，中间一行为“始祖正宾叶公长青神位”，两边文字为“原于成化二十一年（1485）十二月安葬在内”“至今万历八年（1580）七月念九日更过”。

9 号骨灰罐罐盖内顶朱书 3 字“景葉公”，盖内周壁墨书一周：“阴阳学训景葉公于康熙伍拾四年（1715）岁次乙未七月念三申时安葬”。

4 号墓穴

1 号骨灰罐盖顶内面朱书已模糊不清，盖内周壁墨书：“成养葉公于康熙五十四年岁次乙未七月念三日申时安葬”。

2 号骨灰罐罐盖内面墨书模糊不清，仅个别字迹能够辨认：“□□葉□□□□□□□□□□□□□□二十三日□时”。

3 号骨灰罐罐盖残片内面墨书：“中房长□□□□□□泉一位公太乙未岁七月二下三日申时安葬”。

4 号骨灰罐盖顶内面写有“世□公”三个红字，盖内周壁釉面光洁不见墨书。

5 号骨灰罐盖顶内面书写“世滋公”三个红字，盖内周壁写有两圈文字，外圈红字为：“万历丙申年九月丙午日申时改葬葉公一位世滋公太在内”，内圈墨书：“于已未年七月二十□□□时移葬葉世滋公太一位在内”。

在墓表的扰土中采集到一块砖质墓碑，墓碑呈淡黄色，残存两行阴刻碑文为“……景昌夫妇之墓”（中行），“……月日葬”（左行）。刻文所填红彩已脱尽。

（以上 1994 年明溪叶厝坑叶氏祖墓清理发现　　福建文博 4：24－26）

清代

马冉氏墓牌楼

墓碑刻："清故显妣马母冉老孺人墓"。落款："皇清嘉庆二十二年（1817）岁在丁丑□"。

（2016 年重庆石柱县古城坝土司遗址考古调查勘探发现　长江文明 1：4－5）

附三：墓室题记

西汉

墓室

题记："此人奴也"。

题记："此群羊也"。

题记："此李君夏舍也……五年六月九日……"。

题记："此群牛也"。

（1989 年 11 月西和县马集村古墓发现　陇右文博 1：3－4）

南宋

甬道

北壁（后壁）雕刻成仿木结构门楼，右侧柱身中部有"大宋开禧春造记匠"题刻。

（2014 年重庆永川高洞子南宋墓 M1 发现　文物 6：30－34）

徐邦宪圹志

墓主徐邦宪生于绍兴二十九年（1159），卒于嘉定七年（1214），享年 56 岁，次年下葬。

（2019 年武义南宋徐邦宪墓发现　东方博物 1：7）

金代

墓室

西壁门楣正上方用白色颜料草书 4 字："风花雪月"，穹窿顶，顶端用一块方砖覆盖，砖上中间墨书："镇宅大吉"。

（2016 年宁夏彭阳县张湾金代砖雕墓发现　北方文物 2：19－20）

附四：墓砖

东汉

墓砖

铭文："永平"。

（2015 年湖南郴州五里牌东汉墓 M2 发现　湖南考古辑刊 15：120）

孙吴

墓砖

依铭文内容可分为三类，均为阳文正书。

纪年类铭文 1 种："永安七年（264）太岁甲申三月虞氏造"，仅见于楔形砖侧面。

身份类铭文 5 种："虞氏""吴故平虏将军都亭侯虞君""吴故散骑侍郎豫章上蔡长虞君""夫人鄱

阳雷氏全德播宣”“夫人吴郡陈氏奉礼纯淑”。

吉语类铭文 2 种：“神明是保万世不刊”“子孙炽盛祭祀相传”。

（以上 2017 年浙江余姚穴湖孙吴时期虞氏墓发现　　文物 9：22）

北魏

戴口福丹砖志

志文 3 行：“□□平二年岁次丁酉三月九日戴□福母塚”。

戴双受砖志

志文 3 行凡 27 字：“维大代熙平元年（516）岁次丙申二月廿四日凉州槃和郡民戴雙受之墓”。

（以上 2005 年固原南郊北魏墓 M3 发现　　中原文物 5：25）

唐代

砖墓志

墨书志文，多已漫漶不清。

（2017 年河南宝丰小店唐墓发现　　文物 2：17－18）

砖墓志

志盖背面及志身正面有以白色颜料书写的志文，志文多已漫漶不清。

志盖言墓主：“乾符元年（874）□初染疾，……□□月十九□奄……”。

志身言墓主人葬于“中和二年（882）□月十六日”。

镇墓砖

由盖、志两部分组成，灰黑底白字。志为方形，下半部字迹较为清晰。

（2018 年陕西西安南郊唐上清大洞法师姜希晃墓发现　　中原文物 5：44）

砖志

志文阴刻：“唐天宝十四载（755）岁次乙未九月丁巳朔沈府君题序□□□载七十二□□□四□□故□故□□庚申葬在郡西南九里祖”。

张崇砖志

首题：“唐故张府君墓志铭并序”。

卒于贞元十九年（803）十月，同月葬。

（以上 2018～2019 年江苏苏州姑苏区福星小区两座唐代纪年墓发现　　东南文化 4：64－66）

辽代

棺盖文字

棺盖上部中央阴刻梵文佛经，上部经文处残成数块，右下角残缺，经文部分略有残缺。

（2016 年辽宁朝阳市水泉辽代纪年墓 M1 发现　　北方文物 4：19）

元代

墓志砖

一面两列朱书文字：“祖耶耶张得林　娘娘王氏”。

（2019 年山西朔州元代壁画墓发现　　中国文物报 2020 年 12 月 18 日第 008 版）

四　碑刻

唐代

石碑

残存碑文："……十有六越三日癸……子奉靈骨窶于山……對真者妄故即妄证……名之默然其同域邪……"。

石碑

残存碑文："……年……上方後……堵嘻萬法本……權而……"。

（以上 2011 年洛阳龙门西山北坡僧侣墓群发现　文博 3：24－25）

刘怀璧浮图铭碑

首题："处士刘怀璧浮图铭□□"。

（2012～2013 年濉溪百善柳孜运河遗址发现　文物 10：89）

宋代

将军碑

一面阴刻礼义城地图，经拼合后可看出图中右侧"东"字、下部"南"字，图中阴刻城墙、城门、农田、廛市、村落、道路、山脉等。另一面凿痕明显，原碑文一面有字，但已被完全破坏。

（2015 年四川渠县礼义城遗址调查发现　四川文物 1：44）

辽代

石碑残片

残存 3 列 4 字，可辨识出"兵""圣"字。

（2019 年内蒙古巴林左旗辽上京宫城建筑基址发掘发现　考古 8：65）

金代

定州圆教院碑

额称："大金定州创建圆教院记"。

（定州汉墓石刻管理藏　文物春秋 4：84－86）

元代

泰米尔文石碑

石碑正面上半部分刻泰米尔文，下部刻汉字。汉字："开山祖师荼哇藉加那日智和尚"。

（2019 年泉州番佛寺遗址考古勘探发现　福建文博 1：23）

碑额称："重修佛像铭记"。

记载了宪宗六年（1256 年）国师那摩大师奉旨重修塔级、大德元年（1297 年）达鲁花赤麦达达等重修佛像之事，是现存唯一一幢记载元代修塔的碑刻。

（定州开元寺塔藏　文物世界 4：34－37）

明代

王文成公像赞碑

首题："王文成公像赞"。

题款为嘉庆元年（1796）六月。

（文博学刊 4：86－88）

石碑

额称："都指挥欧阳公平倭碑"。该碑刻于嘉靖甲子年（1564）。

（2018 年泉州市小山丛竹建设用地文物调查勘探发现　福建文博 1：26）

明弘治奉天敕命碑

额称："奉天敕命"。

为明孝宗封赠南京工部都水清吏司主事何诏父母的圣旨碑。

（绍兴市柯桥区博物馆藏　　东方博物3：118）

明清

重修三教寺碑记

碑文有题款"大清乾隆拾三年岁次戊辰季冬月榖旦立"。

重修法宇钟楼碑

碑阳碑额题有："南无无量佛"。

碑文有题款"皇清嘉庆十九年六月望旦僧瑞然重刊"。

碑阴碑文有题填沟"皇明万历七年二月一日"。

（以上2015年四川渠县礼义城遗址调查发现　　四川文物1：45－50）

重建真定府庙学碑

碑称"重建真定府庙学之记"。

碑文有题款"大明弘治十二年九□吉旦"

碑刻

文字体为行楷，年号缺失，从残余碑文看亦是记述了重修真定府文庙的情况。

（以上2019年河北正定府文庙外围环境整治工程项目发现　　文物春秋6：47－48）

清代

石碑

碑文楷书，为清代真定县为"清除积弊　以苏民用"而颁布的官方文件。

石碑

碑文行楷，记述了清代民间集资修缮庙宇的缘起和过程，后附捐资店铺名单及所捐金额。

石碑

碑文楷书，磨损较为严重，文字多漫漶不清。文末有"住持尹元德"之名，并刻"阖会善士公立石"，推测与清代民间佛事活动有关。

（以上2019年河北正定城隍庙遗址考古发现　　文物春秋6：40－41）

附一：造像题记

北魏

谭副造释迦像

正面

左菩萨与主尊之间有两段供养人题刻："魏县秦当当妻许明陵夫妻侍佛""魏郡西曹魏县翟槃劫侍佛时"。

右菩萨与主尊之间有两段供养人题刻："比丘身弁始为所生父母供养始是并州人姓李""……路鹅皇侍佛时"。

背屏正面

左侧下方两身供养菩萨之间竖刻"胡客石郎侍佛郎妻步陵"；右侧下方两身供养菩萨左侧各有一款题刻："都军司马清渊侯伯孙""邯郸县庞安兵"。

背屏背面

上部为弥勒兜率天说法图及供养人像，下部为长篇题记。

说法图刻有："此大梵天王""难陀龙王""副亡父闉侍佛时""天帝释""跋难陀龙王""副母张明姬"。

世俗供养人像刻有："像主谭副烧香时""副妻孙女姬""副息……""息女路姜侍佛时""息女陵姜侍佛""清信女□□路户姿"。

下段残存长篇题刻。

（以上 2012 年河北省临漳县习文乡北吴庄村北佛教造像埋藏坑发现　　考古 5：96－102）

东魏

第 3 龛

中间上部三龛，编号为 3－1、3－2、3－3；下部为石刻《阳摩山功德铭》。石刻有纪年题记"大魏武定三年造衣服。……维大唐大历二年（767）岁在丁未八月日将尽功毕遂镌铭记传于后。……"。

第 3－1 龛

龛内造一佛二弟子像，二胁侍弟子分立东西台座，西座刻："杜游欣"，东座刻："像主□□"。有题记："比丘惠杰"。

第 3－2 龛

有题记："比丘惠杰"。

第 3－3 龛

有题记："比丘惠杰"。

第 3－13 龛

题记："武定三年五月一日秦达像一区上为皇帝下为七世父母尔生父母因缘眷属法善知□□□之愿一时成佛"。

第 3－19 龛

方形台座刻发愿文 1 则。

（以上 2016 年山西寿阳阳摩山石窟调查发现　　文物 1：83－86）

第 5 组龛

龛下存题记："唯大魏岁次丙寅武定四年（546）六月……"。

第 5－2 龛

存比丘惠信功德记 1 则："比丘惠信为亡父母造像一区"。

第 5－4 龛

存题记 1 则。

第 6 号窟

窟门外东侧存题记 1 则。

第 8 号窟

窟内门壁上方题记 1 则。

窟内门壁西侧题记 1 则。

窟内门壁东侧有纪年题记："天会三年（959）三月十五日"。

洞窟内门门上石框刻有唐元和六年（811 年）《功德堂记》1 则。

（以上 2016 年山西寿阳阳摩山石窟调查发现　　文物 1：87－91）

隋代

第 1 组龛

共 9 个小龛，存题记 1 则："开皇二［年］（582）□□□□"。

第 1－1 龛

龛外东侧存题记 1 则。

第 1 - 2 龛

龛外东侧存题记 1 则：“大周开皇二年岁次壬寅十月卅日……”。(周无开皇年号。)

（以上 2016 年山西寿阳阳摩山石窟调查发现 文物 1：79 - 80）

四川盐亭龙门垭摩崖造像东侧

Ⅱ区第一层

隐约可辨 1 行题记。

Ⅱ区第三层

题记 1 则：“大业十一年（615）岁次乙亥三月三日乙未……”。

（2018 年四川盐亭龙门垭摩崖造像调查发现 文物 10：77 - 85）

唐代

第 14 龛碑

题记 1 则 14 行，碑上部刻玄奘本《般若波罗蜜多心经》。下部为捐资人名。

第 24 龛碑

碑身中央有题记 1 则，下方刻字 26 行。

碑记文有纪年：“维大唐天宝七载（748）岁次丙子八月乙亥朔二月庚子……”。

第 11—1 龛

正壁右侧一身菩萨右侧竖刻题记一则：“大中十四年闰桂月拾肆日”。

（以上 2011 ~ 2012 年四川安岳玄妙观唐代摩崖造像调查发现 考古学报 4：603 - 617）

第 4 组龛

龛下存题记 1 则：“维大唐开元九年（721）五月佛弟子孙阿□□□□敬造释迦降魔”。

第 7 号窟

东侧崖面上下刻两则题记，上部题记风化不可辨。下部为唐贞元三年（787）。

第 10 龛

第一行西侧龛下存题记 1 则“维大唐开元九年（721）五月廿一日……”。

第 10 - 2 龛

佛像西侧存题记 1 则：“天会四年（960）三月廿日□”。

第 11 - 1 龛

龛下有题记 1 则：“维大唐开元九年四月卅日”。

第 11 - 2 龛

题记 1 则。

第 11 - 3 龛

龛下有题记 1 则：“维大唐开元八年（720）岁次□□七月廿十日”。

第 11 - 4 龛

龛西有题记 1 则：“□元六年□月廿日”。

第 11 - 6 龛

主尊坐佛下有题记 1 则：“维大唐开元七年（719）岁次庚申七月”。

（以上 2016 年山西寿阳阳摩山石窟调查发现 文物 1：87 - 94）

山东平阴天池山唐代摩崖造像

2 号龛

主尊头左侧 1 则题记：“释迦牟尼佛”；左胁侍头左侧，靠近龛沿处 1 则题记：“观世音菩萨”；右胁侍头右侧，靠近龛沿处 1 则题记：“大势至菩萨”。

3 号龛

有题记 1 则，共三行：“□□□□郓州巨野县□□□敬造观世音菩萨一躯”。

（以上山东平阴天池山唐代摩崖造像发现　　文物 7：79）

广元千佛崖莲花洞摩崖石刻

535－99 号龛

题记 1 则："大周……廿……"。

（2020 年四川广元千佛崖莲花洞考古新发现　　四川文物 6：94）

高昌回鹘

新疆鄯善吐峪沟西区中部高台窟院第 18 窟

主室前壁右侧下部绘五身供养人列像，残存回鹘文题记和汉文题记。

第 26 窟

主室

A 室前壁门道右侧残存两处回鹘文题记 2 则。

B 室正壁残存七处墨书回鹘文题记，中部残存墨书汉文题记。左壁残存六处墨书回鹘文题记。右壁残存八处墨书回鹘文题记和四处墨书汉文题记其中 1 处有纪年："元泰定五年……"。

D 室正壁左侧墨书 5 行回鹘文题记。左壁中部墨书 9 行回鹘文题记。右壁中部墨书 14 行零散分布的回鹘文题记和四行吐火罗文题记。

E 前壁右侧存墨书回鹘文题记 1 处，墨书汉文题记 1 处，朱书吐火罗文题记 1 处。正壁现存 6 处墨书回鹘文题记，1 处朱书吐火罗文题记。左壁现残存 8 处墨书回鹘文题记，5 处朱书吐火罗文题记，1 处墨书汉文"北庭"二字。右壁下方残存 9 处墨书回鹘文题记和 2 行朱书吐火罗文题记。

F 室前壁右侧残存 8 处墨书回鹘文题记，墨书 8 行汉文题记。右壁中部残存 16 处墨书回鹘文题记，3 处朱书吐火罗文题记。

墨书婆罗谜文题记

双足下为一行墨书婆罗谜文题记。

墨书回鹘文榜题

右半部为红地墨书回鹘文题记，残存 4 行。

栏框内墨书 1 处：背面中部墨书 1 行汉字，左侧墨书 1 行回鹘文。

《妙法莲花经》卷第四《授学无学人记品第九》

内容为后秦龟兹国三藏法师鸠摩罗什译《妙法莲花经》卷第四《授学无学人记品第九》。

《妙法莲华经》卷第四

为经卷首页，墨书经名："妙法莲华经卷第四"。

《大般涅槃经》卷第十二《圣行品第七之二》

内容为北凉天竺三藏昙无谶译《大般涅槃经》卷第十二《圣行品第七之二》

《大般涅槃经》卷第二、第廿七

为经卷首页，墨书经名："大般涅槃经卷第二"。

为经卷首页，墨书经名："大般涅槃经卷第廿七"。

《妙法莲华经》卷第二《譬喻品第三》与婆罗谜文、粟特文《金刚顶一切如来真实摄大乘现证大教王经》

汉文文书残片 2 片。

婆罗谜文文书残片

两面各有 3 行墨书婆罗谜文。

回鹘文文书残片

右侧盖有 1 朱红色纵长方形阴文印章，印章左侧墨书 12 行回鹘文。

回鹘文文书残片

墨书 11 行回鹘文。

藏文册页

残存14页。

墨书回鹘文木签三件。

吉祥泥

一圈梵文字母。

（以上2013～2016年新疆鄯善吐峪沟西区中部高台窟院发掘发现　考古学报3：438－457）

五代吴越国

涂朱石经函

盖内中央阴刻题记1则："辛酉建隆二年（961）九月二十五日弟子郑德兴造"。

贴金彩绘石雕经函

函盖题记1则："建隆二年辛酉岁九月二十五日勾当塔弟子军将葛仁晈弟人吏葛仁遇造并经永充供养"。

钱弘俶造铜阿育王塔

东阳0682，塔身内侧均铸阴文"吴越国王钱弘俶敬造八万四千宝塔乙卯岁记"。"乙卯岁"为显德二年（955年）。东阳0720、东阳0778与东阳0682的形制、体量、题记均相同。

民间造铜阿育王塔

东阳0626，基座顶外缘有题记1则。

东阳0681圭脚一边内侧刻5字。

东阳0680，须弥座面三边沿边刻题记："僧绍崧伏为四恩三有造此宝塔一所永充供养丙辰岁"。"丙辰岁"为显德三年（956年）。

东阳0718须弥座座面刻题记1则："僧智明守严同发心各为父母造金铜宝塔一所永充供养丙辰岁记"。

彩绘涂金陶佛像

东阳0699，背光后阴刻题记："僧志来赎"。

东阳0700，背光后墨书题记："僧守真为四恩三有印弥陀佛一身入塔内永充供养"。

木雕观音菩萨像

龛背有墨书题记1则："……□比丘绍英奉为四恩三有□宝塔内永充供养建隆三年（962）壬戌岁三月十一日舍"。

（以上2018年整理浙江东阳吴越国中兴寺塔出土文物发现　东南文化4：81－85）

南宋

第7号龛

龛壁右侧上方残存造像纪年题记1则："……绍兴六年（1136）八月十……攻镌作处士文玠记"。

（重庆市大足区峰山寺摩崖造像调查发现　四川文物6：80）

明代

明秀寺

壁画图像侧边有30处榜题。

中间一组主像在燃灯古佛、释迦牟尼佛、弥勒佛左下方有纪年榜题："……嘉靖七年（1528）仲秋八月上旬吉旦记"。

左侧（北侧）一组在大势至菩萨左下方有题记1则。

右侧（南侧）一组释迦牟尼佛左下方、药师佛右下方有题记2则。

二十四诸天亦有榜题。

（明秀寺　　文物世界 5：23－24）

清代

第 4 窟

北壁内侧题记 1 则，南壁外侧墨书题记 14 行。

第 5 窟

南立壁上绘墨梅 1 幅，东立壁上有墨书题记："□治六年"。

最外侧小龛。

北龛："天乐东北自雍正年间创修朝阳洞一所……"。

北龛龛楣外有纪年题记："以上通共总募□□□费过下□嘉庆二十三年□"。

南龛有纪年题记："大清嘉庆十五年（1810）十一月十三日吉旦立"。

南龛西壁有墨书题记 1 则。

此窟甬道两侧及北壁有题记 3 则。

第 6 窟

中心柱柱身北壁有墨书题记 1 则。

西侧甬道内（西）壁有墨书题记 1 则，外（东）壁有墨书题记 1 则。

第 7 窟

西立壁有墨书题记 1 则。

甬道内侧墨书纪年题记 1 则："……嘉庆十五年七月"。

第 8 窟

甬道外侧有墨书题记 1 则，内侧残存墨书题记 1 则。

洞口南壁有墨书题记 1 则，洞口北侧有墨书题记 1 则。

第 10 窟

北壁临近洞口处绘有一碑刻，碑文仅见款识："舍工画士经理功德主大清嘉庆十七年（1812）岁次壬申"。

第 11 窟

北壁左上角有墨书题记："乾隆五十二年四月廿日信士王瑾舍财补修眼光菩萨金身一位。嘉庆十五年"。

南壁甬道上方有纪年题记："……乾隆七年（1741）六月廿三日"。

北壁甬道上方题记 1 则。

第 12 窟

南壁力士侧边有 3 字："喽啰王"。

南、北两壁画之间绘有一通碑刻，上方有黑框白底墨书题记 1 则。

北壁甬道上方有墨书题记 1 则。

第 16 窟

后壁绘有山水六条屏，有跋诗。

（以上 2016～2018 年甘肃民乐上天乐石窟考察发现　　华夏考古 5：13－23）

第 1 号龛

龛左壁外侧存纪年榜题 1 则："……大清道光元年（1821）蒲月谷旦建立"。

第 5 号龛

单层方形浅龛碑。双勾阴刻一"佛"字。

第 6 号龛

培修造像功德记。

第11号龛

龛右壁上方存纪年榜题1则："道光七年（1827）六月初十日吉时良辰开光大吉"。

第12号龛

龛左外壁存纪年造像功德碑1通："……大清乾隆五十三年（1788）岁在戊申仲春月十八日吉旦石匠唐文耀刻"。

第14号龛

有修建戏台功德碑记1则："大清光绪□□□己卯岁八月吉日"。

（以上重庆市大足区峰山寺摩崖造像调查发现　四川文物6：77－85）

附二：摩崖石刻

唐代

李词题刻："湖州刺史李词　侍御史王□□　五公潭"。

裴汶题刻："湖州刺史裴汶　河东薛迅　河东裴质方　元和八年（813）二月廿三日同游"。

张文规《题五公泉诗》题刻"题五公泉　湖州刺史张文规……"。

张文规题刻："河东张文规　癸亥年三月四日"。

（以上2017年长兴顾渚唐宋摩崖发现　东方博物1：66－68）

北宋

一号摩崖石刻

题记隶书阴刻而成3字："迂叟来"。

二号摩崖石刻

共三条题记。

第一条题记楷书阴刻而成："寒泉"二字，风化严重，字口原涂红色颜料，现已脱落。

第二条题记亦有纪年："……绍圣□□九月□日遊"。

第三条题记亦有纪年："元祐八年（1093）九月廿五日"。

三号摩崖石刻

共六条题记。

第一条题记有纪年："……丙申（1116）九月二十三日鄠邑尉楊正中相從來"。

第二条题记有纪年："尹康国弟康民马彦臣景兴宗崇宁乙酉（1105）六月四日"。

第三条题记楷书有纪年："□□□□□□□范埴张秉同来丁丑（1097）仲夏廿二日"。

第四条题记有纪年："辛巳五月九日"。

第五条题记有纪年："……绍圣乙亥（1095）九月十六日題董光宗後至"。

第六条题记内容风化严重，依稀可见"元符庚辰"字样。

四号摩崖石刻

题记楷书阴刻而成："高秀仲来"。

五号摩崖石刻

共五条题记

第四条题有纪年："崇宁四年（1105）仲秋廿有三日同遊紫閣"。

六号摩崖石刻有题记1则。

七号摩崖石刻有题记1则。

八号摩崖石刻有2条题记，其中1条有纪年："睢陽劉仲忱武功游仲容柘湖吳傅朋俱來丁酉歲（1117）九月六日"。

九号摩崖石刻有 1 则题记。
十号摩崖石刻题记有纪年："县令张次文尉宾守道同游赵汉臣夏大有种习之从过溪桥甲子（1085）二月丁未"。

（以上 2020 年陕西户县紫阁峪宋代摩崖石刻调查发现　　文物 5：25－27）

南宋

长兴顾渚摩崖石刻

汪藻纪年题刻 1 则："绍兴戊午（1138）中春来游　右承务郎汪悟　汪恪从行"。
韩允寅题刻 1 则："会稽韩允寅　武林钱孜　桐江方释之　携男迅绾　以绍兴壬午（1162）三月辛酉来"。

（以上 2017 年浙江长兴顾渚唐宋摩崖发现　　东方博物 1：69）

明代

山宁海晏石刻

横刻："山宁海晏"。落款："万历壬辰（1592）""毗陵吴翼云题"。

海鹤雄观石刻

横刻："海鹤雄观"。落款："万历十年（1582）壬午孟春吉旦""知县楚郡吉轩高愈谦书"。

海阔天空石刻

横刻："海阔天空"。右款为："万历岁己酉（1609）六月望"，左款不详。

天青海晏石刻

横刻："天青海晏"。左款为："西蜀熊敦朴题"。

我入闽中路石刻

竖刻诗 1 首。落款："万历辛卯（1591）丰城李琯"。

过白鹤岭二绝石刻

竖刻诗 2 首。落款为"万历癸巳（1593）仲春毗陵翼云吴之鹏"。

（以上 2018 年白鹤岭古官道调查发现　　福建文博 1：77－79）

清代

沧海一粟石刻

横刻"沧海一粟"。落款："乾隆己卯（1759）仲秋""郡守李拔题"。

鹤翥鸾飞石刻

横刻："鹤翥鸾飞"。落款："乾隆二十四年（1759）仲冬""郡守李拔题书"。

仰观俯察石刻

横刻："仰观俯察"。落款："乾隆庚子（1780）腊月""沈阳范宜恒题书"。

俯视一切石刻

横刻大字楷书："俯视一切"，落款："康熙戊寅（1698）菊月吉旦""楚郡知县汪大润立"。

（以上 2018 年白鹤岭古官道调查发现　　福建文博 1：77－79）

附三：塔幢

唐代

大圣善寺先藏大师塔铭

首题："唐东都大圣善寺山门院故开法大德先藏大师塔铭并序"。有纪年题款："元和三年（808）

三月廿二日记　清河张惟政刻字”。

德宗贞元十三年（797年）二月三日圆寂，享年七十四岁。

（登封历史博物馆藏　　文物2：59－61）

石幢

幢身共八面，有二面为素面，其余六面刊铭或刻出纹饰。其中三面刻有经文及年代，经文为《佛说业报差别经·施灯明功德品》，另外一面为立幢者张悌的题款。有纪年题款“天宝三载（744）二月”。

（2016年洛阳匾额博物馆馆前施工发现　　华夏考古1：98－99）

五代吴越国

中兴寺新砖塔舍利记残碑

有纪年题款：“建隆二年太岁辛酉九月二十五日设大斋入舍利虑年序遐□故□石记镌雕毛承郯”。

谨募众缘僧俗弟子残碑

下元卒酉，即建隆二年（961）立。

双林大士舍利记残碑

建隆三年（962）立

杜公牙等造塔记残碑

碑首，碑身皆有残文

无垢净光大陀罗尼经残碑

3方。正背面均满刻《无垢净光大陀罗尼经》全文，所存字数不等。东阳3926，较为完整。下元壬戌，即建隆三年（962）立。

（以上2018年整理浙江东阳吴越国中兴寺塔出土文物发现　　东南文化4：79－81）

北宋

湖镇舍利塔

塔身第二层、第六层等有多处铭文砖，阳刻楷书14字：“嘉祐三年（1058）戊戌七月江逵重造宝塔”；塔身第四层及以上各佛龛内均立有薄砖一块，落款均为：“大清光绪二十九年（1903）十月本寺住持普登重修”。刹顶青铜宝瓶上镌刻：“大明嘉靖三十二年（1553）冬本寺僧周普满重修宝塔钱钏刊”。

铜方塔

塔座下端正面阴刻：“甲午岁六月日王居晟□□奉”。据推算甲午应为北宋至和元年（1054），铜方塔铸造于五代吴越国时期，铭文錾刻于北宋时期。

（以上龙游县湖镇舍利塔　　东方博物2：110－111）

五　陶文

春秋战国

豆

盘外底刻划1字：“齐”。

（2016年山东淄博市临淄区粉庄2号墓地M98　　考古4：55）

战国

罐

肩部压印铭文：“蝨”。

（2013年湖北荆州市七星堰战国楚墓发现　　考古学集刊23：99）

缶

下腹部有戳印文字："咸完里马"。

缶

肩部有刻划符号及文字各一处。

（以上2017年陕西西咸新区坡刘村秦墓发现　　考古与文物4：16）

板瓦

戳印阴文："咸高里憙"。

（2014～2016年渭河仓张段滩地考古调查发现　　文博3：14）

战国秦

豆

盘底戳印陶文，较模糊，文字不识。

罐

肩部刻划小篆3字："十二斗"。

（以上2017～2018年陕西咸阳岩村墓地M41发现　　中原文物1：32）

秦汉

刻字陶片

器物肩腹部残片

文字刻划于肩上，上下排列："上畤"。

缸口沿及肩部残片

文字刻划于肩上，上字为"竹"，下字为"宫"字。

器物肩部残片

文字刻划于肩部，可能为"上"字。

器物肩部残片

文字刻划于肩部，可能为"卅"字。

缸口沿及肩腹部残片

文字刻划于肩腹部，右侧为"下祠"二字，左侧疑为"下畤"二字。

缸口沿及肩腹部残片

字刻划于肩腹部，为"下祠"二字。

（以上2016～2018年陕西凤翔雍山血池秦汉祭祀遗址发现　　考古与文物6：40－41）

西汉南越国

瓦（板瓦、筒瓦）

"公"18件。

筒瓦

"左官□□"1件。

板瓦

"官"2件。

板瓦

"官鈃"1件。

板瓦

"官□"1件。

板瓦

“官蜚”1件。

板瓦

“桥”1件。

板瓦

“污”1件。

板瓦

“左麻”1件。

板瓦

“木”1件。

板瓦

“个”1件。

板瓦

“长”1件。

板瓦

“祷”1件。

（以上2005～2007年广州市南越国宫署遗址南越宫城北墙基址的发掘发现　　考古9：42－46）

汉代

陶盆

在烧制前以隶书刻写三字，第一字已残，其后为“和甎”二字。

陶盆

似“勿用”二字。

陶盆

刻一字，难以辨认。

陶盆

刻二字，似为“伯直”。

陶盆

刻有宽笔三字，前两字为“赵阿”，第三字残破不辨。

陶壶

口沿刻划多字，一侧刻写6个隶书“苍”字及“张□”。另一侧字体草率，“弟子　弟子张□作□”。

（以上2017～2018年河南荥阳官庄汉代窖藏发现　　中国国家博物馆馆刊4：65－66）

模印方砖

上部印“千秋万岁”，上、下、左、右分别印朱雀、玄武、青龙、白虎，四神中间印“长乐”，右下角和左下角分别印“未”“央”。

（以上2019年陕西西安曲江春临村汉代窑址发掘发现　　文博2：9）

西晋

罐

朱书，隐约见约16字：“王□□六年□□……上解黄口口王帝日□”。

（2009～2011年陕西西安空港新城西晋墓M85发现　　文博5：6）

唐代

陶字板

朱书。疑似符咒、祈愿往生之语。

（2016 年辽宁朝阳市哨口营子村唐墓 M1 发现　考古 1：54）

陶器

器内壁墨书 4 字："郝世威怅"。

（2016 年辽宁朝阳市哨口营子村唐墓 M3 发现　考古 1：60）

碗

器表一侧刻划汉字："宾"。

陶片

一侧有墨书汉字："白米"。

陶片

一侧墨书汉字："十三□"。

（以上 2018～2019 年新疆奇台县唐朝墩城址发现　考古 5：51－52）

高昌回鹘

陶片

表面墨书四行回鹘文。

（2018～2019 年新疆奇台县唐朝墩城址发现　考古 5：59）

辽代

瓦

书写 2 行文字："隽属临都监西班□氏一生禹会施瓦一十片大安八年（1092）九月十五日"。

瓦

书写 2 行文字："为报存亡父母施瓦两片大安……九月……□□施"。

瓦

书写 3 行文字："刘右衙户主施瓦……二家眷属百年……藏塔寺前一世刘？涑眷属？……"。

瓦

书写 2 行文字："宁江州王……"。

瓦

书写 2 行文字："宁□州王参军施瓦三十一……父母并□于佛"。

瓦

书写 2 行文字："……监男范又普光奴施瓦…□阁上?"。

瓦

书写 2 行文字："……李继赟……施瓦一片……"。

瓦

书写 2 行文字："酉大安九年……兴教院施……"。

瓦

残存 1 行文字："……张脊氏施瓦二片"。

瓦

残存 1 行文字："施主西班……"。

瓦

书写 2 行文字："……界众生施瓦十片……月十五日……"。

瓦

书写 3 行文字："大安九……为……施瓦壹……"。

瓦

残存1行文字："……施瓦两片大安八年九月……"。

瓦

书写2行文字："……刘氏施一片……"。

瓦

残存1行文字："……八十一过"。

（以上2013年吉林白城城四家子城址出土文字瓦　　文物4：51－52）

宋代

熏炉

外壁墨书文字。

熏炉

外壁墨书文字1行。

熏炉

腹部上端有墨书文字。

（以上2017年新疆库车龟兹故城穷特音墩遗址发掘发现　　文物8：47）

明代

镇墓陶瓦

背面中部有朱书字符，已漫漶不清。

（2019年河南尉氏县明代范九恩夫妻合葬墓发现　　考古11：118）

板瓦

凹面一边以铁料竖书："乐平县"。

板瓦

凸面一边戳印两行正反相对的："寿字二号"。

砖

残存的短侧面刻有："九"。

（以上2012～2013年江西景德镇落马桥红光瓷厂窑址明清遗存发现　　文物11：11－20）

明清

转盘

底面残留三枚方形印章，可辨印文为："举彰"。

转盘

底面残留九枚印章，有方形、圆锥形两种，可辨印文有："宫竹堂""举彰"。

转盘

底面残留两枚方形印章，印文模糊不清。

转盘

阴刻3字："大夫十"。

转盘

阴刻："五"。

转盘

阴刻："吉"。

（以上2006年河南新乡市金灯寺明清时期窑址发现　　考古学集刊23：147－148）

刮刀

柄部顶端有一小圆孔，孔下两面分别阴刻一个“木”字和“大”字。“木”字下部阴刻3字：“武第六”。

（2006年河南新乡市金灯寺明清时期窑址发现　　考古学集刊23：150）

附一：瓦当

秦汉

瓦当

阳文篆书2字：“来谷”。

瓦当

阳文篆书：“□谷”，另一字残缺较甚，似为“来”字。

（以上2016～2018年陕西凤翔雍山血池秦汉祭祀遗址发现　　考古与文物6：45）

西汉南越国

瓦当

有：“万岁”。

（2005～2007年广州市南越国宫署遗址南越宫城北墙基址的发掘发现　　考古9：35－46）

汉代

瓦当

有：“长乐未央”。

（2019年陕西西安曲江春临村汉代窑址发掘发现　　文博2：5－9）

南宋

瓦当

有：“百寿”。

（2005～2007年广州市南越国宫署遗址南越宫城北墙基址的发掘发现　　考古9：34）

附二：铭文砖

三国吴

长方形青砖

模印文字：“吴侯”。

楔形青砖

模印文字：“吴侯”。

模印文字砖

有数十块，文字均为阳文反文“吴侯”。

刻划文字砖

有：“建兴二年（253）七月廿一日吴王”。

（以上2016～2018年江苏苏州虎丘路新村土墩三国孙吴M5发现　　东南文化6：41－44）

纪年砖

有：“凤皇二年七月日造作”。

（2019～2020年杭州萧山区黄家河墓君考古发现东方博物4：6）

西晋

纪年砖

有："永康元年（300）七月六日造"。

（以上 2019～2020 年杭州市萧山区黄家河墓群考古发现　　东方博物 4：6）

南宋

铭文砖

砖左侧有铭文："嘉定……"。

（2019 年泉州番佛寺遗址考古勘探发现　　福建文博 1：23）

元代

铭文砖

铭文由左向右为："广都县窑户费……□修城大样板砖制……"。

铭文砖

铭文由左向右为："嘉定十一年（1218）费祖四城砖"。

铭文砖

铭文由上而下为："……砌城砖许通一"。

铭文砖

铭文由左向右为："□祖五砌城砖制干"。

（以上 2016 年成都市青羊区羊市街东口元代沟渠遗址发现　　四川文物 5：31）

明代

铭文砖

铭文位于砖的一侧长面，竖行、模印、阴文，带"嘉靖三年（1524）""嘉靖五年（1526）""嘉靖十年（1531）"等年号。

（2011 年北京市通州古城东城墙遗址发掘发现　　北方文物 6：28）

附三：瓷文

西汉

杯形罐

颈部刻划："田"。

壶

颈、肩弦纹之间有阴文："木"。

（以上 2015～2017 年陕西西安西咸新区西石羊汉墓发现　　文博 6：7－8）

东汉

筒形支烧具

柱身刻："张师为"。

筒形支烧具

柱身刻："六月十"。

筒形支烧具

柱身刻："一百系"。
筒形支烧具
柱身刻："戌月氏人"。
筒形支烧具
柱身刻："六月"。
（以上 2018 年浙江德清东汉上渚山窑址发现　东南文化 4：32－33）

唐代

定窑白瓷粉盒
外底模印一"官"字款铭文。
长沙窑带流青黄釉褐彩油盒
盖顶釉下褐彩行书 2 字："油合"。
（以上 2008 年江苏扬州广陵区凯运天地商业广场唐代墓葬群发现　东南文化 2：60－61）
碗
外底中部墨书 1 字："元"。
（2016 年河南荥阳鲁庄墓地唐宋金时期墓葬发掘发现　中国国家博物馆馆刊 3：60）

五代

白瓷碗
足心墨书："女弟子苏七娘"。
白瓷盘
足心墨书 2 字："张□"。
（以上 2018 年整理浙江东阳吴越国中兴寺塔出土文物发现　东南文化 4：91）
三足小盏
盏内刻 1 字："心"。
（2018 年湖南醴陵毛家岭五代窑址发掘发现　中国国家博物馆馆刊 12：59）

北宋金

定窑螭纹洗
外底中部刻 2 字："仲虞"。
（吉林大学考古与艺术博物馆藏　文物 4：67）

辽代

白瓷碗
圈足底部刻："官"。
白瓷碗
圈足底部刻："官"。
（以上 2015～2017 年辽宁北镇市辽代韩德让墓发现　考古 4：65）
白瓷碗底
外底中部墨书："李小呆"。
（2019 年内蒙古巴林左旗辽上京宫城建筑基址发掘发现　考古 8：67）

金代

磁州窑白地黑花梅瓶

内书：“天之美禄”。

（吉林大学考古与艺术博物馆藏　　文物 4：67－68）

“纹豆形枕”

底部钤“刘家造”长方形印章款。

（新乡市博物馆藏　　文物春秋 4：82）

南宋

酱釉罐

肩部刻划 2 字：“清香”。

青瓷残件

内底中央刻划：“吉”。

（以上 2019 年泉州番佛寺遗址考古勘探发现　　福建文博 1：20）

高足炉

内壁墨书 2 字：“资寿”，外底墨书“供□”。

（2018 年泉州市小山丛竹建设用地文物调查勘探发现　　福建文博 1：27－28）

碗

外底模印 2 字：“太平”。

碗

外底似模印 2 字：“太平”。

盘

外底模印 2 字：“太平”。

盘

外底模印 2 字：“太平”。

灯盏

内底模印 2 字：“太平”。

（以上 2018 年广西武宣陈家岭龙窑发掘发现　　文博学刊 3：8）

带款识碗

碗底残留“寿”字的左半边。

（2015 年广东揭阳双峰寺古遗址试掘发现　　文博学刊 1：19）

碗

内心处有“金玉满堂”款。

盘

内心处有“福”字款。

碗

内心处有“河滨遗范”款。

（以上 2016～2017 年浙江龙泉金村码头遗址发现　　东方博物 2：6）

宋元

碗

内底戳印：“金玉满堂”。

碗

碗底有墨书：“王”。

碗

碗底有墨书：“丘”。

碗

　　碗底有墨书："丰"。

碗

　　碗底有墨书："元"。

　　　（以上2012年镇江"国信·镇江汽车厂"地块二号灰坑发掘发现　　东方博物1：14－22）

碗

　　内底有1字："福"。外壁饰四周梵文。

　　　（2015年湖南宁乡冲天湾宋元遗址发现　　文物5：36）

宋金元

瓷碗底常见红墨两种题记，大体有两种内容，一种是记数，如"一""二""三"等，另一种标记姓氏，能见到的有"李""陈""赵""王""苗""冀"六个姓。

　　　（以上2014年河北泊头十里高遗址发现　　考古与文物2：25）

元代

临汾龙祠窑白釉方形枕

　　枕面白地划长方形双线框，框内划行书诗句："长江风送客　孤管雨留人"。

临汾龙祠窑白釉方形枕

　　枕面双线框内左右划如意形开光，内划行书诗句："水浸白莲浮玉盏　风吹黄菊弄金钱"。

　　　（以上西汉南越王博物馆藏　　中国文物报2020年7月14日第005版）

白釉文字碗

　　内腹部褐彩有3字："清净会"。

白釉文字碗

　　内腹有褐彩4字："比范五公"。

青釉试釉器

　　正面刻划2行文字："大元二年张立　张少五"。

　　　（以上2018年安徽淮北烈山窑遗址发现　　中原文物2：25－27）

白釉碗底

　　带"田""万""张""顺"等字。

　　　（2017年鼓楼西大街35号院发现　　北京文博1：90）

碗

　　外壁下腹处有墨书，仅可辨2字："一十"。

碗

　　外壁下腹处有墨书六字，可辨为："周□大□一斤"，外底有一墨书："周"。

盘

　　外底有一墨书："周"。

　　　（以上2004年山西翼城原村元墓M1发现　　文物7：27）

磁州窑白地黑花枕

　　开光内题曲牌一首："来得迅速去得疾　郎来去恍然如梦蝶　来减人镜中颜去添人头上雪　春去春来老了胧儿也　迎仙客"。

　　枕底中部戳印长条形"张家造"款识。

　　　（以上吉林大学考古与艺术博物馆藏　　文物4：68）

碗

　　底心墨书一草书："王"。

碗

底部墨彩绘："王"。

（以上 2014 年河北泊头十里高遗址发现　考古与文物 2：20）

元明

碗

内底心有"顾氏"款。

（2016～2017 年浙江龙泉金村码头遗址发现　　东方博物 2：11）

明代

碗

内底单圈内饰一草书："福"。

碗

外底双圈内有款："大明宣德年制"。

碗

外底刻："文"。

碗

双圈内有款："大明宣德年制"，后磨去刻一"庆"字。

盘

外底刻："迎"。

盘

外底刻："常"。

盘

外底刻："林"。

盘

外底墨书："典奉正"。

盘

外底刻："文"。

盘

外底刻："文"。

盘

外底刻："文"。

杯

内底双圈内饰梵文。

底足残片碗

外底有伪托款："成化年制"。

底足残片碗

外底双圈内有款："丙辰年制"，釉面针刻 4 字："秀女赵素"。

底足残片碗

外底有款："西平佳器"。

底足残片碗

外底双圈内有款："永保长春"。

底足残片盘

内底双圈内书："寿"。釉面针刻 4 字："秀女赵素"。

碗（14）

部分器物外底刻字，见有“文”“林”“永”“定”“益”等。

盘

外底朱书：“典”。

盘

外底刻：“果”，并墨书：“内”。

盘

外底刻：“文”。

碟

外底朱书：“十”。

碗

外底刻：“真”。

碗

外底刻：“真”。

盘

外底刻字，残不可辨。

碗

外底墨书一点及“三”字。

碗

外底刻：“真”。

盘

外底刻：“永”。

盘

外底刻：“永”。

盘

外底刻：“永”。

盘

外底刻：“定”。

盘

外底中部刻：“正”。

（以上 2013 –2017 年四川成都东华门明蜀王府宫城苑囿建筑群发掘发现　文物 3：18 –32）

青花缠枝莲纹罐

肩部款识：“大明宣德年制”。

青花花鸟纹大盘

外壁款识：“大明嘉靖年制”。

青花云龙纹缸

口沿款识：“大明历历年制”。

青花五彩龙凤纹觚

款识：“大明万历年制”。

（以上吉林大学考古与艺术博物馆藏　文物 4：68 –72）

盘

外壁腹部以青料斜书：“五”。

碗

碗心双圈内书字，已残，应为：“福”。

盘

足底方圈内青料书："国"。

盘

足底有方孔圆钱式款，"钱面" 书："万历年造"，"方孔" 书："德化长春"。

碗

足底款识："嘉靖年制"。

盘

足底款识："大明嘉靖年制"。

（以上 2012－2013 年江西景德镇落马桥红光瓷厂窑址明清遗存发现　　文物 11：13－20）

天顺波斯文筒式三足炉

腹部以青花料书写有三行波斯文，取自波斯诗人萨迪的诗集《果园》。器内底书有"天顺七年大同马"款。

（山西博物院藏　　文物世界 6：4）

青花盖罐

器底墨书款识："长命富贵"。

（2012 年南京林业大学明墓 M12 发现　　中国国家博物馆馆刊 4：75）

明清

碗

款识"留耕堂仿古制"。

（2005～2007 年广州市南越国宫署遗址南越宫城北墙基址的发掘发现　　考古 9：9：34）

碗

内底墨书 2 字："赵记"。

碗

内底墨书："□记三号"。

（以上 2006 年河南新乡市金灯寺明清时期窑址发现　　考古学集刊 23：134）

碗

内底有："朝阳寺"。

（2019 年延庆南寨坡城堡遗址发现　　北京文博 2：97）

碗

内底书："人"。

（2019 年台州市黄岩区院桥镇苏楼窑址发现　　东方博物 2：87）

清代

碗

款识："大清康熙年制"。

（2005～2007 年广州市南越国宫署遗址南越宫城北墙基址的发掘发现　　考古 9：9：34）

青花云鹤纹爵杯

款识："乾隆年制"。

（吉林大学考古与艺术博物馆藏　　文物 4：72）

盘

内底首行为："戊子春月"。

杯

足底款识："大清丁未年制"。

盖碗盖

花间书“囍”字。纽内书方款，可辨认为：“大清道光年制”。

权

残存：“□辰嘉制庆”。

碗

足底书方款，可辨认出：“庆”。

盘

足底书方款，可辨2字：“道光”。

盘

足底款识：“大清道光年制”。

拍

顶部刻：“道光二年”，壁面横刻：“余填忠办”。

盏托

一侧以金彩书：“一品兰□”。

试料照

内底竖书：“同治元年”。横书：“诚试”。

（以上2012－2013年江西景德镇落马桥红光瓷厂窑址明清遗存发现　文物11：23－29）

碗

内底錾刻有“不□”等字样。

碗

外底有青釉书写的四个字的落款。

碗

内底錾刻有：“益世”。

（以上2016年石柱县古城坝土司遗址考古调查勘探发现　长江文明1：8）

碗

内底有：“喜”；外壁饰草书：“福”。

碟

内底草书：“梧桐一落天下尽秋”。

（以上2011年北京市通州古城东城墙遗址发掘发现　北方文物6：31－33）

碗

外底书2字：“月记”。

（2018年泉州市小山丛竹建设用地文物调查勘探发现　福建文博1：30）

宋元明清

碗

外底墨书：“寺”。

碗

外壁墨书：“普慈常住贡”。

碗

外底墨书：“獨石”。

盘

内底刻：“寿”。

碗

内底书：“大明天启年制”。

盏

内壁双圈内书一："寿"，外壁书："□屋添筹"。

盏

外底双圈内书："奇□珍□"。

盘

内底双圈内书："寿"。

盘

内底刻："大吉"。

遗址内出土带墨书的瓷器有40余件，其中"独"或"独石"近10件，多书写于青白瓷碗底部。"福石"或"石"4件，与"普慈"相关的墨书约6件，有"普慈寺记""普慈常住贡"等，多书写于青白瓷碗外底。墨书"寺"字的瓷器约10件，以书写于青白瓷碗外底者居多，也有2件写于饼足盏内底。此外还有"杨店""公用"墨书瓷器各1件，以及尚未辨识者。

（以上2019年湖南平江福寿山大湖坪寺庙遗址发现　　华夏考古6：26－33）

六　简牍

战国

共364枚有字简，有卜筮祭祷简、签牌等。

整理后的遣册共364枚有字简。

（以上2009－2010年湖北荆门严仓1号楚墓发现　　文物3：58－61）

西汉

竹简4000余枚。木牍数枚。内容有岁纪、历、法律文献、医方杂方、日书、簿籍、遣册等。

（胡家草场出土汉简　　文物8：65）

六朝

共出土简牍140余枚，内容清晰者有63枚，包括名利、账簿、签牌、近所、符咒、日书、封检等。

（以上2009－2010年南京城南出土六朝简牍　　文物12：73－89）

清代

木牍

发现两捆木牍，一捆有横着叠放的五块满文字板，另一捆竖排摆放有六块满文板块，十一块木牍上的满文字迹清晰可见，部分模糊不清或残缺。

（2012年呼伦贝尔市额尔古纳市卡伦敖包清理发现　　草原文物1：49－50）

附一：纸质

五代吴越国

墨书《妙法莲华经》7卷

写本，卷子装。朱丝栏，纸本墨书，楷体，各卷书体略有不同。无年款。各卷首残有"弟子葛仁皎奉为四恩三有""生父母刺血书此经供养"等字样。七卷佛经均藏于贴金彩绘石雕经函中。

（2018年整理浙江东阳吴越国中兴寺塔出土文物发现　　东南文化4：82）

蒙元

道教纸质文物

有“元行尚书省断事官付道人张来童执照”“元皇帝圣旨普通度戒牒付长春宫李真人”“元贵由皇帝福荫丘神仙门人通云真人圣旨”“元陕西都总管付道士张志洞执照”“元行尚书省断事官给太平兴国观保付执照模板”“太上洞玄灵宝无量度人上品妙经”。

（以上 2019 年山西省永乐宫壁画保护研究院在永乐宫发现　　中国文物报 2020 年 9 月 4 日第 006 版）

明代

明神宗封赠潞安府推官焦思忠诏书

内容分为三部分。第一部分是对潞安府推官焦思忠的评价，并敕封其为文林郎。第二部分为焦思忠的任职简历，上钤“敕命之宝”朱色方印。第三部分为将焦妻孙氏敕赠为孺人，落款“万历二十九年三月二十日”，上钤“敕命之宝”朱色方印。末尾有编号“戌字三百五号”，上钤“广运之宝”骑缝朱色方印。

此诏书的纸张织制于万历二十二年（1594 年），装裱于万历二十五年（1597 年），而诏书内容则书写于万历二十九年（1601 年）。

（河南大学文物馆藏　　文物 5：73－74）

清代

爱新觉罗·溥儒写给妻子罗淑嘉的信札

凡两页，14 行，共 163 字。

（中国国家博物馆藏　　中国国家博物馆馆刊 9：124）

地契

《张维纲置王建业田地契》，道光二十五年（1845）七月十六日立据。

《张维纲置王万言田地契》，道光二十八年（1848）十一月初二立据。

（金川区博物馆寄存　　陇右文博 4：27）

告贷信

杨瀚于道光二十五年得馆选后来蜀迎母，与人借款之函。

（陈重枢介川草堂藏　　成都文物 3：55－56）

七　杂器铭

战国

玉柱状帽

内刻篆书：“君”。

（2017 年陕西西咸新区坡刘村秦墓发现　　考古与文物 4：33）

燕侯朡磬

文字均刻在磬鼓的上边，3 行共 34 字，左侧一排上部有 3 字残缺不可辨识，其余 30 字保存完好：“唯匽侯朡作□山巤　永思□□克左皋身　朕剸吝武　以祀□考命命　□□子　永保大昌”。

（山东省文物考古研究院临淄工作站藏　　文物 10：59）

西汉

封泥

有两种，一种为“庐江邸印”，另一种为“口郃家丞”。

（2018－2019年西安白鹿原西汉早期大型墓葬M1发现　中国文物报2020年7月24日第008版）

铜虎符

虎背部两半有错银篆书铭文：“与长社太守”“为虎符左二”。

（甘肃省山丹县艾黎捐赠文物陈列馆藏　陇右文博3：37－38）

东汉

斗检封

外文：“官律所平”，内文：“鼓铸为识”。

（2019－2020年陕西西安空港新城岩村汉墓M7发现　文博4：19－20）

唐代

鱼符（铜）

合面铸铭七字：“左武卫将军传佩”，上方正中铸有阳文“同”字。

龟符（铜）

4件，均铸铭文，上部为“同”字，三件阳文，一件阴文；下部竖排四行铭文分别为：“右壬（王）门外右神策军第一”“右壬（王）门外右神策军第二”“右壬（王）门外左神策军第三”“右壬（王）门外右神策军第四”。

（甘肃省山丹县艾黎捐赠文物陈列馆藏　陇右文博3：38－39）

高昌回鹘

葫芦片象棋子

有“車”“像”“馬”“卒”。

（2013－2016年新疆鄯善吐峪沟西区中部高台窟院发掘报告　考古学报3：454）

北宋

贾藏砚台

砚池背有志题“贾藏之墓”；志题下志文152个字，说明了墓主姓名、籍贯、官职、享年、身份、埋葬地、埋葬日期等情况；砚底两边墙足各刻39字，说明了墓主的妻女情况。据志文，贾藏卒于绍兴二十一年（1151），享年五十有三。

（福建博物院藏　福建文博4：39－40）

盝顶方形青石

四角镶有铁柱四个，柱上刻有四字，其中有一个可辨认的上为“示”，下为“乃”字。

（2005年河南舞钢宋墓M1发现　中原文物4：33）

辽代

铜象棋子

正面刻：“将”。

（2019年内蒙古巴林左旗辽上京宫城建筑基址发掘发现　考古8：68）

玉册

正面刻汉字：“食邑”。

正面刻汉字：“祈社”。

正面刻 3 个契丹小字。
正面刻 2 个契丹小字。
（2015～2018 年发掘辽宁北镇市新立遗址一号基址发现　　考古 11：70）

西夏

文荷叶纽铜腰牌
阴刻西夏文 3 字“（译作“唵嘛呢”），为佛教六字真言“唵嘛呢叭咪吽”之缩写。
（甘肃省山丹县艾黎捐赠文物陈列馆藏　　陇右文博 3：40）

金代

法澍大椅
背板书：“澍公菩萨”。据题记可知大椅与塑像俱经后世重妆，年款处漫漶不清，纹饰为明代风格。
（山西绛县太阴寺金代法澍大椅　　文物 7：57）

宋元

石压
正面刻有 4 字：“此是紫石”。
（2015 年湖南宁乡冲天湾宋元遗址发现　　文物 5：41）
鼓形构件
侧面阴刻：“……年五月初一日李俸记”。
（2012 年镇江“国信·镇江汽车厂”地块二号灰坑发掘发现　　东方博物 1：27）

元代

罗罗斯铜牌
竖排楷书阳文三行：“中奉大夫罗罗斯宣慰使火儿灰、奉议大夫罗罗斯宣慰同知布颜、承直郎罗罗斯宣慰司经历元祯”。
（甘肃省山丹县艾黎捐赠文物陈列馆藏　　陇右文博 3：41）

明代

铁铳
铳管中部自铳口方向向下刻有单行单线阴文铭文 7 字：“赤城大边松林墩”。
（2016 年张家口市崇礼区明长城遗址新发现铁铳　　中国国家博物馆馆刊 11：74）

明清

石柱
现残存前后两根，题刻“四里溪桥”四字。
（2018 年白鹤岭古官道调查发现　　福建文博 1：77）

清代

试料照
一侧书：“高岑”，另一侧书：“中”。
试料照
一侧书：“永具叙”，另一侧书：“灰二”。

试料照

一侧书："高岑"，另一侧书："旧"。

试料照

一侧书："四月廿六"，另一侧书："崑壁"。

界标器

右侧残存："都邑曹……己墙己地"，左侧残存："嘉庆"。

（以上 2012－2013 年江西景德镇落马桥红光瓷厂窑址明清遗存发现　文物 11：26）

建筑构件残块

正面模印："神"。

（2019 年河北正定城隍庙遗址考古发现　文物春秋 6：39）

门牌

太平天国壬戌十二年（1862 年）殿前又副掌率邓光明发给德清花户洽和门牌横写"门牌"两个大字。

（浙江省博物馆藏　中国国家博物馆馆刊 7：122－123）

吴大澂致吴承潞尺牍四通

书信分别写于光绪十六年、十七年、二十二年。

（以上苏州过云楼藏　中国文物报 2020 年 2 月 4 日第 007 版）

棺木首端侧板外侧自右到左、自上而下有"松陵顾意芬之柩"铭文。

（2019 年苏州同里方尖港村墓地 M2－12 发现　东方博物 3：30）

附一：漆木器

战国

卮

底沿刻有："□"。

夽或樽

器壁外侧錾刻篆体："右"。

圆盒

内壁錾刻："王廿"。

圆盒

内壁錾刻："王□"。

圆盒

盖口釦折沿处錾刻篆体："公"，内壁錾刻篆体："十三""升"。

圆盒

盒口釦内壁錾刻篆体："十""□"。

漆壶

口釦。外壁錾刻篆书："廿六年左工章"。

漆壶

底釦，器底錾刻篆书："廿六年左工章"。

（以上 2017 年陕西西咸新区坡刘村秦墓发现　考古与文物 4：26－28）

晚唐五代

带字柏人俑

正面墨书两列，反面墨书四列。背面文字自左向右书写，因字数太多，背面四列写满后又转至正面右手侧续抄一列，共有五列。

漆盒

器底部朱书：“曹敖上牢”。

（以上 2016 年江苏省扬州市邗江区侯庄组晚唐至五代墓葬发现　东南文化 4：52－53）

五代吴越国

木胎漆盘

外壁髹黑漆，以朱漆书 9 字：“甲寅南塔知事行才置”，内壁髹朱漆，以黑漆书 4 字：“南塔常住”。

木胎漆碗

外壁髹黑漆，以朱漆书 10 字：“甲寅南塔知事行才等置”，内壁髹朱漆，以黑漆书 4 字：“南塔常住”。

（以上 2018 年整理浙江东阳吴越国中兴寺塔出土文物发现　东南文化 4：91）

北宋

漆碟

外侧腹壁朱漆书 8 字：“杭州胡□上牢丙子”。

（2013 年江苏苏州尹山北宋墓 M15 发现　文物 5：45）

（编辑整理：黄益飞　于靖涵）